大陸律師考試
考古題大破解

2003~2007
簡體版

主編　彭思舟
副主編　徐中孟・張仕賢

LAWYER

最新大陸考古題解析

市場唯一以台灣考生角度編寫

兩岸法學博士　大陸律考備救精英編

凡例

一、為配合台灣考生投考大陸律師，故考古題中之大陸用語，如「合同」、「東道國」……
　　等，一律保留使用。

二、考古題內文中之「我國」，皆指「中國大陸地區」。

序

　　等待，漫長的等待，自民國 84 年(1995 年)大陸曇花一現的開放台灣人報考大陸律師考試以來，台灣的法律人已經苦苦的等候十四年了。在這十四年的時光中，台灣人希望能參加大陸律考的聲音從沒有歇息過，可是一年一年的等待，一年一年的守候著，希望的曙光並沒有因此而出現，眼看著港澳人士在 2004 年已經可以報考大陸律考，而焦急的台灣法律人卻只能以羨慕的眼神來回報，「鬱卒」的心情，實非筆墨所能形容。

　　終於在今年(2008 年)，自兩岸關係改善，利多的消息不斷傳出，而台灣法律人期盼已久的律考開放政策，很快的就被公佈了出來。磨槍十四年，台灣法律人的鬥志和力量只會被激發及累積，有如古龍小說中的俠客，不出則矣，一鳴驚人！這幾年間，隨著大陸經濟的起飛，台灣媒體經常以兩岸人才的能力作比較，老說鄰居的花比較香，我們正好藉此機會，來表現一下我們台灣人的實力。而從另一方面來看，利用這次準備大陸律考的機會，來了解對岸法律的制度及雙方的差異，就個人的法律知識上，是起了提升的作用，值得用心研究。

　　律考近五年來的考古題，對準考生而言，就如李尋歡手上的飛刀一樣，是幫助考生了解考試題型，重點及邏輯的重要工具。可惜編者卻發現，目前大陸的律考書籍，不管在排版上，用紙上，內容上均未能達到台灣法律人的要求，所以起了編輯大陸律考考古題的打算。憑我們在大陸法律界充沛的人脈，本書集合了，目前大陸律考補習界的名師及精英，共同貢獻其本身專業及心血，打造了這本「第一本專為台灣法律人而設大陸律考書籍」；希望各位加倍努力，取得好成績，在此我們預祝您的成功！

彭、徐、張

2008/6/16 北京

台灣居民參加 2008 年中國司法考試預報名網址：
　　http://tw.crm.cn/public/tw/index.html
報名流程：
　　閱讀報名須知→閱讀報名條件→閱讀報名材料→選擇證件類別和輸入證件號碼→填寫報名表
　　→在線報名成功

注意！報名成功後，系統會提示「祝您網上預報名成功！」並且反饋「網報號」，一定要牢記此號，它是您進行信息查詢的標識。

目次

凡例 i

序 iii

2003 年大陸國家司法考試試題與解析 1

    2003 年國家司法考試　試卷一 3
    2003 年國家司法考試　試卷二 55
    2003 年國家司法考試　試卷三 113
    2003 年國家司法考試　試卷四 169

2004 年大陸國家司法考試試題與解析 185

    2004 年國家司法考試　試卷一 187
    2004 年國家司法考試　試卷二 237
    2004 年國家司法考試　試卷三 287
    2004 年國家司法考試　試卷四 331

2005 年大陸國家司法考試試題與解析 345

    2005 年國家司法考試　試卷一 347
    2005 年國家司法考試　試卷二 403
    2005 年國家司法考試　試卷三 459
    2005 年國家司法考試　試卷四 511

2006 年大陸國家司法考試試題與解析 527

    2006 年國家司法考試　試卷一 529
    2006 年國家司法考試　試卷二 583
    2006 年國家司法考試　試卷三 637
    2006 年國家司法考試　試卷四 689

2007 年大陸國家司法考試試題與解析 707

    2007 年國家司法考試　試卷一 709
    2007 年國家司法考試　試卷二 751
    2007 年國家司法考試　試卷三 797
    2007 年國家司法考試　試卷四 851

2003 年

大陸國家司法考試試題與解析

2003 年国家司法考试 试卷一

一、单项选择题，每题所给的选项中只有一个正确答案。本部分 1-30 题，每题 1 分，共 30 分。

1. 按照摩尔根和恩格斯的研究，下列有关法的产生的表述哪一项是不正确的？

   A. 法的产生意味着在社会成员之间财产关系上出现了"我的"、"你的"之类的观念

   B. 最早出现的法是以文字记录的习惯法

   C. 法的产生经历了从个别调整到规范性调整的过程

   D. 法的产生标志着公力救济代替了私力救济

   【答案】B

   【解析】以文字记录的习惯法，已经上升到制定法的高度，已经不是单纯的习惯法了，而人类社会最早出现的法是习惯法，因此 B 选项不正确。

2. 有的公园规定："禁止攀枝摘花。"此规定从法学的角度看，也可以解释为：不允许无故毁损整株花木。这一解释属于下列哪一项？

   A. 扩大解释

   B. 文法解释

   C. 目的解释

   D. 历史解释

   【答案】C

   【解析】目的解释是指从制定某一法律的目的来解释法律。本题中，公园的规定的目的无非是保证公园花木的正常生长，因此解释为"不允许无故毁损整株花木"，属于目的解释。因此 C 选项是正确的。

3. 根据我国《立法法》的规定，下列哪一项属于地方性法规可以规定的事项？

   A. 本行政区内市、县、乡政府的产生、组织和职权的规定

   B. 本行政区内经济、文化及公共事业建设

   C. 对传染病人的强制隔离措施

   D. 国有工业企业的财产所有制度

【答案】B

【解析】B 选项属于立法法第 64 条第一款第二项的事项，可以由地方性法规加以规定；A 选项，属于立法法第 8 条第二项规定的事项，只能制定法律；C 选项，属于限制人身自由的措施，根据立法法第 8 条第五项的规定，只能制定法律；D 选项，属于基本经济制度，根据立法法第八条第八项的规定，只能制定法律。

4. 在某法学理论研讨会上，甲和乙就法治的概念和理论问题进行辩论。甲说：①在中国，法治理论最早是由梁启超先生提出来的；②法治强调法律在社会生活中的至高无上的权威；③法治意味着法律调整社会生活的正当性。乙则认为：①法家提出过"任法而治"、"以法治国"的思想；②法治与法制没有区别；③"法治国家"概念最初是在德语中使用的。下列哪一选项所列论点是适当的？

   A. 甲的论点②和乙的论点①
   B. 甲的论点①和乙的论点③
   C. 甲的论点②和乙的论点②
   D. 甲的论点③和乙的论点②

【答案】A

【解析】在中国，最早宣传并明确提出法治概念的是梁启超先生，但其并不是最早提出法治理论的人，因此甲的论点①错误；法治与法制存在重大区别，因此乙的论点②错误。

5. 下列关于法与道德、宗教、科学技术和政治关系的选项中，哪一项表述不成立？

   A. 宗教宣誓有助于简化审判程序，有时也有助于提高人们守法的自觉性
   B. 法具有可诉性，而道德不具有可诉性
   C. 法与科学技术在方法论上并没有不可逾越的鸿沟，科学技术对法律方法论有重要影响
   D. 法的相对独立性只是对经济基础而言的，不表现在对其他上层建筑（如政治）的关系之中

【答案】D

【解析】法的相对独立性既是对经济基础而言的，也表现在对其他上层建筑（如政治）的关系之中，因此 D 选项错误。

6. 《法经》在中国法律制度史上具有重要的地位。下列有关《法经》的表述哪一项是不准确的?

    A. 《法经》为李悝所制定

    B. 《盗法》、《贼法》两篇列为《法经》之首,体现了"王者之政莫急于盗贼"的思想

    C. 《法经》的篇目为秦汉律及以后封建法律所继承并不断发展

    D. 《法经》系中国历史上第一部成文法典

【答案】D

【解析】《法经》是中国历史上第一部比较系统的封建成文法典,D 选项少了"封建"二字,不完整。

7. 中国清末修订法律馆于 1911 年 8 月完成《大清民律草案》。下列有关该草案的表述哪一项是错误的?

    A. 《大清民律草案》的结构顺序是:总则、债、物权、亲属、继承

    B. 日本法学家参与了《大清民律草案》的起草工作

    C. 《大清民律草案》的基本思路体现了"中学为体、西学为用"的精神

    D. 《大清民律草案》经正式公布,但未及实施,清王朝即告崩溃

【答案】D

【解析】《大清民律草案》并没有正式颁布与施行,只是停留在"草案"层次上,因此 D 选项错误。

8. 下列有关罗马法复兴运动的表述,哪一项是不正确的?

    A. 意大利的波伦亚是罗马法复兴运动的发源地

    B. 14 世纪的评论法学派在罗马法复兴运动中起了开创性的作用

    C. 经过罗马法复兴运动,在中世纪后期形成了一个世俗的法学家阶层

    D. 罗马法的复兴构成近代自然法学说的思想来源之一

【答案】B

【解析】罗马法复兴经历了注释法学派和评论法学派两个阶段,是注释法学派揭开了复兴罗马法的序幕,是注释法学派在复兴罗马法的运动中,起了开创作用。因此 B 选项不正确。

9. 根據我國憲法和有關法律的規定，下列選項中有關法規"批准"生效的情形哪一個是錯誤的？

    A. 自治州人大制定的自治條例和單行條例報省或自治區的人大常委會批准

    B. 自治區人民代表大會制定的自治條例和單行條例報全國人大常委會批准

    C. 省、直轄市權力機關制定的地方性法規報全國人大常委會批准

    D. 自治縣人大制定的自治條例和單行條例報省或自治區的人大常委會批准

【答案】C

【解析】在我國現行法上，根據立法法第 63 條第二款和第 66 條第一款，只有較大的市的地方性法規和民族自治地方的自治條例和單行條例才須報請批准。C 選項屬於省級的地方性法規，根據立法法第 63 條第一款，無須報請批准即可生效。

10. 根據我國憲法的規定，下列有關公民基本權利的憲法保護的表述，哪一個是正確的？

    A. 一切公民都有選舉權和被選舉權

    B. 憲法規定了對華僑、歸僑權益的保護，但沒有規定對僑眷權益的保護

    C. 憲法對建立勞動者休息和休養的設施未加以規定

    D. 公民合法財產的所有權和私有財產的繼承權規定在憲法"總綱"部分

【答案】D

【解析】憲法第 13 條規定了公民合法財產的所有權和私有財產的繼承權，這條規定在憲法總綱，所以 D 選項正確。根據憲法第 34 條，享有選舉權利，必須滿足以下三個條件：（1）中國公民；（2）年滿十八周歲；（3）沒有被依法剝奪政治權利。據此，A 選項錯誤。根據憲法第 50 條，國家不僅對華僑、歸僑的權益保護，也對僑眷權益進行保護。據此，B 項錯誤。憲法第 43 條第二款規定："國家發展勞動者休息和休養的設施"，據此，C 項錯誤。

11. 根據我國憲法和法律，下列選項哪一個是正確的？

    A. 縣級以上各級人大選舉本級人民法院院長，須報上級人民法院院長提請該級人大常委會批准

    B. 縣級以上各級人大罷免本級人民檢察院檢察長，須報上級人民檢察院檢察長提請該級人大常委會批准

    C. 縣級以上各級人大罷免本級人民政府行政首長，須報上級人民政府行政首長提請該級人大常委會批准

    D. 縣級以上各級人大選舉本級人民政府行政首長，須報上級黨委批准

【答案】B

【解析】根据宪法第 101 条第二款，B 选项正确。地方人民检察院检察长的选举、罢免和辞职，均须报上级人民检察院检察长提请该级人大常委会批准。

12. 下列选项中哪一个属于我国增值税的纳税人？

　　A. 从事房屋租赁业务的甲公司

　　B. 从事服装销售的乙公司

　　C. 转让无形资产的丙公司

　　D. 从事证券经纪业务的丁公司

【答案】B

【解析】增值税的纳税人为在中华人民共和国境内销售货物或者提供加工、修理修配劳务以及进口货物的单位和个人。

13. 根据我国《反不正当竞争法》和相关法律的规定，下列哪一种关于诋毁商誉行为的表述是正确的？

　　A. 新闻单位被经营者唆使对其他经营者从事诋毁商誉行为的，可与经营者构成共同的不正当竞争行为

　　B. 经营者通过新闻发布会形式发布影响其他同业经营者商誉的信息，只要该信息是真实的，不构成诋毁行为

　　C. 诋毁行为只能是针对市场上某一特定竞争对手实施的

　　D. 经营者对其他竞争者进行诋毁，其主观心态既可以是故意，也可以是过失

【答案】B

【解析】根据《反不正当竞争法》第 14 条："经营者不得捏造、散布虚伪事实，损害竞争对手的商业信誉、商品声誉。"又根据该法第 2 条第 2 款："本法所称的不正当竞争，是指经营者违反本法规定，损害其他经营者的合法权益，扰乱社会经济秩序的行为。"因此诋毁商誉的不正当竞争行为有以下几点特征：一、只能发生在经营者之间；二、所散布的事实必须是虚假的；三、有散布行为；四、诋毁的对象一般应该特定，但诸如"对比性广告"这种行为即使对象不特定也可构成；五、主观状态为故意。综上所述，A 中的新闻单位因为不是经营者，所以只构成一般的侵害他人名誉权行为，而非不正当竞争行为。C 只考虑到了一般情况，并不全面。D 认为经营者对其他竞争者进行诋毁，其主观心态既可以是故意，也可以是过失，也不正确。

14. 下列哪一事项所形成的法律关系由劳动法调整？

    A. 甲厂职工陈某操作机器时不慎将参观的客户蒋某致伤，蒋某要求陈某赔偿

    B. 汪某因身高不足 1.70 米而被乙厂招聘职工时拒绝录用，汪某欲告乙厂

    C. 丙公司与劳务输出公司就 30 名外派劳务人员达成的协议

    D. 丁公司为其职工购房向银行提供的担保

【答案】B

【解析】劳动法律关系是当事人依据劳动法律规范，在实现劳动过程中形成的权利义务关系。狭义的劳动法律关系的当事人只包括劳动者和用人单位。劳动法规定劳动者有平等就业权，不得遭受歧视，故 B 为正确答案，其他三种关系均应受民法调整。

15. 甲欲买"全聚德"牌的快餐包装烤鸭，临上火车前误购了商标不同而外包装十分近似的显著标明名称为"仝聚德"的烤鸭，遂向"全聚德"公司投诉。"全聚德"公司发现，"仝聚德"烤鸭的价格仅为"全聚德"的 1 / 3。如果"全聚德"起诉"仝聚德"，其纠纷的性质应当是下列哪一种？

    A. 诋毁商誉的侵权纠纷

    B. 低价倾销的不正当竞争纠纷

    C. 欺骗性交易的不正当竞争纠纷

    D. 企业名称侵权纠纷

【答案】C

【解析】根据《反不正当竞争法》第 5 条："经营着不得采用下列不正当手段从事市场交易，损害竞争对手：（一）假冒他人的注册商标；（二）擅自使用知名商品特有的名称、包装、装潢，或者使用与知名商品近似的名称、包装、装潢，造成和他人的知名商品相混淆，使购买者误认是该知名商品；（三）擅自使用他人的企业名称或者姓名，引人误认是他人的商品；（四）在商品上伪造或者冒用认证标志、名优标志等质量标志，伪造产地，对商品质量作引人误解的虚假表示。""全聚德"是知名商品特有的名称，故符合该不正当竞争行为的构成要件。诋毁商誉行为的构成要件前题已述，本题不符合。低价倾销行为的构成要件要求"低于成本价"，本题也不符合。"仝聚德"与"全聚德"是不同的名称，不构成侵犯名称权。因此，C 为正确答案。

16. 甲公司通过划拨方式取得了国有土地使用权，在该土地上建成了一栋房屋，并将该房屋出租给乙公司，每月得租金 1 万元。后被土地管理部门发现。下列哪一选项是对甲公司的行为和取得的租金收入进行恰当处置的方式？

    A. 房屋租赁合同无效，甲公司应先补交土地使用权出让金，然后再出租房屋，已取得的租金予以没收

    B. 房屋租赁合同有效，已取得的租金归甲公司，但甲公司应另行向国家缴纳土地租金

    C. 房屋租赁合同有效，已取得的租金归甲公司，但甲公司应将租金中所含的土地收益上缴国家

    D. 房屋租赁合同无效，甲公司应补交土地使用权出让金，但已取得的租金归甲公司

【答案】C

【解析】根据《城市房地产管理法》第 55 条："以营利为目的，房屋所有权人将以划拨方式取得使用权的国有土地上建成的房屋出租的，应当将租金中所含土地收益上缴国家。具体办法由国务院规定。"因此，C 为正确答案。

17. 关于环境污染赔偿责任和赔偿金额的纠纷解决，下列哪一项表述是符合法律规定的？

    A. 先请求环保部门进行处理，对处理不服才可以提起行政诉讼

    B. 先请求环保部门进行处理，对处理不服才可以提起民事诉讼

    C. 可以先请求环保部门进行调解，对调解不服的，可提起行政诉讼；也可以直接向人民法院起诉

    D. 可以先请求环保部门进行处理，对处理决定不服的，可以向人民法院起诉；也可以直接向人民法院起诉

【答案】D

【解析】根据《环境保护法》第 41 条第 1、2 款："造成环境污染损害的，有责任排除妨害，并对直接受到损害的单位或者个人赔偿损失。赔偿责任和赔偿金额的纠纷，可以根据当事人的请求，由环境保护行政主管部门或者其他依照法律规定行使环境监督管理权的部门处理；当事人对处理决定不服的，可以向人民法院起诉。当事人也可以直接向人民法院起诉。"因此，D 为正确答案。

18. 关于 1993 年 6 月成立的联合国前南国际法庭，下列选项中哪一种表述是正确的？

    A. 它是联合国大会设立的司法性质的附属机关

    B. 它是联合国安理会设立的司法性质的附属机关

C. 它是普遍性的国际刑事司法机构

D. 它是联合国国际法院下属的刑事法庭

【答案】B

【解析】1991 年以来，在前南斯拉夫境内发生的武装冲突中，发生了某些严重违反国际人道主义法的情事，如蓄意杀人、种族屠杀、种族灭绝、严刑拷打、强奸、破坏文化和宗教财产、任意逮捕等。国际社会对此极为震惊，要求追究有关责任人的国际责任，安理会通过了第 827 号决议（其中附有《前南国际法庭规约》），成立了联合国前南斯拉夫国际刑事法庭，该法庭是安理会根据联合国宪章第 7 章和第 29 条设立的，作为安理会的一个具有司法性质的附属机关。该法庭不是一个永久性的普遍性的国际刑事司法机构（国际刑事法院是一个常设性的国际刑事司法机构），它设立的初衷只是处理前南斯拉夫境内发生的大规模侵犯人权的问题，在处理完前南问题以后，该机构即会解散。并且该机构跟国际法院是相互独立的两个国际司法机构。因此，本题 B 为正确答案。ACD 的说法都不正确。

19. 甲国是 1982 年《联合国海洋法公约》的缔约国。甲国的船舶在各国管辖以外的某海底进行矿产开采作业时，其活动应遵守国际法的哪一种制度？

    A. 公海海底的开发制度

    B. 甲国有关海洋采矿的国内法

    C. 国际海底区域的开发制度

    D. 公海自由制度

【答案】C

【解析】A 项错误，因为公海海底有可能是某沿海国的大陆架，而大陆架是属于沿海国管辖范围内的海底，沿海国对大陆架上的非生物资源和定居种的生物资源享有专属的固有的权利，他国不经沿海国允许不得在大陆架上进行开采活动；B 项不对，因为《海洋法公约》规定国际海底区域指的是内海、领海海底以及各国大陆架以外的海底区域，这些区域不属于任何国家管辖的范围，而由国际海底管理局来代表全人类对这些区域进行管辖，其开发制度实行平行开发制，任何国家的国内法都不得适用于这些区域；D 项不对，因为公海自由指的是在公海区域各国享有航行自由、飞跃自由、铺设海底电缆和管道的自由、科考自由、捕鱼自由、建设人工岛屿和设施的自由，并不包括开采矿产资源的自由。

20. 甲某为 A 国国家总统，乙某为 B 国国家副总统，丙某为 C 国政府总理，丁某为 D 国外交部长。根据条约法公约规定，上述四人在参加国际条约谈判时，哪一个需要出示其所代表国家颁发的全权证书？

A. 甲某

B. 乙某

C. 丙某

D. 丁某

【答案】B

【解析】国家的外交部门分为国家中央外交机关和外交代表机关，前者包括国家元首、政府和外交部门（如我国的外交部），这三个机关的首脑人物即国家元首、政府首脑、外交部长在对外交往中当然地代表其国家，除非有特别约定或例外，他们不需要出示或提交全权证书，其做出的有法律意义的行为即视为其国家的行为。在缔结条约时，条约的谈判是议定条约约文的首要阶段，谈判可以由有缔约权的国家机关进行，如由国家元首、政府首脑或外交部长亲自谈判条约，但大多数情况下是由国家主管当局授权的全权代表代为进行，全权代表进行谈判缔结条约需具备全权证书。全权证书，是由一国主管当局所颁发，指派一人或数人代表该国谈判、议定或认证条约约文，表示该国同意受条约拘束或完成与条约有关的任何其他行为的书面文件。按照《条约法公约》的明文规定，B 项没有法律依据，只有 ACD 是正确答案。

21. "在中华人民共和国境内履行的中外合资经营企业合同、中外合作经营企业合同、中外合作勘探开发自然资源合同，适用中华人民共和国法律。"该条款属于下列选项中哪一类型的冲突规范？

A. 单边冲突规范

B. 双边冲突规范

C. 重叠适用的冲突规范

D. 选择适用的冲突规范

【答案】A

【解析】冲突规范是由国内法或国际条约规定的，指明某种国际民商事法律关系应适用何种法律的规范，因此又称法律适用规范或法律选择规范，是国际私法特有的规范。根据冲突规范对应适用的法律的规定的不同，冲突规范可以分为单边、双边、重叠、选择适用的冲突规范。

单边冲突规范，是指直接规定某涉外民商事法律关系应适用某国法律的冲突规范，既可以是明确规定适用内国法，也可以直接规定只适用外国法，典型的单边冲突规范其连接点为某一国家名称，如本题题干所举的例子，它规定三类合同只能适用中华人民共和国的法律，其连接点是中国，在这样一个明确的连接点的指引下由于没有其他选择，因此称之为单边冲突规范。

双边冲突规范是指冲突规范的系属并不直接规定适用内国法还是外国法，而只是规定一个可推定的系属，再根据这个系属并结合民商事法律关系的具体情况去推定应适用某法律的冲突规范，如"不动产所有权，适用不动产所在地法"即是一个双边冲突规范，在这个冲突规范中，系属部分"不动产所在地法"没有直接指明适用哪个国家的法律，需要结合具体案情才能确定。

选择适用的冲突规范，是指其系属有两个或两个以上，规定了两种或两种以上可以适用的法律，但只选其中之一来调整国际民商事法律关系的冲突规范。根据允许选择的方式和条件的不同又分为：无条件选择适用的冲突规范，如"侵权行为的损害赔偿适用侵权行为实施地法或侵权结果发生地法"；有条件选择适用的冲突规范，如我国《民法通则》第 145 条的规定："涉外合同的当事人可以选择处理合同争议所适用的法律，……涉外合同当事人没有选择的，适用于合同有最密切联系的国家的法律。"重叠适用的冲突规范，是指其系属有两个或两个以上，并且同时适用于某种民商事法律关系的冲突规范。例如，我国 1999 年国务院批准的《外国人在中华人民共和国收养子女登记办法》第 3 条规定："外国人在华收养子女应符合收养法的规定，并不得违背收养人所在国的法律。"

综上，只有 A 项正确。

22. 中国南方某航运公司将其所有的一艘悬挂巴拿马国旗的远洋货轮转让给印度一家航运公司，该船舶所有权的转让应适用下列哪一国法律？

   A. 中国法律
   B. 巴拿马法律
   C. 印度法律
   D. 船舶所在地国法律

【答案】B

【解析】根据我国《海商法》第 270 条规定："船舶所有权的取得、转让和消灭，适用船旗国法律。"本题中由于船舶悬挂的是巴拿马的国旗，因此其所有权转让应适用巴拿马的法律。因此，本题 B 为正确答案。

23. 美国人马丁和英国人安娜夫妇是来华工作的外国专家。来华之前，两人长期在印度工作，并在那里有惯常居所。在中国工作期间，马丁向我国人民法院提起离婚的诉讼请求。对于马丁和安娜的离婚纠纷，我国法院应该适用下列哪一国法律加以解决？

 A. 美国法
 B. 英国法
 C. 中国法
 D. 印度法

【答案】C

【解析】根据我国《最高人民法院关于贯彻执行〈中华人民共和国民法通则〉若干问题的意见（试行）》第 188 条规定："我国法院受理的涉外离婚案件，离婚以及因离婚而引起的财产分割，适用我国法律。认定其婚姻是否有效，适用婚姻缔结地法律。"本题中，两个外国人在我国法院起诉离婚这显然属于涉外离婚案件，因为根据《最高人民法院关于适用〈中华人民共和国民事诉讼法〉若干问题的意见》304 条规定："当事人一方或双方是外国人、无国籍人、外国企业或组织，或者当事人之间民事法律关系的设立、变更、终止的法律事实发生在外国，或者诉讼标的物在外国的民事案件，为涉外民事案件"。因此，根据上述司法解释的规定，本题中的离婚问题我国法院应当适用的法律为我国法。因此，C 项正确。

24. 根据我国《反补贴条例》，采取反补贴措施的补贴应是下列选项中的哪一种？

 A. 出口补贴
 B. 国内补贴
 C. 出口国专向补贴
 D. 出口国普遍补贴

【答案】C

【解析】根据 2002 年 1 月 1 日新实施的《中华人民共和国反补贴条例》第 3 条的规定："补贴，是指出口国（地区）政府或者其任何公共机构提供的并为接受者带来利益的财政资助以及任何形式的收入或者价格支持。"从这条规定可以看出，补贴的提供者是出口国（地区）的政府或政府设立的公共机构，补贴两个要素为财政资助和利益。

　　关于"补贴的专向性"，该条例第 4 条规定："依照本条例进行调查、采取反补贴措施的补贴，必须具有专向性。具有下列情形之一的补贴，具有专向性：（1）由出口国（地区）政府明确确定的某些企业、产业获得的补贴；（2）由出口国（地区）法律、法规明确规定的某些企业、产业获得的补贴;(3)指定特定区域内的企业、产业获得的补贴;(4)以出口实绩为条件获得的补贴,包括本条例所附出口补贴清单列举的各项补贴;(5)以使用本国(地区)产品替代进口产品为条件获得的补贴。在确定补贴专向性时,还应当考虑受补贴企业的数量和企业受补贴的数额、比例、时间以及给与补贴的方式等因素"。根据该条规定,我国要反的外国的补贴不是所有企业和产业都可以获得的普遍性补贴,而是我国法律明确规定的出口国政府给本国企业的专向性的补贴。故 C 项正确。

25. 依照《跟单信用证统一惯例》(UCP500 号)的规定,下列哪一种情况发生时,银行可拒绝付款?

   A. 货物的数量与合同的规定不符

   B. 货物的质量与合同的规定不符

   C. 货物在运输途中由于台风灭失

   D. 发票与提单不符

【答案】D

【解析】根据 UCP500 的规定,银行在议付货款时有审单义务,审单时要坚持"单证一致、单单一致"的原则,即单据与信用证要表面一致、单单之间也要表面一致,银行才能付款,单证不一致银行可以拒付,单单不一致视为单证不一致。这里的单据通常包括提单、发票、保险单、汇票、装箱单、原产地证明、质检证明等。单单不一致就是指这些单据之间相互不一致,如本题中的 D 项即属于"单单不一致",银行可以此为由拒绝付款。

   根据 UCP500 规定的"信用证独立性原则",信用证交易独立于基础买卖合同关系,基础合同履行的情况及买卖当事人的资信情况不能成为银行付款或拒付的考虑事项,银行只能根据单单是否一致、单证是否一致来决定付款还是拒付,本题中 ABC 三项中的情况都属于基础合同关系,银行不得以之为由拒绝付款。

26. 对原产地国家或地区与中国订有关税互惠协议的进口货物,应按下列选项中哪一种税率征税?

   A. 按普通税率征税

   B. 按优惠税率征税

   C. 按普惠制税率征税

   D. 按特惠税率征税

【答案】B

【解析】我国的海关关税有两种：进口关税和出口关税。进口关税按税率分为普通税率关税、优惠税率关税、特别税率关税。对原产于与中国未订有关税互惠协议的国家或地区的进口货物，按照普通税率征税；对原产于与我国订有关税互惠协议的国家或地区的进口货物，按照优惠税率征税。经国务院关税税则委员会特别批准，适用普通税率进口的货物，可以按照优惠税率征税。任何国家或地区对原产于中国的货物征收歧视性关税或者给予其他歧视性待遇的，海关对原产于该国家或地区的货物，可以征收特别关税。所以本题的正确答案是 B 项。

27. 假设有下列情形：中国甲厂、乙厂和丙厂代表中国丙烯酸酯产业向主管部门提出了对原产于 A 国、B 国和 C 国的丙烯酸酯进行反倾销调查的申请，经审查终局裁定确定倾销成立并对国内产业造成了损害，决定征收反倾销税。在此情形下，反倾销税的纳税人应是下列选项中的哪一个？

　　A. 丙烯酸酯的出口人

　　B. 丙烯酸酯的进口经营者

　　C. 丙烯酸酯的中国消费者

　　D. 丙烯酸酯在 A、B、C 三国的生产者

【答案】B

【解析】根据我国 2002 年 1 月新施行的《反倾销条例》第 40 条规定："反倾销税的纳税人为倾销进口产品的进口经营者"，本题正确答案是 B 项。

28. 《多边投资担保机构公约》承保的"违约险"中的"约"是指下列选项中的哪一种？

　　A. 东道国公司与外国投资者签订的契约

　　B. 东道国公司与外国投资者所属国政府签订的契约

　　C. 东道国政府与外国投资者签订的契约

　　D. 东道国政府与多边投资担保机构签订的契约

【答案】C

【解析】MIGA 的承保险种主要有：（1）货币汇兑险：可归因于东道国政府的任何措施，限制将其货币兑换成可自由使用货币或投保人可接受的另一种货币并汇出东道国境外，包括东道国政府未能在合理的时间内对该投保人提出的汇兑申请作出行动。（2）征收和类似措施险：可归因于东道国政府的任何立法上的作为或行政上的作为或不作为，具有剥夺投保人对其投资的所有权或控制权，或其应从该投资中得到大量收益的

效果，但政府为管理其境内的经济活动而正常采取的普遍适用的非歧视性措施不在此列。（3）违约险：东道国政府不履行或违反与投保人（外国投资者）签订的合同，并且投保人无法求助于司法或仲裁机关对毁约或违约的索赔作出裁决；或该司法或仲裁机关未能在根据本机构条例订立的担保合同规定的合理期限内作出裁决；或虽有这样的裁决但未能执行。（4）战争和内乱险：可归因于东道国境内任何地区军事行动或内乱而给投资者造成的损失。故这道题正确答案是 C 项。

29. 下列关于法律职业道德基本原则的表述，哪一项是不正确的？

    A. 法律职业道德的基本原则是法律职业道德的基本尺度、基本纲领和基本要求

    B. 法律职业道德的基本原则可以直接作为确定法律职业人员具体职业责任的法律依据

    C. 由于法律职业道德基本原则是共同的，它们就构成法律职业人员共同遵循的基本要求

    D. 在不同的社会制度中，法律职业道德基本原则的要求有不同的内容

【答案】B

【解析】法律职业责任是法律职业人员违反有关法律职业人员的法律和道德规范所应承担的责任。法律规范和职业道德规范的具体内容构成了法律职业责任的基础。法律职业道德基本原则，是为法律职业的法律规范和道德规范提供某种基础的综合性、指导性的规范，不能直接作为确定法律职业人员具体职业责任的法律依据。故 B 选项错误。

30. 主诉检察官陈某办理某单位的一起走私案。此时，他应当遵循的基本要求是下列哪一项？

    A. 兼顾国家利益和单位利益

    B. 充分考虑走私单位职工的经济利益要求

    C. 以事实为根据，以法律为准绳

    D. 综合各方面的意见，权衡利弊

【答案】C

【解析】"以事实为根据，以法律为准绳"，是法律职业人员贯彻社会主义法律基本原则和正确适用法律的基本要求。检察官办理案件，应当遵循这一基本要求。故应选 C 选项，A、B、D 明显与此相悖，不选。

二、多项选择题，每题所给的选项中有两个或两个以上正确答案，少答或多答均不得分。本部分31-80题，每题1分，共50分。

31. 在现代法律实践中，当法的价值发生冲突时，通常采取哪些原则？

    A. 价值排序原则

    B. 秩序优先原则

    C. 个案平衡原则

    D. 比例原则

【答案】ACD

【解析】价值排序原则，即价值位阶原则，它与个案平衡原则、比例原则都是平衡价值冲突的原则。在现代法律价值体系中，秩序是其他法律价值的基础，但是秩序表现为实现自由、正义的社会状态，必须接受自由、正义标准的约束，因此秩序相对于自由、正义而言，并不是优先的，B选项的"秩序优先原则"不成立，其他正确。

32. 下列哪些情况会导致法律责任？

    A. 保安员曲某收5元自行车停车费，并不给收据

    B. 姜某向报社写信揭露某记录片造假，报社没有刊登

    C. 冯某经公共汽车售票员提醒后仍不给抱小孩的乘客让座，小孩被拥挤受伤

    D. 塑胶五金厂要求工人一天至少工作15小时，加班费为每小时1.5元

【答案】AD

【解析】根据《消费者权益保护法》第21条，经营者提供服务，应当按照国家有关规定或者商业惯例向消费者出具服务单据。据此，A选项的情况会导致法律责任。根据《劳动法》第37条、第44条和第90条的规定，D选项的情况会导致法律责任。

    在B选项，报社没有刊登的义务，当然谈不上法律责任的存在。在C选项，冯某对小孩的受伤不承担法律责任，因为冯某没有让位的法律义务（只是社会公德要求的道德义务而已）。

33. 甲因乙不能偿还欠款将其告上法庭，并称有关证据被公安机关办理其他案件时予以扣押，故不能提供证据。法官负责任地到公安机关调查，并复制了相关证据材料。此举使甲最终胜诉。从法理学角度看，对该案的下列说法，哪些可以成立？

    A. 本案的承办法官对"以事实为根据，以法律为准绳"原则有着正确的理解

    B. 法官在审理此案时，违背了法官中立原则

C. 本案的承办法官对司法公正的认识有误，法律职业素养有待提高

D. 本案的审理比较好地体现了通过审判保障公民权利的司法功能

【答案】AD

【解析】根据《最高人民法院关于民事诉讼证据的若干规定》第 17 条的规定，人民法院可以根据当事人的申请调取证据。这不违背法官中立原则，也不妨碍司法公正，B、C 不是应选项，只选 A、D。

34. 罗马法的渊源有哪些？

A. 民众大会等制定的法律

B. 最高裁判官等发布的告示

C. 五大法学家（盖尤斯等）的解答与著述

D. 元老院决议、皇帝敕令

【答案】ABCD

【解析】五大法学家（盖尤斯等）的解答与著述具有法律约束力，因此也属于罗马法的渊源。因此，全选。

35. 南京国民政府于 1947 年公布和实施《中华民国宪法》。下列哪些是对这部宪法的正确表述？

A. 该法规定了选举、罢免、创制、复决等制度

B. 该法的基本精神沿袭《训政时期约法》和"五五宪草"

C. 该法体现了《动员戡乱时期临时条款》的立法原则

D. 该法确立的政权体制既不是内阁制，也不是总统制

【答案】ABD

【解析】《动员戡乱时期临时条款》是 1948 年颁布施行的，1947 年《中华民国宪法》当然谈不上体现该"临时条款"的立法原则，因此不选 C，其他都对。

36. 清末外国在华领事裁判权制度中设有一种特殊的审判机构，即"会审公廨"。下列关于这一机构的表述哪些是正确的？

A. 会审公廨是 1864 年清廷与欧洲列强协议建立的

B. 在会审公廨中，凡涉及外国人案件，必须有领事官员参加会审

C. 在会审公廨中，凡中国人与外国人间诉讼案，由本国领事裁判或陪审

D. 会审公廨设在租界内

【答案】BCD

【解析】会审公廨是 1864 年清廷与英美法三国驻上海领事协议在租界内设立的特殊审判机构。而 A 选项称是"清廷与欧洲列强协议建立的"，是不确切的，不应选。其他都对。

37. 下列有关《德国民法典》的表述，哪些是错误的？

　　A. 该法典主要体现了自由资本主义时期的法律精神

　　B. 该法典较全面地规定了法人制度

　　C. 在立法技术上，该法典逻辑体系严密、用语精确

　　D. 该法典基本上是在日尔曼法的基础上形成的

【答案】AD

【解析】《德国民法典》是 19 世纪末自由资本主义向垄断资本主义过渡时期的法典，也是德国资产阶级和容克贵族相妥协的产物，因此 A 选项错误。《德国民法典》也继受了罗马法，当然也在很大程度上保留了较多固有的日耳曼法因素；但不管怎么说，罗马法是《德国民法典》的基础，因此 D 选项也是错误的。其他都对。

38. 《唐律疏议》又称《永徽律疏》，是唐高宗永徽年间完成的一部极为重要的法典。下列关于《唐律疏议》的表述哪些是正确的？

　　A. 《唐律疏议》是由张斐、杜预完成的法律注释

　　B. 《唐律疏议》引用儒家经典作为律文的理论依据

　　C. 《唐律疏议》奠定了中华法系的传统

　　D. 《唐律疏议》对唐代的《武德律》等法典有很深的影响

【答案】BC

【解析】律学家张斐、杜预是给《晋律》作解释，而非给《永徽律》作解释，因此 A 是不正确的；《武德律》是唐朝的首部法典，先于《永徽律疏》制定，因此 D 选项也是不正确的。其他都对。

39. 中国南宋规定户绝指家无男子承继。按照南宋的继承制度，若出现户绝，立继承人的方式有哪些？

　　A. "立继"

　　B. "祖继"

　　C. "嗣继"

D. "命继"

【答案】AD

【解析】南宋"户绝"立继承人的方式有二：一是"立继"，即"夫亡而妻在"，立继从妻；二是"命继"，即"夫妻俱亡"，立继从其尊长。因此只有AD正确。

40. 我国1993年的宪法修正案涉及下列哪些方面的内容？

    A. 明确把"坚持改革开放"写进宪法

    B. 增加规定"土地的使用权可以依照法律的规定转让"

    C. 明确把"我国将长期处于社会主义初级阶段"写进宪法

    D. 把县级人民代表大会的任期由3年改成5年

【答案】AD

【解析】B选项是1988年宪法修正案涉及的内容；C选项是1999年宪法修正案涉及的内容。其他都对。

41. 依据我国特别行政区基本法，下列哪些选项的表述是正确的？

    A. 特别行政区的立法不需要报全国人大常委会批准

    B. 不服特别行政区法院的判决，可以上诉至我国最高人民法院

    C. 特别行政区可以自主决定外交、经济、财政等事项

    D. 中央人民政府可授权特别行政区依照基本法自行处理有关对外事务

【答案】AD

【解析】根据《香港特别行政基本法》和《澳门特别行政区基本法》第2条，特别行政区享有独立的司法权和终审权；根据《香港特别行政区基本法》第82条和《澳门特别行政区基本法》第48条第二款，特别行政区终审权属于特别行政区终审法院。因此B选项错误。根据《香港特别行政区基本法》和《澳门特别行政区基本法》第13条第一款，中央人民政府负责管理与特别行政区有关的外交事务，因此C选项称"特别行政区可以自主决定外交事项"是不正确的。

根据《香港特别行政区基本法》和《澳门特别行政区基本法》第17条第二款，特别行政区的立法机关制定的法律须报全国人大常委会备案，且备案不影响该法律的生效；但是，并非"批准"。因此A选项正确。根据《香港特别行政区基本法》和《澳门特别行政区基本法》第13条第三款，D选项是完全正确的。

42. 某村开始了三年一次的村委会选举，推选以下四位村民为村委会主任候选人。根据我国宪法和法律，你认为下列四位村民中哪几位可以被推荐为村委会主任候选人？

    A. 李小波，刚过完 17 岁生日，初中毕业后成为家里的主要劳力，田里地里都是一把好手。可其父亲素有小偷小摸的毛病，去年偷了吕家的一条黄牛被处罚

    B. 刘光华，23 岁，为人忠厚，写得一手好字。但跟着他爷爷学了一些占卜、算卦之类的"技术"

    C. 周秋兰，现任村妇女主任，热情大方，精明能干。只是经常与那些年轻后生嘻嘻哈哈，其丈夫死后，她与比自己小好几岁的小伙子周小满谈恋爱，被老辈人说成是有伤风化

    D. 丁长生，原为村里的民办教师，因犯罪被判有期徒刑 3 年。在服刑期间，他学会了多种果树栽培技术和特种养殖技术。提前释放回来后便搞起特种养殖和果园开发

    【答案】BCD

    【解析】根据宪法第 34 条和《村民委员会法》第 12 条，享有选举权利的村民就可以被推荐为村委会主任候选人。A 选项的李小波不满十八周岁，依法不享有选举权利，因此不能推荐为村委会主任候选人。其他都对。

43. 刘某系某乡女村民，已生育三个女儿，现在又怀上了第四胎。乡、村两级干部决心把她作典型处理。于是，在某日一大早便破门而入，将还在睡梦中未及穿戴整齐的刘某强行带到村委会教育了一整天，并决定取消其读小学三年级的女儿"三好学生"的称号。根据我国宪法和法律，乡村干部的行为侵犯了刘某作为公民的哪些宪法权利？

    A. 人身自由
    B. 住宅不受侵犯
    C. 受教育的权利
    D. 人格尊严

    【答案】ABD

    【解析】"取消其读小学三年级的女儿'三好学生'的称号"，这是侵犯了其女儿的荣誉权，而非其女儿的受教育权，更不是刘某的受教育权。因此 C 选项不应选。"破门而入"侵犯了宪法第 39 条所确认的住宅不受侵犯权；"将还在睡梦中未及穿戴整齐的刘某强行带到村委会"侵犯了宪法第 38 条所确认的人格尊严；"教育了一整天"，侵犯了宪法第 37 条所确认的人身自由。因此，其他都对。

44. 我国选举法规定，由选民直接选举的人大代表候选人，由下列哪些方式提名推荐？

    A. 选民 10 人以上联名推荐

    B. 各政党、各人民团体单独提名推荐

    C. 人民代表 5 人以上联名推荐

    D. 各政党、各人民团体联合提名推荐

    【答案】ABD

    【解析】选举法第 29 条第二款第一句规定："各政党、各人民团体，可以联合或者单独推荐代表候选人。选民或者代表，十人以上联名，也可以推荐代表候选人。"因此 A、B、D 选项应选。

45. 下列有关宪法与宪政的表述，哪些是正确的？

    A. 宪法是宪政的前提

    B. 近代的宪法与宪政以限制国家权力、保障人权为目的

    C. 树立宪法的最高权威是宪政的集中体现

    D. 近代的宪法与宪政是商品经济发展的产物

    【答案】ABCD

    【解析】宪政是以宪法为前提，以民主政治为核心，以法治为基石，以保障人权为目的的政治形态或政治过程，因此 A 选项正确。一般说来，宪法与宪政都是商品经济发展的产物，都是民主政治建设和法治国家建设的重要表现，都以限制国家权力、保障人权为目的。因此 B、D 选项正确。只有真正树立起宪法的最高权威，公共权力的限制、公民权利的实现也才能有坚实的保障，因此树立宪法的最高权威是宪政的集中体现，C 选项正确。

46. 我国宪法第 3 条规定："中华人民共和国的国家机构实行民主集中制的原则。"这项原则的内容主要体现在下列哪些方面？

    A. 在国家机构与人民的关系方面，体现了国家权力来自人民，由人民组织国家机构

    B. 在同级国家机构中，国家权力机关居于主导地位

    C. 在中央和地方机构的关系方面，实行"中央和地方的国家机构和职权的划分，遵循在中央的统一领导下，充分发挥地方的主动性、积极性的原则"

    D. 各国家机关在行使职权时实行集体负责制

【答案】ABC

【解析】宪法 3 条规定：中华人民共和国的国家机构实行民主集中制的原则。全国人民代表大会和地方各级人民代表大会都由民主选举产生，对人民负责，受人民监督。国家行政机关、审判机关、检察机关都由人民代表大会产生，对它负责，受它监督。中央和地方的国家机构职权的划分，遵循在中央的统一领导下，充分发挥地方的主动性、积极性的原则。D 选项本身是错误的。责任制原则在不同的国家机关内部，由于机关性质的不同而有不同的表现。它具体表现为集体负责制（如人大、人民法院、人民检察院）和个人负责制（行政机关、军事领导机关）两种形式。各国家机关在行使职权时不是均实行集体负责制。其他都对。

47. 根据我国《劳动法》关于劳动争议的规定，下列哪些说法是错误的？

   A. 企业与职工就劳动争议达成和解协议即具有法律效力，任何一方不得再申请仲裁或诉讼

   B. 劳动争议发生后 6 个月内，企业或者职工任何一方均可依据仲裁协议申请仲裁

   C. 劳动争议发生后，当事人只能先向劳动争议仲裁委员会申请仲裁，不能直接向人民法院提起诉讼

   D. 劳动争议仲裁裁决书自送达之日起即发生法律效力

【答案】ABD

【解析】根据《劳动法》第 79 条："劳动争议发生后，当事人可以向本单位劳动争议调解委员会申请调解；调解不成，当事人一方要求仲裁的，可以向劳动争议仲裁委员会申请仲裁。当事人一方也可以直接向劳动争议仲裁委员会申请仲裁。对仲裁裁决不服的，可以向人民法院提起诉讼。"第 82 条："提出仲裁要求的一方应当自劳动争议发生之日起 60 日内向劳动争议仲裁委员会提出书面申请。仲裁裁决一般应在收到仲裁申请的 60 日内作出。对仲裁裁决无异议的，当事人必须履行。"劳动争议发生后，当事人应当协商解决，协商一致后，双方可达成和解协议，但和解协议无必须履行的法律效力，而是由双方当事人自觉履行。协商不是处理劳动争议的必经程序，当事人不愿协商或协商不成，可以向本单位劳动争议调解委员会申请调解或向劳动争议仲裁委员会申请仲裁。仲裁委员会可依法进行调解，经调解达成协议的，制作仲裁调解书。仲裁调解书具有法律效力，自送达之日起具有法律约束力，当事人必须自觉履行，一方当事人不履行的，另一方当事人可以向人民法院申请强制执行。当事人对劳动争议仲裁委员会作出的仲裁裁决不服的，可在收到仲裁裁决书的 15 日内向人民法院提起诉讼。逾期不起诉，仲裁裁决即发生法律效力，当事人必须自觉履行，一方当事人不履行的，另一方当事人可以向人民法院申请强制执行。因此，只有 C 符合法律规定。

48. 税务机关在实行税收保全措施和强制执行措施时，下列哪些财产或者物品不在此类措施范围之内？

    A. 纳税人甲个人仅有的一套住房

    B. 纳税人乙个人所有的金银首饰

    C. 纳税人丙自用的私人汽车

    D. 纳税人丁所有的单价在 5000 以下的生活用品

【答案】AD

【解析】根据《税收征收管理法》第 38 条："税务机关有根据认为从事生产、经营的纳税人有逃避纳税义务行为的，可以在规定的纳税期之前，责令限期缴纳应纳税款；在限期内发现纳税人有明显的转移、隐匿其应纳税的商品、货物以及其他财产或者应纳税的收入的迹象的，税务机关可以责成纳税人提供纳税担保。如果纳税人不能提供纳税担保，经县以上税务局（分局）局长批准，税务机关可以采取下列税收保全措施：（一）书面通知纳税人开户银行或者其他金融机构冻结纳税人的金额相当于应纳税款的存款；（二）扣押、查封纳税人的价值相当于应纳税款的商品、货物或者其他财产。纳税人在前款规定的限期内缴纳税款的，税务机关必须立即解除税收保全措施；限期期满仍未缴纳税款的，经县以上税务局（分局）局长批准，税务机关可以书面通知纳税人开户银行或者其他金融机构从其冻结的存款中扣缴税款，或者依法拍卖或者变卖所扣押、查封的商品、货物或者其他财产，以拍卖或者变卖所得抵缴税款。个人及其所扶养家属维持生活必需的住房和用品，不在税收保全措施的范围之内。"第 40 条："从事生产、经营的纳税人、扣缴义务人未按照规定的期限缴纳或者解缴税款，纳税担保人未按照规定的期限缴纳所担保的税款，由税务机关责令限期缴纳，逾期仍未缴纳的，经县以上税务局（分局）局长批准，税务机关可以采取下列强制执行措施：（一）书面通知其开户银行或者其他金融机构从其存款中扣缴税款；（二）扣押、查封、依法拍卖或者变卖其价值相当于应纳税款的商品、货物或者其他财产，以拍卖或者变卖所得抵缴税款。税务机关采取强制执行措施时，对前款所列纳税人、扣缴义务人、纳税担保人未缴纳的滞纳金同时强制执行。个人及其所扶养家属维持生活必需的住房和用品，不在强制执行措施的范围之内。"因此，只有 AD 符合法律规定。

49. 根据法律规定，下列哪些个人所得可以免征个人所得税？

    A. 甲存入国有商业银行存款而获得的利息收入 500 元

    B. 乙向保险公司投保获得的保险赔款 200 元

    C. 丙因工负伤获得的抚恤金 3000 元

    D. 丁获得县人民政府颁发的教育奖金 5000 元

【答案】BC

【解析】根据《个人所得税法》第 2 条："下列各项个人所得,应纳个人所得税:一、工资、薪金所得;二、个体工商户的生产、经营所得;三、对企事业单位的承包经营、承租经营所得;四、劳务报酬所得;五、稿酬所得;六、特许权使用费所得;七、利息、股息、红利所得;八、财产租赁所得;九、财产转让所得;十、偶然所得;十一、经国务院财政部门确定征税的其它所得。"第 4 条:"下列各项个人所得,免纳个人所得税:一、省级人民政府、国务院部委和中国人民解放军军以上单位,以及外国组织、国际组织颁发的科学、教育、技术、文化、卫生、体育、环境保护等方面的奖金;二、国债和国家发行的金融债券利息;三、按照国家统一规定发给的补贴、津贴;四、福利费、抚恤金、救济金;五、保险赔款;六、军人的转业费、复员费;七、按照国家统一规定发给干部、职工的安家费、退职费、退休工资、离休工资、离休生活补助费;八、依照我国有关法律规定应予免税的各国驻华使馆、领事馆的外交代表、领事官员和其他人员的所得;九、中国政府参加的国际公约、签订的协议中规定免税的所得;十、经国务院财政部门批准免税的所得。"第 6 条第 1 款:"应纳税所得额的计算:一、工资、薪金所得,以每月收入额减除费用八百元后的余额,为应纳税所得额。二、个体工商户的生产、经营所得,以每一纳税年度的收入总额,减除成本、费用以及损失后的余额,为应纳税所得额。三、对企事业单位的承包经营、承租经营所得,以每一纳税年度的收入总额,减除必要费用后的余额,为应纳税所得额。四、劳务报酬所得、稿酬所得、特许权使用费所得、财产租赁所得,每次收入不超过四千元的,减除费用八百元;四千元以上的,减除百分之二十的费用,其余额为应纳税所得额。五、财产转让所得,以转让财产的收入额减除财产原值和合理费用后的余额,为应纳税所得额。六、利息、股息、红利所得,偶然所得和其它所得,以每次收入额为应纳税所得额。"因此,只有 BC 符合法律规定。

50. 某公司欲解除与职工李某之间的劳动合同,其所提出的如下解约理由或做法中,哪些是有法律依据的?

A. 李某经过培训仍不能胜任现工作

B. 李某不满 25 周岁而结婚,违反了公司关于男职工满 25 周岁才能结婚的规定

C. 公司因严重亏损而决定裁员,因此解除与李某的劳动合同

D. 李某非因公出车祸受伤住院,公司向李某送去 3 个月工资并通知其解除劳动合同

【答案】AC

【解析】根据《劳动法》第 25 条:"劳动者有下列情形之一的,用人单位可以解除劳动合同:(一)在试用期间被证明不符合录用条件的;(二)严重违反劳动纪律或者

用人单位规章制度的;（三）严重失职,营私舞弊,对用人单位利益造成重大损害的;（四）被依法追究刑事责任的。"第 26 条:"有下列情形之一的,用人单位可以解除劳动合同,但是应当提前三十日以书面形式通知劳动者本人:（一）劳动者患病或者非因工负伤,医疗期满后,不能从事原工作也不能从事由用人单位另行安排的工作的;（二）劳动者不能胜任工作,经过培训或者调整工作岗位,仍不能胜任工作的;（三）劳动合同订立时所依据的客观情况发生重大变化,致使原劳动合同无法履行,经当事人协商不能就变更劳动合同达成协议的。"第 27 条:"用人单位濒临破产进行法定整顿期间或者生产经营状况发生严重困难,确需裁减人员的,应当提前三十日向工会或者全体职工说明情况,听取工会或者职工的意见,经向劳动行政部门报告后,可以裁减人员。用人单位依据本条规定裁减人员,在六个月内录用人员的,应当优先录用被裁减的人员。"第 29 条:"劳动者有下列情形之一的,用人单位不得依据本法第二十六条、第二十七条的规定解除劳动合同:（一）患职业病或者因工负伤并被确认丧失或者部分丧失劳动能力的;（二）患病或者负伤,在规定的医疗期内的;（三）女职工在孕期、产期、哺乳期内的;（四）法律、行政法规规定的其他情形。"公司关于职工结婚的规定与劳动纪律无关,而且本身也不合法,所以不在考虑之内。因此,只有 AC 符合法律规定。

51. 甲公司作为招标人,就一工程项目通过媒体发布招标公告。乙公司向甲公司寄发了投标书。后乙公司中标,甲公司向乙公司寄发了中标通知书。下列关于该事例的表述哪些是错误的?

    A. 乙公司向甲公司寄发投标书的行为属于要约行为
    B. 自中标通知书到达乙公司时起,甲乙之间的合同成立
    C. 中标通知书寄出后,甲公司如确有特殊情况可以修改部分中标项目而无须承担法律责任
    D. 乙公司中标后经招标人同意可以将中标项目分包给他人,并由分包人对招标人负责

    【答案】BCD
    【解析】根据《招标投标法》第 45 条:"中标人确定后,招标人应当向中标人发出中标通知书,并同时将中标结果通知所有未中标的投标人。中标通知书对招标人和中标人具有法律效力。中标通知书发出后,招标人改变中标结果的,或者中标人放弃中标项目的,应当依法承担法律责任。"由此可见,中标通知书是承诺,而且其生效采取发信主义。第 46 条:"招标人和中标人应当自中标通知书发出之日起三十日内,

按照招标文件和中标人的投标文件订立书面合同。招标人和中标人不得再行订立背离合同实质性内容的其他协议。招标文件要求中标人提交履约保证金的，中标人应当提交。"由此可见，合同的成立是书面的招标合同的签订。第 48 条："中标人应当按照合同约定履行义务，完成中标项目。中标人不得向他人转让中标项目，也不得将中标项目肢解后分别向他人转让。中标人按照合同约定或者经招标人同意，可以将中标项目的部分非主体、非关键性工作分包给他人完成。接受分包的人应当具备相应的资格条件，并不得再次分包。中标人应当就分包项目向招标人负责，接受分包的人就分包项目承担连带责任。"由此可见，分包必须符合严格的限定条件，而且中标人仍应就分包项目向招标人负责。因此，只有 BCD 符合法律规定。

52. 商业银行出现信用危机严重影响存款人利益时，可由中央银行对其实行接管。下列有关商业银行接管的表述，哪些符合我国现行法律的规定？

　　A. 非经接管程序，商业银行不得解散或破产

　　B. 实行接管后，商业银行的债权债务由接管组织概括承受

　　C. 接管的期限最长不超过 2 年

　　D. 自接管之日起，由接管组织行使商业银行的经营管理权力

【答案】CD

【解析】根据《商业银行法》第 64 条："商业银行已经或者可能发生信用危机，严重影响存款人的利益时，中国人民银行可以对该银行实行接管。接管的目的是对被接管的商业银行采取必要措施，以保护存款人的利益，恢复商业银行的正常经营能力。被接管的商业银行的债权债务关系不因接管而变化。"第 66 条："接管自接管决定实施之日起开始。自接管开始之日起，由接管组织行使商业银行的经营管理权力。"第 67 条："接管期限届满，中国人民银行可以决定延期，但接管期限最长不得超过二年。"因此，只有 CD 符合法律规定。

53. 2003 年 8 月，由于天气干旱，农民甲的农作物缺水，甲便将某化肥厂排放的污水引入自己的农田灌溉，结果造成农作物死亡，甲要求化肥厂承担赔偿责任。下列关于此案的说法哪些是正确的？

　　A. 根据无过错原则，化肥厂应承担赔偿责任

　　B. 甲可以直接以化肥厂为被告提起诉讼

　　C. 化肥厂须举证证明损害是由甲自己的行为造成的方可免责

　　D. 甲提起诉讼的最后期限为 2006 年 8 月

【答案】BCD

【解析】根据《环境保护法》第 41 条："造成环境污染危害的，有责任排除危害，并对直接受到损害的单位或者个人赔偿损失。赔偿责任和赔偿金额的纠纷，可以根据当事人的请求，由环境保护行政主管部门或者其他依照法律规定行使环境监督管理权的部门处理；当事人对处理决定不服的，可以向人民法院起诉。当事人也可以直接向人民法院起诉。完全由于不可抗拒的自然灾害，并经及时采取合理措施，仍然不能避免造成环境污染损害的，免予承担责任。"第 42 条："因环境污染损害赔偿提起诉讼的时效期间为三年，从当事人知道或者应当知道受到污染损害时起计算。"环境污染损害民事责任是一种特殊的侵权责任，实行举证责任倒置。除了上述第 41 条规定的免责事由外，如果致害人能证明损害是受害人自身造成的或完全是因为第三人造成的，也可免责。因此，只有 BCD 符合法律规定。

54. 证券发行中因虚假陈述致使投资者在证券投资中遭受损失的，发行人、承销商应承担赔偿责任，下列哪些人应负连带赔偿责任？

    A. 发行人的董事、监事、经理

    B. 承销商的董事、监事、经理

    C. 出具证券投资咨询意见的咨询机构

    D. 出具法律意见书的律师事务所

【答案】ABD

【解析】根据《证券法》第 63 条："发行人、承销的证券公司公告招股说明书、公司债券募集办法、财务会计报告、上市报告文件、年度报告、中期报告、临时报告，存在虚假记载、误导性陈述或者有重大遗漏，致使投资者在证券交易中遭受损失的，发行人、承销的证券公司应当承担赔偿责任，发行人、承销的证券公司的负有责任的董事、监事、经理应当承担连带赔偿责任。"因此，只有 ABD 符合法律规定。

55. 甲股份有限公司债券上市交易后因出现法定情形被暂停上市。下列哪些表述符合暂停上市的规定？

    A. 甲公司最近 2 年连续亏损

    B. 甲公司的法定代表人发生变更

    C. 甲公司发生重大违法行为

    D. 甲公司未按照公司债券募集办法的规定履行义务

【答案】ACD

【解析】根据《证券法》第 55 条："公司债券上市交易后，公司有下列情形之一的，由国务院证券监督管理机构决定暂停其公司债券上市交易：（一）公司有重大违法行为；（二）公司情况发生重大变化不符合公司债券上市条件；（三）公司债券所募集资金不按照审批机关批准的用途使用；（四）未按照公司债券募集办法履行义务；（五）公司最近二年连续亏损。"因此，只有 ACD 符合法律规定。

56. 根据《证券法》和《公司法》的规定，下列关于证券交易限制情形的表述哪些是正确的？

　　A. 发行人所持股票，在公司成立之日起 3 年内不得转让

　　B. 公司董事、经理、监事在任职期间不得转让本公司股票

　　C. 持有一个公司已发行股份 5% 的股东，其股票在买入后 6 个月内不得卖出

　　D. 公司绝对控股的股东，其股票于购入之日起 1 年内不得转让

【答案】AB

【解析】根据《公司法》第 147 条："发行人持有的本公司股份，自公司成立之日起 3 年内不得转让。公司董事、经理、监事应当向公司申报所持有的本公司的股份，并在任职期间内不得转让。"根据《证券法》第 41 条："持有一个股份有限公司已发行的股份百分之五的股东，应当在其持股数额达到该比例之日起三日内向该公司报告，公司必须在接到报告之日起三日内向国务院证券监督管理机构报告；属于上市公司的，应当同时向证券交易所报告。"第 42 条："前条规定的股东，将其所持有的该公司的股票在买入后六个月内卖出，或者在卖出后六个月内又买入，由此所得收益归该公司所有，公司董事会应当收回该股东所得收益。但是，证券公司因包销购入售后剩余股票而持有百分之五以上股份的，卖出该股票时不受六个月时间限制。公司董事会不按照前款规定执行的，其他股东有权要求董事会执行。公司董事会不按照第一款的规定执行，致使公司遭受损害的，负有责任的董事依法承担连带赔偿责任。"因此，只有 AB 符合法律规定。

57. 甲国政府与乙国"绿宝"公司在乙国订立了一项环保开发合同，合同履行过程中出现纠纷。"绿宝"公司以甲国政府没有及时按照合同支付有关款项为由诉至乙国法院，甲国政府派代表向法院阐述了甲国一贯坚持的绝对豁免主义立场。如果乙国是采取相对豁免主义的国家，根据目前的国际法规则和实践，下列哪些表述是正确的？

　　A. 甲国政府订立上述合同行为本身，是一种商业活动，已构成对其国家豁免权的放弃，乙国法院可以管辖

B. 甲国政府派代表向法院作出说明，这一事实不意味着甲国已放弃在此诉讼中的国家豁免权

C. 即使甲国在其他案件上曾经接受过乙国法院的管辖，也不能意味着，乙国法院在此案中当然地可以管辖

D. 乙国法院作出缺席判决后，甲国要求乙国宣布该判决无效。甲国这一行为表明，甲国此前已接受了乙国法院的管辖

【答案】BC

【解析】A 项属于一国在他国领土内从事商业活动，这种活动本身不构成豁免的放弃，故 A 项错误；B 项属于国家或其授权的代表出庭主张豁免本身不构成主权豁免的放弃，故 B 项正确；C 项豁免的放弃需要针对个案进行，不能以在某一案件中放弃了豁免就视为在所有以后的案件中都放弃了主权豁免，故 C 项正确；D 项错误，因为一国主张他国法院判决无效的行为不能视为该国此前已放弃了主权豁免。

58. 假设甲、乙两国自愿经过谈判、签署和批准程序，缔结了一项条约。该条约内容包括：出于两国的共同利益。甲国将本国领土提供给乙国的军事力量使用，用来攻击并消灭丙国国内的某个种族。根据国际法，下列哪些说法是错误的？

A. 由于双方平等自愿缔约，满足条约成立的实质要件，因此该条约是合法有效的

B. 由于条约经过合法的缔结程序，因此该条约是合法有效的

C. 如果该条约的上述内容得到丙国同意，则缔约行为的不法性可以排除

D. 如果该条约的上述内容被实施，则乙国的行为构成国际不法行为，甲国的行为不构成不法行为

【答案】ABCD

【解析】根据《维也纳条约法公约》和国际法基本原则，一项条约要合法有效须具备如下几个条件：(1) 具有缔约能力和缔约权，即国际法主体方具有缔约能力，非国际法主体没有普遍地合法缔结条约的资格，缔约权是指具有缔约能力的主体根据其内部的规则，赋予某个机关或个人对外缔结条约的权限，即主体要合格；(2) 自由同意，即缔约方须自由地表示同意，类似于合同法上的意思表示真实；(3) 符合强行法规则，强行法是为了整个国际社会的利益而存在的，是国际社会全体公认为不能违背、并且以后只能以同等性质的规则才能变更的规则，个别国家不能以国家间的条约排除其效力和适用，国际法基本原则是典型的国际强行法。

根据上述规则，本题中甲乙两国间签订的条约尽管从主体方面是合格的，都是有缔约能力和缔约权的国家，两国也都属自由同意，符合条约成立有效的前两个要件，

但两国签订条约的目的是对他国使用武力和进行种族灭绝，这既违反了不使用武力原则，又构成种族灭绝的国际罪行，属于违反国际强行法的条约，因此条约肯定是无效的，不成立的。因此，AB 两项是显而易见的错误选项，C 项较具有迷惑性，根据国际法律责任的知识，一国的国家不当行为会导致国际法律责任，但这种不当性可因受害国的同意而排除，但要主意这里的同意须是以致害国的行为不违反强行法为限，如果致害国的行为是违反国际强行法的行为，即使受害国同意，也不能排除致害国行为的不当性（不法性），因此，C 项是错误的。D 项错误，是因为甲国尽管没有积极的致害行为，但其在明知的情况下提供土地给乙国用于违反国际法的目的的行为也是国际不法行为，也要承担国际责任，这一点类似于民法上的共同侵权。因此本题四个说法都是错误的。

59. 甲国发射的气象卫星"雷公号"撞上了乙国飞行的遥感卫星"神眼号"，造成"神眼号"卫星坠落。"神眼号"的碎片撞上了丙国境内正在飞行的丙国民航飞机，造成该飞机坠落。同时卫星碎片还将丙国地面的一个行人砸死。甲乙丙三国都是外空一系列公约的当事国。根据外空法的有关制度，下列哪些表述是正确的？

　A. 甲乙两国对卫星碎片造成的丙国行人的损害应承担绝对责任

　B. 甲乙两国对卫星碎片带来的丙国飞机的损害应承担绝对责任

　C. 对于卫星碎片造成的丙国飞机的坠落，甲乙丙三国应各自承担过错责任

　D. 对于"雷公号"和"神眼号"的相撞，甲乙两国应根据各自的过错，承担相应的责任

【答案】ABD

【解析】根据 1972 年《空间物体造成损害的国际责任公约》（简称责任公约），发射国对其空间物体造成他国损害的责任制度可以概括为四点：（1）发射物在地球表面或给飞行中的飞机造成的损害的，发射国应负赔偿的绝对责任；（2）发射物在地球表面以外的其他任何地方（主要是外空）给他国的空间物体、宇航员、或其他财产造成损害的，发射国应负赔偿的过失责任；（3）甲国发射物在地球表面以外的地方（外层空间）对乙国的空间物体造成损害，并因此对地球表面的丙国人员、财产，包括飞行中的飞机造成损害的，则甲乙两国对丙国负绝对责任；（4）甲国发射物在地球表面以外的地方（外层空间）对乙国的空间物体造成损害，并因此对丙国在外空的空间物体、人员、财产造成损害的，则甲乙两国依各自的过失承担相应的责任。

　　根据上述规则的第 3 项，甲国的"雷公号"与乙国的"神眼号"在外空发生碰撞，由此对地球表面的丙国飞行中的飞机和地面人员造成损害，则甲依两国应对丙国

的损害承担绝对的赔偿责任，因此 AB 选项正确，而 C 项错误；根据上述规则第 2 项，"雷公号"和"神眼号"的相撞属于在外空发生的碰撞，适用过失责任，因此 D 项正确。

60. 甲乙两国都是维也纳外交关系公约的缔约国。赵某为甲国派驻乙国的商务参赞。在乙国任职期间，赵某遇到的下列哪些争议可以由乙国法院管辖？

A. 赵某以使馆的名义，向乙国某公司购买一栋房屋，因欠款而被售房公司起诉

B. 赵某在乙国的叔叔去世，其遗嘱言明将一栋位于乙国的楼房由赵某继承，但其叔叔之子对此有异议，而诉诸法院

C. 赵某工作之余，为乙国一学生教授外语并收取酬金，但其未能如约按时辅导该学生，该学生诉诸法院，要求其承担违约责任

D. 赵某与使馆的另一位参赞李某，因国内债务问题发生纠纷，李某试图将此纠纷诉诸乙国法院解决

【答案】BC

【解析】根据《维也纳外交关系公约》，参赞同使馆的馆长、武官、秘书、随员都属于外交人员的范畴，这些外交人员在接受国享有民事管辖豁免，即非经该外交人员的派遣国的同意，接受国法院一般不得对涉及外交人员的民商事案件进行管辖，包括不进行审判和处罚，也不采取强制执行措施，但有如下一些例外：（1）外交人员在接受国境内的私有不动产物权的诉讼，但外交人员若代表派遣国为使馆用途而置有的不动产引起的诉讼仍享有豁免；（2）外交人员以私人身份作为遗嘱执行人、遗产管理人、继承人或受赠人引起的继承诉讼；（3）外交人员在接受国内在公务范围以外所从事之专业或商务活动的诉讼；（4）外交人员主动起诉而引起的与该诉讼直接有关的反诉。也就是说，在上述四种情况下的民事诉讼，接受国法院可以行使管辖权，外交人员不享有豁免。

根据上述规则，A 项不属于外交官在接受国境内的私有不动产物权引发的诉讼，而属于代表派遣国而置有的不动产，应享有豁免；B 项属于外交人员在接受国境内作为遗产继承人引发的诉讼，不享有豁免；C 项属于外交人员在公务范围以外从事的专业或商务活动引发的诉讼，不能享有豁免；D 项两个外交官在其派遣国的债务纠纷，不属于上面四种例外的范畴，因此，仍然享有豁免，接受国法院对此无管辖权。

61. 人民法院处理涉外民商事案件会碰到依据我国法律中冲突规范的规定应当适用外国法的情况。对于应当适用的外国法律，人民法院可以通过下列哪些途径查明？

    A. 由当事人提供

    B. 由该国驻我国使馆提供

    C. 由我国驻该外国使领馆提供

    D. 由中外法律专家提供

    【答案】ABCD

    【解析】根据最高人民法院 1988 年《关于贯彻执行〈中华人民共和国民法通则〉若干问题的意见（试行）》第 193 条的规定，我国法院在审理涉外案件时，根据本国冲突规范的指引，对于应当适用的外国法律，可通过下列途径查明：（1）由当事人提供；（2）由与我国订立司法协助协定的缔约对方的中央机关提供；（3）由我国驻该国使领馆提供；（4）由该国驻我国使馆提供；（5）由中外法律专家提供。因此，本题 ABCD 都是正确的。

62. 王某系已取得美国国籍且在纽约有住所的华人，1996 年 2 月回中国探亲期间病故于上海，未留遗嘱。王某在上海遗有 1 栋别墅和 200 万元人民币的存款，在美国纽约遗有 1 套公寓房、2 家商店、3 辆汽车、若干存款。王某在纽约没有亲属，其在上海的亲属因继承王某遗产发生争议，诉至上海某人民法院。根据国家私法规则，我国法院应适用下列哪些法律审理这一案件？

    A. 在纽约州的财产适用纽约州法律

    B. 在上海的财产适用中国法律

    C. 遗产中的动产适用纽约州法律

    D. 遗产中的不动产适用不动产所在地法律

    【答案】CD

    【解析】首先本题中提到王某是一个美籍华人，表明主体是外国人，同时作为继承的标的物遗产有的在国内，有的在国外，说明客体涉外，这显然属于涉外继承关系。同时题干中又提到王某死亡时没有留下遗嘱，表明该继承是法定继承而不是遗嘱继承，根据我国 1985 年 4 月 10 日通过的《继承法》第 36 条规定："中国公民继承在中华人民共和国境外的遗产或者继承在中华人民共和国境内的外国人的遗产，动产适用被继承人住所地法律，不动产适用不动产所在地法律"，以及 1986 年《民法通则》第 149 条的进一步规定："遗产的法定继承，动产适用被继承人死亡时住所地法律，不动产适用不动产所在地法律。"CD 是正确答案。

本题中，被继承人王某死亡时的住所地在纽约，而不是在上海，尽管他在上海有别墅，但别墅并不一定是法律意义上的住所，因为法律意义上的住所不但要有居住事实而且要有久居的意思，而这两点都是题中所没有告诉我们的，所以上海的别墅只能归入法律上的不动产的范畴，而不能视为住所。因此被继承人死亡时的住所地法应当是纽约州的法律。A 项错误是因为王某的遗产无论是在纽约的还是在上海的，都既有不动产，又有动产，我国的法定继承实行区别制，即将遗产区分为动产和不动产，分别适用不同的法律。因此，AB 项不区分动产与不动产统一适用一个地方的法律是错误的。

63. 荷兰人迈克在中国工作期间被一同事过失伤害。因双方就损害赔偿标准达不成协议，迈克向工作所在地某人民法院提起诉讼，他可以委托下列哪些人为其诉讼代理人？

   A. 荷兰人
   B. 以律师身份担任诉讼代理人的荷兰律师
   C. 以非律师身份担任诉讼代理人的荷兰律师
   D. 以个人名义出任诉讼代理人的荷兰驻华使领馆官员

【答案】ACD

【解析】根据我国《民事诉讼法》第 241 条及其司法解释 308 条、309 条，外国人在我国法院参与诉讼时，可以亲自进行，也有权通过一定程序委托我国的律师或其他公民代为进行，需要委托律师代理诉讼的，必须委托我国律师代为诉讼，也可以委托其本国人及其本国律师以非律师身份担任诉讼代理人，还可以委托其本国驻华使领馆官员以个人名义担任诉讼代理人，当然其也可以委托中国公民担任其诉讼代理人，因此本题正确答案是 ACD。B 项错在荷兰律师不能以律师身份作为荷兰人麦克在中国的诉讼代理人。

64. 按照我国《民法通则》及其司法解释的规定，父母子女相互之间的扶养、夫妻相互之间的扶养以及其他有扶养关系的人之间的扶养，应当适用与被扶养人有最密切联系的国家的法律。下列哪些国家可以视为与被扶养人有最密切联系的国家？

   A. 扶养人和被扶养人的国籍国
   B. 扶养人和被扶养人的住所地国
   C. 扶养人和被扶养人的居所地国
   D. 供养被扶养人的财产所在地国

【答案】ABD

【解析】我国《民法通则》第 148 条规定："扶养适用与被扶养人有最密切联系的国家的法律。"在司法解释层面，1988 年最高人民法院关于贯彻执行《中华人民共和国民法通则》若干问题的意见（试行）第 190 条规定："父母子女相互之间的扶养、夫妻相互之间的扶养以及其他有扶养关系的人之间的扶养，应当适用与被扶养人有最密切联系国家的法律。扶养人和被扶养人的国籍、住所以及供养被扶养人的财产所在地，均可视为与被扶养人有最密切的关系。"根据该司法解释的规定，本题正确答案是 ABD。C 项没有法律依据。

65. 中国法院就一家中国公司和一家瑞士公司之间的技术转让纠纷作出判决。判决发生效力后，瑞士公司拒不执行法院判决，而且该公司在中国既无办事机构、分支机构和代理机构，也无财产。关于该判决的承认和执行，下列选项中的哪些表述是正确的？

    A. 中国公司直接向有管辖权的瑞士法院申请承认和执行

    B. 中国公司向国际法院申请承认和执行

    C. 由人民法院依照我国缔结或者参加的国际条约的规定，请求瑞士法院承认和执行

    D. 由人民法院直接采取强制措施执行

【答案】AC

【解析】我国《民事诉讼法》第 266 条规定："我国法院作出的已经发生法律效力的判决、裁定，如果被执行人或者其财产不在我国领域内，当事人请求执行的，可以由当事人直接向有管辖权的外国法院申请承认和执行，也可以由我国法院依照我国缔结或者参加的国际条约的规定，或者按照互惠原则，请求外国法院承认和执行。"根据这条规定，AC 是正确答案。B 项错在国际法院的诉讼管辖权只涉及公法意义上的国家间的争端，不涉及私法意义上的民商事争议，且国际法院没有强制执行权，国际法院做出的判决需要通过联合国安理会的机制来保证实施。D 项错误，因为一国法院的司法权的行使通常具有严格的地域性，仅限于本国境内，本题中，被执行人在我国既无办事机构、分支机构和代理机构，又无财产，我国人民法院不可能直接在境内采取强制执行措施，同时根据司法权的地域性，又不能到别的国家直接采取强制执行措施，因此，D 项错误。

66. 《联合国国际货物销售合同公约》适用于下列哪些合同？

    A. 营业地在不同缔约国的当事人之间所订立的货物销售合同

    B. 住所地在不同缔约国的当事人之间所订立的货物销售合同

C. 具有不同締約國國籍的當事人之間所訂立的貨物銷售合同

D. 在國際私法規則導致適用某一締約國法律的條件下，營業地在不同國家的當事人之間所訂立的貨物銷售合同

【答案】AD

【解析】《公約》的適用首先要注意"營業地主義"，即公約通常適用於營業地在不同締約國的當事人之間所訂立的貨物銷售合同，而不考慮當事人雙方是否具有同一國籍。也就是說即使交易的買賣雙方為同一國家的公司企業，只要賣方的營業地與買方的營業地不在同一國家，公約就適用。相反，雖然買賣雙方為不同國家的公司企業，但交易時雙方營業地在同一國家，公約仍不適用。如果交易一方有多個營業所，以哪一個營業所來判斷跨國性呢？公約規定，以與交易有最密切聯繫的營業所為判斷依據。因此，A 項正確。BC 項錯誤，因為公約堅持的是"營業地標準"，而不是"住所地標準"、"國籍標準"。D 項實際上是關於公約擴大適用的規定，根據公約規定，營業地在不同國家的當事人之間所訂立的貨物銷售合同，如果國際私法規則導致適用某一公約締約國的法律，儘管當事人雙方營業所所在國有一個不是或兩個都不是公約締約國，公約照樣適用於該合同，這就是所謂"擴大適用"。故 D 項也是正確的。

67. 假設甲國為《保護文學藝術作品伯爾尼公約》的成員國，乙國為非成員國。依該公約的規定，下列哪些作品可以享有國民待遇？

A. 甲國公民在甲國和乙國同時出版的文學作品

B. 乙國公民首先在甲國出版的文學作品

C. 在甲國有住所的乙國公民的文學作品

D. 乙國公民在乙國發表的文學作品

【答案】ABC

【解析】根據《伯爾尼公約》規定，對文學藝術作品的版權保護實行"雙國籍國民待遇"原則：（1）"作者國籍標準"，又包括兩層含義，其一只要是公約成員國的國民，其作品無論是否出版，在各成員國均享有國民待遇；其二如果是非成員國的國民，只要在成員國境內有慣常居所的，其作品無論是否出版，也同樣在一切成員國享有國民待遇，這兩種情況都是"作者國籍標準"，也被稱為"人身標準"。（2）"作品國籍標準"，即非公約成員國國民，只要其作品首先在某一個成員國出版，或者同時在一個成員國和非成員國出版，也應在一切成員國中享有國民待遇，這也被稱為"地理標準"。

根據上述規定，甲國由於是公約締約國，其本國公民出版的作品根據"作者國籍"標準當然享有國民待遇，故 A 項正確；乙國雖不是公約締約國，但乙國公民首

先在缔约国甲国发表的作品根据"作品国籍标准"，也应享有国民待遇，故 B 项正确；在缔约国甲国有住所的乙国公民的作品根据"作者国籍标准"也应享有国民待遇，故 C 项正确；D 项不享有国民待遇，因为该乙国公民既没有在公约缔约国拥有住所，作品有没有首先在公约缔约国发表，既不符合"作者国籍标准"，又不符合"作品国籍标准"，故不能享有国民待遇。

68. A 国某公司以 CIF 价与中国某公司签订了向中国出口食品 2000 箱的合同，A 国公司在货物装运后，凭已装船清洁提单和已投保一切险及战争险的保险单，向银行办理了结汇，货到目的港后经复验发现，该批货物中的 342 箱食品所含的沙门氏细菌超过进口国的标准，中国公司只实收 1995 箱货物，短少 5 箱。下列选项哪些说法是正确的？

 A. 对于细菌超过标准的货物，中国公司应向 A 国公司索赔

 B. 对短少的货物，中国公司应向 A 国公司索赔

 C. 对短少的货物，中国公司应向承运人索赔

 D. 对细菌超过标准的货物，中国公司可以要求减少价金，但不能要求损害赔偿

【答案】AC

【解析】首先搞清楚本题中的损失有两项：一是部分货物中的细菌超标，二是货物数量短少。前一损失属于货物的固有缺陷，根据海牙规则中规定的承运人的 17 项免责，以及我国《海商法》第 51 条第（九）项、第 243 条第（二）项，这种损失既不能要求承运人承担责任也不能要求保险公司承担责任，因为它属于承运人的免责事项和保险公司的除外责任事项，那么这个损失只能向出卖方索赔，因为出卖方未交付品质合格的货物，违反了卖方的品质担保义务。那么对该损失能否依据贸易术语 CIF 的风险转移规则由买方来承担呢？答案是不能，因为货物风险转移的前提是买方交货时所交货物是符合合同约定的，如果交货前卖方已经违约（货物品质有瑕疵），则风险不转移。故 A 项是正确的。

 对后一损失，货物短少买方不能向卖方索赔，因为承运人签发了 2000 箱货物清洁提单，表明承运人已收到托运人（卖方 A 国公司）交付的 2000 箱货物，也表明托运人按合同约定数量完成交货义务，而且提单的这项记载在收货人和承运人之间是最终证据，因此不能向托运人（卖方）索赔，题中没有提供承运人可以对此免责的事由，因此，B 项错误，C 项正确。D 项错在中国公司不但可以要求减少价金，还可以要求损害赔偿，因为根据《联合国国际货物销售合同公约》的规定，买卖双方在对方违约时采用任何其他救济手段都不影响守约方要求损害赔偿的权利，这也是各国合同法的通常规定。

69. 下列世界贸易组织成员国外商投资法律中的哪些规定违反了与贸易有关的投资措施协议的要求？

    A. 在合资企业中，本地股权应占 51％以上

    B. 合资企业所需原材料应优先从国内购买

    C. 合资企业进口货值不得超过当年度出口货值

    D. 合资企业必须提供外汇平衡的保证

【答案】BCD

【解析】虽然投资问题现在还没有正式纳入世界贸易组织（WTO）谈判的正式议题，但是在 1987-1995 年的乌拉圭回合谈判中，一些对国际贸易正常流向产生扭曲作用的"投资措施"问题已被列入谈判议题，所谓"投资措施"是东道国调整外商投资的各种法律法规、政策的总称，如发展中国家为鼓励外商投资企业出口赚取外汇，常规定出口产品比例作为外商投资企业获得优惠待遇的条件，或直接规定外商投资企业的产品必须有多少比例出口，这种投资措施被发达国家认为对全球贸易的自由化产生了人为的扭曲作用，因而要求发展中国家废除，《与贸易有关的投资措施协议》（简称《TRIMS》）正是基于这种考虑而制订的，根据《TRIMS》的规定，BCD 均属于该协议禁止的"与贸易有关的投资措施"。A 项属于"当地股权要求"，是各国调整外商投资的常用手段，尽管属于投资措施，但对国际贸易的流向没有直接的或间接的扭曲作用，因此，不属于《TRIMS》禁止的与贸易有关的投资措施。因此，只有 BCD 符合要求。

70. 中国甲公司从美国乙公司进口一批水果，合同约定货到验收后付款。货物到达目的港，甲公司提货验收后，发现货物总重量短少 12％，单个体积和重量也不符合合同规定。下列有关此案的表述哪些是正确的？

    A. 甲公司有权拒绝接收货物

    B. 甲公司有权要求退货

    C. 甲公司可以将货物寄放于第三方仓库，其费用由乙公司承担

    D. 甲公司可以将货物出售，并从出售价款中扣除保全货物和销售货物发生的合理费用

【答案】BCD

【解析】在国际货物买卖中，卖方的主要义务是交货、交单、品质担保、权利担保，买方的主要义务是支付货款和接收货物。买方的接收货物义务要求买方要按时提取货物，不管该货物是否符合合同的规定的质量或数量。接收货物不等于接受货物，接受

表明买方认为货物的质量符合买卖合同的规定, 而接收并不表明买方对货物的质量没有异议, 如货物在目的港经检验与合同不符, 买方也应接收货物, 然后在进行索赔。从题干中的信息看, 卖方显然违反了交货品质担保义务, 存在违约行为, 此时, 买方有义务先接收货物, 再追究卖方的违约责任。因此, A 项错误。根据《联合国国际货物销售合同公约》第 77 条规定: "声称另一方违反合同的一方, 必须按情况采取合理措施, 减轻由于该另一方违反合同而引起的损失, 包括利润方面的损失。如果他不采取这种措施, 违反合同一方可以要求从损害赔偿中扣除原可以减轻的损失数额"。故本题 CD 项的做法是正确的。B 项正确, 题干暗示的信息表明卖方交付的货物根本无法实现买方的合同目的, 已构成根本违约。因此, 买方在收货后有权退货, 即《公约》中的宣告合同无效, 类似于我国合同法中的解除合同。

71. 载有 "软条款" 的信用证是对受益人危害极大的信用证, 下列哪些规定应被视为信用证的 "软条款"?

A. 本信用证付款以货物经开证申请人或其授权人检验合格并签发检验证书为条件

B. 本信用证的生效以开证行的另行通知为条件

C. 受益人在议付时应提交的单据包括出口地商检机构的检验证书

D. 受益人在议付时应提交开证申请人或其授权代表签署的货运收据, 该签名应与开证行所保留的签名样本相符

【答案】ABD

【解析】软条款信用证是常见的信用证欺诈方式。其基本原理是在开立信用证是在信用证中规定一些限制性条款, 这些限制性条款可以使开证申请人 (买方) 控制整笔交易, 而使受益人 (卖方) 处于受制于他人的被动地位, 受益人能否拿到货款取决于开证申请人是否签发特定的凭据, 而开证申请人在诈骗得手后根本不会签发这样的付款凭据, 从而使受益人根本拿不到货款。常见的 "软条款" 有如下几种: (1) 限制性付款条款。如规定: "信用证项下的付款须在货物清关后进行"、或 "开证行须在货物经检验合格后方可支付", 本题中的 A 选项即属于此一类, 实际上在 A 项情况下, 买方通常在骗得履约保证金后往往拒不签发检验合格证书, 或干脆消失, 使得受益人遭受损失。D 项也属于此类软条款。(2) 暂不生效条款。如 B 项。在此情况下, 卖方往往最终等不到开证行的所谓 "另行通知"。(3) 加列各种限制。如 "出口货物须经开证申请人派员检验, 合格后出具检验认可的证书"、"货物装运日期、装运港、目的港须待开证申请人同意, 由开证行以修改书的形式另行通知"。C 项属于双方约定的跟单信用证所要跟的单据, 不属于软条款。故本题正确答案是 ABD。

72. 一批投保了海洋运输货物险"一切险"的货物发生了损失。在此情况下，下列选项中哪些事故原因可使保险公司不承担赔偿责任？

    A. 货物损失是发货人在发运货物前包装不当造成的

    B. 货物损失是由于货物在装船前已经有虫卵，运输途中孵化而导致的

    C. 货物损失是由于运输迟延引起的

    D. 货物损失是由于承运人驾驶船舶过失造成的

    【答案】ABC

    【解析】关于保险人的除外责任，我国《海商法》第242条规定："对于被保险人故意造成的损失，保险人不负赔偿责任"。第243条规定："除合同另有约定外，因下列原因之一造成货物损失的，保险人不负赔偿责任：（一）航行迟延、交货迟延或者行市变化；（二）货物的自然损耗、本身的缺陷和自然特性；（三）包装不当"。根据上述规定，ABC三项都属于保险人的除外责任，保险公司都可以之为由拒绝承担赔偿责任。D项承运人驾驶船舶过失造成的货损若属于一切险的承保范围，保险人仍要承担责任。承运人对驾船过失享有免责。因此，只有ABC符合法律规定。

73. 日本在关税与贸易总协定1964年肯尼迪回合谈判中，对黑白胶卷的进口关税承诺不超过40%，在1979年东京回合谈判中，对黑白胶卷的关税承诺不超过30%，1994年乌拉圭回合谈判中，对黑白胶卷的关税承诺不超过20%。下列选项哪些是正确的？

    A. 肯尼迪回合的关税减让依然有效

    B. 日本现在对进口黑白胶卷可以收取25%的反倾销税

    C. 根据海关提供服务所产生的费用，日本可以收取与之相当的服务费

    D. 日本现在对从美国进口的黑白胶卷适用15%的关税，违反了关税减让承诺

    【答案】ABC

    【解析】约束性关税是指对一种产品，一个缔约方所承诺给予其他缔约方的待遇，它常以在减让表中列明产品清单方式表示，约束税率（bindings）是承诺可征收税率的最高限额，缔约方有义务不超过该项产品的关税标准（除非经其他有关规则允许，如反倾销），但可以把实际税率定在低于约束税率的水平上，每一回合的关税减让谈判谈下来就会有新的关税减让承诺表，但从法律上讲，旧表依然有效（在特定情况下，仍要适用），如东京回合谈下来，并不意味着肯尼迪回合的减让表就失效了。因此，A项正确，D项错误。B项正确，因为进行反倾销征收反倾销税的税率可以不受约束性关税税率的限制。C项正确，因为关税与贸易总协定有关关税的义务，不得阻止任

何成员对任何产品进口随时征收下述关税和费用：对于同类产品或对于用于制造或生产进口产品的全部或部分的产品所征收的，与国内税费的国民待遇义务规定相一致且等于国内税的费用；符合反倾销或反补贴规则的反倾销税或反补贴税；与提供服务的成本相当的规费或其他费用。

74. 在我国，下列哪些属于法官职业道德规范所禁止的不当行为？

   A. 受当事人之托探询其他法官承办案件的审理情况

   B. 庭长要求某法官汇报案件的审理期限问题

   C. 与案件无涉的法官将当事人的诉讼理由书转交给承办该案件的法官

   D. 法官告知当事人其案件准备提交审判委员会讨论

   【答案】ACD

   【解析】根据《法官职业道德基本准则》第 14 条第一款，A 选项属于不当行为；B 选项中庭长是基于管理职责，因此是正当的行为，不应选。根据《法官职业道德基本准则》第 14 条第二款，法官不得向当事人泄漏或者提供有关案件的审理情况，据此，D 选项也属于不当行为。C 选项是否可选，存在争议。C 选项的情形不属于《法官职业道德基本准则》第 13 条第一项所指的"对其他法官正在审理的案件发表评论"，也不属于第 14 条第二款所指的"为当事人或者其代理人、辩护人联系和介绍承办案件的法官"，也谈不上第 8 条所指的"私自单独会见一方当事人及其代理人"（因为该法官与案件无涉）。C 选项只是转交诉讼理由书而已。司法部的答案将 C 也选上，我们认为是不适宜的。

75. 我国律师法和有关法律的规定，律师在执业活动中应保守的秘密事项有哪些？

   A. 关系国家的安全和利益的信息

   B. 关系当事人的商业秘密

   C. 关系当事人的隐私

   D. 合议庭成员名单

   【答案】ABC

   【解析】根据《民事诉讼法》第 123 条第二款和《刑事诉讼法》第 154 条的规定，合议庭成员名单并非保密事项。根据《律师法》第 33 条的规定，A、B、C 为应选项。

76. 法官在主持开庭审理某一刑事案件过程中，检察官与律师就案件的焦点问题展开激烈的辩论，法官多次制止律师的发言。律师对此提出异议，遭到法官拒绝后当即退庭。检察官对正走出法庭的律师说："你要小心点。"事后，律师担心遭报复，向当事人提出解除代理关系。上述案例中，法律职业人员存在的不当行为有哪些？

A. 法官多次制止律师的发言的行为

B. 律师退庭的行为

C. 检察官对律师的言行

D. 律师向当事人提出解除代理关系的行为

【答案】ABCD

【解析】根据《法官职业道德基本准则》第 32 条第一项的规定，A 选项属于不当行为；根据《律师职业道德和执业纪律规范》第 18 条的规定，律师应当遵守法庭纪律，尊重法官，该律师在异议遭到拒绝后当即退庭，明显是对法官权威的不尊重，同时也不利于维护委托人的合法权益（《律师职业道德和执业纪律规范》第 24 条），因此 B 选项也属于不当行为。根据《检察官职业道德规范》，检察官应当文明办案，检察官对正走出法庭的律师说："你要小心点"明显属于不当行为。因此，C 也属于应选项。根据《律师法》第 29 条第二款，律师接受委托后，无正当理由，不得拒绝辩护或者代理。本题中出现的情形不属于《律师法》第 29 条第二款规定的正当理由，因此 D 选项也是不当行为。

77. 按照我国法官职业道德基本准则的规定，以下哪些情况违反了法官在审理案件中应当保持中立地位的要求？

A. 在法庭上对当事人态度不够礼貌

B. 警告当事人如果不按有关规定及时举证则必然败诉

C. 在法庭调解过程中告诉当事人一方：如果不接受调解则肯定败诉

D. 在法庭外与当事人一方就城市交通问题短暂闲聊

【答案】BC

【解析】根据《法官职业道德基本准则》第 11 条第二款，法官在宣判前，不得通过言语、表情或者行为流露自己对裁判结果的观点或态度。据此，B、C 明显违反了司法中立原则。A 选项，根据《法官职业道德基本准则》第 31 条，属于不遵守司法礼仪的行为，不应选。D 选项的情形无碍司法中立和司法公正。

78. 下列选项中，检察官违反职业道德规范，可以直接给予降级、撤职或者开除处分的情形有哪些？

A. 对待证人态度粗暴的

B. 故意拖延办案、贻误工作，情节严重、造成后果的

C. 违反枪支管理规定鸣枪的

D. 干预他人办案，造成恶劣影响的

【答案】BD

【解析】检察官的纪律责任形式分为警告、记过、记大过、降级、撤职、开除六种。题干要求的是"可以直接给予降级、撤职或者开除处分的情形"。很明显，这要求检察官违反职业道德规范的情节比较重。A、C 相对于 B、D 而言，违反职业道德的情节较轻，根据有关规定，给予警告、记过或者记大过即可；而 B、D 的情形，则可以给予降级、撤职或者开除的纪律处分。

79. 下列选项中，哪些属于检察官违反忠诚规范的行为?

A. 参加反对国家的集会、游行、示威等活动

B. 收取当事人钱财，私放在押犯罪嫌疑人

C. 从事经商、办企业或者参与其他营利性活动

D. 因玩忽职守，造成错案

【答案】AD

【解析】检察官的忠诚规范要求：忠于党、忠于国家、忠于人民、忠于事实和法律、忠于人民检察事业、恪尽职守、乐于奉献。A 选项违反了"忠于国家"的要求；D 选项违反了"忠于事实和法律"和"忠于人民检察事业"的要求。因此，A、D 应选。B 选项违反了"保持清正廉洁"的"清廉"要求和"严格执法"的"严明"要求；C 选项违反了"保持清正廉洁"的"清廉"要求。

80. 法官应当自觉避免受到媒体的不当影响。下列哪些行为不利于实现这一目标?

A. 仔细分析媒体上对案件事实问题发表的评论，并作笔记，而且在形成判决过程中作为参考

B. 媒体上关于自己负责的案件的相关报导、评论一概不读

C. 将媒体上关于案件法律问题的研究与评论加以认真研究

D. 发现媒体的报导有明显失实之处，便在媒体上公开发表言论予以评论

【答案】AD

【解析】根据《法官职业道德基本准则》第 7 条，法官在审判活动中，应当独立思考、自主判断，敢于坚持正确的意见；根据《法官法》第 7 条第二项，法官审判案件必须以事实为根据，以法律为准绳。A 选项违反了"独立思考、自主判断"的要求，也违

反了「以事實為根據」的要求(因為法官審判案件所依據的事實必須是有證據證明的事實)。根據《法官職業道德基本準則》第45條,法官發表文章時,應當保持謹慎的態度,不得針對具體案件進行不適當的評論,避免因言語不當使公眾對司法公正產生合理的懷疑。據此,D選項的行為也是不適當的。

三、不定項選擇題,每題所給的選項中有一個或一個以上正確答案,不答、少答或多答均不得分。本部分81-100題,每題1分,共20分。

81. 下列何種表述不屬於法的規則?

    A. 公民的權利能力一律平等

    B. 民事活動應當自願、公平、等價有償、誠實信用

    C. 合同的當事人應當按照合同的約定,全部履行自己的義務

    D. 黨必須在憲法和法律範圍內活動

【答案】ABD

【解析】法的規則,即法律規則,是指採取一定的結構形式具體規定人們的法律權利、法律義務以及相應的法律後果的行為規範。看一個法律條文表述的是不是法律規則,關鍵看該法律條文是否表述的是權利或者義務;如果表述了權利或者義務,那麼就是法律規則。C選項具體規定了合同當事人履行合同約定的法律義務,因此表述了一個法律規則。A、B表述的都是法律原則;D選項壓根兒不是法律條文,當然談不上法律規則了。

82. 下列何種表述屬於法律意識的範疇?

    A. 郭某感覺到中國法官的腐敗行為越來越少了

    B. 賈某因卡式爐爆炸而毀容,向法院起訴要求酒店支付50萬元精神損害賠償金

    C. 梅某認為偷幾本書不構成盜竊罪

    D. 進城務工的農民周某拿不到用人單位報酬,自認倒霉

【答案】ACD

【解析】法律意識是指人們關於法律現象的思想、觀念、知識和心理的總稱,是社會意識的一種特殊形式。賈某因卡式爐爆炸而毀容,向法院起訴要求酒店支付50萬元精神損害賠償金,已經不是法律意識層面的問題,而是法律實踐層次的問題了,因此B選項不應選。其他正確。

83. 下列何种表述符合权利与义务的一般关系?

    A. 法律权利和义务相互依存

    B. 权利和义务具有一定的界限区别

    C. 在任何历史时期,权利总是第一性的,义务总是第二性的

    D. 权利是义务,义务也是权利

【答案】AB

【解析】权利与义务的存在和发展都必须以另一方的存在和发展为条件,因此,法律权利和义务相互依存。因此,A选项正确。权利与义务都有一个适度的范围和限度。对于公民权利而言,法律不限制的,即为公民的权利和自由;对于公民义务而言,必须有法律的规定才是义务。因此,权利与义务存在一定的界限区别。因此,B选项正确。一般而言,在等级特权社会,法律制度往往强调以义务为本位,权利处于次要的地位;而在民主法治社会,法律制度较为重视对个人权利的保护。因此,并不是任何历史时期,权利总是本位的,第一性的。因此,C选项错误。对于公民而言,权利意味着利益,而义务意味着负担,因此公民权利与义务并不是一回事;当然,对于国家机关而言,权利(权力)也是它的义务。因此,D选项错误。

84. 法律解释、法律推理与法律职业、法律思维之间有着密切的联系,法学院同学甲与乙对此有过讨论。甲认为:①法律职业的独特性与其所特有的法律思维是分不开的;②法律思维是一种仅仅依靠法官自由裁量的思维;③法律解释和法律推理是抽象的,它具体体现在法律思维中。乙则认为:①法律思维是一种仅仅进行形式逻辑推理的思维;②通过进行法律解释和法律推理,能够培养和深化法律思维,有助于保持法律职业的自律和自治。下列何种选项的观点是正确的?

    A. 甲的观点①和②

    B. 甲的观点①和乙的观点②

    C. 甲的观点③和乙的观点①

    D. 甲的观点②和乙的观点②

【答案】B

【解析】法律思维是以法律规定为基础的,因此说"法律思维是一种仅仅依靠法官自由裁量的思维"是错误的。法律思维是抽象的,而法律解释和法律推理是具体的,而不是相反,因此"法律解释和法律推理是抽象的,它具体体现在法律思维中"是错误的。因此,甲的观点②和③都是错误的。法律思维具体表现为法律解释和法律推理。法律推理的方法包括形式推理(包括演绎推理和归纳推理)和辩证推理。因此,乙的观点①也是错误的。因此,只有B选项正确。

85. 下列有关美国法的历史地位的何种表述是不正确的?

    A. 美国制定了世界第一部资产阶级成文宪法,奠定了资产阶级宪法的基本格局

    B. 美国刑法率先创造了赎刑制度

    C. 美国创造了立法和司法的双轨制

    D. 美国最早建立了反垄断法制

    【答案】B

    【解析】美国刑法率先创造了缓刑制度,而非赎刑制度。赎刑制度,在中国古代就早已存在,并不是美国首创的制度。因此,B选项不正确。

86. 按照我国宪法的规定,下列何种选项属于需要作出改变或者撤销决定的情形?

    A. 全国人大对全国人大常委会不适当的决定

    B. 国务院对市、县、乡政府不适当的决定和命令

    C. 全国人大常委会对省人大制定的同宪法、法律和行政法规相抵触的地方性法规和决议

    D. 省人大常委会对省政府的不适当的决定和命令

    【答案】ABCD

    【解析】根据宪法第62条第十一项规定,全国人民代表大会有权改变或者撤销全国人民代表大会常务委员会不适当的决定,因此A选项正确。根据宪法第89条第十四项规定,国务院有权改变或者撤销地方各级国家行政机关的不适当的决定和命令,因此B选项也是正确的。根据宪法第67条第八项规定,全国人大常委会有权撤销省、自治区、直辖市国家权力机关制定的同宪法、法律和行政法规相抵触的地方性法规和决议;根据宪法第104条规定,县级以上的地方各级人民代表大会常务委员会有权撤销本级人民政府的不适当的决定和命令。这两种情况,宪法规定的是"撤销",而非"改变或者撤销",严格说来,CD不是应选项。但司法部公布的答案也选上了CD。

87. 黄某系全国人大代表,因正常履行职务受到诬陷,被某市公安机关刑事拘留。根据我国宪法和法律,下列何种表述是正确的?

    A. 该公安机关无权拘留黄某,除非得到全国人大会议主席团的许可

    B. 该公安机关无权拘留黄某,除非得到全国人大常委会的许可

    C. 该公安机关有权拘留黄某,但须立即向全国人大会议主席团或者全国人大常委会报告

    D. 该公安机关有权拘留黄某,但须立即向最高人民检察院报告

【答案】C

【解析】根据《全国人民代表大会组织法》第 44 条第二款规定，全国人民代表大会代表如果因为是现行犯被拘留，执行拘留的公安机关应当立即向全国人民代表大会主席团或者全国人民代表大会常务委员会报告。据此，C 选项是正确的。根据宪法第74 条规定，全国人民代表大会代表，非经全国人民代表大会会议主席团许可，在全国人民代表大会闭会期间非经全国人民代表大会常务委员会许可，不受逮捕或者刑事审判。据此，只有逮捕和刑事审判才需要事先获得许可。

88. 消费者李某在购物中心购买了一台音响设备，依法经有关行政部门认定为不合格商品，李某找到购物中心要求退货。下列何种处理方法是正确的？

    A. 该购物中心认为可以通过更换使李某得到合格产品，因而拒绝退货

    B. 该购物中心认为该产品经过修理能达到合格，因而拒绝退货

    C. 该购物中心应按照消费者的要求无条件负责退货

    D. 该购物中心可以依法选择修理、更换、退货中的任一方式

【答案】C

【解析】根据《消费者权益保护法》第 48 条："依法经有关行政部门认定为不合格的商品，消费者要求退货的，经营者应当负责退货。"据此，C 选项是正确的。

89. 某县人民政府土地管理部门以拍卖方式将位于城区一幅 200 公顷的土地出让给佳丰房地产开发公司，佳丰房地产开发公司依法取得该幅土地的使用权，使用年限为 50年。佳丰房地产开发公司可采用下列何种方式处分其土地使用权？

    A. 无偿赠与给甲企业

    B. 因筹措建设资金而将土地抵押给银行

    C. 将土地使用权出租给乙公司

    D. 与丙企业的土地使用权进行置换

【答案】ABCD

【解析】出让土地使用权人在出让使用期限内依法对土地享有占有权、使用权、收益权和部分处分权，该部分处分权指出让土地使用权人可依法将其享有的土地权利转让、出租、抵押或用于合资、合作经营及其他经济活动，也包括置换。因此全选。

90. 下列关于拍卖标的物瑕疵请求规则的表述何种是正确的？

    A. 对拍品已作确定性陈述的，对所陈述的内容不得以"声明不保证"为由拒绝承

担责任

B. 拍卖人应向竞买人说明标的物的瑕疵

C. 委托人应向拍卖人告知标的物的瑕疵

D. 买受人对已明示的有瑕疵的拍品仍可请求瑕疵担保责任

【答案】ABC

【解析】根据《拍卖法》第 12 条："委托人应当向拍卖人说明拍卖标的的来源和瑕疵。"第 20 条："竞买人有权了解拍卖标的的瑕疵,有权查验拍卖标的和查阅有关拍卖资料。""声明不保证"条款不能对抗确定性陈述,买受人对明示的瑕疵丧失请求权。因此,只有 B 不正确。其他全选。

91. 张某从甲商场购买一电热毯,电热毯为乙厂所产。使用中电热毯发生漏电,致使房间着火,烧毁价值 5000 元的财产,张某本人也被烧伤致残。下列何种表述是正确的?

A. 甲商场和乙厂应对张某的损失承担连带责任

B. 张某因身体伤害要求赔偿的诉讼时效为 1 年

C. 张某可以向被告请求精神损害赔偿

D. 张某遭受的财产损失不属于产品责任,而属于违约责任

【答案】AC

【解析】根据《产品质量法》第 43 条："因产品存在缺陷造成人身、他人财产损害的,受害人可以向产品的生产者要求赔偿,也可以向产品的销售者要求赔偿。属于产品的生产者的责任,产品的销售者赔偿的,产品的销售者有权向产品的生产者追偿。属于产品的销售者的责任,产品的生产者赔偿的,产品的生产者有权向产品的销售者追偿。"第 44 条："因产品存在缺陷造成受害人人身伤害的,侵害人应当赔偿医疗费、治疗期间的护理费、因误工减少的收入等费用;造成残疾的,还应当支付残疾者生活自助具费、生活补助费、残疾赔偿金以及由其扶养的人所必需的生活费等费用;造成受害人死亡的,并应当支付丧葬费、死亡赔偿金以及由死者生前扶养的人所必需的生活费等费用。因产品存在缺陷造成受害人财产损失的,侵害人应当恢复原状或者折价赔偿。受害人因此遭受其他重大损失的,侵害人应当赔偿损失。"第 45 条："因产品存在缺陷造成损害要求赔偿的诉讼时效期间为二年,自当事人知道或者应当知道其权益受到损害时起计算。因产品存在缺陷造成损害要求赔偿的请求权,在造成损害的缺陷产品交付最初消费者满十年丧失;但是,尚未超过明示的安全使用期的除外。"第 46 条："本法所称缺陷,是指产品存在危及人身、他人财产安全的不合理的危险;产品有保障人体健康和人身、财产安全的国家标准、行业标准的,是指不符合该标准。"产品责任和产品的瑕疵担保

责任是产品质量责任的两大基本形式。前者是侵权责任，消费者既可以向生产者求偿，也可以向销售者求偿；后者是合同责任，消费者只能向销售者求偿。产品责任赔偿以其他财产损失和人身伤害为限，瑕疵担保责任赔偿以产品本身损失为限。综上，只有 AC 正确。

92. 高某出生在甲国，其父亲是乙国人，母亲是丙、丁双重国籍人，假设对原始国籍的获得，甲丙两国采取纯粹的出生地主义，乙丁两国都采取纯粹的双系血统主义。此时，根据有关国际法规则和国际实践，对于高某此时国籍状况，下列何种表述是正确的？

　A. 高某可能拥有甲乙丙丁四国的国籍

　B. 高某仅可能拥有甲乙丙三国的国籍

　C. 高某仅可能拥有甲乙丁三国的国籍

　D. 高某仅可能拥有甲乙两国的国籍

【答案】C

【解析】甲丙两国都是采取纯粹的出生地主义，即只有在该国出生的才能取得该国国籍，高某在甲国出生，因此高某取得甲国国籍，而不可能取得丙国国籍，因此，AB 都是错误的。乙国采取纯粹的双系血统主义，即只要当事人的父母一方属于乙国人，即可取得乙国国籍，高某的父亲是乙国人，因此高某可以取得乙国国籍，丁国也是采用纯粹双系血统主义，高某的母亲具有丁国国籍，因此高某可以取得丁国国籍。因此，本题中 C 项正确，D 项错误。

93. 与《维也纳外交关系公约》相比，我国 1986 年颁布的《中华人民共和国外交特权豁免条例》增加了给予外交特权豁免的人员种类。下列何种人是该《条例》增加的？

　A. 使馆外交人员

　B. 外交信使

　C. 持有中国外交签证的人员

　D. 由中国过境的前往第三国的外交人员

【答案】C

【解析】我国是《维也纳外交关系公约》的缔约国，并且于 1986 年颁布了《中华人民共和国外交特权与豁免条例》，这个条例的内容和《维也纳公约》的内容大致相同，但在某些方面对特权与豁免的规定，少宽于公约的相关规定，如《外交特权与豁免条例》第 22 条第（二）项规定，持我国外交签证或与中国互免签证的国家的外交护照的人，也享有相应的外交特权与豁免。而这一点在《维也纳公约》中是没有规定的，故本题正确答案是 C。而对使馆外交人员的特权与豁免《公约》和我国的《条例》都做出了规定。关于外交信使的特权与豁免，《维也纳公约》规定，外交信差在执行职务时应受到接受国的保护，外交信差应持有载明其身份及构成邮袋的包裹件数的官方文件，外交信差享有人身不受侵犯权，不受任何方式的逮捕或拘禁。我国的《外交特权与豁免条例》对此也作了类似的规定。

对于 D 项从第三国过境的前往接受国的外交人员的特权与豁免，实践中，外交代表和使馆其他人员前往接受国就任或返任、或返回本国，往往需要途径第三国国境，这就引起这样一些问题：第三国是否有义务让这些人员过境，这些人员在第三国境内时是否享有特权或豁免。对此，《维也纳公约》根据一般国际实践，规定：第三国没有义务让外交代表过境，但如果第三国发给所需的签证，它就应给予不可侵犯权和确保其过境或返回任所所必需的其他豁免。因此，D 项不属于我国的《条例》新增加的规定。

94. 根据我国保障措施制度，下列选项中何种损害是保障措施意义上的严重损害？

   A. 对销售同类产品的经销商的损害

   B. 对销售同类产品或直接竞争产品的经销商的损害

   C. 对生产同类产品或直接竞争产品的生产商的损害

   D. 对生产同类产品或直接竞争产品的工人的损害

【答案】C

【解析】我国 2002 年 1 月 1 日实行的《保障措施条例》第 2 条规定："进口产品数量增加，并对生产同类产品或者直接竞争产品的国内产业造成严重损害或者严重损害威胁（以下除特别指明外，统称损害）的，依照本条例的规定进行调查，采取保障措施。"第 10 条规定："国内产业，是指中华人民共和国国内同类产品或者直接竞争产品的全部生产者，或者其总产量占国内同类产品或者直接竞争产品全部总产量的主要部分的生产者"。根据这条规定，本题正确答案应当是 C 项。

95. 买卖双方采用 CIF 术语签订了国际货物买卖合同，合同约定装运港为旧金山，目的港为上海。下列何种表述是正确的？

   A. 卖方必须负责把货物运至上海

   B. 因美国西部海港装运工人罢工、封港，卖方可以不可抗力为由免除迟延交货的责任

   C. 对货物从装运港到目的港的灭损风险，由卖方购买保险，买方承担风险

   D. 出口清关手续由卖方负责

【答案】CD

【解析】在 CIF 下，卖方负责运输，但这种运输义务仅限于寻找承运人和承运船舶、与承运人签订运输合同并支付运费，并不是卖方要负责把货物运到目的港，"卖方必须把货物运到上海"意味着卖方要承担运输途中的风险和费用，以及在上海港完成交货，这显然是与 CIF 的内容相违背的。在 CIF 下，卖方仅需要把货物在装货港交给承运人即完成交货义务，货物的风险也是在装运港货物越过船舷时转移，越过船舷之前的风险由卖方承担，越过船舷后及在运输途中的灭失损坏的风险由买方承担。因此 A 项错误。

在国际贸易中，特别是在与西方发达资本主义国家间进行的国际贸易中，应避免把罢工算作不可抗力。一般来说，罢工多是由于工人工资、福利等问题引起的。在资本主义国家，罢工是经常发生的，并不一定不可避免、不可克服，如不分情况，笼统将罢工算作不可抗力事件，就将给资本主义国家的当事人以可乘之机，以罢工为由，援引不可抗力条款，来推卸对合同应履行的责任。故 B 项不应选。

C 项正确，因为根据《国际贸易术语解释通则 2000》的规定，CIF 下卖方负有为货物投保的义务；D 项正确，因为在出口清关方面，CIF 下卖方负责出口国出口清关，买方负责进口国进口清关。

96. 中国甲公司与英国乙公司订有一笔货物销售合同，约定以跟单托收方式结算。甲公司交运货物后，开立了以乙公司为付款人的见票即付汇票，并附随单据，交由中国银行某省分行通过中国银行伦敦分行向乙公司收款。下列何种表述是错误的？

    A. 中国银行某省分行是托收行，中国银行伦敦分行为代收行

    B. 中国银行某省分行与中国银行伦敦分行之间是委托关系

    C. 如果中国银行伦敦分行违反托收指示行事，导致甲公司遭受损失，甲公司可以直接对其起诉

    D. 中国银行伦敦分行与乙公司之间没有法律上的直接关系

【答案】C

【解析】委托人和代收行之间不存在直接的合同关系，尽管托收行是委托人的代理人，代收行又是托收行的代理人，但按照代理法的一般原则，在委托人与代收行之间并没有直接的合同关系，如果代收行违反托收指示行事导致委托人遭受损失的，委托人并不能直接对代收行起诉，委托人只能通过托收行追究代收行的责任。因此，C 项的说法错误。同时，代收行与付款人之间也没有法律上的直接的关系，代收行仅是依据托收行的委托进行托收行为，而付款人是否付款是依其对托收票据的付款责任。因此，D 项的说法正确。托收流程中出卖方准备好单据后首先委托本地的一家银行托收

货款，这家接受卖方委托的银行叫托收行，托收行通常再委托买方所在地的银行向买方收取款项，这家买方所在地的银行称之为代收行，因此本题中 A 项的说法是正确的。托收中卖方是委托人，其与托收行之间，以及托收行与代收行之间都是委托关系。因此 B 项说法正确。

97. 甲律师是乙银行的法律顾问，同时又担任丙房地产公司的法律顾问，丙房地产公司拟向乙银行提出贷款申请，甲律师为该房地产公司草拟了有关贷款合同，乙银行要求甲律师就丙房地产公司提交的贷款合同提供法律意见。在上述情况下，甲律师采取的下列何种行为是正确的？

    A. 向丙房地产公司说明自己是乙银行公司的法律顾问，经丙房地产公司同意后，继续代理

    B. 向乙银行说明自己是丙房地产公司的法律顾问，拒绝提供法律意见

    C. 向所在律师事条所说明情况，由本所的其他律师代理乙银行审查贷款合同的法律问题

    D. 向乙银行说明情况，建议乙银行另外聘请其他律师事务所的律师审查贷款合同的法律问题

【答案】D

【解析】《律师职业道德和职业纪律规范》第 28 条规定：律师不得在同一案件中为双方当事人担任代理人。同一律师事务所不得代理诉讼案件的双方代理人，偏远地区只有一律师事务所的除外。参照这一规定，甲律师以及甲律师所在的律师事务所就丙房地产公司提交的贷款合同不能提供法律意见。因此选项 AC 不应选。选项 B 极具干扰性，其后半段"拒绝提供法律意见"是正确的，但理由"自己是丙房地产公司的法律顾问"不成立。在本案，甲律师不能对乙银行提供法律意见，是因为贷款合同是甲律师草拟的。

秦某出生于美国，具有美国国籍，现年 10 岁。秦某的父亲是华裔美国人，母亲是中国人。3 年前，秦某的父母在美国离异后，秦某的母亲携秦某回国定居，秦某的母亲在公安机关办理了常住户口登记，也为秦某办理了在中国长期居留的证件。后秦某的父亲委托中国律师在中国某人民法院提起诉讼，请求取得对其子的监护权。请回答以下 98-100 题。

98. 关于对秦某监护的设立、变更和终止，我国人民法院应该适用下列哪国法律？

    A. 被监护人的本国法律

    B. 中国法律

    C. 美国法律

    D. 被监护人的住所地国家的法律

【答案】BD

【解析】我国在立法曾面对涉外监护的法律适用没有相关规定，在司法解释层面，1988 年最高人民法院关于贯彻执行《中华人民共和国民法通则》若干问题的意见（试行）第 190 条对此有规定："监护的设立、变更和终止，适用被监护人的本国法律。但是，被监护人在我国境内有住所的，适用我国的法律。"本题中，秦某是美国人，后随母亲回到中国定居，题中信息表明其在中国有住所，因此作为被监护人，秦某的监护问题适用中国法，也即被监护人的住所地国法，所以 BD 是正确答案。其他错误。

99. 在该案中，如果秦某只是临时居留在中国，我国人民法院对秦某的监护的设立、变更和终止应该适用下列哪国的法律？

    A. 被监护人的本国法律

    B. 中国法律

    C. 美国法律

    D. 被监护人的住所地国家的法律

【答案】AC

【解析】被监护人秦某在中国只是临时居留表明其在中国没有住所，同样根据上述最高人民法院的司法解释的规定，其监护问题就应适用秦某的本国法，即美国法。因此，本题正确答案是 AC。其他错误。

100. 秦某的父亲从美国寄交委托中国律师的授权委托书，应该办理下列何种手续？

    A. 经美国公证机关证明，并经中华人民共和国驻美国使领馆认证

    B. 经中华人民共和国驻美国使领馆认证

    C. 履行中华人民共和国与美国订立的有关条约中规定的证明手续

    D. 经中华人民共和国外交部有关部门认证

【答案】AC

【解析】关于授权委托书，《民事诉讼法》第 242 条规定，如果在我国境内无住所的外国人委托我国律师或其他人代理诉讼，委托书是从我国境外寄交或者托交的，应当

经过所在地国公证机关证明，并经我国驻该国使领馆认证，或者履行我国与该所在国订立的有关条约中规定的证明手续后，才具有效力。因此，本题正确答案是AC。其他错误。

2003 年国家司法考试 试卷二

一、单项选择题，每题所给的选项中只有一个正确答案。本部分 1-30 题，每题 1 分，共 30 分。

1. 养花专业户李某为防止偷花，在花房周围私拉电网。一日晚，白某偷花不慎触电，经送医院抢救，不治身亡。李某对这种结果的主观心理态度是什么？

   A. 直接故意

   B. 间接故意

   C. 过于自信的过失

   D. 疏忽大意的过失

   【答案】B

   【解析】李某明知私拉电网可能发生危害社会的结果，仍然在自己的花房周围拉电网，并且未采取任何防止结果出现的措施，对出现电人的结果是一种漠不关心的放任态度，所以是间接故意。因此，B 正确。

2. 甲携带凶器拦路抢劫，黑夜中遇到乙便实施暴力，乙发现是自己的熟人甲，便喊甲的名字，甲一听便住手，还向乙道歉说："对不起，认错人了。"甲的行为属于下列哪一种情形？

   A. 实行终了的犯罪未遂

   B. 预备阶段的犯罪中止

   C. 未实行终了的犯罪未遂

   D. 实行阶段的犯罪中止

   【答案】D

   【解析】甲实施暴力，犯罪已进入实行阶段，所以不能选 B，由于发现对方是熟人而主动停止犯罪，是能为而不为，属于实行阶段的犯罪中止。所以选 D。

3. 张某在火车站候车室窃得某人一提包，到僻静处打开一看，里面没有钱财，却有手枪一支，子弹若干发，张某便将枪支、子弹放回包内，然后藏于家中。张某的行为构成何罪？

 A. 非法持有枪支、弹药罪

 B. 盗窃枪支、弹药罪

 C. 非法储存枪支、弹药罪

 D. 非法携带枪支、弹药罪

【答案】A

【解析】"非法持有"，是指不符合配备、配置枪支、弹药条件的人员，违反枪支管理法律、法规的规定，擅自持有枪支、弹药的行为。张某没有配枪的资格而擅自持有枪支弹药的行为，构成非法持有枪支弹药罪。因此 A 项正确。为盗窃财物而误盗枪支、弹药的，定盗窃罪（可能是未遂），盗窃后将枪支弹药私藏的，定非法持有枪支弹药罪。盗窃枪支、弹药罪的主观方面必须是明知是枪支而盗窃，张某不知包内是枪支、弹药而窃取的，不构成此罪，故 B 选项错误。非法储存枪支弹药罪依据《最高人民法院关于审理非法制造、买卖、运输枪支、弹药、爆炸物等刑事案件具体应用法律若干问题的解释》是指"明知是他人非法制造、买卖、运输、邮寄的枪支、弹药、爆炸物而为其存放的行为。"故 C 选项错误。D 选项中的罪名不是刑法中的罪名。

4. 甲为上厕所，将不满 1 岁的女儿放在外边靠着篱笆站立，刚进入厕所，就听到女儿的哭声，急忙出来，发现女儿倒地，疑是站在女儿身边的 4 岁男孩乙所为。甲一手扶起自己的女儿，一手用力推乙，导致乙倒地，头部刚好碰在一块石头上，流出鲜血，并一动不动。甲认为乙可能死了，就将其抱进一个山洞，用稻草盖好，正要出山洞，发现稻草动了一下，以为乙没死，于是拾起一块石头猛砸乙的头部，之后用一块磨盘压在乙的身上后离去。案发后，经法医鉴定，甲在用石头砸乙之前，乙已经死亡。依此情况，甲的行为构成何罪？

 A. 过失致人死亡罪

 B. 过失致人死亡罪与故意杀人罪（既遂）数罪

 C. 过失致人死亡罪与故意杀人罪（未遂）数罪

 D. 故意杀人罪

【答案】C

【解析】甲过失致乙死亡，成立过失致人死亡罪，又发现稻草动了一下，以为乙没死，即产生杀人的故意，于是拾起一块石头猛砸乙的头部，构成故意杀人罪的对象不能犯的未遂。D 选项是因果关系错误的解决方式，因果关系的错误不影响犯罪构成。因果关系错误的一般情况是第一个行为是故意行为，第二个行为是过失行为，第二个行为实现了第一个行为所追求的目的。因而以第一个行为所指向的犯罪的既遂认定。但本案恰好相反，第一个行为是过失行为，过失行为是没有犯罪目的的，因而这里也不存在因果关系错误的问题。由于行为人的认识错误，又故意实施了第二个行为，实际上第二个行为无法既遂（对象不能犯）。第二个行为是主体对客体认识的错误，成立故意杀人的未遂。第一个行为和第二个行为之间是互相独立的关系，因而认定为数罪。所以最后的正确选项是过失致人死亡罪和故意杀人罪（未遂）数罪。综上，只有 C 正确。

5. 李某为了牟利，未经著作权人许可，私自复制了若干部影视作品的 VCD，并以批零兼营等方式销售，销售金额为 11 万元，其中纯利润 6 万元。李某的行为构成何罪？

  A. 销售侵权复制品罪

  B. 侵犯著作权罪

  C. 非法经营罪

  D. 生产、销售伪劣产品罪

【答案】B

【解析】根据《最高人民法院关于审理非法出版物刑事案件具体应用法律若干问题的解释》第 2 条的规定，以营利为目的，实施刑法第 217 条所列侵犯著作权行为之一，个人违法所得数额在五万元以上的，属于"违法所得数额较大"，构成侵犯著作权罪。该《解释》第 5 条规定，实施刑法第 217 条规定的侵犯著作权行为，又销售该侵权复制品，违法所得数额巨大的，只定侵犯著作权罪，不实行数罪并罚。话句话说，侵犯著作权罪吸收了销售侵权复制品罪。所以 A 选项不选。《解释》第 11 条规定，违反国家规定，出版、印刷、复制、发行本解释第一条至第十条规定以外的其他严重危害社会秩序和扰乱市场秩序的非法出版物，情节严重的，以非法经营罪定罪处罚。即复制、出售非法出版物如果侵犯了著作权，则只能定侵犯著作权罪。所以 C 选项不选。生产、销售伪劣产品罪中的产品一般指与人体健康和生产有关的物品，不包括出版物。所以 D 选项不选。综上，只有 B 正确。

6. 某镇医院医生贾某在为患者输血时不按规定从县血站提取，而是习惯于直接从献血者身上采血后输给患者。住院病人于某因输了贾某采集的不符合国家规定的血液发生不良反应死亡。贾某的行为构成何罪？

  A. 非法采集、供应血液罪

  B. 采集、供应血液事故罪

C. 医疗事故罪

D. 过失致人死亡罪

【答案】A

【解析】根据刑法 334 条的规定，构成非法采集、供应血液罪的主体是没有资格从事血液制品生产经营活动的自然人，可以包括没有资格从事血液制品生产经营活动的医务人员。贾某没有资格从事血液制品的生产经营，而故意从献血者身上采血输给患者，属于非法采集、供应血液的行为，造成病人死亡的重大后果，符合非法采集、供应血液制品罪的犯罪构成。选项 B 采集、供应血液事故罪的主体必须是有资格从事血液制品生产经营活动的单位，自然人不单独够成此罪。案例中医生贾某的行为显然不是单位行为，因而不成立单位犯罪，故不选 B。根据刑法第 335 条规定，医疗事故罪是指医务人员在对就诊人进行医疗护理或体检的过程中，粗心大意，玩忽职守，不履行或不正确、不及时履行医疗护理职责，因而造成就诊人死亡或严重损害其身体健康的行为。本案中贾某的行为也触犯了医疗事故罪。医疗事故罪与过失致人死亡罪之间是法条竞合的关系，遵循特殊条款优于普通条款的原则，应以医疗事故罪来认定。贾某一行为触犯非法采集、供应血液制品罪和医疗事故罪数个罪名，而有数个主观方面（对非法采集供应血液制品罪是故意，对医疗事故罪是过失），属于刑法理论上的想象竞合犯，从一重，即以非法采集、供应血液制品罪定罪。综上，只有 A 正确。

7. 钱某持盗来的身份证及伪造的空头支票，骗取某音像中心 VCD 光盘 4000 张，票面金额 3.5 万元。物价部门进行赃物估价鉴定的结论为："盗版光盘无价值"。对钱某骗取光盘的行为应如何定性？

A. 钱某的行为不构成犯罪

B. 钱某的行为构成票据诈骗罪的既遂，数额按票面金额计算

C. 钱某的行为构成票据诈骗罪的未遂

D. 钱某的行为构成诈骗罪的既遂，数额按票面金额计算

【答案】B

【解析】钱某以签发空头支票的方式骗取财物的，符合票据诈骗罪构成要件的客观方面。因为票据诈骗罪和诈骗罪之间是特殊条款与普通条款的法条竞合关系，根据特殊条款优于普通条款的原则，钱某的行为不可能被认定为诈骗罪，只可能认定为票据诈骗罪。所以 D 选项排除。本题的关键在于如何看待盗版光盘的价值问题。虽然物价部门鉴定结论为盗版光盘无价值，但被害人某音像中心却因为钱某的诈骗行为损失了 3.5 万元的财物。所以可以按票面金额来计算票据诈骗的数额，而不能认定为未遂。最后的答案应选 B。

8. 李某多次尾随盗伐林木人员，将其砍倒尚未运走的林木偷偷运走，销赃获利数千元。此外，他还盗伐了他人自留地、责任田等地边田坎种植的零星树木 5 个多立方米。对李某的上述行为应当如何定罪处罚？

    A. 以盗伐林木罪定罪处罚

    B. 以盗窃罪定罪处罚

    C. 以盗伐林木罪和盗窃罪定罪，实行数罪并罚

    D. 以盗伐林木罪、盗窃罪和销售赃物罪定罪，实行数罪并罚

【答案】B

【解析】盗伐林木罪侵犯的客体是国家的森林资源保护制度，盗窃罪侵犯的是财物所有权。偷砍他人自留地、责任田等地边田坎种植的零星树木，只侵犯了林木的所有权，而没有侵犯森林资源保护制度。所以应定盗窃罪。盗伐林木罪的客观方面是有盗有伐，李某将他人砍倒的林木偷走的行为不符合盗伐林木罪的客观方面，所以应定盗窃罪。盗窃后的销赃行为与盗窃行为之间是牵连关系，从一重处理，不另定销赃罪。综上，只有 B 正确。

9. 甲因盗窃罪被捕，在侦查人员对其审讯期间，他又交待了自己与李某合伙诈骗 4 万元的犯罪事实，并提供了李某可能隐匿的地点，根据这一线索，侦查机关顺利将李某追捕归案。对甲盗窃罪的处罚，下列哪一项是正确的？

    A. 应当减轻或者免除处罚

    B. 应当从轻或者减轻处罚

    C. 可以从轻或者减轻处罚

    D. 可以减轻或者免除处罚

【答案】C

【解析】甲对于自己的诈骗罪属于自首，对于协助司法机关抓获同案犯李某的行为，依据司法解释属于立功。两人诈骗的数额是 4 万元，属于"数额巨大"，可能判处三年以上十年以下有期徒刑。因而甲的行为不属于重大立功，只是一般立功。对于一般立功，法律规定是可以从轻或者减轻处罚。综上，只有 C 正确。

10. 李某花 5000 元购得摩托车一辆，半年后，其友王某提出借用摩托车，李同意。王某借用数周不还，李某碍于情面，一直未讨还。某晚，李某乘王某家无人，将摩托车推回。次日，王某将摩托车丢失之事告诉李某，并提出用 4000 元予以赔偿。李某故意隐瞒真情，称："你要赔就赔吧。"王某于是给付李某摩托车款 4000 元。后

李某恐事情败露，又将摩托车偷偷卖给丁某，获得款项 3500 元。李某的行为构成何罪？

A. 盗窃罪

B. 诈骗罪

C. 销售赃物罪

D. 盗窃罪和诈骗罪的牵连犯

【答案】A

【解析】此题涉及盗窃罪和诈骗罪的区别。诈骗罪（既遂）在客观上必须表现为一个特定的行为发展过程: 行为人实施欺骗行为——对方产生或者继续维持认识错误——对方基于认识错误处分（或交付）财产——行为人获得或者使第三者获得财产——被害人遭受财产损失。取得财产的犯罪分为: 违反被害人意志取得财产的犯罪与基于被害人有瑕疵的意志而取得财产的犯罪。盗窃罪属于前者；诈骗罪属于后者。诈骗罪与盗窃罪的关键区别在于: 受骗人是否基于认识错误处分（交付）财产。本案中受损的法益是王某的 4000 元钱，而王某遭受损失是李某"盗窃"自己摩托车的行为造成的，并不是实施欺骗行为造成的，因为对于王某而言，摩托车是真的丢了，不存在认识错误的问题。所以没有成立诈骗罪。李某的行为应定为盗窃罪。这里存在的问题是犯罪人可否盗窃属于自己的物品？行为人在法律上占有的财物而事实上由他人占有时，仍然可以成为盗窃罪的对象。例如，甲持有某种提单，因而在法律上占有了提单所记载的货物；但当该货物事实上由乙占有时，甲窃取该货物，仍然成立盗窃罪。事实上这里盗窃的是对方的"赔偿"。综上，只有 A 正确。

11. 律师王某在代理一起民事诉讼案件时，编造了一份对自己代理的一方当事人有利的虚假证言，指使证人李某背熟以后向法庭陈述，致使本该败诉的己方当事人因此而胜诉。王某的行为构成何罪？

A. 伪证罪

B. 诉讼代理人妨害作证罪

C. 妨害作证罪

D. 帮助伪造证据罪

【答案】C

【解析】伪证罪和诉讼代理人妨害作证罪依照法律的规定必须是在刑事诉讼中才能构成，所以排除 AB 选项。妨害作证罪和帮助伪造证据罪的区别在于是否是帮助当事人伪造证据的行为，换句话就是是否有和当事人的共同伪造证据的行为，有共同行为的，帮助者应定帮助伪造证据罪，否则定妨害作证罪。本案中王某自己编造虚假证言，指使证人作伪证，应定妨害作证罪。综上，只有 C 正确。

12. 张某的次子乙，平时经常因琐事滋事生非，无端打骂张某。一日，乙与其妻发生争吵，张某过来劝说。乙转而辱骂张某并将其踢倒在地，并掏出身上的水果刀欲刺张某，张某起身逃跑，乙随后紧追。张某的长子甲见状，随手从门口拿起扁担朝乙的颈部打了一下，将乙打昏在地上。张某顺手拿起地上的石头转身回来朝乙的头部猛砸数下，致乙死亡。对本案中张某、甲的行为应当如何定性？

    A. 张某的行为构成故意杀人罪，甲的行为属于正当防卫
    B. 张某的行为构成故意杀人罪，甲的行为属于防卫过当
    C. 张某的行为属于防卫过当，构成故意杀人罪，甲的行为属于正当防卫
    D. 张某和甲的行为均构成故意杀人罪

【答案】A

【解析】本题的考点是正当防卫问题。本案中"乙辱骂张某并将其踢倒在地，并掏出身上的水果刀欲刺张某，张某起身逃跑，乙随后紧追"。乙对张某实施不法侵害，符合正当防卫的起因条件和时间条件。"张某的长子甲见状，随手从门口拿起扁担朝乙的颈部打了一下，将乙打昏在地上。"甲为维护他人的合法权益针对不法侵害人本人实施打击，符合正当防卫的对象条件和防卫目的的要求。虽然将乙打昏在地，但从侵害行为和防卫行为的强度对比来看，甲并未超出必要限度。所以甲的行为是正当防卫。而张某在乙失去侵害能力时，却侵害乙的生命权，不符合正当防卫的时间条件——不法侵害正在进行。张某拿起地上的石头转身回来朝乙的头部猛砸数下致乙死亡的行为构成故意杀人罪。综上，只有 A 正确。

13. 甲和乙是盗窃案的共犯，被人民法院判处有期徒刑后在同一监狱服刑。二人在服刑期间脱逃至 A 市。甲在 A 市某宾馆吃饭时被抓获，押解回监狱后发现甲在 A 市还犯有盗窃罪；乙在 A 市抢劫时被当场抓获。对甲和乙所犯的新罪应当如何进行侦查？

    A. 二人均由监狱一并进行侦查
    B. 二人均由 A 市公安局一并进行侦查
    C. 甲由监狱进行侦查，乙由 A 市公安局进行侦查
    D. 乙由监狱进行侦查，甲由 A 市公安局进行侦查

【答案】C

【解析】刑事诉讼法第 225 条规定："对罪犯在监狱内犯罪的案件由监狱进行侦查。"

因此，乙肯定由 A 市公安局进行侦查。因为其在脱逃期间的犯罪不是发生在监狱内部，所以不应由监狱进行侦查。按照刑事诉讼法第 3 条的规定，对刑事案件的侦查、拘留、执行逮捕、预审，由公安机关负责。另外，根据《高法解释》第 14 条的规定："正在服刑的罪犯在服刑期间又犯罪的，由服刑地的人民法院管辖。正在服刑的罪犯在脱逃期间的犯罪，如果是在犯罪地捕获并发现的，由犯罪地的人民法院管辖；如果是被缉捕押解回监狱后发现的，由罪犯服刑地的人民法院管辖。"据此，可以推断出，甲应由监狱进行侦查。综上，只有 C 正确。

14. 在审理自诉案件中，自诉人甲经两次依法传唤，无正当理由拒不到庭，法院应如何处理？

    A. 依法拘传自诉人

    B. 开庭审理，缺席判决

    C. 延期审理

    D. 按自诉人撤回起诉处理

【答案】D

【解析】《高法解释》第 202 条："自诉人经 2 次依法传唤，无正当理由拒不到庭的，或者未经法庭准许中途退庭的，人民法院应当决定按自诉人撤诉处理。"据此，可以直接选出 D 项。

15. 控辩双方对第一审刑事判决未提出抗诉或者上诉，但被告人对第一审刑事附带民事诉讼判决中的附带民事部分不服，提起上诉，第二审法院审查后，认为第一审民事部分判决正确，但刑事部分判决有错误。第二审法院应当如何处理？

    A. 指令下级法院按审判监督程序再审刑事部分

    B. 裁定将全案发回重审刑事部分

    C. 按审判监督程序再审刑事部分，同附带民事部分一并审理，依法判决

    D. 裁定将刑事部分发回重审

【答案】C

【解析】《高法解释》第 262 条："第二审人民法院审理对附带民事诉讼部分提出上诉、抗诉，刑事部分已经发生法律效力的案件，如果发现第一审判决或者裁定中的刑事部分确有错误，应当对刑事部分按照审判监督程序进行再审，并将附带民事诉讼部分与刑事部分一并审理。"综上，只有 C 正确。

16. 人民检察院审查起诉部门对于本院侦查部门移送审查起诉的案件，发现犯罪事实不是犯罪嫌疑人所为，应当如何处理？

　　A. 应当书面说明理由将案卷退回侦查部门，并建议侦查部门重新侦查

　　B. 应当退回侦查部门，建议撤销案件

　　C. 应当书面说明理由，将案件退回侦查部门处理

　　D. 应当退回侦查部门，建议补充侦查

【答案】B

【解析】《高检规则》第 262 条："人民检察院对于公安机关移送审查起诉的案件，发现犯罪嫌疑人没有违法犯罪行为的，应当书面说明理由将案卷退回公安机关处理；发现犯罪事实并非犯罪嫌疑人所为的，应当书面说明理由将案卷退回公安机关并建议公安机关重新侦查。如果犯罪嫌疑人已经被逮捕，应当撤销逮捕决定，通知公安机关立即释放。"《高检规则》第 263 条规定："人民检察院审查起诉部门对于本院侦查部门移送审查起诉的案件，发现具有上述情形之一的，应当退回本院侦查部门建议作出撤销案件的处理。"因此，应当选择 B 项。

17. 在开庭审理过程中，被告人趁上厕所之机逃跑，较长时间一直未被抓获，应当作出何种处理？

　　A. 延期审理的决定

　　B. 延期审理的裁定

　　C. 中止审理的决定

　　D. 中止审理的裁定

【答案】D

【解析】《高法解释》第 181 条："在审判过程中，自诉人或被告人患精神病或者其他严重疾病，以及案件起诉到人民法院后被告人脱逃，致使案件在较长时间内无法继续审理的，人民法院应当裁定中止审理。由于其他不能抗拒的原因，使案件无法继续审理的，可以裁定中止审理。中止审理的原因消失后应当恢复审理。中止审理的期间不计入审理期限。"据此，可以直接选出答案 D。

18. 某人民检察院渎职犯罪侦查部门接到群众的举报，对某单位领导在一起责任事故中的失职行为立案侦查，经侦查认为该领导虽然有过失，但其行为尚不构成犯罪，该检察院应当作出何种处理决定？

　　A. 免予起诉

B. 撤销案件

C. 不起诉

D. 终止侦查

【答案】B

【知识点】具有法定情形不予追究刑事责任

【解析】根据《刑事诉讼法》第15条的规定："有下列情形之一的，不追究刑事责任，已经追究的，应当撤销案件，或者不起诉，或者终止审理，或者宣告无罪：（一）情节显著轻微、危害不大，不认为是犯罪的；（二）犯罪已过追诉时效期限的；（三）经特赦令免除刑罚的；（四）依照刑法告诉才处理的犯罪，没有告诉或者撤回告诉的；（五）犯罪嫌疑人、被告人死亡的；（六）其他法律规定免予追究刑事责任的。"但是，要正确的选出本题答案，必须知道在不同的阶段不予追究刑事责任的处理方式：1）在立案阶段是不立案或不予受理，即对于公诉案件，如果在刑事诉讼开始前，就已经发现具有上述六种情形之一的，公安机关或检察机关应当决定不立案；对于自诉案件，人民法院应当不予受理；2）在侦查阶段是撤销案件，即如果在侦查阶段发现案件具有上述情形之一的，公安机关或人民检察院应当撤销案件；3）在审查起诉阶段是不起诉，即如果在审查起诉阶段发现案件具有上述情形之一的，人民检察院应当作出不起诉决定；4）在审判阶段是终止审理或宣告无罪，即如果在审判阶段发现被告人的行为构成犯罪，但有不追究刑事责任的法定情形的，人民法院应当裁定终止审理，或者如果在审判阶段发现案件具有上述第一种情形，即情节显著轻微、危害不大，不认为是犯罪的，或者根据已经查明的犯罪事实和认定的证据材料，能够确认被告人无罪的，人民法院应当作出判决，宣告无罪。据此，可以直接选出 B 项。

19. 被告人张某系退伍军人，被告人赵某系现役军人。张某曾在服役期间伙同赵某犯有抢劫罪。关于该案的审判管辖，下列说法哪一个是正确的？

    A. 应当由军事法院一并管辖

    B. 应当由地方人民法院一并管辖

    C. 被告人张某由地方人民法院管辖，被告人赵某由军事法院管辖

    D. 应当先由军事法院一并管辖，然后再把被告人张某移交地方人民法院管辖

【答案】C

【解析】《高法解释》第20条规定："现役军人（含军内在编职工，下同）和非军人共同犯罪的，分别由军事法院和地方人民法院或者其他专门法院管辖；涉及国家军事秘密的，全案由军事法院管辖。"据此，可以直接选出答案 C。

20. 某直辖市人民检察院分院发现本市中级人民法院以挪用公款罪判处被告人李某有期徒刑 15 年的第二审生效判决在适用法律上确有错误，该检察分院按下列哪一个程序处理是正确的？

    A. 向本市中级人民法院提起抗诉

    B. 向本市高级人民法院提起抗诉

    C. 报请市人民检察院，由市人民检察院向市高级人民法院提起抗诉

    D. 向本市中级人民法院提出纠正意见

    【答案】C

    【解析】刑事诉讼法第 205 条："最高人民检察院对各级人民法院已经发生法律效力的判决和裁定，上级人民检察院对下级人民法院已经发生法律效力的判决和裁定，如果发现确有错误，有权按照审判监督程序向同级人民法院提出抗诉。"因此，人民检察院对于同级人民法院已经发生法律效力的案件，无权按照审判监督程序提起抗诉，只能将此情况报请市人民检察院，由市人民检察院向市高级人民法院提起抗诉。因此，C 项正确。

21. 孙某因犯故意杀人罪被某中级人民法院第一审判处列刑缓期二年执行，检察院提起抗诉。第二审法院审理后改判孙某死刑立即执行。对此案的处理，下列说法哪一个是正确的？

    A. 第二审法院应另行组成合议庭进行死刑复核

    B. 应当报请最高人民法院核准

    C. 因杀人罪判处死刑的核准权已经授权高级人民法院行使，不必报请最高人民法院核准

    D. 该死刑判决是高级人民法院作出的终审判决，应当生效，执行死刑

    【答案】B

    【解析】《六机关规定》第 46 条规定："对于人民检察院抗诉的案件，经第二审人民法院审查后，认为应当判处被告人死刑的，按照刑事诉讼法第一百八十九条的规定处理，即第二审人民法院认为原判决认定事实没有错误，但适用法律有错误，或者量刑不当的，应当改判；认为原判决事实不清或者证据不足的，可以在查清事实后改判或者发回重审。其中，对于第二审人民法院直接改判死刑的案件，无论该案件的死刑核准权是否下放，都应当报请最高人民法院核准。"《高法解释》第 274 条规定："死刑由最高人民法院核准，但依法授权高级人民法院核准的除外。因人民检察院提出抗诉而由人民法院按照第二审程序改判死刑的案件，应当报请最高人民法院核准。"因此，C 项正确。

22. 在第二審案件的裁判中，下列哪一個表述不違反上訴不加刑原則？

    A. 第一審刑事附帶民事訴訟判決後，被告人的父親經被告人同意提出上訴，被害人對附帶民事部分也提出上訴，法院第二審判決對被告人加刑

    B. 被告人上訴的案件，第二審判決在不改變刑期的情況下，將搶奪罪改為搶劫罪

    C. 被告人上訴的案件，第二審法院審理後，認為第一審判決認定犯罪事實和適用法律沒有錯誤，但量刑偏輕，遂撤銷原判，發回原審法院重審，原審法院重審後對被告人加刑

    D. 第一審判處被告人盜竊罪和故意傷害罪，被告人提出上訴，第二審法院認為第一審判決對盜竊罪量刑偏輕，而對故意傷害罪量刑偏重，故在數罪並罰執行刑期不變的情況下，增加盜竊罪的刑期，減少故意傷害罪的刑期

    【答案】B

    【解析】《高法解釋》第257條規定："第二審人民法院審理被告人或者其法定代理人、辯護人、近親屬提出上訴的案件，不得加重被告人的刑罰，並應當進行下列具體規定：（一）共同犯罪案件，只有部分被告人上訴的，既不能加重提出上訴的被告人的刑罰，也不能加重其他同案被告人的刑罰；（二）對原判認定事實清楚、證據充分，只是認定的罪名不當的，在不加重原判刑罰的情況下，可以改變罪名；（三）對被告人實行數罪並罰的，不得加重決定執行的刑罰，也不能在維持原判決決定執行的刑罰不變的情況下，加重數罪中某罪的刑罰；（四）對被告人判處拘役或者有期徒刑宣告緩刑的，不得撤銷原判決宣告的緩刑或者延長緩刑考驗期；（五）對事實清楚、證據充分，但判處的刑罰畸輕，或者應當適用附加刑而沒有適用的案件，不得撤銷第一審判決，直接加重被告人的刑罰或者適用附加刑，也不得以事實不清或者證據不足發回原審人民法院重新審理。必須依法改判的，應當在第二審判決、裁定生效後，按照審判監督程序重新審理。人民檢察院提出抗訴或者自訴人提出上訴的案件，不受前款規定的限制。但是人民檢察院抗訴，經第二審人民法院審查後，改判被告人死刑立即執行的，應當報請最高人民法院核准。"因此，B項正確。

23. 某地方性法規規定，企業終止與職工的勞動合同的，必須給予相應的經濟補償。某企業認為該規定與勞動法相抵觸，有權作下列何種處理？

    A. 向全國人大書面提出進行審查的建議

    B. 向全國人大常委會書面提出進行審查的建議

    C. 向國務院書面提出進行審查的要求

    D. 向省人大書面提出進行審查的要求

【答案】B

【解析】根据立法法第 88 条的规定，全国人大常委会有权撤销地方性法规、省级人大有权撤销省级人大常委会的地方性法规；全国人大和国务院无权处理地方性法规。据此排除 A、C。根据立法法第 90 条和第 92 条的规定，企业只能向有关机关书面提出审查的建议，而不能书面提出审查的要求。据此排除 D。根据立法法第 90 条第二款的规定，B 选项正确。

24. 某市某区人民政府决定将区建材工业局管理的国有小砖厂出售。小砖厂的承包人以侵犯其经营自主权为由提出行政复议申请，本案的行政复议机关应当是下列哪一个？

A. 市国有资产管理局

B. 市经济贸易局

C. 市人民政府

D. 区人民政府

【答案】C

【解析】本题中的具体行政行为——出售国有小砖厂，是区人民政府作出的，因此复议被申请人为区人民政府，根据《行政复议法》第 13 条第一款，本案的行政复议机关应当是市人民政府。据此，答案为 C。

25. 某大学对教师甲的工资和职称问题作出处理意见。甲不服多次向有关部门上访。3 年后，某大学根据市教委的要求，对甲反映的问题再次调查研究，形成材料后报市教委。市教委拟写了《关于甲反映问题及处理情况》的报告，呈请省教委，并抄送甲。该报告载明：“我委原则上同意该校对甲的处理意见，现将此材料报请你委阅示”。甲不服，就市教委的报告向市政府申请行政复议。下列关于甲的复议申请的表述哪一个是正确的？

A. 属于行政复议范围，因该报告抄送甲，已经涉及到甲的权益

B. 不属于行政复议范围，因该报告还没有经过上级机关批准，没有对甲发生法律效力

C. 不属于行政复议范围，因该报告是下级向上级的报告，是内部行为

D. 不属于行政复议范围，因该报告是重复处理行为

【答案】B

【解析】根据《行政复议法》第 6 条第十一项的规定，只有具体行政行为侵犯了公民、法人或者其他组织的合法权益，才能申请行政复议。题干中的报告载明：“我委原则

上同意该校对甲的处理意见，现将此材料报请你委阅示"，很明显该报告并没有发生效力，需要省教委的"阅示"（即阅后作出指示）。据此，B 选项正确。

26. 李某自 1997 年 4 月起开始非法制造、贩卖匕首，至次年 1 月停止。1998 年 8 月公安机关根据举报发现了李某的违法行为。下列哪一种说法是正确的？

A. 对李某违法行为的追究时效应从 1997 年 4 月起算

B. 公安机关不应对李某予以处罚

C. 李某系主动停止违法行为，可以从轻处罚

D. 若李某配合查处违法行为，应当减轻处罚

【答案】B

【解析】根据《治安管理处罚》第 18 条第一款的规定，违反治安管理行为在六个月内公安机关没有发现的，不再处罚。因此，1998 年 8 月发现李某的违法行为的，不应对李某予以处罚。据此，B 正确。既然不得处罚，当然也就谈不上从轻、减轻处罚，C、D 错误。李某非法制造、贩卖匕首，属于违反《治安管理处罚条例》的行为，对其追究行政责任，应当适用《治安管理处罚条例》的规定。《治安管理处罚条例》相对于《行政处罚法》而言，属于特别法。李某非法制造、贩卖匕首处于连续状态，因此对其的追罚时效应从 1998 年 1 月开始计算。据此，A 错误。

27. 甲向法院提起行政诉讼，诉称某公安分局在他不在家的情况下，撬锁对其租住的房屋进行治安检查，之后未采取任何保护措施即离开，致使其丢失现金 5000 元，要求被告赔偿损失。甲向法院提供了其工资收入证明、银行取款凭单复印件、家中存有现金的同乡证言和房东听到其丢失现金的证言。下列说法哪一个是正确的？

A. 上述证据均系直接证据

B. 银行取款凭单复印件应加盖银行的印章

C. 房东的证言必须有房东的签名和租房协议原件

D. 上述证据在开庭审理前提交法院才有效

【答案】B

【解析】根据《最高人民法院关于行政诉讼证据若干问题的规定》第 10 条第一款第二项的规定，B 选项正确。上述证据均为间接证据，并没有直接证明"某公安分局在他不在家的情况下，撬锁对其租住的房屋进行治安检查，之后未采取任何保护措施即离开，致使其丢失现金 5000 元"的事实。因此，A 选项错误。租房协议原件与所需要证明的案件事实没有联系，无须提供。因此 C 选项错误。根据《最高人民法院关

于行政诉讼证据若干问题的规定》第 7 条第一款的规定，原告或者第三人应当在开庭审理前或者人民法院指定的交换证据之日提供证据。因正当事由申请延期提供证据的，经人民法院准许，可以在法庭调查中提供。据此，D 选项也太绝对了，错误。

28. 某市政府依王某申请，作出行政复议决定，撤销市国土房管局对王某房屋的错误登记，并责令市国土房管局在一定期限内重新登记。市国土房管局拒不执行该行政复议决定，王某有权采取下列哪一种措施？

    A. 要求市政府责令市国土房管局限期履行

    B. 申请市政府强制执行

    C. 申请人民法院强制执行

    D. 对市国土房管局不作为再次申请行政复议

【答案】A

【解析】《行政复议法》第 32 条第二款规定："被申请人不履行或者无正当理由拖延履行行政复议决定的，行政复议机关或者有关上级行政机关应当责令其限期履行。"据此，王某有权要求该案的复议机关——市政府责令市国土房管局限期履行。因此 A 选项正确。

29. 两刑警在追击某犯罪嫌疑人的过程中，租了一辆出租车。出租车不幸被犯罪嫌疑人炸毁，司机被炸伤，犯罪嫌疑人被刑警击毙。该司机正确的救济途径是下列哪一项？

    A. 请求两刑警给予民事赔偿

    B. 请求两刑警所在的公安局给予国家赔偿

    C. 请求两刑警所在的公安局给予国家补偿

    D. 要求犯罪嫌疑人的家属给予民事赔偿

【答案】C

【解析】国家机关工作人员在行使职权的过程中，如果是其职务行为造成公民、法人或者其他组织合法权益损害的，应当由国家承担相应的赔偿或者补偿的责任。两刑警合法行使职权，租用出租车，出租车被炸毁、司机被炸伤与两刑警的职务行为有关，存在一定的因果关系，因此国家对此也应当对此承担一定的补偿责任。因此，C 选项正确。此外，从本题的题干看，两刑警并没有违法行使职权，因此国家不应承担赔偿责任。因此，B 选项错误。

30. 张某被县公安局处以 15 日行政拘留, 3 个月后张某向县政府申请行政复议, 县政府以超过申请期限为由决定不予受理。张某遂以县公安局为被告向县法院提起行政诉讼, 要求撤销县公安局的处罚决定。对于张某提起的诉讼, 县法院的哪一种做法是正确的?

    A. 以原告未经行政复议程序为由裁定不予受理

    B. 通知原告变更诉讼被告, 原告拒绝变更的, 应当驳回诉讼请求

    C. 通知原告变更诉讼请求, 原告拒绝变更的, 裁定不予受理

    D. 予以受理

【答案】A

【解析】根据《治安管理处罚条例》第 39 条, 治安管理处罚的案件属于复议前置的案件。张某 3 个月后向县政府申请行政复议, 很明显超过了《行政复议法》第 9 条第一款规定的 60 日的申请行政复议期限。既然张某没有依法申请行政复议, 当然也就不能提起行政诉讼。因此, A 选项正确。

二、多项选择题, 每题所给的选项中有两个或两个以上正确答案, 少答或多答均不得分。本部分 31-80 题, 每题 1 分, 共 50 分。

31. 下列哪些情形, 属于挪用公款归个人使用, 从而可能构成挪用公款罪?

    A. 国有公司经理甲将公款供亲友使用

    B. 国有企业财会人员乙以个人名义将公款供其他国有单位使用

    C. 国家机关负责人丙个人决定以单位名义将公款供其他单位使用, 但未谋取个人利益

    D. 国有企业的单位领导集体研究决定将公款给私有企业使用

【答案】AB

【解析】根据《全国人民代表大会常务委员会关于〈中华人民共和国刑法〉第 384 条第一款的解释》的规定: 国家工作人员利用职务上的便利, 挪用公款 "归个人使用" 的, 有下列情形之一的, 属于挪用公款 "归个人使用": 将公款供本人、亲友或者其他自然人使用的; 以个人名义将公款供其他单位使用的; 个人决定以单位名义将公款供其他单位使用, 谋取个人利益的。A 和 B 选项符合以上规定, 属于挪用公款罪。C 选项中丙个人决定以单位名义将公款供其他单位使用, 未谋取个人利益的, 不属于挪用公款归个人使用。D 选项中由单位领导集体决定将公款给私有企业使用, 属于单位行为, 而挪用公款罪的主体必须是自然人。

32. 某晚，甲潜入乙家中行窃，被发现后携所窃赃物（价值 900 余元）逃跑，乙紧追不舍。甲见杂货店旁有一辆未熄火摩托车，车主丙正站在车旁吸烟，便骑上摩托车继续逃跑。次日，丙在街上发现自己的摩托车和甲，欲将甲扭送公安局，甲一拳将丙打伤，后经法医鉴定为轻伤。本案应当以下列哪些罪名追究甲的刑事责任？

    A. 抢劫罪

    B. 抢夺罪

    C. 盗窃罪

    D. 故意伤害罪

【答案】BCD

【解析】甲盗窃后为了逃跑，趁丙不备，夺取丙的摩托车。分别构成盗窃罪和抢夺罪。次日为抗拒抓捕而实施的故意伤害行为构成单独的故意伤害罪。此题考察的是抢夺罪转化为抢劫罪的时空限制。盗窃、诈骗、抢夺转化为抢劫罪的，必须是"当场"使用暴力。"当场"指犯罪现场以及犯罪分子刚一离开现场就被及时发觉而立即追捕的过程（被视为犯罪现场的延伸）。本题中被害人丙于次日抓捕甲的行为已不属于犯罪现场的延伸，所以甲的暴力行为不能转化为抢劫罪，而是单独的故意伤害罪。综上，只有 BCD 正确。

33. 依据法律规定，下列关于死刑的说法哪些是不正确的？

    A. 对不属于罪行极其严重的犯罪分子，既不能判处死刑立即执行，也不能判处死刑缓期执行

    B. 死刑缓期执行的判决，可以由高级人民法院核准

    C. 对犯罪时不满 18 周岁的人，不能判处死刑立即执行，但可以判处死刑同时宣告缓期二年执行

    D. 对审判时怀孕的妇女，可以判处死刑，但必须在其生育或者流产后才能执行死刑判决

【答案】CD

【解析】刑法第 48 条规定，死刑只适用于罪行极其严重的犯罪分子。死缓是死刑的执行制度，而不是独立的刑罚种类。不能判处死刑就意味着既不能判处死刑立即执行，也不能判处死缓。因此对于不属于罪行极其严重的犯罪分子，既不能判处死刑立即执行，也不能判处死刑缓期执行。A 选项正确。第 48 条还规定，死刑缓期执行的，可以由高级人民法院判决或者核准。所以 B 选项正确。刑法第四十九条规定，犯罪的时候不满十八周岁的人和审判的时候怀孕的妇女，不适用死刑。意味着对这两种人既不能判处死刑立即执行，也不能判处死刑缓期执行。所以 CD 选项是错误的。

34. 甲从 A 地购得面值 2 万元的假币，然后携带假币乘坐火车到 B 地。甲在车上与几个朋友赌博时被乘警发现，乘警按规定对甲处以罚款，甲欺骗乘警，以假币交纳罚款，被乘警发现。甲的行为构成下列哪些罪？

    A. 购买、运输假币罪
    B. 诈骗罪
    C. 持有、使用假币罪
    D. 赌博罪

【答案】AC

【解析】甲购买假币并携带假币从 A 地前往 B 地，符合购买、运输假币罪的犯罪构成。A 选项是正确的。以假币购物、消费以及本案中以假币交纳罚款的行为，属于使用假币的行为，但同时又有欺骗收受假币者的内容，并因此而获得不法利益（包括免除债务等）。一行为触犯数罪名，主观方面都是直接故意，属于刑法理论上的法条竞合，使用假币罪相对而言是特殊法条之规定。赌博罪的构成必须是以营利为目的，聚众赌博、开设赌场或者以赌博为常业。从立法精神来看，打击的是赌头和赌棍。非出于营利的赌博行为，如亲朋好友聚会时出于娱乐目的的赌博的，即便有少量的金钱输赢，也不能以犯罪论处。"甲与几个朋友赌博"这样的情节交待无法认定甲的赌博罪。综上，只有 AC 正确。

35. 根据犯罪构成理论，并结合刑法分则的规定，下列哪些说法是正确的？

    A. 甲某晚潜入胡某家中盗窃贵重物品时，被主人发现。甲夺门而逃，胡某也没有再追赶。甲就躲在胡某家墙根处的草垛里睡了一晚，第二天早上村长高某路过时，发现甲行踪诡秘，就对其盘问。甲以为高某发现了自己昨晚的盗窃行为，就对高某进行打击，致其重伤。甲构成盗窃罪、故意伤害罪，应数罪并罚

    B. 乙在大街上见赵某一边行走一边打手机，即起歹意，从背后用力将其手机抢走。但因用力过猛，致使赵某绊倒摔成重伤。乙同时构成抢夺罪、过失致人重伤罪，但不应数罪并罚

    C. 丙深夜入室盗窃，被主人李某发现后追赶。当丙跨上李某家院墙，正准备往外跳时，李某抓住丙的脚，试图拉住他。但丙顺势踹了李某一脚，然后逃离现场。丙构成抢劫罪

    D. 丁骑摩托车在大街上见妇女田某提着一个精致皮包在行走，即起歹意，从背后用力拉皮包带，试图将皮包抢走。田某顿时警觉，拽住皮包带不放。丁见此情景，突然对摩托车加速，并用力猛拉皮包带，田某当即被摔成重伤。丁构成抢劫罪而不构成抢夺罪

【答案】ABD

【解析】A：甲某盗窃后逃跑，逃出了被害人胡某的家中，躲在胡某家墙根处的草垛里，他已经离开了盗窃的现场。胡某也没有再追赶，这里已不存在财产犯罪中犯罪现场的延续问题。因为在财产犯罪中，认定为犯罪现场的延续，必须是从犯罪现场开始，正当防卫人及时发觉并立即不间断的追捕的过程。所以第二天早上，甲某伤害村长高某的行为不属于于盗窃罪转化为抢劫罪过程中所必须要求的"当场"使用暴力的情节。甲某的行为在时间上与盗窃罪相隔断，在空间上也不属于直接侵害财产的现场（盗窃的现场在胡某的家里），所以不能转化为抢劫罪，而应单独定故意伤害罪。对甲某以盗窃罪和故意伤害罪数罪并罚。

B：乙从赵某背后用力将其手机抢走，是趁人不备、公然夺取他人财物的行为。乙虽然因用力过猛，致使赵某绊倒摔成重伤，但乙是对物实施暴力而不是对人实施暴力，而且对于赵某的重伤结果乙的主观方面是过失。抢劫罪中的暴力必须针对人实施，而不包括对物暴力；抢夺行为只是直接对物使用暴力（对物暴力），并不是直接对被害人行使暴力；这是抢劫罪与抢夺罪的关键区别。行为人实施抢夺行为时，被害人来不及抗拒，而不是被暴力压制不能抗拒。所以乙触犯了抢夺罪和过失致人重伤罪而不是抢劫罪。一行为触犯数罪名，属于想象竞合犯，从一重罪，不能实行数罪并罚。本项也有司法解释的支持，参见最高法院 2002 年 7 月 15 日《关于审理抢夺刑事案件具体应用法律若干问题的解释》第 5 条之规定。

C：丙跨上李某家院墙，正准备往外跳时，顺势踹了抓他脚试图拉住他的李某一脚，然后逃离现场。这个行为是否能够使丙的盗窃转化为抢劫罪？丙踹赵某一脚的行为可以认为是一种暴力。但并不是足以转化为抢劫罪的暴力。抢劫罪中的暴力是指不法地行使有形力。抢劫罪中的暴力手段必须达到足以抑制对方反抗的程度，但不要求事实上抑制了对方的反抗。刑法第二百六十九条规定的"犯盗窃、诈骗、抢夺罪，为窝藏赃物、抗拒抓捕或者毁灭罪证而当场使用暴力或者以暴力相威胁的"中的"暴力"应该与抢劫罪的"暴力"相当。因此，盗窃、诈骗、抢夺后以不足以抑制对方反抗的轻微暴力逃脱的，如掰开对方的手指，仗自己力大强行挣脱对方的拉扯等暴力行为，都不能认定为是抢劫罪。

D："丁骑摩托车从田某背后用力拉皮包带，试图将皮包抢走"的行为是一种对物暴力，是抢夺行为。但当"田某拽住皮包带不放"，犯罪人丁无法实现自己的抢夺目的时，"丁突然对摩托车加速，并用力猛拉皮包带，致使田某当即被摔成重伤"。丁"突然对摩托车加速，并用力猛拉皮包带"的行为已变为对人即被害人田某的暴力，因为丁明知自己的行为有可能侵害田某的身体健康，为了达到获取财物的目的而放任结果的发生。为了非法获取财物而故意伤害他人身体健康的行为符合抢劫罪的犯罪构成，所以丁构成抢劫罪而不构成抢夺罪。

综上，只有 ABD 正确。

36. 下列哪些犯罪行为，应按数罪并罚的原则处理？

    A. 拐卖妇女又奸淫被拐卖妇女

    B. 司法工作人员枉法裁判又构成受贿罪

    C. 参加黑社会性质组织又杀人

    D. 组织他人偷越国边境又强奸被组织人

【答案】CD

【解析】根据刑法第 240 条的规定：“拐卖妇女、儿童的，处五年以上十年以下有期徒刑，并处罚金；有下列情形之一的，处十年以上有期徒刑或者无期徒刑，并处罚金或者没收财产；情节特别严重的，处死刑，并处没收财产：……（三）奸淫被拐卖的妇女的；”可知拐卖妇女又奸淫被拐卖妇女的按照拐卖妇女罪的升格刑处罚，而不实行数罪并罚。这也就是中国刑法理论中所谓的包容犯。

根据刑法第 399 条的规定：“司法工作人员徇私枉法、徇情枉法，对明知是无罪的人而使他受追诉、对明知是有罪的人而故意包庇不使他受追诉，或者在刑事审判活动中故意违背事实和法律作枉法裁判的，处……。司法工作人员贪赃枉法，有前两款行为的，同时又构成本法第三百八十五条规定之罪的，依照处罚较重的规定定罪处罚。”可知司法工作人员枉法裁判又构成受贿罪的，从一重处罚，也不实行数罪并罚。这是刑法理论中的牵连犯问题。对于牵连犯，中国刑法中有三种处理方法：1、如果没有法条的明确规定，应从一重。2、法律明确规定为从一重或一其中的一罪论处。3、依照法条的规定实行数罪并罚，如以故意杀人的方式骗取保险金的，实行数罪并罚。

根据刑法第 294 条第二款的规定：“犯前两款罪（指组织、领导黑社会性质组织罪和参加黑社会性质组织罪）又有其他犯罪行为的，依照数罪并罚的规定处罚。”可知对参加黑社会性质组织又杀人的，应实行数罪并罚。

根据刑法第 318 条第二款的规定：“犯前款罪（指组织他人偷越国边境罪），对被组织人有杀害、伤害、强奸、拐卖等犯罪行为，或者对检查人员有杀害、伤害等犯罪行为的，依照数罪并罚的规定处罚。”可知对组织他人偷越国边境又强奸被组织人的，应实行数罪并罚。

综上，只有 CD 正确。

37. 下列帮助、教唆行为中，能独立构成犯罪，不按共犯处理的有哪些？

    A. 协助他人实施组织卖淫犯罪

    B. 煽动他人颠覆国家政权

    C. 有查禁犯罪活动职责的国家机关工作人员，向犯罪分子通风报信、提供便利，帮助犯罪分子逃避处罚

    D. 帮助当事人毁灭、伪造证据，情节严重

【答案】ABCD

【解析】协助他人实施组织卖淫犯罪的，构成单独的协助组织卖淫罪；煽动他人颠覆国家政权的，构成单独的煽动颠覆国家政权罪；有查禁犯罪活动职责的国家机关工作人员，向犯罪分子通风报信、提供便利，帮助犯罪分子逃避处罚的，构成单独的帮助犯罪分子逃避处罚罪；帮助当事人毁灭、伪造证据，情节严重的，当事人本身不够成新的犯罪，帮助者单独构成帮助毁灭、伪造证据罪。都不按照共犯处理。综上，全选。

38. 下列关于受贿罪的说法哪些是不正确的？

    A. 甲系地税局长，1993 年向王某借钱 3 万元。1994 年王某所办企业希望免税，得到甲的批准，王当时就对甲说："上次借给你的钱就不用还了，算我给你的感谢费"。但甲始终不置可否。2003 年 5 月甲因其他罪被抓获时，主动交待了借钱不还的事实。甲不构成受贿罪

    B. 乙的妻子在乡村小学教书，乙试图通过关系将其妻调往县城，就请县公安局长胡某给教育局长黄某打招呼，果然事成。事后，乙给胡某 2 万元钱，胡将其中 1 万元给黄某，剩余部分自己收下。本案中，黄某构成受贿罪、胡某构成介绍贿赂罪、乙构成行贿罪

    C. 丙为贷款而给某银行行长李某 5 万元钱，希望在贷款审批时多多关照。李某收过钱，点了点头。但事后，在行长办公会上，由于其他领导极力反对发放此笔贷款，丙未获取分文贷款资金。李某虽然收受他人财物，但由于没有为他人谋取利益，所以不构成受贿罪

    D. 丁系工商局长，1995 年在对赵某所办企业进行年检时，发现该企业并不完全符合要求，就要求其补充材料。在某些主要材料难以补齐的情况下，赵某多次找到丁，希望高抬贵手。丁见赵某开办企业也不容易，就为其办理了年检手续，但未向赵提出任何不法要求。2001 年丁退休后欲自己开办公司，就向赵某提出：6 年前自己帮助了赵，希望赵给 2 万元作为丁自己公司的启动资金，赵推脱不过，只好给钱。丁应当构成受贿罪

【答案】ABCD

【解析】受贿罪是指国家工作人员利用职务上的便利,索取或收受他人财物为他人谋取利益的行为。A 选项中甲利用地税局长的职务之便为王某谋取利益,同时获得免除债务的好处,免除债务仍然属于收受他人财物的范围。甲虽然对王"上次借给你的钱就不用还了,算我给你的感谢费"的说法始终不置可否,但事实上甲借款十年没有履行还款义务,用自己的行动证明是把这 3 万元钱当作感谢费而占有的。甲的行为符合受贿罪的犯罪构成,应定受贿罪。B 选项中教育局长黄某利用自己的国家工作人员身份收受他人一万元钱,并为他人谋取利益的,构成受贿罪。乙是否构成行贿罪,取决于他将在乡村小学教书的妻子调往县城的行为是否属于获取不正当利益,如果是不该调而调,则乙构成行贿罪;如果是该调但不送礼,不找关系无法调动的,则乙谋求的是正当利益,不够成行贿罪。公安局长胡某如果在某些事项上对黄某有经济上或人事上的制约关系,则胡某的打招呼为乙谋取不正当利益的行为应认定为斡旋受贿行为,定受贿罪。如果没有这种制约关系,则胡某接受乙的请托,替乙向黄某打招呼送礼的行为应认定为行贿罪的帮助犯,而不是介绍贿赂罪。介绍贿赂罪与行贿罪的帮助犯的区别在于:行贿罪的帮助犯认识到自己的行为是在帮助行贿一方,因而其行为主要是为行贿者服务;而介绍贿赂的行为人认识到自己是处于第三者的地位介绍贿赂,因而其行为主要是促成双方的行为内容得以实现。本案中是"乙请县公安局长胡某给教育局长黄某打招呼",胡某的地位并不是处于第三者的地位为乙和黄某牵线搭桥,介绍贿赂,而是帮助乙完成行贿的行为。所以有可能属于行贿罪的共犯。C 选项中李某身为国家工作人员,收受他人财物,为他人谋取利益,虽然由于客观原因未能得逞,但不影响构成受贿罪。受贿罪要求的"为他人谋取利益"指的是一种行为,不需要出现谋取利益成功的结果。所以李某构成受贿罪。选项 D 中国家工作人员丁为赵某谋取利益的原因是"见赵某开办企业也不容易",并且未向赵提出任何不法要求。没有权钱交易的内容,因而不构成受贿罪。6 年后丁已退休,不再具有国家工作人员身份,又向赵某索要钱财的,由于主体不合格,所以不构成索贿。丁的索要理由虽然是以 6 年前帮助赵某的行为为理由的,但并不是事前约定等退休后再给钱的情况不属于所谓的"事后受贿"。给钱和办事之间没有刑法上的因果关系,因而各自独立。丁的两个行为都不能构成受贿罪。综上,全选。

39. 某晚,崔某身穿警服,冒充交通民警,骗租到个体女司机何某的夏利出租车。当车行至市郊时,崔某持假枪抢走何某人民币 1000 元,并将何某一脚踹出车外,使何某身受重伤,崔某乘机将出租车开走。本案中属于抢劫罪法定加重情节的有哪些?

    A. 持枪抢劫

B. 冒充军警人员抢劫

C. 抢劫致人重伤

D. 在公共交通工具上抢劫

【答案】BC

【解析】根据刑法第 263 条的规定，属于抢劫罪法定加重情节的有：（一）入户抢劫的；（二）在公共交通工具上抢劫的；（三）抢劫银行或者其他金融机构的；（四）多次抢劫或者抢劫数额巨大的；（五）抢劫致人重伤、死亡的；（六）冒充军警人员抢劫的；（七）持枪抢劫的；（八）抢劫军用物资或者抢险、救灾、救济物资的。本案中崔某冒出警察的行为符合第二百六十三条第六项的规定。将何某踹出车外造成重伤的行为符合第五项的规定。依据《最高人民法院关于审理抢劫案件具体应用法律若干问题的解释》，持假枪的行为不符合第七项的规定，"持枪抢劫"必须是持有《中华人民共和国枪支管理法》中规定的枪支，而不是假枪。抢劫夏利出租车的行为也不属于在公共交通工具上抢劫，依据解释，公共交通工具指从事旅客运输的各种公共汽车，大、中型出租车等。不包括小型出租车。根据立法精神，之所以将持枪抢劫、在公共交通工具上抢劫列为加重情节，是因为这两种情节有危害公共安全的问题。持假枪抢劫、抢劫小型出租车不具有危害公共安全的问题，所以不属于加重处罚的范围。综上，只有 BC 正确。

40. 王某因犯盗窃罪被判处有期徒刑，执行完毕后第四年，再次犯盗窃罪被人民法院判处二年零九个月有期徒刑。人民法院不能对王某适用下列哪些制度？

A. 减刑

B. 缓刑

C. 假释

D. 保外就医

【答案】BC

【解析】根据刑法第 65 条的规定：被判处有期徒刑以上刑罚的犯罪分子，刑罚执行完毕或者赦免以后，在五年以内再犯应当判处有期徒刑以上刑罚之罪的，是累犯，应当从重处罚，但是过失犯罪除外。王某的前罪是盗窃罪，输故意犯罪，并被判处有期徒刑，执行完毕后第四年又犯盗窃罪，被判有期徒刑。符合累犯的规定。对于累犯，依据刑法第 74 条的规定，对于累犯，不适用缓刑。以及刑法第 81 条的规定，对累犯，不得假释。对于减刑，依据刑法的规定，被判处管制、拘役、有期徒刑、无期徒刑的犯罪分子，在执行期间，如果认真遵守监规，接受教育改造，确有悔改表现的，或者有立功表现的，都可以减刑；有重大立功表现的，应当减刑。对于累犯当然也可以减刑。依据刑事诉讼法的规定，保外就医可以适用于被判处拘役和有期徒刑的犯罪分子。累犯只要不是被判处死刑和无期徒刑的，也可以适用保外就医。综上，只有 BC 正确。

41. 下列关于刑法上因果关系的说法哪些是正确的?

A. 甲欲杀害其女友，某日故意破坏其汽车的刹车装置。女友如驾车外出，15 分钟后遇一陡坡，必定会坠下山崖死亡。但是，女友将汽车开出 5 分钟后，即遇山洪爆发，泥石流将其冲下山摔死。死亡结果的发生和甲的杀害行为之间，没有因果关系

B. 乙欲杀其仇人苏某，在山崖边对其砍了 7 刀，被害人重伤昏迷。乙以为苏某已经死亡，遂离去。但苏某自己醒来后，刚迈了两步即跌下山崖摔死。苏某的死亡和乙的危害行为之间存在因果关系

C. 丙追杀情敌赵某，赵狂奔逃命。赵的仇人赫某早就想杀赵，偶然见赵慌不择路，在丙尚未赶到时，即向其开枪射击，致赵死亡。赵的死亡和丙的追杀之间没有因果关系

D. 丁持上膛的手枪闯入其前妻钟某住所，意图杀死钟某。在两人厮打时，钟某自己不小心触发扳机遭枪击死亡。钟的死亡和丁的杀人行为之间存在因果关系，即使丁对因果关系存在认识错误，也构成故意杀人罪既遂

【答案】ABCD

【解析】当然的或者盖然的引起危害结果的事实原因就是刑法上的原因。在没有介入因素打破因果链的情况下，因果关系很容易认定。关键是因果链为介入因素打破的情况下，即在一个危害行为的发展过程中又介入其他因素而导致某种危害结果的场合，如何确定先前的危害行为和最后的危害结果之间的因果关系是一个极为复杂的问题。介入因素主要有三类：自然事件，如选项 A 中的山洪；他人行为，如选项 C 中赫某的杀人行为；受害人自身行为，如选项 B、D 中的受害人行为。在存在介入因素的情况下，认定先前行为是危害结果的原因要考虑两条规则：1、介入因素和先在行为之间的关系是独立的还是从属的? 如果是从属的，则先在行为与危害结果之间有因果关系。2、介入因素本身的特点是异常的还是非异常? 如果是非异常的，则先在行为是危害结果的原因。A 选项中山洪爆发冲走甲的女友与甲的破坏刹车之间是各自独立的关系，所以死亡结果的发生和甲的杀害行为之间，没有因果关系（这种情况又称之为因果关系的断绝）。B 选项中苏某摔下山崖的情况是由于乙在山崖边对其实施重

伤害行为导致苏某不能正常行走所致，受害人自己的行为与犯罪行为之间是从属的关系，所以苏某的死亡和乙的危害行为之间存在因果关系。C 选项中赫某的杀人行为并不从属于丙的追杀行为，他只是偶然的利用了丙造成的有利杀人环境，是另一个独立的杀人行为。所以赵的死亡和丙的追杀之间没有因果关系。选项 D 中钟某的行为是由于丁的杀人行为所引起，并从属于丁的杀人行为，所以钟的死亡和丁的杀人行为之间存在因果关系。而犯罪人对因果关系存在错误认识，不影响犯罪构成，所以即使丁对因果关系存在认识错误，也构成故意杀人罪既遂。综上，全选。

42. 根据犯罪主观要件、犯罪形态的理论分析，下列关于犯罪中止的表述哪些是错误的？

A. 甲为杀人而与李某商量并委托购买毒药，李某果然为其买来了剧毒药品。但 10 天后甲放弃了杀人意图，将毒药抛入河中。甲成立犯罪中止，而李某不应成立犯罪中止。

B. 乙基于杀人的意图对他人实施暴力，见被害人流血不止而心生怜悯，将其送到医院，被害人经治疗后仍鉴定为重伤。乙不是犯罪中止。

C. 丙对仇人王某猛砍 20 刀后离开现场。2 小时后，丙为寻找、销毁犯罪工具回到现场，见王某仍然没有死亡，但极其可怜，即将其送到医院治疗。丙的行为属于犯罪中止。

D. 丁为了杀害李四而对其投毒，李四服毒后极端痛苦，于是丁将李四送往医院抢救脱险。经查明，毒物只达到致死量的 50%，即使不送到医院，李四也不会死。丁将被害人送到医院的行为和被害人的没有死亡之间，并无因果关系，所以丁不能成立犯罪中止

【答案】BCD

【解析】犯罪中止，指在犯罪过程中，自动放弃犯罪或者自动有效地防止犯罪结果发生。选项 A 中甲在犯罪预备阶段自动放弃杀人意图，成立犯罪中止。但是共同犯罪人李某不成立犯罪中止，因为李某并不是自动放弃杀人，而是由于实行者的放弃行为使其不能达到杀人的目的，属于犯罪预备。B 选项中乙在杀人过程中心生怜悯，产生了悔意，自动停止了犯罪行为，并采取有效措施阻止了死亡结果的出现，因而属于故意杀人罪的中止。C 选项中丙对王某猛砍 20 刀的行为我们无法准确认定为是故意杀人的行为还是故意伤害的行为，假如猛砍的是王某的腿部，则丙已构成故意伤害罪的既遂，依据犯罪中止的时间性，既遂以后的自动恢复原状行为、抢救行为都不能成立犯罪中止。假如丙砍的是王某的头部，应认定为故意杀人。但如果成立故意杀人的犯罪中止，则必须符合中止的有效性要求，即将王某送到医院后，王某经抢救未死。但

案例中并未给出此结果，所以无法认定故意杀人的犯罪中止。D 选项中虽然没有丁的救助行为李某也不会死，但犯罪人丁认为可能既遂而不愿达到既遂，即所谓"能达目的而不欲"，符合犯罪中止的自动性要求，成立犯罪中止。综上，只能选择 BCD。

43. 关于黑社会性质组织犯罪的认定问题，下列说法哪些是正确的？

　　A. 黑社会性质组织是犯罪集团，具有犯罪集团的一般属性

　　B. 黑社会性质组织所从事的危害行为，既包括犯罪行为，又包括违法行为

　　C. 组织、领导、参加黑社会性质组织罪，既包括组织、领导、参加黑社会性质组织的行为，又包括在该黑社会性质组织统一策划、指挥下从事的其他犯罪行为

　　D. 具有国家工作人员的非法保护，是认定黑社会性质组织的必要条件

【答案】AB

【解析】根据《全国人民代表大会常务委员会关于〈中华人民共和国刑法〉第 294 条第一款的解释》，刑法第 294 条第一款规定的"黑社会性质的组织"应当同时具备以下特征：形成较稳定的犯罪组织，人数较多，有明确的组织者、领导者，骨干成员基本固定；有组织地通过违法犯罪活动或者其他手段获取经济利益，具有一定的经济实力，以支持该组织的活动；以暴力、威胁或者其他手段，有组织地多次进行违法犯罪活动，为非作恶，欺压、残害群众；通过实施违法犯罪活动，或者利用国家工作人员的包庇或者纵容，称霸一方，在一定区域或者行业内，形成非法控制或者重大影响，严重破坏经济、社会生活秩序。A 和 B 选项符合《解释》的内容，所以是正确的选项。依据刑法第 294 条第二款的规定："犯前两款罪（指组织、领导黑社会性质组织罪和参加黑社会性质组织罪）又有其他犯罪行为的，依照数罪并罚的规定处罚。"因此组织、领导、参加黑社会性质组织罪，只包括组织、领导、参加黑社会性质组织的行为，不包括在该黑社会性质组织统一策划、指挥下从事的其他犯罪行为。C 选项是错误的。根据《解释》，利用国家工作人员的包庇或者纵容，是认定黑社会性质组织的选择性条件，而不是必要条件，所以 D 错误。

44. 对涉及增值税专用发票的犯罪案件，下列哪些处理是正确的？

　　A. 非法购买增值税专用发票的，按非法购买增值税专用发票罪定罪处罚

　　B. 非法购买增值税专用发票后又虚开的，按非法购买增值税专用发票罪和虚开增值税专用发票罪并罚

　　C. 非法购买增值税专用发票后又出售的，按非法出售增值税专用发票罪定罪处罚

　　D. 非法购买伪造的增值税专用发票后又出售的，按出售伪造的增值税专用发票罪定罪处罚

【答案】ACD

【解析】根据刑法第 208 条的规定，非法购买增值税专用发票或者购买伪造的增值税专用发票的，构成非法购买增值税专用发票罪和购买伪造的增值税专用发票罪。非法购买增值税专用发票或者购买伪造的增值税专用发票又虚开或者出售的，分别依照刑法第 205 条即虚开增值税专用发票罪、第 206 条出售伪造的增值税专用发票罪、第 207 条非法出售增值税专用发票罪的规定定罪处罚，不实行数罪并罚。综上，只选ACD。

45. 依据法律规定，在管制的判决和执行方面，下列说法哪些是不正确的？

A. 管制的期限为 3 个月以上 2 年以下，数罪并罚时不得超过 3 年

B. 被判处管制的犯罪分子，由公安机关执行

C. 对于被判处管制的犯罪分子，在劳动中应酌量发给报酬

D. 管制的刑期从判决执行之日起计算，判决执行以前先行羁押的，羁押一日折抵刑期一日

【答案】CD

【解析】依据刑法第 38 条和第 69 条的规定，管制的期限，为三个月以上二年以下。数罪并罚时管制最高不能超过三年。被判处管制的犯罪分子，由公安机关执行。所以 AB 选项的内容本身是正确的。根据刑法第 39 条的规定，对于被判处管制的犯罪分子，在劳动中应当同工同酬。所以 C 选项内容本身是错误的。在劳动中应酌量发给报酬的是对判处拘役的犯罪分子的执行内容。根据刑法第四十一条的规定，管制的刑期，从判决执行之日起计算；判决执行以前先行羁押的，羁押一日折抵刑期二日。所以 D 选项内容本身是错误的。

46. 甲承包经营某矿井采矿业务。甲为了降低采矿成本，提高开采量，便动员当地矿工和村民将子女带到矿井上班，并许诺给他们的子女以高工资。矿工和村民纷纷将他们的子女带到矿井上班，从事井下采矿作业，其中有二十余人为 10 周岁～16 周岁的未成年人。后因甲所承诺的高工资未兑现，二十余名童工表示不想再干，要求离开矿井。甲不同意，并在矿井周围布上电铁丝网，雇用数十名守卫，禁止所有的矿工包括这二十余名童工离开矿井，强制他们为其采矿，其中一名年约 12 岁的童工因体质瘦弱而累死在井下。甲的行为构成何罪？

A. 非法拘禁罪

B. 强迫职工劳动罪

C. 雇用童工从事危重劳动罪

D. 重大责任事故罪

【答案】BC

【解析】甲雇用童工从事井下作业的行为，根据《中华人民共和国刑法修正案（四）》第4条的规定，违反劳动管理法规，雇用未满十六周岁的未成年人从事超强度体力劳动的，或者从事高空、井下作业的，或者在爆炸性、易燃性、放射性、毒害性等危险环境下从事劳动，情节严重的，构成雇用童工从事危重劳动罪。甲又以非法拘禁的方式强迫包括其他矿工在内的职工劳动，造成严重后果的行为，依照刑法第244条的规定，用人单位违反劳动管理法规，以限制人身自由方法强迫职工劳动，情节严重的，构成强迫职工劳动罪。根据《中华人民共和国刑法修正案（四）》第4条第二款的规定，"有前款行为，造成事故，又构成其他犯罪的，依照数罪并罚的规定处罚。"所以对甲应以强迫职工劳动罪和雇用童工从事危重劳动罪实行数罪并罚。综上，只选BC。

47. 结合犯罪构成理论以及刑法分则的相关规定分析，以下案件哪些不构成侵占罪？

A. 某游戏厅早上8点刚开门，甲就进入游戏厅玩耍，发现6号游戏机上有一个手机，甲马上装进自己口袋，然后逃离。事后查明，该手机是游戏厅老板打扫房间时顺手放在游戏机上的。甲被抓获后称其始终以为该手机是其他顾客遗忘的财物

B. 乙知道邻居肖某的8岁小孩被他人绑架，肖某可能会按照歹徒的要求交付赎金，即终日悄悄跟随在肖某身后。某日，见肖某将一塑料口袋塞入某桥洞下，即在肖某离开10分钟后，将口袋挖出，取得现金20万元

C. 丙到某装饰城购买价值2万元的装修材料，委托三轮车夫田某代为运输。田某骑三轮车在前面走，丙骑自行车跟在后面。在经过一路口时，田某见丙被警察拦住检查自行车证，即将装修材料拉走倒卖，获款4000元

D. 丁闲极无聊在一自动取款机按键上胡乱敲击。在准备离开时，丁无意中触动了一个按钮，取款机即吐出一张100元钞票，丁见此情景，就连续不断地进行操作，直至取出现金1万元，然后迅速离去

【答案】ABCD

【解析】本题考察的是盗窃罪和侵占罪的区别。区分盗窃罪与侵占罪的关键，在于判断作为犯罪对象的财物是否脱离占有以及由谁占有。行为人不可能盗窃自己事实上占有的财物，对自己事实上已经占有的财物只能成立侵占罪。从客观上说，占有是指事

实上的支配（与非法占有目的中的占有不是等同概念），不仅包括物理支配范围内的支配，而且包括社会观念上可以推知财物的支配人的状态。1、即使原占有者丧失了占有，但当该财物转移为建筑物的管理者或者第三者占有时，也应认定为他人占有的财物。选项 A 中即使该手机真的是其他顾客遗忘的财物，但该手机的占有权也应归游戏厅的老板，甲拿走自己没有占有权的手机应属盗窃行为。2、虽然处于他人支配领域之外，但存在可以推知由他人事实上支配的状态时，也属于他人占有的财物。例如，他人门前停放的自行车，即使没有上锁，也应认为由他人占有。以非法占有目的取得这些财物的，应认定为盗窃罪，而非侵占罪。侵占罪中的占有必须是基于合法的理由，B 选项中乙终日悄悄跟随在肖某身后，伺机拿走肖某塞入某桥洞下的钱财，属于秘密窃取他人财物的行为。放在桥洞内的钱财仍然在肖某的占有范围内，不属于遗忘物。因此应认定乙的行为为盗窃罪。3、当数人共同管理某种财物，而且存在上下主从关系时，刑法上的占有通常属于上位者，而不属于下位者。C 选项中丙（上位者）与田某（下位者）共同管理装修材料，但在这种情况下，即使下位者事实上握有财物，或者事实上支配财物，也只不过是单纯的监视者或者占有辅助者。因此，下位者田某基于不法所有的目的取走财物的，成立盗窃罪。4、侵占罪中的占有与盗窃罪中的获取相比具有消极性，即不是通过积极的非法行为来占有财物，而是基于合法的理由。D 选项中丁以积极的方式非法获取银行占有的钱财，属于盗窃而不是侵占。综上，全选。

48. 下列与犯罪故意和共犯有关的说法哪些是正确的？

　　A. 甲一开始不知道现住自己家的张三是罪犯而收留，但在知道其是杀人犯后仍然加以隐藏的，可以构成窝藏罪

　　B. 乙为发展公司业务而正常申请贷款 100 万元。取得贷款不久，公司业务停滞，乙便将贷款转贷牟利，不构成高利转贷罪

　　C. 丙发现李四挪用公款所取得的款项放在家中，尚未使用，就"借用"李四的公款 50 万元购买毒品，丙属于挪用公款罪共犯

　　D. 丁（非国家工作人员）一开始并不知道丈夫田某多次受贿的事实，但在行贿人王五告知丁其有求于田某时，丁接受了王五提供的财物，丁构成受贿罪

【答案】ABD

【解析】A：窝藏罪的主观方面是故意，即明知是犯罪人而故意为其提供隐藏处所。在甲知道张三是罪犯后仍然加以隐藏，符合窝藏罪的犯罪构成。B：依据刑法的规定，高利转贷罪是目的犯，即必须是以转贷牟利为目的，套取金融机构资金。乙是为发展公司业务而正常申请贷款的，所以在贷款时并不具有转贷牟利的目的，所以不构成高利转贷罪。C：根据《最高人民法院关于审理挪用公款案件具体应用法律若干问题的

解釋》第八條的規定：挪用公款給他人使用，使用人與挪用人共謀，指使或者參與策劃取得挪用款的，以挪用公款罪的共犯定罪處罰。李四單獨挪用公款放在家中，意味著挪用公款的實行行為已經實施完畢，不存在形成共犯的空間。丙知道李四家中有挪用的公款而「借用」的，既沒有與李四共謀挪用，也沒有指使或參與策劃李四挪用，所以不構成挪用公款罪的共犯。D：非國家工作人員與國家工作人員相勾結，伙同受賄的，則成立受賄罪的共犯。丁的丈夫有過受賄的事實，可推知田某具有國家工作人員身份，丁以非國家工作人員身份接受了王五的財物後，意圖讓田某為王五謀取利益，丁構成受賄罪的共犯。綜上，只選 ABD。

49. 根據我國刑法的規定，偷盜嬰幼兒的行為可因主觀目的的不同而構成下列哪些犯罪？

    A. 偷盜嬰幼兒罪

    B. 綁架罪

    C. 拐賣兒童罪

    D. 拐騙兒童罪

【答案】BCD

【解析】根據刑法的有關規定，偷盜嬰幼兒的，假如以出賣為目的，則應成立拐賣兒童罪，以勒索錢財為目的，成立綁架罪，以自己收養或他人收養為目的的，成立拐騙兒童罪。刑法中沒有偷盜嬰幼兒罪這樣的罪名，所以 A 不選。其他都選。

50. 甲、乙合謀勒索丙的錢財。甲與丙及丙的兒子丁（17 歲）相識。某日下午，甲將丁邀到一家遊樂場遊玩，然後由乙向丙打電話。乙稱丁被綁架，令丙趕快送 3 萬元現金到約定地點，不許報警，否則殺害丁。丙擔心兒子的生命而沒有報警，下午 7 點左右準備了 3 萬元後送往約定地點。乙取得錢後通知甲，甲隨後與丁分手回家。下列罪名哪些不符合甲、乙的行為性質？

    A. 綁架罪

    B. 搶劫罪

    C. 敲詐勒索罪

    D. 非法拘禁罪

【答案】ABD

【解析】甲乙二人雖口稱綁架了丁，事實上並未實施綁架行為，也沒打算綁架丁，所以不符合綁架罪的犯罪構成，不成立綁架罪。甲乙並未對被害人丙的人身實施當場的暴力和脅迫以及其他使人不能抗拒的方法來強行劫取財物，所以不符合搶劫罪的犯罪构成。甲乙谎称丙的儿子被绑架，以此要挟受害人丙，勒索钱财，构成敲诈勒索罪。甲乙并未限制丁的人身自由，所以不构成非法拘禁罪。绑架罪、抢劫罪、非法拘禁罪与敲诈勒索罪最本质的区别是前三罪都必须侵犯了他人的人身权，而敲诈勒索罪的客体则是公私财物所有权，还有人身权或者其他权益，人身权受到侵犯并不是此罪的必备要件。综上，只选 ABD。

51. 根据我国刑事诉讼法的规定，下列哪些情况需要省级人民政府指定的医院进行鉴定或者出具证明文件？

   A. 某被害人对公安机关的轻伤鉴定不服，要求重新鉴定

   B. 犯罪嫌疑人的父亲提出犯罪嫌疑人患有精神病要求进行鉴定

   C. 已被逮捕的犯罪嫌疑人提出自己患有严重疾病要求取保候审

   D. 正在服刑的罪犯提出自己患有严重疾病，要求监外执行

【答案】ABD

【解析】根据刑事诉讼法第 120 条的规定，对人身伤害的医学鉴定有争议需要重新鉴定或者对精神病的医学鉴定，由省级人民政府指定的医院进行。因此，AB 项正确。根据刑事诉讼法第 214 条的规定，对于罪犯确有严重疾病，必须保外就医的，由省级人民政府指定的医院开具证明文件，依照法律规定的程序审批。因此，D 项正确。

52. 某市人民检察院接到举报后，对张某的受贿行为进行立案侦查，经过侦查和审查起诉后，发现指控其受贿罪的证据不足。但是该检察院发现张某拥有小别墅一栋、私家宝马车一部、另有近百万元银行存款，犯罪嫌疑很大。如果检察机关要追究张某的刑事责任，对张某提起公诉，需要证明下列哪些事项？

   A. 张某是国家机关工作人员

   B. 张某是国家工作人员

   C. 张某的合法收入数、实际财产数以及二者之间的差距为 30 万元以上

   D. 上述 C 项中所指差距部分的来源情况

【答案】BC

【解析】证明对象是指在诉讼中，需要运用证据对其加以证明的问题。一般来说，刑事诉讼的证明对象包括实体事实和程序事实两大方面：一是实体法事实。实体事实主要是有关犯罪构成要件的事实，具体有：犯罪事实是否发生，是否为犯罪嫌疑人、被告人所为，犯罪行为的实施过程、危害后果，行为人的刑事责任能力、主观罪过等；是否具有法定或者酌定的从重、从轻、减轻、免除刑事处罚的事实；以及行为人的个

人情况和犯罪后的表现。二是程序法事实。即对于解决诉讼程序问题具有法律意义的事实。主要包括：有关回避的事实；关于耽误诉讼期限是否有不能抗拒的原因和其他正当理由的事实；影响采取强制措施的事实；违法法定程序的事实，等等。可见，证明对象具有以下特点：一是必须与犯罪嫌疑人、被告人定罪量刑及保证程序公正有关，即必须是具有诉讼意义的事项；二是必须是有必要用证据证明的事项，如果事项虽与定罪量刑和诉讼公正有关，但没有必要用证据加以证明，而是属于众所周知的事实或者已为法律确认，就不属于证明对象的范围。因此，BC 为正确答案。

53. 甲故意杀人案件中，公安机关在侦查过程中除了其他证据外，还收集到了下列材料，如果要认定甲犯有故意杀人罪，这些材料中哪些不具备证据的相关性特征？

   A. 甲写给被害人的恐吓信

   B. 甲在 10 年以前曾采用过与本案相同的手段实施过杀人行为（未遂，被判过刑）

   C. 甲吃、喝、嫖、赌，道德品质败坏

   D. 甲的情妇证明，在本案的作案时间中，甲曾与她一起在某电影院看电影，电影的名字是《泰坦尼克号》

【答案】BC

【解析】证据的相关性，也称为证据的关联性，指证据客观必须同案件存在联系，并对案件事实具有实际意义。同案件事实没有联系的，即使是客观事实，也不能成为证据。当然，证据同案件事实之间的联系形式是多种多样的，相应地其证明力的大小也是不同的。显然，甲在 10 年以前曾采用过与本案相同的手段实施过杀人行为（未遂，被判过刑）以及甲吃、喝、嫖、赌，道德品质败坏与本案没有联系，不具备证据的相关性特征。故只有 AD 两项具备证据的相关性特征，因此 BC 两项为正确答案。

54. 被告人刘某，17 岁，被判处有期徒刑 3 年，判决生效后刘某被送往当地监狱服刑，下列哪些人员有权对本案提出申诉？

   A. 被害人温某

   B. 刘某的父亲

   C. 刘某的哥哥

   D. 刘某的辩护人史某

【答案】AB

【解析】刑事诉讼法第 203 条规定："当事人及其法定代理人、近亲属，对已经发生法律效力的判决、裁定，可以向人民法院或者人民检察院提出申诉，但是不能停止判决、裁定的执行。"刑事诉讼法第 82 条第（二）项规定："当事人是指被害人、自诉人、犯罪嫌疑人、被告人、附带民事诉讼的原告人和被告人。"刑事诉讼法第 82 条第（三）项规定："法定代理人是指被代理人的父母、养父母、监护人和负有保护责任的机关、团体的代表。"刑事诉讼法第 82 条第（六）项规定："'近亲属'是指夫、妻、父、母、子、女、同胞兄弟姊妹。"据此可以直接选出 AB 项，其中被害人温某是当事人，而刘某的父亲是当事人的法定代理人。

55. 甲（20 岁）和乙（17 岁）是盗窃案的同案被告人，现在押。甲聘请某律师为辩护人，乙的父亲(在国家机关任现职)担任乙的辩护人。乙的父亲有权行使下列哪些诉讼权利？

　　A. 有权独立进行辩护

　　B. 有权依法定程序向证人或者其他单位和个人调查取证

　　C. 有权在第一审判决宣告后，不经乙同意，提出上诉

　　D. 同甲的辩护人一样，享有独立的同被告人会见和通信权

【答案】AC

【解析】A 项显然是正确的，无论是律师担任辩护人，还是非律师担任辩护人，其在刑事诉讼中都具有独立的诉讼地位。刑事诉讼法第 37 条："辩护律师经证人或者其他有关单位和个人同意后，有权向他们收集与本案有关的材料；有权申请人民检察院收集、调取证据；有权在经人民检察院许可，并且经被害人或者其近亲属、被害人提供的证人同意，向他们收集与本案有关的材料；"可以只有律师担任辩护人的时候，有权依法定程序向证人或者其他单位和个人调查取证。而非律师辩护人是没有调查取证权。所以 B 项正确。刑事诉讼法第 180 条规定："被告人、自诉人和他们的法定代理人，不服地方各级人民法院第一审的判决、裁定，有权用书状或者口头向上一级人民法院上诉。"而乙的父亲作为其法定代理人，有权独立地提起上诉，故 C 项正确。刑事诉讼法第 36 条规定："辩护律师自人民检察院对案件审查起诉之日起，可以查阅、摘抄、复制本案的诉讼文书、技术性鉴定材料，可以同在押的犯罪嫌疑人会见和通信。其他辩护人经人民检察院许可，也可以查阅、摘抄、复制上述材料，同在押的犯罪嫌疑人会见和通信。"因此，非律师辩护人要同在押的犯罪嫌疑人会见和通信，需要经过有关机关批准。所以 D 项不正确。

56. 甲、乙、丙三人共同伤害被害人，检察机关对甲和乙提起公诉，对丙作了不起诉处理。被害人欲提起附带民事诉讼，下列说法哪些是正确的？

　　A. 应将甲和乙作为共同被告

　　B. 应将甲、乙、丙作为共同被告

C. 既可以将甲和乙作为被告，也可以将甲、乙、丙作为被告

D. 由于只有丙有赔偿能力，可以只以丙为被告

【答案】CD

【解析】根据《高法解释》第86条的规定，附带民事诉讼中依法负有赔偿责任的人包括：（一）刑事被告人（公民、法人和其他组织）及没有被追究刑事责任的其他共同致害人；（二）未成年刑事被告人的监护人；（三）已被执行死刑的罪犯的遗产继承人；（四）共同犯罪案件中，案件审结前已死亡的被告人的遗产继承人；（五）其他对刑事被告人的犯罪行为依法应当承担民事赔偿责任的单位和个人。但是，被害人在提起附带民事诉讼时，可以对依法负有赔偿责任的人的进行选择，是否对某一负有赔偿责任的人的提起赔偿要求由被告人来决定。因此，只有CD项为正确答案。

57. 下列第一审刑事案件，哪些应当由中级人民法院管辖？

A. 张某玩忽职守案

B. 陈某组织武装叛乱案

C. 钱某故意杀人案

D. 岳某抢夺某外国公民财物案

【答案】BC

【解析】根据刑事诉讼法第20条的规定，中级人民法院管辖下列第一审刑事案件：（一）反革命案件、危害国家安全案件；（二）可能判处无期徒刑、死刑的普通刑事案件；（三）外国人犯罪的刑事案件。据此可以直接排除D项，因为岳某抢夺某外国公民财物案是外国人被害，而非外国人犯罪。陈某组织武装叛乱案属于危害国家安全的犯罪，应由中级人民法院管辖。钱某故意杀人案可能判处无期徒刑或死刑也应中级人民法院管辖，而张某玩忽职守案法定最高刑为7年有期徒刑，故不是必须由中级法院管辖的案件。综上，只选BC。

58. 高某因涉嫌偷税被公安机关刑事拘留，拘留期间，下列哪些人有权为高某申请取保候审？

A. 高某本人

B. 高某的妻子

C. 高某的叔叔

D. 高某聘请的律师

【答案】ABD

【解析】刑事诉讼法第52条规定：被羁押的犯罪嫌疑人、被告人及其法定代理人、近亲属有权申请取保候审。据此，可以直接选出A项。刑事诉讼法第82条第（六）项规定："近亲属是指夫、妻、父、母、子、女、同胞兄弟姊妹。"所以B项正确。而C项不属于近亲属的范畴，因此不正确。《高检规则》第39条规定："被羁押的犯罪嫌疑人及其法定代理人、近亲属和委托的律师申请取保候审，经审查具有本规则第三十七条规定情形之一的，经检察长决定，可以对犯罪嫌疑人取保候审。"可见，被羁押的犯罪嫌疑人委托的律师是有权为其申请取保候审，而被羁押的情况既包括被逮捕的，也包括被拘留的。所以D项也是正确的。

59. 下列证据中，既属于直接证据又属于原始证据的有哪些？

   A. 犯罪嫌疑人在侦查阶段向侦查人员所作的有关犯罪过程的供述

   B. 侦查人员在现场提取的犯罪嫌疑人的指纹

   C. 被害人关于刘某抢劫其钱财的陈述

   D. 沾有血迹的杀人凶器

【答案】AC

【解析】在证据理论中，证据的分类方法有多种，学界研究较多的主要有以下几种：原始证据与传来证据；有罪证据与无罪证据；言词证据与实物证据；直接证据与间接证据。其中，原始证据与传来证据是根据证据的来源，将证据进行的分类。凡是直接来源于案件事实，未经复制、转述的证据是原始证据，也就是通常所说的第一手材料。凡不是直接来源于案件事实，而是间接的来源于案件事实，经过复制或者转述原始证据而派生出来的证据是传来证据，即通常所说的第二手材料。直接证据与间接证据是根据证据与案件主要事实的证明关系的不同，对证据进行的划分。直接证据能够单独地直接证明案件主要事实的证据。间接证据是指不能单独地直接证明案件主要事实，需要与其他证据结合才能证明的证据。不过，虽然直接证据能够单独地直接证明案件的主要事实，但是只凭一个直接证据仍然是难以定案的。A项中犯罪嫌疑人在侦查阶段向侦查人员所作的有关犯罪过程的供述，是直接来源于案件事实，不是经过转述的，为原始证据。而且犯罪嫌疑人在侦查阶段向侦查人员所作的有关犯罪过程的供述，也能够单独地直接证明案件主要事实的证据，即能证明犯罪行为是否系犯罪嫌疑人、被告人所实施。所以A项是正确的。C项被害人关于刘某抢劫其钱财的陈述，也是直接来源于案件事实，不是经过转述的，也是原始证据。而且被害人关于刘某抢劫其钱财的陈述，同样能够单独地直接证明案件主要事实的证据，即能证明犯罪行为是否系犯罪嫌疑人、被告人所实施，所以C项正确。

60. 某公安机关法医鉴定室的法医王某一天下班途中，亲眼目睹了李某故意伤害案的经过。下列说法哪些是正确的？

    A. 王某既不能作鉴定人，又不能作证人

    B. 王某既可以作鉴定人，又可以作证人

    C. 王某应当作证人，但不能作鉴定人

    D. 王某是本案的诉讼参与人

【答案】CD

【解析】刑事诉讼法第 48 条规定："凡是知道案件情况的人，都有作证的义务。"所以，证人具有不可替代性。因此，此案中王某应当作证人，而不能作鉴定人。所以，C 项正确。而王某作为证人他又属于诉讼参与人。因为，按照刑事诉讼法第 82 条第（四）项的规定，"诉讼参与人"是指当事人、法定代理人、诉讼代理人、辩护人、证人、鉴定人和翻译人员。所以，D 项也是正确的。

61. 某诈骗案，被告人甲 17 岁。在开庭审理过程中，甲的父亲乙提出申请，要求担任本案庭审记录工作的书记员丙回避，理由是听人说被害人的父亲丁在开庭前曾请丙出去吃过饭。关于本案中的回避，下列说法哪些是正确的？

    A. 乙提出回避申请，应当经过甲同意

    B. 乙提出回避申请时，应当提供相应的证明材料

    C. 是否批准本案中的回避申请，由审判长决定

    D. 是否批准本案中的回避申请，由法院院长决定

【答案】BD

【解析】刑事诉讼法第 29 条规定："审判人员、检察人员、侦查人员不得接受当事人及其委托的人的请客送礼，不得违反规定会见当事人及其委托的人。审判人员、检察人员、侦查人员违反前款规定的，应当依法追究法律责任。当事人及其法定代理人有权要求他们回避。"《高法解释》第 27 条规定："依照刑事诉讼法第 29 条规定提出回避申请的，申请人应当提供证明材料。"所以 B 项正确。而法庭书记员的回避，应由人民法院院长决定，而不应当由审判长决定，所以 D 项正确。

62. 被害人王某，1998 年向县公安机关控告刘某故意伤害，公安机关立案侦查后，认为刘某的行为不构成犯罪，依法撤销了该案。后王某向人民法院起诉，人民法院受理了该案，人民法院适用简易程序审理了该案，该案中哪些做法符合刑事诉讼法规定的程序？

    A. 公安机关撤销该案

B. 人民法院受理该案

C. 王某向人民法院起诉

D. 人民法院使用简易程序审理此案

【答案】ABC

【解析】公安机关立案侦查后，认为刘某的行为不构成犯罪，依法可以撤销该案。因此，A 项是正确的。根据刑事诉讼法第 170 条的规定，自诉案件包括下列案件：（一）告诉才处理的案件；（二）被害人有证据证明的轻微刑事案件；（三）被害人有证据证明对被告人侵犯自己人身、财产权利的行为应当依法追究刑事责任，而公安机关或者人民检察院不予追究被告人刑事责任的案件。所以，王某对于公安机关立案侦查后，认为刘某的行为不构成犯罪，依法撤销案件的情况下，显然有权起诉，人民法院有权受理此案。所以，BC 项正确。根据刑事诉讼法第 174 条的规定，人民法院对于下列案件，可以适用简易程序，由审判员一人独任审判：（一）对依法可能判处三年以下有期徒刑、拘役、管制、单处罚金的公诉案件，事实清楚、证据充分，人民检察院建议或者同意适用简易程序的；（二）告诉才处理的案件；（三）被害人起诉的有证据证明的轻微刑事案件。但根据《高法解释》第 219 条的规定，刑事诉讼法第 170 条第（三）项规定的案件不能适用简易程序。所以，D 项不正确。综上，只选 ABC。

63. 童某涉嫌故意杀人案，有下列几种证据，其中属于书证的有哪些？

A. 精神病医院为其开具的精神病情况的诊断结论

B. 案发现场找到的童某写的一封尚未邮寄出去的家信，通过对信上的笔迹鉴定，找到了犯罪嫌疑人童某

C. 童某单位开具的关于童某一贯表现的证明

D. 被害人临死之前在地上写下的一组数字，通过数字查到了童某的门房号码

【答案】ACD

【知识点】证据的法定种类

【解析】证据的法定形式，也称为证据的法定种类，它是指表现证据事实内容的各种外部形式，证据种类的划分是具有法律约束力的，不具备法定的外部表现形式的证据资料不能纳入诉讼轨道。我国刑事诉讼法第 42 条规定的证据种类有以下几种：物证、书证；证人证言；被害人陈述；犯罪嫌疑人、被告人供述和辩解；鉴定结论；勘验、检查笔录；视听资料。书证是以其记载的内容和表达的思想起证明作用的，而物证则是以其外部特征、存在场所和物质属性起证明作用的。因此，ACD 项是书证，B 项是物证。

64. 人民法院在受理某泄露国家机密案后，决定不公开审理。下列说法中正确的有哪些？

    A. 应当在开庭审判 3 日以前公告不公开审理的理由

    B. 应当在开庭审理时宣布不公开审理的理由

    C. 应当公开宣告判决

    D. 不应当公开宣告判决

【答案】BC

【解析】根据刑事诉讼法第 151 条的规定，人民法院决定开庭审判后，应当进行下列工作："（一）确定合议庭的组成人员；（二）将人民检察院的起诉书副本至迟在开庭十日以前送达被告人。对于被告人未委托辩护人的，告知被告人可以委托辩护人，或者在必要的时候指定承担法律援助义务的律师为其提供辩护；（三）将开庭的时间、地点在开庭三日以前通知人民检察院；（四）传唤当事人，通知辩护人、诉讼代理人、证人、鉴定人和翻译人员，传票和通知书至迟在开庭三日以前送达；（五）公开审判的案件，在开庭三日以前先期公布案由、被告人姓名、开庭时间和地点。上述活动情形应当写入笔录，由审判人员和书记员签名。"所以，A 项不正确。根据刑事诉讼法第 152 条的规定，对于不公开审理的案件，应当当庭宣布不公开审理的理由。所以，B 项正确。刑事诉讼法第 163 条规定："宣告判决，一律公开进行。"所以，C 项正确，D 项不正确。

65. 某公司被盗手提电脑一台，侦查人员怀疑是王某所为，王某一开始不承认，但后来经过刑讯承认了盗窃事实，并供述已将电脑卖给刘某，同时还说他之所以拿公司的电脑是因为公司拖欠了 6 个月的工资。侦查人员找到刘某后，刘某说电脑又倒卖给了秦某。秦某起初不承认，侦查人员威胁他："如果不承认就按共同盗窃论罪！"秦某害怕，承认了购买电脑一事，并交出了电脑。此案中下列哪些证据不能作为定案的根据？

    A. 王某承认盗窃事实的供述

    B. 王某有关公司拖欠他工资的辩解

    C. 秦某的证言

    D. 手提电脑

【答案】AC

【解析】《高法解释》第 61 条规定："严禁以非法的方法收集证据。凡经查证确实属于采用刑讯逼供或者威胁、引诱、欺骗等非法的方法取得的证人证言、被害人陈述、被告人供述，不能作为定案的根据。"可见，我国的证据排除规则具有两个特点：（1）

只排除言词证据，即证言、被害人陈述、被告人供述。对于用非法的方法收集的实物证据，并不在排除之列。(2)违法手段限于刑讯逼供或者威胁、引诱、欺骗等。据此，可以直接选出 AC 两项。

66. 某市人民法院受理了该市人民检察院提起公诉的被告人张某盗窃案，在庭前审查阶段，下列哪些事项不属于审查的内容？

A. 本案是否属于本院管辖

B. 本案的犯罪事实是否清楚，证据是否充分确实

C. 被告人的行为是否构成犯罪

D. 是否按照刑事诉讼法第 150 条的规定移送有关材料

【答案】BC

【解析】刑事诉讼法第 150 条规定："人民法院对提起公诉的案件进行审查后，对于起诉书中有明确的指控犯罪事实并且附有证据目录、证人名单和主要证据复印件或者照片的，应当决定开庭审判。"另外，《高法解释》第 116 条对庭前审查的主要内容作了更加具体的规定，即人民法院对人民检察院提起的公诉案件，应当在收到起诉书（一式八份，每增加一名被告人，增加起诉书五份）后，即指定审判员审查以下内容：（一）案件是否属于本院管辖；（二）起诉书指控的被告人的身份，实施犯罪的时间、地点、动机、目的、手段、犯罪事实、危害后果和罪名以及其他可能影响定罪量刑的情节等是否明确；（三）起诉书中是否载明被告人被采取强制措施的种类、羁押地点、是否在案以及有无扣押、冻结在案的被告人的财物及存放地点；是否列明被害人的姓名、住址、通讯处，为保护被害人而不宜列明的，应当单独移送被害人名单；（四）是否附有起诉前收集的证据的目录；（五）是否附有能够证明指控犯罪行为性质、情节等内容的主要证据复印件或者照片；（六）是否附有起诉前提供了证言的证人名单；证人名单应当分别列明出庭作证和拟不出庭作证的证人的姓名、性别、年龄、职业、住址和通讯处；（七）已委托辩护人、代理人的，是否附有辩护人、代理人的姓名、住址、通讯处明确的名单；（八）提起附带民事诉讼的，是否附有相关证据材料；（九）侦查、起诉程序的各种法律手段和诉讼文书复印件是否完备；（十）有无刑事诉讼法第十五条第（二）至（六）项规定的不追究刑事责任的情形。前款第（五）项中所说的主要证据包括：1.起诉书中涉及的刑事诉讼法第四十二条规定的证据种类中的主要证据；2.同种类多个证据中被确定为主要证据的；如果某一种类证据中只有一个证据，该证据即为主要证据；3.作为法定量刑情节的自首、立功、累犯、中止、未遂、防卫过当。所以，AD 项属于应当审查的内容，不应选。而 BC 项不属于应当审查的内容，这是我国 96 年刑事诉讼法修改后在庭前审查程序方面最重要的变化。

67. 公安机关在侦查林某贩毒案时，对林某的住处进行了搜查，并对搜查过程中所获取的毒品及其他有关物品进行扣押。有关本案的扣押，下列说法哪些是正确的？

   A. 进行扣押时，应当出示扣押证

   B. 进行扣押时，不必出示扣押证

   C. 扣押物品时应当制作扣押物品清单

   D. 公安机关在侦查过程中，如果发现其中被扣押的某些物品与本案无关时，应当在 5 日以内返还物品持有人

   【答案】BC

   【解析】刑事诉讼法第 114 条规定："在勘验、搜查中发现的可用以证明犯罪嫌疑人有罪或者无罪的各种物品和文件，应当扣押；与案件无关的物品、文件，不得扣押。对于扣押的物品、文件，要妥善保管或者封存，不得使用或者损毁。"可见，公安机关进行扣押时不需要扣押证。因此，B 项正确。刑事诉讼法第 115 条规定："对于扣押的物品和文件，应当会同在场见证人和被扣押物品持有人查点清楚，当场开列清单一式二份，由侦查人员、见证人和持有人签名或者盖章，一份交给持有人，另一份附卷备查。"所以 C 项正确。刑事诉讼法第 118 条规定："对于扣押的物品、文件、邮件、电报或者冻结的存款、汇款，经查明确实与案件无关的，应当在三日以内解除扣押、冻结，退还原主或者原邮电机关。"所以 D 项不正确。综上，只选 BC。

68. 黄某和刘某是夫妻，其中刘某是哑巴，他们日常生活中用哑语进行交流。一天晚上，他们夫妻二人目睹了犯罪嫌疑人抢劫邻居的全过程。公安机关对他们进行询问，下列有关询问方式的说法中哪些是错误的？

   A. 应当单独询问黄某

   B. 应当单独询问刘某，但可以请黄某在现场对其哑语进行翻译

   C. 应当单独询问刘某，但应当另请懂哑语的人在现场对其哑语进行翻译

   D. 可以将黄某和刘某传唤到指定的某宾馆进行询问

   【答案】BD

   【解析】根据《高检规则》第 159 条规定："讯问证人应当分别进行。"所以，A 项正确。而 B 项正确。刑事诉讼法第 97 条规定："侦查人员询问证人，可以到证人的所在单位或者住处进行。在必要的时候，也可以通知证人到人民检察院或者公安机关提供证言。"按照《六机关规定》第 17 条的规定，不得另行指定其他地点。所以，D 项错误。

69. 某区公安分局因追赃将甲厂的机器设备连同其产品、工具等物品一并扣押，经评估价值 10 万元。甲厂雇人看管扣押的设备等物品，共花费 900 元。后市公安局通过复议决定撤销区公安分局的扣押决定，区公安分局将全部扣押物品退还甲厂。甲厂将所退物品运回厂内安装，自付运输、装卸费 800 元。甲厂提出国家赔偿请求。依据国家赔偿法的规定，下列哪些损失应予赔偿？

    A. 5000 元的购买设备贷款利息
    B. 设备被扣押期间 2 万元的企业利润损失
    C. 800 元的运输、装卸费
    D. 900 元的看管费

【答案】CD

【解析】根据《国家赔偿法》第 28 条第七项，对此财产造成其他损害的，按照直接损失给予赔偿。CD 属于直接损失，当然应当给予赔偿。参照《国家赔偿法》第 28 条第六项（吊销许可证和执照、责令停产停业的，赔偿停产停业期间必要的经常性费用开支）的规定，AB 两选项不属于直接损失，不能获得赔偿。

70. 我国《种子法》规定，违法经营、推广应当审定而未经审定通过的种子的，可处以 1 万元以上 5 万元以下罚款。某省人民政府在其制定的《某省种子法实施办法》中规定，违法经营、推广应当审定而未经审定通过的种子的，可处以 3 万元以上 5 万元以下罚款。下列说法哪些是正确的？

    A. 《实施办法》超越了《种子法》的规定，无效
    B. 《实施办法》没有超越《种子法》的规定，有效
    C. 国务院若认为《实施办法》超越了《种子法》的规定，有权予以撤销
    D. 受处罚人不服处罚申请行政复议的同时，可以对《实施办法》一并请求审查

【答案】AC

【解析】《行政处罚法》第 13 条第一款规定："省、自治区、直辖市人民政府和省、自治区人民政府所在地的市人民政府以及经国务院批准的较大的市人民政府制定的规章可以在法律、法规规定的给予行政处罚的行为、种类和幅度的范围内作出具体规定。"题干中的《某省种子法实施办法》是在《种子法》规定的给予行政处罚的行为、种类的范围内，是不存在疑问的。《种子法》对"违法经营、推广应当审定而未经审定通过的种子的"行为，是给予 1～5 万元的罚款，而省政府则是给予 3～5 万元的罚款，很明显是违法提高了处罚的最低额，是超越了《种子法》的规定，应当认定为无效。因此，A 为应选项，B 不是。

某省人民政府制定的《某省种子法实施办法》属于省级人民政府规章，根据《立法法》第88条第三项，国务院有权撤销。因此，C选项错误。根据《行政复议法》第7条第二项，对规章不能要求附带性审查。因此，D选项错误。

71. 下列哪些情形属于国家赔偿的范围？

    A. 警察王某之子玩弄王某手枪走火，致人伤残的

    B. 章某因盗窃被判刑后，为达到保外就医目的而自伤的

    C. 民事诉讼中，申请人提供担保后，法院未及时采取保全措施致使判决无法执行，给申请人造成损失的

    D. 警察接到报警后，拒不出警造成财物被抢劫的

    【答案】CD

    【解析】《国家赔偿法》第2条第一款规定：国家机关和国家机关工作人员违法行使职权侵犯公民、法人和其他组织的合法权益造成损害的，受害人有依照本法取得国家赔偿的权利。A选项中并没有行使职权的因素，当然谈不上国家赔偿。根据《国家赔偿法》第17条第五项，因公民自伤、自残等故意行为致使损害发生的，国家不承担赔偿责任。据此，B选项也不属于国家赔偿的范围。C、D均属于国家机关或其工作人员违法行使职权（表现为不作为）造成当事人损失，国家当然应当承担相应的赔偿责任。

72. 公安局以徐某经营的录像厅涉嫌播放淫秽录像为由，将录像带、一台VCD机和一台彩色电视机扣押，对徐某作出罚款500元的决定。徐某不服提起行政诉讼后，公安局向法院提交了有关录像带的鉴定结论。下列说法哪些是正确的？

    A. 该鉴定结论中应当载明鉴定所使用的科学技术手段

    B. 徐某认为鉴定结论有误口头申请重新鉴定，人民法院应予准许

    C. 徐某要求鉴定人出庭接受询问，除有正当事由外鉴定人应当出庭

    D. 徐某证明鉴定结论内容不完整，人民法院应不予采纳

    【答案】ACD

    【解析】根据《最高人民法院关于行政诉讼证据若干问题的规定》第32条第一款第三项，A选项正确。根据《最高人民法院关于行政诉讼证据若干问题的规定》第29条的规定，当事人申请重新鉴定必须以书面形式，因此B选项错误。根据《最高人民法院关于行政诉讼证据若干问题的规定》第47条第一款的规定，C选项正确。根据《最高人民法院关于行政诉讼证据若干问题的规定》第62条第三项的规定，D选项正确。

73. 甲乙两村因某一土地所有权发生争议，县人民政府将该土地确定为甲村所有，乙村在法定期限内没有向法院起诉，但仍继续占有并使用该片土地。下列说法哪些是正确的？

A. 甲村无权向人民法院申请强制执行
B. 县政府可以向人民法院申请强制执行
C. 甲村可以要求县政府履行法定职责
D. 甲村可以对乙村提起民事诉讼

【答案】BCD

【解析】本题中，"县人民政府将该土地确定为甲村所有"，属于行政裁决（即行政机关根据法律的授权对平等主体之间的民事争议所作的裁决）。乙村不履行该行政裁决，又不依法起诉，甲村作为权利人可以依照《行诉解释》第 90 条的规定申请人民法院强制执行。因此 A 选项错误。根据《行政诉讼法》第 66 条的规定，公民、法人或者其他组织对具体行政行为在法定期间不提起诉讼又不履行的，行政机关可以申请人民法院强制执行，或者依法强制执行。据此，县政府依法向人民法院申请强制执行其行政裁决。因此，B 选项正确。县政府依法享有强制执行权，也可以依法自行强制执行其行政裁决，甲村可以要求县政府履行法定职责——要么申请法院强制执行，要么自行强制执行。因此，C 选项正确。甲村和乙村的民事争议已经受到县人民政府行政裁决的约束，不能提起民事诉讼，只能提起行政诉讼。因此，D 选项不应选。司法部公布的答案将 D 选项也作为应选项是站不住脚的。综上，只选 BCD。

74. 甲市刘某违反《治安管理处罚条例》，被乙市铁路公安分局给予拘留 10 天的处罚，刘某不服向乙市公安局申请复议，乙市公安局将处罚结果更改为罚款 200 元。刘某不服向法院提起行政诉讼。对些案有管辖权的法院有哪些？

A. 乙市铁路运输法院
B. 甲市刘某所在地基层人民法院
C. 乙市铁路公安分局所在地基层人民法院
D. 乙市公安局所在地基层人民法院

【答案】CD

【解析】根据《行诉解释》第 6 条第二款，专门人民法院不审理行政案件。因此排除 A 选项。本案中的拘留属于限制人身自由的行政处罚，不适用《行政诉讼法》第 18 条的规定，因此排除 B 选项。题干中的复议机关——乙市公安局改变了原具体行政行为，根据《行政诉讼法》第 13 条和第 17 条的规定，本题答案为 C（最初作出具体行政行为的行政机关所在地人民法院）、D（复议机关所在地人民法院）。

75. 某市某区公安分局认定赵某有嫖娼行为，对其处以拘留 15 天，罚款 3000 元。赵某不服申请复议，市公安局维持了原处罚决定。赵某提起行政诉讼。在第一审程序中，原处罚机关认定赵某有介绍嫖娼行为，将原处罚决定变更为罚款 1000 元。赵某对改变后的处罚决定仍不服。下列说法哪些是正确的？

    A. 法院应继续审理原处罚决定

    B. 法院应审理改变后的处罚决定

    C. 审理原处罚决定还是改变后的处罚决定由法院决定

    D. 原告对原处罚决定不申请撤诉的，法院应当对原处罚决定作出相应判决

【答案】BD

【解析】行诉解释第 50 条第二、三款规定："原告或者第三人对改变后的行为不服提起诉讼的，人民法院应当就改变后的具体行政行为进行审理。""被告改变原具体行政行为，原告不撤诉，人民法院经审查认为原具体行政行为违法的，应当作出确认其违法的判决；认为原具体行政行为合法的，应当判决驳回原告的诉讼请求。"根据第二款，人民法院能够就改变后的具体行政行为进行审理，必须有当事人的起诉，而题干中并没有交代"提起诉讼"，只是交代"赵某对改变后的处罚决定仍不服"。因此，司法部的答案在选项 A、B、C 中选 B 项，是不严密的。根据第三款的字面含义，D 选项可以认为是正确的。

76. 关于规章制定，下列说法哪些是正确的？

    A. 起草的规章直接涉及公民切身利益的，起草单位必须举行听证会

    B. 部门规章送审稿，由国务院法制机构统一审查

    C. 除特殊情况外，规章应当自公布之日起 30 日后施行

    D. 规章应当自公布之日起 30 日内，由法制机构依法报有关机关备案

【答案】CD

【解析】根据《规章制定程序条例》第 15 条，起草的规章直接涉及公民、法人或者其他组织切身利益，有关机关、组织或者公民对其有重大意见分歧的，应当向社会公布，征求社会各界的意见；起草单位也可以举行听证会。据此，听证会并不是必须举行的，因此 A 选项是错误的。根据该条例第 18 条，规章送审稿由法制机构负责统一审查，这意味着，部门规章由各部门内设的法制机构审查，而非国务院法制机构统一审查。因此，B 选项也是错误的。根据该条例第 32 条，规章应当自公布之日起 30 日后施行；但是，涉及国家安全、外汇汇率、货币政策的确定以及公布后不立即施行将有碍规章施行的，可以自公布之日起施行。据此，C 选项正确。根据该条例第 34

条，规章应当自公布之日起 30 日内，由法制机构依照立法法和该条例的规定向有关机关备案。据此，D 选项正确。

77. 按照《立法法》和相关法律的规定，下列哪些机关或者机构具有制定规章的权力？

    A. 国务院办公厅

    B. 国家体育总局

    C. 国务院法制办公室

    D. 审计署

【答案】BD

【解析】《立法法》第 71 条第一款规定："国务院各部、委员会、中国人民银行、审计署和具有行政管理职能的直属机构，可以根据法律和国务院的行政法规、决定、命令，在本部门的权限范围内，制定规章。"据此，制定规章的主体主要包括以下两类：（1）国务院工作部门，包括国务院各部、委员会、中国人民银行、审计署；（2）具有行政管理职能的直属机构。其中，A 选项"国务院办公厅"在秘书长的领导下负责处理国务院的日常工作，不属于国务院工作部门和直属机构，不能制定约束公民、法人或其他组织的部门规章；C 选项"国务院法制办公室"，属于国务院办事机构，协助总理办理专门事项，也不能制定部门规章。因此，A、C 不应选。B 选项"国家体育总局"属于具有行政管理职能的直属机构，具有部门规章制定权；D 选项"审计署"，根据《立法法》第 71 条第一款，有权制定部门规章。

78. 市城市规划局批准建设的居住小区整体结构设计违反了国家的有关法律规定，给原告甲村的利益造成严重损害，但是房屋及其配套设施等已经建成交付使用，撤销批准建设的具体行政行为将会给公共利益造成重大损失，人民法院应当如何处理？

    A. 判决确认被诉具体行政行为违法

    B. 判决被告对原告承担赔偿责任

    C. 责令被诉行政机关采取相应的补救措施

    D. 维持被诉具体行政行为

【答案】ABC

【解析】既然市城市规划局的批准行为是违法的，根据《行政诉讼法》第 54 条第一项，不能作出维持判决，因此 D 选项不应选。根据《行诉解释》第 58 条"被诉具体行政行为违法，但撤销该具体行政行为将会给国家利益或者公共利益造成重大损失的，人民法院应当作出确认被诉具体行政行为违法的判决，并责令被诉行政机关采取相应的补救措施；造成损害的，依法判决承担赔偿责任"，应选 ABC。

79. 上市公司蓝索公司因严重违规操作被证券监督管理委员会终止股票交易，对于该项决定，能够以蓝索公司名义提起行政诉讼的主体有哪些？

  A. 拥有蓝索公司股票的股民

  B. 蓝索公司的股东代表大会

  C. 蓝索公司的主要债权人

  D. 蓝索公司的董事会

【答案】BD

【解析】公司的合法权益受到具体行政行为侵害的，一般地是由其法定代表人（一般为董事长）以公司的名义提起行政诉讼。但如果法定代表人不提起行政诉讼的，参照《行诉解释》第18条的规定，股东大会、股东代表大会、董事会也可以企业名义提起诉讼。据此，答案应当为BD。

80. 下列哪些国家侵权行为不适用消除影响、恢复名誉、赔礼道歉的责任方式？

  A. 公安人员盘问过程中殴打刘某

  B. 海关违法扣留张某5小时

  C. 法院以转移被查封财产为由错误拘留陈某15日

  D. 镇政府公布本镇有不良嗜好人员名单

【答案】ACD

【解析】根据《国家赔偿法》第30条和第3条第一、二项、第15条第一、二、三项和《最高人民法院关于民事、行政诉讼中司法赔偿若干问题的解释》第13条第二款的规定，赔偿义务机关对依法确认有下列情形之一，并造成受害人名誉权、荣誉权损害的，应当在侵权行为影响的范围内，为受害人消除影响，恢复名誉，赔礼道歉：（1）违法拘留或者违法采取限制公民人身自由的行政强制措施的；（2）行政机关及其工作人员在行使行政职权时非法拘禁或者以其他方法非法剥夺公民人身自由的；（3）对没有犯罪事实或者没有事实证明有犯罪重大嫌疑的人错误拘留的；（4）对没有犯罪事实的人错误逮捕的；（5）依照审判监督程序再审改判无罪，原判刑罚已经执行的；（6）人民法院违法采取司法拘留措施的。据此，B、C两项可以适用消除影响、恢复名誉、赔礼道歉的责任方式。正确答案应当为AD。司法部公布的答案认为C选项也不适用消除影响、恢复名誉、赔礼道歉的责任方式，是不符合《最高人民法院关于民事、行政诉讼中司法赔偿若干问题的解释》第十三条第二款规定的。

三、不定项选择题，每题所给的选项中有一个或一个以上正确答案，不答、少答或多答均不得分。本部分 81-100 题，每题 1 分，共 20 分。

（一）

王某怀疑其妻与其表兄刘某有不正当关系，遂于某晚跟踪其妻至刘某住所。进屋后，王发现其妻披头散发，正在哭泣，刘某站在旁边，王大怒，遂殴打其妻，并与刘发生争吵。王知道刘某有百万家财，决定抓住这个机会狠狠敲诈他一笔，于是谎称到其父母家中解决问题，将刘某骗至其姘妇叶某的住所（当时叶不在家），并对刘某进行殴打、捆绑，反锁屋门将刘拘禁达一天之久。刘某在不堪忍受的情况下，承认与王妻有不正当关系，提出用金钱补偿，并在王的胁迫下，先后三次给家人打电话，要家人将 30 万元放在某公园指定场所，刘的家人并未照办。不久，叶某返回住所，王某以实情相告，叶未加制止，并与王某一起致信刘妻，信称：刘某系卑鄙小人，现在我等控制之中，为示惩戒，速送 30 万元至某公园指定地点，钱到放人，不得报警；否则，后果自负。刘妻害怕，将钱放至指定地点，并通知王。王某叫叶某去公园取钱，叶某不敢去。于是，王某留下叶某看管刘某，自己去取赃款。在王外出取钱之时，刘某哀求叶某将自己放掉，并称王某心狠手辣，钱到手后，决不会放过叶某。叶某恐惧，将刘某放掉，并和刘某一起去派出所报警，带领公安人员去公园捉拿王某。人们赶到公园时，王某早已携款逃走。请回答以下 81-84 题。

81. 王某的行为不属于：

    A. 敲诈勒索罪

    B. 绑架罪

    C. 抢劫罪

    D. 非法拘禁罪

【答案】ACD

【解析】王某构成绑架罪。王某以勒索财物为目的，采取暴力的方式绑架刘某，并以刘某为人质，向刘的家人勒索钱财。符合绑架罪的犯罪构成。绑架罪是利用被绑架人的近亲属或者其他人对被绑架人安危的忧虑，以勒索财物或满足其他不法要求为目的，使用暴力、胁迫或者麻醉方法劫持或以实力控制他人的行为。绑架罪与敲诈勒索罪、抢劫罪的区别在于绑架罪中有人质的问题。绑架罪与非法拘禁罪则是包容与被包容的关系，绑架行为必然包含非法拘禁的行为，以包容犯--绑架罪来定罪，不再单独定非法拘禁罪。综上，只选 ACD。

82. 叶某的行为属于：

   A. 犯罪预备

   B. 犯罪未遂

   C. 犯罪中止

   D. 犯罪既遂

【答案】D

【解析】叶某得知王某的行为后，以共同绑架的意思加入到犯罪中来，成为绑架罪的共犯。绑架罪侵犯的客体是他人的人身自由权利，所以一旦侵犯他人的人身权，绑架罪即告既遂，而不论犯罪人是否达到犯罪目的，获得钱财。叶某的行为已经是绑架罪的既遂状态，所以她后来的放走人质、报警的行为属于犯罪既遂以后的悔过行为和自动投案行为，不能成立犯罪中止。综上，只选D。

83. 叶某在共同犯罪中属于：

   A. 主犯

   B. 从犯

   C. 胁从犯

   D. 实行犯

【答案】BD

【解析】依照共同犯罪人在犯罪中所起的作用将犯罪人分为主犯、从犯。其中在共同犯罪中起次要或辅助作用的是从犯。叶某在这起绑架案的形成与犯罪行为的实施、完成中起了次于主犯王某的作用。因而认定为从犯。依照共同犯罪人在共同犯罪中的分工可以将犯罪人分为实行犯、帮助犯和教唆犯，叶某在本案中实施了与王某共同写信勒索财物以及看守刘某的行为，属于绑架罪的实行行为，因此叶某也是绑架罪的实行犯。综上，只选BD。

84. 假设王某在犯罪过程中杀害了刘某，其行为构成：

   A. 绑架罪

   B. 故意杀人罪

   C. 抢劫罪

   D. 绑架罪和故意杀人罪

【答案】A

【解析】依照刑法第239条的规定，绑架他人过程中致使被绑架人死亡或者杀害被绑架人的，以绑架罪定罪，处死刑，并处没收财产。所以王某若在绑架罪的犯罪过程中杀害了人质刘某，不另定故意杀人罪，只定绑架罪。即所谓故意杀人罪为绑架罪所包容。综上，只选A。

(二)

被告人江某与被害人郑某是同一家电脑公司的工作人员，二人同住一间集体宿舍。某日，郑某将自己的信用卡交江某保管，3天之后索回。一周后，郑某发现自己的信用卡丢失，到银行挂失时，得知卡上1.5万元已被人取走。郑某报案后，司法机关找到了江某。江承认是其所为，但对作案事实前后供述不一。第一次供述称，在郑某将信用卡交其保管时，利用以前与郑某一起取款时偷记下的郑某信用卡上的密码，私下在取款机上取款；第二次供述称，是仿制了一张信用卡后，用所获取的郑某信用卡上的有关信息取款；第三次供述却称，是拾得郑某的信用卡后，用该卡取款。但被害人郑某怀疑是江某盗窃其信用卡后取走卡上所存的钱款。请回答以下85-88题。

85. 如果郑某将信用卡交江某保管时，江某私下用来取走了现金，下列说法正确的是：

   A. 江某构成侵占罪

   B. 江某构成信用卡诈骗罪

   C. 江某构成盗窃罪

   D. 江某不构成犯罪

【答案】B

【解析】江某是非持卡人却假借持卡人的名义非法使用持卡人的信用卡，属于刑法第196条第三项所规定的"冒用他人信用卡"骗取财物的情况，符合信用卡诈骗罪的构成要件，成立信用卡诈骗罪。本题最大的干扰项是 A 选项：侵占罪。一般情况下，保管人私吞被保管物的，构成侵占罪。但是私吞信用卡时却有一个冒用他人信用卡提取资金的行为，此行为与私吞行为是一种牵连关系，依照牵连犯的处罚规则，应从一重，依照信用卡诈骗罪处罚。综上，只选B。

86. 如果江某用自己仿制的信用卡在自动取款机上提取了现金，下列说法正确的是：

   A. 江某构成伪造金融票证罪

   B. 江某构成伪造信用卡罪

C. 江某构成信用卡诈骗罪

D. 应该实行数罪并罚

【答案】C

【知识点】信用卡诈骗罪中的"使用伪造的信用卡"

【解析】根据刑法第196条第一项的规定，"使用伪造的信用卡"进行购买商品、提取现金等诈骗活动的，构成信用卡诈骗罪；伪造信用卡的行为又触犯了伪造金融票证罪，信用卡诈骗罪和伪造金融票证罪之间是牵连关系，依照牵连犯的处理规则，从一重处罚，应以信用卡诈骗罪处罚。所以D选项"实行数罪并罚"是错误的。C选项中的伪造信用卡罪在刑法中没有这一罪名，所以不选。

87. 如果江某拾得信用卡后，用该信用卡在自动取款机上提取了现金，下列说法错误的是：

A. 江某构成侵占罪

B. 江某构成信用卡诈骗罪

C. 江某构成侵占遗失物罪

D. 江某不构成犯罪，其行为属不当得利

【答案】ACD

【知识点】信用卡诈骗罪中的"冒用他人信用卡"

【解析】江某拾得他人遗失物的行为不构成犯罪，但其是冒用他人信用卡骗取财物的情况，符合信用卡诈骗罪的构成要件，成立信用卡诈骗罪。A选项不选，是因为江某拾得遗失物的行为不能构成侵占罪。C选项中的侵占遗失物罪不是刑法中的罪名。综上，只选ACD。

88. 如果江某盗窃信用卡后，用该信用卡在自动取款机上提取了现金，下列说法正确的是：

A. 江某构成盗窃信用卡罪

B. 江某构成信用卡诈骗罪

C. 江某既构成盗窃罪又构成信用卡诈骗罪，应实行数罪并罚

D. 江某构成盗窃罪

【答案】D

【解析】根据刑法第196条第二款的规定，盗窃信用卡并使用的，依照本法第264条即盗窃罪的规定定罪处罚。所以盗窃信用卡又以诈骗的手段使用的，不另成立信用卡诈骗罪，只以盗窃罪定罪处罚。综上，只选D。

89. 某大学教授在讲授刑事诉讼法课时，让学生回答如何理解"人民法院依法独立行使审判权"原则，下列四个同学的回答中，正确的理解是：

A. 甲同学认为是指法官个人独立审判案件，不受任何他人影响

B. 乙同学认为是指合议庭独立审判案件，不受任何组织或个人的影响

C. 丙同学认为是指法院独立审判案件，不受行政机关、社会团体和个人的干涉

D. 丁同学认为是指法院依法独立审判案件，上级法院不能对下级法院正在审理的具体案件如何处理发布指示或命令

【答案】CD

【解析】刑事诉讼法第 5 条规定："人民法院依照法律规定独立行使审判权，人民检察院依照法律规定独立行使检察权，不受行政机关、社会团体和个人的干涉。"理解该原则可以从以下几个方面着手：(1) 独立行使职权的前提是依法，即人民检察院和人民法院必严格遵守实体法和程序法；(2) 独立行使职权意味着不受以下三个方面的干涉：1) 行政机关；2) 社会团体；3) 公民个人；(3) 人民检察院、人民法院独立行使职权不排除国家权力机关的监督。所以，ABC 都不正确。由于人民法院上下级之间的关系是监督关系，而不是领导关系。每个人民法院的审判活动各自独立，上级人民法院对下级人民法院的监督只能通过第二审程序、死刑复核程序以及审判监督程序来进行，上级法院不能直接指示下级法院如何办理具体案件。所以，D 项是正确的。综上，只选 CD。

90. 某伤害案，由于犯罪嫌疑人系当地公安局局长的儿子，当地公安机关对被害人的报案作出了不立案的处理决定。被害人不服，向检察院提出，要求检察院对此进行监督。人民检察院应当如何处理？

A. 应该改变管辖，直接由检察院对此案进行立案侦查

B. 检察委员会可以作出决定，要求该局长回避

C. 可以直接书面通知公安机关立案

D. 可以要求公安机关说明不立案的理由，如果认为理由不能成立，可以书面通知公安机关立案

【答案】BD

【解析】刑事诉讼法第 18 条规定："贪污贿赂犯罪，国家工作人员的渎职犯罪，国家机关工作人员利用职权实施的非法拘禁、刑讯逼供、报复陷害、非法搜查的侵犯公民人身权利的犯罪以及侵犯公民民主权利的犯罪，由人民检察院立案侦查。对于国家机关工作人员利用职权实施的其他重大的犯罪案件，需要由人民检察院直接受理的时候，

经省级以上人民检察院决定，可以由人民检察院立案侦查。"所以 A 项显然不正确，这样是违背立案管辖的规定的。《高检规则》第 24 条规定："当事人及其法定代理人要求公安机关负责人回避，应当向公安机关同级的人民检察院提出，由检察长提交检察委员会讨论决定。"《高检规则》第 25 条规定："应当回避的人员，本人没有自行回避，当事人和他们的法定代理人也没有申请其回避的，检察长或者检察委员会应当决定其回避。"所以，B 项是正确的。刑事诉讼法第 87 条规定："人民检察院认为公安机关对应当立案侦查的案件而不立案侦查的，或者被害人认为公安机关对应当立案侦查的案件而不立案侦查，向人民检察院提出的，人民检察院应当要求公安机关说明不立案的理由。人民检察院认为公安机关不立案理由不能成立的，应当通知公安机关立案，公安机关接到通知后应当立案。"所以 C 项不正确，而 D 项是正确的。综上，只选 BD。

91. 在某案的法庭审判过程中，被告人的母亲张某对公诉人不满，冲进审判区，出言辱骂，并将一茶杯向公诉人掷去，严重扰乱了法庭秩序。对张某这一行为的下列处理办法中正确的是：

    A. 合议庭当庭以藐视法庭罪判处其有期徒刑 1 年

    B. 审判长决定将其强行带出法庭

    C. 审判长决定处 1000 元以下罚款

    D. 经院长批准，处 15 日以下拘留

    【答案】BD

    【解析】A 项显然是不正确的，首先法庭没有直接宣判权，这是不告不理原则所决定的。刑事诉讼法第 161 条规定："在法庭审判过程中，如果诉讼参与人或者旁听人员违反法庭秩序，审判长应当警告制止。对不听制止的，可以强行带出法庭；情节严重的，处以一千元以下的罚款或者十五日以下的拘留。罚款、拘留必须经院长批准。被处罚人对罚款、拘留的决定不服的，可以向上一级人民法院申请复议。复议期间不停止执行。对聚众哄闹、冲击法庭或者侮辱、诽谤、威胁、殴打司法工作人员或者诉讼参与人，严重扰乱法庭秩序，构成犯罪的，依法追究刑事责任。"据此，可以直接选出 BD 项，而 C 项是不正确的。

92. 犯罪嫌疑人甲于 1994 年因琐事将邻居捅成轻伤后逃跑，2000 年春节他以为没事，回家过年，被害人发现后到当地公安机关报案，要求追究其刑事责任，公安机关决定立案侦查，并将其拘留，报请人民检察院批准逮捕。那么，对此案应当如何处理？

    A. 人民检察院应当作出不批准逮捕的决定

    B. 人民检察院应当作出退回补充侦查的决定

C. 公安机关应当作出撤销案件的决定

D. 公安机关应当释放嫌疑人，并发给释放证明

【答案】ACD

【解析】B 项显然是错误的，按照《六机关规定》第 27 条的规定，人民检察院审查公安机关提请批准逮捕的案件，应当作出批准或者不批准逮捕的决定，对报请批准逮捕的案件不另行侦查。而按照刑事诉讼法第 69 条的规定，人民检察院应当自接到公安机关提请批准逮捕书后的七日以内，作出批准逮捕或者不批准逮捕的决定。人民检察院不批准逮捕的，公安机关应当在接到通知后立即释放，并且将执行情况及时通知人民检察院。对于需要继续侦查，并且符合取保候审、监视居住条件的，依法取保候审或者监视居住。据此，可以直接选出 AD 两项。C 项也是正确的，因为该案已经过了追诉时效，公安机关应当作出撤销案件的决定。

93. 某公安机关接到群众报案，称邻居何某坠楼而死，公安机关立即派人到现场进行了现场勘验。如果此事要作为一起刑事案件立案的话，那么在立案阶段应当查明的事项是：

A. 何某死亡的准确时间

B. 何某是跳楼自杀还是他人谋杀

C. 如果是他人谋杀，犯罪嫌疑人是谁

D. 如果是他人谋杀，作案人的动机是什么

【答案】B

【解析】刑事诉讼法第 86 条规定："人民法院、人民检察院或者公安机关对于报案、控告、举报和自首的材料，应当按照管辖范围，迅速进行审查，认为有犯罪事实需要追究刑事责任的时候，应当立案；认为没有犯罪事实，或者犯罪事实显著轻微，不需要追究刑事责任的时候，不予立案，并且将不立案的原因通知控告人。控告人如果不服，可以申请复议。"所以立案的条件有两个：（1）公安机关或者人民检察院认为有犯罪事实；（2）需要追究刑事责任。两个条件必须同时具备，才应当立案。所以 B 项正确。

94. 某市检察院以刘某犯有抢劫罪向市中级法院提起公诉，法院受理后认为该案不需要判处无期徒刑以上刑罚。对此案，该法院下列做法中正确的是：

A. 驳回检察院的起诉

B. 将案件交由下级法院审理

C. 继续审理本案

D. 向上级法院请示可否审理

【答案】BC

【解析】《高法解释》第 4 条规定: "人民检察院认为可能判处无期徒刑、死刑而向中级人民法院提起公诉的普通刑事案件, 中级人民法院受理后, 认为不需要判处无期徒刑以上刑罚的, 可以依法审理, 不再交基层人民法院审理。" 所以, C 项显然正确。那么 B 项是否正确呢? 也就是说, 法院受理后能否将其交给下级法院审理? 答案显然也是肯定的, 因为按照《高法解释》的规定, 中级法院只是可以依法审理, 而不是应当依法审理, 在必要的情况下如中级法院手中的案子很多忙不过来, 也可以将其交给下级法院审理。

95. 在某自诉案件的审理程序中, 法庭主持双方当事人对一刑事自诉案件进行了调解, 双方协商一致达成协议, 但当法院向自诉人送达调解书时, 自诉人发现调解书中的内容发生了不利于已的重大变化。该自诉人下列何种做法是正确的?

A. 接受调解书, 然后提出上诉

B. 接受调解书, 然后重新起诉

C. 拒绝在送达回执上签字

D. 要求法院判决

【答案】CD

【解析】A 项显然是错误的, 按照刑事诉讼法第 180 条的规定, 上诉的对象仅限于判决和裁定, 对于调解自诉人是不能提起上诉的。B 项显然也是错误的, 接受调解书后, 调解即发生法律效力, 自诉人是不能重新起诉的。《高法解释》第 200 条规定: "调解应当在自愿、合法, 不损害国家、集体和其他公民利益的前提下进行。调解达成协议的, 人民法院应当制作刑事自诉案件调解书, 由审判人员和书记员署名, 并加盖人民法院印章。调解书经双方当事人签收后即发生法律效力。调解没有达成协议或者调解书签收前当事人反悔的, 人民法院应当进行判决。" 据此, 可以直接选出 CD 项。

96. 甲乙两人互殴, 公安机关依据《治安管理处罚条例》进行调解处理。双方就医疗费赔付达成调解协议。事后, 甲履行了协议而乙没有履行。甲依法可以选择的救济途径是:

A. 提起民事诉讼要求乙赔偿损失

B. 提起行政诉讼要求撤销该调解协议

C. 要求公安机关强制执行该调解协议

D. 提起行政附带民事诉讼要求撤销调解协议并判决乙赔偿损失

【答案】A

【解析】根据《行诉解释》第 1 条第二款第三项，当事人对行政机关的调解行为不服提起诉讼的，不属于人民法院行政诉讼的受案范围，因此 B、D 选项错误；本案中的调解协议是甲乙双方达成的，不属于具体行政行为，而根据《行政诉讼法》第 66 条和《治安管理处罚条例》第 38 条，公安机关只能强制执行其作出的具体行政行为（如行政裁决），无权强制执行该调解协议。综上，只选 A。

97. 公安局对甲作出治安拘留 10 天处罚决定后随即执行。甲申请复议，上级公安局作出维持原处罚的复议决定。甲向法院提起诉讼，第一审法院判决维持拘留决定，甲在上诉中又提出行政赔偿请求。第二审人民法院经审理，认定公安局对甲的拘留违法，应如何处理此案？

　　A. 撤销第一审判决，并撤销拘留决定，判令公安局赔偿甲的损失

　　B. 撤销第一审判决，并确认拘留决定违法，就赔偿问题进行调解，调解不成应将全案发回重审

　　C. 撤销第一审判决，并确认拘留决定违法，就赔偿问题进行调解，调解不成应将行政赔偿部分发回重审

　　D. 撤销第一审判决，并撤销拘留决定，并就赔偿问题进行调解，调解不成的，告知甲就赔偿问题另行起诉

【答案】D

【解析】《行诉解释》第 70 条规定："第二审人民法院审理上诉案件，需要改变原审判决的，应当同时对被诉具体行政行为作出判决。"据此，在本案，由于公安局对甲的拘留违法，而第一审判决维持拘留决定，所以应当撤销第一审判决。《行诉解释》第 71 条第四款规定："当事人在第二审期间提出行政赔偿请求的，第二审人民法院可以进行调解；调解不成的，应当告知当事人另行起诉。"据此，D 项正确。

98. 卫生防疫站对王某经营的餐馆进行卫生检查，发现厨师在操作间未戴帽子，备用餐具有油腻及小飞虫，当场制作了检查笔录。两天后对王某处以 200 元罚款。王某不服向法院起诉，卫生防疫站向法院提供了检查笔录。下列何种说法是正确的？

　　A. 检查笔录应至少有 2 名执法人员的签名

　　B. 检查笔录应加盖卫生防疫站的公章

　　C. 检查笔录必须有当事人的签名

　　D. 法院对检查笔录进行审查时，制作笔录的执法人员必须出庭

【答案】A

【解析】行政处罚法第 37 条第一款规定："行政机关在调查或者进行检查时，执法人员不得少于两人，并应当向当事人或者有关人员出示证件。当事人或者有关人员应当如实回答询问，并协助调查或者检查，不得阻挠。询问或者检查应当制作笔录。"因此，A 选项是成立的。参考《最高人民法院关于行政诉讼证据若干问题的规定》第 10 条第一款第四项的规定，检查笔录，是检查人员制作的，无须加盖所属行政机关的公章；因此，B 选项是不正确的。参考该《规定》第 15 条的规定，检查笔录，一般应当交给当事人核对无误后，由当事人签名；但如果当事人拒绝签名或者不能签名的，也无所谓。据此，C 选项不正确。根据该《规定》第 44 条的规定，只有在特定情形下才有必要要求相关行政执法人员作为证人出庭作证，因此 D 选项也是错误的。综上，只选 A。

99. 2001 年 5 月某市公安局以涉嫌诈骗为由对甲进行刑事立案侦查。公安局将甲带至局内留置盘问 48 小时，搜查了甲的住处，扣押了搜出的现金 10 万元，冻结了搜出的 20 万元银行存款，并对甲实行监视居住。次年 1 月，公安局以甲刊登虚假广告、骗取学生学费为由，决定没收非法所得 10 万元，解除冻结。此后公安局一直未对甲诈骗一事作出处理，甲向法院提起行政诉讼。下列何种行为可以成为法院的审理对象？

   A. 没收非法所得 10 万元
   B. 扣押现金 10 万元
   C. 冻结 20 万元银行存款
   D. 留置盘问 48 小时

【答案】A

【解析】根据《行诉解释》第 1 条第二款第二项，公民、法人或者其他组织对公安、国家安全等机关依照《刑事诉讼法》的明确授权实施的行为不服提起诉讼的，不属于人民法院行政诉讼的受案范围。根据这一条款，公安机关的行为构成刑事司法行为，必须符合以下条件：（1）在刑事立案之后在侦查犯罪行为的过程中实施；（2）在刑事诉讼法的明确授权范围内；（3）针对犯罪嫌疑人。公安局对甲的留置盘问、搜查、扣押其现金、冻结银行存款、监视居住，都是刑事强制措施，属于刑事司法行为，不可提起行政诉讼；但公安局决定对其没收非法所得 10 万元，不属于刑事诉讼法明确授权的行为，是行政处罚，根据《行政诉讼法》第 11 条第一款第一项，属于人民法院受理行政诉讼案件的范围。综上，只选 A。

100. 在某法院受理的一起交通处罚案件中，被告提供了当事人闯红灯的现场笔录。该现场笔录载明了当事人闯红灯的时间、地点和拒绝签名的情况，但没有当事人的签名，也没有其他证人签名。原告主张当时不在现场，并有一朋友为其出庭作证。根据原被告双方提供的证据，法院应如何认定？

    A. 法院可以认定原告闯红灯

    B. 法院可以认定原告没有闯红灯

    C. 法院对原告是否闯红灯无法认定

    D. 法院需进一步调查后再作认定

【答案】A

【解析】《最高人民法院关于行政诉讼证据若干问题的规定》第 15 条规定："根据行政诉讼法第 31 条第一款第（七）项的规定，被告向人民法院提供的现场笔录，应当载明时间、地点和事件等内容，并由执法人员和当事人签名。当事人拒绝签名或者不能签名的，应当注明原因。有其他人在现场的，可由其他人签名。法律、法规和规章对现场笔录的制作形式另有规定的，从其规定。"据此，题干中的现场笔录尽管没有当事人或证人的签名，不影响其证据效力。根据该《规定》第 71 条第二项的规定，与一方当事人有亲属关系或者其他密切关系的证人所作的对该当事人有利的证言不能单独作为定案依据。因此，题干中原告朋友的证言不具有证据效力。综上所述，受诉人民法院可以根据被告的现场笔录认定原告闯红灯。A 选项应选

2003 年国家司法考试 试卷三

一、单项选择题，每题所给的选项中只有一个正确答案。本部分 1-30 题，每题 1 分，共 30 分。

1. 甲、乙、丙共有一套房屋，其应有部分各为 1／3。为提高房屋的价值，甲主张将此房的地面铺上木地板，乙表示赞同，但丙反对。下列选项哪一个是正确的？

    A. 因没有经过全体共有人的同意，甲乙不得铺木地板
    B. 因甲乙的应有部分合计已过半数，故甲乙可以铺木地板
    C. 甲乙只能在自己的应有部分上铺木地板
    D. 若甲乙坚持铺木地板，则需先分割共有房屋

    【答案】B
    【解析】共有物的管理一般应当由全体共有人共同进行，但有两项例外：保存行为和改良行为。所谓改良行为是指在不改变共有物性质的前提下，对共有物进行的加工、修理等行为，以增加共有物的效用或价值。改良行为只需要拥有共有份额一半以上的共有人同意即可进行。本题中，铺木地板的行为正是改良行为，因此只需要一半以上的共有人同意即可。而现在甲乙已占 2／3 的份额，因此可以为改良行为。B 项说法正确。

2. 小女孩甲（8 岁）与小男孩乙（12 岁）放学后常结伴回家。一日，甲对乙讲："听说我们回家途中的王家昨日买了一条狗，我们能否绕道回家？"乙答："不要怕！被狗咬了我负责。"后甲和乙路经王家同时被狗咬伤住院。该案赔偿责任应如何承担？

    A. 甲和乙明知有恶犬而不绕道，应自行承担责任
    B. 乙自行承担责任，乙的家长和王家共同赔偿甲的损失
    C. 王家承担全部赔偿责任
    D. 甲、乙和王家均有过错，共同分担责任

    【答案】C
    【解析】《民法通则》第 127 条："饲养的动物造成他人损害的，动物饲养人或者管理人应当承担民事责任；由于受害人的过错造成损害的，动物饲养人或者管理人不承担民事责任；由于第三人的过错造成损害的，第三人应当承担民事责任。"本题中，

甲乙受到損害都是由於王家的狗造成，因此王家應當承擔民事責任，除非受害人甲乙有過錯或者第三人有過錯。而本題中不能認為甲乙及其監護人對所受傷害有過錯，而不能認為乙及其監護人對甲所受損害有過錯。綜上，應選 C。

3. 甲公司得知乙公司正在與丙公司談判。甲公司本來並不需要這個合同，但為排擠乙公司，就向丙公司提出了更好的條件。乙公司退出後，甲公司也借故中止談判，給丙公司造成了損失。甲公司的行為如何定性？

   A. 欺詐

   B. 以合法形式掩蓋非法目的

   C. 惡意磋商

   D. 正常的商業競爭

【答案】C

【解析】《合同法》第 42 條規定：當事人在訂立合同過程中有下列情形之一，給對方造成損失的，應當承擔損害賠償責任：（一）假借訂立合同，惡意進行磋商；（二）故意隱瞞與訂立合同有關的重要事實或者提供虛假情況；（三）有其他違背誠實信用原則的行為。本題題幹描述的正是第一項的情形。因此，應選 C。

4. 甲（男，22 周歲）為達到與乙（女，19 周歲）結婚的目的，故意隱瞞乙的真實年齡辦理了結婚登記。兩年後，因雙方經常吵架，乙以辦理結婚登記時未達到法定婚齡為由向法院起訴，請求宣告婚姻無效。人民法院應如何處理？

   A. 以辦理結婚登記時未達到法定婚齡為由宣告婚姻無效

   B. 對乙的請求不予支持

   C. 宣告婚姻無效，確認為非法同居關係，並予以解除

   D. 認定為可撤銷婚姻，乙可行使撤銷權

【答案】B

【解析】《婚姻法》第 10 條規定：有下列情形之一的，婚姻無效：（一）重婚的；（二）有禁止結婚的親屬關係的；（三）婚前患有醫學上認為不應當結婚的疾病，婚後尚未治愈的；（四）未到法定婚齡的。《婚姻法解釋》第 8 條：「當事人依據婚姻法第十條規定向人民法院申請宣告婚姻無效的，申請時，法定的無效婚姻情形已經消失的，人民法院不予支持。」本題中，雖然甲乙結婚時是不符合結婚的條件的，但是申請宣告婚姻無效時，無效的情形已經消失，因此不能支持婚姻無效的請求。因此，B 項是正確的。

5. 甲欲购买乙的汽车。经协商，甲同意 3 天后签订正式的买卖合同，并先交 1000 元给乙，乙出具的收条上写明为"收到甲订金 1000 元。"3 天后，甲了解到乙故意隐瞒了该车证照不齐的情况，故拒绝签订合同。下列哪一个说法是正确的？

    A. 甲有权要求乙返还 2000 元并赔偿在买车过程中受到的损失

    B. 甲有权要求乙返还 1000 元并赔偿在买车过程中受到的损失

    C. 甲只能要求乙赔偿在磋商买车过程中受到的损失

    D. 甲有权要求乙承担违约责任

【答案】B

【解析】《担保法解释》第 115 条规定：当事人约定以交付定金作为订立主合同担保的，给付定金的一方拒绝订立主合同的，无权要求返还定金；收受定金的一方拒绝订立合同的，应当双倍返还定金。《担保法解释》第 118 条规定：当事人交付留置金、担保金、保证金、订约金、押金或者订金等，但没有约定定金性质的，当事人主张定金权利的，人民法院不予支持。本题中最容易出现问题的就是该"订金"是否为"定金"而适用定金罚则。根据上引两条的规定，该 1000 元不能认为为成约订金，而只能是一般的"订金"，不适用定金罚则。因此虽然双方最终没有订立合同，甲也无权要求乙返还 2000 元。既然双方没有订立合同，则合同也没有成立，故不存在违约责任。那么缔约过失责任是否存在？《合同法》第 42 条："当事人在订立合同过程中有下列情形之一，给对方造成损失的，应当承担损害赔偿责任：（一）假借订立合同，恶意进行磋商；（二）故意隐瞒与订立合同有关的重要事实或者提供虚假情况；（三）有其他违背诚实信用原则的行为。"由此可见，甲可以主张缔约过失责任，要求赔偿损失。因此 B 项是正确的答案。

6. 依我国法律，当事人对下列哪一合同可以请求人民法院或仲裁机构变更或撤销？

    A. 因重大误解订立的合同

    B. 包含因重大过失造成对方财产损失的免责条款的合同

    C. 因欺诈而订立且损害国家利益的合同

    D. 无权代理订立的合同

【答案】A

【解析】《合同法》第 54 条规定：下列合同，当事人一方有权请求人民法院或者仲裁机构变更或者撤销：（一）因重大误解订立的；（二）在订立合同时显失公平的。一方以欺诈、胁迫的手段或者乘人之危，使对方在违背真实意思的情况下订立的合同，受损害方有权请求人民法院或者仲裁机构变更或者撤销。当事人请求变更的，人民法院或者仲裁机构不得撤销。第 52 条规定：有下列情形之一的，合同无效：（一）一方以欺诈、胁迫的手段订立合同，损害国家利益；（二）恶意串通，损害国家、集体或者第三人利益；（三）以合法形式掩盖非法目的；（四）损害社会公共利益；（五）违反法律、行政法规的强制性规定。第53条规定：合同中的下列免责条款无效：（一）造成对方人身伤害的；（二）因故意或者重大过失造成对方财产损失的。第48条规定：行为人没有代理权、超越代理权或者代理权终止后以被代理人名义订立的合同，未经被代理人追认，对被代理人不发生效力，由行为人承担责任。相对人可以催告被代理人在一个月内予以追认。被代理人未作表示的，视为拒绝追认。合同被追认之前，善意相对人有撤销的权利。撤销应当以通知的方式作出。

由以上法条可知，A项是可变更可撤销合同，当事人一方可以要求变更或撤销。B、C项是无效条款或合同；D项是效力待定的合同。综上，应选A。

7. 周某与林某协议离婚时约定，孩子归女方林某抚养，周某每年给付1000元抚养费。离婚后，因林某将孩子由姓周改姓林，周某就停止给付抚养费。因这一年年景不好，周某就将卖粮仅得的1000元捐献给了希望工程，自己出去打工了。林某能请求法院撤销该赠与吗？

A. 不能，因为赠与物已经交付

B. 不能，因为是公益性捐赠

C. 不能，因为周某处分的是自己的合法财产

D. 能，因为周某逃避法定义务进行赠与

【答案】D

【解析】《合同法》第74条："因债务人放弃其到期债权或者无偿转让财产，对债权人造成损害的，债权人可以请求人民法院撤销债务人的行为。债务人以明显不合理的低价转让财产，对债权人造成损害，并且受让人知道该情形的，债权人也可以请求人民法院撤销债务人的行为。撤销权的行使范围以债权人的债权为限。债权人行使撤销权的必要费用，由债务人负担。"本题中情形正是属于无偿转让财产。周某每年给付1000元抚养费正是周某所负债务，由于周某的捐赠行为损害了债权人的利益，因此，林某有权要求撤销该捐赠行为。综上，应选D。

8. 甲为了能在自己的房子里欣赏远处的风景。便与相邻的乙约定：乙不在自己的土地上从事高层建筑；作为补偿，甲每年支付给乙4000元。两年后，乙将该土地使用权转让给丙。丙在该土地上建了一座高楼，与甲发生了纠纷。对此纠纷，下列判断哪一个是正确的？

A. 甲对乙的土地不享有地役权

B. 甲有权不让丙建高楼，但得每年支付其4000元

C. 丙有权建高楼，但须补偿甲由此受到的损失

D. 甲与乙之间的合同因没有办理登记而无效

【答案】A

【解析】甲乙之间订立的合同正是设立地役权的合同，该合同并不因登记而影响其效力。因此 D 项是错误的。而地役权作为他物权的一种，其设立应当登记，否则不能成立，而题中并未登记，所以该地役权是不存在的，因此 A 项是正确的。由此，甲乙之间只是合同关系，而没有设立地役权，该合同不能约束第三人，即丙，因此 BC 项都是错误的。

9. 甲被宣告死亡后，其妻乙改嫁于丙，其后丙死亡。1 年后乙确知甲仍然在世，遂向法院申请撤销对甲的死亡宣告。依我国法律，该死亡宣告撤销后，甲与乙原有的婚姻关系如何？

A. 自行恢复

B. 不得自行恢复

C. 经乙同意后恢复

D. 经甲同意后恢复

【答案】B

【解析】《民通意见》37 条规定：被宣告死亡的人与配偶的婚姻关系，自死亡宣告之日起消灭。死亡宣告被人民法院撤销，如果其配偶尚未再婚的，夫妻关系从撤销死亡宣告之日起自行恢复；如果其配偶再婚后又离婚或者再婚后配偶又死亡的，则不得认定夫妻关系自行恢复。因此，应选 B。

10. 红旗中学为了迎接建校 50 周年庆典，特委托某工艺美术院设计校徽，双方约定校徽著作权归红旗中学所有，工艺美术院在接受委托后组织实施中，因自己的设计人员设计稿不尽如人意，遂又委托在某广告公司工作的李某设计校徽，但对著作权的归属未约定。后工艺美术院将李某的作品交给红旗中学，红旗中学十分满意，将其确定为校徽。但是各方对著作权的归属发生了争议。本案中著作权应归属于何人？

A. 红旗中学

B. 工艺美术院

C. 李某

D. 三方共有

【答案】C

【解析】《著作权法》第17条：“受委托创作的作品，著作权的归属由委托人和受托人通过合同约定。合同未作明确约定或者没有订立合同的，著作权属于受托人。”本题中实际上是两个委托创作合同，在红旗中学和某工艺美术院之间的委托创作合同中约定了著作权属于委托方——红旗中学。而在某工艺美术院和李某之间的委托创作合同中并没有约定著作权的归属，因此著作权应当属于完成者李某。虽然前一合同双方约定著作权属于红旗中学，但是该作品并非受托人所完成，而且该合同不能约束第三人，因此红旗中学不能因此而取得著作权。因此 C 项是正确的。

11. 周某以公司债券出质，债券上未进行任何记载。周某按约定将债券交付给质权人。下列说法哪项是正确的？

    A. 质押合同成立但不生效

    B. 质押合同不成立

    C. 质押合同生效，但不具有对抗效力

    D. 质押合同生效且具有对抗效力

【答案】C

【解析】《担保法》第76条规定：以汇票、支票、本票、债券、存款单、仓单、提单出质的，应当在合同约定的期限内将权利凭证交付质权人。质押合同自权利凭证交付之日起生效。由此可见，该债券质押合同已经成立生效。《担保法解释》第99条规定：以公司债券出质的，出质人与质权人没有背书记载“质押”字样，以债券出质对抗公司和第三人的，人民法院不予支持。由此可见，该债权质押合同不能对抗第三人，即不具有对抗效力。综上，应选 C。

12. 甲于 1999 年 3 月 1 日开始使用“建华”牌商标，乙于同年 4 月 1 日开始使用相同的商标。甲、乙均于 2000 年 5 月 1 日向商标局寄出注册“建华”商标的申请文件，但甲的申请文件于 5 月 8 日寄至，乙的文件于 5 月 5 日寄至。商标局应初步审定公告谁的申请？

    A. 同时公告，因甲、乙申请日期相同

    B. 公告乙的申请，因乙申请在先

    C. 公告甲的申请，虽然甲、乙同时申请，但甲使用在先

    D. 由商标局自由裁定

【答案】B

【解析】《商标法》第 29 条："两个或者两个以上的商标注册申请人，在同一种商品或者类似商品上，以相同或者近似的商标申请注册的，初步审定并公告申请在先的商标；同一天申请的，初步审定并公告使用在先的商标，驳回其他人的申请，不予公告。"

《商标法实施条例》第十条："除本条例另有规定的外，当事人向商标局或者商标评审委员会提交文件或者材料的日期，直接递交的，以递交日为准；邮寄的，以寄出的邮戳日为准；邮戳日不清晰或者没有邮戳的，以商标局或者商标评审委员会实际收到日为准，但是当事人能够提出实际邮戳日证据的除外。"

　　根据上述法条，选 B 的理由可能在于并未提及邮戳一事，老老实实按照收到日来确定。但是如果认为存在邮戳，则商标申请日为寄出日，甲乙为同一天申请，则应当初步审定并公告使用在先的商标。而甲正是使用在先。

13. 住所地在长春的四海公司在北京设立了一家分公司。该分公司以自己的名义与北京实达公司签订了一份房屋租赁合同，租赁实达公司的楼房一层，年租金为 30 万元。现分公司因拖欠租金而与实达公司发生纠纷。下列判断哪一个是正确的？

　　A. 房屋租赁合同有效，法律责任由合同的当事人独立承担

　　B. 该分公司不具有民事主体资格，又无四海公司的授权，租赁合同无效

　　C. 合同有效，依该合同产生的法律责任由四海公司承担

　　D. 合同有效，依该合同产生的法律责任由四海公司及其分公司承担连带责任

【答案】C

【解析】《公司法》第 13 条第一款规定："公司可以设立分公司，分公司不具有企业法人资格，其民事责任由公司承担。"据此，四海公司分公司的民事责任应当由四海公司承担。分公司依法必须进行登记，依法登记的，可以获得《营业执照》。获得《营业执照》分公司在法律上属于"其他组织"，能够以自己的名义在行事，因此题干中的合同合法有效。综上，应选 C。

14. 公民甲通过保险代理人乙为其 5 岁的儿子丙投保一份幼儿平安成长险，保险公司为丁。下列有关本事例的哪一表述是正确的？

　　A. 该份保险合同中不得含有以丙的死亡为给付保险金条件的条款

　　B. 受益人请求丁给付保险金的权利自其知道保险事故发生之日起 5 年内不行使而消灭

　　C. 当保险事故发生时，乙与丁对给付保险金承担连带赔偿责任

　　D. 保险代理人乙只能是依法成立的公司，不能是个人

【答案】B

【解析】根據《保險法》第27條："人壽保險以外的其他保險的被保險人或者受益人，對保險人請求賠償或者給付保險金的權利，自其知道保險事故發生之日起二年不行使而消滅。人壽保險的被保險人或者受益人對保險人請求給付保險金的權利，自其知道保險事故發生之日起五年不行使而消滅。"第55條："投保人不得為無民事行為能力人投保以死亡為給付保險金條件的人身保險，保險人也不得承保。父母為其未成年子女投保的人身保險，不受前款規定限制，但是死亡給付保險金額總和不得超過保險監督管理機構規定的限額。"第125條："保險代理人是根據保險人的委託，向保險人收取代理手續費，並在保險人授權的範圍內代為辦理保險業務的單位或者個人。"第128條："保險代理人根據保險人的授權代為辦理保險業務的行為，由保險人承擔責任。保險代理人為保險人代為辦理保險業務，有超越代理權限行為，投保人有理由相信其有代理權，並已訂立保險合同的，保險人應當承擔保險責任；但是保險人可以依法追究越權的保險代理人的責任。"綜上，應選B。

15. 張某向李某背書轉讓面額為10萬元的匯票作為購買房屋的價金，李某接受匯票後背書轉讓給第三人。如果張某與李某之間的房屋買賣合同被合意解除，則張某可以行使下列哪一權利？

    A. 請求李某返還匯票

    B. 請求李某返還10萬元現金

    C. 請求從李某處受讓匯票的第三人返還匯票

    D. 請求付款人停止支付票據上的款項

【答案】B

【解析】票據具有無因性，產生票據的原因關係（本題中的買賣合同）無效，不影響票據的效力，票據仍然可以正常流通。張某可依民法上的不當得利返還請求權請求李某返還價金。因此，應選B。

16. 某合夥組織起字號為"興達商行"，其中甲出資60%，乙、丙各出資20%，甲被推舉為負責人。在與興達商行的債務人丁的一場訴訟中，甲未與乙、丙商量而放棄興達商行對丁的債權5萬元，乙、丙知道後表示反對。甲放棄債權的行為的效力應如何認定？

    A. 是有效行為

    B. 是無效行為

C. 是可撤销行为

D. 是效力未定行为

【答案】A

【解析】司法部的答案认为，题干中的合伙组织应当认定为合伙企业。《合伙企业法》第 38 条规定："合伙企业对合伙人执行合伙企业事务以及对外代表合伙企业权利的限制，不得对抗不知情的第三人。"甲作为负责人，其放弃债权的行为有效。因此，应选 A。

17. 乙公司在与甲公司交易中获金额为 300 万元的汇票一张，付款人为丙公司。乙公司请求承兑时，丙公司在汇票上签注："承兑。甲公司款到后支付。"下列关于丙公司付款责任的表述哪个是正确的？

A. 丙公司已经承兑，应承担付款责任

B. 应视为丙公司拒绝承兑，丙公司不承担付款责任

C. 甲公司给丙公司付款后，丙公司才承担付款责任

D. 按甲公司给丙公司付款的多少确定丙公司应承担的付款责任

【答案】B

【解析】根据《票据法》第 43 条："付款人承兑汇票，不得附有条件；承兑附有条件的，视为拒绝承兑。"因此，应选 B。

18. 陈某将自己的轿车投保于保险公司。一日，其车被房东之子（未成年）损坏，花去修理费 1500 元。陈遂与房东达成协议：房东免收陈某 2 个月房租 1300 元，陈不再要求房东赔偿修车费。后陈某将该次事故报保险公司要求索赔。在此情形下，以下哪一个判断是正确的？

A. 保险公司应赔偿 1500 元

B. 保险公司应赔偿 200 元

C. 保险公司应赔偿 1300 元

D. 保险公司不再承担赔偿责任

【答案】D

【解析】根据《保险法》第 46 条："保险事故发生后，保险人未赔偿保险金之前，被保险人放弃对第三者的请求赔偿的权利的，保险人不承担赔偿保险金的责任。保险人向被保险人赔偿保险金后，被保险人未经保险人同意放弃对第三者请求赔偿的权利的，该行为无效。由于被保险人的过错致使保险人不能行使代位请求赔偿的权利的，保险人可以相应扣减保险赔偿金。"因此，应选 D。

19. 下列所作的各种关于公司的分类, 哪一种是以公司的信用基础为标准的分类?

    A. 总公司与分公司

    B. 母公司与子公司

    C. 人合公司与资合公司

    D. 封闭式公司与开放式公司

【答案】C

【解析】A 项分类是按照公司的内部组织结构; B 项分类是按照公司的外部组织结构; D 项分类是按照公司的开放性程度。因此, 应选 C。

20. 某外国公司在向我国政府申请设立外资企业时, 存在以下情况, 请问其中哪一项违反了我国法律的规定?

    A. 该外资企业由申请人独家出资设立

    B. 申请人要求将该外资企业登记为有限责任公司

    C. 申请人声明该外资企业将采用先进技术和设备, 但其产品仅有 40% 出口

    D. 申请人声明该外资企业的各项保险将向中国境外的保险公司投保

【答案】D

【解析】根据《外资企业法》第 16 条: "外资企业的各项保险应当向中国境内的保险公司投保。"第 2 条: "本法所称的外资企业是指依照中国有关法律在中国境内设立的全部资本由外国投资者投资的企业, 不包括外国的企业和其他经济组织在中国境内的分支机构。"外资企业的组织形式具有多样性, 可以是有限责任公司、合伙企业、独资企业。2000 年该法修订后适应"入世"的需要, 已经不再规定出口比例要求。综上, 应选 D。

21. 甲与同事丙路过一居民楼时, 三楼乙家阳台上的花盆坠落, 砸在甲的头上, 致其脑震荡, 共花费医疗费 1 万元。甲以乙为被告诉至法院要求赔偿, 而乙否认甲受伤系自家花盆坠落所致。对这一争议事实, 应由谁承担举证责任?

    A. 甲承担举证责任

    B. 甲、乙均应承担举证责任

    C. 乙承担举证责任

    D. 丙作为证人承担举证责任

【答案】A

【解析】根据最高人民法院《关于民事诉讼证据的若干规定》第 1 至第 4 条的规定，原告向人民法院起诉或者被告提出反诉，应当附有符合起诉条件的相应的证据材料，当事人对自己提出的诉讼请求所依据的事实或者反驳对方诉讼请求所依据的事实有责任提供证据加以证明。没有证据或者证据不足以证明当事人的事实主张的由负有举证责任的当事人承担不利后果。人民法院应当向当事人说明举证的要求及法律后果，促使当事人在合理期限内积极、全面、正确、诚实地完成举证。当事人因客观原因不能自行收集的证据，可申请人民法院调查收集。对于下列侵权诉讼，按照以下规定承担举证责任：（一）因新产品制造方法发明专利引起的专利侵权诉讼，由制造同样产品的单位或者个人对其产品制造方法不同于专利方法承担举证责任；（二）高度危险作业致人损害的侵权诉讼，由加害人就受害人故意造成损害的事实承担举证责任；（三）因环境污染引起的损害赔偿诉讼，由加害人就法律规定的免责事由及其行为与损害结果之间不存在因果关系承担举证责任；（四）建筑物或者其他设施以及建筑物上的搁置物、悬挂物发生倒塌、脱落、坠落致人损害的侵权诉讼，由所有人或者管理人对其无过错承担举证责任；（五）饲养动物致人损害的侵权诉讼，由动物饲养人或者管理人就受害人有过错或者第三人有过错承担举证责任；（六）因缺陷产品致人损害的侵权诉讼，由产品的生产者就法律规定的免责事由承担举证责任；（七）因共同危险行为致人损害的侵权诉讼，由实施危险行为的人就其行为与损害结果之间不存在因果关系承担举证责任；（八）因医疗行为引起的侵权诉讼，由医疗机构就医疗行为与损害结果之间不存在因果关系及不存在医疗过错承担举证责任。有关法律对侵权诉讼的举证责任有特殊规定的，从其规定。

而本题涉及的是其中第四种情形，即"建筑物或者其他设施以及建筑物上的搁置物、悬挂物发生倒塌、脱落、坠落致人损害的侵权诉讼，由所有人或者管理人对其无过错承担举证责任"，而本题中考查的是甲的伤害到底是不是由乙的花盆坠落导致的，对于该争议事实就要由原告方甲来证明了，只是对于花盆坠落是否存在过错才由乙来举证。本案中，丙是证人，证人并不承担举证责任，所以答案 D 肯定错误，综上，本题从出题者的本意来看，宜为选 A。

22. 甲婚后经常被其丈夫乙打骂，向某区人民法院提起离婚诉讼，该区人民法院审理后认为双方感情确已破裂，判决准予离婚，并对共有财产进行了分割。甲认为区人民法院对财产的处理不公平，于是向中级人民法院提起上诉。在二审审理期间，乙因意外事故死亡，二审法院遂裁定终结诉讼。关于本案，下列何种说法是正确的？

   A. 二审法院裁定终结诉讼后，区人民法院的离婚判决即发生法律效力

B. 二审法院裁定终结诉讼后，区人民法院的离婚判决不发生法律效力

C. 区人民法院的离婚判决是否发生法律效力，取决于上诉期间是否届满，只要上诉期间届满，该判决即发生法律效力

D. 区人民法院的判决中，解除婚姻关系的部分发生法律效力，而财产分割部分不发生法律效力

【答案】B

【解析】根据《民事诉讼法》第136条和相关司法解释的规定，有下列情况之一的，应当中止诉讼：1.一方当事人死亡，需要等待继承人表明是否参加诉讼的；2.一方当事人丧失诉讼行为能力，尚未确定法定代理人的；3.作为一方当事人的法人或者其他组织终止，尚未确定权利义务承受人的；4.一方当事人因不可抗拒的事由，不能参加诉讼的；5.本案必须以另一案的审理结果为依据，而另一案尚未审结的。而诉讼终结，是指在诉讼进行过程中，因出现特定情形，使诉讼程序不能继续进行下去或者失去了继续进行的必要，从而由人民法院裁定终结诉讼的制度。根据《民事诉讼法》第137条的规定，诉讼终结的适用情形主要有：1.原告死亡，没有继承人，或者继承人放弃诉讼权利的；2.被告死亡，没有遗产，也没有应当承担义务的人的；3.离婚案件中的一方当事人死亡的；4.追索赡养费、扶养费、抚育费以及解除收养关系案件的一方当事人死亡的。

　　本案属于离婚案件，关键一点就是当事人仅对离婚判决中的财产部分上诉，那么整份离婚判决是否生效呢？应当说，法院判决离婚和处理财产分割是在同一份判决书中作出的，当事人对财产问题不服提出上诉，那么整份判决都没有生效。而在二审中，一方当事人乙因意外事故死亡，这时应属于"离婚案件中的一方当事人死亡的"，法院应当裁定终结诉讼。而既然离婚案件中一方当事人死了，也就不再存在"离婚"的问题，因此，二审法院裁定终结诉讼后，区人民法院的离婚判决不再发生法律效力。综上，应选B。

23. 拓海公司系私营独资企业，因欠债被诉诸法院，后被判令履行金钱给付义务。履行期限届满后，拓海公司仍未还债。经债权人申请，人民法院对其予以强制执行。经查，该公司无偿还能力。在下列后续措施中何种是正确的？

A. 裁定中止执行，待被执行人有履行能力时再恢复执行

B. 裁定终结执行

C. 裁定宣告该公司破产

D. 裁定执行该公司投资人的其他财产

【答案】D

【解析】对于中止执行、终结执行的情形，根据《民事诉讼法》第 234 条和最高人民法院《执行规定》第 102 条的规定，执行中止的情形主要有：（一）申请人表示可以延期执行的；（二）案外人对执行标的提出确有理由的异议的；（三）作为一方当事人的公民死亡，需要等待继承人继承权利或者承担义务的；（四）作为一方当事人的法人或者其他组织终止，尚未确定权利义务承受人的；（五）人民法院认为应当中止执行的其他情形，具体包括：（1）人民法院已受理以被执行人为债务人的破产申请的；（2）被执行人确无财产可供执行的；（3）执行的标的物是其他法院或仲裁机构正在审理的案件争议标的物，需要等待该案件审理完毕确定权属的；（4）一方当事人申请执行仲裁裁决，另一方当事人申请撤销仲裁裁决的；（5）仲裁裁决的被申请执行人依据民事诉讼法第二百一十七条第二款的规定向人民法院提出不予执行请求，并提供适当担保的。而对于终结执行，根据《民事诉讼法》第 235 条的规定，有下列情形之一的，人民法院裁定终结执行：（一）申请人撤销申请的；（二）据以执行的法律文书被撤销的；（三）作为被执行人的公民死亡，无遗产可供执行，又无义务承担人的；（四）追索赡养费、扶养费、抚育费案件的权利人死亡的；（五）作为被执行人的公民因生活困难无力偿还借款，无收入来源，又丧失劳动能力的；（六）人民法院认为应当终结执行的其他情形，根据最高人民法院《执行规定》第 105 条的规定，在执行中，被执行人被人民法院裁定宣告破产的，执行法院应当依法裁定终结执行。

但是，根据最高人民法院《关于人民法院执行工作若干问题的规定（试行）》第 76 条的规定："被执行人为无法人资格的私营独资企业，无能力履行法律文书确定的义务的，人民法院可以裁定执行该独资企业业主的其他财产。"所以，本题的答案选 D。

24. 郑某诉刘某离婚一案，一审法院判决不准离婚。郑某不服提出上诉。二审法院审理后认为当事人双方感情确已破裂，应当判决离婚。二审法院采取以下何种做法是正确的？

A. 直接改判离婚，子女抚养和财产问题另案解决

B. 直接改判离婚，子女抚养和财产问题一并判决

C. 在当事人自愿的情况下，通过调解解决离婚、子女抚养和财产分割问题，调解不成的，发回重审

D. 只对离婚事项作出判决，子女抚养和财产分割问题发回重审

【答案】C

【解析】根据最高人民法院《民诉意见》第185条的规定："一审判决不准离婚的案件，上诉后，第二审人民法院认为应当判决离婚的，可以根据当事人自愿的原则，与子女抚养、财产问题一并调解，调解不成的，发回重审。"所以，本题答案为C。

25. 居住在甲市的吴某与居住在乙市的王某在丁市签订了一份协议，吴某将一幅名人字画以10万元的价格卖给王某并约定双方在丙市一手交钱一手交货，后吴某翻悔并电告王某自己已将字画卖给他人。王若想追究吴的违约责任，应向何地法院起诉？

   A. 甲市法院
   B. 乙市法院
   C. 丙市法院
   D. 丁市法院

【答案】A

【解析】根据《民事诉讼法》第24条规定："因合同纠纷提起的诉讼，由被告住所地或者合同履行地人民法院管辖。"同时，按照最高人民法院《民诉意见》第18条的规定："因合同纠纷提起的诉讼，如果合同没有实际履行，当事人双方住所地又都不在合同约定的履行地的，应由被告住所地人民法院管辖。"

在本题中，居住在甲市的吴某与居住在乙市的王某在丁市签订了一份协议，吴某将一幅名人字画以10万元的价格卖给王某并约定双方在丙市一手交钱一手交货，后吴某翻悔并电告王某自己已将字画卖给他人，双方的住所为甲和乙，约定的合同履行地为丙，但吴某翻悔，合同没有得到实际履行，而双方当事人的住所甲和乙又不在合同约定的履行丙，所以应由被告住所地甲地管辖。而丁作为合同的签定地，是没有法律意义的，它只在协议管辖和涉外民事诉讼中牵连管辖时才用得到。所以，本题的答案为A。

26. 个体工商户崔某从1994年起在某市经营一饭店，领有营业执照，1997年因妻子生病急需用钱因而将饭店转让给赵某经营，但双方并未到工商局办理营业执照的更名手续。赵某经营过程中，致使多名顾客食物中毒，这些顾客决定向法院起诉要求赔偿损失。此案中当事人的诉讼地位应如何确定？

   A. 顾客是原告，赵某是被告，崔某与本案无关
   B. 顾客是原告，崔某是被告，赵某与本案无关
   C. 顾客是原告，崔某与赵某是共同被告
   D. 顾客是原告，赵某是被告，崔某是无独立请求权的第三人

【答案】C

【解析】按照最高人民法院《民诉意见》第 46 条的规定："在诉讼中，个体工商户以营业执照上登记的业主为当事人。有字号的，应在法律文书中注明登记的字号。营业执照上登记的业主与实际经营者不一致的，以业主和实际经营者为共同诉讼人。"本题中，个体工商户崔某从 1994 年起在某市经营一饭店，领有营业执照，故营业执照上登记的业主为崔某，而 1997 年其因妻子生病急需用钱因而将饭店转让给赵某经营，但双方并未到工商局办理营业执照的更名手续，所以实际经营者为赵某。而赵某经营过程中，致使多名顾客食物中毒，这些顾客决定向法院起诉要求赔偿损失。那么这些顾客作为原告起诉，被告为崔某和赵两个人，他们是必要共同诉讼的被告，所以答案为 C。

27. 甲乙发生口角，乙将甲房屋的门窗砸坏。甲起诉要求乙赔偿财产损失，法院审理后，判决认定甲的诉讼请求成立。判决生效后，甲认为自己不仅财产上受到损失，精神上也受到损害，于是又向法院起诉，要求乙赔偿因该侵权行为导致的精神损害。关于本案，以下何种观点是正确的？

A. 精神损害应当予以赔偿，人民法院对甲的起诉应当受理

B. 甲未在前诉中主张精神损害赔偿，判决生效后又基于同一侵权事实起诉精神损害赔偿，人民法院不应当受理

C. 对于该起诉是否受理，要区分受害人甲是否在诉前意识到精神损害的存在。如果没有意识到，就可以向法院起诉；如果已经意识到，但当时没有请求的，人民法院不应当受理

D. 在前诉中没有提出精神损害赔偿请求，但声明保留的，人民法院对关于精神损害的起诉应予受理

【答案】B

【解析】根据《民事诉讼法》第 111 条第（五）项的规定："对判决、裁定已经发生法律效力的案件，当事人又起诉的，告知原告按照申诉处理，但人民法院准许撤诉的裁定除外"。而对于精神损害赔偿问题，根据《最高人民法院关于确定民事侵权精神损害赔偿责任若干问题的解释》第 6 条的规定："当事人在侵权诉讼中没有提出赔偿精神损害的诉讼请求，诉讼终结后又基于同一侵权事实另行起诉请求赔偿精神损害的，人民法院不予受理。"因此，本题答案选 B。

28. 甲乙两公司因贸易合同纠纷进行仲裁，裁决后甲公司申请执行仲裁裁决，乙公司申请撤销仲裁裁决，此时受理申请的人民法院应如何处理？

A. 裁定撤销裁决

B. 裁定终结执行

C. 裁定中止执行

D. 将案件移交上级人民法院处理

【答案】C

【解析】根据《仲裁法》第 64 条："一方当事人申请执行裁决，另一方当事人申请撤销裁决的，人民法院应当裁定中止执行。人民法院裁定撤销裁决的，应当裁定终结执行。撤销裁决的申请被裁定驳回的，人民法院应当裁定恢复执行。"所以，答案为 C。

29. 人民法院在审查民事起诉时，发现当事人起诉已经超过了诉讼时效，在这种情况下，人民法院应当如何处理？

A. 通知当事人已经超过诉讼时效，不予受理

B. 裁定不予受理

C. 应予受理，审理后确认超过诉讼时效的，判决驳回诉讼请求

D. 应予受理，审理后确认超过诉讼时效的，裁定驳回起诉

【答案】C

【解析】根据最高人民法院《民诉意见》第 153 条的规定："当事人超过诉讼时效期间起诉的，人民法院应予受理。受理后查明无中止、中断、延长事由的，判决驳回其诉讼请求。"要注意，"驳回起诉"是指不符合起诉的要求，用的是裁定；而"驳回诉讼请求"是对实体问题的认定，要用判决。因此本题答案选 C。

30. 刘某夫妻与杨某是大学同学，关系甚密。后来刘某与杨某在生意中发生纠纷，刘某起诉至法院，要求杨某给付货款 4000 元。法院受理后依法开庭审理，在审理中杨某提出刘某的妻子曾向其借款 5000 元，至今未还，要求刘某夫妻用货款抵债并偿还其余 1000 元。法院对此应如何处理？

A. 将杨某的请求作为反诉与原诉讼合并审理

B. 中止给付货款的诉讼

C. 追加刘某的妻子为第三人

D. 告知被告杨某另行起诉

【答案】D

【解析】反诉，是指在已经开始的诉讼程序中，本诉的被告通过法院向本诉的原告提出的一种独立的反请求，反诉与本诉相对应，在本诉的进行中提起反诉，这属于诉的合并的情形之一。反诉的提起条件有：1.提起反诉应当具备起诉的一般条件，同时反

诉不能超过诉讼时效,不能认为本诉在诉讼时效之内,反诉也自然在诉讼时效之内,本诉超过诉讼时效的,反诉不一定就超过诉讼时效,对此应当允许提起反诉。2.当事人条件。反诉的原告只能是本诉的被告,反诉的被告只能是本诉的原告,反诉的当事人和本诉的当事人不增加,也不减少,只是诉讼地位互换。3.管辖条件。反诉必须受人民法院主管,只能向受理本诉的人民法院提出。4.时间条件。根据最高人民法院《关于民事诉讼证据的若干规定》第 34 条第三款:"当事人增加、变更诉讼请求或者提起反诉的,应当在举证期限届满前提出。"所以,本诉的被告提起反诉应当在人民法院受理本诉以后,在举证期限内提出。5.目的要件。即要求反诉的目的要有对抗性,能够吞并、抵消或排除本诉中原告的诉讼请求。6.同种程序要求。特别程序不适用反诉;反诉与本诉必须属于同一程序,不能一个适用普通程序,一个适用简易程序,更不能一个适用一审程序,另一个适用二审程序。7.牵连性要件。即要求反诉诉讼请求与本诉的诉讼请求必须有牵连:要么基于同一事实关系,要么基于同一法律关系,要么基于某种权利义务,都应与本诉有一定的联系才能提起。

　　本案中,刘某与杨某在生意中发生纠纷,刘某起诉至法院,要求杨某给付货款 4000 元,这是一项货物买卖纠纷;而法院受理后依法开庭审理,在审理中杨某提出刘某的妻子曾向其借款 5000 元,要求刘某夫妻用货款抵债并偿还其余 1000 元,这是一个借贷纠纷,两个纠纷之间不存在牵连关系,并起反诉中的被告与本诉也不太一致,所以,本题答案为 D。

二、多项选择题,每题所给的选项中有两个或两个以上正确答案,少答或多答均不得分。本部分 31-80 题,每题 1 分,共 50 分。

31. 甲乙签订一份试用买卖合同,但没有约定试用期。之后,双方对是否购买标的物没有达成协议。下列哪些说法是正确的?

　　A. 试用买卖合同没有约定试用期的,应适用法律规定的 6 个月试用期

　　B. 试用买卖合同没有约定试用期的,如果不能按照合同法的规定加以确定,应由出卖人确定

　　C. 试用期间届满,买受人对是否购买标的物未作表示的,视为购买

　　D. 试用期间,买受人没有对质量提出异议的,则应当购买标的物

【答案】BC

【解析】《合同法》第 170 条:"试用买卖的当事人可以约定标的物的试用期间。对试用期间没有约定或者约定不明确,依照本法第 61 条的规定仍不能确定的,由出卖

人确定。"由此可见，B 项正确。第 171 条："试用买卖的买受人在试用期内可以购买标的物，也可以拒绝购买。试用期间届满，买受人对是否购买标的物未作表示的，视为购买。"由此可见，C 项正确。

32. 田某死后留下五间房屋、一批字画以及数十万存款的遗产。田某生三子一女，长子早已病故，留下一子一女。就在两个儿子和一个女儿办理完丧事协商如何处理遗产时，小儿子因交通事故身亡，其女儿刚满周岁。田某的上述亲属中哪些人可作为第一顺序继承人继承他的遗产？

   A. 二儿子和女儿
   B. 小儿子
   C. 小儿子之女
   D. 大儿子之子女

【答案】ABD

【解析】《继承法》第 10 条规定：遗产按照下列顺序继承：第一顺序：配偶、子女、父母。第二顺序：兄弟姐妹、祖父母、外祖父母。继承开始后，由第一顺序继承人继承，第二顺序继承人不继承。没有第一顺序继承人继承的，由第二顺序继承人继承。本法所说的子女，包括婚生子女、非婚生子女、养子女和有扶养关系的继子女。本法所说的父母，包括生父母、养父母和有扶养关系的继父母。本法所说的兄弟姐妹，包括同父母的兄弟姐妹、同父异母或者同母异父的兄弟姐妹、养兄弟姐妹、有扶养关系的继兄弟姐妹。第 11 条规定：被继承人的子女先于被继承人死亡的，由被继承人的子女的晚辈直系血亲代位继承。代位继承人一般只能继承他的父亲或者母亲有权继承的遗产份额。《继承法实施意见》第 52 条规定：继承开始后，继承人没有表示放弃继承，并于遗产分割前死亡的，其继承遗产的权利转移给他的合法继承人。

   根据上述规定，A 项当然正确；B 项小儿子是在被继承人死亡以后因交通事故身亡，发生的是转继承，对于田某来说，继承人仍然是小儿子而不是小儿子的女儿。大儿子是在田某死亡之前就已经死亡，应当适用的是代位继承，因此 D 项是正确的。综上，应选 ABD。

33. 王某买票乘坐某运输公司的长途车，开车司机为钱某。长途车行驶中与朱某驾驶的车辆相撞，致王某受伤。经认定，朱某对交通事故负全部责任。下列哪些说法是正确的？

   A. 王某可以向朱某请求侵权损害赔偿
   B. 王某可以向运输公司请求违约损害赔偿

C. 王某可以向钱某请求侵权损害赔偿

D. 王某可以向运输公司请求侵权损害赔偿

【答案】ABD

【解析】《合同法》第 302 条："承运人应当对运输过程中旅客的伤亡承担损害赔偿责任，但伤亡是旅客自身健康原因造成的或者承运人证明伤亡是旅客故意、重大过失造成的除外。前款规定适用于按照规定免票、持优待票或者经承运人许可搭乘的无票旅客。"第 121 条："当事人一方因第三人的原因造成违约的，应当向对方承担违约责任。当事人一方和第三人之间的纠纷，依照法律规定或者按照约定解决。"

　　王某与运输公司之间是运输合同，由于不存在免责事由，运输公司应当对运输过程中王某的伤害承担违约损害赔偿责任。因此 B 项是正确的。王某的损害是朱某的侵权行为所造成，因此 A 项是正确的。至于钱某并不是合同当事人，也不是侵权人，因此不承担责任。关键是运输公司是否存在侵权行为，要承担侵权责任。《合同法》第 122 条："因当事人一方的违约行为，侵害对方人身、财产权益的，受损害方有权选择依照本法要求其承担违约责任或者依照其他法律要求其承担侵权责任。"可见，即使是责任竞合，侵权行为的构成还得看其他法律的规定。作为一个一般侵权行为，要构成侵权行为，必须有过错，而本题中运输公司并无过错。保守认为，不存在侵权责任。对 D 项，我们持保留意见。

34. 在行为人进行的下列行为中，哪些属于行使形成权的行为？

A. 被代理人对越权代理进行追认

B. 监护人对限制民事行为能力人纯获利益的合同进行追认

C. 受遗赠人于知道受赠的期限内未作受赠的意思表示

D. 承租人擅自转租，出租人作出解除合同的意思表示

【答案】ACD

【解析】形成权是指依权利人单方意思表示就能使权利发生、变更或者消灭的权利。撤销权、解除权、追认权、抵销权等都是形成权。A 项是追认权。B 项中限制民事行为能力人纯获利益的合同是无需追认的，因此 B 项不是。C 项中受遗赠人并没有作出意思表示，因此也不是。D 项是解除权。因此，应选 ACD。

35. 私营企业主王某办公用的一台电脑损坏，遂嘱秘书张某扔到垃圾站。张某将电脑搬到垃圾站后想，与其扔了不如拿回家给儿子用，便将电脑搬回家，经修理后又

能正常使用。王某得知电脑能够正常使用后，要求张某返还。下列哪些说法是错误的？

A. 张某违反委托合同，不能取得电脑的所有权

B. 张某基于先占取得电脑的所有权

C. 王某有权要回电脑，但应当向张某予以补偿

D. 因抛弃行为尚未完成，王某可以撤回其意思表示，收回对电脑的所有权

【答案】ACD

【解析】抛弃只要权利人一方作出意思表示即可发生效力。王某作为电脑的所有人可以作出抛弃的意思表示，作出后即发生法律效力，该电脑属于无主财产。而张某作为最先占有无主财产的人，可以依据先占而取得电脑的所有权。因此，应选 ACD。

36. 出现下列何种情形时，一般保证的保证人不得行使先诉抗辩权？

A. 债务人被宣告失踪，且无可供执行的财产

B. 债务人移居国外，但国内有其购买现由亲属居住的住宅

C. 债务人被宣告破产，中止执行程序的

D. 保证人曾以书面方式向主合同当事人以外的第三人表示放弃先诉抗辩权

【答案】AC

【解析】《担保法》第 17 条规定：当事人在保证合同中约定，债务人不能履行债务时，由保证人承担保证责任的，为一般保证。一般保证的保证人在主合同纠纷未经审判或者仲裁，并就债务人财产依法强制执行仍不能履行债务前，对债权人可以拒绝承担保证责任。有下列情形之一的，保证人不得行使前款规定的权利：（一）债务人住所变更，致使债权人要求其履行债务发生重大困难的；（二）人民法院受理债务人破产案件，中止执行程序的；（三）保证人以书面形式放弃前款规定的权利的。《担保法解释》第 25 条规定：担保法第 17 条第三款第（一）项规定的债权人要求债务人履行债务发生的重大困难情形，包括债务人下落不明、移居境外，且无财产可供执行。

由此可见，AC 是正确的答案；而 B 项中，虽然债务人移居境外，但有财产可供执行；D 项中其放弃行为并不是向权利人作出的，因此不是有效的放弃。

37. 甲向乙借款 20 万元，甲的朋友丙、丁二人先后以自己的轿车为乙的债权设定抵押担保并依法办理了抵押登记，但都未与乙约定所担保的债权份额及顺序，两辆轿车价值均为 15 万元。若甲到期未履行债务，下列哪些表述是正确的？

A. 乙应先就丙的轿车行使抵押权，再就丁的轿车行使抵押权弥补不足

B. 乙应同时就两辆轿车行使抵押权，各实现 50％债权

C. 乙可以就任一轿车行使抵押权，再就另一轿车行使抵押权弥补不足

D. 乙可同时就两辆轿车行使抵押权，各实现任意比例债权

【答案】CD

【解析】《担保法解释》第 75 条规定：同一债权有两个以上抵押人的，债权人放弃债务人提供的抵押担保的，其他抵押人可以请求人民法院减轻或者免除其应当承担的担保责任。同一债权有两个以上抵押人的，当事人对其提供的抵押财产所担保的债权份额或者顺序没有约定或者约定不明的，抵押权人可以就其中任一或者各个财产行使抵押权。抵押人承担担保责任后，可以向债务人追偿，也可以要求其他抵押人清偿其应当承担的份额。依据本条即可得出答案 CD。

38. 甲向乙借款 5 万元，并以一台机器作抵押，办理了抵押登记。随后，甲又将该机器质押给丙。丙在占有该机器期间，将其交给丁修理，因拖欠修理费而被丁留置。下列哪些说法是正确的？

A. 乙优先于丙受偿

B. 丙优先于丁受偿

C. 丁优先于乙受偿

D. 丙优先于乙受偿

【答案】AC

【解析】《担保法》第 41 条规定：当事人以本法第四十二条规定的财产抵押的，应当办理抵押物登记，抵押合同自登记之日起生效。第 42 条规定：办理抵押物登记的部门如下：（一）以无地上定着物的土地使用权抵押的，为核发土地使用权证书的土地管理部门；（二）以城市房地产或者乡（镇）、村企业的厂房等建筑物抵押的，为县级以上地方人民政府规定的部门；（三）以林木抵押的，为县级以上林木主管部门；（四）以航空器、船舶、车辆抵押的，为运输工具的登记部门；（五）以企业的设备和其他动产抵押的，为财产所在地的工商行政管理部门。而该题中的机器很难认定为法定登记的抵押权，就不适用《担保法解释》第 76 条第 1 款的规定，那么谁为优先呢？物权最终还得看有效成立的时间，除非法律另有规定。题中抵押权虽然不是法定登记的抵押权，但是其成立在先，并已经登记取得对抗效力，可以对抗在后成立的质权，因此是优先的，所以 A 项是正确的。《担保法解释》第 79 条规定：同一财产法定登记的抵押权与质权并存时，抵押权人优先于质权人受偿。同一财产抵押权与留置权并存时，留置权人优先于抵押权人受偿。依据该条的规定，可以得知留置权的最优先的，

因此 C 项是正确的。关键是乙的抵押权和丙的质权的顺序。该条规定的是法定登记的抵押权与质权并存时，抵押权人优先于质权人受偿。

综上，只选 AC。

39. 1992 年 2 月 19 日，甲企业就其生产的家用电器注册了"康威"商标。后来乙企业使用该商标生产冰箱，并在 2002 年 4 月开始销售"康威"牌冰箱。下面哪些说法是正确的？

A. 甲对其商标的续展申请应当在商标有效期届满后的 6 个月内提出

B. 乙企业对"康威"的使用为非法使用

C. 乙企业可以在 2002 年 8 月 19 日后在家用电器上申请获得注册"康威"商标

D. 甲企业在商标续展期内仍享有商标专用权

【答案】BD

【解析】《商标法》第 38 条："注册商标有效期满，需要继续使用的，应当在期满前六个月内申请续展注册；在此期间未能提出申请的，可以给予六个月的宽展期。宽展期满仍未提出申请的，注销其注册商标。每次续展注册的有效期为十年。续展注册经核准后，予以公告。"由此可见，A 项是错误的。第 52 条："有下列行为之一的，均属侵犯注册商标专用权：（一）未经商标注册人的许可，在同一种商品或者类似商品上使用与其注册商标相同或者近似的商标的；（二）销售侵犯注册商标专用权的商品的；（三）伪造、擅自制造他人注册商标标识或者销售伪造、擅自制造的注册商标标识的；（四）未经商标注册人同意，更换其注册商标并将该更换商标的商品又投入市场的；（五）给他人的注册商标专用权造成其他损害的。"由此可见，B 项是正确的。第 46 条："注册商标被撤销的或者期满不再续展的，自撤销或者注销之日起一年内，商标局对与该商标相同或者近似的商标注册申请，不予核准。"由此可见，C 项是错误的。根据《商标法》规定。D 是正确的。综上，只选 BD。

40. 甲拥有一节能热水器的发明专利权，乙对此加以改进后获得重大技术进步，并取得新的专利权，但是专利之实施有赖于甲的专利之实施，双方又未能达成实施许可协议。在此情形下，下述哪些说法是正确的？

A. 甲可以申请实施乙之专利的强制许可

B. 乙可以申请实施甲之专利的强制许可

C. 乙在取得实施强制许可后，无须给付甲使用费

D. 任何一方在取得实施强制许可后即享有独占的实施权

【答案】AB

【解析】《专利法》第 50 条："一项取得专利权的发明或者实用新型比前已经取得专利权的发明或者实用新型具有显著经济意义的重大技术进步，其实施又有赖于前一发明或者实用新型的实施的，国务院专利行政部门根据后一专利权人的申请，可以给予实施前一发明或者实用新型的强制许可。在依照前款规定给予实施强制许可的情形下，国务院专利行政部门根据前一专利权人的申请，也可以给予实施后一发明或者实用新型的强制许可。"由此可见，AB 是正确的答案。但要注意，A 项的正确是有条件的。

第 53 条："取得实施强制许可的单位或者个人不享有独占的实施权，并且无权允许他人实施。"由此可见，C 是错误的选项。第 54 条："取得实施强制许可的单位或者个人应当付给专利权人合理的使用费，其数额由双方协商；双方不能达成协议的，由国务院专利行政部门裁决。"由此可见，D 是错误的选项。

41. 王某与赵某 2000 年 5 月结婚。2001 年 7 月，王某出版了一本小说，获得 20 万元的收入。2002 年 1 月，王某继承了其母亲的一处房产。2002 年 2 月，赵某在一次车祸中，造成重伤，获得 6 万元赔偿金。在赵某受伤后，有许多亲朋好友来探望，共收礼 1 万多元。对此，下列哪些表述是正确的?

   A. 王某出版小说所得的收入归夫妻共有

   B. 王某继承的房产归夫妻共有

   C. 赵某获得的 6 万元赔偿金归赵某个人所有

   D. 赵某接受的礼品归赵某个人所有

【答案】ABC

【解析】《婚姻法》第 17 条："夫妻在婚姻关系存续期间所得的下列财产，归夫妻共同所有：（一）工资、奖金；（二）生产、经营的收益；（三）知识产权的收益；（四）继承或赠与所得的财产，但本法第十八条第三项规定的除外；（五）其他应当归共同所有的财产。夫妻对共同所有的财产，有平等的处理权。"第 18 条："有下列情形之一的，为夫妻一方的财产：（一）一方的婚前财产；（二）一方因身体受到伤害获得的医疗费、残疾人生活补助费等费用；（三）遗嘱或赠与合同中确定只归夫或妻一方的财产；（四）一方专用的生活用品；（五）其他应当归一方的财产。"由此可见，ABC 是正确的，D 项其实属于受赠与而取得的财产，并未指定只归一方所有，因此是共有财产。

42. 下列有关保证责任的诉讼时效的表述哪些符合法律的规定?

    A. 一般保证中，主债务诉讼时效中断，保证债务诉讼时效中断

    B. 一般保证中，主债务诉讼时效中断，保证债务诉讼时效不中断

    C. 连带责任保证中，主债务诉讼时效中断，保证债务诉讼时效中断

    D. 连带责任保证中，主债务诉讼时效中断，保证债务诉讼时效不中断

【答案】AD

【解析】《担保法解释》第36条："一般保证中，主债务诉讼时效中断，保证债务诉讼时效中断；连带责任保证中，主债务诉讼时效中断，保证债务诉讼时效不中断。一般保证和连带责任保证中，主债务诉讼时效中止的，保证债务的诉讼时效同时中止。"因此，选择AD。

43. 甲曾表示将赠与乙5000元，且已实际交付乙2000元，后乙在与甲之子丙的一次纠纷中，将丙殴成重伤。下列说法哪些是正确的?

    A. 甲可以撤销对乙的赠与

    B. 丙可以要求撤销其父对乙的赠与

    C. 丙应在被殴伤6个月内行使撤销权

    D. 甲有权要求乙返还已赠与的2000元

【答案】AD

【解析】《合同法》第192条规定：受赠人有下列情形之一的，赠与人可以撤销赠与：(一)严重侵害赠与人或者赠与人的近亲属；(二)对赠与人有扶养义务而不履行；(三)不履行赠与合同约定的义务。赠与人的撤销权，自知道或者应当知道撤销原因之日起一年内行使。第193条规定：因受赠人的违法行为致使赠与人死亡或者丧失民事行为能力的，赠与人的继承人或者法定代理人可以撤销赠与。赠与人的继承人或者法定代理人的撤销权，自知道或者应当知道撤销原因之日起六个月内行使。第194条规定：撤销权人撤销赠与的，可以向受赠人要求返还赠与的财产。

　　根据上述规定，受赠人乙的行为属于严重损害赠与人近亲属的行为，因此赠与人可以撤销赠与。其实在本题中，A项的撤销赠与包括两种：一是对于尚未交付的3000元的撤销(任意撤销权，第186条)，二是对已经交付的2000元的撤销(第192条)。而本题中撤销权的行使只能是赠与人甲，而不是丙。因此，选择AD。BC项是错误的。

44. 甲与乙签订销售空调 100 台的合同，但当甲向乙交付时，乙以空调市场疲软为由，拒绝受领，要求甲返还货款。下列说法哪些是正确的?

　　A. 甲可以向有关部门提存这批空调

　　B. 空调在向当地公证机关提存后，因遇火灾，烧毁 5 台，其损失应由甲承担

　　C. 提存费用应由乙支付

　　D. 若自提存之日起 5 年内乙不领取空调，则归甲所有

【答案】AC

【解析】《合同法》第 101 条："有下列情形之一，难以履行债务的，债务人可以将标的物提存：（一）债权人无正当理由拒绝受领；（二）债权人下落不明；（三）债权人死亡未确定继承人或者丧失民事行为能力未确定监护人；（四）法律规定的其他情形。标的物不适于提存或者提存费用过高的，债务人依法可以拍卖或者变卖标的物，提存所得的价款。"由此可见，A 项是正确的答案。

　　第 103 条："标的物提存后，毁损、灭失的风险由债权人承担。提存期间，标的物的孳息归债权人所有。提存费用由债权人负担。"由此可见，该风险应当由乙承担，B 项是错误。C 项是正确的。

　　第 104 条："债权人可以随时领取提存物，但债权人对债务人负有到期债务的，在债权人未履行债务或者提供担保之前，提存部门根据债务人的要求应当拒绝其领取提存物。债权人领取提存物的权利，自提存之日起五年内不行使而消灭，提存物扣除提存费用后归国家所有。"由此可见，D 项是错误的选项。

45. 公民甲与乙书面约定甲向乙借款 5 万元，未约定利息，也未约定还款期限。下列说法哪些是正确的?

　　A. 借款合同自乙向甲提供借款时生效

　　B. 乙有权随时要求甲返还借款

　　C. 乙可以要求甲按银行同期同类贷款利率支付利息

　　D. 经乙催告，甲仍不还款，乙有权主张逾期利息

【答案】ABD

【解析】《合同法》第 206 条："借款人应当按照约定的期限返还借款。对借款期限没有约定或者约定不明确，依照本法第六十一条的规定仍不能确定的，借款人可以随时返还；贷款人可以催告借款人在合理期限内返还。"可见，双方都可以随时要求履行，只是贷款人要求时应当给对方合理的期限。所以 B 项说法正确。第 207 条："借款人未按照约定的期限返还借款的，应当按照约定或者国家有关规定支付逾期利

息。"由此可见，D 项是正确的。第 210 条："自然人之间的借款合同，自贷款人提供借款时生效。"由此可见，A 项是正确的。第 211 条："自然人之间的借款合同对支付利息没有约定或者约定不明确的，视为不支付利息。自然人之间的借款合同约定支付利息的，借款的利率不得违反国家有关限制借款利率的规定。"由此可见，C 项是错误的。综上，选择 ABD。

46. 某刊物不愿让别的刊物随意转载其刊物上发表的文章，下列做法哪些是可行的？

   A. 在刊物上发表不得转载的声明

   B. 在每一篇文章都刊载作者不许转载的声明

   C. 在刊物的声明中载明所有作者均已授予本刊专有使用权

   D. 不须作任何声明

【答案】BC

【解析】《著作权法》第 32 条："著作权人向报社、期刊社投稿的，自稿件发出之日起十五日内未收到报社通知决定刊登的，或者自稿件发出之日起三十日内未收到期刊社通知决定刊登的，可以将同一作品向其他报社、期刊社投稿。双方另有约定的除外。作品刊登后，除著作权人声明不得转载、摘编的外，其他报刊可以转载或者作为文摘、资料刊登，但应当按照规定向著作权人支付报酬。"由此可见，如果不做特别声明，其他报刊是可以转载的，因此 D 项错误。其次，要注意谁作出声明——著作权人。因此 B 项正确，而 A 项错误。第 30 条："图书出版者对著作权人交付出版的作品，按照合同约定享有的专有出版权受法律保护，他人不得出版该作品。"由此可见，C 项也是正确的。

47. 某广告公司于金某出差时，在金某房屋的院墙上刷写了一条妇女卫生巾广告。金某 1 个月后回来，受到他人耻笑，遂向广告公司交涉。该案应如何处理？

   A. 广告公司应恢复原状

   B. 广告公司应赔偿其精神损害

   C. 广告公司应向金某支付使用院墙 1 个月的费用

   D. 广告公司应为金某恢复名誉

【答案】AC

【解析】某广告公司的行为属于侵权行为，但是这并不是侵害他人人身权的行为，而侵犯财产权的行为，应当承担恢复原状的责任，而不存在恢复名誉责任。至于精神损害赔偿责任，请看：《精神损害赔偿》第 4 条："具有人格象征意义的特定纪念物品，因侵权行为而永久性灭失或者毁损，物品所有人以侵权为由，向人民法院起诉请求赔偿精神损害的,人民法院应当依法予以受理。"可见精神损害也是不予支持的。广告公司使用金某的不动产做广告的行为也属于使用他人不动产的行为,应当支付费用。因此 AC 项是正确的答案。

48. 李某患有癫痫病。一日李某骑车行走时突然犯病,将一在路边玩耍的 6 岁儿童撞伤,用去医疗费 200 元。该案责任应如何承担?

    A. 李某致害,应当赔偿全部损失

    B. 双方都无过错,应分担责任

    C. 儿童家长未尽到监护责任,应由其承担损失

    D. 应根据双方经济情况分担损失

【答案】BD

【解析】《民法通则》第 132 条:"当事人对造成损害都没有过错的,可以根据实际情况,由当事人分担民事责任。"本题中的情形属于双方都没有过错,应当分担责任。因此,选择 BD。

49. 合同规定甲公司应当在 8 月 30 日向乙公司交付一批货物。8 月中旬,甲公司把货物运送到乙公司。此时乙公司有权应当如何处理?

    A. 拒绝接收货物

    B. 不接收货物并要求对方承担违约责任

    C. 接收货物并要求对方承担违约责任

    D. 接收货物并要求对方支付增加的费用

【答案】AD

【解析】《合同法》第 71 条:"债权人可以拒绝债务人提前履行债务,但提前履行不损害债权人利益的除外。债务人提前履行债务给债权人增加的费用,由债务人负担。"由此法条即可得出答案 AD。

50. 甲将自己的一块手表委托乙寄卖行以 200 元价格出卖。乙经与丙协商,最后以 250 元成交。下列哪些选项是正确的?

    A. 甲只能取得 200 元的利益

    B. 甲可以取得 250 元的利益

    C. 乙的行为属于违反合同义务的行为

    D. 乙可以按照约定增加报酬

【答案】BD

【解析】《合同法》第418条："行纪人低于委托人指定的价格卖出或者高于委托人指定的价格买入的，应当经委托人同意。未经委托人同意，行纪人补偿其差额的，该买卖对委托人发生效力。行纪人高于委托人指定的价格卖出或者低于委托人指定的价格买入的，可以按照约定增加报酬。没有约定或者约定不明确，依照本法第六十一条的规定仍不能确定的，该利益属于委托人。委托人对价格有特别指示的，行纪人不得违背该指示卖出或者买入。"由此可见 BD 是正确的答案。

51. 某有限责任公司，经营塑料产品，总资产 1200 万元，总负债 200 万元。现公司股东会作出了以下决定，请判断其哪些决定是不符合法律规定的？

    A. 投资 300 万元，与乙公司组成合伙企业

    B. 向丙电脑有限责任公司投资 350 万元

    C. 发行 100 万元公司债券

    D. 减少注册资本 50 万元

【答案】AC

【解析】根据《公司法》第 12 条："公司可以向其他有限责任公司、股份有限公司投资，并以该出资额为限对所投资公司承担责任。公司向其他有限责任公司、股份有限公司投资的，除国务院规定的投资公司和控股公司外，所累计投资额不得超过本公司净资产的百分之五十，在投资后，接受被投资公司以利润转增的资本，其增加额不包括在内。"第 23 条："有限责任公司的注册资本为在公司登记机关登记的全体股东实缴的出资额。有限责任公司的注册资本不得少于下列最低限额：（一）以生产经营为主的公司人民币五十万元；（二）以商品批发为主的公司人民币五十万元；（三）以商业零售为主的公司人民币三十万元；（四）科技开发、咨询、服务性公司人民币十万元。特定行业的有限责任公司注册资本最低限额需高于前款所定限额的，由法律、行政法规另行规定。"第 39 条："股东会的议事方式和表决程序，除本法有规定的以外，由公司章程规定。股东会对公司增加或者减少注册资本、分立、合并、解散或者变更公司形式作出决议，必须经代表三分之二以上表决权的股东通过。"第 161 条："发行公司债券，必须符合下列条件：（一）股份有限公司的净资产额不低于人民币三千万元，有限责任公司的净资产额不低于人民币六千万元；（二）累计债券总额不超过公司净资产额的百分之四十；（三）最近三年平均可分配利润足以支付公司债券一年的利息；（四）筹集的资金投向符合国家产业政策；（五）债券的利率不得超过国务院限定的利率水平；（六）国务院规定的其他条件。发行公司债券筹集的

资金，必须用于审批机关批准的用途，不得用于弥补亏损和非生产性支出。"需要注意，公司的净资产等于资产减去负债，故该公司净资产为 1000 万元。综上，选择 AC。

52. 松花江实业有限公司因不能清偿到期债务而申请破产救济，各债权人纷纷向清算组申报债权。下列选项哪些属于破产债权？

　　A. 甲公司要求收回其租赁给松花江公司的一套设备

　　B. 乙银行因派员参与破产程序花去的差旅费 5 万元

　　C. 丙银行贷给松花江公司的 50 万元贷款，但尚未到还款期

　　D. 丁银行行使抵押权后仍有 10 万元债权未受偿

【答案】CD

【解析】根据《企业破产法》第 30 条："破产宣告前成立的无财产担保的债权和放弃优先受偿权利的有财产担保的债权为破产债权。债权人参加破产程序的费用不得作为破产债权。"第 31 条："破产宣告时未到期的债权，视为已到期债权，但是应当减去未到期的利息。"第 29 条："破产企业内属于他人的财产，由该财产的权利人通过清算组取回。"第 32 条："破产宣告前成立的有财产担保的债权，债权人享有就该担保物优先受偿的权利。有财产担保的债权，其数额超过担保物的价款的，未受清偿的部分，作为破产债权，依照破产程序受偿。"因此，选择 CD。

53. 甲厂生产健身器，其产品向乙保险公司投保了产品质量责任险。消费者华某使用该厂健身器被损伤而状告甲厂。甲厂委托鉴定机构对产品质量进行鉴定，结论是该产品确有质量缺陷，后甲厂被法院判决败诉并承担诉讼费。在此情形下，乙保险公司应承担的保险赔偿责任应包括下列哪些范围？

　　A. 法院判决甲厂赔偿给华某的经济损失 3 万元

　　B. 甲厂因上述诉讼所造成的名誉损失 2 万元

　　C. 甲厂花去的鉴定费 8000 元

　　D. 甲厂承担的诉讼费 1500 元

【答案】ACD

【解析】第 50 条："保险人对责任保险的被保险人给第三者造成的损害，可以依照法律的规定或者合同的约定，直接向该第三者赔偿保险金。责任保险是指以被保险人对第三者依法应负的赔偿责任为保险标的的保险。"第 51 条："责任保险的被保险人因给第三者造成损害的保险事故而被提起仲裁或者诉讼的，除合同另有约定外，由被保险人支付的仲裁或者诉讼费用以及其他必要的、合理的费用，由保险人承担。"因此，选择 ACD。

54. 甲公司与乙公司交易中获面额为 100 万元的汇票一张，出票人为乙公司，付款人为丙公司，汇票上有丁、戊两公司的担保签章，其中丁公司担保 80 万元，戊公司担保 20 万元。后丙公司拒绝承兑该汇票。以下判断哪些是正确的？

  A. 甲公司在被拒绝承兑时可以向乙公司追索 100 万元
  B. 甲公司在被拒绝承兑时只能依据与乙公司的交易合同要求乙公司付款
  C. 甲公司只能分别向丁公司追索 80 万元和向戊公司追索 20 万元
  D. 丁公司和戊公司应当向甲公司承担连带责任

【答案】AD

【解析】根据《票据法》第 61 条："汇票到期被拒绝付款的，持票人可以对背书人、出票人以及汇票的其他债务人行使追索权。汇票到期日前，有下列情形之一的，持票人也可以行使追索权：（一）汇票被拒绝承兑的；（二）承兑人或者付款人死亡、逃匿的；（三）承兑人或者付款人被依法宣告破产的或者因违法被责令终止业务活动的。"第 51 条："保证人为二人以上的，保证人之间承担连带责任。"因此，选择 AD。

55. 甲是一合伙企业的合伙人，因飞机失事死亡，其子乙 12 岁。下列关于乙的权利及其行使的判断哪些是正确的？

  A. 乙因继承当然成为合伙企业的合伙人
  B. 乙可以要求分割甲在合伙企业的财产份额
  C. 经其他合伙人同意，乙可以成为合伙人
  D. 乙只能要求分割甲在合伙企业的财产份额

【答案】BC

【解析】根据《合伙企业法》第 51 条："合伙人死亡或者被依法宣告死亡的，对该合伙人在合伙企业中的财产份额享有合法继承权的继承人，依照合伙协议的约定或者经全体合伙人同意，从继承开始之日起，即取得该合伙企业的合伙人资格。合法继承人不愿意成为该合伙企业的合伙人的，合伙企业应退还其依法继承的财产份额。合法继承人为未成年人的，经其他合伙人一致同意，可以在其未成年时由监护人代行其权利。"因此，选择 BC。

56. 渝城有限责任公司因章程规定营业期限届满而解散，成立了清算组。清算组在清算期间实施的下列行为哪些是错误的？

  A. 为抵偿甲公司债务而承揽了甲公司的一项工程
  B. 以清算组为原告起诉债务人

C. 留足偿债资金后将公司财产按比例分配给各股东

D. 从公司财产中优先支付清算费用

【答案】AC

【解析】根据《公司法》第 193 条："清算组在清算期间行使下列职权：（一）清理公司财产，分别编制资产负债表和财产清单；（二）通知或者公告债权人；（三）处理与清算有关的公司未了结的业务；（四）清缴所欠税款；（五）清理债权、债务；（六）处理公司清偿债务后的剩余财产；（七）代表公司参与民事诉讼活动。"第 195 条："清算组在清理公司财产、编制资产负债表和财产清单后，应当制定清算方案，并报股东会或者有关主管机关确认。公司财产能够清偿公司债务的，分别支付清算费用、职工工资和劳动保险费用，缴纳所欠税款，清偿公司债务。公司财产按前款规定清偿后的剩余财产，有限责任公司按照股东的出资比例分配，股份有限公司按照股东持有的股份比例分配。清算期间，公司不得开展新的经营活动。公司财产在未按第二款的规定清偿前，不得分配给股东。"因此，选择 AC。

57. 中国某企业与新加坡某公司拟在中国组建一家中外合作经营企业，双方草签了合同。合同中约定的下列事项中，哪些是我国法律所允许的？

A. 合作企业注册资本 100 万美元，其中外方占 22％，中方占 78％

B. 外方出资中包括一套价值 10 万美元的设备，于合作企业取得营业执照后 3 个月运抵企业所在地

C. 中方出资中的 30 万美元为现金，由中方向银行借贷，合作企业以设备提供担保

D. 合作企业头 5 年的利润分配，中外双方各按 50％的比例进行分配

【答案】ABD

【解析】根据《中外合作经营企业法》第 2 条："中外合作者举办合作企业，应当依照本法的规定，在合作企业合同中约定投资或者合作条件、收益或者产品的分配、风险和亏损的分担、经营管理的方式和合作企业终止时财产的归属等事项。合作企业符合中国法律关于法人条件的规定的，依法取得中国法人资格。"《中外合作经营企业法实施细则》第 17 条："合作各方应当依照有关法律、行政法规的规定和合作企业合同的约定，向合作企业投资或者提供合作条件。"第 18 条："合作各方向合作企业的投资或者提供的合作条件可以是货币，也可以是实物或者工业产权、专有技术、土地使用权等财产权利。中国合作者的投资或者提供的合作条件，属于国有资产的，应当依照有关法律、行政法规的规定进行资产评估。在依法取得中国法人资格的合作企业中，外国合作者的投资一般不低于合作企业注册资本的 25％。在不具有法人资

格的合作企业中，对合作各方向合作企业投资或者提供合作条件的具体要求，由对外贸易经济合作部规定。"第 19 条："合作各方应当以其自有的财产或者财产权利作为投资或者合作条件，对该投资或者合作条件不得设置抵押权或者其他形式的担保。"中外合作经营企业是契约式合营企业，合作方的权利义务完全由合作合同约定。

根据上述规定，应选 ABD。

58. 一艘油轮在进入我国某海港时因受海浪影响而触礁，部分原油泄漏，我国某救助公司立即对其进行了救助，将其安全拖带到港口并防止了原油的进一步泄漏。关于此次海难救助，下列说法哪些是正确的？

A. 救助报酬不得超过船舶和其他财产的获救价值

B. 获救船舶的船舶所有人和船上所载原油的所有人应就救助报酬承担连带责任

C. 救助费用可作为共同海损费用由利益各方分担

D. 有关救助报酬的请求权时效期间是 2 年，自救助作业终止之日起计算

【答案】ACD

【解析】根据《海商法》第 180 条："确定救助报酬，应当体现对救助作业的鼓励，并综合考虑下列各项因素：（一）船舶和其他财产的获救的价值；（二）救助方在防止或者减少环境污染损害方面的技能和努力；（三）救助方的救助成效；（四）危险的性质和程度；（五）救助方在救助船舶、其他财产和人命方面的技能和努力；（六）救助方所用的时间、支出的费用和遭受的损失；（七）救助方或者救助设备所冒的责任风险和其他风险；（八）救助方提供救助服务的及时性；（九）用于救助作业的船舶和其他设备的可用性和使用情况；（十）救助设备的备用状况、效能和设备的价值。救助报酬不得超过船舶和其他财产的获救价值。"第 183 条："救助报酬的金额，应当由获救的船舶和其他财产的各所有人，按照船舶和其他各项财产各自的获救价值占全部获救价值的比例承担。"第 262 条："有关海难救助的请求权，时效期间为二年，自救助作业终止之日起计算。"

根据上述规定，应选 ACD。

59. 张某于 2000 年 3 月成立一家个人独资企业。同年 5 月，该企业与甲公司签订一份买卖合同，根据合同，该企业应于同年 8 月支付给甲公司货款 15 万元，后该企业一直未支付该款项。2001 年 1 月该企业解散。2003 年 5 月，甲公司起诉张某，要求张某偿还上述 15 万元债务。下列有关该案的表述哪些是错误的？

A. 因该企业已经解散，甲公司的债权已经消灭

B. 甲公司可以要求张某以其个人财产承担 15 万元的债务

C. 甲公司请求张某偿还债务已超过诉讼时效，其请求不能得到支持

D. 甲公司请求张某偿还债务的期限应于 2003 年 1 月届满

【答案】ACD

【解析】根据《个人独资企业法》第 2 条："本法所称个人独资企业，是指依照本法在中国境内设立，由一个自然人投资，财产为投资人个人所有，投资人以其个人财产对企业债务承担无限责任的经营实体。"第 28 条："个人独资企业解散后，原投资人对个人独资企业存续期间的债务仍应承担偿还责任，但债权人在五年内未向债务人提出偿债请求的，该责任消灭。"根据上述规定，应选 ACD。

60. 甲公司因负债被申请破产，法院受理了破产申请。其后，相应的机关和当事人实施了以下行为，其中哪些是违法的？

   A. 乙法院委托拍卖行拍卖 1 年前查封的甲公司的土地

   B. 甲公司为维持生产经营向某公司支付 10 万元货款

   C. 税务机关通知银行直接从甲公司账上扣缴税款 5 万元

   D. 甲公司以自己的债权抵销了所欠某公司的债务 8 万元

【答案】AC

【解析】破产程序开始后，未经人民法院许可，债务人不得对个别债权人清偿债务，也不得以其财产设立新的担保。债务人正常生产经营所必须偿付的费用，须经人民法院审查批准，方可支付。人民法院受理企业破产案件后，对债务人财产的其他民事执行程序应当中止。因此，应选 AC。

61. 两年前，陈某以其 6 岁的儿子陈丹为被保险人投保了一份 5 年期的人寿保险，未指定受益人。今年 8 月，陈丹因病住院，由于医院的医疗事故致使陈丹残疾。按照保险法的规定，下列表述哪些是正确的？

   A. 陈某既可以向医院索赔也可以同时要求保险公司承担责任

   B. 保险公司应向陈某支付保险金，并且不得向医院追偿

   C. 陈某投保时无须陈丹的书面同意

   D. 如陈丹不幸死亡，则推定陈某为受益人

【答案】ABC

【解析】根据《保险法》第 68 条："人身保险的被保险人因第三者的行为而发生死亡、伤残或者疾病等保险事故的，保险人向被保险人或者受益人给付保险金后，不得享有向第三者追偿的权利。但被保险人或者受益人仍有权向第三者请求赔偿。"故

AB 正確。第 56 条："以死亡为给付保险金条件的合同，未经被保险人书面同意并认可保险金额的，合同无效。依照以死亡为给付保险金条件的合同所签发的保险单，未经被保险人书面同意，不得转让或者质押。父母为其未成年子女投保的人身保险，不受第一款规定限制。"故 C 正确。第 64 条："被保险人死亡后，遇有下列情形之一的，保险金作为被保险人的遗产，由保险人向被保险人的继承人履行给付保险金的义务：（一）没有指定受益人的；（二）受益人先于被保险人死亡，没有其他受益人的；（三）受益人依法丧失受益权或者放弃受益权，没有其他受益人的。"故 D 不正确。

62. 甲与乙、丙成立一合伙企业，并被推举为合伙事务执行人，乙、丙授权甲在 3 万元以内的开支及 30 万元内的业务可以自行决定。甲在任职期间内实施的下列行为哪些是法律禁止或无效的行为？

   A. 自行决定一次支付广告费 5 万元

   B. 未经乙、丙同意，与某公司签订 50 万元的合同

   C. 未经乙、丙同意，将自有房屋以 1 万元租给合伙企业

   D. 与其妻一道经营与合伙企业相同的业务

【答案】CD

【解析】根据《合伙企业法》第 30 条："合伙人不得自营或者同他人合作经营与本合伙企业相竞争的业务。除合伙协议另有约定或者经全体合伙人同意外，合伙人不得同本合伙企业进行交易。合伙人不得从事损害本合伙企业利益的活动。"故 CD 应选。第 38 条："合伙企业对合伙人执行合伙企业事务以及对外代表合伙企业权利的限制，不得对抗不知情的善意第三人。"故 AB 不应选。

63. 下列有关股份有限公司的股份转让的表述哪些是正确的？

   A. 发起人持有的本公司的股份，自公司成立之日起 5 年内不得转让

   B. 通常情形下，公司不得收购本公司的股票

   C. 公司董事、监事、经理所持有的本公司的股份在任职期间内不得转让

   D. 公司不得接受本公司的股票作为质权的标的

【答案】BCD

【解析】根据《公司法》第 147 条："发起人持有的本公司股份，自公司成立之日起三年内不得转让。公司董事、监事、经理应当向公司申报所持有的本公司的股份，并在任职期间内不得转让。"第 149 条："公司不得收购本公司的股票，但为减少公司资本而注销股份或者与持有本公司股票的其他公司合并时除外。公司依照前款规定收

购本公司的股票后，必须在十日内注销该部分股份，依照法律、行政法规定办理变更登记，并公告。公司不得接受本公司的股票作为抵押权的标的。"综上，选择 BCD。

64. 根据我国有关法律规定，在下列哪些情形下仲裁协议无效？

    A. 约定的仲裁事项属于平等主体之间有关人身关系的纠纷

    B. 约定的仲裁事项是不动产纠纷，在民事诉讼法上属于法院专属管辖的案件

    C. 载有仲裁条款的合同因违反法律的禁止性规定而无效

    D. 仲裁条款约定"因本合同履行发生的一切争议，由地处北京市的仲裁委员会进行仲裁"

【答案】AD

【解析】根据《仲裁法》第 17 条规定，结合其他有关司法解释，仲裁协议无效的情形可以归纳为：1.约定的仲裁事项超出法律规定的仲裁范围的；2.无民事行为能力人或者限制民事行为能力人订立的仲裁协议；3.一方采取胁迫手段，迫使对方订立仲裁协议的。4.以口头方式订立的仲裁协议无效。5.仲裁协议对仲裁事项没有约定或约定不明确，或者仲裁协议对仲裁委员会没有约定或者约定不明确，当事人对此又达不成补充协议的，仲裁协议无效。6.无法实现的仲裁协议。有的仲裁协议规定，争议发生后，提交中国仲裁机构依照美国仲裁协会的仲裁规则进行仲裁，这种协议是无效的。7.选择的仲裁机构不存在的，仲裁协议无效。8.仲裁终局性不确定的仲裁协议。有的仲裁协议规定，合同执行过程中出现的问题双方应协商解决，协商不成，可提交某仲裁机构仲裁，如对仲裁裁决不服的，可向人民法院起诉，这种协议因违背了仲裁终局性原则而无效。

    本题中，对于 A."约定的仲裁事项属于平等主体之间有关人身关系的纠纷"，属于人身关系的不可以仲裁；B."约定的仲裁事项是不动产纠纷，在民事诉讼法上属于法院专属管辖的案件"，不受影响；C."载有仲裁条款的合同因违反法律的禁止性规定而无效"，仲裁条款具有独立性，《仲裁法》第 19 条规定："仲裁协议独立存在，合同的变更、解除、终止或者无效，不影响仲裁协议的效力。"D.仲裁条款约定"因本合同履行发生的一切争议，由地处北京市的仲裁委员会进行仲裁"，此项没有标明"地处北京市"的仲裁委员会是哪一个，因为北京除了有北京仲裁委员会外，还有中国国际经济贸易仲裁委员会，所以本约定不明确。因此，本题答案为 AD。

65. 吉林市甲公司与长春市乙公司发生服装买卖合同纠纷，由北京仲裁委员会进行仲裁，双方当事人约定并请求仲裁庭在裁决书中不要写明下列事项。对此请求，下列哪些事项仲裁庭可以准许？

    A. 仲裁请求

B. 争议事实

C. 裁决理由

D. 仲裁费用

【答案】BC

【解析】根据《仲裁法》第 54 条的规定："裁决书应当写明仲裁请求、争议事实、裁决理由、裁决结果、仲裁费用的负担和裁决日期。当事人协议不愿写明争议事实和裁决理由的，可以不写。裁决书由仲裁员签名，加盖仲裁委员会印章。对裁决持不同意见的仲裁员，可以签名，也可以不签名。"因此，本题的答案为BC。

66. 甲公司拖欠乙公司的货款而被乙公司诉至法院，乙公司的委托代理律师王某未经乙公司特别授权，有权实施下列哪些诉讼行为？

A. 表示同意甲公司延期 1 个月还款

B. 要求书记员赵某回避

C. 陈述案情、出示证据

D. 提出管辖权异议

【答案】BCD

【解析】根据委托诉讼代理人权限的大小，可以将其分为一般委托代理和特别授权代理两类，前者是指委托诉讼代理人只能代为当事人进行民事诉讼活动，处分一些纯程序性质的或者与实体权利关系不那么密切的诉讼权利；后者是指委托诉讼代理人除有权处分诉讼权利外，还有权处分实体权利。按照《民事诉讼法》第 59 条的规定："授权委托书必须记明委托事项和权限。诉讼代理人代为承认、放弃、变更诉讼请求，进行和解，提起反诉或者上诉，必须有委托人的特别授权。"

本题中明确告知是一般委托代理，那么对于 C.陈述案情、出示证据，D.提出管辖权异议这两项代理律师都是可以代为进行的，对此争议不大，对于答案 B."要求书记员赵某回避"可不可以呢？我认为应当是有这项权利的，因为委托代理人的职责就是维护当事人的合法权益，如果出现法官有利害关系等应当回避，这时律师基于其使命是应当提出的，否则将会导致裁判不公，损害本方当事人的合法权益，对此尽管法律没有规定，但从代理制度设立的初衷来看，是应当拥有的。所以，本题答案为BCD。

67. 在民事诉讼中，下列哪些程序不适用法院调解？

A. 公示催告程序

B. 发回重审后的诉讼程序

C. 由人民检察院提起抗诉引起的再审程序

D. 执行程序

【答案】AD

【解析】本题考查的为调解程序的适用范围。对于选项 A.公示催告程序，属于特别程序，不存在对方当事人，不存在调解的问题；选项 D.执行程序，由于审判已经结束，法院已作出有效的裁判或调解书，在执行不存在诉讼意义上的调解，因为那是法院的一种审判行为，只有当事人的自行和解；选项 B.发回重审后的诉讼程序，按照一审程序进行审判，当然可以进行调解；而选项 C.由人民检察院提起抗诉引起的再审程序，能否进行调解呢？对此民诉法和相关的司法解释没有规定。从表面来看，好象检察院是代表国家提起抗诉，认为原生效裁判有错误而提起的，但是民事诉讼实行处分原则和辩论原则，要充分尊重当事人的意志，因此，本题选 AD。

68. 甲公司诉乙公司侵权一案，在市中级人民法院作出二审判决之后，甲公司新发现一重要证据，遂向省高级人民法院申请再审。省高级人民法院受理后，甲公司与乙公司达成了调解协议。在此情况下，下列哪些说法是错误的？

A. 由省高级人民法院作出撤销原判决的裁定

B. 由省高级人民法院制作调解书并注明撤销原判决

C. 在当事人达成调解协议的同时，该判决自动撤销

D. 制作调解书送达当事人双方后，该判决视为撤销

【答案】ABC

【解析】调解作为民事诉讼的一项基本原则，在诉讼的各个阶段都是适用的，在审判监督程序中也同样适用。根据最高人民法院《民诉意见》第 201 条的规定："按审判监督程序决定再审或提审的案件，由再审或提审的人民法院在作出新的判决、裁定中确定是否撤销、改变或者维持原判决、裁定；达成调解协议的，调解书送达后，原判决、裁定即视为撤销。"很明显，本题的答案为 ABC。

69. 甲公司诉乙公司支付货款一案，乙公司在判决生效后未履行判决书所确定的义务，甲公司向法院申请强制执行。在执行过程中，乙公司提出目前暂时没有偿付能力，申请提供担保，对此，下列说法哪些是正确的？

A. 乙公司的执行担保申请须经甲公司同意，并由人民法院决定

B. 人民法院批准申请后，乙公司应当向人民法院提供财产担保，不能由第三人作担保

C. 乙公司提供担保后，可以在人民法院决定的暂缓执行期间内与甲公司达成执行和解的协议

D. 在暂缓执行期间，甲公司发现乙公司有转移担保财产的行为，人民法院可以恢复执行

【答案】ACD

【解析】执行担保是指在执行过程中，被执行人确有困难暂时没有偿付能力时，向人民法院提供担保，并经申请执行人同意，由人民法院决定暂缓执行及暂缓执行的期限。《民事诉讼法》第212条规定，在执行中，被执行人向人民法院提供担保，并经申请执行人同意的，人民法院可以决定暂缓执行及暂缓执行的期限。被执行人逾期仍不履行的，人民法院有权执行被执行人的担保财产或者担保人的财产。对于上述执行担保，可以由被执行人向人民法院提供财产作担保，也可以由第三人出面作担保。以财产作担保的，应提交保证书，按照担保物的种类、性质，将担保物移交执行法院，或依法到有关机关办理登记手续；由第三人担保的，应当提交担保书。担保人应当具有代为履行或者代为承担赔偿责任的能力。执行人在人民法院决定暂缓执行的期限届满后仍不履行义务的，人民法院可以直接执行担保财产，或者裁定执行担保人的财产，但执行担保人的财产以担保人应当履行义务部分的财产为限。最高人民法院《执行规定》第85条还规定，人民法院在审理案件期间，保证人为被执行人提供保证，人民法院据此未对被执行人的财产采取保全措施或解除保全措施的，案件审结后如果被执行人无财产可供执行或其财产不足清偿债务时，即使生效法律文书中未确定保证人承担责任，人民法院有权裁定执行保证人在保证责任范围内的财产。因此，本题答案为ACD。

70. 对下列哪些案件调解达成协议的，人民法院可以不制作民事调解书？

A. 被告拖欠原告贷款10万元，双方达成协议，被告在1个月内付清，原告不要求被告支付拖欠期间的贷款利息

B. 赔偿案件中的被告人在国外，与原告达成赔偿协议，同意在2个月内赔付

C. 赡养案件中当事人双方达成协议，被告愿意每月向原告支付赡养费200元，原告申请撤诉

D. 收养案件中当事人双方达成协议，维持收养关系

【答案】CD

【解析】本题为法条题，根据《民事诉讼法》第90条的规定："下列案件调解达成协议，人民法院可以不制作调解书：（一）调解和好的离婚案件；（二）调解维持收养

关系的案件；（三）能够即时履行的案件；（四）其他不需要制作调解书的案件。对不
需要制作调解书的协议，应当记入笔录，由双方当事人、审判人员、书记员签名或者
盖章后，即具有法律效力。"本题中，A 被告拖欠原告贷款 10 万元，双方达成协议，
被告在 1 个月内付清，原告不要求被告支付拖欠期间的贷款利息 B 赔偿案件中的被
告人在国外，与原告达成赔偿协议，同意在 2 个月内赔付，都不属于"能够即时履行
的案件"，而选项 C.赡养案件中当事人双方达成协议，被告愿意每月向原告支付赡
养费 200 元，原告申请撤诉，既然撤诉，那么整个诉讼程序就终结到此为止，因此也
就不存在调解的问题了；选项 D.收养案件中当事人双方达成协议，维持收养关系，
正符合《民事诉讼法》第九十条规定的情形之一。因此，本题的答案为 CD。（当然，
严格说来 C 也不能选，因为撤诉的话，是"应当"不能调解，不是"可以"，它根
本就不存在制作调解书的问题了）

71. 关于民事诉讼财产保全制度，下列哪些说法是正确的？

　　A. 诉前保全必须由当事人提出申请并提供担保，人民法院方可作出保全裁定

　　B. 财产保全申请确有错误的，申请人应当赔偿被申请人因财产保全所遭受的损失

　　C. 财产保全限于请求的范围，或者与本案有关的财物

　　D. 当事人对财产保全裁定不服的，可以申请复议一次

【答案】ABCD

【解析】本题是对财产保全适用的考查。对于选项 A."诉前保全必须由当事人提出
申请并提供担保，人民法院方可作出保全裁定"，这是正确的，对于诉前财产保全：
（1）必须由利害关系人申请，人民法院不能依照职权采取；（2）必须提供担保，而
不是可以提供担保；选项 B."财产保全申请确有错误的，申请人应当赔偿被申请人
因财产保全所遭受的损失"，财产保全有错误，如果是法院依照职权采取的，那么由
法院进行国家赔偿，如果是由当事人申请的，那么由当事人进行赔偿，此选项中已经
明确告知"财产保全申请"确有错误的，已经指出了这是由于当事人的"申请"而采
取的，因此的由申请人赔偿；选项 C."财产保全限于请求的范围，或者与本案有关
的财物"，这是《民事诉讼法》第 94 条法条中的原话；选项 D."当事人对财产保全
裁定不服的，可以申请复议一次"，对此的法条依据《民事诉讼法》第九十九条："当
事人对财产保全或者先予执行的裁定不服的，可以申请复议一次。复议期间不停止裁
定的执行。"D 选项之所以正确，理由有三：（1）这是法条中的原话；（2）被财产保
全的一方当事人很有可能因自己的财产被查封、扣押等而不服，这时允许其申请复议
一次，是对其权利的救济；（3）财产保全的申请人也有可能对保全的裁定不服，例如

申请人要求法院冻结对方 50 万的帐户，结果法院只冻结了 30 万的帐户；再如申请人要求法院查封对方的三辆汽车，结果法院只查封了其中的两辆，申请人对此能"服"吗？当然会不服！因此，不管是哪方当事人都存在对保全裁定不服的情况，对此的救济是"申请复议一次"，而不能上诉。综上，全选。

72. 非实体权利义务主体成为民事诉讼当事人须有法律的特别规定。下列哪些主体依法可以成为民事诉讼当事人？

  A. 公司清算过程中的清算组织

  B. 失踪人的财产代管人

  C. 遗产管理人或遗嘱执行人

  D. 为保护死者名誉权而提起诉讼的死者的近亲属

【答案】ABCD

【解析】非实体权利义务主体成为民事诉讼当事人须有法律的特别规定，其包括的情形主要有两种：（一）"商自然人"：1.以业主身份作为当事人。在诉讼中，个体工商户以营业执照上登记的业主为当事人。有字号的，应在法律文书中注明登记的字号。营业执照上登记的业主与实际经营者不一致的，以业主和实际经营者为共同诉讼人。2.以雇主为当事人。个体工商户、农村承包经营户、合伙组织雇佣的人员在进行雇佣合同规定的生产经营活动中造成他人损害的，其雇主是当事人。3.以直接责任人员的身份为当事人。法人或者其他组织应登记而未登记即以法人或者其他组织名义进行民事活动，或者他人冒用法人、其他组织名义进行民事活动，或者法人或者其他组织依法终止后仍以其名义进行民事活动的，以直接责任人为当事人。4.失踪人的财产代管人；5.遗产管理人、遗嘱执行人；6.为保护死者名誉而提起诉讼的死者的近亲属。

（二）其他组织：《民事诉讼法》承认其他组织可以拥有民事诉讼权利能力，可以成为民事诉讼当事人。根据最高人民法院《意见》的第 40 条规定，其他组织是指合法成立、有一定的组织机构和财产，但又不具备法人资格的组织，其他组织的外延包括：（1）依法登记领取营业执照的私营独资企业、合伙组织；（2）依法登记领取营业执照的合伙型联营企业；（3）依法登记领取我国营业执照的中外合作经营企业、外资企业；（4）经民政部门核准登记领取社会团体登记证的社会团体；（5）法人依法设立并领取营业执照的分支机构；（6）中国人民银行、各专业银行设在各地的分支机构；（7）中国人民保险公司设在各地的分支机构；（8）经核准登记领取营业执照的乡镇、街道、村办企业；（9）法人的清算组织，（10）符合本条规定条件的其他组织。因此，本题的答案为 ABCD。

73. 下列哪些做法不符合民事诉讼法关于协议管辖的规定?

    A. 合同当事人约定二审管辖法院

    B. 合同当事人口头约定管辖法院

    C. 合同当事人共同选定了甲、乙两个与案件有联系的地方基层人民法院为管辖法院

    D. 合同当事人约定由合同签订地法院管辖

【答案】ABC

【解析】本题是对协议管辖条件的考查。协议管辖,又称合意管辖、约定管辖或意定管辖,是指双方当事人在民事纠纷发生之前或之后,以书面方式约定诉讼管辖的人民法院。《民事诉讼法》第25条规定:"合同的双方当事人可以在书面合同中协议选择被告住所地、合同履行地、合同签订地、原告住所地、标的物所在地人民法院管辖,但不得违反本法对级别管辖和专属管辖的规定"。据此规定,国内民事诉讼适用协议管辖的条件为:1.协议管辖只适用于合同纠纷,当事人对合同以外的其他民事、经济纠纷不得协议管辖;2.协议管辖仅适用于合同纠纷中的第一审案件,对二审案件,当事人不得以协议方式选择管辖法院。3.协议管辖必须采用书面形式,口头形式无效。4.当事人必须在法律规定的范围内进行选择。当事人协议管辖不是不受限制的,当事人只能在与合同有密切联系的:(1)原告住所地,(2)被告住所地,(3)合同签订地,(4)合同履行地,和(5)标的物所在地的人民法院中选择。5.当事人选择法院时,不得违反级别管辖和专属管辖的规定。当事人在协议时只能变更第一审的地域管辖,不得变更级别管辖,不能改变专属管辖的规定。6.合同的双方当事人选择管辖的协议不明确或者选择民事诉讼法第25条规定的人民法院中的两个以上人民法院管辖的,选择管辖的协议无效,依照民事诉讼法第24条的规定确定管辖,也就说,当事人必须作确定的、单一的选择,不能选择多个法院。根据上述条件,本题的答案为ABC。

74. 当事人申请撤销仲裁裁决须符合下列哪些条件?

    A. 必须向仲裁委员会提出申请,由仲裁委员会提交给有管辖权的人民法院

    B. 必须向仲裁委员会所在地的中级人民法院提出

    C. 必须在自收到裁决书之日起6个月内提出

    D. 必须有证据证明裁决有法律规定的应予撤销的情形

【答案】BCD

【解析】本题是对仲裁裁决撤消的考查。当事人向人民法院申请撤销仲裁裁决,应当符合以下条件:1.提出撤销仲裁裁决申请的主体必须是仲裁当事人,包括申请人和被申请人。2.当事人提出撤销裁决申请的,必须向仲裁委员会所在地的中级人民法院提

出。3.必须在法定的期限内提出。《仲裁法》第59条规定，当事人申请撤销裁决的，应当自收到裁决书之日起6个月内提出。4.必须有证据证明仲裁裁决有法律规定的应予撤销的情形。因此，本题答案为BCD。

75. 法院制作的生效法律文书的执行，一般应当由当事人依法提出申请，但有些情况下法院也可依职权进行。下列哪些生效法律文书可以由审判庭直接移送执行机构执行？

   A. 具有给付赡养费、扶养费、抚育费内容的法律文书

   B. 具有强制执行内容的民事制裁决定书

   C. 刑事附带民事判决、裁定、调解书

   D. 以撤销或变更已执行完毕的法律文书为内容的新判决书

【答案】ABCD

【解析】执行程序的启动，根据《民事诉讼法》第216条至第220条的规定，执行程序可因当事人申请执行而开始，也可以由审判人员移送执行而开始。移送执行是指人民法院的裁判、支付令发生法律效力后，由审理该案的审判人员将案件直接交付执行人员执行，从而引起执行程序发生的行为。最高人民法院《执行规定》第19条规定："生效法律文书的执行，一般应当由当事人依法提出申请。"但在以下情况下，由审判庭移送执行机构执行：（1）发生法律效力的具有给付赡养费、扶养费、抚育费内容的法律文书、民事制裁决定书；（2）具有财产执行内容的刑事附带民事判决书、裁定书、调解书；（3）审判人员认为涉及国家、集体或者公民重大利益的案件。移送执行应当由审判员填写移送执行书，说明执行的事项和应注意的问题连同生效的法律文书一并移送执行员，对于移送执行的期限，法律未作具体规定。按照上述规定，本题中的ABC正确。

另外，按照最高人民法院《关于人民法院执行工作若干问题的规定（试行）》第109条的规定："在执行中或执行完毕后，据以执行的法律文书被人民法院或其他有关机关撤销或变更的，原执行机构应当依照民事诉讼法第214条的规定，依当事人申请或依职权，按照新的生效法律文书，作出执行回转的裁定，责令原申请执行人返还已取得的财产及其孳息。拒不返还的，强制执行。执行回转应重新立案，适用执行程序的有关规定。"也就是说，对于执行回转的，即使没有当事人的申请，人民法院也可以依照职权来予以执行，因此答案D也正确。

综上，全选。

76. 个体工商户李某拖欠甲公司货款 5 万元，甲公司多次催讨无果，遂向李某所在地的基层人民法院申请支付令。法院受理后经过审查，认为该申请成立。下列说法哪些是正确的？

    A. 如果在向李某送达支付令时，李某拒绝接收，人民法院可以留置送达

    B. 如果李某在法定期间提出书面异议，人民法院应对异议理由是否成立进行审查

    C. 如果李某在法定期间向法院书面说明目前还钱确有困难并承诺在 2 个月后一定还清，则支付令可不生效

    D. 如果李某在法定期间未提出书面异议但向甲公司所在地的人民法院起诉，请求确认该债务已经偿还，则支付令的效力不受影响

    【答案】AD

    【解析】本题是对支付令效力的考查。对于选项 A.如果在向李某送达支付令时，李某拒绝接收，人民法院可以留置送达，法条依据为最高人民法院《民诉意见》第 220 条："向债务人本人送达支付令，债务人拒绝接收的，人民法院可以留置送达。"因此 A 正确。对于选项 B.如果李某在法定期间提出书面异议，人民法院应对异议理由是否成立进行审查，该选项错误，因为支付令异议的审查仅是一种程序上的审查。对于选 C.如果李某在法定期间向法院书面说明目前还钱确有困难并承诺在 2 个月后一定还清，则支付令可不生效，该项错误，因为最高人民法院《民诉意见》第 221 条规定："依照民事诉讼法第一百九十二条的规定，债务人在法定期间提出书面异议的，人民法院无须审查异议是否有理由，应当直接裁定终结督促程序。债务人对债务本身没有异议，只是提出缺乏清偿能力的，不影响支付令的效力。"C 项就是只提出没有钱还，没有清偿能力，只是说是两个月后还，这同样不能影响支付令的效力。对于选项 D.如果李某在法定期间未提出书面异议但向甲公司所在地的人民法院起诉，请求确认该债务已经偿还，则支付令的效力不受影响，该项错误，因为最高人民法院《民诉意见》第 223 条规定："债务人在收到支付令后，不在法定期间提出书面异议，而向其他人民法院起诉的，不影响支付令的效力。"这里说的是向甲地起诉，属于"其他"法院的范围，因此不影响支付令的效力，该选项正确。综上，选择 AD。

77. 根据民事诉讼法有关管辖的规定，下列哪些民事诉讼由原告住所地人民法院管辖？

    A. 天津市张某对旅居美国的李某提起离婚之诉

    B. 北京市汪某对被宣告失踪人王某提起离婚之诉

    C. 吉林市孙某对被劳动教养的陈某提起侵权之诉

    D. 长春市武某对被监禁的杨某提起的侵权之诉

【答案】ABCD

【解析】本题是对一般地域管辖中"被告就原告"的规定。《民事诉讼法》第23条规定,下列民事诉讼,由原告住所地人民法院管辖;原告住所地与经常居住地不一致的,由原告经常居住地人民法院管辖:1.对不在中华人民共和国领域内居住的人提起的有关身份关系的诉讼;2.对下落不明或者宣告失踪的人提起的有关身份关系的诉讼;3.对被劳动教养的人提起的诉讼;4.对被监禁的人提起的诉讼。要注意,在上述的(1)和(2)规定中,都只限于身份关系的诉讼,所谓"身份关系",是指与人的身份相关的各种关系,如婚姻关系、亲子关系、收养关系等。

另外,根据最高人民法院《意见》的规定,下列情形由原告住所地法院管辖或者视不同情况而处理:1.双方当事人都被监禁或被劳动教养的,由被告原住所地人民法院管辖。被告被监禁或被劳动教养一年以上的,由被告被监禁地或被劳动教养地人民法院管辖。2.追索赡养费案件的几个被告住所地不在同一辖区的,可以由原告住所地人民法院管辖。3.不服指定监护或变更监护关系的案件,由被监护人住所地人民法院管辖。4.非军人对军人提出的离婚诉讼,如果军人一方为非文职军人,由原告住所地人民法院管辖。

本题的ABCD项正符合上述规定的情形和条件,全选。

78. 孔某在A市甲区拥有住房二间,在孔某外出旅游期间,位于A市乙区的建筑工程公司对孔某邻居李某房屋进行翻修。在翻修过程中,施工工人不慎将孔某家的墙砖碰掉,砖块落入孔某家中,损坏了电视机等家用物品。孔某旅游回来后发现此情,交涉未果。孔某向乙区法院起诉,请求建筑工程公司赔偿。乙区法院认为甲区法院审理更方便,故根据被告申请裁定移送至甲区法院,甲区法院却认为由乙区法院审理更便利,不同意接受移送。以下说法哪些是正确的?

A. 甲、乙二区对本案都有管辖权

B. 向哪一个法院起诉,双方当事人可以约定

C. 乙区法院的移送管辖是错误的

D. 甲区法院不得再自行移送,如果认为无管辖权,应报市中级法院指定管辖

【答案】ACD

【解析】对于侵权案件,《民事诉讼法》第29条规定:"因侵权行为提起的诉讼,由侵权行为地或者被告住所地人民法院管辖",这里的侵权行为地既包括侵权行为实施地,也包括侵权行为结果地,本案中甲区是侵权行为地,乙区是被告住所地,因此甲乙两地都有管辖权,所以选项A正确。对于选项B.这是一个侵权案件,不适用协议

管辖，所以双方当事人不可以约定管辖法院，该项说法错误。对于 C.乙区法院的移送管辖是错误的，该说法正确，因为有管辖权的法院受理案件后不能将案件移送给其他有管辖权的法院。选项 D.甲区法院不得再自行移送，如果认为无管辖权，应报市中级法院指定管辖，这是正确的。因此，本题的答案为 ACD。

79. 下列有关民事诉讼中实行公开审判的表述哪些是不正确的？

　　A. 案件的审理、合议庭的评议、判决的宣告应当公开

　　B. 对于涉及国家秘密的案件不公开审理，但宣判要公开

　　C. 对于涉及个人隐私的案件，人民法院应当根据当事人申请不公开审理

　　D. 离婚案件只能不公开审理

【答案】ACD

【解析】公开审判制度是民事诉讼的一基本制度，除法定的情形之外，一律公开进行。在刑事诉讼中，以下三类刑事案件不公开审理：（1）有关国家秘密的案件。国家秘密包括绝密、机密、秘密三类，对于涉及国家秘密的案件，一律不公开审理。（2）有关个人隐私的案件。为了保护当事人的隐私权，同时为了防止这类案件的审理对社会可能产生的不良影响，保护当事人的名誉，对于涉及个人隐私的案件，一律不公开审理。（3）未成年人犯罪的案件。由于未成年人的特殊性，对于未成年人犯罪案件的审理原则上不公开进行。其中 14 岁以上不满 16 岁的未成年人犯罪的案件，一律不公开审理。16 岁以上不满 18 岁的未成年人犯罪的案件，一般也不公开审理。要注意的是，这里的年龄是以"审判时"的年龄为准。而在民事诉讼中，不公开审理的情形分以下三种情形：（1）涉及国家秘密，一律不公开审理；（2）涉及个人隐私的案件，一律不公开审理；（3）离婚案件，涉及商业秘密的案件，当事人申请不公开审理的，可以不公开审理。离婚案件往往会涉及到当事人的感情和私生活方面的情况，当事人申请不公开审理的，可以不公开审理；商业秘密主要指技术秘密、商业情报及信息等，会涉及到当事人的经济利益，对此人民法院可以根据当事人的申请，决定不公开审理。本题中，对于答案 A.中"合议庭的评议"一律不公开进行，所以该项错误；B.对于涉及国家秘密的案件不公开审理，但宣判要公开，这是正确的，因为不管是公开审理还是不公开审理，宣判必须一律要公开；C.对于涉及个人隐私的案件，不需要当事人的申请，一律不公开审，该项说法不正确；D.离婚案件只有当事人的申请才可以不公开审理，所以该选项说法错误。

　　综上，选择 ACD。

80. 人民法院审理民事案件，应当根据自愿和合法的原则进行调解。对此，下列哪些理解是错误的？

    A. 人民法院只能在双方当事人都同意的情况下才能进行调解

    B. 双方当事人达成调解协议但要求人民法院必须根据协议内容制作判决书，人民法院可以制作调解书结案

    C. 人民法院审理离婚案件，应当进行调解

    D. 当事人为达成调解协议对案件事实的自愿认可，在调解不成的情况下，可以作为判决认定事实的根据

【答案】BD

【解析】本题是对调解的考查。对于选项 A.人民法院只能在双方当事人都同意的情况下才能进行调解，严格说来这是错误的，因为离婚案件必须先经调解，也就是说可以不经当事人同意就可以进行调解，当然如果当事人不同意，应当及时判决；对于选项 B."双方当事人达成调解协议但要求人民法院必须根据协议内容制作判决书，人民法院可以制作调解书结案"，该选项并不错误，因为当事人达成调解协议但要求法院按照协议内容发送判决书的，人民法院可以制作判决书，对此包括两种情况：一是无行为能力人的法定代理人代为进行的离婚案件；二是涉外民诉中，例如《民事诉讼法》第 310 条规定："涉外民事诉讼中，经调解双方达成协议，应当制发调解书。当事人要求发给判决书的，可以依协议的内容制作判决书送达当事人。"要注意，这里用的都是"可以"而不是应当，那么既然是"可以"发送判决书，当然也可以不制作判决书而发送调解书，因此选项 B 的说法是正确的。选项 C.人民法院审理离婚案件，应当进行调解，这是对的。选项 D."当事人为达成调解协议对案件事实的自愿认可，在调解不成的情况下，可以作为判决认定事实的根据"，该项是错的，因为按照最高人民法院《关于民事证据若干问题的规定》第六十七条的规定："在诉讼中，当事人为达成调解协议或者和解的目的作出妥协所涉及的对案件事实的认可，不得在其后的诉讼中作为对其不利的证据"。依照这一规定，D 项说法太笼统，所以是错的；当然，这里指的是诉讼中的调解，要和人民调解委员会的调解区分开，因为《最高人民法院关于审理涉及人民调解协议的民事案件的若干规定》第三条规定："当事人一方起诉请求履行调解协议，对方当事人反驳的，有责任对反驳诉讼请求所依据的事实提供证据予以证明。当事人一方起诉请求变更或者撤销调解协议，或者请求确认调解协议无效的，有责任对自己的诉讼请求所依据的事实提供证据予以证明。当事人一方以原纠纷向人民法院起诉，对方当事人以调解协议抗辩的，应当提供调解协议书。"

　　综上，选择 BD。

三、不定项选择题，每题所给的选项中有一个或一个以上正确答案，不答、少答或多答均不得分。本部分 81-100 题，每题 1 分，共 20 分。

（一）

甲将其所有的房屋出租给乙，双方口头约定租金为每年 5 万元，乙可以一直承租该房屋，直至乙去世。房屋出租后的第二年，乙为了经营酒店，经甲同意，对该房屋进行了装修，共花费 6 万元。一天晚上，一失控的汽车撞到该房屋，致使其临街的玻璃墙毁损，肇事司机驾车逃逸，乙要求甲维修，甲拒绝，乙便自行花费 1 万元予以维修。现甲乙发生纠纷，均欲解除合同，但就如何解除意见不一。请回答以下 81-84 题。

81. 该租赁合同的性质如何？

    A. 附解除条件的合同

    B. 附延缓条件的合同

    C. 附始期的合同

    D. 附终期的合同

【答案】D

【解析】双方约定"乙可以一直承租该房屋，直至乙去世"，表明这是一个附期限的合同。始期与终期的区别在于期限到来之时是合同发生效力还是效力终止。本题中是期限到来效力终止，因此是附终期的合同，因此，选 D。

82. 对于乙对房屋的装修费用，若甲乙达不成协商一致，应如何处理？

    A. 由乙无条件拆除，费用由乙自理

    B. 装修物归甲所有，且甲无须支付费用

    C. 装修物归甲所有，且甲应当支付全部装修费用

    D. 若装修物可以拆除则拆除，不能拆除的，可折价后归甲所有

【答案】D

【解析】《民通意见》第 86 条："非产权人在使用他人的财产上增添附属物，财产所有人同意增添，并就财产返还时附属物如何处理有约定的，按约定办理；没有约定又协商不成，能够拆除的，可以责令拆除；不能拆除的，也可以折价归财产所有人；造成财产所有人损失的，应当负赔偿责任。"由此条即可得出答案 D。

83. 对于乙对玻璃墙的维修及其费用应如何处理?

    A. 由甲承担维修费用

    B. 由乙承担维修费用

    C. 由甲乙分担维修费用

    D. 由甲承担大部分维修费用,乙承担小部分维修费用

【答案】A

【解析】《合同法》第 216 条:"出租人应当按照约定将租赁物交付承租人,并在租赁期间保持租赁物符合约定的用途。"题中,玻璃墙受损害双方都没有过错,因此该风险应当由出租人承担,应当由出租人承担维修的义务。第 221 条:"承租人在租赁物需要维修时可以要求出租人在合理期限内维修。出租人未履行维修义务的,承租人可以自行维修,维修费用由出租人负担。因维修租赁物影响承租人使用的,应当相应减少租金或者延长租期。"由此可见 A 项是正确答案。

84. 若本案中双方未约定租赁期限,甲乙双方又无法就租赁期限协议补充,下列关于合同解除的何种说法是正确的?

    A. 甲无权随时解除合同

    B. 甲可以随时解除租赁合同,但应在合理期限之前通知乙

    C. 乙可以随时解除租赁合同

    D. 若合同解除,乙仍应支付解除之前实际租赁期限的租金

【答案】BCD

【解析】《合同法》第 232 条:"当事人对租赁期限没有约定或者约定不明确,依照本法第六十一条的规定仍不能确定的,视为不定期租赁。当事人可以随时解除合同,但出租人解除合同应当在合理期限之前通知承租人。"由此可见 BC 项是正确的答案。第 212 条:"租赁合同是出租人将租赁物交付承租人使用、收益,承租人支付租金的合同。"由此可见,支付租金是承租人的重要义务,合同解除并不影响租金的支付。综上,选择 BCD。

(二)

    朱某原是大鹏公司的采购员,已辞职。某日,朱某接到大鹏公司的进出口业务代理商某粮油进出口公司业务员的电话,称该公司代理进口的 3000 吨特级糖蜜因买主某食品厂急需资金欲低价转卖,大鹏公司如有意购买,务于晚饭前回复。朱某紧接着就打电话

找大鹏公司经理，经理正出差，要晚上才回来。朱某赶到粮油公司，说货物大鹏公司要了。粮油公司不知朱某已辞职，就与其签了合同，并说糖蜜存放在仓库，你们把货款和仓储费付清，我们把仓单背书给你。朱某当晚带着已签好的一式两份合同和糖蜜的样品，找到大鹏公司的经理，经理看了合同和样品后，在合同上签了字，并要朱某第二天到公司去盖章。大鹏公司将钱款付清后，拿着仓单到仓库提货，在验货时发现是一级糖蜜，就未取货。原来粮油公司怕大鹏公司不能及时付款，把那批特级糖蜜给了别人。这批一级糖蜜合同上订的也是特级，口岸验收时商检局发现货轮有轻度污染，就给降了一级，由特级改为一级。请回答以下 85－88 题。

85. 朱某与粮油公司签订合同时，其行为性质应如何认定？

    A. 属于有权代理

    B. 属于无权代理

    C. 属于表见代理

    D. 属于间接代理

【答案】C

【解析】《合同法》第 48 条："行为人没有代理权、超越代理权或者代理权终止后以被代理人名义订立的合同，未经被代理人追认，对被代理人不发生效力，由行为人承担责任。相对人可以催告被代理人在一个月内予以追认。被代理人未作表示的，视为拒绝追认。合同被追认之前，善意相对人有撤销的权利。撤销应当以通知的方式作出。"第 49 条："行为人没有代理权、超越代理权或者代理权终止后以被代理人名义订立合同，相对人有理由相信行为人有代理权的，该代理行为有效。"题中正是属于代理权终止以后以被代理人名义订立的合同，但是又是属于相对人有理由相信行为人有代理权的，因此是典型的表见代理。综上，选择 C。

86. 某粮油进出口公司与大鹏贸易公司所作的糖蜜交易属于何种类型的合同？

    A. 委托合同

    B. 买卖合同

    C. 行纪合同

    D. 间接代理合同

【答案】B

【解析】该合同在某粮油进出口公司与大鹏贸易公司之间是买卖合同。因此，应选 B。

87. 大鵬公司取得倉單後，獲得何種當事人資格？

    A. 存貨人

    B. 倉單持有人

    C. 倉儲合同受讓人

    D. 貨物受領人

【答案】BD

【解析】第 387 條：“倉單是提取倉儲物的憑證。存貨人或者倉單持有人在倉單上背書並經保管人簽字或者蓋章的，可以轉讓提取倉儲物的權利。”由此可見，BD 項是正確的。但是倉單轉讓只是轉讓了權利，並沒有轉讓義務，因此 C 項的說法是不正確的。

88. 如大鵬公司起訴糧油進出口公司，大鵬公司依法可以提出何種主張？

    A. 解除合同，並要求對方承擔違約責任

    B. 受領交付，但要求按一級品價格付款並請求承擔違約責任

    C. 主張因受欺詐合同無效

    D. 主張因受欺詐撤銷合同

【答案】AB

【解析】第 94 條：“有下列情形之一的，當事人可以解除合同：（一）因不可抗力致使不能實現合同目的；（二）在履行期限屆滿之前，當事人一方明確表示或者以自己的行為表明不履行主要債務；（三）當事人一方遲延履行主要債務，經催告後在合理期限內仍未履行；（四）當事人一方遲延履行債務或者有其他違約行為致使不能實現合同目的；（五）法律規定的其他情形。”本題中，違約行為致使不能實現合同目的，因此可以要求解除合同。第 111 條：“質量不符合約定的，應當按照當事人的約定承擔違約責任。對違約責任沒有約定或者約定不明確，依照本法第六十一條的規定仍不能確定的，受損害方根據標的的性質以及損失的大小，可以合理選擇要求對方承擔修理、更換、重作、退貨、減少價款或者報酬等違約責任。”由此可見 B 項是正確的。至於 CD 項所言的欺詐影響合同的效力，該欺詐是指在合同訂立中的欺詐，而本題中在合同訂立時並不存在欺詐行為因而 CD 是錯誤的。

（三）

甲股份有限公司经董事会决议，变更公司章程，在其营业范围中增加"制售成衣"一项，但尚未向工商行政部门办理变更登记手续。董事长刘某未经授权与乙纺织厂签订一项定购布料的合同，并代表公司签发以某银行为付款人、乙为收款人的汇票一张给乙，作为定金。乙因欠丙货款，将该票据背书转让给丙，丙又背书转让给丁。票据到期后，丁涂销了乙的背书。请回答以下 89-92 题。

89. 对甲公司变更公司章程的行为，下列判断中正确的是：

    A. 因其是董事会作出的决议，故不能发生变更效力

    B. 董事会可以对此作出决议，但其未向工商机关办理变更登记而不发生变更效力

    C. 应由股东会作出决议，自决议生效时发生变更效力

    D. 应由董事会作出决议，并自办理变更登记时发生变更效力

【答案】C

【解析】根据《公司法》第 11 条："设立公司必须依照本法制定公司章程。公司章程对公司、股东、董事、监事、经理具有约束力。公司的经营范围由公司章程规定，并依法登记。公司的经营范围中属法律、行政法规限制的项目，应当依法经过批准。公司应当在登记的经营范围内从事经营活动。公司依照法定程序修改公司章程并经公司登记机关变更登记，可以变更其经营范围。"第 103 条："股东大会行使下列职权：（一）决定公司的经营方针和投资计划；（二）选举和更换董事，决定有关董事的报酬事项；（三）选举和更换由股东代表出任的监事，决定有关监事的报酬事项；（四）审议批准董事会的报告；（五）审议批准监事会的报告；（六）审议批准公司的年度财务预算方案、决算方案；（七）审议批准公司的利润分配方案和弥补亏损方案；（八）对公司增加或者减少注册资本作出决议；（九）对发行公司债券作出决议；（十）对公司合并、分立、解散和清算等事项作出决议；〔十一〕修改公司章程。"第 107 条："修改公司章程必须经出席股东大会的股东所持表决权的三分之二以上通过。"综上可知，选择 C。

90. 对甲公司与乙纺织厂之间的购货合同，下列判断中正确的是：

    A. 因甲公司尚未办理营业范围的变更登记手续，故无效

    B. 因董事长刘某未经授权，故无效

    C. 尽管甲公司的行为违反了登记管理方面的规定，但购货合同有效

    D. 购货合同如获得甲公司的追认即有效

【答案】C

【解析】根据最高人民法院关于适用《中华人民共和国合同法》若干问题的解释（一）第 10 条："当事人超越经营范围订立合同，人民法院不因此认定合同无效。但违反国家限制经营、特许经营以及法律、行政法规禁止经营规定的除外。"因此，应选 C。

91. 对甲公司董事长刘某代表公司签发的票据的效力，下列判断中正确的是：

    A. 因甲公司尚未办理营业范围的变更登记，故签发票据的行为无效

    B. 因刘某未经授权，故签发票据的行为无效

    C. 因该汇票以支付定金为目的，故该票据无效

    D. 该票据有效

【答案】D

【解析】票据法律关系与制作票据的原因关系相分离，彼此不产生影响。因此，应选 D。

92. 对于丁的涂销行为产生的后果，下列判断中正确的是：

    A. 丁提示付款时，某银行可以背书不连续而拒绝付款

    B. 若丁提示付款而某银行拒付时，丁可以向乙行使追索权

    C. 若丁提示付款而某银行拒付时，丁可以向丙行使追索权

    D. 丁的涂销行为导致该票据无效

【答案】AC

【解析】票据行为具有独立性，彼此不产生影响。背书连续是付款人付款的前提，持票人的前手在票据上签章是持票人对其行使追索权的前提。票据涂销是一种票据权利的瑕疵。因此，应选 AC。

（四）

    乙是 A 市的建材经销商，因资金周转困难，便从 A 市甲处借了 50 万元人民币，购买了一批建材，并销售给了 B 市的丙，约定价款为 60 万元人民币，但丙未付款。乙与丙约定的合同履行地在 A 市。后来，甲要求乙还钱，乙说因为丙没有支付货款，所以无力偿还。鉴于此，甲欲直接起诉丙，要求其支付 50 万元。请回答以下 93-97 题。

93. 如果甲对丙提起诉讼，法院在下列何种情形下不应当受理？

　　A. 甲对乙的债权未到期

　　B. 甲向 A 市的法院起诉

　　C. 乙不愿意通过诉讼或仲裁的方式主张对丙的到期债权

　　D. 甲以乙的名义起诉

【答案】ABD

【解析】对于代位权诉讼，要求债权都必须到期，所以 A 不符合要求；代位权诉讼由被告住所地管辖，也就是 B 市；代位权人甲应已自己的名义起诉。所以本题的答案为 ABD。

94. 假设法院受理甲对丙提起的诉讼，下列关于乙的诉讼地位的何种表述是错误的？

　　A. 乙在诉讼中是有独立请求权的第三人

　　B. 乙在诉讼中是无独立请求权的第三人

　　C. 如果参加诉讼，就处于共同原告的地位

　　D. 乙在诉讼中处于共同被告的地位

【答案】ACD

【解析】无独立请求权的第三人，是指对原告、被告双方争议的诉讼标的没有独立的请求权，但案件的处理结果可能与其有法律上的利害关系，为维护自己的利益而参加到原告、被告已经开始的诉讼中进行诉讼的人。本案中，甲对丙提出代位权诉讼，这时该诉讼的结果直接影响到乙的利益，因此乙对于甲和丙的诉讼来说具有法律上的利害关系，因此乙应当是无独立请求权第三人，而相应的，答案 ACD 都错了。

95. 在代位权诉讼中，关于债权人、债务人、次债务人三方的关系，下列何种说法是正确的？

　　A. 次债务人对债务人的抗辩可以向债权人主张

　　B. 债务人对债权人的债权提出异议，经审查成立的，人民法院应当裁定驳回债权人的起诉

　　C. 债权人胜诉的，诉讼费用由次债务人负担

　　D. 债权人请求人民法院对次债务人的财产采取保全措施的，应当提供相应的财产担保

【答案】ABCD

【解析】分别根据《合同法解释（一）》第 18 条第一、二款，A、B 选项正确；根据第十九条，C 选项正确。根据 19 条，D 选项正确。因此，全选。

96. 如果甲在向丙提起诉讼前，已经向乙提起了要求返还借款的诉讼，在甲对乙提起的诉讼裁决发生法律效力以前，法院对甲与丙之间的诉讼应当如何处理？

   A. 延期审理

   B. 中止该诉讼

   C. 终结该诉讼

   D. 继续诉讼，作出判决

   【答案】B

   【解析】本题是对诉讼中止的考查。《民事诉讼法》第 136 条规定："有下列情形之一的，中止诉讼：（一）一方当事人死亡，需要等待继承人表明是否参加诉讼的；（二）一方当事人丧失诉讼行为能力，尚未确定法定代理人的；（三）作为一方当事人的法人或者其他组织终止，尚未确定权利义务承受人的；（四）一方当事人因不可抗拒的事由，不能参加诉讼的；（五）本案必须以另一案的审理结果为依据，而另一案尚未审结的；（六）其他应当中止诉讼的情形"，本题即属于其中第（五）"本案必须以另一案的审理结果为依据，而另一案尚未审结"的情形。因此答案选 B。

97. 法院如果判决丙支付货款，那么以下何种做法是正确的？

   A. 判决丙直接将货款 60 万元交付给甲，甲扣除 50 万元及利息后，将余下的钱支付给乙

   B. 判决丙直接将货款 60 万元交付给乙，乙将 50 万元并加上利息支付给甲

   C. 判决丙直接将 50 万元及利息支付给甲，并将剩下的 10 万元货款支付给乙

   D. 判决丙将 50 万元及利息支付给甲

   【答案】D

   【解析】债权人的代位请求数额仅限于其债权数额，因此选项 A 错误。根据《合同法解释（一）》第 20 条，债权人向次债务人提起的代位诉讼经人民法院审理后认定代位权成立的，由次债务人向债权人履行清偿义务。因此选项 B 错误。在代位权诉讼，不解决债务人与次债务人间的债权债务关系，因此余下的钱，法院不予解决，选项 ABC 在这方面都存在问题。综上，选项 D 正确。

（五）

患者甲与某医院发生医疗纠纷。甲认为由于该医院误诊，导致其疾病没有及时得到治疗，造成了财产和精神上的损害，故向法院提起诉讼，要求医院承担相应的民事责任。甲提出病历和 X 光片保存在医院，只要医院出示病历和 X 光片就可以证明医院对此负有责任。请回答以下 98-100 题。

98. 原告对以下何种争议事实负有举证责任？

　　A. 甲在该医院就诊的事实

　　B. 医疗行为与损害事实之间是否存在因果关系的事实

　　C. 损害数额

　　D. 医生诊断时是否存在过错的事实

【答案】AC

【解析】此题考查的是特殊侵权行为举证责任的承担，根据最高人民法院《关于民事诉讼证据的若干规定》第 4 条第（八）项的规定："因医疗行为引起的侵权诉讼，由医疗机构就医疗行为与损害结果之间不存在因果关系及不存在医疗过错承担举证责任"。但对于其他的一些事实，仍然需要原告方举证。本题的正确答案应为 AC。

99. 如果 X 光片在本案作为证据，则该证据属于民事诉讼法规定的何种证据？

　　A. 物证

　　B. 书证

　　C. 视听资料

　　D. 鉴定结论

【答案】C

【解析】本题是对证据法定种类的考查。在证据的七个种类中，书证是指以文字、符号、图画等记载的内容和表达的思想来证明案件事实的书面文件和其他物品，常见的书证主要有：合同书、遗嘱文书、票据、来往信函，电文、图纸等。书证的表现形式通常是文字，也可以是图表或其他可识别的符号；书证的载体一般是纸张，也可能是其他物品，例如墙壁、木板等。

而视听资料是指借助录音录像设备、电子计算机以及其他高科技设备储存的信息来证明案件事实的一种证据，主要表现为三种形式：（1）录音录像资料，是通过录音机和录像机把声音和形象如实地录制下来，然后进行重播的一种资料；（2）电脑贮存资料，是运用电子计算机贮存的数据和资料来证明案件事实的；（3）电视监视资料，即用电视监视器来观察和监视需要控制的场所、区域或特定的对象。视听资料以高科技手段，以一定的设备为载体，动态地证明案件事实，不同于书证和物证。因此，本题中的 X 光片是利用高科技手段获取，以属于视听资料为宜。

综上，选 C。

100. 假设医院提出甲的病历等有关资料因医院工作人员保管不善而丢失，无法提供，以下何种说法是正确的？

A. 原告不能提出其他证据证明医院有责任时，原告应当承担败诉的后果

B. 法院不考虑病历等有关资料的证据意义，根据其他有关证据认定事实

C. 由于病历等有关资料保存在医院，在医院无正当理由拒不提供该资料时，法院就可以推定原告的相关主张成立

D. 法院只有在查清案件的事实基础上才能作出判决，如果由于该资料丢失，导致案件主要事实不清，法院应当裁定驳回起诉

【答案】C

【解析】根据最高人民法院《关于民事证据若干问题的规定》第 75 条的规定："有证据证明一方当事人持有证据无正当理由拒不提供，如果对方当事人主张该证据的内容不利于证据持有人，可以推定该主张成立。"因此，本题选 C 较为适合。

2003 年国家司法考试　试卷四

一、（本题 9 分）

案情：赵某拖欠张某和郭某 6000 多元的打工报酬一直不付。张某与郭某商定后，将赵某 15 岁的女儿甲骗到外地扣留，以迫使赵某支付报酬。在此期间（共 21 天），张、郭多次打电话让赵某支付报酬，但赵某仍以种种理由拒不支付。张、郭遂决定将甲卖给他人。在张某外出寻找买主期间，郭某奸淫了甲。张某找到了买主陈某后，张、郭二人以 6000 元将甲卖给了陈某。陈某欲与甲结为夫妇，遭到甲的拒绝。陈某为防甲逃走，便将甲反锁在房间里一月余。陈某后来觉得甲年纪小、太可怜，便放甲返回家乡。陈某找到张某要求退回 6000 元钱。张某拒绝退还，陈某便于深夜将张某的一辆价值 4000 元的摩托车骑走。

问题：请根据上述案情，分析张某、郭某、陈某的刑事责任。

【答案】

1. 张某构成非法拘禁罪，拐卖妇女罪（1 分）。

2. 郭某构成非法拘禁罪，拐卖妇女罪（1 分）。

3. 张某和郭某是非法拘禁罪、拐卖妇女罪的共同犯罪人（1 分）。二人均应按非法拘禁罪和拐卖妇女罪，数罪并罚（1 分）。

4. 郭某和张某拐卖妇女罪应适用不同的法定刑（1 分），其中张某按拐卖妇女罪的基础法定刑量刑，郭某奸淫被拐卖的妇女，法定刑升格（1 分）。

5. 陈某构成收买被拐卖的妇女罪、非法拘禁罪和盗窃罪（1 分），应当数罪并罚（1 分）。

6. 陈某所犯的收买被拐卖的妇女罪，由于他中途自愿将被害人放回家，属犯罪中止，可以不追究该罪的刑事责任（1 分）。

【解析】

1. 根据刑法第 238 条第二款的规定，为索取债务非法扣押、拘禁他人的，依照非法拘禁罪定罪处罚。郭某和张某为索取打工报酬非法剥夺甲的人身自由的，不能认定为绑架罪，只能认定为非法拘禁罪。由此可见，非法拘禁罪侵犯的是简单客体——人身自由，绑架罪侵犯的是复杂客体——人身权和财产权或其他权益；绑架罪有向被绑架人亲属非法勒索财物或者其他非法利益的目的，而非法拘禁没有此目的。行为人企图通过拘禁他人而达到"索取债务"的目的，由于行为人索取的是自己的财物，因而没有侵犯他人财产权，只侵犯了他人的人身自由权，因而应当认定为非法拘禁罪。郭某和张某还是非法拘禁罪的共犯。

2. 张、郭二人将妇女甲（15岁，如果甲的年龄不足14周岁，则构成拐卖儿童罪）出卖，构成拐卖妇女罪的共犯。其中郭某在拐卖的过程中强奸甲，属于刑法第二百四十条第三项规定的加重处罚情节："奸淫被拐卖的妇女的"，按照拐卖妇女罪的升格法定刑予以处罚，不单独成立强奸罪。而张某与郭某没有共同强奸的故意，也没有共同强奸的行为，因而不对郭某的强奸行为承担刑事责任。

3. 张、郭的非法拘禁行为和拐卖妇女行为之间是互相独立的关系，不存在牵连和吸收的关系，因而应以非法拘禁罪和拐卖妇女罪实行数罪并罚。

4. 陈某收买被拐卖的妇女，构成收买被拐卖的妇女罪；陈某为防甲逃走，便将甲反锁在房间里一月余，构成非法拘禁罪。依据刑法第二百四十一条的规定，收买被拐卖的妇女、儿童，非法剥夺、限制其人身自由的，依照非法拘禁罪定罪处罚。收买被拐卖的妇女、儿童，并构成非法拘禁罪的，依照数罪并罚的规定处罚。所以对陈某的收买被拐卖的妇女罪与非法拘禁罪实行数罪并罚。

5. 陈某深夜将张某的一辆价值4000元的摩托车骑走的行为构成盗窃罪，因为陈某对张某的摩托车没有所有权而以秘密窃取的方式获得，符合盗窃罪的犯罪构成。对陈某的盗窃罪、收买被拐卖的妇女罪与非法拘禁罪实行数罪并罚。

6. 答案称"陈某所犯的收买被拐卖的妇女罪，由于他中途自愿将被害人放回家，属犯罪中止"。认为此种见解有所不妥，因为收买被拐卖的妇女罪在陈某将甲购买成功时即已告既遂，已经不存在中止的空间。如果认定为收买被拐卖的妇女罪的中止，则明显违背了犯罪中止的时间性，即必须在犯罪行为开始实施之后、犯罪呈现结局之前，"犯罪呈现结局"指的是犯罪已经形成预备形态、未遂形态或既遂形态。犯罪既遂之后的自动恢复原状不能成立犯罪中止。对于陈某的自愿将甲放回家的行为依照刑法第二百四十一条第六款的规定，即"收买被拐卖的妇女、儿童，按照被买妇女的意愿，不阻碍其返回原居住地的，对被买儿童没有虐待行为，不阻碍对其进行解救的，可以不追究刑事责任。"处理即可。

二、（本题11分）

案情：田某和苗某是前后院邻居，田某家盖的房子挡住了苗某家的采光，苗某多次交涉，田某不听，反将苗某打成重伤，田某被逮捕。在刑事诉讼过程中，苗某为提起附带民事诉讼，委托本市某律师事务所律师胡某为其诉讼代理人。胡律师接受委托后，为苗某写了如下诉状：

刑事附带民事起诉状

原告：苗×，男，34 岁，汉族，××公司职员，家住本市四方区花家胡同 20 号。

诉讼代理人：胡×，本市××律师事务所律师。

被告：田×，男，36 岁，汉族，××公司职员，家住本市四方区花家胡同 21 号。

请求事项：

1.请求法院依法判处被告赔偿全部医疗费、误工损失费和伤残补助费；

2.请求法院判处被告拆除影响原告家采光的非法建筑；

3.请求法院判处被告赔偿原告精神损害费 4 万元。

事实和理由：

被告田×和原告系前后院邻居。今年 3 月，被告在房屋改建过程中，不顾邻里关系，新建的房屋后檐离原告家的前窗只有半米，严重影响了原告家房屋的采光。原告多次同被告交涉，被告均置之不理。今年 4 月 1 日，原告再次找被告交涉时，被告态度更为恶劣，不但不听原告交涉，反而拿起铁锹铲原告，原告躲闪不及，右脚跟踵被铲断，虽经住院治疗 30 余天，仍然留下残疾，行走不便，经鉴定为三级伤残。以上事实，有证人××的证言，××医院的诊断证明书，以及××司法鉴定室的鉴定报告为证。

被告的上述行为，严重侵害了原告的合法权益，给原告的身心健康造成了极大的伤害，现向贵院提起刑事附带民事诉讼，请求法院依法判处。

具状人：胡×
2003 年 5 月 4 日

问题：请根据刑事附带民事诉讼的法律规定和基本理论，从对执业律师法律文书规范化的角度，分析本刑事附带民事诉状存在哪些问题，并简要说明理由。

【答案及解析】

本刑事附带民事诉状存在下列问题：

1.基本情况部分存在的问题是：

未写明原告和被告在刑事诉讼中的地位。正确的写法是，在原告的基本情况后面加上"系田某故意伤害案的被害人"，在被告的基本情况后面加写"系田某故意伤害案的被告人"（1 分）。

2.请求事项部分存在的问题有：

(1) 对医疗费、误工损失费和伤残补助费没有写明具体的赔偿数额，因此不符合必须写明具体的诉讼请求的法律要求（1分）。

(2) 房屋采光被挡不是由于被告的犯罪行为所引起的，不属于刑事附带民事诉讼的请求范围（1分），应另行提起民事诉讼，因此，一并要求法院判处被告拆除挡光建筑的请求不合适（1分）。

(3) 根据刑事诉讼法第77条的规定，刑事附带民事诉讼只解决物质损失的赔偿问题，因此，本诉状中要求被告赔偿精神损害费的请求也是不合适的（1分）。

3. 事实和理由部分存在的问题是：

对于损失的具体数额没有叙述。应当具体写明共花去医疗费多少元，造成误工损失费多少元，后期继续治疗及伤残补助估计多少元（1分）。

4. 结尾部分存在的问题有：

(1) 没有写明起诉的法律依据，应当写明："依据刑事诉讼法第××条、民法第××条、民事诉讼法第××条的规定，向贵院……"（1分）。

(2) 没有写明本诉状的致送法院，应当写明"此呈四方区人民法院（1分）。

(3) 具状人不应当写诉讼代理人，而应当写原告苗某，因为在诉讼过程中，诉讼代理人应当以原告的名义进行诉讼活动（1分）。

(4) 本诉状中没有附注起诉状份数和相关证据目录（1分）。正确的写法是，在具状人之后写明：

附：（1分，写出两项以上得分，两项以下不得分）

(1) 刑事附带民事诉状×份

(2) 证人××的证言

(3) ××医院的诊断证明书

(4) ××医院的医药费收据×张

(5) 原告的工资证明一份

(6) ××司法鉴定室的鉴定结论一份

三、（本题7分）

案情：张某在一风景区旅游，爬到山顶后，见一女子孤身站在山顶悬崖边上，目光异样，即心生疑惑。该女子见有人来，便向悬崖下跳去，张某情急中拉住女子衣服，将女子救上来。张某救人过程中，随身携带的价值2000元的照相机被碰坏，手臂被擦伤；女子的头也被碰伤，衣服被撕破。张某将女子送到山下医院，为其支付各种费用500元，并为包扎自己的伤口用去20元。当晚，张某住在医院招待所，但已身无分文，只好向服务员借了 100 元，用以支付食宿费。次日，轻生女子的家人赶到医院，向张某表示感谢。

问题：

1. 张某与轻生女子之间存在何种民事法律关系？

2. 张某的照相机被损坏以及治疗自己伤口的费用女子应否偿付？为什么？

3. 张某为女子支付的医疗费等费用能否请求女子偿付？为什么？

4. 张某向服务员借的 100 元，应当由谁偿付？为什么？

5. 张某能否请求女子给付一定的报酬？为什么？

6. 张某应否赔偿女子衣服损失？为什么？

【答案】

1. 因张某的救助行为使二者之间发生无因管理关系（1 分）。

2. 应当由女子偿付（1 分），因为此系张某实施管理行为所造成的，而且张某自己没有过失；答"此系实施无因管理而发生的损失和合理的费用"亦可。（1 分）

3. 能。因为此为张某在管理事务中支出的必要费用（1 分）。

4. 由女子偿付。因受益人对无因管理行为中发生的正当债务有清偿之义务。或答由张某偿付。因该款系张某所借，基于合同的相对性原理（1 分）。

5. 不能。因为无因管理是无偿性的（1 分）。

6. 不应赔偿。因为此系在紧急情况下无过失造成（1 分）。

【解析】

《民法通则》第 93 条："没有法定的或者约定的义务，为避免他人利益受损失进行管理或者服务的，有权要求受益人偿付由此而支付的必要费用。"《民通意见》第 132 条："民法通则第九十三条规定的管理人或者服务人可以要求受益人偿付的必要费用，包括在管理或者服务活动中直接支出的费用，以及在该活动中受到的实际损失。"无因管理是指没有法定的或者约定的义务，为避免他人利益受损失而为他人管理事务的行为。本题中情形正属于此。对于无因管理重点要掌握的内容就是无因管理之债的内容。管理人的义务包括适当管理义务、通知本人义务、继续管理义务和报告、计算义务。而管理人的权利包括：要求受益人偿还必要的费用、要求本人清偿必要的债务、所受损害要求本人赔偿的义务。管理人的赔偿责任则限于在管理过程中的故意或重大过失的情况下给本人造成损害的，承担损害赔偿责任。而张某对该女子衣服损失并无过错，因此不承担责任。

四、（本题 11 分）

案情：A 省的甲公司于 2000 年 1 月通过签订使用许可合同获得某外国企业在中国注册的"金太阳"电脑商标独占使用权及其操作系统 M 软件的使用权，批量组装"金太阳"电脑。2001 年 7 月，甲公司与 A 省的乙公司签订委托销售合同，约定乙公司以自己的名义销售 100 台"金太阳"电脑，销售价格为每台 3000 元，每销售一台收取代销费 300 元。同年 9 月，乙公司向 B 省的丙大学以每台 3000 元的价格卖出 70 台"金太阳"电脑，合同约定丙大学当日支付 15 万元，提货 50 台，另 20 台电脑由丙大学开办的具有法人资格的丁公司收货并付款，同时合同还约定如发生纠纷由"起诉一方所在地法院管辖"。同年 10 月初，丁公司收到乙公司发运的 20 台"金太阳"电脑，并将该批电脑进行赢利性出租，但丁公司多次以资金困难为由拒绝了乙公司的付款要求。2002 年 3 月，乙公司将尚未卖出的 30 台电脑的"金太阳"商标清除，更换为戊公司的注册商标"银河"，并以每台 4000 元的价格卖给不知情的李某 2 台，李某将其中一台赠送给好友胡某。

问题：

1. 如果丙大学使用的 50 台电脑出现质量问题，应向谁主张违约责任？

2. 丁公司出租电脑的行为是否侵犯 M 软件的出租权？为什么？

3. 乙公司如果起诉请求支付 20 台电脑货款，应以谁为被告？怎样确定管辖法院？

4. 乙公司更换商标的行为应如何定性？哪些主体可以作为适格的原告起诉乙公司？

5. 如李某购买的 2 台电脑没有质量问题，能否向卖方双倍索赔？为什么？

6. 如胡某接受赠与的电脑出现质量问题，能否要求李某承担瑕疵担保责任？为什么？

【答案】

1. 应向乙公司主张违约责任（1 分）。

2. 没有侵犯 M 软件的出租权（1 分），因为该软件不是租赁合同的主要标的（1 分）。

3. 应以丙大学为被告（1 分）。由乙公司所在地的基层人民法院管辖（1 分）。

4. 乙公司的行为构成商标侵权行为（或"假冒和反向假冒行为"，或侵权注册商标专用权行为，或侵犯商标权行为，或侵权行为）（1 分）。甲公司、戊公司、某外国企业和李某均可作为原告起诉乙公司（1 分）。

5. 有权双倍索赔（1 分）。因乙公司的销售行为构成欺诈，欺诈不以产品的质量问题为构成要件（1 分）。

6. 不能（1 分）。因为赠与的财产有瑕疵的，赠与人不承担责任，并且李的赠与没有附义务，也不存在李故意不告知瑕疵或者保证无瑕疵的情形（1 分）。

【解析】

1. 首先，买卖合同的当事人是乙公司和丙大学，因此丙大学可以向乙公司主张违约责任。而题中，甲公司与乙公司是委托合同，乙公司受托与丙公司以自己的名义订立买卖合同，因此应当适用《合同法》第 403 条。如果乙公司披露甲公司，则丙大学有权选择。参见《合同法》第四百零三条："受托人以自己的名义与第三人订立合同时，第三人不知道受托人与委托人之间的代理关系的，受托人因第三人的原因对委托人不履行义务，受托人应当向委托人披露第三人，委托人因此可以行使受托人对第三人的权利，但第三人与受托人订立合同时如果知道该委托人就不会订立合同的除外。受托人因委托人的原因对第三人不履行义务，受托人应当向第三人披露委托人，第三人因此可以选择受托人或者委托人作为相对人主张其权利，但第三人不得变更选定的相对人。委托人行使受托人对第三人的权利的，第三人可以向委托人主张其对受托人的抗辩。第三人选定委托人作为其相对人的，委托人可以向第三人主张其对受托人的抗辩以及受托人对第三人的抗辩。"

2. 《著作权法》第 10 条第 7 项："（七）出租权，即有偿许可他人临时使用电影作品和以类似摄制电影的方法创作的作品、计算机软件的权利，计算机软件不是出租的主要标的的除外；"本题中由于计算机软件并不是出租的主要标的，因此不存在该项出租权，也就不侵犯该出租权。

3. 《合同法》第 65 条："当事人约定由第三人向债权人履行债务的，第三人不履行债务或者履行债务不符合约定，债务人应当向债权人承担违约责任。"题中正是约定由第三人代为履行，但是第三人丁公司并没有履行，仍应当由债务人丙大学承担违约责任。

4. 《商标法》第 52 条："有下列行为之一的，均属侵犯注册商标专用权：（一）未经商标注册人的许可，在同一种商品或者类似商品上使用与其注册商标相同或者近似的商标的；（二）销售侵犯注册商标专用权的商品的；（三）伪造、擅自制造他人注册商标标识或者销售伪造、擅自制造的注册商标标识的；（四）未经商标注册人同意，更换其注册商标并将该更换商标的商品又投入市场的；（五）给他人的注册商标专用权造成其他损害的。"

　　由此可见，乙公司的行为侵犯了"金太阳"商标专用权和"银河"商标专用权。对于原告的确定，首先注册商标持有人当然是有权作为原告起诉的。而且独占许可的被许可人也是有权起诉的。参见《最高人民法院关于审理商标民事纠纷案件适用法律若干问题的解释》第4条："商标法第五十三条规定的利害关系人，包括注册商标使用许可合同的被许可人、注册商标财产权利的合法继承人等。在发生注册商标专用权被侵害时，独占使用许可合同的被许可人可以向人民法院提起诉讼；排他使用许可合同的被许可人可以和商标注册人共同起诉，也可以在商标注册人不起诉的情况下，自行提起诉讼；普通使用许可合同的被许可人经商标注册人明确授权，可以提起诉讼。"因此甲公司和某外国公司可以起诉其侵犯"金太阳"商标权的行为，戊公司可以起诉其侵犯"银河"商标权的行为，李某可以起诉其违约行为。

5. 《消费者权益保护法》第49条："经营者提供商品或者服务有欺诈行为的，应当按照消费者的要求增加赔偿其受到的损失，增加赔偿的金额为消费者购买商品的价款或者接受服务的费用的一倍。"虽然电脑没有质量问题，但是其更换商标，属于欺诈行为，应当按照消费者的要求承担双倍赔偿责任。

6. 《合同法》第191条："赠与的财产有瑕疵的，赠与人不承担责任。附义务的赠与，赠与的财产有瑕疵的，赠与人在附义务的限度内承担与出卖人相同的责任。赠与人故意不告知瑕疵或者保证无瑕疵，造成受赠人损失的，应当承担损害赔偿责任。"

五、（本题 11 分）

案情：甲、乙、丙、丁、戊拟共同组建一有限责任性质的饮料公司，注册资本 200 万元，其中甲、乙各以货币 60 万元出资；丙以实物出资，经评估机构评估为 20 万元；丁以其专利技术出资，作价 50 万元；戊以劳务出资，经全体出资人同意作价 10 万元。公司拟不设董事会，由甲任执行董事；不设监事会，由丙担任公司的监事。

饮料公司成立后经营一直不景气，已欠 A 银行贷款 100 万元未还。经股东会决议，决定把饮料公司惟一盈利的保健品车间分出去，另成立有独立法人资格的保健品厂。后饮料公司增资扩股，乙将其股份转让给大北公司。1 年后，保健品厂也出现严重亏损，资不抵债，其中欠 B 公司货款达 400 万元。

问题：

1. 饮料公司组建过程中，各股东的出资是否存在不符合公司法的规定之处？为什么？

2. 饮料公司的组织机构设置是否符合公司法的规定？为什么？

3. 饮料公司设立保健品厂的行为在公司法上属于什么性质的行为？设立后，饮料公司原有的债权债务应如何承担？

4. 乙转让股份时应遵循股份转让的何种规则？

5. A 银行如起诉追讨饮料公司所欠的 100 万元贷款，应以谁为被告？为什么？

6. B 公司除采取起诉或仲裁的方式追讨保健品厂的欠债外，还可以采取什么法律手段以实现自己的债权？

1. 【答案】各股东的出资存在不合法之处。（1）丁以其专利技术出资，作价 50 万元，超过了公司法关于该类出资不得超过公司注册资本 20% 的规定（1 分）。（2）戊以劳务出资，经全体出资人同意作价 10 万元也是非法的。公司股东不得以劳务作为出资（1 分）。

【解析】《公司法》第 24 条："股东可以用货币出资，也可以用实物、工业产权、非专利技术、土地使用权作价出资。对作为出资的实物、工业产权、非专利技术或者土地使用权，必须进行评估作价，核实财产，不得高估或者低估作价。土地使用权的评估作价，依照法律、行政法规的规定办理。以工业产权、非专利技术作价出资的金额不得超过有限责任公司注册资本的百分之二十，国家对采用高新技术成果有特别规定的除外。"

2. 【答案】符合（1 分）。组织机构设置合法。有限责任公司规模较小和股东人数较少的，可以不设董事会和监事会，设一名执行董事和一至二名监事（1 分）。

【解析】《公司法》第 51 条："有限责任公司，股东人数较少和规模较小的，可以设一名执行董事，不设立董事会。执行董事可以兼任公司经理。执行董事的职权，应当参照本法第四十六条规定，由公司章程规定。有限责任公司不设董事会的，执行董事为公司的法定代表人。"第 52 条："有限责任公司，经营规模较大的，设立监事会，其成员不得少于三人。监事会应在其组成人员中推选一召集人。监事会由股东代表和适当比例的公司职工代表组成，具体比例由公司章程规定。监事会中的职工代表由公司职工民主选举产生。有限责任公司，股东人数较少和规模较小的，可以设一至二名监事。董事、经理及财务负责人不得兼任监事。"

3. 【答案】属公司（或法人）分立（1 分）。分立前饮料公司的债权债务应当由饮料公司和保健品厂承担连带责任（1 分）。

【解析】《公司法》第 185 条："公司分立，其财产作相应的分割。公司分立时，应当编制资产负债表及财产清单。公司应当自作出分立决议之日起十日内通知债权人，并于三十日内在报纸上至少公告三次。债权人自接到通知书之日起三十日内，未接到通知书的自第一次公告之日起九十日内，有权要求公司清偿债务或者提供相应的担保。不清偿债务或者不提供相应的担保的，公司不得分立。公司分立前的债务按所达成的协议由分立后公司承担。"

4. **【答案】**应经过其他股东过半数同意（1 分）；其他股东在同等条件下有优先受让权（或购买权）（1 分）。

【解析】《公司法》第 35 条："股东之间可以相互转让其全部出资或者部分出资。股东向股东以外的人转让其出资时，必须经全体股东过半数同意；不同意转让的股东应当购买该转让的出资，如果不购买该转让的出资，视为同意转让。经股东同意转让的出资，在同等条件下，其他股东对该出资有优先购买权。"

5. **【答案】**A 银行可以饮料公司和保健品厂为共同被告，也可以饮料公司或保健品厂为被告（1 分）。因为饮料公司和保健品厂对分立前的债务承担连带责任（1 分）。

【解析】见上。

6. **【答案】**B 公司可以债权人的身份向法院申请保健品厂破产，以清偿其债权（1 分）。

【解析】《公司法》第 189 条："公司因不能清偿到期债务，被依法宣告破产的，由人民法院依照有关法律的规定，组织股东、有关机关及有关专业人员成立清算组，对公司进行破产清算。"

六、（本题 13 分）

案情：太阳公司经营房地产开发，在有偿取得某幅土地的使用权之后，由于资金困难，与月亮公司签订了合作开发合同，约定由双方共同投资并分享该开发项目的利润。但双方未实际履行。此后，环球公司就同一幅土地以更优惠的条件与太阳公司签订了一份合作开发合同并开始实际履行。三方之间由此发生纠纷。环球公司根据其与太阳公司签订的合同中的仲裁条款申请仲裁，请求裁决确认其与太阳公司签订的合同有效，并裁决太阳公司继续履行。双方在仲裁委员会受理后自行达成了继续履行合同的和解协议，请求仲裁委员会根据和解协议制作裁决书。仲裁庭三名仲裁员中一名认为应当否定和解协议，一名认为应当制作调解书，首席仲裁员认为应当制作裁决书，最后按仲裁庭首席仲裁员的意见，根据和解协议的内容作出了裁决书并送达给了双方当事人。此后月亮公司向法院起诉，请求确认本公司与太阳公司签订的合同有效并履行该合同。

问题：

1. 月亮公司在得知环球公司申请仲裁后，能否申请参加太阳公司与环球公司正在进行的仲裁程序？为什么？

2. 环球公司在仲裁裁决书生效后，能否在太阳公司与月亮公司的诉讼中成为当事人？为什么？

3. 仲裁委员会制作裁决书在程序上是否合法，为什么？

4. 在仲裁裁决已确认太阳公司与环球公司的合同有效的情况下，法院能否判决太阳公司与月亮公司之间的合同有效？为什么？

5. 月亮公司是否有权以仲裁的程序违反法定程序为由申请法院撤销仲裁裁决？为什么？

6. 对仲裁裁决中已经认定的事实，太阳公司在诉讼中能否免除举证责任？为什么？

1. 【答案】不能（1 分）。

【解析】因为太阳公司分别与月亮公司和环球公司签订了合作开发合同，太阳公司与环球公司签订的合同其仲裁条款对月亮公司无效，月亮公司不是该仲裁协议的主体（1 分）。

2. 【答案】不能（1 分）。

【解析】因为本案虽然存在两个有联系的合同关系，在仲裁裁决书生效后环球公司与诉讼案件的处理已无法律上的利害关系，它与太阳公司之间的法律关系已经由生效的仲裁裁决所确定。本案不能形成有独立请求权的第三人，也不能形成无独立请求权的第三人（1 分）。

3. 【答案】合法（1 分）。

【解析】因为仲裁法规定当事人达成和解协议的，可以请求仲裁庭根据和解协议作出裁决书，也可以撤回仲裁申请（1 分）；仲裁庭不能形成多数意见时，裁决应当按照首席仲裁员的意见作出（1 分）。

4. 【答案】能（1 分）。

【解析】因为合同是否有效取决于该合同是否具备法定的有效要件，关于同一项目的两份合同只要都具备有效要件，可以同时有效，但只能履行其中一份合同（1 分）。

5. 【答案】无权（1 分）。

【解析】因为只有仲裁案件的当事人才有权申请撤销仲裁裁决，月亮公司不是仲裁案件的当事人（1 分）。

6. 【答案】能免除（1 分）。

【解析】已为仲裁机构的生效裁决所确认的事实，当事人无需举证证明（1 分）。

七、（本题 8 分）

案情：甲公司于 1995 年获得国家专利局颁发的 9518 号实用新型专利权证书，后因未及时缴纳年费被国家专利局公告终止其专利权。1999 年 3 月甲公司提出恢复其专利权的申请，国家知识产权局专利局于同年 4 月作出恢复其专利的决定。2000 年 3 月，甲公司以专利侵权为由对乙公司提起民事诉讼。诉讼过程中，乙公司向专利复审委员会提出请求，要求宣告 9518 号专利权无效。2001 年 3 月 1 日，专利复审委员会作出维持该专利有效的审查决定并通知乙公司。

问题：

    1. 如乙公司对恢复甲公司专利权的决定提起行政诉讼，其是否具有原告资格？为什么？

    2. 如乙公司于 2002 年 4 月对恢复甲公司专利权的决定提起行政诉讼，是否超过行政诉讼的起诉期限？为什么？

    3. 2000 年 8 月 25 日修正的《专利法》对专利复审委员会的决定的效力是如何规定的？

    4. 1992 年 9 月 4 日修正的《专利法》对专利权的恢复未作出任何规定，假设被告在诉讼中提出"恢复专利权的行为属于合法的自由裁量行为"，你认为是否成立？为什么？

1. 【答案】乙公司具有提起行政诉讼的原告资格，或乙公司有权对恢复专利权的行政行为提起行政诉讼（1 分）。因为专利局恢复甲公司的专利权对乙公司将要或必然产生损害，乙公司与恢复专利权的行政行为具有法律上的利害关系或法律上的权利义务关系（1 分）。

    【解析】略。

2. 【答案】乙公司于 2002 年 4 月提起行政诉讼已经超过起诉期限（1 分）。因为乙公司自从 2001 年 3 月 1 日起已经知道或者应当知道提起行政诉讼的诉权或起诉期限，按照行政诉讼法及最高人民法院司法解释的规定，原告的起诉期限为三个月，从知道或者应当知道具体行政行为作出之日起计算，从知道具体行政行为内容之日起最长不超过两年（1 分）。

    【解析】《行诉解释》第 41 条第一款规定："行政机关作出具体行政行为时，未告知公民、法人或者其他组织诉权或者起诉期限的，起诉期限从公民、法人或者其他组织知道或者应当知道诉权或者起诉期限之日起计算，但从知道或者应当知道具体行政行为内容之日起最长不得超过 2 年。"据此，适用这一条款的条件有二：一是当事人知道或者应当知道具体行政行为内容；二是行政机关未告知诉权或者起诉期限。司法部的答案认为该题应当适用《行诉解释》第四十一条第一款的规定，理由是乙公司自从2001 年 3 月 1 日起已经知道或者应当知道提起行政诉讼的诉权或起诉期限。然而，题干中关于 2001 年 3 月 1 日这个日期，只是"专利复审委员会作出维持该专利有效的审查决定并通知乙公司"的日期，与题目所涉及的国家知识产权局专利局"恢复甲公司专利权的决定"毫无关系。题目与司法部的答案很明显连接不上。不知是题目设置有问题，还是答案有误！

3. 【答案】对专利复审委员会决定不服的，专利申请人或宣告专利权无效请求人可以自收到通知之日起三个月内向人民法院起诉（2 分）。

   【解析】参看修正后的《专利法》第 41 条第二款。

4. 【答案】被告在诉讼中提出"恢复专利权的行为属于合法的自由裁量行为"的观点（说法、主张）不成立（1 分）。因为按照依法行政原则中职权法定的要求，行政行为必须有明确的法律授权。由于法律对被告没有恢复专利权的授权，所以其行为不属于合法的行政自由裁量行为（1 分）。

   【解析】依法行政原则包含了两层含义：一是法律优越，即禁止行政机关违反现行有效的法律；二是法律保留，即行政机关活动应当有明确的法律规定为前提和基础。本题涉及到法律保留原则。

八、（本题 30 分）

案情：某市为加强道路交通管理，规范日益混乱的交通秩序，决定出台一项新举措，由交通管理部门向市民发布通告，凡自行摄录下机动车辆违章行驶、停放的照片、录像资料，送经交通管理部门确认后，被采用并在当地电视台播出的，一律奖励人民币 200 元-300 元。此举使许多市民踊跃参与，积极举报违章车辆，当地的交通秩序一时间明显好转，市民满意。新闻报道后，省内甚至外省不少城市都来取经、学习。但与此同时，也发生了一些意想不到的事：有违章驾车者去往不愿被别人知道的地方，电视台将车辆及背景播出后，引起家庭关系、同事关系紧张，甚至影响了当事人此后的正常生活的；有乘车人以肖像权、名誉权受到侵害，把电视台、交管部门告上法庭的；有违章司机被单位开除，认为是交管部门超范围行使权力引起的；有抢拍者被违章车辆故意撞伤后，向交管部门索赔的；甚至有利用偷拍照片向驾车人索要高额"保密费"的，等等。报刊将上述新闻披露后，某市治理交通秩序的举措引起了社会不同看法和较大争议。

问题：请谈谈你对某市治理交通秩序新举措合法性、合理性的认识。（注意：不能仅就此举引发的一些问题、个案谈具体适用法律的意见）

答题要求：

　　1. 运用掌握的法学知识阐释你认为正确的观点和理由；

　　2. 说理充分，逻辑严谨，语言流畅，表述准确；

　　3. 答题文体不限，字数要求 800-1000 字。

【答题思路】

　　1. 表明观点：该市治理交通秩序新举措的不合法且不合理的。

　　2. 从依法行政原则的两个方面要求（即法律优越、法律保留）分析其不合法。

　　　　依法行政原则包含了两层含义：一是法律优越，即禁止行政机关违反现行有效的法律；二是法律保留，即行政机关活动应当有明确的法律规定为前提和基础。本题涉及到法律保留原则。

　　(1) 从法律优越角度看，该市治理交通秩序新举措很明显侵犯了公民的权利，比如隐私权、名誉权、荣誉权等，也就是说，该市治理交通秩序新举措违反了现行法律。

　　(2) 从法律保留角度看，交通管理部门行政职权必须有法律的依据，不能采取法律没有规定的手段。根据我国现行法，交通管理部门应当根据《治安管理处罚条例》和国务院制定的有关交通管理条例进行交通管理，而不能另辟蹊径！

　　3. 从行政合理原则的四个方面的要求分析其不合理。

　　(1) 行政合理原则要求行政决定应当具有一个有正常理智的普通人所能达到的合理和适当，并且能够符合科学公理和社会公德。该市治理交通秩序新举措造成了各方面的矛盾，谈不上科学合理，且这项举错导致了社会公德的沦丧！

　　(2) 行政合理原则要求行政裁量决定符合并体现法律对裁量权限的授权目的，不得以形式合法背离立法的实质要求。该市治理交通秩序新举措似乎实现了管好交通的目的，但实际上违背了法律对于管好交通的最终目的——保持正常的社会秩序，维持社会稳定。

　　(3) 行政合理原则要求行政裁量决定建立于对相关因素的正当考虑之上，不得考虑不相关的因素。行政行为作出时涉及到多种因素，行政机关作出行政决定时，应当全面考虑行为所涉及到或者影响到的因素。该市治理交通秩序新举措很明显没有考虑到这一措施可能带来社会副面影响。

　　(4) 行政合理原则要求行政裁量决定应当符合行政法的正当程序和最一般法律正义要求。机动车辆违章行驶、停放的证据材料应当由交通管理部门根据法律、法规规定程序收集，并使用；制止违反交通管理的行为而采取的措施必须与其违法行为相关，而不能影响到与该违法行为无直接关联的名誉权（因为违章照片、录像资料在当地电视台播出）。

2004 年
大陸國家司法考試試題與解析

2004 年国家司法考试　试卷一

一、单项选择题，每题所给选项中只有一个正确答案。本部分 1-50 题，每题 1 分，共 50 分。

1. 根据马克思主义法学的基本观点，下列表述哪一项是正确的？

   A. 法在本质上是社会成员公共意志的体现

   B. 法既执行政治职能，也执行社会公共职能

   C. 法最终决定于历史传统、风俗习惯、国家结构、国际环境等条件

   D. 法不受客观规律的影响

【答案】B

【解析】A 项对法的本质的错误理解，否定了法的阶级性。法的阶级性是指：在阶级对立的社会，法所体现的国家意志实际上是统治阶级的意志。C 项否定了法的物质制约性。根据马克思主义法学，生产力决定生产关系，经济基础决定上层建筑。法作为上层建筑之一，虽然法也受一定的历史传统、风俗习惯、国家结构、国际环境等条件的影响，但最终是由一定社会物质生活条件所决定的。D 项明显错误。法作为一种社会现象是受客观规律支配的。B 项是对马克思主义法学观的正确理解。

2. 下列关于法与道德的表述哪一项是正确的？

   A. 自然法学派认为，实在法不是法律

   B. 分析实证主义法学派认为，法与道德在本质上没有必然的联系

   C. 中国古代的儒家认为，治理国家只能靠道德，不能用法律

   D. 近现代的法学家大多倾向于否定"法律是最低限度的道德"的说法

【答案】B

【解析】自然法学派观点认为，实在法只有符合自然法，具有道德上的品质才能称为法。所以 A 项错误。中国古代儒家倡导"德主刑辅"，不否认法律的惩治和辅助治国的功能，因此说儒家认为治国不能用法律也是不对的。C 项错误。"法律是最低限度的道德"的说法是近现代法学家的基本立场。法与道德是相对分离的。因此 D 错误。分析实证主义法学派认为否定法与道德存在本质上的必然联系，认为不存在适用于一切时代、民族的永恒不变的正义或道德准则。而法学作为科学无力回答正义

标准问题。因而是不是法与是不是正义的法是两个必须分离的问题。由上可知 B 项正确。

3. 对法律汇编与法典编纂之间区别的理解，可以有多种角度。下列哪一表述准确地揭示了二者之间的区别?

   A. 法律汇编既可以由个人进行，也可以由社会团体乃至国家机关进行；法典编只能由国家立法、执法和司法机关进行

   B. 法律汇编是为了形成新的统一的规范性法律文件；法典编纂是将不同时代的法典汇编成册

   C. 法律汇编可以按年代、发布机关及涉及社会关系内容的不同，适当地对汇编的法律进行改变；法典编纂不能改变原来法律规范的内容

   D. 法律汇编不属于国家机关的立法活动；法典编纂是一种在清理已有立法文件基础上的立法活动

   【答案】D

   【解析】本题考点为规范性法律文件的系统化。法律汇编是任何个人或组织将规范性法律文件按照一定的标准进行排列并汇编成册。这种汇编并不改变规范性文件的内容，因此，它并不是制定法律而仅是一项技术性整理和归类活动。法律汇编的种类很多，有官方的和非官方的。法典编纂，是指对属于某一部门法或某类法律的全部规范性文件加以整理、补充、修改，或者在此基础上编制一部新的系统化的法律。因此法典编纂可以改变原来的规范内容，既可以删除已经过时或不正确的内容，也可以增加新的内容，属于国家的立法活动。因此只有 D 正确。

4. 下列关于法律原则的表述哪一项是错误的?

   A. 法律原则不仅着眼于行为及条件的共性，而且关注它们的个别性

   B. 法律原则在适用上容许法官有较大的自由裁量余地

   C. 法律原则是以"全有或全无的方式"应用于个案当中的

   D. 相互冲突的法律原则可以共存于一部法律之中

   【答案】C

   【解析】法律原则与法律规则的区别如下：（1）在内容上，法律规则的规定是明确具体的，其明确具体的目的是削弱或防止法律适用上的"自由裁量"。而法律原则不仅限于行为及条件的共性，而且关注它们的个别性。其要求比较笼统、模糊。（2）在适用范围上，法律规则由于内容具体明确，它们只适用于某一类型的行为。而法律原则

是对从社会生活或社会关系中概括出来的某一类行为,某一法律部门甚至全部法律体系均通用的价值准则,具有宏观的指导性,其适用范围比法律规则宽广。(3) 在适用方式上,法律规则是以"全有或全无的方式"应用于个案当中的;而法律原则的适用则不同,它不是以"全有或全无的方式"应用于个案当中的,因为不同的法律原则是具有不同的"强度"的,而且这些不同强度的原则甚至冲突的原则都可能存在于一部法律之中。根据以上内容可知,C 项错误。

5. 法律规则是法律的基本构成因素。下列关于法律规则分类的表述哪一项可以成立?

    A. 《律师法》第 14 条规定:"没有取得律师执业证书的人员,不得以律师名义执业,不得为牟取经济利益从事诉讼代理或者辩护业务。"此规定为义务性规则

    B. 《中小企业促进法》第 31 条规定:"国家鼓励中小企业与研究机构、大专院校开展技术合作、开发与交流,促进科技成果产业化,积极发展科技型中小企业。"此规定为强行性规则

    C. 《宪法》第 40 条规定:"中华人民共和国公民的通信自由和通信秘密受法律的保护。除因国家安全或者追查刑事犯罪的需要,由公安机关或者检察机关依照法律规定的程序对通信进行检查外,任何组织或者个人不得以任何理由侵犯公民的通信自由和通信秘密。"此规定为命令性规则

    D. 《医疗事故处理条例》第 62 条规定:"军队医疗机构的医疗事故处理办法,由中国人民解放军卫生主管部门会同国务院卫生行政部门依据本条例制定。"此规定为准用性规则

【答案】A

【解析】本题考点为法律规则的分类。其分类如下:(1) 授权性规则和义务性规则。所谓授权性规则,是指规定人们有权做一定行为或不做一定行为的规则,即规定人们的"可为模式"的规则。所谓义务性规则,是指在内容上规定人们的法律义务,即有关人们应当做出或不做出某种行为的规则。它也分为两种:1.命令性规则,是指规定人们的积极义务,即人们必须或应当做出某种行为的规则。2.禁止性规则,是指规定人们的消极义务(不作为义务),即禁止人们做出一定行为的规则。(2) 确定性规则、委任性规则和准用性规则。确定性规则,是指内容本已明确肯定,无须再援引或参照其他规则来确定其内容的法律规则。所谓委任性规则,是指内容尚未确定,而只规定某种概括性指示,由相应国家机关通过相应途径或程序加以确定的法律规则。所谓准用性规则,是指内容本身没有规定人们具体的行为模式,而是可以援引或参照其他相应内容规定的规则。(3) 强行性规则和任意性规则。强行性规则,是指内容规定具有强制性质,不允许人们随便加

以更改的法律规则。所谓任意性规则，是指规定在一定范围内，允许人们自行选择或协商确定为与不为、为的方式以及法律关系中的权利义务内容的法律规定，因此，A 项正确。

6. 法律终止生效是法律时间效力的一个重要问题。在以默示废止方式终止法律生效时，一般应当选择下列哪一原则？

   A. 特别法优于一般法

   B. 国际法优于国内法

   C. 后法优于前法

   D. 法律优于行政法规

   【答案】C

   【解析】法律终止生效分为明示废止与默示废止，默示废止是在适用法律中，当出现新法与旧法冲突时，适用新法而使旧法事实上被废止。从理论上讲，立法机关有意废止某项法律时，应当是清楚而明确的。如果出现立法机关所立新法与旧法发生矛盾的情况，应当按照"新法优于旧法"、"后法优于前法"的办法解决矛盾，旧法因此被新法"默示地废止"。

7. 根据我国宪法规定，下列关于私有财产权的表述哪一项是不正确的？

   A. 公民合法的私有财产不受侵犯

   B. 国家依照法律规定保护公民的私有财产权和继承权

   C. 任何人不得剥夺公民的私有财产

   D. 国家为了公共利益的需要，可以依照法律规定对公民的私有财产实行征收或者征用并给予补偿

   【答案】C

   【解析】根据 2004 年宪法修正案的规定"公民的合法的私有财产不受侵犯。""国家依照法律规定保护公民的私有财产权和继承权。""国家为了公共利益的需要，可以依照法律规定对会民的私有财产实行征收或者征用并给予补偿。"因此 C 项表述过于绝对，是关于私有财产权的法律保护的错误理解。

8. 根据我国宪法规定，下列有关审计机关的表述哪一项是错误的？

   A. 县级以上的地方各级人民政府设立审计机关

   B. 国务院审计机关对国务院各部门和地方各级政府的财政收支，对国家的财政金融机构和企业事业组织的财政收支进行审计监督

C. 国务院审计机关在国务院总理领导下，依照法律规定独立行使审计监督权，不受其他行政机关、社会团体和个人的干涉

D. 地方各级审计机关依照法律规定独立行使审计监督权，不对同级人民政府负责

【答案】D

【解析】《宪法》第 91 条规定："国务院设立审计机关，对国务院各部门和地方各级政府的财政收支，对国家的财政金融机构和企业事业组织的财务收支，进行审计监督"。"审计机关在国务院总理领导下，依照法律规定独立行使审计监督权，不受其他行政机关、社会团体和个人的干涉。"《宪法》第 109 条明文规定："县级以上的地方各级人民政府设立审计机关。地方各级审计机关依照法律规定独立行使审计监替权，对本级人民政府和上一级审计机关负责。"由此可知 D 项错误。

9. 根据香港特别行政区基本法和澳门特别行政区基本法，下列有关特别行政区立法权的表述哪一项是不正确的?

A. 特别行政区立法机关制定的法律须报全国人民代表大会常务委员会备案。备案不影响该法律的生效

B. 全国人民代表大会常务委员会在征询其所属的特别行政区基本法委员会的意见后，如认为特别行政区立法机关制定的法律不符合基本法关于中央管理的事务及中央和特别行政区关系的条款，可以将该法律发回，但不作修改

C. 经全国人民代表大会常务委员会发回的特别行政区的法律立即失效

D. 经全国人民代表大会常务委员会发回的特别行政区的法律一律具有溯及力

【答案】D

【解析】《中华人民共和国香港特别行政区基本法》第 17 条规定："香港特别行政区享有立法权。香港特别行政区的立法机关制定的法律须报全国人民代表大会常务委员会备案。备案不影响该法律的生效。全国人民代表大会常务委员会在征询其所属的香港特别行政区基本法委员会后，如认为香港特别行政区立法机关制定的任何法律不符合本法关于中央管理的事务及中央和香港特别行政区的关系的条款，可将有关法律发回，但不作修改。经全国人民代表大会常务委员会发回的法律立即失效。该法律的失效，除香港特别行政区的法律另有规定外，无溯及力。"《澳门特别行政区基本法》第 17 条也作了类似规定，根据以上两个法条的规定可知 D 项错误。

10. 下列哪一项不属于宪法规定的公民的基本权利?

A. 环境权

B. 平等权

C. 出版自由

D. 受教育权

【答案】A

【解析】根据《宪法》规定，我国公民的基本权利包括平等权，政治权利和自由，宗教信仰自由，人身自由，监督权，社会经济、文化教育方面的权利。由此可知，环境权不属于我国宪法规定的公民的基本权利。

11. 某选区选举地方人民代表，代表名额 2 人，第一次投票结果，候选人按得票多少排序为甲、乙、丙、丁，其中仅甲获得过半数选票。对此情况的下列处理意见哪一项符合法律的规定？

A. 宣布甲、乙当选

B. 宣布甲当选，同时以乙为候选人另行选举

C. 宣布甲当选，同时以乙、丙为候选人另行选举

D. 宣布无人当选，以甲、乙、丙为候选人另行选举

【答案】C

【解析】《中华人民共和国全国人民代表大会和地方各级人民代表大会选举法》第 41 条规定："在选民直接选举人民代表大会代表时，选区全体选民的过半数参加投票，选举有效。代表候选人获得参加投票的选民过半数的选票时，始得当选。县级以上的地方各级人民代表大会在选举上一级人民代表大会代表时，代表候选人获得全体代表过半数的选票时，始得当选。获得过半数选票的代表候选人的人数超过应选代表名额时，以得票多的当选。如遇票数相等不能确定当选人时，应当就票数相等的候选人再次投票，以得票多的当选。获得过半数选票的当选代表的人数少于应选代表的名额时，不足的名额另行选举。另行选举时，根据在第一次投票时得票多少的顺序，按照本法第 30 条规定的差额比例，确定候选人名单。如果只选一人，候选人应为二人。依照前款规定另行选举县级和乡级的人民代表大会代表时，代表候选人以得票多的当选，但是得票数不得少于选票的三分之一；县级以上的地方各级人民代表大会另行选举上一级人民代表大会代表时，代表候选人获得全体代表过半数的选票，始得当选。因此在本次选举中，应采取差额选举，B 项错误。A 所得的票数已超过了半数因此应当当选，据此 A、D 项错误。只有 C 符合要求。

12. 民族自治地方的自治机关依法行使自治权。根据我国宪法规定，下列哪一机关不享有自治条例、单行条例制定权？

　　A. 自治区人大常委会

　　B. 自治区人民代表大会

　　C. 自治州人民代表大会

　　D. 自治县人民代表大会

【答案】A

【解析】《宪法》第 116 条明确规定："民族自治地方的人民代表大会有权依照当地民族的政治、经济和文化的特点，制定自治条例和单行条例。自治区的自治条例和单行条例，报全国人民代表大会常务委员会批准后生效。自治州、自治县的自治条例和单行条例，报省或者自治区的人民代表大会常务委员会批准后生效，并报全国人民代表大会常务委员会备案。"因此自治区的人大常委会无自治条例、单行条例的制定权。因此 A 错误。

13. 在一起行政诉讼案件中，被告进行处罚的依据是国务院某部制定的一个行政规章，原告认为该规章违反了有关法律。根据我国宪法规定，下列哪一机关有权改变或者撤销不适当的规章？

　　A. 国务院

　　B. 全国人民代表大会常务委员会

　　C. 最高人民法院

　　D. 全国人民代表大会法律委员会

【答案】A

【解析】根据宪法第 89 条相关规定，国务院有权改变或者撤销各部、各委员会发布的不适当的决定和命令，因此本题选 A。

14. 根据我国宪法，乡、民族乡、镇的人民代表大会每届任期几年？

　　A. 3 年

　　B. 4 年

　　C. 5 年

　　D. 6 年

【答案】 C

【解析】 根据 2004 年的《宪法修正案》第 30 条的规定，地方各级人民代表大会每届任期为 5 年，可知 C 正确。

15. 下列哪一选项不属于我国西周婚姻制度中婚姻缔结的原则？

　　A. 一夫一妻制

　　B. 同姓不婚

　　C. "父母之命，媒妁之言"

　　D. "七出"、"三不去"

【答案】 D

【解析】 本题考点为西周的婚姻制度。西周婚姻缔结的三大原则是：一夫一妻、同姓不婚、父母之命。D 项虽是西周婚姻制度的内容之一，但却是婚姻的解除制度。因此，本题 D 正确。

16. 下列有关清末变法修律和司法体制变革的表述哪一项是错误的？

　　A. 清末修律在法典编纂形式上改变了传统的"诸法合体"形式，明确了实体法之间、实体法与程序法之间的差别

　　B. 清末修律使延续了几千年的中华法系开始解体，同时也为中国法律的近代化奠定了初步基础

　　C. 在司法机关改革方面，清末将大理寺改为大理院，作为全国最高审判机关；改刑部为法部，掌管全国检察和司法行政事务，实行审检分立

　　D. 清末初步规定了法官及检察官考试任用制度

【答案】 C

【解析】 ABD 均正确表达了清末变法修律和司法体制变革的内容，C 项错在清末在司法机关的改革方面，改刑部为法部，掌管全国司法行政事务；改大理寺为大理院，为全国最高审判机关；实行审检合署。

17. 衡平法是判例法的一种形式。下列有关衡平法的表述哪一项是不正确的？

　　A. 衡平法是通过大法官法院的审判活动，以法官的"良心"和"正义"为基础发展起来的

　　B. 英国 15 世纪正式形成了衡平法院，并逐渐发展为一个独立于普通法的衡平法体系

　　C. 衡平法程序简便、灵活，法官判案有很大的自由裁量权

D. 衡平法对普通法来说是一种"补偿性"的制度，所以当二者的规则发生冲突时，普通法优先

【答案】D

【解析】现代意义土的衡平法指的是英美法渊源中独立于普通法的另一种形式的判例法，它通过大法官法院，即衡平法院的审判活动，以法官的"良心"和"正义"为基拙发展起来。其程序简便、灵活，法官判案有很大的自由裁量权，因此，衡平法被称为"大法官的脚"。当二者的规则发生冲突时，衡平法优先。所以 D 项表述错误。

18. 下列有关德国法和法国法的表述哪一项是正确的？

A. 德国封建时代最著名的习惯法汇编是 1220 年的《加洛林纳法典》

B. 在拿破仑统治时期，法国制定了《民法典》、《商法典》、《刑法典》、《民事诉讼法典》和《刑事诉讼法典》，但尚未形成"六法"体系

C. 魏玛共和国时期颁布了大量的"社会化"法律，如《消除人民和国家痛苦法》、《德国改造法》等

D. 由于德国民法具有"潘德克顿学派"的理论基础，相对于 19 世纪大陆法系其他国家而言，其结构更加严谨，概念更加准确

【答案】D

【解析】本题考点为大陆法系。德国封建时代最著名的习惯法汇编是 1220 年的《萨克森法典》，A 项错误；在拿破仑统治时期，法国制定了《民法典》、《商法典》、《刑法典》、《民事诉讼法典》和《刑事诉讼法典》五部重要法典，再加上宪法，构成了法国"六法"体系，B 项也不对。1919 年，战败的德国进入魏玛共和国时期。由于政体的变化和社会化思潮的影响，德国加快了民主政治的进程，在沿用原有法律的同时，颁布了大量的"社会化"法律，如调整社会经济的法律和保障劳工利益的法律，使德国成为经济立法和劳工立法的先导，而《清除人民和国家痛苦法》、《德国改造法》表明的是法西斯专政时期德国法的蜕变，C 项表述不对。D 项是正确的，德国民法其结构比 19 世纪大陆法系其他国家的更加严谨，概念更加准确。

19. 甲市某酒厂酿造的"蓝星"系列白酒深为当地人喜爱。甲市政府办公室发文指定该酒为"接待用酒"，要求各机关、企事业单位、社会团体在业务用餐时，饮酒应以"蓝星"系列为主。同时，酒厂公开承诺：用餐者凭市内各酒楼出具的证明，可以取得消费 100 元返还 10 元的奖励。下列关于此事的说法哪一项是不正确的？

A. 甲市政府办公室的行为属于限制竞争行为

B. 酒厂的做法尚未构成商业贿赂行为

C. 上级机关可以责令甲市政府改正错误

D. 监督检查部门可以没收酒厂的违法所得，并处以罚款

【答案】D

【解析】本题中虽然市办公室的行为属于限制竞争行为但酒厂的行为行为并未构成商业贿赂，是正常的商业促销行为。商业贿赂是指经营者为争取交易机会，暗中给予交易对方有关人员和能够影响交易的其他相关人员以财物或其他好处的行为。因此监督检查部门不可以"没收酒厂的违法所得，并处以罚款"。

20. 农民贾某从某种子站购买了五种农作物良种，正常耕种后有三种农作物分别减产 30％、40％和50％。经鉴定，这三种种子部分属于假良种。对此，下列哪一选项不正确？

A. 贾某可以向消费者协会投诉

B. 贾某只能要求种子站退还购良种款

C. 贾某可以要求种子站赔偿减产损失

D. 贾某可以向当地工商局举报要求对种子站进行罚款

【答案】B

【解析】根据《消费者权益保护法》第 54 条规定："农民购买、使用直接用于农业生产的生产资料，参照本法执行。"。因此，本题中贾某可以依照《消法》规定既可以向消协投诉，又可以请求有关部门追究种子站的民事、行政以至刑事责任。因此 B 正确。

21. 商业银行的下列违规行为哪一项依法应由中国人民银行负责查处？

A. 提供虚假财务报告

B. 出借营业许可证

C. 未经批准代理买卖外汇

D. 未经批准设立分支机构

【答案】A

【解析】根据商业银行法第 77 条规定："商业银行有下列情形之一，由中国人民银行责令改正，并处二十万元以上五十万元以下罚款；情节特别严重或者逾期不改正的，中国人民银行可以建议国务院银行业监督管理机构责令停业整顿或者吊销其经营许可证；构成犯罪的，依法追究刑事责任：（一）拒绝或者阻碍中国人民银行检查监

督的；（二）提供虚假的隐瞒重要事实的财务会计报告、报表和统计报表的；（三）未按照中国人民银行规定的比例交存存款准备金的。"A 正确。该法第 74 条第（一）、（四）、（五）项规定，可知 B、C、D 项所述内容由国务院银行业监督管理机构负责查处。

22. 根据我国《银行业监督管理法》的规定，在我国境内设立的下列哪一机构不属于银行业监督管理的对象？

 A. 农村信用合作社

 B. 财务公司

 C. 信托投资公司

 D. 证券公司

【答案】D

【解析】《银行业监督管理法》第 2 条明文规定：国务院银行业管理机构负责甘全国银行业金融机构及其业务活动监督管理的工作。本法所称银行业金融机构，是指在中华人民共和国境内设立的商业银行、城市信用合作社、农村信用合作社等吸收公众存款的金融机构以及政策性银行。对在中华人民共和国境内设立的金融资产管理公司、信托投资公司、财务公司、金融租赁公司以及经国务院银行业监督管理机构批准设立的其他金融机构的监督管理，适用本法对银行业金融机构监督管理的规定。国务院银行业监督管理机构依照本法有关规定，对经其批准在境外设立的金融机构以及前二款金融机构在境外的业务活动实施监督管理。而证券公司由国务院证券监督管理机构负责监督管理，因此 D 错误。

23. 因突发性事件而影响证券交易正常进行时，证券交易所可以采取下列哪一措施？

 A. 政策性停牌

 B. 技术性停牌

 C. 临时停市

 D. 休市

【答案】B

【解析】《证券法》第 109 条规定：因突发性事件而影响证券交易的正常进行时，证券交易所可以采取技术性停牌的措施；因不可抗力的突发性事件或者为维护证券交易的正常秩序，证券交易所可以决定临时停市。证券交易所采取技术性停牌或者决定临时停市，必须及时报告国务院证券监督管理机构。因此本题选 B。

24. 根据我国《个人所得税法》的规定，对下列哪一项所得可以实行加成征收？

    A. 特许权使用费所得

    B. 工资、薪金所得

    C. 劳务报酬所得

    D. 因福利彩票中奖所得

【答案】C

【解析】《个人所得税法》第3条明文规定：个人所得税的税率：一、工资、薪金所得，适用超额累进税率，税率为百分之五至百分之四十五（税表附后）。二、个体工商户的生产、经营所得和对企事业单位的承包经营、承租经营所得，适用百分之五至百分之三十五的超额累进税率。三、稿酬所得，适用比例税率，税率为百分之二十，并按应纳税额减征百分之三十。四、劳务报酬所得，适用比例税率，税率为百分之二十。对劳务报酬所得一次收入畸高的，可以实行加成征收，具体办法由国务院规定。五、特许权使用费所得，利息、股息、红利所得，财产租赁所得，财产转让所得，偶然所得和其他所得，适用比例税率，税率为百分之二十。因此只有C实行加成征收。

25. 某单位会计甲在审查业务员乙交来的一张购买原材料的发票时，发现该发票在产品及规格等栏目中所填内容与实际采购情况有较大差异。甲乙二人到仓库进行核对后，由乙在发票上进行更正并写了书面说明，甲将这张发票和乙的书面说明一起作为原始凭证入账。下列关于此事的说法哪一个是错误的。

    A. 甲应将发票连同乙的书面说明交单位负责人审查签字后才能入账

    B. 甲有权拒绝接受这张发票，并向单位负责人报告

    C. 乙无权对原始凭证记载的内容加以更改

    D. 乙应将这张发票拿回出票单位要求重开或更正

【答案】A

【解析】根据《会计法》第29条规定："会计机构、会计人员发现会计账簿记录与实物、款项及有关资料不相符，按照国家统一的会计制度的规定有权自行处理的，应当及时处理；无权处理的，应当立即向单位负责人报告，请求查明原因，作出处理。"因此应选A。

26. 对于已经办理审批手续但未使用的非农业建设占用耕地的处理，下列表述哪一项正确的？

    A. 审批后1年内不用的，应当按照省、自治区、直辖市的规定缴纳闲置费

B. 审批后 1 年以上未动工建设的，应当由原耕种该幅耕地的集体或个人恢复耕种

C. 审批后连续 2 年未使用的，或者间断使用，累计闲置达 3 年的，由县级以上人民政府无偿收回用地单位的土地使用权

D. 依法由县级以上人民政府无偿收回土地使用权的土地，原为农民集体所有的，应当交由该集体恢复耕种

【答案】D

【解析】根据《土地管理法》第 37 条规定："禁止任何单位和个人闲置、荒芜耕地。已经办理审批手续的非农业建设占用耕地，一年内不用而又可以耕种并收获的，应当由原耕种该幅耕地的集体或者个人恢复耕种、也可以由用地单位组织耕种；一年以上未动工建设的，应当按照省、自治区、直辖市的规定缴纳闲置费；连续二年未使用的，经原批准机关批准，由县级以上人民政府无偿收回用地单位的土地使用权；该幅土地原为农民集体所有的，应当交由原农村集体经济组织恢复耕种。在城市规划区范围内，以出让方式取得土地使用权进行房地产开发的闲置土地，依照《中华人民共和国城市房地产管理法》的有关规定办理。承包经营耕地的单位或者个人连续二年弃耕抛荒的，原发包单位应当终止承包合同，收回发包的耕地。"因此，选 D。

27. 下列有关环境质量标准的说法哪一个是正确的？

A. 环境质量标准包括国家环境标准和各级地方政府制定的地方环境标准

B. 对国家污染物排放标准已作规定的项目，不得制定地方标准

C. 凡是向已有地方污染物排放标准的区域排污的，应当执行该地方标准

D. 地方污染物排放标准必须报国务院环境保护行政主管部门批准

【答案】C

【解析】根据《环境保护法》第 9 条规定："国务院环境保护行政主管部门制定国家环境质量标准。省、自治区、直辖市人民政府对国家环境质量标准中未作规定的项目，可以制定地方环境质量标准，并报国务院环境保护行政主管部门备案。"由以上规定可知，C 正确。

28. 王某的日工资为 80 元。2004 年 5 月 1 日至 7 日，根据政府规定放假 7 天，其中 3 天属于法定假日，4 天属于前后两周的周末公休日。公司安排王某在这 7 天加班。根据劳动法的规定，公司除应向王某支付每日 80 元的工资外，还应当向王某支付多少加班费？

A. 560 元

B. 800 元

C. 1120 元

D. 1360 元

【答案】B

【解析】《劳动法》第 44 条规定："有下列情形之一的，用人单位应当按照下列标准支付高于劳动者正常工作时间工资的工资报酬：（一）安排劳动者延长工作时间的，支付不低于工资的百分之一百五十的工资报酬；（二）休息日安排劳动者工作又不能安排补休的，支付不低于工资的百分之二百的工资报酬；（三）法定休假日安排劳动者工作的，支付不低于工资的百分之三百的工资报酬。"在本题中，王某 1 日至 3 日为法定休假日，报酬为（80×3）×3＝720 元；4 日到 7 日为休息日报酬为（80 × 2）×4＝640 元；王某的工资报酬总共为 1360 元而其正常上班工资为 560 元，因此公司应支付王某加班费 800 元。

29. 八角岛是位于乙国近海的本属于甲国的岛屿。40 年前甲国内战时，乙国乘机强占该岛，并将岛上的甲国居民全部驱逐。随后乙国在国内立法中将该岛纳入乙国版图。甲国至今一直主张对该岛的主权，不断抗议乙国的占领行为并要求乙国撤出该岛，但并未采取武力收复该岛的行动。如果这种实际状态持续下去，根据国际法的有关规则，下列判断哪一项是正确的。

A. 根据实际统治原则，该岛在乙国占领 50 年后，其主权就归属乙国

B. 根据时效原则，该岛在乙国占领 50 年后，其主权将归属乙国

C. 根据实际统治和共管原则，乙国占领该岛 50 年后，该岛屿主权属于甲乙国共有

D. 根据领土主权原则，即使乙国占领该岛 50 年后，该岛屿主权仍然属于甲国

【答案】D

【解析】A 项，根据国际法上的"实际统治"原则，只有那些实际有效统治这个国家绝大部分领土的政权才可视为在国际上代表这个国家的合法政府，只有这些政府才具备在国际法上行使国家主权的权力；B 项，国际法上的"时效"原则是指由于国家公开地、不受干扰地、长期持续地占有他国领土，从而获得该领土的主权。但是，由于这里的时效不问该占领本身是否非法，加上关于取得时效的期限未能确定这两个问题，时效的适用历来争议很大。现在基本没有普遍适用意义。C 项，国际法上的"共管"原则是指两个或者两个以上国家对同一领土区域共同行使主权。这种情况可以理解为有关国家对该领土的主权互相限制。因此本题并不属于此种情况。综上所述，根据国际法上"领土主权"原则，该岛屿属甲国所有，故选 D 项。

30. 甲国警察布某，因婚姻破裂而绝望，某日持枪向路人射击。甲国警方迅速赶到事发现场，采取措施控制事态并围捕布某。布某因拒捕被击毙。但布某的疯狂射击造成数人死亡，其中包括乙国驻甲国参赞科某。根据国际法的有关规则，就该参赞的死亡，下列判断哪一项是正确的？

    A. 甲国国家应承担直接责任

    B. 甲国国家应承担间接责任

    C. 甲国国家应承担连带责任

    D. 甲国国家没有法律责任

【答案】D

【解析】本题考点为国际法律责任。国家应对其违背国际义务的行为承担国际法上的国家责任，是一项确立的国际法习惯法规则。但是，非代表国家行事的人的行为不是国家行为，国家不承担责任因此本题中，甲国警察布某的行为并不是甲国国家的不当行为，甲国对布某的私人行为不承担责任。

31. 月球主人公司是甲国人汤姆在甲国注册的公司，专门从事出售月球土地的生意。该公司把月球分为若干部分供购买者选购，并称通过与该公司订立"月球契约"，买方就拥有了其购买的月球特定部分的所有权。对此，根据外层空间法的有关规则，下列判断哪一项是正确的？

    A. 该类契约规定的所有权，必须得到甲国国家的特别批准方能在国际法上成立

    B. 该类契约可以构成甲国国家对月球相关部分主张主权的证据

    C. 即使该类契约受甲国国内法的保护，该所有权在国际法上也不能成立

    D. 该类契约必须在联合国外空委员会登记，以确立购买者在国际法上的所有权

【答案】C

【解析】根据《外空条约》的规定，国家从事外空活动应遵循的基本原则之一任何国家不得通过主权要求、使用或占领的方法，或采取其他任何措施，将外空据为己有。也包括不许任何自然人或团体占有。故选C项。

32. 甲国公民詹某在乙国合法拥有一幢房屋。乙国某公司欲租用该房屋，被詹某拒绝。该公司遂强行占用该房屋，并将詹某打伤。根据国际法中的有关规则，下列救济方式哪一项是正确的？

    A. 詹某应向乙国提出外交保护请求

    B. 詹某可以将此事件诉诸乙国行政及司法当局

C. 詹某应向甲国驻在乙国的外交团提出外交保护的请求

D. 甲国可以立即行使外交保护权

【答案】B

【解析】 外交保护或外交保护权，是指一国国民在外国受到不法侵害，且依该外国法律程序得不到救济时，其国籍国可以通过外交方式要求该外国进行救济或承担责任，以保护其国民或国家的权益。外交保护也必须在用尽当地救济的情况下才能行使，而詹某并为向当地司法机关要求处理。因此 B 正确。

33. 甲乙丙三国订有贸易条约。后甲乙两国又达成了新的贸易条约，其中许多规定与三国前述条约有冲突。新约中规定，旧约被新约取代。甲乙两国均为《维也纳条约法公约》的缔约国。根据条约法，下列判断哪一项是错误的？

    A. 旧约尚未失效

    B. 新约不能完全取代旧约

    C. 新约须经丙国承认方能生效

    D. 丙国与甲乙两国间适用旧约

【答案】C

【解析】 条约的冲突是指一国就同一事项先后参加的两个或几个条约的规定相互冲突。解决条约的冲突一般采取以下几种方法：（1）先后就同一事项签订的两个条约的当事国完全相同时，不论是双边还是多边条约，一般适用后约取代前约的原则，即适用后约，先约失效。（2）先后就同一事项签订的两个条约的当事国部分相同，部分不同时，在同为两条约当事国之间，适用后约优于先约的原则。（3）适用条约本身关于解决条约冲突的规定。由以上内容可知，本题选 C。

34. 甲乙两国协议将其海洋划界争端提交联合国国际法院。国际法院就此案作出判决后，甲国拒不履行依该判决所承担的义务。根据《国际法院规约》，下列做法哪一个是正确的？

    A. 乙国可以申请国际法院指令甲国的国内法院强制执行该判决

    B. 乙国可以申请由国际法院执行庭对该判决强制执行

    C. 乙国可以向联合国安理会提出申诉，请求由安理会作出建议或采取行动，执行该判决

    D. 乙国可以向联合国大会法律委员会提出申诉，由法律委员会决定采取行动，执行该判决

【答案】C

【解析】根据《国际法院规约》的规定，国际法院的判决是终局性的。判决一经作出，即对本案及本案当事国产生拘束力，当事国必须履行。如有一方拒不履行判决，他方得向安理会提出申诉，安理会可以作出有关建议或决定采取措施执行判决。法院成立以来尚无判决被拒绝履行案例。C 正确。

35. 中国公民甲得知 A 国法院正在审理其配偶中国公民乙提起的离婚诉讼，便在自己住所地的中国法院对乙也提起离婚之诉。依我国司法实践，法院对于甲的起诉应如何处理？

   A. 受理此案

   B. 以"一事不两诉"原则为依据不予受理

   C. 与 A 国法院协调管辖权的冲突

   D. 告知甲在 A 国法院应诉

【答案】A

【解析】根据《民诉意见》第 15 条规定："中国公民一方居住在国外，一方居住在国内，不论哪一方向人民法院提起离婚诉讼，国内一方住所地的人民法院都有权管辖。知国外一方在居住国法院起诉，国内一方向人民法院起诉的，受诉人民法院有权管辖。"因此 A 正确。

36. 依我国法律规定，在我国法院受理的涉外离婚案件审理过程中，认定婚姻是否有效应当以下列哪一项为准据法？

   A. 婚姻缔结地法

   B. 当事人本国法

   C. 当事人住所地法

   D. 法院地法

【答案】A

【解析】《民法通则》第 147 条规定："中华人民共和国公民和外国人结婚适用婚姻缔结地法律，离婚适用受理案件的法院所在地法律。"因此，选 A。

37. 依我国《民用航空法》的规定，民用航空器的转让、抵押，应当适用哪国法律？

   A. 民用航空器转让、抵押地国法律

   B. 民用航空器所在地国法律

   C. 民用航空器国籍登记国法律

D. 受理案件的法院所在地国法律

【答案】C

【解析】根据我国《民用航空法》的有关规定民用航空器的抵钾权适用民用航空器国籍登记国法律。因此，本题选C。

38. 一艘悬挂巴拿马国旗并由一巴西海运公司经营的海船，运送一批属一家日本公司的货物从日本到中国，在韩国附近海域发生意外。为了安全完成本航程，该海船驶入韩国某港口避难，发生共同海损，后在中国某港口进行理算。该共同海损理算应适用什么法律？

A. 船旗国法律

B. 共同海损发生地法律

C. 巴西的法律

D. 理算地法律

【答案】D

【解析】根据我国《海商法》第274条规定："共同海损理算，适用理算地法律。"因此选D。

39. 侨居甲国的中国公民田某在乙国旅行时遇车祸身亡。其生前在丙国某银行寄存有价值10万美元的股票、珠宝一批，在中国遗留有价值200万人民币的房产一处。田某在中国的父母要求继承这批股票和珠宝。我国与甲乙丙三国均无有关遗产继承的特别协议。依我国法律，前述股票和珠宝的继承应适用哪一国的法律？

A. 中国法

B. 甲国法

C. 乙国法

D. 丙国法

【答案】B

【解析】根据我国《继承法》第36条规定：中国公民继承在中华人民共和国境外的遗产或者继承在中国境内的外国人的遗产，以及外国人继承在中国境内的遗产或者继承中国会民在中华人民共和国境外的遗产，动产适用被继承人住所地法律，不动产适用不动产所在地法律。1986年《民法通则》第149条进一步明确规定：遗产的法定继承，动产适用被继承人死亡时的住所地法律，不动产适用不动产所在地法律。在本题中，田某死亡时的住所地在甲国，故应适用甲国法，选B。

40. 甲国人琼斯在我国工作期间不幸病故。琼斯在我国境内遗留有价值 300 万元人民币的财产，但未留遗嘱，亦无继承人。在这种情况下，琼斯遗留在我国的财产应依据什么法律处理？

    A. 依甲国法处理

    B. 依涉外继承的准据法处理

    C. 依中国法律处理，但中甲两国缔结或参加的国际条约另有规定的除外

    D. 交甲国驻华使领馆依甲国法处理

    【答案】C

    【解析】根据最高人民法院 1988 年《关于贯彻执行〈中华人民共和国民法通则〉若干问题的意见（试行）》第 191 条的规定：在我国境内死亡的外国人，遗留在我国境内的财产，如果无人继承又无人受遗赠的，依照我国法律处理，两国缔结或者参加的国际条约另有规定的除外。所以，本题选 C。

41. 甲国 A 公司（买方）与乙国 B 公司（卖方）签订一进口水果合同，价格条件为 CFR，装运港的检验证书作为议付货款的依据，但约定买方在目的港有复验权。货物在装运港检验合格后交由 C 公司运输。由于乙国当时发生疫情，船舶到达甲国目的港外时，甲国有关当局对船舶进行了熏蒸消毒，该工作进行了数天。之后，A 公司在目的港复验时发现该批水果已全部腐烂。依据《海牙规则》及有关国际公约，下列哪一选项是正确的？

    A. C 公司可以免责

    B. A 公司应向 B 公司提出索赔，因为其提供的货物与合同不符

    C. A 公司应向 C 公司提出索赔，因为其没有尽到保管货物的责任

    D. A 公司应向 B 公司提出索赔，因为其没有履行适当安排保险的义务

    【答案】A

    【解析】根据《海商法》第 51 条第 1 款第（五）项规定，对于由于政府或者主管部门的行为、检疫限制或者司法扣押所造成的货物灭失或者损坏，承运人不负赔偿责任，故本题选 A。

42. 依我国 2004 年修订的《中华人民共和国对外贸易法》的规定，基于保障国家国际金融地位和国际收支平衡的原因，国家可以对货物贸易采取下列哪一项措施？

    A. 禁止进口

    B. 禁止出口

    C. 限制进口

D. 限制出口

【答案】C

【解析】根据 2004 年 4 月 6 日修订的《对外贸易法》第 16 条第（九）项规定，为保障国家国际金融地位和国际收支平衡，国家可对货物贸易实行限制进口，所以选 C。

43. 世界贸易组织法律规则中的《与贸易有关的投资措施协议》适用的范围限于下列哪一项？

    A. 与货物贸易有关的投资措施
    B. 与服务贸易有关的投资措施
    C. 与专利技术转让有关的投资措施
    D. 与商标权转让有关的投资措施

【答案】A

【解析】《与贸易有关的投资措施协议》（Trade－Related Investment Measures，简称 TRIMS）是指能够对国际贸易引起扭曲或限制作用的投资措施。这里的"贸易"仅指货物贸易，不涉及服务贸易。故本题选 A。

44. 根据世界贸易组织争端解决规则和程序的谅解协议的规定，当世贸组织成员方之间发生贸易纠纷时，可采取的解决方式中不包括下列哪一项？

    A. 双边磋商
    B. 成立专家组
    C. 上诉机构的审查
    D. 上诉机构的调解

【答案】D

【解析】世贸组织的争端解决程序为：1.磋商。磋商有助于澄清争端、促进争端的解决。2.设立专家组的申请——起诉。自提出磋商请求日起 60 天内磋商没有解决争端时，申诉方才可申请成立专家组。3.专家组的裁定和结论。4.上诉机构的审查、裁定。在专家组报告发布后的 60 天内，任何争端方都可以向上诉机构提起上诉。上诉机构则只审查专家组报告涉及的法律问题和专家组作出的法律解释。5.争端解决机构通过专家组和上诉机构的报告。6.争端解决机构裁定和建议的实施。因此 D 项不在以上争端解决程序之列。

45. 平安险是中国人民保险公司海洋货物运输保障的主要险别之一。下列哪一损失不能包括在平安险的责任范围之内？

 A. 被保险货物在运输途中由于自然灾害造成的全部损失

 B. 被保险货物在运输途中由于自然灾害造成的部分损失

 C. 共同海损的牺牲、分摊

 D. 共同海损的救助费用

【答案】 B

【解析】 平安险为"单独海损不赔"。其责任范围主要包括：（1）被保险货物在运输途中由于恶劣气候、雷电、海啸、地震、洪水等自然灾害造成的整批货物的全部损失或推定全损。（2）由于运输工具遭受搁浅、触礁、沉没、互撞、与流冰或其他物体碰撞以及失火、爆炸等意外事故造成货物的全部或部分损失。（3）在运输工具已经发生搁浅、触礁、沉没、焚毁等意外事故的情况下，货物在此前后又在海上遭受恶劣气候、雷电、海啸等自然灾害所造成的部分损失。(4) 在装卸或转运时由于一件或数件整件货物落海造成的全部或部分损失。(5) 被保险人对遭受承保责任内危险的货物采取抢救、防止或减少货损的措施而支付的合理费用，但以不超过该批被救货物的保险金额为限。(6) 运输工具遭遇海难后，在避难港由于卸货所引起的损失以及在中途港、避难港由于卸货、存仓以及运送货物所产生的特别费用。(7) 共同海损的牺牲、分摊和救助费用。(8) 运输合同中订有"船舶互撞责任"条款，根据该条款规定应由货方偿还船方的损失。由上可知，本题选 B。

46. 《保护文学艺术作品伯尔尼公约》是著作权领域第一个世界性多边国际条约，也是至今影响最大的著作权公约。下列关于该公约的说法哪一个是不正确的？

 A. 该公约采用自动保护原则

 B. 该公约不保护演绎作品

 C. 非成员国国民的作品在成员国首次发表可以受到公约的保护

 D. 该公约保护作者的经济权利

【答案】 B

【解析】《保护文学艺术作品伯尔尼公约》保护的客体范围包括：（1）成员国必须保护的作品：包括文学艺术作品、演绎作品以及实用艺术作品和工业品外观设计。（2）成员国可以选择是否给予保护的作品包括官方文件、讲演、演说或其他同类性质的作品以及民间文学艺术作品。（3）《伯尔尼公约》明确规定版权保护不适用于日常新闻或纯属报刊消息性质的社会新闻，理由是这类作品缺乏构成作品条件的创造性因素。由以上内容可知 B 项错误。

47. 下列关于法律职业道德的表述哪一项是不正确的？

 A. 法律职业道德是法律职业人员所应遵循的行为规范的总和

 B. 法律职业道德是社会道德体系的重要组成部分，与一般社会道德相比具有职业特殊性

 C. 法律职业道德具有规范作用和法律上的普遍强制作用

 D. 法律职业道德在一定层面上可以表现为特定的法律规范

【答案】C

【解析】法律职业道德具有主体的特定性、职业的特殊性和更强的约束性的特征。由以上特性可知，法律职业道德不具有法律上的普遍强制作用，故选 C 项。

48. 下列关于法官应当遵守的职业道德准则的表述哪一项是不正确的？

 A. 法官在审判过程中可以用适当方式向双方当事人表明自己对案件审理结果的观点或态度

 B. 法官对与当事人实体权利和诉讼权利有关的措施和裁判应当依法说明理由

 C. 法官不得向上级人民法院就二审案件提出个人的处理建议和意见

 D. 法官不得擅自过问下级人民法院正在审理的案件

【答案】A

【解析】A 项表述违背了法官审理案件应当保持中立的职业道德准则要求。

49. 根据我国检察官法有关任职回避的规定，下列表述哪一项是不正确的？

 A. 杨某和蒋某系夫妻，二人不得同时在同一人民检察院担任检察员

 B. 何甲和何乙系姐弟，二人不得同时在同一人民检察院起诉科担任助理检察员

 C. 检察官袁某从人民检察院离任后 2 年内，不得担任诉讼代理人或者辩护人

 D. 林某为县人民检察院检察官，其子小林不得担任该县人民检察院办理案件的辩护人

【答案】C

【解析】《检察官法》第 20 条规定："检察官从人民检察院离任后二年内，不得以律师身份担任诉讼代理人或者辩护人。检察官从人民检察院离任后，不得担任原任职检察院办理案件的诉讼代理人或者辩护人。检察官的配偶、子女不得担任该检察官所任职检察院办理案件的诉讼代理人或者辩护人。"故 C 项表述不正确。

50. 下列关于律师执业行为规范的表述哪一项是正确的？

 A. 律师可以根据案件的进展情况，适时就某一案件的判决结果向委托人作出承诺

B. 律师依法辩护、代理案件提出的预先分析意见没有实现，可以认定律师的意见是虚假承诺

C. 律师接受委托时必须与委托人明确规定包括程序法和实体法两方面的委托权限。委托权限不明确的，视为全权委托

D. 律师可以公开委托人授权同意披露的信息

【答案】D

【解析】有关规定律师不得适时就某一案件的判决结果向委托人作出承诺，A 项错误。根据《律师执业行为规范》第 70 条的规定律师依法辩护、代理案件提出的预先分析意见没有实现不认为是虚假承诺，B 项错误。《律师执业行为规范》第 62 条规定："律师接受委托时必须与委托人明确规定包括程序法和实体法两方面的委托权限。委托权限不明确的，律师应主动提示。"另根据《民诉》关于诉讼代理人的相关规定，也可知 C 项在委托权限不明确的情况下，不得视为全权委托。

二、多项选择题，每题所给选项中有两个或两个以上正确答案，少答或多答均不得分。本部分 51-80 题，每题 2 分，共 60 分。

51. 下列关于法治与法制的表述哪些是不适当的？

A. 法治要求法律全面地、全方位地介入社会生活，这意味着法律取代了其他社会调整手段

B. 法治与法制的根本区别在于社会对法律的重视程度不同

C. 实现了法制，就不会出现牺牲个案实体正义的情况

D. 法治的核心是权利保障与权力制约

【答案】ABC

【解析】A 项，法治要求法律全面全方位地介入社会生活，但绝不意味着法律取代了其他社会调整手段；B 项，法治与法制的根本区别在于法对国家权力的限制与制约不同。法治的核心是权利保障与权力制约，而法制的最终目的是建立符合统治阶级的法律秋序。C 项所述内容也不正确，即使实现了法制，为了实现普遍正义有时候也会牺牲个案正义的。

52. 下列有关执法与守法区别的说法哪些是不正确的？

A. 执法的主体不仅包括国家机关，也包括所有的法人；守法的主体不仅包括国家

机关，也包括所有的法人和自然人

B. 行政机关的执法具有主动性，公民的守法具有被动性

C. 执法是执法主体将法律实施于其他机关、团体或个人的活动，守法是一切机关、团体或个人实施法律的活动

D. 执法须遵循程序性要求，守法毋须遵循程序性要求

【答案】ABD

【解析】执法的主体仅包括国家行政机关，而不包括所有的法人，A项错；公民的守法既包括积极的守法也包括消极的守法，B项也错误。C项是正确的表述；D项错在积极的守法也要遵循程序性要求。

53. 下列表述哪些可以成立?

A. 司机白某在驾车途中因突发心脏病，把车停在了标有"此处禁止停车，违者罚款100元"处，但白某最终没有受到处罚。此为运用辩证推理的结果

B. 在法的适用中，需要对"父母有抚养教育子女的义务，子女有赡养扶助父母的义务"这一规定进行限制解释

C. 林某因他杀死亡，其与妻子的婚姻法律关系因此而终结。引起该婚姻关系终结的死亡事件属于法律事件

D. 已加入甲国国籍的原福建人沈某在乙国印制人民币假钞20万元，其行为是否适用中国法律，属于法的空间效力问题

【答案】ABC

【解析】A项，辩证推理，即侧重对法律规定和案件事实的实质内容进行价值评价或者在相互冲突的利益间进行选择的推理。它的特点在于: 不能以一个从前提到结论的单一连锁链的思维过程和证明模式得出结论。A项表述正确；B项，限制解释是指在法律条文的字面涵义显然比立法原意为广时，做出比字面涵义为窄的解释。该规定的立法原意为"父母有抚养教育未成年子女的义务，成年子女有赡养扶助父母的义务"，显然，该条文规定的字面涵义要比立法原意宽，在适用中应作限制解释；C项，依是否以人们的意志为转移作标准，可以将法律事实大体上分为两类，即法律事件和法律行为。法律事件是法律规范规定的，不以当事人的意志为转移而引起法律关系形成、变更或消灭的客观事实。法律行为可以作为法律事实而存在，能够引起法律关系形成、变更和消灭。该选项中婚姻法律关系的终结与当事人的意志无关，因此林某死亡属法律事件；D项错在其行为是否适用中国法律属于法对人的效力，而不是空间效力问题。

54. 下列关于我国法律效力问题的表述哪些是正确的？

    A. 地方性法规的效力高于下级地方政府规章但不高于本级地方政府规章

    B. 地方性法规与部门规章之间对同一事项的规定不一致时，由国务院裁决

    C. 按照我国《立法法》的规定，为了更好地保护公民的权利和利益，某些行政法规的特别规定可以溯及既往

    D. 经济特区法规根据授权对全国人大及其常委会制定的法律作变通规定的，在本经济特区适用经济特区法规的规定

    【答案】CD

    【解析】A 项中地方性法规的法律效力既高于下级地方政府规章又高于本级地方政府规章；B 项中地方性法规与部门规章之间对同一事项的规定不一致时，根据《立法法》第八十六条（二）规定：地方性法规与部门规章之间对同一事项的规定不一致，不能确定如何适用时，由国务院提出意见，国务院认为应当适用地方性法规的，应当决定在该地方适用地方性法规的规定；认为应当适用部门规章的，应当提请全国人民代表大会常务委员会裁决；C 项，《立法法》第 84 条规定："法律、行政法规、地方性法规、自治条例和单行条例、规章不溯及既往，但为了更好地保护公民、法人和其他组织的权利和利益而作的特别规定除外。"因此 C 项正确；D 项，《立法权》第 81 条规定："经济特区法规根据授权对法律、行政法规、地方性法规作变通规定的，在本经济特区适用经济特区法规的规定。"因此 D 项也正确。

55. 依据《香港特别行政区基本法》的有关规定，香港居民享有下列哪些自由？

    A. 言论、新闻、出版自由

    B. 通讯自由

    C. 移居其他国家和出入境的自由

    D. 公开传教的自由

    【答案】ABCD

    【解析】根据《香港特别行政区基本法》第 32 条明确规定："香港居民有信仰的自由。香港居民有宗教信仰的自由，有公开传教和举行、参加宗教活动的自由。"因此，本题 ABCD 都正确。

56. 依据《澳门特别行政区基本法》的有关规定，下列表述哪些是正确的？

    A. 中央人民政府所属各部门，各省、自治区、直辖市均不得干预澳门特别行政区依基本法自行管理的事务

B. 澳门特别行政区各级法院的法官，根据当地法官、律师和知名人士组成的独立委员会的推荐，由行政长官任命

C. 澳门特别行政区检察长由澳门特别行政区永久性居民中的中国公民担任，由行政长官提名，报中央人民政府任命

D. 澳门特别行政区可以"中国澳门"的名义参加不以国家为单位参加的国际组织和国际会议

【答案】ABCD

【解析】A 项表述符合《澳门特别行政区基本法》第 22 条第 1 款的规定；B 项表述符合该法第 87 条第 1 款之规定；C 项表述符合该法第 90 条第 2 款之规定；D 项表述符合该法第 137 条第 2 款之规定。因此，ABCD 全入选。

57. 下列有关我国公民权利的表述哪些符合宪法的规定？

A. 公民对于任何国家机关和国家工作人员，有提出批评和建议的权利

B. 公民对任何国家机关和国家工作人员的违法失职行为，有提出申诉、控告或者检举的权利

C. 任何国家机关在接到公民提出的申诉、控告或者检举后，都必须查清事实，负责处理

D. 国家机关和国家工作人员侵犯公民权利造成损失的，受害人有依法请求赔偿的权利

【答案】ABD

【解析】《宪法》第 41 条规定："中华人民共和国公民对于任何国家机关和国家工作人员，有提出批评和建议的权利；对于任何国家机关和国家工作人员的违法失职行为，有向有关国家机关提出申诉、控告或者检举的权利，但是不得捏造或者歪曲事实进行诬告陷害。对于公民的申诉、控告或者检举，有关国家机关必须查清事实，负责处理。任何人不得压制和打击报复。由于国家机关和国家工作人员侵犯公民权利而受到损失的人，有依照法律规定取得赔偿的权利。"因此 C 项错误。

58. 我国是统一的多民族国家。下列关于我国国家结构形式的表述哪些是正确的？

A. 我国是单一制的国家

B. 我国的国家结构形式是由我国的历史传统和民族状况决定的

C. 民族区域自治以少数民族聚居区为基础，实行民族自治

D. 民族自治地方设立自治机关，行使自治权

【答案】ABD

【解析】我国的民族区域自治制度是民族自治与区域自治的结合并不等于民族自治。因此 C 错误。

59. 下列有关我国唐宋时期法制的表述哪些是正确的?

A. 《永徽律疏》不仅是中华法系的代表性法典，也是中国封建法制的最高成就

B. 《宋刑统》不仅是一部具有统括性和综合性的法典，也是中国历史上第一部刊印颁行的法典

C. 自首、类推、化外人、区分公罪与私罪等原则都是唐律中重要的刑罚原则

D. 唐代和宋代在中央司法机构的设置上是一致的，即在皇帝以下设置大理寺、刑部、御史台三大司法机构，分掌中央司法审判职权

【答案】ABCD

【解析】《永徽律疏》的完成，标志着中国古代立法达到了最高水平。故 A 项正确；宋太《永徽律疏》由太祖诏"付大理寺刻板摹印，颁行天下"，成为历史上第一部刊印颁行的法典。据此 B 项正确《永徽律疏》中包括自首、类推、化外人、区分公罪与私罪等原则都是唐律中重要的刑罚原则 C 项表述正确；唐代沿袭隋制，皇帝以下设置大理寺、刑部、御史台三大司法机构，执行各自的司法职能。宋沿唐制，在中央设置大理寺、刑部、御史台，分掌中央司法审判职权。所以 D 项也正确。

60. 魏晋南北朝时期法律发生了许多发展变化，对后世法律具有重要影响。下列哪些表述正确揭示了这些发展变化?

A. 《北齐律》共 12 篇，首先将刑名与法例律合为名例律一篇

B. 《魏律》以《周礼》"八辟"为依据，正式规定了"八议"制度

C. 《北周律》首次规定了"重罪十条"

D. 《北魏律》与《陈律》正式确立了"官当"制度

【答案】ABD

【解析】C 项错在"重罪十条"首次规定在《北齐律》中，而不是《北周律》 ABD 均是正确的表述。

61. 下列有关古罗马《国法大全》的说法哪些是正确的?

A. 《国法大全》包括《查士丁尼法典》、《法学阶梯》、《法学汇编》、《查士丁尼新律》

B. 《国法大全》是由乌尔比安主持编纂的

C. 《国法大全》的问世，标志着罗马法达到了最发达、最完备的阶段

D. 12 世纪意大利注释法学派将《国法大全》的研究变成一门科学，为罗马法复兴作出了开创性的贡献

【答案】ACD

【解析】《国法大全》中《查士丁尼法典》、《法学阶梯》、《法学汇编》是由特里波安负责，《查士丁尼新律》为查士丁尼主持编纂都不是乌尔比安主持编纂的，因此 B 错误。ACD 都正确。

62. 某县审计局 4 月 20 日开会决定对该县国有企业 A 进行审计，22 日该审计局的一名审计人员先期到达 A 企业进行审计，审计过程中发现 A 企业与该县另一企业 B 之间的一笔购销木材合同存在疑点，遂决定到 B 企业进行调查。4 月 29 日，该审计局的两名审计人员来到 B 企业，并向 B 企业的负责人口头说明了自己的身份，要求其提供与 A 企业木材购销合同的相关情况。该审计局的上述审计活动中，哪些不符合关于审计程序的法律规定？

A. 实施审计前未组成审计组

B. 实施审计前未向被审计单位的上级主管部门通报情况

C. 实施审计 3 日前未向被审计单位送达审计通知书

D. 审计人员进行调查时，未出示审计人员的工作证件和审计通知书副本

【答案】ACD

【解析】《审计法》第 37 条规定："审计机关审计项目计划确定的审计事项组成审计组，并应当在实施审计三日前，向被审计单位送达审计通知书。被审计单位应当配合审计机关的工作，并提供必要的工作条件。"由此可知 AC 应选；该法第 38 条第 2 款规定："审计人员向有关单位和个人进行调查时，应当出示审计人员的工作证件和审计通知书副本。"由此可知 D 项也应选。B 项，审计机关实施审计前无需向被审计单位的上级主管部门通报情况。

63. 甲从国外低价购得一项未获当地政府批准销售的专利产品"近视治疗仪"。甲将产品样品和技术资料提交给我国 X 市卫生局指定的医疗产品检验机构。该机构未作任何检验，按照甲书写的文稿出具了该产品的检验合格报告。随后，该市退休医师协会的秘书长乙又以该协会的名义出具了该产品的质量保证书。该产品投入市场后，连续造成多起青少年因使用该产品致眼睛严重受损的事件。现除要求追究甲的刑事责任外，受害者还可以采用哪些民事补救方法？

A. 要求甲承担损害赔偿责任

B. 要求该卫生局承担连带赔偿责任

C. 要求该检验机构承担连带赔偿责任

D. 要求该退休医师协会承担连带赔偿责任

【答案】ACD

【解析】经营者对其提供的商品存在缺陷应承担赔偿责任，所以 A 应选；根据《产品质量法》第 57 条第 3 款规定："产品质量认证机构违反本法第 21 条第 2 款的规定，对不符合认证标准而使用认证标志的产品，未依法要求其改正或者取消其使用认证标志资格的，对因产品不符合认证标准给消费者造成的损失，与产品的生产者、销售者承担连带责任；情节严重的，撤销其认证资格。"C 项应选；本法第 58 条规定："社会团体、社会中介机构对产品质量作出承诺、保证，而该产品又不符合其承诺、保证的质量要求，给消费者造成损失的，与产品的生产者、销售者承担连带责任。"所以 D 项应选。

64. 根据《银行业监督管理法》的规定，银行业金融机构违反审慎经营规则且逾期未改正的，国务院银行业监督管理机构可以对其采取下列哪些措施？

A. 限制资产转让

B. 限制分配红利

C. 责令暂停部分业务

D. 促成机构重组

【答案】ABC

【解析】《银行业监督管理法》第 37 条对银行业金融机构违反审慎经营规则应受的处罚作出了明确具体的规定："银行业金融机构违反审慎经营规则的，国务院银行业监督管理机构或者其省一级派出机构应当责令限期改正；逾期未改正的，或者其行为严重危及该银行业金融机构的稳健运行、损害存款人和其他客户合法权益的，经国务院银行业监督管理机构或者其省一级派出机构负责人批准，可以区别情形，采取下列措施：（一）责令暂停部分业务、停止批准开办新业务；（二）限制分配红利和其他收入；（三）限制资产转让；（四）责令控股股东转让股权或者限制有关股东的权利；（五）责令调整董事、高级管理人员或者限制其权利；（六）停止批准增设分支机构。银行业金融机构整改后，应当向国务院银行业监督管理机构或者其省一级派出机构提交报告。国务院银行业监督管理机构或者其省一级派出机构经验收，符合有关审慎经营规则的，应当自验收完毕之日起三日内解除对其采取的前款规定的有关措施。"据此，本题选 ABC。

65. 某商业银行发放的下列贷款，哪些应计入不良贷款？

 A. 甲公司的一笔流动资金贷款于本周到期，现银行同意其延展还款期 1 个月

 B. 乙公司的一笔房地产项目贷款于 2005 年 6 月到期，2004 年 7 月该项目因资金短缺而停建

 C. 丙公司的一笔委托贷款于 2005 年 9 月到期，2004 年 7 月该公司已进入破产清算程序

 D. 丁公司的一笔拖欠多年的固定资产贷款，现已按规定以呆账准备金予以冲销

【答案】BC

【解析】货款形态分为正常货款、不良贷款、欠息货款和展期货款，不良货款包括逾期货款、呆滞货款和呆账货款。A 项所述属于展期货款，D 项的不良贷款已予以冲销，故 BC 正确。

66. 下列哪些属于法律禁止的证券交易行为？

 A. 发行人在公司成立之日起 3 年内转让其所持股票

 B. 公司董事、经理、监事在任职期间转让本公司股票

 C. 为股票发行出具审计报告的专业人员在该股票承销期内买卖该种股票

 D. 为上市公司出具法律意见书的律师在该文件公开后 5 日内买卖该公司股票

【答案】ABCD

【解析】根据《会司法》第 147 条规定："发起人持有的本公司股份，自公司成立之日起三年内不得转让。公司董事、监事、经理应当向公司申报所持有的本会司的股份，并在任职期间内不得转让。"据此，AB 应选；《证券法》第 39 条规定："为股票发行出具审计报告、资产评佑报告或者法律意见书等文件的专业机构和人员，自接受上市公司委托之日起至上述文件会开后五日内，不得买卖该种股票。"据此，CD 应选。

67. 甲公司与银行签订借款合同，约定甲公司以自有的流光大厦作为抵押，贷款 8000 万元。双方办理抵押手续后，银行发放了贷款。现甲公司在流光大厦的土地上新建一幢溢彩楼。有关本案中房地产抵押借款合同的下列说法哪些是正确的？

 A. 甲公司不履行债务时，银行有权将流光大厦单独拍卖，并由所得价款优先受偿

 B. 甲公司在流光大厦的土地上新建的溢彩楼不是抵押财产

 C. 甲公司不按期还款时，银行可以将流光大厦和溢彩楼一同拍卖，但只能由流光大厦拍卖所得的价款优先受偿

 D. 溢彩楼是在建工程，依照法律规定，不得设置抵押，也不得拍卖转让

【答案】BC

【解析】根据《担保法》第 55 条规定："城市房地产抵押合同签订后，土地上新增的房屋不属于抵押物。需要拍卖该抵押的房地产时，可以依法将该土地上新增的房屋与抵押物一同拍卖，但对拍卖新增房屋所得，抵押权人无权优先受偿。依照本法规定以承包的土地使用权抵押的，或者以乡（镇）、村企业的厂房等建筑物占用范围内的土地使用权抵押的，在实现抵押权后，未经法定程序不得改变土地集体所有和土地用途。"据此，本题应选 BC。

68. 甲国白鹭公司与乙国黑鹰公司签订了一项进口化工废料到甲国的合同。该化工废料是被《控制危险废物越境转移及其处置的巴塞尔公约》列为附件中的危险废物，现位于乙国境内。甲乙两国都是公约的缔约国。根据相关的国际法规则，下列判断哪些是正确的？

   A. 乙国政府或黑鹰公司应将拟出口废料事项通知甲国政府，并得到甲国政府的书面准许，才能出口

   B. 甲国政府必须证实黑鹰公司和白鹭公司对该废料已作出无害环境的处置安排，包括详尽的处置办法和相关合同，才有准许进口

   C. 该种废料如果进行越境转移，必须有相关的保险或担保

   D. 如果甲国退出了《巴塞尔公约》，这种废料就不得再由乙国向甲国出口

【答案】ABCD

【解析】根据《控制危险废物的越境转移及其处置公约》（《巴塞尔公约》）的有关规定（1）缔约国禁止向另一缔约国出口危险废物，除非进口国没有一般地禁止该废物的进口，并且以书面形式对某一进口向出口国表示同意（2）出口国有理由认为拟出口的废物不会被以符合有关标准的对环境无害的方式在进口国或其他地方处理，则不得出口。(3)不得向非缔约国出口或自非缔约国进口危险废物。据此，ABCD 都正确。

69. 甲国船东的货轮"欢乐号"（在乙国注册）在丙国港口停泊期间，非丙国籍船员詹某和卡某在船舱内因口角引发斗殴。根据国际法相关规则和实践，下列判断哪些是正确的？

   A. 丙国通常根据詹某或卡某的请求，对该事件进行管辖

   B. 丙国通常根据该船船长的请求，对该事件进行管辖

   C. 丙国通常根据甲国驻丙国领事的请求，对该事件进行管辖

   D. 丙国通常根据乙国驻丙国领事的请求，对该事件进行管辖

【答案】BD

【解析】根据国际法的相关规定，一国通常应他国船舶船长的请求或他国驻该国领事的请求，对停泊在该国港口的他国船舶上发生的侵权事件才进行管辖。因此 BD 正确。

70. 根据我国的司法解释，我国法院在依法应适用外国法律时，如果该外国的不同地区实施不同的法律，应如何确定准据法？

　　A. 依据该国的区际冲突规则确定准据法

　　B. 可以直接选择适用该国任一地区的实体法

　　C. 在无法根据该国的区际冲突规则确定时，依据最密切联系原则确定准据法

　　D. 依当事人的住所地确定准据法

【答案】AC

【解析】根据《民通意见》第 192 条规定："依法应当适用的外国法律，如果该外国不同地区实施不同的法律的，依据该国法律关于调整国内法律冲突的规定，确定应适用的法律。该国法律未作规定的，直接适用与该民事关系有最密切联系的地区的法律。"因此选 AC。

71. 根据我国《海商法》关于船舶物权问题的规定，下列表述哪些是正确的？

　　A. 船舶抵押权适用抵押地法律

　　B. 船舶优先权适用受理案件的法院所在地法律

　　C. 船舶所有权的取得、转让和消灭适用行为地法律

　　D. 船舶在光船租赁期间设立船舶抵押权的，适用原船舶登记国法律

【答案】BD

【解析】根据《海商法》第 270 条规定："船舶所有权的取得、转让和消灭，适用船旗国法律。"第 271 条规定："船舶抵押权适用船旗国法律船舶在光船租赁以前或者光船租赁期间，设立船舶抵押权的，适用原船舶登记国的法律。"第 272 条规定："船舶优先权，适用受理案件的法院所在地法律。"因此本题应选 BD。

72. 某外国法院依照该国与我国缔结或共同参加的国际条约的规定提出司法协助请求，我国法院应该依照什么程序提供司法协助？

　　A. 依照国际惯例进行

　　B. 依照我国法律规定的程序进行

　　C. 依照该外国法律规定的程序进行，但该程序不得违反我国的公共秩序

　　D. 在一定条件下，也可依照外国法院请求的特殊方式进行

【答案】BD

【解析】根据《民诉》第 263 条第 1 款规定："请求和提供司法协助，应当依照中华人民共和国缔结或者参加的国际条约所规定的途径进行；没有条约关系的，通过外交途径进行。"第 265 条："人民法院提供司法协助，依照中华人民共和国法律规定的程序进行。外国法院请求采用特殊方式的，也可以按照其请求的特殊方式进行，但请求采用的特殊方式不得违反中华人民共和国法律。"所以本题选 BD。

73. 中国山东某公司于 2003 年 6 月 14 日收到甲国某公司来电称："×××设备 3560 台，每台 270 美元 CIF 青岛，7 月甲国×××港装船，不可撤销即期信用证支付，2003 年 6 月 22 日前复到有效。"中国山东公司于 2003 年 6 月 17 日复电："若单价为 240 美元 CIF 青岛，可接受 3560 台×××设备；如有争议在中国国际经济贸易仲裁委员会仲裁。"甲国公司于 2003 年 6 月 18 日回电称仲裁条款可以接受，但价格不能减少。此时，该机器价格上涨，中方又于 2003 年 6 月 21 日复电："接受你 14 日发盘，信用证已经由中国银行福建分行开出。"但甲国公司未予答复并将货物转卖他人。关于该案，依 1980 年《联合国国际货物销售合同公约》的规定，下列选项哪些是正确的？

A. 甲国公司要约中所采用的是在甲国完成交货的贸易术语

B. 甲国公司将货物转卖他人的行为是违约行为

C. 中国山东公司于 2003 年 6 月 17 日的复电属于反要约

D. 甲国公司于 2003 年 6 月 18 日回电是在要约有效期内发出，属有效承诺

【答案】AC

【解析】根据《2000 年国际贸易术语解释通则》，可知 CIF 条件下交货地点为装运港船上，因此 A 项正确；根据《联合国国际货物销售合同公约》的规定，有效的承诺须具备以下条件：①承诺须由受要约人作出，依公约第 18 条的规定，承诺的作出可以声明或行为表示，但缄默或不行为本身不等于承诺。②承诺须在要约规定的有效期间内作出。理论上迟到的承诺或逾期的承诺，不是有效的承诺，而是新的要约，一般须经原要约人承诺后才能成立合同。③承诺须与要约的内容一致。如果受要约人所表示的对要约的内容有变更即是反要约，或称为还价，反要约是对要约的拒绝，不能发生承诺的效力，它必须经原要约人承诺后才能成立合同。因此 C 项正确。

74. 依据我国 2004 年修订的《中华人民共和国对外贸易法》的规定，关于货物的进出口管理，下列选项哪些是不正确的？

   A. 对自由进出口的货物无需办理任何手续
   B. 全部自由进出口的货物均应实行进出口自动许可
   C. 实行自动许可的进出口货物，国务院对外贸易主管部门有权决定是否许可
   D. 自动许可的进出口货物未办理自动许可手续的，海关不予放行

   【答案】ABC

   【解析】《对外贸易法》第 15 条规定："国务院对外贸易主管部门基于监测进出口情况的需要，可以对部分自由进出口的货物实行进出口自动许可并公布其目录。实行自动许可的进出口货物，收货人、发货人在办理海关报关手续前提出自动许可申请的，国务院对外贸易主管部门或者其委托的机构应当予以许可；未办理自动许可手续的，海关不予放行。进出口属于自由进出口的技术，应当向国务院对外贸易主管部门或者其委托的机构办理合同备案登记。"因此 D 错误。

75. 依《海牙规则》规定，下列哪些货损承运人可以免责？

   A. 船舶在开航前和开航时不具有适航性引起的货损
   B. 船长和船员在驾驶或管理船舶中的疏忽引起的货损
   C. 未谨慎积载引起的货损
   D. 包装不当引起的货损

   【答案】BD

   【解析】《海牙规则》规定了承运人有适航义务但并不要求船舶在任何时间都必须处于适航状态，仅要求在"开航前和开航时"谨慎处理"不仅包括承运人的"谨慎处理，还应包括其雇员或代理人的谨慎处理。还有管货的义务，指承运人应适当和谨慎地装载、操作、积载、运送、保管、照料和卸载所承运的货物。承运人在上述七个阶段均应做到适当和谨慎，"谨慎"就是要认真，"适当"则带有技术性及业务水平。"积载"指承运人应适当地配载货物。对由于积载不当造成的损失，承运人应负责。"运送"指承运人应尽速、直接、安全地将货物运至目的地，不得进行不合理的绕航。故本题选 BD。

76. 中国太宏公司与法国莱昂公司签订了出口 1000 吨水果的合同，价格术语为 CFR 里昂，规定货物可以有 6% 的溢短装，付款方式为银行托收，付款交单（D／P）。卖方实际装船 995 吨，船长签发了清洁提单。货到目的港后经法国莱昂公司验收后发现

水果总重短少 8%，且水果的质量也与合同规定不符。法国公司拒绝付款提货，并要求减价。后来水果全部腐烂。关于本案，依国际商会《托收统一规则》，下列选项哪些是正确的？

A. 当法国莱昂公司拒绝付款赎单时，代收行应当主动提货以减少损失

B. 当法国莱昂公司拒付时，代收行应当主动制作拒绝证书，以便收款人追索

C. 如损失是因代收行没有执行托收行的指示造成的，托收行无须向委托人承担责任

D. 本案采用的是跟单托收的付款方式

【答案】CD

【解析】跟单托收（Documentary Bill for Collection），指委托人开立附货运单据的汇票，凭跟单汇票委托银行向付款人收款的托收方式。跟单托收又可分为付款交单和承兑交单。因此，D 项正确；根据《托收统一规则》有关规定，银行不承担责任的情况主要包括：（1）银行只须核实单据在表面上与托收指示书一致，此外没有进一步检验单据的义务；代收行对承兑人签名的真实性或签名人是否有签署承兑的权限概不负责。（2）与托收有关的银行对由于任何通知、信件或单据在寄送途中发生延误或失落所造成的一切后果，或对电报、电传、电子传送系统在传送中发生延误、残缺和其他错误，概不负责。（3）与托收有关的银行对由于天灾、暴动、骚乱、叛乱、战争或银行本身无法控制的任何其他原因，或对由于罢工或停工致使银行营业间断所造成的一切后果，概不负责（4）除非事先征得银行同意，货物不应直接运交银行或以银行为收货人，否则银行无义务提取货物。银行对于跟单托收项下的货物无义务采取任何措施。（5）在汇票被拒绝承兑或拒绝付款时，若托收指示书上无特别指示，银行没有作出拒绝证书的义务。因此 C 项正确，AB 项都不正确。

77. 甲乙两国均为《多边投资担保机构公约》和《解决国家与他国国民之间投资争端的公约》的缔约国。A 公司是甲国投资者在乙国依乙国法设立的一家外商独资企业。乙国政府对 A 公司采取了征收措施。根据前述两公约，下列说法哪些是正确的？

A. 遵循一定的程序，A 公司有资格事先向多边投资担保机构申请投保征收或类似措施险

B. 如甲国投资者、A 公司和乙国政府同意，A 公司可以请求"解决投资争端的国际中心"解决该争端

C. 甲国投资者本人不可以请求"解决投资争端的国际中心"解决该争端

D. 多边投资担保机构在向投保人赔付后，可以向甲国政府代位求偿

【答案】AB

【解析】根據《多邊投資擔保機構公約》的規定多邊投資擔保機構承保四種政治風險：貨幣匯兌險、徵收和類似措施險、戰爭內亂險和政府違約險。對於前來投保的跨國投資者，多邊投資擔保機構要求必須是具備東道國以外的會員國國籍的自然人；或在東道國以外一會員國註冊並設有主要營業點的法人，或其多數股東為東道國以外一個或幾個會員國所有或其國民所有的法人。此外，只要東道國同意，且用於投資的資本來自東道國境外，則根據投資者和東道國的聯合申請，經多邊投資擔保機構董事會特別多數票通過，還可將合格投資者擴大到東道國的自然人、在東道國註冊的法人以及其多數資本為東道國國民所有的法人。A項正確；另外《多邊投資擔保機構公約》還規定，多邊投資擔保機構一經向投保人支付或同意支付賠償，即代位取得投保人對東道國或其他債務人所擁有的有關承保投資的各種權利或索賠權。《解決國家和他國國民間投資爭端公約》管轄的條件有三：（1）受理的爭端限於一締約國政府（東道國）與另一締約國國民（外國投資者）的爭端；但是，在爭端雙方均同意的情況下，也受理東道國和受外國投資者控制的東道國法人之間的爭端；。（2 受理的爭端必須是直接因國際投資而引起的法律爭端；（3）需要爭端雙方出具同意中心管轄的書面文件。D項不正確。

78. 下列哪些情形違反了有關規範法官與律師相互關係的規定？

    A. 律師陳某在接案時稱該案主辦法官是其大學同學

    B. 法官王某讓被告去找律師田某諮詢

    C. 某律師事務所邀請法官楊某參加該所慶典

    D. 某律師事務所邀請某法院審判庭全體人員外出旅遊

【答案】ABD

【解析】根據2004年新頒布的《最高人民法院司法部關於規範法官和律師相關關係維護司法公正的若干規定》第2條："法官應當嚴格依法辦案，不受當事人及其委託的律師利用各種關係、以不正當方式對案件審判進行的干涉或者施加的影響。律師在代理案件之前及其代理過程中，不得向當事人宣稱自己與受理案件法院的法官具有親朋、同學、師生、曾經同事等關係，並不得利用這種關係或者以法律禁止的其他形式干涉或者影響案件的審判。"故A不正確；第6條："法官不得為當事人推薦、介紹律師作為其代理人、辯護人，或者暗示更換承辦律師，或者為律師介紹代理、辯護等法律服務業務，並且不得違反規定向當事人及其委託的律師提供諮詢意見或者法律意見。律師不得明示或者暗示法官為其介紹代理、辯護等法律服務業務。因此BD不對。

79. 下列哪些行为违反了律师执业行为规范？

    A. 律师申某主动向当事人出具意见，论证一审判决错误应予改判

    B. 律师潘某向多个法院的院长、庭长写信，承诺介绍案件将提供中介费

    C. 律师刘某明知当事人提供的证据是编造的，仍向法院提交

    D. 律师韩某的名片上印有"某法院经济庭前庭长"

【答案】BCD

【解析】律师和律师事务所不能向中介人或者推荐人以许诺兑现任何物质利益或者非物质利益的方式，获得有偿提供法律服务的机会，B 项错误。《律师执业行为规范》第 154 条规定："律师不得向司法机关和仲裁机构提交已明知是由他人提供的虚假证据。"故 C 项错误；2002 年 3 月中华全国律师协会颁布实施的《律师职业道德和执业纪律规范（修订）》第 44 条规定，律师不得在名片上印有各种学术、学历、非律师业职称、社会职务以及所获荣誉等。因此 D 项错误。

80. 检察官徐某因泄露国家秘密构成犯罪而被追诉。下列关于徐某纪律责任的说法哪些是正确的？

    A. 无论徐某主观上是否出于故意，只要被判处 3 年以上有期徒刑，即应予开除

    B. 如果徐某主观上出于故意，被判处 3 年以下有期徒刑或者判处管制拘役，即应予开除

    C. 如果徐某主观上出于过失，被判处 3 年以下有期徒刑宣告缓刑，不一定予以开除

    D. 如果徐某被依法免于刑事处罚，应予降级或撤职处分

【答案】ABCD

【解析】根据《检察官法》第 11 条规定："检察官从人民检察院离任后二年内，不得以律师身份担任诉讼代理人或者辩护人。检察官从人民检察院离任后，不得担任原任职检察院办理案件的诉讼代理人或者辩护人。检察官的配偶、子女不得担任该检察官所任职检察院办理案件的诉讼代理人或者辩护人。"第 35 条规定："检察官不得有下列行为：（一）散布有损国家声誉的言论，参加非法组织，参加旨在反对国家的集会、游行、示威等活动，参加罢工；（二）贪污受贿；（三）徇私枉法；（四）刑讯逼供；（五）隐瞒证据或者伪造证据；（六）泄露国家秘密或者检察工作秘密；（七）滥用职权，侵犯自然人、法人或者其他组织的合法权益；（八）玩忽职守，造成错案或者给当事人造成严重损失；（九）拖延办案，贻误工作；（十）利用职权为自己或者他人谋取私利；（十一）从事营利性的经营活动；（十二）私自会见当事人及其代理人，接受当事人及其代理人的请客送礼；（十三）其他违法乱纪的行为。"第 36 条规定：

"检察官有本法第35条所列行为之一的，应当给予处分；构成犯罪的，依法追究刑事责任。"第37条规定："处分分为：警告、记过、记大过、降级、撤职、开除。受撤职处分的，同时降低工资和等级。"因此，ABCD项都正确。

三、不定项选择题，每题所给选项中有一个或一个以上正确答案，少答或多答均不得分。本部分81-100题，每题2分，共40分。

81. 在讨论"法的起源、法的历史发展"这部分内容时，法学院同学甲、乙、丙各抒己见。甲认为：1.马克思主义法学认为法产生的根本原因是私有制的出现和阶级的形成；2.在古罗马学者西塞罗看来，人定法源于自然法。乙认为：1.法的移植对象只能是本国或本民族以外的法律，法的继承对象则主要是本国或本民族的法律；2.德国学者马克斯·韦伯将历史上存在的法分为形式不合理的法、实质不合理的法、实质合理的法、形式合理的法。丙认为：1.与原始社会规范的适用相比较，法的适用范围主要是根据居民的血缘关系来确定的；2.不同历史类型的法之间存在着继承关系。下列选项何者为正确？

    A. 甲的观点1、乙的观点1和丙的观点2
    B. 甲的观点2、乙的观点2和丙的观点1
    C. 甲的观点1、乙的观点1和丙的观点1
    D. 甲的观点2、乙的观点2和丙的观点2

    【答案】AD
    【解析】根据马克思主义法学，私有制和商品经济的产生是法的阶级根源，法产生的根本原因是私有制的出现和阶级的形成，因此甲的观点1正确。西塞罗认为，人定法是自然法在世俗中的体现，法律是从自然中产生的，人定法源于自然法，因此甲的观点2正确。而本题中，丙的观点1是明显错误的，因为原始社会规范主要是根据居民的血缘关系来确定其适用范围的，而不是法。则排除BC项。

82. 下列有关法与社会关系的表述何者为正确？

    A. 中国固有的法律文化深受伦理的影响；而宗教对于西方社会法律信仰的形成具有重要的影响，为确立"法律至上"观念奠定了基础
    B. "法的社会化"是西方现代市场经济发展中出现的现象，表明法律是市场经济的宏观调控手段

C. 凡属道德所调整的社会关系，必为法律调整；凡属法律所调整的社会关系，则不一定为道德所调整

D. 生命科学的发展、器官移植技术的成熟对法律具有积极影响

【答案】ABD

【解析】BCD 三项很容易处理，本题难点在于 A 项。乍一看，由于受我国文化传统的影响，考生很容易把 A 项后半句中的"宗教"与"法律至上"规定对立开来，从而排除 A 项、而司法考试最忌"想当然"。宗教作为一种重要的文化现象，在全世界范围内都对法律发生过重要的影响。宗教对法律的影响，既有积极方面，也有消极方面；既有观念层面，也有制度层面。较明显地体现在立法、司法、守法等各个环节上。首先，宗教可以推动立法许多宗教教义实际上都表达了人类的一般价值追求。部分教义被法律吸收，成为立法的基本精神。《圣经》、《古兰经》、《摩奴法典》等宗教经典，分别对西方两大法系、伊斯兰法、古印度法产生了根本性的影响。其次，宗教影响司法程序。在宗教作为国教与政教合一的地方，宗教法庭直接掌握部分司法权。在西欧中世纪，教会独立行使司法权，世俗政权则负责执行教会的命令，如给教徒开除教籍处分者，在法律上就成为放逐法外之人。中世纪教会司法权不但及于教徒而且及于俗人，对教会执事提起的民事诉讼、执事向俗人提起之民事诉讼未获公正解决者，等等，均由宗教法庭管辖。在政教合一的伊斯兰国家，教会行使司法权，法官均为教会权威人士。从诉讼审判方式来看，宗教宣誓有助于简化审判程序。同时，宗教宣扬的公正观念、诚实观念、容忍、爱心等对司法也有影响；宗教容忍观有利于减少诉讼。又知，国家首脑即位、法官公正执法以及证人出庭作证，都必须首先进行宣誓。再次，宗教信仰有助于提高人们守法的自觉性。宗教提倡与人为善、容忍精神等，公民习惯于循规蹈矩，不为损害他人和社会的行为。宗教超自然的崇拜、各种精神祭祀等等，均使法律蒙上神秘的、超自然的色彩，增加了法律的威慑力。有了以上知识，考生会毫不扰豫地确定 A 项的正确性。

83. 甲京剧团与乙剧院签订合同演出某传统剧目一场，合同约定京剧团主要演员曾某、廖某、潘某出演剧中主要角色，剧院支付人民币 1 万元。演出当日，曾某在异地演出未能及时赶回，潘某生病在家，没有参加当天的演出，致使大部分观众退票，剧院实际损失 1.5 万元。后剧院向法院起诉京剧团，要求赔偿损失。

针对此案，下列意见中何者为正确？

A. 在这一事例中，法律关系主体仅为甲京剧团与乙剧院

B. 京剧团与剧院的法律关系为保护性法律关系

C. 京剧团与剧院的法律权利和法律义务都不是绝对的

D. 在这一事例中，法律权利和法律义务针对的主体是不特定的

【答案】 C

【解析】 法律关系是在法律规范调整社会关系过程中所形成的人们之间的权利和义务关系。按照法律关系产生的依据、执行的职能和实现规范的内容不同，可分为调整性法律关系和保护性法律关系，所谓保护性法律关系是指由于违法行为而产生的、旨在恢复被破坏的权利和秩序的法律关系，典型的是刑事法律关系，本题中所述行为只是违约行为，并非违法行为，选项 B 错误。法律关系的主体是法律关系的参加者，即在法律关系制定权利的享有者和一定义务的履行者，由于法律关系主体承担着一定的义务，同时享有一定的权利，所以，其主体必须是特定的，否则就没有权利义务的承担者了，选项 D 错误。另外，不同法律关系的主体也是不同的。就本题来说，甲京剧团和乙剧院形成了合同关系，是合同关系的当事人，但本题还有其他法律关系存在，如观众与剧院之间的法律关系以及演员与京剧团之间的法律关系等，所以选项 A 不全面。

84. 某法院在审理一行政案件中认为某地方性法规与国家法律相抵触。根据我国宪法和法律的规定，下列表述何者为正确？

A. 法官审理行政案件，如发现地方性法规与国家法律相抵触，可以对地方性法规的合宪性和合法性进行审查

B. 法官审理行政案件，如发现地方性法规与国家法律相抵触，应当适用国家法律进行审判

C. 法官审理行政案件，如发现地方性法规与国家法律相抵触，可以通过所在法院报请最高人民法院，由最高人民法院依法向全国人民代表大会常务委员会书面提出进行审查的要求

D. 法官审理行政案件，如发现地方性法规与国家法律相抵触，可以公民的名义向全国人民代表大会常务委员会书面提出进行审查的建议

【答案】 BCD

【解析】《立法法》第 79 条规定：法律的效力高于行政法规、地方性法规、规章据此，B 项正确；《立法法》第 90 条规定："国务院、中央军事委员会、最高人民法院、最高人民检察院和各省、自治区、直辖市的人民代表大会常务委员会认为行政法规、地方性法规、自治条例和单行条例同宪法或者法律相抵触的，可以向全国人民代表大会常务委员会书面提出进行审查的要求，由常务委员会工作机构分送有关的专门委员会

进行审查、提出意见。前款规定以外的其他国家机关和社会团体、企业事业组织以及公民认为行政法规、地方性法规、自治条例和单行条例同宪法或者法律相抵触的，可以向全国人民代表大会常务委员会书面提出进行审查的建议，由常务委员会工作机构进行研究，必要时，送有关的专门委员会进行审查、提出意见。"因此可知 CD 正确。

85. 某县人民法院审理一民事案件过程中，要求县移动通信营业部提供某通信用户的电话详单。根据我国宪法的规定，下列说法何者为正确？

   A. 用户电话详单属于宪法保护的公民通信秘密的范围

   B. 县人民法院有权要求县移动通信营业部提供任何移动通信用户的电话详单

   C. 县移动通信营业部有义务保护通信用户的通信自由和通信秘密

   D. 县人民法院有权检查任何移动通信用户的电话详单

   【答案】AC

   【解析】《宪法》在第二章（公民的基本权利和义务）中明确规定了公民的通信自由和通信秘密受法律保护的基本权利。《宪法》第 40 条："中华人民共和国公民的通信自由和通信秘密受法律的保护。除因国家安全或者追查刑事犯罪的需要，由公安机关或者检察机关依照法律规定的程序对通信进行检查外，任何组织或者个人不得以任何理由侵犯公民的通信自由和通信秘密。"故本题应该选 AC。

86. 下列有关清末制定的刑事法典的表述何者为正确？

   A. 清末刑法典修订的成果是《大清律例》和《大清新刑律》

   B. 《大清新刑律》结构分总则和分则两篇，后附《暂行章程》

   C. 《大清新刑律》完成前的过渡性法典为《大清现行刑律》

   D. 《大清律例》是中国历史上第一部近代意义上的专门刑法典

   【答案】BC

   【解析】清末刑法典修订的成果是《大清现行刑律》与《大清新刑律》A 项错误；D 项错误。《大清新刑律》是中国历史上第一部近代意义上的专门刑法典，但仍保持着旧律维护专制制度和封建伦理的传统而非《大清律例》。

87. 某县政府以"振兴本县经济"为由，在土地利用总体规划以外，批准征用农用地 15 公顷（包括基本农田 5 公顷），供该县经济开发总公司建设工业园区。对该批准行为的下列表述何者为正确？

   A. 县政府无权批准征用基本农田，也无权批准该宗农用地转为建设用地

B. 县政府无权批准征用基本农田，但有权批准该宗农用地除去基本农田以外的部分转为建设用地

C. 县政府可以先将该基本农田转为一般农用地，然后批准该宗农用地转为建设用地

D. 县政府可以先修改土地利用总体规划，然后在该规划范围内批准该宗农用地除去基本农田以外的部分转为建设用地

【答案】A

【解析】根据《土地管理法》第 45 条第 1 款规定："征用下列土地的，由国务院批准：（一）基本农田；（二）基本农田以外的耕地超过三十五公顷的；（三）其他土地超过七十公顷的。"第 21 条规定："土地利用总体规划实行分级审批。省、自治区、直辖市的土地利用总体规划，报国务院批准。省、自治区人民政府所在地的市、人口在一百万以上的城市以及国务院指定的城市的土地利用总体规划，经省、自治区人民政府审查同意后，报国务院批准。本条第 2 款、第 3 款规定以外的土地利用总体规划，逐级上报省、自治区、直辖市人民政府批准；其中，乡（镇）土地利用总体规划可以由省级人民政府授权的设区的市、自治州人民政府批准。土地利用总体规划一经批准，必须严格执行。"第 26 条第 1 款规定："经批准的土地利用总体规划的修改，须经原批准机关批准；未经批准，不得改变土地利用总体规划确定的土地用途。"第 44 条规定："建设占用土地，涉及农用地转为建设用地的，应当办理农用地转用审批手续。省、自治区、直辖市人民政府批准的道路、管线工程和大型基础设施建设项目、国务院批准的建设项目占用土地，涉及农用地转为建设用地的，由国务院批准。在土地利用总体规划确定的城市和村庄、集镇建设用地规模范围内，为实施该规划而将农用地转为建设用地的，按土地利用年度计划分批次由原批准土地利用总体规划的机关批准。在已批准的农用地转用范围内，具体建设项目用地可以由市、县人民政府批准。"本条第 2 款、第 3 款规定以外的建设项目占用土地，涉及农用地转为建设用地的，由省、自治区、直辖市人民政府批准。因此只有 A 项正确。

88. 农民甲将化肥厂排放的污水引入自己的农田灌溉，造成农作物死亡，甲要求化肥厂承担赔偿责任。下列关于此案的说法何者为正确？

A. 造成环境污染危害的，其行为违法与否，不影响民事责任的确定

B. 农民甲无须承担任何举证责任

C. 化肥厂如否认自己侵权，必须负举证责任

D. 化肥厂如能证明自己排放的污水没有超标，可免于承担责任

【答案】AC

【解析】我国对于环境侵权实行"无过错责任"，只要造成污染危害就得承担责任，因此 A 正确；《民诉意见》第 74 条规定："在诉讼中，当事人对自己提出的主张，有责任提供证据。但在下列侵权诉讼中，对原告提出的侵权事实，被告否认的，由被告负责举证：(1)因产品制造方法发明专利引起的专利侵权诉讼；(2)高度危险作业致人损害的侵权诉讼；(3)因环境污染引起的损害赔偿诉讼；(4)建筑物或者其他设施以及建筑物上的搁置物、悬挂物发生倒塌、脱落、坠落致人损害的侵权诉讼；(5)饲养动物致人损害的侵权诉讼；(6)有关法律规定由被告承担举证责任的。"根据该条第（3）项规定，可知 C 正确；((民诉证据规定)第 2 条规定："当事人对自己提出的诉讼请求所依据的事实或者反驳对方诉讼请求所依据的事实有责任提供证据加以证明没有证据或者证据不足以证明当事人的事实主张的，由负有举证责任的当事人承担不利后果。"据此法条和《中华人民共和国水污染防治办法》的规定，可知 D 项错误。

89. 甲国人艾某在甲国打工时因不满雇主詹某，炸毁了詹某的厂房和住所，逃至乙国。艾某的行为根据甲国刑法，有可能被判处死刑。甲乙两国之间没有任何涉及刑事司法协助方面的双边或多边条约。基于以上情况，根据国际法，下列判断何者为正确？

A. 如甲国向乙国提出引渡请求，则乙国有义务将艾某引渡给甲国

B. 如艾某向乙国提出庇护请求，则乙国有义务对艾某进行庇护

C. 乙国可以既不对艾某进行庇护，也不将其引渡给甲国

D. 甲国可以在乙国法院对艾某提起刑事诉讼

【答案】C

【解析】引渡是一国将处于本国境内的被外国指控为犯罪或已经判刑的人，应该外国的请求，送交该外国审判或处罚的一种国际司法协助行为。引渡的主体是国家，引渡是国家之间进行的。国际法中，国家一般没有引渡的义务，因此引渡需要根据有关的引渡条约进行。C 正确。

90. 甲乙两国在其交界处发现一处跨国界的油气田，两国谈判共同开发未果。当甲国在其境内对该油田独自进行开发时，乙国派军队进入甲国该地区，引发了两国间的大规模武装冲突。甲国是 1949 年日内瓦四个公约的缔约国，乙国不是。根据国际法的有关规则，下列判断何者为错误？

A. 由于战场在甲国领土，甲国军队对乙国军队的作战不受战争法规则的拘束

B. 由于甲国作战是行使自卫权，甲国军队对乙国军队的作战不受战争法规则的拘束

C. 由于乙国不是日内瓦四公约的缔约国，甲国军队对乙国军队的作战不受该四个公约的约束

D. 由于乙国不是日内瓦四公约的缔约国，乙国没有遵守战争法规则的法律义务

【答案】ABCD

【解析】战争法是调整交战国之间，交战国与中立国和其他非交战国之间的关系以及规范战争中交战方行为的规则和制度的总体。战争法是国际法的一个独特而重要的部分，作为国际社会的一员，甲、乙两国均应遵守战争法规则。因此 ABCD 都不对。

91. 大卫是甲国人，同时具有乙国国籍，其住处在甲国，其惯常居所在乙国。后因在丙国为票据行为所引起的票据纠纷在我国涉诉。为了确定大卫之票据行为的效力，我国法院首先要确定他是否具有民事行为能力。按照我国《票据法》的规定，票据债务人的民事行为能力适用其本国法。大卫同时具有甲国国籍和乙国国籍，我国法院应如何确定其本国法？

A. 以大卫有住所的甲国法律为其本国法

B. 以票据行为地丙国的法律为其本国法

C. 以大卫有惯常居所的乙国法律为其本国法

D. 以与大卫有最密切联系的国家的法律为其本国法

【答案】AD

【解析】《民通意见》第 182 条明文规定："有双重或者多重国籍的外国人，以其有住所或者与其有最密切联系的国家的法律为其本国法。"故本题选 AD。

92. 甲国人 A 和 B 同受雇于香港某公司，二人均在中国上海有住所。某日，他们同乘轮船自乙国赴中国，途经公海时，二人发生口角，A 顺手抓起 B 的旅行箱向 B 掷去，造成旅行箱内的贵重仪器被毁坏。轮船抵达上海后，B 向我国法院提起诉讼，要求 A 承担赔偿责任。我国法院可以适用下列何种法律？

A. 甲国法

B. 香港法

C. 乙国法

D. 中国法

【答案】AD

【解析】《民法通则》第 146 条规定："侵权行为的损害赔偿，适用侵权行为地法律。当事人双方国籍相同或者在同一国家有住所的，也可以适用当事人本国法律或者住所

地法律"。《民通意见》第 187 条规定："侵权行为地的法律包括侵权行为实施地法律和侵权结果发生地法律。如果两者不一致时，人民法院可以选择适用。"故本题选 AD。

93. 实施反倾销税的条件之一是倾销进口与国内产业损害间存在因果关系。关于这一条件的下列表述何者为正确？

 A. 倾销进口是国内产业损害的惟一原因

 B. 倾销进口必须是造成国内产业损害的一个原因

 C. 其他因素造成的国内产业损害不得归因于倾销进口

 D. 没有倾销进口，就没有国内产业损害

【答案】BC

【解析】根据我国《反倾销条例》的规定，进口产品存在倾销、对国内产业造成损害、二者之间有因果关系，是采取反倾销措施的必要条件。而倾梢进口与国内产业损害间的因果关系，是指倾销进口必须是造成国内产业损害的原因。另一方面，非倾悄因素对国内产业造成的损害，不得归因于倾梢。故正确选项为 BC。

94. 中国某公司向欧洲出口啤酒花一批，价格条件是每公吨 CIF 安特卫普××欧元。货物由中国人民保险公司承保，由"罗尔西"轮承运，船方在收货后签发了清洁提单。货到目的港后发现啤酒花变质，颜色变成深棕色。经在目的港进行的联合检验，发现货物外包装完整，无受潮受损迹象。经分析认为该批货物是在尚未充分干燥或温度过高的情况下进行的包装，以至在运输中发酵造成变质。据此，下列表述何者为正确？

 A. 收货人应向承运人索赔，因为其签发了清洁提单

 B. 收货人应向发货人索赔，因为该批货物在装船前就有品质问题

 C. 承运人对变质可以不承担责任，因为承运人对于货物的固有缺陷可以免责

 D. 承运人对变质应承担责任，因为承运人在运输中有谨慎管理货物的义务

【答案】BC

【解析】《海牙规则》规定第 4 条第 2 款的规定，对由于下列原因引起或造成的货物的灭失或损害，承运人不负责任：（1）船长、船员、引水员或承运人的雇用人在驾驶或管理船舶中的行为、疏忽或不履行职责；（2）火灾，但由于承运人实际过失或私谋所造成者除外；（3）海上或其他可航水域的风险、危险或意外事故；（4）天灾；（5）战争行为；（6）公敌行为；（7）君主、统治者或人民的扣留或拘禁或依法扣钾；（8）

检疫限制；。（9）货物托运人或货主、其代理人或代表的行为或不行为；（10）不论由于何种原因引起协局部或全面的罢工、关厂、停工或劳动力受到限制；（11）暴乱和民变；（12）救助或企图救助海上人命或财产；（13）由于货物的固有瑕疵、性质或缺陷所造成的容积或重量的损失，或任何其他灭失或损害；（14）包装不当抓；（15）标志不清或不当；（16）尽适当的谨慎所不能发现的潜在缺陷；（17）不是由于承运人的实际过失或私谋，或是承运人的代理人或受雇人员的过失或疏忽所引起的任何其他原因。根据以上第（13）项规定，C 应选；因该批货物在装船前就有品质问题，是发货人的责任，则收货人应向发货人索赔，故 B 项应选。

95. 按照世界贸易组织争端解决制度的规定和实践，有关非违反性申诉与违反性申诉的下列表述何者为正确？

A. 非违反性申诉中，申诉方无需证明被申诉方违反了世界贸易组织协定的有关条款
B. 违反性申诉中，申诉方需要证明被诉方采取的措施造成申诉方利益的丧失或受损
C. 如申诉方的非违反性申诉成功，被诉方没有取消有关措施的义务，但需对申诉方作出补偿
D. 如申诉方的非违反性申诉成功，被诉方应撤销或废除被申诉的措施

【答案】AC

【解析】关于世贸组织的争端解决机构解决的争端类型，《关税与贸易总协定》第23条规定了三种争端。《关于争端解决规则与程序的惊解》对这三种类型作了进一步的阐释。①违反性申诉。这是争端的主要类型。申诉方须证明被诉方违反了有关协议的条款。在确立了存在违反有关协议条款的行为后，推定申诉方的利益受损或丧失。对这种争端的裁定，被诉方往往需要废除或修改有关措施。②非违反性申诉。对这种申诉的审查，不追究被诉方是否违反了有关协议条款，而只处理被诉方的措施是否使申诉方根据有关协议享有的利益受损或丧失……申诉方需要证明其根据有关协议享有合理的预期利益，该合理预期利益因为被诉方的措施受损或丧失。被诉方没有取消有关措施的义务，只需作出补偿。③其他情形。关于上述两种类型以外的其他争端类型及其所适用的程序和规则，并没有明确的规定，迄今为止也还没有出现过上述两种类型以外的案件。根据以上内容，可知本题正确答案为 AC。

96. 下列表述中何者为影响法官内部独立的行为？

A. 在公开场合对其他法官正在审理的案件的是非曲直发表评论
B. 私自对下级法院正在审理的案件提出意见，告知其应如何判决

C. 向其他审判庭的法官咨询，探讨某一案件涉及的法律问题

D. 庭长要求合议庭对某一案件进行重新合议

【答案】AB

【解析】《法官职业道德基本准则》第 13 条对维护法官内部独立作出明确规定："法官应当尊重其他法官对审判职权的独立行使，并做到：（一）除非基于履行审判职责或者通过适当的程序，不得对其他法官正在审理的案件发表评论，不得对与自己有利害关系的案件提出处理建议和意见；（二）不得擅自过问或者干预下级人民法院正在审理的案件；（三）不得向上级人民法院就二审案件提出个人的处理建议和意见。"因此应选 AB 项。

（一）

甲旅行社的欧洲部副经理李某，在劳动合同未到期时提出辞职，未办移交手续即到了乙旅行社，并将甲社的欧洲合作伙伴情况、旅游路线设计、报价方案和客户资料等信息带到乙社。乙社原无欧洲业务，自李某加入后欧洲业务猛增，成为甲社的有力竞争对手。现甲社向人民法院起诉乙社和李某侵犯商业秘密。请回答以下第 97、98 题。

97. 法院如认定乙社和李某侵犯甲社的商业秘密，须审查什么事实？

A. 甲社所称的"商业秘密"是否属于从公开渠道不能获得的

B. 乙社的欧洲客户资料是否有合法来源

C. 甲社所称的"商业秘密"是否向有关部门申报过"密级"

D. 乙社在聘用李某时是否明知或应知其掌握甲社的上述业务信息

【答案】ABD

【解析】我国《反不正当竞争法》规定：商业秘密是指不为公众所知悉，能为权利人带来经济利益、并经权利人采取保密措施的技术信息和纽营信息。可见，我国法律规定的商业秘密的秘密性是相对的，某项技术信息或经营信息，只要是予以保密没有使其进入社会公知领域，就应是商业秘密，而不必要求其已向有关部门申报过"密级"。故 A 项正确，C 项不正确。另外，根据民事侵权的构成要件，BD 正确。

98. 如法院判定乙社和李某侵权成立，确定其赔偿责任可以采用下列何种办法？

A. 按照甲社在侵权期间的利润损失进行赔偿，乙社和李某承担连带赔偿责任

B. 甲社在侵权期间的利润损失无法计算时，按照乙社所获利润进行赔偿，李某承担连带赔偿责任

C. 对李某按照其在甲社时的工资标准乘以侵权持续时间确定赔偿额，对乙社按其实际所得利润确定赔偿额

D. 按甲社请求的数额确定赔偿额

【答案】AB

【解析】《反不正当竞争法》第20条规定："经营者违反本法规定，给被侵害的经营者造成损害的，应当承担损害赔偿责任，被侵害的经营者的损失难以计算的，赔偿额为侵权人在侵权期间因侵权所获得的利润，并应当承担被侵害的经营者因调查该经营者侵害其合法权益的不正当竞争行为所支付的合理费用"故此A项正确。根据《劳动法》第99条规定："用人单位招用尚未解除劳动合同的劳动者，对原用人单位造成经济损失的，该用人单位应当依法承担连带赔偿责任。"可知B正确。

（二）

某建筑公司拖欠30位民工的工资达半年，民工反复索要无果，遂向当地劳动行政主管部门投诉。在调查处理过程中，公司提出有个别民工偷窃和毁坏设备，但查不出何人所为，所以让全体民工承担连带责任，以工资抵偿损失。请回答以下第99、100题。

99. 对于民工的请求，劳动行政主管部门可以作出下列何种决定？

A. 告知民工直接向人民法院提起诉讼

B. 责令公司支付所欠民工工资

C. 将案件提交劳动争议仲裁委员会仲裁

D. 对公司提出警告、责令改正、处以罚款

【答案】B

【解析】《劳动法》第9条规定："国务院劳动行政部门主管全国劳动工作。县级以上地矛人民政府劳动行政部门主管本行政区域的劳动工作。"第85条："县级以上各级人民政府劳动行政部门依法对用人单位遵守劳动法律、法规的情况进行监督检查，对违反劳动法律、法规的行为有权制止，并责令改正。"第91条："用人单位有下列侵害劳动者合法权益情形之一的，由劳动行政部门责令支付劳动者的工资报酬、经济补偿，并可以责令支付赔偿金：（一）克扣或者无故拖欠劳动者工资的；（二）拒不支付劳动者延长工作时间工资报酬的；（三）低于当地最低工资标准支付劳动者工资的；（四）解除劳动合同后，未依照本法规定给予劳动者经济补偿的。"根据以上法条，B项正确，而CD项错误。劳动行政主管部门对于民工的请求应当做出处理，而非要求其去法院。A项错误。

100. 对于建筑公司的主张，劳动行政主管部门应如何认定？

    A. 公司让全体民工对偷窃和毁坏设备者造成的损失承担连带责任，于法无据

    B. 全体民工有义务与公司协商确定赔偿损失的数额

    C. 偷窃和毁坏设备事件与民工工资无关，应循其他合法途径另行解决

    D. 全体民工有义务查出偷窃和毁坏设备者，查出前可暂扣部分工资作为保证

【答案】AC

【解析】A 项正确。公司在查不出是何人所为破坏和偷窃行为时让全体民工承担，没有法律依据。公司应采取其他合法的解决途径。所以 C 项也是正确的说法。同理，BD 的说法是错误的。个别民工偷窃和毁坏设备，但查不出何人所为，要求全体民工赔偿是无法律依据的，民工也没有义务去查出正真的偷盗者。

2004 年国家司法考试　试卷二

一、单项选择题，每题所给选项中只有一个正确答案。本部分 1-50 题，每题 1 分，共 50 分。

1. 韩某在向张某催要赌债无果的情况下，纠集好友把张某挟持至韩家，并给张家打电话，声称如果再不还钱，就砍掉张某一只手。韩某的作为：

   A. 构成非法拘禁罪

   B. 构成绑架罪

   C. 构成非法拘禁罪和绑架罪的想象竞合犯

   D. 构成敲诈勒索罪

   【答案】A

   【解析】刑法第 238 条第 1、2、3 款规定："非法拘禁他人或者以其他方法非法剥夺他人人身自由的，处三年以下有期徒刑、拘役、管制或者剥夺政治权利。具有殴打、侮辱情节的，从重处罚。""犯前款罪，致人重伤的，处三年以上十年以下有期徒刑；致人死亡的，处十年以上有期徒刑。使用暴力致人伤残、死亡的，依照本法第二百三十四条、第二百三十二条的规定定罪处罚。""为索取债务非法扣押、拘禁他人的，依照前两款的规定处罚。"

2. 药店营业员李某与王某有仇。某日王某之妻到药店买药为王某治病，李某将一包砒霜混在药中交给王妻。后李某后悔，于第二天到王家欲取回砒霜，而王某谎称已服完。李某见王某没有什么异常，就没有将真相告诉王某。几天后，王某因服用李某提供的砒霜而死亡。李某的行为属于：

   A. 犯罪中止

   B. 犯罪既遂

   C. 犯罪未遂

   D. 犯罪预备

   【答案】B

   【解析】本案中虽然李某欲取回砒霜，但最终还是没取回，后来危害结果还是发生了，此题情形属于犯罪既遂而不属于犯罪中止，犯罪中止必须是没有发生作为既遂标志的犯罪结果。行为人虽然自动放弃犯罪或者自动采取措施防止结果发生，但如果发生了作为既遂标志的犯罪结果，就不成立犯罪中止。

3. 卡车司机甲在行车途中，被一吉普车超过，甲顿生不快，便加速超过该车。不一会儿，该车又超过了甲，甲又加速超过该车。当该车再一次试图超车行至甲车左侧时，甲对坐在副座的乙说，"我要吓他一下，看他还敢超我。"随即将方向盘向左边一打，吉普车为躲避碰撞而翻下路基，司机重伤，另有一人死亡。甲驾车逃离。甲的行为构成：

   A. 故意杀人罪

   B. 交通肇事罪

   C. 破坏交通工具罪

   D. 故意杀人罪和故意伤害罪的想象竞合犯

【答案】B

【解析】交通肇事罪是指违反交通管理法规，发生重大交通事故，致人重伤、死亡或者使公私财产遭受重大损失，危害公共安全的行为。本题中，甲并无故意杀人或故意伤害的故意，只是为了吓吓他，主观上是过失。也无破坏交通工具的故意。

4. 下列案例中哪一项成立犯罪未遂？

   A. 甲对胡某实施诈骗行为，被胡某识破骗局。但胡某觉得甲穷困潦倒，实在可怜，就给其 3000 元钱，甲得款后离开现场

   B. 乙为了杀死刘某，持枪尾随刘某，行至偏僻处时，乙向刘某开了一枪，没有打中；在还可以继续开枪的情况下，乙害怕受刑罚处罚，没有继续开枪

   C. 丙绑架赵某，并要求其亲属交付 100 万元。在提出勒索要求后，丙害怕受刑罚处罚，将赵某释放

   D. 丁抓住妇女李某的手腕，欲绑架李某然后出卖。李为脱身，便假装说："我有性病，不会有人要。"丁信以为真，于是垂头丧气地离开现场

【答案】A

【解析】刑法第 23 条第 1 款的规定，已经着手实行犯罪，由于犯罪分子意志以外的原因而未得逞的，是犯罪未遂。A 选项成立犯罪未遂。虽然甲后来得到的 3000 元钱但不是因诈骗而来的。B 选项成立犯罪中止。C 选项成立犯罪既遂，绑架罪是行为犯，只要实施了绑架行为就构成既遂。D 选项成立犯罪中止。

5. 个体户甲开办的汽车修理厂系某保险公司指定的汽车修理厂家。甲在为他人修理汽车时，多次夸大汽车毁损程度，向保险公司多报汽车修理费用，从保险公司骗取 12 万余元。对甲的行为应如何论处？

   A. 以诈骗罪论处

   B. 以保险诈骗罪论处

   C. 以合同诈骗罪论处

   D. 属于民事欺诈，不以犯罪论处

   【答案】A

   【解析】保险诈骗罪的犯罪主体是特殊主体，即投保人、被保险人或受益人，本题不构成保险诈骗罪。合同诈骗罪采用的是特定的手段，即利用签订、履行合同的方式进行诈骗，因此只构成一般诈骗罪。

6. 甲 15 周岁，系我国某边镇中学生。甲和乙一起上学，在路上捡到一手提包。打开后，发现内有 1000 元钱和 4 小袋白粉末。甲说："这袋上有中文'海洛因'和英文'heroin'及'50g'的字样。我在电视上看过，这东西就是白粉，我们把它卖了，还能发一笔财。"二人遂将 4 袋白粉均分。甲先将一袋白粉卖与他人，后在学校组织去邻国旅游时，携带另一袋白粉并在境外出售。甲的行为：

   A. 构成走私毒品罪

   B. 构成非法持有毒品罪

   C. 构成贩卖毒品罪

   D. 构成走私、贩卖毒品罪

   【答案】C

   【解析】已满 14 周岁不满 16 周岁的人，犯故意杀人、故意伤害致人重伤或者死亡、强奸、抢劫、贩卖毒品、放火、爆炸、投放危险物质罪的，应当负刑事责任。

7. 下列哪一种行为可以构成伪证罪？

   A. 在民事诉讼中，证人作伪证的

   B. 在刑事诉讼中，辩护人伪造证据的

   C. 在刑事诉讼中，证人故意作虚假证明意图陷害他人的

   D. 在刑事诉讼中，诉讼代理人帮助当事人伪造证据的

   【答案】C

   【解析】根据我国《刑法》第 305 条规定，是指在刑事诉讼中，证人、鉴定人、记录

人、翻译人对与案件有重要关系的情节，故意作虚假证明、鉴定、记录、翻译，意图陷害他人或者隐匿罪证的处 3 年以下有期徒刑或者拘役。由此可知，伪证罪是要在在刑事诉讼中才能成立的。

8. 1998 年 11 月 4 日，甲到娱乐场所游玩时，将卖淫女乙（1984 年 12 月 2 日生）带到住所嫖宿。一星期后甲请乙吃饭时，乙告知了自己年龄，并让甲到时为自己过生日。饭后，甲又带乙到住处嫖宿。甲的行为属于：

   A. 奸淫幼女罪

   B. 强奸罪

   C. 嫖宿幼女罪

   D. 应受治安处罚的嫖娼行为

【答案】C

【解析】根据刑法的相关规定，行为人明知或应知被害人是幼女而嫖宿的，以嫖宿幼女罪处罚。

9. 罗某犯放火罪应被判处 10 年有期徒刑，此时人民法院对罗某还可以适用的附加刑是：

   A. 罚金

   B. 剥夺政治权利

   C. 没收财产

   D. 赔偿经济损失

【答案】B

【解析】刑法第 56 条规定：对于故意杀人、强奸、放火、爆炸、投毒（即投放危险物质——引者注）、抢劫等严重破坏社会秩序的犯罪分子，附加剥夺政治权利。故 B 对。刑法第 114、115 条的规定，犯本罪，尚未造成严重后果的，处 3 年以上 10 年以下有期徒刑；致人重伤、死亡或者使公私财产遭受重大损失的，处 10 年以上有期徒刑、无期徒刑或者死刑。故 AC 错，赔偿经济损失不属于附加刑。故 D 错。

10. 下列哪一说法是正确的？

   A. 甲违反海关法规，将大量黄金运输进境，不予申报，逃避关税。甲的行为成立走私贵重金属罪

   B. 乙生产、销售劣药，没有对人体健康造成严重危害，但销售金额超过了 5 万元。乙的行为成立生产、销售伪劣产品罪

C. 丙在自己的 35 名同学中高息揽储，吸收存款 100 万元，然后以更高的利息贷给他人。丙向其同学还本付息后，违法所得达到数额较大标准。丙的行为成立非法经营罪与高利转贷罪的想象竞合犯

D. 承担资产评估职责的丁，非法收受他人财物后，故意提供虚假证明文件。丁的行为构成公司、企业人员受贿罪与提供虚假证明文件罪，应实行数罪并罚

【答案】B

【解析】走私贵重金属罪是单向行为只处罚非法出境行为，A 错。B 对，生产、销售伪劣药罪要求"对人体健康造成严重危害"故 B 不构成生产、销售伪劣药罪，但因其"销售金额在 5 万元以上"，所以构成生产、销售伪劣产品罪。C 错，C 情形构成非法吸收公众存款罪，高利转贷罪是为套取金融机构信贷资金高利转贷他人，故 C 不构成高利转贷罪。非法经营罪侵犯的客体是国家对物资、金银、对外贸易及工商的管理秩序，故 C 不构成非法经营罪。D 错，丁的行为构成提供虚假证明文件罪。根据刑法的规定，中介组织人员索取他人财物或者非法收受他人财物又提供虚假证明文件的，是提供虚假证明文件罪的加重犯，不并罚。

11. 陈某在商场金店发现柜台内放有一条重 12 克、价值 1600 元的纯金项链，与自己所戴的镀金项链样式相同。陈某以挑选金项链为名，乘售货员不注意，用自己的镀金项链调换了上述纯金项链。陈某的行为：

A. 构成盗窃罪
B. 构成诈骗罪
C. 构成诈骗罪与盗窃罪的想象竞合犯
D. 构成诈骗罪与盗窃罪二罪

【答案】A

【解析】陈某的行为是在乘售货员不注意时调换的而非出于售货员的心甘情愿给他的，因此是构成盗窃罪。

12. 朱某因婚外恋产生杀害妻子李某之念。某日晨，朱在给李某炸油饼时投放了可以致死的"毒鼠强"。朱某为防止其 6 岁的儿子吃饼中毒，将其子送到幼儿园，并嘱咐其子等他来接。不料李某当日提前下班后将其子接回，并与其子一起吃油饼。朱某得知后，赶忙回到家中，其妻、子已中毒身亡。关于本案，下列哪一说法是正确的？

A. 朱某对其妻、子的死亡具有直接故意
B. 朱某对其子的死亡具有间接故意

C. 朱某对其子的死亡具有过失

D. 朱某对其子的死亡属于意外事件

【答案】C

【解析】朱某并无杀子的故意，并不希望其儿子死亡，他采取了一定的防范措施，因此是一种过于自信的过失。

13. 下列哪一种情形不成立累犯？

A. 张某犯故意伤害罪被判处有期徒刑 3 年，缓刑 3 年，缓刑期满后的第 3 年又犯盗窃罪，被判处有期徒刑 10 年

B. 李某犯强奸罪被判处有期徒刑 5 年，刑满释放后的第 4 年，又犯妨害公务罪，被判处有期徒刑 6 个月

C. 王某犯抢夺罪被判处有期徒刑 4 年，执行 3 年后被假释，于假释期满后的第 5 年又犯故意杀人罪被判处无期徒刑

D. 田某犯叛逃罪被判处管制 2 年，管制期满后 20 年又犯为境外刺探国家秘密罪，被判处拘役 6 个月

【答案】A

【解析】由于成立累犯必须是在刑罚执行完毕或者赦免以后 5 年内再犯罪，故被假释的犯罪人在假释考验期内再犯新罪的，被判处缓刑的犯罪人在缓刑考验期内再犯新罪的，以及被判处缓刑的犯罪人在缓刑考验期满后再犯新罪的，都不成立累犯。故选 A。而 D 属于特殊累犯。

14. 孙某因犯抢劫罪被判处死刑，缓期 2 年执行。在死刑缓期执行期间，孙某在劳动时由于不服管理，违反规章制度，造成重大伤亡事故。对孙某应当如何处理？

A. 其所犯之罪查证属实的，由最高人民法院核准，立即执行死刑

B. 其所犯之罪查证属实的，由最高人民法院核准，2 年期满后执行死刑

C. 2 年期满后减为无期徒刑

D. 2 年期满后减为 15 年以上 20 年以下有期徒刑

【答案】C

【解析】根据刑法的有关规定，在死刑缓期执行期间，如果没有故意犯罪，2 年期满以后，减为无期徒刑。在死刑缓期执行期间，如果确有重大立功表现，2 年期满以后，减为 15 年以上 20 年以下有期徒刑，本题中，孙某在死缓执行期间有过失犯罪，但无故意犯罪，故选 C。

15. 行为人在实施不纯正不作为犯罪时，其罪过：

A. 只能是故意

B. 只能是过失

C. 既可以是故意，也可以是过失

D. 只能是间接故意

【答案】C

【解析】不纯正不作为犯或不真正不作为犯，即行为人以不作为形式实施的通常为作为形式的犯罪。其罪过可以是故意或者过失。

16. 关于罪刑法定原则及其内容，下列哪一选项是正确的？

A. 罪刑法定原则禁止类推解释与扩大解释，但不禁止有利于被告人的类推解释

B. 罪刑法定原则禁止司法机关进行类推解释，但不禁止立法机关进行类推解释

C. 罪刑法定原则禁止适用不利于行为人的事后法，但不禁止适用有利于行为人的事后法

D. 罪刑法定原则要求刑法规范的明确性，但不排斥规范的构成要件要素

【答案】C

【解析】罪刑法定原则的具体要求有：①规定犯罪及其法律后果的法律必须是立法机关制定的成文的法律，行政规章不得规定刑罚，习惯法不得作为刑法的渊源，判例也不应作为刑法的渊源。②禁止不利于行为人的事后法。③禁止不利于行为人的类推解释。④禁止绝对的不定刑与绝对的不定期刑。⑤刑法的处罚范围与处罚程序必须具有合理性。⑥对犯罪及其法律后果的规定必须明确：对犯罪构成的规定必须明确；对法律后果的规定必须明确。⑦禁止不均衡的、残虐的刑罚。故选C。

17. 甲利用到外国旅游的机会，为了自用，从不法分子手中购买了手枪 1 支、子弹 60 发，然后经过伪装将其邮寄回国内。后来甲得知乙欲抢银行，想得到一支枪，就与乙协商，以 5000 元将其手枪出租给乙使用。乙使用该手枪抢劫某银行，随后被抓获。对甲的行为应如何处理？

A. 以买卖、邮寄枪支、弹药罪与抢劫罪并罚

B. 以买卖、邮寄枪支、弹药罪与非法出租枪支罪并罚

C. 以走私武器、弹药罪与抢劫罪并罚

D. 以走私武器、弹药罪、非法出租枪支罪、抢劫罪并罚

【答案】C

【解析】走私武器、弹药罪是指违反海关法规，逃避海关监管，非法携带、运输、邮寄武器、弹药进出国（边）境的行为。故甲构成本罪。甲明知乙租用、借用枪支的人是为了实施某种犯罪而租用、借用枪支，却仍然出租或者出借，则成为租用、借用枪支人所实施犯罪的共犯，应当按照共同犯罪的规定予以处罚。故选 C。

18. 甲、乙共谋杀害在博物馆工作的丙，两人潜入博物馆同时向丙各开一枪，甲击中丙身边的国家重点保护的珍贵文物，造成文物毁损的严重后果；乙未击中任何对象。关于甲、乙的行为，下列哪一选项是正确的？

   A. 甲成立故意毁损文物罪，因为毁损文物的结果是甲故意开枪的行为造成的

   B. 甲、乙成立故意杀人罪的共犯

   C. 对甲应以故意杀人罪和过失损毁文物罪实行数罪并罚

   D. 甲的行为属于一行为触犯数罪名，成立牵连犯

【答案】B

【解析】本案中甲、乙二人有共同的杀人故意，亦有共同的杀人行为，二人成立故意杀人罪的共犯，甲击中丙身边的国家重点保护的珍贵文物属于打击错误，是由于行为本身的差误，并不存在故意心理，导致行为人所欲攻击的对象与实际受害的对象不一致。应在故意内容与客观行为相统一的范围内认定犯罪。因此，对甲只能以故意杀人未遂论处。

19. 甲晚上潜入一古寺，将寺内古墓室中有珍贵文物编号的金佛的头用钢锯锯下，销赃后获赃款 10 万元。对甲应以什么罪追究刑事责任？

   A. 故意损毁文物罪

   B. 倒卖文物罪

   C. 盗窃罪

   D. 盗掘古文化遗址、古墓葬罪

【答案】C

【解析】本题考的是牵连犯，牵连犯是指实施某一犯罪时作为犯罪的手段或结果的行为，触犯其他的罪名的情况。本题中采取毁坏文物的方法作为盗窃文物的手段，而倒卖是对盗窃结果的销毁行为，甲的行为属于牵连犯。根据《刑法》第 264 条的规定，盗窃珍贵文物，情节严重的，处无期徒刑或者死刑，并处没收财产。〈刑法〉第 324 条规定，故意毁损文物罪的法定最高刑是 10 年有期徒刑，《刑法》第 326 条规定，倒

卖文物罪的法定最高刑也是 10 年有限徒刑。对于牵连犯,采取从一重罪处罚的方法。因此,应该以盗窃罪定罪处罚。行为人是潜入古寺盗窃的,没有盗掘古墓葬,不构成盗掘古文化遗址、古墓葬罪故选 C。

20. 根据刑法第 20 条前两款的规定,行为不负刑事责任;但必须符合一定条件,否则就会造成新的不法侵害。误认为存在不法侵害,进行"防卫"的,属于假想防卫;不法侵害已经结束后,进行"防卫"的,属于防卫行为明显超过必要限度造成重大损害的,属于;关于的罪过形式,刑法理论上存在争议,但可以肯定的是,不是独立罪名,应根据其符合的犯罪构成确定罪名,对于,应当酌情减轻或者免除处罚。在这段话的空格中:

   A. 2 处填写"正当防卫",5 处填写"防卫过当",1 处填写"假想防卫"
   B. 2 处填写"正当防卫",4 处填写"防卫过当",1 处填写"假想防卫"
   C. 3 处填写"正当防卫",5 处填写"防卫过当"
   D. 3 处填写"正当防卫",4 处填写"防卫过当",1 处填写"假想防卫"

【答案】B

【解析】根据刑法第 20 条前两款的规定,正当防卫行为不负刑事责任;但正当防卫必须符合一定条件,否则就会造成新的不法侵害。误认为存在不法侵害,进行"防卫"的,属于假想防卫;不法侵害已经结束后,进行"防卫"的,属于事后防卫。防卫行为明显超过必要限度造成重大损害的,属于防卫过当;关于防卫过当的罪过形式,刑法理论上存在争议,但可以肯定的是,防卫过当不是独立罪名,应根据其符合的犯罪构成确定罪名;对于防卫过当,应当酌情减轻或者免除处罚。

21. 刘某因贪污罪被某市中级人民法院一审判处死刑,缓期 2 年执行。判决后刘某未上诉,人民检察院也未抗诉,市中级人民法院遂在抗诉、上诉期满后第二天报请省高级人民法院核准。省高级人民法院不得作出下列哪项处理?

   A. 认为原判事实不清,证据不足,发回重审
   B. 认为原判刑罚太重,不同意判处死缓,直接改判为有期徒刑 15 年
   C. 认为原判刑罚太轻,应判处死刑立即执行,直接改判并报最高人民法院核准
   D. 同意判处死缓,作出予以核准的裁定

【答案】C

【解析】根据刑法的规定,高级法院在核准死缓案件时,同意判处死刑的,应当裁定核准死刑;不同意判处死刑的,应当依法改判;认为原判事实不清,证据不足的,应当发回中级人民法院重新审判。因此选 C。

22. 張某故意傷害案由公安機關偵查終結後移送人民檢察院審查起訴。人民檢察院審查後認為張某犯罪情節輕微,可以免除刑罰,決定不起訴。公安機關如果認為人民檢察院的決定有錯誤,依法可以作出什麼處理?

    A. 請求人民法院審查人民檢察院的決定

    B. 請求上一級公安機關移送人民檢察院審查起訴

    C. 提請上一級人民檢察院復議

    D. 要求作出決定的人民檢察院復議,意見不被接受時向上一級人民檢察院提請復核

    【答案】D

    【解析】按照《刑事訴訟法》第一百四十四條的規定,對於公安機關移送起訴的案件,人民檢察院決定不起訴的,應當將不起訴決定書送達公安機關。公安機關認為不起訴的決定有錯誤的時候,可以要求復議,如果意見不被接受,可以向上一級人民檢察院提請復核。因此D正確。

23. 某縣人民法院審理一起盜竊案時,發現被告人還有詐騙的犯罪事實沒有起訴。對此,該人民法院應當採取下列哪種處理方式?

    A. 直接就盜竊案進行審理,並作出判決

    B. 將盜竊案和詐騙案一併審理,並作出判決

    C. 建議檢察院補充起訴

    D. 退回檢察院補充偵查

    【答案】C

    【解析】根據最高人民法院關於實施刑事訴訟法中若干問題的《解釋》第一百七十八條規定,人民法院在審理中發現新的事實,可能影響定罪的,應當建議人民檢察院補充或者變更起訴;人民檢察院不同意的,人民法院應當就起訴指控的犯罪事實,依照刑訴《解釋》第一百七十六條的有關規定依法作出裁判,選C。

24. 在一起自訴案件中,自訴人因對法院審理不滿,未經法庭許可而中途退庭。對此,法庭應如何處理?

    A. 追究自訴人法律責任,處以1000元以下罰款

    B. 拘傳自訴人到庭

    C. 按撤訴處理

    D. 宣告被告人無罪

【答案】C

【解析】对于自诉案件允许自诉人撤诉，自诉人经传票传唤无正当理由不到庭或者未经法庭许可中途退庭，那么人民法院视其为撤诉。

25. 在下列哪种情形下，人民法院应当为被告人指定辩护人？

A. 在一起团伙盗窃案件中，被告人陈某、萧某委托了辩护人，而李某没有委托辩护人

B. 王某涉嫌故意杀人，审理时未满 18 周岁，没有委托辩护人

C. 张某涉嫌故意伤害，被人民检察院提起公诉，而人民法院认为起诉意见和移送的案件证据材料可能影响正确定罪量刑

D. 外国人约翰涉嫌诈骗，被人民检察院提起公诉时没有委托辩护人

【答案】B

【解析】《刑事诉讼法》第三十四条规定，公诉人出庭公诉的案件，被告人因经济困难或者其他原因没有委托辩护人的，人民法院可以指定承担法律援助义务的律师为其提供辩护。被告人是盲、聋、哑或者未成年人而没有委托辩护人的，人民法院应当指定承担法律援助义务的律师为其提供辩护。被告人可能被判处死刑而没有委托辩护人的，人民法院应当指定承担法律援助义务的律师为其提供辩护。

26. 某县人民法院在审理一起诈骗案时，因公诉人发现案件需要补充侦查，合议庭曾两次决定延期审理。县人民法院第二次恢复法庭审理后，公诉人又提出案件需要进一步补充侦查。合议庭应当作出何种处理？

A. 同意延期审理

B. 不同意延期审理

C. 根据案件复杂情况，决定是否延期审理

D. 报本院审判委员会决定是否延期审理

【答案】B

【解析】最高人民法院《刑诉解释》第一百五十七条规定，在庭审过程中，公诉人发现案件需要补充侦查，提出延期审理建议的，合议庭应当同意。但是建议延期审理的次数不得超过两次。补充侦查的次数最多不超过两次，所以本案中公诉人又提出案件需要进一步补充侦查的，合议庭不应当准许。

27. 张某系 L 市出租汽车公司司机，住该市河东区。1999 年 10 月 25 日晚，香港居民孙某在河西区乘坐张某驾驶的出租车至该区天平大酒店，下车时将背包遗忘在车上，内有价值近 4 万元的笔记本电脑。孙下车后即意识到背包遗忘在车上，于是找到张某，向其索要。张某谎称并未见到背包，拒不交出。该案一审管辖法院应当是哪个法院？

    A. 河东区人民法院

    B. 河西区人民法院

    C. 市中级人民法院

    D. 市中级人民法院指定的其他基层人民法院

    【答案】B

    【解析】《刑事诉讼法》第二十四条规定，刑事案件由犯罪地的人民法院管辖。如果由被告人居住地的人民法院审判更为适宜的，可以由被告人居住地的人民法院管辖。这里的犯罪地主要指的就是犯罪行为实施地，本案中，被告人住所在河东区，但整个犯罪行为和他实际取得财产的地点都在河西区，所以应由河西区人民法院管辖。

28. 刘某致王某和李某轻伤，王某将案件起诉到法院，李某接到法院通知后表示不想追究刘的责任，没有参加诉讼。一审宣判后，李某反悔，就同一事实向法院提起自诉。该法院应当如何处理？

    A. 受理李某的自诉

    B. 在李某和刘某之间进行调解

    C. 告知李某在当事人上诉时向第二审法院提出其主张

    D. 不受理李某的自诉

    【答案】D

    【解析】按照最高人民法院《刑诉解释》第一百九十三条的规定，自诉人明知有其他共同侵害人，但只对部分侵害人提出自诉的，人民法院应当受理，并视为自诉人对其他侵害人放弃告诉权利。判决宣告后自诉人又对其他共同侵害人就同一事实提出自诉的，人民法院不再受理。共同被害人中只有部分人告诉的，人民法院应当通知其他被害人参加诉讼。被通知人接到通知后表示不参加诉讼或者不出庭的，即视为放弃告诉权利。第一审宣判后，被通知人就同一事实又提出自诉的，人民法院不予受理。但当事人另行提起民事诉讼的，不受本解释限制。本案中，李某接到法院通知后表示不想追究刘的责任，没有参加诉讼。一审宣判后，李某反悔，就同一事实向法院提起自诉，该法院不应当受理。

29. 下列哪一种案件不应由人民检察院直接立案侦查?

    A. 骗取出口退税案

    B. 受贿案

    C. 私分国有资产案

    D. 徇私舞弊不征、少征税款案

【答案】A

【解析】人民检察院直接受理的刑事案件,主要包括:(一)贪污贿赂犯罪(二)国家工作人员的渎职犯罪(三)国家机关工作人员利用职权实施的侵犯公民人身权利和民主权利的犯罪案件包括: 1.非法拘禁案 2.非法搜查案 3.刑讯逼供案 4.暴力取证案 5.体罚、虐待被监管人案 6.报复陷害案 7.破坏选举案(四)国家机关工作人员利用职权实施的其他重大犯罪案件,需要由人民检察院直接受理的时候,经省级以上人民检察院决定,可以由人民检察院立案侦查。而对于涉税案件,应由公安机关侦查。所以,本题中的 BCD 分别属于贪污贿赂或者渎职犯罪等,应该由人民检察院立案侦查,而对于 A 属于涉税案件应由公安机关侦查。

30. 在某县人民法院审理某甲抢劫案时,甲的辩护律师认为,侦查机关在侦查过程中收集的证明被告人罪轻的证据材料需要在法庭上出示。在此情况下,律师可以进行什么诉讼活动?

    A. 申请人民法院向人民检察院调取该证据材料,并可以到人民法院查阅、摘抄、复制该证据材料

    B. 申请人民法院向人民检察院调取该证据材料,但不得到人民法院查阅、摘抄、复制该证据材料

    C. 申请人民检察院调取该证据材料

    D. 申请公安机关提供该证据材料

【答案】A

【解析】根据刑事诉讼法的相关规定,当律师调查取证有困难时,可以申请人民法院、人民检察院代为调查取证,人民法院、人民检察院同意调查取证的应当亲自进行,不能委托律师进行。辩护人律师在审查起诉阶段之后就拥有了阅卷权,有权到法院、检察院查阅、摘抄、复制案卷材料,而不需要经过法院、检察院的同意。

31. 孙某以张某构成诽谤罪向某县人民法院提起自诉。县人民法院受理本案后,决定对本案适用普通程序进行审理。在张某未被羁押的情况下,该法院立案后应在下列哪

个时间内宣判？

A. 一个月

B. 一个半月

C. 三个月

D. 六个月

【答案】D

【解析】最高人民法院《刑诉解释》第一百零九条规定，审理公诉案件的期限，依照刑事诉讼法的规定执行。适用普通程序审理的被告人被羁押的自诉案件，应当在被告人被羁押后一个月内宣判，至迟不得超过一个半月。有刑事诉讼法第一百二十六条规定情形之一的，经省、自治区、直辖市高级人民法院批准或者决定，可以再延长一个月。需要延长审理期限的，应当在期满七日以前报请高级人民法院批准或者决定。而适用普通程序审理的被告人未被羁押的自诉案件，应当在立案后六个月内宣判。有特殊情况需要延长审理期限的，由本院院长批准，可以延长三个月。因此，本题答案为D。

32. 某市人民检察院在办理一起重大贪污案件过程中，决定逮捕犯罪嫌疑人高某。负责执行的公安人员执行逮捕时发现高某已经潜逃，该人民检察院决定通缉高某。该案中，有权发布通缉令的是哪个机关？

A. 市人民检察院

B. 市人民法院

C. 市国家安全机关

D. 市公安机关

【答案】D

【解析】最高人民检察院《人民检察院刑事诉讼规则》第二百一十六条、第二百一十七条、第二百一十八条和第二百一十九条规则，人民检察院侦查直接受理的案件，应当逮捕的犯罪嫌疑人如果在逃，或者已被逮捕的犯罪嫌疑人脱逃的，经检察长批准，可以作出通缉的决定。各级人民检察院需要在本辖区内通缉犯罪嫌疑人的，可以直接决定通缉；需要在本辖区外通缉犯罪嫌疑人的，由有决定权的上级人民检察院决定。人民检察院应当将通缉通知书和通缉犯的照片、身份、特征、案情简况送达公安机关，由公安机关发布通缉令，追捕归案。人民检察院应当与公安机关积极配合，及时检查监督通缉的执行情况。所以发布通缉令的机关应是公安机关，本题答案为D。

33. 某人民法院对被告人曹某等共同抢劫一案作出一审判决。曹某对犯罪事实供认不讳，仅以量刑过重为由提出上诉，其他被告人未提出上诉，人民检察院也未抗诉。二审法院经审理认为曹某构成犯罪，但曹某在二审作出裁判前因病死亡。二审法院应当如何处理该案件？

    A. 裁定全案终止审理，原判决自行生效

    B. 裁定对上诉终止审理，维持一审判决

    C. 裁定撤销一审判决，发回原审法院重审

    D. 宣布对曹某终止审理，对其他被告人仍应作出判决或裁定

【答案】D

【解析】根据刑事诉讼法的规定，第二审人民法院应当就第一审判决认定的事实和适用法律进行全面审查，不受上诉或者抗诉范围的限制。共同犯罪案件，只有部分被告人提出上诉的，或者人民检察院只就第一审人民法院对部分被告人的判决提出抗诉的，第二审人民法院应当对全案进行审查，一并处理。共同犯罪案件，如果提出上诉的被告人死亡，其他被告人没有提出上诉，第二审人民法院仍应当对全案进行审查。死亡的被告人不构成犯罪的，应当宣告无罪；审查后认为构成犯罪的，应当宣布终止审理。对其他同案被告人仍应当作出判决或者裁定。所以本题答案为 D。

34. 孙某在甲市服刑期间，遵守监规，接受教育改造，确有悔改表现，于是监狱向甲市中级人民法院提出假释建议书，并由甲市法院作出假释裁定。在假释期间内，乙县公安机关发现孙某曾参与当地一起诈骗案，于是将其抓获归案，并由乙县人民检察院起诉到乙县人民法院审判。该案中，应当由哪个机关撤销原来的假释裁定？

    A. 甲市中级人民法院

    B. 乙县人民法院

    C. 甲市监狱

    D. 乙县公安机关

【答案】B

【解析】最高人民法院《刑诉解释》第三百五十六条明确规定，被宣告缓刑、假释的犯罪分子，在缓刑、假释考验期限内再犯新罪或者被发现判决宣告以前还有其他罪没有判决，应当撤销缓刑、假释的，由审判新罪的人民法院在审判新罪时，对原判决、裁定宣告的缓刑、假释予以撤销；如果原来是上级人民法院判决、裁定宣告缓刑、假释的，审判新罪的下级人民法院也可以撤销原判决、裁定宣告的缓刑、假释。审判新

罪的人民法院對原審判決、裁定宣告的緩刑、假釋撤銷後，應當通知原宣告緩刑、假釋的人民法院和執行機關。所以，本題答案為 B。

35. 被害人在臨死前向搶救他的醫生魏某講述了遭受犯罪分子侵害的事實，在訴訟過程中醫生魏某就該情況向司法機關作證。根據刑事訴訟證據的分類理論，醫生魏某的證言屬於什麼類型的證據？

    A. 言詞證據、原始證據、直接證據、有罪證據

    B. 言詞證據、傳來證據、直接證據、有罪證據

    C. 言詞證據、原始證據、間接證據、無罪證據

    D. 實物證據、傳來證據、直接證據、有罪證據

【答案】B

【解析】證據可以分為以下五種：1.根據證據和當事人主張事實的關係本證反證 2.按照證據的來源原始證據派生證據（傳來證據）3.與證明對象的關係直接證據間接證據 4.證據的表現形式言詞證據實物證據。本案中，魏某是作為證人向法庭陳述的，屬於言詞證據，他的證詞是複述被害人的，因此屬於傳來證據；5.與證明被告人有罪的關係控訴證據（有罪證據）辯護證據（無罪、罪輕證據）本案中，醫生魏某的證言是已言語形式表達的，屬於是言詞證據，所以首先把答案 D 排除，它又是能夠直接證明案件的主要事實存在還是不存在的，所以屬於直接證據，這樣就把 C 排除，同時是不利於被告人，能證明他有罪的，所以是有罪證據，由於是轉述別人的話，所以是傳來證據。因此本題答案為 B。

36. 某人民檢察院立案偵查該市工商局長利用職權報復陷害他人，偵查中發現犯罪已過追訴時效期限。人民檢察院應當如何處理？

    A. 不起訴

    B. 撤銷案件

    C. 宣告無罪

    D. 移送法院處理

【答案】B

【解析】本題考察的是刑訴法第15條：「不追究刑事責任的情形與不同階段的處理」對於有下列情形之一的，（一）情節顯著輕微、危害不大，不認為是犯罪的；（二）犯罪已過追訴時效期限的；（三）經特赦令免除刑罰的；（四）依照刑法告訴才處理的犯罪，沒有告訴或者撤回告訴的；（五）犯罪嫌疑人、被告人死亡的；（六）其他法律規定免予追究刑事責任的，不追究刑事責任，已經追究的，應當撤銷案件，或者不起訴，

或者终止审理,或者宣告无罪。本案中,已过犯罪追诉时效,但是处于侦查阶段,所以结果是撤消案件。

37. 某市人民法院审理市人民检察院依照审判监督程序提出抗诉的案件时,原审被告人王某收到抗诉书后下落不明。该法院应当作出什么处理?

A. 驳回抗诉

B. 中止审理

C. 终止审理

D. 裁定维持原判

【答案】B

【解析】中止审理的情形主要包括四种情况:(1)在审判过程中,自诉人、被告人患精神病或者其他严重疾病,应当中止审理;(2)案件起诉到人民法院以后被告人脱逃,致使案件在较长时间内无法继续审理的,人民法院应当裁定中止审理。(3)适用简易程序审理的案件,在审理中发现有不宜审理情形的,应当中止审理,按照公诉案件或者自诉案件的第一审普通程序重新审理:(一)公诉案件被告人的行为不构成犯罪的;(二)公诉案件被告人应当判处三年以上有期徒刑的;(三)被告人当庭翻供,对于起诉指控的犯罪事实予以否认的;(四)事实不清或者证据不充分的;(五)其他。转为普通程序审理的案件,审理期限应当从决定转为普通程序之日起计算。(4)由于其他不可抗拒的原因,致使案件无法继续审理的,可以裁定中止审理。本题就属于其中的第二种情况。

38. 某县人民法院一审以抢夺罪判处高某有期徒刑 3 年。一审宣判后高某向市中级人民法院提出上诉,县人民检察院未提出抗诉。市中级人民法院经审理,认为原判认定事实清楚,证据充分,但罪名认定不当,量刑过轻,高某的行为构成抢劫罪,应判处有期徒刑 6 年。市人民法院应当作出何种处理?

A. 将抢夺罪改判为抢劫罪,将原判刑期改为 6 年

B. 在维持原判罪名的情况下将原判刑期改为 6 年

C. 在不加重原判刑罚的情况下将罪名改为抢劫罪

D. 维持原判

【答案】C

【解析】最高人民法院《刑诉解释》第二百五十七条规定:第二审人民法院审理被告人或者其法定代理人、辩护人、近亲属提出上诉的案件,不得加重被告人的刑罚,并

应当进行下列具体规定：（一）共同犯罪案件，只有部分被告人上诉的，既不能加重提出上诉的被告人的刑罚，也不能加重其他同案被告人的刑罚；（二）对原判认定事实清楚、证据充分，只是认定的罪名不当的，在不加重原判刑罚的情况下，可以改变罪名；（三）对被告人实行数罪并罚的，不得加重决定执行的刑罚，也不能在维持原判决决定执行的刑罚不变的情况下，加重数罪中某罪的刑罚；（四）对被告人判处拘役或者有期徒刑宣告缓刑的，不得撤销原判决宣告的缓刑或者延长缓刑考验期；（五）对事实清楚、证据充分，但判处的刑罚畸轻，或者应当适用附加刑而没有适用的案件，不得撤销第一审判决，直接加重被告人的刑罚或者适用附加刑，也不得以事实不清或者证据不足发回原审人民法院重新审理。必须依法改判的，应当在第二审判决、裁定生效后，按照审判监督程序重新审理。人民检察院提出抗诉或者自诉人提出上诉的案件，不受前款规定的限制。但是人民检察院抗诉，经第二审人民法院审查后，改判被告人死刑立即执行的，应当报请最高人民法院核准。对于其中第〔三〕项"对被告人实行数罪并罚的，不得加重决定执行的刑罚，也不能在维持原判决决定执行的刑罚不变的情况下，加重数罪中某罪的刑罚"，所以本题答案为C。

39. 县公安局以涉嫌强奸犯罪为由将张某拘留，县人民检察院批准对张某的逮捕。3个月后，经张某亲属暗中查访并向公安机关提供线索，公安机关抓获了真正的罪犯，县人民检察院对张某作出不起诉决定，张某遂请求国家赔偿。下列哪一说法是正确的？

    A. 县公安局和人民检察院为共同赔偿义务机关
    B. 县公安局和人民检察院没有违法行为，国家对张某不承担赔偿责任
    C. 县人民检察院作出不起诉决定是对错捕行为的确认
    D. 县公安局应当对错误拘留造成的损失承担赔偿义务

【答案】C

【解析】《国家赔偿法》第15条第1、2项规定：行使侦查、检察、审判、监狱管理职权的机关及其工作人员在行使职权时有下列侵犯人身权情形之一的，受害人有取得赔偿的权利：（一）对没有犯罪事实或者没有事实证明有犯罪重大嫌疑的人错误拘留的；（二）对没有犯罪事实的人错误逮捕的；根据上述法条，拘留、逮捕在受害人无罪的情形下予以赔偿。本案中的不起诉决定确认了张某无罪，当然是对错捕行为的确认，选项C正确。

40. 按照律师法规定，申请领取律师执业证书，司法行政机关应当自收到申请之日起30日内作出是否颁发的决定。按照行政许可法的规定，应当自受理行政许可申请之日

起 20 日内作出行政许可决定。2004 年 7 月初，张某向省司法厅申请领取律师执业证书，司法厅的正确做法是：

A. 应当适用律师法，在 30 日内作出是否颁发的决定

B. 应当适用行政许可法，在 20 日内作出是否颁发的决定

C. 可以选择适用律师法或者行政许可法关于期限的规定作出决定

D. 因法律关于期限的规定不一致，报请全国人大常委会裁决后再作决定

【答案】A

【解析】行政许可法第 42 条第 1 款规定，除可以当场作出行政许可决定的外，行政机关应当自受理行政许可申请之日起二十日内作出行政许可决定。二十日内不能作出决定的，经本行政机关负责人批准，可以延长十日，并应当将延长期限的理由告知申请人。但是，法律、法规另有规定的，依照其规定。因此在律师法另有规定的情况下，依照律师法规定。

41. 张某委托刘某购书，并将一本存在 1.3 万元人民币的全国通兑活期存折交给刘某用于买书。刘某在途中取出该存折的 3000 元用于购买毒品，被公安机关当场抓获。审讯中，刘某供述存折中余下的 1 万元仍打算用于购买毒品。县法院对刘某判处有期徒刑 15 年。随后，公安机关作出行政处罚决定，关于当场查获的 3000 元和存折内的余款，正确的处理方法是：

A. 没收用于购买毒品的 3000 元，将存折内余款返还刘某

B. 没收用于购买毒品的 3000 元和准备用于购买毒品的存折内余款

C. 将刘某用于购买毒品的 3000 元和存折内余款返还张某

D. 没收用于购买毒品的 3000 元，将存折内余款返还张某

【答案】D

【解析】没收违法所得，是行政机关将行政违法行为人占有的，通过违法途径和方法取得的财产收归国有的制裁方法；没收非法财物，是行政机关将行政违法行为人非法占有的财产和物品收归国有的制裁方法。故选 D。

42. 田某对某市房管局向李某核发房屋所有权证的行为不服，以自己是房屋所有权人为由请求法院判决撤销某市房管局的发证行为。田某向法院提交了房屋所有权证，李某向法院提交了该房屋买卖合同，某市房管局向法院提交了李某的房屋产权登记申请、契税完税证等证据。下列哪一说法是正确的？

A. 房屋所有权证、房屋买卖合同、房屋产权登记申请、契税完税证均系书证

B. 李某可以在一審庭審結束前向法院提交房屋買賣合同

C. 田某向法院提交其房屋所有權證是承擔舉證責任的表現

D. 法院在收到被告提交的證據後應當出具收據，加蓋法院印章和經辦人員印章

【答案】A

【解析】A對，書證是指以文字、符號、圖形所記載或表示的內容、含義來證明案件事實的證據。B錯，行政證據規定第7條規定：「原告或者第三人應當在開庭審理前或者人民法指定的交換證據之日提供證據。因正當事由申請延期提供證據的，經人民法院准許，可以在法庭調查中提供。逾期提供證據的，視為放棄舉證權利。」「原告或者第三人在第一審程序中無正當事由未提供而在第二審程序中提供的證據，人民法院不予接納。」D錯，行政證據規定第20條規定：人民法院收到當事人提交的證據材料，應當出具收據，註明證據的名稱、份數、頁數、件數、種類等以及收到的時間，由經辦人員簽名或者蓋章。C錯，在我國，行政訴訟法確立了被告行政機關在行政訴訟中承擔主要舉證責任的基本原則，根據行政證據規定，行政訴訟中原告提供證據僅限於下列情形：①公民、法人或者其他組織向人民法院起訴時，應當提供其符合起訴條件的相應的證據材料；②在起訴被告不作為的案件中，原告應當提供其在行政程序中曾經提出申請的證據材料；③在行政賠償訴訟中，原告應當對被訴具體行政行為造成損害的事實提供證據……。

43. 某化工企業生產國家明令淘汰的產品，某技術監督局依據《產品質量法》某條的規定作出罰款 2000 元的處罰決定。該企業不服，提起行政訴訟，法院經審查以技術監督局的處罰決定適用法律不當為由判決撤銷了處罰決定。下列哪一說法是正確的？

A. 技術監督局不得再對該企業作出行政處罰

B. 技術監督局不得再對該企業作出罰款決定，但可以作出其他行政處罰

C. 技術監督局可以依據原處罰決定適用的《產品質量法》條文規定作出與原來不同的處罰決定

D. 技術監督局可以依據原處罰決定適用的《產品質量法》條文規定以外的相關條款作出與原來相同的處罰決定

【答案】D

【解析】行政訴訟法第 55 條規定：人民法院判決被告重新作出具體行政行為的，被告不得以同一的事實和理由作出與原具體行政行為基本相同的具體行政行為。行政訴訟解釋第 54 條第 1 款規定：人民法院判決被告重新作出具體行政行為，被告重新作出的具體行政行為與原具體行政行為的結果相同，但主要事實或者主要理由有改變的，不屬於行政訴訟法第五十五條規定的情形。

44. 1997 年 5 月，万达公司凭借一份虚假验资报告在某省工商局办理了增资的变更登记，此后连续四年通过了工商局的年检。2001 年 7 月，工商局以办理变更登记时提供虚假验资报告为由对万达公司作出罚款 1 万元，责令提交真实验资报告的行政处罚决定。2002 年 4 月，工商局又作出撤销公司变更登记，恢复到变更前状态的决定。2004 年 6 月，工商局又就同一问题作出吊销营业执照的行政处罚决定。关于工商局的行为，下列哪一种说法是正确的？

   A. 2001 年 7 月工商局的处罚决定违反了行政处罚法关于时效的规定

   B. 2002 年 4 月工商局的处罚决定违反了一事不再罚原则

   C. 2004 年 6 月工商局的处罚决定是对前两次处罚决定的补充和修改，属于合法的行政行为

   D. 对于万达公司拒绝纠正自己违法行为的情形，工商局可以违法行为处于持续状态为由作出处罚

   【答案】A

   【解析】行政处罚法第 29 条规定："违法行为在二年内未被发现的，不再给予行政处罚。法律另有规定的除外。""前款规定的期限，从违法行为发生之日起计算；违法行为有连续或者继续状态的，从行为终了之日起计算。"

45. 在行政诉讼过程中，下列哪一行为人民法院须征得原告同意才能实施？

   A. 允许被告改变具体行政行为

   B. 通知第三人参加诉讼

   C. 追加被告

   D. 决定合并审理

   【答案】C

   【解析】行政诉讼解释第 23 条规定："原告所起诉的被告不适格，人民法院应当告知原告变更被告；原告不同意变更的，裁定驳回起诉。""应当追加被告而原告不同意追加的，人民法院应当通知其以第三人的身份参加诉讼。"另参见行政诉讼解释第 46 条、第 50 条，行政诉讼法第 27 条。

46. 依据行政诉讼的有关规定，下列哪一证据材料在原告不能自行收集，但能够提供确切线索时，可以申请人民法院调取？

   A. 涉及公共利益的证据材料

   B. 涉及个人隐私的证据材料

C. 涉及中止诉讼事项的证据材料

D. 涉及回避事项的证据材料

【答案】B

【解析】行政证据规定第 23 条第 1 款规定，原告或者第三人不能自行收集，但能够提供确切线索的，可以申请人民法院调取下列证据材料：①由国家有关部门保存而须由人民法院调取的证据材料；②涉及国家秘密、商业秘密、个人隐私的证据材料；③确因客观原因不能自行收集的其他证据材料。故选 B。

47.关于行政诉讼证据，下列哪一说法是正确的？

A. 人民法院依职权调取的证据，应当在法庭出示，由当事人质证

B. 涉及商业秘密的证据，可以不公开质证

C. 第二审程序中，所有第一审认定的证据无须再质证

D. 生效的人民法院判决书认定的事实无须质证，可以作为定案的证据

【答案】D

【解析】行政证据规定第 38 条第 2 款规定，人民法院依职权调取的证据，由法庭出示，并可就调取该证据的情况进行说明，听取当事人意见。行政诉讼证据规定第 37 条规定，涉及国家秘密、商业秘密和个人隐私或者法律规定的其他应当保密的证据，不得在开庭时公开质证。行政证据规定第 50 条规定，在第二审程序中，对当事人依法提供的新的证据，法庭应当进行质证；当事人对第一审认定的证据仍有争议的，法庭也应当进行质证。行政证据规定第 70 条规定，生效的人民法院裁判文书或者仲裁机构裁决文书确认的事实，可以作为定案依据。但是如果发现裁判文书或者裁决文书认定的事实有重大问题的，应当中止诉讼，通过法定程序予以纠正后恢复诉讼。

48. 2004 年 6 月 2 日，某县第一中学发生学生集体食物中毒，按照《突发公共卫生事件应急条例》的规定，下列哪种措施是合法的？

A. 第一中学在事发后 2 小时向县卫生局报告

B. 省人民政府接到报告后 2 小时内向卫生部报告

C. 县医院收治中毒学生后对中毒严重的学生采取就地隔离观察措施

D. 县政府对当地水源和食物采取紧急控制措施

【答案】A

【解析】根据突发公共卫生事件应急条例第 20 条第 1 款规定，突发事件监测机构、医疗卫生机构和有关单位发现有本条例第十九条规定情形之一的，应当在二小时内向

所在地县级人民政府卫生行政主管部门报告; 接到报告的卫生行政主管部门应当在二小时内向本级人民政府报告, 并同时向上级人民政府卫生行政主管部门和国务院卫生行政主管部门报告。因此 A 正确。

49. 刘某与高达公司签订内销商品房预售契约, 后某区房地产管理局对该预售契约作出预售预购备案登记。后刘某了解到高达公司向其销售的房屋系超出规划面积和预售面积的超层部分, 刘某遂以区房地产管理局违法办理备案登记, 造成自己购买的房屋为违法建筑为由提起行政诉讼。下列哪一说法不正确?

A. 区房地产管理局的备案登记行为不是对预售合同效力的确认行为

B. 备案登记行为没有对刘某的权利义务产生实际影响, 不属于人民法院行政诉讼的受案范围

C. 高达公司与本案的审理结果有利害关系, 可以作为第三人参加诉讼

D. 区房地产管理局在备案登记时没有尽到审查职责, 应当对刘某的损失承担部分赔偿责任

【答案】D

【解析】行政确认是指行政机关对特定的法律事实、法律关系或者法律状态作出具有法律效力认定并且予以证明的具体行政行为。在本案中, 区房地产管理局的备案登记行为只是行使一般的行政管理权, 不属于行政确认行为。A 正确。对于公民、法人、其他组织权利义务不产生实际影响的行政行为, 不属于人民法院行政诉讼的受案范围。B 正确。行政诉讼的第三人是指因与被提起行政诉讼的具体行政行为有利害关系, 通过申请或法院通知形式, 参加到诉讼中来的当事人。这种利害关系既包括与被诉行政行为的利害关系, 也包括与诉讼结果的利害关系; 不仅包括直接利害关系, 也包括间接利害关系。故 C 正确。

50. 王某擅自使用机动渔船渡客。渔船行驶过程中, 被某港航监督站的执法人员发现, 当场对王某作出罚款 50 元的行政处罚, 并立即收缴了该罚款。关于缴纳罚款, 下列哪一做法是正确的?

A. 执法人员应当自抵岸之日起 2 日内将罚款交至指定银行

B. 执法人员应当自抵岸之日起 5 日内将罚款交至指定银行

C. 执法人员应当自抵岸之日起 2 日内将罚款交至所在行政机关, 由行政机关在 2 日内缴付指定银行

D. 执法人员应当自抵岸之日起 2 日内将罚款交至所在行政机关, 由行政机关在 5 日内缴付指定银行

【答案】C

【解析】行政处罚法第50条规定，执法人员当场收缴的罚款，应当自收缴罚款之日起二日内，交至行政机关；在水上当场收缴的罚款，应当自抵岸之日起二日内交至行政机关；行政机关应当在二日内将罚款缴付指定的银行。故C正确。

二、多项选择题，每题所给选项中有两个或两个以上正确答案，少答或多答均不得分。本部分51-80题，每题2分，共60分。

51. 对刑法关于撤销假释的规定，下列哪些理解是正确的？

 A. 只要被假释的犯罪分子在假释考验期内犯新罪，即使假释考验期满后才发现，也应当撤销假释

 B. 在假释考验期满后，发现被假释的犯罪分子在判决宣告以前还有其他罪没有判决的，不能撤销假释

 C. 被假释的犯罪分子，在假释考验期内犯新罪的，应当按先减后并的方法实行并罚，但"先减"是指减去假释前已经实际执行的刑期

 D. 在假释考验期内，发现被假释的犯罪分子在判决宣告以前还有其他罪没有判决的，撤销假释后，按照先并后减的方法实行并罚，假释经过的考验期，应当计算在新决定的刑期之内，因为假释视为执行刑罚

【答案】ABC

【解析】按照刑法第71条规定的先减后并的方法实行并罚，假释后所经过的考验期，不得计算在新判决决定的刑期之内。需要说明的是，只要是在假释考验期内犯新罪，即使经过了假释考验期限后才发现新罪，也应当撤销假释，按照先减后并的方法实行并罚。在假释考验期限内，发现被假释的犯罪人在判决宣告以前还有其他罪没有判决的，应当撤销假释，按照刑法第70条规定的先并后减的方法实行并罚，已经执行的刑期，计算在新判决决定的刑期以内，但假释后所经过的考验期，不得计算在新判决决定的刑期以内。但如果在假释考验期满后，才发现被假释的犯罪人在判决宣告以前还有其他罪没有判决的，不能撤销假释，只能对新发现的犯罪另行侦查、起诉、审判，不得与前罪的刑罚并罚。故选ABC。

52. 下列关于侵犯商业秘密罪的说法哪些是正确的？

 A. 窃取权利人的商业秘密，给其造成重大损失的，构成侵犯商业秘密罪

B. 捡拾权利人的商业秘密资料而擅自披露，给其造成重大损失的，构成侵犯商业秘密罪

C. 明知对方窃取他人的商业秘密而购买和使用，给权利人造成重大损失的，构成侵犯商业秘密罪

D. 使用采取利诱手段获取权利人的商业秘密，给权利人造成重大损失的，构成侵犯商业秘密罪

【答案】ACD

【解析】根据刑法的规定，侵犯商业秘密罪的客观行为有三种情形：以盗窃、利诱、胁迫或者其他不正当手段获取权利人的商业秘密的；披露、使用或者允许他人使用以前项手段获取的权利人的商业秘密；违反约定或者违反权利人有关保守商业秘密的要求，披露、使用或者允许他人使用其所掌握的商业秘密的。明知或者应知以上所列三种行为，获取、使用或者披露他人的商业秘密的，以侵犯商业秘密论。故 B 不选。

53. 刑法第 171 条第 1 款前段规定："出售、购买伪造的货币或者明知是伪造的货币而运输，数额较大的，处三年以下有期徒刑或者拘役，并处二万元以上二十万元以下罚金。"关于本条的理解，下列哪些说法是错误的？

A. 运输假币罪要求行为人明知是假币，但出售、购买假币罪不要求行为人明知是假币

B. 根据故意犯罪的刑法规定与刑法原理，出售、购买假币罪也以行为人明知是假币为前提

C. 出售、购买、运输假币罪都是故意犯罪，但运输假币罪只能是直接故意，而出售、购买假币罪只能是间接故意

D. "并处二万元以上二十万元以下罚金"是指可以并处罚金，而非应当并处罚金

【答案】ACD

【解析】出售、购买、运输假币罪都是直接故意，行为人都应明知是假币，故 A、C 错误。刑法规定"并处"罚金时，人民法院在对犯罪人判处主刑的同时，必须依法判处罚金。故 D 错误。

54. 某事业单位负责人甲决定以单位名义将本单位资金 150 余万元贷给另一公司，所得高利息归本单位所有。甲虽未牟取个人利益，但最终使本金无法收回。关于该行为的定性，下列哪几种是可以排除的？

A. 挪用公款罪

B. 挪用资金罪

C. 违法发放贷款罪

D. 高利转贷罪

【答案】ABCD

【解析】挪用公款罪客观方面表现为利用职务之便，有下列挪用公款行为之一：挪用公款归个人使用，进行非法活动的；挪用公款数额较大，归个人进行营利活动的；挪用公款归个人使用，数额较大，超过 3 个月未还的。所谓归个人使用是指下列情形之一：将公款供本人、亲友或者其他自然人使用的；以个人名义将公款供其他单位使用的；个人决定以单位名义将公款供其他单位使用，谋取个人利益的。挪用资金罪是指公司、企业或者其他单位的工作人员，利用职务上的便利，挪用单位资金归个人使用或者借贷给他人，数额较大，超过 3 个月未还的，或者虽未超过 3 个月，但数额较大，进行营利活动或者非法活动的行为。本案中，甲并为谋取个人利益。故 A、B 都不对。违法发放贷款罪是指银行或者其他金融机构的工作人员，违反法律、行政法规的规定，向关系人以外的其他人发放贷款，造成重大损失的行为。甲并非银行或者其他金融机构的工作人员，主体不合格，C 不对。高利转贷罪是指以转贷为目的，套取金融机构信贷资金高利转贷他人，违法所得数额较大的行为。甲并未套取金融机构信贷资金，故排除 D。

55. 下列关于扰乱市场秩序罪的说法哪些是正确的？

A. 单位可以构成刑法规定的各种扰乱市场秩序的犯罪

B. 广告主、广告经营者和广告发布者之外的其他人不能单独构成虚假广告罪

C. 招标人不能构成串通投标罪

D. 不以牟利为目的，非法转让土地使用权的，不能构成非法转让土地使用权罪

【答案】ABD

【解析】根据刑法第 223 条规定，串通投标罪的犯罪主体是特殊主体，包括招标投标过程中的招标人和投标人，故 C 不对。其他都符合刑法的规定。

56. 下列关于中国刑法适用范围的说法哪些是错误的？

A. 甲国公民汤姆教唆乙国公民约翰进入中国境内发展黑社会组织。即使约翰果真进入中国境内实施犯罪行为，也不能适用中国刑法对仅仅实施教唆行为的汤姆追究刑事责任

B. 中国公民赵某从甲国贩卖毒品到乙国后回到中国。由于赵某的犯罪行为地不在中国境内，行为也没有危害中国的国家或者国民的利益，所以，不能适用中国刑法

C. A 国公民丙在中国留学期间利用暑期外出旅游，途中为勒索财物，将 B 国在中国的留学生丁某从东北某市绑架到 C 国，中国刑法可以依据保护管辖原则对丙追究刑事责任

D. 中国公民在中华人民共和国领域外实施的犯罪行为，按照刑法规定的最高刑为 3 年以下有期徒刑的，也可以适用中国刑法追究刑事责任

【答案】ABC

【解析】刑法第 8 条规定：外国人在中华人民共和国领域外对中华人民共和国国家或者公民犯罪，而按本法规定的最低刑为三年以上有期徒刑的，可以适用本法，但是按照犯罪地的法律不受处罚的除外。根据刑法第 294 条的规定，犯入境发展黑社会组织罪的，处 3 年以上 10 年以下有期徒刑。A 项中汤姆的行为发生在中国，应适用中国法，故 A 错。故 B 错，刑法第 7 条规定：中华人民共和国公民在中华人民共和国领域外犯本法规定之罪的，适用本法，但是按本法规定的最高刑为三年以下有期徒刑的，可以不予追究。B 项中赵某的行为构成贩卖毒品罪，应适用中国刑法故 B 错，C 项中丙的绑架行为发生在中国，应根据属地原则来行使管辖权，而非适用保护管辖。刑法第 6 条规定："凡在中华人民共和国领域内犯罪的，除法律有特别规定的以外，都适用本法。""凡在中华人民共和国船舶或者航空器内犯罪的，也适用本法。""犯罪的行为或者结果有一项发生在中华人民共和国领域内的，就认为是在中华人民共和国领域内犯罪。"D 对，依刑法第 7 条规定，"可以不予追究"，意味着也可以追究。

57. 甲某日晚到洗浴中心洗浴。甲进入该中心后，根据服务员乙的指引，将衣服、手机、手提包等财物锁入 8 号柜中，然后进入沐浴区。半小时后，乙为交班而准备打开自己一直存放衣物的 7 号柜，忙乱中将钥匙插入 8 号柜的锁孔，但居然能将 8 号柜打开。乙发现柜中有手提包，便将其中的 3 万元拿走。为迅速逃离现场。乙没有来得及将 8 号柜门锁上。稍后另一客人丙见 8 号柜半开半掩，就将柜中的手机（价值 3000 元）以及信用卡拿走。由于信用卡的背后写有密码，第二天，丙持该信用卡到商场购买价值 2 万元的手表。关于本案，下列哪些说法是错误的？

A. 乙的行为构成侵占罪、丙的行为构成盗窃罪

B. 乙的行为构成盗窃罪、丙的行为构成侵占罪

C. 乙的行为构成盗窃罪、丙的行为构成盗窃罪与信用卡诈骗罪

D. 乙的行为构成职务侵占罪、丙的行为构成侵占罪与信用卡诈骗罪

【答案】ABCD

【解析】侵占罪是指以非法占有他人财物为目的，将代为保管的他人财物或者他人的遗忘物、埋藏物非法占为己有，数额较大，拒不交还的行为。职务侵占罪是指公司、

企业或者其他单位的人员，利用职务上的便利，将本单位财物非法占为己有，数额较大的行为。乙是因为插错了钥匙才取走财物的非利用职位便利，故乙的行为不构成职务侵占罪，同时乙对财物也没有合法的占有，也不构成侵占罪，甲的行为仍属于"秘密窃取"，构成盗窃罪。盗窃信用卡并使用的，不以信用卡诈骗罪论处，而是以盗窃罪定罪处罚。故乙构成盗窃罪。故 ABCD 都错误。

58. 下列哪些人可以成为脱逃罪的主体？

    A. 被判处管制的犯罪分子

    B. 依法被关押的罪犯

    C. 依法被关押的被告人

    D. 依法被关押但尚无充分证据证明有罪的犯罪嫌疑人

【答案】BCD

【解析】根据刑法第 316 条规定，依法被逮捕、关押的罪犯、被告人、犯罪嫌疑人脱逃，处 5 年以下有期徒刑或者拘役。由此看出脱逃罪的主体是特殊主体，包括已经拘留、逮捕而尚未判决的未决犯和已被判处拘役以上剥夺自由刑罚的罪犯。故选 BCD。

59. 甲的女儿 2003 年参加高考，没有达到某大学录取线。甲委托该高校所在市的教委副主任乙向该大学主管招生的副校长丙打招呼，甲还交付给乙 2 万元现金，其中 1 万元用于酬谢乙，另 1 万元请乙转交给丙。乙向丙打了招呼，并将 1 万元转交给丙。丙收下 1 万元，并答应尽量帮忙，但仍然没有录取甲的女儿。一个月后，丙的妻子丁知道此事后，对丙说："你没有帮人家办事，不能收这 1 万元，还是退给人家吧。"丙同意后，丁将 1 万元退给甲。关于本案，下列哪些说法是错误的？

    A. 乙的行为成立不当得利与介绍贿赂罪

    B. 丙没有利用职务上的便利为他人牟取利益，所以不成立受贿罪

    C. 丙在未能为他人牟取利益之后退还了财物，所以不成立受贿罪

    D. 丁将 1 万元贿赂退给甲而不移交司法机关，构成帮助毁灭证据罪

【答案】ABCD

【解析】A 错，刑法第 388 条规定，国家工作人员利用本人职权或者地位形成的便利条件，通过其他国家工作人员职务上的行为，为请托人谋取不正当利益，索取请托人财物或者收受请托人财物的，以受贿论处。B 错，至于为他人谋取的利益是否正当，所谋取的利益是否实现，不影响受贿罪的成立。C 错，丙的行为已构成受贿罪既遂，后又退还财物只能做为量刑情节考虑。D 错，侵犯的客体是司法机关的正常活动；客

观方面表现为帮助当事人毁灭证据，情节严重的行为；犯罪主体是一般主体；主观方面是故意，即明知是证据而毁灭。

60. 雷某为购买正式书号用于出版淫秽录像带，找某音像出版社负责人任某帮忙。雷向任谎称自己想制作商业宣传片，需要一个书号，并提出付给出版社 1 万元"书号费"。任某同意，但要求雷给自己 2 万元好处费，雷某声称盈利后会考虑。任某随后指示有关部门立即办理。雷某拿到该书号出版了淫秽录像带，发行数量极大、影响极坏。雷牟利后给任某 2 万元好处费，任某收下。关于本案，下列哪些说法是错误的？

　　A. 雷某与任某的行为构成为他人提供书号出版淫秽书刊罪的共犯

　　B. 雷某的行为构成传播淫秽物品罪，任某的行为构成为他人提供书号出版淫秽书刊罪

　　C. 雷某的行为构成出版淫秽物品牟利罪，任某的行为构成出版淫秽物品牟利罪的共犯

　　D. 雷某与任某的行为构成非法经营罪的共犯

【答案】ABCD

【解析】A 错，因为任某并不知道雷某是要出版淫秽书刊，因此不构成为他人提供书号出版淫秽书刊罪。B 错，雷某出版淫秽物品是为了盈利而不是仅仅传播因而其构成出版淫秽物品牟利罪，而不是构成传播淫秽物品罪。C 错，任某主观方面是过失，行为人没有出版淫秽书刊的故意和牟利的目的。如果明知他人用于出版淫秽书刊而提供书号的，应当以出版淫秽物品牟利罪的共犯论处。D 错，非法经营罪是违反国家有关经营的限制性规定进行非法经营活动，而淫秽物品是国家所禁止经营的，故不成立非法经营罪。

61. 某国税稽查局对某电缆厂的偷税案件进行查处。该厂厂长甲送给国税稽查局局长乙 3 万元，要求给予关照。乙收钱后，将某电缆厂已涉嫌构成偷税罪的案件仅以罚款了事。次年 8 月，上级主管部门清理税务违法案件。为避免电缆厂偷税案件移交司法机关处理，乙私自更改数据，隐瞒事实，使该案未移交司法机关。对乙应以何罪论处？

　　A. 受贿罪

　　B. 滥用职权罪

　　C. 帮助犯罪分子逃避处罚罪

　　D. 徇私舞弊不移交刑事案件罪

【答案】AD

【解析】乙某利用職務便利非法收受他人財物，為他人謀取利益的行為構成受賄罪，故 A 對。徇私舞弊不移交刑事案件罪與濫用職權罪是法條競合關係，行為人的行為同時觸犯濫用職權罪的規定和其他有關條款規定的，應當按照特別法的規定定罪處罰，故 C 錯。幫助犯罪分子逃避處罰罪表現為有查禁犯罪活動職責的國家機關工作人員，向犯罪分子通風報信、提供便利，幫助犯罪分子逃避處罰的行為。

62. 某縣人民法院適用簡易程序審理郝某涉嫌盜竊罪一案，依法應當遵循下列哪些規定？

    A. 由審判員一人獨任審判

    B. 提起公訴的縣人民檢察院必須派員出席法庭

    C. 縣人民法院應當在受理此案後 20 日內審結此案

    D. 縣人民法院在判決宣告前應當聽取郝某的最後陳述意見

【答案】ACD

【解析】根據刑事訴訟法的規定，適用簡易程序的案件提起公訴的縣人民檢察院可以派員出席法庭而非必須。故 B 錯誤，其他都符合法律的規定。

63. 甲因搶劫被某縣公安機關依法逮捕，在偵查期間，甲不講真實姓名、住址，身份不明。對於該案件，公安機關應當如何處理？

    A. 偵查羈押期間自查清甲真實身份之日起計算

    B. 在查清甲真實身份以前，不允許其聘請律師為他提供法律幫助

    C. 在查清甲真實身份以前，中止偵查活動

    D. 如果犯罪事實清楚，證據確實、充分，可以按甲自報姓名移送縣人民檢察院審查起訴

【答案】AD

【解析】根據《刑事訴訟法》第一百二十八條明確規定，犯罪嫌疑人不講真實姓名、住址，身份不明的，偵查羈押期限自查清其身份之日起計算，但是不得停止對其犯罪行為的偵查取證。對於犯罪事實清楚，證據確實、充分的，也可以按其自報的姓名移送人民檢察院審查起訴犯罪嫌疑人自第一次被訊問或第一次本採取強制措施之日起就可以請律師，所以答案 B 錯誤，正確說法為 AD。

64. 某公安機關對涉嫌盜竊罪的錢某及其妻子范某執行拘留時搜查了他們的住處。在搜查時，因情況緊急未用搜查證，但錢某夫婦一直在場。由於沒有女偵查人員在場，所以由男偵查人員對錢某、范某的身體進行了搜查。搜查結束時，偵查人員要求被

搜查人在搜查笔录上签名时遭到拒绝，侦查人员就此结束搜查活动。该案搜查活动哪些违反法律规定？

  A. 在搜查时因情况紧急未用搜查证

  B. 在搜查时钱某夫妇一直在场

  C. 由男侦查人员对范某的身体进行了搜查

  D. 侦查人员要求被搜查人在搜查笔录上签名遭拒后就此结束了搜查活动

【答案】CD

【解析】根据《刑事诉讼法》在侦查一章"第五节搜查"中规定，为了收集犯罪证据、查获犯罪人，侦查人员可以对犯罪嫌疑人以及可能隐藏罪犯或者犯罪证据的人的身体、物品、住处和其他有关的地方进行搜查。任何单位和个人，有义务按照人民检察院和公安机关的要求，交出可以证明犯罪嫌疑人有罪或者无罪的物证、书证、视听资料。进行搜查，必须向被搜查人出示搜查证。在执行逮捕、拘留的时候，遇有紧急情况，不另用搜查证也可以进行搜查。在搜查的时候，应当有被搜查人或者他的家属，邻居或者其他见证人在场。搜查妇女的身体，应当由女工作人员进行。搜查的情况应当写成笔录，由侦查人员和被搜查人或者他的家属，邻居或者其他见证人签名或者盖章。如果被搜查人或者他的家属在逃或者拒绝签名、盖章，应当在笔录上注明。所以，本题中选 CD。

65. 下列犯罪嫌疑人、被告人中，哪些不适用取保候审？

  A. 甲在取保候审期间故意实施新的犯罪行为

  B. 乙涉嫌抢夺他人数额较大的财物被拘留，需逮捕而证据尚不符合逮捕条件

  C. 丙刑满释放后第二年又涉嫌重婚

  D. 丁是持刀抢劫的被告人

【答案】AD

【解析】根据《刑事诉讼法》第五十一条规定，人民法院、人民检察院和公安机关对于有下列情形之一的犯罪嫌疑人、被告人，可以取保候审或者监视居住：（一）可能判处管制、拘役或者独立适用附加刑的；（二）可能判处有期徒刑以上刑罚，采取取保候审、监视居住不致发生社会危险性的。取保候审、监视居住由公安机关执行。人民法院对有证据证明有犯罪事实存在，可能判处有期徒刑以上刑罚的被告人，认为采取取保候审、监视居住等措施，尚不足以防止发生社会危险而有逮捕必要的，应即决定依法逮捕。在取保候审期间故意实施新的犯罪行为则应采取逮捕措施而不能继续取保候审了，其有一定的人身危险性。D 也属于此情形。

66. 张某、王某合伙实施盗窃，张某被判处有期徒刑 10 年，王某被判处有期徒刑 3 年。张某、王某未上诉，人民检察院认为对王某的量刑过轻，仅就王某的量刑问题提出抗诉。在二审程序中，张某享有哪些权利？

    A. 参加法庭调查

    B. 参加法庭辩论

    C. 委托辩护人辩护

    D. 二审法院不得加重其刑罚

【答案】ABCD

【解析】根据刑事诉讼法的有关规定，对于共同犯罪案件，只有部分被告人提出上诉的，或者人民检察院只就第一审人民法院对部分被告人的判决提出抗诉的，第二审人民法院应当对全案进行审查，一并处理。在第二审程序中，被告人除自行辩护外，还可以继续委托第一审辩护人或者另行委托辩护人辩护。共同犯罪案件，只有部分被告人提出上诉或者人民检察院只就第一审人民法院对部分被告人的判决提出抗诉的，其他同案被告人也可以委托辩护人辩护。共同犯罪案件中，没有上诉的和没有对其判决提出抗诉的第一审被告人，应当参加法庭调查，并可以参加法庭辩论。另外，共同犯罪案件，只有部分被告人上诉的，既不能加重提出上诉的被告人的刑罚，也不能加重其他同案被告人的刑罚。

67. 在一起伤害案件中，被害人甲不服某县人民检察院对犯罪嫌疑人乙作出的不起诉决定而向县人民法院提起诉讼。人民法院审查后认为该案缺乏罪证，经要求，自诉人未能提出补充证据。县人民法院可以作出哪些处理？

    A. 说服自诉人撤诉

    B. 裁定驳回自诉

    C. 对甲和乙进行调解

    D. 中止诉讼

【答案】AB

【解析】根据最高人民法院《刑诉解释》第一百八十八条规定，对于自诉案件，人民法院经审查有下列情形之一的，应当说服自诉人撤回自诉，或者裁定驳回起诉：（一）不符合本解释第一百八十六条规定的条件的；（二）证据不充分的；（三）犯罪已过追诉时效期限的；（四）被告人死亡的；（五）被告人下落不明的；（六）除因证据不足而撤诉的以外，自诉人撤诉后，就同一事实又告诉的；（七）经人民法院调解结案后，自诉人反悔，就同一事实再行告诉的。所以，本题答案为 AB。

68. 某伤害案，提取的血迹经 DNA 鉴定，系来自被害人身上的血。对于这一鉴定结论，侦查机关应当告知哪些诉讼参与人？

    A. 犯罪嫌疑人

    B. 被害人

    C. 犯罪嫌疑人聘请的律师

    D. 被害人的近亲属

【答案】AB

【解析】《刑事诉讼法》第一百二十一条明确规定，侦查机关应当将用作证据的鉴定结论告知犯罪嫌疑人、被害人。如果犯罪嫌疑人、被害人提出申请，可以补充鉴定或者重新鉴定。所以本题答案为 AB。

69. 阮某向陆某借款 2 万元，到期不还。陆某向阮某索款，被阮某殴打致重伤，其母因受刺激生病住院。在刑事诉讼过程中，陆某可以提起哪些附带民事诉讼？

    A. 要求阮某偿还其借款 2 万元

    B. 要求阮某赔偿治伤所花医药费

    C. 要求阮某赔偿陆某之母住院所花医药费

    D. 要求阮某赔偿因伤所致误工损失费

【答案】BD

【解析】最高人民法院《刑诉解释》第八十四条、第八十五条和第八十八条规定，附带民事诉讼的起诉条件是：（一）提起附带民事诉讼的原告人、法定代理人符合法定条件；（二）有明确的被告人；（三）有请求赔偿的具体要求和事实根据；（四）被害人的物质损失是由被告人的犯罪行为造成的；（五）属于人民法院受理附带民事诉讼的范围。本案中，A 要求阮某偿还其借款 2 万元不可以提起附带民诉，因为这不是由于犯罪所造成的物质损失，C 要求阮某赔偿陆某之母住院所花医药费也不属于，因为这不是犯罪所造成的直接损失，所以本题答案为 BD。

70. 下列哪些情形下人民法院应当作出裁定？

    A. 准许自诉人撤回自诉

    B. 驳回当事人对审判人员提出的回避申请

    C. 起诉书送达被告人后的第五天因被告人自杀而终止审理

    D. 二审法院经审理认为对被告人量刑过重而改变刑罚

【答案】AC

【解析】对于判决主要解决的是实体问题，裁定主要适用于程序问题和部分实体问题，而决定只适用于程序问题。本案中 A 准许自诉人撤回自诉和 C 起诉书送达被告人后的第五天因被告人自杀而终止审理属于程序性事项，应用裁定，而答案 B 驳回当事人对审判人员提出的回避申请应用决定，答案 D 二审法院经审理认为对被告人量刑过重而改变刑罚，则应用判决。

71. 17 周岁的职高学生陈某，于 2000 年 10 月 5 日潜入某单位办公室，窃得手提电话 5 部。下列哪些属于刑事诉讼的证明对象？

　　A. 陈某的年龄

　　B. 陈某盗窃的事实

　　C. 被盗物品的价值

　　D. 2000 年国庆节期间放长假的事实

【答案】ABC

【解析】对于证明对象，又称为是待证事实，也就是要证明什么的，它既包括实体上的（例如和定罪量刑有关的事实），也包括程序上的，本案中，答案 ABC 涉及到实体上的定罪量刑问题，需要证明，而答案 D2000 年国庆节期间放长假的事实和案情无关，也是众所周知的事实。

72. 位于大王乡的多金属硫铁矿区是国家出资勘察形成的大型硫铁矿基地。2003 年 5 月，百乐公司向法定发证机关省国土资源厅申请办理该矿区采矿许可证。2003 年 11 月 1 日，某市国土资源局以解决遗留问题为由向另一家企业强力公司颁发了该矿区的采矿许可证。2004 年 1 月，省国土资源厅答复百乐公司，该矿区已设置矿权，不受理你公司的申请。关于百乐公司的救济途径，下列哪些说法是正确的？

　　A. 就省国土资源厅的拒绝发证行为应当先申请行政复议才能提起诉讼

　　B. 就省国土资源厅的拒绝发证行为可以直接向人民法院提起诉讼

　　C. 就市国土资源局向强力公司的发证行为应当先申请行政复议才能提起诉讼

　　D. 就市国土资源局向强力公司的发证行为可以直接向人民法院提起诉讼

【答案】BD

【解析】依行政诉讼法第 11 条第 1 款规定，人民法院受理公民、法人和其他组织对下列具体行政行为不服提起的诉讼：（四）认为符合法定条件申请行政机关颁发许可证和执照，行政机关拒绝颁发或者不予答复的（八）认为行政机关侵犯其他人身权、财产权的。第（八）类行政案件包括行政裁决案件。在本案中，省国土资源厅的拒绝发证行为即属于第四项的情形。而市国土资源局向强力公司的发证行为，涉及到了百乐公司的公平竞争权，也可起诉。是否需要复议前置，由法律、法规另行规定，但我国并未就颁发采矿许可证的行为未复议前置行为，因此不必先行复议。本题选 BD。

73. 2002 年 4 月 2 日，某银行与某公司签订贷款合同，约定银行贷款给公司，公司以土地使用权为抵押。2002 年 6 月 1 日，公司办理土地使用权抵押登记手续，并取得土地管理局签发的抵押证书。后因公司未依约还款，某银行提起诉讼。2003 年 2 月 4 日，法院作出民事判决，认定土地管理局在办理抵押证书时某公司并未取得土地使用权，该项抵押无效，判定银行无权主张土地使用权。关于本案，下列哪些说法是正确的？

   A. 办理抵押登记的土地管理局应对银行损失承担赔偿责任

   B. 法院的民事判决可以作为确认抵押登记行为无效的依据

   C. 银行须在 2005 年 2 月 4 日之前行使赔偿请求权

   D. 银行在向土地管理局请求赔偿之前，应当先确认抵押登记行为违法

【答案】AD

【解析】国家赔偿法第 4 条规定，行政机关及其工作人员在行使行政职权时有下列侵犯财产权情形之一的，受害人有取得赔偿的权利：……④造成财产损害的其他违法行为。第 7 条规定，行政机关及其工作人员行使行政职权侵犯公民、法人和其他组织的合法权益造成损害的，该行政机关为赔偿义务机关，人民法院的撤销判决、履行判决和确认判决都是确认加害行为违法性的根据。当事人提出赔偿请求的时效为 2 年，从侵害行为被确认为违法之日起计算。但银行要求土地管理局承担责任前，应首先确认抵押登记行为违法，并符合行政赔偿时效的规定。该案中，民事判决所确认的民事权利义务关系不能作为判定行政机关某具体行政行为效力的依据，除非银行另行提起行政诉讼。

74. 关于国家行政机构，下列哪些说法是不正确的？

   A. 国家粮食局是国务院直属机构

   B. 国务院台湾事务办公室是主管台湾事务的办事机构

   C. 财政部的司级内设机构的增设由财政部审核，国务院机构编制管理机关批准

   D. 国务院学位委员会是国务院组成部门

【答案】ACD

【解析】A 不正确，国家粮食局是国务院组成部门管理的国家行政机构；C 不正确，国务院行政机构的司级内设机构的增设、撤销或合并，经国务院机构编制管理机关审核方案，报国务院批准。D 不正确，国务院学位委员会是国务院议事协调机构。

75. 关于行政处罚和行政许可行为，下列哪些说法是不正确的？

   A. 行政处罚和行政许可的设定机关均应定期对其设定的行政处罚和行政许可进行评价

   B. 法律、法规授权的具有管理公共事务职能的组织，可依授权行使行政处罚权和行政许可权

   C. 行政机关委托实施行政处罚和行政许可的组织应当是依法成立的管理公共事务的事业组织

   D. 行政机关依法举行听证的，应当根据听证笔录作出行政处罚决定和行政许可决定

【答案】ACD

【解析】A 错，行政许可法第 20 条规定，设定机关均应定期对其设定的行政处罚和行政许可进行评价。但行政处罚法没有相关规定。B 对，行政许可法第 23 条，行政处罚法第 17 条都规定法律、法规授权的具有管理公共事务职能的组织，可依授权行使行政处罚权、行政许可权。C 不对，在行政许可中，接受委托的只能是行政机关而不能是管理公共事务的事业组织。D 错，行政处罚法并未规定根据听证笔录作出行政处罚。

76. 商务部根据中国四家公司的申请并经调查公布了反倾销调查的终裁决定，认定从 A 国进口苯酚存在倾销，有关公司倾销幅度为 6%-144%，决定自 2004 年 2 月 1 日起，对 A 国甲公司征收 6%、乙公司征收 144%的反倾销税，期限均为 5 年。下列哪些说法是正确的？

   A. 甲公司可以对商务部关于倾销幅度的终裁决定提起行政诉讼

   B. 乙公司可以对商务部征收 144%的反倾销税的决定提起行政诉讼

   C. 法院应当参照国务院部门规章和地方政府规章对被诉行政行为进行审查

   D. 法院可以参照有关涉外民事诉讼程序规定审理反倾销行政案件

【答案】ABD

【解析】根据行政诉讼法和 2003 年 1 月 1 日最高人民法院《关于审理反倾销行政案件应用法律若干问题的规定》，人民法院依法受理对下列反倾销行政行为提起的行政

诉讼：有关倾销及倾销幅度、损害及损害程度的终裁决定；有关是否征收反倾销税的决定以及追溯征收、退税、对新出口经营者征税的决定；A、B 对。人民法院依照行政诉讼法及其他有关反倾销的法律、行政法规，参照国务院部门规章，可以参照有关涉外民事诉讼程序的规定。据此 C 错 D 对。

77. 某区 12 户居民以某区规划局批准太平居委会搭建的自行车棚影响通风、采光和通行权为由，向法院提起行政诉讼，要求法院撤销规划局的批准决定。法院经审查，认定经规划局批准搭建的车棚不影响居民的通风、采光和通行权，且适用法律正确，程序合法。下列哪些说法是正确的？

A. 原告应推选 2 至 5 名诉讼代表人参加诉讼

B. 太平居委会为本案的第三人

C. 法院应判决驳回原告的诉讼请求

D. 法院应判决维持某区规划局的批准决定

【答案】BD

【解析】行政诉讼解释第 14 条第 3 款规定，同案原告为五人以上，应当推选一至五名诉讼代表人参加诉讼，故 A 错。在指定期限内未选定的，人民法院可以依职权指定。B 对，行政诉讼法第 27 条规定，同提起诉讼的具体行政行为有利害关系的其他公民、法人或者其他组织，可以作为第三人申请参加诉讼，或者由人民法院通知参加诉讼。人民法院作出维持被诉具体行政行为的判决必须同时满足以下三个条件：①证据确凿；②适用法律、法规正确；③符合法定程序。则本案应作出判决维持某区规划局的批准决定而不是判决驳回原告的诉讼请求。因此 C 错 D 对。

78. 某市技术监督局根据举报，对力青公司进行突击检查，发现该公司正在生产伪劣产品，立即查封了厂房和设备，事后作出了没收全部伪劣产品并处罚款的决定。力青公司既不申请行政复议，也不提起行政诉讼，且逾期拒绝履行处罚决定。对于力青公司拒绝履行处罚决定的行为，技术监督局可以采取下列哪些措施？

A. 申请人民法院强制执行

B. 将查封的财物拍卖抵缴罚款

C. 通知银行将力青公司的存款划拨抵缴罚款

D. 每日按罚款数额的 3%加处罚款

【答案】AD

【解析】行政处罚法第 51 条规定，当事人逾期不履行行政处罚决定的，作出行政处罚决定的行政机关可以采取下列措施：①到期不缴纳罚款的，每日按罚款数额的百分之三加处罚款；②根据法律规定，将查封、扣押的财物拍卖或者将冻结的存款划拨抵缴罚款；③申请人民法院强制执行。

79. 2002 年 7 月 3 日，张某驾驶车辆携带所承包金矿自产 30 公斤黄金前往甲市销售，途中被甲市公安局截获。公安局以张某违反《金银管理条例》，涉嫌经营国家限制买卖物品为由，对张某采取刑事拘留措施，并扣押了涉案黄金。随后检察院批准对张某逮捕。2003 年 2 月，国务院发布决定，取消了涉及黄金生产销售的许可证，检察院遂以认定犯罪的法律、法规已经发生变化为由，作出不起诉决定，但并未返还扣押的黄金。张某不服，提出国家赔偿请求。关于此案，下列哪些说法是不正确的？

　　A. 检察院应当责令公安局返还扣押的黄金

　　B. 公安局与检察院为共同赔偿义务机关

　　C. 对张某被羁押期间的损失，国家应当承担赔偿责任

　　D. 对张某被扣押的黄金，应当返还

【答案】ABC

【解析】A 不正确，由于检察院与公安机关非领导与被领导的关系，因此检察院无权责令公安局返还扣押的黄金。本案中公安机关与检察机关的行为是符合的法律规定，只是由于法律、法规发生了变化，因此不发生国家赔偿责任，公安机关与检察机关也不成为共同赔偿义务机关，故 B、C 错误。国家机关违法采取的查封、扣押、冻结财产的措施。如果被侵害的财产尚未灭失，应当返还，造成损害的，还应支付相应的赔偿金。故 D 正确。

80. 1983 年 3 月 2 日，13 岁的张某被公安局传唤，当晚被放回。此后张某报名参军，参加招工、招干都因政审不合格而被拒绝。后了解到，当年县公安局在传唤后，因工作失误错误地将张某列为"监控对象"进行监控达 17 年。张某提出国家赔偿请求，对于张某的赔偿请求，下列哪些说法是正确的？

　　A. 将张某列为监控对象的行为，是一种不影响其权利义务的非强制行为

　　B. 对于张某在参军、招工、招干中遭受的损失，因法律没有明确规定，不予赔偿

　　C. 对于张某提出的精神损失，公安局不承担金钱赔偿责任

　　D. 对于张某为撤销错误监控打官司支付的 2000 元交通费损失，国家应予赔偿

【答案】BCD

【解析】将张某列为监控对象的行为导致张某报名参军，参加招工、招干都因政审不合格而被拒绝，对张某是有影响影响其权利义务的非强制行为，故 A 错误。国家赔偿法第 28 条规定，侵犯公民、法人和其他组织的财产权造成损害的，目前我国只赔

偿直接损失不赔偿间接损失，因此参加招工、招干中的损失是间接的，不属于国家赔偿的范围。故 B 对的。而且我国现在无精神损失的国家赔偿，故 C 也正确。张某为撤销错误监控打官司支付的 2000 元交通费损失属于直接物质损失，应予赔偿。

三、不定项选择题，每题所给选项中有一个或一个以上正确答案，少答或多答均不得分。本部分 81-100 题，每题 2 分，共 40 分。

81. 下列情形中，告诉才处理的有：

A. 捏造事实，诽谤国家领导人，严重危害社会秩序和国家利益

B. 虐待家庭成员，致使被害人重伤

C. 遗弃被抚养人，情节恶劣的

D. 暴力干涉他人婚姻自由的

【答案】D

【解析】根据我国刑法的规定，告诉才处理的案件共有四种：即刑法分则第 246 条第 1 款规定的公然侮辱、诽谤案（但是严重危害社会秩序和国家利益的除外），第 257 条第 1 款规定的暴力干涉婚姻自由案（被害人死亡的除外），第 260 条第 1 款规定的虐待案（被害人重伤、死亡的除外）和第 270 条规定的侵占他人财物案。

82. 甲拐骗了 5 名儿童，偷盗了 2 名婴儿，并准备全部卖往 A 地。在运送过程中甲因害怕他们哭闹，给他们注射了麻醉药。由于麻醉药过量，致使 2 名婴儿死亡，5 名儿童处于严重昏迷状态，后经救治康复。对甲的行为应以何罪论处？

A. 拐卖儿童罪

B. 拐骗儿童罪

C. 过失致人死亡罪

D. 绑架罪

【答案】A

【解析】拐卖妇女、儿童罪是指以出卖为目的，拐骗、绑架、收买、贩卖、接送、中转妇女、儿童的行为。故 A 对。B 错，拐骗儿童是拐卖儿童罪的 6 种行为之一种。C 错，造成被拐卖儿童或其亲属重伤、死亡或其他严重后果是拐卖儿童罪的加重情节。D 错，以勒索财物为目的偷盗婴幼儿的，视为绑架的一种特殊形式，以绑架论处，而"以出卖为目的，偷盗婴儿是拐卖儿童罪的加重情节。

83. 某法院开庭审理一起民事案件，参加旁听的原告之夫李某认为证人王某的证言不实，便当场大声指责，受到法庭警告。李某不听劝阻，大喊"给我打"，在场旁听的十多个原告方的亲属一拥而上，对王某拳打脚踢，法庭秩序顿时大乱。审判长予以制止，李某一伙又对审判长和审判员进行围攻、殴打，审判长只好匆匆宣布休庭。李某的上述行为触犯了什么罪名?

   A. 打击报复证人罪

   B. 聚众冲击国家机关罪

   C. 扰乱法庭秩序罪

   D. 妨害作证罪

   【答案】AC

   【解析】妨害作证罪是指以暴力、威胁、贿买等方法阻止证人作证或者指使他人作伪证的行为。打击报复证人罪，表现为对证人进行打击报复的行为，对象是已经在诉讼过程中依法作证的证人。本案中，李某是对已经在法庭上作证的证人进行殴打，成立打击报复证人罪故 A 对 D 错。B 错，聚众冲击国家机关罪是指组织、策划、指挥或者积极参加聚众冲击国家机关的活动，致使国家机关工作无法进行，造成严重损失的行为。C 对，扰乱法庭秩序罪是指聚众哄闹、冲击法庭或者殴打司法工作人员，严重扰乱法庭秩序的行为。

84. 可能构成战时自伤罪的情况是:

   A. 预备役人员张某在战时为逃避征召，自伤身体

   B. 战士李某为尽早脱离战场，在敌人火力猛烈向我方阵地射击时，故意将手臂伸于掩体之外，被敌人子弹击中，无法继续作战

   C. 战士王某战时奉命守卫仓库，站岗时因困倦睡着，导致仓库失窃，为了掩盖过错，他用匕首自伤身体，谎称遭到抢劫

   D. 战士陈某为了立功当英雄，战时自伤身体，谎称在与偷袭的敌人交火时受伤

   【答案】B

   【解析】B 对，战时自伤罪客体是军人的战斗义务；客观方面表现为战时自伤身体，逃避军事义务的行为；犯罪主体是特殊主体即军人；主观方面是故意。A 错，主体不符，预备役人员只有在执行军事任务时视为军人。C 项中王某自伤是为了掩盖其过失，D 中陈某自伤是为了骗取军功，都不符合战时自伤罪的构成要件。

85. 假如甲罪的法定刑为"三年以上十年以下有期徒刑",下列关于量刑的说法正确的是:

    A. 如果法官对犯甲罪的被告人判处 7 年以上 10 年以下有期徒刑,就属于从重处罚;如果判处 3 年以上 7 年以下有期徒刑,就属于从轻处罚

    B. 法官对犯甲罪的被告人判处 3 年有期徒刑时,属于从轻处罚与减轻处罚的竞合

    C. 由于甲罪的法定最低刑为 3 年以上有期徒刑,所以,法官不得对犯甲罪的被告人宣告缓刑

    D. 如果犯甲罪的被告人不具有刑法规定的减轻处罚情节,法官就不能判处低于 3 年有期徒刑的刑罚,除非根据案件的特殊情况,报经最高人民法院核准

【答案】D

【解析】从重处罚并不意味着法定刑的"中间线"以上判处刑罚,从轻处罚也不意味着在法定刑的"中间线"以下判处刑罚。A、B 错,因为刑法并没有以法定刑的"中间线"为标准区分从重处罚与从轻处罚;从重处罚不是一律判处法定最高刑,从轻处罚也不是指一律判处法定最低刑。C 错,缓刑只适用于被判处拘役或者 3 年以下有期徒刑的犯罪人。这里所说的被判处拘役者 3 年以下有期徒刑,是就宣告刑而言,而不是指法定刑。D 对,犯罪人虽然不具有刑法规定的减轻处罚情节,但是根据案件的特殊情况需要减轻处罚时,经最高人民法院核准,也可以减轻处罚。

86. 下列说法不正确的是:

    A. 刑法第 266 条规定的诈骗罪的法定最高刑为无期徒刑,而第 198 条规定保险诈骗罪的法定最高刑为 15 年有期徒刑。为了保持刑法的协调和实现罪刑相适应原则,对保险诈骗数额特别巨大的,应以诈骗罪论处

    B. 根据刑法第 358 条的规定,"强奸后迫使卖淫的"成立强迫卖淫罪,不实行数罪并罚。已满 14 周岁不满 16 周岁的人,伙同他人强奸妇女后迫使卖淫的,不负刑事责任;因为刑法第 17 条没有规定已满 14 周岁不满 16 周岁的人应对强迫卖淫罪承担刑事责任

    C. 刑法第 382 条明文规定一般公民与国家工作人员勾结伙同贪污的,以共犯论处,所以,一般公民可以与国家工作人员构成贪污罪的共犯;刑法第 385 条对于受贿罪没有类似规定,所以,一般公民不可能与国家工作人员构成受贿罪的共犯

    D. 刑法第 399 条 4 款规定,"司法工作人员收受贿赂"有徇私枉法等行为的,依照处罚较重的规定定罪处罚。但是,司法工作人员索取贿赂并有徇私枉法等行为的,则应实行数罪并罚

【答案】ABCD

【解析】根据刑法的规定，以诈骗方法骗取财物，刑法另有规定的，依照规定。由于刑法条文已经对这些特殊的诈骗罪作了专门规定，不再适用诈骗罪的规定定罪处罚。故 A 不对。B 错，刑法第 17 条第 2 款规定的八种犯罪，是指具体犯罪行为而不是具体罪名。对已满 14 周岁不满 16 周岁的人绑架人质后杀害被绑架人、拐卖妇女、儿童而故意造成被拐卖妇女、儿童重伤或死亡的行为，虽然不追究他们的拐卖妇女、儿童行为，但绑架、杀人行为仍是应当追究其刑事责任的；已满 14 周岁不满 16 周岁的人奸淫幼女，或者在拐卖妇女儿童的过程中，强奸妇女或者奸淫幼女的，也应追究刑事责任。C 错，一般公民不可能单独犯受贿罪，但当其教唆或者帮助国家工作人员受贿时，则成立受贿罪的共犯，也应以受贿罪论处。D 中司法工作人员索取贿赂并有徇私枉法也是依照处罚较重的规定定罪量刑。故 D 错误。

87. 甲、乙二人系某厂锅炉工。一天，甲的朋友多次打电话催其赴约，但离交班时间还有 15 分钟。甲心想，乙一直以来都是提前 15 分钟左右来接班，今天也快来了。于是，在乙到来之前，甲就离开了岗位。恰巧乙这天也有要事。乙心想，平时都是我去后甲才离开，今天迟去 15 分钟左右，甲不会有什么意见的。于是，乙过了正常交接班时间 15 分钟左右才赶到岗位。结果，由于无人看管，致使锅炉发生爆炸，损失惨重。甲、乙的行为：

　　A. 属共同犯罪

　　B. 属共同过失犯罪

　　C. 各自构成故意犯罪

　　D. 应按照甲、乙所犯的罪分别处罚

【答案】BD

【解析】共同犯罪是两人以上共同故意犯罪，必须具有共同的故意，而本案中，甲、乙并没有共同的故意犯罪的意图，事先无通谋，事后也无通谋，属于过失犯罪。过失犯罪的特点决定了共同过失犯罪不可能具有共同犯罪所要求的那种整体性。共同过失犯罪时，只要根据各人过失犯罪的情况分别定罪量刑即可，不需要以共同犯罪论处。

88. 甲乘坐长途公共汽车时，误以为司机座位后的提包为身边的乙所有（实为司机所有）；乙中途下车后，甲误以为乙忘了拿走提包。为了非法占有该提包内的财物（内有司机为他人代购的 13 部手机，价值 2.6 万元），甲提前下车，并将提包拿走。司机到站后发现自己的手提包丢失，便报案。公安人员发现甲有重大嫌疑，便询问甲，但甲拒不承认，也不交出提包。关于本案，下列说法正确的是：

　　A. 由于甲误认为提包为遗忘物，所以，甲的认识错误属于事实认识错误

　　B. 由于甲误认为提包为遗忘物，因而没有盗窃他人财物的故意，根据主客观相统一的原则，甲的行为成立侵占罪

　　C. 由于提包实际上属于司机的财物，所以，甲的行为成立盗窃罪

　　D. 由于提包实际上属于司机的财物，而甲又没有盗窃的故意，所以，甲的行为不成立盗窃罪；又由于甲具有侵占遗忘物的故意，但提包事实上不属于遗忘物，所以，甲的行为也不成立侵占罪

【答案】AB

【解析】本题中甲误认为提包是他人的遗忘物而占有，属于事实错误，甲没有盗窃的故意，根据主客观相统一的原则，应认定为盗窃罪而非侵占罪。故选 AB。

89. 对刑法关于组织、强迫、引诱、容留、介绍卖淫罪的规定，下列解释正确的是：

　　A. 引诱、容留、介绍卖淫罪，包括引诱、容留、介绍男性向同性恋者卖淫

　　B. 引诱成年人甲卖淫、容留成年人乙卖淫的，成立引诱、容留卖淫罪，不实行并罚

　　C. 引诱幼女甲卖淫，容留幼女乙卖淫的，成立引诱幼女卖淫罪与容留卖淫罪，实行并罚

　　D. 引诱幼女向他人卖淫后又嫖宿该幼女的，以引诱幼女卖淫罪论处，从重处罚

【答案】ABC

【解析】引诱、容留、介绍卖淫罪包括男性向同性恋者卖淫。引诱、容留、介绍卖淫罪是选择罪名，不并罚。引诱幼女卖淫罪与引诱、容留、介绍卖淫罪属不同罪名，两行为构成两罪名并罚。故 A、B、C 都对。引诱幼女向他人卖淫后又嫖宿该幼女的应以引诱幼女卖淫罪和嫖宿幼女罪数罪并罚。故 D 不对。

90. 何某不服一审人民法院以故意伤害罪判处其 12 年有期徒刑的判决，但又因故耽误上诉期限。障碍消除后，何某申请继续进行应当在期满前完成的上诉活动，必须满足什么条件？

　　A. 何某耽误期间是由于不能抗拒的原因或者有其他正当理由

　　B. 在障碍消除后 5 日内何某提出上诉

　　C. 继续应当在期满以前提出上诉的申请，需要由辩护人为其提出

　　D. 经人民法院查证属实，裁定允许

【答案】ABD

【解析】《刑事诉讼法》第八十条明确规定，当事人由于不能抗拒的原因或者其他正当理由而耽误期限的，在障碍消除后五日以内，可以申请继续进行应当在期满以前完成的诉讼活动。前款申请是否准许，由人民法院裁定。所以本题答案为ABD。

91. 涉嫌抢劫罪的张某在审查起诉期间准备委托辩护人，下列人员中，谁可以接受委托作他的辩护人？

    A. 张某的朋友徐某，因犯故意伤害罪被法院判处有期徒刑1年缓刑2年，正在缓刑考验期内

    B. 张某的父亲，在本市法院任审判员

    C. 张某的叔叔，已加入日本国籍

    D. 张某的朋友王某，本市出租汽车驾驶员

【答案】BD

【解析】根据最高人民法院《刑诉解释》第三十三条规定，下列人员不得被委托担任辩护人：（一）被宣告缓刑和刑罚尚未执行完毕的人；（二）依法被剥夺、限制人身自由的人；（三）无行为能力或者限制行为能力的人；（四）人民法院、人民检察院、公安机关、国家安全机关、监狱的现职人员；（五）本院的人民陪审员；（六）与本案审理结果有利害关系的人；（七）外国人或者无国籍人。前款第（四）、（五）、（六）、（七）项规定的人员，如果是被告人的近亲属或者监护人，由被告人委托担任辩护人的，人民法院可以准许。故B、D正确。

92. 在宣告判决前人民检察院要求撤回起诉，人民法院作出准许撤诉裁定后人民检察院又对该案重新起诉的，什么情况下人民法院应当受理？

    A. 依据新的事实重新起诉

    B. 提出新的证据材料重新起诉

    C. 对同一事实以新的罪名重新起诉

    D. 依据新的法律规定重新起诉

【答案】AB

【解析】根据人民法院《刑诉解释》第一百一十七条中规定，人民法院裁定准许人民检察院撤诉的案件，没有新的事实、证据，人民检察院重新起诉的，人民法院不予受理故选AB。

93. 法庭审理一起盗窃案。辩护律师出示、宣读了一份其本人在审查起诉阶段向证人王某调查的谈话笔录，证明盗窃案件发生时，被告人与证人王某在一起看电视，没有作案时间。公诉人对谈话笔录提出了质证意见。下列缺乏法律依据的质证意见是：

    A. 此谈话笔录仅由辩护人与证人二人谈话形成，不合法

    B. 此谈话笔录只有证人王某签字而没有按手印，无效

    C. 此谈话笔录在王某家中形成，不合法

    D. 辩护人找王某调查未经办案机关批准，不合法

【答案】ABCD

【解析】《刑事诉讼法》第三十七条规定，辩护律师经证人或者其他有关单位和个人同意，可以向他们收集与本案有关的材料，也可以申请人民检察院、人民法院收集、调取证据，或者申请人民法院通知证人出庭作证。辩护律师经人民检察院或者人民法院许可，并且经被害人或者其近亲属、被害人提供的证人同意，可以向他们收集与本案有关的材料。所以，该谈话笔录仅由辩护人与证人二人谈话形成，只有证人王某签字而没有按手印，在王某家中形成等都是可以的，而由于这是辩护律师向一般的证人调查取证，对此不需要办案机关批准。

94. 一审程序中有下列何种情形，二审人民法院应该撤销原判，发回原审法院重新审判？

    A. 对不复杂的共同犯罪案件适用简易程序审理的

    B. 适用简易程序审理的公诉案件，检察人员没有出庭的

    C. 一审合议庭的书记员应回避而未回避的

    D. 适用简易程序审理的自诉案件，开庭审理中被告人委托的辩护人没有出庭的

【答案】C

【解析】《刑事诉讼法》第一百八十九条和第一百九十一条规定，第二审人民法院对不服第一审判决的上诉、抗诉案件，经过审理后，应当按照下列情形分别处理：（一）原判决认定事实和适用法律正确、量刑适当的，应当裁定驳回上诉或者抗诉，维持原判；（二）原判决认定事实没有错误，但适用法律有错误，或者量刑不当的，应当改判；（三）原判决事实不清楚或者证据不足的，可以在查清事实后改判；也可以裁定撤销原判，发回原审人民法院重新审判。第二审人民法院发现第一审人民法院的审理有下列违反法律规定的诉讼程序的情形之一的，应当裁定撤销原判，发回原审人民法院重新审判：（一）违反本法有关公开审判的规定的；（二）违反回避制度的；（三）剥夺或者限制了当事人的法定诉讼权利，可能影响公正审判的；（四）审判组织的组成不合法的；（五）其他违反法律规定的诉讼程序，可能影响公正审判的。

95. 曲某因涉嫌爆炸罪被检察机关提起公诉。某市中级人民法院经审理认为，曲某的犯罪行为虽然使公私财物遭受了重大损失，也没有法定减轻处罚情节，但根据案件特殊情况，可以在法定刑以下判处刑罚，于是判处曲某有期徒刑 8 年。曲某在法定期间内没有提出上诉，检察机关也没有提出抗诉。该案在程序上应当如何处理？

　　A. 在上诉、抗诉期满后 3 日内报请上一级人民法院复核

　　B. 如果上一级人民法院同意原判，应当逐级报请最高人民法院核准

　　C. 如果上一级人民法院不同意在法定刑以下判处刑罚，应在改判后逐级报请最高人民法院核准

　　D. 最高人民法院予以核准的，应当作出核准裁定书

【答案】ABD

【解析】根据最高人民法院《刑诉解释》第十四章"在法定刑以下判处刑罚和适用特殊情况假释的核准程序"中予以明确的规定，具体内容为：根据刑法第六十三条第二款规定报请最高人民法院核准在法定刑以下判处刑罚的案件，按下列情形分别处理：（一）被告人不提出上诉、人民检察院不提出抗诉的，在上诉、抗诉期满后三日内报请上一级人民法院复核。上一级人民法院同意原判的，应当逐级报请最高人民法院核准；上一级人民法院不同意原判的，应当裁定发回重新审判或者改变管辖，按照第一审程序重新审理。原判是由基层人民法院作出的，高级人民法院可以指定中级人民法院按照第一审程序重新审理；（二）被告人提出上诉或者人民检察院提出抗诉的案件，应当按照第二审程序审理。上诉或者抗诉无理的，应当裁定驳回上诉或者抗诉，维持原判，并按照本条第（一）项规定的程序逐级报请最高人民法院核准。上诉或者抗诉有理的，应当依法改判。改判后仍判决在法定刑以下处以刑罚的，按照本条第（一）项规定的程序逐级报请最高人民法院核准。报请最高人民法院核准在法定刑以下判处刑罚的案件，应当报送报请核准案件的结案报告、判决书各十五份，以及全案诉讼卷宗和证据。最高人民法院复核在法定刑以下判处刑罚的案件，予以核准的，作出核准裁定书；不予核准的，应当撤销原判决、裁定，发回原审人民法院重新审判或者指定其他下级人民法院重新审判。C 项中如果上一级人民法院不同意在法定刑以下判处刑罚，应在改判则不用报请最高人民法院核准了，因为已经不是判处在法定刑以下了。故 C 不对。

96. 甲厂经某市采砂许可证的法定发放机关地质矿产局批准取得了为期 5 年的采砂许可证，并经某区水电局等部门批准，在区江河管理站划定的区域内采砂。后因缴纳管理费问题与水电局发生纠纷。随后，该水电局越权向乙厂颁发了采砂许可证，准予乙厂在甲厂已被划定的区域内采砂。下列说法正确的是：

　　A. 根据甲厂的申请，某市地质矿产局可以撤销水电局发给乙厂的采砂许可证

B. 水电局应当撤销给乙厂发放的采砂许可证

C. 若乙厂的采砂许可证被撤销，发放许可证的水电局应承担乙厂相应的经济损失

D. 甲厂可以要求水电局赔偿因向乙厂颁发许可证给自己造成的经济损失

【答案】ABCD

【解析】行政许可法第 69 条规定："有下列情形之一的，作出行政许可决定的行政机关或者其上级行政机关，根据利害关系人的请求或者依据职权，可以撤销行政许可：①行政机关工作人员滥用职权、玩忽职守作出准予行政许可决定的；②超越法定职权作出准予行政许可决定的；③违反法定程序作出准予行政许可决定的；④对不具备申请资格或者不符合法定条件的申请人准予行政许可的；⑤依法可以撤销行政许可的其他情形。"在本题中，水电局越权向乙颁发了采砂许可证，严重侵犯了甲厂的合法权益，甲厂作为利害关系人，可以申请采砂许可证的法定发放机关市地质矿产局撤销水电局发给乙厂的采砂许可证。而水电局作为越权发放许可证的机关，严重侵犯了甲厂的合法权益，应当撤销给乙厂发放的采砂许可证。故选项 A、B 正确。

　　"被许可人以欺骗、贿赂等不正当手段取得行政许可的，应当予以撤销。""依照前两款的规定撤销行政许可，可能对公共利益造成重大损害的，不予撤销。""依照本条第一款的规定撤销行政许可，被许可人的合法权益受到损害的，行政机关应当依法给予赔偿。依照本条第二款的规定撤销行政许可的，被许可人基于行政许可取得的利益不受保护。"行政许可法第 76 条规定，行政机关违实施行政许可，给当事人的合法权益造成损害的，应当依照国家赔偿法的规定给予赔偿。故 C 对。

　　《行政许可法》第 7 条规定，公民、法人或者其他组织对行政机关实施行政许可，享有陈述权、申辩权；有权依法申请行政复议或者提起行政诉讼；其合法权益因行政机关违法实施行政许可受到损害的，有权法要求赔偿。行政许可法第 22 条规定，行政许可由具有行政许可权的行政机关在其法定职权范围内实施。故 D 对。

97. 某县公安局以郭某因邻里纠纷殴打并致邱某轻微伤为由，对郭某作出拘留 10 天的处罚。郭某向法院提起诉讼。某县公安局向法院提交了处罚的主要证据，华某和邱某舅舅叶某二人的证言及该县中心医院出具的邱某的伤情证明。下列说法正确的是：

A. 华某的证言的证明效力优于叶言的证言

B. 某县公安局申请华某出庭作证，应当在开庭前提出

C. 若华、叶二人的证言相互矛盾，法庭应判决撤销某县公安局的处罚决定

D. 若一审法庭未通知邱某参加诉讼，二审法院应将案件发回重审

【答案】ACD

【解析】行政证据规定第63条规定，其他证人证言优于与当事人有亲属关系或者其他密切关系的证人提供的对该当事人有利的证言。A对。B错，行政证据规定第43条规定，"当事人申请证人出庭作证的，应当在举证期限届满前提出，并经人民法院许可。人民法院准许证人出庭作证的，应当在开庭审理前通知证人出庭作证。""当事人在庭审过程中要求证人出庭作证的，法庭可以根据审理案件的具体情况，决定是否准许以及是否延期审理。"C对，主要证据不足意味着行政机关在查清案件基本情况或在没有充分证据证明的情况下就作出具体行政行为，具体行政行为缺乏事实基础，人民法院有权予以撤销。D对，行政诉讼解释第71条第1款规定，原审判决遗漏了必须参加诉讼的当事人或者诉讼请求的，第二审人民法院应当裁定撤销原审判决，发回重审。

98. 关于行政处罚和刑罚的折抵，下列说法正确的是：

   A. 行政拘留可以折抵拘役

   B. 行政拘留可以折抵有期徒刑

   C. 没收违法所得可以折抵没收财产

   D. 罚款可以折抵罚金

【答案】ABD

【解析】行政处罚法第28条规定："违法行为构成犯罪，人民法院判处拘役或者有期徒刑时，行政机关已经给予当事人行政拘留的，应当依法折抵相应刑期。""违法行为构成犯罪，人民法院判处罚金时，行政机关已经给予当事人罚款的，应当折抵相应罚金。"

99. 某合资企业的甲、乙两股东就股权转让达成协议。后因情况发生变化，甲、乙两股东又签订了一项合同修正案，约定在该合同批准后一年内甲有权以一定的价格向乙回购已经出让的股权。2001年4月1日，股权转让合同以及合同修正案一同获得批准。7月2日，甲提出回购，乙不同意，并告知甲原审查批准机关于2001年6月1日又作出一批复，该批复指出，2001年4月1日批复只是批准股权转让合同，未批准股权回购条款，股权回购时仍需报批。下列说法正确的是：

   A. 甲有权申请法院强制执行审批机关2001年4月1日确认股权回购的批复

   B. 甲乙之间关于股权回购的约定有效，甲可以对乙的违约行为提起诉讼

   C. 审批机关2001年6月作出的批复并未设定新的权利义务，法院不应受理甲对该批复提起的诉讼

D. 甲在 2003 年 8 对审批机关 2001 年 6 月 1 日作出的批复提起诉讼已经超过诉讼期限

【答案】 BCD

【解析】 审查审批机关 2001 年 4 月 1 日的股权股权回购的批复不属于发生法律效力的文书，因此甲无权申请强制执行。故 A 错误。股权转让协议是甲、乙双方自愿达成，属于合法有效的民事行为，对双方都有约束力，因此甲可以对乙的违约行为提起诉讼，B 正确。审批机关的批复只是备案性质，并未对甲、乙设定新的权利义务，也未影响合同的成立，因此法院不应受理甲对该批复提起的诉讼。故 C 正确。如果复议机关未告知公民、法人或其他组织诉权或起诉期限的，起诉期限从公民、法人或其他组织知道诉权或起诉期限之日起计算，但从知道或应当知道具体行政行为内容之日起最长不的超过 2 年。在本案中，原审批机关的批复于 2001 年 6 月 1 日作出，但未告知甲诉权或起诉期限，而甲是从 2001 年 7 月 2 日知道的，因此起诉期限从 2001 年 7 月 2 日年起算，到 2003 年 7 月 2 日届满。故 D 正确。

100. 下列何种情形不符合法律、法规有关公务员任职和辞职的规定？

A. 李副市长兼任公安局长和安全局长

B. 市经济委员会张主任兼任投资公司董事长

C. 教育局高副局长辞职一年后经教育局批准到教育局所属的教育培训中心担任主任

D. 市政府批准办公厅机要处王处长辞职出国

【答案】 BD

【解析】 根据最新的国家公务员法，其未对公务员兼职并没有作出明确的规定。故 A 对。B 错误，公务员不得从事或者参与营利性活动，在企业或者其他营利性组织中兼任职务。C 对，国家公务员暂行条例第 73 条规定，国家公务员辞职后，二年内到与原机关有隶属关系的企业或者营利性的事业单位任职，须经原任免机关批准。D 错，国家公务员暂行条例第 71 条第 3 款，在涉及国家安全、重要机密等特殊职位上任职的国家公务员，不得辞职。

2004 年国家司法考试　试卷三

一、单项选择题，每题所给选项中只有一个正确答案。本部分 1-50 题，每题 1 分，共50 分。

1. 下列关于民事权利的表述哪一个是错误的？

    A. 抵销权是一种形成权

    B. 知识产权是一种支配权

    C. 债权请求权不具有排他性

    D. 支配权不存在对应义务

【答案】D

【解析】民事权利依据其作用的不同课分为支配权、请求权、形成权、抗辩权。支配权是对权利客体进行直接的排他性支配并享受其利益的权利。人身权、物权、知识产权中财产权等属于支配权。请求权是特定人得请求特定他人为一定行为或不为一定行为的权利。债权是典型的请求权。形成权是依权利人单方意思表示就能使权利发生、变更或者消灭的权利。撤销权、解除权、追认权、抵销权等都属形成权。没有无权利的义务，也没有无义务的权利。支配权的义务均表现为不作为。故选 D。

2. 甲、乙、丙各出资 5 万元合伙开办一家餐馆，经营期间，丙提出退伙，甲、乙同意，三方约定丙放弃一切合伙权利，也不承担合伙债务。下列选项哪一个是正确的？

    A. 丙退伙后对原合伙的债务不承担责任

    B. 丙退伙后对原合伙的债务仍应承担连带清偿责任

    C. 丙退伙后对原合伙的债务承担补充责任

    D. 丙退伙后仍应以其出资额为限对原合伙债务承担清偿责任

【答案】B

【解析】民通意见第 53 条规定：合伙经营期间发生亏损，合伙人退出合伙时未按约定分担或者未合理分担合伙债务的，退伙人对原合伙的债务，应当承担清偿责任；退伙人已分担合伙债务的，对其参加合伙期间的全部债务仍负连带责任。

3. 甲公司经常派业务员乙与丙公司订立合同。乙调离后，又持盖有甲公司公章的合同书与尚不知其已调离的丙公司订立一份合同，并按照通常做法提走货款，后逃匿。对此甲公司并不知情。丙公司要求甲公司履行合同，甲公司认为该合同与己无关，予以拒绝。下列选项哪一个是正确的？

   A. 甲公司不承担责任

   B. 甲公司应与丙公司分担损失

   C. 甲公司应负主要责任

   D. 甲公司应当承担签约后果

【答案】D

【解析】本题考点是表见代理。表见代理是指虽无代理权但表面上有足以使人信为有代理权的代理。表见代理发生有权代理之效果，即有本人而非行为人负代理行为的效果。在本案中，甲公司经常派业务员乙与丙公司订立合同，又持盖有甲公司公章的合同书与丙公司订立一份合同，虽然乙调离，但丙尚不知其已调离的，主观上是善意无过失的，因此.甲公司应当承担签约后果。

4. 甲于 1972 年将房屋出典给乙，典价 5000 元，典期 20 年。1992 年典期届满，甲以 5000 元向乙回赎，乙主张甲必须以该房现价 3 万元回赎。依照有关法律规定，甲应按照哪一价款回赎典物？

   A. 5000 元

   B. 3 万元

   C. 1.25 万元

   D. 1.5 万元

【答案】A

【解析】根据最高人民法院关于贯彻执行《中华人民共和国民法通则》若干问题的意见（试行）第 120 条规定，在房屋出典期间或者典期届满时，当事人之间约定延长典期或者增减典价的,应当准许。承典人要求出典人高于原典价回赎的，一般不予支持。以合法流通物作典价的，应当按照回赎时市场零售价格折算。

5. 甲向乙借款 5 万元，还款期限 6 个月，丙作保证人，约定丙承担保证责任直至甲向乙还清本息为止。丙的保证责任期间应如何计算？

   A. 主债务履行期届满之日起 6 个月

   B. 借款发生之日起 2 年

C. 借款发生之日起 6 个月

D. 主债务履行期届满之日起 2 年

【答案】D

【解析】担保法解释第 32 条第 2 款规定，保证合同约定保证人承担保证责任直至主债务本息还清时为止等类似内容的，视为约定不明，保证期间为主债务履行期届满之日起 2 年。

6. 甲向乙借款 20 万元，以其价值 10 万元的房屋、5 万元的汽车作为抵押担保，以 1 万元的音响设备作质押担保，同时还由丙为其提供保证担保。其间汽车遇车祸损毁，获保险赔偿金 3 万元。如果上述担保均有效，丙应对借款本金在多大数额内承担保证责任？

A. 7 万元

B. 6 万元

C. 5 万元

D. 4 万元

【答案】B

【解析】担保法第 28 条第 1 款规定：同一债权既有保证又有物的担保的，保证人对物的担保以外债权承担保证责任。抵押人对抵押物价值的减少无过错的，抵押权人有权在抵押人因损害而得到的赔偿范围内要求提供担保。担保法解释第八十条第 1 款规定：在抵押物灭失、毁损或者被征用的情况下，抵押权人可以就该抵押物的保险金、赔偿金或者补偿金优先受偿。

7. 甲有天然奇石一块，不慎丢失。乙误以为无主物捡回家，配以基座，陈列于客厅。乙的朋友丙十分喜欢，乙遂以之相赠。后甲发现，向丙追索。下列选项哪一个是正确的？

A. 奇石属遗失物，乙应返还给甲

B. 奇石属无主物，乙取得其所有权

C. 乙因加工行为取得奇石的所有权

D. 丙可以取得奇石的所有权

【答案】A

【解析】根据物权法第一百零九条规定："拾得遗失物，应当返还权利人。拾得人应当及时通知权利人领取，或者送交公安等有关部门。"A 对。B 错，遗失物不是无主财产，只不过是所有人丧失了对于物的占有，不为任何人占有的物；C 错，加工是指在他人之物上附加自己的有价值的劳动，使之成为新的财产；D 错，丙虽是善意地取得奇石，但未支付对价，且占有人乙的占有并非基于所有人的意思取得，所以不成立善意取得。

8. 甲向乙订购15万元货物，双方约定："乙收到甲的5万元定金后，即应交付全部货物。"合同订立后，乙在约定时间内只收到甲的2万元定金。下列说法哪一个是正确的？

   A. 实际交付的定金少于约定数额的，视为定金合同不成立

   B. 实际交付的定金少于约定数额的，视为定金合同不生效

   C. 实际交付的定金少于约定数额的，视为定金合同的变更

   D. 当事人约定的定金数额超过合同标的额 20%，定金合同无效

   【答案】C

   【解析】担保法解释第一百一十九条规定，实际交付的定金数额多于或者少于约定数额，视为变更定金合同；并非合同不成立或无效。

9. 甲将所持有的 A 公司债券交付乙，作为向乙借款的质押物。双方签订了书面质押合同，但未在债券上背书"质押"字样。借款到期后甲未还款。甲的另一债权人丙向法院申请执行上述债券。下列说法哪一个是正确的？

   A. 质押合同无效

   B. 质押合同自签订书面质押合同之日起生效

   C. 乙对该债券不享有质权

   D. 乙以债券已出质对抗丙的执行申请，不能得到法院的支持

   【答案】BD

   【解析】根据物权法第十五条当事人之间订立有关设立、变更、转让和消灭不动产物权的合同，除法律另有规定或者合同另有约定外，自合同成立时生效；未办理物权登记的，不影响合同效力。债券不需要交付也成立质押权。所以 B 也对。

10. 某宾馆为了 8 月 8 日的开业庆典，于 8 月 7 日向电视台租借一台摄像机。庆典之日，工作人员不慎摔坏摄像机，宾馆决定按原价买下，以抵偿电视台的损失，遂于 8 月 9 日通过电话向电视台负责人表明此意，对方表示同意。8 月 15 日，宾馆依约定向电视台支付了价款。摄像机所有权何时转移？

   A. 8 月 7 日

   B. 8 月 8 日

C. 8 月 9 日

D. 8 月 15 日

【答案】C

【解析】依合同法第 44 条规定，依法成立的合同，自成立时生效。标的物在出卖前就已经被买受人占有的，合同生效的时间即为交付的时间。买卖合同的标的物，除法律另有规定或当事人另有约定外，自交付时起发生所有权转移。它属于简易交付。

11. 王先生驾车前往某酒店就餐，将轿车停在酒店停车场内。饭后驾车离去时，停车场工作人员称："已经给你洗了车，请付洗车费 5 元。"王先生表示"我并未让你们帮我洗车"，双方发生争执。本案应如何处理？

　　A. 基于不当得利，王先生须返还 5 元

　　B. 基于无因管理，王先生须支付 5 元

　　C. 基于合同关系，王先生须支付 5 元

　　D. 无法律依据，王先生无须支付 5 元

【答案】D

【解析】当事人之间产生债权债务关系必须由当事人的合意或法律规定。本案中，当事人之间未形成合意，也不属于不当得利和无因管理的情形。给付人明知无给付义务而任意为给付，不发生不当得利。B 错，为他人利益的意思是无因管理成立的主观要件，是指管理人认识他所管理的是他人的事务，并通过自己的管理行为增加本人利益或避免本人发生损失的主观意思。

12. 甲、乙双方约定，由丙每月代乙向甲偿还债务 500 元，期限 2 年。丙履行 5 个月后，以自己并不对甲负有债务为由拒绝继续履行。甲遂向法院起诉，要求乙、丙承担违约责任。法院应如何处理？

　　A. 判决乙承担违约责任

　　B. 判决丙承担违约责任

　　C. 判决乙、丙连带承担违约责任

　　D. 判决乙、丙分担违约责任

【答案】A

【解析】依合同法第 121 条规定，当事人一方因第三人的原因造成违约的，应当向对方承担违约责任。当事人一方和第三人之间的纠纷，依照法律规定或者按照约定解决。

13. 赵某在公共汽车上因不慎踩到售票员而与之发生口角，售票员在赵某下车之后指着他大喊："打小偷！"赵某因此被数名行人扑倒在地致伤。对此应由谁承担责任？

　　A. 售票员

　　B. 公交公司

　　C. 售票员和动手的行人

　　D. 公交公司和动手的行人

【答案】C

【解析】售票员虽然代表了公共汽车公司，也是在上班时间，但她所实施的行为不属于职务行为，所以公交公司不承担责任。教唆、帮助他人实施侵权行为的人，为共同侵权人，应当承担连带民事责任。票员与动手的行人共同造成了对赵某的损害，构成共同侵权，应承担连带责任。

14. 贾某因装修房屋，把一批古书交朋友王某代为保管，王某将古书置于床下。一日，王某楼上住户家水管被冻裂，水流至王某家，致贾某的古书严重受损。对此，下列说法哪一个是正确的？

　　A. 王某具有过失，应负全部赔偿责任

　　B. 王某具有过失，应给予适当赔偿

　　C. 此事对王某而言属不可抗力，王某不应赔偿

　　D. 王某系无偿保管且无重大过失，不应赔偿

【答案】D

【解析】合同法第三百六十六条规定，寄存人应当按照约定向保管人支付保管费。当事人对保管费没有约定或者约定不明确，依照本法第六十一条的规定仍不能确定的，保管是无偿的。在本案中，保管是无偿的。另根据合同法第 374 条规定，因保管不善导致保管物毁损灭失的，保管人应负损害赔偿责任，但无偿保管人负重大过失责任，有偿保管人负一般过失责任。而王某无重大过失，则不应赔偿。

15. 甲于 1990 年与乙结婚，1991 年以个人名义向其弟借款 10 万元购买商品房一套，夫妻共同居住。2003 年，甲乙离婚。甲向其弟所借的钱，离婚时应如何处理？

　　A. 由甲偿还

　　B. 由乙偿还

　　C. 以夫妻共同财产偿还

　　D. 主要由甲偿还

【答案】C

【解析】婚姻法第 41 条规定，离婚时，原为夫妻共同生活所负的债务，应当共同偿还。共同债务具体包括：为夫妻、家庭共同日常生活需要所负的债务；为抚养子女所负的债务；夫妻一方或双方为履行共同义务所负的债务；为一方或双方治疗疾病所负的债务；家庭在生产经营中所负的债务。

16. 梁某已八十多岁，老伴和子女都已过世，年老体弱，生活拮据，欲立一份遗赠扶养协议，死后将三间房屋送给在生活和经济上照顾自己的人。梁某的外孙子女、侄子、侄女及干儿子等都争着要做扶养人。这些人中谁不应作遗赠扶养协议的扶养人？

   A. 外孙子女

   B. 侄子

   C. 侄女

   D. 干儿子

【答案】A

【解析】遗赠扶养协议扶养人必须是对被抚养人无抚养义务的人。外孙子女有此义务。因此外孙子女不应作遗赠扶养协议的扶养人。

17. 甲有二子乙、丙，甲于 1996 年立下遗嘱将其全部财产留给乙。甲于 2004 年 4 月死亡。经查，甲立遗嘱时乙 17 岁，丙 14 岁，现乙、丙均已工作。甲的遗产应如何处理？

   A. 乙、丙各得二分之一

   B. 乙得三分之二，丙得三分之一

   C. 乙获得全部遗产

   D. 丙获得全部遗产

【答案】C

【解析】如果遗嘱没有对缺乏劳动能力又没有生活来源的继承人保留必要的份额，对应当保留的必要份额的处分无效；继承人是否缺乏劳动能力又没有生活来源，应按遗嘱生效时该继承人的具体情况确定。因此，在本案中，乙、丙均已工作，有生活来源则不属于上述所指情形。

18. 甲死后留有房屋一间和存款若干，法定继承人为其子乙。甲生前立有遗嘱，将其存款赠予侄女丙。乙和丙被告知 3 个月后参与甲的遗产分割，但直到遗产分割时，乙与丙均未作出是否接受遗产的意思表示。下列说法哪一个是正确的？

   A. 乙、丙视为放弃接受遗产

B. 乙视为接受继承，丙视为放弃接受遗赠

C. 乙视为放弃继承，丙视为接受遗赠

D. 乙、丙均应视为接受遗产

【答案】B

【解析】受遗赠人只有依法在法定期间（在知道受遗赠的两个月）内明确作出接受的意思表示时才视为接受，否则视为放弃遗赠。而遗嘱继承人在继承开始后，遗产分割处理前，明确作出放弃继承的表示才能有效，没有表示的视为接受继承。

19. 甲将摄录自己婚礼庆典活动的仅有的一盘录像带交给个体户乙制作成 VCD 保存，乙的店铺因丙抽烟不慎失火烧毁，导致录像带灭失。下列说法哪一个是正确的？

　　A. 甲可对乙提起违约之诉，并请求精神损害赔偿

　　B. 甲可对乙提起侵权之诉，并请求精神损害赔偿

　　C. 甲只能对丙提起侵权之诉，并请求精神损害赔偿

　　D. 甲可对乙提起违约之诉或侵权之诉，不能请求精神损害赔偿

【答案】B

【解析】根据合同法第一百二十二条，因当事人一方的违约行为，侵害对方人身、财产权益的，受损害方有权选择依照本法要求其承担违约责任或者依照其他法律要求其承担侵权责任。只能选一个，提起侵权责任可以向人民法院起诉请求赔偿精神损害。而违约责任的形式不包括精神损害赔偿。

20. 甲、乙共同创作完成一部小说，甲主张发表，乙不同意。后乙死亡，有一继承人，后甲将该小说发表，下列说法哪一个是错误的？

　　A. 乙生前不同意发表该小说，甲无权发表

　　B. 发表该小说的稿费全部由甲获得

　　C. 该小说的使用权保护期应截止于甲死亡后第 50 年的 12 月 31 日

　　D. 甲不能剥夺乙的署名权

【答案】A

【解析】根据中华人民共和国著作权法实施条例第九条，合作作品不可以分割使用的，其著作权由各合作作者共同享有，通过协商一致行使；不能协商一致，又无正当理由的，任何一方不得阻止他方行使除转让以外的其他权利，但是所得收益应当合理分配给所有合作作者。继承人不属合作作者。自然人作品的发表权和财产权的保护期，如果是合作作者，截止于最后死亡的作者死亡后第 50 年的 12 月 31 日。C 正确。

该法第十五条作者死亡后，其著作权中的署名权、修改权和保护作品完整权由作者的继承人或者受遗赠人保护。故 D 正确。

21. 甲厂经乙厂许可，在某省独占使用乙厂的注册商标。后发现当地的丙厂也使用了该商标。经查，丙厂是经过外省对同一商标享有独占使用权的丁厂的违法许可而使用该商标的。甲厂的下列请求哪一个不能成立？

  A. 请求乙厂承担违约责任

  B. 请求丁厂承担侵权责任

  C. 请求丙厂承担侵权责任

  D. 请求丙、丁厂连带承担侵权责任

【答案】A

【解析】甲厂经乙厂许可，在某省独占使用乙厂的注册商标。但丁厂也是经过乙厂的许可享有外省独占使用权的，故乙厂并未违约。根据民法通则第 130 条规定：二人以上共同侵权造成他人损害的，应当承担连带责任。丁厂未经许可就将该商标许可丙厂使用，构成共同侵权。

22. 某外商向律师咨询："在中国已经参加的知识产权国际公约中，哪项国际公约的保护范围最广、保护水平最高、保护力度最大、制约力最强？"该律师的下列回答哪一个是正确的？

  A. 世界知识产权组织公约

  B. 保护工业产权巴黎公约

  C. 与贸易有关的知识产权协定

  D. 伯尔尼公约

【答案】C

【解析】世界贸易组织中的 TRIPS 协定被认为是当前世界范围内知识产权保护领域中涉及面广、保护水平高、保护力度大、制约力强的国际公约，对我国国内有关知识产权法律的修改起了重要作用。

23. 甲企业与乙企业签订买卖合同，约定乙企业应于 8 月 30 日前交货，货到 7 日内甲企业付款。同年 8 月 10 日，甲企业被法院依法宣告破产。对该合同的处理，下列选项哪一个是正确的？

  A. 由清算组决定解除还是继续履行

B. 由甲企业自主决定解除还是继续履行

C. 由债权人会议决定解除还是继续履行

D. 不得继续履行

【答案】无答案

【解析】根据新的企业破产法第十八条规定，人民法院受理破产申请后，管理人对破产申请受理前成立而债务人和对方当事人均未履行完毕的合同有权决定解除或者继续履行，并通知对方当事人。管理人自破产申请受理之日起二个月内未通知对方当事人，或者自收到对方当事人催告之日起三十日内未答复的，视为解除合同。是管理人决定的。

24. 甲公司于 2004 年 4 月 6 日签发一张汇票给乙公司，到期日为 2004 年 7 月 6 日。乙公司于 2004 年 5 月 6 日向付款人提示承兑，被拒绝。乙公司遂将该汇票背书转让给丙公司。乙公司在此汇票上的背书属于什么性质？

A. 回头背书

B. 限制背书

C. 期后背书

D. 附条件背书

【答案】C

【解析】期后背书是指在票据被拒绝承兑、被拒绝付款或者超过付款提示期限时所为的背书。根据票据法第 36 条的规定，期后背书应当属于无效背书，不能发生一般背书的效力，而只具有通常的债权转让的效力。但期后背书的背书人仍须承担票据责任。

25. 李某为其子投保了以死亡为给付保险金条件的人身保险，期限 5 年，保费已一次缴清。两年后其子因抢劫罪被判处死刑并已执行。李某要求保险公司履行赔付义务。对此，保险公司应如何处理？

A. 依照合同规定给付保险金

B. 根据李某已付保费，按照保单的现金价值予以退还

C. 可以不承担给付保险金的义务，也不返还保险费

D. 可以解除合同，但应全额返还保险费

【答案】B

【解析】保险法第 67 条规定，被保险人故意犯罪导致其自身伤残或者死亡。但投保人已交足 2 年以上保险费的，保险人应当按照保险单退还其现金价值。

26. 悬挂不同国旗的甲、乙两船在公海相撞后，先后驶入我国港口，并在我国海事法院提起索赔诉讼。根据我国《海商法》，我国法院审理该案应适用什么法律？

    A. 甲船先到达港口，应适用甲船船旗国法律

    B. 乙船是被告，应适用乙船船旗国法律

    C. 应适用我国法律

    D. 应适用有关船舶碰撞的国际公约

    【答案】C

    【解析】根据海商法第273条规定，船舶在公海上发生碰撞的损害赔偿，适用受理案件的法院所在地法律。同一国籍的船舶，不论碰撞发生于何地，碰撞船舶之间的损害赔偿适用船旗国法律。

27. 某外商独资企业经 S 市人民政府批准成立。现该企业欲以其厂房作抵押，向某银行贷款 1000 万元。该企业之抵押行为符合下列哪一选项才有效？

    A. 须经注册登记的工商行政管理机关批准

    B. 须经中国人民银行批准

    C. 须经国务院对外经济贸易主管部门批准

    D. 须经 S 市人民政府批准并报工商行政管理机关备案

    【答案】D

    【解析】外资企业法实施细则第23条规定，外资企业将其财产或者权益对外抵押、转让，须经审批机关批准，并向工商行政管理机关备案。

28. 中国甲公司与日本乙公司拟共同设立一中外合资经营企业。在拟订的下列合同条款中，哪一条是违法的？

    A. 合营企业的注册资本用美元表示

    B. 中方用以出资的土地使用权，其作价在合营期间不得调整

    C. 合营企业编制的财务与会计报告以美元为计算和表示单位

    D. 合营企业注册资本的增加或减少的决议须经董事会一致通过

    【答案】C

    【解析】中外合资企业法实施条例第18条第2款规定，合营企业的注册资本一般应当以人民币表示，也可以用合营各方约定的外币表示。第48条第2款规定，场地使用费作为中国合营者投资的，在该合同期限内不得调整。第75条第2规定，以外国

货币作为记账本位币的合营企业，其编报的财务会计报告应当折算为人民币。第 33 条第 1 款规定，下列事项由出席董事会会议的董事一致通过方可作出决议：（一）合营企业章程的修改；（二）合营企业的中止、解散；（三）合营企业注册资本的增加、减少；（四）合营企业的合并、分立。

29. 万某因出国留学将自己的独资企业委托陈某管理，并授权陈某在 5 万元以内的开支和 50 万元以内的交易可自行决定。设若第三人对此授权不知情，则陈某受托期间实施的下列哪一行为为我国法律所禁止或无效？

   A. 未经万某同意与某公司签订交易额为 100 万元的合同
   B. 未经万某同意将自己的房屋以 1 万元出售给本企业
   C. 未经万某同意向某电视台支付广告费 8 万元
   D. 未经万某同意聘用其妻为企业销售主管

【答案】B

【解析】根据个人独资企业法第 20 条第七项的规定，投资人委托或者聘用的管理个人独资企业事务的人员不得有下列行为，未经投资人同意，同本企业订立合同或者进行交易，故 B 错误。

30. 甲、乙、丙合伙经营汽车运输业务。因生意好，甲想让其弟丁参加合伙，乙同意，但丙反对。甲以多数人同意为由安排丁参与经营。后合伙经营的汽车发生交通事故，造成 5 万元损失。四人为该 5 万元损失分担问题诉至法院。本案应如何处理？

   A. 由甲、乙、丁分担 5 万元
   B. 由甲、乙、丙、丁分担 5 万元
   C. 由甲、乙、丙分担 5 万元
   D. 由甲、乙、丙承担大部分，丁承担小部分

【答案】C

【解析】合伙企业法第 44 条第 1 款规定，入伙应具备的条件之一是须经全体合伙人的同意，而在本题中甲想让其弟丁参加合伙，丙反对，故丁不是合伙人，不分担合伙企业的损失。

31. 甲公司注册资金为 120 万元，主营建材，乙厂为生产瓷砖的合伙企业。甲公司为稳定货源，决定投资 30 万元入伙乙厂。对此项投资的效力，下列表述哪一项是正确的？

   A. 须经甲公司股东会全体通过方为有效

B. 须经甲公司董事会全体通过方为有效

C. 须经乙厂全体合伙人同意方为有效

D. 无效

【答案】无答案

【解析】根据公司法第十五条公司可以向其他企业投资；但是，除法律另有规定外，不得成为对所投资企业的债务承担连带责任的出资人。

32. 金华有限公司与宏奇批发商城等 5 家发起人商定，共同投资组建一家以健身、娱乐为主营业务的股份有限公司。依公司法规定，若采用发起设立的方式组建该公司，这些发起人至少要出资多少作为注册资本？

A. 10 万元

B. 350 万元

C. 50 万元

D. 1000 万元

【答案】无答案

【解析】根据新公司法第八十一条股份有限公司采取发起设立方式设立的，注册资本为在公司登记机关登记的全体发起人认购的股本总额。公司全体发起人的首次出资额不得低于注册资本的百分之二十，其余部分由发起人自公司成立之日起两年内缴足；其中，投资公司可以在五年内缴足。在缴足前，不得向他人募集股份。股份有限公司采取募集方式设立的，注册资本为在公司登记机关登记的实收股本总额。股份有限公司注册资本的最低限额为人民币五百万元。法律、行政法规对股份有限公司注册资本的最低限额有较高规定的，从其规定。

33. 甲、乙、丙、丁共有一轮船，甲占该船 70％份额。现甲欲将该船作抵押向某银行贷款 500 万元。如各共有人事先对此未作约定，则甲的抵押行为：

A. 无须经任何人同意

B. 须经乙、丙、丁一致同意

C. 须经乙、丙、丁中份额最大的一人同意

D. 须经乙、丙、丁中的两人同意

【答案】A

【解析】海商法第16条第1款规定，船舶共有人就共有船舶设定抵押权，应当取得持有 2/3 以上份额的共有人的同意，共有人之间另有约定的除外。

34. 甲以个人财产设立一独资企业，后甲病故，其妻和其子女（均已满 18 岁）都明确表示不愿继承该企业，该企业只得解散。该企业解散时，应由谁进行清算?

    A. 应由其子女进行清算

    B. 应由其妻进行清算

    C. 应由其妻和其子女共同进行清算

    D. 应由债权人申请法院指定清算人进行清算

    【答案】D

    【解析】个人独资企业第 27 条规定，个人独资企业解散，由投资人自行清算或者由债权人申请人民法院指定清算人进行清算。因此，个人独资企业的清算原则上以投资人为其清算人。但经债权人申请，人民法院得指定投资人以外的人为清算人。

35. 下列何种民事诉讼案件的生效判决，人民检察院应当提出抗诉?

    A. 某案的审判长在审理案件过程中犯交通肇事罪，作出民事判决后被追究刑事责任

    B. 某案的审判长在审理案件过程中接受一方当事人价值 200 元的礼品，但其判决认定事实和适用法律正确

    C. 某案证人在诉讼过程中接受一方当事人价值 200 元的礼品，但其证言是真实的

    D. 某案的生效调解书认定的事实不正确

    【答案】B

    【解析】根据民诉法第 185 条规定，对于下列情形，人民检察院可以提出抗诉：原判决、裁定认定事实的主要证据不足的；原判决、裁定适用法律确有错误的；人民法院违反法定程序，可能影响案件正确判决、裁定的；审判人员在审理该案件时有贪污受贿、徇私舞弊、枉法裁判行为的。人民检察院抗诉的对象是审判人员而非其他当事人，故 C 不对。判决、裁定调解书不属于判决、裁定的范围。故 D 错误。

36. 下列哪一种民事诉讼请求属于给付之诉?

    A. 甲起诉请求乙停止损害其名誉

    B. 丙起诉丁请求撤销二人之间的房屋买卖合同

    C. 男方起诉前妻，请求将二人之子判归前妻抚养

    D. 王某起诉李某，请求解除收养关系

【答案】A

【解析】给付之诉是指原告请求法院判令被告向其履行特定给付义务的诉讼。甲起诉请求乙停止损害其名誉是要求他人为某种特定的行为也属于给付之诉的范围。而BCD 都属于变更之诉。

37. 郑某因与某公司发生合同纠纷，委托马律师全权代理诉讼，但未作具体的授权。此种情况下，马律师在诉讼中有权实施下列哪一行为？

    A. 提出管辖权异议

    B. 提起反诉

    C. 提起上诉

    D. 部分变更诉讼请求

【答案】A

【解析】民诉意见第 69 条专门规定，授权委托书仅写"全权代理"而无具体授权的，诉讼代理人无权代为承认、放弃、变更诉讼请求，进行和解，提起反诉或者上诉。

38. 蔡某出售伪劣奶粉，被消费者赵、钱、孙、李起诉，蔡某应诉答辩后突然失踪。对此法院应当如何处理？

    A. 中止诉讼

    B. 终结诉讼

    C. 延期审理

    D. 缺席判决

【答案】D

【解析】民诉法第 130 条规定，被告经传票传唤，无正当理由拒不到庭的，或者未经法庭许可中途退庭的，可以缺席判决。

39. 章某作为马某的债权人，对马某的债务人林某提起代位权诉讼。马某作为第三人对章某的债权提出异议。经法院审查，异议成立。人民法院应当如何处理？

    A. 裁定驳回章某起诉

    B. 判决驳回章某起诉

    C. 裁定对章某起诉不予受理

    D. 继续审理，作出判决

【答案】A

【解析】合同法解釋（一）第 18 條第 2 款規定，債務人在代位權訴訟中對債權人的債權提出異議，經審查異議成立的，人民法院應當裁定駁回債權人的起訴。

40. 民事訴訟中的舉證期限是如何確定的？

　　A. 可以由當事人協商一致，並經人民法院認可

　　B. 可以由原告指定

　　C. 可以由被告指定

　　D. 如果當事人協商一致，不必經人民法院認可

【答案】A

【解析】根據民事證據規定第 33 條規定，舉證期限的確定有兩種情形：當事人協商和法院指定。當事人協商確定舉證期限的，須經人民法院認可。

41. 王某與李某因合同發生爭議，王向李住所地法院提起訴訟，要求李履行合同。法院受理後，非合同當事人唐某認為自己對原被告之間爭議的合同標的物擁有所有權，要求參加訴訟。參加訴訟後，唐某認為受理法院無管轄權，便提出管轄權異議。下列說法哪一個是正確的？

　　A. 唐某可以提出管轄異議，因為唐是有獨立請求權的第三人

　　B. 唐某可以提出管轄異議，因為管轄錯誤將損害其實體權利

　　C. 唐某不能提出管轄異議，因為唐不是本訴的當事人

　　D. 唐某不能提出管轄異議，因為唐不是本案的當事人

【答案】C

【解析】有獨立請求權第三人是參加訴訟的當事人，不是本訴的當事人，無權對本訴的管轄權提出異議。如果是有獨立請求權第三人主動參加他人已開始的訴訟，應視為承認和接受受訴法院的管轄。

42. 甲公司與乙公司之間的買賣合同糾紛，雙方在仲裁過程中達成和解協議，此種情況下甲公司不具有下列哪一種權利？

　　A. 請求仲裁庭根據和解協議作出裁決書

　　B. 撤回仲裁申請

　　C. 對仲裁協議進行反悔，請求仲裁庭依法作出裁決

　　D. 請求法院執行仲裁過程中達成的和解協議

【答案】D

【解析】依仲裁法第 49 条、第 50 条规定，当事人达成和解协议的，可以请求仲裁庭根据和解协议作出裁决书，也可以撤回仲裁申请。如果当事人撤回仲裁申请后反悔的，则仍可以根据原仲裁协议申请仲裁。依仲裁法第 62 条规定，当事人应当履行裁决。一方当事人不履行的，另一方当事人可以依照民事诉讼法的有关规定向人民法院申请执行。受申请的人民法院应当执行。

43. 张某将一串价值 10 万元的钻石项链存放在某银行对外租赁的保险柜中。该银行工作人员李某借工作之便将保险柜中的钻石盗走，案发后一直潜逃在外。张某向法院起诉，要求该银行承担民事责任。在审理中，公安机关将李某抓获归案（但无法追回赃物），并移送检察机关，检察机关准备对李某提起公诉。法院应如何处理该民事案件？

A. 中止此案的审理，待李某的犯罪事实查清后恢复审理

B. 终止审理，告知张某在李某的刑事诉讼中，提出附带民事诉讼请求

C. 延期审理此案，不得作出判决

D. 继续审理此案，并可作出判决

【答案】D

【解析】民诉法第 132 条规定，有下列情形之一的，可以延期开庭审理：①必须到庭的当事人和其他诉讼参与人有正当理由没有到庭的；②当事人临时提出回避申请的；③需要通知新的证人到庭，调取新的证据，重新鉴定、勘验，或者需要补充调查的；④其他应当延期的情形。

民诉法第 136 条规定，有下列情形之一的，中止诉讼：①一方当事人死亡，需要等待继承人表明是否参加诉讼的；②一方当事人丧失诉讼行为能力，尚未确定法定代理人的；③作为一方当事人的法人或者其他组织终止，尚未确定权利义务承受人的；④一方当事人因不可抗拒的事由，不能参加诉讼的；⑤本案必须以另一案的审理结果为依据，而另一案尚未审结的；⑥其他应当中止诉讼的情形。

民诉法第 137 条规定，有下列情形之一的，终结诉讼：①原告死亡，没有继承人，或者继承人放弃诉讼权利的；②被告死亡，没有遗产，也没有应当承担义务的人的；③离婚案件一方当事人死亡的；④追索赡养费、扶养费、抚育费以及解除收养关系案件的一方当事人死亡的。

本案中，银行工作人员李某的盗窃行为引起的刑事诉讼的审理结果与民事责任的承担没有先后顺序关系。故本题选 D。

44. 李某与赵某是夫妻。1999 年 7 月，李某向某县人民法院起诉要求离婚，法院经审理判决不准离婚。审理该案的书记员两次到李某家送达判决书李某均拒绝接收。对此，应当如何处理？

    A. 书记员将该判决书交给李的邻居王某转交

    B. 书记员将该判决书留置李某的住所

    C. 书记员将该判决书交给李某所在地居委会转交

    D. 书记员将该判决书交给李某所在地派出所转交

    【答案】B

    【解析】民诉法第 79 条规定，受送达人或者他的同住成年家属拒绝接收诉讼文书的，送达人应当邀请有关基层组织或者所在单位的代表到场，说明情况，在送达回证上记明拒收事由和日期，由送达人、见证人签名或者盖章，把诉讼文书留在受送达人的住所，即视为送达。

45. 家住上海的王甲继承其父遗产房屋三间，后将其改为铺面经营小商品。在北京工作的王乙（王甲之弟）知道此事后，认为自己并没有放弃继承权，故与王甲交涉。王甲对此不予理睬，王乙便向法院提起诉讼。案件受理后，李某向法院主张自己作为被继承人的养子，拥有继承权，并通过法定程序以有独立请求权第三人的身份参加了诉讼。诉讼中，李某认为自己与王氏两兄弟关系不错，担心打官司会伤了和气，便退出了诉讼。不久，李认为退出不妥，又向法院要求参加诉讼。针对本案的具体情况和诉讼法理论，下列哪一种观点是正确的？

    A. 作为诉讼参加人，李某不能重复参加本案诉讼

    B. 根据诚信原则，李某不能再参加本案诉讼

    C. 在最后一次庭审辩论终结之前，李某均可以参加本案诉讼

    D. 只有在开庭审理之前，李某才能再参加本案诉讼

    【答案】C

    【解析】有独立请求权第三人参加诉讼的条件之一是所参加的诉讼正在进行。正在进行的诉讼应从何时起到何时止，法律没有具体规定，但从第三人的参加性质看，应从原告和被告确定时起，即从被告应诉起，到诉讼审理终结止。

46. 当事人对自己的主张只有本人陈述而不能提出其他相关证据的，在下列哪一情况下，法院对其主张可予以支持？

    A. 对方当事人认可

B. 本人陈述前后没有矛盾

C. 陈述人具有较高的诚信度

D. 陈述人具有完全的民事行为能力

【答案】A

【解析】根据民事证据规定第 76 条规定，当事人对自己的主张　只有本人陈述而不能提出其他相关证据的其主张不予支持。但对方当事人认可的除外。故 A 正确。

47. 在民事诉讼中，下列何种人可以作为委托代理人？

　　A. 受过刑事处罚的人

　　B. 限制行为能力的人

　　C. 可能损害被代理人利益的人

　　D. 人民法院认为不宜作诉讼代理人的人

【答案】A

【解析】根据民诉法第 58 条的规定，我国的委托诉讼代理人包括律师、当事人的近亲属、社会团体和当事人所在单位推荐的人，以及经人民法院许可的其他公民。另根据民诉意见第 68 条的规定，无民事行为能力人、限制民事行为能力人或者可能损害被代理人利益的人以及人民法院认为不宜作诉讼代理人的人，不能作为诉讼代理人。故选 A。

48. 甲公司根据生效判决书向法院申请强制执行。执行开始后，甲公司与乙公司达成和解协议。和解协议约定：将 80 万元债务减少为 70 万，协议生效之日起 1 个月内还清。协议生效 1 个月后，乙公司并未履行协议的约定。下列做法哪一个是正确的？

　　A. 甲就乙违反协议的行为，向乙住所地法院提起民事诉讼

　　B. 由法院执行和解协议

　　C. 由法院依职权恢复原判决的执行

　　D. 甲向法院申请恢复原判决的执行

【答案】D

【解析】民诉法第 211 条规定，"在执行中，双方当事人自行和解达成协议的，执行员应当将协议内容记入笔录，由双方当事人签名或者盖章。""一方当事人不履行和解协议的，人民法院可以根据对方当事人的申请，恢复对原生效法律文书的执行。"

49. 甲公司因侵犯乙公司的商標權被法院判決賠償乙公司損失 10 萬元。該生效判決強制執行完畢後不久，乙公司的註冊商標因不具有顯著性被依法定程序撤銷。下列說法哪一個是正確的？

 A. 甲公司有權直接申請法院執行回轉

 B. 甲公司有權在原判決生效之日起 6 個月內申請再審撤銷原判決

 C. 甲公司無權直接要求乙公司返還 10 萬元

 D. 甲公司有權要求乙公司賠償損失

【答案】C

【解析】最高院關於人民法院執行工作若干問題的規定第 109 條規定，"在執行中或執行完畢後，據以執行的法律文書被人民法院或其他有關機關撤銷或變更的，原執行機構應當依照民事訴訟法第二百一十四條的規定，依當事人申請或依職權，按照新的生效法律文書，作出執行回轉的裁定，責令原申請執行人返還已取得的財產及其孳息。拒不返還的，強制執行。"而本案並未出現執行的法律文書被人民法院或其他有關機關撤銷或變更的情形，不發生執行回轉。故 C 對。

50. 北京 A 區的甲公司與上海 B 區的乙公司因合同糾紛訴至法院，A 區人民法院判決乙公司向甲公司賠償損失 10 萬元。判決生效後，乙公司未自動履行，甲公司遂向 A 區法院申請執行。A 區法院立案後委託乙公司所在地的 B 區人民法院代為執行。B 區法院接到委託執行書後，發現乙公司早已資不抵債，無財產可供執行。對此，下列哪一種處理方法是正確的？

 A. 由 B 區法院裁定中止執行，並及時告知 A 區人民法院

 B. 由 B 區法院裁定終結執行，並及時告知 A 區人民法院

 C. B 區法院應及時函告 A 區法院，由 A 區法院裁定中止執行

 D. B 區法院應及時函告 A 區法院，由 A 區法院裁定終結執行

【答案】C

【解析】根據最高院關於人民法院執行工作若干問題的規定第 102 條的相關規定，當被執行人確無財產可供執行的人民法院應當中止執行；民訴意見第 263 條規定，受委託人民法院遇有需要中止或者終結執行的情形，應當及時函告委託人民法院，由委託人民法院作出裁定，在此期間，可以暫緩執行。受委託人民法院不得自行裁定中止或者終結執行。

二、多项选择题，每题所给选项中有两个或两个以上正确答案，少答或多答均不得分。本部分 51-80 题，每题 2 分，共 60 分。

51. 2002 年 5 月 8 日，王某骑车回家经过一工地时，掉入没有设置明显标志和采取安全措施的坑中，造成骨折。王某于同年 6 月 10 日找到建设项目的发包人和承包人要求赔偿，两单位相互推诿。同年 6 月 13 日，王某前往法院起诉，突遭台风袭击，中途返回。下列说法哪些是正确的？

    A. 本案诉讼时效期间于 2003 年 6 月 10 日届满

    B. 王某 6 月 13 日的行为引起诉讼时效中断

    C. 发包人应承担民事责任

    D. 承包人应承担民事责任

    【答案】AD

    【解析】根据民法通则第 136 条规定，"身体受到伤害要求赔偿的"，诉讼时效期间为 1 年。民通意见第 168 条人身损害赔偿的诉讼时效期间，伤害明显的，从受伤害之日起算；伤害当时未曾发现，后经检查确诊并能证明是由侵害引起的，从伤势确诊之日起计算。民法通则第 140 条规定，诉讼时效因提起诉讼、当事人一方提出要求或者同意履行义务而中断。从中断时起，诉讼时效期间重新计算。在本案中，应从 6 月 10 日开始计算，故 A 正确。C 错，王某于 6 月 13 日并未到法院起诉。D 对，民法通则第 125 条规定，在公共场所、道旁或者通道上挖坑、修缮安装地下设施等，没有设置明显标志和采取安全措施造成他人损害的，施工人应当承担民事责任。

52. 甲欠乙 5000 元，乙多次催促，甲拖延不还。后乙告甲必须在半个月内还钱，否则起诉。甲立即将家中仅有的值钱物品九成新电冰箱和彩电各一台以 150 元价格卖给知情的丙，被乙发现。下列说法哪些是正确的？

    A. 乙可书面通知甲、丙，撤销该买卖合同

    B. 如乙发现之日为 2000 年 5 月 1 日，则自 2001 年 5 月 2 日起，乙不再享有撤销权

    C. 如乙向法院起诉，应以甲为被告，法院可以追加丙为第三人

    D. 如乙的撤销权成立，则乙为此支付的律师代理费、差旅费应由甲、丙承担

    【答案】BCD

    【解析】合同法第 74、75 条规定："因债务人放弃其到期债权或者无偿转让财产，对债权人造成损害的，债权人可以请求人民法院撤销债务人的行为。债务人以明显不合理的低价转让财产，对债权人造成损害，并且受让人知道该情形的，债权人也可以

请求人民法院撤销债务人的行为。""撤销权的行使范围以债权人的债权为限。债权人行使撤销权的必要费用，由债务人负担。""撤销权自债权人知道或者应当知道撤销事由之日起一年内行使。自债务人的行为发生之日起五年内没有行使撤销权的，该撤销权消灭。"合同法解释（一）第24条、第26条规定，债权人依照合同法第七十四条的规定提起撤销权诉讼时只以债务人为被告，未将受益人或者受让人列为第三人的，人民法院可以追加该受益人或者受让人为第三人。债权人行使撤销权所支付的律师代理费、差旅费等必要费用，由债务人负担；第三人有过错的，应当适当分担。

53. 依我国法律规定，下列合同中可能发生留置权的有哪几种？

  A. 保管合同

  B. 委托合同

  C. 加工承揽合同

  D. 行纪合同

【答案】ABCD

【解析】根据物权法第二百三十条，债务人不履行到期债务，债权人可以留置已经合法占有的债务人的动产，并有权就该动产优先受偿。及该法第二百三十二条规定，法律规定或者当事人约定不得留置的动产，不得留置。

54. 下列关于赠与合同的表述哪些是正确的？

  A. 赠与合同是有名合同

  B. 赠与合同是单务合同

  C. 赠与合同是诺成合同

  D. 赠与合同是不要式合同

【答案】ABCD

【解析】A 对，合同法规定的 15 类合同均为有名合同。B 对，合同法虽允许赠与附义务，但赠与人交付赠与财产与对方的附属义务之间不存在对价关系，因而赠与合同仍属于单务合同。C 对，我国合同法规定赠与合同为诺成合同，自当事人意思表示一致时起成立。D 对，法律不要求赠与合同采取特定形式，故为不要式合同。

55. 乙公司欠甲公司 30 万元，同时甲公司须在 2000 年 9 月 20 日清偿对乙公司的 20 万元货款。甲公司在同年 9 月 18 日与丙公司签订书面协议，转让其对乙公司的 30 万元债权。同年 9 月 24 日，乙公司接到甲公司关于转让债权的通知后，便主张 20 万元的抵销权。下列说法哪些是正确的?

A. 甲公司与丙公司之间的债权转让合同于 9 月 24 日生效

B. 乙公司接到债权转让通知后,即负有向丙公司清偿 30 万元的义务

C. 乙公司于 9 月 24 日取得 20 万元的抵销权

D. 丙公司可以就 30 万元债务的清偿,要求甲公司和乙公司承担连带责任

【答案】BC

【解析】依合同法第 80 条规定,债权人转让权利的,应当通知债务人。未经通知,该转让对债务人不发生效力。债权人转让权利的通知不得撤销,但经受让人同意的除外。该法第 83 条规定,债权让与对债务人的效力以债权让与通知为准,债务人接到债权让与通知时,债务人对让与人享有债权的,债务人仍然可以依法向受让人主张抵销。从通知之日起即可行使抵消权。故 B、C 正确。

56. 女士提供三块木料给某家具厂订制一个衣柜,开工不久何女士觉得衣柜样式不够新潮,遂要求家具厂停止制作。家具厂认为这是个无理要求,便继续使用剩下两块木料,按原定式样做好了衣柜。下列说法哪些是正确的?

A. 家具厂应赔偿因此给何女士造成的损失

B. 何女士应支付全部约定报酬

C. 何女士应支付部分报酬

D. 何女士应支付全部约定报酬和违约金

【答案】AC

【解析】合同法第 263 条规定,工作成果部分交付的,定作人应当相应支付。合同法第 268 条规定,定作人可以随时解除承揽合同,造成承揽人损失的,应当赔偿损失。在本案中,家具厂仍然加工,则应承担赔偿责任。

57. 根据合同法的规定,承运人对运输过程中发生的下列哪些旅客伤亡事件不承担赔偿责任?

A. 一旅客因制止扒窃行为被歹徒刺伤

B. 一旅客在客车正常行驶过程中突发心脏病身亡

C. 一失恋旅客在行车途中吞服安眠药过量致死

D. 一免票乘车婴儿在行车途中因急刹车受伤

【答案】BC

【解析】合同法第 302 条规定："承运人应当对运输过程中旅客的伤亡承担损害赔偿责任，但伤亡是旅客自身健康原因造成的或者承运人证明伤亡是旅客故意、重大过失造成的除外。""前款规定适用于按照规定免票、持优待票或者经承运人许可搭乘的无票旅客。"

58. 合同当事人一方违约后，守约方要求其承担继续履行的违约责任，在下列哪些情况下人民法院对守约方的请求不予支持?

A. 违约方所负债务为非金钱债务

B. 债务的标的不适于强制履行

C. 继续履行费用过高

D. 违约方已支付违约金或赔偿损失

【答案】BC

【解析】根据合同法第 110 条规定，当事人一方不履行非金钱债务或者履行非金钱债务不符合约定的，对方可以要求履行，但有下列情形之一的除外：①法律上或者事实上不能履行；②债务的标的不适于强制履行或者履行费用过高；③债权人在合理期限内未要求履行。

59. 冯某与张某口头约定将一处门面房租给张某，租期 2 年，租金每月 1000 元。合同履行 1 年后，张某向冯某提出能否转租给翁某，冯表示同意。张某遂与翁某达成租期 1 年、月租金 1200 元的口头协议。翁某接手后，擅自拆除了门面房隔墙，冯某得知后欲收回房屋。下列选项哪些是正确的?

A. 冯某与张某间的租赁合同为不定期租赁

B. 张某将房屋转租后，冯某有权按每月 1200 元向张某收取租金

C. 冯某有权要求张某恢复原状或赔偿损失

D. 冯某有权要求翁某承担违约责任

【答案】AC

【解析】根据合同法第 215 条规定，租赁期限六个月以上的，应当采用书面形式。当事人未采用书面形式的，视为不定期租赁。故 A 对。C 对，合同法第 224 条规定："承租人经出租人同意，可以将租赁物转租给第三人。承租人转租的，承租人与出租人之间的租赁合同继续有效，第三人对租赁物造成损失的，承租人应当赔偿损失。""承租人未经出租人同意转租的，出租人可以解除合同。"根据合同的相对性，冯某与翁某之间不存在合同关系，故无权要求翁某承担违约责任。

60. 小甲 6 岁，父母离异，由其母抚养并与之共同生活。某日，小甲在幼儿园午餐时与小朋友小乙发生打斗，在场的带班老师丙未及时制止。小甲将小乙推倒在地，造成骨折，花去医药费 3000 元。小乙的父母欲以小甲的父母、幼儿园及丙为被告，要求赔偿。下列表述哪些是正确的？

    A. 小甲之母应承担赔偿责任

    B. 小甲之父应承担连带赔偿责任

    C. 幼儿园应给予适当赔偿

    D. 丙应承担连带责任

    【答案】AC

    【解析】民通意见第 158 条规定，夫妻离婚后，未成年子女侵害他人权益的，同该子女共同生活的一方应当承担民事责任；如果独立承担民事责任确有困难的，可以责令未与该子女共同生活的一方共同承担民事责任。故 A 对 B 错。对于在幼儿园、学校生活、学习的无民事行为能力人或者在精神病院治疗的精神病人，受到伤害或者给他人造成损害，由于监督责任已转移到幼儿园、学校、医院，如果这些单位不能证明自己无过错，可以责令这些单位适当给予赔偿。故 C 对 D 错。

61. 王某与周某结婚时签订书面协议，约定婚后所得财产归各自所有。周某婚后即辞去工作在家奉养公婆，照顾小孩。王某长期在外地工作，后与李某同居，周某得知后向法院起诉要求离婚。周某的下列哪些请求可以得到法院的支持？

    A. 由于自己为家庭生活付出较多义务，请求王某予以补偿

    B. 由于自己专门为家庭生活操持，未参加工作，请求法院判决确认双方约定婚后所得归各自所有的协议显失公平，归于无效

    C. 由于离婚后生活困难，请求王某给予适当帮助

    D. 由于王某与他人同居导致双方离婚，请求王某给予损害赔偿

    【答案】ACD

    【解析】根据婚姻法第 19 条规定："夫妻可以约定婚姻关系存续期间所得的财产以及婚前财产归各自所有、共同所有或部分各自所有、部分共同所有。约定应当采用书面形式。没有约定或约定不明确的，适用本法第十七条、第十八条的规定。""夫妻对婚姻关系存续期间所得的财产以及婚前财产的约定，对双方具有约束力。"只要出于自愿都是可以的，故 B 错。根据婚姻法第 40 条规定，夫妻书面约定婚姻关系存续期间所得的财产归各自所有，一方因抚育子女、照料老人、协助另一方工作等付出较多义务的，离婚时有权向另一方请求补偿，另一方应当予以补偿。A 对。C 对，婚姻

法第 42 条规定，离婚时，如一方生活困难，另一方应从其住房等个人财产中给予适当帮助。具体办法由双方协议；协议不成时，由人民法院判决。另根据婚姻法第 46 条规定，有下列情形之一，导致离婚的，无过错方有权请求损害赔偿：（一）重婚的；（二）有配偶者与他人同居的；（三）实施家庭暴力的；（四）虐待、遗弃家庭成员的。D 对。

62. 某影楼与甲约定："影楼为甲免费拍写真集，甲允许。"后甲发现自己的。经查，制药公司是从该花 500 元买到该照片的。下列说法哪些是正确的？

　　A. 某影楼侵害了甲的肖像权

　　B. 某影楼享有甲写真照片的版权

　　C. 某影楼的行为构成违约

　　D. 制药公司的行为侵害了甲的隐私权

【答案】ABC

【解析】肖像权即公民有权决定是否允许将肖像进行展出、传播、复制、用作商标或进行广告宣传。未经肖像权人同意，任何人不得以营利为目的在纸张、书籍、报刊、网络等载体中使用其肖像。在本案中，甲虽同意影楼使用其中一张照片作为影楼的橱窗广告但未同意影楼将照片卖给制药公司，使照片被用在一种性药品广告上则侵犯了她的肖像权也构成了违约。故 A、C 对。照片是影楼拍的，他享有版权，但甲享有照片的所有权。故 B 对。隐私权又称个人生活秘密权，是指公民不愿公开或让他人知悉个人秘密的权利。写真照片属于著作权法所保护的摄影作品，版权属创作作品的影楼享有。

63. 某影视中心在一电视连续剧中为烘托剧情，使用播放了某正版唱片中的部分音乐作品作为背景音乐。中国音乐著作权协会（音乐作品著作权人授权的集体管理组织）以该使用行为未经许可为由要求制片人支付报酬。该协会的要求被拒绝后，遂向法院起诉。下列说法哪些是错误的？

　　A. 播放行为是合理使用行为

　　B. 播放行为侵犯了音乐作品著作权人的表演权

　　C. 播放行为侵犯了录音制品制作者的播放权

　　D. 中国音乐著作权协会不是正当原告

【答案】ACD

【解析】著作权法第 22 条规定了 12 项合理使用情形，但影视中心在一电视连续剧播放了某正版唱片中的部分音乐作品作为背景音乐并不属于合理使用。A 错误。著作权法第 37 条规定，表演者对其表演享有下列权利：1.表明表演者身份；2.保护表演形象不受歪曲；3.许可他人从现场直播和公开传送其现场表演，并获得报酬；4.许可他人录音录像，并获得报酬；5.许可他人复制、发行录有其表演的录音录像制品，并获得报酬；6.许可他人通过信息网络向公众传播其表演，并获得报酬。被许可人以前款第 3 项至第 6 项规定的方式使用作品，还应当取得著作权人许可，并支付报酬。著作权法第 43 条规定，广播电台、电视台播放已经出版的录音制品，可以不经著作权人许可，但应当支付报酬。当事人另有约定的除外。具体办法由国务院规定。故 C 错误。依著作权法第 8 条第 1 款规定, 中国音乐著作权协会可以代表著作权人进行与著作权相关的权利的保护活动。D 错误。

64. 刁某将自有轿车向保险公司投保，其保险合同中含有自燃险险种。一日，该车在行驶中起火，刁某情急之下将一农户晾在公路旁的棉被打湿灭火，但车辆仍有部分损失，棉被也被烧坏。保险公司对下列哪些费用应承担赔付责任？

A. 车辆修理费 500 元

B. 刁某误工费 400 元

C. 农户的棉被损失 200 元

D. 刁某乘其他车辆返回的交通费 30 元

【答案】AC

【解析】根据保险法第 42 条规定："保险事故发生时，被保险人有责任尽力采取必要的措施，防止或者减少损失。""保险事故发生后，被保险人为防止或者减少保险标的的损失所支付的必要的、合理的费用，由保险人承担；保险人所承担的数额在保险标的的损失赔偿金额以外另行计算，最高不超过保险金额的数额。"本案中，车辆修理费、农户的棉被损失都是为防止或者减少车的损失所导致的，属于赔付范围。

65. 甲公司在与乙公司交易中获汇票一张，出票人为丙公司，承兑人为丁公司，付款人为戊公司，汇票到期日为 2003 年 11 月 30 日。当下列哪些情况发生时，甲公司可以在汇票到期日前行使追索权？

A. 乙公司申请注销法人资格

B. 丙公司被宣告破产

C. 丁公司被吊销营业执照

D. 戊公司因违法被责令终止业务活动

【答案】CD

【解析】票據法第 61 條第 2 款規定，匯票到期日前，有下列情形之一的，持票人也可以行使追索權：（一）匯票被拒絕承兌的；（二）承兌人或者付款人死亡、逃匿的；（三）承兌人或者付款人被依法宣告破產的或者因違法被責令終止業務活動的。

66. A 公司委托 B 海運公司運送一批貨物，B 公司在責任期間對下列哪些損失無須承擔賠償責任？

　　A. 因 B 公司過失遲延交貨而造成 A 公司在商業上的經濟損失

　　B. 因船長在駕駛船舶中的過失致使貨物損壞

　　C. 船舶在正常航線上發生意外致使貨物滅失

　　D. 船舶航行中為救助他船而使貨物部分損毀

【答案】BCD

【解析】海商法第 51 條規定，在責任期間貨物發生的滅失或者損壞是由於下列原因之一造成的承運人不負賠償責任：（一）船長、船員、引航員或者承運人的其他受雇人在駕駛船舶或者管理船舶中的過失；（二）火災，但是由於承運人本人的過失所造成的除外；（三）天災，海上或者其他可航水域的危險或者意外事故；（四）戰爭或者武裝衝突；（五）政府或者主管部門的行為、檢疫限制或者司法扣押；（六）罷工、停工或者勞動受到限制；（七）在海上救助或者企圖救助人命或者財產；（八）托運人、貨物所有人或者他們的代理人的行為；（九）貨物的自然特性或者固有缺陷；（十）貨物包裝不良或者標誌欠缺、不清；（十一）經謹慎處理仍未發現的船舶潛在缺陷；（十二）非由於承運人或者承運人的受雇人、代理人的過失造成的其他原因。承運人依照前款規定免除賠償責任的，除第（二）項規定的原因外，應當負舉證責任。

67. 某外商獨資企業因經營期滿而進入清算，清算組從成立至清算終結前實施的哪些行為是違法的？

　　A. 從外資企業的現存財產中優先支付了清算費用

　　B. 未聘請在中國註冊的會計師參加

　　C. 同意外商留足償債財產後將其餘財產攜帶出境

　　D. 不顧中國企業的同等出價將設備售給外國公司

【答案】BCD

【解析】根據外資企業法實施細則第 74 條規定：「清算委員會應當由外資企業的法定代表人、債權人代表以及有關主管機關的代表組成，並聘請中國的註冊會計師、律

师等参加。""清算费用从外资企业现存财产中优先支付。"另根据外资企业法实施
细则第 76 条第 1 款规定,外资企业在清算结束之前,外国投资者不得将该企业的资
金汇出或者携出中国境外,不得自行处理企业的财产。

68. 东方股份有限公司经批准公开发行股票并已上市,依据我国《公司法》的规定,该
公司在下列哪些情况下方可回购本公司的股票?

    A. 平抑股市,扭转本公司股票下跌趋势

    B. 减少本公司注册资本

    C. 与持有本公司股票的其他公司合并

    D. 用于奖励本公司优秀员工和推行职工持股计划

【答案】BC

【解析】公司法第 149 条规定: "公司不得收购本公司的股票,但为减少公司资本而
注销股份或者与持有本公司股票的其他公司合并时除外。"

69. 李某花 1.5 万元购买了某股份公司发行的股票 2000 股,但该公司股票尚未上市。现
李某欲退还已购股票。在下列哪些情况下李某可以要求发起人退股?

    A. 发起人未按期召开创立大会

    B. 公司股东大会同意

    C. 公司董事会同意

    D. 公司未按期募足股份

【答案】AD

【解析】公司法第 93 条规定,发起人、认股人缴纳股款或者交付抵作股款的出资后,
除未按期募足股份,发起人未按期召开创立大会或者创立大会决议不设立公司的情形
外,不得抽回其股本。

70. 中国证监会 2004 年 3 月 1 日接到多家上市公司申请发行新股的报告,下列哪些公司
的申请依法不应被批准?

    A. 甲公司上次发行股票时因故未能募足

    B. 乙公司 2002 年度亏损

    C. 丙公司预期利润率略低于同期银行存款利率

    D. 丁公司上年度未按时公布报表被交易所通报

【答案】B

【解析】根据证券法第十三条规定，公司公开发行新股，应当符合下列条件：（一）具备健全且运行良好的组织机构；（二）具有持续盈利能力，财务状况良好；（三）最近三年财务会计文件无虚假记载，无其他重大违法行为；（四）经国务院批准的国务院证券监督管理机构规定的其他条件。上市公司非公开发行新股，应当符合经国务院批准的国务院证券监督管理机构规定的条件，并报国务院证券监督管理机构核准。

71. 下列哪些民事裁判当事人有权申请复议？

　　A. 关于财产保全的裁定

　　B. 关于回避的决定

　　C. 关于管辖权的裁定

　　D. 除权判决

【答案】AB

【解析】根据民事诉讼法第99条规定，当事人对财产保全或者先予执行的裁定不服的，可以申请复议一次。复议期间不停止裁定的执行，故 A 对。B 也对，民事诉讼法第48条规定，人民法院对当事人提出的回避申请，应当在申请提出的三日内，以口头或者书面形式作出决定。申请人对决定不服的，可以在接到决定时申请复议一次。复议期间，被申请回避的人员，不停止参与本案的工作。人民法院对复议申请，应当在三日内作出复议决定，并通知复议申请人。民事诉讼法第38条规定，人民法院受理案件后，当事人对管辖权有异议的，应当在提交答辩状期间提出。人民法院对当事人提出的异议，应当审查。异议成立的，裁定将案件移送有管辖权的人民法院；异议不成立的，裁定驳回，故 C 错。D 也错，民事诉讼法第197条规定，没有人申报的，人民法院应当根据申请人的申请，作出判决，宣告票据无效。判决应当公告，并通知支付人。自判决公告之日起，申请人有权向支付人请求支付。

72. 下列哪些案件人民法院应当受理？

　　A. 林某曾与李某同居 3 年，二人分手时产生纠纷，林某起诉李某，要求赔偿"青春费"5 万元

　　B. 甲诉乙离婚，法院于 2004 年 3 月判决不准离婚；2004 年 7 月乙起诉甲，请求离婚

　　C. 陈某下落不明 3 年，其丈夫不申请宣告失踪，直接起诉离婚

　　D. 甲村民想承包本村鱼塘，故起诉乙村民，请求判决解除乙村民与本村的鱼塘承包合同

【答案】ABC

【解析】根据民事诉讼法第 108 条规定，起诉必须符合下列条件：（一）原告是与本案有直接利害关系的公民、法人和其他组织；（二）有明确的被告；（三）有具体的诉讼请求和事实、理由；（四）属于人民法院受理民事诉讼的范围和受诉人民法院管辖。林某起诉李某，要求赔偿"青春费" 5 万元也符合法律规定，故 A 对，但 D 项中甲请求判决解除乙村民与本村的鱼塘承包合同由于甲与承包合同没有直接利害关系故不选。B 对，民诉意见第 150 条规定，判决不准离婚、调解和好的离婚案件以及判决、调解维持收养关系的案件的被告向人民法院起诉的，不受民事诉讼法第一百一十一条第（七）规定的条件的限制。C 对，民诉意见第 151 条规定，夫妻一方下落不明，另一方诉至人民法院，只要求离婚，不申请宣告下落不明人失踪或死亡的案件，人民法院应当受理，对下落不明人用公告送达诉讼文书。

73. 下列关于民事诉讼中的法定代理人与委托代理人的表述，哪些是正确的？

　　A. 委托代理人的诉讼权利不可能多于法定代理人

　　B. 法定代理人可以是委托代理人的委托人

　　C. 法定代理人的被代理人是无诉讼行为能力的当事人

　　D. 委托代理人的被代理人是有诉讼行为能力的当事人

【答案】ABCD

【解析】法定诉讼代理人是指根据法律规定，代理无诉讼行为能力的当事人进行民事活动的人。故法定代理人为了被代理人的利益可以委托代理人。故 A、B、C 正确。诉讼代理权是基于当事人、法定代表人或法定代理人的委托维护被代理人合法权益的人。因此委托诉讼代理人必须是具有诉讼行为能力的人。D 也对。

74. 从民事诉讼法的规定来看，督促程序和公示催告程序具有下列哪些共同特点？

　　A. 程序的启动是基于权利人的申请，无答辩程序

　　B. 程序设计上无开庭审理阶段

　　C. 都设置了义务人或利害关系人申报权利的程序

　　D. 对法院的处理结果不服者，均不能提出上诉，也不能申请再审

【答案】ABD

【解析】C 中督促程序中无申报权利的程序，只存在于公示催告程序中。其他都符合法律规定。

75. 某大学陈教授在讲授民事诉讼法课程后，要求学生归纳简易程序的法律特点，某学生回答了下列几点，你认为哪些是正确的？

   A. 当事人各方可以自愿选择适用简易程序

   B. 当事人可以就适用简易程序提出异议

   C. 适用简易程序审理案件，通常应当一次开庭审结

   D. 适用简易程序审理案件，通常应当当庭宣判

【答案】ABCD

【解析】最高院关于适用简易程序审理民事案件的若干规定第 2 条规定："基层人民法院适用第一审普通程序审理的民事案件，当事人各方自愿选择适用简易程序，经人民法院审查同意的，可以适用简易程序进行审理。""人民法院不得违反当事人自愿原则，将普通程序转为简易程序。"

第三条：当事人就适用简易程序提出异议，人民法院认为异议成立的，或者人民法院在审理过程中发现不宜适用简易程序的，应当将案件转入普通程序审理。

第二十三条：适用简易程序审理的民事案件，应当一次开庭审结，但人民法院认为确有必要再次开庭的除外。

76. 下列哪些民事案件适用简易程序进行诉讼，人民法院在开庭审理时应当先行调解？

   A. 劳务合同纠纷

   B. 宅基地纠纷

   C. 著作权纠纷

   D. 继承纠纷

【答案】ABD

【解析】根据最高院关于适用简易程序审理民事案件的若干规定第 14 条规定："下列民事案件，人民法院在开庭审理时应当先行调解：1.婚姻家庭纠纷和继承纠纷；2.劳务合同纠纷；3.交通事故和工伤事故引起的权利义务关系较为明确的损害赔偿纠纷；4.宅基地和相邻关系纠纷；5.合伙协议纠纷；6.诉讼标的额较小的纠纷。""但是根据案件的性质和当事人的实际情况不能调解或者显然没有调解必要的除外。"

77. 下列哪些民事诉讼案件法院不可以按撤诉处理？

   A. 王某是有独立请求权的第三人，开庭审理过程中未经法庭许可中途退庭

   B. 韩律师是原告的委托代理人，无正当理由拒不到庭

   C. 张某是无独立请求权的第三人，无正当理由拒不到庭

   D. 李某是被告的法定代理人，无正当理由拒不到庭

【答案】BCD

【解析】民事诉讼法第 129 条规定，原告经传票传唤，无正当理由拒不到庭的，或者未经法庭许可中途退庭的，可以按撤诉处理；被告反诉的，可以缺席判决。民诉意见第 159 条规定，有独立请求权的第三人经人民法院传票传唤，无正当理由拒不到庭的，或者未经法庭许可中途退庭的，可以对该第三人比照民事诉讼法第一百二十九条的规定，按撤诉处理。故 A 错误。民诉意见第 162 条规定，无独立请求权的第三人经人民法院传票传唤，无正当理由拒不到庭，或者未经法庭许可中途退庭的，不影响案件的审理。民诉意见第 158 条规定，无民事行为能力的当事人的法定代理人，经传票传唤无正当理由拒不到庭的，如属原告方，可以比照民事诉讼法第一百二十九条的规定，按撤诉处理；如属被告方，可以比照民事诉讼法第一百三十条的规定缺席判决。

78. 下列关于涉外民事诉讼的表述，哪些符合民事诉讼法的规定？

A. 被告对人民法院管辖不提出异议，并应诉答辩的，视为承认该人民法院是有管辖权的法院

B. 中外合资经营企业合同的中外双方当事人有权约定外方当事人所在国的法院管辖

C. 财产保全可以依当事人申请进行，也可由法院主动依职权进行

D. 当事人不服一审判决的，有权在判决送达之日起 30 日内提起上诉

【答案】AD

【解析】根据民事诉讼法第 245 条规定，涉外民事诉讼的被告对人民法院管辖不提出异议，并应诉答辩的，视为承认该人民法院为有管辖权的法院。A 对，B 错，民事诉讼法第 246 条规定，因在中华人民共和国履行中外合资经营企业合同、中外合作经营企业合同、中外合作勘探开发自然资源合同发生纠纷提起的诉讼，由中华人民共和国人民法院管辖。C 错，涉外财产保全，当事人既可以在诉讼开始后提出申请，也可以在诉前申请保全。但是人民法院不能依职权进行保全。D 对，民事诉讼法第 249 条规定，在中华人民共和国领域内没有住所的当事人，不服第一审人民法院判决、裁定的，有权在判决书、裁定书送达之日起三十日内提起上诉。被上诉人在收到上诉状副本后，应当在三十日内提出答辩状。当事人不能在法定期间提起上诉或者提出答辩状，申请延期的，是否准许，由人民法院决定。

79. 根据我国仲裁法的规定，下列哪些关于仲裁程序的表述是正确的？

A. 仲裁应当开庭进行，但当事人可以约定不开庭

B. 仲裁不公开进行，但如不涉及国家秘密，当事人也可以约定公开进行

C. 對仲裁庭的組成，當事人可以約定由 3 名仲裁員組成仲裁庭

D. 當事人對仲裁的調解書不得申請撤銷，對裁決書可以申請撤銷

【答案】ABCD

【解析】A 對，仲裁法第 39 條規定，仲裁應當開庭進行。當事人協議不開庭的，仲裁庭可以根據仲裁申請書、答辯書以及其他材料作出裁決。B 對，仲裁法第 40 條規定，仲裁不公開進行。當事人協議公開的，可以公開進行，但涉及國家秘密的除外。

C 對，仲裁法第 31 條規定：「當事人約定由三名仲裁員組成仲裁庭的，應當各自選定或者各自委託仲裁委員會主任指定一名仲裁員，第三名仲裁員由當事人共同選定或者共同委託仲裁委員會主任指定。第三名仲裁員是首席仲裁員。」「當事人約定由一名仲裁員成立仲裁庭的，應當由當事人共同選定或者共同委託仲裁委員會主任指定仲裁員。」D 對，仲裁法第 58 條規定，當事人提出證據證明裁決有下列情形之一的，可以向仲裁委員會所在地的中級人民法院申請撤銷裁決。

80.根據我國仲裁法的規定，在不同的情況下仲裁庭可以作出不同的裁決。下列有關仲裁裁決的說法哪些是正確的?

A. 仲裁庭仲裁糾紛時，其中一部分事實已經清楚的，可以就該部分先行裁決

B. 被申請人經書面通知，無正當理由不到庭的，仲裁庭可以據此認定申請人的主張成立，缺席裁決

C. 當事人調解達成協議的，仲裁庭應制作調解書或根據調解結果制作裁決書

D. 仲裁裁決一經作出即發生法律效力，但對裁決書中的文字、計算錯誤，當事人可以請求仲裁庭補正

【答案】ACD

【解析】根據仲裁法第 55 條規定，仲裁庭仲裁糾紛時，其中一部分事實已經清楚，可以就該部分先行裁決，A 對。B 錯，仲裁法第 42 條規定，申請人經書面通知，無正當理由不到庭或者未經仲裁庭許可中途退庭的，可以視為撤回仲裁申請。C 對，仲裁法第 51 條第 2 款規定，調解達成協議的，仲裁庭應當制作調解書或者根據協議的結果制作裁決書。調解書與裁決書具有同等法律效力。D 對，仲裁法第 57 條規定，裁決書自作出之日起發生法律效力。仲裁法第 56 條規定，對裁決書中的文字、計算錯誤或者仲裁庭已經裁決但在裁決書中遺漏的事項，仲裁庭應當補正;當事人自收到裁決書之日起三十日內，可以請求仲裁庭補正。

三、不定项选择题，每题所给选项中有一个或一个以上正确答案，少答或多答均不得分。本部分 81-100 题，每题 2 分，共 40 分。

（一）

2000 年 2 月，甲公司与乙公司签订施工合同，约定由乙公司为甲建房一栋。乙与丙签订《内部承包协议》，约定由丙承包建设该楼房并承担全部经济和法律责任，乙收取丙支付的工程价款总额 5%的管理费。丙实际施工至主体封顶。2004 年 1 月，乙向法院起诉请求甲支付拖欠工程款并解除施工合同。甲辩称乙起诉时已超过 2 年诉讼时效，要求法院驳回乙的诉讼请求。请回答以下 81-84 题。

81. 下列关于乙与丙签订的《内部承包协议》的说法，何者正确？

    A. 该《协议》为转包合同，有效

    B. 该《协议》为转包合同，无效

    C. 该《协议》为分包合同，有效

    D. 该《协议》为违法分包合同，无效

【答案】B

【解析】根据我国合同法第 272 条第 2 款规定："发包人可以与总承包人订立建设工程合同，也可以分别与勘察人、设计人、施工人订立勘察、设计、施工承包合同。发包人不得将应当由一个承包人完成的建设工程肢解成若干部分发包给几个承包人。""总承包人或者勘察、设计、施工承包人经发包人同意，可以将自己承包的部分工作交由第三人完成。第三人就其完成的工作成果与总承包人或者勘察、设计、施工承包人向发包人承担连带责任。承包人不得将其承包的全部建设工程转包给第三人或者将其承包的全部建设工程肢解以后以分包的名义分别转包给第三人。""禁止承包人将工程分包给不具备相应资质条件的单位。禁止分包单位将其承包的工程再分包。建设工程主体结构的施工必须由承包人自行完成。"故选 B。

82. 下列关于合同解除的说法，何者正确？

    A. 乙起诉请求解除合同时已超过诉讼时效

    B. 乙起诉请求解除合同时未超过诉讼时效

    C. 乙起诉请求解除合同不适用诉讼时效规定

    D. 乙起诉请求解除合同适用特殊诉讼时效规定

【答案】C

【解析】根据合同法第九十五条的规定，法律规定或者当事人约定解除权行使期限，期限届满当事人不行使的，该权利消灭。法律没有规定或者当事人没有约定解除权行使期限，经对方催告后在合理期限内不行使的，该权利消灭。诉讼时效乃是为请求权而设，而解除权属于形成权，不适用诉讼时效。

83. 下列关于丙在本案中的诉讼地位的说法，何者正确？

    A. 可以作为原告以甲为被告提起诉讼

    B. 法院应将其追加为共同原告

    C. 法院应将其追加为共同被告

    D. 可以作为无独立请求权的第三人申请参加诉讼

【答案】D

【解析】在本案中，丙不是甲公司与乙公司签订的施工合同的当事人，因此不可能成为本案的原告或被告。但是与案件的处理结果有法律上的利害关系而参加诉讼的人，可以作为无独立请求权第三人。

84. 下列说法何者正确？

    A. 乙有权对讼争楼房折价或拍卖的价款优先受偿

    B. 乙无权对讼争楼房折价或拍卖的价款优先受偿

    C. 丙有权对讼争楼房折价或拍卖的价款优先受偿。

    D. 丙无对讼争楼房折价或拍卖的价款优先受偿

【答案】AD

【解析】合同法第286条规定，发包人未按照约定支付价款的，承包人可以催告发包人在合理期限内支付价款。发包人逾期不支付的，除按照建设工程的性质不宜折价、拍卖的以外，承包人可以与发包人协议将该工程折价，也可以申请人民法院将该工程依法拍卖。建设工程的价款就该工程折价或者拍卖的价款优先受偿。因此只有承包人可以申请人民法院将该工程依法拍卖。

（二）

2000 年 1 月甲公司的高级工程师乙研制出一种节油装置，完成了该公司的技术攻坚课题，并达到国际领先水平。2000 年 2 月甲公司将该装置样品提供给我国政府承认的某国际技术展览会展出。同年 3 月，乙未经单位同意，在向某国外杂志的投稿论文中透露了该装置的核心技术，该杂志将论文全文刊载，引起甲公司不满。同年 6 月，丙公司依照该杂志的报道很快研制了样品，并作好了批量生产的必要准备。甲公司于 2000 年 7 月向我国专利局递交专利申请书。2000 年 12 月丁公司也根据该杂志开始生产该节油装置。2003 年 5 月 7 日国务院专利行政部门授予甲公司发明专利，2003 年 7 月甲公司向法院提起诉讼，分别要求丙公司和丁公司停止侵害并赔偿损失。请回答以下 85-88 题。

85. 在丙公司已研制出样品，丁公司已开始生产的情况下，甲公司的发明为何仍因具有新颖性而被授予专利权？

    A. 因该发明在申请日前未在国内公开

    B. 因该发明在申请日前未在国际上公开使用

    C. 因该发明的核心技术在论文中被透露未经甲公司同意

    D. 因该发明达到国际领先水平

【答案】C

【解析】专利法第 24 条规定，申请专利的发明创造在申请日以前六个月内，有下列情形之一的，不丧失新颖性：1.在中国政府主办或者承认的国际展览会上首次展出的；2.在规定的学术会议或者技术会议上首次发表的；3.他人未经申请人同意而泄露其内容的。在本题中，2000 年 2 月甲公司将该装置样品提供给我国政府承认的某国际技术展览会展出，同年 3 月，乙未经单位同意，在向某国外杂志的投稿论文中透露了该装置的核心技术。因此并没有丧失新颖性。

86. 甲公司能否要求丙公司停止侵害并赔偿损失？

    A. 甲公司有权要求丙公司停止侵害并赔偿损失

    B. 甲公司有权要求丙公司停止侵害，但无权要求赔偿损失

    C. 甲公司无权要求，因丙公司有权在 2004 年 5 月 7 日前制造该专利产品

    D. 甲公司无权要求，因丙公司有权在原有范围内继续制造该专利产品

【答案】D

【解析】专利法第 63 条规定，有下列情形之一的，不视为侵犯专利权："1.专利权

人制造、进口或者经专利权人许可而制造、进口的专利产品或者依照专利方法直接获得的产品售出后，使用、许诺销售或者销售该产品的；2.在专利申请日前已经制造相同产品、使用相同方法或者已经作好制造、使用的必要准备，并且仅在原有范围内继续制造、使用的；3.临时通过中国领陆、领水、领空的外国运输工具，依照其所属国同中国签订的协议或者共同参加的国际条约，或者依照互惠原则，为运输工具自身需要而在其装置和设备中使用有关专利的；4.专为科学研究和实验而使用有关专利的。""为生产经营目的使用或者销售不知道是未经专利权人许可而制造并售出的专利产品或者依照专利方法直接获得的产品，能证明其产品合法来源的，不承担赔偿责任。"在本案中，丙公司在同年6月依照该杂志的报道很快研制了样品，并作好了批量生产的必要准备，因此享有先用权。D正确。

87. 丁公司实施甲公司发明的行为是否构成侵权行为？

　　A. 构成侵权行为

　　B. 不构成侵权行为

　　C. 2003年5月7日后的实施行为构成侵权行为

　　D. 2003年7月后的实施行为构成侵权行为

【答案】C

【解析】丁公司是在甲还未取得专利权时开始生产该节油装置，不构成侵权，但2003年5月7日甲已取得了专利权，丁公司再生产则应先征得甲的同意，否则构成侵权行为。

88. 甲公司可以在起诉前向法院申请采取什么措施保护自己的合法权益？

　　A. 申请诉前禁令

　　B. 申请诉前先予执行

　　C. 申请诉前财产保全

　　D. 申请诉前证据保全

【答案】ACD

【解析】专利法第61条规定："专利权人或者利害关系人有证据证明他人正在实施或者即将实施侵犯其专利权的行为，如不及时制止将会使其合法权益受到难以弥补的损害的，可以在起诉前向人民法院申请采取责令停止有关行为和财产保全的措施。"先予执行是在当事人的生活、生产经营极其困难，而在判决执行前，先予执行的，本案不符合此情形。

（三）

　　碧海实业有限公司等 3 家国有企业，拟设立一家以高新技术产业为主的新奇股份有限公司。新奇公司拟筹集股本总额 4 亿元，其中，发起人碧海公司拟以厂房、设备、专利技术、土地使用权和部分现金作出资，并将成为新奇公司第一大股东。3 家发起人为筹办新奇股份公司，共同制订了公司章程，并向登记机关提出了设立公司的申请。请回答以下 89-93 题。

89. 对碧海公司等 3 家国有企业设立股份有限公司的申请，公司登记机关的下列何种答复是正确的？

　　A. 设立股份有限公司一般至少应有 5 家发起人，3 家发起人不能设立股份有限公司

　　B. 由于本案属于国有企业改建为股份公司，因此发起人可以为 3 人

　　C. 因为是国有企业改建为股份公司，故新奇公司只能采用发起设立方式

　　D. 国有企业改建为股份公司，发起人若少于 5 人，应采用募集设立方式

【答案】无答案

【解析】根据新公司法第七十九条规定，设立股份有限公司，应当有二人以上二百人以下为发起人，其中须有半数以上的发起人在中国境内有住所。

90. 碧海公司拟认购新奇公司股份 1 亿元以成为第一大股东，但其主要是以厂房、设备、专利技术和土地使用权等非货币形式出资。对碧海公司的这种出资，下列何种意见符合我国《公司法》的规定？

　　A. 进行评估作价，核实财产，并折合成一定股份

　　B. 考虑到专利技术的市场前景，允许高于评估值协商作价

　　C. 新奇公司是高新技术企业，其专利技术的出资比例可超出其注册资本 20％的比例限制，但不得超过国务院规定的比例

　　D. 必须依法办理厂房、设备、专利技术和土地使用权的财产权转移手续

【答案】AD

【解析】根据新公司法第八十三条，发起人的出资方式，适用本法第二十七条的规定。第二十七条规定，股东可以用货币出资，也可以用实物、知识产权、土地使用权等可以用货币估价并可以依法转让的非货币财产作价出资；但是，法律、行政法规规定不得作为出资的财产除外。对作为出资的非货币财产应当评估作价，核实财产，不得高估或者低估作价。法律、行政法规对评估作价有规定的，从其规定。全体股东的货币出资金额不得低于有限责任公司注册资本的百分之三十。第二十八条: 股东应当按期

足額繳納公司章程中規定的各自所認繳的出資額。股東以貨幣出資的，應當將貨幣出資足額存入有限責任公司在銀行開設的賬戶；以非貨幣財產出資的，應當依法辦理其財產權的轉移手續。因此 A、D 正確。

91. 新奇公司召開創立大會時通過了公司章程，但參會股東僅代表新奇公司股份總額的 60%，公司登記機關按該章程准予新奇公司登記並頒發營業執照後，該章程效力如何？

    A. 對新奇公司產生效力
    B. 只對召開公司創立大會時的股東有約束力
    C. 新奇公司的董事、經理和監事必須遵守
    D. 對新奇公司的債權人也有一定的約束力

【答案】AC

【解析】公司法第 11 條規定，設立公司必須依照本法制定公司章程。公司章程對公司、股東、董事、監事、經理具有約束力。故選 A、C。

92. 現新奇公司業已成立，其股票獲准上市交易，大股東碧海公司欲將其持有的 1 億股法人股減少至 6000 萬股。對碧海公司減持股份的計劃，下列說法何者正確？

    A. 碧海公司須經新奇公司股東大會同意才能出售其所持股份
    B. 碧海公司要等新奇公司成立 3 年後才能出售其所持股份
    C. 碧海公司原則上只能原價出售股份，若加價出售，應徵得新奇公司董事會的同意
    D. 碧海公司必須將其法人股分期分批出售，不得一次性出售

【答案】無答案

【解析】公司法第一百四十二條：發起人持有的本公司股份，自公司成立之日起一年內不得轉讓。公司公開發行股份前已發行的股份，自公司股票在證券交易所上市交易之日起一年內不得轉讓。

公司董事、監事、高級管理人員應當向公司申報所持有的本公司的股份及其變動情況，在任職期間每年轉讓的股份不得超過其所持有本公司股份總數的百分之二十五；所持本公司股份自公司股票上市交易之日起一年內不得轉讓。上述人員離職後半年內，不得轉讓其所持有的本公司股份。公司章程可以對公司董事、監事、高級管理人員轉讓其所持有的本公司股份作出其他限制性規定。對於股份公司股東進行股份轉讓，公司法未限制。故 A、C 錯誤。

公司法第一百二十八條規定，股票發行價格可以按票面金額，也可以超過票面金

额，但不得低于票面金额。只对发行价格做出规定，但未规定股东转让股份的价格。也未规定法人股分期分批出售，不得一次性出售。故 C、D 错误。

93. 碧海公司减持新奇公司法人股后，将所获资金用于购买了 600 万股新奇公司的社会公众股，3 个月后，碧海公司将该 600 万股社会公众股卖出，获利 1800 万元。对碧海公司的这一买卖行为应如何处理？

   A. 碧海公司违法操作，1800 万元收益应收缴国库
   B. 碧海公司违规操作，应处以违法所得 1 倍以上 5 倍以下的罚款
   C. 碧海公司有权自由买卖新奇公司股票，故 1800 万元收益应归碧海公司所有
   D. 碧海公司可以买卖新奇公司股票，但所获 1800 万元收益应归新奇公司所有

【答案】D

【解析】根据证券法第四十七条规定，上市公司董事、监事、高级管理人员、持有上市公司股份百分之五以上的股东，将其持有的该公司的股票在买入后六个月内卖出，或者在卖出后六个月内又买入，由此所得收益归该公司所有，公司董事会应当收回其所得收益。但是，证券公司因包销购入售后剩余股票而持有百分之五以上股份的，卖出该股票不受六个月时间限制。公司董事会不按照前款规定执行的，股东有权要求董事会在三十日内执行。公司董事会未在上述期限内执行的，股东有权为了公司的利益以自己的名义直接向人民法院提起诉讼。公司董事会不按照第一款的规定执行的，负有责任的董事依法承担连带责任。在本题中，碧海公司持有新奇公司的股份超过了 5%，因此 3 个月后，碧海公司将该 600 万股社会公众股在购买后 3 个月卖出，获利 1800 万元。属于以上情形，故 D 正确。

（四）

某纺织公司诉某服装公司欠款 20 万元，法院判决纺织公司胜诉，执行过程中法院发现服装公司无力偿还，但某商场欠服装公司货款 10 万元，早已到期，一直未还。请回答以下 94-97 题。

94. 此种情况下，谁可以提出执行商场的到期债务？

   A. 纺织公司
   B. 服装公司
   C. 法院依职权主动执行
   D. 法院征得商场同意予以执行

【答案】AB

【解析】合同法第73条第1款规定，因债务人怠于行使其到期债权，对债权人造成损害的，债权人可以向人民法院请求以自己的名义代位行使债务人的债权，但该债权专属于债务人自身的除外。另根据民诉执行规定第61条规定，被执行人不能清偿债务，但对本案以外的第三人享有到期债权的，人民法院可以依申请执行人或被执行人的申请，向第三人发出履行到期债务的通知（以下简称履行通知）。履行通知必须直接送达第三人。故选AB。

95. 法院如果执行商场对服装公司的到期债务，应当通知商场向谁履行？

    A. 纺织公司

    B. 服装公司

    C. 纺织公司或服装公司

    D. 向法院交付，然后再由法院转交

【答案】A

【解析】根据民诉执行规定第61条第二款规定，履行通知应当包含下列内容：（1）第三人直接向申请执行人履行其对被执行人所负的债务，不得向被执行人清偿；（2）第三人应当在收到履行通知后的十五日内向申请执行人履行债务；（3）第三人对履行到期债权有异议的，应当在收到履行通知后的十五日内向执行法院提出；故应通知商场向纺织公司履行。

96. 商场在履行通知指定的期间内提出异议的，法院应当如何处理？

    A. 对异议进行审查，异议成立的，停止执行

    B. 对异议进行审查，异议不成立的，予以强制执行

    C. 对异议不进行审查，但也不得强制执行

    D. 商场对债务部分承认、部分有异议的，可以对其承认的部分强制执行

【答案】CD

【解析】根据民诉执行第63条规定，第三人在履行通知指定的期间内提出异议的，人民法院不得对第三人强制执行，对提出的异议不进行审查。第64条规定，第三人提出自己无履行能力或其与申请执行人无直接法律关系，不属于本规定所指的异议。第三人对债务部分承认、部分有异议的，可以对其承认的部分强制执行。

97. 商场如提出下列意见, 何者不构成异议?

    A. 商场与纺织公司之间不存在债权债务关系

    B. 商场没有偿还能力

    C. 商场与服装公司之间互有债务拖欠, 债务抵消后, 商场不欠服装公司款项

    D. 服装公司的服装不合格, 商场对所欠服装公司 10 万元的货款不同意支付

【答案】AB

【解析】根据民诉执行第 64 条规定, 第三人提出自己无履行能力或其与申请执行人无直接法律关系, 不属于本规定所指的异议。第三人对债务部分承认、部分有异议的, 可以对其承认的部分强制执行。

(五)

某省电视剧制作中心摄制的作品《星空》正式播出前, 邻省的某音像公司制作了盗版光盘。制作中心发现后即向音像公司所在地的某区法院起诉, 并在法院立案后, 请求法院裁定音像公司停止生产光盘。音像公司在接到应诉通知书及停止生产光盘的裁定后, 认为自己根本不是盗版, 故继续生产光盘。请回答以下 98-100 题。

98. 对于本案, 何种确定管辖的方式是正确的?

    A. 以被告所在地确定管辖法院

    B. 以该光盘销售地确定管辖法院

    C. 以光盘生产地确定管辖法院

    D. 以原告所在地确定管辖

【答案】ABC

【解析】根据最高人民法院关于审理著作权民事纠纷案件适用法律若干问题的解释第四条规定, 因侵犯著作权行为提起的民事诉讼, 由著作权法第四十六条、第四十七条所规定侵权行为的实施地、侵权复制品储藏地或者查封扣押地、被告住所地人民法院管辖。前款规定的侵权复制品储藏地, 是指大量或者经营性储存、隐匿侵权复制品所在地; 查封扣押地, 是指海关、版权、工商等行政机关依法查封、扣押侵权复制品所在地。

99. 法院裁定音像公司停止生产光盘是什么措施?

    A. 诉前财产保全

    B. 诉讼财产保全

C. 證據保全

D. 先予執行

【答案】D

【解析】根據民事訴訟法第97條規定,人民法院對下列案件,根據當事人的申請,可以裁定先予執行:1.追索贍養費、扶養費、撫育費、撫恤金、醫療費用的;2.追索勞動報酬的;3.因情況緊急需要先予執行的。民訴意見第107條規定,民事訴訟法第97條第3項規定的緊急情況,包括:1.需要立即停止侵害、排除妨礙的;2.需要立即制止某項行為的;3.需要立即返還用於購置生產原料、生產工具貨款的;4.追索恢復生產、經營急需的保險理賠費的。在本案中,法院裁定音像公司停止生產光盤符合先予執行。

100. 被告在法院作出停止生產光盤的裁定後仍繼續生產,法院可如何處理

A. 盡快判決被告敗訴並開始執行

B. 採取強制執行措施

C. 對主要負責人或直接責任人員實施拘留

D. 對音像公司處以罰款

【答案】BCD

【解析】根據民事訴訟法第一百零二條:訴訟參與人或者其他人有下列行為之一的,人民法院可以根據情節輕重予以罰款、拘留;構成犯罪的,依法追究刑事責任:(六)拒不履行人民法院已經發生法律效力的判決、裁定的。人民法院對有前款規定的行為之一的單位,可以對其主要負責人或者直接責任人員予以罰款、拘留;構成犯罪的,依法追究刑事責任。

2004 年国家司法考试　试卷四

提示：本试卷包括案例（实例）分析题、论述题。请将各题答案书写在答题纸的对应位置上，勿在卷面上直接作答。第一部分：简析题。本部分共 5 题，75 分。

一、（本题 15 分）

案情：王某与张某育有二子，长子王甲，次子王乙。王甲娶妻李某，并于 1995 年生有一子王小甲。王甲于 1999 年 5 月遇车祸身亡。王某于 2000 年 10 月病故，留有与张某婚后修建的面积相同的房屋 6 间。王某过世后张某随儿媳李某生活，该 6 间房屋暂时由次子王乙使用。

　　2000 年 11 月，王乙与曹某签订售房协议，以 12 万元的价格将该 6 间房屋卖给曹某。张某和李某知悉后表示异议，后因王乙答应取得售房款后在所有继承人间合理分配，张某和李某方表示同意。王乙遂与曹某办理了过户登记手续，曹某当即支付购房款 5 万元，并答应 6 个月后付清余款。曹某取得房屋后，又与朱某签订房屋转让协议，约定以 15 万元的价格将房屋卖给朱某。在双方正式办理过户登记及付款前，曹某又与钱某签订了房屋转让协议，以 18 万元的价格将房屋卖给钱某，并办理了过户手续。

　　2001 年 5 月，曹某应向王乙支付 7 万元的购房余款时，曹某因生意亏损，已无支付能力。但曹某有一笔可向赵某主张的到期货款 5 万元，因曹某与赵某系亲威，曹某书面表示不再要求赵某支付该货款。另查明，曹某曾于 2001 年 4 月外出时遭遇车祸受伤，肇事司机孙某系曹某好友，曹某一直未向孙某提出车祸损害的赔偿请求。

问题：

1. 王某过世后留下的 6 间房屋应由哪些人分配？各自应分得多少？为什么？

2. 王乙与曹某签订的售房协议是否有效？为什么？

3. 曹某与朱某、钱某签订的房屋转让协议效力如何？

4. 如朱某要求履行与曹某签订的合同，取得该房屋，其要求能否得到支持？为什么？

5. 如王乙请求人民法院撤销曹某放弃要求赵某支付货款的行为，其主张能否得到支持？为什么？

6. 如王乙要求以自己的名义代位请求孙某支付车祸致人损害的赔偿金，其主张能否得到支持？为什么？

1. 【答案】由张某、王乙、王小甲分配。其中，张某分得4间，王乙、王小甲各分得1间。因该6间房系王某与张某的共同财产，王某死后，张某应获得其中的3间，余下3间房在第一顺序继承人间平均分配。第一顺序的继承人有张某、王乙，因王甲先于王某死亡，其子王小甲享有代位继承权。

   【解析】根据《继承法》第三条规定遗产是公民死亡时遗留的个人合法财产。第十条：遗产按照下列顺序继承：第一顺序：配偶、子女、父母。第二顺序：兄弟姐妹、祖父母、外祖父母。继承开始后，由第一顺序继承人继承，第二顺序继承人不继承。没有第一顺序继承人继承的，由第二顺序继承人继承。第十一条：被继承人的子女先于被继承人死亡的，由被继承人的子女的晚辈直系血亲代位继承。代位继承人一般只能继承他的父亲或者母亲有权继承的遗产份额。因此6间房屋作为王某和张某的夫妻共同财产进行分割，张某获得3间，另3间作为遗产进行继承。第一顺序继承人包括张某、王乙，王小甲作为代位继承人享有法定继承权。王甲的妻子李某不是第一顺序继承人。

2. 【答案】有效。该6间房虽属共有财产，但转让协议已经其他共有人张某及王小甲的监护人李某同意。

   【解析】民通意见第89条规定，共同共有人对共有财产享有共同的权利，承担共同的义务。在共同共有关系存续期间，部分共有人擅自处分共有财产的，一般认定无效。其他共有人明知而未提出异议的，可以认定有效。在本案中，王乙的售房协议已经征得到了其他共有人的同意，因此未有效行为。

3. 【答案】曹某与朱某签订的协议有效。曹某与钱某签订的协议亦有效。

   【解析】买卖合同只要双方自愿达成协议就有效的，而事后能否履行是另一种情形。

4. 【答案】不能。因曹某已与钱某办理了房屋过户登记手续，钱某已取得了该房屋的所有权，曹某履行不能，朱某只能要求曹某承担违约责任。

   【解析】根据我国物权法的规定，房屋所有权的转移是采用登记主义，登记了就取得了其所有权，因此在本案中，钱某已是房主，则朱某只能要求曹某根据合同承担违约责任。

5. 【答案】能。根据合同法的规定，债务人放弃其到期债权对债权人造成损害的，债权人可以请求人民法院撤销债务人放弃债权的行为。

   【解析】根据合同法第七十四条规定，因债务人放弃其到期债权或者无偿转让财产，对债权人造成损害的，债权人可以请求人民法院撤销债务人的行为。债务人以明显不合理的低价转让财产，对债权人造成损害，并且受让人知道该情形的，债权人也可以请求人民法院撤销债务人的行为。

6. 【答案】不能。因该赔偿金是专属于曹某自身的债权，根据合同法的规定，王乙不能行使代位权。

【解析】《合同法》第七十三条因债务人怠于行使其到期债权，对债权人造成损害的，债权人可以向人民法院请求以自己的名义代位行使债务人的债权，但该债权专属于债务人自身的除外。代位权的行使范围以债权人的债权为限。债权人行使代位权的必要费用，由债务人负担。代位权行使的要件包括：（一）债权人对债务人的债权合法；（二）债务人怠于行使其到期债权，对债权人造成损害；（三）债务人的债权已到期；（四）债务人的债权不是专属于债务人自身的债权。

二、（本题 12 分）

案情：大兴公司与全宇公司签订委托合同，由大兴公司委托全宇公司采购 500 台彩电，并预先支付购买彩电的费用 50 万元。全宇公司经考察发现甲市 W 区的天鹅公司有一批质优价廉的名牌彩电，遂以自己的名义与天鹅公司签订了一份彩电购买合同，双方约定：全宇公司从天鹅公司购进 500 台彩电，总价款 130 万元，全宇公司先行支付 30 万元定金；天鹅公司采取送货方式，将全部彩电运至乙市 S 区，货到验收后一周内全宇公司付清全部款项。天鹅公司在发货时，工作人员误发成 505 台。在运输途中，由于被一车追尾，20 台彩电遭到不同程度的损坏。全宇公司在 S 区合同约定地点接收了 505 台彩电，当即对发生损坏的 20 台彩电提出了质量异议，并将全部彩电交付大兴公司。由于彩电滞销，大兴公司一直拒付货款，致全宇公司一直无法向天鹅公司支付货款。交货 2 个星期后，全宇公司向天鹅公司披露了是受大兴公司委托代为购买彩电的情况。

问题：

1. 天鹅公司事先并不知晓全宇公司系受大兴公司委托购买彩电，知悉这一情况后，天鹅公司能否要求大兴公司支付货款？为什么？
2. 全宇公司与天鹅公司订立的合同中的定金条款效力如何？为什么？
3. 大兴公司多收的 5 台彩电应如何处理？为什么？
4. 如追尾的肇事车辆逃逸，20 台受损彩电的损失应由谁承担？为什么？
5. 如天鹅公司以全宇公司为被告提起诉讼后，在诉讼过程中，天鹅公司认为要求大兴公司支付货款更为有利，能否改为主张由大兴公司履行合同义务？为什么？

1. 【答案】能，在委托合同中，受托人以自己名义与第三人订立合同时，因委托人的原因对第三人不履行义务，受托人向第三人披露委托人后，第三人可以选择受托人或者委托人作为相对人主张其权利。

【解析】《合同法》第四百零三条第二款规定，受托人因委托人的原因对第三人不履行义务，受托人应当向第三人披露委托人，第三人因此可以选择受托人或者委托人作为相对人主张其权利，但第三人不得变更选定的相对人。在本案中，全宇公司以自己的名义与天鹅公司签订合同，构成间接代理。

2. 【答案】部分无效。因定金数额不得超过合同标的的 20%，超出部分无效。

   【解析】根据担保法第九十一条规定，定金的数额由当事人约定，但不得超过主合同标的额的百分之二十。担保法解释第一百二十一条规定，当事人约定的定金数额超过主合同标的额百分之二十的，超过的部分，人民法院不予支持。

3. 【答案】应返还给天鹅公司。属于不当得利。

   【解析】根据民法通则第九十二条规定，没有合法根据，取得不当利益，造成他人损失的，应当将取得的不当利益返还受损失的人。大兴公司多收的 5 台属于不当得利。

4. 【答案】应由天鹅公司承担。标的物交付前发生的损失应由出卖人承担。

   【解析】根据合同法第一百四十二条的规定，标的物毁损、灭失的风险，在标的物交付之前由出卖人承担，交付之后由买受人承担，但法律另有规定或者当事人另有约定的除外。由于损失发生在运送途中，应由卖方负责。

5. 【答案】不能。因为第三人选定了相对人后，不能变更选定的相对人。

   【解析】根据合同法第 403 条第二款规定，受托人因委托人的原因对第三人不履行义务，受托人应当向第三人披露委托人，第三人因此可以选择受托人或者委托人作为相对人主张其权利，但第三人不得变更选定的相对人。

三、（本题 16 分）

案情：甲公司与龙某签订一投资合同，约定：双方各出资 200 万元，设立乙有限责任公司；甲公司以其土地使用权出资，龙某以现金和专利技术出资（双方出资物已经验资）；龙某任董事长兼总经理；公司亏损按出资比例分担。双方拟定的公司章程未对如何承担公司亏损作出规定，其他内容与投资合同内容一致。乙公司经工商登记后，在甲公司用以出资的土地上生产经营，但甲公司未将土地使用权过户到乙公司。

　　2000 年 3 月，乙公司向丙银行借款 200 万元，甲公司以自己名义用上述土地使用权作抵押担保。同年 4 月，甲公司提出退出乙公司，龙某书面表示同意。2003

年 8 月，法院判决乙公司偿还丙银行上述货款本息共 240 万元，并判决甲公司承担连带清偿责任。此时，乙公司已资不抵债，净亏损 180 万元。另查明，龙某在公司成立后将 120 万元注册资金转出，替朋友偿还债务。

基于上述情况，丙银行在执行过程中要求甲公司和龙某对乙公司债务承担责任。甲公司认为，自己为担保行为时，土地属乙公司所有，故其抵押行为应无效，且甲公司已于货款后 1 个月退出了乙公司，因此，其对 240 万元贷款本息不应承担责任；另外乙公司注册资金中的 120 万元被龙某占用，龙某应退出 120 万元的一半给甲公司。龙某则认为，乙公司成立时甲公司投资不到位，故乙公司成立无效，乙公司的亏损应由甲公司按投资合同约定承担一半。

问题：

1. 甲公司的抵押行为是否有效？为什么？

2. 乙公司的成立是否有效？为什么？

3. 甲公司认为其已退出乙公司的主张能否成立？为什么？

4. 甲公司可否要求龙某退还其占用的 120 万元中的 60 万元？为什么？

5. 公司应否承担乙公司亏损的一半？为什么？

6. 乙公司、甲公司和龙某对丙银行的债务各应如何承担责任？

1. 【答案】有效。因甲公司为抵押行为时，抵押物并未转移，甲公司对该土地仍有支配权。

【解析】在本案中，我国物权法规定不动产所有权的转移以登记为要件，甲公司并没有办理过户手续，因此仍然享有该所有权，抵押有效。

2. 【答案】有效。公司以登记为成立要件，股东出资不到位不影响公司成立的效力。

【解析】根据公司法第二十三条规定，设立有限责任公司应当具备下列条件：（一）股东符合法定人数；（二）股东出资达到法定资本最低限额；（三）股东共同制定公司章程；（四）有公司名称，建立符合有限责任公司要求的组织机构；（五）有公司住所。

3. 【答案】不能。股东在公司登记后，不得抽回投资。

【解析】公司法第三十六条规定，公司成立后，股东不得抽逃出资。

4. 【答案】不能。龙某占用的是公司资金，龙某仅对乙公司有返还义务，对甲公司无返还义务。

【解析】根据公司法第一百五十条规定，董事、监事、高级管理人员执行公司职务时违反法律、行政法规或者公司章程的规定，给公司造成损失的，应当承担赔偿责任。而不是对甲公司返还。

5. 【答案】不应承担。公司成立后，股东之投资协议不能对抗公司章程，故甲公司仅有依章程向乙公司缴纳出资的义务，而无直接分担公司亏损的义务。

【解析】根据公司法第 3 条的规定，有限责任公司的股东以其认缴的出资额为限对公司承担责任；股份有限公司的股东以其认购的股份为限对公司承担责任。因此无须直接分担公司亏损。

6. 【答案】乙公司应当以其全部资产对丙银行的债务负责。甲公司应当在 200 万元的出资范围内对丙银行的债务负责。龙某应当在 120 万元的范围内对丙银行的债务负责。

【解析】根据公司法第 3 条的规定，公司是企业法人，有独立的法人财产，享有法人财产权。公司以其全部财产对公司的债务承担责任。有限责任公司的股东以其认缴的出资额为限对公司承担责任；股份有限公司的股东以其认购的股份为限对公司承担责任。第三十一条有限责任公司成立后，发现作为设立公司出资的非货币财产的实际价额显著低于公司章程所定价额的，应当由交付该出资的股东补足其差额；公司设立时的其他股东承担连带责任。故甲公司应补缴 200 万元，并以此对丙银行承担责任。龙某也应当在 120 万元的范围内对丙银行的债务负责。

四、（本题 20 分）

案情：位于某市甲区的天南公司与位于乙区的海北公司签订合同，约定海北公司承建天南公司位于丙区的新办公楼，合同中未约定仲裁条款。新办公楼施工过程中，天南公司与海北公司因工程增加工作量、工程进度款等问题发生争议。双方在交涉过程中通过电子邮件约定将争议提交某仲裁委员会进行仲裁。其后天南公司考虑到多种因素，向人民法院提起诉讼，请求判决解除合同。法院在不知道双方曾约定仲裁的情况下受理了本案，海北公司进行了答辩，表示不同意解除合同。在一审法院审理过程中，原告申请法院裁定被告停止施工，法院未予准许。开庭审理过程中，原告提交了双方在履行合同过程中的会谈录音带和会议纪要，主张原合同已经变更。被告质证时表示，对方在会谈时进行录音未征得本方同意，被告事先不知道原告进行了录音，而会议纪要则无被告方人员的签字，故均不予认可。一审法院经过审理，判决驳回原告的诉讼请求。原告不服，认为一审判决错误，提出上诉，并称双方当事人之间存在仲裁协议，法院对本案无诉讼管辖权。二审法院对本案进行了审理。在二审过程中，海北公司见一审法院判决支持了本公司的主张，又向二审法院提出反诉，请求天南公司支付拖欠的工程款。天南公司考虑到二审可能败诉，故提请调解，为了达成协议，表示认可部分工程新增加的工作量。后因调解不成，天南公司又表示对已认可增加的工作量不予认可。二审法院经过审理，判决驳回上诉，维持原判。

问题：

1. 何地法院对本案具有诉讼管辖权？

2. 假设本案起诉前双方当事人对仲裁协议的效力有争议，可以通过何种途径加以解决？

3. 一审法院未依原告请求裁定被告停工是否正确？为什么？

4. 双方的会谈录音带和会议纪要可否作为法院认定案件事实的根据？为什么？

5. 原告关于管辖权的上诉理由是否成立？为什么？

6. 假设二审法院认为本案不应由人民法院受理，可以如何处理？

7. 对于海北公司提出的反诉，人民法院的正确处理方式是什么？

8. 天南公司已经认可增加的工作量，法院在判决中能否作为认定事实的根据？

1. 【答案】乙区法院和丙区法院。

【解析】根据民诉第第二十四条规定，因合同纠纷提起的诉讼，由被告住所地或者合同履行地人民法院管辖。合同法第二百八十七条：建设工程合同中没有规定的，适用承揽合同的有关规定。另根据民通意见第 20 条规定，加工承揽合同，以加工行为地为合同履行地，但合同中对履行地有约定的除外。

2. 【答案】请求仲裁委员会作出决定或者请求人民法院作出裁定。一方请求仲裁委员会作出决定，另一方请求人民法院作出裁定的，由人民法院裁定。

【解析】《仲裁法》第二十条当事人对仲裁协议的效力有异议的，可以请求仲裁委员会作出决定或者请求人民法院作出裁定。一方请求仲裁委员会作出决定，另一方请求人民法院作出裁定的，由人民法院裁定。当事人对仲裁协议的效力有异议，应当在仲裁庭首次开庭前提出。

3. 【答案】正确，原告请求不符合先予执行的条件，因本案尚在审理中，合同是否解除尚无定论，当事人之间的权利义务关系尚不明确。

【解析】《民事诉讼法》第九十七条人民法院对下列案件，根据当事人的申请，可以裁定先予执行：（一）追索赡养费、扶养费、抚育费、抚恤金、医疗费用的；（二）追索劳动报酬的；（三）因情况紧急需要先予执行的。第九十八条人民法院裁定先予执行的，应当符合下列条件：（一）当事人之间权利义务关系明确，不先予执行将严重影响申请人的生活或者生产经营的；（二）被申请人有履行能力。人民法院可以责令申请人提供担保，申请人不提供担保的，驳回申请。申请人败诉的，应当赔偿被申请人因先予执行遭受的财产损失。在本案中，权利义务关系尚不明确，不符合先予执行的条件。

4. 【答案】录音带可以作为认定案件事实的根据，该证据即使是秘密录音，其取得方式也是合法的，只有以侵害他人合法权益或者违反法律禁止性规定的方法获得的证据，才不能作为认定案件事实的依据；会议纪要不能作为认定案件事实的根据，其形式有欠缺，应当双方签字。

   【解析】证据规定》第六十八条以侵害他人合法权益或者违反法律禁止性规定的方法取得的证据，不能作为认定案件事实的依据。本案的录音带不属于此情形。

5. 【答案】不成立。当事人一方向人民法院起诉时未声明有仲裁协议，人民法院受理后，对方当事人又应诉答辩的，视为该人民法院有管辖权。

   【解析】《民诉意见》148 条当事人一方向人民法院起诉时未声明有仲裁协议，人民法院受理后，对方当事人又应诉答辩的，视为该人民法院有管辖权。

6. 【答案】裁定撤销原判，驳回起诉。

   【解析】《民诉意见》186 条人民法院依照第二审程序审理的案件，认为依法不应由人民法院受理的，可以由第二审人民法院直接裁定撤销原判，驳回起诉。

7. 【答案】可以根据自愿原则进行调解，调解不成的，告知当事人另行起诉。

   【解析】民诉意见》184 条在第二审程序中，原审原告增加独立的诉讼请求或原审被告提出反诉的，第二审人民法院可以根据当事人自愿的原则就新增加的诉讼请求或反诉进行调解，调解不成的，告知当事人另行起诉。

8. 【答案】不能，在诉讼中，当事人为了达成调解协议或者和解的目的作出妥协所涉及的对案件事实的认可，不得在其后的诉讼中作为对其不利的证据。

   【解析】《证据规定》第六十七条在诉讼中，当事人为达成调解协议或者和解的目的作出妥协所涉及的对案件事实的认可　不得在其后的诉讼中作为对其不利的证据。

五、(本题 12 分)

案情：某市公安局于 1999 年 1 月 4 日对刘某（男，24 岁）、张某（男，21 岁）持刀抢劫致人重伤一案立案侦查。经侦查查明，刘某、张某实施抢劫犯罪事实清楚，依法应当追究刑事责任。刘某、张某抢劫案于 1999 年 3 月 30 日侦查终结，移送市人民检察院审查起诉。市人民检察院审查后，认为该案部分事实、证据尚需补充侦查，遂退回市公安局补充侦查。补充侦查完毕，再次移送市人民检察院。市人民检察院认为事实清楚、证据充分，遂向市人民法院提起公诉。法院审理过程中，被告人刘某当庭拒绝法院为其指定的辩护人为其辩护，要求自行委托辩护人；张某拒绝其自行委托的辩护人为其辩护，要求法院为其指定一辩护人。合议庭经研究，同意二被告请求，并宣布延期审理。重新开庭后，张某在最后陈述中提出，其参与抢劫是由于刘某的胁迫，由于害怕刘某报复，以前一直不敢说，并提出了可以证明被胁迫参与抢劫的证人的姓名，希望法院从轻判处。法庭审理后认为，被告人张某、刘某构成抢劫罪，后果严重。根据刑法有关规定，判处刘某死刑，缓期 2 年执行；判处张某有期徒刑 10 年。一审判决后，刘某不服，以量刑过重为由向上一级法院提出上诉；张某未上诉，市人民检察院亦未抗诉。

问题：

1. 检察院在审查起诉期间退回补充侦查的案件，公安机关应在多长时间内补充侦查完毕？

2. 检察院在审查起诉期间认为案件需补充侦查时，可否不退回补充侦查，而由检察院自行侦查？

3. 重新开庭后，如果刘某再次拒绝自行委托的辩护人为其辩护，合议庭应当如何处理？

4. 重新开庭后，如果张某又提出拒绝法院为其指定的辩护人为其辩护，合议庭应如何处理？

5. 对于张某在最后陈述中提出其受胁迫的事实，合议庭应如何处理？

6. 刘某直接向二审法院提起上诉，二审法院应如何处理？

7. 假如刘某在上诉期内撤回上诉，一审判决从何时生效？

8. 假如本案受害人对一审判决不服，应在多长时间内请求人民检察院提出抗诉？人民检察院应如何处理？

1. 【答案】1 个月。

   【解析】根据刑事诉讼法第一百四十条规定，对于补充侦查的案件，应当在一个月以内补充侦查完毕。补充侦查以二次为限。补充侦查完毕移送人民检察院后，人民检察院重新计算审查起诉期限。

2. 【答案】可以。

   【解析】根据刑事诉讼法第一百四十条规定，人民检察院审查案件，对于需要补充侦查的，既可以自行侦查，也可以退回公安机关补充侦查。

3. 【答案】不予准许。因被告人犯罪行为严重，有可能被判处死刑。

   【解析】根据最高人民法院的《刑诉解释》第一百六十五条被告人当庭拒绝辩护人为其辩护，要求另行委托辩护人的，应当同意，并宣布延期审理。被告人要求人民法院另行指定辩护律师，合议庭同意的，应当宣布延期审理。重新开庭后，被告人再次当庭拒绝重新委托的辩护人或者人民法院指定的辩护律师为其辩护的，合议庭应当分别情形作出处理：（一）被告人是成年人的，可以准许。但被告人不得再另行委托辩护人，人民法院也不再另行指定辩护律师，被告人可以自行辩护；（二）被告人具有本解释第三十六条规定情形之一的，不予准许。在本案中，刘某可能判处死刑，因此不予准许。

4. 【答案】可以准许。但被告人不得再另行委托辩护人，人民法院也不再另行指定辩护律师，被告可以自行辩护。

   【解析】张某在最后的陈述中提出，其参与抢劫是由于刘某的胁迫。法院最后判处张某有期徒刑10年。不符合刑事法第一百六十五条所指情形，因此张某不属于必须指定辩护的情形，其当庭拒绝辩护的可以准许。

5. 【答案】应当恢复法院调查。

   【解析】根据最高人民法院的《刑诉解释》第一百六十六条在法庭辩论过程中，如果合议庭发现新的事实，认为有必要进行调查时，审判长可以宣布暂停辩论，恢复法庭调查，待该事实查清后继续法庭辩论。

6. 【答案】在3个月内将上诉状交原审法院送交同级人民检察院。

   【解析】根据最高人民法院的《刑诉解释》第二百三十七条规定，被告人、自诉人、附带民事诉讼的原告人和被告人直接向第二审人民法院提出上诉的，第二审人民法院应当在收到上诉状后三日以内将上诉状交第一审人民法院。第一审人民法院应当审查上诉是否符合法律规定。符合法律规定的，应当在接到上诉状后三日以内将上诉状连同案卷、证据移送上一级人民法院，同时将上诉状副本送交同级人民检察院和对方当事人。

7. 【答案】在上诉期满之日起生效。

   【解析】最高人民法院的《刑诉解释》第二百三十八条被告人、自诉人、附带民事诉讼的原告人和被告人及其法定代理人在上诉期限内要求撤回上诉的，应当准许。在上诉期满后要求撤回上诉的，应当由第二审人民法院进行审查。上诉人在上诉期内撤回上诉的。一审法院裁判自上诉期满后生效。

8. 【答案】应自收到判决书后5日内请求人民检察院提出抗诉。人民检察院自收到请求后5日内，应当作出是否抗诉的决定并答复请求人。

   【解析】根据刑事法第一百八十二条规定，被害人及其法定代理人不服地方各级人民法院第一审的判决的，自收到判决书后五日以内，有权请求人民检察院提出抗诉。人民检察院自收到被害人及其法定代理人的请求后五日以内，应当作出是否抗诉的决定并且答复请求人。被害人没有直接上诉的权利。

第二部分：分析题。本部分共 1 题，25 分。

六、（本题 25 分）

案情：甲男与乙男于 2004 年 7 月 28 日共谋入室抢劫某中学暑假留守女教师丙的财物。7 月 30 日晚，乙在该中学校园外望风，甲翻院墙进入校园内。甲持水果刀闯入丙居住的房间后，发现房间内除有简易书桌、单人床、炊具、餐具外，没有其他贵重财物，便以水果刀相威胁，喝令丙摘下手表（价值 2100 元）给自己。丙一边摘手表一边说："我是老师，不能没有手表。你拿走其他东西都可以，只要不抢走我的手表就行。"甲立即将刀装入自己的口袋，然后对丙说："好吧，我不抢你的手表，也不拿走其他东西，让我看看你脱光衣服的样子我就走。"丙不同意，甲又以刀相威胁，逼迫丙脱光衣服，丙一边顺手将已摘下的手表放在桌子上，一边流着泪脱完衣服。甲不顾丙的反抗强行摸了丙的乳房后对丙说："好吧，你可以穿上衣服了。"在丙背对着甲穿衣服时，甲乘机将丙放在桌上的手表拿走。甲逃出校园后与乙碰头，乙问抢了什么东西，甲说就抢了一只手表。甲将手表交给乙出卖，乙以 1000 元价格卖给他人后，甲与乙各分得 500 元。

问题：请根据刑法规定与刑法原理，对本案进行全面分析。

【参考答案】

（一）关于甲和乙的行为

1. 甲、乙构成抢劫罪共犯。因二人有抢劫的共同故意和抢劫的共同行为。丙的房间属于其生活的与外界相对隔离的住所，则甲、乙的抢劫属于入户抢劫；由于乙与甲事先就有共谋犯罪的意图，甲事实上也实施了入户抢劫行为，所以乙虽没有入户，对乙也应适用入户抢劫的法定刑。

　　综合本案主客观方面的事实，可以认定甲为主犯，乙为从犯，对于从犯乙应当从轻、减轻或者免除处罚。

2. 甲、乙虽构成抢劫罪共犯，但二人的犯罪形态不同：

(1) 甲的抢劫属于犯罪中止。因为在实施入户抢劫时，完全能够达到抢劫既遂，但他自动放弃了抢劫行为，属于"能达目的而不欲"；由于抢劫中止行为没有造成任何损害，所以，对于甲的抢劫中止，应当免除处罚。

(2) 乙的抢劫属于犯罪未遂。甲跟乙是共同犯罪，如果一人既遂则全体既遂，但如果一人中止，导致其他共同犯罪人未达到既遂的，则其他共同犯罪人属于犯罪未遂。乙并没有自动放弃自己的抢劫行为，甲的中止行为对于乙来说，属于意志以外的原因。根据刑法规定，对于未遂犯乙，可以比照既遂犯从轻或者减轻处罚。

（二）关于甲的行为

1. 甲逼迫丙脱光衣服并猥亵丙的行为，成立强制猥亵妇女罪。

2. 甲乘机拿走丙手表的行为，成立盗窃罪。他是趁丙某不注意的情况下秘密窃取的，而已不属于抢劫罪中的强取财物的行为，即不属于因暴力、胁迫或其他方法压制或足以压制了被害人反抗而取得手表的情形。

（三）关于乙的行为

1. 乙的行为不成立盗窃罪。乙客观上为甲盗窃手表起到了一定作用（望风），但乙并不明知甲会盗窃财物，所以，乙并不与甲构成盗窃罪的共犯。

2. 乙的行为也不成立强制猥亵妇女罪的共犯。因为乙并未与甲事先通谋或事后通谋。

3. 乙将手表卖与他人的行为不成立销售赃物罪。销售赃物罪是指代为销售他人犯罪所得的赃物，对于销售自己犯罪所得的赃物的行为并不成立销售赃物罪。乙虽在事实上销售了甲盗窃所得的财物，但乙是误以为该手表为与甲共谋抢劫所得的财物，并不知道手表是甲单独犯罪所得的财物，所以，乙没有代为销售他人犯罪所得赃物的故意，不成立销售赃物罪。

第三部分：论述题。本部分共 2 题，50 分。

七、（本题 25 分）

甲男与乙女系隔壁邻居。因甲时常聚集三朋四友在家打麻将，有时通宵达旦，喧闹声严重影响了乙家正常的休息。乙多次到甲家说明自己身体不好，神经衰弱，且孩子要学习，希望甲夜晚不要扰民。一次甲家正在玩麻将，乙又敲门表示不满。甲认为乙在朋友面前扫了自己面子，遂出言不逊，辱骂乙神经病。乙亦怒斥甲不务正业，象个赌徒。双方由此发生争吵，引来邻里十数人，纷纷劝说双方忍让。甲恼羞成怒，上前拉住乙的衣服说："我是赌徒，你就是妓女。"乙羞愤不已，转身欲走，但被甲拉住。挣扯间致乙衬衣被撕破，上身部分裸露。乙遭此羞辱之后，神经受到严重刺激，神经衰弱加重，不能正常生活、工作，所在外企因此将其辞退。治病、休养、生活无来源，使乙身心、财产俱遭伤损。后有朋友告诉乙，此事不能作罢，一定要讨个说法。作为一名法律职业者，你认为根据我国法律的规定，有哪几种法律途径或方式可供乙选择，以维护其权益。针对本案的实际情况，你认为选择其中哪一种方式处理此事社会效果更好、更具优越性，并请阐明理由。答题要求：

1. 运用掌握的法学和社会知识阐释你的观点和理由；

2. 说理充分，逻辑严谨，语言流畅，表达准确；

3. 字数不少于 500 字。

【参考答案】

（一）乙可以选择如下三种方式来维护自己的权益

1. 公力救济，包括向人民法院提起民事诉讼、刑事诉讼，并提起附带民事诉讼、治安管理处罚。

2. 私力救济，包括双方和解，通过基层人民调解委员会调解等。

（二）在上述三种方式中，各种方法的利弊分析，选择认为最有效的。

1. 通过调解方式解决该案问题的优势及不足

2. 通过刑事附带民事诉讼的方式解决该案问题的优势及不足

3. 通过民事诉讼的方式解决该案问题社会效果更好，更具优越性

八、（本题 25 分）

某地经工商登记新成立了一家名为"喜悦家庭"的商户。该商户的核准经营范围为娱乐服务，客户只需提供一男一女两张照片或一张合影照片，输入"高科技速配优生自动成像系统"，即可在 2 分钟内生成两人"结婚生子"后孩子 1 岁、10 岁及 20 岁的彩色图像各一份。"喜悦家庭"开业后，不少热恋中的青年男女频频光顾，甚至有已经婚育的父母携子抱女前来"先睹"孩子长到 10 岁、20 岁时的模样。在付出较高费用后，大都欢声笑语地离去。一些追星族也拿着心中偶像——影星、歌星、球星的照片来到"喜悦家庭"，与自己的倩影一道输入"系统"。看到与大明星"结合"所育"后代"的照片，追星族们甚是满意。更有好事媒体将此事连同多幅某人与明星"结合"的"后代"照片作为新闻报道、刊登，引发了不少议论，或褒或贬，或以为无所谓，且都能从法律上谈出一二三。请谈谈你对此事的看法。答题要求：

1. 运用掌握的法学知识阐释你的观点和理由；

2. 说理充分，逻辑严谨，语言流畅，表达准确；

3. 字数不少于 500 字。

【参考答案】

（一）权利必须在合理限度内行使，不能以损害社会公共利益、牺牲他人的合法权益为代价，否则就是权利滥用。

（二）热青年或已婚夫妇用自己的照片合成"未来孩子"的图像，是使用自己的肖像，是行使肖像权的表现。

（三）本題中的侵權行為有以下幾種：

1. "喜悅家庭"侵害了明星的肖像權

2. 刊登追星族與明星照片合成"後代"照片的媒體侵害了明星的肖像權和名譽權

3. 根據民法通則第 100 條，侵犯肖像權須符合營利要件，那些使用明星照片的追星族，因為沒有盈利目的，在法律上不符合對肖像權的侵權要件。但依據最高人民法院關於審理名譽權案件若干問題的解答的規則，對未經他人同意，擅自公布他人的隱私材料或者以書面、口頭形式宣揚他人隱私，致他人名譽受到損害的，按照侵害他人名譽權處理。所以，那些到處散布照片的追星族、主動或默許提供新聞材料者侵害了明星的名譽權。

（四）因此，被侵權明星有權提起侵權之訴，被告是"喜悅家庭"和刊登追星族與明星照片合成"後代"照片的媒體以及到處散布照片的追星族、主動或默許提供新聞材料者。可以請求法院判令被告立即停止侵害、恢復名譽、消除影響、賠禮道歉及賠償損失。

2005 年

大陸國家司法考試試題與解析

2005 年国家司法考试 试卷一

提示: 本试卷为计算机阅读试卷, 请将所选答案填涂在答题卡上, 勿在卷面上直接作答。

一、单项选择题, 每题所给的选项中只有一个正确答案。本部分 1-50 题, 每题 1 分, 共 50 分。

1. 法律与利益有着内在的联系。下列关于法律与利益关系的表述, 哪一项是错误的?
   A. 法对社会的控制和调整主要通过对利益的调控而实现
   B. 法律是分配利益的重要手段, 法律表达利益的过程, 同时也是对利益选择的过程
   C. 民法的诚信原则在维护民事活动中当事人利益和社会利益的平衡方面具有积极作用
   D. 离开了法律, 利益就无从产生, 也无以存在

   【答案】D
   【考点】法的利益价值
   【解析】所谓利益, 就是人们受客观规律制约的, 为了满足生存和发展而产生的, 对于一定对象的各种客观需求。离开了利益关系, 法既无从产生, 也无以存在。法律与利益有着密切的关系, 法律对社会的控制和调整主要通过对利益的调控而实现, 所以 A 项可以成立。法对利益的调控, 具体体现为两种情况: 第一, 利益表达。法表达利益的过程, 同时即是对利益选择的过程。B 项正确。第二, 利益平衡。法律是利益衡量、利益平衡的重要制度, 通过对人类基本利益的保障、优先利益的确认来解决社会纠纷, 平息社会矛盾, 恢复社会常态, 促进社会发展。故 C 项"民法的诚信原则在维护民事活动中当事人利益和社会利益的平衡方面具有积极作用"正确。在法律与利益的关系中, 利益处于主导地位。选项 D 弄反了法律与利益的主导地位, 错误。

2. 出租车司机甲送孕妇乙去医院, 途中乙临产, 情形危急。为争取时间, 甲将车开至非机动车道掉头, 被交警拦截并被告知罚款。经甲解释, 交警对甲未予处罚且为其开警车引道, 将乙及时送至医院。对此事件, 下列哪一项表述是正确的?
   A. 在此交通违章的处理中, 交警主要使用了形式逻辑的推理方法
   B. 警察对违章与否的解释属于"行政解释"

C. 在此事件的认定中，交警进行了法的价值判断

D. 此事件所反映出的价值之间没有冲突

【答案】C

【考点】法律推理、法律解释、法律价值

【解析】法律推理可以分为形式推理和辩证推理两类。在此交通违章的处理中，在此交通违章的处理中，交警主要使用了辩证推理方法，而非形式推理（包括演绎推理和归纳推理），因此选项 A 错误。本题中，警察对出租车司机甲将车开至非机动车道掉头是否违章进行了判断与说明，这不属于"行政解释"（正式解释），仅为普通法官或其他司法、执法官员在日常司法、执法过程中所作的法律解释，而本案中考察对违章与否的解释针对的对象是特定的，而且是一次适用，因此选项 B 错误。价值判断是指某一特定的客体对特定的主体有无价值、有多大价值的判断。而交警如果仅仅按照法条进行事实判断，就应当对司机进行处罚，这样法律的社会效果就出现严重问题；所以，警察通过法律的价值判断实现法律的精神和终极关怀，因而 C 项正确。此事件反映出交通规则所体现的秩序价值与孕妇的身体健康的利益价值之间的冲突，因此选项 D 错误。

3. 黄某于 2000 年 4 月在某市住宅区购得一套住房，2001 年 7 月取得房产证。当年 10 月黄某将住房租借给廖某。廖某在装修该房时损坏自来水管道，引起漫水，将楼下住户陈某的住房浸泡。陈某要求廖某予以赔偿。对此事件，下列哪一种说法是正确的？

A. 黄某对自己所购买的住房仅有相对权，故其法律义务也是相对的

B. 廖某不是住房的所有人，故对陈某的损失不负法律责任

C. 此侵权案件首先应依据法律原则来加以处理

D. 此案件的处理应直接适用法的正式渊源

【答案】D

【考点】法律权利与法律义务、法律责任、法律要素、法律渊源

【解析】根据相对应的主体范围，可以将权利义务分为绝对权利义务和相对权利义务。一般认为，物权属于绝对权，债权属于相对权。黄某对自己所购买的住房享有所有权，所有权属于绝对权，因此选项 A 错误；法律责任是行为人由于违法行为、违约行为或者由于法律规定而应承受的某种不利的法律后果，本题中，廖某虽然不是住房的所有人，但廖某的行为直接侵害了陈某的权益，故廖某应承担法律责任，B 错误；法律原则是为法律规则提供某种基础或本源的综合性的、指导性的价值准则或规范。在有具体法律规则的情形下，首先适用法律规则。此侵权案件存在具体法律规则，因此选项 C 错误，选项 D 正确。

4. 陆某在一百货商场购买"幸福"牌电饭煲一台，遗忘在商场门口，被王某拾得。王某拿至家中使用时，因电饭煲漏电发生爆炸，致其面部灼伤。王某向商场索赔，商场以王某不当得利为由不予赔偿。对此事件，下列哪一项表述能够成立？

   A. 王某的损害赔偿请求权应以与致损事件相关的法律规定为根据

   B. 不法取得他人之物者应承担该物所致的损害

   C. 由王某对自己无合法根据占有物品的行为承担损害后果，符合公平原则

   D. 按照风险责任原则，陆某作为缺陷商品的购买者应为王某的损害承担责任

【答案】A

【考点】法律责任的归责原则

【解析】归责，即法律责任的归结，是指国家机关或其他社会组织根据法律规定，依照法定程序判断、认定、归结和执行法律责任的活动。根据我国法律的规定，适用法律认定和归结法律责任一般应遵循责任法定原则、公正原则、效益原则、合理性原则等。本题中，王某拾得陆某遗忘在商场门口的电饭煲，拿至家中使用时，因电饭煲漏电发生爆炸，致其面部灼伤。损害后果的存在是客观的，《民法通则》第一百零六条规定："公民、法人由于过错侵害国家的、集体的财产，侵害他人财产、人身的，应当承担民事责任。""没有过错，但法律规定应当承担民事责任的，应当承担民事责任。"因产品质量不合格造成他人财产、人身损害的侵权行为为特殊侵权行为，法律进行了明确的规定。因此，王某因电饭煲漏电发生爆炸的损害赔偿应当依法进行，选项 A 正确。王某拾得电饭煲的行为属于不当得利，不是违法行为，因此选项 B"不法取得他人之物者应承担该物所致的损害"就不能成立，否则就违反责任法定原则。有人认为，本题符合公平合理原则，应该选 B 项。这是没有理解因产品质量不合格造成他人财产、人身损害的侵权行为，没有理解王某行为的不当得利性质，没有真正掌握法律责任的归责原则。选项 C"由王某对自己无合法根据占有物品的行为承担损害后果，符合公平原则"，曲解了公平原则。在归责问题上，不存在风险责任原则，陆某作为缺陷商品的购买者应为王某的损害承担责任也没有法律根据，因此选项 D 不能成立。

5. 某地电缆受到破坏，大面积停电 3 小时，后查知为邢某偷割电缆所致。邢某被控犯"危害公共安全罪"，处以 5 年有期徒刑。邢某不服上诉，理由是自己偷割电缆变卖所得仅 50 元钱，顶多属于"小偷小摸"行为。二审法官依照最高人民法院《关于审理破坏公用电信设施刑事案件具体应用法律若干问题的解释》维持原判。对此，下列哪一种理解是错误的？

   A. 法官根据最高人民法院的解释对邢某行为所作出的判断是一种事实判断

   B. 《关于审理破坏公用电信设施刑事案件具体应用法律若干问题的解释》是司

解释

C. 在这个案件中，法官主要运用了"演绎推理"

D. 邢某对自己行为的辩解是对法律的认识错误

【答案】A

【考点】法律的事实判断与法律的价值判断、司法解释、若干问法律价

【解析】法律的事实判断是以"是"为联结词的判断，是一种描述性判断，关心的是世界的本来面目。法律的价值判断是人们对客观价值现象，即一定主客体间价值关系的反映，主体的法律的价值评价具有主观性，必然地与主体的情感、态度等相关。一般认为，法律的价值判断是以"应该"（包括其否定形式"禁止""不应该"等）为联结词的判断，是一种规范性的判断。法律的事实判断与价值判断在判断取向、中立性、主要功能、判定真假的依据等方面都存在不同。法官对邢某偷割电缆的行为不属于"小偷小摸"行为而是危害公共安全的行为的判断，是根据邢某偷割电缆致使大面积停电 3 小时的事实而非偷割电缆变卖所得仅 50 元钱的事实，这一过程有法官自身的情感、态度等价值因素，有其利益方面的考量，表现出主观性，因此选项 A 的表述错误，符合题目要求。

司法解释包括最高人民法院作出的审判解释，最高人民检察院作出的检察解释，以及最高人民法院和最高人民检察院联合作出的解释。《关于审理破坏公用电信设施刑事案件具体应用法律若干问题的解释》是由最高人民法院作出的司法解释，因此选项 B 正确。

法律推理可以分为形式推理和辩证推理两类。本案中，法官没有纯粹运用法律、事实、结论的三段论推理即演绎推理，而是借助于辩证思维从中选择出最佳的命题以解决法律问题，主要运用了"辩证推理"，因此选项 C 正确。

邢某对自己行为的辩解主要是对法律规定、犯罪构成要素的认识有偏差，而非单纯基于对事实的认识。因此选项 D 正确。有人认为应该选择 D 项，邢某是对自己的行为性质的认识错误，不是对法律的认识错误。这是由对有关概念的理解存在偏差所致。

6. 郝某的父亲死后，其母季某将郝家住宅独自占用。郝某对此深为不满，拒绝向季某提供生活费。季某将郝某告上法庭。法官审理后判决郝某每月向季某提供生活费 300 元。对此事件，下列哪一种理解是正确的？

A. 该事件表明，子女对父母只承担法律义务，不享有法律权利

B. 法官作出判决本身是一个法律事实

C. 法官的判决在原被告之间不形成法律权利与法律义务关系

D. 子女赡养父母主要是道德问题，法官判决缺乏依据

【答案】B

【考点】法律权利与法律义务关系、法律事实、法律与道德关系

【解析】该事件并不表明: 子女对父母只承担法律义务, 不享有法律权利。首先, 根据婚姻法, 父母子女关系是双向的, 子女对父母承担义务, 但同时也享有权利。其次, 季某独自占用郝家住宅, 可能侵犯了郝某的继承权, 应当对郝某承担相应的法律责任, 但这不影响郝某对季某赡养义务的履行。据此, 选项 A 错误。

法律事实, 是指能够引起法律关系产生、变更或消灭的各种事实的总称。法官的判决将原被告间的赡养关系在法律上确认下来, 在原被告之间形成法律权利与法律义务关系, 属于法律事实。因此, 选项 B 正确, 选项 C 错误。法律与道德之间有着一致性。子女赡养父母既是道德问题, 也是法律问题, 我国《民法通则》、《婚姻法》等都对此有明确规定。本题中, 法官判决郝某每月向季某提供生活费 300 元是依法办事。因此选项 D 错误。

7. 2001 年全国人大常委会作出解释: 刑法第四百一十条规定的 "非法批准征用、占用土地", 是指非法批准征用、占用耕地、林地等农用地以及其他土地。对该法律解释, 下列哪一种理解是错误的?

   A. 该解释属于立法解释

   B. 该解释的效力与所解释的刑法条文的效力相同

   C. 该解释与司法解释的效力相同

   D. 该解释的效力具有普遍性

【答案】C

【考点】立法解释

【解析】根据我国《立法法》第四十二条的规定, 法律解释权属于全国人民代表大会常务委员会。全国人大常委会对法律所进行的解释称为立法解释, 选项 A 正确。《立法法》第四十七条规定: "全国人民代表大会常务委员会的法律解释同法律具有同等效力。" 本题中, 全国人大常委会对《刑法》第四百一十条规定解释的效力与所解释的刑法条文的效力相同, 选项 B 正确。在我国, 享有立法解释权的国家机关的地位高于享有司法解释权的国家机关, 故立法解释的地位和效力高于司法解释。选项 C "该解释与司法解释的效力相同" 的表述错误。全国人民代表大会常务委员会作出的立法解释具有普遍约束力, 选项 D 正确。

8. 根据我国宪法和有关法律的规定，下列有关全国人民代表大会专门委员会的表述哪一项是正确的？

    A. 全国人民代表大会专门委员会是最高国家权力机关的非常设机关

    B. 全国人民代表大会专门委员会负责审议与其职权有关的法律草案

    C. 全国人民代表大会专门委员会的组成人选，由主席团在代表中提名，大会通过

    D. 全国人民代表大会专门委员会只能审议全国人民代表大会主席团交付的议案

【答案】C

【考点】全国人大专门委员会

【解析】根据我国宪法规定，全国人大的委员会分为常设性委员会和临时性委员会，常设性委员会主要是指各专门委员会，A 选项错误；依据《宪法》规定，法律草案修改稿经各代表团审议，由法律委员会根据各代表团的审议意见进行修改，提出法律草案表决稿，由主席团提请大会全体会议表决，由全体代表的过半数通过。B 选项由专门委员会负责审议与其职权有关的法律草案的说法错误；各委员会的人选由全国人民代表大会主席团在代表中提名，由大会表决决定，C 选项正确；《全国人大组织法》第 37 条规定："各专门委员会的工作如下：（一）审议全国人民代表大会主席团或者全国人民代表大会常务委员会交付的议案；……"专门委员会审议议案不仅有审议全国人民代表大会主席团交付的议案而且还包括审议全国人大常委会交付的议案，D 项说法错误。

9. 根据我国宪法的规定，下列哪一种说法不正确？

    A. 城市的土地属于国家所有，农村和城市郊区的土地，除有法律规定属于国家所有的以外，属于集体所有

    B. 宅基地、自留地、自留山属于集体所有

    C. 国家为了公共利益的需要，可以对土地实行征收或征用

    D. 土地的所有权可以依照法律的规定转让

【答案】D

【考点】我国的土地制度

【解析】根据我国《宪法》第 10 条的规定：城市的土地属于国家所有。农村和城市郊区的土地，除由法律规定属于国家所有的以外，属于集体所有，A 选项正确；宅基地和自留地、自留山，属于集体所有，B 选项；《宪法》修正案第 20 条规定：国家为了公共利益的需要，可以依照法律规定对土地实行征收或者征用并给予补偿。故 C 选项正确；《宪法》修正案第 2 条规定：任何组织或者个人不得侵占、买卖、出租或

者以其他形式非法转让土地。土地的使用权可以依照法律的规定转让。我国土地的所有权禁止转让，属于国家和集体所有，可以转让的是土地的使用权，D 选项错误。

10. 根据我国现行宪法规定，担任下列哪一职务的人员，应由国家主席根据全国人大和全国人大常委会的决定予以任免？

   A. 国家副主席
   B. 国家军事委员会副主席
   C. 最高人民法院副院长
   D. 国务院副总理

【答案】D

【考点】国家主席的职权

【解析】依据我国现行《宪法》第 80 条规定，"中华人民共和国主席根据全国人民代表大会的决定和全国人民代表大会常务委员会的决定，公布法律，任免国务院总理、副总理、国务委员、各部部长、各委员会主任、审计长、秘书长，授予国家的勋章和荣誉称号，发布特赦令，宣布进入紧急状态，宣布战争状态，发布动员令。"本题的四个选项分别与上述规定进行比对，显然只有 D 选项是正确答案。

11. 宪法是国家根本法，具有最高法律效力。下列有关宪法法律效力的哪一项表述是正确的？

   A. 在不成文宪法的国家中，宪法的法律效力高于其他法律
   B. 在我国，任何法律法规都不得与宪法规范、宪法基本原则和宪法精神相抵触
   C. 宪法的法律效力主要表现为对公民的行为约束
   D. 宪法的法律效力不具有任何强制性

【答案】B

【考点】宪法的法律效力

【解析】宪法是国家根本法，在成文宪法的国家中，宪法的效力高于一般的法律，在国家法律体系中处于最高的法律地位。在不成文宪法国家中，没有形式意义上的宪法，只有实质意义上的宪法。没有任何法律被赋予比其他法律或规则更高的法律效力，A 错误。宪法的最高法律效力主要包括两个方面的含义：第一，宪法是制定普通法律的依据，任何普通法律、法规都不得与宪法的原则和精神相违背，B 项正确。第二，宪法是一切国家机关、社会团体和全体公民的最高行为准则。C 项错误。《宪法》第 5 条规定：一切违反宪法和法律的行为，必须予以追究。因此，宪法同时具有强制性，D 错误。

12. 人民代表应当出席本级人民代表大会会议，依法行使代表的职权。根据《中华人民共和国全国人民代表大会和地方各级人民代表大会代表法》的规定，下列哪一种说法是正确的？

    A. 未经批准两次不出席本级人民代表大会会议的代表，终止代表资格
    B. 因刑事案件被羁押正在受侦查、起诉、审判的代表，终止代表资格
    C. 因违法受劳动教养处分一年以上的代表，暂时停止代表资格
    D. 因故一年内不能出席本级人民代表大会会议的代表，暂时停止代表资格

【答案】A

【考点】人大代表资格的终止和暂停

【解析】我国《全国人大和地方人大代表法》第40条规定：代表有下列情形之一的，暂时停止执行代表职务：因刑事案件被羁押正在受侦查、起诉、审判的；被依法判处管制、拘役或者有期徒刑而没有附加剥夺政治权利，正在服刑的。前款所列情形在代表任期内消失后，恢复其执行代表职务，但代表资格终止者除外。第41条规定："代表有下列情形之一的，其代表资格终止：（一）地方各级人民代表大会代表迁出或者调离本行政区域的；（二）辞职被接受的；（三）未经批准两次不出席本级人民代表大会会议的；（四）被罢免的；（五）丧失中华人民共和国国籍的；（六）依照法律被剥夺政治权利的。"四选项与上述规定相对照，正确答案为A。

13. 关于宪法规范的特性，下列哪一项表述不成立？

    A. 根本性
    B. 原则性
    C. 无制裁性
    D. 相对稳定性

【答案】C

【考点】宪法规范的特征

【解析】与一般法律规范相比，宪法规范具有以下主要特点：第一是根本性，是指宪法只规定国家生活和社会生活中的根本性问题。第二是最高权威性，是指宪法规范的地位和效力高于其他法律规范。其他法律规范不得与宪法规范相抵触，否则无效。第三是原则性，即宪法规范只规定有关问题的基本原则，其文字表述简明概括。第四是纲领性，宪法规范明确表达对未来目标的追求。第五是相对稳定性。由于宪法是国家的根本大法，它的变化不仅直接关系到整个国家的根本利益，关系到宪法能否保持应有的权威和尊严，宪法规范虽然要随着社会历史条件的不断变化而发展变化，但不能

轻易修改，应当保持相对的稳定。故而，宪法规范必须具有稳定性。因此与第 11 题 D 选项的理由一样，C 选项为本题应选的答案。

14. 根据《中华人民共和国民族区域自治法》的规定，下列哪一机关不享有自治条例、单行条例的制定权？

 A. 自治区人民代表大会

 B. 自治州人民代表大会

 C. 自治县人民代表大会

 D. 辖区内有自治州、自治县的省人民代表大会

【答案】D

【考点】自治条例与单行条例的制定权

【解析】我国《民族区域自治法》第 19 条规定：民族自治地方的人大有权依照当地民族的政治、经济和文化的特点，制定自治条例和单行条例。自治区的自治条例和单行条例，报全国人大常委会批准后生效。自治州、自治县的自治条例和单行条例报省、自治区、直辖市的人大常委会批准后生效，并报全国人大常委会和国务院备案。由此可知自治区人民代表大会、自治州人民代表大会、自治县人民代表大会都有制定自治条例、单行条例的权力，但是辖区内有自治州、自治县的省人民代表大会不属于民族区域自治机关，不享有自治条例、单行条例的制定权。所以 D 项为正确答案。

15. 西汉末年，某地一男子偷盗他人一头牛并贩卖到外乡，回家后将此事告诉了妻子。其妻隐瞒未向官府举报。案发后，该男子受到惩处。依照汉代法律，其妻的行为应如何处理？

 A. 完全不负刑事责任

 B. 按包庇罪论处

 C. 与其丈夫同罪

 D. 按其丈夫之罪减一等处罚

【答案】A

【考点】亲亲得相首匿

【解析】本题考察的是汉代法律儒家化中的"亲亲得相首匿"。主张亲属间首谋藏匿犯罪可以不负刑事责任。来源于儒家"父为子隐，子为父隐，直在其中"的理论，其具体内容是：卑幼藏匿尊长亲属的犯罪行为，不追究刑事责任。尊长亲属藏匿卑幼亲属，罪应处死的，可上请皇帝宽贷。该题中对于丈夫而言妻子属于卑幼亲属藏匿尊长亲属，故完全不负刑事责任，正确答案为 A。

16. 南宋庆元年间，某地发生一桩"杀妻案"。死者丈夫甲被当地州府逮捕，受尽拷掠，只得招认"杀妻事实"。但在该案提交本路（路为宋代设置的地位高于州县的地方行政区域）提刑司审核时，甲推翻原口供，断然否认杀妻指控。提刑司对本案可能做出的下列处置中，哪一种做法符合当时"翻异别勘"制度的规定？

   A. 发回原审州府重审

   B. 指定本路管辖的另一州级官府重审

   C. 直接上报中央刑部审理

   D. 直接上报中央御史台审理

【答案】B

【考点】"翻异别勘"制度

【分析】"翻异别勘"是宋代的一项重要的司法制度。①翻异，指的是犯人推翻原来的口供；别勘分为别推（换法官审理）和别移（换司法机关审理），翻异别勘就是犯人推翻原口供时应该重审的制度。②宋代的"翻异别勘制度"分为两种，即原审机关的移司别勘和上级机关的差官别审。但是原审机关对于已经经第二次翻异的则没有权利进行移司别勘，此时要直接由上级机关差官别审。③当犯人不服判决临刑称冤或家属代为申冤时，则改由另一个司法机关重审或监司另派官员复审。B选项符合这一制度的要求。

17. 汉代曾发生这样一件事情：齐太仓令获罪当处墨刑，其女缇萦上书请求将自己没为官奴，替父赎罪。这一事件导致了下列哪一项法律制度改革？

   A. 汉高祖规定"上请"制度

   B. 汉文帝废除肉刑

   C. 汉文帝确立"官当"制度

   D. 汉景帝规定"八议"制度

【答案】B

【考点】汉文帝除肉刑

【解析】汉代的上请制度就是通过请示皇帝给有罪贵族官僚某些优待的制度，A选项错误。汉代中期，汉文帝鉴于当时继续沿用秦代黥、劓、斩左右趾等肉刑，不利于政权的稳固，而且当时经济发展，社会稳定，出现了前所未有的盛世，也为改革刑制提供了良好的社会条件。因此，汉文帝以十三年缇萦上书为契机，开始实行刑制改革，逐步废除肉刑。B选项正确。官当是封建社会允许官吏以官职爵位折抵徒刑的一种特权制度。它正式出现在《北魏律》与《陈律》中，因此C选项错误。曹魏时期的"八议"制度是对封建特权人物犯罪后实行减免处罚的法律规定。它包括议亲、议故、议贤、议能、议功、议贵、议勤、议宾。因此 D 选项错误。

18. 1804 年的《法国民法典》是世界近代法制史上的第一部民法典，是大陆法系的核心和基础。下列关于《法国民法典》的哪一项表述不正确？

    A. 该法典体现了"个人最大限度的自由，法律最小限度的干涉"这一立法精神
    B. 该法典具有鲜明的革命性和时代性
    C. 该法典的影响后来传播到美洲、非洲和亚洲广大地区
    D. 该法典首次全面规定了法人制度

【答案】D

【考点】《法国民法典》

【解析】法国民法典的特征：①法国民法典是典型的资本主义社会早期的民法典。（反映自由资本主义时期资产阶级的要求，贯穿资产阶级"个人主义民法原则"，没有关于法人的规定，雇佣关系的规定极为简单。）②法典贯彻资产阶级民法的基本原则，具有鲜明的革命性和时代性。③法典保留了旧制度的若干残余，在一定程度上维护了传统法律制度。④法典重视实际效用，缺乏理论概括。在立法模式、结构、语言方面，也有特点。⑤法典继承了罗马法传统。法国民法典是资本主义社会第一部民法典，对 19 世纪许多国家发生的法典编纂运动有重要影响。因此，ABC 项正确。

　《德国民法典》单独规定了法人制度，承认其民事权利主体地位，这是资产阶级民法历史上第一次全面规定法人制度。因此，D 项是不正确的。

19. 某民办科研所与技术员周某签订劳动合同，约定由周某承担科研所的一个产品开发项目。开发过程中，由于资金缺乏，项目被迫下马。科研所决定与周某解除劳动关系。对此，该单位法律顾问提供的下列哪一项建议不符合法律规定？

    A. 告知周某当初聘用他的工作岗位已不存在
    B. 至少提前 30 天向周某发出书面通知
    C. 先安排周某到后勤岗位，如他拒绝就可以解雇
    D. 如周某同意解除劳动合同可与单位签订解约协议，单位支付经济补偿；如周某不同意签订解约协议，单位有权单方解约并不必支付经济补偿

【答案】D

【考点】用人单位单方解除劳动合同

【解析】经过当事人协商而解除劳动合同、用人单位经预告解除劳动合同、因经济性

裁员而解除劳动合同的，用人单位应当依照国家有关规定给予经济补偿。用人单位可以即时解除劳动合同并且不需支付补偿金的情况：（1）在试用期内被证明不符合录用条件的；（2）严重违反劳动纪律和用人单位的规章制度的；（3）严重失职，营私舞弊，对用人单位利益造成重大损害的；（4）被依法追究刑事责任的；（5）被劳动教养的。因此，D中，如周某不同意签订解约协议，单位有权单方解约但应支付经济补偿。

20. 某建筑工程队低价招用 20 名学徒工，合同中规定他们每天必须从事高空作业或繁重搬运工作，否则不能结算当月工资。用工当月，工程队因违反安全施工规定造成事故，致使学徒工多人伤亡。有关部门经调查发现这些学徒工均是不满 15 周岁的边远地区农民子弟。对此，劳动行政部门拟采取的下列哪一项措施不符合法律规定？

   A. 责令雇主解除劳动合同，遣返这批学徒工

   B. 责令雇主承担遣返费用，并给予经济补偿

   C. 收缴雇主在非法用工期间的经营所得

   D. 告知事故受害者及其家属向雇主索赔的权利，并协助他们向雇主索赔

【答案】C

【考点】非法使用未成年工的问题

【解析】国务院《禁止使用童工规定》第 10 条：童工患病或者受伤的，用人单位应当负责送到医疗机构治疗，并负担治疗期间的全部医疗和生活费用。童工伤残或者死亡的，用人单位由工商行政管理部门吊销营业执照或者由民政部门撤销民办非企业单位登记；用人单位还应当一次性地对伤残的童工、死亡童工的直系亲属给予赔偿，赔偿金额按照国家工伤保险的有关规定计算。《劳动法》第 15 条：禁止用人单位招用未满十六周岁的未成年人。《劳动法》第 94 条：用人单位非法招用未满十六周岁的未成年人的，由劳动行政部门责令改正，处以罚款；情节严重的，由工商行政管理部门吊销营业执照。

21. 甲经贸公司租赁乙大型商场柜台代销丙厂名牌床罩。为提高销售额，甲公司采取了多种促销措施。下列措施哪一项违反了法律规定？

   A. 在摊位广告牌上标明"厂家直销"

   B. 在商场显著位置摆放该产品所获的各种奖牌

   C. 开展"微利销售"，实行买一送一或者买 100 元返券 50 元

   D. 对顾客一周之内来退货"不问理由一概退换"

【答案】A

【考点】本题是关于经营者义务的命题

【解析】甲经贸公司租赁乙大型商场柜台代销丙厂名牌床罩，却在摊位广告牌上标明"厂家直销"显然是欺骗消费者的行为。回答本题的依据是《中华人民共和国消费者权益保护法》第 19 条，第 20 条。第 19 条：经营者应当向消费者提供有关商品或者服务的真实信息，不得作引人误解的虚假宣传。经营者对消费者就其提供的商品或者服务的质量和使用方法等问题提出的询问，应当作为真实、明确的答复。商店提供商品应当明码标价；第 20 条：经营者应当标明其真实名称和标记。租赁他人柜台或者场地的经营者，应当标明其真实名称和标记。依据《中华人民共和国反不正当竞争法》第 11 条"以低于成本的价格销售商品"的规定，C 选项中"微利销售"的行为是合法的。

22. 钟某为其 3 岁儿子购买某品牌的奶粉，小孩喝后上吐下泻，住院 7 天才恢复健康。钟某之子从此见任何奶类制品都拒食。经鉴定，该品牌奶粉属劣质品。为此，钟某欲采取维权行动。钟某亲友们提出的下列建议哪一项缺乏法律依据？

A. 请媒体曝光，并要求工商管理机关严肃查处

B. 向出售该奶粉的商场索赔，或向生产该奶粉的厂家索赔

C. 直接提起诉讼，要求商场赔偿医疗费、护理费、误工费、交通费等

D. 直接提起仲裁，要求商场和厂家连带赔偿钟某全家所受的精神损害

【答案】D

【考点】民事纠纷中当事人维权途径的法律依据问题

【解析】《中华人民共和国产品质量法》第 47 条规定：因产品质量发生民事纠纷时，当事人可以通过协商或者调解解决。当事人不愿通过协商、调解解决或者协商、调解不成的，可以根据当事人各方的协议向仲裁机构申请仲裁；当事人各方没有达成仲裁协议或者仲裁协议无效的，可以直接向人民法院起诉。书面仲裁协议是仲裁进行的基础，因此，D 不能在没有仲裁协议的情况下直接提起仲裁。

23. 下列哪一项个人所得不应免纳个人所得税？

A. 某体育明星在奥运会上获得一块金牌，回国后国家体育总局奖励 20 万元人民币

B. 某科学家获得国务院特殊津贴每月 200 元人民币

C. 某高校教师取得一项发明专利，学校奖励 5 万元人民币

D. 李某新买的宝马车在某风景区停靠时，被山上落下的石头砸坏，保险公司赔付李某的 6 万元保险金

【答案】C

【考點】免納個人所得稅的情況

【解析】現行《中華人民共和國個人所得稅法》第4條：下列各項個人所得，免納個人所得稅：（一）省級人民政府、國務院部委和中國人民解放軍軍以上單位，以及外國組織、國際組織頒發的科學、教育、技術、文化、衛生、體育、環境保護等方面的獎金；（二）國債和國家發行的金融債券利息；（三）按照國家統一規定發給的補貼、津貼；（四）福利費、撫恤金、救濟金；（五）保險賠款；（六）軍人的轉業費、復員費；（七）按照國家統一規定發給幹部、職工的安家費、退職費、退休工資、離休工資、離休生活補助費；（八）依照我國有關法律規定應予免稅的各國駐華使館、領事館的外交代表、領事官員和其他人員的所得；（九）中國政府參加的國際公約、簽訂的協議中規定免稅的所得；（十）經國務院財政部門批准免稅的所得。

對照上述規定，某高校教師取得一項發明專利，學校獎勵5萬元人民幣的情形不應免納個人所得稅。

24. 從事零售業務的個體戶王某收到稅務機關限期繳納通知書的期限屆滿後，仍然拖欠營業稅款2000元。稅務機關對此採用的下列哪一種做法不符合法律規定？

A. 扣押王某價值2500元的營業用冷凍櫃
B. 書面通知銀行從王某的儲蓄帳戶中扣繳拖欠稅款
C. 從王某的儲蓄賬戶中強制扣繳拖欠稅款的滯納金
D. 為防止王某以後再拖欠稅款，在強制執行王某的銀行存款後繼續扣押其冷凍櫃6個月，以觀後效

【答案】D

【考點】逾期未繳納稅款可以採取的強制措施

【解析】《中華人民共和國稅收徵收管理法》第40條：從事生產、經營的納稅人、扣繳義務人未按照規定的期限繳納或者解繳稅款，納稅擔保人未按照規定的期限繳納所擔保的稅款，由稅務機關責令限期繳納，逾期仍未繳納的，經縣以上稅務局（分局）局長批准，稅務機關可以採取下列強制執行措施：（一）書面通知其開戶銀行或者其他金融機構從其存款中扣繳稅款；（二）扣押、查封、依法拍賣或者變賣其價值相當於應納稅款的商品、貨物或者其他財產，以拍賣或者變賣所得抵繳稅款。稅務機關採取強制執行措施時，對前款所列納稅人、扣繳義務人、納稅擔保人未繳納的滯納金同時強制執行。個人及其所扶養家屬維持生活必需的住房和用品，不在強制執行措施的範圍之內。對照上述規定，D選項的做法沒有法律依據。

25. 根据《中华人民共和国环境保护法》的规定，环境影响报告书应在建设项目的哪一阶段报批？

A. 设计阶段

B. 可行性研究阶段

C. 竣工验收阶段

D. 投入使用阶段

【答案】B

【考点】环境影响评价制度

【解析】环境影响评价是指在一定区域内进行开发建设活动，事先对拟建项目可能对周围环境造成的影响进行调查、预测和评定，并提出防治对策和措施，为项目决策提供科学依据。建设项目的环境影响报告书应在建设项目可行性研究阶段报批，因此，B 选项是应选答案。

26. 土地使用权划拨，是指县级以上人民政府依法批准，在土地使用者缴纳补偿、安置等费用后将该幅土地交付其使用，或者将土地使用权无偿交付给土地使用者使用的行为。依据有关法律规定，下列哪一建设用地项目不能取得划拨土地使用权？

A. 望湖乡政府办公楼建设用地

B. 西关镇人民医院建设用地

C. 南湖别墅区通往南山镇的道路建设用地

D. 民办北岭大学校区扩建用地

【答案】C

【考点】以划拨方式取得土地使用权的把握

【解析】《中华人民共和国土地管理法》第 54 条：建设单位使用国有土地，应当以出让等有偿使用方式取得；但是，下列建设用地，经县级以上人民政府依法批准，可以以划拨方式取得：（一）国家机关用地和军事用地；（二）城市基础设施用地和公益事业用地；（三）国家重点扶持的能源、交通、水利等基础设施用地；（四）法律、行政法规规定的其他用地。A 项对应（一）项，B、D 项对应（二），都能取得划拨土地使用权，要注意的是民办北岭大学校区扩建用地也属于公益事业用地，只有 C 项属于商业开发用地，不能取得划拨土地使用权。

27. 根据《中华人民共和国商业银行法》的规定，商业银行破产清算时的财产分配适用下列哪一种顺序？

A. 清算费用，所欠职工工资和劳动保险费用，个人储蓄存款的本金和利息

B. 清算费用，个人储蓄存款的本金和利息，所欠职工工资和劳动保险费用

C. 个人储蓄存款的本金和利息，清算费用，所欠职工工资和劳动保险费用

D. 所欠职工工资和劳动保险费用，清算费用，个人储蓄存款的本金和利息

【答案】A

【考点】商业银行破产清算顺序

【解析】依据《中华人民共和国商业银行法》第71条的规定：商业银行不能支付到期债务，经国务院银行业监督管理机构同意，由人民法院依法宣告其破产。商业银行被宣告破产的，由人民法院组织国务院银行业监督管理机构等有关部门和有关人员成立清算组，进行清算。商业银行破产清算时，在支付清算费用、所欠职工工资和劳动保险费用后，应当优先支付个人储蓄存款的本金和利息，因此A项是正确的。

28. 对于下列有关证券交易的问题，哪一个应该给以否定的回答？

A. 股票交易是不是只能在证券交易所进行

B. 证券交易能不能以期货方式进行

C. 证券公司向客户融资进行证券交易是否为法律所禁止

D. 证券交易所自主调整的交易收费标准是否违法

【原参考答案】（根据修订前的《证券法》）B

【正确答案】（根据修订后的《证券法》）AC

【考点】证券交易

【解析】新《证券法》第39条规定，依法公开发行的股票、公司债券及其他证券，应当在依法设立的证券交易所上市交易或者在国务院批准的其他证券交易场所转让。选项A应给予否定的回答；第42条，证券交易以现货和国务院规定的其他方式进行交易。对原《证券法》第35条，证券交易只能以现货方式交易进行了修改，因而选项B应给予肯定的回答；第142条，证券公司为客户买卖证券提供融资融券服务，应当按照国务院的规定并经国务院证券监督管理机构批准。修改了原《证券法》第36条，证券公司不得从事向客户融资或者融券的证券交易活动，选项C应给予否定的回答；第46条，证券交易的收费必须合理，并公开收费项目、收费标准和收费办法。证券交易的收费项目、收费标准和管理办法由国务院有关管理部门统一规定。所以，选项D应给予肯定的回答。

29. 甲乙两国于1996年签订投资保护条约，该条约至今有效。2004年甲国政府依本国立法机构于2003年通过的一项法律，取消了乙国公民在甲国的某些投资优惠，而这些

优惠恰恰是甲国按照前述条约应给予乙国公民的。针对甲国的上述作法，根据国际法的有关规则，下列哪一项判断是正确的？

A. 甲国立法机构无权通过与上述条约不一致的立法

B. 甲国政府的上述做法，将会引起其国际法上的国家责任

C. 甲国政府的上述做法如果是严格依据其国内法作出的，则甲国不承担国际法上的国家责任

D. 甲国如果是三权分立的国家，则甲国政府的上述行为是否引起国家责任在国际法上尚无定论

【答案】B

【考点】国内法与国际法的关系和国家责任

【解析】一个古老而有效的国际法上的原则是条约必须遵守，《维也纳条约法公约》规定，凡有效的条约对其各当事国有拘束力，必须由其善意履行。任何当事方都不得以任何借口，包括不得援引其国内法规定为理由而不履行条约。缔约国不得从事违反条约目的和宗旨的任何活动，除情势发生变迁等特殊情况外，不得废弃条约规定的义务，否则就构成国际不当行为，应承担国际责任。根据主权原则，国家有权在自己的管辖范围内制定法律，因此，甲国立法机构有权通过与条约不一致的立法，因此 A 选项不对。甲国的立法内容违反了甲乙两国的约定，因此甲国要承担国家责任，B 选项是正确的。虽然甲国可以制定符合自己国家利益的国内法，但根据国际法与国内法的关系，国内立法不能改变国际法的原则、规则、也不能以其国内法对抗其承担的国际义务或国家责任，所以 C 选项错误。承担国家责任必须具备两个条件，一个是归因于国家，二是违背国际义务。题中的立法机关制定法律，立法机关是国家机关，可以归因于国家，这个与甲国是否是三权分立国家无关，D 选项明显错误。

30. 甲国倡议并一直参与某多边国际公约的制订，甲国总统与其他各国代表一道签署了该公约的最后文本。根据该公约的规定，只有在 2/3 以上签字国经其国内程序予以批准并向公约保存国交存批准书后，该公约才生效。但甲国议会经过辩论，拒绝批准该公约。根据国际法的有关规则，下列哪一项判断是正确的？

A. 甲国议会的做法违反国际法

B. 甲国政府如果不能交存批准书，将会导致其国际法上的国家责任

C. 甲国签署了该公约，所以该公约在国际法上已经对甲国产生了条约的拘束力

D. 由于甲国拒绝批准该公约，即使该公约本身在国际法上生效，其对甲国也不产生条约的拘束力

【答案】D

【考点】条约的缔结

【解析】首先应当明确是否批准及何时批准一项条约，一国签署某一条约并不必然使条约对该国生效，国家也没有必须批准其代表签署的条约的义务。因此甲国议会不批准公约不违反国际法，也不会导致国家责任，因此 A、B 选项错误。国际法上，条约生效的日期和方式一般依照条约的规定，或依照各谈判国的约定。根据题干，该公约只有在 2/3 签字国经其国内程序予以批准并向公约保存国交存批准书后才生效，因此仅签署条约并不意味着该公约在国际法上已经对甲国产生了条约的拘束力，因此 D 正确，C 错误。

31. 甲国人兰某和乙国人纳某在甲国长期从事跨国人口和毒品贩卖活动，事发后兰某逃往乙国境内，纳某逃入乙国驻甲国领事馆中。兰某以其曾经从事过反对甲国政府的政治活动为由，要求乙国提供庇护。甲乙两国之间没有关于引渡和庇护的任何条约。根据国际法的有关规则和制度，下列哪一项判断是正确的？

   A. 由于兰某曾从事反对甲国政府的活动，因此乙国必须对兰某提供庇护

   B. 由于纳某是乙国人，因此乙国领事馆有权拒绝把纳某交给甲国

   C. 根据《维也纳领事关系公约》的规定，乙国领馆可以行使领事裁判权，即对纳某进行审判并做出判决后，交由甲国予以执行

   D. 乙国可以对兰某的涉嫌犯罪行为在乙国法院提起诉讼，但乙国没有把兰某交给甲国审判的义务

【答案】D

【考点】引渡和庇护

【解析】引渡是指一国应外国的请求，把在其境内被外国指控为犯罪或判刑的人，移交给请求国审理或处罚的一种国际司法协助行为。国际法上，国家一般没有引渡的义务，引渡需要根据有关的引渡条约进行，不引渡并不等于庇护，国家通常也没有必须给予庇护的义务，故 A 错误。庇护是指国家对于遭受追诉或迫害而来避难的外国人，准其入境和居留，给以保护，并拒绝将他引渡给另一国的行为。庇护是国家从其属地优越权引申出来的权利。个人可以寻求庇护，但是否给予庇护，由国家决定。而且，根据国际实践，国家不能庇护犯有危害和平罪、战争罪、反人类罪，以及海盗、贩毒、贩奴等国际罪行的人。，领土以外的庇护一般称为域外庇护，比如利用国家在外国的外交或领事馆舍进行庇护，而域外庇护没有一般国际法根据。B 项与 C 项一样，是域外庇护的一种表现，为现代国际社会所反对，领事裁判权中也没有审判的权利，所以 BC 不对；由于题中明确说明没有相关引渡条约，乙国可以根据属地管辖原则对在

基本国境内进行犯罪的外国人有提起诉讼，没有义务将兰某交于甲国审判，这也体现了"不引渡即起诉"的原则，因此 D 项正确。

32. 中国公民陆某 2001 年通过其在甲国的亲戚代为申请甲国国籍，2002 年获甲国批准。2004 年 5 月陆某在中国因违法行为被刑事拘留。此时，陆某提出他是甲国公民，要求我有关部门通知甲国驻华领事。经查，根据甲国法律陆某持有的甲国护照真实有效；陆某本人到案发时从未离开中国，也从未申请退出中国国籍。根据中国国籍法有关规定，下列哪一项判断是正确的？

   A. 陆某仍是中国人

   B. 陆某是中国境内的外国人

   C. 陆某是中国法律承认的具有双重国籍的人

   D. 陆某的国籍状态不确定

【答案】A

【考点】国籍的取得、丧失

【解析】考查我国具体规定，我国《国籍法》第 9 条："定居外国的中国公民，自愿加入或取得外国国籍的，即自动丧失中国国籍。"第 10 条规定"中国公民具有下列条件之一的，可以经申请批准退出中国国籍：一、外国人的近亲属；二、定居在外国的；三、有其它正当理由。"第 11 条规定"申请退出中国国籍获得批准的，即丧失中国国籍。"本案中，陆某一直定居在中国，因而不属于取得外国国籍后自动丧失中国国籍的情形，必须依申请经获得批准之后才能退出中国国籍。只要是中国公民，中国就不承认该人有双重国籍，故答案为 A。

33. 甲、乙两国因历史遗留的宗教和民族问题，积怨甚深。2004 年甲国新任领导人试图缓和两国关系，请求丙国予以调停。甲乙丙三国之间没有任何关于解决争端方法方面的专门条约。根据国际法的有关规则和实践，下列哪一项判断是正确的？

   A. 丙国在这种情况下，有义务充当调停者

   B. 如果丙国进行调停，则乙国有义务参与调停活动

   C. 如果丙国进行调停，对于调停的结果，一般不负有监督和担保的义务

   D. 如果丙国进行调停，则甲国必须接受调停结果

【答案】C

【考点】调停

【解析】调停是和平解决国际争端的政治方法，是第三方根据自己的好意帮助和促进

当事各方进行谈判。其特点是调停仅具有建议性质，无拘束力，当事方有保留、拒绝或接受的自由，调停方对于调停结果也不承担监督或担保等义务。因而，ABD 的说法都是错误的，故答案为 C。

34. 武器是战争的重要构成要素。在现代国际法上，下列武器类型中哪一种武器本身尚未被战争法规则明确地直接禁止？

    A. 核武器

    B. 生物武器

    C. 毒气化学类武器

    D. 射入人体后爆炸的达姆弹

【答案】A

【考点】国际法上的禁用武器

【解析】依据国际战争和武装冲突法的规定，现代战争中作战手段和方法的限制，其中之一就是禁止具有过分伤害力和滥杀滥伤作用的武器的使用，该类武器包括：极度残酷的武器（包括达姆弹、集束炸弹或此类地雷、某些能使人致残或陷入长期痛苦的常规武器、燃烧武器等），有毒化学和生物武器。因而，BCD 都属于国际法上战争法规则明确地直接禁止的武器。国际法对于核武器的使用是合法还是非法没有明确的定论。目前国际法未对核武器做全面明确的禁止规定，只有《核不扩散条约》对核武器的使用和核武器的制造起着一些拘束作用。

35. 甲乙均为俄罗斯公民。甲定居中国，乙定居韩国，双方在汉城订立了一借贷合同，其中约定有关该合同的争议由中国法院排他管辖，英国法律为合同准据法。后双方因执行该合同发生争议而诉至我国法院。关于该合同争议的诉讼时效所应适用的法律，下列哪一个选项是正确的？

    A. 当事人双方都是俄罗斯公民，该合同争议的诉讼时效应适用俄罗斯法律

    B. 当事人在汉城订立合同，该合同争议的诉讼时效应适用韩国法律

    C. 当事人选择英国法为合同准据法，该合同争议的诉讼时效应适用英国法律

    D. 当事人选择由我国法院管辖，该合同争议的诉讼时效应适用我国法律

【答案】C

【考点】诉讼时效的法律适用

【解析】我国《民法通则若干问题的意见》第 195 条规定："涉外民事法律关系的诉讼时效，依冲突规范确定的民事法律关系的准据法确定。"而对于合同，《民法通则》

145 条第 1 款规定：涉外合同的当事人可以选择处理合同争议所适用的法律，本题中当事人选择适用英国法，因此英国法为该合同争议的准据法，C 为正确答案。

36. 中国公司与新加坡公司协议将其货物买卖纠纷提交设在中国某直辖市的仲裁委员会仲裁。经审理，仲裁庭裁决中国公司败诉。中国公司试图通过法院撤销该仲裁裁决。据此，下列选项中哪一项是正确的？

   A. 中国公司可以向该市高级人民法院提出撤销仲裁裁决的申请

   B. 人民法院可依"裁决所根据的证据不充分"这一理由撤销该裁决

   C. 如有权受理该撤销仲裁裁决请求的法院做出了驳回该请求的裁定，中国公司可以对该裁定提起上诉

   D. 受理该请求的法院在裁定撤销该仲裁裁决前须报上一级人民法院审查

【答案】D

【考点】涉外仲裁的撤销

【解析】对于中国的涉外仲裁裁决，当事人可以根据《仲裁法》58 条的规定，向仲裁机构所在地的中级人民法院申请撤销仲裁，不是高级人民法院，因此 A 错误；B 项错误，"裁决所根据的证据不充分"不是撤销仲裁裁决的理由；对于人民法院撤销仲裁裁决或驳回当事人申请的裁定，依照最高人民法院的有关司法解释，当事人无权提出上诉及申诉，人民检察院也不能提起抗诉，但当事人可以依据重新达成的仲裁协议申请仲裁，也可以直接向有管辖权的法院起诉，由此 C 错误；根据《最高人民法院关于人民法院撤销涉外仲裁裁决有关事项的通知》，我国对人民法院撤销我国涉外仲裁裁决实行报告制度，凡一方当事人按照仲裁法的规定向人民法院申请撤销我国涉外仲裁裁决，人民法院在裁定撤销裁决或通知仲裁庭重新仲裁之前，须报请本辖区所属高级人民法院进行审查。如果高级人民法院同意撤销裁决或通知仲裁庭重新仲裁，应将其审查意见报最高人民法院。待最高人民法院答复后，方可裁定撤销裁决或通知仲裁庭重新仲裁。D 项说法正确。

37. 某国公民杰克逊 18 岁，在上海某商店购买一款手机，价值 4000 元人民币。三天之后，杰克逊在另一商店发现该款手机的价格便宜许多，便到前一商店要求退货，被拒绝。杰克逊遂向上海某法院起诉，理由是根据其本国法，男子满 20 岁为成年人，自己未届成年，购买手机行为应属无效。对此，下列哪一种说法是正确的？

   A. 认定杰克逊的行为无效，手机可以退货

   B. 认定杰克逊的行为有效，手机不能退货

   C. 认定杰克逊为限制行为能力人，但因本案所涉金额不大，判购买行为有效

D. 法院应根据 1980 年《联合国国际货物销售合同公约》处理该案

【答案】B

【考点】涉外民事行为能力的认定

【解析】《民法通则若干问题的意见》180 条规定："外国人在我国领域内进行民事活动，如依其本国法律为无民事行为能力，而依我国法律为有民事行为能力，应当认定为有民事行为能力。"本题中杰克逊 18 岁，我国法律认为其有完全民事行为能力，在我国领域进行买卖这一民事行为有效，手机不可以退货，因此 B 项正确。

38. 中国籍公民张某与华侨李某在某国相识后结婚并定居该国。10 年后张某在定居国起诉离婚，但该国法院以当事人双方均具有中国国籍为由拒绝受理该案。张某遂向自己在中国的最后居住地法院起诉。依我国法律及相关司法解释，下列哪一个选项是正确的？

A. 因双方在定居国结婚，不应受理

B. 因双方已定居国外 10 年，不应受理

C. 该中国法院有权受理

D. 告知双方先订立选择中国法院管辖的书面协议

【答案】C

【考点】涉外离婚诉讼的管辖权

【解析】根据《最高人民法院关于适用〈中华人民共和国民事诉讼法〉若干问题的意见》第 14 条的规定："在国外结婚并定居国外的华侨，如定居国法院以离婚诉讼须由国籍所属国法院管辖为由不予受理，当事人向人民法院提出离婚诉讼的，由一方原住所地或在国内的最后居住地人民法院管辖。"因此，C 选项为正确答案。

39. 新加坡民用航空公司一架客机飞往印度尼西亚途中，因机上物体坠落使在公海上捕鱼的越南渔船受损。后该渔船开往中国港口修理，并就该飞机造成的损害赔偿诉诸我国法院。对于该案，依《中华人民共和国民用航空法》规定，法院应适用下列哪个国家的法律？

A. 新加坡法律

B. 印度尼西亚法律

C. 越南法律

D. 中国法律

【答案】 D

【考点】 涉外民用航空致人损害的法律适用

【解析】《中华人民共和国民用航空法》第189条第2款规定："民用航空器对地面第三人的损害赔偿，适用侵权行为地法律。民用航空器在公海上空对水面第三人的损害赔偿，适用受理案件的法院所在地法律。"该案件中受理法院为中国法院，故应该适用中国法律，选D。

40. 甲具有美国国籍，在加拿大有其原始住所。现甲在英国及中国均有住所。甲家人常住英国，甲为生意常年往返于中国和英国。甲在中国住所居住期间，与他人发生民事纠纷而诉至中国法院。依中国有关法律及司法解释，法院应以何地为甲的住所？

   A. 甲的原始住所，即在加拿大国的住所

   B. 甲常住地的住所，即在英国的住所

   C. 与产生该纠纷有最密切联系的住所，即在中国的住所

   D. 同时以其英国和中国的住所为住所

【答案】 C

【考点】 涉外民事案件中的住所认定

【解析】《最高人民法院关于适用〈中华人民共和国民事诉讼法〉若干问题的意见》183条规定"当事人的住所不明或者不能确定的，以其经常居住地为住所。当事人有几个住所的，以与产生纠纷的民事关系有最密切联系的住所为住所。"很明显，甲在中国住所居住期间与他人发生民事纠纷，中国的住所与产生该纠纷是有最密切联系的住所，故选C。

41. 中国甲公司（卖方）与德国乙公司（买方）签订的国际货物买卖合同中使用了"CIP汉堡"贸易术语。下列哪一种说法符合该贸易术语的要求？

   A. 货物应运至汉堡港

   B. 货物风险自货交第一承运人时转移

   C. 由甲公司负责办理进口手续

   D. 甲公司订立多式联运运输合同，乙公司负责办理保险

【答案】 B

【考点】 国际贸易术语 CIP

【解析】 CIP 术语含义为"运费和保险费付至（指定目的地）"，与 CIF 不同，CIP 这个术语适用于任何运输，根据 CIP 术语规定，货物必须运到指定的目的地而不是

目的港。目的地与目的港是两个完全不同的概念，目的地是货物最终要到达的地方，可能是港口城市也可能是内陆城市，目的港则仅是指港口，所以 A 错。在风险转移上，CIP 术语要求一般情况下货交第一承运人时风险即发生转移，因此 B 正确。进口手续应由买方办理，C 错；在 CIP 术语条件下，卖方都必须办理买方货物在运输途中灭失或损坏风险的保险，即由卖方中国甲公司订立保险合同并支付保险费，D 错误。

42. 下列哪一项措施不是我国有关反倾销法律规定的反倾销措施？

　　A. 临时反倾销措施

　　B. 价格承诺

　　C. 反倾销税

　　D. 进口配额

【答案】D

【考点】反倾销措施

【解析】根据我国《反倾销条例》的规定，反倾销措施包括临时反倾销税、价格承诺和反倾销税。进口配额是进口国对某种进口产品实行一定数量限制，属于典型的非关税壁垒，而不是反倾销措施，故答案为 D。

43. 土耳其甲公司（卖方）与泰国乙公司（买方）订立一货物买卖合同。乙公司申请开出的不可撤销信用证规定装船时间为 2003 年 5 月 10 日前，而甲公司由于货源上的原因，最早要到 2003 年 5 月 15 日才能备齐货物并装船付运。下列哪一种做法是甲公司应采取的正确处理方法？

　　A. 直接请求开证行修改信用证

　　B. 通过提供保函要求承运人倒签提单

　　C. 征得乙公司同意、由乙公司请求开证行修改信用证

　　D. 通过提供保函要求承运人预借提单

【答案】C

【考点】信用证的修改、保函的效力

【解析】不可撤销的信用证指在信用证有效期内，不经开证行、保兑行和受益人同意就不得修改或撤销的信用证。一般而言，受益人是卖方，变更信用证应该由买方来通知开证行，受益人不得直接请求开证行修改信用证，所以 A 不正确，C 正确。保函的效力是经常考的问题，《汉堡规则》第一次在一定范围内承认了保函的效力：如果保函是善意的则有效，但只在承运人与托运人之间有效，不得对抗三人；如果保函

有欺诈意图则保函无效。以保函换取倒签提单、预借提单都属于欺诈行为，一般被认为无效，故 B、D 错误。

44. 下列关于世界贸易组织争端解决机制的表述哪一项是正确的？

  A. 磋商是必经程序

  B. 任何争端方对上诉机构的裁决有异议的，均可上诉到争端解决机构

  C. 世贸组织的上诉机构应对专家组报告涉及的事实及法律问题进行审理

  D. 对被认为有错误的专家组的裁决，上诉机构可以发回重审

【答案】A

【考点】世界贸易组织争端解决机制

【解题思路和依据】WTO 争端解决机制的基本过程是：争端各方首先进行磋商（磋商是必经程序，A 正确），磋商未果则可自愿选择斡旋、调停或仲裁程序。争端当事方的双边磋商是世界贸易组织争端解决的第一步，也是必经的一步。A 正确。世界贸易组织的争端解决程序包括磋商、专家组审理、上诉机构审理、裁决的执行和监督。争端方对专家组的最终裁决有异议的可以上诉到上诉机构，上诉机构只是争端解决机构内部的一个机构，B 项说法错误。上诉机构只审查专家组报告涉及的法律问题和专家组作出的法律解释，但不涉及事实问题，C 错误。上诉机构可以维持修改或推翻专家组的结论但不能发回重审，D 错误。

45. 下列哪一项不是出口保理商提供的服务？

  A. 对销售货物质量进行监督

  B. 应收账款的催收

  C. 坏账担保

  D. 贸易融资

【答案】A

【考点】国际保理

【解析】依《国际保理公约》的规定，保理是指卖方、供应商、出口商与保理商间存在一种契约关系。保理也叫保付代理，出口保理商主要提供的服务有：1.贸易融资和销售分户帐管理；2.应收帐款的追收；3.信用风险控制和坏帐担保，不包括对货物质量进行监督。四个选项与上述规定相对照，A 选项是应选项。

46. 海外投资保证制度是资本输出国对本国的私人海外投资依据国内法所实施的一种对该投资所可能产生的政治风险进行保险的制度。下列关于海外投资保证制度的哪一项表述不正确？

    A. 海外投资保证只承保政治风险

    B. 任何保险公司均可参与海外投资保险业务

    C. 海外投资保证机构具有国家特设机构的性质

    D. 海外投资保证机构在向投资者支付赔偿后将取得代位求偿权

    【答案】B

    【考点】海外投资保证制度

    【解析】海外投资保证也称海外投资保险，是资本输出国政府对本国海外投资可能遇到的政治风险提供保证或保险。海外投资保证制度承保的风险是特殊的政治风险，A 的说法正确。从性质上讲，海外投资保证制度是一种政府保证或国家保证，具有与一般民间保证不同的特征，这是海外投资保证制度和普通商业保险最本质的区别。因而，B 错误，C 正确。投资者向本国投资保险机构申请保险后，若承保的政治风险发生，致投资者遭受损失，则由国内保险机构赔偿其损失.在为投资者支付赔偿后将取得对资本输入国的代位求偿权，D 正确。

47. 下列哪一项表述是严格约束法官职务外活动的基本出发点？

    A. 维护法官形象和司法尊严

    B. 维护司法独立

    C. 有利于法律监督

    D. 有利于公开审判

    【答案】A

    【考点】约束法官职务外活动的目的

    【解析】作为司法职业道德的一项基本准则，严格约束法官的职务外活动要求法官不参加不适当的司法外活动,在参加适当的职务外活动时应当避免该行为与司法职责相冲突，维护法官职业形象和司法尊严，增加公众和社会对司法公正的信任与忠诚。所以，A 选项为正确答案。

48. 李法官在审理一起二审民事案件中的哪一种做法违反了维护审判独立的原则？

    A. 某市领导电话暗示此案只能判原告胜诉，李法官表示理解，但未作任何承诺，事后也没有采纳这位领导的意见

B. 就案件中的一个疑难问题，李法官查阅了资料，但对其中几个概念不甚明了，于是就此向某大学教授请教

C. 本案一审法官张某来访，李法官予以接待并宴请，席间张某就此案发表了个人意见，李法官表示"可以考虑"，并在数日后制作判决书时打电话征求张某意见

D. 原告上书市人大对本案审理程序提出异议，市人大常委会向法院提出询问，李法官根据院长指示，向市人大提交了一份书面报告，就有关问题作出解释

【答案】C

【考点】审判独立原则

【解析】法官在履行职责时，应当忠实于宪法和法律，坚持和维护审判独立的原则，不受任何行政机关、社会团体和个人的干涉，不受来自法律规定之外的影响。地方各级人大是地方国家权力机关，本级的地方国家行政机关、审判机关、检察院机关都由人民代表大会选举产生，对它负责，受它监督。因此，市人大常委会向法院提出询问的做法没有干扰法院的正常审判工作，C 较明显违反了审判独立的原。ABD 都没有违反审判独立的原则。

49. 骆律师代理甲公司与乙公司签订货物运输合同。甲公司与骆律师所在律师事务所签定的委托代理合同约定，如果甲公司因该货物运输合同的履行发生纠纷，亦由骆律师所在的律师事务所代理。后因乙公司未履行合同义务，甲公司起诉乙公司，骆律师以业务繁忙为由不愿代理该案件。在此情形下，骆律师所在的律师事务所能否拒绝该案件的代理？

A. 能，因为甲公司的委托不成立

B. 能，因为甲公司与骆律师所在的律师事务所之间的代理关系已经终止

C. 不能，但是需要事先取得乙公司的同意

D. 不能，因为甲公司与骆律师所在的律师事务所之间的委托代理合同合法有效

【答案】D

【考点】委托代理关系

【解析】按照律师法的规定："律师承办业务，由律师事务所统一接受委托，与委托人签订书面委托合同，按照国家规定向当事人统一收取费用并如实入账。"本题中，甲公司与骆律师所在的律师事务所之间的委托代理合同合法有效，骆律师所在的律师事务所与委托人之间存在委托代理关系，因此，骆律师所在的律师事务所不能拒绝该案件的代理。

50. 以下哪一种行为违反了律师管理规定？

    A. 苏律师在看守所会见犯罪嫌疑人时，接受其投诉办案人员刑讯逼供的控告材料并转送有关机关

    B. 某律师事务所为开拓业务，在全国十个城市申请开设了分所

    C. 某律师事务所在办理购房按揭贷款业务时，凡客户以现金交纳代理费的，只出具本所内部收据不开发票

    D. 某律师事务所代为保管委托人的资金，并约定将存款利息作为律师费

【答案】C

【考点】律师管理规定

【解析】根据司法部律师执业行为规范的规定，以诉讼结果或其他法律服务结果作为律师收费依据的，该项收费的支付数额及支付方式应当以协议形式确定，应当明确计付收费的法律服务内容、计付费用的标准、方式，包括和解、调解或审判不同结果对计付费用的影响，以及诉讼中的必要开支是否已经包含于风险代理酬金中等。因此，D 正确。C 选项明显错误，律师事务所必须出具正式发票。

二、多项选择题，每题所给的选项中有两个或两个以上正确答案，少答或多答均不得分。本部分 51-90 题，每题 2 分，共 80 分。

51. 下列有关成文法和不成文法的表述，哪些不正确？

    A. 不成文法大多为习惯法

    B. 判例法尽管以文字表述，但不能视为成文法

    C. 不成文法从来就不构成国家的正式法源

    D. 中国是实行成文法的国家，没有不成文法

【答案】CD

【考点】成文法和不成文法

【解析】按照法律的创制和表达形式不同的标准，法律可以分为成文法与不成文法。不成文法主要为习惯法，选项 A "不成文法大多为习惯法"正确。成文法是以条文形式表现的法，而不仅仅为以文字形式表达。故判例法尽管以文字表述，但不能视为成文法，选项 B 正确。在法律发展的早期，作为不成文法的习惯法是最主要的正式法律渊源；在当代中国，习惯法在某些情况下也是正式的法律渊源，选项 C 的说法"不成文法从来就不构成国家的正式法源"不符合事实。中国是实

行成文法的国家，但是也存在习惯法，存在不成文法。因此选项 D 错误，符合题目要求。

52. 下列有关法律后果、法律责任、法律制裁和法律条文等问题的表述，哪些可以成立？

   A. 任何法律责任的设定都必定是正义的实现

   B. 法律后果不一定是法律制裁

   C. 承担法律责任即意味着接受法律制裁

   D. 不是每个法律条文都有法律责任的规定

【答案】BD

【考点】法律责任、法律后果、法律制裁、法律条文

【解析】法律责任的设定当然要基于对正义的考虑，但是有些法律责任的设定则是从秩序、效率等方面考虑的。因此，"任何法律责任的设定都必定是正义的实现"的说法有问题，选项 A 不能成立；根据人们对行为模式所做出的实际行为的不同，法律后果包括肯定式的法律后果和否定式的法律后果。肯定式的法律后果，又称合法后果，是法律规则中规定人们按照行为模式的要求行为而在法律上予以肯定的后果，它表现为法律规则对人们行为的保护、许可或奖励。选项 B "法律后果不一定是法律制裁"可以成立，符合题目要求。法律制裁的目的是强制责任主体承担否定的法律后果。但是，有法律责任不等于受到了法律制裁。因此，选项 C 的表述"承担法律责任即意味着接受法律制裁"片面，存在错误；不是所有的法律条文都直接规定法律规范的，也不是每一个条文都完整地表述一个规范的或只表述一个法律规范的。因此，选项 D "不是每个法律条文都有法律责任的规定"表述正确，应选。

53. 下列有关法律作用、法律观念等问题的表述哪些是正确的？

   A. "法典是人民自由的圣经"，这说明法律是自由的保障

   B. "恶法亦法"观点强调法律的权威来自于法律自身，与法律之外的因素无关

   C. "徒法不足以自行"，因此法律不是万能的

   D. "有治人，无治法"，反映了中国古代"以法治国"的法治观

【答案】ABC

【考点】法律作用、法律意识、法治

【解析】马克思指出，"法典是人民自由的圣经"，强调法律必须体现自由、保障自由，因此选项 A 正确。"恶法亦法"观点强调法律的自足性，法律的效力、法律的权威由法律自身决定，而不是由法律之外的道德等因素所决定。因此选项 B 正确。

"徒法不足以自行"为中国古代孟子的观点,这说明法律不是万能的。因此选项 C 正确,符合题目要求。"有治人,无治法"为中国古代儒家的观点,突出人在社会管理中的重要性。中国古代有关于"法治"的论述,但这与近现代的法治概念有着内在的不同。选项 D"'有治人,无治法',反映了中国古代'以法治国'的法治观"的说法不正确。

54. 下列有关法源的说法哪些不正确?

　　A. 大陆法系的主要法源是制定法

　　B. 英美法系的法源中没有成文宪法

　　C. 不同国家的法源之间不能进行移植

　　D. 在法律适用过程中,一般先适用正式法源,然后适用非正式法源

【答案】BC

【考点】大陆法系、英美法系、法律渊源、法律移植

【解析】大陆法系国家正式的法律渊源主要为制定法,但判例法在某些情况下也为正式的法律渊源,如法国国家行政法院、德国联邦宪法法院、瑞士联邦法院、西班牙最高法院等在某些方面也采用判例法或承认有拘束力。因此,选项 A 正确。英美法系国家中制定法和判例法都是正式的法律渊源,有的国家如英国为不成文宪法制国家,而有的国家如美国为成文宪法制国家。因此,选项 B 错误,应当选。法律移植是在不同国家的法律间进行,也可能在不同法源间进行,选项 C 不正确,应当选。在法律适用过程中,一般先适用正式法源,然后适用非正式法源,故选项 D 正确。

55. 下列有关法对人的效力的表述哪些是正确的?

　　A. 各国法律对作为人权主体的人和作为公民权主体的人在效力规定上是相同的

　　B. 法律在对人的效力上采取"保护主义"原则,主要是为了保障外国人和无国籍人的人权

　　C. 中国法律中有关于"保护主义"原则的规定

　　D. 法律对在不同空间活动的人所规定的效力有一定差异

【答案】CD

【考点】法律与人权、法律对人的效力、法律的空间效力

【解析】人权是指作为一个人应该享有的权利,公民权是人权的法律表现形式,是宪法和法律所规定的本国公民所享有的权利。作为人权主体的人为广泛的人,包括个体(自然人)和群体(包括团体、集体等),而作为公民权主体的人为具有一国国籍的

自然人，两者的范围不同。显然，各国法律对作为人权主体的人和作为公民权主体的人在效力规定上是不同的。因此，选项 A 错误。

保护主义原则是指任何人只要损害了一国的利益，不论损害者的国籍与所在地域，该国法律都对其有效。"保护主义"原则，主要是为了保障本国利益，而非为了保障外国人和无国籍人的人权。因此选项 B 不正确。中国法律中有关于"保护主义"原则的规定，选项 C 正确。

法律对在不同空间活动的人所规定的效力有一定差异，我国《刑法》第 7 条规定："中华人民共和国公民在中华人民共和国领域外犯本法规定之罪的，适用本法，但是按本法规定的最高刑为 3 年以下有期徒刑的，可以不予追究"。而在中华人民共和国领域内犯罪的，显然均要追究。因此选项 D 正确。

56. 《中华人民共和国民法通则》第 7 条规定："民事活动应当尊重社会公德，不得损害社会公共利益，破坏国家经济计划，扰乱社会经济秩序。"对这条规定，下列哪些理解不正确？

A. 这一条的内容是法律规则

B. 一切民事案件均可以优先适用这一条文

C. 这一条的内容所反映的是正义的价值

D. 在处理民事案件时可以采取"个案平衡原则"适用这一条文

【答案】ABC

【考点】法律原则、法律规则、法律价值

【解析】法律原则是指能够作为法律规则基础或本源的原理或准则。很明显，《民法通则》第 7 条的这一规定为法律原则而非法律规则。因此，选项 A 错误。

在法律适用时，一般有法律规则先适用法律规则，只有当法律规则矛盾、冲突或者模糊时，才不适用法律规则而适用法律原则。因此，选项 B"一切民事案件均可以优先适用这一条文"的说法错误。

《民法通则》第 7 条规定的内容实际上是公序良俗的要求，更多反映的是公共秩序的价值。选项 C 的表述"这一条的内容所反映的是正义的价值"不正确。

处理法律价值冲突时，通常采用价值位阶原则、个案平衡原则、比例原则等。就个案平衡原则而言，个人利益并不一定高于公共利益。在处理民事案件时，当个人自由与社会秩序发生冲突时，可以采取"个案平衡原则"适用《民法通则》第 7 条的规定，以寻求个人自由与社会秩序的兼顾和平衡。因此，选项 D 正确。

57. 根据我国宪法和有关法律的规定，我国县级人民代表大会或人民政府可以设立哪些机构？

    A. 专门委员会

    B. 特定问题的调查委员会

    C. 审计机关

    D. 区公所

【答案】BCD

【考点】地方国家机构

【解析】《中华人民共和国地方各级人民代表大会和地方各级人民政府组织法》第30条："省、自治区、直辖市、自治州、设区的市的人民代表大会根据需要，可以设法制（政法）委员会、财政经济委员会、教育科学文化卫生委员会等专门委员会。各专门委员会受本级人民代表大会领导；在大会闭会期间，受本级人民代表大会常务委员会领导。"不包括县级人民代表大会，A 错误。第 31 条："县级以上的地方各级人民代表大会可以组织关于特定问题的调查委员会。……"B 正确。第 64 条地方各级人民政府根据工作需要和精干的原则，设立必要的工作部门。县级以上的地方各级人民政府设立审计机关。地方各级审计机关依照法律规定独立行使审计监督权，对本级人民政府和上一级审计机关负责。……"C 正确。第 68 条："省、自治区的人民政府在必要的时候，经国务院批准，可以设立若干派出机关。县、自治县的人民政府在必要的时候，经省、自治区、直辖市的人民政府批准，可以设立若干区公所，作为它的派出机关。市辖区、不设区的市的人民政府，经上一级人民政府批准，可以设立若干街道办事处，作为它的派出机关。"D 正确。

58. 根据 2004 年通过的《中华人民共和国宪法修正案》，下列有关国家对个体经济等非公有制经济实行的政策的文字表述，哪些是正确的？

    A. 国家通过行政管理，指导、帮助和监督个体经济

    B. 国家对个体经济、私营经济实行引导、监督和管理

    C. 国家鼓励、支持和引导非公有制经济的发展

    D. 国家对非公有制经济依法实行监督和管理

【答案】CD

【考点】我国的经济制度

【解析】2004 年《宪法修正案》第 21 条将宪法第 11 条第 2 款"国家保护个体经济、私营经济的合法的权利和利益。国家对个体经济、私营经济实行引导、监督和管理。"

修改为:"国家保护个体经济、私营经济等非公有制经济的合法的权利和利益。国家鼓励、支持和引导非公有制经济的发展,并对非公有制经济依法实行监督和管理。"CD 为正确答案。

59. 某市人民代表大会常务委员会准备在一次会议中审议以下事项,根据宪法的规定,下列哪些事项符合该委员会的权限范围?

    A. 撤销本市人民政府的一项不适当的决定

    B. 撤销本市某区人民代表大会的一项不适当的决议

    C. 责成本市人民法院重新审理一起有重大社会影响的刑事案件

    D. 罢免犯受贿罪的陈某的省人民代表大会代表资格

【答案】ABD

【考点】地方人大常委会的职权

【解析】《宪法》第 104 条规定"县级以上的地方各级人民代表大会常务委员会讨论、决定本行政区域内各方面工作的重大事项;监督本级人民政府、人民法院和人民检察院的工作;撤销本级人民政府的不适当的决定和命令;撤销下一级人民代表大会的不适当的决议;依照法律规定的权限决定国家机关工作人员的任免;在本级人民代表大会闭会期间,罢免和补选上一级人民代表大会的个别代表。"C 选项责成本市人民法院重新审理一起有重大社会影响的刑事案件不属于该委员会的权限范围,干扰了司法独立,应选 ABD。

60. 根据我国宪法和法律的规定,下列哪些说法不正确?

    A. 为了收集"第三者插足"的证据,公民可以委托私人调查机构以各种形式对"第三者"进行跟踪

    B. 为了收集犯罪证据,公民可以委托法官对犯罪嫌疑人的通信进行监听

    C. 商场保安人员有权根据商场的规定,对"盗窃嫌疑人"当场进行搜身检查

    D. 商场保安人员有权对拒绝搜身检查的顾客采取限制人身自由的措施

【答案】ABCD

【考点】公民的权利

【解析】《最高人民法院关于民事诉讼证据的若干规定》第 58 条规定:"以违反法律禁止性规定或者侵犯他人合法权益的方法取得的证据,不能作为认定案件事实的依据。"当事人取证不得侵犯他人的合法权益,因而 A 错误。

    《宪法》第 40 条规定:"中华人民共和国公民的通信自由和通信秘密受法律的

保护。除因国家安全或者追查刑事犯罪的需要，由公安机关或者检察机关依照法律规定的程序对通信进行检查外，任何组织或者个人不得以任何理由侵犯公民的通信自由和通信秘密。"B错误。

《宪法》第37条规定："中华人民共和国公民的人身自由不受侵犯。任何公民，非经人民检察院批准或者决定或者人民法院决定，并由公安机关执行，不受逮捕。禁止非法拘禁和以其他方法非法剥夺或者限制公民的人身自由，禁止非法搜查公民的身体。"CD错误。

61. 选民王某，35岁，外出打工期间本村进行乡人民代表的选举。王因路途遥远和工作繁忙不能回村参加选举，于是打电话嘱咐14岁的儿子帮他投本村李叔1票。根据上述情形，下列哪些说法是正确的？

　　A. 王某仅以电话通知受托人的方式，尚不能发生有效的委托投票授权

　　B. 王某必须同时以电话通知受托人和村民委员会，才能发生有效的委托投票授权

　　C. 王某以电话委托他人投票，必须征得选举委员会的同意

　　D. 王某不能电话委托儿子投票，因为儿子还没有选举权

【答案】AD

【考点】直接选举中的委托投票授权

【解析】《中华人民共和国全国人民代表大会和地方各级人民代表大会选举法》第38条规定："选民如果在选举期间外出，经选举委员会同意，可以书面委托其他选民代为投票。每一选民接受的委托不得超过三人。"选民委托他人投票必须满足三个条件：1.经选举委员会同意；2.书面委托；3.受委托人是有选举权的选民，且其接受的委托未超过三人。王某14岁的儿子属于未成年人，显然没有选举权，因而，应选AD。

62. 根据我国宪法的规定，下列关于宪法监督制度的表述，哪些是正确的？

　　A. 全国人民代表大会常务委员会对省人大制定的地方性法规的撤销属于事后监督

　　B. 我国的宪法监督体制以附带性审查为主

　　C. 全国人民代表大会常务委员会有权撤销国务院制定的同宪法、法律相抵触的行政法规

　　D. 全国人民代表大会常务委员会批准自治区的自治条例属于事先监督

【答案】ACD

【考点】我国宪法监督制度

【解析】我国宪法监督采取事前审和事后审相结合的方式。事前审查通常适用于法律

法规的制定过程中, 是在法律规范尚未生效之前由有权机关对其是否合宪进行审查。事后审查是指在法律、法规和其他规律性文件颁布实施以后, 由有权机关对其是否合宪进行审查。全国人民代表大会常务委员会对省人大制定的地方性法规的撤销属于事后监督, A 正确。在我国, 行使宪法监督权的是全国人大及其常委会, 司法机关没有违宪审查权, B 错。依据宪法规定, 全国人民代表大会常务委员会有权撤销国务院制定的同宪法、法律相抵触的行政法规, C 正确。全国人民代表大会常务委员会批准自治区的自治条例属于事先监督, D 正确。

63. 下列关于中国古代法制思想和法律制度的说法, 哪些是正确的?

    A. "礼法结合" 为中国古代法制的基本特征

    B. 夏商时代的法律制度明显受到神权观念的影响

    C. 西周的 "以德配天、明德慎罚" 思想到汉代中期以后被儒家发挥成为 "德主刑辅、礼刑并用" 的策略

    D. 清末修律使中华法系 "依伦理而轻重其刑" 的特点没有受到冲击

【答案】ABC

【考点】中国古代法制思想和法律制度

【解析】清末变法修律过程中一系列新的法典法规的出现, 中国封建法律制度的传统格局开始被打破。清末变法修律为中国法律的近代化奠定了初步的基础。通过清末大规模的立法, 参照西方资产阶级法律体系和法律原则建立起来的一整套法律制度和司法体制。清末修律使中华法系 "依伦理而轻重其刑" 的特点受到了巨大冲击。因此, D 项错误。

64. 下列中国古代法律制度, 哪些是直接受儒家思想的影响而形成的?

    A. 汉代的 《春秋》 决狱

    B. 明代的 "九卿会审"

    C. 《魏律》 规定的 "八议" 制度

    D. 《晋律》 和 《北齐律》 确立的 "准五服制罪" 制度

【答案】ACD

【考点】儒家思想直接影响的古代法律制度

【解析】明代的 "九卿会审" 是审理皇帝交办的案件, 以及罪犯不服判决案件, 由六部尚书、大理寺卿、左都御史、通政使九卿联合审判, 最后报奏皇帝裁决。这是一种慎刑思想的反映, 但却导致多方干预司法, 以至皇家家奴也插手司法, 最终结果是司

法更加冤滥。因此，B 不是直接受儒家思想的影响而形成的。

汉代中期以后，随着儒家正统思想的确立，汉代实行《春秋》决狱，"论心定罪"的原则。三国两晋南北朝时期，体现儒家思想的伦理纲常观念进一步体现在法律中，曹魏统治时期，"八议"入律就是突出表现。《晋律》与《北齐律》中相继确立"准五服制罪"的制度。依五服制罪也是直接受儒家思想的影响而形成的，成为封建法律制度的重要内容，影响广泛，直到明清。因此，ACD 都选。

65. 司法制度是一国法律制度的重要组成部分。下列有关各国司法制度的表述哪些是正确的？

A. 19 世纪后期司法改革后，英国取消了普通法和衡平法两大法院系统的区别，统一了法院组织体系

B. "马布里诉麦迪逊"案对美国违宪审查制度的确立具有重要意义

C. 日本明治宪法颁行后，按法国和德国的模式建立了普通法院和行政法院系统

D. 中国清末的司法制度改革与废除领事裁判权有直接关系

【答案】ABCD

【考点】各国司法制度

【解析】ABC 三个选项是较明显的正确答案。1840 年以后，中国逐渐陷入了半殖民地、半封建社会，清政府被迫与西方帝国主义签订了丧权辱国的不平等条约，西方列强获取了领事裁判权，使清政府的司法主权遭到巨大的践踏。1900 年到 1911 年，清政府为了挽救危局，被迫进行自上而下的修律变革。因此，清末的司法制度改革与废除领事裁判权有直接关系，D 项正确。

66. 根据劳动法的规定，下列有关工作时间的说法，哪些是正确的？

A. 我国实行劳动者每日工作时间不超过 8 小时，平均每周工作时间不超过 44 小时的制度

B. 用人单位应当保证劳动者每周休息 2 日

C. 用人单位不能实行法定工作时间，需要实行其他工作时间的，必须经过劳动行政部门的批准

D. 用人单位因生产经营需要而延长工作时间的，应当与工会和劳动者协商，而且一般不得超过 1 小时

【答案】ACD

【考点】工作时间

【解析】《中华人民共和国劳动法》第 36 条规定：国家实行劳动者每日工作时间不超过八小时、平均每周工作时间不超过四十四小时的工时制度，所以 A 选项正确；第 8 条规定：用人单位应当保证劳动者每周至少休息一日，所以 B 选项错误。由于生产特点不能实行本法第三十六条、第三十八条规定的，经劳动行政部门批准，可以实行其他工作和休息办法，所以 C 选项正确。第 41 条：用人单位由于生产经营需要，经与工会和劳动者协商后可以延长工作时间，一般每日不得超过一小时，所以 D 选项正确。

67. 根据我国劳动法的规定，劳动者与用人单位建立劳动关系，应当订立劳动合同；又规定企业职工方与企业可以就劳动报酬、工作时间、休息休假、劳动安全卫生、保险福利等事项，签定集体合同。劳动合同与集体合同有联系又有区别。下列关于两者异同点的表述，哪些是正确的？

   A. 签订集体合同的当事人一方不是单个劳动者，而是代表全体劳动者的工会

   B. 劳动者个人与企业订立的劳动合同中劳动条件和劳动报酬标准不得低于集体合同的规定

   C. 劳动合同和集体合同都是要式合同，都必须以书面形式签订，但备案、鉴证或公证都不是订立合同的必要条件

   D. 根据特别优于普通的原则，个人劳动合同的效力优先于集体合同的效力

【答案】AB

【考点】劳动合同与集体合同的异同

【解析】《中华人民共和国劳动法》第 33 条：企业职工一方与企业可以就劳动报酬、工作时间、休息休假、劳动安全卫生、保险福利等事项，签订集体合同。集体合同草案应当提交职工代表大会或者全体职工讨论通过。集体合同由工会代表职工与企业签订；没有建立工会的企业，由职工推举的代表与企业签订。第 34 条：集体合同签订后应当报送劳动行政部门；劳动行政部门自收到集体合同文本之日起十五日内未提出异议的，集体合同即行生效。第 35 条：依法签订的集体合同对企业和企业全体职工具有约束力。职工个人与企业订立的劳动合同中劳动条件和劳动报酬等标准不得低于集体合同的规定，根据劳动部关于贯彻执行《中华人民共和国劳动法》若干问题的意见》第三十四条："集体合同签订后应当报送劳动行政部门；劳动行政部门自收到集体合同文本之日起十五日内未提出异议的，集体合同即行生效。"的规定，因此，AB 正确，CD 错误。

68. 下列关于拍卖和招标的区别的说法，哪些是错误的？

　　A. 在应用于货物买卖的场合，拍卖用于出售货物，招标用于采购货物

　　B. 在合同法上，拍卖行为属于要约，招标行为属于要约邀请

　　C. 拍卖人和招标人的性质都是交易中介人

　　D. 在拍卖过程中，竞买人在落槌之前能够随时了解其他竞买人的报价；在招标过程中，投标人在开标之前不得了解其他投标人的报价

【答案】BC

【考点】拍卖和招标的区别

【解析】根据合同法的规定，拍卖行为也属于要约邀请。招标人的性质是一方当事人，而不是交易中介人。因此，BC 不正确。

69. 下列有关消费者组织的提问，哪些应该给予肯定的回答？

　　A. 除了消费者协会以外，是否可以经过合法程序成立其他的消费者组织？

　　B. 有人说，消费者组织属于工商行政管理局下属的政府机构，这种说法正确吗？

　　C. 消费者协会能够以自己名义代表消费者打官司吗？

　　D. 消费者协会能够以自己名义在立法过程中提出建议吗？

【答案】AD

【考点】消费者组织

【解析】消费者协会不是工商行政管理局下属的政府机构，而是依法成立的对商品和服务进行社会监督的保护消费者合法权益的社会团体。消费者协会的职能之一便是对消费者的投诉进行调查、调解。调解应依据法律、法规以及公认的商业道德，调解的结果由双方自愿接受和执行。消费者协会不能以自己名义代表消费者打官司。除了消费者协会以外，可以经过合法程序成立其他的消费者组织，消费者协会可以以自己名义在立法过程中提出建议。因此，四个选项中的 BC 选项不能给予肯定的回答。

70. 王某购买的商品房交付后即进行装修，后发现墙体严重渗水，客厅、卧室墙壁和卫生间的顶部及墙面各有三分之一的渗水面，造成装修后的壁纸卷曲、剥落。开发商接到王某反映后，经检验，属于施工单位未按设计要求施工，漏做王某家楼上地面的防水层所致。开发商应向王某提供哪些补救？

　　A. 接受退房、退回购房款并赔偿损失

　　B. 退房并按房价双倍赔偿

　　C. 妥善修理并支付相应赔偿

D. 按原房价在原地置换一套面积更大、楼层更好并且装修完毕的房屋

【答案】AC

【考点】产品质量责任

【解析】产品质量责任与产品责任是两个相关却不同的概念。从理论上讲，产品质量法属于经济行政管理法，产品责任法属于民事赔偿法。本题中开发商的行为不属于提供商品或者服务欺诈行为的性质，所以不选 B。按原房价在原地置换一套面积更大、楼层更好并且装修完毕的房屋没有明确的法律依据，因此不选 D。

71. 在下列哪些情况下，税务机关有权依法直接核定纳税人的应纳税额？

A. 甲公司擅自销毁账簿、拒不提供纳税资料

B. 乙公司申报的计税依据明显偏低，又无正当理由

C. 丙公司设置了账簿，但账目混乱，凭证不全，难以查账

D. 丁公司未按规定期限办理纳税申报，经税务机关责令限期申报后才申报

【答案】ABC

【考点】税务机关依法直接核定纳税人的应纳税额

【解析】依据《中华人民共和国税收征收管理法》第 35 条：纳税人有下列情形之一的，税务机关有权核定其应纳税额：（一）依照法律、行政法规的规定可以不设置帐簿的；（二）依照法律、行政法规的规定应当设置帐簿但未设置的；（三）擅自销毁帐簿或者拒不提供纳税资料的；（四）虽设置帐簿，但帐目混乱或者成本资料、收入凭证、费用凭证残缺不全，难以查帐的；（五）发生纳税义务，未按照规定的期限办理纳税申报，经税务机关责令限期申报，逾期仍不申报的；（六）纳税人申报的计税依据明显偏低，又无正当理由的。税务机关核定应纳税额的具体程序和方法由国务院税务主管部门规定。四个选项中，ABC 三个选项分别对应上述（三）、（六）、（四）项，而 D 选项明显不符合第（五）项的规定，因此 ABC 三个选项为正确答案。

72. 下列建设用地项目哪些应当由国务院批准？

A. 开发未确定使用权的国有荒山 200 公顷，从事林业生产

B. 征用集体所有的荒滩 100 公顷，用于兴建高尔夫球场和度假村

C. 经省人民政府批准的道路建设项目，涉及农用地转为建设用地

D. 经直辖市人民政府批准的教育项目，需征用基本农田以外的耕地 200 公顷

【答案】BCD

【考点】建设用地项目

【解析】依据《中华人民共和国土地管理法》第 45 条的规定：征收下列土地的，由国务院批准：（一）基本农田；（二）基本农田以外的耕地超过三十五公顷的；（三）其他土地超过七十公顷的。征收前款规定以外的土地的，由省、自治区、直辖市人民政府批准，并报国务院备案。征收农用地的，应当依照本法第四十四条的规定先行办理农用地转用审批。其中，经国务院批准农用地转用的，同时办理征地审批手续，不再另行办理征地审批；经省、自治区、直辖市人民政府在征地批准权限内批准农用地转用的，同时办理征地审批手续，不再另行办理征地审批，超过征地批准权限的，应当依照本条第一款的规定另行办理征地审批。

根据上述规定，对照四个选项，可以得出 BCD 三个选项为应选项，而 A 项并不属于土地征收的范围。

73. 某村召开村民会议，讨论村民承包地在承包期内收回问题。根据土地承包法的规定，下列哪些村民属于可以被收回承包地的情形？

   A. 张甲全家已迁入小城镇落户

   B. 李乙全家迁入省会城市，并转为城市户口

   C. 王丙家庭人口已经由过去的 7 人减为 3 人

   D. 赵丁最近提出申请，自愿将承包地交回

【答案】BD

【考点】收回承包地的条件

【解析】根据《中华人民共和国农村土地承包法》第 26 条规定：承包期内，发包方不得收回承包地。承包期内，承包方全家迁入小城镇落户的，应当按照承包方的意愿，保留其土地承包经营权或者允许其依法进行土地承包经营权流转。承包期内，承包方全家迁入设区的市，转为非农业户口的，应当将承包的耕地和草地交回发包方。因此，A 不当选，B 当选；该法第 31 条规定：承包人应得的承包收益，依照继承法的规定继承。林地承包的承包人死亡，其继承人可以在承包期内继续承包。因此，不选 C；该法第 29 条规定：承包期内，承包方可以自愿将承包地交回发包方。因此，D 当选。

74. 下列关于环境损害赔偿纠纷处理的说法，哪些是正确的？

   A. 解决环境损害赔偿纠纷，必须先经过环境保护行政主管部门的调解处理，这是向人民法院起诉之前的必经程序

   B. 对环境保护行政主管部门的调解处理决定不服的，既可以提起行政诉讼，也可以提起民事诉讼

C. 因环境污染损害赔偿提起诉讼的时效期间为三年

D. 因环境污染引起的损害赔偿诉讼，对原告提出的侵权事实，被告否认的，由被告负举证责任

【答案】CD

【考点】本题是关于环境损害赔偿纠纷处理的命题

【解析】解决环境损害赔偿纠纷，可以直接向人民法院起诉。环境保护行政主管部门对环境损害赔偿纠纷的调解处理不是向人民法院起诉之前的必经程序，对环境保护行政主管部门的调解处理决定不服的，只能提起民事诉讼。环境污染引起的损害赔偿诉讼实行举证责任倒置。因此，AB 不正确。CD 的说法符合法律规定。

75. 下列哪些活动须经国务院银行业监督管理机构批准？

A. 商业银行的设立

B. 商业银行开办分支机构

C. 商业银行的分立、合并

D. 商业银行的解散

【答案】ABCD

【考点】国务院银行业监督管理机构批准的商业银行活动

【解析】《中华人民共和国商业银行法》第 11 条规定：设立商业银行，应当经国务院银行业监督管理机构审查批准。未经国务院银行业监督管理机构批准，任何单位和个人不得从事吸收公众存款等商业银行业务，任何单位不得在名称中使用"银行"字样。所以，A 当选。

该法第 20 条规定：设立商业银行分支机构，申请人应当向国务院银行业监督管理机构提交下列文件、资料：……该法第 21 条规定：经批准设立的商业银行分支机构，由国务院银行业监督管理机构颁发经营许可证，并凭该许可证向工商行政管理部门办理登记，领取营业执照。所以，B 当选。

该法第 25 条规定：商业银行的分立、合并，适用《中华人民共和国公司法》的规定。商业银行的分立、合并，应当经国务院银行业监督管理机构审查批准。所以，C 当选。

该法第 69 条规定：商业银行因分立、合并或者出现公司章程规定的解散事由需要解散的，应当向国务院银行业监督管理机构提出申请，并附解散的理由和支付存款的本金和利息等债务清偿计划。经国务院银行业监督管理机构批准后解散。所以，D 当选。

76. 下列有关房地产开发企业设立的说法，哪些是正确的？

 A. 房地产开发企业可以是有限责任公司、股份有限公司

 B. 设立房地产开发企业，应当向房地产管理部门和工商管理部门申请设立登记

 C. 房地产开发企业的注册资本标准，适用国务院的规定

 D. 没有足够的专业技术人员，不得设立房地产开发企业

【答案】ACD

【考点】房地产开发企业设立

【解析】依据《中华人民共和国城市房地产管理法》第 29 条的规定：房地产开发企业是以营利为目的，从事房地产开发和经营的企业。设立房地产开发企业，应当具备下列条件：（一）有自己的名称和组织机构；（二）有固定的经营场所；（三）有符合国务院规定的注册资本（四）有足够的专业技术人员；（五）法律、行政法规规定的其他条件。设立房地产开发企业，应当向工商行政管理部门申请设立登记。工商行政管理部门对符合本法规定条件的，应当予以登记，发给营业执照；对不符合本法规定条件的，不予登记。因此，设立房地产开发企业，不必向房地产管理部门申请设立登记。所以不选 B。

77. 甲公司的股票上市文件公告以后，一些投资者提出质疑。下列哪些质疑有法律根据？

 A. 公告文件披露了最大的 10 名股东的名单，但没有说明他们的持股数额

 B. 公告文件披露了董事、监事和高级管理人员的简历，但没有说明他们持有本公司股票、债券的情况

 C. 公告文件披露了最近三年的盈利情况，但没有报告公司未来三年的盈利预测

 D. 公告文件提供了股东大会的申请上市决议，但没有提供主要债权人的同意书

【原参考答案】（依旧修订前的《证券法》）AB

【正确答案】（依旧修订后的《证券法》）AB

【考点】本题是关于股票上市文件公告内容的命题

【解析】现行《证券法》第 52 条规定，申请股票上市交易，应当向证券交易所报送下列文件：（一）上市报告书；（二）申请股票上市的股东大会决议；（三）公司章程；（四）公司营业执照；（五）依法经会计师事务所审计的公司最近三年的财务会计报告；（六）法律意见书和上市保荐书；（七）最近一次的招股说明书；（八）证券交易所上市规则规定的其他文件。第 54 条规定，签订上市协议的公司除公告前条规定的文件外，还应当公告下列事项：（一）股票获准在证券交易所交易的日期；（二）持有公司股份最多的前十名股东的名单和持股数额；（三）公司的实际控制人；（四）董事、

监事、高级管理人员的姓名及其持有本公司股票和债券的情况。因此，将四个选项与上述规定相对照，CD 没有法律依据。

78. S 国是一个新成立的国家。其成立后，甲国代表向联合国大会提案支持 S 国成为联合国的会员国；乙国与 S 国签署了两国互助同盟友好条约；丙国允许 S 国在其首都设立商业旅游服务机构；丁国与 S 国共同参加了某项贸易规则的多边谈判会议。根据国际法的有关规则，上述哪些国家的行为构成对 S 国的正式承认？

    A. 甲国

    B. 乙国

    C. 丙国

    D. 丁国

【答案】AB

【考点】对新国家的承认

【解析】对新国家承认的方式有明示承认和默示承认两种。明示承认是一种直接的、明文表示的承认。默示承认是一种间接的通过某种行为表示的承认。然而，与新国家共同参加一个国际会议或国际组织，或参加缔结一项多边条约，并不构成对默示承认。因而，甲国和乙国构成对 S 国的默示承认，AB 应选。丙国允许 S 国在其首都设立商业旅游服务机构、丁国与 S 国共同参加了某项贸易规则的多边谈判会议的行为都不构成对 S 国的承认，CD 应选。

79. 中国公民李某（曾任某国有企业总经理）2004 年携贪污的巨款逃往甲国。根据甲国法律，对李某贪污行为的最高量刑为 15 年。甲国与我国没有引渡条约。甲国表示，如果中国对李某被指控的犯罪有确凿的证据，并且做出对其量刑不超过 15 年的承诺，可以将其引渡给中国。根据我国引渡法的有关规定，下列哪些判断是正确的？

    A. 我国对于甲国上述引渡所附条件，是否做出承诺表示接受，由最高人民法院决定

    B. 我国对于甲国上述引渡所附条件，是否做出承诺表示接受，由最高人民检察院提请最高人民法院做出决定

    C. 如果我国决定接受甲国上述引渡条件，表示接受该条件的承诺由外交部向甲国做出

    D. 一旦我国做出接受上述条件的承诺并引渡成功，我国司法机关在对李某审判和量刑时，应当受该承诺的约束

【答案】ACD

【考点】引渡

【解析】根据《中华人民共和国引渡法》第50条的规定，被请求国就准予引渡附加条件的，对于不损害中华人民共和国主权、国家利益、公共利益的，可以由外交部代表中华人民共和国政府向被请求国作出承诺。对于限制追诉的承诺，由最高人民检察院决定；对于量刑的承诺，由最高人民法院决定。在对被引渡人追究刑事责任时，司法机关应当受所作出的承诺的约束。将四个选项与上述规定相对照，可以看出，ACD是正确的。

80. 位于厦门的甲公司与位于台北的乙公司因货物买卖产生纠纷，双方在台湾地区的有关法院就该纠纷进行诉讼，该法院做出终审判决。根据《最高人民法院关于人民法院认可台湾地区有关法院民事判决的规定》，下列哪些选项是正确的？

    A. 当事人可在该判决生效后两年内向人民法院提出对该判决的认可申请

    B. 当事人对台湾地区有关法院的判决未申请认可，而是就同一案件事实另行向人民法院提起诉讼的，人民法院应予受理

    C. 乙公司向人民法院提出认可申请后，甲公司向人民法院就同一案件事实提起诉讼的，人民法院应予受理

    D. 当事人提出的认可申请被驳回后，再就同一案件事实向人民法院起诉的，人民法院仍可受理

【答案】BD

【考点】涉外民事判决的承认与执行

【解析】依据《最高人民法院关于人民法院认可台湾地区有关法院民事判决的规定》第17条："申请认可台湾地区有关法院民事判决的，应当在该判决发生效力后一年内提出。"A错。第13条："案件虽经台湾地区有关法院判决，但当事人未申请认可，而是就同一案件事实向人民法院提起诉讼的，应予受理。"B项正确。第12条："人民法院受理认可台湾地区有关法院民事判决的申请后，对当事人就同一案件事实起诉的，不予受理。"C项错误。第15条："对人民法院不予认可的民事判决，申请人不得再提出申请，但可以就同一案件事实向人民法院提起诉讼。"D正确。

81. 中国人甲与法国人乙在瑞士结婚并定居在瑞士。婚后因感情不和，甲回到中国提起离婚诉讼。依据《最高人民法院关于贯彻执行〈中华人民共和国民法通则〉若干问

题的意见（试行）》，关于该案涉及的离婚以及因离婚而引起的财产分割的法律适用问题，下列哪些选项是正确的？

A. 该婚姻的有效性应适用法国法律

B. 该案涉及的离婚条件适用中国法律

C. 财产分割动产适用瑞士法，不动产适用不动产所在地法

D. 涉及该案的财产分割应适用中国法律

【答案】BD

【考点】涉外离婚案件的法律适用

【解析】《最高人民法院关于贯彻执行〈中华人民共和国民法通则〉若干问题的意见（试行）》188 条规定："我国法院受理的涉外离婚案件，离婚以及因离婚而引起的财产分割，适用我国法律。认定其婚姻是否有效，适用婚姻缔结地法律。"我国法院受理的涉外离婚案件，因离婚而引起的财产分割，适用我国法律，而不是适用物之所在地法。注意与遗产继承纠纷的法律适用相区别。本案中，该婚姻的有效性应适用婚姻缔结地法律即瑞士法律，A 错误；而该案涉及的离婚条件适用中国法律，B 正确；涉及该案的财产分割也应适用中国法律，C 错误，D 正确。

82. 内地某中级人民法院在审理一民事案件过程中，需从澳门调取证据。依据《最高人民法院关于内地与澳门特别行政区法院就民商事案件相互委托送达司法文书和调取证据的安排》，下列哪些说法是正确的？

A. 该中级人民法院可直接委托澳门的有关法院调取证据

B. 澳门受托法院可以该民事案件属于其专属管辖为由拒绝执行受托事项

C. 受托法院完成调取证据的期限最迟不得超过自收到委托书之日起三个月

D. 最高人民法院与澳门特别行政区终审法院可以直接委托调取证据

【答案】CD

【考点】内地与特别行政区司法协助程序

【解析】依据《最高人民法院关于内地与澳门特别行政区法院就民商事案件相互委托送达司法文书和调取证据的安排》第 2 条的规定："双方相互委托送达司法文书和调取证据，均须通过各高级人民法院和澳门特别行政区终审法院进行。最高人民法院与澳门特别行政区终审法院可以直接相互委托送达和调取证据。"因而，A 错，D 正确。该司法解释第 8 条："受委托方法院收到委托书后，不得以其本辖区法律规定对委托方法院审理的该民商事案件享有专属管辖权或不承认对该请求事项提起诉讼的权利为由，不予执行受托事项。"B 项错误。该司法解释第 5 条规定："委托方法院应当

在合理的期限内提出委托请求，以保证受委托方法院收到委托书后，及时完成受托事项。受委托方法院应优先处理受托事项。完成受托事项的期限，送达文书最迟不得超过自收到委托书之日起两个月，调取证据最迟不得超过自收到委托书之日起三个月。"C 正确。

83. 根据我国《民事诉讼法》及相关司法解释的规定，在涉外民事诉讼中，外国当事人可以委托下列哪些人作为其诉讼代理人？

    A. 中国律师

    B. 中国公民

    C. 其本国驻华使、领馆官员

    D. 其本国公民

    【答案】ABCD

    【考点】涉外民事诉讼当事人的代理人

    【解析】依据《民事诉讼法》第 241 条的规定："外国人、无国籍人、外国企业和组织在人民法院起诉、应诉，需要委托律师代理诉讼的，必须委托中华人民共和国的律师。"《民诉意见》308 条规定："涉外民事诉讼中的外籍当事人，可以委托本国人为诉讼代理人，也可以委托本国律师以非律师身份担任诉讼代理人；外国驻华使、领馆官员，受本国公民的委托，可以以个人名义担任诉讼代理人，但在诉讼中不享有外交特权和豁免权。"上述司法解释 309 条规定："涉外民事诉讼中，外国驻华使、领馆授权其本馆官员，在作为当事人的本国国民不在我国领域内的情况下，可以以外交代表身份为其本国国民在我国聘请中国律师或中国公民代理民事诉讼。"因而，ABCD 都应选。

84. 为避免或缓解国际重复征税，纳税人居住国可以采用的方法有哪些？

    A. 免税制

    B. 抵免制

    C. 扣除制

    D. 减税制

    【答案】ABCD

    【考点】国际重复征税的解决

    【解析】国际重复征税是指两个或两个以上的国家，对同一纳税人就同一征税对象，在同一时期课征相同或类似的税收，它是国际双重征税的一种。解决这一问题的方法有免税制、抵免制、扣除制、减税制四种。所以 ABCD 正确。

85. 甲公司作为卖方同乙公司签订出口合同一份，采用可撤销信用证付款方式。甲公司以开证行指定的付款行丙银行为付款人开立了汇票，并凭信用证和有关单据要求丙银行承兑。丙银行承兑后，开证行撤销该信用证的通知到达丙银行。基于前述事实，下列哪些表述是正确的？

   A. 丙银行的承兑行为有效

   B. 开证行的撤销行为有效

   C. 甲公司或者其他持票人向丙银行提示付款时，丙银行有义务付款

   D. 开证行虽已书面通知丙银行撤销信用证，但仍应向丙银行偿付有关款项

【答案】ABCD

【考点】可撤销信用证及各银行关系，承兑效力

【解析】根据《跟单信用证统一惯例》（UCP500）可知，可撤销信用证是：信用证在有效期内，开证行不必事先通知受益人，即可以随时修改或取消的信用证。所以 B 正确；承兑在单证相符的情况下一经作出即发生法律效力，不受后来撤销行为的影响，不仅受益人有权要求承兑行付款，而且承兑行在付款后即使开证行撤销了信用证仍然可以对其进行追偿。所以 ACD 正确。

86. 一国甲公司与另一国乙公司订立国际货物买卖合同，假设 1980 年《联合国国际货物销售合同公约》适用于该买卖合同，那么依该公约的规定，甲公司对于所售货物的权利担保事项包括下列哪些？

   A. 交付的货物为甲方所有

   B. 交付的货物为甲方占有

   C. 交付的货物在买方所在国或转售国不侵犯他人的知识产权

   D. 交付的货物在世界范围内不侵犯他人的知识产权

【答案】AC

【考点】国际货物买卖合同中卖方的权利担保义务

【解析】《联合国国际货物销售合同公约》中规定的权利担保包括：（1）所有权担保。该担保要求卖方必须保证对其所售货物享有完全的所有权，必须保证第三方不能提出任何权利或要求。故 A 正确，B 错误。（2）知识产权担保。该担保要求卖方所交付的货物必须是第三方不能依工业产权或其他知识产权主张任何权利或要求的货物。但对卖方的知识产权担保义务有一定地域限制和主观限制，要求第三方必须是依照货物使用地或转售地国家的法律、买方营业地国家的法律提出权利或要求，否则卖方不对买方承担担保义务。故 C 正确，D 错误。

87. 下列关于 2004 年修订的《中华人民共和国对外贸易法》的表述，哪些是正确的？

    A. 对外贸易经营者应为被授予外贸经营权的法人及其他组织

    B. 该法只适用于货物进出口

    C. 该法不适用于香港、澳门地区

    D. 该法规定了对进口货物侵犯知识产权的制裁措施

【答案】CD

【考点】《中华人民共和国对外贸易法》的修改

【解析】修改前的外贸法规定，中国的自然人不能从事对外贸易经营活动，《对外贸易法》（2004 年 7 月 1 日施行）第 8 条："本法所称对外贸易经营者，是指依法办理工商登记或者其他执业手续，依照本法和其他有关法律、行政法规的规定从事对外贸易经营活动的法人、其他组织或者个人。"所以 A 错误；第 2 条："本法适用于对外贸易以及与对外贸易有关的知识产权保护。本法所称对外贸易，是指货物进出口、技术进出口和国际服务贸易。"所以 B 错误；第 69 条："中华人民共和国的单独关税区不适用本法"香港、澳门是我国的单独关税区，所以 C 正确：第 29 条："国家依照有关知识产权的法律、行政法规，保护与对外贸易有关的知识产权。进口货物侵犯知识产权，并危害对外贸易秩序的，国务院对外贸易主管部门可以采取在一定期限内禁止侵权人生产、销售的有关货物进口等措施。"所以 D 正确。

88. 法官王某的下列哪些行为违反了法官职业道德规范？

    A. 根据领导批条办案，谁的官大就按谁的批示办理

    B. 同学朋友问案，总能仗义地告之案件审理和合议情况

    C. 对双方律师宣称：该吃可以吃、该喝可以喝，案子该怎么办还怎么办

    D. 一方托情相约，在承诺保密的情况下，同意私下单独接触

【答案】ABCD

【考点】法官职业道德规范

【解析】根据《中华人民共和国法官职业道德基本准则》第 2 条的规定：法官在履行职责时，应当忠实于宪法和法律，坚持和维护审判独立的原则，不受任何行政机关、社会团体和个人的干涉，不受来自法律规定之外的影响。第 8 条：法官在审判活动中，不得私自单独会见一方当事人及其代理人。第 42 条：法官在职务外活动中，不得披露或者使用非公开的审判信息和在审判过程中获得的商业秘密、个人隐私以及其他非公开的信息。第 40 条：法官应当谨慎出入社交场合，谨慎交友，慎重对待与当事人、律师以及可能影响法官形象的人员的接触和交往，以免给公众造成不公正或者不廉洁

的印象，并避免在履行职责时可能产生的困扰和尴尬。因此，ABCD 都违反了法官职业道德规范。

89. 王某因抢劫被一审法院判处四年有期徒刑后提出上诉。王某父亲从报上看到张律师专打刑事诉讼官司的广告后，找到张律师。张律师称其有多年办理刑事上诉案件的经验，胜诉率在 90% 以上，而且二审法院的承办法官是他的同学，有把握争取改判。经张律师提议，王父同意聘请张律师为王某的二审辩护人，律师费为 3 万元，如果改判无罪则另付 7 万元，改判缓刑则另付 5 万元。在张律师暗示下，王父去做受害人杨某工作，希望杨某私了，如改变证词则付 4 万元。根据上述事实，张律师的下列哪些行为违反了律师执业行为规范？

   A. 明示与司法机关的特殊关系

   B. 为承揽业务做虚假承诺，对委托人进行误导

   C. 对刑事案件根据诉讼结果协议收费

   D. 怂恿委托人制造伪证

【答案】ABCD

【考点】律师执业规范

【解析】2004 年 3 月 20 日起公布施行的《律师执业行为规范（试行）》第 19 条：律师在执业活动中不得从事，或者协助、诱使他人从事以下行为：（一）具有恶劣社会影响的行为；（二）欺骗、欺诈的行为；（三）妨碍国家司法、行政机关依法行使权力的行为；（四）明示或暗示具有某种能力，可能不恰当地影响国家司法、行政机关改变既定意见的行为；（五）协助或怂恿司法、行政人员或仲裁人员进行违反法律的行为。第 67 条：律师不得为谋取代理或辩护业务而向委托人作虚假承诺，接受委托后也不得违背事实和法律规定做出承诺。第 97 条：律师和律师事务所不能以任何理由和方式向赡养费、扶养费、抚养费以及刑事案件中的委托人提出采用根据诉讼结果协议收取费用，但当事人提出的除外。因此，ABCD 都违反了律师执业行为规范。

90. 法官与律师的相互关系应当遵守最高人民法院与司法部制定发布的有关规定，下列哪些做法违反了相关规定？

   A. 法官开庭时发现一方的律师沈某是其过去的同事，没有主动回避

   B. 律师裴某约请主办法官童某吃饭，了解所代理案件的案情

   C. 某律师事务所主办的所刊发表法官彭某的文章

   D. 某律师事务所举办法律实务研讨会，邀请法官周某出席演讲

【答案】AB

【考点】法官与律师的相互关系

【解析】《最高人民法院、司法部关于规范法官和律师相互关系维护司法公正的若干规定》第3条：法官不得私自单方面会见当事人及其委托的律师。律师不得违反规定单方面会见法官。第4条：法官应当严格执行回避制度，如果与本案当事人委托的律师有亲朋、同学、师生、曾经同事等关系，可能影响案件公正处理的，应当自行申请回避，是否回避由本院院长或者审判委员会决定。律师因法定事由或者根据相关规定不得担任诉讼代理人或者辩护人的，应当谢绝当事人的委托，或者解除委托代理合同。因此，AB当选。《中华人民共和国法官职业道德基本准则》第44条：法官可以参加有助于法制建设和司法改革的学术研究和其他社会活动。但是，这些活动应当以符合法律规定、不妨碍公正司法和维护司法权威、不影响审判工作为前提。第45条：法官发表文章或者接受媒体采访时，应当保持谨慎的态度，不得针对具体案件和当事人进行不适当的评论，避免因言语不当使公众对司法公正产生合理的怀疑。CD不应当选。

三、不定项选择题，每题所给的选项中有一个或一个以上正确答案，不答、少答或多答均不得分。本部分91-100题，每题2分，共20分。

91. 林某，9岁，系某小学三年级学生。一天放学回家路上遇到某公司业务员赵某向其推销一种名为"学习效率机"的低配置电脑，开价5800元。林某信其言，用自己积攒的"压岁钱"1000元交付了定金，并在分期付款合同上签了字。事后林某父母知晓此事，以"行为人对行为内容有重大误解"为由要求赵某撤销合同并退款。对此，下列何种理解是正确的？

   A. 从法律角度看，林某表达的意思都是无效的
   B. 林某不能辨别自己行为的性质，所以不享有人身自由
   C. 林某父母要求撤销合同所持的理由是一种法律事实
   D. 根据行为能力的原理，林某父母所持理由在本案中不成立

【答案】ACD

【考点】法律关系主体、法律事实

【解析】公民和法人要能够成为法律关系的主体，享有权利和承担义务，就必须具有权利能力和行为能力，即具有法律关系主体构成的资格。根据我国《民法通则》的规

定，不满 10 周岁的未成年人是无行为能力人。因此，9 岁的林某为无民事行为能力人，不能从事民事活动。虽然林某接受赠与的意思表示可以有效，但具体就本题而言，林某表达的购买电脑的意思在法律上是无效的，因此选项 A 可以成立。

人身自由与民事行为能力是两个概念，无民事行为能力人不能辨别自己行为的性质并不表示其没有人身自由，林某的人身自由同样受法律保障。因此，选项 B 错误，不符合题目要求。

林某父母知晓林某订立了电脑购销合同后，以"行为人对行为内容有重大误解"为由要求赵某撤销合同并退款。根据《民法通则》第 59 条的规定，"行为人对行为内容有重大误解"的行为为可撤销的民事行为，这种行为能够引起法律关系的产生、变更或消灭。因此，选项 C"林某父母要求撤销合同所持的理由是一种法律事实"正确。当然，林某父母要求撤销合同所持的理由是一种法律事实并不说明这一理由正确。

本题中，由于年幼，林某不能正确判断自己行为的性质、内容和后果，因此根据行为能力的原理，无民事行为能力人从事的民事活动无效，所以《民法通则》第 58 条明确规定，无民事行为能力人实施的为无效民事行为。林某父母所持理由"行为人对行为内容有重大误解"为可撤销的民事行为，在本案中不成立。因此，选项 D 正确。

92. 下列有关法律关系客体的何种表述是错误的？

　　A. 所有的法律关系客体均包含着某种利益

　　B. 无法律关系客体就无法律关系

　　C. 多向（多边）法律关系的客体，可以有主次之分

　　D. 在确定法律关系客体的标准时，不涉及法的价值评价

【答案】D

【考点】法律关系客体

【解析】实质上，客体所承载的利益本身才是法律权利和法律义务联系的中介。因此，选项 A 正确。法律关系由法律关系主体、法律关系客体、法律关系内容等构成。无法律关系客体法律关系主体的权利和义务就缺乏所指向的对象，自然法律关系就不可能存在。因此 B 项表述"无法律关系客体就无法律关系"正确。现实中法律关系有多种多样，而多种多样的法律关系就有多种多样的客体，即使在同一法律关系中也有可能存在两个或两个以上的客体。在分析多向（复合）法律关系客体时，我们应当把这一法律关系分解成若干个单向法律关系，然后再逐一寻找它们的客体。多向（复合）法律关系之内的诸单向关系有主次之分，因此其客体也有主次之分。其中，主要客体

决定着次要客体；次要客体补充说明主要客体。它们在多向（复合）法律关系中都是不可缺少的构成要素。因此选项 C 是正确的。总体看来，由于权利和义务类型的不断丰富，法律关系客体的范围和种类有不断扩大和增多的趋势。这一变化过程与人们对法律的应然状态和法律理想的认识有关；法律关系客体的范围和种类由法律规定，而立法者的主观认识和价值标准对于法律确定法律关系客体有直接关系。因此 D 项"在确定法律关系客体的标准时，不涉及法的价值评价"不正确。

93. 根据《立法法》的规定，在下列何种情况下，法律由全国人民代表大会常务委员会解释？

    A. 法律的规定需要进一步明确具体含义的

    B. 法律制定后出现新的情况，需要明确适用法律依据的

    C. 法律之间发生冲突，需要裁决其效力优先性的

    D. 执法过程中具体适用法律的疑难问题

    【答案】AB

    【考点】法律解释

    【解析】我国《立法法》第 42 条第 2 款明确规定，法律有以下情况之一的，由全国人民代表大会常务委员会解释：（1）法律的规定需要进一步明确具体含义的；（2）法律制定后出现的新情况，需要明确使用法律依据的。可见，答案 A、B 符合《立法法》规定的法律解释的两种情形，是正确答案。答案 C、D 不是法定的解释情形，是错误的答案。

94. 下列有关中国宪法发展史的表述，何者为正确？

    A. 《中华民国临时约法》是中国历史上唯一的一部资产阶级共和国性质的宪法性文件

    B. 1949 年《中国人民政治协商会议共同纲领》是中国历史上的第一部社会主义类型的宪法

    C. 1982 年宪法是中华人民共和国成立后制定的第三部宪法

    D. 《钦定宪法大纲》是中国历史上的第一部宪法性文件

    【答案】AD

    【考点】中国宪法发展史

    【解析】1912 年由孙中山颁布的《中华民国临时约法》是中国历史上唯一的一部资产阶级共和国性质的宪法性文件，A 正确。1954 年宪法是中国历史上的第一部社会

主义类型的宪法；B 错误。1982 年宪法是既 1954 年宪法、1975 年宪法、1978 年宪法之后中华人民共和国制定的第四部宪法，C 错误。1908 年颁布的《钦定宪法大纲》是中国历史上的第一部宪法性文件。D 正确。

95. 安某和皮某分别是甲国驻乙国使馆的三等秘书和随员。安某多次参加乙国群众举行的反政府集会和游行；皮某则是大量订阅乙国反对党公开出版的刊物并将有关内容向甲国报告。根据国际法的有关规则，下列判断何者为正确？

   A. 安某的行为违背了外交人员对驻在国的有关义务规定

   B. 皮某的行为违背了外交人员对驻在国的有关义务规定

   C. 一旦安某或皮某的行为被确定为违背了相关的义务，其外交特权与豁免即应被剥夺

   D. 一旦外交人员的行为被确定为违背了相关的义务，驻在国可以宣布其为"不受欢迎的人"，要求其在限定时间内离境

【答案】AD

【考点】外交人员的特权与豁免和义务

【解析】根据《维也纳外交关系公约》使馆及享有外交特权与豁免人员的义务有：（1）尊重接受国法律。外交代表及其他享有外交特权与豁免的人员，在不妨碍外交特权与豁免的情形下，应尊重接受国的法律。（2）不得干涉接受国的内政。不得介入接受国的党派斗争，不得参加或支持旨在反对接受国政府的集会、游行示威活动等。（3）使馆馆舍不得用于与使馆职务不相符合的其他用途。不得在使馆内庇护人，也不得在使馆内关押人。（4）不应在接受国内为私人利益从事任何专业或商业活动。安某和皮某均为外交人员，必须遵循上述义务。安某多次参加乙国群众举行的反政府集会和游行违反了其承担的义务，而皮某大量订阅乙国反对党公开出版的刊物并将有关内容向甲国报告，并未违反上述义务。因而，A 正确，B 错误。外交人员的外交特权与豁免不能因为其违反义务而被剥夺，一旦外交人员的行为被确定为违背了相关的义务，驻在国可以宣布其为"不受欢迎的人"，要求其在限定时间内离境，因而 C 错误，D 正确。

96. 甲国与中国均为 1965 年在海牙签订的《关于向国外送达民事或商事司法文书和司法外文书公约》的缔约国。现甲国法院依该公约向总部设在南京的东陵公司送达若干司法文书。根据该公约及我国的相关规定，下列判断何者为错误？

   A. 这些司法文书应由甲国驻华使、领馆直接送交我国司法部

   B. 收到司法部转递的司法文书后，执行送达的人民法院如发现该司法文书所涉及的诉讼标的属于我国法院专属管辖，则应拒绝执行甲国的送达请求

C. 执行送达的人民法院如果发现其中确定的出庭日期已过，则应直接将该等司法文书退回，不再向东陵公司送达

D. 东陵公司收到人民法院送达的该等司法文书后，发现其只有英文文本的，可以拒收

【答案】BC

【考点】涉外司法协助

【解析】《最高人民法院、外交部、司法部关于执行〈关于向国外送达民事或商事司法文书和司法外文书公约〉有关程序的通知》指定司法部为中央机关和有权接收外国通过领事途径转递的文书的机关，同时规定凡公约成员国驻华使、领馆转送该国法院或其他机关请求我国送达的民事或商事司法文书，应直接送交司法部，由司法部转递给最高人民法院，再由最高人民法院交有关人民法院送达给当事人。送达证明由有关人民法院交最高人民法院退司法部，再由司法部送交该国驻华使、领馆。执行送达的人民法院无权决定拒绝和退回，因而 BC 的说法是错误的，应选。司法文书应由甲国驻华使、领馆直接送交我国司法部，东陵公司收到人民法院送达的该等司法文书后，发现其只有英文文本的，可以拒收，AD 说法正确。

97. 根据《中华人民共和国反补贴条例》规定，下列有关补贴认定的说法中，何者为正确？

A. 补贴不必具有专向性

B. 补贴必须由政府直接提供

C. 接受者必须获得利益

D. 必须采取支付货币的形式

【答案】C

【考点】补贴

【解析】补贴是指出口国（地区）政府或者其任何公共机构（统称为出口国政府）提供的并为接受者带来利益的财政资助以及任何形式的收入或者价格支持。可见，BD 错误，C 正确。《中华人民共和国反补贴条例》第四条第一款规定，依据该条例进行调查、采取反补贴措施的补贴，必须具有专向性。因而，A 错误。

某市甲、乙两厂均生产一种"记忆增强器"产品。甲厂产品的质量比乙厂产品好得多，因而其市场占有率远远高于乙厂。王某是甲厂技术人员。乙厂为提高本厂的市场占有率，付给王某一大笔"技术咨询费"，获取其提供的甲厂技术秘密。乙厂运用这些技术对自己的产品进行了改进。同时，乙厂在本市电视台发布广告，声称本厂生产的记忆

增强器功效迅速质量可靠，其他厂家生产的同类产品质量无保证，呼吁消费者当心。另外，乙厂还以高额回扣诱使本市几家大型商场的购货人员不再采购甲厂产品。本市消费者李某等人在使用乙厂产品一段时间后，不仅记忆力没有增强，反而出现了神经衰弱症状。李某等人在电视台的协助下，向乙厂反映了情况。乙厂随后发现，王某提供的甲厂技术资料缺少几项关键技术，致使乙厂产品存在质量缺陷。请回答以下 98-100 题。

98. 乙厂的下列行为，何者构成不正当竞争？

    A. 向甲公司的工作人员行贿，以获得甲厂的技术秘密

    B. 向本市大型商场的购货人员行贿，使他们只采购本厂产品

    C. 在电视广告中发布使人误解的虚假宣传

    D. 在电视广告中散布虚假事实，损害竞争者的商品信誉

【答案】ABCD

【考点】不正当竞争行为

【解析】《中华人民共和国反不正当竞争法》第 8 条规定：经营者不得采用财物或者其他手段进行贿赂以销售或者购买商品。在帐外暗中给予对方单位或者个人回扣的，以行贿论处；对方单位或者个人在帐外暗中收受回扣的，以受贿论处。经营者销售或者购买商品，可以以明示方式给对方折扣，可以给中间人佣金。经营者给对方折扣、给中间人佣金的，必须如实入账。接受折扣、佣金的经营者必须如实入账。该法第 9 条规定：经营者不得利用广告或者其他方法，对商品的质量、制作成分、性能、用途、生产者、有效期限、产地等作引人误解的虚假宣传。广告的经营者不得在明知或者应知的情况下，代理、设计、制作、发布虚假广告。该法第 10 条规定：经营者不得采用下列手段侵犯商业秘密：（一）以盗窃、利诱、胁迫或者其他不正当手段获取权利人的商业秘密；（二）披露、使用或者允许他人使用以前项手段获取的权利人的商业秘密；（三）违反约定或者违反权利人有关保守商业秘密的要求，披露、使用或者允许他人使用其所掌握的商业秘密。第三人明知或者应知前款所列违法行为，获取、使用或者披露他人的商业秘密，视为侵犯商业秘密。本条所称的商业秘密，是指不为公众所知悉、能为权利人带来经济利益、具有实用性并经权利人采取保密措施的技术信息和经营信息。

99. 对于王某行为的下列表述，何者为正确？

    A. 王某未完整提供甲厂技术资料而获取乙厂重金，构成诈骗罪

    B. 甲厂可以解除与王某的劳动合同，并且无须提前通知王某

C. 甲厂有权要求王某赔偿损失

D. 乙厂有权要求王某返还"技术咨询费"

【答案】BC

【考点】用人单位解除劳动合同

【解析】《中华人民共和国劳动法》第 25 条：劳动者有下列情形之一的，用人单位可以解除劳动合同：（一）在试用期间被证明不符合录用条件的；（二）严重违反劳动纪律或者用人单位规章制度的；（三）严重失职，营私舞弊，对用人单位利益造成重大损害的；（四）被依法追究刑事责任的。王某缺少诈骗的主观要件，不构成诈骗罪，所以，不选 A。D 项属于当事人恶意串通损害他人利益的无效民事行为。《民法通则》第 61 条第二款规定：双方恶意串通，实施民事行为损害国家的、集体的或者第三人的利益的，应当追缴双方取得的财产，收归国家、集体所有或者返还第三人。所以，不选 D。

100. 关于消费者李某等人的损害赔偿请求权，下列意见何者为正确？

A. 有权就其所受损失要求乙厂赔偿

B. 有权就其所受损失要求本市电视台赔偿

C. 有权就其所受损失要求销售乙厂产品的商场赔偿

D. 有权就其所受损失要求王某赔偿

【答案】AC

【考点】损害赔偿请求权

【解析】《消费者权益保护法》第三十九条规定：消费者因经营者利用虚假广告提供商品或者服务，其合法权益受到损害的，可以向经营者要求赔偿。广告的经营者发布虚假广告的，消费者可以请求行政主管部门予以惩处。广告的经营者不能提供经营者的真实名称、地址的，应当承担赔偿责任。

本题不属于消费者权益保护法第三十九条规定的广告的经营者不能提供经营者的真实名称、地址的，应当承担赔偿责任的情况，因此，不选 B。消费者与王某没有直接关系，所以也不选 D。

2005 年国家司法考试 试卷二

提示：本试卷为计算机阅读试卷，请将所选答案填涂在答题卡上，勿在卷面上直接作答。

一、单项选择题，每题所给的选项中只有一个正确答案。本部分 1-50 题，每题 1 分，共 50 分。

1. 1997 年 3 月刑法修订后，全国人民代表大会常务委员会颁布了几个单行刑法和几个刑法修正案？
    A. 一个单行刑法和四个修正案
    B. 一个单行刑法和五个修正案
    C. 两个单行刑法和四个修正案
    D. 两个单行刑法和五个修正案

    【答案】B
    【考点】现行刑法的渊源
    【解析】单行刑法是指国家以决定、规定、补充规定、条例等名称颁布的、规定某一类犯罪及其刑事责任或者刑法的某一事项的法律。目前只有全国人大常委会 1998 年 12 月 29 日颁布的《关于惩治骗购外汇、逃汇和非法买卖外汇犯罪的决定》一个单行刑法。刑法修正案是全国人大常委会对《刑法》具体条文的修改，不属于单行刑法，目前共有 5 个修正案，分别颁布于 1999 年 12 月 25 日、2001 年 8 月 31 日、2001 年 12 月 29 日、2002 年 12 月 28 日和 2005 年 2 月 28 日。

2. 我国刑法规定了＿＿＿＿法定原则，＿＿＿＿法定原则的经典表述是，"法无明文规定不为罪"、"法无明文规定不处罚"；刑法同时规定了＿＿＿＿相适应原则，即刑罚的轻重，应当与犯罪分子所犯＿＿＿＿和承担的＿＿＿＿相适应；死刑只适用于＿＿＿＿极其严重的犯罪分子。在这段话的空格中：
    A. 2 处填写"罪刑"，4 处填写"罪行"
    B. 3 处填写"罪刑"，3 处填写"罪行"
    C. 4 处填写"罪刑"，2 处填写"罪行"
    D. 3 处填写"罪刑"，2 处填写"罪行"

【答案】D

【考点】刑法重要术语的熟悉

【解析】《刑法》第 5 条规定："刑罚的轻重，应当与犯罪分子所犯罪行和承担的刑事责任相适应。"第 48 条规定："死刑只适用于罪行极其严重的犯罪分子。"作为刑法的基本原则，罪刑法定和罪刑相适应原则都应使用"罪刑"一词。所以，D 选项正确。可将此题作为填空题来做，不要提前看答案。依次填充的词语是：罪刑、罪刑、罪刑、罪行、刑事责任、罪行。

3. 某外国商人甲在我国领域内犯重婚罪，对甲应如何处置？

    A. 适用我国刑法追究其刑事责任

    B. 通过外交途径解决

    C. 适用该外国刑法追究其刑事责任

    D. 直接驱逐出境

【答案】A

【考点】刑事管辖权

【解析】《刑法》第 6 条第 1 款规定了属地管辖原则："凡在中华人民共和国领域内犯罪的，除法律有特别规定的以外，都适用本法。"所以，外国人在我国领域内犯罪的，除法律有特别规定的之外，均适用我国刑法。A 选项正确。《刑法》第 11 条关于外交豁免的的规定，属于法律的特别规定。享有外交特权和豁免权的外国人是不适用我国刑法的，其刑事责任通过外交途径解决。但本题不属于这种情况。

4. 下列有关单位犯罪的说法哪一项是错误的？

    A. 信用卡诈骗罪的主体可以是单位，但贷款诈骗罪的主体只能是自然人

    B. 行政机关可以成为单位犯罪的主体

    C. 不具备法人资格的私营企业不能成为单位犯罪的主体

    D. 经企业领导集体研究决定并实施的盗窃电力的行为，可以成立单位犯罪，但不对单位判处罚金，只处罚作出该决定的单位领导和直接实施盗窃行为的责任人员

【答案】AD

【考点】单位犯罪

【解析】D 选项说法错误：基于单位犯罪的法定性，刑法 264 条的盗窃罪并未将单位列为犯罪主体，因此单位不能构成盗窃罪。经企业领导集体研究决定并实施的盗窃电力的行为，是盗窃罪的普通共同犯罪行为。

5. 甲在一刑事附带民事诉讼中，被法院依法判处罚金并赔偿被害人损失，但甲的财产不足以全部支付罚金和承担民事赔偿。下列关于如何执行本案判决的表述哪一项是正确的？

 A. 刑事优先，应当先执行罚金

 B. 应当先承担民事赔偿责任

 C. 按比例执行罚金和承担民事赔偿责任

 D. 承担民事赔偿责任后减免罚金

【答案】B

【考点】财产刑适用与民事赔偿责任冲突时两者的优先顺序

【解析】《刑法》第 36 条第 2 款规定："承担民事赔偿责任的犯罪分子，同时被判处罚金，其财产不足以全部支付的，或者被判处没收财产的，应当先承担对被害人的民事赔偿责任。"所以，B 选项正确。此处不适用先刑后民、刑事优先的原则。

6. 下列情形哪一项属于自首？

 A. 甲杀人后其父主动报案并将甲送到派出所，甲当即交代了杀人的全部事实和经过

 B. 甲和乙共同贪污之后，主动到检察机关交代自己的贪污事实，但未提及乙

 C. 甲和乙共同盗窃之后，主动向公安机关反映乙曾经诈骗数千元，经查证属实

 D. 甲给监察局打电话，承认自己收受他人 1 万元贿赂，并交代了事情经过，然后出走不知所踪

【答案】A

【考点】自首的认定

【解析】根据最高院 1998 年第 8 号司法解释，亲友送犯罪人投案的，也视为自动投案，A 选项正确。B 选项错误：共同犯罪人成立自首，必须如实交代自己和同案犯的共同犯罪事实。C 选项错误：甲揭发乙的共同犯罪以外的诈骗罪，属于立功。D 选项错误：成立自首，必须将自己置于司法机关的控制之下，逃避司法追究的不能构成自首。

7. 甲深夜潜入乙家行窃，发现留长发穿花布睡衣的乙正在睡觉，意图奸淫，便扑在乙身上强脱其衣。乙惊醒后大声喝问，甲发现乙是男人，慌忙逃跑被抓获。甲的行为：

 A. 属于强奸预备

 B. 属于强奸未遂

 C. 属于强奸中止

D. 不構成強姦罪

【答案】B

【考點】對象不能犯的未遂

【解析】因事實認識錯誤，不可能達到既遂的未遂稱為不能犯的未遂。其中對於犯罪對象的認識錯誤所導致的未遂是對象不能犯的未遂。甲誤認為乙是婦女而意圖強姦，發現乙是男人後逃跑，符合對象不能犯的未遂的特徵，屬於強姦未遂，B 選項正確。

8. 根據我國刑法規定，下列關於首要分子的表述哪一項是正確的？

　　A. 首要分子只能是組織領導犯罪集團的人

　　B. 首要分子只能是在聚眾犯罪中起組織、策劃、指揮作用的犯罪分子

　　C. 首要分子都是主犯

　　D. 首要分子既可以是主犯，也可以不是主犯

【答案】D

【考點】首要分子的範圍和在共犯中的地位

【解析】刑法中規定的首要分子既包括組織、領導犯罪集團的犯罪分子（在共同犯罪中起主要作用，是主犯），也包括在聚眾犯罪中起組織、策劃、指揮作用的犯罪分子（在一些聚眾犯罪如聚眾擾亂公共場所秩序、交通秩序罪中，刑法只處罰首要分子，可能不構成共同犯罪，也就無主從犯的劃分），所以前三個選項的說法都是片面的。

9. 甲、乙二人出資 10 萬元，同時通過購買並使用偽造的商業零售發票，虛填商品實物價值人民幣 50 萬元，騙取審計事務所出具驗資報告，欺騙公司登記主管部門，以 60 萬元註冊資本取得"XX 貿易有限公司"營業執照。後甲、乙又合謀將上述 10 萬元資本金轉移用於註冊另一公司。甲、乙二人的行為構成：

　　A. 虛報註冊資本罪

　　B. 虛假出資罪

　　C. 虛報註冊資本罪與抽逃出資罪

　　D. 虛假出資罪與抽逃出資罪

【答案】C

【考點】虛報註冊資本罪與抽逃出資罪

【解析】犯罪人使用虛假證明文件虛報註冊資本，欺騙公司登記主管部門，以取得公司登記，符合《刑法》第 158 條規定的虛報註冊資本罪。成立公司後又抽逃出資的，符合《刑法》第 159 條所規定的抽逃出資罪。

10. 某企业生产的一批外贸供货产品因外商原因无法出口，该企业采用伪造出口退税单证和签订虚假买卖合同等方法，骗取出口退税 50 万元（其中包括该批产品已征的产品税、增值税等税款 19 万元）。对该企业应当如何处理？

    A. 以合同诈骗罪处罚

    B. 以偷税罪处罚

    C. 以骗取出口退税罪处罚

    D. 以偷税罪和骗取出口退税罪并罚

【答案】D

【考点】偷税罪和骗取出口退税罪

【解析】《刑法》第 204 条规定："以假报出口或者其他欺骗手段，骗取国家出口退税款，数额较大的……纳税人缴纳税款后，采取前款规定的欺骗方法，骗取所缴纳的税款的，依照本法第二百零一条（偷税罪——编者注）的规定定罪处罚；骗取税款超过所缴纳的税款部分，依照前款的规定处罚。"本题中，已缴纳税款 19 万元，骗取出口退税款 50 万元，超过所缴税额 31 万元，可以认定偷税 19 万元，骗取出口退税 31 万元，所以应当以偷税罪和骗取出口退税罪并罚。D 选项为正确答案。这是立法上的一个特例，从律考到司考，多次考察过。考生应能够熟烂于胸，也提醒考生对于历年真题给予足够的重视。

11. 甲到乙的办公室送文件，乙不在。甲看见乙办公桌下的地上有一活期存折（该存折未设密码），便将存折捡走。乙回办公室后找不着存折，但看见桌上的文件，便找到甲问是否看见其存折，甲说没看到。甲下班后去银行将该存折中的 5000 元取走。甲的行为构成：

    A. 侵占罪

    B. 盗窃罪

    C. 诈骗罪

    D. 金融凭证诈骗罪

【答案】B

【考点】盗窃存折的认定（与侵占罪、诈骗罪的区别）

【解析】在他人现实控制的办公室内捡拾他人占有的物品，属于盗窃行为。根据最高院 1997 年第 4 号关于审理盗窃案件的司法解释，盗窃票面价值已定并能即时兑现的有价票证的，按照票面价值和案发时应得的利息计算盗窃罪的数额。不再按照诈骗罪（三角诈骗）处理。

12. 毒販甲得知公安機關近來要開展"嚴打"鬥爭，遂將尚未賣掉的 50 多克海洛因和販毒所得贓款 8 萬多元拿到家住偏遠農村的親戚乙處隱藏。公安機關得到消息後找乙調查此事，乙矢口否認。乙當晚將上述毒品、贓款帶到後山山洞隱藏時被跟蹤而至的公安人員當場抓獲。乙的上述行為應當以何罪論處？

   A. 非法持有毒品罪

   B. 窩藏、轉移贓物罪

   C. 窩藏、轉移、隱瞞毒品、毒贓罪

   D. 包庇毒品犯罪分子罪

【答案】C

【考點】窩藏、轉移、隱瞞毒品、毒贓罪

【解析】《刑法》第349條第1款規定："包庇走私、販賣、運輸、製造毒品的犯罪分子的，為犯罪分子窩藏、轉移、隱瞞毒品或者犯罪所得的財物的……"分別構成包庇毒品犯罪分子罪和窩藏、轉移、隱瞞毒品、毒贓罪。兩罪的區別之一是行為客體不同，前者的行為客體是毒品犯罪分子，後者的行為客體是毒品、毒贓。本題中甲的行為是將毒品和贓款帶到後山山洞隱藏，其行為對象是毒品毒贓，所以構成窩藏、轉移、隱瞞毒品、毒贓罪，C選項正確。

13. 甲在某證券交易大廳偷窺獲得在該營業部開戶的乙的資金賬號及交易密碼後，通過電話委託等方式在乙的資金賬號上高吃低拋某一支股票，同時通過自己在證券交易部的資金賬號低吃高拋同一支股票，造成乙損失 30 萬元，甲從中獲利 20 萬元。對甲應當如何處理？

   A. 屬於法無明文規定的情形，不以犯罪論處

   B. 以盜竊罪論處

   C. 以故意毀壞財物罪論處

   D. 以操縱證券價格罪論處

【答案】B

【考點】盜竊罪的新手段

【解析】盜竊行為是行為人排除他人對財物的占有，建立新支配關係的過程，在這一點上與故意毀壞財物罪相區別。甲採取欺騙的方式讓乙喪失對股票利益的支配，同時通過證券交易獲得同支股票的利益，符合竊取行為的特徵－操縱證券價格罪是故意使用非法方式利用自己的資源影響證券交易價格，為自己獲取不正當利益或者避免損失。操縱證券價格罪與盜竊罪的區別在於，此罪是依靠操縱整個證券市場的價格來實

现犯罪目的,并以证券市场的秩序和广大股民的利益为犯罪对象:而盗窃罪的犯罪对象是某一具体的个体。因此 B 选项是最符合题目的答案。

14. 甲、乙为劫取财物将在河边散步的丙杀死,当场取得丙随身携带的现金 2000 余元。甲、乙随后从丙携带的名片上得知丙是某公司总经理。两人经谋划后,按名片上的电话给丙的妻子丁打电话,声称丙已被绑架,丁必须于次日中午 12 点将 10 万元现金放在某处,否则杀害丙。丁立即报警,甲、乙被抓获。关于本案的处理,下列哪一种说法是正确的?

   A. 抢劫罪和绑架罪并罚

   B. 以故意杀人罪、盗窃罪和绑架罪并罚

   C. 以抢劫罪和敲诈勒索罪并罚

   D. 以故意杀人罪、侵占罪和敲诈勒索罪并罚

【答案】C

【考点】绑架罪与敲诈勒索罪

【解析】最高人民法院《关于抢劫过程中故意杀人案件如何定罪问题的批复》规定:"行为人为劫取财物而预谋故意杀人,或者在劫取财物过程中,为制服被害人反抗而故意杀人的,以抢劫罪定罪处罚。"所以,甲和乙为劫取财物而将丙杀死,当场取得现金 2000 元的行为应认定为抢劫罪。

"行为人故意杀死被害人后,又以非法占有为目的,以被害人被绑架为名,向其亲属索取财物的行为,构成敲诈勒索罪。以勒索财物为目的的绑架罪,在客观方面表现为利用被绑架人的亲属或者他人对被绑架人安危的考虑,劫持或者控制他人,提出勒索财物的要求。行为人是否实际绑架了他人,是勒索财物行为构成绑架罪还是勒索财物罪的关键所在。"所以甲和乙将丙杀害后,又临时起意给丙妻丁打电话,声称丙已被绑架,勒索现金 10 万元的行为构成敲诈勒索罪。应当对二人的上述行为以抢劫罪和敲诈勒索罪实行数罪并罚,所以 C 选项为正确答案。

15. 甲系某医院外科医师,应邀在朋友乙的私人诊所兼职期间,擅自为多人进行了节育复通手术。对甲的行为应当如何定性?

   A. 构成非法行医罪

   B. 构成非法进行节育手术罪

   C. 构成医疗事故罪

   D. 不构成犯罪

【答案】D

【考点】非法进行节育手术罪的主体

【解析】根据《刑法》第 336 条的规定，非法进行节育手术罪和非法行医罪的主体都必须是"未取得医生执业资格的人"，题目中某甲具有医师资格，所以 AB 选项错误。根据《刑法》335 条的规定，构成医疗事故罪首先是过失犯罪，还必须有"造成就诊人死亡或者严重损害就诊人身体健康"的后果，而本题目中甲某的行为是故意为之，并没 335 条要求的后果，所以 C 选项也是错误的。

16. 甲公司为了解决资金不足，以与虚构的单位签订供货合同的方法，向银行申请获得贷款 200 万元，并将该款用于购置造酒设备和原料，后因生产、销售假冒注册商标的红酒被查处，导致银行贷款不能归还。甲公司获取贷款的行为构成：

    A. 贷款诈骗罪

    B. 合同诈骗罪

    C. 集资诈骗罪

    D. 民事欺诈，不构成犯罪

【答案】B

【考点】贷款诈骗罪与合同诈骗罪

【解析】《全国法院审理金融犯罪工作座谈会纪要》规定："对于单位实施的贷款诈骗行为，不能以贷款诈骗罪定罪处罚，也不能以贷款诈骗罪追究直接负责的主管人员和其他直接责任人员的刑事责任。对于单位十分明显地以非法占有为目的，利用签订、履行借款合同诈骗银行或其他金融机构贷款，符合刑法第 224 条规定的合同诈骗罪构成要件的，应当以合同诈骗罪定罪处罚。"本题中甲公司将骗取的资金用于生产、销售假冒注册商标的违法行为，可认定为具有非法占有的目的，构成合同诈骗罪。所以，B 选项为正确答案。

17. 甲在一豪宅院外将一个正在玩耍的男孩（3 岁）骗走，意图勒索钱财，但孩子说不清自己家里的联系方式，无法进行勒索。甲怕时间长了被发现，于是将孩子带到异地以 4000 元卖掉。对甲应当如何处理？

    A. 以绑架罪与拐卖儿童罪的牵连犯从一重处断

    B. 以绑架罪一罪处罚

    C. 以拐卖儿童罪一罪处罚

    D. 以绑架罪与拐卖儿童罪并罚

【答案】D

【考点】绑架罪与拐卖儿童罪

【解析】为了非法勒索财物而拐骗幼儿的，构成绑架罪。绑架罪侵犯的首要客体是人身权，无论是否勒索到财物都构成绑架罪的既遂。甲在无法获得勒索财物的情况下，另起出卖幼儿以换取身价的犯意，构成拐卖儿童罪。实行数罪并罚。

18. 甲为非国家工作人员，是某国有公司控股的股份有限公司主管财务的副总经理；乙为国家工作人员，是该公司财务部主管。甲与乙勾结，分别利用各自的职务便利，共同侵吞了本单位的财物 100 万元。对甲、乙两人应当如何定性？

    A. 甲定职务侵占罪，乙定贪污罪，两人不是共同犯罪

    B. 甲定职务侵占罪，乙定贪污罪，但两人是共同犯罪

    C. 甲定职务侵占罪，乙是共犯，也定职务侵占罪

    D. 乙定贪污罪，甲是共犯，也定贪污罪

【答案】C

【考点】共犯与身份

【解析】《关于审理贪污、职务侵占案件如何认定共同犯罪几个问题的解释》第 3 条规定："公司、企业或者其他单位中，不具有国家工作人员身份的人与国家工作人员勾结，分别利用各自的职务便利，共同将本单位财务非法占为己有，按照主犯的犯罪性质定罪。"本题中，甲为非国家工作人员，是某国有公司控股的股份有限公司主管财务的副总经理，乙为国家工作人员，是该公司财务部主管。甲的职务高于乙，应当认定甲是主犯，乙是从犯。所以，应当认定二人构成职务侵占罪的共犯，C 选项正确。

19. 乙与丙因某事发生口角，甲知此事后，找到乙，谎称自己受丙所托带口信给乙，如果乙不拿出 2000 元给丙，丙将派人来打乙。乙害怕被打，就托甲将 2000 元带给丙。甲将钱占为己有。对甲的行为应当如何处理？

    A. 按诈骗罪处理

    B. 按敲诈勒索罪处理

    C. 按侵占罪处理

    D. 按抢劫罪处理

【答案】A

【考点】诈骗罪和敲诈勒索罪的区别

【解析】本题考察含有敲诈勒索因素的诈骗行为的定罪。初看起来，甲的行为完全符

合敲诈勒索罪的犯罪构成——甲威胁乙，乙因为害怕而给了甲 2000 元。但仔细分析，此题还是更符合诈骗罪的犯罪构成。在敲诈勒索罪中，受害人并没有被骗，他是因为害怕而迫不得已交付财物的。而在本题中，受害人其实是被骗了，他虽然也是因为恐惧而被迫交付的财物，但他以为这是丙所要求的，而事实上，丙并不知道此事。所以，甲还是通过欺骗方式获得他人财物的。因此，甲构成诈骗罪而非敲诈勒索罪。

20. 甲是某搬运场司机，在搬运场驾车作业时违反操作规程，不慎将另一职工轧死。对甲的行为应当如何处理？

    A. 按过失致人死亡罪处理

    B. 按交通肇事罪处理

    C. 按重大责任事故罪处理

    D. 按意外事件处理

【答案】C

【考点】重大责任事故罪与交通肇事罪、过失致人死亡罪的关系

【解析】《关于审理交通肇事刑事案件具体应用法律若干问题的解释》第 8 条规定："在交通管理的范围外，驾驶机动车辆或者利用其他交通工具致人伤亡或者致使公共财产或者他人财产遭受重大损失，构成犯罪的，分别依照刑法第 134 条（重大责任事故罪——编者注）、第 135 条（重大劳动安全事故罪——编者注）、233 条（过失致人死亡罪——编者注）等规定定罪处罚。"本题中，作为某搬运场司机的甲，在搬运场驾车作业时违反操作规程，不慎将另一职工轧死的行为，应该构成重大责任事故罪，所以 C 选项正确。

21. 下列关于刑事诉讼中程序公正含义的表述哪一项不正确？

    A. 诉讼参与人对诉讼能充分有效地参与

    B. 程序违法能得到救济

    C. 刑事诉讼程序能得到遵守

    D. 刑事诉讼判决结果符合事实真相

【答案】D

【考点】程序公正与实体公正

【解析】该题考刑事诉讼法的基本理念。刑事诉讼法的基本理念是 2005 年司考大纲中新增内容，是一道涉及刑事诉讼原理方面的试题。该题目的出现表明，刑事诉讼法试题不仅要考法条，同时也会考理论。实际上，刑事诉讼法的基本理念出案例题也是

可能的。因为不公正的刑事诉讼程序也可能使刑事诉讼判决结果符合事实真相，所以，D 项不正确。诉讼参与人对诉讼能充分有效地参与、程序违法能得到救济和刑事诉讼程序能得到遵守则是刑事诉讼中程序公正的应有之义。

22. 某法院决定开庭审理张某贪污案，被告人张某在开庭前突发心脏病死亡。该法院应当如何处理？

　　A. 裁定撤销案件

　　B. 宣告被告人张某无罪

　　C. 裁定终止审理

　　D. 退回起诉的人民检察院处理

【答案】C

【考点】法定不追究刑事责任的情形

【解析】《刑事诉讼法》第十五条规定："有下列情形之一的，不追究刑事责任，已经追究的，应当撤销案件，或者不起诉，或者终止审理，或者宣告无罪：（一）情节显著轻微、危害不大，不认为是犯罪的；（二）犯罪已过追诉时效期限的；（三）经特赦令免除刑罚的；（四）依照刑法告诉才处理的犯罪，没有告诉或者撤回告诉的；（五）犯罪嫌疑人、被告人死亡的；（六）其他法律规定免予追究刑事责任的。"《最高人民法院关于执行〈中华人民共和国刑事诉讼法〉若干问题的解释》第一百七十六条第（九）项规定："被告人死亡的，应当裁定终止审理；对于根据已查明的案件事实和认定的证据材料；能够确认被告人无罪的，应当判决宣告被告人无罪。"裁定撤销案件、宣告被告人张某无罪和退回起诉的人民检察院处理于法无据，因此 ABD 三项不选。题中被告人在开庭前死亡，法院应裁定终止审理，所以，C 项正确。

23. 下列哪一种情形应当由军事法院管辖？

　　A. 现役军人邝某涉嫌与某企业职工何某共同窃取国家军事秘密

　　B. 发现现役军人石某入伍前犯有故意伤害罪未处理

　　C. 退役军人李某回到家乡后被发现曾在服役期间犯有盗窃罪未处理

　　D. 到部队看望朋友的张某在部队营区内盗窃

【答案】A

【考点】专门管辖

【解析】《最高人民法院关于执行〈中许人民共和国刑事诉讼法〉若干问题的解释》第 20 条规定："现役军人（含军内在编职工，下同）和非军人犯罪的，分别由军事法院和地方法院或者其他法院专门管辖；涉及国家军事秘密的，全案由军事法院管辖。”《最高人民法院关于执行〈中许人民共和国刑事诉讼法〉若干问题的解释》第21条规定："下列案件由地方人民法院或军事法院以外的其他专门法院管辖：一）非军人、随军家属在部队营区内犯罪的；（二）军人在办理退役手续后犯罪的；（三）现役军人入伍前犯罪的（需与服役期内犯罪一并审判的除外）；（四）退役军人在服役期内犯罪的（犯军人违反职责罪除外）。"因此选 A。B、C、D 都不选，因为发现现役军人石某入伍前犯有故意伤害罪未处理、退役军人李某回到家乡后被发现曾在服役期间犯有盗窃罪未处理和到部队看望朋友的张某在部队营区内盗窃都由地方法院管辖。

24. 某市检察院张某在办理一起受贿案时，发现犯罪嫌疑人之一系其堂妹，故申请回避并经检察长同意。下列关于张某在申请回避前所取得的证据和进行的诉讼行为效力问题的表述，哪一项是正确的？

    A. 取得的证据和进行的诉讼行为均无效

    B. 取得的证据和进行的诉讼行为均有效

    C. 取得的证据有效，但进行的诉讼行为无效

    D. 取得的证据和进行的诉讼行为是否有效，由检察委员会或检察长决定

【答案】D

【考点】回避制度与证据制度

【解析】本题实际上涉及到违反回避制度取得的证据的效力问题。《人民检察院刑事诉讼规则（修正）》第 30 条规定："因符合刑事诉讼法第二十八条或者第二十九条规定的情形之一而回避的检察人员，在回避决定作出以前所取得的证据和进行的诉讼行为是否有效，由检察委员会或者检察长根据案件具体情况决定。"所以，D 项正确。

25. 下列关于刑事诉讼中辩护人与诉讼代理人区别的表述，哪一项是正确的？

    A. 介入诉讼的时间不同

    B. 可以担任辩护人和诉讼代理人的人员范围不同

    C. 是否出席法庭不同

    D. 承担的刑事诉讼职能不同

【答案】D

【考点】辩护人和诉讼代理人的区别

【解析】在刑事诉讼中，辩护人行使的是辩护职能，而刑事自诉案件中自诉人的代理、公诉案件中被害人的代理，诉讼代理人都是在协助被代理人行使控诉职能，要求追究

被告人因犯罪行为所应承担的刑事责任。故选 D。ABC 三项是错误的，因为刑事诉讼中辩护人与诉讼代理人介入诉讼的时间以及可以担任辩护人和诉讼代理人的人员范围是相同的并都可以出席法庭。

26. 下列哪一种证据属于直接证据?

　　A. 韩某杀人案，证明被告人到过案发现场的证人证言

　　B. 马某盗窃案，被害人陈某关于犯罪给自己造成物质损害的陈述

　　C. 高某放火案，表明大火系因电器短路引起的录像

　　D. 吴某投毒案，证明被告人指纹与现场提取的指纹同一的鉴定结论

【答案】C

【考点】直接证据与间接证据的划分

【解析】直接证据与间接证据是根据证据与案件主要事实的关系所作的划分。刑事案件的主要事实是指犯罪事实是否为犯罪嫌疑人、被告人所实施。一个证据只要能够单独证明某人是否实施犯罪，该证据就是直接证据。本题中的 ABD 项都不能够单独证明被告人是否实施犯罪，即刑事案件中的主要事实，需要与其他证据相结合才能证明，而 C 项可以单独说明高某没有实施犯罪，所以答案为 C 项。

27. 下列关于司法拘留、行政拘留与刑事拘留的表述，哪一项是正确的?

　　A. 司法拘留是对妨害诉讼的强制措施，行政拘留是行政制裁方法，被司法拘留和行政拘留的人均羁押在行政拘留所；刑事拘留是一种强制措施，被刑事拘留的人羁押在看守所

　　B. 司法拘留、行政拘留、刑事拘留都是一种处罚手段

　　C. 司法拘留、行政拘留、刑事拘留都是一种强制措施

　　D. 司法拘留、行政拘留、刑事拘留均可由公安机关决定

【答案】A

【考点】司法拘留、行政拘留和刑事拘留的区别

【解析】司法拘留是指法院决定对妨害诉讼的人采取的强制措施；行政拘留是指由公安机关依法对违法行为人进行短期内限制人身自由的行政处罚方法；刑事拘留是公安机关、人民检察院在侦查过程中，遇到紧急情况时，对现行犯或者重大嫌疑分子所采取的临时限制人身自由的强制措施。被司法拘留和行政拘留的人羁押在行政拘留所，被刑事拘留的人羁押在看守所。所以本题的正确答案为 A。

28. 常某涉嫌投毒杀人被立案侦查，考虑到常某怀孕已近分娩，县公安机关决定对其取保候审，责令其交纳保证金 3000 元。婴儿出生 1 个月后，常某写下遗书，两次自杀未果，家人遂轮流看护常某及其婴儿，以防意外。在此情况下，对常某应当采取什么强制措施？

    A. 维持原取保候审决定

    B. 将取保候审变更为监视居住

    C. 增加取保候审保证金或者改为保证人担保

    D. 依法提请人民检察院批准逮捕

【答案】D

【考点】强制措施

【解析】《刑事诉讼法》第 56 条规定了被取保候审的犯罪嫌疑人、被告人应当遵守的规定，《人民检察院刑事诉讼规则》第 53 条对取保候审作了更为明确的规定，对下列违反取保候审规定的犯罪嫌疑人，应当予以逮捕：（1）企图自杀、逃跑，逃避侦查起诉的；（2）实施毁灭、伪造证据或有串供、干扰证人作证行为，足以影响侦查、审查起诉工作正常进行的；（3）未经批准，擅自离开所居住的市、县，造成严重后果或者两次未经批准，擅自离开所居住的市、县的；（4）经传讯不到案，造成严重后果，或经两次传讯不到案的。本题中，常某属于（1）的情形，故选 D。

29. 某县检察院以抢劫罪对孙某提起公诉，被害人李某提起附带民事诉讼。下列哪一种说法是正确的？

    A. 审判附带民事诉讼案件，应当适用民事诉讼法，不适用刑事诉讼法

    B. 尽管在侦查阶段孙、李已就赔偿达成协议且孙已给付，法院仍然可以受理李提起的附带民事诉讼

    C. 附带民事诉讼案件，由检察机关决定查封被告人财产

    D. 如果调解达成协议，不论是否当庭执行完毕，审判人员都必须制作调解书

【答案】B

【考点】刑事附带民事诉讼

【解析】《最高人民法院关于执行〈中华人民共和国刑事诉讼法〉若干问题的意见》第 90 条规定："在侦查、预审、审查起诉阶段，有权提起附带民事诉讼的人向公安机关、人民检察院提出赔偿要求，已经公安机关、人民检察院调解，当事人双方达成协议并已给付，被害人又坚持向法院提起附带民事诉讼的，人民法院也可以受理。"所以，B 项正确；《最高人民法院关于执行〈中华人民共和国刑事诉讼法〉若干问题

的解释》第 95 条规定，人民法院审理附带民事诉讼案件，在必要时，可以查封或者扣押被告人的财产。所以，C 项错误；

《最高人民法院关于执行〈中华人民共和国刑事诉讼法〉若干问题的解释》第 96 条第 2 款规定："调解达成协议并当庭执行完毕的，可以不制作调解书，但应当记入笔录，经双方当事人、审判人员、书记员签名或盖章即发生法律效力。"所以，D 项错误。

《最高人民法院关于执行〈中华人民共和国刑事诉讼法〉若干问题的解释》第 100 规定："人民法院审判附带民事诉讼案件，除适用刑法、刑事诉讼法外，还应当适用民法通则、民事诉讼法有关规定。"所以，A 项错误。

30. 高某以诽谤罪将范某起诉至某县法院。县法院经审查认为，该案应属本院管辖，该案有明确的被告人、具体的诉讼请求和能证明被告人犯罪事实的证据，应予受理。但被告人范某目前下落不明。对此，法院应当如何处理？

　　A. 裁定中止审理

　　B. 说服自诉人撤回起诉或者裁定驳回起诉

　　C. 宣告范某犯有诽谤罪并处以刑罚

　　D. 将案件交公安机关查找范某下落

【答案】B

【考点】自诉案件第一审程序

【解析】《最高人民法院关于执行〈中华人民共和国刑事诉讼法〉若干问题的解释》第 188 条规定："对于自诉案件，人民法院审查有下列情形之一的，应当说服自诉人撤回起诉，或者裁定驳回起诉：（一）不符合本解释第一百八十六条规定的条件的；（二）证据不充分的；（三）犯罪已过追诉时效期限的；（四）被告人死亡的；（五）被告人下落不明的；（六）除因证据不足而撤诉的以外，自诉人撤诉后，就同一事实又告诉的；（七）经人民法院调解结案后，自诉人反悔，就同一事实再行告诉的。"本题中"被告人范某目前下落不明"属于第（五）项规定的情形，只能选 B。

31. 某县公安机关收到孙某控告何某对其强奸的材料，经审查后认为何某没有强奸的犯罪事实。县公安机关应当如何处理？

　　A. 不予立案

　　B. 要求孙某撤回控告

　　C. 撤销案件

　　D. 侦查终结后移送检察院作不起诉决定

【答案】A

【考点】对立案材料的审查处理

【解析】《刑事诉讼法》第86条规定："人民法院、人民检察院或者公安机关对于报案、控告、举报和自首的材料，应当按照管辖范围，迅速进行审查，认为有犯罪事实需要追究刑事责任的时候，应当立案；认为没有犯罪事实，或者犯罪事实显著轻微，不需要追究刑事责任的时候，不予立案，并且将不立案的原因通知控告人。控告人如果不服，可以申请复议。"本题中"何某没有犯罪事实，不需要追究刑事责任，应不予立案。"所以，本题正确答案为A。BCD项错误，因为要求孙某撤回控告、撤销案件和侦查终结后移送检察院作不起诉决定于法无据。

32. 某县人民法院在审判胥某抢劫案的过程中，县人民检察院以有新证据证明胥某的行为不构成抢劫罪为由，向县人民法院提出撤回起诉。法院接到检察院撤回起诉的要求时，合议庭已经进行了评议，但尚未宣告判决。县人民法院对人民检察院撤回起诉的要求应当如何处理？

　　A. 作出准予撤回起诉的裁定

　　B. 作出不准撤回起诉的裁定

　　C. 可以先审查撤诉理由，再作出是否准予撤回起诉的裁定

　　D. 应当先审查撤诉理由，再作出是否准予撤回起诉的裁定

【答案】D

【考点】撤回起诉

【解析】根据《最高人民法院关于执行〈中华人民共和国刑事诉讼法〉若干问题的解释》第177条的规定；"在宣告判决前，人民检察院要求撤回起诉的，人民法院应当审查人民检察院撤回起诉的理由，并作出是否准许的裁定。"因此，本题正确答案为D。

33. 刘某，17岁，系某聋哑学校职工，因涉嫌盗窃罪被检察院提起公诉。刘某的辩护人高某认为刘某并非该案的犯罪人。县人民法院经审查，决定按照普通程序审理该案。下列哪一项是法院决定按照普通程序审理该案的依据？

　　A. 刘某系未成年人

　　B. 刘某系某聋哑学校职工

　　C. 辩护人高某认为刘某无罪

　　D. 检察院没有建议适用简易程序

【答案】C

【考点】简易程序

【解析】根据《最高人民法院关于执行〈中华人民共和国刑事诉讼法〉若干问题的解释》第 222 条的规定："人民法院审理具有以下情形之一的案件，不应当适用简易程序：（一）公诉案件的被告人对于起诉指控的犯罪事实予以否认的；（二）比较复杂的共同犯罪案件；（三）被告人是盲、聋、哑人的；（四）辩护人作无罪辩护的；（五）其他不宜适用简易程序的。"本题中未说明刘明是否是聋哑人，而指出辩护人认为刘某并非该案的犯罪人，即为其作无罪辩护，因此本题正确答案为 C。

34. 叶某因挪用资金罪被判处有期徒刑一年缓刑两年，判决宣告时叶某表示不上诉。其被解除羁押后经向他人咨询，认为自己不构成犯罪，于是又想提出上诉。下列哪一项是正确的？

　　A. 叶某已明确表示不上诉，因此不能再提起上诉

　　B. 需经法院同意，叶某才能上诉

　　C. 在上诉期满前，叶某有权提出上诉

　　D. 叶某可在上诉期满前提出上诉，但因一审判决未生效，需对他重新收押

【答案】C

【考点】上诉

【解析】根据《最高人民法院关于执行〈中华人民共和国刑事诉讼法〉若干问题的解释》第 232 条的规定："地方各级人民法院在宣告第一审判决、裁定时，应当明确告知被告人、自诉人、附带民事诉讼的当事人和他们的法定代理人，如果不服判决或者裁定，有权在法定期限内以书状或者口头形式向上一级人民法院提出上诉。"因此本题正确答案为 C。

35. 李某因犯故意杀人罪被某市中级人民法院一审判处死刑，缓期二年执行。判决后，李某没有上诉，检察机关也没有抗诉。省高级人民法院在复核该案时认为，一审判决认定事实清楚，适用法律正确，但量刑不当，因为李某杀人后先奸尸又碎尸，情节恶劣，应当判处死刑立即执行。省高级人民法院应当如何处理该案？

　　A. 裁定撤销原判，直接改判李某死刑立即执行

　　B. 裁定撤销原判，发回市中级人民法院重新审判

　　C. 裁定撤销原判，由省高级人民法院进行第一审，依法判处李某死刑立即执行

　　D. 裁定维持一审判决

【答案】D

【考点】死刑复核程序

【解析】根据《最高人民法院关于执行〈中华人民共和国刑事诉讼法〉若干问题的解释》第 278 条第 3 款的规定："中级人民法院判处死刑缓期二年执行的第一审案件，被告人不上诉、人民检察院不抗诉的，应当报请高级人民法院核准。高级人民法院对于报请核准的死刑缓期二年执行的案件，按照下列情形分别处理：（一）同意判处死刑缓期二年执行的，应当裁定予以核准；（二）认为原判事实不清、证据不足的，应当裁定发回重新审判；（三）认为原判量刑过重的，应当依法改判。高级人民法院核准死刑缓期二年执行的案件，不得以提高审级等方式加重被告人的刑罚。"因此，本题正确答案为 D。

36. 伍某因犯抢劫罪被某中级人民法院一审判处死刑，缓期二年执行，并经高级人民法院核准。在死刑缓期二年执行期间伍某未犯新罪。二年期满后的第二天，高级人民法院尚未裁定减刑，伍某将同监另一犯人打成重伤。该高级人民法院对伍某应当作出什么处理？

   A. 裁定核准死刑立即执行

   B. 将死刑缓期二年执行改判为死刑立即执行，报最高人民法院核准

   C. 先依法裁定减刑，然后对所犯新罪另行审判

   D. 维持原死刑缓期二年执行的裁判，以观后效

【答案】C

【考点】死刑缓期刑二年的执行

【解析】根据《最高人民法院关于执行〈中华人民共和国刑事诉讼法〉若干问题的解释》第 361 条的规定："被判处死刑缓刑二年执行的罪犯，在死刑缓期二年执行期间，如果没有故意犯罪，死刑缓期二年执行期满后，即应当减刑。如果死刑缓期二年执行期满后尚未裁定减刑前又犯新罪的，应当依法减刑后对其所犯新罪另行审判。"题中高级人民法院虽未裁定减刑，但伍某的 2 年缓刑执行已经期满，应当减为无期徒刑，其伤人行为应当另外定罪实行数罪并罚。

37. 执行机关是指将人民法院已发生法律效力的判决、裁定付诸实施的机关。下列有关执行机关执行范围的表述，哪一项是正确的？

   A. 人民法院负责无罪、免除处罚、罚金、没收财产及死刑立即执行判决的执行

   B. 公安机关负责送交执行时余刑不足二年的有期徒刑和拘役、管制、缓刑、剥夺

政治权利、监外执行等的执行

    C. 监狱负责被判处死刑缓期二年执行、无期徒刑和送交执行时余刑二年以上的有期徒刑的执行

    D. 未成年犯监狱负责未成年犯被判处刑罚和劳动教养处罚的执行

【答案】A

【考点】执行

【解析】根据相关法律规定，公安机关负责有期徒刑缓刑、拘役缓刑、管制、拘役、剥夺政治权利的执行；看守所负责执行在被交付执行刑罚前剩余刑期在 1 年以下有期徒刑的罪犯；未成年犯管教所负责未成年犯被判处刑罚的执行；监狱负责死刑缓期 2 年执行，无期徒刑及送交执行时余刑在 1 年以上的有期徒刑的执行。而无罪或免除处罚的判决、罚金、没收财产及死刑立即执行的判决和裁定，由人民法院执行。因此本题正确答案为 A。

38. 下列哪一项不属于狭义的刑事司法协助？

    A. 询问证人

    B. 引渡

    C. 搜查

    D. 扣押

【答案】B

【考点】刑事司法协助

【解析】刑事诉讼中的司法协助是指我国司法机关与外国司法机关之间，根据相互缔结的条约或者参加的国际条约以及互惠原则，互相协助，代为进行某些诉讼行为的活动。我国理论界认为，刑事司法协助有广义和狭义之分。狭义刑事司法协助的内容有：代为送达文书、代为调查取证等。比如：互相代为讯问犯罪嫌疑人、询问证人，互相委托进行鉴定、勘验、检查、搜查和扣押。其法律依据为《人民检察院刑事诉讼规则（修正）》第十一章刑事司法协助中第 440 条规定的内容："人民检察院司法协助的范围主要包括刑事方面的调查取证、送达刑事诉讼文书、通报刑事诉讼结果、移交物证、书证和视听资料、扣押、移交赃款、赃物以及法律和国际条约规定的其他司法协助事宜。"所以，ACD 三项属于狭义刑事司法协助的内容。而理论界一般认为，引渡属于广义的刑事司法协助。《人民检察院刑事诉讼规则（修正）》第十一章刑事司法协助中的第 441 条规定："办理引渡案件，按照国家关于引渡的法律和规定执行。"这说明，"引渡"既是广义司法协助的内容，同时又必须适用专门的法律规定。

39. 谢某对某公安局以其实施盗窃为由处以 15 日拘留的处罚不服，向法院提起行政诉讼。该局向法院提供的证据有：报案人的报案电话记录、公安人员询问笔录、失窃现场勘验笔录、现场提取指纹一枚，及该指纹系谢某左手拇指所留的鉴定书。下列哪一种说法是正确的？

    A. 对报案人所作的询问笔录应当加盖某公安局、公安人员和报案人印章

    B. 现场提取的指纹为物证

    C. 某公安局提供的证据均为直接证据

    D. 根据某公安局所提供的证据，可以认定其处罚决定证据确实充分

【答案】B

【考点】行政诉讼证据的种类与要求

【解析】A 项错误。对报案人的询问笔录，经确认无误后，由报案人签名或者盖章，而不需要加盖某公安局的印章。B 项正确。物证是指以其存在的外形、性状、质量、特征、规格等证明案件事实的物品或痕迹，题目中公安局向法院提供的指纹就是证明案件事实的痕迹，所以属于物证。C 项错误。根据证据与案件主要事实的证明关系的不同，可以把证据分为直接证据和间接证据，凡是可以单独直接地证明案件主要事实的证据属于直接证据，直接证据不必经过推理过程，本身就可以直接证明有关案件的事实，在题目中，公安局向法院提供的证据中，都不能单独直接证明谢某实施盗窃的案件事实，所以不是直接证据。D 项错误。公安局所提供的证据系间接证据，这些间接证据又难以形成一个完整的链条证据谢某的违法主持下，当事人进行辨认和对质，并且在法庭上出示后，才能作为定案证据，确定其证据是否充分。

40. 一小区已建有 A 幼儿园，为满足需要，某区人民政府拟在该小区内再建一所幼儿园。张某和李某先后向某区人民政府提出申请，张某获批准。下列哪一种说法是正确的？

    A. 某区人民政府必须在受理李某和张某的申请之日起20日内作出批准与否的决定

    B. 某区人民政府按照张某和李某申请的先后顺序作出批准决定是不合法的

    C. 李某有权对某区人民政府批准张某申请的行为提起行政诉讼

    D. A 幼儿园有权对某区人民政府批准再建幼儿园的决定提起行政诉讼

【答案】C

【考点】行政诉讼的受案范围、行政许可的期限

【解析】依行政诉讼法第 11 条第（四）项：认为符合法定条件申请行政机关颁发许可证和执照，行政机关拒绝颁发或者不予答复的，可提起行政诉讼。故 C 正确。依行政诉讼法 57 条：有数量限制的行政许可，两个或者两个以上申请人的申请均符合

法定条件、标准的，行政机关应当根据受理行政许可申请的先后顺序作出准予行政许可的决定。但是，法律、行政法规另有规定的，依照其规定。可知，B 不正确。依行政许可法 42 条：除可以当场作出行政许可决定的外，行政机关应当自受理行政许可申请之日起二十日内作出行政许可决定。二十日内不能作出决定的，经本行政机关负责人批准，可以延长十日，并应当将延长期限的理由告知申请人。但是，法律、法规另有规定的，依照其规定。依照本法第二十六条的规定，行政许可采取统一办理或者联合办理、集中办理的，办理的时间不得超过四十五日；四十五日内不能办结的，经本级人民政府负责人批准，可以延长十五日，并应当将延长期限的理由告知申请人。因此可知 A 不正确。D 不正确，因为题目已说明，为满足需要等等条件，说明新设幼儿园是适应社会的需要，也没有提示说侵犯了幼儿园的公平竞争权，故没有侵犯其法律上的权利，因此，幼儿园无权对此行政许可提起行政诉讼。

41. 潘某不服某卫生局的行政处罚决定向法院提起诉讼。诉讼过程中，卫生局撤销了原处罚决定，潘某遂向法院申请撤诉，法院作出准予撤诉的裁定。一周后，卫生局又以同一事实和理由作出了与原处罚决定相同的决定。下列哪一种说法是正确的？

A. 潘某可以撤回撤诉申请，请求法院恢复诉讼，继续审理该案
B. 潘某可以对法院所作的准予撤诉裁定提出上诉
C. 潘某可以申请再审，请求法院撤销准予撤诉的裁定
D. 潘某可以对卫生局新的处罚决定提起诉讼

【答案】D

【考点】行政诉讼上的撤诉之效果

【解析】就一审的撤诉而言，撤诉具有两方面的法律后果。其一，无论是原告申请撤诉得到法院裁定准予撤诉，还是按撤诉处理，其直接的法律后果都是导致诉讼程序的终结。其二，法院裁定准予原告撤诉后，被告以同一事实和理由重新起诉的，人民法院不予受理。此处与民事诉讼不同，在民事诉讼中，原告的撤诉经法院准许后，视为自始未起诉，原告仍有权提起诉讼。故 A 不正确。D 正确。依行诉司法解释 63 条：只有不予受理、驳回起诉、管辖异议的裁定方可上诉。故 B 不对。鉴于卫生局已撤消了原处罚决定，且潘某已撤消了诉讼，使诉讼终结。现卫生局又做出了一个新的处罚决定，潘某不服自可对新的具体行政行为提起新的诉讼。而不是对已撤消的具体行政行为提起再审。C 不正确。

42. 某乡人民政府对程某征收农民负担费用 500 元，县人民政府经复议将费用减为 400 元。程某不服遂向法院提起诉讼。法院经审理认为征收 400 元的费用违反了国家规定的不得超过上年度农民人均纯收入 5% 的标准。法院应如何处理此案？

    A. 变更县政府的决定，确定应交纳费用的具体标准
    B. 确认县政府的决定违法，责令乡政府重新作出决定
    C. 撤销县政府的决定，责令乡政府重新作出决定
    D. 撤销县政府的决定，责令县政府重新作出决定

【答案】D

【考点】行政诉讼的判决种类

【解析】依行政诉讼法 25 条：公民、法人或者其他组织直接向人民法院提起诉讼的，作出具体行政行为的行政机关是被告。经复议的案件，复议机关决定维持原具体行政行为的，作出原具体行政行为的行政机关是被告；复议机关改变原具体行政行为的，复议机关是被告。因此，本题中县政府是被告。D 正确。BC 错误。A 不正确，因为变更判决只适用于显失公平的行政处罚。而非行政征收。

43. 下列有关法律规范的适用和备案的哪一种说法是正确的？

    A. 地方性法规与部门规章对同一事项的规定不一致，不能确定如何适用时，由国务院作出最终裁决
    B. 不同行政法规的特别规定与一般规定不一致不能确定如何适用时，由国务院裁决
    C. 地方政府规章内容不适当的，国务院应当予以改变或者撤销
    D. 凡被授权机关制定的法规违背授权目的的，授权和所制定的法规应当一并被撤销

【答案】C

【考点】法律规范的适用与备案

【解析】依《立法法》第 85 条法律之间对同一事项的新的一般规定与旧的特别规定不一致，不能确定如何适用时，由全国人民代表大会常务委员会裁决。行政法规之间对同一事项的新的一般规定与旧的特别规定不一致，不能确定如何适用时，由国务院裁决。第 86 条地方性法规、规章之间不一致时，由有关机关依照下列规定的权限作出裁决：（一）同一机关制定的新的一般规定与旧的特别规定不一致时，由制定机关裁决；（二）地方性法规与部门规章之间对同一事项的规定不一致，不能确定如何适用时，由国务院提出意见，国务院认为应当适用地方性法规的，应当决定在该地方适用地方性法规的规定；认为应当适用部门规章的，应当提请全国人民代表大会常务委员会裁决；（三）部门规章之间、部门规章与地方政府规章之间对同一事项的规定不

一致时，由国务院裁决。根据授权制定的法规与法律规定不一致，不能确定如何适用时，由全国人民代表大会常务委员会裁决。可知：A 错、B 错（B 错在少了同一事项）、D 错（D 错在撤销的只是法规而非授权），C 正确。

44. 甲省乙市人民政府决定征用乙市某村全部土地用于建设，甲省人民政府作出了批准乙市在该村征用土地的批复。其后，乙市规划建设局授予丁公司拆迁许可证，决定拆除该村一组住户的房屋。一组住户不服，欲请求救济。下列哪一种说法不正确？

   A. 住户对甲省人民政府征用土地的批复不服，应当先申请复议再提起诉讼

   B. 住户可以对乙市人民政府征用补偿决定提起诉讼

   C. 住户可以对乙市规划建设局授予丁公司拆迁许可证的行为提起诉讼

   D. 住户可以请求甲省人民政府撤销乙市规划建设局授予丁公司拆迁许可证的行为

【答案】A

【考点】行政诉讼的被告、受案范围以及行政机关的相互关系

【解析】依行政复议法 30 条：公民、法人或者其他组织认为行政机关的具体行政行为侵犯其已经依法取得的土地、矿藏、水流、森林、山岭、草原、荒地、滩涂、海域等自然资源的所有权或者使用权的，应当先申请行政复议；对行政复议决定不服的，可以依法向人民法院提起行政诉讼。根据国务院或者省、自治区、直辖市人民政府对行政区划的勘定、调整或者征用土地的决定，省、自治区、直辖市人民政府确认土地、矿藏、水流、森林、山岭、草原、荒地、滩涂、海域等自然资源的所有权或者使用权的行政复议决定为最终裁决。可知，省政府关于征用土地的批复为最终裁决，不可诉。A 错。BC 均为可诉的具体行政行为。D 正确，根据行政许可法的规定，如果行政许可决定违法作出的，作出行政许可决定的行政机关或者其上级行政机关，根据利害关系人的请求或者依据职权，可以撤销行政许可。乙市规划建设局是乙市政府的一个职能部门，甲省人民政府可以撤销乙市规划建设局授予丁公司拆迁许可证的行为。

45. 黄某在与陈某的冲突中被陈某推倒后摔成轻微伤，甲市乙县公安局以此对陈某作出行政拘留 15 日的决定。陈某不服申请复议，甲市公安局经调查并补充了王某亲眼看到黄某摔伤的证言后维持了原处罚决定。陈某向法院提起诉讼。庭审中，陈某提出该处罚未经过负责人集体讨论，一审法院遂要求被告补充提供该处罚由负责人集体讨论决定的记录。下列哪一种说法是正确的？

   A. 此案应由甲市公安局所在地人民法院管辖

   B. 王某的证言只能作为证明甲市公安局的复议决定合法的证据

C. 法院要求被告补充记录的做法不符合法律规定

D. 法院对被告提供的记录形成时间所作的审查属于对证据的关联性审查

【答案】B

【考点】行政诉讼管辖与证据

【解析】行政案件由最初作出具体行政行为的行政机关所在地人民法院管辖。经复议的案件，只有复议机关改变原具体行政行为的，才可以由复议机关所在地人民法院管辖。本题中，甲市公安局经调查并补充了王某亲眼看到黄某摔伤的证言后维持了原处罚决定，因此不能由复机关所在地的人民法院管辖。A 项错误。复议机关在复议程序中收集和补充的证据，不能作为人民法院认定原具体行政行为合法的依据。复议机关在复议中收集的证据只能证明其复议决定的合法性，而不能证明原行政行为的合法性，因此王某的证言只能作为证明甲市公安局复议决定合法的证据。B 项正确。《行政诉讼法》第 34 条规定："人民法院有权要求当事人提供或者补充证据。人民法院有权向有关行政机关以及其他组织、公民调取证据。"法院要求被告补充记录的做法符合法律规定。C 项错误。证据的合法性是指可定案证据必须是经合法程序、运用合法手段取得的，而且符合法定的形式，证据的关联性是指作为可定案的证据，必须同案件的事实，即同有争议的具体行政行为以及这一行为所依据的事实存在一定的联系。法院对被告提供的记录形成时间所作的审查不是对证据的关联性审查，而是对证据的合法性审查。D 项错误。

46. 根据行政许可法的规定，下列有关行政许可的审查和决定的哪一种说法是正确的？

A. 对行政许可申请人提交的申请材料的审查，均应由行政机关两名以上工作人员进行

B. 行政机关作出准予行政许可决定和不予行政许可决定，均应采用书面形式

C. 行政机关作出准予行政许可决定后，均应向申请人颁发加盖本行政机关印章的行政许可证件

D. 所有的行政许可均在全国范围内有效

【答案】B

【考点】行政许可的审查与决定形式及效力

【解析】A 错，《行政许可法》34 条 3 款规定：根据法定条件和程序，需要对申请材料的实质内容进行核实的，行政机关应当指派两名以上工作人员进行核查。故只的对依法定条件和程序对申请材料的实质内容进行核实的，须的两名以上工作人员进行。B 对，依据《行政许可法》第 38 条申请人的申请符合法定条件、标准的，行政机关

应当依法作出准予行政许可的书面决定; 行政机关依法作出不予行政许可的书面决定的, 应当说明理由, 并告知申请人享有依法申请行政复议或者提起行政诉讼的权利。依法理亦可得出结论: 行政许可是一种公权利行为, 具有公示性, 故应以书面形式示之。C 错, 并非均应。而是对需要颁发证件的才颁发。依据为许可法 39 条: 行政机关作出准予行政许可的决定, 需要颁发行政许可证件的, 应当向申请人颁发加盖本行政机关印章的下列行政许可证件。D 错, 行政许可有全国性的, 也有区域性的。

47. A 市某县土地管理局以刘某非法占地建住宅为由, 责令其限期拆除建筑, 退还所占土地。刘某不服, 申请行政复议。下列哪一种说法是正确的?

    A. 复议机关只能为 A 市土地管理局

    B. 若刘某撤回复议申请, 则无权再提起行政诉讼

    C. 刘某有权委托代理人代为参加复议

    D. 若复议机关维持了某县土地管理局的决定, 刘某逾期不履行的, 某县土地管理局可以自行强制执行

【答案】C

【考点】土地等自然资源的行政复议必经式、委托复议代理人、非诉执行

【解析】A 错, 复议机关有两个, 一个是上级业务领导机关, 一个是本级人民政府。B 错, (但是偶认为 B 是对的啊, 因为此种情形为复议必经式, 不复议则不得诉讼。) 依据为行政复议法 30 条: 公民、法人或者其他组织认为行政机关的具体行政行为侵犯其已经依法取得的土地、矿藏、水流、森林、山岭、草原、荒地、滩涂、海域等自然资源的所有权或者使用权的, 应当先申请行政复议; 对行政复议决定不服的, 可以依法向人民法院提起行政诉讼。(这个选项可能是个表达问题! 反正记住的是这个是复议必经式, 要想诉讼, 必先复议, 刘某可以撤回复议申请, 但还可以再申请复议, 只要在法定期间内再提起复议申请, 依然有权提起行政诉讼。) C 对, 依行政复议法 10 条 5 款: 申请人、第三人可以委托代理人代为参加行政复议。D 错, 依行政复议法 33 条: 申请人逾期不起诉又不履行行政复议决定的, 或者不履行最终裁决的行政复议决定的, 按照下列规定分别处理: (一) 维持具体行政行为的行政复议决定, 由作出具体行政行为的行政机关依法强制执行, 或者申请人民法院强制执行; 故自行强制执行不对而是依法强制执行。

48. 1995 年田某向原国家专利局申请 A 发明专利, 次年 4 月与胡某签订"关于创办 B 厂协议书"。在田某不知情的情况下, 1998 年 4 月 20 日某区工商局根据胡某的申请向胡某颁发了 B 厂企业法人营业执照, 胡某为法定代表人。1999 年 5 月 11 日, 某区

工商局根据 B 厂的申请注销了该厂的登记。2000 年 10 月 20 日田某向某区工商局了解 B 厂情况，同年 11 月 2 日该局告知该厂登记、注销情况。2003 年 7 月 31 日国家专利行政部门授予田某 A 专利权并予以公告。2004 年 8 月 10 日，田某以某区工商局向胡某颁发企业法人营业执照行为侵犯其专利权为由向法院提起诉讼。下列哪一种说法是正确的？

A. 田某的专利权保护期自 2004 年 7 月 31 日开始起算

B. 田某起诉期限自 2000 年 10 月 20 日开始起算

C. 如果《专利法》对起诉期限有特别规定时，田某提起诉讼的起诉期限应从其规定

D. 对田某的起诉，法院不予受理

【答案】D

【考点】行政诉讼的起诉期限

【解析】A，不对，专利自生效日起受保护。B，不对，11 月 2 日田某才知情，10 月 20 日只是申请查询的日期。C，不对，我国行政诉讼法对行政诉讼的起诉期限作了比较明确的规定，因此，即使《专利法》对起诉期限有特别规定时，田某提起诉讼的起诉期限仍应该遵从行政诉讼法的规定。D，正确，不符合起诉的要件。

49. 下列有关行政法规和规章的哪一种说法是正确的？

A. 涉及两个以上国务院部门职权范围的事项，不得制定规章，应当由国务院制定行政法规

B. 行政机关对行政许可事项进行监督检查收取费用须由法规规章规定

C. 行政法规应由国务院起草、讨论和通过，国务院部门不能成为行政法规的起草单位

D. 有规章制定权的地方政府可以直接依据法律制定规章

【答案】D

【考点】行政法规和规章的制定程序

【解析】A 项错误。《立法法》第 72 条规定："涉及两个以上国务院部门职权范围的事项，应当提请国务院制定行政法规或者由国务院有关部门联合制定规章"。B 不对，依据许可法 58 条：行政机关实施行政许可和对行政许可事项进行监督检查，不得收取任何费用。但是，法律、行政法规另有规定的，依照其规定。C 不对，依据行政法规制定程序条例第 10 条：行政法规由国务院组织起草。国务院年度立法工作计划确定行政法规由国务院的一个部门或者几个部门具体负责起草工作，也可以确定由国务院法制机构起草或者组织起草。D 正确，依据立法法 73 条：省、自治区、直辖

市和较大的市的人民政府，可以根据法律、行政法规和本省、自治区、直辖市的地方性法规，制定规章。

50. 王某户籍所在地是甲市 A 区，工作单位所在地是甲市 B 区。2002 年 1 月王某在乙市出差时因涉嫌嫖娼被乙市 A 区公安分局传唤，后被该公安分局以嫖娼为由处以罚款 500 元。在被处罚以前，王某被留置于乙市 B 区两天。经复议王某对罚款和留置措施提起行政诉讼。下列哪一法院对本案没有管辖权？

   A. 甲市 A 区人民法院

   B. 甲市 B 区人民法院

   C. 乙市 A 区人民法院

   D. 乙市 B 区人民法院

【答案】B

【考点】行政诉讼管辖

【解析】法条依据为《行政诉讼法》第 18 条：对限制人身自由的行政强制措施不服提起的诉讼，由被告所在地或者原告所在地人民法院管辖。及行政诉讼法司法解释第 9 条：行政诉讼法第十八条规定的"原告所在地"，包括原告的户籍所在地、经常居住地和被限制人身自由地；行政机关基于同一事实既对人身又对财产实施行政处罚或者采取行政强制措施的，被限制人身自由的公民、被扣押或者没收财产的公民、法人或者其他组织对上述行为均不服的，既可以向被告所在地人民法院提起诉讼，也可以向原告所在地人民法院提起诉讼，受诉人民法院可一并管辖。其实记住一点即可：此种情形下的管辖法院有以下：原告所在地、被告所在地、人身被制所在土。故只有 B 无管辖权。

二、多项选择题 每题所给的选项中有两个或两个以上正确答案，少答或多答均不得分。本部分 51-90 题，每题 2 分，共 80 分。

51. 下列关于罪刑相适应原则的说法哪些是正确的？

   A. 罪刑相适应原则要求刑法不溯及既往

   B. 罪刑相适应原则要求刑事立法制定合理的刑罚体系

   C. 罪刑相适应原则要求刑罚与犯罪性质、犯罪情节和罪犯的人身危险性相适应

   D. 罪刑相适应原则要求在行刑中合理地运用减刑、假释等制度

【答案】BCD

【考点】罪刑相适应原则的内容

【解析】应注意区分罪刑相适应原则与罪刑法定原则的内容。《刑法》第 5 条规定："刑罚的轻重，应当与犯罪分子所犯罪行和承担的刑事责任相适应。"据此，A 选项的不溯既往是罪刑法定原则的要求。BCD 选项都是符合罪刑相适应原则的。

52. 下列哪些行为不构成单位犯罪？

    A. 甲、乙、丙出资设立一家有限责任公司专门从事走私犯罪活动

    B. 甲、乙、丙出资设立的公司成立后以生产、销售伪劣产品为主要经营活动

    C. 某公司董事长及总经理以公司名义印刷非法出版物，所获收入由他们二人平分

    D. 某公司董事长及总经理组织职工对前来征税的税务工作人员使用暴力，拒不缴纳税款

【答案】ABCD

【考点】单位犯罪

【解析】抗税罪的主体要求是纳税人或者扣缴义务人，且必须是自然人，单位不构成本罪。最高人民法院《关于审理单位犯罪案件具体应用法律有关问题的解释》第 2 条规定："个人为进行违法犯罪活动而设立的公司、企业、事业单位实施犯罪的，或者公司、企业、事业单位设立后，以实施犯罪为主要活动的，不以单位犯罪论处。"A、B 选项就属于这种情况，所以应选。上述司法解释第 3 条规定："盗用单位名义实施犯罪，违法所得由实施犯罪的人私分的，依照刑法有关自然人犯罪的规定定罪处罚。"所以选项 C 应选。D 选项也应选。刑法第 211 条并未规定单位可以成为抗税罪的主体，所以虽然是为单位利益由单位组织实施的，也不构成单位犯罪。

53. 下列关于剥夺政治权利附加刑如何执行问题的说法哪些是正确的？

    A. 被判处无期徒刑的罪犯，一般要剥夺政治权利，其刑期与主刑一样，同时执行

    B. 被判处有期徒刑的罪犯，被剥夺政治权利的，从有期徒刑执行完毕或假释之日起，执行剥夺政治权利附加刑

    C. 被判处拘役的罪犯，被剥夺政治权利的，从拘役执行完毕或假释之日起，执行剥夺政治权利附加刑

    D. 被判处管制的罪犯，被剥夺政治权利的，附加刑与主刑刑期相等，同时执行

【答案】BCD

【考点】剥夺政治权利的效力与执行

【解析】A 选项错误。《刑法》第 57 条规定："对于被判处无期徒刑的犯罪分子，应当剥夺政治权利终身。"注意法律在此规定的是"应当"，而非"一般"。

第 58 条规定："附加剥夺政治权利的刑期，从徒刑、拘役执行完毕之日或者从假释之日起计算；剥夺政治权利的效力当然施用于主刑执行期间。"B 选项与 C 选项是正确的。剥夺政治权利是与主刑同时执行还是在主刑执行完毕后执行，刑法根据具体情况做了不同规定。第 55 条第 2 款规定："判处管制附加剥夺政治权利的，剥夺政治权利的期限与管制的期限相等，同时执行。"D 选项也是正确的。

54. 下列关于从重处罚的表述哪些是正确的？

　　A. 从重处罚是指应当在犯罪所适用刑罚幅度的中线以上判处

　　B. 从重处罚是在法定刑以上判处刑罚

　　C. 从重处罚是指在法定刑的限度以内判处刑罚

　　D. 从重处罚不一定判处法定最高刑

【答案】CD

【考点】从重处罚的适用

【解析】《刑法》第 62 条规定："犯罪分子具有本法规定的从重处罚、从轻处罚情节的，应当在法定刑的限度以内判处刑罚。"所以选项 B 是错误的，C 选项从重处罚是指在法定刑的限度以内判处刑罚和 D 选项从重处罚不一定判处法定最高刑是正确的。从重处罚并非应当在犯罪所适用刑罚幅度的中线以上判处刑罚，应视具体情况而定，A 选项是错误的。

55. 符合下列哪些情形而在五年以内再犯应当判处有期徒刑以上刑罚之罪的可以构成累犯？

　　A. 前罪的刑罚执行完毕以后

　　B. 赦免以后

　　C. 缓刑考验期满以后

　　D. 假释考验期满以后

【答案】ABD

【考点】累犯

【解析】A、B 选项是正确。因为依据《刑法》第 65 条规定："被判处有期徒刑以上刑罚的犯罪分子，刑罚执行完毕或者赦免以后，在五年内再犯应当判处有期徒刑以上刑罚之罪的是累犯。"缓刑考验期满，原判的刑罚就不再执行，不属于刑罚执行完毕，所以 C 选项错误。缓刑是一种有条件的不执行原判刑罚的制度。凡是前罪被判处缓刑的，无论是在缓刑考验期间还是考验期满，行为人再犯新罪都不适用累犯。《刑法》第 85 条规定："如果没有本法第 86 条规定的情形，假释考验期满，就认为原判刑罚已经执行完毕。"所以，假释考验期满符合刑罚已经执行完毕的条件，可以构成累犯，选项 D 正确。

56. 下列哪些犯罪行为应实行属地管辖原则?

　　A. 外国人乘坐外国民航飞机进入中国领空后实施犯罪行为

　　B. 中国人乘坐外国船舶，当船舶行驶于公海上时实施犯罪行为

　　C. 外国人乘坐中国民航飞机进入法国领空后实施犯罪行为

　　D. 中国国家工作人员在外国实施我国刑法规定的犯罪行为

【答案】AC

【考点】属地管辖原则

【解析】A 选项正确。《刑法》第 6 条第 1 款规定："凡在中华人民共和国领域内犯罪的，除法律有特别规定的以外，都适用本法。"领陆、领海和领空都属于我国领域。《刑法》第 7 条规定："中华人民共和国公民在中华人民共和国领域外犯本法规定之罪的，适用本法……"因此 B 选项中的情况适用属人管辖原则而非属地管辖原则。《刑法》第 6 条第 2 款规定："凡在中华人民共和国船舶或者航空器内犯罪的，也适用本法。"因此 C 选项正确。D 选项是适用属人管辖权原则而非属地管辖权原则，所以错误。

57. 犯罪中止可以发生在:

　　A. 犯罪的预备阶段

　　B. 犯罪的实行阶段

　　C. 犯罪行为尚未实行完毕的情况下

　　D. 犯罪行为已经实行完毕的情况下

【答案】ABCD

【考点】犯罪中止的认定

【解析】《刑法》第 24 条："在犯罪过程中，自动放弃犯罪或者自动有效地防止犯罪结果发生的，是犯罪中止。"犯罪过程包括预备阶段和实行阶段。所以，AB 正确。犯罪行为尚未实行完毕的情况下属于犯罪的预备阶段和实行阶段，也成立犯罪中止，所以，C 正确。犯罪行为已经实行完毕的情况下，即实行行为已经实行完毕，但

结果尚未出现，如果自动有效地防止犯罪结果发生，这时也能成立犯罪中止。所以，D 正确。

58. 下列哪些人可以成为非法经营同类企业罪的犯罪主体？

  A. 中外合资企业的董事、经理

  B. 国有公司的董事

  C. 国有企业的经理

  D. 国有公司控股的公司、企业的董事、经理

【答案】BC

【考点】非法经营同类营业罪的主体

【解析】说明：题干中对罪名的表述有笔误，非法经营同类企业罪应该是非法经营同类营业罪。《刑法》第 165 条："国有公司、企业的董事、经理利用职务便利，自己经营或者为他人经营与其所任职公司、企业同类的营业，获取非法利益，数额巨大的，处三年以下有期徒刑或者拘役，并处或者单处罚金；数额特别巨大的，处三年以上七年以下有期徒刑，并处罚金。"可见，非法经营同类营业罪的主体是国有公司、企业的董事、经理。所以，A 不正确，BC 正确。最高人民法院 2005 年 8 月 1 日《关于如何认定国有控股、参股股份有限公司中的国有公司、企业人员的解释》规定："国有公司、企业委派到国有控股、参股公司从事公务的人员，以国有公司、企业人员论。"但并非所有国有公司控股的公司、企业的董事、经理都属于国有公司、企业人员。所以，D 不正确。

59. 刑法第 20 条第 3 款规定："对正在进行行凶、杀人、抢劫、强奸、绑架以及其他严重危及人身安全的暴力犯罪，采取防卫行为，造成不法侵害人伤亡的，不属于防卫过当，不负刑事责任。"关于刑法对特殊正当防卫的规定，下列哪些理解是错误的？

  A. 对于正在进行杀人等严重危及人身安全的暴力犯罪，采取防卫行为，没有造成不法侵害人伤亡的，不能称为正当防卫

  B. "其他严重危及人身安全的暴力犯罪"的表述，不仅说明其前面列举的抢劫、强奸、绑架必须达到严重危及人身安全的程度，而且说明只要列举之外的暴力犯罪达到严重危及人身安全的程度，也应适用特殊正当防卫的规定

  C. 由于特殊正当防卫针对的是严重危及人身安全的暴力犯罪，而这种犯罪一旦着手实行便会造成严重后果，所以，应当允许防卫时间适当提前，即严重危及人身安全的暴力犯罪处于预备阶段时，也应允许进行特殊正当防卫

D. 由於針對嚴重危及人身安全的暴力犯罪進行防衛時可以殺死不法侵害人，所以，在嚴重危及人身安全的暴力犯罪結束後，當場殺死不法侵害人的，也屬於特殊正當防衛

【答案】ACD

【考點】特殊防衛權的成立條件

【解析】對於正在進行殺人等嚴重危及人身安全的暴力犯罪，採取防衛行為沒有造成不法侵害人傷亡和造成不法侵害人傷亡的情形都成立正當防衛。A項明顯屬於特殊正當防衛，所以，A不正確。根據《刑法》第20條的規定，不僅對正在進行行兇、殺人、搶劫、強姦、綁架犯罪適用特殊正當防衛的規定，其他正在進行的暴力犯罪，如果達到嚴重危及人身安全的程度，也可以適用特殊正當防衛。所以，B正確。特殊正當防衛只是對象特殊和限度特殊，其他條件與一般正當防衛是相同的，因此，應將特殊正當防衛置於正當防衛制度中來理解。正當防衛成立條件中重要的一條是「不法侵害正在進行」，而C項是事前防衛，D項是事後防衛，都屬於防衛不適時，不成立正當防衛。

60. 關於盜竊罪的認定，下列結論哪些是正確的?

A. 甲因飲酒過量醉臥街頭。乙向圍觀群眾聲稱甲係其好友，將甲扶於無人之處，掏走甲身上一千餘元離去。乙的行為構成盜竊罪

B. 甲與乙在火車上相識，下車後同到一飯館就餐。乙殷勤勸酒，將甲灌醉，掏走甲身上一千餘元離去。乙的行為構成盜竊罪

C. 甲去一餐館吃晚飯，時值該餐館打烊，服務員已下班離去，只有老闆乙在清賬理財。在甲再三要求之下，乙無奈親自下廚準備飯菜。甲趁機將廚房門反鎖，致乙欲出不能，只能從遞菜窗口眼看著甲打開櫃台抽屜拿走一千餘元離去。甲的行為構成盜竊罪

D. 甲在街頭出售報紙時發現乙與一攤主因買東西發生糾紛，其攜帶的箱子（內有貴重物品）放在身旁的地上，便提起該箱子悄悄溜走。乙發現後緊追不捨。為擺脫乙的追趕，甲將手中剩餘的幾張報紙捲成一團扔向乙，擊中乙臉，乙受驚嚇幾乎滑倒。隨之又追，終於抓住甲。甲的行為構成盜竊罪

【答案】AD

【考點】盜竊罪的認定

【解析】要注意被害人因醉酒而處於不知反抗的狀態是由自己還是他人造成的，如果與犯罪分子無關，其只是利用這種狀態則構成盜竊罪;如果是犯罪分子的行為直接造成的則構成搶劫罪。A中的乙利用甲的醉酒狀態取得財物，構成盜竊罪。B中的乙是

将甲灌醉而取得财物，构成抢劫罪。选项中的甲是以限制乙的人身自由的方法取得财物，也构成抢劫罪。选项 D 中甲在盗窃财物后被人发现，为摆脱追赶实施了轻微的逃避追赶行为，但没有达到《刑法》第 269 条规定的转化型抢劫所要求的暴力程度，同样构成盗窃罪。

61. 下列哪些行为应认定为抢劫罪一罪？

    A. 甲将仇人杀死后，取走其身上的 5000 元现金

    B. 甲持刀拦路行抢，故意将受害人杀死后取走其财物

    C. 甲在抢劫过程中，为压制被害人的反抗，故意将被害人杀死，取走其财物

    D. 甲实行抢劫罪后，为防止受害人报案，将其杀死

【答案】BC

【考点】抢劫罪中的罪数形态

【解析】本题的关键在于抢劫罪与故意杀人罪的认定与处罚。最高人民法院《关于抢劫过程中故意杀人案件如何定罪问题的批复》规定："行为人为劫取财物而预谋故意杀人，或者在劫取财物过程中，为制服被害人反抗而故意杀人的，以抢劫罪和故意杀人罪，实行数罪并罚。"行为人具有故意杀人的目的，杀害被害人后顺手牵羊"临时取财"且数额较大的行为，应当以抢劫罪和盗窃罪数罪并罚，选项 A 就属于这种情况，不选。行为人为了劫取财物而故意杀人的行为，属于抢劫罪的结果加重犯，应当以抢劫罪一罪定罪处罚。选项 B 中就属于这种为劫财而杀人的情况，应选。行为人在实施抢劫的过程中遭遇被害的反抗，为了达到劫取财物的目的而故意杀死被害人的，应当认定为"抢劫致人重伤、死亡"的情况，以抢劫罪一罪定罪处罚。选项 C 就属于这种情况，应选。行为人实施抢劫后，为灭口而故意杀人的，以抢劫罪和故意杀人罪实行数罪并罚。选项 D 就属于这种情形，应当实行数罪并罚。

62. 甲系某市国有博物馆的馆长。某日，市政府领导带某国博物馆代表团来参观。甲当即决定将本馆收藏的一件战国时期的青铜奔马赠送给市政府，作为新落成的市政府办公大楼的装饰；同时，将一件国家禁止出口的珍贵文物赠送给该外国博物馆代表团。另外，甲还偷偷将本馆的一件珍贵文物据为己有。甲的行为构成：

    A. 贪污罪

    B. 私赠文物藏品罪

    C. 非法向外国人赠送珍贵文物罪

    D. 盗窃珍贵文物罪

【答案】AC

【考點】私贈文物藏品罪和非法向外國人贈送珍貴文物罪

【解析】甲將一件文物據為己有，應當注意到甲的特殊主體身份。因為甲身為國有博物館的館長，是利用職務便利竊取珍貴文物的，應構成貪污罪。所以，選項 A 正確，D 不正確。《刑法》第 327 條：「違反文物保護法規，國有博物館、圖書館等單位將國家保護的文物藏品出售或者私自送給非國有單位或者個人的……」構成非法出售、私贈文物藏品罪。可見，私贈的對象必須是非國有單位或者個人，因此，甲送給市政府不構成私贈文物藏品罪。選項 B 不正確。《刑法》第 325 條：「違反文物保護法規，將收藏的國家禁止出口的珍貴文物私自出售或者私自贈送給外國人的……」構成非法向外國人贈送珍貴文物罪。甲的行為符合非法向外國人贈送珍貴文物罪的構成要件，選項 C 正確。

63. 下列哪些情形應以破壞計算機信息系統罪論處？

A. 甲採用密碼破解手段，非法進入國家尖端科學技術領域的計算機信息系統，竊取國家機密

B. 乙因與單位領導存在矛盾，即擅自對單位在計算機中存儲的數據和應用程序進行修改操作，給單位的生產經營管理造成嚴重的混亂

C. 丙通過破解密碼的手段，進入某銀行計算機信息系統，為其朋友的銀行卡增加存款額 10 萬元

D. 丁為了顯示自己在計算機技術方面的本事，設計出一種計算機病毒，並通過互聯網進行傳播，影響計算機系統正常運行，造成嚴重後果

【答案】BD

【考點】破壞計算機信息系統罪

【解析】《刑法》第 286 條：「違反國家規定，對計算機信息系統功能進行刪除、修改、增加、干擾，造成計算機信息系統不能正常運行，後果嚴重的，處五年以下有期徒刑或者拘役；後果特別嚴重的，處五年以上有期徒刑。違反國家規定，對計算機信息系統中存儲、處理或者傳輸的數據和應用程序進行刪除、修改、增加的操作，後果嚴重的，依照前款的規定處罰。故意制作、傳播計算機病毒等破壞性程序，影響計算機系統正常運行，後果嚴重的，依照第一款的規定處罰。」由此可見，選項 B 構成破壞計算機信息系統罪，應當選。選項 D 中丁的行為符合上述規定，構成破壞計算機信息系統罪，應當選。選項 A 中甲的行為不構成破壞計算機信息系統罪，應構成非法侵入計算機信息系統罪和非法獲取國家秘密罪。選項 C 是一種利用計算機盜竊的行為，構成盜竊罪，也不應當選。

64. 2000 年 8 月 21 日，甲因犯诈骗罪被人民法院判处有期徒刑 3 年，缓刑 5 年。2005 年 6 月 20 日，甲又犯盗窃罪。对于甲的量刑，下列表述哪些是正确的？

 A. 甲具有法定从重处罚情节

 B. 甲不构成累犯

 C. 对甲的盗窃罪不能适用缓刑

 D. 对甲应当数罪并罚

【答案】BD

【考点】量刑制度的适用

【解析】《刑法》第 77 条第 1 款："被宣告缓刑的犯罪分子，在缓刑考验期限内犯新罪或者发现判决宣告以前还有其他罪没有判决的，应当撤销缓刑，对新犯的罪或者新发现的罪作出判决，把前罪和后罪所判处的刑罚，依照本法第 69 条的规定，决定执行的刑罚。"甲前罪被判处缓刑，属于前罪并未执行的情况，所以不构成累犯。因此也不存在法定从重处罚的情节，有再次适用缓刑的可能。所以，选项 A 和选项 C 不正确，选项 B 正确。甲在缓刑考验期又犯新罪，对其应当撤销缓刑，数罪并罚。所以，选项 D 是正确的。

65. 下列行为人所谋取的利益，哪些是行贿罪中的"不正当利益"？

 A. 甲向某国有公司负责人米某送 2 万元，希望能承包该公司正在发包的一项建筑工程

 B. 乙向某高校招生人员刘某送 2 万元，希望刘某在招生时对其已经进入该高校投档线的女儿优先录取

 C. 丙向某法院国家赔偿委员会委员高某送 2 万元，希望高某按照国家赔偿法的规定处理自己的赔偿申请

 D. 丁向某医院药剂科长程某送 2 万元，希望程某在质量、价格相同的条件下优先采购丁所在单位生产的药品

【答案】ABD

【考点】行贿罪中的"不正当利益"

【解析】在司法实践中，行为人谋取的下述利益，属于不正当利益：（1）在任何情况下，法律都禁止得到的利益；（2）在不具备取得某种利益的条件或是取得该利益具有不确定性时，用不正当手段取得该利益或者排斥竞争对手；（3）依法应当履行的义务通过不正当手段获得减免。可见，选项 C 中丙的行为方式虽然不当，但其要求是符合法律规定的，不属于不正当利益；选项 ABD 的利益都是用不正当手段取得的不确定利益，属于不正当利益。

66. 甲为了获取超额利润，在明知其所经销的电器产品不符合保障人身安全的国家标准的情况下，仍然大量进货销售，销售金额总计达到 180 万元。一企业因使用这种电器而导致短路，引起火灾，造成 3 人轻伤，部分厂房被烧毁，直接经济损失 10 万元。下列关于甲的行为的说法哪些是正确的？

    A. 应当数罪并罚
    B. 构成销售不符合安全标准的产品罪
    C. 构成销售伪劣产品罪
    D. 应按照销售伪劣产品罪和销售不符合安全标准的产品罪中的一个重罪定罪处罚

【答案】BCD

【考点】销售伪劣产品罪与销售不符合安全标准的产品罪的区分

【解析】生产、销售伪劣产品罪和其他生产、销售特殊的伪劣商品的犯罪存在普通法与特别法之间的法条竞合关系。甲实施了销售不符合安全标准的产品行为，是显而易见的，企业因使用这种电器而导致短路，引起火灾，不能另行定罪，只能作为销售不符合安全标准的产品罪的量刑情节加以考虑。所以，选项 A 不正确，选项 B 正确。《刑法》第 149 条第 2 款："生产、销售本节第一百四十一条至第一百四十八条所列产品，构成各该条规定的犯罪，同时又构成本节第一百四十条（生产、销售伪劣产品罪——编者注）规定之罪的，依照处罚较重的规定定罪处罚。"所以，这种情况下应按照销售伪劣产品罪和销售不符合安全标准的产品罪中的一个重罪定罪处罚选项 C 正确，选项 D 也正确。

67. 下列关于侦查阶段犯罪嫌疑人聘请律师的表述哪些是错误的？

    A. 李某抢劫案，因在押的犯罪嫌疑人李某没有提出具体人选，侦查机关对其聘请律师的要求不予转交
    B. 高某伤害案，因案件事实尚未查清，侦查机关拒绝告诉受聘请的律师犯罪嫌疑人涉嫌的罪名
    C. 石某贪污案，因侦查过程需要保密，侦查机关拒绝批准律师会见在押的石某
    D. 陈某刑讯逼供案，为防止串供，会见时在场的侦查人员禁止陈某向律师讲述案件事实和情节

【答案】ABCD

【考点】侦查阶段犯罪嫌疑人聘请律师的程序及其权利

【解析】《刑事诉讼法》第 96 条规定，在押的犯罪嫌疑人提不出所要聘请律师的具体人选，侦查机关应当将其要求转交当地律师事务所，因此 A 错。聘请的律师有权向

侦查机关了解犯罪嫌疑人可能涉及的罪名，侦查机关应当告知，所以 B 错。侦查机关不得以侦查过程需要保密为由拒绝律师会见在押的犯罪嫌疑人，因此 C 错。律师会见在押犯罪嫌疑人时，侦查机关可以派员在场，但不得干预犯罪嫌疑人向律师陈述案情，所以 D 错。

68. 李某涉嫌故意杀人罪，法庭审理期间李声称侦查人员曾对其实施刑讯逼供，李妻也提出其证言出自侦查人员的威胁、引诱、欺骗。经法院查明，上述情况属实。下列证据材料哪些不能作为定案的根据？

   A. 李某的有罪供述

   B. 根据李某的有罪供述找到的杀人凶器

   C. 李妻的证言

   D. 根据李妻的证言找到的李某转移被害人尸体时使用的布口袋

【答案】AC

【考点】非法言词证据的排除规则

【解析】《最高人民法院关于执行〈中华人民共和国刑事诉讼法〉若干问题的解释》明确规定，采取刑讯逼供或以威胁、引诱、欺骗以及其他方法收集的证人证言、被害人陈述、犯罪嫌疑人或被告人供述，不能作为指控和定案的证据。非法取得的实物证据，如非法搜查、扣押、非法侵入公民住宅以及其他非法方法取得的实物证据，包括通过刑讯等得到证人证言、被害人陈述、被告人供述本身虽然被排除，但以此为线索收集到的物证、书证等，我国刑事诉讼法和司法解释都没有规定加以排除。因此 AC 为正确答案。

69. 下列哪些证据属于书证？（至诚考业 www.zcky.com 整理提供）

   A. 某强奸案，在犯罪嫌疑人住处收集的笔记本，其中记载着其作案经过及对被害人的描述

   B. 某贪污案，为查明帐册涂改人而进行鉴定的笔迹

   C. 某故意伤害案，证人书写的书面证词

   D. 某走私淫秽物品案，犯罪嫌疑人非法携带的淫秽书刊

【答案】AD

【考点】书证

【解析】根据刑事诉讼法和刑事证据基本理论，A 项中笔记本是以其记载的内容或表达的思想与案件事实相联系的，所以是书证；B 项中的笔迹则是以其物质属性、外部

特征与案件事实相联系的，所以属于物证，其鉴定结果则属于鉴定结论；C 项中证人书写的书面证词属证人证言笔录，是对证人证言的记录，尽管是书面的，但其本质上还是属于证人证言的。D 项中的淫秽书刊也是以其记载的内容反映案件事实的，也属于书证。因此 AD 为正确答案。

70. 在刑事诉讼中，下列哪些材料不得作为鉴定结论使用？

　　A. 材料甲，系被害人到医院就诊时医生出具的诊断证明

　　B. 材料乙，盖有某鉴定机构公章，但签名人系被撤销鉴定人登记的人员

　　C. 材料丙，由具有专门知识但因职务过失犯罪受过刑事处罚的张某作出

　　D. 材料丁，经依法登记的司法鉴定机构指定的鉴定人王某作出

【答案】ABC

【考点】鉴定结论的证据能力

【解析】根据《全国人大常委会关于司法鉴定管理问题的决定》第 1 条规定，司法鉴定是指在诉讼活动中鉴定人运用科学技术或者专门知识对诉讼涉及的专门性问题进行鉴别和判断并提供鉴定意见的活动。显然 A 项中医生出具的诊断证明不符合该概念，不能作为鉴定结论使用，但是可以作为证据适用。上述决定第四条规定，因故意犯罪或者职务过失犯罪受过刑事处罚的、受过开除公职处分的，以及被撤销鉴定人登记的人员，不得从事司法鉴定业务，因此，本题的答案为 ABC。

71. 人民检察院对公安机关移送审查起诉的下列案件，哪些可以作出酌定不起诉决定？

　　A. 犯罪嫌疑人甲，为犯罪准备工具、制造条件，犯罪情节轻微

　　B. 犯罪嫌疑人乙犯罪构成要件事实缺乏足够的证据予以证明

　　C. 犯罪嫌疑人丙又聋又哑，且犯罪情节轻微

　　D. 犯罪嫌疑人丁已死亡

【答案】AC

【考点】酌定不起诉的情形

【解析】不起诉有三种：一、法定不起诉，即遇有《刑诉法》第 15 条规定的法定情形之一时，检察机关应当不起诉；二、证据不足不起诉，《刑诉法》第 140 条第 4 款；三、酌定不起诉，即《刑诉法》第 142 条第 2 款的规定。《刑事诉讼法》第 15 条规定："有下列情形之一的，不追究刑事责任，已经追究的，应当撤销案件，或者不起诉，或者终止审理，或者宣告无罪：（一）情节显著轻微、危害不大，不认为是犯罪的；（二）犯罪已过追诉时效期限的；（三）经特赦令免除刑罚的；（四）依照刑法告诉才处理的

犯罪，没有告诉或者撤回告诉的；（五）犯罪嫌疑人、被告人死亡的；（六）其他法律规定免予追究刑事责任的。"第 142 条："犯罪嫌疑人有本法第十五条规定的情形之一的，人民检察院应当作出不起诉决定。对于犯罪情节轻微，依照刑法规定不需要判处刑罚或者免除刑罚的，人民检察院可以作出不起诉决定。……"A 项和 C 项应当选，B 项属于证据不足不起诉的范围，D 项属于法定不起诉的范围，所以排除 BD。

72. 下列哪些案件依法不应公开审理？

　　A. 何某强奸案

　　B. 15 岁的金某抢劫案

　　C. 白某间谍案

　　D. 当事人冯某提出不公开审判申请，确属涉及商业秘密的案件

【答案】ABCD

【考点】不公开审理的案件范围

【解析】《刑事诉讼法》第 152 条、《最高人民法院关于执行<中华人民共和国刑事诉讼>若干问题的解释》第 121 条规定，有关国家秘密或者个人隐私的案件，一律不公开审理，所以 AC 入选，因为强奸案件属于涉及个人隐私的案件，间谍案属于涉及国家秘密的案件；十四岁以上不满十六岁的未成年人犯罪的案件，一律不公开审理，所以 B 入选；对于当事人提出申请的确属商业秘密的案件，法庭应当决定不公开审理，所以 D 入选。因此本题全选。

73. 下列哪些人员不得担任人民陪审员？

　　A. 某甲，司法行政机关工作人员

　　B. 某乙，曾因盗窃受到刑事处罚

　　C. 某丙，所学专业为法律专业但只具有大学专科文化程度

　　D. 某丁，具有大学本科文化程度但所学专业为非法律专业

【答案】AB

【考点】人民陪审员的资格认定

【解析】根据《全国人大常委会关于完善人民陪审员制度的决定》第四条、第五条、第六条的规定，担任人民陪审员，一般应当具有大学专科以上文化程度，司法行政机关的工作人员不得担任人民陪审员，因犯罪受过刑事处罚的人员不得担任人民陪审员。因此该题答案为 AB。

74. 黎某对被检察机关指控的数个犯罪的基本犯罪事实没有异议，自愿认罪。下列哪些情形妨碍适用《关于适用普通程序审理"被告人认罪案件"的若干意见（试行）》？

    A. 黎某持有某外国护照

    B. 黎某犯数罪

    C. 黎某可能被判处死刑

    D. 黎某所犯数罪中有的有重大社会影响

【答案】ACD

【考点】被告人认罪案件

【解析】《关于适用普通程序审理"被告人认罪案件"的若干意见（试行）》第 2 条规定，外国人犯罪的、可能判处死刑的、有重大社会影响的案件不适用本意见审理。所以，应选 ACD。

75. 刘某因生活琐事与邻居邓某争吵，邓某不堪刘某辱骂，击打刘某面部，致刘鼻骨等部位受伤。刘某向人民法院提起自诉，要求追究邓某的刑事责任。在该案审理过程中，邓某对刘某以侮辱、诽谤罪提起反诉。下列哪些说法是正确的？

    A. 人民法院在审理过程中可以就两个诉讼在刘某与邓某之间进行调解

    B. 刘某可在判决宣布之前要求撤回自诉，根据法定情形，人民法院可以不予准许

    C. 如果刘某撤回起诉，人民法院应终止审理邓某的反诉

    D. 如果刘某撤回起诉，人民法院应当继续审理邓某的反诉

【答案】ABD

【考点】自诉案件反诉及撤诉

【解析】根据《刑事诉讼法》第 173 条、198 条的规定，对于自诉人要求撤诉的，经人民法院审查认为确属自愿的，应当准许，经审查认为自诉人系被强迫、威吓等，不是出于自愿的，应当不准许，自诉案件的被告人在诉讼过程中，可以对自诉人提起反诉。《刑诉解释》第 206 条第 2 款规定，反诉案件适用自诉案件的规定，并应当与自诉案件一并审理，原自诉人撤诉的，不影响反诉案件的继续审理，所以 C 选项是错误的，不选。

76. 甲与乙婚后六年，乙又与另一男子相爱，并通过熟人办理了结婚登记手续。甲得知后将乙起诉至法院，乙被法院以重婚罪判处有期徒刑一年。对本案第一审判决，哪些人享有独立上诉权？

    A. 甲

B. 乙

C. 甲、乙的父母

D. 乙的辩护人

【答案】AB

【考点】享有自诉案件独立上诉权的人

【解析】《刑事诉讼法》第180条规定，被告人，自诉人和他们的法定代理人不服一审判决、裁定，有权上诉，被告人的辩护人和近亲属，经被告人同意，才可以提出上诉，法定代理人代理未成年人及精神病人行使诉讼权利，甲乙为成年人，甲、乙的父母和乙的辩护人显然不具有独立上诉权，因此C、D不选，AB是正确答案。

77. 在刑事再审中，下列哪些情形应当依法开庭审理？

A. 某盗窃案，可能对原审被告人吴某加重刑罚

B. 某杀人案，人民检察院依照审判监督程序提出了抗诉

C. 某强奸案，原审被告人范某已经死亡

D. 某故意伤害案，再审需要依照第一审程序审理

【答案】ABD

【考点】刑事再审审判方式

【解析】《最高人民法院关于刑事再审案件开庭审理程序的具体规定（试行）》第5条："人民法院审理下列再审案件，应当依法开庭审理：（一）依照第一审程序审理的；（二）依照第二审程序需要对事实或者证据进行审理的；（三）人民检察院按照审判监督程序提出抗诉的；（四）可能对原审被告人（原审上诉人）加重刑罚的；（五）有其他应当开庭审理情形的。"第6条："下列再审案件可以不开庭审理：（一）原判决、裁定认定事实清楚，证据确实、充分，但适用法律错误，量刑畸重的；（二）1979年《中华人民共和国刑事诉讼法》施行以前裁判的；（三）原审被告人（原审上诉人）、原审自诉人已经死亡、或者丧失刑事责任能力的；（四）原审被告人（原审上诉人）在交通十分不便的边远地区监狱服刑，提押到庭确有困难的；但人民检察院提出抗诉的，人民法院应征得人民检察院的同意；（五）人民法院按照审判监督程序决定再审，按本规定第九条第（四）项规定，经两次通知，人民检察院不派员出庭的。"因此除C项某强奸案，原审被告人范某已经死亡不必开庭审理不选外，其余ABD项都应开庭审理。

78. 在刑事执行程序中，下列哪些情形可以暂予监外执行？

   A. 被判处无期徒刑的张某，怀有身孕

   B. 被判处有期徒刑 10 年的罪犯王某，在狱中自杀未遂，生活不能自理

   C. 被判处拘役的罪犯李某，患有严重疾病需要保外就医

   D. 被判处 5 年有期徒刑的赵某，怀有身孕

【答案】CD

【考点】暂予监外执行的适用

【解析】根据《刑事诉讼法》第 214 条的规定，暂予监外执行适用于被判处有期徒刑或者拘役的罪犯，对于适用保外就医可能有社会危险性的罪犯或者自伤自残的罪犯，不得保外就医，因此排除 AB。

79. 在涉外刑事诉讼中，关于国籍的确认，下列哪些做法是正确的？

   A. 犯罪嫌疑人甲，入境时持有有效证件，以该有效证件确认甲的国籍

   B. 犯罪嫌疑人乙，国籍不明，以公安机关会同外事部门查明的情况确认乙的国籍

   C. 犯罪嫌疑人丙，国籍不明，经公安机关会同外事部门调查确实无法查明，以丙自报的国籍确认其国籍

   D. 犯罪嫌疑人丁，国籍不明，经公安机关会同外事部门调查确实无法查明，按照无国籍人对待

【答案】ABD

【考点】涉外刑事诉讼

【解析】《最高人民法院关于执行〈中华人民共和国刑事诉讼法〉若干问题的解释》第 314 条规定："外国人的国籍以其入境时的有效证件予以确认；国籍不明的，以公安机关会同外事部门查明的为准。国籍确实无法查明的，以无国籍人对待，适用涉外刑事案件审理程序。"因此，C 项明显错误，ABD 为正确答案。

80. 某县公安局因彭某拒绝交纳罚款，将彭某汽车扣押。一个月后，该局通知彭某将汽车领回，但该车在扣押期间被使用，因发生交通事故遭到部分损坏。下列哪些说法是正确的？

   A. 某县公安局的扣车行为是一种行政强制措施

   B. 某县公安局的扣车行为应当有法律、行政法规或者地方性法规的授权，否则构成违法

   C. 某县公安局退回被扣的汽车即可视为对扣车行为违法性的确认

D. 某县公安局应满足彭某提出赔偿其汽车维修费、养路费和汽车停运期间的收入损失的要求

【答案】AB

【考点】界定行政强制措施行为与行政赔偿的范围

【解析】A 项正确。行政强制措施是指行政机关为了防止和制止可能发生或者正在发生的违法行为，或者进行行政调查、检查，对公民、法人或者其他组织的人身、财产等采取的国家行政强制措施。常见的强制措施有：限制公民人身自由和对公民身体强制检查；对财物的查封、扣押、冻结；对产品的检验等等。本题中，某县公安局因彭某拒绝交纳罚款，将彭某汽车扣押，因此公安局的扣车行为是一种行政强制措施。B 正确，行政强制措施是一种具体行政行为，须有法律、行政法规或者地方性法规的授权。依法行政原则的体现。C 错误，退回扣押汽车也可以由于行政处罚执行完毕从而合法地退回。D 错误，因保管不善所造成的损失应该赔偿，其他损失不赔。

81. 根据《最高人民法院关于行政诉讼证据若干问题的规定》，在二审程序中，对当事人依法提供的新证据，法庭应当进行质证。这里新证据是指：

A. 在一审程序中应当准予延期提供而未获准许的证据

B. 当事人在一审程序中依法申请调取而未获准许，人民法院在二审程序中调取的证据

C. 原告或者第三人提供的在举证期限届满后发现的证据

D. 原告或第三人在诉讼过程中提出的其在被告实施行政行为过程中所没有反驳的证据

【答案】ABC

【考点】行政诉讼二审程序中新证据的认定

【解析】依行政诉讼证据规定第 52 条本规定第五十条和第五十一条中的"新的证据"是指以下证据：（一）在一审程序中应当准予延期提供而未获准许的证据；（二）当事人在一审程序中依法申请调取而未获准许或者未取得，人民法院在第二审程序中调取的证据；（三）原告或者第三人提供的在举证期限届满后发现的证据。所以，ABC 正确。D 错误。

82. 根据行政处罚法的规定，下列哪些说法是正确的？

A. 违法行为轻微，及时纠正没有造成危害后果的，应当依法减轻对当事人的行政处罚

B. 行政机关使用非法定部门制发的罚款单据实施处罚的，当事人有权拒绝处罚

C. 对情节复杂的违法行为给予较重的行政处罚，应由行政机关的负责人集体讨论决定

D. 除当场处罚外，行政处罚决定书应按照民事诉讼法的有关规定在 7 日内送达当事人

【答案】BC

【考点】行政处罚的程序

【解析】A 错误，此种情形，不予行政处罚，而非"应当减轻"，见《行政处罚法》27 条 2 款：违法行为轻微并及时纠正，没有造成危害后果的，不予行政处罚。B 正确，直接适用《行政处罚法》第 56 条：行政机关对当事人进行处罚不使用罚款、没收财物单据或者使用非法定部门制发的罚款、没收财物单据的，当事人有权拒绝处罚，并有权予以检举。上级行政机关或者有关部门对使用的非法单据予以收缴销毁，对直接负责的主管人员和其他直接责任人员依法给予行政处分。C 项正确。《行政处罚法》第 38 条第 2 款规定："对情节复杂或者重大违法行为给予较重的行政处罚，行政机关的负责人应当集体讨论决定。"D 项错误。《行政处罚法》第 40 条规定："行政处罚决定书应当在宣告后当场交付当事人；当事人不在场的，行政机关应当在七日内依照民事诉讼法的有关规定，将行政处罚决定书送达当事人。"可见，行政处罚决定书应当在宣告后当场交付当事人。当事人不在场的按照民事诉讼法的有关规定送达。注意本条规定的"当事人不在场"与当场处罚的区别：前者属于一般程序的范畴，而后者属于简易程序的范畴。

83. 某市建筑材料厂超标准排放污水违反了《中华人民共和国水污染防治法》，该市环境保护局对其处以 2 万元的罚款。在规定期间内该厂既不交纳罚款也未向法院提起诉讼，该市环境保护局向法院申请强制执行。下列哪些说法是正确的？

A. 市环境保护局应当自罚款决定生效之日起 90 日向法院提起执行申请

B. 市环境保护局如有理由认为某市建筑材料厂逃避执行的，可以在提出执行申请之前要求法院采取财产保全措施

C. 市环境保护局应当向法院提供某市建筑材料厂财产状况的材料

D. 人民法院在强制执行此罚款决定前，应当对罚款决定是否合法进行审查

【答案】BCD

【考点】非诉行政案件的执行程序

【解析】A 错误，直接适用行诉司法解释 88 条：行政机关申请人民法院强制执行其具体行政行为，应当自被执行人的法定起诉期限届满之日起 180 日内提出。逾期申请的，除有正当理由外，人民法院不予受理。B 项正确。《若干解释》第 92 条规定，行

政机关或者具体行政行为确定的权利人申请人民法院强制执行前, 有充分理由认为被执行人可能逃避执行的, 可以申请人民法院采取财产保全措施。后者申请强制执行的, 应当提供相应的财产担保。本题目中, 市环境保护局如有理由认为某市建筑材料厂逃避执行的, 可以在提出执行申请之前要求法院采取财产保全措施。C 项正确。根据《若干解释》第 91 条规定: "行政机关申请人民法院强制执行其具体行政行为, 应当提交申请执行书、据以执行的行政法律文书、证明该具体行政行为合法的材料和被执行人财产状况以及其他必须提交的材料。"所以, 市环境保护局向法院申请强制执行, 应当向法院提供某市建筑材料厂财产状况的材料。D 正确。适用行诉司法解释 93 条: 人民法院受理行政机关申请执行其具体行政行为的案件后, 应当在 30 日内由行政审判庭组成合议庭对具体行政行为的合法性进行审查, 并就是否准予强制执行作出裁定; 需要采取强制执行措施的, 由本院负责强制执行非诉行政行为的机构执行。

84. 下列哪些情形不符合有关政府采购的法律规定?

   A. 某市工商局在招标采购中, 因符合技术要求的供应商只有两家而废标

   B. 某市某区人民政府设立集中采购机构

   C. 某区卫生局在政府采购中要求供应商提供有关资质证明

   D. 某县人民政府因需购置一批办公电脑而采用单一来源方式进行采购

   【答案】BD

   【考点】政府采购

   【解析】A 正确, 符合采购法 36 条: 在招标采购中, 出现下列情形之一的, 应予废标: (一)符合专业条件的供应商或者对招标文件作实质响应的供应商不足三家的;
   B 错误, 不符合采购法 16 条的规定: 集中采购机构为采购代理机构。设区的市、自治州以上人民政府根据本级政府采购项目组织集中采购的需要设立集中采购机构。
   C 正确, 符合采购法 23 条的规定: 采购人可以要求参加政府采购的供应商提供有关资质证明文件和业绩情况, 并根据本法规定的供应商条件和采购项目对供应商的特定要求, 对供应商的资格进行审查。D 错误, 办公电脑并非"只能从惟一供应商处采购"的货物。不符合采购法 31 条的规定。因为本题为选非题, 故选 BD。

85. 金某因举报单位负责人贪污问题遭到殴打, 于案发当日向某区公安分局某派出所报案, 但派出所久拖不理。金某向区公安分局申请复议, 区公安分局以未成立复议机构为由拒绝受理, 并告知金某向上级机关申请复议。下列哪些说法是正确的?

   A. 金某可以向某区人民政府申请复议

B. 金某可以以某派出所為被告向法院提起行政訴訟

C. 金某可以以某區公安分局為被告向法院提起行政訴訟

D. 應當對某區公安分局相關責任人給予行政處分

【答案】ABCD

【考點】複議機構、行政訴訟被告

【解析】此題一些較易引起混亂的點全都考上了，現逐一分析：A正確，適用複議法15條：（二）對政府工作部門依法設立的派出機構依照法律、法規或者規章規定，以自己的名義作出的具體行政行為不服的，向設立該派出機構的部門或者該部門的本級地方人民政府申請行政複議；B正確，訴派出所行政不作為。這是該題的一個關鍵性問題，對於派出所不作為行為，可以以其為被告，在這一基礎之上來確定關於複議管轄的問題，而不是運用《行政複議法》第12條關於對政府職能部門行為不服和複議管轄規。C正確，複議機關在法定期間內不作複議決定，當事人對原具體行政行為不服提起訴訟的，應當以作出原具體行政行為的行政機關為被告；當事人對複議機關不作為不服提起訴訟的，應當以複議機關為被告。因此，對於區公安分局拒絕受理的行為不服，金某可以以某區公安分局為被告向法院提起行政訴訟。D正確，複議法34條：行政複議機關違反本法規定，無正當理由不予受理依法提出的行政複議申請或者不按照規定轉送行政複議申請的，或者在法定期限內不作出行政複議決定的，對直接負責的主管人員和其他直接責任人員依法給予警告、記過、記大過的行政處分；經責令受理仍不受理或者不按照規定轉送行政複議申請，造成嚴重後果的，依法給予降級、撤職、開除的行政處分。

86. 根據行政許可法的規定，下列哪些說法是正確的？

A. 某區動植物檢驗局未按照法定標準收取許可費用，應當對其直接責任人以行政處分

B. 醫生李某死亡，衛生行政主管部門應當依法注銷其醫師資格

C. 某省公安廳對某高校教師出國護照的審批不適用行政許可法

D. 某企業通過賄賂手段取得的煙花爆竹生產許可證被撤銷後，在一年之內不得再申請該項許可

【答案】AB

【考點】行政許可

【解析】A正確，適用許可法75條第1款：行政機關實施行政許可，擅自收費或者不按照法定項目和標準收費的，由其上級行政機關或者監察機關責令退還非法收取的

费用；对直接负责的主管人员和其他直接责任人员依法给予行政处分。B 正确，适用许可法 70 条：有下列情形之一的，行政机关应当依法办理有关行政许可的注销手续：（二）赋予公民特定资格的行政许可，该公民死亡或者丧失行为能力的；C 错误，护照的审批属于行政许可的范围，关系到国家安全。D 错误，应是三年内不得再申请，许可法 79 条：被许可人以欺骗、贿赂等不正当手段取得行政许可的，行政机关应当依法给予行政处罚；取得的行政许可属于直接关系公共安全、人身健康、生命财产安全事项的，申请人在三年内不得再次申请该行政许可；构成犯罪的，依法追究刑事责任。

87. 甲县人民政府在强行拆除乙厂未经批准建造的房屋时，未及时通知乙厂，也未制作物品清单，房屋内的物品被毁损。该强制拆除行为后因违反法定程序被法院判决确认违法。2002 年 12 月，乙厂被工商部门吊销营业执照，2003 年 4 月乙厂的企业法人登记被注销。2003 年 1 月乙厂向法院提起行政诉讼，要求甲县人民政府赔偿建房投入和物品损失。下列哪些说法不正确？

　　A. 乙厂具有原告资格

　　B. 乙厂提起行政赔偿诉讼的时效为自该强制拆除行为被确认违法之日起两年

　　C. 因乙厂被拆房屋为违法建筑，乙厂的请求不成立

　　D. 因甲县人民政府的拆除行为只存在程序违法，乙厂的请求不成立

【答案】BCD

【考点】行政赔偿诉讼

【解析】A 项不应选。本题目的考点在于乙厂于 2002 年 12 月被吊销营业执照之后，向人民法院提起行政诉讼，此时它是否还有原告资格。行政诉讼的原告是认为行政机关及其工作人员的具体行政行为侵犯其合法权益而向人民法院提起诉讼的公民、法人或者其他组织。只要公民、法人或者其他组织认为行政机关和行政机关工作人员的具体行政行为侵犯其合法权益，就有权向人民法院提起诉讼。本题目中，虽然，起诉时，乙厂营业执照已吊销，但并不影响乙厂作为房屋财产权的主体资格，因此，甲县人民政府强行拆除乙厂未经批准建造的房屋时，直接影响了乙厂的房屋财产权，所以，乙厂具有原告资格。B 项应选。《最高人民法院关于审理行政赔偿案件若干问题的规定》第 4 条规定："公民、法人或者其他组织在提起行政诉讼的同时一并提出行政赔偿请求的，人民法院应一并受理。"本题设问的条件是在提起行政诉讼的同时一并提出行政赔偿请求的情形，所以应该适用上述规定内容，而不能依据"赔偿请求人请求国家赔偿的时效为两年"来确定。B 项表述不正确。该选项要特别注意审题，题目中提到

是乙廠提起的是"行政訴訟"時要求賠償的，因此，應屬於一並提起賠償請求的情況，許多人選錯主要是審題忽略了細節。C 錯誤，乙廠的請求是基於具體行政行為違法，而不是其建築違法。D 錯誤，題目已交待，該強制拆除行為後因違反法定程序被法院判決確認違法。

88. 某公司準備在某市郊區建一座化工廠，向某市規劃局、土地管理局、環境保護局和建設局等職能部門申請有關證照。下列哪些說法是正確的？

　　A. 某公司應當對其申請材料實質內容的真實性負責

　　B. 某市人民政府應當組織上述四個職能部門聯合為某公司辦理手續

　　C. 擬建化工廠附近居民對核發該項目許可證照享有聽證權利

　　D. 如果某公司的申請符合條件，某市人民政府相關職能部門應在 45 個工作日內為其辦結全部證照

【答案】AC

【考點】行政許可的聯合辦理程序

【解析】A 正確，適用法條為《行政許可法》31 條：申請人申請行政許可，應當如實向行政機關提交有關材料和反映真實情況，並對其申請材料實質內容的真實性負責。行政機關不得要求申請人提交與其申請的行政許可事項無關的技術資料和其他材料。B 錯誤，"應當"用詞錯誤，見《行政許可法》26 條第二款：行政許可依法由地方人民政府兩個以上部門分別實施的，本級人民政府可以確定一個部門受理行政許可申請並轉告有關部門分別提出意見後統一辦理，或者組織有關部門聯合辦理、集中辦理。C 正確，見《行政許可法》47 條：行政許可直接涉及申請人與他人之間重大利益關係的，行政機關在作出行政許可決定前，應當告知申請人、利害關係人享有要求聽證的權利；申請人、利害關係人在被告知聽證權利之日起五日內提出聽證申請的，行政機關應當在二十日內組織聽證。D 項錯誤。根據《行政許可法》第 42 條 2 款規定，集中辦理和聯合辦理的期限雖然為 45 日，但該條還規定了可以延長 15 日。所以，此選項的說法過於絕對。

89. 對下列哪些案件人民法院可以適用先予執行？

　　A. 10 歲孤兒王某起訴要求鄉人民政府頒發孤兒生活供養證的

　　B. 傷殘軍人羅某起訴要求縣民政局發放撫恤金的

　　C. 張某被工商執法人員毆打致殘起訴要求賠償的

　　D. 王某因公致殘起訴要求某市社會保險管理局支付保險金的

【答案】BD

【考点】行政诉讼中的先予执行

【解析】本题是一道考行诉司法解释的题目，直接套用法条即可。行诉司法解释 48 条第二款：人民法院审理起诉行政机关没有依法发给抚恤金、社会保险金、最低生活保障费等案件，可以根据原告的申请，依法书面裁定先予执行。据此法条可得出 BD 正确。

90. 下列哪些做法不符合有关公务员管理的法律法规规定？

　　A. 县公安局法制科科员李某因 2002 年和 2004 年年度考核不称职被辞退

　　B. 小王 2004 年 7 月通过公务员考试进入市法制办工作，因表现突出于 2005 年 1 月转正

　　C. 办事员张某辞职离开县政府，单位要求他在离职前办理公务交接手续

　　D. 县财政局办事员田某对单位的开除决定不服向县人事局申诉，在申诉期间财政局应当保留田某的工作

【答案】ABD

【考点】公务员的辞职、辞退制度

【解析】A 项不符合法律规定。根据《中华人民共和国公务员法》第 83 条规定："公务员有下列情形之一的，予以辞退：（一）在年度考核中，连续两年被确定为不称职的；（二）不胜任现职工作，又不接受其他安排的；（三）因所在机关调整、撤销、合并或者缩减编制员额需要调整工作，本人拒绝合理安排的；" A 项中县公安局法制科科员李某因 2002 年和 2004 年年度考核不称职，不是连续两年被确定为不称职，所以不应该被辞退。

　　B 项不符合法律规定。《中华人民共和国公务员法》第 32 条规定："新录用的公务员试用期为 1 年。试用期满合格的，予以任职；不合格的，取消录用。"小王 2004 年 7 月通过公务员考试进入市法制办工作，在 2005 年 1 月转正还没有达到试用期一年。

　　C 项符合法律规定。《中华人民共和国公务员法》第 86 条规定："公务员辞职或者被辞退，离职前应当办理公务交接手续，必要时按照规定接受审计。"所以办事员张某辞职离开县政府，单位要求他在离职前办理公务交接手续，符合法律规定。

　　D 项不符合法律规定。《中华人民共和国公务员法》规定：公务员对涉及本人的人事处理不服的，可以自知道该人事处理之日起 30 日内向原处理机关申请复核；复核、申诉期间不停止人事处理的执行。因此，县财政局办事员田某对单位的开除决定不服向县人事局申诉，在申诉期间财政局不能停止对人事处理的执行。

三、不定项选择题　每题所给的选项中有一个或一个以上正确答案，不答、少答或多答均不得分。本部分 91-100 题，每题 2 分，共 20 分。

91. 下列情形不适用死刑的有：

A. 审判的时候怀孕的妇女

B. 羁押受审期间已自然流产的妇女

C. 羁押受审期间已人工流产的妇女

D. 犯罪时不满 18 周岁的人

【答案】ABCD

【考点】不适用死刑的情形

【解析】《刑法》第 49 条规定："犯罪的时候不满十八周岁的人和审判的时候怀孕的妇女，不适用死刑。"所以，AD 正确。1991 年 3 月 18 日最高人民法院研究室《关于如何理解"审判的时候怀孕的妇女不适用死刑"问题的电话答复》指出：在羁押期间已是孕妇的被告人，无论其怀孕是否属于违反国家计划生育政策，也不论其是否自然流产或者经人工流产以及流产后移送起诉或审判期间的长短，都应视为审判的时候怀孕的妇女，不适用死刑。所以，BC 正确。

92. 某派出所民警甲接到关于某旅店老板乙涉嫌组织卖淫的举报，即前往该旅店，但没有碰见乙，便将怀疑是卖淫女的服务员丙带回派出所连夜审讯，要她交代从事卖淫以及乙组织卖淫活动的事。由于丙拒不承认有这些事，甲便指使其他民警对丙进行多次殴打逼其交代，丙于次日晨死于审讯室。法医出具的尸检报告称："因受外力击打造成下肢大面积皮下出血，引起患有心脏功能障碍的丙心力衰竭而死。"对于甲的行为，下列说法正确的是：

A. 属于刑讯逼供行为

B. 属于暴力取证行为

C. 应按故意杀人罪处罚

D. 属于意外事件，不负刑事责任

【答案】BC

【考点】刑讯逼供与暴力取证的区别

【解析】刑讯逼供的目的是逼取口供，行为对象是犯罪嫌疑人，被告人，因为刑讯逼供中的"供"，即供述的主体是犯罪嫌疑人和被告人；暴力取证的目的是逼取证词，行为对象是证人，因为暴力取证中的证言的主体是证人。本题中，甲要丙交待的是乙组织卖淫活动的情况，所以丙处于证人的地位，甲的行为属于暴力逼取证言的行为，构成暴力取证罪。因此，A 错误，B 正确。

《刑法》第 247 条第 2 款规定了刑讯逼供罪与暴力取证罪的转化犯情形：即"司法工作人员对犯罪嫌疑人、被告人实行刑讯逼供或者使用暴力逼取证人证言的，致人伤残、死亡的，依照故意伤害罪或故意杀人罪定罪从重处罚"。所以，对于甲应按故意杀人罪处罚。因此，C 正确，D 错误。

93. 甲公司走私汽车获利人民币 4000 万元后，欲通过乙公司（非国有）的帐户将这笔资金换成外汇转移至香港，并说明可按资金数额的 10%支付"手续费"。乙公司得知该笔资金为甲公司走私犯罪所得，仍同意为该资金转帐提供帐户，并在收取"手续费"400 万元后，将该资金折换成 438 万美元，以预付货款为名汇往甲公司在香港的帐户。乙公司的行为构成：

   A. 走私罪（共犯）

   B. 洗钱罪

   C. 逃汇罪

   D. 单位受贿罪

【答案】B

【考点】洗钱罪

【解析】《刑法》第 156 条："与走私罪犯通谋，为其提供贷款、资金、帐号、发票、证明，或者为其提供运输、保管、邮寄或者其他方便的，以走私罪的共犯论处。"乙公司与甲公司没有通谋，不构成走私罪。另外，逃汇罪的主体要求是国有公司、企业或者其他国有单位。单位受贿罪的主体是国家机关、国有公司、企业、事业单位、人民团体。因而 ACD 选项不当选。

《刑法》第 191 条："明知是毒品犯罪、黑社会性质的组织犯罪、恐怖活动犯罪、走私犯罪、贪污贿赂犯罪、破坏金融管理秩序罪、金融诈骗罪的违法所得及其产生的收益，为掩饰、隐瞒其来源和性质，有下列行为之一的……：（一）提供资金账户的；……"构成洗钱罪。可见，乙公司明知该笔资金为甲公司走私犯罪所得，仍为该资金转帐提供帐户的行为构成洗钱罪，所以，B 正确。

94. 甲公司拥有某项独家技术每年为公司带来 100 万元利润，故对该技术严加保密。乙公司经理丙为获得该技术，带人将甲公司技术员丁在其回家路上强行拦截并推入丙的汽车，对丁说如果他提供该技术资料就给他 2 万元，如果不提供就将他嫖娼之事公之于众。丁同意配合。次日丁向丙提供了该技术资料，并获得 2 万元报酬。丙的行为构成：

A. 强迫交易罪

B. 敲诈勒索罪

C. 绑架罪

D. 侵犯商业秘密罪

【答案】D

【考点】侵犯商业秘密罪

【解析】甲公司的技术不属于商品、服务，不构成强迫交易罪，所以，A 不正确。丙虽然威胁丁要将嫖娼之事公之于众，但最后以 2 万元取得该技术，不具备非法占有他人财物的目的，可见，丙不构成敲诈勒索罪，所以，B 不正确。丙没有绑架丁为人质，也没有勒索财物，不构成绑架罪，所以，C 不正确。

《刑法》第 219 条："有下列侵犯商业秘密行为之一，给商业秘密的权利人造成重大损失的，……（一）以盗窃、利诱、胁迫或者其他不正当手段获取权利人的商业秘密的；……"构成侵犯商业秘密罪。甲公司的此项技术每年为公司带来利润，又对该技术做了保密措施，可见，此技术属于商业秘密，丙以利诱、胁迫的方式从丁处获得该技术资料，其行为构成侵犯商业秘密罪，所以，D 正确。

95. 某市公安机关根据商场电子监视系统拍摄的图像资料破获一盗窃团伙，收缴赃款 8 万余元，并缴获金、银首饰及 CD 机、电视剧录象带等赃物。下列说法正确的是：

A. 现金、CD 机、首饰属于物证

B. 电子监视系统拍摄的图象资料属于视听资料

C. 电视剧录象带属于视听资料

D. 监视系统拍摄的图象资料属于勘验笔录，电视剧录象带属于视听资料

【答案】AB

【考点】物证、视听资料和勘验笔录的区别

【解析】被盗的现金、CD 机、首饰以及电视剧录像带是赃款、赃物，属于物证，因此 C 项、D 项错误；电子监视系统拍摄的盗窃团伙作案过程的图像资料属于视听资料，勘验笔录是指公检法机关的工作人员在进行勘验时所作的客观记载，因此 D 项错误。本题正确答案为 AB。

96. 侦查人员询问证人时，正确的做法是：

    A. 侦查人员甲，询问前向证人介绍了基本案情，告知证人应当如实地提供证言

    B. 侦查人员乙，对拒绝作证的证人进行了拘留，保证了及时收集证据

    C. 侦查人员丙，询问 17 岁的证人许某时，通知其父到场

    D. 侦查人员丁，同时询问了共同目击证人李某、杨某

【答案】C

【考点】询问证人的程序

【解析】询问证人前，如果向证人介绍基本案情，则会对证人如实作证产生不利影响，所以 A 选项错误。我国刑事诉讼法明确规定拘留的对象仅适用于现行犯或者重大嫌疑分子，对证人不得适用任何强制措施，所以 B 选项错误；我国《刑事诉讼法》第 97 条、第 98 条明确规定了询问证人的程序：为保护未成年人的合法权利，询问未成年证人时可以通知其法定代理人到场，所以 C 选项正确；为避免证人之间相互影响，询问证人应当分别进行，所以 D 选项错误。

97. 关于我国刑事诉讼中证明责任的分担，下列说法正确的是：

    A. 犯罪嫌疑人应当如实回答侦查人员的提问，承担证明自己无罪的责任

    B. 自诉人对其控诉承担提供证据予以证明的责任

    C. 律师进行无罪辩护时必须承担提供证据证明其主张成立的责任

    D. 在巨额财产来源不明案中，检察机关应当证明国家工作人员的财产明显超过合法收入且差额巨大这一事实的存在

【答案】BD

【考点】刑事诉讼中的证明责任与举证责任

【解析】按照我国刑事诉讼法的规定和刑事诉讼证明责任的理论，在我国的刑事诉讼中，对于公诉案件，人民检察院应承担证明被告人有罪的证明责任；在自诉案件中，自诉人对其控诉承担提供证据予以证明的责任；犯罪嫌疑人、被告人及其辩护律师有举证权利而没有举证责任，他们举证不能并不因此承担不利后果；犯罪嫌疑人应当如实回答侦查人员的提问并不等于其承担证明自己无罪的责任，即便其未如实回答，也不得据此定罪；在巨额财产来源不明罪中，检察机关应当证明国家工作人员的财产明显超过合法收入且差额巨大这一事实，之后，才由犯罪嫌疑人、被告人承担巨大差额的合法来源的举证责任，这是犯罪嫌疑人、被告人不负举证责任的例外，理论上称"举证责任倒置"。所以本题的答案应选 BD。

98. 下列案件属于行政诉讼受案范围的有：

   A. 某区房屋租赁管理办公室向甲公司颁发了房屋租赁许可证，乙公司以此证办理程序不合法为由要求该办公室撤销许可证被拒绝。后乙公司又致函该办公室要求撤销许可证，办公室作出"许可证有效，不予撤销"的书面答复。乙公司向法院起诉要求撤销书面答复

   B. 某区审计局对丙公司的法定代表人进行离任审计过程中，对丙、丁公司协议合作开发的某花园工程的财务收支情况进行了审计，后向丙、丁公司发出了丁公司应返还丙公司利润 30 万元的通知。丁公司对通知不服向法院提起诉讼

   C. 某市经济发展局根据 A 公司的申请，作出鉴于 B 公司自愿放弃其在某合营公司的股权，退出合营公司，恢复 A 公司在合营公司的股东地位的批复。B 公司不服向法院提起诉讼

   D. 某菜市场为挂靠某行政机关的临时市场，没有产权证。某市某区工商局向在该市场内经营的 50 户工商户发出通知，称自通知之日起某菜市场由 C 公司经营，各工商户凭与该公司签订的租赁合同及个人资料申办经营许可证。50 户工商户对通知不服向法院提起诉讼

【答案】BCD
【考点】行政诉讼的受案范围
【解析】《若干解释》第 1 条规定："公民、法人或者其他组织对具有国家行政职权的机关和组织及其工作人员的行政行为不服，依法提起诉讼的，属于人民法院行政诉讼的受案范围。驳回当事人对行政行为提起申诉的重复处理行为不属于人民法院行政诉讼的受案范围。"法律之所以如此规定，是因为这类行为并没有对公民、法人和其他组织的权利和义务发生实际的变动，因此不能作为被诉的对象。A 项某区房屋租赁管理办公室作出"许可证有效，不予撤销"的书面答复，就是重复处理的行为，没有实际影响到乙公司的权益，所以不属于人民法院的受案范围。A 项错误。某区审计局向丙、丁公司发出了丁公司应返还丙公司利润 30 万元的通知，侵犯了丁公司的财产权，所以应该属于人民法院的受案范围。B 项正确。某市经济发展局作出的鉴于 B 公司自愿放弃其在某合营公司的股权，退出合营公司，恢复 A 公司在合营公司的股东地位的批复，也侵犯了 B 公司的合法权益，因此也属于行政诉讼的受案范围。C 项正确。某市某区工商局要求该市场内经营的 50 户工商户凭与该 C 公司签订的租赁合同及个人资料申办经营许可证，这侵犯了 50 户工商户的经营自主权，所以如果不服可以向人民法院起诉，属于人民法院的受案范围。D 项正确。

99. 张某与林某同为甲市田山有限公司的股东，林某以个人名义在甲市免税进口一辆轿车，由张某代办各类手续，平时归张某使用。后张某将轿车卖给甲市国浩公司，并将所得款 35 万元人民币划入田山有限公司的账户内。甲市某区工商局认为张某的行为构成倒卖国家禁止或者限制自由买卖的物资、物品行为，决定没收张某销售款；此后又冻结田山有限公司的帐款。张某不服，向甲市工商局申请复议。甲市工商局以张某的行为构成偷税为由，维持了原处罚决定。张某遂向法院提起行政诉讼。下列说法不正确的是：

A. 林某也有权对处罚决定提起行政诉讼

B. 张某可以田山有限公司的名义提起诉讼

C. 本案的被告为甲市某区工商局

D. 冻结帐款行为不属于本案的审理对象

【答案】 ABC

【考点】 行政诉讼的原告、被告以及审理对象

【解析】 甲市某区工商局认为张某的行为构成倒卖国家禁止或者限制自由买卖的物资、物品行为，决定没收张某销售款，该处罚决定是针对张某的违法行为作出的，并未对林某造成直接影响，直接影响林某权益的是张某个人，所以，林某对区工商局的处罚决定没有请求权，不具有原告资格，不能提起行政诉讼。A 项说法不正确。

《若干解释》第 18 条规定："股份制企业的股东大会、股东代表大会、董事会等认为行政机关作出的具体行政行为侵犯企业经营自主权的，可以企业名义提起诉讼。"针对工商局冻结田山有限公司帐款的行为，该公司的股东大会、股东代表大会、董事会有权提起行政诉讼，单个的股东则不能以企业的名义起诉，所以张某不能以田山有限公司的名义提起诉讼。B 项说法不正确。

经复议的案件，复议机关决定维持原具体行政行为的，作出原具体行政行为的行政机关是被告；复议机关改变原具体行政行为的，复议机关是被告。此处的"改变"既包括改变具体行政行为的结果，也包括改变具体行政行为的定性，由于甲市工商局以张某的行为构成偷税为由，维持了原处罚决定，所以，甲市工商局复议决定属于改变原具体行政行为的情形，应以甲市工商局为被告。C 项的说法不正确。

由于冻结田山有限公司的帐款是行政机关的另一个具体行政行为，与对张某的处罚决定没有关系，张某不能以企业的名义诉讼，即不能诉工商局冻结公司帐款的行为，只能起诉工商局对其的行政处罚行为，法院也只能审查该处罚决定的合法性，所以对于冻结帐款的行为不属于本案的审理对象。D 项说法正确。

100. 兴汇有限公司申报进口人工草坪，某海关征收关税和代征增值税后放行。后某海关发现兴汇有限公司进口人工草坪税则归类错误导致税率差异，遂又向兴汇有限公司补征关税和代征增值税近 5 万元。兴汇有限公司以第一次征税行为违法致使其未能将税款纳入成本造成损失为由要求某海关赔偿，在遭拒绝后，兴汇有限公司遂向法院提起行政赔偿诉讼。下列说法正确的是：

   A. 此案为涉外行政案件

   B. 因兴汇有限公司提起诉讼，补征税款的决定停止执行

   C. 兴汇有限公司的起诉符合单独提起行政赔偿诉讼的程序要求

   D. 兴汇有限公司应当对所遭受的损失承担举证责任

【答案】CD

【考点】行政赔偿诉讼的程序以及举证责任

【解析】涉外行政案件是指原告或第三人为外国人、无国籍人、外国组织的行政诉讼，而本题目中，原告是中国企业，只是涉及进出口的关税问题，不属于涉外行政案件。A 项错误。

《行政诉讼法》第 44 条规定："诉讼期间，不停止具体行政行为的执行。"所以，兴汇有限公司提起诉讼，海关对其补征税款的决定不能停止执行。B 项错误。海关第二次向兴汇有限公司补征关税和代征增值税的行为表明了第一次行为的错误，属于确认第一次征税行为的违法性；并且兴汇有限公司是在向海关提出赔偿请求受到拒绝的情况下提起赔偿诉讼，因此，符合单独提起行政赔偿诉讼的程序要求。C 项正确。

《最高人民法院关于行政诉讼证据若干问题的规定》第 5 条规定："在行政赔偿诉讼中，原告应当对被诉具体行政行为造成损害的事实提供证据。"所以本案中，兴汇有限公司应当对所遭受的损失承担举证责任。D 项正确。

2005 年国家司法考试 试卷三

一、单项选择题 每题所给的选项中只有一个正确答案。本部分 1-50 题，每题 1 分，共 50 分。

1. 教授甲举办学术讲座时，在礼堂外的张贴栏中公告其一部新著的书名及价格，告知有意购买者在门口的签字簿上签名。学生乙未留意该公告，以为签字簿是为签到而设，遂在上面签名。对乙的行为应如何认定？
   A. 乙的行为可推定为购买甲新著的意思表示
   B. 乙的行为构成重大误解，在此基础上成立的买卖合同可撤销
   C. 甲的行为属于要约，乙的行为属于附条件承诺，二者之间成立买卖合同，但需乙最后确认
   D. 乙的行为并非意思表示，在甲乙之间并未成立买卖合同

   【答案】D
   【考点】民事法律行为中的意思表示
   【解析】民事法律行为以意思表示为核心要素，意思表示是行为能力适格者将意欲实现的私法效果发表的行为。在本题中当事人乙签字的目的并非是实现私法效果，而仅是对自己到来事实的表示，所以，乙的行为并非意思表示，甲、乙间并未成立买卖合同。本题应选 D 项

2. 甲将数箱蜜蜂放在自家院中槐树下采蜜。在乙家帮忙筹办婚宴的丙在帮乙喂猪时忘关猪圈，猪冲入甲家院内，撞翻蜂箱，使来甲家串门的丁被蜇伤，经住院治疗后痊愈。下列哪一种说法是正确的？
   A. 甲应对丁的医疗费用承担全部民事责任
   B. 乙应对丁的医疗费用承担全部民事责任
   C. 丙应对丁的医疗费用承担全部民事责任
   D. 乙和丙应对丁的医疗费用承担连带责任

   【答案】B
   【考点】动物致人损害的民事责任、帮工责任
   【解析】首先探讨动物致人损害的责任承担。在本题中虽然丁之伤害是由于蜜蜂蜇伤，

但导致蜜蜂蛰人的原因是另一动物猪的原因导致，而猪的管理者丙对此有过错。故就这一点而言，作为蜜蜂的饲养人可以基于《民法通则》第 127 条中的"第三人过错造成的"而免责。因此该责任应当由第三人丙承担。其次，我们考虑这个责任应当由丙承担还是由乙承担。鉴于丙的行为属于经过同意的帮工，根据《人身损害赔偿司法解释》第 13 条的规定，帮工人在帮工过程中致他人损害的，被帮工人应当承担赔偿责任。帮工人存在故意或者重大过失的，承担连带责任。本题中的丙并无故意或者重大过失，因此正确答案为 B。

3. 甲、乙、丙依次比邻而居。甲为修房向乙提出在其院内堆放建材，乙不允。甲遂向丙提出在其院内堆放，丙要求甲付费 200 元，并提出不得超过 20 天，甲同意。修房过程中，甲搬运建材须从乙家门前经过，乙予以阻拦。对此，下列哪一种说法不正确？

   A. 乙无权拒绝甲在其院内堆放建材
   B. 乙无权阻拦甲经其门前搬运建材
   C. 甲应依约定向丙支付占地费
   D. 若建材堆放时间超过 20 天，丙有权要求甲清理现场

【答案】A
【考点】相邻权
【解析】相邻权关系中的双方当事人有互相提供便利的义务，主要提供相邻劝一方通行、采光、排水、用水等便利。其范围必须是相邻权所包括的，而本题中甲左邻人乙院内堆放木料很明显不是相邻权之范围，系甲的行为侵犯乙的权益，乙有权拒绝，只能由双方通过合同设定地役权解决。故 A 错误。

4. 甲装修公司欠乙建材商场货款 5 万元，乙商场需付甲公司装修费 2 万元。现甲公司欠款已到期，乙商场欠费已过诉讼时效，甲公司欲以装修费充抵货款。下列哪一种说法是正确的？

   A. 甲公司有权主张抵销
   B. 甲公司主张抵销，须经乙商场同意
   C. 双方债务性质不同，不得抵销
   D. 乙商场债务已过诉讼时效，不得抵销

【答案】A
【考点】法定抵销的条件
【解析】《合同法》第 99 条："当事人互负到期债务，该债务的标的物种类、品质相

同的，任何一方可以将自己的债务与对方的债务抵销，但依照法律规定或者按照合同性质不得抵销的除外。当事人主张抵销的，应当通知对方。通知自到达对方时生效。抵销不得附条件或者附期限。"双方的债务符合抵销的构成要件。根据民法理论，对于诉讼时效已过的债权，在性质上属于自然债务，在进行法定抵销时，只能作为被动债权，而不能作为主动债权。因为对于自然债务而言，债权人无权获得国家强制力的保护，但是债务人自己履行是可以的，不会作为不当得利对待。因此对于诉讼时效已过的债权，只有该债权的债务人有权主张抵销，而该债权的债权人则不得主张抵销。

5. 甲经营金山酒店，顾客爆满，相邻的银海酒店由乙经营，生意清淡。乙指使数十人进入金山酒店，2-3 人占据一桌，每桌仅消费 10 余元。前来金山酒店就餐的顾客见无空桌，遂就近转往银海酒店。如此数日，银海酒店收入大增。乙的行为应如何定性？

   A. 构成缔约过失

   B. 构成欺诈行为

   C. 构成不当得利

   D. 构成不正当竞争行为

【答案】D

【考点】不正当竞争、缔约过失

【解析】首先甲乙之间并无缔结合同的意思及行为，因此可排除 A 项；乙指使的这些人的消费行为属正常消费，并无欺诈情节，因此可排除 B 项；乙因为客人增加而增加的收入属于基于客人和乙管理的酒店之间的消费合同而获得的营业收入，有法律依据，不属于不当得利，因此可排除 C 项。至于乙行为的定性，应当属于《反不正当竞争法》第 2 条规定的违反诚实信用原则实施的不正当竞争行为。因此 D 项正确。

6. 甲在乙经营的酒店进餐时饮酒过度，离去时拒付餐费，乙不知甲的身份和去向。甲酒醒后回酒店欲取回遗忘的外衣，乙以甲未付餐费为由拒绝交还。对乙的行为应如何定性？

   A. 是行使同时履行抗辩权

   B. 是行使不安抗辩权

   C. 是自助行为

   D. 是侵权行为

【答案】C

【考点】双务合同履行抗辩权与自助行为。

【解析】《中华人民共和国合同法》第66条规定了同时履行抗辩权，是指在未约定先后履行顺序的双务合同中，当事人应当同时履行，一方在对方未为对待给付之前，有权拒绝其履行要求。合同法中的不安抗辩权，是指先给付义务人在有证据证明后给付义务人的经营状况严重恶化，或者转移财产等情况时，有权中止自己的履行，后给付义务人收到中止履行通知后，未在合理期限内做出积极反应，先给付义务人有权解除合同。自助行为，是指当事人权益受到侵害时，当公力救济不能及时减小损失时，当事人在法律允许范围内所为的自救行为。所以本题应选 C 项。应注意自助行为与侵权行为的区别：自助行为成立的前提是有请求权；而侵权行为中当事人肯定没有请求权或者超越了请求权的范围。

7. 甲遗失一部相机，乙拾得后放在办公桌抽屉内，并张贴了招领启事。丙盗走该相机，卖给了不知情的丁，丁出质于戊。对此，下列哪一种说法不正确？

   A. 乙对相机的占有属于无权占有
   B. 丙对相机的占有属于他主占有
   C. 丁对相机的占有属于自主占有
   D. 戊对相机的占有属于直接占有

【答案】B

【考点】占有的分类

【解析】根据民法关于占有的理论，无权占有和有权占有是根据占有人占有某物是否有合法的权利来源所作的分类。承租人对租赁物的占有、保管人对保管物的占有均属于有权占有；小偷对盗赃物的占有、拾得人对拾得物的占有均属于无权占有。据此，故选项 A 的说法正确。自主占有与他主占有根据占有意思的不同，即是否具有将占有物据为己有的意思所作的分类，此种分类中，不考虑占有人是否就标的物享有合法的所有权。故小偷对盗赃物的占有亦属自主占有，选项 B 的说法错误，选项 C 的说法正确。直接占有与间接占有是根据占有人是否直接占有其物为标准所作的区分。故选项 D 的说法正确。

8. 某演出公司与"黑胡子"四人演唱组合订立演出合同，约定由该组合在某晚会上演唱自创歌曲 2-3 首，每首酬金 2 万元。由此成立的债的关系属何种类型？

   A. 特定之债
   B. 单一之债
   C. 选择之债
   D. 法定之债

【答案】B

【考点】债的分类

【解析】单一之债，是指债的主体双方即债权人和债务人均为一人的债，此处的一人可指集合体。本题中的"黑胡子"演唱组是一集合体，其整体可以看作广义范围上的"一人"，所以本题选 B 项。所谓特定之债，指以特定给付为标的的债。在本题中，由于债务人有选择歌曲曲目及数量之自由，故给付尚未特定。故选项 A 不当选。另外当事人之间的债基于合同关系产生，因此选项 D 不当选。

9. 甲欠乙 1 万元到期未还。2003 年 4 月，甲得知乙准备起诉索款，便将自己价值 3 万元的全部财物以 1 万元卖给了知悉其欠乙款未还的丙，约定付款期限为 2004 年底。乙于 2003 年 5 月得知这一情况，于 2004 年 7 月决定向法院提起诉讼。乙提出的下列哪一项诉讼请求能够得到法院支持？

  A. 请求宣告甲与丙的行为无效

  B. 请求法院撤销甲与丙的行为

  C. 请求以自己的名义行使甲对丙的 1 万元债权

  D. 请求丙承担侵权责任

【答案】A

【考点】无效民事行为的类型

【解析】根据《中华人民共和国民法通则》及《中华人民共和国合同法》的规定，无效民事行为的类型有：（一）行为人不具有行为能力而实施的民事行为；（二）意思表示不自由的行为；（三）恶意串通，损害国家、集体或第三人的利益的行为；（四）伪装行为；（五）违反法律或者社会公共利益的行为。所以，本题应选 A。注意，即使是承认侵害债权理论，各国学说也要求该债权是债务人给付特定标的物的义务，而非一般意义上的金钱给付义务。因此即使在侵害债权理论成立的前提下，在本题中丙的侵权责任也不成立。

10. 在下列何种情形中，乙构成不当得利？

  A. 甲欠乙 500 元，丙在甲不知情的情况下自愿代为偿还

  B. 甲大学新建校区，当地居民乙的房屋大幅升值

  C. 甲以拾得的 100 元还了欠乙的债务

  D. 甲雇人耕田，雇工误耕了乙的数亩待耕之田

【答案】D

【考点】不当得利

【解析】首先明确不当得利之债的构成要件：（1）一方获得财产上的利益（2）他方受到损失（3）获得利益和受到损失之间有因果关系（4）没有法律上的根据。具体到本题，很容易得出选项 A、选项 C 中的乙获得利益均有法律上或者合同上的根据，因此不能作为不当得利处理。其次，选项 B 中的甲并没有因为乙的得利受有损失，因此亦不符合不当得利的构成要件。因此根据排除法，选项 D 正确。

11. 甲公司于 6 月 5 日以传真方式向乙公司求购一台机床，要求"立即回复"。乙公司当日回复"收到传真"。6 月 10 日，甲公司电话催问，乙公司表示同意按甲公司报价出售，要其于 6 月 15 日来人签订合同书。6 月 15 日，甲公司前往签约，乙公司要求加价，未获同意，乙公司遂拒绝签约。对此，下列哪一种说法是正确的？

    A. 买卖合同于 6 月 5 日成立

    B. 买卖合同于 6 月 10 日成立

    C. 买卖合同于 6 月 15 日成立

    D. 甲公司有权要求乙公司承担缔约过失责任

【答案】D

【考点】合同的成立与缔约过失责任

【解析】根据《合同法》第 30 条的规定，承诺的内容应当与要约的内容一致。受要约人对要约的内容作出实质性变更的，为新要约。有关合同标的、数量、质量、价款或者报酬、履行期限、履行地点和方式、违约责任和解决争议方法等的变更，是对要约内容的实质性变更。在本题中乙公司在合同订立阶段，违背了依据诚信原则而应尽的先合同义务，致使甲公司的信赖利益由此而受到损失，完全符合合同法中的缔约过失责任，乙公司应承担相应的缔约过失责任。所以选 D 项。

12. 甲、乙按 20% 和 80% 的份额共有 1 间房屋。二人将房屋出租给丙，丙取得甲和乙的同意后将该房屋转租给丁。现甲欲转让自己的份额。下列哪一项表述是正确的？

    A. 乙、丙有优先购买权，丁无优先购买权

    B. 乙、丁有优先购买权，丙无优先购买权

    C. 乙、丙、丁都有优先购买权

    D. 丙、丁有优先购买权，乙无优先购买权

【答案】 C

【考点】 租赁合同中的优先权、共有合同中的优先权

【解析】 根据《合同法》第 230 条的规定，房屋租赁中的承租人享有优先购买权。根据《民法通则》第 78 条第 2 款的规定，共有人享有优先购买权；因此作为承租人的丙和作为共有人的乙均享有优先购买权。故选项 C 正确。

13. 某商场在促销活动期间贴出醒目告示："本商场家电一律试用 20 天，满意者付款。"王某从该商场搬回冰箱一台，试用期满后退回，商场要求其支付使用费 100 元。下列哪一种说法是正确的？

    A. 王某不应支付使用费，因为双方没有约定使用费

    B. 王某应支付使用费，因为其行为构成了不当得利

    C. 王某应支付按冰箱平均寿命折算的使用费

    D. 王某应与商场分摊按冰箱平均寿命折算的使用费

【答案】 A

【考点】 试用买卖合同

【解析】 试用买卖可以看作是以买受人的同意作为生效条件的合同。根据《合同法》第 171 条规定，试用买卖的买受人在试用期内可以购买标的物，也可以拒绝购买。此处的购买或者拒绝购买均不需要任何理由，也不需要支付使用费，。因此本题的正确答案应当为 A。

14. 甲的一头牛走失，乙牵回关入自家牛棚，准备次日寻找失主。当晚牛棚被台风刮倒，将牛压死。乙将牛肉和牛皮出售，各得款 500 元和 100 元。请人屠宰及销售，支出 100 元。下列哪一种说法是正确的？

    A. 甲有权要求乙返还一头同样的牛

    B. 甲有权要求乙返还 500 元

    C. 甲有权要求乙返还 600 元

    D. 甲有权要求乙按该牛的市价赔偿 1000 元

【答案】 B

【考点】 无因管理

【解析】 根据无因管理的构成条件，可以确认乙的行为构成无因管理。同时由于管理人对于牛的死亡并无故意或者重大过失，因此不应当承担赔偿责任。故根据无因管理的法律效果，管理人有权要求本人支付必要费用。所以扣除 100 元屠宰及销售费用，正确答案为选项 B。

15. 甲公司 2000 年获得一项外观设计专利。乙公司未经甲公司许可，以生产经营为目的制造该专利产品。丙公司未经甲公司许可以生产经营为目的所为的下列行为，哪一项构成侵犯该专利的行为？

    A. 使用乙公司制造的该专利产品

    B. 销售乙公司制造的该专利产品

    C. 许诺销售乙公司制造的该专利产品

    D. 使用甲公司制造的该专利产品

【答案】B

【考点】外观设计专利的禁止权的范围

【解析】根据民法中专利侵权行为的规定，专利侵权行为的表现形式包括"直接侵权行为和间接侵权行为"，其中直接侵权行为中的一个表现形式为："销售发明、实用新型或外观设计专利产品的行为。"所以本题选 A 项。

16. 甲网站与乙唱片公司签订录音制品的信息网络传播权许可使用合同，按约定支付报酬后，即开展了网上原版音乐下载业务。对甲网站的行为应如何定性？

    A. 是合法使用行为

    B. 构成侵权行为，因为该行为应取得著作权人的许可，而不是取得录音制作者的许可

    C. 构成侵权行为，因为该行为还须取得著作权人、表演者的许可并支付报酬

    D. 构成侵权行为，因为该行为虽然无须取得著作权人的许可，但必须取得表演者的许可

【答案】C

【考点】信息网络传播权

【解析】根据《著作权法》第 41 条第 2 款的规定，被许可人复制、发行、通过信息网络向公众传播录音录像制品，还应当取得著作权人、表演者许可，并支付报酬。因此本题中的正确答案为选项 C。

17. 某歌厅购买了若干正版卡拉 OK 光盘后，未经任何人的许可，直接将该光盘用于其经营活动。对该歌厅的行为应如何定性？

    A. 合法使用

    B. 合理使用

    C. 法定许可使用

D. 侵权行为

【答案】D

【考点】著作权侵权行为的认定

【解析】根据著作权法的规定，对卡拉 OK 进行营利性使用的时候，应当取得著作权人的许可。凡是未经许可，营利性使用他人作品的行为均构成侵权行为，对正版软件的营利性使用也构成侵权。故正确答案为选项 D。

18. 某电视演员因一儿童电视剧而出名，某公司未经该演员许可将印有其表演形象的宣传海报大量用于玩具、书包、文具等儿童产品的包装和装潢上。对该公司的行为应如何定性？

　　A. 侵犯了制片者的发表权

　　B. 侵犯了该演员的表演者权

　　C. 侵犯了该演员的肖像权

　　D. 侵犯了该演员的复制权

【答案】C

【考点】表演者权、肖像权

【解析】根据我国民法关于肖像权的规定，某公司对某演员的表演形象未经本人同意而使用属于侵犯该演员的肖像权。所以选 C 项。既然"某电视演员因一儿童电视剧而出名"，当可以确认该电视剧已经发表，故选项 A 的说法错误。同时根据著作权法的规定，对于电影作品而言，演员只能作为表演者享有署名权及获得报酬的权利，其他权利都应当属于制片者。因此选项 B、选项 D 的说法亦是错误的。

19. 甲为摄影家乙充当模特，双方未对照片的发表和使用作出约定。后乙将甲的裸体照片以人体艺术照的形式出版发行，致使甲受到亲朋好友的指责。对此，下列哪一种说法是正确的？

　　A. 乙发表照片侵犯了甲的隐私权

　　B. 乙发表照片已取得甲的默示同意，不构成侵权

　　C. 甲是照片的合作作者，乙发表照片应向其支付报酬

　　D. 乙是照片的著作权人，出版发行该照片是合法行使著作权的行为

【答案】A

【考点】隐私权侵权

【解析】首先，根据题干可知，甲仅表示同意为摄影家乙充当模特而未约定是否允许

该照片的发表，根据我国法律对隐私权保护的相关规定，属于隐私权范围内之权益未经当事人的允许而披露、发表系侵权行为。所以本题选 A 项。其次，在乙享有著作权、甲享有肖像权和隐私权的情况下，如果在权利行使中产生了冲突，根据一般的解决原则，任何一个人权利的行使都不得侵犯另外一个人的权利。因此当乙行使著作权时，不得侵害甲的肖像权和隐私权；当甲行使肖像权时，不得侵害乙的著作权。在此题中，乙未经许可将照片出版发行的行为就会构成对甲的隐私权、肖像权的侵犯。

20. 一小偷利用一楼住户甲违规安装的防盗网，进入二楼住户乙的室内，行窃过程中将乙打伤。下列哪一种说法是正确的？

　　A. 乙的人身损害应由小偷和甲承担连带责任

　　B. 乙的人身损害只能由小偷承担责任

　　C. 乙的人身损害应由甲和小偷根据过错大小，各自承担责任

　　D. 乙的人身损害应先由小偷承担责任，不足部分由甲承担

【答案】B

【考点】侵权责任的承担

【解析】根据我国民法规定，侵权责任是指行为人不法侵害社会公共财产或他人财产、人身权利而应承担的民事责任。侵权行为和损害结果之间须有直接因果关系，甲违规安装的防盗网与乙的受伤并无直接因果关系，所以应选 B 项。如果是小偷盗窃导致的财产损失，则多认为正确答案为选项 C。

21. 甲以正常速度驾驶汽车（已投保）途中，突遇行人乙在非人行道处横穿公路，甲紧急刹车，但仍将其撞伤。保险公司在机动车第三者责任强制保险责任限额内对乙支付保险金后，乙尚有一部分损害未获赔偿。对于这部分损害赔偿费用的承担问题，下列哪一种说法是正确的？

　　A. 由保险公司承担赔偿责任

　　B. 由乙自行承担

　　C. 由甲承担部分赔偿责任

　　D. 由甲承担全部赔偿责任

【答案】C

【考点】交通事故致人损害的民事责任

【解析】根据我国道路交通安全法的规定：机动车发生交通事故造成人身伤亡、财产损失的，由保险公司在机动车第三者责任强制保险责任的限额范围内予以赔偿，超过责任

限额部分，接下列方式承担赔偿责任：（1）机动车之间发生交通事故的，由有过错的一方承担责任；双方都有过错的，按照各自过错的比例分担责任。（2）机动车与非机动车驾驶人、行人之间发生交通事故的，由机动车一方承担责任；但是，有证据证明非机动车驾驶人、行人违反道路交通安全法律、法规，机动车驾驶人已经采取必要处置措施的，减轻机动车一方的责任。交通事故的损失是由非机动车驾驶人、行人故意造成的，机动车一方不承担责任。由于本题中行人乙在非人行道处横穿马路，主观上有过错，但并非故意，因此本题的正确答案为选项 C。如果行人主观上为故意，则应当免除甲的责任。

22. 甲、乙在火车上相识，甲怕自己到站时未醒，请求乙在 A 站唤醒自己下车，乙欣然同意。火车到达 A 站时，甲沉睡，乙也未醒。甲未能在 A 站及时下车，为此支出了额外费用。甲要求乙赔偿损失。对此，应如何处理？

　　A. 由乙承担违约责任

　　B. 由乙承担侵权责任

　　C. 由乙承担缔约过失责任

　　D. 由甲自己承担损失

【答案】D

【考点】委托合同

【解析】违约责任是违反合同的民事责任的简称，是指合同当事人一方不履行合同义务或履行合同义务不符合合同约定所应承担的民事责任。本题中甲乙双方之约定并不构成合同关系，更不属于侵权行为，所以应选 D。甲与乙之间的法律关系应当属于无偿的委托合同。根据《合同法》第 406 条的规定，在无偿的委托合同，受托人仅就故意或者重大过失对委托人的损失承担责任。在本题中乙应当认为没有重大过失，因此不承担责任，故应当由委托人自己承担责任。

23. 刘、关、张约定各出资 40 万元设立甲有限公司，因刘只有 20 万元，遂与张约定由张为其垫付出资 20 万元。公司设立时，张以价值 40 万元的房屋评估为 60 万元骗得验资。后债权人发现甲公司注册资本不实。甲公司欠缴的 20 万元出资应如何补交？

　　A. 应由刘补交 20 万元，张、关承担连带责任

　　B. 应由张补交 20 万元，刘、关承担连带责任

　　C. 应由刘、张各补交 10 万元，关承担连带责任

　　D. 应由刘、关各补交 10 万元，张承担连带责任

【答案】A

【考点】股东出资不实所应承担的法律责任

【解析】新《公司法》第31条规定："有限责任公司成立后，发现作为设立公司出资的非货币财产的实际价额显著低于公司章程所定价额的，应当由交付该出资的股东补足其差额；公司设立时的其他股东承担连带责任。"根据本题题意，未能足额出资的显然是股东刘。本题应该注意的是 B 选项不正确。因为虽然房屋是张的出资，但虚假出资部分属于为刘垫付的出资，其自己的出资 40 万元全部到位，因而不能要求其补交差额。

24. 某有限责任公司股东会决定解散该公司，其后股东会、清算组所为的下列哪一行为不违反我国法律的规定？

    A. 股东会选派股东甲、股东乙和股东丙组成清算组，未采纳股东丁提出吸收一名律师参加清算组的建议

    B. 清算组成立次日，将公司解散一事通知了全体债权人并发出公告，一周内全体债权人均申报了债权，随后清算组在报纸上又发布了一次最后公告

    C. 在清理公司财产过程中，清算组发现设备贬值，变现收入只能够清偿 75% 的债务，遂与债权人达成协议：剩余债务转由股东甲负责偿还，清算继续进行

    D. 在编制清算方案时，清算组经职代会同意，决定将公司所有的职工住房优惠出售给职工，并允许以部分应付购房款抵销公司所欠职工工资和劳动保险费用。

【答案】AB

【考点】清算组职权

【解析】新《公司法》第 184 条规定，有限责任公司的清算组由股东组成，因此 A 项正确；新《公司法》第 186 条规定："清算组应当自成立之日起十日内通知债权人，并于六十日内在报纸上公告。债权人应当自接到通知书之日起三十日内，未接到通知书的自公告之日起四十五日内，向清算组申报其债权。"该条修订了原《公司法》第 194 条，六十日内在报纸上至少公告三次的规定，债权申报期限也较之缩短。B 项清算组的做法合法；根据新《公司法》第 188 条的规定，清算组发现公司财产不能清偿债务的，应当立即向人民法院申请宣告破产，所以 C 项错误；新《公司法》第 187 条规定："清算组在清理公司财产、编制资产负债表和财产清单后，应当制定清算方案，并报股东会、股东大会或者人民法院确认。"因此，D 项的清算方案经过职代会同意是错误的。

25. 甲公司章程规定：董事长未经股东会授权，不得处置公司资产，也不得以公司名义签订非经营性合同。一日，董事长任某见王某开一辆新款宝马车，遂决定以自己乘坐的公司旧奔驰车与王调换，并办理了车辆过户手续。对任某的换车行为，下列哪一种说法是正确的？

　　A. 违反公司章程处置公司资产，其行为无效

　　B. 违反公司章程从事非经营性交易，其行为无效

　　C. 并未违反公司章程，其行为有效

　　D. 无论是否违反公司章程，只要王某无恶意，该行为就有效

【答案】D

【考点】公司章程的效力

【解析】新《公司法》第 11 条规定："设立公司必须依照本法制定公司章程。公司章程对公司、股东、董事、监事、经理具有约束力。"而公司章程对第三人不发生拘束力，因而只要王某无恶意，该行为即有效，旨在保护善意第三人，因此，D 为正确答案。

26. 某市国有资产管理部门决定将甲、乙两个国有独资公司撤销，合并成立甲股份有限公司，合并后的甲股份有限公司仍使用原甲公司的字号，该合并事项已经有关部门批准现欲办理商业登记。甲股份有限公司的商业登记属于下列哪一类型的登记？

　　A. 兼并登记

　　B. 设立登记

　　C. 变更登记

　　D. 注销登记

【答案】B

【考点】公司的合并和分立

【解析】新《公司法》第 180 条规定："公司合并或者分立，登记事项发生变更的，应当依法向公司登记机关办理变更登记；公司解散的，应当依法办理公司注销登记；设立新公司的，应当依法办理公司设立登记。公司增加或者减少注册资本，应当依法向公司登记机关办理变更登记。"公司合并，可以采取新设合并和吸收合并的形式。题干中"合并后的甲股份有限公司仍使用原甲公司的字号"，这样的表述具有迷惑性。很多考生因此而选了 C 项，误认为是吸收合并，只需变更登记即可。但这种判断是错误的。因为甲是国有独资公司，而国有独资公司只能是有限责任公司的形式。

27. 某公司两年前申请发行 5 千万元债券，因承销人原因剩余 500 万元尚未发行完。该公司现将已发行债券的本息付清，且公司净资产已增加一倍，欲申请再发行 5 千万元债券。该公司的申请可否批准？

    A. 可以批准

    B. 若本次 5 千万元中包括上次余额 500 万元即可批准

    C. 不应批准

    D. 若该公司变更债券承销人，可以批准

【答案】C

【考点】公司债券的再次发行

【解析】新《证券法》第 18 条规定："有下列情形之一的，不得再次公开发行公司债券：（一）前一次公开发行的公司债券尚未募足；（二）对已公开发行的公司债券或者其他债务有违约或者延迟支付本息的事实，仍处于继续状态；（三）违反本法规定，改变公开发行公司债券所募资金的用途。"题中某公司两年前发行的债权尚未发行完毕，因而其不具备再次发行公司债权的条件，因而其要求不应获得批准。

28. 甲公司（中方）与某国乙公司（外方）拟在深圳共同设立一中外合作经营企业，某律师受聘为双方起草一份《合作经营合同》。该律师起草的下列哪一合同条款违反了我国法律规定？

    A. 任何一方未经对方同意，都不得转让合作合同的部分或全部权利、义务

    B. 合作企业的董事长和副董事长由中方担任，总经理和副总经理由外方担任

    C. 合作企业的财务会计账簿只能设在中国境内

    D. 合作企业的利润先由外方收回投资本息，在合作期满时企业固定资产归中方所有

【答案】B

【考点】中外合作经营企业法律制度

【解析】《合作企业法》第 10 条规定："中外合作者的一方转让其在合作企业合同中的全部或者部分权利、义务的，必须经他方同意，并报审查批准机关批准。"A 项正确。

《合作企业法》第 12 条规定："合作企业应当设立董事会或者联合管理机构，依照合作企业合同或者章程的规定，决定合作企业的重大问题。中外合作者的一方担任董事会的董事长、联合管理机构的主任的，由他方担任副董事长、副主任。"因此，董事长和副董事长不能都由中方担任。B 项错误。

《合作企业法》第 15 条规定："合作企业必须在中国境内设置会计账簿，依照

规定报送会计报表，并接受财政税务机关的监督。合作企业违反前款规定，不在中国境内设置会计账簿的，财政税务机关可以处以罚款，工商行政管理机关可以责令停止营业或者吊销其营业执照。"C 项正确。

《合作企业法》第 21 条规定："中外合作者依照合作企业合同的约定，分配收益或者产品，承担风险和亏损。中外合作者在合作企业合同中约定合作期满时合作企业的全部固定资产归中国合作者所有的，可以在合作企业合同中约定外国合作者在合作期限内先行回收投资的办法。"D 项正确。

29. 合伙人甲在合伙企业中有份额 15 万元，待分配利润 3 万元。现甲无力偿还其对第三人乙的负债 20 万元，乙要求强制执行甲在合伙企业中的财产。对此，下列哪一种说法是正确的？

   A. 乙仅可就该 15 万元份额请求强制执行

   B. 乙仅可就该 3 万元待分配利润请求强制执行

   C. 乙可以就该 15 万元份额和 3 万元待分配利润请求强制执行

   D. 乙可以就该 15 万元份额和 3 万元待分配利润请求强制执行，但必须扣除甲在合伙企业中应当承担的债务份额

【答案】C

【考点】合伙人个人债务的承担

【解析】《合伙企业法》第 43 条："合伙人个人财产不足清偿其个人所负债务的，该合伙人只能以其合伙企业中分取的收益用于清偿；债权人也可以依法请求人民法院强制执行该合伙在合伙企业中的财产份额用于清偿。对该合伙人的财产份额，其他合伙人有优先受让的权利。"因此，C 项正确。

30. 甲以夫妻共有的写字楼作为出资设立个人独资企业。企业设立后，其妻乙购体育彩票中奖 100 万元，后提出与甲离婚。离婚诉讼期间，甲的独资企业宣告解散，尚欠银行债务 120 万元。该项债务的清偿责任应如何确定？

   A. 甲以其在家庭共有财产中应占的份额对银行承担无限责任

   B. 甲以家庭共有财产承担无限责任，但乙中奖的 100 万元除外

   C. 甲以全部家庭共有财产承担无限责任，包括乙中奖的 100 万元在内

   D. 甲仅以写字楼对银行承担责任

【答案】C

【考点】个人独资企业的债务承担。

【解析】《个人独资企业法》第 18 条规定：“个人独资企业投资人在申请企业设立登记时明确以其家庭共有财产作为个人出资的，应当依法以家庭共有财产对企业债务承担无限责任。”甲以夫妻共有的写字楼作为出资，是以家庭共有财产作为个人投资，应该以家庭共有财产对此债务承担无限连带责任。乙购买彩票的彩票 100 万元，属于夫妻关系存续期间取得的财产，归夫妻共同所有，所以也要包括在内。

31. 甲拾得某银行签发的金额为 5000 元的本票一张，并将该本票背书送给女友乙作生日礼物，乙不知本票系甲拾得，按期持票要求银行付款。假设银行知晓该本票系甲拾得并送给乙，对于乙的付款请求，下列哪一种说法是正确的？

   A. 根据票据无因性原则，银行应当支付

   B. 乙无对价取得本票，银行得拒绝支付

   C. 虽甲取得本票不合法，但因乙不知情，银行应支付

   D. 甲取得本票不合法，且乙无对价取得本票，银行得拒绝支付

【答案】D

【考点】票据权的取得

【解析】《中华人民共和国票据法》第 10 条：“票据的签发、取得和转让，应当遵循诚实信用的原则，具有真实的交易关系和债权债务关系。票据的取得，必须给付对方对价，即应当给付票据双方当事人认可的相对应的代价。”《票据法》第 12 条规定：“以欺诈、偷盗或胁迫等手段取得票据的，或者明知有前列情形，出于恶意取得票据的，不得享有票据的权利。持票人因重大过失取得不符合本法规定的票据的，也不得享有票据权利。”甲拾得本票，其取得该本票并没没有合法的根据，因此不享有票据权利。乙不知情，不具有故意或者过失，但是其无偿取得该本票，根据票据法第 11 条的规定，因赠与无偿取得票据，所享有的票据权利不得优于其前手，所以乙也不享有票据权利。第 57 条：“付款人及其代理付款人付款的，应当审查汇票背书的连续，并审查提示付款人的合法身份证明或者有效证件。付款人及其代理付款人以恶意或者有重大过失付款的，应当自行承担责任。”因此银行明知持票人对票据的取得非法时，可以拒付。

32. 乙公司与丙公司交易时以汇票支付。丙公司见汇票出票人为甲公司，遂要求乙公司提供担保，乙公司请丁公司为该汇票作保证，丁公司在汇票背书栏签注“若甲公司出票真实，本公司愿意保证。”后经了解甲公司实际并不存在。丁公司对该汇票承担什么责任？

   A. 应承担一定赔偿责任

   B. 只承担一般保证责任，不承担票据保证责任

C. 应当承担票据保证责任

D. 不承担任何责任

【答案】C

【考点】汇票的保证

【解析】《票据法》第 48 条规定："保证不得附有条件；附有条件的，不影响对汇票的保证责任。"因此 C 项正确。

33. 甲煤矿拥有乙钢厂普通债权 40 万元，现乙钢厂被宣告破产，清算组查明甲煤矿尚欠乙钢厂 20 万元运费未付。清算组预计破产清偿率为 50%。甲煤矿要求抵销债务。债权人会议各方为甲煤矿的债权发生争执。下列哪一观点是正确的？

A. 甲煤矿可以抵销 20 万元债务，并于抵销后拥有 10 万元破产债权

B. 甲煤矿可以抵销 20 万元债务，并于抵销后拥有 20 万元破产债权

C. 甲煤矿必须偿还 20 万元债务，并拥有 40 万元破产债权

D. 甲煤矿在抵销后无须偿还债务，也不拥有破产债权

【答案】B

【考点】破产抵销权

【解析】《破产法》第 33 条规定："债权人对破产企业负有债务的，可以在破产清算前抵消。"因此，甲煤矿可以抵消 20 万元的债务。其剩余的 20 万元债权作为破产债权抵消权在破产清算前抵消，与破产清偿率无关。

34. 甲公司委托乙海运公司运送一批食品和一台大型设备到欧洲，并约定设备可装载于舱面。甲公司要求乙海运公司即日启航，乙海运公司告知：可以启航，但来不及进行适航检查。随即便启航出海。乙海运公司应对本次航行中产生的哪一项损失承担责任？

A. 因遭受暴风雨致使装载于舱面的大型设备跌落大海

B. 因途中救助人命耽误了航行，迟延交货致使甲公司受损

C. 海运公司的工作人员在卸载货物时因操作不慎，使两箱食品落水

D. 因船舱螺丝松动，在遭遇暴风雨时货舱进水淹没了 2/3 的食品

【答案】D

【考点】承运人的责任

【解析】《中华人民共和国海商法》第 47 条："承运人在船舶开航前和开航当时，应当谨慎处理，使船舶处于适航状态，妥善配备船员、装配船舶和配备供应品，并使货

舱、冷藏舱、冷气舱和其他载货处所适于并能安全收受、载运和保管货物。"适航义务是承运人的最低法定义务之一。而乙公司在开航前没有进行适航检查，因而对于螺丝松动造成的损失应当承担赔偿责任。第 53 条规定："承运人在舱面上装载货物，应当同托运人达成协议，或者符合航运惯列，或者符合有关法律、行政法规的规定。承运人依照前款规定将货物装载在舱面上，对由于此种装载的特殊风险造成的货物灭失或者损坏，不负赔偿责任。承运人违反本条第一款规定将货物装载在舱面上，致使货物遭受灭失或者损坏的，应当负赔偿责任。"甲公司和乙公司约定设备可装载于舱面，因此对于此项损失，乙不承担责任。B、C 两项属于《海商法》第 51 条规定的免责事由，承运人不承担赔偿责任。

35. 某法院对甲乙之间的租赁合同纠纷案件作出了判决，当事人在上诉期内均未上诉。后该法院发现判决书将支付房租数额 10000 元误写成了 1000 元。法院对此应当如何处理？

    A. 作出补正错误的裁定书并送达双方当事人

    B. 通知收回判决书，重新制作判决书

    C. 由院长提交审判委员会讨论决定再审

    D. 裁定撤销判决书，重新制作

【答案】A

【考点】裁定的适用

【解析】根据民事诉讼法第 140 条第 1 款第 7 项"补正判决书中的笔误"的规定，判决书中将支付房租数额 10000 元误写成了 1000 元是一个程序问题，故应当适用裁定。选项 A 是正确的。通知一般只适用于通知当事人及其诉讼代理人参加诉讼等有限的程序性事项，用通知收回判决书是对判决既判力的侵害和对民事诉讼原理的违反，因而 B 选项错误。依据民事诉讼第 179 条和《人民检察院民事行政抗诉规则》第 33、34 条关于判决认定事实或适用法律错误的规定，笔误不属于"确有错误"的情形。C 项错误。一审法院自己无撤销自己判决的权力，D 项错误。

36. 依据我国民事诉讼法和相关司法解释的规定，下列关于管辖问题的哪一项表述是错误的？

    A. 适用督促程序的案件只能由基层人民法院管辖

    B. 按级别管辖权限，高级人民法院有权管辖其认为应当由其管辖的第一审案件

    C. 协议管辖不可以变更级别管辖

    D. 涉外民事诉讼中不动产纠纷由不动产所在地法院管辖

【答案】B

【考点】管辖的适用

【解析】根据民事诉讼法第 189 条的规定,适用督促程序的案件由有管辖权的基层人民法院管辖。故选项 A 是正确的。根据民事诉讼法第 20 条的规定,高级人民法院管辖在本辖区有重大影响的第一审民事案件,故选项 B 是错误的。只有最高人民法院才能管辖"认为应当由本院审理的案件"。根据民事诉讼法第 25 条的规定:"合同的双方当事人可以在书面合同中协议选择被告住所地、合同履行地、合同签订地、原告住所地、标的物所在地人民法院管辖,但不得违反本法对级别管辖和专属管辖",选项 C 是正确的。根据民事诉讼法第 34 条"因不动产纠纷提起的诉讼,由不动产所在地人民法院管辖"的规定,选项 D 是正确的。

37. 民事诉讼法规定,人民检察院有权对民事审判活动进行法律监督。下列哪一种情形属于人民检察院进行民事检察监督的范围?

   A. 陪审员丁某审理合同纠纷案件的过程中接受当事人礼金 1000 元

   B. 证人马某接受当事人礼金 2000 元并提出了对该当事人有利的证言

   C. 法官周某就某仲裁案件向仲裁员提供了对该案件当事人红星公司有利的咨询意见,红星公司以咨询费名义付给周法官 6000 元

   D. 法官陈某长期为某公司免费做法律顾问

【答案】A

【考点】民事检察监督

【解析】根据民事诉讼法第 40 条的规定"陪审员在执行陪审职务时,与审判员有同等的权利义务"因此,选项 A 中的情形属于人民检察院进行民事检察监督的范围;人民检察院作为法律监督机关,其法律监督的对象是人民法院的审判活动,而不包括其他诉讼参与人的行为和非民事诉讼过程中的行为。选项 B 只反映证人提供的证人证言有利于一方当事人,但无法判断是否必然引起人民法院生效判决的错误,故选项 B 是错误的。根据民事诉讼法第 185 条的规定,人民检察院可以对具备法定情形的人民法院的生效判决、裁定提出抗诉,据此可以排除选项 C 与选项 D。因此,只有选项 A 符合本题的要求。

38. 对于人民法院作出的下列哪一种民事裁定、决定,当事人不可以申请复议?

   A. 关于先予执行的裁定

   B. 关于回避问题的决定

   C. 关于管辖权异议的裁定

D. 关于罚款的决定

【答案】C

【考点】对裁定、决定的复议申请

【解析】根据民事诉讼法第99条的规定，当事人对先予执行的裁定不服的，可以申请复议一次，故A选项是正确的，不选。根据《民事诉讼法》第48条规定，人民法院对当事人提出的回避申请，应当在申请提出的三日内，以口头或者书面形式作出决定。申请人对决定不服的，可以在接到决定时申请复议一次。所以，B选项也不选。对于裁定，当事人可以提出上诉的有四种，即管辖权异议的裁定、不予受理的裁定、驳回起诉的裁定与驳回破产申请的裁定。因此，选项C中的裁定，当事人可以上诉，但是不可以申请复议。根据《民事诉讼法》第105条第3款，罚款、拘留应当用决定书，对决定不服的，可以向上一级人民法院申请复议一次。因此，D选项也不选。

39. 甲诉乙的合同纠纷案件，经一审、二审法院的审理，甲胜诉。乙申请再审，法院经审查决定再审。再审过程中，乙提出反诉。对此，法院应如何处理？

A. 将乙的反诉与甲提出的本诉合并审理

B. 裁定驳回乙的反诉

C. 判决驳回乙的反诉

D. 就反诉进行调解，调解不成的，告知乙另行起诉

【答案】D

【考点】反诉的处理

【解析】由于本案是一个经过两审终审后的再审，根据民事诉讼法第184条的规定，应适用第二审程序再审，因此实际上是一个人民法院如何处理二审程序中的反诉问题。根据最高人民法院《若干意见》第184条的规定，在第二审程序中，原审原告增加独立的诉讼请求或原审被告提出反诉的，第二审人民法院可以根据当事人自愿的原则就新增加的诉讼请求或反诉进行调解，调解不成的，告知当事人另行起诉。因此选项D是正确的。

40. 下列哪一项表述符合公示催告程序的法律规定？

A. 公示催告程序只适用于基层人民法院

B. 公示催告程序仅适用于各种票据的公示催告

C. 除权判决应当宣告票据是否无效

D. 当事人不服法院的除权判决，可以提起上诉

【答案】A

【考点】公示催告程序的适用

【解析】根据民事诉讼法第 193 条的规定，按照规定可以背书转让的票据或者可以申请公示催告的其他事项，票据持有人即可以向票据支付地的基层人民法院申请公示催告。人民法院发出公示催告后，如果没有人申报，人民法院应当根据申请人的申请，作出判决，宣告票据无效。因此，选项 A 正确，选项 B、C 错误。除权判决自公告之日起就发生法律效力，利害关系人不得上诉。所以，选项 D 错误。

41. 某省甲市检察院根据某当事人的申诉，发现甲市中级法院作出的二审判决适用法律确有错误。在此情况下，甲市检察院应如何处理？

    A. 只能告知当事人向法院申请再审

    B. 向甲市中级法院提出抗诉

    C. 向一审法院提出抗诉

    D. 提请上一级检察院提出抗诉

【答案】D

【考点】抗诉的主体

【解析】根据民事诉讼法第 185 条的规定，最高人民检察院对各级人民法院已经发生法律效力的判决、裁定，上级人民检察院对下级人民法院已经发生法律效力的判决、裁定，发现有法定情形之一的，应当按照审判监督程序提出抗诉。地方各级人民检察院对同级人民法院已经发生法律效力的判决、裁定，发现有法定情形之一的，应当提请上级人民检察院按照审判监督程序提出抗诉。因此选项 D 正确。

42. 在某一民事案件的审理过程中，原告一方因无法获得作为档案材料存放在某单位的证据，申请法院进行调查。庭审中对该证据的质证，应当如何进行？

    A. 应当由原、被告双方进行质证

    B. 应当由被告与法院进行质证

    C. 应当由被告与保管该证据的某单位进行质证

    D. 法院对该证据进行说明，无需质证

【答案】A

【考点】质证主体

【解析】质证是当事人的一项重要诉讼权利，根据最高人民法院《证据规定》第 47 条的规定，证据应当在法庭上出示，由双方当事人质证，未经质证的证据，不能作为认定案件事实的根据。民事诉讼中的证据，无论是法院依职权主动调取的还是依当事人申请调查收集的，都同当事人自己收集的一样，应当质证。故选项 A 是正确的。

43. 甲对乙提起财产损害赔偿之诉，一审法院判决甲胜诉。乙不服，提出上诉。二审法院发现丙是必须参加诉讼的共同诉讼人，便追加其参加诉讼。但丙既不参加诉讼，也不表示放弃权利。在此情况下，二审法院应如何处理？

   A. 仍将其列为二审的当事人，依法作出判决

   B. 仍将其列为二审的当事人，可以缺席判决

   C. 不能将其列为二审的当事人，但可直接根据上诉人的请求作出判决

   D. 不能将其列为二审的当事人，可以裁定撤销原判决、发回原审法院重审

【答案】D

【考点】二审中当事人的追加

【解析】依据民诉意见第 183 条，若必须参加诉讼的当事人在一审中未参加诉讼，二审法院可以根据自愿原则进行调解，调解不成的，裁定发回重审，所以 D 选项正确。

44. 甲诉乙侵权一案经某市东区法院一审终结，判决乙赔偿甲 6 万元。乙向该市中级法院提出上诉，二审法院驳回了乙的上诉请求。乙居住在该市南区，家中没有什么值钱的财产，但其在该市西区集贸市场存有价值 5 万元的货物。甲应当向下列哪一个法院申请执行？

   A. 该市东区法院

   B. 该市南区法院

   C. 该市西区法院

   D. 该市中级法院

【答案】A

【考点】执行管辖

【解析】根据《民事诉讼法》第 207 条的规定，发生法律效力的民事判决、裁定，以及刑事判决、裁定中的财产部分，由第一审人民法院执行。故选项 A 是正确的。法律规定由人民法院执行的其他法律文书，由被执行人住所地或被执行的财产所在地人民法院执行。要注意不要混淆法院裁决文书和其他法律文书的执行管辖，有些考生正是混淆了二者而误选了 C。

45. 甲向法院起诉请求解除其与乙之间的收养关系，一审法院判决驳回起诉请求。甲不服提出上诉。二审法院开庭的前一天，甲因意外事故而死亡。对此，法院应如何处理？

　　A. 由一审法院裁定终结诉讼

　　B. 由一审法院裁定驳回上诉

　　C. 由二审法院裁定驳回上诉

　　D. 由二审法院裁定终结诉讼

【答案】D

【考点】诉讼终结的适用

【解析】根据《民事诉讼法》第 137 条，下列情况应由法院裁定终结诉讼：①原告死亡，没有继承人，或者继承人放弃诉讼权利的；②被告死亡，没有遗产，也没有应当承担义务的人；③离婚案件一方当事人死亡的；④追索赡养费、抚养费、抚育费以及解除收养关系案件的一方当事人死亡。诉讼终结问题虽然规定在普通程序中，但是二审程序中未规定的内容可以适用普通程序的相关规定。因此 D 是正确的。

46. 甲被生前工作单位申报为革命烈士，某报对甲的事迹进行了宣传。乙四处散布言论贬损甲。对乙的行为，谁可以向法院提起精神损害赔偿诉讼？

　　A. 甲生前的工作单位

　　B. 甲的子女

　　C. 宣传甲事迹的某报社

　　D. 批准甲为烈士的某省政府

【答案】B

【考点】原告资格的确定

【解析】根据《民事诉讼法》第 108 条，提起诉讼的原告应当是与本案有直接利害关系的公民、法人或其他组织。本题中关键问题是看哪个主体与精神损害赔偿的提起有直接利害关系。在我国，非实体当事人包括以下情形：为保护死者名誉权等提起诉讼的死者的近亲属、失踪人的财产代管人、遗嘱执行人和遗产管理人、清算组、其他组织。由此可见，只有甲的子女与本案有利害关系，因此，选项 B 是正确的。

47. 中国甲公司与某国乙公司发生买卖合同纠纷，在中国仲裁过程中，乙公司申请财产保全，即要求扣押甲公司在某港口的一批机器设备。仲裁委员会对此申请应如何处理？

　　A. 不予受理，告知当事人直接向有关法院提出申请

　　B. 审查后直接作出财产保全裁定，由有关法院执行

C. 将乙公司的申请提交甲公司所在地的中级法院裁定

D. 将乙公司的申请提交机器设备所在地的基层法院裁定

【答案】C

【考点】仲裁中财产保全的程序

【解析】根据仲裁法第28条的规定，仲裁程序中，仲裁委员会接到当事人提出的财产申请后，应将申请按照民事诉讼法的规定提交有关人民法院。根据最高人民法院《执行规定》第11条与第12条的规定，仲裁委员会应将当事人财产保全的申请提交被申请人住所地或者被申请保全财产所在地人民法院，但涉外仲裁中的财产保全应提交有管辖权的中级人民法院。故选项C是正确的。

48. 下列关于证人及证人证言的表述，哪一项是错误的？

A. 凡是了解案件情况的人都有义务出庭作证

B. 当事人申请证人出庭作证应当经人民法院许可

C. 与当事人一方有亲戚关系的人不能作为证人

D. 无诉讼行为能力的人在一定情况下可以作为证人

【答案】C

【考点】证人与证人证言

【解析】根据民事诉讼法第70条的规定，凡是知道案件情况的单位和个人，都有义务出庭作证。不能正确表达意志的人，不能作为证人。因此选项A正确，与当事人一方有亲戚关系的人不能成为不能作证的理由，选项C错误。另外，《证据规定》第54条规定，当事人申请证人出庭作证，应当在举证期限届满10日前提出，并经人民法院许可。所以，选项B正确。《证据规定》第53条规定，待证事实与其年龄、智力状况与精神健康状况相适应的无民事行为能力人和限制民事行为能力人可以作为证人。故选项D正确。

49. 某仲裁机构对甲公司与乙公司之间的合同纠纷进行裁决后，乙公司不履行仲裁裁决。甲公司向法院申请强制执行，乙公司申请法院裁定不予执行。经审查，法院认为乙公司的申请理由成立，裁定不予执行该仲裁裁决。对此，下列哪一种说法是正确的？

A. 甲公司可以就法院的裁定提请复议一次

B. 甲公司与乙公司可以重新达成仲裁协议申请仲裁

C. 甲公司与乙公司可以按原仲裁协议申请仲裁

D. 当事人不可以再就该纠纷重新达成仲裁协议，此案只能向法院起诉

【答案】B

【考点】裁定不予执行仲裁裁决后当事人的权利

【解析】根据仲裁法第 9 条的规定，仲裁裁决被裁定撤销或者不予执行后，当事人可以重新达成仲裁协议后申请仲裁，或者向有管辖权的人民法院提起诉讼，选项 B 正确。

50. 四方公司与海通公司因合同纠纷进行诉讼，一审判决海通公司胜诉。四方公司不服，提起上诉。在第二审程序中，海通公司分立为海鸥公司和海洋公司。在此情况下，二审法院应如何处理？

　　A. 将案件发回原审法院重审

　　B. 将海鸥公司和海洋公司列为共同诉讼人，进行调解，调解不成，发回重审

　　C. 将海鸥公司和海洋公司列为共同诉讼人，进行调解或者判决，不必发回重审

　　D. 仍将海通公司列为当事人，进行调解或者判决，执行程序中再裁定海鸥公司和海洋公司为被执行人

【答案】C

【考点】诉讼权利义务的承担

【解析】当事人的诉讼权利义务承担后，诉讼继续进行，原当事人的一切诉讼行为对后来的当事人均有效。根据最高人民法院《若干意见》第 50 条的规定，企业法人分立的，因分立前的民事活动发生的纠纷，以分立后的企业为共同诉讼人，因此，选项 C 是正确的。

二、多项选择题　每题所给的选项中有两个或两个以上正确答案，少答或多答均不得分。本部分 51-80 题，每题 2 分，共 60 分。

51. 下列关于法人机关的表述哪些是正确的？

　　A. 法人机关无独立人格

　　B. 财团法人没有自己的意思机关

　　C. 法人的分支机构为法人机关的一种

　　D. 监督机关不是法人的必设机关

【答案】ABD

【考点】法人机关

【解析】法人机关是法人的组成部分，并无独立人格，其行为即是法人的行为，按其

职能可分为：意思机关、执行机关、代表机关、监督机关，其中监督机关不是法人必设机关。根据财团法人的性质，其不得有意思机关，其以捐助人的意思为法人的意思。法人分支机构是以法人财产设立的相对独立活动的法人组成部分，不同于法人机关，其参与民事活动时，须有法人机关的授权，且对外不得代表法人。故正确答案ABD项。

52. 下列各选项中，哪些属于民法上的孳息？

    A. 出租柜台所得租金

    B. 果树上已成熟的果实

    C. 动物腹中的胎儿

    D. 彩票中奖所得奖金

【答案】AD

【考点】孳息的认定标准

【解析】孳息是原物产生之物，依自然属性产生的孳息称天然孳息，依法律规定产生的孳息称法定孳息。出租柜台所得租金、彩票中奖所得奖金均属于法定孳息。一般孳息与原物相对应，因此多认为是两个物，基于此，当可以确认选项B、选项C不当选。

53. 甲委托乙前往丙厂采购男装，乙觉得丙生产的女装市场看好，便自作主张以甲的名义向丙订购。丙未问乙的代理权限，便与之订立了买卖合同。对此，下列哪些说法是正确的？

    A. 甲有追认权

    B. 丙有催告权

    C. 丙有撤销权

    D. 构成表见代理

【答案】ABC

【考点】代理权

【解析】无权代理，就是没有代理权的代理。无权代理不是代理的一种形式，而是具备代理行为的表象但是欠缺代理权的行为。无权代理在法律上并非当然无效，应当根据具体情形具体分析。表见代理，指无权代理人的代理行为客观上存在使相对人相信其有代理权的情况，且相对人主观上为善意，因而可以向被代理人主张代理的效力。表见代理属于广义的无权代理的一种。本题中，乙并没有使丙信其有代为购买女装的权利的表象，所以，本题应属于无权代理。丙无法知道乙的具体权限，不知道也不可能知道乙无权采购女装，属于善意相对人。《中华人民共和国合同法》第 48 条："行为人没有代理权、超越代理权或者代理权终止后以被代理人名义订立的合同，未经被代理人追认，对被代理人不发生效力，由行为人承担责任。相对人可以催告被代理人在一个月内予以追认。被代理人未作表示的，视为拒绝追认。合同被追认之前，善意相对人有撤销的权利。撤销应当以通知的方式作出。"可见，ABC 都正确。

54. 2003 年甲向乙借款 3000 元，借据中有"借期一年，明年十月十五前还款"字样，落款时间为"癸未年九月二十日"。后来二人就还款期限问题发生争执，法院查明"癸未年九月二十日"即公元二〇〇三年十月十五日，故认定还款期限为二〇〇四年十月十五日。法院运用了哪几种合同解释规则？

A. 文义解释

B. 整体解释

C. 目的解释

D. 习惯解释

【答案】AB

【考点】合同的解释

【解析】合同解释的原则分为文义解释原则、整体解释原则、目的解释原则、参照习惯或惯例原则。文义解释指根据所用词句的含义来解释条款的含义。整体解释指全部合同条款和构成部分看成一个统一的整体，从各条款及构成部分的相互关联、所处的地位和整体联系上阐明某一合同用语的含义。目的解释指根据订立合同的目的来确定其用语的含义。参照习惯或惯例解释指按照习惯或惯例的含义来确定合同的文字或条款的含义。题中"癸未年九月二十日"即公元二〇〇三年十月十五日，属于文义解释。所以 A 正确。题中将"借期一年，明年十月十五前还款"与"癸未年九月二十日"一起考虑确定还款期限，就是整体解释的体现。所以，B 正确。本题中没有运用整体解释和习惯解释这两种解释方法，所以，CD 错误。

55. 甲于 2 月 3 日向乙借用一台彩电，乙于 2 月 6 日向甲借用了一部手机。到期后，甲未向乙归还彩电，乙因此也拒绝向甲归还手机。关于乙的行为，下列哪些说法是错误的？

A. 是行使同时履行抗辩权

B. 是行使不安抗辩权

C. 是行使留置权

D. 是行使抵销权

【答案】ABCD

【考点】双务合同履行抗辩权、抵消权、留置权

【解析】《中华人民共和国合同法》第 66 条："当事人互负债务，没有先后履行顺序的，应当同时履行。一方在对方履行之前有权拒绝其履行要求。一方在对方履行债务不符合约定时，有权拒绝其相应的履行要求。"同时履行抗辩权，是指无先后履行顺序双务合同中的债务人在对方未履行或者未提出履行之前，拒绝履行的权利。第 68 条："应当先履行债务的当事人，有确切证据证明对方有下列情形之一的，可以中止履行：（一）经营状况严重恶化；（二）转移财产、抽逃资金，以逃避债务；（三）丧失商业信誉；（四）有丧失或者可能丧失履行债务能力的其他情形。当事人没有确切证据中止履行的，应当承担违约责任。"不安抗辩权是先履行合同的一方当事人因对方当事人欠缺对待履行债务的能力或者欠缺信用，拒绝履行合同的权利。可见，同时履行抗辩权与不安抗辩权都是以双方当事人因同一双务合同而互负债务为前提，甲乙之间不存在一个双务合同，所以，AB 错误。第 100 条："当事人互负债务，标的物种类、品质不相同的，经双方协商一致的，也可以抵消。"留置权的行使须依法律的规定，只有特定的合同才行可行使，且留置物须与该合同有关。本题中甲乙债务之间没有牵连关系，乙无权留置甲的手机。所以，C 错误。《合同法》第 99 条规定，主张抵销必须是双方互负到期债务，债务的标的物种类、品质相同。本题中甲乙的债务是否到期不确定，双方的债务标的物种类、品质不相同。所以，D 错误。

56. 甲、乙双方达成协议，约定甲将房屋无偿提供给乙居住，乙则无偿教甲的女儿学钢琴。对于该协议，下列哪些说法是正确的？

A. 属于无名合同

B. 属于实践合同

C. 应适用合同法总则的规定

D. 可以参照适用合同法关于租赁合同的规定

【答案】ACD

【考点】无名合同

【解析】有名合同，是指法律对某类合同冠以名称并为其设定具体规则的合同。无名合同，是指法律未规定名称，也就无从为其设定具体规则的合同。本题中甲乙之间的合同不属于《合同法》规定的任何一类合同，属于无名合同。所以 A 正确。实践合同仅限于法律规定的少数合同，本题中甲乙之间的合同法律没有规定为实践合同，因此 B 错误。《合同法》第 124 条："本法分则或者其他法律没有明文规定的合同，适

用本法总则的规定，并可以参照本法分则或者其他法律最相类似的规定。"可见，甲将房屋无偿提供给乙居住，乙则无偿教甲的女儿学钢琴与租赁合同最相类似，因此CD正确。

57. 依照《中华人民共和国担保法》和最高人民法院《关于适用〈中华人民共和国担保法〉若干问题的解释》的相关规定，连带责任保证的法定保证期间属何种期间？

   A. 诉讼时效期间

   B. 除斥期间

   C. 可变期间

   D. 不可变期间

   【答案】BD

   【考点】保证期间的性质

   【解析】《担保法司法解释》第31条规定：保证期间不因任何事由发生中断、中止、延长的法律后果。据此，当可以确认保证期间在性质上属于除斥期间、不变期间，因此选项B、D的说法正确。

58. 下列关于民事权利中的形成权的表述，哪些是正确的？

   A. 形成权只能通过明示方式行使

   B. 效力待定合同中相对人的催告权并非形成权

   C. 债权人撤销权属形成权

   D. 形成权不受诉讼时效期间的限制

   【答案】BD

   【考点】形成权

   【解析】形成权是依权利人单方意思表示就能行使权利发生、变更或消灭的权利。解除权、追认权、抵销权等都属于形成权。根据形成权的基本特征：（1）单方面的意思表示；（2）使得民事法律关系发生变动。故选项B中的表述正确。另外限制形成权的期限为除斥期间，而非诉讼时效，因此选项D的表述正确。形成权的意思表示既可以是明示的，也可以是非明示的，故选项A的说法错误。因为虽然属于单方面的意思表示，但没有使得民事法律关系发生变动。债权人的撤销权在性质上有请求权说、形成权说、折衷说、责任说等学说，目前通说为折衷说，因此选项C的说法错误。

59. 1999 年 7 月，甲发现乙公司非法复制其作品，但未予制止。2004 年 5 月 8 日，甲发现乙一直未停止复制行为，遂向法院起诉，要求乙停止侵权并赔偿损失。对此，下列哪些说法是正确的？

    A. 法院应当受理甲的起诉

    B. 甲的诉讼请求已过诉讼时效，应驳回其诉讼请求

    C. 法院应当判决乙停止侵权行为

    D. 甲应获得的赔偿数额应从 2004 年 5 月 8 日起向前推算 2 年计算

    【答案】ACD

    【考点】诉讼时效、侵权责任

    【解析】《中华人民共和国民法通则》第 135 条："向人民法院请求保护民事权利的诉讼时效期间为二年，法律另有规定的除外。"即使诉讼时效已过，权利人不丧失起诉权，因此作为人民法院应当受理甲的起诉，故选项 A 正确。另外根据《著作权法司法解释》第 28 条的规定，侵犯著作权的诉讼时效为二年，自著作权人知道或者应当知道侵权行为之日起计算。权利人超过二年起诉的，如果侵权行为在起诉时仍在持续，在该著作权保护期内，人民法院应当判决被告停止侵权行为；侵权损害赔偿数额应当自权利人向人民法院起诉之日起向前推算二年计算。因此甲要求停止侵权的诉讼请求应当得到支持。故选项 B 的说法错误。同时选项 C、选项 D 的说法正确。

60. 某外资企业拥有"雨露"商标，使用的商品为啤酒。该商标未在中国注册，但被我国有关部门认定为驰名商标。该外资企业的下列哪些请求应当得到支持？

    A. 请求禁止甲公司将"雨露"商标在葡萄酒上注册

    B. 请求禁止乙公司将"雨露"商标在葡萄酒上使用

    C. 请求禁止丙公司将"雨露"商标在啤酒上使用

    D. 请求已将"雨露"商标在啤酒上使用的丁公司赔偿损失

    【答案】ABC

    【考点】驰名商标的法律保护

    【解析】一定要注意注册的驰名商标与未注册的驰名商标在保护上的差异，这是商标法的重点内容之一。根据《商标法》第 13 条第 1 款规定，就相同或者类似商品申请注册的商标是复制、摹仿或者翻译他人未在中国注册的驰名商标，容易导致混淆的，不予注册并禁止使用。选项 A、B、C 的说法正确。由于该商标未在中国注册，该外资企业不能享有商标权，因此如果有人已经使用其商标，不能要求该使用人赔偿损

失。除非该外资企业能够证明使用人的行为构成不正当竞争。但题目没有这样的交代，因此选项 D 不当选。

61. A 市甲厂是某种饮料的商标注册人，在与 B 市乙厂签订的该商标使用许可合同中，特别约定乙厂使用甲厂商标的饮料全部使用甲厂的包装瓶，该包装瓶仅标注甲厂的名称和产地。该合同未报商标局备案即付诸履行。下列哪些说法是正确的？

A. 该商标使用许可合同无效

B. 该特别约定无效

C. 乙厂使用甲厂的包装瓶侵犯了甲厂的企业名称权

D. 乙厂使用甲厂的包装瓶侵犯了消费者的知情权

【答案】BD

【考点】商标许可合同

【解析】根据《商标法司法解释》第 19 条的规定，商标使用许可合同未经备案的，不影响该许可合同的效力，但当事人另有约定的除外。选项 A 的说法错误，不当选。根据《商标法》第 40 条第 2 款规定，经许可使用他人注册商标的，必须在使用该注册商标的商品上标明被许可人的名称和商品产地。此条规定属于强制性规定，因此当事人双方违反此规定的约定无效。选项 B 的说法正确。由于乙厂使用甲厂的包装瓶经过甲厂的同意，因此不存在侵犯甲厂企业名称权的问题，所以 C 项错误。由于当事人违反规定没有标注真正产地，根据《消费者权益保护法》第 8 条的规定，侵犯了消费者的知情权。故选项 D 的说法正确。

62. 甲公司经营空调买卖业务，并负责售后免费为客户安装。乙为专门从事空调安装服务的个体户。甲公司因安装人员不足，临时叫乙自备工具为其客户丙安装空调，并约定了报酬。乙在安装中因操作不慎坠楼身亡。下列哪些说法是正确的？

A. 甲公司和乙之间是临时雇佣合同法律关系

B. 甲公司和乙之间是承揽合同法律关系

C. 甲公司应承担适当赔偿责任

D. 甲公司不应承担赔偿责任

【答案】BD

【考点】承揽合同

【解析】甲乙之间的合同关系当为雇佣或承揽关系其中之一；而这两者的区别主要在于：雇佣合同多以时间的长度及时段界定劳务的范围，在劳务提供时，直接接受债权人的指揮監督，不強調必須要求完成一定的工作或工作量。《中華人民共和國合同法》第251條：「承攬合同是承攬人按照定作人的要求完成工作，交付工作成果，定作人給付報酬的合同.承攬包括加工、定作、修理、複製、測試、檢驗等工作。」甲公司無過錯不承擔賠償責任。承攬合同一般強調負責提供勞務的債務人，必須完成一定的工作，並以該一定的工作的完成界定其應提供勞務的範圍。而且承攬人對完成工作保持完全的獨立性。根據題幹中的表述，鑒於乙系專門從事空調安全服務的個體戶，當屬於利用自己的專業技能對外提供服務，且自備工具，當可認為甲乙之間的合同關係為承攬合同。而根據《人身損害賠償司法解釋》第10條規定，承攬人在完成工作過程中對第三人造成損害或者造成自身損害的，定作人不承擔賠償責任。因此本題的正確答案為選項B和選項D。

63. 2000年3月，甲、乙、丙開辦一合夥企業，同年6月甲與丁結婚。2005年8月，雙方協議離婚，約定將合夥企業中甲的財產份額全部轉讓給丁。下列哪些說法不正確？

    A. 合夥企業中甲的財產份額屬於夫妻共同財產

    B. 如乙、丙同意，丁依法取得合夥人的地位

    C. 如乙、丙不同意丁入夥，必須購買該財產份額

    D. 合夥企業應清算，丁分得甲應得財產份額

【答案】ACD

【考點】夫妻共同財產與個人財產

【解析】根據《婚姻法》第18條的規定，配偶一方婚前的個人財產仍然屬於個人財產。故選項A的說法錯誤。由於合夥企業開辦在先，結婚在後，因此合夥企業中的財產不屬於夫妻共同財產。同時《婚姻法司法解釋（二）》第17條規定，人民法院審理離婚案件，涉及分割夫妻共同財產中以一方名義在合夥企業中的出資，另一方不是該企業合夥人的，當夫妻雙方協商一致，將其合夥企業中的財產份額全部或者部分轉讓給對方時，按以下情形分別處理：（一）其他合夥人一致同意的，該配偶依法取得合夥人地位；（二）其他合夥人不同意轉讓，在同等條件下行使優先受讓權的，可以對轉讓所得的財產進行分割；（三）其他合夥人不同意轉讓，也不行使優先受讓權，但同意該合夥人退夥或者退還部分財產份額的，可以對退還的財產進行分割；（四）其他合夥人既不同意轉讓，也不行使優先受讓權，又不同意該合夥人退夥或者退還部分財產份額的，視為全體合夥人同意轉讓，該配偶依法取得合夥人地位。根據此條規定，只要其他合夥人一致同意，配偶可以依法取得合夥人地位，故選項B的說法正確。另外在其他合夥人不同意配偶入夥的情況下，可以行使優先購買權或者要求原合夥人退夥。故選項C的說法錯誤。選項D的錯誤明顯。

64. 在 A 公司的破产案件中，有关当事人提出的下列主张，哪些依法应予支持？

A. 甲要求收回依融资租赁合同出租给 A 的设备

B. 乙根据与 A 的建筑合同中约定的保证条款，要求以 A 的酒店经营收入优先清偿拖欠的工程款

C. 丙根据与 A 在破产程序开始前签订的以物偿债协议，要求取得用于抵偿欠款的一批库存产品

D. 丁依合同保管着 A 的一批货物，要求以变卖这批货物的价款优先清偿 A 拖欠的保管费

【答案】AD

【考点】破产别除权优先受偿权的范围

【解析】根据《合同法》第 242 条的规定，融资租赁合同中，出租人享有租赁物的所有权，所以 A 项中，甲可以行使取回权取回自己在 A 公司的财产，其主张能得到法院的支持。B 项中，根据《合同法》第 286 条的规定，乙对建设工程的价款可以就该工程折价或者拍卖的价款优先受偿，但是对于债务人的其他财产没有优先受偿权，所以 B 项乙的主张不予支持。C 项中，丙对库存产品并不享有抵押权，仍然属于一般的债权人，因而不能取得这批库存产品。丁依据保管合同，对该批货物享有留置权，因而其保管费可以得到优先清偿。因此 D 项应选。

65. 甲股份公司是一家上市公司，拟以增发股票的方式从市场融资。公司董事会在讨论股票发行价格时出现了不同意见，下列哪些意见符合法律规定？

A. 现股市行情低迷，应以低于票面金额的价格发行，便于快速募集资金

B. 现公司股票的市场价格为 8 元，可在高于票面金额低于 8 元之间定价，投资者易于接受

C. 超过票面金额发行股票须经证监会批准，成本太高，应平价发行为宜

D. 以高于票面金额发行股票可以增加公司的资本公积金，故应争取溢价发行

【答案】BD

【考点】股票发行价格的确定

【解析】新《公司法》第 128 条规定："股票发行价格可以按票面金额，也可以超过票面金额，但不得低于票面金额。"因此，A 项错误，B、D 项正确。C 项错误，因为股票溢价发行，不需要经过证监会批准。

66. 甲、乙签订一份购销合同。甲以由银行承兑的汇票付款，在汇票的背书栏记载有"若乙不按期履行交货义务，则不享有票据权利"，乙又将此汇票背书转让给丙。下列对该票据有关问题的表述哪些是正确的？

 A. 该票据的背书行为为附条件背书，效力待定

 B. 乙在未履行交货义务时，不得主张票据权利

 C. 无论乙是否履行交货义务，票据背书转让后，丙取得票据权利

 D. 背书上所附条件不产生汇票上效力，乙无论交货与否均享有票据权利

【答案】CD

【考点】票据的无因性、附条件背书的效力。

【解析】《票据法》第33条规定："背书不得附有条件。背书时附有条件的，所附条件不具有汇票上的效力。将汇票金额的一部分转让的背书或者将汇票金额分别转让给二人以上的背书无效。"因此，根据票据的无因性，A项B项错误，C项D项正确。

67. 甲公司被法院宣告破产，清算组在清理该公司财产时，发现的下列哪些财产应列入该公司的破产财产？（至诚考业 www.zcky.com 整理提供）

 A. 该公司依合同将于三个月后获得的一笔投资收益

 B. 该公司提交某银行质押的一辆轿车

 C. 该公司对某大桥上的未来20年的收费权

 D. 该公司一栋在建的办公楼

【答案】ACD

【考点】破产财产的范围

【解析】《破产法》第28条规定："破产财产由下列财产构成：（一）宣告破产时企业经营管理的全部财产；（二）破产企业在破产宣告后至破产程序终结前所取得的财产；（三）应由破产企业行使的其他财产权利。已作为担保物的财产不属于破产财产；担保物的价款超过其所担保的债务数额，超过部分属于破产财产。"

68. "大鱼"号货轮在航行中遇雷暴天气，船上部分货物失火燃烧，大火蔓延到机舱。船长为灭火，命令船员向舱中灌水。因船舶主机受损，不能继续航行，船长求助拖轮将"大鱼"号拖到避难港。下列哪些损失应列入共同海损？

 A. 为灭火而湿损的货物

 B. 为将"大鱼"号拖至避难港而发生的拖航费用

 C. 失火烧毁的货物

 D. 在避难港发生的港口费

【答案】ABD

【考点】共同海损的范围

【解析】《海商法》第 193 条规定："共同海损，是指在同一海上航程中，船舶、货物和其他财产遭遇共同危险，为了共同安全，有意地合理地采取措施所直接造成的特殊牺牲、支持的特殊费用。无论在航程中或者在航程结束后发生的船舶或者货物因迟延所造成的损失，包括船期损失和行市损失以及其他间接损失，均不得列入共同海损。"因此，ABD 属于共同海损。第 194 条规定："船舶因发生意外、牺牲或者其他特殊情况而损坏时，为了安全完成本航程，驶入避难港口、避难地点或者驶回装货港口、装货地点进行必要的修理，在该港口或者地点额外停留期间所支付的港口费，船员工资、给养，船舶所消耗的燃料、物料，为修理而卸载、贮存、重装或者搬移船上货物、燃料、物料以及其他财产所造成的损失、支付的费用，应当列入共同海损。"C 项中火烧毁的部分属于自然灾害造成的部分损失，属于单独海损部分，不能列入共同海损。

69. 甲公司持有乙上市公司 30%的股份，现欲继续收购乙公司的股份，遂发出收购要约。甲公司发出的下列收购要约，哪些内容是合法的？

   A. 甲公司收购乙公司的股份至 51%时即不再收购

   B. 甲公司将在 45 日内完成对乙公司股份的收购

   C. 本收购要约所公布的收购条件适用于乙公司的所有股东

   D. 在收购要约的有效期限内，甲公司视具体情况可以撤回收购要约

【答案】ABC

【考点】上市公司收购

【解析】新《证券法》第 89 条规定了收购要约的内容，其中第（五）项规定"收购股份的详细名称和预定收购的股份数额"，因此 A 项正确。新《证券法》第 90 条规定："收购人在依照前条规定报送上市公司收购报告书之日起十五日后，公告其收购要约。在上述期限内，国务院证券监督管理机构发现上市公司收购报告书不符合法律、行政法规规定的，应当及时告知收购人，收购人不得公告其收购要约。收购要约约定的收购期限不得少于三十日，并不得超过六十日。"因此 B 项正确。新《证券法》第 92 条规定，收购要约提出的各项收购条件，适用于被收购公司的所有股东。因此 C 项正确。新《证券法》第 91 条规定："在收购要约确定的承诺期限内，收购人不得撤销其收购要约。收购人需要变更收购要约的，必须事先向国务院证券监督管理机构及证券交易所提出报告，经批准后，予以公告。"因此 D 项错误。

70. 下列关于民事诉讼自认及其法律后果的说法，哪些是错误的？

    A. 老张诉小张的赡养纠纷案件中，小张对老张陈述的收养事实明确表示承认，老张对形成收养关系的事实无需举证

    B. 对原告甲陈述的事实，被告乙不置可否，法官充分说明并询问后，乙仍不予回答，视为对该项事实的承认

    C. 经当事人特别授权的代理律师在诉讼中对案件事实的承认，视为当事人的承认，但因此而导致承认对方诉讼请求的除外

    D. 被告只要在法庭辩论终结前声明撤回承认，其在庭审过程中的承认即无效

【答案】AD

【考点】民事诉讼中的自认

【解析】自认即诉讼中若一方当事人对另一方当事人所陈述的案件事实给予明确的承认，被承认的事实则不需要证明。最高人民法院《证据规定》第 8 条明确规定："诉讼过程中，一方当事人对另一方当事人陈述的案件事实明确表示承认的，另一方当事人无需举证。但涉及身份关系的案件除外。对一方当事人陈述的事实，另一方当事人既未表示承认也未否认，经审判人员充分说明并询问后，其仍不明确表示肯定或者否定的，视为对该项事实的承认。当事人委托代理人参加诉讼的，代理人的承认视为当事人的承认。但未经特别授权的代理人对事实的承认直接导致承认对方诉讼请求的除外；当事人在场但对其代理人的承认不作否认表示的，视为当事人的承认，所以 BC 项正确。当事人在法庭辩论终结前撤回承认并经对方当事人同意，或者有充分证据证明其承认行为是在受胁迫或者重大误解情况下作出且与事实不符的，不能免除对方当事人的举证责任"。因此 A 与 D 是错误的。

71. 根据我国民事诉讼法的规定，下列哪些案件被告住所地法院有管辖权？

    A. 某航班飞机延误，部分乘客对航空公司提出违约赔偿之诉

    B. 某公共汽车因为违章行使而与其他车辆发生碰撞，受伤乘客向公交公司提出损害赔偿的之诉

    C. 原告对下落不明的被告提起的给付扶养费的诉讼

    D. 货轮甲和客轮乙在我国领海上相撞，途经此海域的属于丙公司的客轮对甲乙两船人员进行了救助，后丙公司向我国法院提起诉讼，请求支付救助费

【答案】AB

【考点】地域管辖

【解析】选项 A 是航空运输合同纠纷，根据民事诉讼法第 28 条的规定，因铁路、公

路、水上、航空运输和联合运输合同纠纷提起的诉讼，由运输始发地、目的地或者被告住所地人民法院管辖。选项 B 是侵权纠纷案件，根据民事诉讼法第 29 条的规定，被告住所地有管辖权。选项 C 属于一般地域管辖的特殊情况，根据民事诉讼法 23 条的规定，对下落不明人提起的有关身份关系的案件，应由原告所在地法院管辖。选项 D 是因海难救助费用提起的诉讼，根据民事诉讼法第 32 条的规定，由海难救助地或者被救助船舶最先到达地人民法院管辖，被告住所地无管辖权。

72. 下列哪些文书可以作为民事执行根据？

　　A. 法院按督促程序发出的支付令

　　B. 行政判决书

　　C. 刑事附带民事判决书

　　D. 公证机关依法赋予强制执行效力的关于追偿债款的债权文书

【答案】ABCD

【考点】民事执行根据的种类

【解析】民事执行根据是指应由法院执行的生效法律文书。最高人民法院《执行规定》第 2 条规定，执行机构负责执行下列生效法律文书：（1）人民法院民事、行政判决、裁定、调解书，民事制裁决定、支付令，以及刑事附带民事判决、裁定、调解书；（2）依法应由人民法院执行的行政处罚决定、行政处理决定；（3）我国仲裁机构作出的仲裁裁决和调解书；人民法院依据《中华人民共和国仲裁法》有关规定作出的财产保全和证据保全裁定；（4）公证机关依法赋予强制执行效力的关于追偿债款、物品的债权文书；（5）经人民法院裁定承认其效力的外国法院作出的判决、裁定，以及国外仲裁机构作出的仲裁裁决；（6）法律规定由人民法院执行的其他法律文书。所以，选项 A、B、C 与 D 均是正确的。

73. 甲在网上发表文章指责某大学教授乙编造虚假的学术经历，乙为此起诉。经审理，甲被判决赔礼道歉，但甲拒绝履行该义务。对此，法院可采取下列哪些措施？

　　A. 由甲支付迟延履行金

　　B. 采取公告、登报等方式，将判决的主要内容公布于众，费用由甲负担

　　C. 决定罚款

　　D. 决定拘留

【答案】ABCD

【考点】执行措施

【解析】《民事诉讼法》第 232 条规定，被执行人未按判决、裁定和其他法律文书指定的期间履行其他义务的，应当支付迟延履行金，选项 A 是正确的。根据最高人民法院《关于审理名誉权案件若干问题的解答》第 11 条，选项 B 是正确的。因为甲的行为构成了《民事诉讼法》第 102 条规定的妨害民事诉讼的行为，所以人民法院还可以依此对其予以罚款、拘留，构成犯罪的，依法追究刑事责任。因此选项 C、D 是正确的。

74. 下列哪些仲裁协议为无效或失效?

    A. 甲、乙两公司签订合同，并约定了仲裁条款。后合同双方又签订补充协议，约定"如原合同或补充协议履行发生争议，双方协商解决或向法院起诉解决"

    B. 双方当事人在合同中约定："因本合同履行发生的争议，双方当事人既可向南京仲裁委员会申请仲裁，也可向南京市鼓楼区法院起诉"

    C. 甲、乙两公司在双方合同纠纷的诉讼中对法官均不满意，双方商量先撤诉后仲裁。甲公司向法院提出了撤诉申请，法院裁定准许撤诉。此后甲乙两公司签订了仲裁协议，约定将该合同纠纷提交某仲裁委员会仲裁

    D. 丙、丁两公司签订的合同中规定了内容齐全的仲裁条款，但该合同内容违反法律禁止性规定。

【答案】AB

【考点】仲裁协议的无效或者失效

【解析】该题是一道综合考查对仲裁协议无效或者失效理解的试题。选项 A 实质上当事人在订立仲裁协议后又协商放弃仲裁协议，故仲裁协议失效。选项 B 因既约定了仲裁机构，又协议选择了管辖法院，故该仲裁协议因违反或裁或审的原则而无效。根据《仲裁法》第 16 条规定，仲裁协议包括合同中订立的仲裁条款和以其他书面方式在纠纷发生前或者纠纷发生后达成的请求仲裁的协议。当事人撤诉后，相当于没有提起过民事诉讼，当事人撤诉后达成的仲裁协议同样有效，选项 C 不符合题意。根据仲裁法第 19 条的规定，仲裁协议独立存在，合同的变更、解除终止或者无效，不影响仲裁协议的效力。选项 D 仲裁的仲裁协议是有效的。因此，选项 A 与 B 是符合该题题意的。

75. 下列哪些案件的审理不适用民事诉讼简易程序?

    A. 按审判监督程序审理的案件

    B. 发回重审的案件

    C. 起诉时被告下落不明的案件

    D. 应当先行调解的案件

【答案】ABC

【考点】不得适用简易程序的案件

【解析】该题直接考查不得适用简易程序的法定情形。根据最高人民法院《简易程序的规定》第 1 条的规定，基层人民法院根据《中华人民共和国民事诉讼法》第 142 条规定审理简单的民事案件，适用本规定，但有下列情形之一的案件除外：(1)起诉时被告下落不明的；(2)发回重审的；(3)共同诉讼中一方或者双方当事人人数众多的；(4)法律规定应当适用特别程序、审判监督程序、督促程序、公示催告程序和企业法人破产还债程序的；(5)人民法院认为不宜适用简易程序进行审理的。选项 A、B、C 是正确的。

76. 对于下列哪些起诉，法院应当裁定不予受理或裁定驳回起诉？

A. 甲起诉乙支付拖欠的货款 3 万元，但已超过诉讼时效

B. 甲公司起诉乙公司支付房租 20 万，但乙公司已被吊销营业执照

C. 甲起诉乙离婚，诉讼过程中撤诉，两个月后甲再次起诉离婚，但没有提出新情况、新理由

D. 甲、乙曾同居数年，乙曾经书面允诺送甲一辆价值 10 万以上的汽车，但一直未履行承诺，甲起诉乙请求给付汽车

【答案】BC

【考点】不予受理与驳回起诉

【解析】关于 A 项，虽然已过诉讼时效，但甲的实体权利仍在，只要符合《民事诉讼法》第108条的条件，法院就必须受理，受理后查明无中止、中断等情况的，判决驳回原告的诉讼请求而不是裁定驳回起诉。所以，A 项不选。根据《若干意见》第139条的规定，不予受理与驳回起诉适用的条件均是起诉不符合受理条件，即不符合民事诉讼法第108条关于起诉的条件，只是适用的诉讼阶段不同，不予受理适用于审查起诉阶段，而驳回起诉则适用于法院受理案件以后。因此 B 与 C 应选。D 项中甲乙之间的赠与合同是合法有效的，起诉符合条件，法院应当受理。所以 D 项也不选。

77. 下列哪些证据不能单独作为认定案件事实的依据？

A. 未成年人所作的与其年龄和智力状况不相当的证言

B. 与一方当事人的代理人有利害关系的证人出具的证言

C. 存有疑点的视听资料

D. 无正当理由未出庭作证的证人证言

【答案】ABCD

【考点】不能单独作为定案事实依据的法定情形

【解析】根据最高人民法院《民事证据规定》第 69 条的规定，下列证据不能单独作为认定案件事实的依据　（一）未成年人所作的与其年龄和智力状况不相当的证言；（二）与一方当事人或者其代理人有利害关系的证人出具的证言；（三）存有疑点的视听资料；（四）无法与原件、原物核对的复印件、复制品；（五）无正当理由未出庭作证的证人证言。与上述规定相对照，选项 A、B、C、D 均不能单独作为认定案件事实的依据。

78. 甲工厂的生产污水流入李某承包的鱼塘，致使鱼虾死亡，损失 2 万元。李某起诉，请求甲工厂赔偿。下列哪些事实应当由甲工厂承担举证责任？

　　A. 甲工厂的生产污水是否流入李某承包的鱼塘

　　B. 李某承包的鱼塘鱼虾死亡造成损失的具体数额

　　C. 鱼虾死亡的原因是否为甲工厂污水所致

　　D. 是否具有免责事由

【答案】CD

【考点】举证责任的分配

【解析】该题考查举证责任分配的特殊规定。《民事诉讼法》第 64 条规定，当事人对自己提出的主张，有责任提供证据。李某作为环境污染的受害方，要支持其主张，他至少应证明进入其鱼塘的污水是甲工厂排放的以及因此给其造成损害的具体数额。所以，A、B 项错误。根据最高人民法院《民事证据规定》第 4 条第 1 款第 3 项"因环境污染引起的损害赔偿诉讼，由加害人就法律规定的免责事由及其行为与损害结果之间不存在因果关系承担举证责任"的规定，选项 C 与 D 的事实由被告甲工厂承担举证责任。

79. 甲、乙在合同中约定因合同所发生的争议，提交某仲裁委员会仲裁。后双方发生争议，甲向约定的仲裁委员会申请仲裁，但乙对仲裁协议的效力提出异议。对此，乙就仲裁协议的效力有权向谁申请认定？

　　A. 该仲裁委员会所在地基层法院

　　B. 该仲裁委员会所在地中级法院

　　C. 该仲裁委员会

　　D. 甲居住地的基层法院

【答案】BC

【考点】仲裁协议效力的认定机构

【解析】根据仲裁法第 20 条的规定，当事人对仲裁协议的效力有异议的，可以请仲裁委员会作出决定，也可以请求人民法院作出裁定。此外，根据最高人民法院《关于当事人对仲裁协议的效力提出异议由哪一级人民法院管辖问题的批复》的规定，当事人协议选择国内仲裁机构仲裁后，一方对仲裁协议效力有异议请求人民法院作出裁定的，由该仲裁委员会所在地的中级人民法院管辖。因此，选项 B 与 C 是正确的。

80. 下列关于执行的说法，哪些是正确的？

  A. 执行程序都是因当事人的申请而开始的

  B. 申请执行的期限，双方或一方当事人是公民的为一年，双方是法人或其他组织的为六个月

  C. 作为执行根据的法律文书具有确定性和给付性的特点

  D. 具有执行力的裁判文书由作出该裁判文书的法院负责执行

【答案】BC

【考点】执行的开始、执行根据与执行管辖

【解析】因执行程序的开始方式有两种，即申请执行与移送执行，故选项 A 是错误的。根据《民事诉讼法》第 219 条第 1 款，申请执行的期限，双方或者一方当事人是公民的为一年，双方是法人或者其他组织的为六个月。所以，选项 B 是正确的。因执行根据是具有给付内容的生效法律文书，故选项 C 是正确的。根据《民事诉讼法》第 207 条规定，发生法律效力的民事判决、裁定，以及刑事判决、裁定中的财产部分，由第一审人民法院执行。因此，二审法院作出的具有执行力的裁判文书仍由第一审人民法院执行，故选项 D 是错误的。

三、不定项选择题　每题所给的选项中有一个或一个以上正确答案，不答、少答或多答均不得分。本部分 81-100 题，每题 2 分，共 40 分。

（一）

马俊 1991 年去世，其妻张桦 1999 年去世，遗有夫妻共有房屋 5 间。马俊遗有伤残补助金 3 万元。张桦 1990 年以个人名义在单位集资入股获得收益 1 万元。双方生有一子马明，1995 年病故。马明生前与胡芳婚后育有一子马飞。张桦长期患病，生活不能自理，

由表侄常生及改嫁儿媳胡芳养老送终。5 间房屋于 2001 年 11 月被拆迁，拆迁单位与胡芳签订《危旧房改造货币补偿协议书》，胡芳领取作价补偿款、提前搬家奖励款、搬迁补助费、货币安置奖励费、使用权补偿款共计 25 万元。请回答以下 81-84 题。

81. 下列各项中何者属于遗产？

  A. 提前搬家奖励款

  B. 搬迁补助费

  C. 货币安置奖励费

  D. 使用权补偿款

【答案】CD

【考点】遗产的范围

【解析】遗产是公民死亡时遗留的个人合法财产。根据定义，结合选项中所列款项的性质，当可以得出正确结论：提前搬家奖励费、搬迁补助费都是针对搬家本身的给付的费用，当然不属于遗产的范围。而货币安置奖励费、使用权补偿款则是针对 5 间房屋的所有权所提供的对价。由于 5 间房屋属于遗产，因此这 5 间房屋的对价亦属于遗产。

82. 马俊的伤残补助金、张桦集资入股收益的性质应如何确定？

  A. 伤残补助金和集资收益均为个人财产

  B. 伤残补助金为个人财产，集资收益为夫妻共同财产

  C. 伤残补助金为夫妻共同财产，集资收益为个人财产

  D. 伤残补助金和集资收益皆为夫妻共同财产

【答案】B

【考点】夫妻个人财产与共同财产的区分

【解析】《婚姻法》第 18 条第 2 项规定，一方因身体受到伤害获得的残疾人生活补助金属于个人财产。可见，马俊的伤残补助金属于其个人财产。而根据《婚姻法》第 17 条第 2 项及《婚姻法司法解释（二）》第 11 条的规定，在夫妻关系存续期间，个人财产投资所得的收益属于共同财产。可见，张桦集资入股的收益属于夫妻共同财产。故选项 B 是唯一的正确答案。

83. 下列关于常生可否得到补偿的说法何者正确？

  A. 应当得到补偿，分配数额应当小于法定继承人

  B. 应当得到补偿，分配数额可以等于或大于法定继承人的继承份额

C. 如常生明知法定继承人分割遗产而未提出请求，即丧失遗产分配权

D. 如常生要求参与分割遗产，应在继承开始后 1 年内提出请求

【答案】BC

【考点】继承人以外的人取得遗产

【解析】根据《继承法司法解释》第 31 条的规定，可以分给适当遗产的人，分给他们遗产时，按具体情况可多于或少于继承人。因此选项 B 正确。同时根据《继承法司法解释》第 32 条的规定，可以分给适当遗产的人在遗产分割时，明知而未提出请求的，一般不予受理。故选项 C 正确。根据《继承法司法解释》第 32 条的规定，常生要求参与分割遗产的请求权的诉讼时效，不知而未提出请求，在二年以内起诉的，应予受理。

84. 下列关于常生可否得到补偿的说法何者正确？

A. 应当得到补偿，分配数额应当小于法定继承人

B. 应当得到补偿，分配数额可以等于或大于法定继承人的继承份额

C. 如常生明知法定继承人分割遗产而未提出请求，即丧失遗产分配权

D. 如常生要求参与分割遗产，应在继承开始后 1 年内提出请求

【答案】ABD

【考点】法定继承

【解析】根据《继承法》第 12 条的规定，丧偶儿媳对公、婆，丧偶女婿对岳父、岳母，尽了主要赡养义务的，作为第一顺序继承人。选项 A 正确。根据《继承法司法解释》第 19 条规定，丧偶儿媳对公婆、丧偶女婿对岳父、岳母，无论其是否再婚，依继承法第 12 条规定作为第一顺序继承人时，不影响其子女代位继承。此处的"其子女"是指丧偶儿媳与原配偶所生子女，可以作为原配偶的晚辈直系血亲代位继承，故选项 B 正确。但胡芳再婚后所生子女，因胡芳尚且生存，当然无所谓代位继承一说。故选项 C 的说法错误。另作为马飞的父亲马明有权继承马俊的财产，由于在遗产分割之前，马明已经去世，因此应当由马飞进行转继承。故选项 D 正确。

（二）

甲对乙享有 60 万元债权，丙、丁分别与甲签订保证合同，但未约定保证责任的范围和方式。戊以价值 30 万元的房屋为乙向甲设定抵押并办理了登记。请回答以下 85-88 题。

85. 下列关于乙、丙、丁关系的表述何者正确？

A. 丙、丁的保证都为连带责任保证

B. 丙、丁对乙的全部债务承担保证责任，但彼此之间不负连带责任

C. 若丙与丁事后约定各自担保乙的 30 万元债务，该约定未经甲的同意不能生效

D. 若丁代乙清偿了全部债务，应首先向乙追偿，若乙不能偿还再要求丙分担责任

【答案】AD

【考点】连带责任保证

【解析】根据《担保法》第 19 条规定，当事人对保证方式没有约定或者约定不明确的，按照连带责任保证承担保证责任。鉴于丙、丁与甲之间的保证合同未约定保证责任的范围和方式，因此在性质上属于连带保证，故选项 A 正确，选项 B 错误；由于丙、丁都为乙的债务提供了保证，因此在性质上构成共同保证。根据《担保法司法解释》第 19 条规定，两个以上保证人对同一债务同时或者分别提供保证时，各保证人与债权人没有约定保证份额的，应当认定为连带共同保证。连带共同保证的保证人以其相互之间约定各自承担的份额对抗债权人的，人民法院不予支持。当然，连带共同保证责任，保证人对外是连带责任，而对内却可以约定各自的份额，约定有效。因此选项 C 错误；根据《担保法司法解释》第 20 条第 2 款的规定，连带共同保证的保证人承担保证责任后，向债务人不能追偿的部分，由各连带保证人按其内部约定的比例分担。保证人必须是先向债务人追偿，然后才能向其他保证人追偿，因此 D 项正确。

86. 下列关于丙、丁、戊关系的表述何者正确？

A. 若甲放弃对戊的抵押权，则丙、丁只对甲的 30 万元债权承担保证责任

B. 若甲要求丙、丁承担保证责任，丙、丁可主张先诉抗辩，要求甲先行使对戊的抵押权

C. 甲可以在丙、丁、戊中任意选择一人，要求承担担保责任

D. 若甲、戊之间的抵押被宣告无效，丙、丁应对全部债务承担保证责任

【答案】ACD

【考点】保证与物保

【解析】《担保法》第 28 条第 2 款规定，债权人放弃物的担保的，保证人在债权人放弃权利的范围内免除保证责任。因此选项 A 的说法正确。根据上一问的结论，丙、丁的保证责任属于连带责任保证，因此选项 B 的说法错误。根据《担保法司法解释》第 38 条第 1 款第一句的规定，同一债权既有保证又有第三人提供物的担保的，债权人可以请求保证人或者物的担保人承担担保责任。同时丙、丁之间是连带责任保证，

因此作为债权人可以在丙、丁、戊之间选择任何一人承担担保责任，因此选项 C 的说法正确。根据《担保法司法解释》第 38 条第 2 款的规定，同一债权既有保证又有物的担保的，物的担保合同被确认无效或者被撤销，或者担保物因不可抗力的原因灭失而没有代位物的，保证人仍应当按合同的约定或者法律的规定承担保证责任。因此选项 D 的说法正确。

87. 若甲对乙的债权已过诉讼时效一年，下列说法何者正确？

    A. 乙若对甲进行清偿，则事后无权要求甲返还

    B. 丙若对甲进行清偿，则无权对乙进行追偿

    C. 甲不能对戊的房屋行使抵押权

    D. 倘甲催告乙还款，乙在催款通知上签字，诉讼时效将因中断而重新起算

【答案】AB

【考点】诉讼时效超过后的保证人责任

【解析】根据《民法通则》第 138 条规定，超过诉讼时效期间，当事人自愿履行的，不受诉讼时效限制。因此选项 A 正确。根据《担保法司法解释》第 35 条规定，保证人对已经超过诉讼时效期间的债务承担保证责任或者提供保证的，又以超过诉讼时效为由抗辩的，人民法院不予支持。此条仅涉及保证人与债权人之间的关系问题，并没有解决保证人对债务人的追偿问题。保证人在主债务诉讼时效已过情况下，仍然承担了保证责任时，法律并没有规定此时保证人对债务人是否享有追偿权的问题。根据《担保法司法解释》第 12 条第 2 款的规定，担保物权所担保的债权的诉讼时效结束后，担保权人在诉讼时效结束后的二年内行使担保物权的，人民法院应当予以支持。因此在本题中，甲仍可以对戊的房屋行使抵押权，选项 C 的说法不正确。另外，最高人民法院法释（1999）第 7 号《关于超过诉讼时效期间借款人在催款通知单上签字或者盖章的法律效力问题的批复》规定：根据《中华人民共和国民法通则》第四条、第九十条规定的精神，对于超过诉讼时效期间，信用社向借款人发出催收到期贷款通知单，债务人在该通知单上签字或者盖章的，应当视为对原债务的重新确认，该债权债务关系应受法律保护。根据此项司法解释的规定，这种签字确认并不导致诉讼时效的中断，而是对原债务的重新确认。因此选项 D 的说法错误。

88. 若乙的朋友己与乙达成协议，由其代替乙向甲还款，下列说法何者正确？

    A. 该协议在通知甲后发生效力

    B. 如甲同意该协议，则丙、丁不再承担保证责任

C. 甲同意该协议，戊无论同意与否均应继续承担抵押担保责任

D. 若甲、戊都同意该协议，甲对戊的抵押权不因债务转移而受影响

【答案】BD

【考点】债务承担与保证责任

【解析】根据《合同法》第84条规定：债务人将合同的义务全部或者部分转移给第三人的，应当经债权人同意。故选项A的说法错误。同时根据《担保法》第23条规定，保证期间，债权人许可债务人转让债务的，应当取得保证人书面同意，保证人对未经其同意转让的债务，不再承担保证责任。在本题中，由于债务承担没有取得保证人丙、丁的同意，故选项B的说法正确。根据《担保法司法解释》第72条第2款但书条款的规定，第三人提供抵押的，债权人许可债务人转让债务未经抵押人书面同意的，抵押人对未经其同意转让的债务，不再承担担保责任。因此选项C的说法错误，选项D的说法正确。

（三）

张某到保险公司商谈分别为其 62 岁的母亲甲和 8 岁的女儿张乙投保意外伤害险事宜。张某向保险公司详细询问了有关意外伤害保险的具体条件，也如实地回答了保险公司的询问。请回答以下 89-92 题。

89. 在张某为其母亲甲投保的意外伤害保险中，依法可以确定谁为受益人？

　　A. 以被保险人甲为受益人

　　B. 以被保险人甲指定的张乙为受益人

　　C. 以投保人张某为受益人，但须经甲同意

　　D. 以投保人张某和被保险人甲共同指定的第三人为受益人

【答案】ABCD

【考点】人身保险合同

【解析】《保险法》第61条规定："人身保险的受益人由被保险人或者投保人指定。投保人指定受益人时须经被保险人同意。被保险人为无民事行为能力人或者限制民事行为能力人的，可以由其监护人指定受益人。"因此ABCD四个选项都是正确答案。

90. 在张某为其女儿张乙投的意外伤害保险中，受益人如何产生？

　　A. 因张乙为无民事行为能力的人，故张某可以监护人身份指定受益人

　　B. 张乙虽无民事行为能力，但因她是保险合同的被保险人，故她可以指定受益人

C. 因张乙无民事行为能力，她可以委托张某指定受益人

D. 张某作为投保人可以指定受益人，但必须征得被保险人张乙的同意

【答案】A

【考点】人身保险合同

【解析】本题与 2000 年卷三第 88 题的内容完全一样，司法考试的一个特别突出的规律是重者恒重，考生在复习过程中应当特别注意对历年试题的把握。

91. 张某为甲和张乙投保的保险合同均约定为分期支付保费。张某支付了首期保费后，因长期外出，第二期超过 60 日未支付当期保费，这有可能引起什么后果？

A. 合同效力中止

B. 合同终止

C. 保险人有权立即解除合同

D. 保险人按照约定条件减少保险金额

【答案】AD

【考点】保险合同效力的中止

【解析】《保险法》第 58 条规定："合同约定分期支付保险费，投保人支付首期保险费后，除合同另有约定外，投保人超过规定的期限六十日未支付当期保险费的，合同效力中止，或者由保险人按照合同约定的条件减少保险金额。"四个选项与上述规定相对照，AD 是应选答案。

92. 张某续交保费两年后，由于经济上陷入困境，无力继续支付保费，遂要求解除保险合同并退还已交的保费。对于张某的这一请求，应当如何认定？

A. 张某有权解除合同，但无权要求退还任何费用

B. 张某有权解除合同，保险公司应当退还已交的保费

C. 张某有权解除合同，保险公司应当退还保险单的现金价值

D. 张某有权解除合同并要求按规定退还保费，但保险公司有权收取违约金

【答案】C

【考点】保险合同的解除

【解析】《保险法》第 15 条规定："除本法规定或者保险合同另有约定外，保险合同成立后，投保人可以解除保险合同。"第 69 条规定："投保人解除合同，已交足二年以上保险费的，保险人应当按照合同约定在扣除手续费后，退还保险费。"因此，张某有权解除合同，保险公司应当退还保险单的现金价值，正确答案是 C。

（四）

海云公司与金辰公司签订了一份装饰工程合同。合同约定：金辰公司包工包料，负责完成海云公司办公大楼的装饰工程。事后双方另行达成了补充协议，约定因该合同的履行发生纠纷，由某仲裁委员会裁决。在装饰工程竣工后，质检单位鉴定复合地板及磁砖系不合格产品。海云公司要求金辰公司返工并赔偿损失，金辰公司不同意，引发纠纷。请回答以下 93-96 题。

93. 假设某法院受理了海云公司的起诉，金辰公司应诉答辩，海云公司在首次开庭时，向法院提交了仲裁协议，对此，该法院应如何处理？

    A. 裁定驳回海运公司的起诉

    B. 裁定不予受理，告知当事人通过仲裁方式解决

    C. 裁定将案件移送仲裁机构处理

    D. 继续审理本案

    【答案】D

    【考点】仲裁与民事诉讼的关系

    【解析】原告起诉未声明有仲裁协议，被告应诉答辩后，原告在法院首次开庭时提交仲裁协议，根据《仲裁法》第 26 条的规定，当事人达成仲裁协议，一方向人民法院起诉未声明有仲裁协议，人民法院受理后，另一方在首次开庭前提交仲裁协议的，人民法院应当驳回起诉，但仲裁协议无效的除外；另一方在首次开庭前未对人民法院受理该案提出异议的，视为放弃仲裁协议，人民法院应当继续审理。本案中，金辰公司应诉答辩，未对人民法院受理该案提出异议，故选项 D 是正确的。

94. 假设某法院受理本案后，金辰公司在答辩中提出双方有仲裁协议，法院应如何处理？

    A. 裁定驳回起诉

    B. 裁定不予受理

    C. 审查仲裁协议，作出是否受理本案的决定书

    D. 不审查仲裁协议，视为人民法院有管辖权

    【答案】A

    【考点】仲裁与诉讼的关系

    【解析】原告起诉未声明仲裁协议，被告在答辩中提出双方之间存在仲裁协议，根据仲裁法第 26 条的规定，一方起诉未声明有仲裁协议，人民法院受理案件后，另一方在首次开庭前提出双方有仲裁协议的，法院应驳回起诉。故选项 A 是正确的。

95. 假设某法院受理海云公司的起诉，诉讼过程中海云公司与金辰公司达成和解协议，可如何结案？

    A. 海云公司申请撤诉，由法院作出准予撤诉的裁定

    B. 法院作出准许撤诉的决定书

    C. 法院可以根据和解协议制作调解书

    D. 法院可以根据和解协议制作判决书

【答案】AC

【考点】诉讼中的和解

【解析】在民事诉讼中，当事人达成和解协议后，原告可以申请撤诉，法院经审查后作出准予撤诉的裁定，B 项中缺乏法院审查这个环节，所以不选。此外，根据最高人民法院《关于法院调解工作的若干规定》第 4 条的规定，当事人在诉讼过程中自行达成和解协议的，人民法院可以根据当事人的申请依法确认和解协议制作调解书。双方当事人申请庭外和解的期间，不计入审限。当事人在和解过程中申请人民法院对和解活动进行协调的，人民法院可以委派审判辅助人员或者邀请、委托有关单位和个人从事协调活动。因此，本题中的选项 A 与 C 是正确的。该规定第 18 条规定："当事人自行和解或者经调解达成协议后，请求人民法院按照和解协议或者调解协议的内容制作判决书的，人民法院不予支持。"所以，D 项错误。

96. 假设仲裁机构受理了海云公司的仲裁申请，仲裁过程中海云公司与金辰公司达成调解协议，可以何种方式结案？

    A. 撤回仲裁申请

    B. 仲裁庭作出准许撤回仲裁申请的裁决书

    C. 仲裁庭制作调解书

    D. 仲裁庭根据调解协议制作裁决书

【答案】ACD

【考点】仲裁中的调解

【解析】和诉讼中撤诉一样，双方当事人在仲裁过程中也可以基于自己的处分权撤回仲裁申请。在仲裁过程中，如果当事人经调解达成调解协议，申请人可以撤回仲裁申请。所以 A 项正确。此外，根据《仲裁法》第 51 条第 2 款的规定，当事人经调解达成调解协议后，仲裁庭可以制作调解书，也可以根据调解协议制作裁决书。因此，本题中的选项 C、D 是正确的。

（五）

李大民（男）与张小丽（女）于1998年登记结婚。1999年张小丽由于做生意亏损、夫妻感情恶化等原因，患精神病，丧失民事行为能力。2000年2月，李大民向某市河海区人民法院提起诉讼，请求判决与张小丽离婚。张小丽的母亲马雨霞作为张小丽的法定代理人参加了诉讼。请回答以下97-100题。

97. 关于案件的审理是否公开，下列何种说法是正确的？

　　A. 依法只能公开审理

　　B. 依法只能不公开审理

　　C. 如果马雨霞申请不公开审理，可以不公开审理

　　D. 由双方协商决定是否公开审理

【答案】C

【考点】不公开审理的案件

【解析】根据《民事诉讼法》第120条的规定，人民法院审理民事案件，除涉及国家秘密、个人隐私或者法律另有规定的以外，应当公开进行。离婚案件、涉及商业秘密的案件，当事人申请不公开审理的，可以不公开审理。由于本案一方当事人张小丽是无诉讼行为能力人，其诉讼行为由其法定代理人马雨霞代理，如果马雨霞申请不公开审理，可以不公开审理。因此，选项C是正确的。

98. 假设在诉讼中，法院对案件进行调解，下列何种行为是合法的？

　　A. 法院对案件主动进行调解

　　B. 马雨霞代张小丽作出了同意离婚的意思表示

　　C. 应马雨霞的要求，法院根据调解协议的内容制作判决书

　　D. 本案调解达成离婚协议，法院可以不制作调解书和判决书

【答案】ABC

【考点】离婚案件调解

【解析】根据最高人民法院《若干意见》第92条第2款的规定，人民法院审理离婚案件，应当进行调解，选项A是正确的。另外，最高人民法院《若干意见》第94条规定，无民事行为能力人的离婚案件，由其法定代理人进行诉讼。法定代理人与对方达成协议要求发给判决书的，可根据协议内容制作判决书。故选项B与C也是正确的。《民事诉讼法》第90条规定，调解和好的离婚案件，人民法院可以不制作调解书。所以，D不正确。

99. 假设一审法院判决不准许李大民与张小丽离婚，李大民不服提起上诉，二审法院审理后认为应当判决离婚，在此情况下，二审法院应如何处理？

    A. 直接依法改判离婚

    B. 只能将案件发回重审

    C. 可以根据当事人自愿的原则，与子女抚养、财产问题一并调解，调解不成，发回重审

    D. 可以根据当事人自愿的原则，与子女抚养、财产问题一并调解，调解不成，依法改判

    【答案】C

    【考点】二审调解

    【解析】根据最高人民法院《若干意见》第 185 条 "一审判决不准离婚的案件，上诉后，第二审人民法院认为应当判决离婚的，可以根据当事人自愿的原则，与子女抚养、财产问题一并调解，调解不成的，发回重审" 的规定，故选项 C 是正确的。

100. 假设二审判决生效后两个月，张小丽的精神病治愈，她认为判决存在错误，准备申请再审，依照法律和司法解释的规定，对她的何种请求法院不得再审？

    A. 请求撤销离婚判决

    B. 请求改变一、二审判决中已经作出处理的夫妻共同财产分割

    C. 请求分割一、二审判决中未作处理的夫妻共同财产

    D. 提出不同意马雨霞的代理行为，请求撤销一审和二审判决

    【答案】ACD

    【考点】不得申请再审的案件范围

    【解析】根据《民事诉讼法》第 181 条 "当事人对已经发生法律效力的解除婚姻关系的判决，不得申请再审" 的规定，选项 A 与 D 是符合题意的。此外，根据最高人民法院《若干意见》第 209 条的规定，当事人就离婚案件中的财产分割问题申请再审的，如涉及判决中已分割的财产，人民法院应依照民事诉讼法第 179 条的规定进行审查，符合再审条件的，应立案审理；如涉及判决中未作处理的夫妻共同财产，应告知当事人另行起诉。因此选项 B 不选，选项 C 应选。

2005 年国家司法考试　试卷四

提示：本试卷为案例（实例）题。请将各题答案书写在答题纸的对应位置上，勿在卷面上直接作答。

第一部分：简析题　本部分共 5 题，75 分。

一、（本题 10 分）

案情：甲市人民政府在召集有关职能部门、城市公共交通运营公司（以下简称城市公交公司）召开协调会后，下发了甲市人民政府《会议纪要》，明确：城市公交公司的运营范围，界定在经批准的城市规划区内；城市公交公司在城市规划区内开通的线路要保证正常运营，免缴交通规费；在规划区范围内，原由交通部门负责的对城市公交公司违法运营的查处，交由建设部门负责。《会议纪要》下发后，甲市城区交通局按照《会议纪要》的要求，中止了对城市公交公司违法运营的查处。

田某、孙某和王某是经交通部门批准的三家运输经营户，他们运营的线路与《会议纪要》规定免缴交通规费的城市公交公司的两条运营线路重叠，但依《会议纪要》，不能享受免缴交通规费的优惠。三人不服，向法院提起诉讼，要求撤销《会议纪要》中关于城市公交公司免缴交通规费的规定，并请求确认市政府《会议纪要》关于中止城区交通局对城市公交公司违法运营查处的内容违法。

问题：

    1. 甲市人民政府《会议纪要》所作出的城市公交公司免缴交通规费的内容是否属于行政诉讼受案范围？为什么？

    2. 田某、孙某和王某三人是否具有原告资格？为什么？

    3. 田某、孙某和王某三人提出的确认甲市人民政府中止城区交通局对城市公交公司违法运营查处的内容违法的请求，是否属于法院的审理范围？为什么？

1. 【答案】属于行政诉讼受案范围。本案中《会议纪要》作出的规定属于具体行政行为。

    【考点】行政诉讼受案范围

    【解析】根据行政诉讼法的规定，侵犯相对人的人身权、财产权的具体行政行为属于行政诉讼受案范围。本案中人民政府的《会议纪要》属于具体行政行为：首先，作为行政行为应当具备三个要素，一是主体要素，即行政机关作出；二是职权要素，即行政机关行使职权的行为；三是法律要素，即对相对人的权益产生法律上权利义务影响的行为。本题的难点在于《会议纪要》是否具有法律要素。由于《会议纪要》作出后必然影响三个相对人的运营，因此，对他们的权益产生了直接的影响，因此，这一行为不是行政指导行为，而是典型的行政行为，对相对人权益产生影响且具有约束力。其次，具体行政行为与抽象行政行为不同，抽象行政行为是针对不特定的人作出具有普遍约束力的行为。本案中《会议纪要》直接影响的是特定的人的权益，不属抽象行政行为，而是具体行政行为。

2. 【答案】具有原告资格。甲市人民政府的决定直接影响到了三人的平等竞争权。具体行政行为涉及公民、法人或者其他组织公平竞争权的，可以提起行政诉讼。

　　【考点】行政诉讼的原告资格

　　【解析】《若干解释》第 13 条规定："有下列情形之一的，公民、法人或者其他组织可以依法提起行政诉讼：（一）被诉的具体行政行为涉及其相邻权或者公平竞争权的；（二）与被诉的行政复议决定有法律上利害关系或者在复议程序中被追加为第三人的；（三）要求主管行政机关依法追究加害人法律责任的；（四）与撤销或者变更具体行政行为有法律上利害关系的。"本题中，市政府所作的《会议纪要》决定城市公交公司在城市规划区内开通的线路要保证正常运营，免缴交通规费。而田某、孙某和王某是经交通部门批准的三家运输经营户，他们运营的线路与《会议纪要》规定免缴交通规费的城市公交公司的两条运营线路重叠，但依《会议纪要》，不能享受免缴交通规费的优惠，这必然会导致他们在与公交公司竞争中处于不利的地位，影响了他们的平等竞争权。

3. 【答案】不属于

　　【考点】人民法院司法审查的范围

　　【解析】《行政诉讼法》第 5 条规定："人民法院审理行政案件，对具体行政行为是否合法进行审查。"人民法院审理的范围仅限于具体行政行为的合法性，对于仅涉及行政机关内部职权划分的决定，不属于人民法院的审理范围。本题中，市政府的《会议纪要》决定在规划区范围内，原由交通部门负责的对城市公交公司违法运营的查处，交由建设部门负责，纯粹是政府对行政机关之间的职权分配，没有实际影响行政相对人的合法权益，所以不属于司法审查的范围。

二、（本题 15 分）

案情：丁某系某市东郊电器厂（私营企业，不具有法人资格）厂长，2003 年因厂里资金紧缺，多次向银行贷款未果。为此，丁某仿照银行存单上的印章模式，伪造了甲银行的储蓄章和行政章，以及银行工作人员的人名章，伪造了户名分别为黄某和唐某在甲银行存款额均为 50 万元的存单两张。随后，丁某约请乙银行办事处（系国有金融机构）副主任朱某吃饭，并将东郊电器厂欲在乙银行办事处申请存单抵押贷款的打算告诉了朱某，承诺事后必有重谢。朱某见有利可图，就让丁某第二天到办事处找信贷科科长张某办理，并答应向张某打招呼。次日，丁某来到乙银行办事处。朱某将其介绍给张某，让其多加关照。

张某在审查丁某提交的贷款材料时，对甲银行的两张存单有所怀疑，遂发函给甲银行查询。此时，丁某通过朱某催促张某，张某遂打电话询问查询事宜。甲银行储蓄科长答应抓紧办理，但张某未等回函，就为丁某办理了抵押贷款手续，并报朱某审批。后甲银行未就查询事宜回函。

朱某审批时发现材料有问题，就把丁某找来询问。丁某见瞒不过朱某，就将假存单之事全盘托出，并欺骗朱某说有一笔大生意保证挣钱，贷款将如期归还，并当场给朱某 10 万元好处费。朱某见丁某信誓旦旦，便收受了好处费，同意批给丁某 100 万元贷款。丁某获得贷款后，以感谢为名送给张某 5 万元，张某予以收受。丁某将贷款全部投入电器厂经营，结果亏损殆尽，致使银行贷款不能归还。检察机关将本案起诉至法院。

问题：简析丁某、朱某和张某涉嫌犯罪行为触犯的罪名，然后根据有关的刑法理论和法律规定确定三人分别应如何定罪处罚。

【答案】

1. 丁某涉嫌下列罪名：伪造企业印章罪，伪造金融票证罪，金融凭证诈骗罪，贷款诈骗罪，行贿罪。其中，①伪造企业印章罪和伪造金融票证罪之间存在牵连关系，应从一重罪处罚，所以定伪造金融票证罪；②伪造金融票证罪与金融票证诈骗罪之间存在牵连关系，应从一重罪处罚，所以定金融凭证诈骗罪；③金融凭证诈骗罪与贷款诈骗罪之间存在法条竞合，按照重法优于轻法的原则，应以金融凭证诈骗罪处罚。所以，丁某构成金融凭证诈骗罪和行贿罪，数罪并罚。

2. 朱某涉嫌下列罪名：金融凭证诈骗罪的共犯和受贿罪，数罪并罚。

3. 张某涉嫌下列罪名：国有公司、企业、事业单位工作人员失职罪和受贿罪，数罪并罚。

【考点】共犯、牵连犯、法条竞合以及所涉各个罪名。

【解析】

1. 丁某涉嫌下列罪名

①丁某仿照银行存单上的印章模式，伪造了甲银行的储蓄章和行政章，以及银行工作人员的人名章，构成伪造企业印章罪；

②丁某伪造户名分别为黄某和唐某在甲银行存款额均为50万元的存单两张，构成伪造金融票证罪；

③丁某利用伪造的甲银行存单在乙银行进行抵押贷款，构成金融凭证诈骗罪。虽然题目中没有明确标明丁某以非法占有为目的，但从案情来看，丁某明知没有偿还能力而虚构事实骗取银行贷款，最终企业亏损无力归还，应推定丁某主观上有非法占有的目的；

④丁某以东郊电器厂的名义进行贷款诈骗，但是单位不能成为贷款诈骗罪主体，根据最高人民法院《关于审理单位犯罪案件具体应用法律有关问题的解释》规定，具有法人资格的独资、私营等公司、企业、事业单位可以成为单位犯罪主体。可见，没有法人资格的私营企业是不能成为单位犯罪主体的。所以，丁某构成贷款诈骗罪；

⑤根据《刑法》第389条，为谋取不正当利益，给予国家工作人员以财物的，构成行贿罪。丁某分别向朱某、张某行贿，构成行贿罪。

2. 丁某所犯以上罪名存在复杂的关系，我们从刑法理论上分析如下

①伪造企业印章罪与伪造金融票证罪之间存在牵连关系。两者之间存在手段行为与目的行为的牵连关系，因而属于牵连犯，应从一重罪处罚，所以，丁某应以伪造金融票证罪论处；

②伪造金融票证罪与金融凭证诈骗罪之间存在牵连关系。伪造银行存单构成伪造金融票证罪；伪造后又使用伪造的银行存单进行诈骗的，构成金融凭证诈骗罪。属于牵连犯，应从一重罪处罚，所以，丁某应以金融凭证诈骗罪论处；

③金融凭证诈骗罪与贷款诈骗罪法条竞合。即两个罪名概念之间各有一部分外延互相竞合。当行为人采用金融凭证诈骗的方法，骗取银行或者其他金融机构贷款的时候，在构成条件上是重合的，形成交互竞合的关系。应根据重法优于轻法的原则适用重法。根据《刑法》规定，贷款诈骗罪最高可判处无期徒刑，而金融凭证诈骗罪最高可判处死刑，显然，丁某应定金融凭证诈骗罪；

④行贿罪。行贿罪与金融凭证诈骗罪之间不构成牵连犯，应数罪并罚。

3. 朱某涉嫌下列罪名

①金融凭证诈骗罪的共犯。朱某身为银行工作人员，明知丁某使用假存单诈骗银行贷款，仍批给丁某100万元贷款，构成金融凭证诈骗罪的共犯。朱某不构成

违法发放贷款罪。违法发放贷款罪是指银行或者其他金融机构工作人员违反法律、行政法规规定，向关系人以外的其他人发放贷款，造成重大损失的行为。显然，这里的违法发放贷款不包括明知伪造的金融凭证而为其诈骗提供便利的情形。所以，朱某构成金融凭证诈骗罪而不是非法发放贷款罪。

②朱某构成受贿罪。朱某是国有银行的工作人员，属于国家工作人员，利用职务上的便利收受丁某的 10 万元财物，符合受贿罪的构成要件，构成受贿罪。

③对朱某应当数罪并罚。

4. 张某涉嫌下列罪名

①国有公司、企业、事业单位工作人员失职罪。张某是国有金融机构工作人员，在为丁某办理抵押贷款事宜中，存在明显过失，致使贷款被骗，符合本罪的构成要件，构成国有公司、企业、事业单位工作人员失职罪。

②受贿罪。张某身为国家工作人员，利用为丁某审批贷款的职务便利，收受丁某的财物，构成受贿罪。

③对张某应当数罪并罚。

三、（本题 18 分）

案情：甲公司指派员工唐某从事新型灯具的研制开发，唐某于 1999 年 3 月完成了一种新型灯具的开发。甲公司对该灯具的技术采取了保密措施，并于 2000 年 5 月 19 日申请发明专利。2001 年 12 月 1 日，国家专利局公布该发明专利申请，并于 2002 年 8 月 9 日授予甲公司专利权。此前，甲公司与乙公司于 2000 年 7 月签订专利实施许可合同，约定乙公司使用该灯具专利技术 4 年，每年许可使用费 10 万元。

2004 年 3 月，甲公司欲以 80 万元将该专利技术转让给丙公司。唐某、乙公司也想以同等条件购买该专利技术。最终甲公司将该专利出让给了唐某。唐某购得专利后，拟以该灯具专利作价 80 万元作为出资，设立一家注册资本为 300 万元的有限责任公司。

2004 年 12 月，有人向专利复审委员会申请宣告该专利无效，理由是丁公司已于 1999 年 12 月 20 日开始生产相同的灯具并在市场上销售，该发明不具有新颖性。经查，丁公司在获悉甲公司开发出新型灯具后，以不正当手段获取了甲公司的有关技术资料并一直在生产、销售该新型灯具。

问题：

1. 唐某作为发明人，依法应享有哪些权利？

2. 甲公司在未获得专利前，与乙公司签订的专利实施许可合同是否有效？如甲乙双方因此合同发生纠纷，应如何适用有关法律？

3. 甲公司为何将专利技术出让给唐某？该专利技术转让合同成立后，对甲公司和乙公司之间的专利实施许可合同的效力有何影响？

4. 唐某拟以该专利作价 80 万元设立注册资本为 300 万元的有限责任公司，是否符合法律规定？为什么？

5. 该专利是否应当因为不具有新颖性而被宣告无效？为什么？

6. 对丁公司的违法行为应如何定性？为什么？

1. 【答案】署名权、获得奖励权、获得合理报酬权。

【考点】发明人的权利

【解析】掌握《专利法》第 16 条、17 条的规定。根据这两条规定，首先，作为发明人或者设计人有在专利文件中写明自己是发明人或者设计人的权利。其次，被授予专利权的单位应当对职务发明创造的发明人或者设计人给予奖励；发明创造专利实施后，根据其推广应用的范围和取得的经济效益，对发明人或者设计人给予合理的报酬。

2. 【答案】有效。

【考点】技术合同的法律适用

【解析】掌握《技术合同司法解释》第 29 条第 2 款的规定，当事人之间就申请专利的技术成果所订立的许可使用合同，专利申请公开以前，适用技术秘密转让合同的有关规定；发明专利申请公开以后、授权以前，参照适用专利实施许可合同的有关规定；授权以后，原合同即为专利实施许可合同，适用专利实施许可合同的有关规定。"适用"与"参照适用"是有区别的。其中在专利申请公开后、授权之前，应当是"参照适用"，而非"适用"。

3. 【答案】因唐某享有在同等条件下优先受让的权利。不影响专利实施许可合同的效力，甲公司的权利义务由唐某承受。

【考点】优先权；技术转让合同的法律效力

【解析】掌握《合同法》第 326 条第 1 款最后一句：法人或者其他组织订立技术合同转让职务技术成果时，职务技术成果的完成人享有以同等条件优先受让的权利。同时根据《技术合同司法解释》第 24 条第 2 款的规定，让与人与受让人订立的专利权、专利申请权转让合同，不影响在合同成立前让与人与他人订立的相关专利实施许可合同或者技术秘密转让合同的效力。

4. 【答案】唐某的出资符合法律规定。

【考点】有限责任公司的出资

【解析】新《公司法》取消了原公司法第 24 条规定的以工业产权、非专利技术作价出资的金额不得超过有限责任公司注册资本百分之二十的规定。

5. 【答案】不应被宣告无效。

    【考点】丧失新颖性的例外

    【解析】掌握《专利法》第 24 条规定，申请专利的发明创造在申请日以前六个月内，他人未经申请人同意而泄露其内容的，不丧失新颖性。本题中泄漏的时间为 1999 年 12 月 20 日，到申请人申请专利的 2000 年 5 月 19 日尚未满 6 个月，故不丧失新颖性。

6. 【答案】在该专利申请公布之前，丁公司的行为属于侵犯甲公司商业秘密的不正当竞争行为

    【考点】专利侵权行为的认定

    【解析】因为在专利申请公布前，该技术属于商业秘密，鉴于丁公司采用不正当手段获得这些技术，故符合侵犯商业秘密的不正当竞争的构成条件，应当作为不正当竞争处理。在该专利申请被授予专利权以后，丁公司如果继续使用，则属于以生产经营为目的制造或销售专利产品，满足专利法第 11 条规定的专利侵权行为。

四、（本题 15 分）

案情：国有企业川南商业大楼于 1998 年拟定改制计划：将资产评估后作价 150 万元出售，其中 105 万元出售给管理层人员（共 4 人），45 万元出售给其余 45 名职工，将企业改制为川南百货有限公司，注册资本 150 万元。该改制计划于同年 12 月经有关部门批准实施。原管理层人员宋某认购 45 万元，李某、王某、周某各认购 20 万元，其余职工各认购 1 万元。公司成立后，分别向各认购人签发了出资证明书。公司设立股东会、董事会、监事会，宋某任公司董事长兼总经理，李某、王某为公司董事，周某任监事会主席兼财务负责人。

2001 年，公司召开董事会，决定将注册资本增加为 300 万元，周某列席了董事会，并表示同意。会后，董事会下发文件称：本次增资计划经具有公司 2/3 以上表决权的股东表决通过，可以实施。同年 4 月，公司注册资本增加为 300 万元。增加部分的注册资本除少数职工认购了 30 万元外，其余 120 万元由宋某、周某、李某、王某平均认购，此次增资进行了工商登记。同年 10 月，王某与其妻蓝某协议离婚，蓝某要求王某补偿 25 万元。王某遂将其所持股权的 50%根据协议抵偿给蓝某，董事会批准了该协议。

2003 年 5 月，川南公司因涉嫌偷税被立案侦查。侦查发现：除王某外，宋某、周某、李某在 1998 年改制时所获得的股权均是挪用原川南商业大楼的资金购买，

且 2001 年公司增资时，宋某、周某、李某、王某四人均未实际出资，而是以公司新建办公楼评估后资产作为增资资本，并分别记于个人名下。同时查明，偷税事项未经过股东会讨论，而是董事会为了公司利益在征得周某同意后决定实施的。后法院判决该公司偷税罪成立，判处公司罚金 140 万元，宋某等亦分别被判处相应的刑罚。

问题：

1. 宋某、周某、李某、王某在 1998 年改制时所取得的股权是否有效？为什么？

2. 川南公司的管理机构设置及人事安排是否合法？为什么？

3. 川南公司董事会的增资决议和公司的增资行为是否有效？为什么？

4. 蓝某可否根据补偿协议获得王某所持股权的 50%？为什么？

5. 川南公司因被判处罚金所造成的 140 万元损失，应由谁承担赔偿责任？为什么？

【答案】

1. 有效。

2. 公司管理机构设置合法。

3. 无效。

4. 不能。

5. 应由宋某、李某、王某、周某等 4 人承担。

【考点】

股东股权的取得、公司的组织机构、增资、股份转让和公司董事、经理的赔偿责任。

【解析】

1. 股东取得股权以出资为条件；（2）根据公司法的资本充实原则，股东出资不得退回（除非有法定事由），如果出资取得的股权因资金来源违法而无效，必然导致出资返还，影响公司资本充实和利害关系人的利益。（3）在股东以非法挪用资金出资的情况下，除追究其刑事责任外，可以收缴其股权用于偿还被挪用资金，但此时只涉及股权转让问题，而不是股权无效。

2. 根据公司法的相关规定，公司的组织机构包括股东会、董事会、监事会、经理，因此，川南公司的管理机构设置合法。新《公司法》第 52 条第 4 款规定："董事、高级管理人员不得兼任监事"，因此周某任监事会主席兼财务负责人的做法是错误的，因此公司的人事安排不合法。

3. 公司注册资本的增加应由股东会作出决议，该决议应在股东会上经代表 2/3 以上表决权的股东通过方为有效。川南公司董事会成员及监事会成主席虽代表公司 2/3

以上的表决权，但不能就增资事项作出决议，故该决议无效。基于无效决议而实施的增资行为也应归于无效。

4. 离婚协议约定的是由王某补偿 25 万元现金，王某将股权抵偿给蓝某的实质是股权的对外转让；按照公司法的规定，有限公司股东对外出让股权应经过公司全体股东过半数同意，董事会无权批准股东对外转让股权。

5. 新《公司法》第 150 条规定："董事、监事、高级管理人员执行公司职务时违反法律、行政法规或者公司章程的规定，给公司造成损失的，应当承担赔偿责任。"本案中，公司的损失源于公司犯罪被判处的罚金，宋某等人担任执行董事、监事、经理职务时违法是导致这一损失的直接原因，故该损失应由宋某等 4 人承担。

五、（本题 17 分）

案情：家住某市甲区的潘某（甲方）与家住乙区的舒某（乙方）签订房屋租赁合同，舒某将位于丙区的一处 500m² 的二层楼租给潘某经营饭馆。合同中除约定了有关租赁事项外，还约定："甲方租赁过程中如决定购买该房，按每平方米 2000 元的价格购买，具体事项另行协商。"

潘某的饭馆开张后生意兴隆，遂决定将租赁的房屋买下长期经营。但因房价上涨，舒某不同意出卖。潘某将房价款 100 万元办理提存公证，舒某仍不同意出卖。后舒某以每平方米 2500 元的价格与杏林公司签订了房屋买卖合同，合同中约定了仲裁条款。潘某为阻止舒某与杏林公司成交，向丙区人民法院提起诉讼，要求认定租赁合同中的买卖条款有效并判决舒某履行协助办理房屋过户手续的义务。

法院受理后，舒某提出管辖权异议，法院审查后发出驳回通知书。一审法院经审理认定，原被告之间构成了预约合同关系，但尚不构成买卖关系，故判决驳回原告的诉讼请求。潘某不服提出上诉。

问题：

1. 本案诉讼过程中法院的何种做法不符合法律规定？正确的做法是什么？

2. 如果二审维持原判，潘某在遵守生效判决的基础上，还可通过何种诉讼手段获得法律救济？

3. 如果潘某与舒某一审诉讼之前或一审诉讼期间，杏林公司就其与舒某之间的买卖合同申请仲裁，请求确认合同有效并请求履行，潘某可否参加仲裁程序，主张自己具有优先购买权？为什么？

4. 如果本案二审法院判决潘某胜诉，潘某申请执行，杏林公司能否申请再审？为什么？杏林公司能否提出执行异议？为什么？

5. 潘某在起诉前为了阻止舒某与杏林公司成交，可申请法院采取何种法律手段？法院准许其申请应当具备何种条件？法院应当如何准许和执行？

6. 如果二审维持原判，此后潘某与舒某双方经过协商，达成了按每平方米 2500 元价格卖房的合同。该买卖合同是否构成执行和解？为什么？法院是否应当予以干预？为什么？

【答案】

1. 法院用通知书驳回管辖权异议错误，应当使用裁定书；

2. 可以起诉请求确认潘某负有订约义务，承担预约合同中的违约责任。

3. 不能。

4. 不能申请再审，可以提出执行异议。

5. 可申请法院采取诉前财产保全措施。条件是潘某应当提供担保。法院准许必须在 48 个小时内作出裁定，立即开始执行。

6. 不构成执行和解；法院不应干预。

【解析】

1. 法院用通知书驳回管辖权异议错误，应当使用裁定书。管辖权异议问题是民事诉讼中的一个具体程序问题，人民法院处理程序问题需用裁定。解题依据是《民事诉讼法》第 38 条。

2. 可以起诉请求确认潘某负有订约义务，承担预约合同中的违约责任。遵守生效判决，又要采取诉讼手段，可见，潘某只能提起再审或者进行新的诉讼。但是，提起再审没有法定理由；而提起新的诉讼，在承认原判决即潘某与舒某之间的合同为预约合同的基础上，要求舒某承担违约责任构成了一个新的诉讼请求，并不违反"一事不再理"原则。

3. 不能。仲裁程序中没有第三人，潘某进入仲裁程序没有仲裁协议作为根据。仲裁程序与民事诉讼程序不同，仲裁的当事人只能是仲裁协议的当事人。

4. 不能申请再审，因为它不是诉讼当事人，可以提出执行异议。案外人可以对执行标的主张权利。申请再审是民事诉讼赋予当事人的一项重要权利，如果已经发生法律效力的判决、裁定出现法定情形，当事人有权向有管辖权的法院申请再审，因此，申请再审的主体只能是当事人。解题依据是《民事诉讼法》第 178 条。但是，如果人民法院所采取的执行行为涉及案外人的合法权益，即案外人对执行标的物主张实体权利，此时，案外人则享有执行异议的权利。解题依据是《民事诉讼法》208 条。

5. 可申请法院采取诉前财产保全措施。条件是潘某应当提供担保。法院准许必须在
48 个小时内作出裁定，立即开始执行。民事纠纷发生但当事人尚未提出诉讼之前，
根据《民事诉讼法》第 93 条的规定如果利害关系人因情况紧急，不立即申请财产
保全措施将会使其合法权益受到难以弥补的损害的，可以在起诉前向人民法院申
请采取财产保全措施。申请人应当提供担保，不提供担保的，驳回申请。人民法
院接受申请后，必须在 48 小时内作出裁定；裁定采取财产保全措施的，应当立即
开始执行。

6. 不构成执行和解，因为判决没有执行内容，该合同不导致停止执行、恢复执行等
程序问题；法院不干预，该合同是当事人之间与判决履行和执行无关的新的民事
行为。当事人经过协商重新订立合同的行为实质上是当事人自行处分其权利的行
为，因此法院无须干预。

第二部分：法律文书题。本部分共 1 题，25 分。

六、（本题 25 分）

甲（男，26 岁，汉族）与乙（男，24 岁，汉族）系表兄弟。2003 年 3 月，二人相约
一起进城务工，在同一农贸市场分别摆摊做水果生意，并合租一小院共同居住。由于甲
善于经营，生意一直比乙好，乙因此有些怨气。

2005 年 8 月 6 日下午，因一单苹果批发买卖，乙认为甲抢走了自己的生意，遂到甲摊
前理论。甲说："我的苹果质量好、价格低，人家愿意买我的，你不能怨我。"乙说："人
家本来要买我的苹果，是你故意压价，抢走了我的生意。你不帮我就算了，但你不该连表
弟也欺负。我忍你已经很久了！"乙越说越急，抓起旁边的水果刀，向甲刺去。甲见状，
急忙伸手抓刀。相持间甲右臂被刀刺伤。后经在场的买主丙、丁等人阻拦、劝说，乙放下
了水果刀，向流血不止的甲道歉说："我只是一时气愤，请表哥原谅。"并送甲到附近区
中心医院医治。经鉴定，甲为轻伤。甲住院治疗期间，乙主动承担了医疗费用，并为甲洗
衣送饭，帮助护理。但因甲住院，生意无人照料，致使数百斤水果腐烂，损失 3000 余元。

甲伤愈出院后，认为此事使自己在市场上丢了面子，生意损失严重，十分生气。在
前来探望的妻子坚持下，向农贸市场所在地的区人民法院提起刑事诉讼。法院受理了此
案，并在法定期限内依法作出了处理。

问题：假定你是甲聘请的律师或者乙聘请的律师，或是本案的主审法官（任选其中一个
身份），请根据上述案情撰写一份法律文书。

提示：文书中涉及的当事人自然情况、司法机关名称、证据种类和名称等相关事项可自

行编撰，但不得署考生本人姓名，否则本卷不得分。

答题要求：

1. 文书种类的选择符合选定的身份，符合法律规定，格式规范，应具备的事项齐全；

2. 请求或答辩事项清楚，事实、依据论证充分，或者作出的处理合法有据，定性准确；

3. 文字简练通畅，无语法错误和错别字。

【解析】

本题须从两个方面入手进行分析：对案情的正确定性及法律文书类型的正确选择，以及选定法律文书的正确制作。

首先，应当解决案件的定性和文书类型的选择。虽然是开放性的命题，但并非各种法律文书均可，因为题目要求"符合法律规定"。分析题目给出的案情可知，这是一个刑事自诉案件，附带财产损失，这是正确解答本题的前提。因此，考生无论选择何种身份做答，都必须围绕刑事自诉案件来制作文书。

根据《最高人民法院关于刑事自诉案件审查立案的规定》第 11 条，附带民事诉讼的刑事自诉状为《刑事附带民事自诉状》。因而三种不同身份可以选择的文书类型有：作为甲聘请的律师，应当制作刑事附带民事自诉状；作为乙聘请的律师应当制作刑事答辩状（附带民事答辩）；作为主审法官可以制作刑事附带民事判决书或者调解书。

其次，选定具体身份和文书类型之后，就要完成文书的具体写作。法律文书写作的基本要求是：（1）事实清楚，因果明确；（2）事实、理由、结论保持一致；（3）文字简洁，用语准确；（4）格式正确，事项齐全。

第三部分：分析、论述题。本部分共 2 题，50 分。

七、（本题 25 分）

案情：甲系某大学三年级女生。2003 年 5 月 5 日，甲到国际知名连锁店乙超市购物，付款结账后取回自带的手袋，正要走出超市大门时，被超市保安阻拦。保安怀疑甲携带了未结账的商品，欲将甲带到超市值班经理办公室处理。甲予以否认，争执过程中引来众多顾客围观。后在经理办公室，甲应值班经理要求出示了所买商品及结账单据。值班经理将甲自带的手袋打开检查，并叫来女工作人员对甲进行了全身搜查，均未查出未结账的商品，遂将甲放走。事后，甲在超市被搜身的消息在本校乃至其他高校传开，甲成了倍受关注的"新闻人物"，对甲形成了巨大的精神压力，出现了失眠、头晕等症状，无法继续学业，医生建议其做心理治疗。甲认为乙超市侵害了自己的人格权，遂提起诉讼，请求判决乙超市赔偿精神损害10 万元。

本案双方的主要事实争议是：乙超市在对甲进行全身搜查时，是否强令甲脱去了内衣。对此，双方均未提出充分的证据。双方的主要法律争议是：超市在每年失窃数额巨大的情况下，是否有权对顾客进行搜查。乙超市认为自己在超市内已张贴告示，保留对顾客进行搜查的权利。一审法院认为乙超市不能提出没有强令甲脱去内衣进行搜查的证据，故对脱衣搜查的事实予以认定；认为乙超市的搜查行为侵犯了甲的人格权，且侵权情节恶劣，后果较为严重，同时考虑到当地经济发展水平较高，判决被告赔偿精神损害 11 万元。乙超市不服，提出上诉。

二审法院除认为一审判决认定乙超市强令甲脱内衣进行搜查的事实证据不足外，对一审认定的其它事实予以维持，酌情改判乙超市赔偿甲精神损害 1 万元。甲对二审判决不服，以赔偿太少为由，申请再审，请求将赔偿数额改为11 万元。

问题：

1. 请就本案一审判决、二审判决和再审申请涉及的法律问题进行简要分析；

2. 本案发生后社会反响颇大，引发了不少议论，主要涉及精神损害赔偿、法官自由裁量、人格权保护、消费者权益保护、企业安保措施等诸多法律问题，请你任选一个角度简要论述。

答题要求：

1. 第一问的分析应以法学理论、现行法律规定为依据；

2. 第二问的论述应观点明确，论证充分，逻辑严谨，文字通顺。

【答案】

前一问：

1. 一审判决数额超出了原告的请求范围，因而是错误的（可从不告不理、法院裁判的消极性、民事诉讼当事人的处分权等方面进行分析，说明其不当）。

2. 一审法院判决将举证责任归于乙超市，不符合谁主张谁举证的原则，本案不属于举证责任倒置的案件，而且未脱内衣搜查是消极事实，乙超市无法举证。因此，二审法院否定一审对脱内衣搜查的事实认定是正确的。本案应当由甲对脱内衣搜查的事实负举证责任，但由于侵权事实特殊，其证据属于当事人由于客观原因不能搜集的证据。正确的做法是由其申请法院进行调查，或结合本案其他证据和事实进行认定，如果无法认定应当根据举证责任的分配规则进行判决。

3. 甲申请再审的理由是赔偿太少。属于适用法律方面的问题，按民事诉讼法的规定，适用法律确有错误的才能再审，本案二审否定了原审对脱衣搜身的事实认定，据此在自由裁量权范围内改判，不属于适用法律确有错误，故不应当改判，甲的再审申请不应得到支持。考生可分析法院判决的终局性和权威性如何保障，如何修改再审程序等。

后一问：论述应观点明确，认证充分，逻辑严谨，文字通顺。

【解析】

本题属于限定型说明式论述题，第1问的考察更多的带有案例分析题的色彩，而第2问，则要考察考生的综合法律素养。

解答第1问时，考生要主体题目中的表述"就本案一审判决、二审判决和再审申请涉及的法律问题"，因而回答第1问时，一定要全面论述到这三个阶段存在的问题。第2问，属于论述题的范畴，考生必须抓住一点，进行深入地分析。考生要注意以下几点：

1. 逻辑推理能力，这就要求考生答题要严谨，必须能够语言流畅的表达，自圆其说；

2. 考生运用法言法语的能力，包括运用法律专业术语和法律专业语言，如价值位阶原则、个案平衡原则等。法言法语的适用，将会使论证更加充分、更加专业，容易取得较高分数。

八、（本题25分）

英美法系国家实行判例法制度，法官的判决本身具有立法的意义，并对以后处理类似案件具有拘束力。我国主要以成文法律及司法解释作为审判案件的依据，同时最高人民法院也通过公布案例指导审判实践。请围绕"判例、案例与司法解释"谈谈你的看法。

答题要求：

1. 在分析、比较、评价的基础上，提出观点并运用法学知识阐述理由；

2. 说理清楚，逻辑严谨，语言流畅，表达准确；

3. 字数不少于500字。

【解析】

首先，阐述判例、案例、司法解释各自的概念，并将判例与案例、司法解释分别进行辨析比较。这是论述题最基本的部分，必不可少。值得注意的是，这三个概念试题中已经作了相应的表述，特别是对于概念模糊的部分考生来说，题目的难度相对降低。

判例，作为英美法系国家正式的法律渊源，是具有普遍约束力的，法官造法和遵循先例是普通法的基本制度和原则。司法解释是指最高人民法院和最高人民检察院在适用法律法规的过程中，对如何具体应用法律法规问题所作的解释。案例，是指最高人民法院公布的用于指导审判实践的案例。

判例与案例不同之处在于：作为英美法系特有的法律制度，判例是具有普遍约束效力的，案例对于之后的审判活动只具有指导作用和参考价值，没有强制的约束力。

判例与司法解释不同之处在于：虽然都具有普遍的约束力，但判例是"法官造法"，而司法解释是不承认法院立法权的。另外，判例是具体个案中产生的，适用时遵循从个别到一般的演绎推理的思路；司法解释具有规范性和抽象性，适用时遵循从一般到个别的归纳推理的思路。

其次，以上述概念为中心，提出自己的观点，并进行分析论证。作为开放性的命题，本部分是没有标准答案的，考生只要有明确的观点，并加以充分论证就可以。

比如说考生可以提出为什么在我国不能实行判例制度的观点，并从英美法系与我国法律制度的区别，英美法系法官的素质远高于律师而我国法官的素质还达不到"法官造法"的要求等方面论述；也可以提出在我国应当建立判例制度的观点，并从判例制度的优越性、成文法和案例作用的局限性以及两大法系融合趋势等角度进行论证分析；还可以讨论案例和司法解释给审判活动带来的副作用，从案例可能会影响法官的独立审判权，司法解释助长法官的依赖性不利于审判技术的提高等角度加以分析。

2006 年
大陸國家司法考試試題與解析

2006 年国家司法考试　试卷一

提示：本试卷为选择题，由计算机阅读。请将所选答案填涂在答题卡上，勿在卷面上直接作答。

一、单项选择题，每题所给的选项中只有一个正确答案。本部分1-50题，每题1分，共50分。

1. 我国《合同法》第41条规定："对格式条款的理解发生争议的，应当按照通常理解予以解释。对格式条款有两种以上解释的，应当作出不利于提供格式条款一方的解释。格式条款和非格式条款不一致的，应当采用非格式条款。"对该法律条文的下列哪种理解是错误的？

   A. 该法律条文规定的内容是法律原则

   B. 格式条款本身追求的是法的效率或效益价值，该法律条文规定的内容追求的是法的正义价值

   C. 该法律条文是对法的价值冲突的一种解决

   D. 该法律条文规定了法律解释的方法和遵循的标准

   【答案】A

   【解析】本题是从一个法律条文的角度，综合考察法律原与法律规则、法的价值、法律解释等内容。法律原则是为法律规则提供某种基础或本源的综合性、指导性的价值准则。根据上面关于法律原则的定义，结合《合同法》第41条的内容可知该条文规定的内容不是法律原则，而是法律规则。因此选项A错误。格式条款是为了重复使用而事先制订的、在订立合同时未与对方协商的条款。格式条款追求的是法的效率价值，而对法的正义价值有所忽视。《合同法》第41条的规定就是为了避免格式条款的上述不足而设计的。因此选项B正确。根据该条文的内容可知，该条文规定的是对格式条款解释的一般标准和方法，同时也体现了对法的价值冲突加以解决的含义，故选项C、D正确。综上可知，本题的答案为A。

2. 关于法与宗教的关系，下列哪种说法是错误的？

　　A 法与宗教在一定意义上都属于文化现象

　　B 法与宗教都在一定程度上反映了特定人群的世界观和人生观

　　C 法与宗教在历史上曾经是浑然一体的，但现代国家的法与宗教都是分离的

　　D. 法与宗教都是社会规范，都对人的行为进行约束，但宗教同时也控制人的精神

【答案】C

【解析】解答本题需要准确认识法和宗教的关系，联系和区别以及各自的本质。法是一种规范性、国家意志性的行为规范。宗教泛指信奉超自然的意识形态。法与宗教都是社会存在的反映，都是社会意识，属于上层建筑的范畴，并在一定程度上反映了特定人群的世界观，是广义的文化现象的组成部分。在社会发展的早期，法与宗教规范是浑然一体的，没有严格分离，都是人们行为的规范。但随着社会的发展，人类文明的进步，法与宗教逐渐分离，形成各自不同的调整范围。法只规范人们的行为，退出了对人们精神领域的调整。而宗教却在规范人们行的同时，还控制人的精神。在当今社会，除了政教合一的国家以外。其他国家的法与宗教都严格分离，只有政教合一的国家还把某些宗教教义作为本国法的渊源。根据上述关于法与宗教的一般知识可知选项 ABD 正确，C 错误。故本题的答案为 C。

3. 某地法院在审理案件过程中发现，该省人民代表大会所制定的地方性法规规定与国家某部委制定的规章规定不一致，不能确定如何适用。在此情形下，根据我国《宪法》和《立法法》，下列哪种处理办法是正确的？

　　A. 由国务院决定在该地方适用部门规章

　　B. 由全国人民代表大会决定在该地方是适用地方性法规还是适用部门规章

　　C. 由最高人民法院通过司法解释加以决定

　　D. 由国务院决定在该地方适用地方性法规，或者由国务院提请全国人民代表大会常务委员会裁决在该地方适用部门规章

【答案】D

【解析】当地方性法规与国务院部门规章规定不一致时，妥善处理二者的冲突是十分必要的。《立法法》第 86 条第 1 款第（二）项规定，地方性法规与部门规章之间对同一事项的规定不一致，不能确定如何适用时，由国务院提出意见，国务院认为应当适用地方性法规的，应当决定在该地方适用地方性法规的规定；认为应当适用部门规章的，应当提请全国人民代表大会常务委员会裁决。由此可知，本题的答案为 D。

4. 关于法与社会相互关系的下列哪一表述不成立?

A. 按照马克思主义的观点,法的性质与功能决定于社会,法与社会互相依赖、互为前提和基础

B. 为了实现法对社会的有效调整,必须使法律与其他的资源分配系统进行配合

C. 构建和谐社会,必须强调理性、正义和法律统治三者间的有机联系

D. 建设节约型社会,需要综合运用经济、法律、行政、科技和教育等多种手段

【答案】A

【解析】本题较为前面地考查了法与社会的相互关系。法是社会物质存在的反映,由社会物质存在决定,社会物质存在是法产生的基础。故选项 A 错误。法对社会的调整。主要表现为运用法律解决经济、政治、文化、科技、道德、宗教等方面的各种社会问题,由此实现法的价值,发挥法的功能。但是为了有效地通过法律控制社会,还必须使法律与其他的资源分配系统(宗教、道德、政策等)进行配合。故选项 B 正确。民主法治是和谐社会的基本特征之一,法治建设与和谐社会构建具有内在的高度统一性。故选项 C 正确。建设节约型社会,就是要在社会生产、建设、流通、消费的各个领城,在经济和社会发展的各个方面,切实保护和合理利用各种资源,提高资源利用效率,以尽可能少的资源消耗获得最大的经济效益和社会效益。故选项 D 正确。综上可知,本题的答案为 A。

5. 某医院确诊张某为癌症晚期,建议采取放射治疗,张某同意。医院在放射治疗过程中致张某伤残。张某向法院提起诉讼要求医院赔偿。法院经审理后认定,张某的伤残确系医院的医疗行为所致。但法官在归责时发现,该案既可适用《医疗事故处理条例》的过错原则,也可适用《民法通则》第 123 条的无过错原则。这是一种法律责任竟合现象。对此,下列哪种说法是错误的?

A. 该法律责任竟合实质上是指两个不同的法律规范可以同时适用于同一案件

B. 法律责任竟合往往是在法律事实的认定过程中发现的

C. 法律责任竟合是法律实践中的一种客观存在,因而各国在立法层面对其作出了相同的规定

D. 法律解释是解决法律责任竟合的一种途径或方法

【答案】C

【解析】本题考察的是法律责任竟合和法律解释的有关理论。所谓法律责任竟合,是指由于某种法律事实的出现,导致两种或者两种以上的法律责任产生,而这些责任之间相互冲突的现象。它既可以发生在同一法律部门内部,如民法上侵权责任与违约责

任的竞合；也可以发生在不同的法律部门之间，如民事责任、行政责任和刑事责任等之间的竞合。法律责任的竞合是客观存在的，法律责任竞合往往在法律事实的认定过程中被发现。实践中解决法律责任竞合的方法很多，包括法律解释、事实解释、辩证推理等。故选项 A、B 的说法是正确的。然而由于各国的社会基础不同，使得各国在立法上对法律责任竞合采取了不同的解决方法。故选项 C 的说法是错误的。本题为选非题，综上可知，本题的答案为 C。

6. 生物科技和医疗技术的不断发展，使器官移植成为延续人的生命的一种手段。近年来，我国一些专家呼吁对器官移植进行立法，对器官捐献和移植进行规范。对此，下列哪种说法是正确的？

   A. 科技作为第一生产力，其发展、变化能够直接改变法律

   B. 法律的发展和变化也能够直接影响和改变科技的发展

   C. 法律既能促进科技发展，也能抑制科技发展所导致的不良后果

   D. 科技立法具有国际性和普适性，可以不考虑具体国家的伦理道德和风俗习惯

【答案】C

【解析】本题考查的是科学技术与法之间的关系。现代科学技术与社会生产的发展越来越紧密。法律与科技相互作用、相互影响。一方面科技对立法提出了新问题，为司法提供了新技术，科技促进法律观念的更新，促使法律方法的进步，但是科技的发展变化并不能直接改变法律本身。另一方面，法律也规范管理着科技活动，调整着科技竞争，促进科技成果的商品化，并抑制科技可能带来的消极作用，但法律的发展变化也并不能直接影响改变科技的发展。故选项 A、B 是错误的。此外，无论科技如何发展，法律如何更新，二者都以一国的伦理道德和风俗习惯为基础，具有某种地方性和特殊性。故选项 D 的说法不正确。综上可知，本题的答案为 C。

7. 下列关于法律解释的哪一表述是正确的？

   A. 法律解释作为法律职业技术的核心，在任何有法律职业的国家中，其规则和标准没有不同

   B. 法律解释方法是多种多样的，解释者往往只使用其中的一种方法

   C. 法律解释不是可有可无的，而是必然存在于法律适用之中

   D. 法律解释具有一定的价值取向性，因此，它是一种纯主观的活动，不具有客观性

【答案】C

【解析】本题考查了法律解释的有关理论。所谓法律解释是指一定的个人或组织对法律规定不清楚、不明确的地方所作的阐释和说明。法律解释是法律职业技术的核心，但是基于各国立法司法环境不同，传统各异，因此各国在法律解释的规则和标准上有所侧重，存在一定差异。故选项 A 的表述是错误的。法律解释的方法是指解释者在进行法律解释时为了达到解释的目标所使用的方法，大体上都包括文意解释、目的解释、体系解释、历史解释、论理解释等，实践中解释者在进行法律解释时往往需要综合采用这些解释方法，从不同的角度阐释分析解释的对象。故选项 B 的表述不正确。法律解释既是人们日常法律实践的重要组成部分，也是法律实施的一个重要的前提，是法律适用过程中不可或缺的步骤。故选项 C 的表述是正确的。法律解释具有一定的价值取向性，是指法律解释的过程是一个价值判断、价值选择的过程。人们创制并实施法律是为了实现一定的目的，而这些目的又是以某些基本的价值为基础。这些目的和价值就是法律解释所要探求的法律意旨。在法律解释的实践中，这些价值一般体现为宪法原则和其他法律的基本原则，因此法律解释并非是一种纯主观性的活动，而有一定的客观性。故选项 D 前半部分是正确的，后半部分忽视了法律解释的客观性，因而是错误的。综上可知，本题的答案为 C。

8. 一般说来，规定国家权力的正确行使和公民权利的有效保障应是宪法基本内容的两个方面。下列哪一部宪法没有明确规定公民的基本权利？

   A. 1918 年的《苏俄宪法》

   B. 1789 年的《美国宪法》

   C. 1791 年的《法国宪法》

   D. 1923 年的《中华民国宪法》

【答案】B

【解析】本题需要结合选项中各个宪法的内容和特点进行作答。应用中外宪法的历史知识对题目中的几部宪法进行分析可知：1918 年的《苏俄宪法》是全体俄国人民制定的宪法，是全体苏俄人民意志的体现，规定并保障了会民的基本权利。1789 年的《美国宪法》是美国各阶层人民代表共同制定的，但只规定了国家基本制度的内容，关于公民权利的内容规定在其修正案中。1791 年的《法国宪法》是人民与主权者共同制定的宪法，在一定程度上是人民与主权者妥协的产物，规定并保障了公民的基本权利。1923 年的《中华民国宪法》目的是为了维护主权者的统治，但也规定了有限的公民权利。所以，本题答案选 B。

9. 按照宪法的理论，制宪主体不同于制宪机关。下列关于我国宪法的制宪主体或制宪机关的哪一表述是正确的？

    A. 全国人民代表大会和地方各级人民代表大会是我国的制宪主体

    B. 全国人民代表大会是我国的制宪主休，全国人民代表人会常务委员会是我国的制宪机关

    C. 全国人民代表大会是我国的制宪机关，宪法起草委员会是它的具体工作机关

    D. 第一届全国人民代表大会第一次全体会议是我国的制宪机关

【答案】D

【解析】解答本题需要区别制宪主体与制宪机关的概念。根据宪法的一般理论：制宪机关是指一国有权制定宪法的国家机关，制宪机关是特定的国家机关，并且是拥有制定宪法权力的国家机关。制宪主体是国家主权的所有者，在我国人民是制宪主体，只不过间接行使该项权利而已。中华人民共和国第一居全国人民代表大会第一次全体会议通过了《中华人民共和国宪法》，它标志着第一局全国人民代表大会是我国的制宪机关。故本题答案为 D。关于本题还要掌握全国人大作为我国的制宪机关，不仅具有制宪权还有修宪权。

10. 根据宪法制定的机关不同，可以把宪法分为民定宪法、钦定宪法和协定宪法。下列哪一部宪法是协定宪法？

    A. 1830 年法国宪法

    B. 1779 年美国《邦联条例》

    C. 1889 年日本宪法

    D. 1919 年德国魏玛宪法

【答案】A

【解析】本题考查宪法的分类。根据宪法制定的机关不同，可以把宪法分为民定宪法、钦定宪法和协定宪法。所谓民定宪法是指由民意机关或者全民公决制定的宪法。钦定宪法是指由君主或以君主名义制定和颁布的宪法。协定宪法是指君主与国民或者与国民代表机关协商制定的宪法。根据外国宪法的历史知识，1830 年法国宪法是由法国人民代表与君主协商制定的宪法，是协定宪法；1830 年美国《邦联条例》、1919 年德国魏玛宪法是由人民或人民代表机关制定的，属于民定宪法。1889 年日本宪法是以日本天皇名义颁布的宪法，属于钦定宪法。故本题答案为 A。

11. "凡权利无保障和分权未确立的社会就没有宪法"的论断是由下列哪一部宪法文件予以明文规定的?

    A. 1789 年的法国《人权与公民权利宣言》

    B. 1776 年的北美《独立宣言》

    C. 1688 年的英国《权利法案》

    D. 1918 年的苏俄《被剥削劳动人民权利宣言》

【答案】A

【解析】本题考查外国宪法有关的历史知识。根据外国宪法历史知识可知: 1789 年的法国《人权与公民权利宣言》明文规定凡权利无保障和分权未确立的社会就没有宪法; 1'776 年的北美《独立宣言》规定了北美殖民地脱离英国殖民统治, 建立独立自主的国家; 1688 年的英国《权利法案》.规定了人民的基本权利, 并加以保护。1918 年的苏俄《被剥削劳动人民权利宣言》第一次系统地规定了经济制度, 扩大了宪法的调整范围。综上可知, 本题答案为 A。

12. 宪法规定, 居民委员会、村民委员会同基层政权的相互关系由法律规定。下列哪一项不属于基层政权的范畴?

    A. 乡、民族乡、镇的人民政府

    B. 不设区的市、市辖区的人民政府

    C. 不设区的市、市辖区人民政府的派出机构

    D. 县人民政府

【答案】D

【解析】本题考查的基层政权的范畴。基层政权这个概念首次见于 1978 年宪法, 1982 年宪法继续沿用。政权是国家机关和国家权力的统一体, 我国从上到下四个等级依次是: 国务院, 省、自治区、直辖市, 自治州、县、自治县、市的人民政府, 不设区的市、市辖区、乡、民族乡、镇的人民政府。居民委员会、村民委员会是自治组织, 不是政权组织。所以本题答案为 D。

13. 《中华人民共和国政府和大不列颠及北爱尔兰联合王国政府关于香港问题的联合声明》是由哪一机关批准生效的?

    A. 国务院

    B. 全国人大

    C. 全国人大常委会

    D. 国家主席

【答案】C

【解析】本題要求考生在全面了解全國人大、全國人大常委會、國家主席、國務院的職權的基礎上，根據具體情況靈活運用法律條文。根據《憲法》第 67 條第（十四）項的規定，決定同外國締結的條約和重要協定的批准和廢除屬於全國人大常委會的職權。可知本題答案為 C。

14. 下列哪一項是我國憲法界定公民資格的依據？

　　A. 出生地主義原則

　　B. 血統主義原則

　　C. 國籍

　　D. 以血統主義為主、以出生地主義為輔的原則

【答案】C

【解析】關於界定公民資格的依據，根據我國《憲法》第 33 條第 1 款的規定："凡具有中華人民共和國國籍的人都是中華人民共和國公民"，因此判斷一個人是否為中華人民共和國公民的標準是他是否具有中華人民共和國的國籍。由此可知，本題答案為 C。ABD 三項實際說的是國籍取得的原則。解答本題的關鍵在於要明確界定公民資格的依據與國籍取得的原則是完全不同的兩個概念。

15. 秦始皇時期，某地有甲乙兩家相鄰而居，但積怨甚深。有一天，該地發生了一起搶劫殺人案件，乙遂向官府告發系甲所為。甲遭逮捕並被定為死罪。不久案犯被捕獲，始知甲無辜系被乙誣告。依據秦律，誣告者乙應獲下列哪種刑罰？

　　A. 死刑

　　B. 遷刑

　　C. 城旦舂

　　D. 笞一百

【答案】A

【解析】本題考查了秦代的"誣告反坐"原則。秦律規定，故意捏造事實與罪名誣告他人，即構成誣告罪。誣告者實行反坐原則，即以被誣告人所受的處罰，反過來制裁誣告者。本題案例中甲被乙誣告而被定為死罪，根據秦代誣告反坐的刑罰適用原則，對乙應以甲被判處的刑罰加以制裁，即乙應當被判處死刑。故本題選 A。提醒考生注意，古代的刑名一直是考試的重點，考生在平時的復習中應該注意總結。

16. 汉武帝时，有甲、乙二人争言相斗，乙以佩刀刺甲，甲之子丙慌忙以杖击乙，却误伤甲。有人认为丙"殴父也，当枭首。"董仲舒引用《春秋》事例，主张"论心定罪"，认为丙"非律所谓殴父，不当坐"。关于此案的下列哪种评论是错误的？

    A. "论心定罪"是儒家思想在刑事司法领域的运用

    B. 以《春秋》经义决狱的主张是旨在建立一种司法原则

    C. "论心定罪"仅为一家之言，历史上不曾被采用

    D. "论心定罪"有可能导致官吏审判案件的随意性

    【答案】C

    【解析】《春秋》决狱是法律儒家化在司法领域的体现。其特点是根据儒家的经典《春秋》等著作中提倡的精神原则审判案件，而不仅仅依据汉律审案。《春秋》决狱实行"论心定罪"原则，其要旨是必须根据案情事实，追究行为人的动机，以《春秋》经义决狱为司法原则，对传统的司法和审判是一种积极的补充。但如果仅以主观动机的善、恶判断有罪无罪或者罪行轻重，也会为司法官吏主观判断提供依据。综上可知，C 项的论断显然是错误的，所以本题选 C。

17. 唐朝开元年间，旅居长安的突某（来自甲国）将和某（来自乙国）殴打致死。根据唐律关于"化外人"犯罪适用法律的原则，下列哪一项是正确的？

    A. 适用当时甲国的法律

    B. 适用当时乙国的法律

    C. 当时甲国或乙国的法律任选其一

    D. 适用唐朝的法律

    【答案】D

    【解析】化外人原则是唐律刑罚原则之一。《唐律·明例律》规定："诸化外人，同类自相犯者，各依本俗法；异类相犯者，以法律论。"即同国籍外国侨民在中国犯罪的，由唐王朝按其所属本国法律处理，实行属人主义原则；不同国籍侨民在中国犯罪的，按唐律处罚，实行属地主义原则。所以选项 D 正确，ABC 项均错误。

18. 乾隆年间，四川重庆府某甲"因戏而误杀旁人"，被判处绞监候。依据清代的会审制度，对某甲戏杀案的处理，适用下列哪一项程序？

    A. 上报中央列入朝审复核定案

    B. 上报中央列入秋审复核定案

    C. 移送京师列入热审复核定案

D. 上报中央列入二司会审复核定案

【答案】B

【解析】清代在明代的会审制度的基础上，进一步完善了重案会审制度，形成了秋审、朝审和热审的比较规范的会审体制。其中秋审是最重要的死刑复审制度，秋审审理对象是全国上报的斩、绞监候案件。朝审是时刑部判决的重案及京师附近的斩、绞监候案件进行的复审，于每年霜降后十日举行。热审是对发生在京师的笞杖刑案件进行重审的制度，于每年小满后十日至立秋前一日举行而得名。三司会审是指由刑部、大理寺、都察院组成的中央三大司法机关（称为三法司）对重大疑难案件的共同会审。故本题答案为B。AC项错误。D为干扰。

19. 下列关于德国法律制度形成与发展的哪一表述是错误的？

　　A. 1532 年颁布的《加洛林纳法典》是一部刑法和刑事诉讼法方面的法律，对德国封建法的发展具有重要影响

　　B. "潘德克顿学派"的思想构成《德国民法典》的理论基础

　　C. 希特勒当政期间的德国法坚持维护资产阶级议会制和联邦制

　　D. 魏玛共和国时期的法律强调"社会本位"

【答案】C

【解析】德国法律制度的形成与发展经历了 5 个阶段。在封建时代（1532 年）出现了《加洛林纳法典》，该法典主要包括刑法和刑事诉讼法方面的内容，对德国封建法的发展具有重要影响。故选项 A 是正确的。《德国民法典》的起草者最终采取了"潘德克顿学派"的主张，按照罗马法《学说汇纂》阐发的民法五编制体例制定了民法典，故选项 B 是正确的。希特勒当政期间，德国颁布了一系列法西斯法令，废除了资产阶级议会民主制和联邦制，维护希特勒个人独裁和纳粹一党专政。故选项 C 是错误的。魏玛共和国时期德国加快了民主政治的进程，在沿用原有法律的同时，颁布了大量的"社会化"法律，开始强调"社会本位"。故选项 D 的表述是正确的。综上，本题答案为 C。

20. 下列关于罗马私法的哪一表述是错误的？（至诚考业 www.zcky.com 整理提供）

　　A. 罗马法有市民法和长官法之分，其中长官法的内容多为私法

　　B. 在罗马，早期采取"限定继承"的原则，后来逐步确立"概括继承"的原则

　　C. 在罗马私法上，自然人的人格由自由权、市民权和家庭权三种身份构成

　　D. 罗马法的婚姻包括"有夫权婚姻"和"无夫权婚姻"两种

【答案】B

【解析】本题可以结合罗马法的分类、罗马私法中有关人法、婚姻家庭法和物法的内容分析。所谓罗马法有市民法和长官法之分，市民法是适用于罗马市民的法律。长官法是古罗马的高级官吏或者长官，在其职权范围内颁布谕令。一般而言，大法官的谕令构成罗马私法的重要渊源。故选项 A 正确。在继承方面，罗马法早期采取"概括继承"的原则，后来逐步确立了"限定继承"的原则。故选项 B 的表述不正确。在罗马私法上，自然人的人格由自由权、市民权和家庭权三种身份构成。只有同时具备上述三种身份权的人，才能在法律上享有完全的权利能力。故选项 C 正确。在婚姻家庭法方面，罗马法上的婚姻包括"有夫权婚姻"和"无夫权婚姻"两种。故选项 D 正确。故本题答案为 B。

21. 《土地管理法》规定，国家实行占用耕地补偿制度。下列关于这一制度的哪一表述是错误的？

    A. 因非农业建设占用耕地的，占用单位应承担占用补偿义务，负责开垦与所占用耕地的数量和质量相当的耕地

    B. 国家批准的重点建设项目占用耕地的，占用单位不承担占用补偿义务

    C. 没有条件开垦的占用单位，应当按规定缴纳耕地开垦费

    D. 占用单位开垦耕地，应按照省级人民政府制定的开垦计划进行

【答案】B

【解析】本题考查了国家耕地占用补偿制度的相关知识。根据《土地管理法》第 31 条第 2 款规定："国家实行占用耕地补偿制度。非农业建设经批准占用耕地的，按照'占多少，垦多少'的原则，由占用耕地的单位负责开垦与所占用耕地的数量和质量相当的耕地；没有条件开垦或者开垦的耕地不符合要求的，应当按照省、自治区、直辖市的规定缴纳耕地开垦费，专款用于开垦新的耕地。"故 AC 项正确。第 3 款规定："省、自治区、直辖市人民政府应当制定开垦耕地计划，监督占用耕地的单位按照计划开垦耕地或者按照计划组织开垦耕地，并进行验收。"故 D 项正确。第 47 条第 1 款规定："征收土地的，按照被征收土地的原用途给予补偿。"故 B 错误。故本题答案为 B。

22. 根据《土地管理法》确立的土地用途管制制度，国家在编制土地利用总体规划时，对土地用途如何分类？

    A. 国有单位用地、集体用地和私人用地

    B. 城市用地、乡村用地和其他用地

    C. 农用地、建设用地和未利用地

D. 工商业用地、农业用地和住宅用地

【答案】 C

【解析】 本题考查了土地用途的分类。根据《土地管理法》第 4 条第 2 款规定："国家编制土地利用总体规划，规定土地用途，将土地分为农用地、建设用地和未利用地。"故本题答案为 C。

23. 2005 年 6 月，某县发生特大洪水，县防汛指挥部在甲村临时征用村东和村西的两块土地。其间实施的下列哪种行为不符合法律规定？

    A. 灾情发生后，在未办理建设用地审批手续的情况下，向村委会宣布临时征用土地的决定

    B. 抗洪期间，在未办理建设用地审批手续的情况下，在两块土地上各搭建一座存放抗洪物资的仓库

    C. 灾情结束后，在未办理建设用地审批手续的情况下，拆除村东的仓库，将土地恢复原状后交还给甲村

    D. 灾情结束后，在未办理建设用地审批手续的情况下，以未来抗洪需要为由，保留村西的仓库至今

    【答案】 D

    【解析】 本题考查了抢险救灾征用土地制度。根据《土地管理法实施条例》第 27 条规定："抢险救灾等急需使用土地的，可以先行使用土地。其中，属于临时用地的，灾后应当恢复原状并交还原土地使用者使用，不再办理用地审批手续；属于永久性建设用地的，建设单位应当在灾情结束后六个月内申请补办建设用地审批手续。"故本题答案为 D。

24. 刘家村在本村"四荒"土地发包过程中的下列哪种做法不符合《土地承包法》的规定？

    A. 村东的荒沟通过招标方式发包给邻村人张某

    B. 村西的荒丘通过拍卖方式发包给外乡人王某和陈某

    C. 村北的荒山通过公开协商方式发包给县林业开发公司

    D. 村南的荒滩依据村委会决议发包给本村人黄某、刘某和邱某组成的股份合作社

    【答案】 D

    【解析】 本题考查了农村土地承包经营制度。根据《土地承包法》第 3 条规定："国家实行农村土地承包经营制度。农村土地承包采取农村集体经济组织内部的家庭承包方式，不宜采取家庭承包方式的荒山、荒沟、荒丘、荒滩等农村土地，可以采取招标、

拍卖、公开协商等方式承包。"第 18 条第（三）项规定："承包方案应当按照本法第十二条的规定，依法经本集体经济组织成员的村民会议三分之二以上成员或者三分之二以上村民代表的同意。"故 A、B、C 合法，荒滩发包不能由村委会决议决定，选项 D 不符合规定。故本题答案为 D。

25. 关于税务登记的下列哪一表述是正确的?

　　A. 事业单位均无需办理税务登记

　　B. 企业在外地设立的分支机构应当办理税务登记

　　C. 个体工商户应当在办理营业执照之前办理税务登记

　　D. 税务机关应当在收到税务登记申报之后 15 日内核发税务登记证件

【答案】B

【解析】本题考查了税务登记。《税收征收管理法》第 15 条第 1 款规定："企业，企业在外地设立的分支机构和从事生产、经营的场所，个体工商户和从事生产、经营的事业单位（以下统称从事生产、经营的纳税人）自领取营业执照之日起 30 日内，持有关证件，向税务机关申报办理税务登记。税务机关应当自收到申报之日起 30 日内审核并发给税务登记证件。"故本题答案为 B。

26. 根据《个人所得税法实施条例》的规定，"个人取得的应纳税所得"包括下列哪一项?

　　A. 现金、实物

　　B. 现金、有价证券

　　C. 现金、实物、有价证券

　　D. 现金、实物、有价证券和期权

【答案】C

【解析】本题考查了个人取得的应纳税所得范围。根据《个人所得税法实施条例》第 10 条规定，个人取得的应纳税所得，包括现金、实物、和有价证券。故本题答案为 C。

27. 根据《商业银行法》的规定，商业银行不得向关系人发放信用贷款。下列哪一类人属于该规定所指的关系人?

　　A. 商业银行的董事、监事、管理人员、信贷业务人员及其近亲属

　　B. 与商业银行有业务往来的非银行金融机构的董事、监事和高级管理人员

　　C. 甲商业银行的上级上管部门的负责人及其近亲属

　　D. 商业银行的客户企业的董事、监事和高级管理人员

【答案】A

【解析】本题考查了关系人的范围。根据《商业银行法》第40条规定："前款所称的关系人是指：（一）商业银行的董事、监事、管理人员、信贷业务人员及其近亲属；（二）前款所列人员投资或者担任高级管理职务的公司、企业和其他经济组织。"故本题答案为A。

28. 关于集体合同的下列哪一表述是错误的？

    A. 甲未建立工会的企业，集体合同应由职工推举的代表与企业签订

    B. 劳动合同中的劳动条件和劳动报酬标准可以高于集体合同的规定

    C. 并非所有的企业都必须签订集体合同

    D. 集体合同必须经劳动行政部门审查批准方能生效

【答案】D

【解析】根据《劳动法》第33条规定："企业职工一方与企业可以就劳动报酬、工作时间、休息休假、劳动安全卫生、保险福利等事项，签订集体合同。集体合同草案应当提交职工代表大会或者全体职工讨论通过：集体合同由工会代表职工与企业签订；没有建立工会的企业，由职工推举的代表与企业签订。"故A、C项正确。第34条规定："集体合同签订后报送劳动行政部门；劳动行政部门自收到集体合同文本之日起15日内未提出异议的，集体合同即行生效。"故D项错误。第35条规定："依法签订的集体合同对企业和企业全体职工具有约束力。职工个人与企业订立的劳动合同中劳动条件、劳动报酬等标准不得低于集体合同的规定。"故B项正确。本题答案为D。

29. 今年是联合国秘书长的换届年，联合国将依据《联合国宪章》选举产生新任秘书长。根据《联合国宪章》，对于秘书长的选举程序，下列哪一表述是正确的？

    A. 由联合国安理会采取关于程序性事项的投票程序，直接表决选出秘书长

    B. 由联合国大会直接选举，大会成员2/3多数通过

    C. 由安理会采取实质性事项表决程序推荐秘书长候选人，经联合国大会以简单多数表决通过

    D. 由安理会采取程序性事项表决程序推荐秘书长候选人，经联合国大会表决获2/3多数通过

【答案】C

【解析】本题考查了联合国安理会秘书长的选举程序。根据《联合国宪章》，联合国秘书长人选由联合国安全理事会向联合国大会推荐，要求包括全体常任理事国在内的9个理事国一致同意，然后采取简单多数通过故本题答案为C。

30. 风光秀丽的纳列温河是甲国和乙国的界河。两国的边界线确定为该河流的主航道中心线。甲乙两国间没有其他涉及界河制度的条约。现甲国提议开发纳列温河的旅游资源，相关旅行社也设计了一系列界河水上旅游项目。根据国际法的相关原则和规则，下列哪一项活动不需要经过乙国的同意，甲国即可以合法从事？

    A. 在纳列温河甲国一侧修建抵近主航道的大型观光栈桥

    B. 游客乘甲国的旅游船抵达乙国河岸停泊观光，但不上岸

    C. 游客乘甲国渔船在整条河中进行垂钓和捕捞活动

    D. 游客乘甲国游船在主航道上沿河航行游览

    【答案】D

    【解析】关于界河的利用通常应当由边界文件加以规定。原则上，沿岸国对界河均有使用权，以不影响邻国利益为限。由于纳列温河是甲国和乙国的界河，所以该河流是两国的界水。一般的，沿岸国对界水有共同的使用权。一国如欲在界水上建造工程设施，如桥梁、堤坝等，应取得另一方的同意，故 A 错误；除遇难或有其他特殊情况外，一方船舶不得在对方靠岸停泊，故 B 错误；界河分属沿岸国家部分为该国领土，处于该国主权之下，所以渔民一般只能在界水的本国一侧捕鱼，故 C 错误；相邻国家在界水上享有平等的航行权。故本题答案为 D。

31. 甲、乙两国为陆地邻国。由于边界资源的开采问题，两国产生了激烈的武装冲突，战火有进一步蔓延的趋势。甲、乙均为联合国成员国。针对此事态，如果拟通过联合国安理会采取相关措施以实现停火和稳定局势，那么，根据《联合国宪章》有关规定，下列哪一选项是正确的？

    A. 只有甲、乙两国中的任一国把该事项提交安理会后，安理会才有权对该事项进行审议

    B. 在对采取措施的决议草案进行表决时，若获得全体理事国中 1/2 多数的同意，其中包括常任理事国的一致同意，该决议即被通过

    C. 在对采取措施的决议草案进行表决时，安理会常任理事国中任何一国投弃权票，不妨碍该决议的通过

    D. 只有得到甲、乙两国的分别同意，安理会通过的上述决议才能对其产生拘束力

    【答案】C

    【解析】根据《联合国宪章》，安理会的职权之一就是促使争端的和平解决，它可以依职权主动采取相关措施以实现停火和稳定局势。故 A 错误；而宪章将安理会表决事项分为程序性事项和非程序性事项。程序性事项，由 1 个理事国中的 9 个同意即可

决定。对程序性事项以外的一切事项，都需要经包括 5 个常任理事国在内的 9 个理事国同意才能通过，而安理会做出采取相关措施以实现停火和稳定局势决定属于非程序性事项。因此要求包括 5 个常任理事国在内的 9 个理事国一致同意，故 B 错误；实践中，常任理事国的弃权或缺席不视为否决，不影响决议的通过。故 C 正确。安理会为制止和平的破坏、和平的威胁和侵略行为而作出的决定，以及依照宪章规定的其他职能作出的决定，对当事国和所有成员国都具有构束力，不论该国是否同意。故 D 错误。故本题答案为 C。

32. 戴某为某省政府的处级干部。两年前，戴父在甲国定居，并获甲国国籍。2006 年 7 月，戴父去世。根据有效遗嘱，戴某赴甲国继承了戴父在甲国的一座楼房。根据甲国法律，取得该不动产后，戴某可以获得甲国的国籍，但必须首先放弃中国国籍。于是戴某当时就在甲国填写了有关表格，声明退出中国国籍。其后，戴某返回国内继续工作。针对以上事实，根据我国《国籍法》的规定，下列哪项判断是正确的？

   A. 戴某现在已自动丧失了中国国籍

   B. 戴某现在只要在中国特定媒体上刊登相关声明，即退出中国国籍

   C. 戴某现在只要向中国有关部门申请退出中国国籍，就应当得到批准

   D. 戴某现在不能退出中国国籍

【答案】D

【解析】本题考查了国籍的取得和丧失。根据《国籍法》第 12 条的规定："国家工作人员和现役军人，不得退出中国国籍。"而题目中戴某为某省政府的处级干部，属于国家工作人员，不得退出中国国籍。故本题答案为 D。

33. 嘉易河是穿越甲、乙、丙三国的一条跨国河流。1982 年甲、乙两国订立条约，对嘉易河的航行事项作出了规定。其中特别规定给予非该河流沿岸国的丁国船舶在嘉易河中航行的权利，且规定该项权利非经丁国同意不得取消。事后，丙国向甲、乙、丁三国发出照会。表示接受该条约中给予丁国在嘉易河上航行权的规定。甲、乙、丙、丁四国都是《维也纳条约法公约》的缔约国。对此，下列哪项判断是正确的？

   A. 甲、乙两国可以随时通过修改条约的方式取消给予丁国的上述权利

   B. 丙国可以随时以照会的方式，取消其承担的上述义务

   C. 丁国不得拒绝接受上述权利

   D. 丁国如果没有相反的表示，可以被推定为接受了上述权利

【答案】D

【解析】本题考查了条约对第三国的效力。根据《维也纳条约法公约》规定，当一个条约有意为第三国创设权利时，原则上应征得第三国的同意。但是，如果第三国没有相反的表示，应推断其接受这项权利，不必以书面形式明示接受。故本题答案为D。同时，本题中甲乙两国特别约定的权利非经丁国同意不得取消，故 A 错误。另外 B 项中，丙国为该条约的当事国，不能随意取消丁国的该项权利。

34. 甲国与乙国在一场武装冲突中，各自俘获了数百名对方的战俘。甲、乙两国都是 1949 年关于对战时平民和战争受难者保护的四个《日内瓦公约》的缔约国。根据《日内瓦公约》中的有关规则，下列哪种行为不违背国际法？

    A. 甲国拒绝战俘与其家庭通信或收发信件

    B. 甲国把乙国的战俘作为战利品在电视中展示

    C. 乙国没收了甲国战俘的所有贵重物品，卜缴乙国国库

    D. 乙国对被俘的甲国军官和甲国士兵给予不同的生活待遇

【答案】D

【解析】根据《日内瓦公约》，战俘营享有规定的合法待遇和相关权利。主要包括：准许战俘和其家庭通讯和收寄信件；不得侮辱战俘的人格和尊严；战俘的金钱和贵重物品可以由拘留国保存，但不得没收；战俘除因其军职等级、性别、健康、年龄、及职业资格外，一律享有平等待遇，不得歧视。故本题答案为D。

35. 甲公司在德国注册成立，在中国进行商业活动时与中国的乙公司发生商务纠纷并诉诸中国法院。法院经审理查明：中公司的控股股东为英国人，甲公司在德国、英国和中国均有营业所。依照我国有关法律及司法解释，法院应如何选择确定本案甲公司营业所？

    A. 以其德国营业所为准

    B. 以其英国营业所为准

    C. 以其中国营业所为准

    D. 以当事人共同选择的营业所为准

【答案】C

【解析】本题考查了法人营业场所的确定。根据《民法通则意见》第 185 条规定："当事人有两个以上营业所时，应以与产生纠纷有最密切联系的营业所为准；当事人没有营业所的，以其住所或经常居住地为准。"本题中，甲公司在中国进行商业活动时与

中国的乙公司发生商务纠纷,并且甲会司在德国、英国和中国均有营业所,可以认定中国营业所为与纠纷有最密切联系的营业所。法院应选择甲公司中国营业所为本案中的营业所。故本题答案为 C。

36. 依照我国现行法律规定及司法解释,下列哪项判断是正确的?

    A. 对于在我国境内没有住所的外国被告提起涉外侵权诉讼,只有该侵权行为实施地在我国境内时,其所属辖区的中级人民法院才可以对该侵权诉讼行使管辖权

    B. 我国法院可以根据当事人选择我国法院的书面协议对涉外民事诉讼行使管辖权

    C. 对原本无权管辖的涉外民事诉讼,只要该诉讼的被告前来出庭应诉,我国法院就可以对其行使管辖权

    D. 因在中国履行中外合资经营企业合同发生的纠纷,当事人只能向中国法院提起诉讼

【答案】B

【解析】本题综合考查了涉外民事诉讼的各类管辖权的问题。根据《民事诉讼法》第 19 条第 1 款的规定,重大涉外案件由中级人民法院管辖。因此尽管该侵权行为可以由我国法院管辖,但只有具备重大涉外案件的条件,才能由所属区的中级人民法院管辖。故 A 错误;第 244 条规定:"涉外合同或者沙外财产权益纠纷的当事人,可以用书面协议选择与争议有实际联系的地点.的法院管辖;选择中华人民共和国人民法院管辖的,不得违反本法关于级别管辖和专属管辖的规定。"故 B 正确;第 245 条:"涉外民事诉讼的被告时人民法院管辖不提出异议,并应诉答辩的,视为承认该人民法院为有管辖权的法院。"因此,不是无管辖权而是对管辖权无异议的情况下,当事人应诉答辩的,视为承认该人民法院为有管辖权的法院。故 C 错误;第 246 条:"因在中国展行中外合资经营企业合同发生纠纷引起的诉讼由中国法院专属管辖。"因此,当事人可以向其他国家的法院起诉,但是中国法院具有此类案件的专属管辖权,D 错误。由此可知,本题答案为 B。

37. 李某(具有中国国籍)长期居住在甲国,一年前移居乙国并取得当地住所。现李某去世而未立遗嘱。李某生前在中国有投资股权和银行存款。乙国关于法定继承的冲突规范规定,法定继承适用被继承人本国法律。现李某的丙国籍的儿子和女儿为继承李某在华的股权和存款发生争议,并诉诸中国法院。依照我国相关法律及司法解释,下列关于本案的法律适用哪项是正确的?

    A. 应适用乙国法律,因为李某去世时居住在乙国

    B. 应适用甲国法律,因为李某长期居住在甲国

C. 应适用丙国法律，因为李某的儿子和女儿均具有丙国国籍

D. 应适用中国法律，因为李某具有中国国籍，且争议的遗产位于中国

【答案】A

【解析】本题考查了遗产法定继承的法律适用。根据《民法通则》第 149 条规定："遗产的法定继承，动产适用被继承人死亡时住所地法律，不动产适用不动产所在地法律。"根据乙国关于法定继承的冲突规范规定，法定继承适用被继承人本国法律。而李某具有中国国籍，投资股权和银行存款为动产，故应按照《民法通则》第 149 条的规定适用被继承人死亡时住所地乙国的法律。所以本题答案为 A。

38. 我国 G 公司与荷兰 H 公司正就签订一项商务合同进行谈判。针对该合同可能产生的争议，H 公司提出，如发生争议应尽量协商调解解决，不成再提请仲裁或进行诉讼。在决定如何回应此方案之前，G 公司向其律师请教。该律师关于涉外民商事纠纷调解的下列哪一表述是错误的？

A. 调解是有第三人介人的争议解决方式

B. 当事人双方在调解人的斡旋下达成的和解协议不具有强制执行的效力

C. 在涉外仲裁程序中进行的调解，仲裁庭无须先行确定双方当事人对调解的一致同意即可直接主持调解

D. 在涉外诉讼中，法官也可以对有关纠纷进行调解

【答案】C

【解析】调解是当事人自愿将争议提交给第三者，并在第三者的主持和促使下达成和解协议，解决争议的方法。故 A 正确；但是当事人间的调解协议仅具有合同的效力，不能够强制执行。故 B 正确；仲裁是指根据当事人事先或者事后达成的仲裁协议，将争议提交给他们选定的仲裁机构，由仲裁机构依法作出裁决，解决争议的一种方式。仲裁过程中，仲裁庭可以征得当事人同意后进行调解，调解成功即结案。故 C 错误；诉讼是指由有管辖权的法院依法时当事人之间的争议进行裁判以解决争议的一种方式。诉讼过程中，合议庭可以征得当事人同意后进行调解，调解成功即结案。故 D 正确。所以本题答案为 C。本题虽然考查涉外民事争议解决，但基本原理与国内法是相通的。

39. 世界各国都将公共秩序保留作为捍卫本国根本利益的一项重要法律制度。关于这一制度，下列哪项判断是错误的？

A. 我国的公共秩序保留制度仅在适用外国法律将违反我国社会公共利益的情况下才可以适用，其结果为排除相关外国法律的适用

B. 在英美普通法系國家中，"公共秩序"的概念一般表述為"公共政策"

C. 公共秩序保留制度已經為國際條約所規定

D. 我國法律中常常採用"社會公共利益"來表述"公共秩序"的概念

【答案】A

【解析】本題考查了公共秩序保留。所謂公共秩序保留是指外國法律本身或其適用將違反我國社會公共利益時，法院可以排除相關外國法律的適用。故 A 錯誤；英國以"公共政策"這一概念代替歐洲大陸國家所適用的"公共秩序"概念，其法院在實踐中對於違反英國公共政策的法律可以拒絕適用。故 B 正確；而我國法律中常常採用"社會公共利益"來表述"公共秩序"這一概念。由於公共秩序保留制度的普遍性、客觀性與重要性，該制度已經為有關國際條約所規定。故 C、D 正確。所以本題.答案為 A。

40. 中國 x 公司與美國 Y 公司訂立一項出門電器合同，約定有關該合同爭議的解決適用《美國統一商法典》。x 公司負責安排巴拿馬籍貨輪運輸，並約定適用《海牙規則》。該批貨物在中國港口裝船時因操作失誤使碼頭裝卸設備與船舶發生了碰撞，導致船舶與部分貨物的損失。依照我國有關法律，下列哪一選項是正確的？

A. 該案應由中國該港口轄區中級人民法院管轄

B. 該案應由中國該港日轄區海事法院管轄

C. 出口合同的雙方選擇適用《美國統一商法典》的約定是無效的

D. 運輸合同應當適用中國法

【答案】B

【解析】本題考查了涉外合同法律適用和涉外合同糾紛民事訴訟管轄的問題.根據《海事訴訟特別程序法》第7條第（一）項規定；"因沿海港口作業糾紛提起的訴訟，由港口所在地海事法院管轄。"故 B 正確；我國《海事訴訟特別程序法》只是規定了因沿海港口作業糾紛提起的訴訟，由港口所在地海事法院管轄，而沒有規定必須由中級人民法院管轄，故 A 錯誤；《民法通則》第 14 條第 1 款規定："涉外合同當事人可以選擇處理合同糾紛應適用的法律，法律另有規定的除外。"因此，雙方可以選擇《美國統一商法典》作為合同適用的法律，故 C 錯誤；《民法通則》第 145 條第 2 款規定："涉外合同當事人沒有選擇的，適用與合同有最密切聯系的國家的法律。"只有在當事人沒有選擇的時候，才能適用與合同有最密切聯系的國家的法律。故 D 錯誤。所以本題答案為 B。

41. 甲公司在中国签发一张以德国乙公司为受益人，以德国丙银行为付款人的汇票。乙公司在德国将该汇票背书转让给西班牙丁公司，丁公司向丙银行提示承兑时被拒绝。依照我国《票据法》，关于此案的法律适用，下列哪一表述是正确的?

    A. 甲公司是否有签发该票据的能力应依德国法

    B. 该汇票的背书争议应适用西班牙法

    C. 该票出票时的记载事项适用中国法

    D. 丙银行拒绝承兑后，该汇票追索权的行使期限适用德国法

【答案】C

【解析】本题考查了涉外票据的法律适用。根据《票据法》第 96 条第 1 款规定："票据债务人的民事行为能力适用其本国法。"由于甲公司的本国法无法确定，故 A 错误；第 98 条："票据的背书、承兑、付款和保证行为，适用行为地法律。"因此，该汇票的背书争议应适用德国（行为地）法，故 B 错误；第 97 条第 1 款规定："汇票、本票出票时的记载事项，适用出票地法律。"因此，该汇票出票时的记载事项适用中国（出票地）法，故 C 正确；第 99 条："票据追索权的行使期限，适用出票地法律。"此，该汇票的追索权的行使期限适用中国（出票地）法。故 D 错误。本题综合考查了票据有关问题的法律适用，正确答案为 C。

42. 关于世界贸易组织（WTO）的最惠国待遇制度，下列哪种说法是正确的?

    A. 由于在 WTO 不同的协议中，最惠国待遇的含义不完全相同，所以，最惠国待遇的获得是有条件的

    B. 在 WTO 中；最惠国待遇是各成员相互给予的，每个成员既是施惠者，也是受惠者

    C. 对最惠国待遇原则的修改需经全体成员 4/5 同意才有效

    D. 区域经济安排是最惠国待遇义务的例外，但边境贸易优惠则不是

【答案】B

【解析】本题考查了最惠国基本原则，不同于以往对例外的考查。WTO 中某成员给予另一成员在货物贸易方面的优惠、特权和豁免都必须同样给予所有其他成员，每一成员既是施惠者，也是受惠者。故 B 正确；不应歧视其中任何一个成员，也不应存在特殊的双边互惠关系，最惠国待遇义务具有立即性和无条件性，每一成员自动享有其他成员给予其他任何国家的最惠国待遇。故 A 错误；根据 WTO 的规定，对最惠国待遇原则的修改必须经全体会成员方同意才有效。故 C 错误；最惠国待遇的适用例外包括：边境贸易、普遍优惠制度、关税同盟和自由贸易区等等。故 D 错误。所以本题答案为 B。

43. 根据保护知识产权的《巴黎公约》，下列哪种说法是正确的？

    A. 《巴黎公约》的优先权原则适用于一切工业产权

    B. 《巴黎公约》关于驰名商标的特殊保护是对成员国商标权保护的最高要求

    C. 《巴黎公约》的国民待遇原则不适用于在我国海南省设有住所的非该公约缔约国国民

    D. 对于在北京农展馆举行的农业产品国际博览会上展出的产品中可以取得专利的发明，我国给予临时保护

    【答案】D

    【解析】本题综合考查了《巴黎公约》的国民待遇原则、优先权原则、临时保护原则、最低限度保护原则等，考生在复习时要注意一并把握。优先权原则并不适用于一切工业产权，它只适用于发明专利、实用新型、外观设计和商品商标。故 A 错误；《巴黎公约》关于驰名商标的特殊保护是对成员国商标权保护的最低要求。故 B 错误；《巴黎会约》的国民待遇原则适用于公约缔约国国民和在任何一个缔约国内设有住所或真实有效营业所的非缔约国国民。故 C 错误；《巴黎公约》临时保护原则是指缔约国对在任何一个成员国境内举办的或经官方承认的国际展览会上展出的商品可以取得专利的发明、实用新型、外观设计和可以注册的商标给予临时保护。故 D 正确。所以本题答案为 D。

44. 根据中国法律，如果中国商务部终局裁定确定某种进口产品倾销成立并由此对国内产业造成损害的，可以征收反倾销税。下列关于反倾销税的哪种说法是正确的？

    A. 反倾销税只对终局裁定公告之日后进口的产品适用

    B. 反倾销税税额不得超过终局裁定的倾销幅度

    C. 反倾销税和价格承诺可以同时采取

    D. 反倾销税的纳税人应该是倾销产品的出口商

    【答案】B

    【解析】根据我国《反倾销条例》规定，反倾销税对终局裁定公告之日后进口的产品适用，但在特殊情况下也可以追溯征收。故 A 错误；第 42 条规定："反倾销税税额不超过终裁决定确定的倾销幅度。"故 B 正确；第 31 条规定："倾销进口产品的出口经营者在反倾销调查期间，可以向商务部作出改变价格或者停止以倾销价格出口的价格承诺。商务部可以向出口经营者提出价格承诺的建议。商务部不得强迫出口经营者作出价格承诺。"因此，反倾销税和价格承诺不能同时采取，故 C 错误；第 40 条规定；"反倾销税的纳税人为倾销进口产品的进口经营者。"故 D 错误。所以本题答案为 B。

45. 2006 年初，甲国 x 公司（卖方）与中国 Y 公司（买方）订立货物买卖合同。Y 公司向中国某银行申请开出了不可撤销信用证。在合同履行过程中，Y 公司派驻甲国的业务人员了解到，该批货物很可能与合同严重不符且没有价值，于是紧急通知 Y 公司总部。Y 公司随即向有管辖权的中国法院提出申请，要求裁定止付信用证项下的款项。依照 2005 年《最高人民法院关于审理信用证纠纷案件若干问题的规定》，下列哪一表述是错误的？

A. Y 公司须证明存在 X 公司交付的货物无价值或有其他信用证欺诈行为的事实，其要求才可能得到支持

B. 开证行如发现有信用证欺诈事实并认为将会给其造成难以弥补的损害时，也可以向法院中请中止支付信用证项下的款项

C. 只有在法院确认国外议付行尚未善意地履行付款义务的情况下，才能裁定止付信用证项下的款项

D. 法院接受中止支付信用证项下款项的申请后，须在 48 小时内作出裁定

【答案】C

【解析】本题考查了信用证的止付知识。根据《最高人民法院关于审理信用证纠纷案件若干问题的规定》第 8 条规定："凡有下列情形之一的, 应当认定存在信用证欺诈"第 9 条规定："开证申请人或其他利害关系人认为有第八条规定的情形，并认为可能造成损失，可以向有管辖权的法院申请停正支付信用证项下的款项。"故 B 正确；第 12 条第 1 款规定："人民法院接受中止支付信用证项下款项申请后，必须在四十八小时内作出裁定；裁定中止支付的，应当立即开始执行。"故 D 正确；根据第 11 条规定，当事人在起诉前申请中止支付信用证项下款项，需提供证据材料证明存在本规定第 8 条的情形。故 A 正确；根据第 1 条的规定 C 项也错误。所以本题答案为 C。最高人民法院 2005 年的司法解释是法院处理信用证纠纷的重要依据, 考生应该重视。

46. 关于海上货物运输中的迟延交货责任，下列哪一表述是正确的？

A. 《海牙规则》明确规定承运人对迟延交付可以免责

B. 《维斯比规则》明确规定了承运人迟延交付的责任

C. 《汉堡规则》只规定了未在约定时间内交付为迟延交付

D. 《汉堡规则》规定迟延交付的赔偿为迟交货物运费的 2.5 倍，但不应超过应付运费的总额

【答案】D

【解析】本题考查了延迟交付的知识。《海牙规则》规定的承运人的免责共有 17 项，

但并没有规定承运人对迟延可以免责，故 A 错误；《维斯比规则》的内容主要是时《海牙规则》的补充和修改，没有规定承运人迟延交付的责任，故 B 错误；《汉堡规则》规定，承运人对火灾所引起的灭失、损坏或延迟交付负赔偿责任，但索赔人需证明承运人、其受雇人或代理人有过失。《汉堡规则》所规定的延迟交付是指在未在约定的时间内交付，或在无约定的情况下，未在合理的时间内交付。故 C 错误；《汉堡规则》规定，承运人对延迟交付的赔偿责任限额为延迟交付应付运费的 2.5 倍，但不应超过应付运费的总额。故 D 正确。所以本题答案为 D。

47. 下列有关审判制度的哪种说法是错误的？

   A. 我国的审判制度是在"议行合一"的制度框架下建立的

   B. 按照我国现行法律的规定，独立行使审判权的主体是法院

   C. 世界上许多国家的诉讼活动实行审判中心主义，其侦查起诉程序被称为"审判前程序"

   D. 实行三权分立的国家，其法院和政府均隶属于议会，议会对它们的权力进行制约

【答案】D

【解析】我国的根本政治制度是人民代表大会制度。人民代表大会是国家的议行机关，代表人民行使权力。审判机关是由人民代表大会选举产生的，因此，审判制度是在"议行合一"的制度框架下建立的。故 A 正确；《法院组织法》第 4 条规定："人民法院独立行使审判权，不受行政机关、社会团体和个人的干涉。"故 B 正确；许多国家刑事诉讼的目的是为了查明犯罪事实，追究刑事责任。而查明犯罪事实，追究刑事责任是审判机关的职责。侦查起诉只是帮助法院查明犯罪事实，正确追究刑事责任而已。故 C 正确；实行三权分立的国家，其法院、政府和议会是相互独立的，相互制衡的，三者互不隶属。故 D 错误。所以本题答案为 D。

48. 根据刑事诉讼法、民事诉讼法和行政诉讼法的规定，有四类案件实行不公开审理。下列哪一项不属于不公开审理的范围？

   A. 已满 16 周岁的张某抢劫案

   B. 刘某以性生活不和谐提出与丈夫离婚且申请不公开审理的案件

   C. 著名艺人王某起诉某报社和厂家侵犯其肖像权且以涉及个人隐私为由申请不公开审理的案件

   D. 甲公司起诉陈某和乙公司侵犯其技术秘密且申请不公开审理的案件

【答案】C

【解析】本题考查了不公开审理的案件情况。根据《刑事诉讼法》第 152 条第 2 款规定；"十四岁以上不满十六岁未成年人犯罪的案件，一律不公开审理。十六岁以上不满十八岁未成年人犯罪的案件，一般也不公开审理。"故 A 不公开审理；《民事诉讼法》120 条规定："人民法院审理民事案件，除涉及国家秘密、个人隐私或者法律另有规定的以外，应当公开进行。离婚案件，涉及商业秘密的案件，当事人申请不公开审理的，可以不公开审理。"故 B 和 D 都不公开审理。所以本题答案为 C。

49. 根据律师法、刑事诉讼法、民事诉讼法和行政诉讼法的规定，我国律师在执业过程中享有 11 个方面的权利。下列哪种权利在这些法律中没有明确规定？

 A. 同犯罪嫌疑人、被告人通信的权利

 B. 提出新证据的权利

 C. 执业活动中人身权利不受侵犯的权利

 D. 要求法官签发调查令的权利

【答案】D

【解析】本题考查了律师执业的权利。根据《律师法》、《刑事诉讼法》、《民事诉讼法》和《行政诉讼法》的相关规定中，并没有明确规定律师要求法官签发调查令的权利。本题的答案为 D。

50. 法律援助制度是世界上许多国家普遍采用的一项司法救济制度。下列关于我国法律援助制度的哪一表述是错误的？

 A. 律师和律师事务所是法律援助的责任主体

 B. 法律援助机构既包括四级政府的法律援助组织，也包括社会团体、民间组织的法律援助组织

 C. 法律援助的实施形式包括法律援助咨询、刑事代理、民事代理.、行政代理、仲裁代理、刑事辩护、调解和公证等方式

 D. 在办理法律援助事项时，法律援助人员未经法律援助机构批准，不得终止法律援助或者委托他人代为办理法律援助事项

【答案】A

【解析】本题综合考查了法律援助的责任主体、机构、实施形式等内容。根据《法律援助条例》第 3 条，法律援助是政府的责任。故法律援助的责任主体是政府，故 A 错误；第 4 条第 1 款规定："国务院司法行政部门监督管理全国的法律援助工作。县级

以上地方各级人民政府司法行政部门监督管理本行政区域的法律援助工作。"第 5 条
第 1 款规定："直辖市、设区的市或县级人民政府司法行政部门根据需要确定本行政
区域的法律援助机构。"故 B 正确；法律援助的方式很多，包括 1.法律咨询、代拟法
律文书。2.刑事辩护和刑事代理。3.民事代理和行政诉讼代理；4.非诉讼法律事务代理；
5。公证证明；6.其他形式法律服务等等。故 C 正确；第 23 条规定："办理法律援助案
件的人员遇有下列情形之一的，应当向法律援助机构报告，法律援助机构经审查核实
的，应当终止该项法律援助：（一）受援人的经济收入状况发生变化，不再符合法律援
助条件的；（二）案件终止审理或者已被撤销的；（三）受援人又自行委托律师或者其他
代理人的；（四）受援人要求终止法律援助的。故 D 正确。由此可知，本题答案为 A。

二、多项选择题，每题所给的选项中有两个或两个以上正确答案，少答或多答均不得分。
本部分 51-90 题，每题 2 分，共 80 分。

51. 汪某和范某是邻居，某天，双方因生活琐事发生争吵，范某怒而挥刀砍向汪某，致
汪某死亡。事后，范某与汪某的妻子在中间人的主持下，达成"私了"。后汪某父
母得知儿子身亡，坚决不同意私了，遂向当地公安部门告发。公安部门立案侦查之
后，移送检察院。最后，法院判处范某无期徒刑，同时判决范某向江某的家属承担
民事责任。就本案而言，下列哪些说法是错误的？

   A. 该案件形成多种法律关系
   B. 引起范某与司法机关之间的法律关系的法律事实属于法律事件
   C. 该案件中，范某与检察院之间不存在法律关系
   D. 范某与汪某的家属之间不形成实体法律关系

【答案】BCD
【解析】本题结合实际案例，综合考察了法律关系和法律事实的有关理论。法律关系
是指在法律规范调整社会关系的过程中所形成的人们之间的权利义务关系。根据不同
的标准可以对法律关系作不同的分类。法律事实是由法律规定的能够引起法律关系发
生、变更、消灭的客观情况。它包括事件和行为。所谓事件是指与人的意志无关的客
观情况。行为是指在人的意志支配下的身体活动。根据上述理论，引起范某与司法机
关之间的法律关系的法律事实属于法律行为。并由于范某的行为，在范某与检察院之
间形成刑事诉讼法律关系，故 C 错误；在范某与汪某的家属之间形成了因范某的犯
罪行为直接导致的物质损失而引起的损害赔偿为内容的民事实体法律关系，故 D 错
误。故本题中只有选项 A 的说法正确，应排除。因此本题答案为 BCD。

52. 20 世纪 90 年代初，传销活动在中国大陆流行时，法律法规对此没有任何具体规定。当时，执法机关和司法机关对这类案件的处理往往依据《民法通则》第 7 条。该条规定："民事活动应当尊重社会公德，不得损害社会公共利益，破坏国家经济计划，扰乱社会经济秩序。"这说明法律原则具有哪些作用？

A. 法律原则具有评价作用

B. 法律原则具有裁判作用

C. 法律原则具有预测作用

D. 法律原则具有强制作用

【答案】ABCD

【解析】本题考察了法律原则的作用。法律原则是为法律规则提供某种基础或本源的综合性、指导性的价值准则或规范，是法律诉讼、法律程序和法律裁决的确认规范。法律原则具有弥补法律漏洞，评价、预测法律行为，制裁违法行为，指导司法审判等作用，在本题当中，执法机关和司法机关在没有具体法律规范的情况下，依据法律原则对传销行为加以处理，体现了法律原则评价、裁判作用、预测作用、强制的作用。所以，本题答案为 ABCD。

53. 村民姚某育有一子一女，其妻早逝。在姚某生前生活不能自理的 5 年时间里，女儿对其日常生活进行照顾。姚某去世之后留有祖传贵重物品若干，女儿想分得其中一部分，但儿子认为，按照当地女儿无继承权的风俗习惯，其妹不能继承。当地大部分村民也指责姚某的女儿无理取闹。对此，下列哪些说法可以成立？

A. 在农村地区，应该允许风俗习惯优先于法律规定

B. 法与习俗的正当性之间存在一定的紧张关系

C. 中国法的现代化需要处理好国家的制定法与"民间法"之间的关系

D. 中国现行法律与中国人的传统观念有一定的冲突

【答案】BCD

【解析】本题中考查是所谓"风俗习惯"、"习俗"、"民间法"与法律的关系，实际上是考查法与习惯的关系。法与习惯都是调整人们的行为规范，都在社会生活中调整着人们的行为。二者既相互补充又相互冲突。在我国没有承认习惯作为正式法律渊源的情况下，在习惯与法律规定冲突的情况下就要按照法律的规定行事。与此同时，在法律现代化的过程中还要处理好法律与习惯的关系，使二者和谐共存。故本题中只有选项 A 的表述不正确。所以，本题答案为 BCD。

54. 孙某早年与妻子吕某离婚，儿子小强随吕某生活。小强 15 岁时，其祖父去世，孙某让小强参加葬礼二小强与祖父没有感情，加.上吕某阻挡，未参加葬礼。从此，孙某就不再支付小强的抚养费用。吕某和小强向当地法院提起诉讼，请求责令孙某承担抚养费。在法庭上，孙某提出不承担抚养费的理由是，小强不参加祖父葬礼属不孝之举，天理难容。法院没有采纳孙某的理由，而根据我国相关法律判决吕某和小强胜诉。根据这个事例，下面哪些说法是正确的？

    A. 一个国家的法与其道德之间并不是完全重合的

    B. 法院判决的结果表明：一个国家的立法可以不考虑某些道德观念

    C. 法的适用过程完全排除道德判断

    D. 法对人们的行为的评价作用应表现为评价人的行为是否合法或违法及其程度

    【答案】ABD

    【解析】本题结合实际案例，考查了法与道德的关系原理。法与道德都是调整人们的行为规范，法通过评价人们的行为是否合法来规范人们的行为，道德通过评价人们的行为是否合道德来规范人们的行为。二者在社会生活中共同发挥着作用。虽然道德对立法具有指导作用，是评价法律善与恶的标准，但二者仍有不一致的地方，法律仅仅是最低限度的道德。尽管如此，仍不能忽视道德在法律适用过程中所起的作用。故本题中只有选项 C 的说法不正确。所以，本题答案为 ABD。

55. 小丽是陈某的养女，在 22 岁时准备与其结识半年的男朋友结婚。陈某以小丽岁数小、与男朋友认识时间太短等为由，不同意两人结婚，并禁止他们来往。从此，陈某只要发现小丽与男朋友来往，就对她拳脚相加，而且不允许她周末外出。小丽忍无可忍，向当地法院提起诉讼。该法院根据我国《刑法》第 257 条第 1 款的规定（即"以暴力干涉他人婚姻自由的，处二年以下有期徒刑或者拘役"），判处陈某拘役 2 个月。根据该案，下列哪些说法是正确的？

    A. 法院所引用的刑法条款所规定的内容属于任意性法律规则

    B. 该刑法条款对小丽的起诉行为起到了一种确定性的指引作用

    C. 法院在该案件中适用的法律推理属于演绎推理

    D. 法院在认定案件事实的过程中不需要运用价值导引的思考方式

    【答案】BC

    【解析】本题综合考查了法律规则的分类和法律推理的有关原理。根据强制程度的不同可以将法律规范分为强制性法律规范和任意性法律规范。强制性法律规范是必须适用的规范，不允许当事人选择。任意性法律规范是允许当事人选择适用的法律规范。

刑法规范都是必须强制适用的，属于强制性法律规范。故选项 A 的说法不正确。法的指引作用是指通过法律规范指引人们的行为，本案中，小丽依据刑法规范向法院提起诉讼，该刑法规范对小丽的起诉行为起到了一种确定性的指引作用。故选项 B 的说法正确。演绎推理是指从一般到特殊的逻辑推理方法，法院应用制定法判案时运用的都是演绎推理。故选项 C 的说法正确。法院在认定案件事实的过程中虽然主要依据法律规定，但仍需要运用价值导引的思考方式。故选项 D 的说法不正确。所以，本题答案为 BC。

56. 《刑法》第 263 条规定，持枪抢劫是抢劫罪的加重理由，应处 10 年以上有期徒刑、无期徒刑或者死刑。冯某抢劫了某出租车司林的钱财。法院在审理过程中确认，冯某抢劫时使用的是仿真手枪，因此，法官在对冯某如何量刑上发生了争议。法官甲认为，持仿真手枪抢劫系本条款规定的持枪抢劫，而且立法者的立法意图也应是这样。因为如果立法者在制定法律时不将仿真手枪包括在枪之内，就会在该条款作出例外规定。法官乙认为，持仿真手枪抢劫不是本条款规定的持枪抢劫，而且立法者的意图并不是法律本身的目的；刑法之所以将持枪抢劫规定为抢劫罪的加重事由，是因为这种抢劫可能造成他人伤亡因而其危害性大，而持仿真手枪抢劫不可能造成他人伤亡，因而其危害性并不大。对此，下列哪些说法是正确的？

A. 法官甲对《刑法》第 263 条规定的解释是一种体系解释

B. 法官乙对《刑法》第 263 条规定的解释是一种目的解释

C. 法官对仿真手枪是不是枪的判断是一种纯粹的事实判断

D. 法官的争议说明：法律条文中所规定的"词"的意义具有一定的开放性，需要根据案件事实通过"解释学循环"来确定其意义

【答案】BD

【解析】本题结合《刑法》的有关规定，考查法律解释的有关原理。法律解释是指一定的个人或者组织对法律规定含义的说明。法律解释的方法很多，有体系解释、目的解释、历史解释、文义解释等。所谓体系解释，也称逻辑解释、系统解释，是指从法律条文的体系结构方面所作的解释，它将被解释的法律条文放在整部法律中乃至于整个法律体系中，联系此法条与其他法条的相互关系来解释法律。而本案中法官甲对《刑法》的解释不符合体系解释的含义，故选 A 不正确。目的解释是指依据立法者的目的而进行的解释，它不仅是指原先制定该法时的目的，也可以指探求该法律在当前条件下的需要；既可以指整部法律的目的，也可以指个别法条、个别制度的目的。由此可知选项 B 正确。本题中法官在认定案件事实的过程中不仅要进行事实判断，还要进行法律判断。故选项 C 不正确。由于法律词语本身具有不确定性，使得法官在审

理案件过程中需要根据案件事实通过"解释学循环"来确定某些词语的意义，即整体只有通过理解它的部分才能得到理解，而对部分的理解又只能通过对整体的理解才能达到。这种解释学循环可以帮助人们防止孤立地、断章取义地曲解法律。所以选项 D 是正确的。由此可知，本题答案为 BD。

57. 当代宪法呈现出多种发展趋势，下列哪些选项体现了宪法在配置国家权力方面的发展趋势？

    A. 行政权力扩大

    B. 中央权力扩大

    C. 议会主权

    D. 地方自治

【答案】AB

【解析】本题考查宪法发展趋势的有关理论。当代宪法呈现出多种发展趋势，主要表现为：行政权力扩大和中央权力扩大；宪法内容的更加丰富完备；重视公民基本权利的保护；重视宪法保障；宪法发展国际化趋势加强；形式上逐步发展。体现了宪法在配置国家权力方面就是行政权力扩大和中央权力扩大。所以，本题答案为 AB。C 项"议会主权"与"行政权扩展"矛盾。D 项也与"中央集权"的趋势矛盾，所以是错误的。

58. 关于省内按地区设立的中级人民法院院长、副院长的任免，下列哪些表述是正确的？

    A. 中级人民法院院长由省高级人民法院任免

    B. 中级人民法院院长由省人民代表大会选举

    C. 中级人民法院副院长由省人民代表大会常务委员会任免

    D. 中级人民法院副院长由省高级人民法院任免

【答案】BC

【解析】关于省内按地区设立的中级人民法院院长、副院长的任免权，根据《人民法院组织法》第 35 条第 2 款规定："在省内按地区设立的和在直辖市内设立的中级人民法院院长，由省、直辖市人民代表大会选举，副院长、庭长、副庭长和审判员由省、直辖市人民代表大会常务委员会任免。"由此可知，本题答案为 BC。

59. 《中华人民共和国宪法修正案》第 2 条、第 20 条分别对宪法第 10 条第 4 款、第 3 款进行了修改。关于这些修改，下列哪些说法是正确的？

    A. 明确了土地的使用权可以依照法律的规定转让

    B. 确认了国家对土地所有权和土地使用权的支配权力

    C. 明令禁止侵占、买卖、出租或者以其他形式非法转让土地

    D. 明确了国家对土地实行征收或者征用的公共目的和补偿义务

【答案】AD

【解析】本题考查了我国的土地制度。重点是宪法修正案第 2 条和 20 条。

《宪法修正案》第 2 条将宪法第 10 条第 4 款："任何组织或个人不得侵占、买卖、出租、或者以其他形式非法转让土地。"修改为："任何组织或个人不得侵占、买卖、出租、或者以其他形式非法转让土地。土地的使用权可以依照法律的规定转让。"第 20 条将宪法第 10 条第 3 款："国家为了公共利益的需要，可以依照法律规定对土地实行征用。"修改为："国家为了会共利益的需要，可以依照法律规定汁土地实行征收或者征用并给与补偿。"该两条修正案并未确定国家对土地使用权的支配权力，所以 B 不选。C 项不是被修改的内容，也不选，综上，本题答案为 AD。

60. 根据我国《宪法》和法律的规定，下列选项中某市市长的哪些意见是错误的？

    A. 某县为了大力发展科技。请市政府选派 1 名博士来挂职担任科技副县长。有人提出，副县长应通过人大选举。市长答复；县长需要通过选举产生，而副县长可以由上级委派

    B. 某县刚被确定为民族自治县，市长指示：根据《民族区域自治法》的规定，县法院和县检察院的院长和检察长应当更换为自治民族的公民

    C. 某县地域宽广，为了便于经济建设和行政管理，县政府请示市政府：拟设立 5 个区公所，分别管辖所属的 30 余个乡镇。市长答复：此事经县人大通过即可

    D. 市长指示：为了提高村民委员会整体素质，市里抽调一批应届高校毕业生担任村民委员会主任或副主任

【答案】ABCD

【解析】本题为综合考查题，考查了几个宪法性文件。根据《宪法》101 条第 1 款规定："地方各级人民代表大会分别选举并有权罢免本级人民政府的省长和副省长、市长和副市长、县长和副县长、乡长和副乡长。"所以，副县长也必须经过选举产生，A 项错误。《民族区域自治法》第 15 条规定："民族自治地方的自治机关是指自治区、自治州、自治县人民代表大会和人民政府。17 条规定："自治区主席、自治州州长、

自治县县长由实行民族区域自治的民族的公民担任。"民族自治地方的法院和检察院不是民族自治机关，院长和检察长不是必须由自治民族的公民担任，B 项错误。《地方人民代表大会和人民政府组织法》68 条第 2 款规定："县、自治县的人民政府在必要的时候，经省、自治区、直辖市人民政府批准，可以设立若干个区公所，作为它的派出机关。"所以，设立区公所应经省、自治区、直辖市人民政府批准，C.项错误。《村民委员会组织法》第[1 条规定："村民委员会主任、副主任和委员。由村民直接选举产生，任何组织或者个人不得指定、委派或者撤换村民委员会成员。"D 项错误，由此可知，本题答案为 ABCD。

61. 根据我国《宪法》和法律的规定，下列关于地方各级人民代表大会会议的哪些说法是正确的？

   A. 地方各级人民代表大会每次会议举行预备会议，预备会议由本级人民代表大会常委会主持

   B. 乡、民族乡、镇的人民代表大会举行会议时，选举主席团。乡、民族乡、镇的人民代表大会的主席、副主席为主席团成员

   C. 地方各级人民代表大会每届第一次会议，由上届本级人民代表大会常务委员会或者乡、民族乡、镇的上届.人民代表大会主席团主持

   D. 地方各级人民代表大会会议每年至少举行一次

   【答案】BD

   【解析】解答本题要熟悉宪法和有关法律中关于地方各级人民代表大会会议程序的规定。根据《地方各级人民代表大会和地方各级人民政府组织法》第 13 条规定："县级以上的地方各级人民代表大会每次会议举行预备会议，……预备会议由本级人民代表大会常务委员会主持。每届人民代表大会第一次会议的预备会议，由上届本级人民代.表大会常务委员会主持。"所以 A 项错误。第 15 条规定："乡、民族乡、镇的人民代表大会举行会议的时候，选举主席团。由主席团主持会议，并负责召集下一次的本级人民代表大会会议。乡、民族乡、镇的人民代表大会主席、副主席为主席团的成员。"B 项正确。第 16 条规定："地方各级人民代表大会每届第一次会议，在本届人民代表大会代表选举完成后的两个月内,由上届本级人民代表大会常务委员会或者乡、民族乡、镇的上届人民代表大会主席团召集。"召集而非主持，所以 C 项错误。第 11 条规定："地方各级人民代表大会会议每年至少举行一次。"D 正确，由此可知，本题答案为 BD。

62. 专门机关负责保障宪法实施是宪法实施保障体制的重要形式。有关专门机关负责保障宪法实施的体制，下列哪些表述是正确的？

    A. 专门机关负责宪法实施的体制起源于 1799 年法国宪法设立的护法元老院

    B. 宪法法院和宪法委员会是专门机关负责保障宪法实施体制的两种主要形式

    C. 我国负责保障宪法实施的专门机关是全国人民代表大会及其常务委员会

    D. 最早提出设立宪法法院的是奥地利规范法学派代表人物汉斯·凯尔森

【答案】ABD

【解析】本题考查了专门机关负责保障宪法实施的体制。由专门机关负责保障宪法实施的体制起源于 1799 年法国宪法设立的护法元老院。从发展趋势来看，由专门机关负责保障宪法实施的体制，已日益受到许多国家的重视，并有可能成为占主导地位的体制之一。其中，宪法法院和宪法委员会是专门机关负责保障宪法实施体制的两种主要形式。我国没有负责保障宪法实施的专门机关，全国人民代表大会及其常务委员会负责监督宪法的实施。奥地利规范法学派代表人物汉斯·凯尔森最早提出设立宪法法院。由此可知，本题答案为 ABD。

63. 《疑狱集》载："张举，吴人也。为句章令。有妻杀夫，因放火烧舍，乃诈称火烧夫死。夫家疑之，诣官诉妻，妻拒而不认。举乃取猪二口，一杀之，一活之，乃积薪烧之，察杀者口中无灰，活者口中有灰。因验夫口中，果无灰，以此鞠之，妻乃伏罪。"下列关于这一事例的哪些表述是不成立的？

    A. 作为县令的张举重视证据，一般用猪来作为证据

    B. 张举之所以采取积薪烧猪的方法来查验证据，乃因当时的法律没有规定刑讯的程序

    C. 该案杀人者未受刑而伏罪，因其符合当时法律规定禁止使用刑讯的一般条件

    D. 张举在这个案件中对事实的判断体现了当时法律所规定的"据状断之"的要求

【答案】ABC

【解析】本题考查了唐代诉讼制度中的有关内容。唐律确认了刑讯逼供的合法性，但是对刑讯手段的使用却作了严格限定。要求承审官员在拷问之前，必须先审核证据的真实性，然后反复查验证据。证据确凿，仍狡辩否认的，经过主审官与参审官共同决定，可以使用刑讯；未依法定程序拷讯的，承审官要负刑事责任。同时规定对那些人赃俱获，经拷讯仍不认罪的，也可以"据状断之"，即根据证据定罪。由此可知，本题答案为 ABC。

64. 英国是普通法系的发源地，下列关于英国普通法和衡平法的哪些表述是正确的？

    A. 普通法具有"程序先于权利"的特点

    B. 普通法的形成是中央集权和司法统一的直接后果

    C. 衡平法重实质而轻形式，审判时既不需要令状也不采用陪审制，程序简便灵活

    D. 当衡平法与普通法的规则发生冲突时，衡平法优先

【答案】ABCD

【解析】普通法是英国法的最重要的渊源，从法源上看它指的是 12 世纪前后发展起来的、由普通法院创制的通行于全国的普遍适用的法律。它的形成是中央集权和司法统一的直接后果。普通法实行令状制度，要求原告只有在申请到特定的以国王名义签发的令状后才能向法院主张实体权利保护。由此形成普通法"程序先于权利"的特点。普通法在传统令状制度下，存在保护范围有限，内容僵化，救济方法少的缺陷。因此国王将得不到普通法院公正保护的当事人的申诉交给大法官审理，到 15 世纪时正式形成了大法官法院（又称衡平法院）。根据大法官的审判实践，逐渐发展出依"公平"、"正义"的原则形成的"衡平法"。相对于普通法，衡平法重实质而轻形式，诉讼程序简便灵活，审判时既不需要令状也不采用陪审制。当衡平法与普通法的规则发生冲突时，衡平法优先适用。由此可知，本题中所有选项的表述都是正确的。故本题答案为 ABCD。

65. 经营著的下列哪些行为违反了《消费者权益保护法》的规定？

    A. 商家在商场内多处设置监控录像设备，其中包括服装销售区的试衣间

    B. 商场的出租柜台更换了承租商户，新商户进场后，未更换原商户设置的名称标牌

    C. 顾客以所购商品的价格高于同城其他商店的同类商品的售价为由要求退货，商家子以拒绝

    D. 餐馆规定，顾客用餐结账时，餐费低于 5 元的不开发票

【答案】ABD

【解析】本题考查了消费者的权利和经营者的义务。根据《消费者权益保护法》第 25 条规定："经营者不得对消费者进行侮辱、诽谤，不得搜查消费者的身体及其携带的物品，不得侵犯消费者的人身自由。"商场在试衣间设置监控录像设备侵犯了消费者的人身权，故选 A；第 19 条第 1 款规定："经营者应当向消费者提供有关商品或者服务的真实信息，不得作引人误解的虚假宣传。"柜台更换承租商户却未更换名称标牌，极易引起消费者的误解，故选 B；第 21 条规定："经营者提供商品或者服务，应当按照国家有关规定和商业惯例向消费者出具购货凭证或者服务单据；消费者

索要购货凭证或者服务单据的，经营者必须出具。"故选 D。关于 C 属于正常的市场经营行为，商家不承担退货义务，故 C 不入选。由此可知，本题答案为 ABD。

66. 某企业与职工解除劳动关系时，在经济补偿方面的下列哪些做法不符合《劳动法》的规定？

    A. 李某的试用期刚过一半，被发现不符合录用条件，企业决定在解除劳动合同时支付试用期的全部工资，但不支付经济补偿金

    B. 张某尚未达到退休年龄，但决定提前办理退休手续，企业告知，此情况下只支付养老金而不支付经济补偿金

    C. 吴某在劳动合同解除后，根据有关规定将领取失业救济金，企业决定从经济补偿金中作适当扣除

    D. 肖某因患病被解除劳动合同，企业发给经济补偿金，同时发给不低于 6 个月工资的医疗补助费并在经济补偿金中作相应抵偿

【答案】ACD

【解析】根据《劳动法》第 28 条的规定，用人单位协议解除、提前通知解除，经济性裁员解除劳动合同的，应当按照国家规定给予经济补偿。故选项 A 中李某、D 中肖某与用人单位解除劳动合同可以得到经济补偿，而选项 B 中张某是因为提前退休而与单位解除劳动合同，则得不到经济补偿；同时根据《劳动法意见》第 43 条规定；"劳动合同解除后，用人单位对符合规定的劳动者应支付经济补偿金。不能因劳动者领取了失业救济金而拒付或克扣经济补偿全，失业保险机构也不得以劳动者领取了经济补偿金为由，停发或者减发失业救济金。"因此，A、C、D 中用人单位拒付或克扣经济补偿金的行为不正确。由此可知，本题答案为 ACD。

67. 下列关于税收保全与税收强制措施的哪些表述是错误的？

    A. 税收保全与税收强制措施适用于所有逃避纳税义务的纳税人

    B. 税收强制措施不包括从纳税人的存款中扣缴税款

    C. 个人生活必需的用品不适用税收保全与税收强制执行措施

    D. 税务机关可不经税收保全措施而直接.采取税收强制执行措施

【答案】ABD

【解析】本题考查了税收保全和税收强制措施的相关知识。根据《税收征收管理法》第 38 条和第 40 条的规定，税收保全与税收强制措施适用于在税收缴纳宽限期内仍未缴纳税款或提供担保，逃避纳税义务的纳税人，而非所有逃避纳税义务的纳税人，故 A 错误；第 38 条和第 40 条的规定，个人及其所扶养家属维持生活必需的住房和用品，

不在税收保全措施和强制执行措施的范围之内。故 C 正确；根据第 38 条规定，税收强制措施包括从冻结的纳税人存款中扣缴税款，故 B 错误；根据第 38 条的规定，可以看出税收保全措施是采取税收强制执行措施前置程序，税务机关必须先采取税收保全措施，之后才能采取税收强制措施，故 D 错误。由此可知，本题答案为 ABD。

68. 下列关于我国土地使用权法律制度的哪些表述是正确的？

　　A. 土地使用权既可以有偿取得，也可以无偿取得

　　B. 就权利性质而言，土地使用权属于用益物权

　　C. 国有土地使用权的主体既可以是法人，也可以是个人

　　D. 农林土地承包经营权的取得不以登记为要件

【答案】ABCD

【解析】本题考查了土地使用权法律制度。根据《土地管理法》第 9 条规定，国有土地和农村集体所有的土地，可以依法确定给单位或者个人使用。故 C 国有土地使用权的主体既可以是法人，也可以是个人正确；第 54 条规定，建设单位使用国有土地应当以出让等有偿的方式取得；但是，国家机关用地和军事用地。城市基础设施用地和公益事业用，国家重点扶持的能源、交通、水利等基础设施用地，法律、行政法规规定的其他用地，经县以上人民政府批准，可以以划拨的方式取得。故 A 正确；用益物权是对土地占有、使用、收益的权利，土地承包经营权也是对土地占有、使用、收益的权利。故 B 正确；《农村土地承包法》第 22 条规定："承包合同自成立之日起生效。承包方自承包合同生效时取得土地承包法经营权。"故 D 正确。由此可知，本题答案为 ABCD。

69. 某大型商场在商场各醒目处张贴海报：本商场正以 3 折的价格处理一批因火灾而被水浸过的商品。消费者葛某见后，以 488 元购买了一件原价 1464 元的名牌女皮衣。该皮衣穿后不久，表面出现严重的泛碱现象。葛某要求商场退货，被拒绝。下列哪些说法是正确的？

　　A. 商场不承担退货责任

　　B. 甲商场应当承担退货责任

　　C. 商场可以不退货，但应当允许葛某用该皮衣调换一件价值 488 元的其他商品

　　D. 商场可以对该皮衣进行修复处理并收取适当的费用

【答案】AD

【解析】本题考查了产品的瑕疵担保责任的知识。根据《消费者权益保护法》第 19 条规定，经营者应当向消费者提供有关商品或者服务的真实信息，不得作引人误解的

虚假宣传。第 22 条规定，经营者应当保证在正常使用商品或接受服务的情况下其提供的商品或者服务应当具有的质量、性能、用途和有效期限；但消费者在购买商品或接受服务之前已经知道其存在瑕疵的除外。本题中，商场已经以张贴海报方式明示告知皮衣被水浸过的瑕疵事实，故无需承担退货责任。由此可知，本题答案为 AD。

70. 根据《证券法》关于上市公司及时向社会披露信息的规定，下列哪些表述是正确的？

    A. 公司应在当年 8 月底以前向证监会和交易所报送中期报告，并予以公告

    B. 公司应在 4 月底以前向证监会和交易所报送上一年的年度报告，并予以公告

    C. 公司的中期报告和年度报告都必须记载公司财务会计报告和经营状况

    D. 公司的中期报告和年度报告都必须记载持有公司股份最多的前 10 名股东的名单和持股数额

【答案】ABC

【解析】根据《证券法》第 65 条的规定，上市公司和公司债券上市交易的公司，应当在每一会计年度的上半年结束之日起二个月内，向国务院证券监督管理机构和证券交易所报送记载公司财务会计报告和经营情况的中期报告，并予公告。根据第 66 条的规定，上市公司和公司债券上市交易的公司，应当在每一会计年度结束之日起四个月内，向国务院证券监督管理机构和证券交易所报送记载公司财务会计报告和经营情况，持有公司股份最多的前十名股东的名单和持股数额的年度报告，并予公告。故 ABC 选项正确，而公司的中期报告不必须记载持有公司股份最多的前十名股东的名单和持股数额，故 D 错误。由此可知，本题答案为 ABC。

71. 下列哪些机构和人员能够成为承担《银行业监督管理法》规定的法律责任的主体？

    A. 银行业金融机构

    B. 银行业金融机构的高级管理人员

    C. 非法从事银行业金融业务的非银行金融机构

    D. 银行业监督管理机构从事监管工作的人员

【答案】ABCD

【解析】本题考查了《银行业监督管理法》规定的法律责任主体。根据该法第 42 条是关于银行业监督管理机构从事监督管理工作的人员的法律责任的规定，故 D 正确；第 43 条是关于擅自设立银行业金融机构或者非法从事银行业金融机构的业务活动的法律责任的规定，故 C 正确；第 44、45、46 条是关于银行业金融机构的法律责任的规定，故 A 正确；第 47 条是关于银行业金融机构直接负责的董事、高级管理人员和其他直接责任人员的法律责任的规定，故 B 正确。由此可知，本题答案为 ABCD。

72. 下列哪些方面的情况是银行业监督管理机构应当责令银行业金融机构如实向社会公众披露的重大事项?

 A. 财务会计报告

 B. 风险管理状况

 C. 控股股东转让股份

 D. 董事和高级管理人员的变更

【答案】ABD

【解析】《银行业监督管理法》36条规定: "银行业监督管理机构应当责令银行业金融机构按照规定,如实向社会公众披露财务会计报告、风险管理状况、黄事和高级管理人员的变更以及其他重大事项等信息。"可见,银行业金融机构应向社会公众披露的重大事项不包括控股股东转让股份的情况,故 C 错误。由此可知,本题答案为 ABD

73. 与《企业破产法》的规定相比较,《商业银行法》对商业银行破产的规定有哪些特殊之处?

 A. 仅以不能清偿到期债务为破产原因

 B. 破产宣告前须经国务院银行业监督管理机构同意

 C. 清算组成员须包括国务院银行业监督管理机构的人员

 D. 破产清算时应优先支付个人储蓄存款的本息

【答案】ABCD

【解析】本题考查的是一般企业破产和商业银行破产的不同之处。根据《商业银行法》和《企业破产法》的规定,二者在破产原因、是否须经批准、清算组的组成和破产清偿顺序上均有差异。根据两法的相关规定,可知正确答案为 ABCD。这种将不同部门法的知识进行比较考查的方式在 2006 年的试题中比较多见,第 75 题也是这种思路,考生在复习时应该注意。

74. 下列关于社会保险基金的哪些表述符合《劳动法》的规定?

 A. 国家设立社会保险基金,是为了使劳动者在年老、患病、工伤、失业、生育等情况下获得帮助和补偿

 B. 用人单位和劳动者都必须缴纳社会保险费

 C. 劳动者死亡后,其遗属依法享受社会保险基金支付的遗属津贴

 D. 社会保险基金的经办机构负有使社会保险基金保值增值的责任

【答案】ABCD

【解析】根据《劳动法》第 70 条规定："国家发展社会保险事业，建立社会保险制度，设立社会保险基金，使劳动者在年老、患病、工伤、失业、生育等情况下获得帮助和补偿。"故 A 正确；第 72 条规定，用人单位和劳动者必须依法参加社会保险，缴纳社会保险费。故 B 正确；第 73 条第 2 款规定："劳动者死亡后，其遗属依法享受遗属津贴。"故 C 正确；第 74 条第 1 款规定："社会保险基金经办机构依照法律规定收支、管理和运营社会保险基金，并负有使社会保险基金保值增值的责任。"故 D 正确。所以本题的正确答案为 ABCD。

75. 某公司的高层会议，总经理提出在全公司的劳动合同中增加保守商业秘密条款，但董事长认为公司章程中已设立保密条款，不必在劳动合同中另加约定。某律师在为此提供的咨询意见中，对公司法规定的保密义务与劳动法规定的保密义务的区别有下列表述，其中哪些符合相关法律的规定？

 A. 前一种义务仅适用于董事、高级管理人员。而后一种义务适用于一般劳动者

 B. 前一种义务属于法定义务，后一种义务属于约定义务

 C. 前一种义务是无偿义务，后一种义务是有偿义务

 D. 违反前一种义务承担赔偿责任，违反后一种义务仅承担行政责任

【答案】AB

【解析】《公司法》设定的保密义务是为董事、监事、高级管理人员设定的。而《劳动法》设定的保密义务是为普通劳动者设定的。故 A 正确；根据《公司法》第 149 条的规定，董事、高级管理人员不得擅自披露公司秘密，可见《公司法》规定的保密义务是法定义务。《劳动法》第 22 条规定："劳动合同当事人可以在劳动合同中约定保守用人单位商业秘密的有关事项。"可见《劳动法》规定的保密义务是约定义务。故 B 正确；两种义务都既可有偿又可无偿。故 C 错误；《公司法》第 150 条和《劳动法》第 102 条的规定，违反公司法规定的保密义务与劳动法规定的保密义务都应承担赔偿责任。故 D 错误。由此可知，本题答案为 AB。本题的出题角度教会了两个法律的规定，我们相信今后这种出题方式还会出现。

76. 某节目演出组到某山区演出，该地属自然保护区范围。演出组在某一天然景点搭设了一座栈桥，为运送演出设备在区内修建了一条简易公路。区内环境和植被因此遭受一定程度的毁坏。演出计划得到了主管部门和当地政府批准，演出组并已付钱请当地人承担恢复原貌工作。关于该事件的下列哪些意见是错误的？

 A. 演出组在该自然保护区内景点修建的是临时建筑物，其影响环境的行为不受我

国环境保护法的约束

B. 演出组为了演出需要而搭设栈桥，不属于工业性项目，也没有排放污染，环境保护管理部门无需过问

C. 演出组的行为即使对当地环境有影响，也不构成跨区环境问题，不属于国务院环境保护行政主管部门的监管范围

D. 对于该演出组的上述行为，我国法律目前没有可适用的处罚规定

【答案】ABCD

【解析】本题考查了环境侵权行为。根据《环境保护法》第6条规定："一切单位和个人都有保护环境的义务，并有权对污染和破坏环境的单位和个人进行检举和控告。"该演出组的行为虽然是临时的，也没有排放污染，但构成了对环境的破坏，故AB错误；《环境保护法》第7条第1款规定："国务院环境保护行政主管部门，对全国环境保护工作实施统一的监督管理。"该演出组的行为虽不构成跨区环境问题，但国务院环境保护行政主管部门仍有权监管，故C错误；《民法通则》第124条规定："违反国家保护环境防止污染的规定，污染环境造成他人损害的，应当依法承担民事责任。"《环境保护法》第3条规定："对违反本法规定，造成环境污染事故的企业事业单位，由环境保护行政主管部门或者其他依照法律规定行使环境监督管理权的部门根据所造成的危害后果处以罚款；情节较重的，对有关责任人员由其所在单位或者政府主管部门给予行政处分。"可见，我国法律对此类环境破坏行为明确规定了民事责任和行政责任，故D错误；由此可知，本题答案为ABCD。

77. 甲国公民廖某在乙国投资一家服装商店，生意兴隆，引起一些从事服装经营的当地商人不满。一日，这些当地商人煽动纠集一批当地人，涌入廖某商店哄抢物品。廖某向当地警方报案。警察赶到后并未采取措施控制事态，而是袖手旁观。最终廖某商店被洗劫一空。根据国际法的有关规则，下列对此事件的哪些判断是正确的？

A. 该哄抢行为可以直接视为乙国的国家行为

B. 甲国可以立即行使外交保护权

C. 乙国中央政府有义务调查处理肇事者，并追究当地警察的渎职行为

D. 廖某应首先诉诸于乙国行政当局和司法机构，寻求救济

【答率】CD

【解析】关于国家行为的判断以及外交保护的行使条件一直是司法考试的热点，考生应当熟练掌握。一般私人本身对外国或外国人的不法侵害并不直接视为国家行为。可见，选项A中的哄抢行为不能视为国家行为，故A错误；行使外交保护，必须满足

以下条件：1.该国民或法人合法权益受到了所在国的侵害；2.该所在国的行为构成了违反国际义务，应当承担国际责任的行为；3.用尽东道国当地救济，且未获合理补偿。可见只有用尽东道国当地救济后，廖某才能请求甲国行使外交保护权，故 B 错误，C、D 正确；由此可知，本题答案为 CD。

78. "恐龙国际"是一个在甲国以非赢利性社会团体注册成立的组织，成立于 1998 年，总部设在甲国，会员分布在 20 多个国家。该组织的宗旨是鼓励人们"认识恐龙，回溯历史"。2001 年，"恐龙国际"获得联合国经社理事会注册咨商地位。现该组织试图把活动向乙国推广，并准备在乙国发展会员。依照国际法，下列哪些表述是正确的？

A. 乙国有义务让"恐龙国际"在乙国发展会员

B. 乙国有权依照其本国法律阻止该组织在乙国的活动

C. 该组织在乙国从事活动，必须遵守乙国法律

D. 由于该组织已获得联合国经社理事会注册咨商地位，因此，它可以被视为政府间的国际组织

【答案】BC

【解析】非政府间的国际组织和政府间国际组织的区别在于前者一般是有民间团体组成，而后者是一国政府。"恐龙国际"只是一个在甲国以非赢利性社会团体注册成立的组织，尽管已经获得联合国经社理事会注册咨商地位，仍无法被视为政府间国际组织。故 D 错误；国家独立权是指国家依照自己的意志处理内外事务并不受他国控制和干涉的权利。因此，乙国无义务让"恐龙国际"在乙国发展会员；乙国有权依照其本国法律阻止该组织在乙国的活动；该组织在乙国从事活动，必须遵守乙国法律。故 A 错误，B，正确。由此可知，本题答案为 BC。

79. 先占是国际法中国家获得领土主权的一种方式。根据现代国际法的有关规则，下列哪些选项已经不能被作为先占的对象？

A. 南极地区

B. 北极地区

C. 国际海底区域

D. 月球

【答案】ABCD

【解析】先占是国家原始取得无人占有的领土的一种方式。《南极条约》冻结时南极的领土要求。仅用于和平目的和科学研究。故 A 错误；大多数国家反对某些北极海

沿岸国家依据扇形理论对北极地区提出的领土要求, 北极海沿岸的一些国家签订的关于北极环境保护的条约也不改变北极地区本身的法律地位。故 B 错误;《联合国海洋法约》规定, 国际海底区域及其自然资源是人类共同继承的财产, 任何国家不得对该区域主张主权或行使主权权利, 不得将该区域据为己有。故 C 错误;《外层空间条约》规定任何国家利用、开发月球都必须是为了全人类的利益, 任何国家不得为了自己的片面利益利用月球, 不得对月球行使主权。故 D 错误。由此可知, 本题答案为 ABCD。

80. 关于我国涉外仲裁法律规则, 下列哪些表述不符合我国《仲裁法》的规定?

    A. 只要是有关当事人可以自由处分的权利的纠纷, 就可以通过仲裁解决

    B. 如果当事人有协议约定, 仲裁案件可以不开庭审理

    C. 仲裁庭在中国内地进行仲裁时, 无权对当事人就仲裁协议有效性提出的异议作出决定

    D. 由三人组成仲裁庭审理的案件, 裁决有可能根据一个仲裁员的意见作出

【答案】AC

【解析】本题考查了涉外民事仲裁的相关知识。《仲裁法》第 2 条和第 3 条规定, 不是所有当事人的纠纷都能够通过仲裁解决, A 错误; 第 39 条规定: "裁应当开庭进行。当事人协议不开庭的, 仲裁庭可以牙民据仲裁申请书、答辩书以及其他材料作出裁决。"故 B 正确; 第 20 条第 1 款规定: "当事人对仲裁协议的效力有异议的, 可以请求仲裁委员会作出决定或者请求人民法院作出裁定。"因此, 仲裁庭有权对当事人就仲裁协议的效力提出的异议作出决定, 故 C 错误; 第 53 条规定: "裁决应当按照多数仲裁员的意见作出, 少数仲裁员的不同意见可以记入笔录。仲裁庭不能形成多数意见时, 裁决应当按照首席仲裁员的意见作出。"故 D 正确。由此可知, 本题答案为 AC。涉外仲裁和国内仲裁有许多相通之处, 考生复习时可以着重复习国内仲裁的相关法律制度。

81. 中国公民王某在甲国逗留期间, 驾车正常行驶时被该国某公司雇员驾驶的卡车撞翻, 身受重伤。王某回国后, 向该公司在中国的分支机构所在地法院起诉, 要求该公司赔偿其损失。我国《民法通则》规定, 侵权行为的损害赔偿适用侵权行为地法。依此, 关于如何查明应当适用的甲国法, 下列哪些选项是正确的?

    A. 可由中外法律专家向法院提供甲国有关交通肇事损害赔偿方面的法律规定

    B. 只有我国驻甲国使领馆才能提供甲国有关交通肇事损害赔偿方面的法律规定

    C. 王某自己可以向法院提供甲国有关交通肇事损害赔偿方面的法律规定

    D. 经各种途径仍不能查明甲国有关法律时, 法院应当依照公平原则裁判

【答案】AC

【解析】本题考查了外国法的查明。根据《民法通则意见》第1条规定："对于应当适用的外国法律，可以通过下列途径查明：①由当事人提供；②由与我国签订司法协助协定的缔约时方中央机关提供；③由我国驻该国使领馆提供；④由该国驻我国使领馆提供；⑤由中外法律专家提供。通过上述途径仍不能查明的，适用中华人民共和国法律。"由此可知，本题答案为AC。这一考点在司法考试中反复出现，考生应该熟练掌握。

82. 依照我国《海商法》相关规定，下列哪些诉讼应适用受理案件的法院所在地法律？

   A. 我国法院受理的关于海事赔偿责任限制的诉讼

   B. 我国法院受理的关于船舶优先权的诉讼

   C. 同一国籍的船舶在公海上发生碰撞而在我国法院进行的诉讼

   D. 不同国籍的外国船舶在公海上发生的碰撞而在我国法院进行的诉讼

【答案】ABD

【解析】根据我国《海商法》第275条规定："海事赔偿责任限制，适用受理案件的法院所在地法律。"故A正确；第272条规定："船舶优先权，适用受理案件的法院所在地法律。"故B正确；第273条规定："船舶碰撞的损害赔偿，适用侵权行为地法律。船舶在公海上发生碰撞的损害赔偿，适用受理案件的法院所在地法律。同一国籍的船舶，不论碰撞发生于何地，碰撞船舶之间的损害赔偿适用船旗国法律。"故C错误，D正确。本题综合考查了有关海事诉讼的法律适用，考生应该熟练掌握。所以选择ABD。

83. 关于贸易救济措施争议的国内程序救济和多边程序救济，下列哪些说法是正确的？

   A. 前者的当事人是原调查的利害关系人，而后者的当事人是出口国政府和进日国政府

   B. 前者的申诉对象是主管机关的具体行政行为，而后者的申诉对象则还包括行政复议裁决、法院判决，甚至还包括进口国立法

   C. 前者的审查依据是进口国国内法，而后者的审查依据是WTO的相关规则

   D. 前者遵循的是进口国国内行政复议法或行政诉讼法，而后者遵循的是WTO的争端解决规则

【答案】ABCD

【解析】贸易救济措施一般有国内程序救济和多边程序救济两种根本不同的救济方

式。其区别主要在于: 1 在国内程序中,当事人是原调查的利害关系方;多边程序中,当事人是出口国政府和进口国政府。故 A 正确;2 在国内程序中,申诉对象是主管机关作出的决定或采取的措施,在多边程序中,申诉时象既可以是主管机关作出的决定或采取的措施,也可以是复审法院作出的裁决,甚至还可以包括立法本身。故 B 正确;3.国内程序中,据以判断主管机关的决定是否合法的依据是进口国国内法,而在多边程序中,审查成员国措施的依据是 WTO 的相关规则。故 C 正确;4.在国内程序中,遵循的是进口国的行政复议法或行政诉讼法,而在多边程序中遵循的是 WTO 的争端解决规则和程序以及相关协议规定的特殊或额外的规则与程序。故 D 正确;5 在国内程序中,进行复议、审判的机构,或者是原调查机构,或者是具有管辖权的法院,而在多边程序中,审判机构是 WTO 的争端解决机构,具体说是专家组和上诉机构;6 在国内程序中,如果主管机关的裁定被裁决违反了国内法的相关规定,可以直接撤销或修改相关措施,而在多程序中,争端解决机构只能建议进口成员政府使其措施与 WTO 规则相一致,而不能直接撤销或修改相关措施。由此可知,本题答案为 ABCD。

84. 2006 年 6 月,佛易纳公司与晋堂公司签订了一项买卖运动器材的国际货物销售合同。晋堂公司作为买方在收到货物后发现其与合同约定不符。依据 1980 年《联合国国际货物销售合同公约》的规定,下列哪些表述是正确的?

A. 如果货物与合同不符的情形构成根本违反合同,晋堂公司可以解除合同

B. 根据货物与合同不符的情形,晋堂公司可以同时要求减价和赔偿损失

C. 甲只有在货物与合同不符的情形构成根本违反合同时,晋堂公司关于交付替代物的要求才应当被支持

D. 如果收到的货物数量大于合同规定的数量,晋堂公司应当拒绝接受多交部分的货物

【答案】ABC

【解析】本题考查了公约的相关知识。根据《联合国国际货物销售合同公约》第 25 条规定,如果货物与合同不符的情形构成根本违反合同,买方可以解除合同,故 A 正确;依公约第 50 条的规定,如货物与合同不符,不论货款是否已付,买方都可以要求减低价格。公约第 74-77 条对损害赔偿进行了规定,买方或卖方所进行的其他补救,并不妨碍其同时提出损害赔偿的要求,故 B 正确;依公约第 46 条(2)的规定,买方只有在货物与合同不符构成根本违反合同时,才可以要求交付替代货物,故 C 正确;公约第 52 条(2)规定:"如果卖方交付的货物数量大于合同规定的数量,买方可以收取也可以拒绝收取多交部分的货物。如果买方收取多交部分货物的全部或一部分,他必须按合同价格付款。"故 D 错误。由此可知,本题答案为 ABC。

85. 根据《与贸易有关的知识产权协议》，下列哪些选项应受到知识产权法律的保护？

    A. 独创性数据汇编

    B. 动植物新品种

    C. 甲计算机程序及电影作品的出租权

    D. 疾病的诊断方法

    【答案】AC

    【解析】本题根据《与贾易有关的知识产权协议》的规定：协议在保护版权与相关权利时，将独创性数据汇编作为版权的课题加以保护，故 A 正确；将计算机程序及电影作品的出租权作为版权的内容加以保护，故 C 正确；协议在对专利保护时，排除了对动植物新品种和疾病的诊断方法的保护。故 BD 错误。由此可知，本题答案为 AC。

86. 施密斯公司作为买方与邻国的哈斯公司签署了一项水果买卖合同。除其他条款外，双方约定有关该合同的争议应适用 1980 年《联合国国际货物销售合同公约》并通过仲裁解决。施密斯公司在检验收到的货物时，发现该水果的大小与合同的规定差别很大，便打算退货。根据这些情况，下列哪些表述是正确的？

    A. 施密斯公司应当根据情况采取合理措施保全货物

    B. 施密斯公司有权一直保有这些货物，直至哈斯公司对其保全货物所支出的合理费用作出补偿为止

    C. 施密斯公司不必使用自己的仓库保管该货物

    D. 施密斯公司也可以出售该货物，但在可能的范围内，应当把出售的意向通知哈斯公司

    【答案】ACD

    【解析】本题综合考查了有关货物保全的的规定，考生如果对于这些规定不够熟悉可以依据国内合同法的相关原理来解决。根据《联合国国际货物销售合同公约》第 86 条（1）规定："知果卖方已收到货物，但打算行使合同或本公约规定的任何权利，把货物退回，他必须按情况采取合理措施，以保全货物。他有权保有这些货物，直至卖方把他所付的合理费用偿还给他为止。"故 A 正确，B 错误；第 87 条规定："有义务采取措施以保全货物的一方当事人，可以把货物寄放在第三方的仓库，由另一方当事人担负费用，但该项费用必须合理。"故 C 正确；第 88 条（2）规定："知果货物易于迅速变坏，或者货物的保全牵涉到不合理的费用，则有义务保全货物的一方当事人，必须采取合理措施，把货物出售。在可能的范围内，他必须把出售货物的打算通知另一方当事人。"故 D 正确。由此可见，本题答案为 ACD。

87. 下列关于司法制度和司法权的哪些表述是正确的?

    A. 在中国古代, 没有司法的概念, 也没有司法的活动

    B. 我国清朝末年引进西方的司法制度, 将行使检察权的机关附设在大理院或同级审判厅

    C. 新中国的司法制度是独立创建的, 没有受到其他国家的影响

    D. 按照对司法特性的理解, 我国检察院作出的决定有时也具有终局性

【答案】BD

【解析】本题考查了司法制度的基础知识。在中国古代, 虽没有司法的概念, 但实践中是存在司法活动, 故 A 错误; 清末改大理寺为大理院, 为全国最高审判机关, 实行审检合署, 将行使检察权的机关附设在大理院或同级审判厅, 故 B 正确; 新中国的司法制度是在吸收和借鉴本国和他国先进成果的基础上创建的, 故 C 错误; 司法包含着最终裁决的意思, 故作为司法机关的检察院作出的决定有时也具有终局性, 故 D 正确。由此可知, 本题答案为 BD。

88. 某开发商以其员工和关系人的名义冒充客户, 虚构了 250 余份商品房买卖合同、个人收入证明和首付款证明, 骗取个人住房贷款 7 亿多元。两家律师事务所的律师甲和乙作为银行按揭的主办律师, 对数百份身份证、商品房买卖合同、签名和相关证明文件未作调查, 就向银行出具法律意见书, 证明贷款申请人符合申请贷款条件, 具备偿还贷款能力。检察院在以贷款诈骗罪起诉开发商的同时, 以提供虚假证明文件罪起诉了甲和乙。下列哪些表述是错误的?

    A. 律师违反敬业尽职义务的, 只有其客户才有权向律师协会投诉和向法院起诉

    B. 如果甲和乙构成了该项犯罪, 对律师事务所收取的律师费予以没收

    C. 如果甲和乙构成了该项犯罪, 司法行政机关可以吊销其律师执业证

    D. 如果甲和乙构成的是过失犯罪, 可以向其投保的保险公司请求赔付

【答案】AD

【解析】本题综合考查了律师执业规范和职业道德的有关问题。根据《律师法》和《律师执业行为规范》的规定, 律师违反敬业尽职义务的, 其客户、律师事务所都有权向律师协会投诉和向法院起诉: 故 A 错误; 律师收取费用从事违法犯罪行为时, 对律师事务所收取的律师费予以没收。故 B 正确; 根据《律师法》第45条的规定, 律师因故意犯罪受刑事处罚的, 省、自治区、直辖市人民政府司法行政部门应当吊销其律师职业证书。故 C 正确; 提供虚假证明文件罪为故意犯罪, 而非过失犯罪, 而且保险公司一般对于犯罪行为造成的损失不予赔偿。故 D 错误。由此可知, 本题答案为 AD。

89. 下列关于审判制度基本原则的哪些理解是正确的？

　　A. 不告不理原则体现了审判权的被动性，是审判中立的根本要求

　　B. 一切审判程序都必须适用直接原则和言词原则

　　C. 审判权独立行使原则与法律监督之间在根本点上不存在矛盾

　　D. 审判及时原则体现了现代审判活动的效率价值

【答案】ACD

【解析】我国三大诉讼的基本原则：不告不理原则，是指未经控诉一方提起控诉，法院不得自行主动对案件进行裁判的一项审判基本原则。故 A 正确；直接原则和言词原则体现了诉讼或司法的过程与结果非截然两分，该特性与发现案件真实和提高诉讼效率是相辅相成的。但在确立直接言词原则的时侯，还应当合理规定该原则的适用例外。故 B 错误；法院在独立行使审判权的时候仍应当接受机关、团体、会民的监督。故 C 正确；审判及时原则要求法院按照法律规定的期限办案，不拖拉，该原则体现了现代审判活动的效率价值。故 D 正确；由此可知，本题答案为 ACD。

90. 下列关于我国审判制度和检察制度的哪些表述存在错误之处？

　　A. 凡是职务犯罪和重案都是检察院自侦的；只有检察院才有批捕权、公诉权；检察院还可以对民事案件进行抗诉

　　B. 法院实行审判公开，除非法有例外规定，记者都可以采访报道案件；除非法有例外规定，没有在庭上口头调查过的证据，一律不能作为定案的证据

　　C. 律师可以为犯罪嫌疑人提供法律咨询，代理申诉、控告，申请取保候审；检察院应当保证律师的会见权和阅卷权

　　D. 在审判制度中实行"两审终审制"，从来没有过"一审终审"的情况

【答案】AD

【解析】本题考查了审判制度和检查制度。根据《刑事诉讼法》的规定，检察院对贪污贿赂犯罪、国家机关工作人员的渎职犯罪、国家工作人员利用职权侵害公民权利的犯罪行使侦查权。检察院有批捕权、法院有决定批捕权，只有检察院有公诉权。检察院可以对民事案件进行抗诉。故 A 错误；根据《最高人民法院关于严格执行公开审判制度的若干规定》第 11 条规定："依法公开审理案件，经人民法院许可，新闻记者可以记录、录音、录相、摄影、转播庭审实况。外国记者的旁听按照我国有关外事管理规定办理。"《刑诉法解释》第 58 条第 1 款规定："证据必须经过当庭出示、辨认、质证等法庭调查程序查证属实，否则不能作为定案的根据。"故 B 正确；根据《律师法》、《刑事诉讼法》、《民事诉讼法》和《行政诉讼法》的规定，我国律师在

执业过程中享有会见通信权、查阅复制案卷权、调查取证权、人身不受侵犯权、出席法庭、参与诉讼等权利，检察院应当对律师的这些权利加以保障。故 C 正确；在审判制度中实行"两审终审制"，但也有例外的存在，民事诉讼特别程序实行"一审终审"。故 D 错误。由此可知，本题答案为 AD

三、不定项选择题，每题所给的选项中有一个或一个以上正确答案，不答、少答或多答均不得分。本部分 91-100 题，每题 2 分，共 20 分

91. 杨某是某省高速公路建设指挥部的处长，为某承包商承建的某段高速公路立交桥绿化工程结算问题向该工程的建设指挥部打招呼，使该承包商顺利地拿到了工程款，然后收受了该承包商的 10 万人民币。一审法院依据上述事实认为杨某的行为触犯了《刑法》第 385 条的规定，构成受贿罪，判处扬某有期徒刑 10 年。杨某不服，提出上诉。二审法院经审理认为杨某的上述行为不构成受贿罪，撤销一审判决，宣告杨某无罪。理由是，该工程的建设指挥部是一个独立的单位，其人、财、物均归该省所管辖的某市的人民政府管理，因此，该省高速公路建设指挥部与该工程建设指挥部之间不存在直接的领导关系。另外，该承包商的工程结算款不属于不正当利益，杨某的行为不具备"为请托人谋取不正当利益"的受贿罪要件。关于法院在法律适用中所运用的法律推理，下列何种说法是不正确的？

    A. 一审法院运用的是一种辩证推理

    B. 二审法院运用的是一种类比推理

    C. 一审法院运用的是一种演绎推理

    D. 二审法院运用的是一种辩证推理

【答案】A

【解析】本题结合实例考查法律推理的类型。法律推理就是在法律论辩中运用法律理由的过程，或者说是人们在有关法律问题的争议中，运用法律理由解决问题的过程。法律推理的类型大致包括三类：第一，演绎推理。演泽推理在结构上由大前提、小前提和结论三部分组成。当代中国是以制定法为法律渊源主体的国家，制定法中的各种具体的规定，是人们进行法律推理的大前提。所以演绎推理在法律推理中被广泛运用。第二，归纳推理。归绅推理与演蜂推理的思维路径相反，是从特殊到一般的推理。运用归纳方法进行法律推理的合理性主要在于生活世界所具有的某种必然性和规律性。归纳法律推理的任务在于通过整理、概括经验事实，使分立的、多样的事实系统

化、同一化，从而揭示对象的那种必然性和规律性。第三，辩证推理。辩证推理即侧重对法律规定和案件事实的实质内容进行价值评价或者在相互冲突的利益之间进行选择的推理。其特点在于不能以一个从前提到结论的单一锁链的思维过程和证明模式得出结论。类比推理、法律解释、论辩、劝说、推定是通常进行辩证推理的具体方法。本案中，一审法院以现行《刑法》中关于受贿罪规定作为大前提，杨某所实施的行为作为小前提，得出相应的结论，因而一审法院的法官运用的足一种演绎推理。故选项A 的说法不正确，而选项 C 的说法正确。二审法院法官在进行法律推理时，将《刑法》中的受贿罪的构成要件与杨某所实施的具体行为加以综合比较，对案件的实质内容进行价值评价和分析，属于一种辩证推理的范畴，具体而言运用了辩证推理中的类比推理。故选项 B 和选项 D 的说法是正确的。综上，本题答案为 A。

92. 甲公司是瑞士一集团公司在中国的子公司。该公司将 SNS 柔性防护技术引人中国，在做了大量的宣传后，开始被广大用户接受并取得了较大的经济效益。原甲公司员工古某利用工作之便，违反甲公司保密规定，与乙公司合作，将甲公司的 14 幅摄影作品制成宣传资料向外散发，乙公司还在其宣传资料中抄袭甲公司的工程设计和产品设计图、原理、特点、说明，由此获得一定的经济利益。甲公司起诉后，法院根据《中华人民共和国著作权法》、《伯尔尼保护文学艺术作品公约》的有关规定，判决乙公司立即停止侵权、公开赔礼道歉、赔偿损失 5 万元。针对本案和法院的判决，下列何种说法是错误的？

   A. 一切国际条约均不得直接作为国内法适用

   B. 《伯尔尼保护文学艺术作品公约》可以视为中国的法律渊源

   C. 《伯尔尼保护文学艺术作品公约》不是我国法律体系的组成部分，法院的判决违反了"以法律为准绳"的司法原则

   D. 《中华人民共和国著作权法》和《伯尔尼保护文学艺术作品公约》分属不同的法律体系，法院在判决时不应同时适用

【答案】ACD

【解析】本题考查了国际条约在国内适用的问题。目前我国宪法并没有明确统一的规定。不过我国的一些国内法中规定了国际条约的法律效力。例如，《中华人民共和国民法通则》142 条第 2 款规定中华人民共和国缔结或参加的国际条约同中华人民共和国的民事法律有不同规定的，适用国际条约的规定，但中华人民共和国声明保留的除外。《中华人民共和国民法通则》的该条规定以一般原则的方式将国际条约并入我国国内法，作为我国法律渊源。而《伯尔尼保护文学和艺术作品公约》是我国业已缔结

的国际条约，据此《中华人民共和国著作权法》和《伯尔尼保护文学艺术作品公约》都是我国的法律渊源，在审判时可以直接适用。由此可知，本题答案为 ACD。

93. 某县召开第十届人民代表大会第一次会议，选举产生新一届县人民政府。根据我国《宪法》和法律的规定，下列何种做法是错误的？

 A. 李某被人民代表联名提名为县长候选人，但大会主席团认为李某已连任两届县长，不能再担任新一届政府的县长，决定取消其候选人资格

 B. 王某被人民代表大会选举为县长后，提名张某为副县长候选人

 C. 县人民代表大会决定，根据本县经济不发达的实际情况，不设立交通局、商业局和审计局

 D. 根据经济发展的需要，县人民代表大会通过决议，授权新一届县政府决定本县预算的变更

【答案】ABCD

【解析】本题综合考查了我国县级人民代表大会的职权。《地方人民代表大会和地方人民政府组织法》没有对县长连选连任的限制，故选项 A 错误。《地方人民代表大会和地方人民政府组织法》第 21 条第 1 款规定，县长、副县长人选由本级人民代表大会主席团或者代表联名提出，故选项 B 错误。《地方人民代表大会和地方人民政府组织法》第 54 条第 2 款和第 4 款规定，县级以上的地方各级人民政府设立审计机关。自治州、县、自治县、市、市辖区的人民政府的局、科等工作部门的设立、增加、减少或者合并，由本级人民政府报请上一级人民政府批准，并报本级人民代表大会常务委员会备案。县人民代表大会无权自己决定，故选项 C 错误。根据《地方人民代表大会和地方人民政府组织法》第 8 条、第 59 条的规定，县的预算由县人民代表大会审查、批准、变更；县政府对预算只有执行权，故选项 D 错误。由此可知，本题答案为 ABCD。

94. 在国际私法中，应当适用于某一合同的实体法被称为该合同的准据法。关于合同准据法的确定，下列何种表述是正确的？

 A. 我国所有的法律都允许涉外合同的当事人自行约定合同准据法

 B. 合同的当事人没有选择适用于合同的准据法时，我国法院应适用与该合同有最密切联系的国家的法律

 C. 关子对合同当事人的行为能力与合同的有效性应分别适用不同国家法律的主张，称为确定合同准据法的分割论

D. 按照特征性履行方法的理论，当事人未选择适用于合同的法律时，应根据合同的特殊性确定合同准据法

【答案】BCD

【解析】本题综合考查了有关涉外合同法律适用的理论，这是国际私法的基本内容，考生应掌握。我国很多法律允许涉外合同的当事人自行约定合同准据法，但有限制。故 A 错误；第 145 条第 2 款规定："涉外合同的当事人没有选择的，适用与合同有最密切联系的国家的法律。"故 B 正确；国际私法关于合同准据法的理论有分割论与统一论之分。主张时合同当事人的行为能力与合同的有效性应分别适用不同国家法律的，为确定合同准据法的分割论。主张统一确定准据法的，是统一论。故 C 正确；特征履行法是在确定合同准据法的过程中选定最密切联系地法律作为合同准据法的方法。按照特征履行法的理论，当事人未选择适用于合同的法律时，应根据合同的特殊性确定合同的最密切联系地，一再根据这个最密切联系地确定合同的准据法。故 D 正确。由此可知，本题答案为 BCD。

95. 南美某国的修格公司希望从我国太原辉泉公司购买一批货物。双方正在就货物销售合同的具体条款进行谈判。双方都希望选择国际商会《2000 年国际贸易术语解释通则》中的贸易术语来确定货物销售的价格和相关义务。双方对于该货物的国际买卖均有丰富经验，且都与从事国际海上货物运输和保险的专业公司保持着经常的业务关系。基于上述事实，下列何种表述是正确的？

A. 从修格公司的角度出发，如果选择 EXW 贸易术语，意味着它要承担的相关义务比选择任何其他的贸易术语都要大

B. 修格公司可以接受"CFR 天津"的贸易术语而自己向保险公司投保货物运输险

C 假如双方采用了"CIF 布宜诺斯艾利斯"的贸易术语，辉泉公司对货物在公海上因船舶沉没而导致的货损应向修格公司承担赔偿责任

D. 双方都有可能接受《国际贸易术语解释通则》F 组中的某项贸易术语

【答案】AD

【解析】本题考查了国际贸易术语。EXW 是在卖方工厂交货，卖方义务最小，买方义务最大。所以修格公司如果选择 EXW 贸易术语意味着它要承担的相关义务比选择任何其他的贸易术语都要大。故 A 正确；CFR 是买方已付成本与运费的术语，该术语下卖方办理托运，应当指定目的港。而选项 B 指定了始发港，所以修格公司不可以接受。故 B 错误；在"CIF 布宜诺斯艾利斯"的贸易术语，由于卖方辉泉公司已经办理了运输保险，并且货物损失是在海上运输过程中产生的，已经脱离了辉泉公司的

支配，所以應由保險公司負賠償責任。故 C 錯誤；F 組中的貿易術語 FAC、FAS、FOB 也是常用的術語，所以雙方都有可能接受 F 組中的某項貿易術語。故 D 正確。由此可知，本題答案為 AD。

96. 關於法律從業人員的職業道德和職業責任，甲、乙、丙、丁四人的下列何種說法是正確的？

    A. 甲說，依我的意見，律師做廣告、亂許諾、高收費、搞風險代理、不敬業盡職、挖牆腳爭案源的，都應開除出律師隊伍，情節惡劣的要嚴打

    B. 乙說，法官就應該深居簡出，高薪高福利，終身任職，任憑自己內心確信去獨立判案

    C. 丙說，新的《公證法》對私自出證、出假證、篡改公證書各洩露當事人商業秘密或隱私的，處罰很重，對公證處罰款可高到 10 萬元，還可以沒收違法所得，還可以吊銷公證員執照，有的還可追究刑事責任

    D. 丁說，對法律職業人員來說，總的要求就是忠實於事實，忠實於法律

    某拍賣公司拍賣一批汽車，其中包括本公司職員趙某的一輛桑塔納轎車。競買者張某在競買中購得一輛豐田轎車。事後張某拒絕簽訂成交確認書。請回答 97 － 100 題。

    【答案】CD

    【解析】本題考查了法律職業道德的有關知識。根據律師職業行為規範，律師可以做廣告，但不得亂許諾、高收費、搞風險代理、不敬業盡職、挖牆腳爭案源，故 A 錯誤；法官職業道德.要求法官忠實於事實，忠實於法律，依法判案。故 B 錯誤；根據《公證法》42 條規定，C 正確；忠實於事實，忠實於法律是對法律工作者的一般要求。故 D 正確。由此可知，本題答案為 CD。

97. 張某主張，拍賣公司本次拍賣的車輛中有本公司職員的車輛，本次拍賣無效。下列關於這一問題的何種判斷是正確的？

    A. 拍賣公司不得在拍賣活動中拍賣自己的物品，包括本公司工作人員的物品

    B. 拍賣公司不得在拍賣活動中拍賣自己的物品，但本公司工作人員的物品不在此限

    C. 拍賣公司如果在拍賣活動中拍賣了本公司工作人員的物品，則本次拍賣無效

    D. 拍賣公司如果在拍賣活動中拍賣了本公司工作人員的物品，則該物品的拍賣無效，但不影響拍賣其他物品的拍賣結果

【答案】B

【解析】根据《拍卖法》第 23 条规定："拍卖人不得在自己组织的拍卖活动中拍卖自己的物品或者财产权利。"但是公司职员的私人物品不属于公司所有，因此，本案中拍卖公司的拍卖行为有效。由上分析可知 ACD 选项均不正确。故选择 B。

98. 张某拒绝签订成交确认书时，双为一的合同处于何种法律状态？

A. 合同未成立

B. 合同已成立，并已生效

C. 合同已成立，但效力待定

D. 合同已成立，但生效条件尚未成就

【答案】B

【解析】在拍卖程序中，拍卖公告的性质属于要约邀请，竞买人的应价为要约，拍卖师的落槌为承诺。根据《拍卖法》第 1 条规定；"竞买人的最高应价经拍卖师落椎或者以其他方公开表示买定的方式确认后，拍卖成交。"所以，在拍定以后，合同已成立，并已生效。故本题答案为 B。

99. 如果拍卖公司自己组织的拍卖活动中包括了拍卖本公司的物品，根据《拍卖法》的规定，其法律责任如何？

A. 所有的拍卖合同宣告无效

B. 由工商行政管理部门没收本公司物品拍卖的全部所得

C. 由工商行政管理部门没收本次拍卖的全部佣金

D. 由工商行政管理部门处以本次拍卖所收佣金 1 倍以上 5 倍以下的罚款

【答案】B

【解析】《拍卖法》第 63 条规定，拍卖人在自己组织的拍卖活动中拍卖自己的物品或者财产权利的，由工商行政管理部门没收本公司物品拍卖的全部所得。所以 B 选项是正确的，其他三个选项没有法律依据，不应选。

100. 如果张某拒绝签订成交确认书的理由不成立，但坚持不履行合同，拍卖公司有权采取何种措施？

A. 征得委托人的同意后，将该轿车再行拍卖

B. 要求张某支付在第一次拍卖中其本人和委托人应当支付的佣金

C. 要求张某补足该轿车再行拍卖的价款低于原拍卖价款时的差价

D. 要求张某支付该轿车在两次拍卖期间的保管费用

【答案】ABC

【解析】根据《拍卖法》第 39 条规定："买受人应当按照约定支付拍卖标的的价款，未按照约定支付价款的，应当承担违约责任，或者由拍卖人征得委托人的同意，将拍卖标的再行拍卖。拍卖标的再行拍卖的，原买受人应当支付第一次拍卖中本人及委托人应当支付的佣金。再行拍卖的价款低于原拍卖价款的，原买受人应当补足差额。"D 选项中张某未受领后的第二次拍卖所产生的保管费用，应由张某支付，所以 D 是错误的。故本题答案为 ABC。

2006 年国家司法考试　试卷二

提示：本试卷为选择题，由计算机阅读。请将所选答案填涂在答题卡上，勿在卷面上直接作答。

一、单项选择题，每题所给的选项中只有一个正确答案。本部分 1-50 题，每题 1 分，共 50 分。

1. 关于罪刑法定原则，下列哪一选项是正确的？

   A. 罪刑法定原则的思想基础之一是民主主义，而习惯最能反映民意，所以将习惯作为刑法的渊源并不违反罪刑法定原则

   B. 罪刑法定原则中的"法"不仅包括国家立法机关制定的法，而且包括国家最高行政机关制定的法

   C. 罪刑法定原则禁止不利于行为人的溯及既往，但允许有利于行为人的溯及既往

   D. 刑法分则的部分条文对犯罪的状况不作具体描述，只是表述该罪的罪名，这种立法体例违反罪刑法定原则

   【答案】C
   【解析】
   本题考查了刑法的一项最重要的原则——罪刑法定原则。该原则要求刑法应以制定法为依据，排斥习惯法。A 项错误。根据《立法法》第 8 条，关于犯罪和刑罚的事项只能制定法律。B 项错误。刑法只禁止犯罪化，强化惩罚或对行为人不利的法律追溯既往，对非犯罪化，弱化惩罚或有利于行为人的法律则允许有溯及既往的效力。C 项正确。刑法分则中部分条文没有具体描述犯罪的特征，只是表述该罪的罪名，之所以采取这种简单罪状的方式，往往是因为这些犯罪往往可以通过罪名本身就能确定该罪的行为特征而无须具体描述，所以并不违反罪刑法定原则。D 项错误。

2. 关于因果关系，下列哪一选项是错误的？

   A. 甲故意伤害乙并致其重伤，乙被送到医院救治。当晚，医院发生火灾，乙被烧死。甲的伤害行为与乙的死亡之间不存在因果关系

B. 甲以杀人故意对乙实施暴力，造成乙重伤休克。甲以为乙已经死亡，为隐匿罪迹，将乙扔入湖中，导致乙溺水而亡。甲的杀人行为与乙的死亡之间存在因果关系

C. 甲因琐事与乙发生争执，向乙的胸部猛推一把，导致乙心脏病发作，救治无效而死亡。甲的行为与乙的死亡之间存在因果关系，是否承担刑事责任则应视甲主观上有无罪过而定

D. 甲与乙都对丙有仇，甲见乙向丙的食物中投放了 5 毫克毒物，且知道 5 毫克毒物不能致丙死亡，遂在乙不知情的情况下又添加了 5 毫克毒物，丙吃下食物后死亡。甲投放的 5 毫克毒物本身不足以致丙死亡，故甲的投毒行为与丙的死亡之间不存在因果关系

【答案】D

【解析】本题考查因果关系的认定，选项设置不是很难。因果关系一直是刑法的疑难问题，也是考试的热点。在 2003 和 2004 年均出现过。A 项中甲的伤害行为跟乙的死亡有一定的联系，但二者之间并没有刑法上的因果关系，因为二者之间的因果关系被火灾所切断。B 项中应该把甲的犯罪行为看成一个完整的过程，包括其杀人后抛尸行为刑法中因果关系是危害行为与危害结果之间的一种客观联系，因果关系的有无与行为人主观能否预见无关。同时，对结果负刑事责任除需要因果关系之外，还需要行为人主观上有罪过。由此 C 项的说法正确，不入选。D 项中甲以杀人的故意，利用了乙不知情的"有利条件"投毒杀人，所以甲的行为与被害人的死亡之间有因果关系。

3. 甲贩运假烟，驾车路过某检查站时，被工商执法部门拦住检查。检查人员乙正登车检查时，甲突然发动汽车夺路而逃。乙抓住汽车车门的把手不放，甲为摆脱乙，在疾驶时突然急刹车，导致乙头部着地身亡。甲对乙死亡的心理态度属于下列哪一选项？

A. 直接故意

B. 间接故意

C. 过于自信的过失

D. 疏忽大意的过失

【答案】B

【解析】本题考查了犯罪的主观方面，是比较简单的。题中甲为逃避检查，不顾抓着车门的乙，在疾驶中突然刹车，致乙重伤，甲明知其行为会发生危害后果，并且放任这种结果的发生，是典型的间接故意。根据题中条件，甲只为摆脱乙，并不具有杀人

的直接故意，只是采用了不计后果的方法。由以上分析可知甲也不构成过失。故正确
答案为 B

4. 下列与不作为犯罪相关的表述，哪一选项是正确的？

  A. 甲警察接到报案：有歹徒正在杀害其妻。甲立即前往现场，但只是站在现场观
    看，没有采取任何措施。此时，县卫生局副局长刘某路过现场，也未救助被害
    妇女。结果，歹徒杀害了其妻。甲和刘某都是国家机关工作人员，都没有履行
    救助义务，均应成立渎职罪

  B. 甲非常讨厌其侄子乙（6 岁）。某日，甲携乙外出时，张三酒后驾车撞伤了乙并
    迅速逃逸。乙躺在血泊中。甲心想，反正事故不是自己造成的，于是离开了现
    场。乙因得不到救助而死亡。由于张三负有救助义务，所以甲不构成不作为犯
    罪

  C. 甲下班回家后，发现自家门前放着一包来历不明、类似面粉的东西。甲第二天
    上班时拿到实验室化验，发现是海洛因，于是立即倒入厕所马桶冲入下水道。
    甲虽然没有将毒品上交公安部门，但不构成非法持有毒品罪

  D. 《消防法》规定，任何人发现火灾都必须立即报警。过路人甲发现火灾后没有
    及时报警，导致火灾蔓延。甲的行为成立不作为的放火罪

【答案】C
【解析】本题考查了两种特殊的行为方式：不作为犯罪和持有型犯罪。不作为是指在
能够履行自己应尽义务的情况下，不履行该义务。据此 A 项中县卫生局副局长刘某
虽身为国家机关工作人员但对阻止犯罪行为并不具有法律或职务上的义务，不成立渎
职罪。同理 D 项中路人也不构成不作为犯罪。C 中甲携 6 岁的侄子乙外出，由于这
一先行行为，甲对乙便负有救助的义务。甲构成不作为。故 ABC 三项表述均有误。
关于刑法上持有型犯罪的性质在理论上有争论，但一般认为持有是对物的有意识地控
制、支配。要区别故意持有和纯粹持有。C 项中甲在发现不明物是毒品的时候虽然没
有履行上缴的义务，但也没有故意地继续持有。所以甲不构成非法持有毒品罪。

5. 关于单位犯罪的主体，下列哪一选项是错误的？

  A. 不具有法人资格的私营企业，也可以成为单位犯罪的主体
  B. 刑法分则规定的只能由单位构成的犯罪，不可能由自然人单独实施
  C. 单位的分支机构或者内设机构，可以成为单位犯罪的主体
  D. 为进行违法犯罪活动而设立的公司、企业、事业单位，或者公司、企业、事业
    单位设立后，以实施犯罪为主要活动的，不能成为单位犯罪的主体

【答案】A

【解析】本題考查了單位犯罪的成立，比較簡單。根據《最高法院關於審理單位犯罪案件具體應用法律有關問題的解釋》第 1 條的規定，單位主體是具有法人資格的獨資、私營等公司、企業、事業單位。故 A 項關於"不具法人資格的私營企業，也可以成為單位犯罪的主體"的說法不正確。該解釋第2條規定，個人為進行違法犯罪活動而設立的公司、企業、事業單位實施犯罪的，或者公司、企業、事業單位設立後，以實施犯罪為主要活動的，不以單位犯罪論處。故 D 項說法正確。刑法分則規定的只能由單位構成的犯罪，稱為"純正的單位犯罪"，不可能由自然人單獨實施，所以 B 項說法正確。2001 年 1 月 21 日《全國法院審理金融犯罪案件工作座談會紀要》(一)明確指出："以單位的分支機構或者內設機構、部門的名義實施犯罪，違法所得主要歸分支機構或者內設機構、部門所有的，應認定為單位犯罪。"可見，單位的分支機構或內設機構在某些情況下也可能成為犯罪主體。故 C 項的說法正確。

6. 甲和乙共同入戶搶劫並致人死亡後分頭逃跑，後甲因犯強姦罪被抓獲歸案。在羈押期間，甲向公安人員供述了自己和乙共同所犯的搶劫罪行，並提供了乙因犯故意傷害罪被關押在另一城市的看守所的有關情況，使乙所犯的搶劫罪受到刑事追究。對於本案，下列哪一選項是正確的？

  A. 甲的行為屬於坦白，但不成立特別自首
  B. 甲的行為成立特別自首，但不成立立功
  C. 甲的行為成立特別自首和立功，但不成立重大立功
  D. 甲的行為成立特別自首和重大立功

【答案】D

【解析】本題考查自首和重大立功的認定。由於題目比較繁雜，所以有一定的難度。根據《刑法》第67條第2款的規定，被採取強制措施的犯罪嫌疑人、被告人和正在服刑的罪犯，如實供述司法機關還未掌握的本人其他罪行的，以自首論。本案中，甲因強姦罪被採取強制措施，在押期間，如實供述自己曾實施的入戶搶劫並致人死亡罪行，屬於刑法規定"以自首論"的情形。另外，犯罪分子有檢舉、揭發他人重大犯罪行為，經查證屬實；提供偵破其他重大案件的重要線索，經查證屬實；阻止他人重大犯罪活動；協助司法機關抓捕其他重大犯罪嫌疑人（包括同案犯）；對國家和社會有其他重大貢獻等表現的，應當認定為有重大立功表現。本案中甲檢舉、揭發了乙的犯罪行為，並向公安機關提供線索協助其對乙追究刑事責任。同時所揭發犯罪為"入戶搶劫並致人死亡"，應屬重大犯罪行為，所以認定為重大立功表現。所以，D 項正確。

7. 对下列哪一情形应当实行数罪并罚?

   A. 在走私普通货物、物品过程中，以暴力、威胁方法抗拒缉私的

   B. 在走私毒品过程中，以暴力方法抗拒检查，情节严重的

   C. 在组织他人偷越国（边）境过程中，以暴力方法抗拒检查的

   D. 在运送他人偷越国（边）境过程中，以暴力方法抗拒检查的

【答案】A

【解析】本题考查暴力抗拒检查的处罚规定。题目本身不难，只是要记忆准确才可。根据《刑法》第157条第2款规定，以暴力、威胁方法抗拒缉私的，以走私罪和阻碍国家机关工作人员依法执行职务罪，依照数罪并罚的规定处罚。所以A项情形应当数罪并罚。第347条第2款规定，走私、贩卖、运输、制造毒品，以暴力抗拒检查、拘留、逮捕，情节严重的，应当以走私、贩卖、运输、制造毒品罪一罪定罪处罚，所以B项不入选。第318条规定，组织他人偷越国（边）境的，以暴力、威胁方法抗拒检查的，C中的暴力情节是组织他人偷越国边境罪的加重情节，仍是一罪，不入选。第321条第2款规定，在运送他人偷越国（边）境中造成被运送人重伤、死亡，或者以暴力、威胁方法抗拒检查的，处7年以上有期徒刑，并处罚金。所以，D项中的暴力也同样是加重情节，应定一罪，不选。故本题正确答案为A。

8. 关于缓刑，下列哪一选项是错误的?

   A. 对于累犯不适用缓刑

   B. 对于危害国家安全的犯罪分子，不适用缓刑

   C. 对于数罪并罚但宣告刑为3年以下有期徒刑的犯罪分子，可以适用缓刑

   D. 虽然故意杀人罪的法定最低刑为3年有期徒刑，但只要符合缓刑条件，仍然可以适用缓刑

【答案】B

【解析】本题考查了缓刑的适用条件，比较简单。根据《刑法》第74条的规定，对于累犯，不适用缓刑。所以A项正确。第72条规定，对于被判处拘役、3年以下有期徒刑的犯罪分子，根据犯罪分子的犯罪情节和悔罪表现，适用缓刑确实不致再危害社会的，可以宣告缓刑。由于刑法中各种减轻、免除处罚规定的存在，数罪并罚和故意杀人罪最后的宣告刑都有可能为3年以下，所以两者都有能够适用缓刑的可能，CD均正确。刑法中并未明确规定危害国家安全的犯罪分子不可适用缓刑，所以B项错误。本题为选非题，应当选B。

9. 关于假释，下列哪一选项是正确的？

    A. 被假释的犯罪分子，未经执行机关批准，不得行使言论、出版、集会、结社、游行、示威自由的权利

    B. 对于犯杀人、爆炸、抢劫、强奸、绑架等暴力性犯罪的犯罪分子，即使被判处 10 年以上有期徒刑，也不得适用假释

    C. 对于累犯，只要被判处的刑罚为 10 年以下有期徒刑，均可适用假释

    D. 被假释的犯罪分子，在假释考验期间再犯新罪的，不构成累犯

【答案】D

【解析】本题考查了有关假释的规定，内容比较复杂。根据《刑法》第84条的规定，被假释的犯罪分子并未被剥夺政治权利，而 A 项是剥夺政治权利的情况，不是假释的规定。所以 A 项错误。《刑法》第81条第 2 款规定，一是对累犯不得假释；二是因杀人、爆炸、抢劫、强奸、绑架等暴力性犯罪被判处 10 年以上有期徒刑、无期徒刑的犯罪分子，不得假释。因此 B、C 两项说法错误。《刑法》第 65 条第 2 款规定，前款规定的期限，对于被假释的犯罪分子，从假释期满之日起计算。而假释考验期间再犯新罪的，由于刑罚还未执行完毕，不能构成累犯。所以 D 项正确。

10. 甲盗割正在使用中的铁路专用电话线，在构成犯罪的情况下，对甲应按照下列哪一选项处理？

    A. 破坏公用电信设施罪

    B. 破坏交通设施罪

    C. 甲盗窃罪与破坏交通设施罪巾处罚较重的犯罪

    D. 盗窃罪与破坏公用电信设施罪中处罚较重的犯罪

【答案】C

【解析】本题考查了想象竞合犯和破坏交通设施罪的相关内容。考点不新，但是以前没出现过的。铁路通信线路应被视为交通设施，甲盗割正在使用中的铁路专用电话线，既触犯破坏交通设施罪，又触犯盗窃罪。一行为触犯两个罪名，属于想象竞合犯。对于想象竞合犯，应当择一重罪处罚，所以选 C。

11. 甲系某公司经理，乙是其司机。某日，乙开车送甲去洽谈商务，途中因违章超速行驶当场将行人丙撞死，并致行人丁重伤。乙欲送丁去医院救治，被甲阻止。甲催乙送其前去洽谈商务，并称否则会造成重大经济损失。于是，乙打电话给 120 急救站后离开肇事现场。但因时间延误，丁不治身亡。关于本案，下列哪一选项是正确的？

    A. 甲不构成犯罪，乙构成交通肇事罪

B. 甲、乙均构成交通肇事罪

C. 乙构成交通肇事罪和不作为的故意杀人罪，甲是不作为的故意杀人罪的共犯

D. 甲、乙均构成故意杀人罪

【答案】B

【解析】本题考查了《最高人民法院关于审理交通肇事刑事案件具体应用法律若干问题的解释》中的一个特殊规定。乙违章超速驾驶，应对事故负全部或主要责任，造成一人死亡、一人重伤的严重后果，后又逃逸，其行为已构成交通肇事罪。故排除 C、D 两项。另根据该解释第 5 条第 2 款，交通肇事后，单位主管人员、机动车辆所有人、承包人或者乘车人指使肇事人逃逸，致使被害人因得不到救助而死亡的，以交通肇事罪的共犯论处。本题中在肇事后因甲对乙的"阻止"和"催促"，使甲成为交通肇事罪的共犯。因此甲和乙均构成交通肇事罪，正确答案为 B。

12. 下列哪一行为可以构成使用假币罪？

A. 甲用总面额 1 万元的假币参加赌博

B. 甲（系银行工作人员）利用职务上的便利，以伪造的货币换取货币

C. 甲在与他人签订经济合同时，为显示自己的经济实力，将总面额 20 万元的假币冒充真币出示给对方看

D. 甲用总面额 10 万元的假币换取高某的 1 万元真币

【答案】A

【解析】本题主要考查使用假币罪的认定，部分选项属于以前没有考查过的考点。B 项构成《刑法》第 171 条第 2 款金融工作人员以假币换取货币罪。C 项中甲的行为不构成使用假币，但不排除非法持有假币。D 项实质是甲出售假币，构成《刑法》第 171 条第 1 款出售假币罪。

13. 关于故意杀人罪，下列哪一选项是正确的？

A. 甲意欲使乙在跑步时被车撞死，便劝乙清晨在马路上跑步，乙果真在马路上跑步时被车撞死，甲的行为构成故意杀人罪

B. 甲意欲使乙遭雷击死亡，便劝乙雨天到树林散步，因为下雨时在树林中行走容易遭雷击。乙果真雨天在树林中散步时遭雷击身亡。甲的行为构成故意杀人罪

C. 甲对乙有仇，意图致乙死一亡。甲仿照乙的模样捏小面人，写上乙的姓名，在小面人身上扎针并诅咒 49 天。到第 50 天，乙因车祸身亡。甲的行为不可能致人死亡，所以不构成故意杀人罪

D. 甲以为杀害妻子乙后，乙可以升天，在此念头支配下将乙杀死。后经法医鉴定，甲具有辨认与控制能力。但由于甲的行为出于愚昧无知，所以不构成故意杀人罪

【答案】C

【解析】本题名为考查故意杀人罪，其实是考查行为的实质和迷信犯的认定。A、B、D 中甲的劝说行为或者封建迷信行为对被害人的生命不具有紧迫性现实性的危险，也就是这些行为本身不具有实行行为性，所以不构成故意杀人罪。D 项中甲具有辨认与控制能力，对其故意杀人行为应当承担刑事责任。只有 C 项说法正确。

14. 甲使用暴力将乙扣押在某废弃的建筑物内，强行从乙身上搜出现金 3000 元和 1 张只有少量金额的信用卡，甲逼迫乙向该信用卡中打入人民币 10 万元。乙便给其妻子打电话，谎称自己开车撞伤他人，让其立即向自己的信用卡打入 10 万元救治伤员并赔偿。二乙妻信以为真，便向乙的信用卡中打入 10 万元，被甲取走，甲在得款后将乙释放。对甲的行为应当按照下列哪一选项定罪？

A. 非法拘禁罪

B. 绑架罪

C. 抢劫罪

D. 抢劫罪和绑架罪

【答案】C

【解析】本题考查绑架罪和抢劫罪的区别。前者只能是向被绑架人的近亲属或者其他有关人勒索财物；后者是直接迫使被害人交出财物。虽然题中乙的妻子往乙的信用卡里打入了 10 万块钱，但其主观上只是听信丈夫的话，汇钱救治伤员并赔偿，没有向第三人交付的对象性，而且打钱行为本身并非因为乙的人身受劫而做出的，故甲不构成绑架罪。甲一直是使用暴力控制乙，并且当场取得了财物，其行为构成抢劫罪。故本题应选 C。

15. 下列哪种行为构成敲诈勒索罪？

A. 甲到乙的餐馆吃饭，在食物中发现一只苍蝇，遂以向消费者协会投诉为由进行威胁，索要精神损失费 3000 元。乙迫于无奈付给甲 3000 元

B. 甲到乙的餐馆吃饭，偷偷在食物中投放一只事先准备好的苍蝇，然后以砸烂桌椅进行威胁，索要精神损失费 3000 元。乙迫于无奈付给甲 3000 元

C. 甲捡到乙的手机及身份证等财物后，给乙打电话，索要 3000 元，并称若不付钱就不还手机及身份证等物。乙迫于无奈付给甲 3000 元现金赎回手机及身份证等财物

D. 甲妻与乙通奸，甲获知后十分生气，将乙暴打一顿，乙主动写下一张赔偿精神损失费 2 万元的欠条。事后，甲持乙的欠条向其索要 2 万元，并称若乙不从，就向法院起诉乙

【答案】B

【解析】本题考查了敲诈勒索罪的认定，是争议比较大的一个题目。它是指以非法占有为目的，对公私财物的所有人、管理人，使用威胁或者要挟的方法勒索公私财物的行为。A 选项中的"威胁"，并不是刑法意义上的威胁，由于其目的带有维护自身权益的正当性，所以其索要精神损失费的行为是一个民事行为。C 选项与 A 选项类似，捡拾到他人财物向他人索要报酬的行为，虽然不符合社会道德规范，但是也不违反法律的禁止性规定，不为罪。故 AC 项均不构成敲诈勒索罪，都不选。选项 D 中，乙向甲写下欠条是主动的，并不是甲将其暴打一顿的结果，不具有威胁的内容，故也不构成敲诈勒索罪，不应选。选项 B 既有非法占有的目的，又有实质的威胁内容，符合敲诈勒索罪的犯罪构成，故应选 B。

16. 下列哪种说法是错误的？

A. 甲取得患有绝症的病人乙的同意而将其杀死，甲仍然构成故意杀人罪

B. 甲以出卖为目的收买生活贫困的妇女乙后，经乙同意将其卖给一个富裕人家为妻，甲仍然构成拐卖妇女罪

C. 甲征得不满 14 周岁的幼女乙同意而与之发生性行为，甲仍然构成强奸罪

D. 甲在收买被拐卖的妇女乙后，按照乙的意愿没有阻碍其返回原居住地，对甲仍然应当追究收买被拐卖妇女罪的刑事责任

【答案】D

【解析】本题考查了征得被害人同意而实施杀害行为，但目前在法律上还不能够排除其犯罪性，A 项中的甲仍然构成故意杀人罪。《刑法》第 241 条第 5 款规定，收买被拐卖的妇女、儿童又出卖的，依据本法第 240 条的规定以拐卖妇女罪定罪处罚。即使被拐卖妇女同意也成立犯罪。故 B 也正确。行为人明知是不满 14 周岁的幼女而与其发生性关系，不论幼女是否自愿，均应依照刑法第 236 条第 2 款的规定，以强奸罪定罪处罚。故 C 正确。另，《刑法》第 241 条第 6 款规定，收买被拐卖的妇女、儿童，按照被买妇女的意愿，不阻碍其返回原居住地的，对被买儿童没有虐待行为，不阻碍对其进行解救的，可以不追究刑事责任。D 项说法错误，应入选。

17. 下列哪种说法是正确的?

    A. 甲潜入乙家,搬走乙家 1 台价值 2000 元的彩电,走到门口,被乙 5 岁的女儿丙看到丙问甲为什么搬我家的彩电,乙谎称是其父亲让他来搬的。丙信以为真,让甲将彩电搬走。甲的行为属于诈骗

    B. 甲在柜台假装购买金项链,让售货员乙拿出 3 条进行挑选,甲看后表示对 3 条金项链均不满意,让乙再拿 2 条。甲趁乙弯腰取金项链时,将柜台上的 1 条金项链装入口袋。乙拿出 2 条金项链让甲看,甲看后表示不满意,将金项链归还给乙。乙看少了 1 条,便隔着柜台一把抓住甲的手不让其走,甲猛地甩开乙的手逃走。甲的行为属于抢夺

    C. 甲在柜台购买 2 条中华香烟,在售货员乙拿给甲 2 条中华香烟后,甲又让乙再拿 1 瓶五粮液酒。趁乙转身时,甲用事先准备好的 2 条假中华香烟与柜台上的中华香烟对调。等乙拿出五粮液酒后,甲将烟酒又看了看,以烟酒有假为由没有买。甲的行为属于盗窃

    D. 甲与乙进行私下外汇交易。乙给甲 1 万美元,甲在清点时趁乙不注意,抽出 10 张 110 元面值的美元,以 10 张 10 元面值的美元顶替。清点完成后,甲将总面额 8.3 万元的假人民币交给乙,被乙识破。乙要回 1 万美元,经清点仍是 100 张,拿回家后才发现美元被调换。甲的行为属于诈骗

【答案】C

【解析】本题考查了常见的财产型犯罪的区别,主要考查了盗窃罪和诈骗罪的区别。盗窃罪与诈骗罪区别的关键在于,被害人是否基于认识错误而交付财物,本题 ABCD 四个选项中甲的行为都属于盗窃。选项 A,乙的女儿只有 5 岁,是无行为能力人,不具备同意让甲搬走彩电的行为能力,因此甲的行为仍是盗窃。选项 D 甲"趁乙不注意",应认定为秘密窃取,不是诈骗而是盗窃。故 AD 都不应选。盗窃罪与抢夺罪区别的关键在于,一个是"秘密窃取",一个是"趁人不备、公开夺取",选项 B 中,甲秘密窃取金项链在先,后被发现后挣脱逃走,不属于"趁人不备、公开夺取",因此应定盗窃罪而不是抢夺罪。故 B 不应入选,本题正确答案为 C。

18. 关于排除犯罪的事由,下列哪一选项是正确的?

    A. 对于严重危及人身安全的暴力犯罪以外的不法侵害进行防卫,造成不法侵害人死亡的,均属防卫过当

    B. 由于武装叛乱、暴乱罪属于危害国家安全罪,而非危害人身安全犯罪,所以,对于武装叛乱、暴乱犯罪不可能实行特殊正当防卫

C. 放火毁损自己所有的财物但危害共安全的，不属于排除犯罪的事由

D. 律师在法庭上为了维护被告人的合法权益，不得已泄露他人隐私的，属于紧急避险

【答案】C

【解析】本题考查了排除犯罪的事由。选项 AB 考查了特殊正当防卫问题，这在考试中显得日益重要。根据《刑法》第 20 条第 2 款、第 3 款的规定，对正在进行行凶、杀人、抢劫、强奸、绑架以及其他严重危及人身安全的暴力犯罪，采取防卫行为，造成不法侵害人伤亡的，不属于防卫过当，不负刑事责任。A 项错误。而 B 项中的武装叛乱、暴乱罪，也可能出现"严重危及人身安全"的情形，因而"对其不可能实行特殊正当防卫的说法"，错误，另根据《刑法》第 21 条，为了使国家、公共利益、本人或者他人的人身、财产和其他权利免受正在发生的危险，不得已采取的紧急避险行为，造成损害的，不负刑事责任。D 项中律师面临义务冲突（辩护义务与维护他人隐私权义务），应当衡量利益轻重，不必然构成紧急避险。故本题正确答案为 C。

19. 国家工作人员甲利用职务上的便利为某单位谋取利益。随后该单位的经理送给甲一张购物卡，并告知其购物卡的价值为 2 万元、使用期限为 1 个月。甲收下购物卡后忘记使用，导致购物卡过期作废，卡内的 2 万元被退回到原单位。关于甲的行为，下列哪一选项是正确的？

A. 甲的行为不构成受贿罪

B. 甲的行为构成受贿（既遂）罪

C. 甲的行为构成受贿（未遂）罪

D. 甲的行为构成受贿（预备）罪

【答案】B

【解析】本题考查了受贿罪的犯罪形态，比较简单。根据《刑法》第 385 条，国家工作人员利用职务上的便利，索取他人财物的，或者非法收受他人财物，为他人谋取利益的，是受贿罪。首先可以肯定的是，国家工作人员甲利用职务上的便利为某单位谋取利益后，收受他人财物的行为属于受贿既遂，其次甲未能利用这一财物致其失效，属于犯罪后对赃物的处置，不影响犯罪的既遂。

20. 下列哪种说法是正确的？

A. 将强制猥亵妇女罪中的"妇女"解释为包括男性在内的人，属于扩大解释

B. 将故意杀人罪中的"人"解释为"精神正常的人"，属于应当禁止的类推解释

C。将伪造货币罪中的"伪造"解释为包括变造货币，属于法律允许的类推解释

D. 将为境外窃取、刺探、收买、非法提供国家秘密、情报罪中的"情报"解释为"关系国家安全和利益、尚未公开或者依照有关规定不应公开的事项"，属于缩小解释

【答案】D

【解析】本题考查了刑法的解释，理论性较强，有一定的难度。要理解扩大解释和类推解释的区别。A 项中将强制猥亵妇女罪中的"妇女"解释为包括男性在内的人，应属于类推解释。故 A 不正确。将故意杀人罪中的"人"解释为"精神正常的人"显然缩小了此处人的外延，属于缩小解释。B 项说法错误。我国现行刑法明文禁止类推解释，另外变造货币是独立罪名，无须类推解释。C 项说法错误，故本题应选 D。

21. 甲的汽车被盗。第二日，甲发现乙开的是自己的汽车（虽然更换了汽车号牌仍可认出），遂前去拦车。在询问时，乙突然将车开走。甲追了一段路未追上，遂向公安机关陈述了这一事实，要求公安机关追究乙的法律责任。甲这一行为的法律性质是什么？

A. 报案
B. 控告
C. 举报
D. 扭送

【答案】B

【解析】本题考查了报案、举报和控告的区别。报案是指单位或个人发现有犯罪事实发生，向公安机关、人民检察院、人民法院揭露和报告的行为。举报是指单位或者个人向公安机关，人民检察院、人民法院检举、揭发犯罪嫌疑人及其犯罪事实的行为。控告是指被害人就其人身权利，财产权利遭受不法侵害的事实及犯罪嫌疑人的有关情况，向公安司法机关进行揭露与告发，要求依法追究其刑事责任的诉讼行为。因此 A、C 不是正确选项。根据《刑事诉讼法》第 63 条规定，对于有下列情形的人，任何公民都可以立即扭送公安机关、人民检察院或者人民法院处理：（1）正在实行犯罪或者在犯罪后即时被发觉的；（2）通缉在案的；（3）越狱逃跑的；（4）正在被追捕的。显然，甲的行为并非扭送，故本题应选 B

22. 关于被害人在法庭审理中的诉讼权利，下列哪一选项是错误的？

A. 有权委托诉讼代理人

B. 有权申请回避

C. 无权参与刑事部分的法庭调查和辩论，只能参加附带民事诉讼部分的审理活动

D. 对刑事判决部分不能提起上诉

【答案】C

【解析】本题考查了被害人诉讼权利。根据《刑事诉讼法》第 40 条第 1 款规定，公诉案件的被害人及其法定代理人或者近亲属，附带民事诉讼的当事人及其法定代理人，自案件移送审查起诉之日起，有权委托诉讼代理人。自诉案件的自诉人及其法定代理人，附带民事诉讼的当事人及其法定代理人，有权随时委托诉讼代理人。故 A 项正确。

《高法刑诉解释》第 128 条规定，审判长应当告知当事人、法定代理人在法庭审理过程中依法享有申请合议庭组成人员、书记员、公诉人、鉴定人和翻译人员回避的权利，故被害人有权提出回避。B 项正确。

根据《刑事诉讼法》第 156 条、第 157 条、第 160 条的规定，被害人有权参与刑事部分的法庭调查和辩论，C 项错误。《刑事诉讼法》第 182 条规定，被害人及其法定代理人不服地方各级人民法院第一审的判决的，自收到判决书后 5 日以内，有权请求人民检察院提出抗诉。人民检察院自收到被害人其法定代理人的请求后 5 日以内，应当作出是否抗诉的决定并且答复请求人。因此被害人无权对刑事部分提起上诉。故 D 项正确。本题为选非题，ABC 均正确，应选 C。

23. 聋哑被告人张某开庭审理前要求其懂哑语的妹妹担任他的辩护人和翻译。对于张某的要求，法院应当作出哪种决定？

A. 准予担任辩护人

B. 不准担任辩护人

C. 准予担任翻译人员

D. 既准予担任翻译人员，也准予担任辩护人

【答案】A

【解析】本题考查了辩护人和翻译人员的回避问题。根据《刑事诉讼法》第 32 条犯罪嫌疑人、被告人的监护人、亲友可以担任辩护人。所以被告人张某的妹妹可以担任张某的辩护人，另根据该法第 28 条和第 31 条规定，翻译人员适用回避的规定，因此，张某的妹妹是被告人的近亲属，又担任本案的辩护人，所以不能担任张某的翻译。

24. 王某因涉嫌报复陷害罪被立案侦查后，发现负责该案的侦查人员刘某与自己是邻居，两家曾发生过纠纷，遂申请刘某回避。对于刘某的回避应当由谁决定？

    A. 公安局局长

    B. 检察院检察长

    C. 法院院长

    D. 检察委员会

    【答案】B

    【解析】本题主要考查回避决定权的问题，但本题有一定难度。该案涉及报复陷害罪，报复陷害罪依法应当由检察院立案侦查。《刑事诉讼法》第30条规定，审判人员、检察人员、侦查人员的回避，应当分别由院长、检察长、公安机关负责人决定。本案中侦查人员刘某属人民检察院工作人员，因而.应由检察院检察长决定其回避，选择B项。

25. 王某担任甲省副省长期间受贿50多万元，有关法院指定乙省W市中级人民法院管辖。该项指定应当由下列哪一法院作出？

    A. 甲省高级人民法院

    B. 乙省高级人民法院

    C. W市中级人民法院

    D. 最高人民法院

    【答案】D

    【解析】本题主要考查审判管辖中的指定管辖。根据《高法刑诉解释》第22条，上级人民法院在必要的时候，可以将下级人民法院管辖的案件指定其他下级人民法院管辖。《高法刑诉解释》第17条规定，对于管辖权争议应当层报其共同上级法院指定管辖。甲省与乙省在法院系统中的共同上级，应为最高人民法院，因此选D。

26. 某市A区法院受理一起盗窃案件，因该案被告人与该法院院长具有亲属关系，市中级人民法院遂指定将该案移交B区法院审判。对于该案的全部案卷材料，A区法院应按下列哪一选项处理？

    A. 应当退回A区检察院

    B. 应当直接移交B区法院

    C. 可以直接移交B这法院

    D. 应当通过中级人民法院移交B区法院

【答案】A

【解析】根据《高法刑诉解释》第 19 条，上级人民法院指定管辖的，应当将指定管辖决定书分别送达被指定管辖的人民法院和其他有关的人民法院。原受理案件的人民法院，在收到上级人民法院指定其他人民法院管辖决定书后，不再行使管辖权。对于公诉案件，应当书面通知提起公诉的人民检察院，并将全部案卷材料退回，同时书面通知当事人：对于自诉案件，应当将全部案卷材料移送被指定管辖的人民法院，并书面通知当事人。本案属于公诉案件，A 区法院应当将全部案卷退回原公诉检察院。故选 A。

27. 辩护律师乙在办理甲涉嫌抢夺一案中，了解到甲实施抢夺时携带凶器，但办案机关并未掌握这一事实。对于该事实，乙应当如何处理？

    A. 应当告知公安机关

    B. 应当告知检察机关

    C. 甲应当告知人民法院

    D. 应当为被告人保守秘密

【答案】D

【解析】本题涉及辩护人的保密任务。根据《刑事诉讼法》第 35 条规定，辩护人的责任是根据事实和法律，提出证明犯罪嫌疑人、被告人无罪、罪轻或者减轻、免除其刑事责任的材料和意见，维护犯罪嫌疑人、被告人的合法权益。律师并非追诉人，无追诉义务，只要不存在伪造、销毁证据情形，即不会触犯刑律。所以该律师无义务将该事实告知司法机关。

28. 甲因涉嫌盗窃罪被逮捕。经其辩护人申请，公安机关同意对甲取保候审。公安机关应当如何办理变更手续？

    A. 报请原批准机关审批

    B. 报请原批准机关备案

    C. 自主决定并通知原批准机关

    D. 要求原批准机关撤销逮捕决定

【答案】C

【解析】本题考查了逮捕变更为取保候审的程序。根据《刑事诉讼法》第 73 条规定，人民法院、人民检察院和公安机关如果发现对犯罪嫌疑人、被告人采取强制措施不当的，应当及时撤销或者变更。公安机关释放被逮捕的人或者变更逮捕措施的，应当通知原批准的人民检察院。公安局可以自己决定，无须再提请批准，只要通知即可。因而选 C。

29. 甲因琐事与乙发生争执，甲被乙打成轻伤。甲向法院提起自诉需要对伤情进行鉴定。对此，应当由下列哪类鉴定机构进行鉴定？

A. 公安机关设立的鉴定机构

B. 省级人民政府指定的医院

C 司法行政部门设立的鉴定机构

D. 司法行政部门登记设立的鉴定机构

【答案】D

【解析】根据《全国人民代表大会常务委员会关于司法鉴定管理问题的决定》第 2 条规定，国家时从事下列司法鉴定业务的鉴定人和鉴定机构实行登记管理制度：（1）法医类鉴定；（2）物证类鉴定；（3）声像资料鉴定；〔4〕根据诉讼需要由国务院司法行政部门商最高人民法院，最高人民检察院确定的其他应当对鉴定人和鉴定机构实行登记管理的鉴定事项。司法鉴定机构是司法鉴定人的执业机构，应当具备该办法规定的条件，经省级司法行政机关审核登记，取得《司法鉴定许可证》，在登记的司法鉴定业务范围内，开展司法鉴定活动：据此，本题正确答案为 D。

30. 甲因涉嫌故意泄漏国家秘密罪被立案侦查。羁押一个月后，被变更为监视居住。甲回家后，约请律师乙见面商谈聘请其担任自己律师的事宜。甲会见乙应否取得有关机关批准？

A. 须经侦查机关批准

B. 不必经侦查机关批准

C. 须经执行机关批准

D. 不必经执行机关批准

【答案】A

【解析】本题涉及国家秘密案件中犯罪嫌疑人聘请律师的特殊规定。根据《刑事诉讼法》96 条规定，犯罪嫌疑人在被侦查机关第一次讯问后或者采取强制措施之日起，可以聘请律师为其提供法律咨询、代理申诉、控告。犯罪嫌疑人被逮捕的，聘请的律师可以为其申请取保候审。涉及国家秘密的案件，犯罪嫌疑人聘请律师，应当经侦查机关批准。泄露国家秘密罪涉及国家秘密，此时甲若想聘请律师应经侦查机关批准。

31. 无国籍人吉姆涉嫌在甲市为外国情报机构窃取我国秘密，侦查机关报请检察机关批准逮捕吉姆。甲市检察院应当如何审查批捕？

    A. 可以直接审查批准逮捕吉姆

    B. 应当报请省检察院审查批准

    C. 应当审查并提出意见后，层报最高人民检察院审查，最高人民检察院经征求外交部的意见后，决定批准逮捕

    D. 应当层报最高人民检察院审查，最高人民检察院经审查认为不需要逮捕的，报经外交部备案后，作出不批准逮捕的决定

    【答案】C

    【解析】本题考查了审查批捕的程序。根据《刑事诉讼规则》第 94 条规定，外国人、无国籍人涉嫌危害国家安全犯罪的案件或者涉及国与国之间政治、外交关系的案件以及在适用法律上确有疑难的案件，需要逮捕犯罪嫌疑人的，由分、州、市人民检察院审查并提出意见，层报最高人民检察院审查。最高人民检察院经征求外交部的意见后，决定批－准逮捕。经审查认为不需要逮捕的，可以直接作出不批准逮捕的决定。故选 C。

32. 甲公司向公安机关报案，称高某利用职务便利侵占本公司公款 320 万元。侦查机关在侦查中发现，高某有存款 380 万元，利用侵占的公款购买的汽车 1 部和住房 1 套，还发现高某私藏军用子弹 120 发。公安机关对于上述财物、物品所做的下列哪种处理是错误的？

    A. 扣押汽车 1 部

    B. 查封住房 1 套

    C. 扣押子弹 1 发

    D. 冻结存款 380 万元

    【答案】D

    【解析】根据《人民检察院扣押、冻结款物工作规定》第 4 条规定，人民检察院扣押、冻结以及保管、处理涉案款物，必须严格依法进行。严禁扣押、冻结与案件无关的合法财产。高某存款 380 万元中包括有其合法财产，不能全部冻结。故本题应选 D。

33. 黄某住甲市 A 区，因涉嫌诈骗罪被甲市检察院批准逮捕。由于案情复杂，期限届满侦查不能终结，侦查机关报请有关检察机关批准延长一个月。其后，由于该案重大复杂，涉及面广，取证困难，侦查机关报请有关检察机关批准后，又延长了二个月。

但是，延长二个月后，仍不能侦查终结，且根据已查明的犯罪事实，对黄某可能判处无期徒刑，侦查机关第三次报请检察院批准再延长二个月。在报请延长手续问题上，下列哪一选项是错误的？

A. 第一次延长，须经甲市检察院批准

B. 第二次延长，须经甲市检察院的上一级检察院批准

C. 第二次延长，须经甲市所属的省检察院批准

D. 第三次延长，须经甲市所属的省检察院批准

【答案】A

【解析】本题考查了侦查羁押期限延长的批准的问题。根据《刑事诉讼法》第 124 条规定，对犯罪嫌疑人逮捕后的侦查羁钾期限不得超过 2 个月。案情复杂、期限届满不能终结的案件，可以经上一级人民检察院批准延长 1 个月。第 126 条规定，下列案件在本法第 124 条规定的期限届满不能侦查终结的，经省、自治区、直辖市人民检察院批准或者决定，可以延长 2 个月。黄某的批捕决定由甲市检察院作出，因此第一次延长应当由甲市检察院的上级检察院作出。故本题选 A。

34. 叶某涉嫌盗窃罪，甲市公安局侦查终结后移送该市检察院审查起诉。甲市检察院审查后，将该案交 A 区检察院审查起诉。A 区检察院审查后认为需要退回公安机关补充侦查。A 区检察院应当如何退回？

A. 应当退回甲市检察院

B. 应当退回甲市公安局

C. 可以退回甲市公安局

D. 应当通过甲市检察院退回甲市公安局

【答案】D

【解析】本题考查了审查起诉阶段改变管辖后的退回补充侦查问题。根据《刑诉规则》第 271 条规定，对于在审查起诉期间改变管辖的案件，改变后的人民检察院对于符合刑事诉讼法第 140 条第 2 款规定的案件，可以通过原受理案件的人民检察院退回原侦查的公安机关补充侦查，也可以自行侦查。改变管辖前后退回补充侦查的次数总共不得超过两次。因此，此时可以补充侦查的机关只有 A 区检察院和甲市公安局，如果要退回甲市公安局补充侦查，应经甲市检察院。所以 D 项正确。

35. 检察院审查案件可以退回公安机关补允侦查。下列关于退回补充侦查的哪一表述是错误的?

    A. 退回补充侦查应在一个月以内侦查完成

    B. 退回补充侦查以两次为限

    C. 审查起诉期间改变管辖的,改变管辖后退回补充侦查的次数不得超过两次

    D. 审查起诉期间改变管辖的,改变管辖前后退回补充侦查的次数总共不得超过两次

【答案】C

【解析】本题考查了退回补充侦查。根据《刑事诉讼法》140 条第 2 款规定,人民检察院审查案件,对于需要补充侦查的,可以退回公安机关补充侦查,也可以自行侦查。第 3 款规定,对于补充侦查的案件,应当在 1 个月以内补充侦查完毕。补充侦查以 2 次为限。补充侦查完毕移送人民检察院后,人民检察院重新计算审查起诉期限。A、B 项正确。根据《刑诉规则》第 271 条规定,对于在审查起诉期间改变管辖的案件,改变后的人民检察院对于符合刑事诉讼法第 140 条第 2 款规定的案件,可以通过原受理案件的人民检察院退回原侦查的公安机关补充侦查,也可以自行侦查。改变管辖前后退回补充侦查的次数总共不得超过两次。由此,D 项正确。

36. 不服地方各级法院第一审未生效判决时,哪类人有权请求检察院提起抗诉?

    A. 被害人及其近亲属

    B. 被害人及其诉讼代理人

    C. 被害人及其法定代理人

    D. 被害人以及附带民事诉讼原告人

【答案】C

【解析】本题考查了请求抗诉的主体。根据《刑事诉讼法》第 182 条规定,被害人及其法定代理人不服地方各级人民法院第一审的判决的,自收到判决书后 5 日以内,有权请求人民检察院提出抗诉。人民检察院自收到被害人及其法定代理人的请求后 5 日以内,应当作出是否抗诉的决定并且答复请求人。因此,被害人及其法定代理人有权请求人民检察院提起抗诉,C 项正确。

37. 甲在犯罪时不满 18 周岁,开庭审理时已满 18 周岁。法庭应如何确定审理的形式?

    A. 应当公开审理

    B. 应当不公开审理

    C. 可以不公开审理

D. 可以公开审理

【答案】 B

【解析】 本题考查了不公开原则的例外。根据《刑事诉讼法》第 152 条第 2 款、第 3 款规定，14 岁以上不满 16 岁未成年人犯罪的案件，一律不公开审理。16 岁以上不满 18 岁未成年人犯罪的案件，一般也不公开审理。2006 年 1 月 11 日《最高人民法院关于市理未成年人刑事案件具体应用法律若干问题的解释》第 1 条规定，未成年人刑事案件是指被告人实施被指控的犯罪时已满 14 周岁不满 18 周岁的案件。据此，本题应选择 B。

38. 对于公诉人向法庭提出的补充侦查延期审理的建议，法院应当如何处理？

 A. 应当同意

 B. 可以同意，也可以不同意

 C. 可以同意延期审理，但限制延期审理的次数只能一次

 D. 不应当同意

【答案】 A

【解析】 本题考查了延期审理的有关问题。根据《高法刑诉解释》第 157 条规定，在庭审过程中，公诉人发现案件需要补充侦查，提出延期审理建议的，合议庭应当同意。但是建议延期审理的次数不得超过两次。故选 A。

39. 下列关于行政法规解释的哪种说法是正确的？

 A. 国务院各部门可以根据国务院授权解释行政法规

 B. 行政法规条文本身需要作出补充规定的，由国务院解释

 C. 在审判活动中行政法规条文本身需要进一步明确界限的，由最高人民法院解释

 D. 对具体应用行政法规的问题，各级政府可以请求国务院法制机构解释

【答案】 B

【解析】 本题考查了行政法规的解释问题。对此，国务院 2001 年出的《行政法规制定程序条例》有明确规定。其中第 31 条规定，行政法规条文本身需要进一步明确界限或者作出补充规定的，由国务院解释。第 32 条规定，国务院各部门和省、自治区、直辖市人民政府可以向国务院提出行政法规解释要求。第 33 条规定，对属于行政工作中具体应用行政法规的问题，省、自治区、直辖市人民政府法制机构以及国务院有关部门法制机构请求国务院法制机构解释的，国务院法制机构可以研究答复；其中涉及重大问题的，由国务院法制机构提出意见，报国务院同意后答复。由此，行政法规

的解释权属于国务院，国务院各部门和最高人民法院都无权解释，A 错误。另外对属于行政工作中具体应用行政法规的问题只有省、自治区、直辖市人民政府一级法制机构有权请求国务院法制机构解释，D 错误。

40. 下列哪一选项是关于具体行政行为拘束力的正确理解？

①具体行政行为具有不再争议性，相对人不得改变具体行政行为

②行政主体非经法定程序不得任意改变或撤销具体行政行为

③相对人必须遵守和实际履行具体行政行为规定的义务

④具体行政行为在行政复议或行政诉讼期间不停止执行

A. ①②

B. ①②④

C. ②③

D. ③④

【答案】C

【解析】本题考查了具体行政行为的效力问题。行政行为的效力一般包括确定力、拘束力、执行力。行政行为的拘束力是指行政行为一经生效，行政机关和行政相对人都必须遵守，其他国家机关和社会成员都必须予以尊重的效力。①是确定力、④是执行力的表现。综上所述，本题选 C。

41. 甲村与乙村相邻，甲村认为乙村侵犯了本村已取得的林地所有权，遂向省林业局申请裁决。省林业局裁决该林地所有权归乙村所有，甲村不服。按照《行政复议法》和《行政诉讼法》规定，关于甲村寻求救济的下列哪种说法是正确的？

A. 只能申请行政复议

B. 既可申请行政复议，一也可提起行政诉讼

C. 必须先经过行政复议，才能够提起行政诉讼

D. 只能提起行政诉讼

【答案】B

【解析】本题考查了行政复议和行政诉讼的关系。本题中争议土地的权属状态尚不确定，不属于《行政复议法》第 30 条所说的"已经依法取得的土地……"的状态，不适用该条的规定，不以复议前置为前提，所以 C 错误。对于省林业局的裁决行为，既可以申请行政复议，也可以申请行政诉讼。所以 AD 错误。

42. 某县公安局民警甲在一次治安检查中被乙打伤，公安局认定乙的行为构成妨碍公务，据此对乙处以 200 元罚款。甲认为该处罚决定过轻。下列哪种说法是正确的?

   A. 对乙受到的处罚决定，甲既不能申请复议，也不能提起行政诉讼

   B. 甲可以对乙提起民事诉讼

   C. 对乙受到的处罚决定，甲可以申请复议但不能提起行政诉讼

   D. 对乙受到的处罚决定，甲应当先申请复议，对复议决定不服可提起行政诉讼

【答案】A

【解析】行政复议和行政诉讼的范围是学习这两部法律首先要搞清楚的问题。本案中，甲是在行使职权的过程中被乙打伤，甲是代表国家，甲的行为是职务行为，其医药费营养费和等等其他伤残的费用是由国家补偿的，不由乙来赔偿，也就不能转化为甲和乙之间的民事法律关系，所以不应当选 B。其次，公安局认定乙的行为构成妨碍公务，乙的行为侵害的是行政机关的执法秩序，从这个角度来讲，甲不但不是行政相对人，也不是利害关系人，因此既不能提起行政复议，也不能提起行政诉讼。因此答案选 A。

43. 区工商局以涉嫌虚假宣传为由扣押了王某财产，王某不服诉至法院。在此案的审理过程中，法院发现王某涉嫌受贿犯罪需追究刑事责任。法院的下列哪种做法是正确的?

   A. 终止案件审理，将有关材料移送有管辖权的司法机关处理

   B. 继续审理，待案件审理终结后，将有关材料移送有管辖权的司法机关处理

   C. 中止案件审理，将有关材料移送有管辖权的司法机关处理，待刑事诉讼程序终结后，恢复案件审理

   D. 继续审理，将有关材料移送有管辖权的司法机关处理

【答案】D

【解析】本题涉及在当事人有犯罪行为时法院的移送问题。行政诉讼审查的对象是具体行政行为的合法性，如果涉及犯罪行为，需移送有管辖权的司法机关处理。而行政诉讼与刑事司法没有关系，不以刑事案件的审结为前提，所以无须中止或终止行政案件审理，因此 ABC 说法均错误。

44. 2005 年 4 月 5 日，县交通局执法人员甲在整顿客运市场秩序的执法活动中，滥用职权致使乘坐在非法营运.车辆上的孕妇乙重伤，检察机关对甲提起公诉。为保障自己的合法权益，乙的下列哪种做法是正确的?

   A. 提起刑事附带民事诉讼，要求甲承担民事赔偿责任

B. 提起行政赔偿诉讼，要求甲所在行政机关承担国家赔偿责任

C. 提起刑事附带行政赔偿诉讼，要求甲所在行政机关承担国家赔偿责任

D. 提起刑事附带民事诉讼，要求甲及其所在的行政机关承担民事赔偿责任

【答案】B

【解析】本题具有一定的迷惑性。根据《国家赔偿法》第 3 条规定，行政机关及其工作人员在行使行政职权时有下列侵犯人身权情形之一的，受害人有取得赔偿的权利：……（五）造成公民身体伤害或者死亡的其他违法行为。……县交通局执法人员甲在执行公务时滥用职权致乙受重伤，乙可以提起行政赔偿诉讼。所以答案选 B。

45. 法院在审理某药品行政处罚案时查明，药品监督管理局在作出处罚决定前拒绝听取被处罚人甲的陈述申辩。下列关于法院判决的哪种说法是正确的？

A. 拒绝听取陈述申辩属于违反法定程序，应判决撤销行政处罚决定，并判令被告重新作出具体行政行为

B. 拒绝听取陈述申辩属于程序瑕疵，应判决驳回原告的诉讼请求

C. 拒绝听取陈述申辩属于违反法定程序，应判决确认行政处罚决定无效

D. 拒绝听取陈述申辩属于违反法定程序，应判决确认行政处罚决定不能成立

【答案】C

【解析】本题看起来是考查行政处罚的无效问题，实际上是考查行政诉讼的判决问题。根据《行诉解释》第 57 条第 2 款规定，有下列情形之一的，人民法院应当作出确认被诉具体行政行为违法或者无效的判决：〔三〕被诉具体行政行为依法不成立或者无效的。药品监管局未听取被处罚人的陈述申辩即作出处罚决定，属违反法定程序，应判决无效，所以 C 正确，A、BC 错误。

46. 法院因主要证据不足判决撤销被诉具体行政行为并判令被告重新作出具体行政行为后，被告以同一事实与理由作出与原具体行政行为基本相同的具体行政行为，原告向法院提起诉讼的，法院下列哪种做法是正确的？

A. 确认被告重新作出的具体行政行为违法

B. 确认被告重新作出的具体行政行为无效

C. 判决撤销该具体行政行为，并判令被告重新作出具体行政行为

D. 判决撤销该具体行政行为，并向该行政机关的上一级行政机关或者监察、人事机关提出司法建议

【答案】D

【解析】本题涉及重新作出行政行为的问题。根据《行诉解释》第54条第3款规定，行政机关以同一事实和理由重新作出与原具体行政行为基本相同的具体行政行为，人民法院应当根据行政诉讼法第54条第（二）项、第55条的规定判决撤销或者部分撤销，并根据行政诉讼法第65条第3款的规定处理（向该行政机关的上一级行政机关或者监察、人事机关提出司法建议）。所以本题选D。

47. 因甲公司不能偿还到期债务，贷款银行向法院提起民事诉讼。2004年6月7日，银行在诉讼中得知市发展和改革委员会已于2004年4月6日根据申请，将某小区住宅项目的建设业主由甲公司变更为乙公司。后银行认为行政机关的变更行为侵犯了其合法债权，于2006年1月9日向法院提起行政诉讼，请求确认市发展和改革委员会的变更行为违法。下列关于起诉期限的哪种说法符合法律规定？

    A. 原告应当在知道具体行政行为内容之日起5年内提起行政诉讼

    B. 原告应当在知道具体行政行为内容之日起20年内提起行政诉讼

    C. 原告应当在知道具体行政行为内容之日起2年内提起行政诉讼

    D. 原告应当在知道具体行政行为内容之日起3个月内提起行政诉讼

【答案】D

【解析】本题考查了行政诉讼的时效问题。根据《行政诉讼法》第39条规定，公民、法人或者其他组织直接向人民法院提起诉讼的，应当在知道作出具体行政行为之日起三个月内提出。法律另有规定的除外。

《行诉解释》第41条规定，行政机关作出具体行政行为时，未告知公民、法人或者其他组织诉权或者起诉期限的，起诉期限从公民、法人或者其他组织知道或者应当知道诉权或者起诉期限之日起计算，但从知道或者应当知道具体行政行为内容之日起最长不得超过2年。第42条规定，公民、法人或者其他组织不知道行政机关作出的具体行政行为内容的，其起诉期限从知道或者应当知道该具体行政行为内容之日起计算。对涉及不动产的具体行政行为从作出之日起超过20年、其他具体行政行为从作出之日起超过5年提起诉讼的，人民法院不予受理。在本题中，银行不是发改委所作具体行政行为的相对人，行政机关没有义务告知其诉权和起诉期限，所以银行的起诉期限应适用《行政诉讼法》第39条的规定。D正确。

48. 关于行政许可程序，下列哪一选项是正确的

    A. 对依法不属于某行政机关职权范围内的行政许可申请，行政机关作出不予受理决定，应向当事人出具加盖该机关专用印章和注明日期的书面凭证

B. 行政许可听证均为依当事人申请的听证，行政机关不能主动进行听证

C. 行政机关作出的准予行政许可决定，除涉及国家秘密的，均应一律公开

D. 所有的行政许可适用范围均没有地域限制，在全国范围内有效

【答案】A

【解析】本题直接考查对行政许可法的有关法条的记忆。根据《行政许可法》第 32 条规定，申请事项依法不属于本行政机关职权范围的，应当即时作出不予受理的决定，并告知申请人向有关行政机关申请；行政机关受理或者不予受理行政许可申请，应当出具加盖本行政机关专用印章和注明日期的书面凭证。A 正确。第 46 条规定，法律、法规、规章规定实施行政许可应当听证的事项，或者行政机关认为需要听证的其他涉及公共利益的重大行政许可事项，行政机关应当向社会公告，并举行听证。B 说行政机关不能主动听证错误。第 40 条规定，行政机关作出的准予行政许可决定，应当予以公开，公众有权查阅。第 5 条第 2 款规定，行政许可的实施和结果，除涉及国家秘密、商业秘密或者个人隐私的外，应当公开。C 将涉及商业秘密和个人隐私的情况排除，错误。第 41 条规定，法律、行政法规设定的行政许可，其适用范围没有地域限制的，申请人取得的行政许可在全国范围内有效。这一规定强调了前提是法律行政法规设定的行政许可，而非所有的行政许可，所以 D 错误。

49. 下列哪种做法符合《公务员法》的规定？

　　A. 某卫生局副处长李某因在定期考核中被确定为基本称职，被降低一个职务层次任职

　　B. 某市税务局干部沈某到该市某国有企业中挂职锻炼一年

　　C. 某市公安局与技术员田某签订的公务员聘任合同，应当报该市组织部门批准

　　D. 某地环保局办事员齐某对在定期考核中被定为基本称职不服，向有关部门提出申诉

【答案】B

【解析】公务员法于 2006 年 1 月施行，接着就考了。看见本法的重要性。根据《公务员法》第 47 条规定，公务员在定期考核中被确定为不称职的，按照规定程序降低一个职务层次任职。A 选项错误。第 66 条规定，根据培养锻炼公务员的需要，可以选派公务员到下级机关或者上级机关、其他地区机关以及国有企业事业单位挂职锻炼。B 正确。第 97 条规定，聘任合同的签订、变更或者解除，应当报同级公务员主管部门备案。聘任合同只需备案，不需批准，所以 C 错误。第 90 条规定，公务员对涉及本人的下列人事处理不服的，可以自知道该人事处理之日起 30 日内向原处理机关申请复核；对复核结果不服的，可以自接到复核决定之日起 15 日内，按照规定向

同級公務員主管部門或者作出該人事處理的機關的上一級機關提出申訴；也可以不經復核，自知道該人事處理之日起 30 日內直接提出申訴：……（四）定期考核定為不稱職……；因此只有不稱職才能申訴，D 錯誤。

50. 行政訴訟中，起訴狀副本送達被告後，下列關於行政訴訟程序的哪種說法是正確的？

   A. 原告可以提出新的訴訟請求，但變更原訴訟請求的，法院不予准許

   B. 法庭辯論終結前，原告提出新的訴訟請求的，法院應予准許

   C. 法庭辯論終結前，原告提出新的訴訟請求或變更原訴訟請求的，法院應予准許

   D. 原告提出新的訴訟請求的，法院不予准許，但有正當理由的除外

   【答案】D

   【解析】《行訴解釋》第 45 條規定，起訴狀副本送達被告後，原告提出新的訴訟請求的，人民法院不予准許，但有正當理由的除外。

二、多項選擇題，每題所給的選項中有兩個或兩個以上正確答案，少答或多答均不得分。本部分 51-90 題，每題 2 分，共 80 分。

51. 已滿 14 周歲不滿 16 周歲的人實施下列哪些行為應當承擔刑事責任？

   A. 參與運送他人偷越國（邊）境，造成被運送人死亡的

   B. 參與綁架他人，致使被綁架人死亡的

   C. 參與強迫賣淫集團，為迫使婦女賣淫，對婦女實施了強姦行為的.

   D. 參與走私，並在走私過程中暴力抗拒緝私，造成緝私人員重傷的

   【答案】CD

   【解析】本題考查 14-16 歲的未成年人犯罪，是傳統的考點。本題的難度在於故意殺人罪的認定。根據刑法第 17 條規定，已滿 16 周歲的人犯罪，應當負刑事責任。已滿 14 周歲不滿 16 周歲的人，犯故意殺人、故意傷害致人重傷或者死亡、強姦、搶劫、販賣毒品、放火、爆炸、投毒罪的，應當負刑事責任。這八種犯罪是指具體犯罪行為而不是具體罪名。因此，C,D 是正確選項。A,B 中只要其沒有實施殺人行為，就不能追究其刑事責任。

52. 甲举枪射击乙，但因没有瞄准而击中丙，致丙死亡。关于本案，下列哪些选项是正确的？

    A. 甲的行为属于打击错误

    B. 甲的行为属于同一犯罪构成内的事实认识错误

    C. 甲构成故意杀人（既遂）罪

    D. 甲构成故意杀人（未遂）罪与过失致人死亡罪

【答案】ABC

【解析】本题考查打击错误的处理。所谓打击错误是说由于行为本身的差错，导致行为人所欲攻击的对象与实际受害对象不一致。甲属于刑法上的打击错误，即想杀死乙却杀死了丙，所以 A 项正确。一般认为，打击错误属于具体的事实认识错误，所以 B 项正确。甲主观上具有杀人故意，客观上实施了一个杀人的打击行为，导致了他人死亡的结果，一故意，一行为，一结果，完全符合一个既遂的故意杀人罪的犯罪构成。犯罪构成内的事实认识错误，并不阻却故意杀人罪的既遂，所以 C 正确，D 错误。

53. 甲、乙、丙共谋犯罪。某日，三人拦截了丁，对丁使用暴力，然后强行抢走丁的钱包，但钱包内只有少量现金，并有一张银行借记卡。于是甲将丁的借记卡抢走，乙、丙逼迫丁说出密码。丁说出密码后，三人带着丁去附近的自动取款机上取钱。取钱时发现密码不对，三人又对丁进行殴打，丁为避免遭受更严重的伤害，说出了正确的密码，三人取出现金 5000 元。对甲、乙、丙行为的定性，下列哪些选项是错误的？

    A. 抢劫（未遂）罪与信用卡诈骗罪

    B. 抢劫（未遂）罪与盗窃罪

    C. 抢劫（未遂）罪与敲诈勒索罪

    D. 抢劫（既遂）罪与盗窃罪

【答案】ABCD

【解析】本题比较简单。甲、乙、丙三人对丁使用暴力，然后强行抢走丁钱包内的银行借记卡，并以暴力逼取正确密码最终获得现金 5000 元钱。纵观整个犯罪行为，完全符合抢劫罪的"两个当场"：即"当场使用暴力"和"当场取得财物"，故应构成抢劫罪（既遂）一罪。甲、乙、丙三人行为不构成信用卡诈骗罪和盗窃罪，所以本题四个选项都错，皆应选。

54. 下列哪些选项是错误的？

    A. 甲、乙二人合谋抢劫出租车，准备凶器和绳索后拦住一辆出租车，谎称去郊区某地。出租车行驶到检查站，检查人员.见甲、乙二人神色慌张便进一步检查，在检查时甲、乙意图逃离出租车被抓获。甲、乙二人的行为构成抢劫（未遂）罪

B. 甲深夜潜入某银行储蓄所行窃，正在撬保险柜时，听到窗外有响动，以为有人来了，因害怕被抓就悄悄逃离。甲的行为构成盗窃（未遂）罪

C. 甲意图杀害乙，经过跟踪，掌握了乙每天上下班的路线。某日，甲准备了凶器，来到乙必经的路口等候。在乙经过的时间快要到时，甲因口渴到旁边的小卖部买饮料，待甲返回时，乙因提前下班已经过了路口。甲等了一阵儿不见乙经过，就准备回家，在回家路上因凶器暴露被抓获。甲的行为构成故意杀人（未遂）罪

D. 甲意图陷害乙，遂捏造了乙受贿 10 万元并与他人通奸的所谓犯罪事实，写了一封匿名信给检察院反贪局。检察机关经初查发现根本不存在受贿事实，对乙未追究刑事责任。甲欲使乙受到刑事追究的意图未能得逞。甲的行为构成诬告陷害（未遂）罪

【答案】ACD

【解析】本题考查了犯罪的未完成形态，主要是犯罪预备与犯罪未遂的区别。它们在于是否着手实施了犯罪。根据刑法的一般理论，"着手实施犯罪"的"着手"，就是开始实施具体犯罪构成要件客观方面行为的一刹那，一般认为，在奔赴犯罪途中，尾随、跟踪被害人或者埋伏守候被害人，都属于未着手实施犯罪。故本题中的 A、C 选项都属于未着手实施犯罪的犯罪预备情形。而 B 项中甲正在撬保险柜，已经着手实施盗窃罪构成要件客观方面行为，由于意志以外的原因而未得逞，应为盗窃（未遂）罪；B 项正确。D 项中，诬告陷害属于行为犯，不以被害人受到刑事处分为必要，故甲的行为构成诬告陷害（既遂）罪。故本题应选 ACD。

55. 下列关于刑期起算的哪些选项是正确的？

A. 管制、拘役的刊期，从判决执行之日起计算

B. 有期徒刑的刑期，从判决确定之日起计算

C. .死刑缓期执行减为有期徒刑的刑期，从死刑缓期执行期满之日起计算

D. 附加剥夺政治权利的刑期，从徒刑、拘役执行完毕之日或者从假释期满之日起计算

【答案】AC

【解析】本题比较简单，考查是对法条的正确记忆。根据《刑法》第 41 条的规定，

管制的刑期，从判决执行之日起计算；判决执行以前先行羁钾的，羁钾 1 日折抵刑期 2 日。第 44 条规定，拘役的刑期，从判决执行之日起计算；判决执行以前先行羁钾的，羁押 1 日折抵刑期 1 日。故 A 项正确。第 47 条规定，有期徒刑的刑期，从判决执行之.日起计算；判决执行以前先行羁钾的，羁押 1 日折抵刑期 1。故 B 项不正确。第 51 条规定，死刑缓期执行减为有期徒刑的刑期，从死刑缓期执行期满之日起计算。故 C 项正确。第 58 条规定，附加剥夺政治权利的刑期，从徒刑、拘役执行完毕之日或者从假释之日起计算；不是从假释期满之日起计算。故 D 项错误。

56. 下列哪些行为不应认定为过失致人死亡罪？

   A. 甲遭受乙正在进行的不法侵害，在防卫过程中一棒将乙打倒，致乙脑部跌在一块石头上而死亡。法院认为甲的防卫行为明显超过必要限度造成了重大损害，应以防卫过当追究刑事责任

   B. 甲对乙进行非法拘禁，在拘禁过程中，因长时间捆绑，致乙呼吸不畅窒息死亡

   C. 甲因对女儿乙的恋爱对象丙不满意，阻止乙、丙正常交往，乙对此十分不满，并偷偷与丙登记结婚，甲获知后对乙进行打骂，逼其离婚。乙、丙不从，遂相约自杀而亡

   D. 甲结婚以后，对丈夫与其前妻所生之子乙十分不满，采取冻饿等方式进行虐待，后又发展到打骂，致乙多处伤口腐烂，乙因未能及时救治而不幸身亡

   【答案】BCD

   【解析】本题考查了过失致人死亡罪与其他犯罪竞合时的处理。A 项中，防卫过当本身不是罪名，对于防卫过当的应当根据具体情况确定罪名。一般情况下，致人死亡的，定过失致人死亡罪；致人重伤的，定过失重伤罪。故 A 不应选。B 项中，行为人在非法拘禁他人的过程中，因为拘禁的方法不当而致人死亡，是结果加重犯。这种情况仍然认定为非法拘禁罪，故 B 应当选。C 项中，甲对女儿乙的打骂与乙、丙的自杀行为没有必然因果关系，甲无罪。故 C 项应选。D 项触犯了刑法第 260 条虐待罪，系故意犯罪。故 D 应当选。正确答案为 BCD。

57. 对下列哪些行为不能认定为强奸罪？

   A. 拐卖妇女的犯罪分子奸淫被拐卖的妇女的

   B. 甲利用职权、从属关系，以胁迫手段奸淫现役军人的妻子的

   C. 利用迷信奸淫妇女的

   D. 组织卖淫的犯罪分子强奸妇女后迫使其卖淫的

【答案】AD

【解析】本題考查了某些情況下強姦罪被包容的問題，都是法律有明文規定的問題，比較簡單。A 項中，根據刑法第 240 條第 1 款第（三）項的規定，姦淫被拐賣的婦女是拐賣婦女罪的加重情節，故 A 應選；D 項中，根據刑法第 358 條第 1 款第（四）項，強姦後迫使賣淫是組織賣淫罪的加重情節，故 D 也應當選。B 項，刑法第 259 條第 2 款規定，利用職權、從屬關係，以脅迫手段姦淫現役軍人的妻子的，依照刑法第 236 條的規定以強姦罪定罪處罰。C 項，刑法第 300 條第 3 款規定，利用迷信姦淫婦女的，依照刑法第 236 條的規定以強姦罪定罪處罰。BC 均以強姦罪定罪處罰，故 AD 為應選答案。

58. 甲到銀行自動取款機提款後，忘了將借記卡退出便匆忙離開。該銀行工作人員乙對自動取款機進行檢查時，發現了甲未退出的借記卡，便從該卡中取出 5000 元，並將卡中剩餘的 3 萬元轉入自己的借記卡。對乙的行為的定性，下列哪些選項是錯誤的？

A. 乙的行為構成盜竊罪

B. 乙的行為構成侵占罪

C 甲乙的行為構成職務侵占罪

D. 乙的行為構成信用卡詐騙罪

【答案】BCD

【解析】本題考查了盜竊罪和相關罪名的區分。根據題意，甲取款後未將信用卡退出，乙並沒有利用職務之便，而是恰好發現了上述事實，產生非法占有的目的，秘密竊取甲賬上的錢款。所以乙的行為構成盜竊罪，而不是職務侵占罪。還要注意盜竊罪與侵占罪的區別，盜竊是將他人所占有的財物變為自己所有，而侵占就是把自己占有的他人財物變成自己所有的財物，簡單地說，本人占有變成所有就是侵占，他人占有變成自己所有就是盜竊。故 B 項錯誤。注意盜竊罪與職務侵占罪的區別：盜竊罪是一般主體，而職務侵占罪是特殊主體。屬公司、企業或者其他單位的人員才能構成故 C 項錯誤，應選。關於 D 項，根據《刑法》第 196 條第 4 款，盜竊信用卡並使用的，依照《刑法》第 264 條的規定以盜竊罪定罪處罰，故 D 項錯誤，應選。注意在本題中，該銀行工作人員乙對自動取款機進行檢查時，發現了甲未退出的借記卡，以銀行工作人員的身份發現未退出的借記卡完全有條件可以歸還給丟失者，不能認定為"拾得"，故乙的行為不是"冒用"而是"盜竊"，不應定為"信用卡詐騙罪"。

59. 下列哪些说法是错误的?

A. 甲盗窃乙的存折后,假冒乙的名义从银行取出存折中的 5 万元存款。甲的行为构成盗窃罪与诈骗罪

B. 甲盗窃了乙的 200 克海洛因,因本人不吸毒,就将海洛因转卖给丙。甲的行为构成盗窃罪和贩卖毒品罪

C. 甲盗窃了博物馆的一件国家珍贵文物,以 20 万元的价格转卖给乙。甲的行为构成盗窃罪和倒卖文物罪

D. 甲盗窃了乙的一块名表,以 2 万元的价格转卖给丙,甲的行为构成盗窃罪和销售赃物罪

【答案】AD

【解析】本题考查了事后不可罚行为的认定。所谓事后不可罚行为是指一种行为达到既遂后,不法状态仍在继续但不予独立处罚。AD 选项中,销赃行为并没有侵犯新的法益,其侵犯的仍是财产所有权,所以不构成两个罪。C 选项中。尽管盗窃珍贵文物和倒卖珍贵文物的行为之间存在牵连关系,但是牵连犯作为法定的一罪,是以构成两个以上的独立罪名为前提的,所以题干中说"甲的行为构成盗窃罪和倒卖文物罪"并没有错,只不过在具体处罚时会择一重罪。故 C 正确。B 情形下构成盗窃罪和贩卖毒品罪两个独立的犯罪,故 B 正确。本题为选非题,因此答案为 AD。

60. 下列哪些说法是错误的?

A. 甲将乙价值 2 万元的戒指扔入海中,由于戒指本身没有被毁坏,甲的行为不构成故意毁坏财物罪

B. 甲见乙迎面走来,担心自己的手提包被乙夺走,便紧抓手提包。乙见甲紧抓手提包,猜想包中有贵重物品,在与甲擦肩而过时,当面用力夺走甲的手提包。由于乙并非乘人不备而夺取财物,所以不构成抢夺罪

C. 甲将一张作废的 IC 卡插入银行的自动取款机试探,碰巧自动取款机显示能够取出现金,于是甲取出 5000 元。甲将 IC 卡冒充借记卡的欺骗行为在本案中起到了主要作用,因而构成诈骗罪

D. 甲系汽车检修厂职工,发现自己将要检修的一辆公交车为仇人乙驾驶,便在检修时破坏了刹车装置,然后交付使用。乙驾驶该车时,因刹车失灵,导致与其他车辆相撞,造成三人死亡,一人重伤。由于甲不是对正在使用中的交通工具实施破坏手段,所以不构成破坏交通工具罪

【答案】ABCD

【解析】本题考查比较综合，但主要还是考查对法律的解释。A项，甲的行为使乙丧失了对物的占有和支配，实际上乙已经不可能再占有和使用戒指，故甲构成故意毁坏财物罪。B项，被害人甲虽然有所警觉，但被害人的警觉并未为乙所认知，故乙的行为仍然是乘人不备，公然夺取，构成抢夺罪。C项，刑法规定的"信用卡"，是指由商业银行或者其他金融机构发行的具有消费支付、信用贷款、转账结算、存取现金等全部功能或者部分功能的电子支付卡。本选项中用作废的IC卡提取现金，符合《刑法》第196条第1款第（二）项的构成要件，是典型的信用卡诈骗罪。D项，破坏交通工具罪的犯罪对象必须是正在使用中的交通工具。对"正在使用中交通工具"应作广义理解，不仅包括准备运行或正在运行中的火车、汽车、电车、船只和航空器，还包括停机待修中的火车、汽车、电车、船只和航空器。故本选项中，甲破坏一辆检修中的公交车，并交付使用造成严重后果，符合破坏交通工具罪的犯罪构成。故ABCD都错误，均应当选。

61. 对下列哪些行为不应当认定为脱逃罪？

 A. 犯罪嫌疑人在从甲地押解到乙地的途中，乘押解人员不备，偷偷溜走

 B. 被判处管制的犯罪分子未经执行机关批准到外地经商，直至管制期满未归

 C. 被判处有期徒刑的犯罪分子组织多人有计划地从羁押场所秘密逃跑

 D. 被判处无期徒刑的8名犯罪分子采取暴动方法逃离羁押场所

【答案】BCD

【解析】本题考查了脱逃罪的认定。《刑法》第316条规定，依法被关押的罪犯、被告人、犯罪嫌疑人脱逃的，处5年以下有期徒刑或者拘役。故A项应认定为脱逃罪。根据《刑法》第39条第1款第（五）项的规定，B项是被判处管制的犯罪分子，在执行期间未遵守规定的行为。由于被判处管制的犯罪分子不属于"依法被关押"，不构成脱逃罪。故B为应选答案。C项为组织越狱罪。组织越狱罪，是指狱中的罪犯有组织、有计划地逃往狱外的行为。D项为暴动越狱罪，《刑法》第317条第2款规定，暴动越狱或者聚众持械劫狱的首要分子和积极参加的，处10年以上有期徒刑或者无期徒刑；情节特别严重的，处死刑；其他参加的，处3年以上10年以下有期徒刑。故本题应选BCD。

62. 甲、乙通过丙向丁购买毒品，甲购买的目的是为自己吸食，乙购买的目的是为贩卖，丙则通过介绍毒品买卖，从丁处获得一定的好处费。对于本案，下列哪些选项是正确的？

 A. 甲的行为构成贩卖毒品罪

B. 乙的行为构成贩卖毒品罪

C. 丙的行为构成贩卖毒品罪

D. 丁的行为构成贩卖毒品罪

【答案】BCD

【解析】本题考查了贩卖毒品罪。贩卖毒品罪犯罪构成上最重要的特征是除了主观上具有故意之外，还应当具有牟利的目的。不以牟利为目的。如单纯为了本人或亲友吸食而购买毒品的，则不构成贩卖毒品罪。由此可知，甲为吸食而购买毒品，不构成贩卖毒品罪。故 A 项错误，不应选。乙为了贩卖而购买，丙介绍毒品买卖以获利，丁销售毒品而获利，三者皆构成贩卖毒品罪。故本题应选 BAD。

63. 下列哪些行为不构成包庇罪?

A. 国家机关工作人员包庇黑社会性质的组织的

B. 帮助当事人毁灭、伪造证据的

C. 明知他人有间谍行为，在国家安全机关向其收集有关证据时，拒绝提供，情节严重的

D. 包庇走私、贩卖、运输、制造毒品的犯罪分子的

【答案】ABCD

【解析】本题考查了一些特殊的包庇行为，都是刑法明确规定的。《刑法》第 310 条规定的包庇罪，是指明知是犯罪的人而为其作假证明包庇的行为。题目中的四个选项都是相关犯罪中以"包庇"方式实施的犯罪行为，不是包庇罪，ABC 均为应选答案。本题要求考生熟记法条，清楚相似罪名之间的区别。

64. 下列哪个选项属于"挪用公款归个人使用"?

A. 以个人名义将公款借给某国有企业使用

B. 以个人名义将公款借给某私营企业使用

C. 个人决定以单位名义将公款借给其他单位使用，谋取个人利益的

D. 以单位名义将公款借给其他自然人使用，未谋取个人利益的

【答案】ABCD

【解析】本题考查了挪用公款归个人使用的认定，其法律依据是全国人大常委会的立法解释。挪用公款罪在主观方面是直接故意，即行为人明知是公款而故意挪用，目的在于非法取得对公款的使用权，并不以是否谋取个人利益为认定要件。故 D 项正确。根据《全国人大常委会关于刑法第三百八十四条第一款的解释》规定，有下列情形之

一的，属于挪用公款归个人使用：（1）将公款供本人、亲友或者其他自然人使用的；（2）以个人名义将公款供其他单位使用的；（3）个人决定以单位名义将公款供其他单位使用，谋取个人利益的。据此可知 ABC 三项也应选。故本题 ABCD 均为正确答案。

65. 下列哪些行为属于法定的从重处罚情节？

    A. 国家机关工作人员甲利用职权对乙进行非法拘禁，时间长达 3 天

    B. 军警人员甲持枪抢劫

    C. 国家机关工作人员甲利用职权挪用数额巨大的救济款进行赌博

    D. 国家机关工作人员甲徇私舞弊，滥用职权，致使公共财产、国家和人民利益遭受重大损失

【答案】AC

【解析】本题看似考查具体的法定从重处罚情节，其实是考查犯罪情节的不同种类及其作用。《刑法》第 238 条第 4 款规定，国家机关工作人员利用职权犯前三款罪的，依照前三款的规定从重处罚。故 A 项正确。第 384 条第 2 款规定，国家工作人员挪用用于救灾、抢险、防汛、优抚、扶贫、移民、救济款物归个人使用的，从重处罚。故 C 项正确。根据第 263 条规定，B 项军警人员持枪抢劫是抢劫罪量刑的一个刑度，而不是从重处罚情节，故 B 项不应选。根据第 397 条规定，国家机关工作人员甲徇私舞弊，滥用职权，致使公共财产、国家和人民利益遭受重大损失也只是量刑的一个刑度，不是从重处罚情节，D 项不应当选。故本题正确答案为 AC。

66. 甲非法拘禁乙于某市 A 区，后又用汽车经该市 B 区、C 区，将乙转移到 D 区继续拘禁。对于甲所涉非法拘禁案，下列哪些法院依法享有管辖权？

    A. A 区法院

    B. B 区法院

    C. C 区法院

    D. D 区法院

【答案】ABCD

【解析】本题考查了审判管辖中的地域管辖。根据《刑事诉讼法》第 24 条规定，刑事案件由犯罪地的人民法院管辖。如果由被告人居住地的人民法院审判更为适宜的，可以由被告人居位地的人民法院管辖。由于非法拘禁是继续犯，所以甲与乙经过的 A、B、C、D 四区都可看作犯罪地。其中 A 区、D 区为主要犯罪地。B 区、C 区也为犯罪地，因此四地法院都有管辖权。故本题正确答案为 ABCD。

67. 犯罪嫌疑人甲委托其弟乙作为自己的辩护人。在审查起诉阶段，乙享有哪些诉讼权利？

    A. 甲被超期羁押时，有权要求解除强制措施

    B. 申请检察人员回避

    C. 向检察机关陈述辩护意见

    D. 经被害人同意，向其收集与本案有关的材料

【答案】AC

【解析】本题涉及辩护人诉讼权利。根据《刑事诉讼法》第 75 条规定："犯罪嫌疑人、被告人及其法定代理人、近亲属或者犯罪嫌疑人、被告人委托的律师及其他辩护人对于人民法院、人民检察院或者公安机关采取强制措施超过法定期限的，有权要求解除强制措施"，因此 A 项中，甲被超期羁押时，有权要求解除强制措施的说法正确。第 28 条规定，对于审判人员、检察人员、侦查人员，当事人及其法定代理人有权要求他们回避，律师或者辩护人无权要求，所以 B 项不正确。第 37 条第 2 款规定，辩护律师经人民检察院或者人民法院许可，并且经被害人或者其近亲属、被害人提供的证人同意，可以向他们收集与本案有关的材料。乙为非律师辩护人，没有这项权利，因此 D 项错误。C 项中向检察机关陈述辩护意见，是作为辩护人的题中应有之义。根据《高检刑诉规则》第 251 条第 1 款规定："人民检察院审查案件，应当讯问犯罪嫌疑人，听取被害人和犯罪嫌疑人、被害人委托的人的意见"，因此，C 项正确，本题应当选择 AC。

68. 为确定强奸案被害人甲受到暴力伤害的情况，侦查人员拟对她进行人身检查。下列哪些选项是正确的？

    A 如果甲拒绝检查，可以对她进行强制检查

    B 如果甲拒绝检查，不得对她进行强制检查

    C 如果甲同意检查，可以由医师进行检查

    D 如果甲同意检查，可以由女工作人员进行检查

【答案】BCD

【解析】本题考查了人身检查。根据《刑事诉讼法》第 105 条第 2、3 款规定，犯罪嫌疑人如果拒绝检查，侦查人员认为必要的时候，可以强制检查。检查妇女的身体，应当由女工作人员或者医师进行。强制检查作为一种强制侦查手段，需要有法律的授权才可实施，刑事诉讼法中只规定对犯罪嫌疑人可以强制检查，未规定时被害人强制检查，因而 A 项错误。

69. 某市检察院在审查甲杀人案中，发现遗漏了依法应当移送审查起诉的同案犯罪嫌疑人乙。对此检察院应该如何处理？

    A. 应当建议公安机关对乙提请批准逮捕

    B. 应当建议公安机关对乙补充移送审查起诉

    C. 如果符合逮捕条件，可以直接决定逮捕乙

    D. 如果符合起诉条件，可以直接将甲与乙一并提起公诉

【答案】BCD

【解析】本题主要考查人民检察院在审查起诉阶段发现特殊情况该任何处理。根据《刑诉规则》第103条规定，人民检察院办理审查逮捕案件，发现应当逮捕而公安机关未提请批准逮捕的犯罪嫌疑人的，应当建议公安机关提请批准逮捕。如果公安机关不提请批准逮捕的理由不能成立的，人民检察院也可以直接作出逮捕决定，送达公安机关执行。所以 B,C 项正确。第280条规定，人民检察院在办理公安机关移送起诉的案件中，发现遗漏依法应当移送审查起诉同案犯罪嫌疑人的，应当建议公安机关补充移送审查起诉；对于犯罪事实清楚，证据确实、充分的，人民检察院也可以直接提起公诉。所以 D 项正确。对《刑诉规则》考查力度的加大是今年考试的一大特点。

70. 下列关于合议庭评议笔录的哪些表述是正确的？

    A 合议庭意见有分歧的，应当按多数人的意见作出决定并写入笔录

    B. 合议庭意见有分歧的，少数人的意见可以不写入笔录

    C. 持少数意见的合议庭成员，也应当在评议笔录仁签名

    D. 合议庭的书记员，应当在评议笔录上签名

【答案】AC

【解析】本题考查了合议庭评议笔录。《高法刑诉解释》第112条规定，开庭审理和评议案件，必须由同一合议庭进行。合议庭成员在评议案件的时候，应当表明自己的意见。如果意见分歧，应当按多数人的意见作出决定，但是少数人的意见应当写入笔录。故不选 B。评议笔录由合议庭的组成人员在审阅确认无误后签名。评议情况应当保密。书记员虽参加会议庭评议，但并不参与意见，且法律并未要求其在评议笔录上签名，因此不选 D 项。本题正确答案 AC。

71. 甲涉嫌过失致人重伤。在审查起诉阶段，检察院认为证据不足，遂作出不起诉决定。如果被害人对不起诉决定不服，依法可以采取下列哪些诉讼行为？

    A. 可以向上一级检察院提起申诉

B. 可以直接向法院起诉

C. 向法院起诉后，可以与被告人自行和解

D. 向法院起诉后，可以请求法院调解

【答案】ABC

【解析】根据《刑事诉讼法》第 145 条："对于有被害人的案件，决定不起诉的，人民检察院应当将不起诉决定书送达被害人。被害人如果不服，可以自收到决定书后七日以内向上一级人民检察院申诉，请求提起公诉。人民检察院应当将复查决定告知被害人，对人民检察院维持不起诉决定的，被害人可以向人民法院起诉。被害人也可以不经申诉，直接向人民法院起诉。人民法院受理案件后，人民检察院应当将有关案件材料移送人民法院。"因此被害人既可以向上一级检察院申诉，也可以直接向法院起诉，A、B 项皆正确。《刑事诉讼法》第 172 条规定："人民法院对自诉案件，可以进行调解；自诉人在宣告判决前，可以同被告人自行和解或者撤回自诉。本法第一百七十条第三项规定的案件不适用调解。"本案属于第一百七十条第三项的情况，不适用调解。所以此类案件可以和解，但不适用调解，C 项正确。本题答案为 ABC。

72. 甲因遭受强奸住院治疗一个多月，出院后仍长期精神恍惚，后经多方医治才恢复正常。在诉讼过程中，甲提起附带民事诉讼。下列哪些赔偿要求具有法律依据？

A. 甲因住院支付的费用

B. 甲住院期间的陪护费用

C. 甲住院期间的误工费用

D. 甲医治精神恍惚支付的费用

【答案】ABCD

【解析】本题考查了附带民事诉讼的问题。根据《最高人民法院关于刑事附带民事诉讼范围问题的规定》第 1 条规定，因人身权利受到犯罪侵犯而遭受物质损失或者财物被犯罪分子毁坏而遭受物质损失的，可以提起附带民事诉讼。第 2 条规定，被害人因犯罪行为遭受的物质损失，是指被害人因犯罪行为已经遭受的实际损失和必然遭受的损失。住院费、陪护费、误工费和医治费用，都属物质损失，其中误工费应为必然遭受的损失。因此本题选择 ABCD。

73. 在某案件的法庭审理中，旁听的被害人亲属甲对辩护律师的辩护发言多次表示不满，并站起来指责律师，经审判长多次警告制止无效。法院对甲可以做下列何种处理？

A. 由审判长责令甲具结悔过

B. 由審判長決定將甲強行帶出法庭

C. 甲經法院院長批准對甲處以 500 元罰款

D. 經法院院長批准對甲處以 20 日拘留

【答案】BC

【解析】本題考查了對違反法庭秩序的處理。根據《高法刑訴解釋》第184條規定，在法庭審判過程中，如果訴訟參與人或者旁聽人員違反法庭秩序，合議庭應當按照下列情形分別處理：（一）對於違反法庭秩序情節較輕的，應當當庭警告制止並進行訓誡；（二）對於不聽警告制止的，可以指令法警強行帶出法庭；（三）對於違反法庭秩序情節嚴重的，經報請院長批准後，對行為人處1000元以下的罰款或者15日以下的拘留；（四）對於嚴重擾亂法庭秩序，構成犯罪的，應當依法追究刑事責任。A選項不屬於合議庭可採取的措施，D項拘留期限超出授權範圍，本題正確答案為BC。

74. 甲（18 歲）、乙（14 歲）因故將丙打成輕傷。提起公訴後，法院同意適用簡易程序進行審理。與此同時，丙對甲、乙提起附帶民事訴訟。在本案中以下哪些人員可以不參加法庭審理？

A. 甲

B. 乙

C. 丙

D. 公訴人

【答案】BD

【解析】本題考查了簡易程序的有關內容。根據《刑事訴訟法》第17條規定，適用簡易程序審理公訴案件，人民檢察院可以不派員出席法庭。因此 D 項正確。丙作為附帶民事訴訟的原告應當參加法庭審理。乙 14 歲，根據《刑法》第 17 條第 2 款的規定，對故意傷害（輕傷）不負刑事責任，作為附帶民事訴訟的被告人可以由其法定代理人出庭參加法庭審理。因此 B 項正確。

75. 第二審法院遇有下列哪些情形應當依法裁定撤銷原判、發回重審？

A. 應當公開審理而沒有公開審理的

B. 被告人未在庭審筆錄上簽名的

C. 人民陪審員獨任審判案件的

D. 庭審中沒有聽取被告人最後陳述，可能影響公正審判的

【答案】ACD

【解析】本题考查了二审程序的相关内容。根据《刑事诉讼法》第191条规定，第二审人民法院发现第一审人民法院的审理有下列违反法律规定的诉讼程序的情形之一的，应当裁定撤销原判，发回原审人民法院重新审判：（一）违反本法有关公开审判的规定的；（二）违反回避制度的；（三）剥夺或者限制了当事人的法定诉讼权利，可能影响公正审判的；〔四〕审判组织的组成不合法的；（五）其他违反法律规定的诉讼程序，可能影响公正审判的。由此，A、C、D 项都违反了诉讼程序，是正确选项。而 B 项虽也不符合刑事诉讼法规定，但不足以影响审判公正，不必撤销原判，发回重审，因而不选。

76. 甲因犯贪污罪经一审程序被判处死刑缓期二年执行。判决生效后发现本案第一审的合议庭成员乙在审理该案时，曾收受甲的贿赂。对于本案，下列哪些机关有权提起审判监督程序？

    A. 审判该案的第一审中级人民法院

    B. 该省高级人民法院

    C. 甲该省人民检察院

    D. 最高人民检察院

【答案】BD

【解析】本题考查了审判监督程序的提起。根据《刑事诉讼法》第205条第2款规定，最高人民法院对各级人民法院已经发生法律效力的判决和裁定，上级人民法院对下级人民法院已经发生法律效力的判决和裁定，如果发现确有错误，有权提审或者指令下级人民法院再审。因而该省高级人民法院有权提起审判监督程序。B 项正确。第 3 款规定："最高人民检察院对各级人民法院已经发生法律效力的判决和裁定。上级人民检察院对下级人民法院已经发生法律效力的判决和裁定，如果发现确有错误，有权按照审判监督程序向同级人民法院提出抗诉"。所以最高人民检察院都有权按照审判监督程序提起抗诉，D 正确，关于 A 和 C 由于原题中已经明确是死缓判决，该判决如果生效，必须经过高级人民法院复核。故只有省高院和最高人民检察院有权提起审判监督程序。故不选 AC。本题应选 BD。

77. 犯罪嫌疑人甲系不满18周岁的未成年人，在侦查阶段，依法享有下列哪些诉讼权利？

    A. 在讯问时，侦查机关应当通知其法定代理人到场

    B. 甲在讯问时，侦查机关可以通知其法定代理人到场

    C. 甲被第一次讯问后，甲可以聘请辩护律师提供法律帮助

    D. 被第一次讯问后，甲的亲属可以为其聘请律师.

【答案】BD

【解析】《刑事诉讼法》第 14 条第 2 款规定，对于不满 18 岁的未成年人犯罪的案件，在讯问和审判时，可以通知犯罪嫌疑人、被告人的法定代理人到场。可知 B 项说法正确，A 项的"应当"不正确。《刑事诉讼法》第 96 条规定，犯罪嫌疑人在被侦查机关第一次讯问后或者采取强制措施之日起，可以聘请律师为其提供法律咨询、代理申诉、控告。但此时的律师并无辩护人地位，所以 C 项"可以聘请辩护律师提供法律帮助"的说法错误。《六机关规定》第 10 条："在侦查阶段犯罪嫌疑人聘请律师的，可以自己聘请，也可以由其亲属代为聘请。"所以 D 项当中"甲的亲属可以为其聘请律师"说法正确。故本题应选 BD。

78. 下列关于人民陪审员的哪些表述是错误的？

A. 人民陪审员不得担任审判长

B. 人民陪审员有权参加法院所有的审判活动

C. 人民陪审员参加中级人民法院审判活动的，应当从本院的人民陪审员名单中随机抽取确定

D. 合议庭评议案件时，对于法律适用问题，人民陪审员应当接受法官的指导

【答案】BCD

【解析】本题考查了人民陪审员的权利和产生方式。根据《刑事诉讼法》的 147 条的相关规定陪审员不能参加上诉审或者再审的审理，也不能进行独任审判，因此 B 项表述错误。该条第 6 款规定："合议庭由院长或者庭长指定审判员一人担任审判长。"所以人民陪审员不能担任审判长，A 项说法正确。该法第 14 条第 2 款规定："中级人民法院、高级人民法院审判案件依法应当由人民陪审员参加合议庭审判的。在其所在城市的基层人民法院的人民陪审员名单中随机抽取确定。"因此 C 项说法错误。该法第 1 条规定："人民陪审员……除不得担任审判长外，同法官有同等权利。"人民陪审员无需接受法官指导，这与英美法系的陪审团不同，因而 D 项说法错误。所以本题应选 BCD。

79. 下列哪些选项属于法院应当终止审理的情形？

A. 张某涉嫌销售赃物一案，经审理认为情节显著轻微危害不大的

B. 赵某涉嫌抢劫一案，赵某在第一审开庭审理前发病猝死的

C. 李某以遭受遗弃为由提起自诉，法院审查后不予立案的

D. 王某以遭受虐待为由提起自诉，后又撤回自诉的

【答案】BD

【解析】本题考查了法院应当终止审理的情形。《刑事诉讼法》第 15 条规定："有下列情形之一的，不追究刑事责任，已经追究的，应当撤销案件，或者不起诉，或者终止审理，或者宣告无罪：（一）情节显著轻微、危害不大，不认为是犯罪的；（二）犯罪已过追诉时限的；（三）经特赦令免除刑罚的；（四）依照刑法告诉才处理的犯罪，没有告诉或者撤回告诉的；（五）犯罪嫌疑人、被告人死亡的；（六）其他法律规定免予追究刑事责任的。"《刑诉解释》第 176 条第（三）项规定，案件事实清楚，证据确实、充分，依据法律认定被告人无罪的，应当判决宣告被告人无罪。第（九）项规定，被告人死亡的，应当裁定终止审理；对于根据已查明的案件事实和认定的证据材料，能够确认被告人无罪的，应当判决宣告被告人无罪。根据上述规定可知本题答案为 BD。

80. 李某购买中巴车从事个体客运，但未办理税务登记，且一直未缴纳税款。某县国税局要求李某限期缴纳税款 1500 元并决定罚款 1000 元。后因李某逾期未缴纳税款和罚款，该国税局将李某的中巴车扣押，李某不服。下列哪些说法是不正确的？

   A. 对缴纳税款和罚款决定，李某应当先申请复议，再提起诉讼

   B. 李某对上述三行为不服申请复议，应向某县国税局的上一级国税局申请

   C. 对扣押行为不服，李某可以直接向法院提起诉讼

   D. 该国税局扣押李某中巴车的措施，可以交由县交通局采取

【答案】AD

【解析】本题的综合性较强，出题者把税收征收、行政复议和行政诉讼三方面的知识放在了一起。根据《税收征收管理法》第 88 条第 1 款、第 2 款的规定，纳税人、扣缴义务人、纳税担保人同税务机关在纳税上发生争议时，必须先依照税务机关的纳税决定缴纳或者解缴税款及滞纳金或者提供相应的担保，然后可以依法申请行政复议；对行政复议决定不服的，可以依法向人民法院起诉。当事人对税务机关的处罚决定、强制执行措施或者税收保全措施不服的，可以依法申请行政复议，也可以依法向人民法院起诉。所以，纳税争议应当先申请行政复议，但对处罚决定和强制执行措施不服不是必须经过行政复议才能起诉，A 选项说法错误，C 选项说法正确，所以 A 项应选，C 不选。

第 88 条第 3 款规定，当事人对税务机关的处罚决定逾期不申请行政复议也不向人民法院起诉、又不履行的，作出处罚决定的税务机关可以采取本法第 40 条规定的强制执行措施，书面通知其开户银行或者其他金融机构从其存款中扣缴税款；扣押、

查封、依法拍卖或者变卖其价值相当于应纳税款的商品、货物或者其他财产，以拍卖或者变卖所得抵缴税款，或者申请人民法院强制执行。李某欠缴的税款和罚款加起来不过 2500 元，而中巴车的价值显然超过了 2500 元；此外，国税局要么自己执行，要么申请法院强制执行，不应当交由县交通局采取。所以 D 项错误，应选。

根据《行政复议法》第 12 条规定，对县级以上地方各级人民政府工作部门的具体行政行为不服的，由申请人选择，可以向该部门的本级人民政府申请行政复议，也可以向上一级主管部门申请行政复议。对海关、金融、国税、外汇管理等实行垂直领导的行政机关和国家安全机关的具体行政行为不服的，向上一级主管部门申请行政复议。所以 B3 项说法正确，不选。

81. 关于政府采购的供应商，下列哪些说法是不正确的？

   A. 自然人不能作为政府采购的供应商

   B. 除《政府采购法》规定的条件外，政府采购人不得规定供应商的特定条件，否则构成差别待遇或歧视待遇

   C. 两个以上的法人可以组成联合体，以一个供应商的身份共同参加政府采购

   D. 中标的供应商必须依法自行履行合同，不得采用分包方式履行合同

【答案】ABD

【解析】本题直接考查了《政府采购法》的内容，该法第 21 条规定，供应商是指向采购人提供货物、工程或者服务的法人、其他组织或者自然人。A 错误，应选。第 22 条第 2 款规定，采购人可以根据采购项目的特殊要求，规定供应商的特定条件，但不得以不合理的条件对供应商实行差别待遇或者歧视待遇。B 错误，应选。第 4 条规定，两个以上的自然人、法人或者其他组织可以组成一个联合体，以一个供应商的身份共同参加政府采购。C 正确，不选。第 48 条规定，经采购人同意，中标、成交供应商可以依法采取分包方式履行合同。所以并不是绝对不可以分包。D 错误，应选。

82. 2006 年 5 月 2 日，吴某到某县郊区旅社住宿，拒不出示身份证件，与旅社工作人员争吵并强行住入该旅社。该郊区派出所以扰乱公共秩序为由，决定对吴某处以 300 元罚款。下列哪些说法是正确的？

   A. 派出所可以自己的名义作出该处罚决定

   B. 派出所可以当场作出该处罚决定

   C. 公安机关应当将此决定书副本抄送郊区旅社

   D. 吴某对该罚款决定不服，应当先申请复议才能提起行政诉讼

【答案】AC

【解析】本题也是对新法的考查。《治安管理处罚法》自 2006 年 3 月 1 日实施。该法第 91 条规定，警告、500 元以下的罚款可以由公安派出所决定。A 项正确，应选。第 100 条规定，违反治安管理行为事实清楚，证据确凿，处警告或者 200 元以下罚款的，可以当场作出治安管理处罚决定。B 错误，不应选。第 97 条规定，公安机关应当向被处罚人宣告治安管理处罚决定书，并当场交付被处罚人；无法当场向被处罚人宣告的，应当在 2 日内送达被处罚人。……有被侵害人的，公安机关应当将决定书副本抄送被侵害人。郊区旅社在这里是被侵害人，公安机关应当将决定书副本抄送郊区旅社，C 正确，应选。第 102 条规定，被处罚人对治安管理处罚决定不服的，可以依法申请行政复议或者提起行政诉讼。根据新的《治安管理处罚法》的规定，治安管理处罚不再复议前置。D 错误不选。

83. 1997 年沈某取得一房屋的房产证。2001 年 5 月其儿媳李某以委托代理人身份到某市房管局办理换证事宜，在申请书一栏中填写"房屋为沈某、沈某某（沈某的儿子）共有"，但沈某后领取的房产证中在共有人一栏空白。2005 年沈某将此房屋卖给赵某，并到某市房管局办理了房屋转移登记手续，赵某领取了房产证。沈某某以他是该房屋的共有人为由向某市人民政府申请复议，某市人民政府以房屋转移登记事实不清撤销了房屋登记。赵某和沈某不服，向法院提起行政诉讼。下列哪些说法是正确的？

   A. 沈某某和李某为本案的第三人

   B. 某市房管局办理此房屋转移登记行为是否合法不属本案的审查对象

   C. 某市房管局为沈某办理换证行为是否合法不属本案的审查对象

   D. 李某是否有委托代理权是法院审理本案的核心

【答案】BC

【解析】本题涉及行政诉讼第三人的问题。A 项中李某只是以委托代理人的身份到房管局办理换证事宜，与某市人民政府的复议行为没有利害关系，所以不得作为第三人；B 项中赵某和沈某是对政府撤销登记的行为不服，因此法院只审查撤销行为的合法性；C 理由同上；D 理由同上。

84. 关于行政监察机关及其职责、权限，下列哪些说法是正确的？

   A. 在监察业务上，上级监察机关与下级监察机关之间是一种指导关系

   B. 经本级人民政府批准，县级以上各级人民政府可以向政府所属部门派出监察机

构或者监察人员

C. 监察机关的领导人员可以列席本级人民政府的有关会议

D. 县级人民政府监察机关对所属的乡人民政府任命的人员实施监察

【答案】BCD

【解析】这是近年来首次考查《行政监察法》。该法第 7 条规定，监察业务以上级监察机关领导为主。因此，上级监察机关与下级监察机关之间是一种领导关系，A 错误，不选。第 8 条第 1 款规定，县级以上各级人民政府监察机关根据工作需要，经本级人民政府批准，可以向政府所属部门派出监察机构或者监察人员。B 正确，应选。第 27 条规定，监察机关的领导人员可以列席本级人民政府的有关会议，监察人员可以列席被监察部门的与监察事项有关的会议。C 正确，应选。第 16 条第 2 款规定，县、自治县、不设区的市、市辖区人民政府监察机关还对本辖区所属的乡、民族乡、镇人民政府的国家公务员以及乡、民族乡、镇人民政府任命的其他人员实施监察，D 正确，应选。

85. 甲乙公司签订了甲公司向乙公司购买 5 辆"五星牌"汽车的合同。乙公司按约定将汽车运至甲公司所在地火车站。某市工商局接举报扣押了汽车，并最终认定乙公司提供的五辆"三星"牌汽车是某国外某一品牌汽车，乙公司将其冒充国产车进行非法销售，遂决定没收该批汽车。乙公司在提起行政诉讼后，向法院提供了该批汽车的技术参数，某市工商局则提供了某省商检局对其中一辆车的鉴定结论。下列哪些说法是正确的?

A. 甲乙公司在提供图片及技术参数时，应附有说明材料

B. 若乙公司提供证据证明某省商检局的鉴定结论内容不完整，法院应不采纳该鉴定结论

C. 某省商检局的鉴定结论为某市工商局处罚乙公司的证据，是法院采纳此鉴定结论的条件之一

D. 对某市工商局的没收决定，甲公司具有原告资格

【答案】ABC

【解析】根据《最高人民法院关于行政诉讼证据若干问题的规定》第 1 条第（三）项的规定，当事人向人民法院提供书证的，应当符合下列要求：（三）提供报表、图纸、会计帐册、专业技术资料、科技文献书证的，应当附有说明材料，A 正确，应选。根据上述司法解释 62 条第（三）项规定，对被告在行政程序中采纳的鉴定结论，原告或者第三人提出证据证明有下列情形之一的，人民法院不予采纳：（三）鉴定结论错误、

不明确或者内容不完整。B 正确，应选。证据必须具有关联性，是证据被采纳的条件之一，某省商检局的鉴定结论是某市工商局作出行政处罚的证据，与被诉行政行为密切相关，所以 C 正确，应选。该案中工商局没收的是乙公司非法销售的某外国品牌汽车，并非甲公司订购的国产车，甲公司对该批车不具有法律上的利害关系，根据行政行为的相对性原则，对于工商局的没收决定，甲公司没有原告资格。D 项错误。不应选。

86. 根据行政许可法的规定，下列关于行政许可的撤销、撤回、注销的哪些说法是正确的？

　　A. 行政许可的撤销和撤回都涉及到被许可人实体权利

　　B. 规章的修改可以作为行政机关撤回已经生效的行政许可的理由

　　C. 因行政机关工作人员滥用职权授予的行政许可被撤销的，行政机关应予赔偿

　　D. 注销是行政许可被撤销和撤回后的法定程序

【答案】ABD

【解析】本题考查了行政许可的撤销、撤回、注销的问题。《行政许可法》第 8 条、第 69 条都规定了这样的原则：已生效的行政许可变更、撤销、撤回，损害被许可人的合法权益的，被许可人可以获得补偿或赔偿，由此可以看出行政许可的撤销和撤回都涉及到被许可人的实体权利，A 正确，应选。

　　第 8 条规定，行政许可所依据的法律、法规、规章修改或者废止，或者准予行政许可所依据的客观情况发生重大变化的，为了公共利益的需要，行政机关可以依法变更或者撤回已经生效的行政许可。由此给公民、法人或者其他组织造成财产损失的，行政机关应当依法给予补偿。B 正确。

　　第 69 条规定，有下列情形之一的，可以撤销行政许可：（一）行政机关工作人员滥用职权、玩忽职守作出准予行政许可决定的；……被许可人的合法权益受到损害的，行政机关应当依法给予赔偿。C 中间缺少"被许可人合法权益受到损害"的条件，即在行政机关和当事人都存在过错时，对于相对人非法获得的利益，不予保护。C 错误。

　　第 70 条第（四）项规定，有下列情形之一的，行政机关应当依法办理有关行政许可的注销手续：（四）行政许可依法被撤销、撤回，或者行政许可证件依法被吊销的；D 正确，应选。

87. 某省甲市南区人民政府为改造旧城建设，成立一公司负责旧房拆除。郭某因与该公司达不成协议而拒不搬迁。南区人民政府决定对其住房强制拆迁。郭某对强制拆迁行为不服向南区人民法院提出行政诉讼，一个月未得到南区人民法院答复；下列哪些说法是正确的？

　　A. 郭某可以向甲市中级人民法院起诉

B. 郭某可以向甲市中级人民法院申诉

C. 郭某可以向某省高级人民法院起诉

D. 因此案不属行政诉讼受案范围，南区人民法院不予答复是正确的

【答案】AB

【解析】本题考查了法院对起诉逾期不作决定起诉人的救济途径。根据《行诉解释》第32条第3款规定，受诉人民法院在7日内既不立案，又不作出裁定的，起诉人可以向上一级人民法院申诉或者起诉。AB正确，应选。

88. 经张某申请并缴纳了相应费用后，某县土地局和某乡政府将一土地（实为已被征用的土地）批准同意由张某建房。某县土地局和某乡政府还向张某发放了建设用地规划许可证和建设工程许可证。后市规划局认定张某建房违法，责令立即停工。张某不听，继续施工。市规划局申请法院将张某所建房屋拆除，张某要求赔偿。下列哪些说法是正确的？

A. 某县土地局、某乡政府和市规划局为共同赔偿义务机关

B. 某县土地局和某乡政府向张某发放规划许可证和建设工程许可证的行为系超越职权的行为

C. 市规划局有权撤销张某的规划许可证

D. 对张某继续施工造成的损失，国家不承担赔偿责任

【答案】BCD

【解析】本题通过一个案例，综合考查了行政许可法和国家赔偿法的内容。国家赔偿的归责原则是违法原则，只有具体行政行为违法才承担赔偿责任。市规划局的行为不具有违法性，因此不承担赔偿责任。A说法错误，不选。发放规划许可证和建设工程许可证属规划局的职权范围，县土地局和乡政府属于越权行为，正确，应选，同理，C应选。在规划局通知张某停工后张某仍继续施工，由此产生的扩大损失，国家不承担赔偿责任，D正确，应选。

89. 在发生重大动物疫情后，国家对受威胁区可以采取下列哪些措施？

A. 扑杀并销毁染疫和疑似染疫动物及其同群动物

B. 对易感染的动物根据需要实施紧急免疫接种

C. 对易感染的动物进行监测

D. 关闭动物交易市场

【答案】BC

【解析】本题涉及的法条为国务院 2005 年公布的《重大动物疫情应急条例》，该条例第 31 条规定，对受威胁区应当采取下列措施：（一）对易感染的动物进行监测；（二）对易感染的动物根据需要实施紧急免疫接种。BC 正确，应选。A、D 是对"疫区"可以采取的措施，不选。

90. 甲公司与乙公司签订建设工程施工合同，甲公司向乙公司支付工程保证金 30 万元。后由于情况发生变化，原合同约定的工程项目被取消，乙公司也无资金退还甲公司，甲公司向县公安局报案称被乙公司法定代表人王某诈骗 30 万元。公安机关立案后，将王某传唤到公安局，要求王某与甲公司签订了还款协议书，并将扣押的乙公司和王的财产移交给甲公司后将王某释放。下列哪些说法是正确的？

A. 县公安局的行为有刑事诉讼法明确授权，依法不属于行政诉讼的受案范围

B. 县公安局的行为属于以办理刑事案件为名插手经济纠纷，依法属于行政诉讼的受案范围

C. 乙公司有权提起行政诉讼，请求确认县公安局行为违法井请求国家赔偿，法院应当受理

D. 甲公司获得乙公司还款是基于两公司之间的债权债务关系，乙公司的还款行为有效

【答案】BC

【解析】本题考查了行政诉讼受案范围。根据刑事诉讼法规定，对刑事案件的侦查、拘留、执行逮捕、预审，由公安机关负责。本案中公安机关将王某传唤至公安局，要求其签订还款协议书的行为显然超出了刑事侦查的职权范围，属于以办理刑事案件为名插手经济纠纷，依法属于行政诉讼的受案范围。B 项正确，应选。乙公司的财产被公安局扣押，依照《国家赔偿法》的规定，乙公司有权提起行政诉讼，并在提起诉讼的同时一并提出赔偿请求，C 项正确应选。D 项的说法不成立，既然基于民事权利，甲、乙两公司之间就是民事纠纷，公安机关无权主动采取强制措施解决民事纠纷。甲公司与王某之间的还款协议书不是在当事人公平自愿的基础上签订的，不具有约束乙公司的效力，所以乙公司的还款行为无效，D 错误。不选。

三、不定项选择题，每题所给的选项中有一个或一个以上正确答案，不答、少答或多答均不得分。本部分 91-100 题，每题 2 分，共 20 分。

91. 法院对一起共同犯罪案件审理后分别判处甲死缓、乙无期徒刑。甲没有提出上诉，乙以量刑过重为由提出上诉，同时检察院针对甲的死缓判决以量刑不当为由提起抗诉。下列关于第二审程序的何种表述是错误的？

   A. 二审法院可以不开庭审理

   B. 二审法院应当开庭审理

   C. 因上诉和抗诉都不是针对原审事实认定，二审法院对本案不能以事实不清为由撤销原判，发回重审

   D. 因本案存在抗诉，二审法院不受上诉不加刑原则的限制

【答案】AC

【解析】本题考查了第二审程序。根据《刑事诉讼法》第 187 条第 1 款规定，第二审人民法院对上诉案件，应当组成合议庭，开庭审理。合议庭经过阅卷，讯问被告人、听取其他当事人、辩护人、诉讼代理人的意见、对事实清楚的。可以不开庭审理。对人民检察院抗诉的案件，第二审人民法院应当开庭审理。故选项 A 不正确，选项 B 正确。

   另根据《高法刑诉解释》第 246 条的规定，第二审人民法院应当就第一审判决、裁定认定的事实和适用的法律进行全面审查，不受上诉或者抗诉范围的限制。该解释第 247 条规定，共同犯罪案件，只有部分被告人提出上诉的，或者人民检察院只就第一审人民法院对部分被告人的判决提出抗诉的，第二审人民法院应当对全案进行审查，一并处理。所以选项 C 不正确。《刑事诉讼法》第 190 条规定，第二审人民法院审判被告人或者他的法定代理人、辩护人、近亲属上诉的案件，不得加重被告人的刑罚。人民检察院提出抗诉或者自诉人提出上诉的，不受前款规定的限制。所以选项 D 正确。综上，本题应选 AC。

92. 某市检察院审理市公安局移送审查起诉的下列案件中，具有何种情形时应当作出不起诉决定？

   A. 犯罪嫌疑人甲，犯罪已过追诉时效期限

   B. 犯罪嫌疑人乙，为犯罪准备工具、制造条件

   C. 犯罪嫌疑人丙已死亡

   D. 犯罪嫌疑人丁是聋哑人

【答案】AC

【解析】本题考查了不起诉的情形，重点是法定不起诉的情况。根据《刑事诉讼法》第 15 条的规定，有下列情形之一的，不追究刑事责任，已经追究的，应当撤销案件，或者不起诉，或者终止审理，或者宣告无罪：（一）情节显著轻微、危害不大，不认为是犯罪的；（二）犯罪已过追诉时效期限的；（三）经特赦令免除刑罚的；（四）依照刑法告诉才处理的犯罪，没有告诉或者撤回告诉的；（五）犯罪嫌疑人、被告人死亡的；（六）其他法律规定免予追究刑事责任的。故选项 A、C 是正确的。选项 B 中犯罪嫌疑人乙的行为属于犯罪预备，根据《刑法》第 22 条的规定，对于预备犯，可以比照既遂犯从轻、减轻处罚或者免除处罚。因此检察院可以作出而不是应当作出不起诉的决定。故选项 B 不正确。因此本题答案为 AC。

93. 王某为某县劳动与社会保障局的一名科长，因违纪受到降级处分。下列何种说法不符合《公务员法》的规定？

    A. 王某对处分不服，可自接到处分决定之日起 30 日内向某县人事局提出申诉

    B. 王某对处分不服申请复核时，复核期间应暂停对王某的处分

    C. 王某受处分期间，不得晋升级别和享受年终奖金

    D. 处分解除后，王某的原级别即自行恢复

【答案】ABCD

【解析】本题是 2006 第二道考查公务员法的题目，主要考查对公务员的充分问题。根据《公务员法》第 90 条规定，公务员对涉及本人的处分不服，也可以不经复核，自知道该处分之日起 30 日内直接向同级公务员主管部门或作出处分决定的机关的上级机关提出申诉，而不是自接到处分决定之日起 30 日内。A 所指的申诉期限的起算点错误。第 91 条第 2 款规定，复核、申诉期间不停止人事处理决定的执行。B 错误。第 58 条规定，公务员在受处分期间不得晋升职务和级别，其中受记过、记大过、降级、撤职处分的，不得晋升工资档次，并未指明不能享受年终奖金，所以 C 错误。根据第 59 条第 2 款规定，解除处分后，晋升工资档次、级别和职务不再受原处分的影响。但是，解除降级、撤职处分的，不视为恢复原级别、原职务。D 项错误。

94. 下列有关信访的何种做法是正确的？

    A. 田某对乡政府的决定不服，可以采用走访形式到市政府提出信访事项

    B. 某县人民政府信访局收到李某提出的信访事项，应当予以登记，并在 15 日内决定是否受理并书面告知李某

C. 某县工商局不设立专门的信访工作机构，违反了信访规定

D. 沈某对某县人民政府作出的信访事项处理意见不服，可以请求市政府复查

【答案】D

【解析】本题也是考查了 2005 年新出的国务院的重要条例。根据《信访条例》第 16 条的规定，对乡政府的决定不服应该向乡政府或县政府提出，而非向其上上级—市政府提出。A 项错误，不选。第 22 条第 2 款规定，有关行政机关收到信访事项后，能够当场答复是否受理的，应当当场书面答复；不能当场答复的，应当自收到信访事项之日起 15 日内书面告知信访人。因此 B 错误，不选。根据第 6 条的规定，县级以上人民政府才应当设立信访工作机构，其他是根据需要设立信访工作机构或者人员，因此工商局并不一定非得设立信访工作机构不可，C 错误。第 34 条规定，信访人对行政机关作出的信访事项处理意见不服的，可以自收到书面答复之日起 30 日内请求原办理行政机关的上一级行政机关复查。市人民政府是县人民政府的上一级机关，沈某有权要求市政府复查，D 正确。

95. 某县工商局以某厂擅自使用专利申请号用于产品包装广告进行宣传、销售为由，向某厂发出扣押封存该厂胶片带成品通知书。该厂不服，向法院起诉要求撤销某县上商局的扣押财物通知书，并提出下列赔偿要求：返还扣押财物、赔偿该厂不能履行合同损失 100 万元、该厂名誉损失和因扣押财物造成该厂停产损失 100 万元。后法院认定某县工商局的扣押通知书违法，该厂提出的下列何种请求事项不属于国家赔偿的范围？

A. 返还扣押财物

B. 某厂不能履行合同损失 100 万元

C. 某厂名誉损失

D. 某厂停产损失 100 万元

【答案】BCD

【解析】本题考查了国家赔偿的范围，只有对法条的熟练掌握和经过细致的分析，才能得出正确答案。国家赔偿的范围只包括直接损失，不包括间接损失和可得利益的损失，也不包括精神损害的赔偿。对于县工商局的违法扣押行为，某厂只能要求返还扣押的财产。不能履行合同的损失属于可得利润的损失，名誉损失属于精神损害的范围，依法不属于国家赔偿的范围，B、C 应选。至于停产损失，只在被吊销许可证和执照、责令停产停业时适用，而且只赔偿停产停业期间必要的经常性费用开支，某厂并未被吊销许可证和执照或责令停产停业，也并不确定停产的 100 万元是否属于经常性、必要的费用开支，因此 D 应选。

甲乙共谋教训其共同的仇人丙。由于乙对丙有夺妻之恨，暗藏杀丙之心，但未将此意告诉甲。某日，甲、乙二人共同去丙处。为确保万无一失，甲、乙以入室盗窃为由邀请不知情的丁在楼下望风。进入丙的房间后，甲、乙同时对丙拳打脚踢，致丙受伤死亡。甲、乙二人旋即逃离现场。在逃离现场前甲在乙不知情的情况下从丙家的箱子里拿走人民币 5 万元。出门后，甲背着乙向丁谎称从丙家窃取现金 3 万元，分给丁 1 万元，然后一起潜逃。潜逃期间，甲窃得一张信用卡，向乙谎称该卡是从街上捡的，让乙到银行柜台出了信用卡中的 3 万元现金。犯罪所得财物挥霍一空后，丁因生活无着，向公安机关投案，交待了自己和甲共同盗窃的事实，但隐瞒了事后知道的甲、乙致丙死亡的事实。请回答 96-100 题。

96. 就被害人丙的死亡而言，下列对甲、乙所应成立犯罪的何种判断是错误的？

    A. 甲、乙均成立故意杀人（既遂）罪，属于共同犯罪

    B. 甲、乙均成立故意伤害（致人死亡）罪，属于共同犯罪

    C. 甲成立故意伤害（致人死亡）罪，乙成立故意杀人（既遂）罪，不属于共同犯罪

    D. 甲成立故意伤害（致人死亡）罪，乙成立故意杀人（既遂）罪，在故意伤害罪的范围内成立共同犯罪

【答案】ABC

【解析】本题考查了共同犯罪的认定。目前的通说是"部分犯罪共同说"。本案中甲、乙二人共谋"教训"丙，甲只有伤害的故意，而乙却暗藏杀心，根据主客观相统一的原则，甲成立故意伤害（致人死亡）罪，乙成立故意杀人（既遂）罪，在故意伤害罪的范围内成立共同犯罪。根据共犯理论中的实行过限也能得出相同的答案。故选项ABC判断是错误的，为本题应选答案。

97. 就被害人丙死亡这一情节，下列对与丁有关行为的何种判断是错误的？

    A. 丁成立故意杀人罪的共犯

    B. 丁成立故意伤害罪的共犯

    C. 甲丁成立抢劫罪（致人死亡）的共犯

    D. 丁对丙的死亡不承担刑事责任

【答案】ABC

【解析】丁主观上只有对丙实施盗窃的主观故意，没有伤害、杀害丙的故意或者过失。丁也没有参与甲、乙伤害丙的犯罪过程当中。因此丁只能在盗窃罪的范围内才能构成共犯，而对于丙的死亡这一情节，丁属于被诱骗而实施了望风这一行为。根据主客观相统一原则丁对丙的死亡不承担刑事责任。

98. 对于甲从丙家的箱子里拿走人民币 5 万元，丁望风并分得赃物这一情节，下列何种判断是正确的？

   A. 对甲应定抢劫罪、对丁应定盗窃罪

   B. 对甲、丁的行为应定盗窃罪

   C. 甲、丁都应对 5 万元承担刑事责任

   D. 甲对 5 万元承担刑事责任，丁只对 3 万元承担刑事责任

   【答案】BC

   【解析】本题首先考查了盗窃罪与抢劫罪的区别，其次还考查了共同犯罪中犯罪数额的认定。甲与丁均具有盗窃的共同故意，是共同构成盗窃罪的前提。由于甲是在丙受伤死亡后从丙家的箱子里拿走人民币 5 万元的，因此，因此甲应成立盗窃罪，而非抢劫罪，故选项 A 不正确。选项 B 正确。另外，对共同犯罪中的从犯，应当按照其所参与的共同盗窃的数额确定量刑幅度，并依照《刑法》第 27 条第 2 款的规定，从轻、减轻处罚或者免除处罚。本案中丁在其与甲实施共同盗窃中起次要作用，属于从犯，应当按照其参与实施的共同盗窃 5 万元承担刑事责任，而不是甲说称的 3 万元。故选项 C 正确，选项 D 不正确。综上，本题答案为 BC。

99. 对于甲、乙盗窃和使用信用卡的行为，下列何种判断是错误的？

   A. 甲、乙构成盗窃罪的共同犯罪

   B. 甲、乙构成信用卡诈骗罪的共同犯罪

   C. 甲构成盗窃罪，乙构成信用卡诈骗罪

   D. 甲构成盗窃罪，乙构成诈骗罪

   【答案】ABD

   【解析】本题还是考查共同犯罪的成立，考点和上题一样。即共同犯罪不仅要有共同犯意还要有共同犯同一罪的犯意。本案中，甲盗窃信用卡指使乙使用的行为，符合《刑法》第 196 条第 3 款盗窃信用卡并使用的情形。乙不知信用卡系盗窃，以为是甲捡拾而来，但其主观上具有冒用他人的信用卡的故意，符合第 196 条第 1 款第（三）项的规定。甲构成盗窃罪，乙构成信用卡诈骗罪。故只有选项 C 的判断是正确的，因此本题的正确答案是 ABD

100. 对于丁的投案行为，下列何种判断是正确的？

   A. 丁虽然投案，但隐瞒了甲、乙致丙死亡的事实，因而不构成自首

   B. 丁虽然隐瞒了甲、乙致丙死亡的事实，但交待了本人与甲共同犯罪的事实，因

　　而构成自首

C. 丁构成自首且揭发甲与自己共同犯罪的行为成立立功

D. 丁构成坦白但揭发甲与自己共同犯罪的行为成立立功

【答案】B

【解析】本题考查自首和立功。共同犯罪案件中的犯罪嫌疑人，除如实供述自己的罪行，还应当供述所知的同案犯，主犯则应当供述所知其他同案犯的共同犯罪事实，才能认定为自首。犯罪分子到案后有检举、揭发他人犯罪行为，包括共同犯罪案件中的犯罪分子揭发同案犯共同犯罪以外的其他犯罪，经查证属实；提供侦破其他案件的重要线索，经查证属实；阻止他人犯罪活动；协助司法机关抓捕其他犯罪嫌疑人（包括同案犯）；具有其他有利于国家和社会的突出表现的，应当认定为有立功表现。丁属于共同犯罪中的从犯，到案后能如实供诉自己和甲的共同犯罪事实，成立自首，但不成立立功。丁隐瞒了事后知道的甲、乙致丙死亡的事实属于知情不举，不影响自首的成立。B 的判断是正确的，故选 B。

2006 年国家司法考试　试卷三

提示：本试卷为选择题，由计算机阅读。请将所选答案填涂在答题卡上，勿在卷面上直接作答。

一、单项选择题，每题所给的选项中只有一个正确答案。本部分 1-50 题，每题 1 分，共 50 分。

1. 下列哪种情形成立民事法律关系？
   A. 甲与乙约定某日商谈合作开发房地产事宜
   B. 甲对乙说：如果你考上研究生，我就嫁给你
   C. 甲不知乙不胜酒力而极力劝酒，致乙酒精中毒住院治疗
   D. 甲应同事乙之邀前往某水库游泳，因抽筋溺水身亡

【答案】C

【解析】本题主要考查一项客观事实如何成为法律事实，引起民事法律关系的发生。所谓民事法律关系是指民事法律规范所调整的，平等主体间基于特定的民事法律事实发生的，以民事权利义务为内容的社会关系。民事关系是一种社会生活关系，但并非所有的社会生活关系都是民法调整的对象，只有民法所规定的才受民法所调整，其他的社会生活关系受道德、习惯等的调整。本题中，C 项中由于甲的劝酒而导致乙酒精中毒住院治疗产生的侵权损害赔偿关系受民法所调整，故 C 项正确。A 项虽然与合同相关，但只是简单的约定商谈合作开发房地产，尚未进入法律所调整的任何一个阶段；B 项甲的承诺并不能在两人之间产生权利义务关系，所以没有民事法律关系。D 项甲乙之间也不能产生侵权民事法律关系，因为甲对于乙的死亡没有过错。所以答案选择 C。

2. 甲被法院宣告死亡，甲父乙、甲妻丙、甲子丁分割了其遗产。后乙病故，丁代位继承了乙的部分遗产。丙与戊再婚后因车祸遇难，丁、戊又分割了丙的遗产。现甲重新出现，法院撤销死亡宣告。下列哪种说法是正确的？
   A. 丁应将其从甲、乙、丙处继承的全部财产返还给甲

B. 丁只应将其从甲、乙处继承的全部财产返还给甲

C. 戊从丙处继承的全部财产都应返还给甲

D. 丁、戊应将从丙处继承的而丙从甲处继承的财产返还给甲

【答案】D

【解析】本题考查了死亡宣告撤销后的法律效果。《民法通则》第25条规定，被撤销死亡宣告的人有权请求返还财产。依照继承法取得他的财产的公民或者组织，应当返还原物；原物不存在的，给予适当补偿。因此本题中，丁从甲处继承的财产应当返还，丁、戊从丙处继承的而丙从甲处继承的财产返还给甲。另外，对于丁代位继承从乙处取得的财产，由于代位继承实际上是继承了甲应当继承的份额，所以在甲被撤销死亡宣告后理应返还给甲，故 A、B、C 项错误，D 项正确。

本题的核心是要掌握丙的财产分为两部分，应当归还的只是从甲那里继承过来的那一部分。

3. 关于企业法人对其法定代表人行为承担民事责任的下列哪一表述是正确的？

A. 仅对其合法的经营行为承担民事责任

B. 仅对其符合法人章程的经营行为承担民事责任

C. 仅对其以法人名义从事的经营行为承担民事责任

D. 仅对其符合法人登记经营范围的经营行为承担民事责任

【答案】C

【解析】本题考查的是法定代表人的行为符合什么条件时，法人应当对此承担责任。根据《民法通则》第43条规定，企业法人对它的法定代表人和其他工作人员的经营活动，承担民事责任。又《合同法》第50条规定，法人或者其他组织的法定代表人、负责人超越权限订立的合同，除相对人知道或者应当知道其超越权限的以外，该代表行为有效。因此，只要企业法人的法定代表人以法人名义从事经营活动，即使超越法人章程的规定，只要第三人为善意，也应认定企业法人对其法定代表人的越权行为承担责任。所以选 C。对于 A 项，如果法定代表人在企业法人的授权下从事违法经营活动，企业法人应承担民事责任，故此项错误。

4. 甲欠丙 800 元到期无力偿还，乙替甲还款，并对甲说："这 800 元就算给你了。"甲称将来一定奉还。事后甲还了乙 500 元。后二人交恶，乙要求甲偿还余款 300 元，甲则以乙已送自己 800 元为由要求乙退回 500 元。下列哪种说法是正确的？

A. 甲应再还 300 元

B. 乙应退回 500 元

C. 乙不必退回甲 500 元，甲也不必再还乙 300 元

D. 乙应退还甲 500 元及银行存款同期利息

【答案】A

【解析】要明白本题中甲乙两人究竟是谁有请求权，关键是看他们两者之间究竟形成了什么样的法律关系。他们两人没有形成赠与合同关系，而是形成了借款合同关系。乙替甲还款后取得丙对甲的标的为 800 元的债权，乙"这 800 元就算给你了"的表示属于赠与的意思表示，但赠与是合同行为，需要取得受赠人的同意才能发生法律效力。甲称将来一定奉还实际是对乙赠与的意思表示的否定。乙代为清偿后成为借款合同当事人，依《合同法》211 条，未约定利息视为不支付利息。因此甲偿还 500 元的行为有效，乙无需返还，甲还需再还 300 元，故选 B。本题较为复杂，涉及了多个法律理论的联系，只有正确把握两人的法律关系才能做到游刃有余。

5. A 公司经销健身器材，规定每台售价为 2000 元，业务员按合同价 5%提取奖金。业务员王某在与 B 公司洽谈时提出，合同定价按公司规定办，但自己按每台 50 元补贴 B 公司。B 公司表示同意，遂与王某签订了订货合同，并将获得的补贴款入账。对王某的行为应如何定性？

A. 属于无权代理

B. 属于滥用代理权

C. 属于不正当竞争

D. 属于合法行为

【答案】D

【解析】本题考查了法人与法定代表人和一般职员的关系，以及不正当竞争行为的标准。根据《反不正当竞争法》第 8 条规定，经营者不得采用财物或者其他手段进行贿赂以销售或者购买商品。在帐外暗中给予对方单位或者个人回扣的，以行贿论处；对方单位或者个人在帐外暗中收受回扣的，以受贿论处。经营者销售或者购买商品，可以以明示方式给对方折扣，可以给中间人佣金。经营者给对方折扣、给中间人佣金的，必须如实入帐。接受折扣、佣金的经营者必须如实入帐。本题中王某是按照公司规定的合同价与对方签订订货合同，且其补贴的金额没有超过其可所获得的奖金提成，补贴款已入账，故不构成不正当竞争。故应选 D。另外，A 项是错误的原因在于，王某作为公司的一名业务员，与公司有职务上的代理关系。

6. 2001 年 4 月 1 日，范某从曹某处借款 2 万元，双方没有约定还款期。2003 年 3 月 2 日，曹某通知范某还款，并留给其 10 天准备时间。下列哪种说法是正确的?

A. 若曹某于 2003 年 4 月 2 日或其之后起诉，法院应裁定不予受理

B. 若曹某于 2005 年 3 月 22 日或其之后起诉，法院应判决驳回其诉讼请求

C. 若曹某于 2005 年 4 月 2 日或其之后起诉，法院应裁定驳回其起诉

D. 若曹某于 2005 年 4 月 2 日或其之后起诉，法院应判决驳回其诉讼请求

【答案】D

【解析】本题通过诉讼时效的考查，将民法和民事诉讼法的有关内容很好的结合在了一起。所谓诉讼时效是指权利人在法律规定的时间内不行使权力而丧失向法院请求保护其民事权利的法律制度。根据《合同法》第 206 条、《民通意见》第 121 条的规定，借款合同的当事人没有约定还款期限的，借款人可以随时返还，货款人也可以催告借款人在合理期限内返还。本题中，曹某通知范某还款指定的 10 天为还款期限。期限届满，开始计算贷款合同的诉讼时效，因此 2005 年 4 月 2 日诉讼时效届满。但《民诉意见》第 153 条规定，当事人超过诉讼时效期间起诉的，人民法院应予受理。受理后查明无中止、中断、延长事由的，判决驳回其诉讼请求。故本题选 D。

7. 甲、乙共同继承平房两间，一直由甲居住二甲未经乙同意，接该房右墙加盖一间房，并将三间房屋登记于自己名下，不久又将其一并卖给了丙。下列哪种说法是正确的?

A. 甲、乙是继承房屋的按份共有人

B. 加盖的房屋应归甲所有

C. 加盖的房屋应归甲、乙共有

D. 乙有权请求丙返还所购三间房屋

【答案】B

【解析】本题涉及财产共有的有关内容。所谓共有是指两个和两个以上的自然人或法人对同一财产享有一个所有权。甲、乙共同继承的房屋在遗产分割之前属于其共同共有，故 A 项错误。甲加盖的房屋与甲乙共同共有的房屋相互独立，甲原始取得其加盖房屋的所有权，故 B 项正确，C 项错误。根据《民通意见》第 89 条规定，共同共有人对共有财产享有共同的权利，承担共同的义务。在共同共有关系存续期间，部分共有人擅自处分共有财产的，一般认定无效。但第三人善意、有偿取得该财产的，应当维护第三人的合法权益;对其他共有人的损失，由擅自处分共有财产的人赔偿。甲对其加盖的房屋有处分权，而对其与乙共同共有的房屋无处分权，但由于甲为三间房屋的登记所有人，且丙为善意，所以根据公示公信原则，丙取得三间房屋的所有权，乙无权要求返还，故 D 项错误。

8. 方某向孙某借款 1 万元，孙某要求其提供担保，方某说："我有一部手提电脑被刘某租去用了，就以它作质押吧，但租金不作质押。"孙同意，遂付款。下列哪种说法是正确的？

　　A. 孙某实际占有电脑时质押合同才生效

　　B. 如刘某书面同意，则质押合同生效

　　C. 如刘某收到关于质押的书面通知，则质押合同生效

　　D. 如质押合同生效，则孙某有权收取电脑租金

【答案】C

【解析】本题涉及担保物权中质押的相关内容。根据《担保法解释》第 88 条规定，出质人以间接占有的财产出质的，质押合同自书面通知送达占有人时视为移交。占有人收到出质通知后，仍接受出质人的指示处分出质财产的，该行为无效。因此，本题中，当占有人刘某收到关于质押的书面通知时，质押合同生效，故选 C。对于 D 项，如果质押合同生效，则根据当事人之间的约定，质押的效力不及于租金，故 D 项错。

9. 5 月 10 日，甲以自有房屋 1 套为债权人乙设定抵押并办理抵押登记。6 月 10 日，甲又以该房屋为债权人丙设定抵押，但一直拒绝办理抵押登记。9 月 10 日，甲擅自将该房屋转让给丁一并办理了过户登记。下列哪种说法是错误的？

　　A. 乙可对该房屋行使抵押权

　　B. 甲与丙之间的抵押合同已生效

　　C. 甲与丁之间转让房屋的合同无效

　　D. 丙可以要求甲赔偿自己所遭受的损失

【答案】B

【解析】本题涉及抵押权的设立和效力的问题。根据《担保法》第 41 条的规定，当事人以房屋设定抵押的，应当办理抵押物登记，抵押合同自登记之日起生效。因此，本题中甲、丙之间的抵押合同由于没有办理抵押物登记并没有生效。丙可以基于缔约过失责任要求甲赔偿自己所遭受的损失。故 B 项错误，D 项正确。对于 A 项、C 项，《担保法》第 49 条规定，抵押期间，抵押人转让已办理登记的抵押物的，应当通知抵押权人并告知受让人转让物已经抵押的情况；抵押人未通知抵押权人或者未告知受让人的，转让行为无效。《担保法解释》第 67 条规定，抵押权存续期间，抵押人转让抵押物未通知抵押权人或者未告知受让人的，如果抵押物已经登记的，抵押权人仍可以行使抵押权。故 A 项、C 项正确。

10. 甲、乙签订货物买卖合同，约定由甲代办托运。甲遂与丙签订运输合同，合同中载明乙为收货人。运输途中，因丙的驾驶员丁的重大过失发生交通事故，致货物受损，无法向乙按约交货。下列哪种说法是正确的？

   A. 乙有权请求甲承担违约责任

   B. 乙应当向丙要求赔偿损失

   C. 乙尚未取得货物所有权

   D. 丁应对甲承担责任

【答案】A

【解析】本题考查了买卖合同标的物的交付和合同的相对性原理。买卖合同是商品交换最典型的法律形式。根据《合同法》第 121 条规定，当事人一方因第三人的原因造成违约的，应当向对方承担违约责任。当事人一方和第三人之间的纠纷，依照法律规定或者按照约定解决。甲由于丙的原因不能向乙按约履行义务，应当承担违约责任。乙和丙之间并没有直接的法律关系，基于合同的相对性，乙不能要求丙承担赔偿责任。甲在向乙承担违约责任后，可向丙主张赔偿，由于丁是丙的工作人员，因此丁不对甲承担责任，而应由甲直接向丙主张。另外，标的物所有权自交付时转移，代办托运的情况下，货物交承运人即为交付，所以乙已取得货物所有权。综上所述，本题应选 A。

11. 甲忘带家门钥匙，邻居乙建议甲从自家阳台攀爬到甲家，并提供绳索以备不测，丙、丁在场协助固定绳索。甲在攀越时绳索断裂，从三楼坠地致重伤。各方当事人就赔偿事宜未达成一致，甲诉至法院。下列哪种说法是正确的？

   A. 法院可以酌情让乙承担部分赔偿责任

   B. 损害后果应由甲自行承担

   C. 应由乙承担主要责任，丙、丁承担补充责任

   D. 应由乙、丙、丁承担连带赔偿责任

【答案】A

【解析】本题中涉及受害人过错和无因管理的相关理论。根据《民法通则》第 132 条规定，当事人对造成损害都没有过错的，可以根据实际情况，由当事人分担民事责任。本题中，乙、丙、丁时于甲的损害都没有过错，但是考虑到甲是出于乙的建议而行动，并且由于乙提供的绳索断裂而受损害，因此可酌情让乙承担部分赔偿责任。一定注意本题中不涉及公平责任的问题。甲乙都是有重大过错的，所以不能适用公平责任的原则。

12. 陈某外出期间家中失火，邻居家 10 岁的女儿刘某呼叫邻居救火，并取自家衣物参与扑火。在救火过程中，刘某手部烧伤，花去医疗费 200 元，衣物损失 100 元。下列哪种说法是正确的？

    A. 陈某应偿付刘某 100 元

    B. 陈某应偿付刘某 200 元

    C. 陈某应偿付刘某 300 元

    D. 陈某无须补偿刘某

【答案】C

【解析】本题考查了无因管理的理论。无因管理属于事实行为，并不要求管理人具有民事行为能力，只要管理人具有认识能力为已足，所以本题中刘某的行为构成无因管理，其有权要求陈某偿付其因管理行为而支付的必要费用。《民通意见》第 132 条规定，民法通则第 93 条所规定的管理人或者服务人可以要求受益人偿付的必要费用，包括在管理或者服务活动中直接支出的费用，以及在该活动中受到的实际损失。本题中刘某救火中手部烧伤花去的医疗费 200 元和衣物损失 100 元都属于必要费用，陈某应该偿付，故选 C。

13. 某市国土局一名前局长、两名前副局民和一名干部因贪污终审被判有罪。薛某在当地晚报上发表一篇报道，题为"市国土局成了贪污局"，内容为上述四人已被法院查明的主要犯罪事实。该国土局、一名未涉案的副局长、被判缓刑的前局长均以自己名誉权被侵害为由起诉薛某，要求赔偿精神损害。下列哪种说法是正确的？

    A. 三原告的诉讼主张均能够成立

    B. 国土局的诉讼主张成立，副局长及前局长的诉讼主张不能成立

    C. 国土局及副局长的诉讼主张成立，前局长的诉讼主张不能成立

    D. 三原告的诉讼主张均不能成立

【答案】D

【解析】本题涉及有关侵犯名誉权的有关内容。名誉权是权利主体的精神性人格权。根据《最高人民法院关于确定民事侵权精神损害赔偿责任若干问题的解释》第 5 条规定，法人或者其他组织以人格权利遭受侵害为由，向人民法院起诉请求赔偿精神损害的，人民法院不予受理。因此本题中国土局的诉讼主张不能成立。第 8 条规定，因侵权致人精神损害，但未造成严重后果，受害人请求赔偿精神损害的，一般不予支持，人民法院可以根据情形判令侵权人停止侵害、恢复名誉、消除影响、赔礼道歉。因此副局长及前局长的诉讼主张也不能成立，故选 D。

本题主要涉及相关的司法解释，法条比较偏，因此考生要注意复习的广度，不能有所遗漏。

14. 甲在某酒店就餐，邻座乙、丙因喝酒发生争吵，继而动手打斗，酒店保安见状未出面制止。乙拿起酒瓶向丙砸去，丙躲闪，结果甲头部被砸伤。甲的医疗费应当由谁承担？

    A. 甲由乙承担，酒店无责任

    B. 由酒店承担，但酒店可向乙追偿

    C. 由乙承担，酒店承担补允赔偿责任

    D. 由乙和酒店承担连带赔偿责任

【答案】C

【解析】本题考查了安全保障义务人的补充赔偿责任的问题。根据《最高人民法院关于审理人身损害赔偿案件适用法律若干问题的解释》第 6 条规定，从事住宿、餐饮、娱乐等经营活动或者其他社会活动的自然人、法人、其他组织，未尽合理限度范围内的安全保障义务致使他人遭受人身损害，赔偿权利人请求其承担相应赔偿责任的，人民法院应予支持。因第三人侵权导致损害结果发生的，由实施侵权行为的第三人承担赔偿责任。安全保障义务人有过错的，应当在其能够防止或者制止损害的范围内承担相应的补充赔偿责任……。本题中乙砸伤甲的头部，而酒店保安见状未出面制止，酒店具有过错，因此甲的医疗费应由乙承担，酒店承担补充赔偿责任，故 C 是正确选项。选项 ABD 是错误的。

15. 某杂志社的期刊名称设计新颖，具有独特的含义，并且产生了广泛而良好的社会声誉，特咨询某律师其名称可以获得哪些法律保护。就该问题，该律师的下列哪种回答既符合法律规定又能最大限度地保护当事人的利益？

    A. 著作权法、商标法、反不正当竞争法

    B. 著作权法、商标法

    C. 著作权法、反不正当竞争法

    D. 商标法、反不正当竞争法

【答案】A

【解析】本题主要涉及知识产权的各种保护方式的考查。知识产权的范围主要包括著作权、专利权和商标权等。本题中杂志社的期刊名称设计新颖，具有独特的含义，符合《著作权法》、《著作权法实施条例》关于作品的定义，因此应受到著作权法的保护。

同时,某杂志社可以向商标局就期刊名称申请商标注册,从而获得商标权。同时根据
《反不正当竞争法》第 5 条的规定,假冒他人的注册商标或者擅自使用知名商品、服
务的名称,使用与知名商品、服务近似的名称造成和他人的知名商品、服务相混淆等
行为都构成不正当竞争行为,因此某杂志社的期刊名称也可以获得反不正当竞争法的
保护,故本题选 A。

16. 甲公司委托乙公司开发一种浓缩茶汁的技术秘密成果,未约定成果使用权、转让权
    以及利益分配办法。甲公司按约定支付了研究开发费用。乙公司按约定时间开发出
    该技术秘密成果后,在没有向甲公司交付之前,将其转让给丙公司。下列哪种说法
    是正确的?

    A. 该技术秘密成果的使用权只能属于甲公司

    B. 该技术秘密成果的转让权只能属于乙公司

    C. 甲公司和乙公司均有该技术秘密成果的使用权和转让权

    D. 乙公司与丙公司的转让合同无效

【答案】C

【解析】本题涉及委托技术开发合同的考查。其中技术成果的归属问题是技术开发合
同的核心问题。根据我国《合同法》第 341 条规定,委托开发或者合作开发完成的技
术秘密成果的使用权、转让权以及利益的分配办法,由当事人约定。没有约定或者约
定不明确,依照本法第六十一条的规定仍不能确定的,当事人均有使用和转让的权
利,但委托开发的研究开发人不得在向委托人交付研究开发成果之前,将研究开发成
果转让给第三人。故本题选 C。对于 D 项,为了保护善意第三人,乙公司与丙公司
的转让合同有效,但乙应赔偿甲因此受到的损失。

17. 国画大师李某欲将自己的传奇人生记录下来,遂请作家王某执笔,其助手张某整理
    素材。王某以李某的人生经历为素材完成了自传体小说《我的艺术人生》。李某向王
    某支付了 5 万元,但未约定著作权的归属。该小说的著作权应当归谁所有?

    A. 归王某所有

    B. 归李某所有

    C. 归工某和张某共同所有

    D. 归王某、张某和李某三人共同所有

【答案】B

【解析】本题涉及著作权的归属问题。一般来说,著作权属于作者所有。本题考查是

一种特殊的作品即委托作品的归属问题。根据《最高人民法院关于审理著作权民事纠纷案件适用法律若干问题的解释》第14条规定，当事人合意以特定人物经历为题材完成的自传体作品，当事人对著作权权属有约定的，依其约定；没有约定的，著作权归该特定人物享有，执笔人或整理人时作品完成付出劳动的，著作权人可以向其支付适当的报酬。故本题应选B。

18. 甲电视台获得2006年德国世界杯足球赛A队与B队比赛的现场直播权。乙电视台未经许可将甲电视台播放的比赛实况予以转播，丙电视台未经许可将乙电视台转播的实况比赛录制在音像载体上以备将来播放，丁某未经许可将丙电视台录制的该节目复制一份供其儿子观看。下列哪种说法是正确的？

   A. 乙电视台侵犯了A队和B队的表演者权

   B. 甲电视台有权禁止乙电视台的转播行为

   C. 丙电视台的录制行为没有侵犯甲电视台的权利

   D. 丁的行为侵犯了甲电视台的复制权

   【答案】B

   【解析】本题综合考查了邻接权中表演者权利、录音者权利和播放者权以及著作权中合理使用制度的问题。根据我国《著作权法》第44条规定，广播电台、电视台有权禁止未经其许可的下列行为：（一）将其播放的广播、电视转播；（二）将其播放的广播、电视录制在音像载体上以及复制音像载体。故B项正确、C项错误。根据《著作权法》第36条的规定，表演者指演员、演出单位，因此A项不正确。丁的行为属于《著作权法》第22条中规定的"为个人欣赏"的合理使用，不构成侵权。

19. 甲公司研制开发出一项汽车刹车装置的专利技术，委托乙公司生产该刹车装置的专用零部件。乙公司在生产过程中擅自将该种零部件出售给丙公司，致使丙公司很快也开发出同种刹车装置并投入生产。下列哪种说法是错误的？

   A. 乙公司的行为构成违约行为

   B. 丙公司侵犯了甲公司的专利权

   C. 在甲公司提起的专利侵权诉讼中，丙公司应为被告，乙公司应列为第三人

   D. 该案只能由特定的中级人民法院管辖

   【答案】C

   【解析】本题主要涉及承揽合同以及专利侵权的认定和专利诉讼等多个知识点的考查。根据《合同法》第60条规定，当事人应当按照约定全面履行自己的义务。当事

人应当遵循诚实信用原则，根据合同的性质、目的和交易习惯履行通知、协助、保密等义务。因此乙公司在生产过程中擅自将零部件出售给丙公司的行为违反其保密义务，构成违约行为，故 A 项正确。丙公司未经甲公司同意实施其专利，侵犯了甲公司的专利权，故 B 项正确。《最高人民法院关于审理专利纠纷案件适用法律问题的若干规定》第 2 条规定，专利纠纷第一审案件，由各省、自治区、直辖市人民政府所在地的中级人民法院和最高人民法院指定的中级人民法院管辖。故 D 项正确。而对于 C 项，如果甲公司时丙公司提起专利侵权诉讼，乙不应作为第三人，存在共同侵权，应列为共同被告。综上所述，本题要求选择错误选项，所以 C 正确，选项 ABD 错误。本题选 C。

20. 甲公司于 2000 年 3 月为其生产的酸奶注册了"乐乐"商标，该商标经过长期使用，在公众中享有较高声誉。2004 年 8 月，同一地域销售牛奶的乙公司将"乐乐"登记为商号并突出宣传使用，容易使公众产生误认。下列哪种说法是正确的？

    A. 乙公司的行为必须实际造成消费者误认，才侵犯甲公司的商标权

    B. 即使"乐乐"不属于驰名商标，乙公司的行为也侵犯了甲公司的商标权

    C. 甲公司可以直接向法院起诉要求撤销该商号登记

    D. 乙公司的商号已经合法登记，应受法律保护

【答案】B

【解析】本题考查的是对商标侵权行为的认定。所谓商标侵权行为是指，违反商标法的规定，假冒或仿冒他人的注册商标，或从事其它损害商标权人的权益的行为。根据《商标法》第 52 条、《最高人民法院关于审理商标民事纠纷案件适用法律若干问题的解释》第 1 条的规定，将与他人注册商标相同或者相近似的文字作为企业的字号在相同或者类似商品上突出使用，容易使相关公众产生误认的，构成侵犯商标专用权的行为。对于商号的撤销应向企业名称登记主管机关申请，故本题选 B。

21. 甲死后留有房屋 1 套、存款 3 万元和古画 1 幅。甲生前立有遗嘱，将房屋分给儿子乙，存款分给女儿丙，古画赠予好友丁，并要求丁帮丙找份工作。下列哪种说法是正确的？

    A. 甲的遗嘱部分无效

    B. 若丁在知道受遗赠后 2 个月内没有作出接受的意思表示，则视为接受遗赠

    C. 如古画在交付丁前由乙代为保管，若意外灭失，丁无权要求乙赔偿

    D. 如丁在作出了接受遗赠的意思表示后死亡，则其接受遗赠的权利归于消灭

【答案】C

【解析】本題涉及遺囑繼承和遺贈的問題。根據《繼承法》第 1 條規定，公民可以依照本法規定立遺囑處分個人財產，並可以指定遺囑執行人。公民可以立遺囑將個人財產指定由法定繼承人的一人或者數人繼承。公民可以立遺囑將個人財產贈給國家、集體或者法定繼承人以外的人。故甲的遺囑不存在無效事由，A 項錯誤。《繼承法》第 25 條第 2 款規定，受遺贈人應當在知道受遺贈後兩個月內，作出接受或者放棄受遺贈的表示。到期沒有表示的，視為放棄受遺贈。故 B 項錯誤。《最高人民法院關於貫徹執行〈中華人民共和國繼承法〉若干問題的意見》第 53 條規定，繼承開始後，受遺贈人表示接受遺贈，並於遺產分割前死亡的，其接受遺贈的權利轉移給他的繼承人。故 B 項錯誤。對於保管行為，保管物意外滅失，保管人不承擔責任，故本題選 C。

22. 張某 1 歲時被王某收養並一直共同生活。張某成年後，將年老多病的生父母接到自己家中悉心照顧。2000 年，王某、張某的生父母相繼去世。下列哪種說法是正確的？
    A. 張某有權作為第一順序繼承人繼承生父母的財產
    B. 張某有權作為第二順序繼承人繼承生父母的財產
    C. 張某無權繼承養父王某的財產
    D. 張某可適當分得生父母的財產

【答案】D

【解析】本題涉及養子女的繼承問題。根據《收養法》第 2 條規定，自收養關係成立之日起，養父母與養子女間的權利義務關係，適用法律關於父母子女關係的規定；養子女與養父母的近親屬間的權利義務關係，適用法律關於子女與父母的近親屬關係的規定。養子女與生父母及其他近親屬間的權利義務關係，因收養關係的成立而消除。所以本題中，由於張某已被王某收養，張某無權繼承其生父母的財產，但可以繼承其養父王某的財產。故 A 項、B 項、C 項錯誤。《繼承法》第 14 條規定，對繼承人以外的依靠被繼承人扶養的缺乏勞動能力又沒有生活來源的人，或者繼承人以外的對被繼承人扶養較多的人，可以分配給他們適當的遺產。故 D 項正確。

23. 匯票持票.人甲公司在匯票到期後即請求承兌人乙公司付款，乙公司明知該匯票的出票人丙公司已被法院宣告破產仍予以付款。下列哪一表述是錯誤的？
    A. 乙公司付款後可以向丙公司行使追索權
    B. 乙公司可以要求甲公司退回所付款項
    C. 乙公司付款後可以向出票人丙公司的破產清算組申報破產債權
    D. 在持票人請求付款時乙公司不能以丙公司被宣告破產為由而抗辯

【答案】B

【解析】本题考查了汇票的付款的问题。根据《票据法》第53、54条的规定，汇票持票人在汇票到期后即请求承兑人付款的，付款人有依据汇票记载金额付款的义务。因此，乙作为商业票据的付款人，不能以出票人被宣告破产为由而拒绝付款，也不能在付款后再要求持票人返还所付款项。但乙公司付款后可以向丙公司行使追索权，乙付款后可以向出票人丙公司的破产清算组申报破产债权，综上所述，本题应选 B。

24. 王某依公司法设立了以其一人为股东的有限责任公司。公司存续期间，王某实施的下列哪一行为违反公司法的规定？

　　A. 决定由其本人担任公司执行董事兼公司经理

　　B. 决定公司不设监事会，仅由其亲戚张某担任公司监事

　　C. 甲决定用公司资本的一部分投资另一公司，但未作书面记载

　　D. 未召开任何会议，自作主张制定公司经营计划

【答案】C

【解析】本题考查了新公司法中新规定的一人有限责任公司的知识。根据《公司法》第 62 条规定，一人有限责任公司不设股东会。股东作出本法第 38 条第 1 款所列决定时，应当采用书面形式，并由股东签名后置备于公司。根据《公司法》第 16 条的规定，公司向其他企业投资依照公司章程应当由董事会或者股东会决议，所以王某决定用公司资本投资另一公司应当作书面记载，故本题应选 C。王某其他的行为都符合公司法的规定。

25. 杨某持有甲有限责任公司 10%的股权，该公司未设立董事会和监事会。杨某发现公司执行董事何某（持有该公司 90%股权）将公司产品低价出售给其妻开办的公司，遂书面向公司监事姜某反映。姜某出于私情未予过问，杨某应当如何保护公司和自己的合法利益？

　　A. 提请召开临时股东会，解除何某的执行董事职务

　　B. 请求公司以合理的价格收回自己的股份

　　C. 以公司的名义对何某提起民事诉讼要求赔偿损失

　　D. 以自己的名义对何某提起民事诉讼要求赔偿损失

【答案】D

【解析】本题考查了新公司法中对股东的司法救济的问题。根据《公司法》第 150 条规定，董事、监事、高级管理人员执行公司职务时违反法律、行政法规或者公司章

程的规定，给公司造成损失的，应当承担赔偿责任。《公司法》第152条规定，董事、高级管理人员有本法第一百五十条规定的情形的，有限责任公司的股东、股份有限公司连续一百八十日以上单独或者合计持有公司百分之一以上股份的股东，可以书面请求监事会或者不设监事会的有限责任公司的监事向人民法院提起诉讼；监事有本法第一百五十条规定的情形的，前述股东可以书面请求董事会或者不设董事会的有限责任公司的执行董事向人民法院提起诉讼。监事会、不设监事会的有限责任公司的监事，或者董事会、执行董事收到前款规定的股东书面请求后拒绝提起诉讼，或者自收到请求之日起三十日内未提起诉讼，或者情况紧急、不立即提起诉讼将会使公司利益受到难以弥补的损害的，前款规定的股东有权为了公司的利益以自己的名义直接向人民法院提起诉讼。所以杨某可以自己的名义对何某提起民事诉讼要求赔偿损失，故本题选D。

26. 甲上市公司在成立6个月时召开股东大会，该次股东大会通过的下列决议中哪项符合法律规定？

 A. 公司董事、监事、高级管理人员持有的本公司股份可以随时转让

 B. 公司发起人持有的本公司股份自即日起可以对外转让

 C. 公司收回本公司已发行股份的4%用于未来1年内奖励本公司职工

 D. 决定与乙公司联合开发房地产，并要求乙公司以其持有的甲公司股份作为履行合同的质押担保

【答案】C

【解析】本题考查了公司法中股份转让的限制和股份回购的有关知识，这也是历年司法考试的常考知识点，要掌握。根据《公司法》第142条规定，发起人持有的本公司股份，自公司成立之日起一年内不得转让。公司公开发行股份前已发行的股份，自公司股票在证券交易所上市交易之日起一年内不得转让。公司董事、监事、高级管理人员应当向公司申报所持有的本公司的股份及其变动情况，在任职期间每年转让的股份不得超过其所持有本公司股份总数的百分之二十五；所持本公司股份自公司股票上市交易之日起一年内不得转让。上述人员离职后半年内，不得转让其所持有的本公司股份。公司章程可以对公司董事、监事、高级管理人员转让其所持有的本公司股份作出其他限制性规定。所以A项、B项中的决议都违反了公司法的强制性规定。根据《公司法》第143条第4款的规定，公司不得接受本公司的股票作为质押权的标的，所以D项中的决议也违反了公司法的强制性规定。故本题应选C，C项中的决议符合《公司法》第143条的规定。

27. 江某是一合伙企业的合伙事务执行人，欠罗某个人债务 7 万元，罗某在交易中又欠合伙企业 7 万元。后合伙企业解散。清算中，罗某要求以其对江某的债权抵销其所欠合伙企业的债务，各合伙人对罗某的这一要求产生了分歧。下列哪种看法是正确的？

    A. 江某的债务如同合伙企业债务，罗某可以抵销其对合伙企业的债务

    B. 江某所负债务为个人债务，罗某不得以个人债权抵销其对合伙企业债务

    C. 若江某可从合伙企业分得 7 万元以上的财产，则罗某可以抵销其对合伙企业的债务

    D. 罗某可以抵销其债务，但江某应分得的财产不足 7 万元时，应就差额部分对其他合伙人承担赔偿责任

    【答案】B

    【解析】本题考查了合伙企业法中有关对合伙人债权之抵销禁止的规定。根据我国《合伙企业法》第 41 条规定，合伙人发生与合伙企业无关的债务，相关债权人不得以其债权抵销其对合伙企业的债务；也不得代位行使合伙人在合伙企业.中的权利。故本题选 B。

28. 某合伙企业原有合伙人 3 人，后古某申请入伙，当时合伙企业负债 20 万元。入伙后，合伙企业继续亏损，古某遂申请退伙，获同意。古某退伙时，合伙企业已负债 50 万元，但企业尚有价值 20 万元的财产。后合伙企业解散，用企业财产清偿债务后，尚欠 70 万元不能偿还。对古某在该合伙企业中的责任，下列哪种说法是正确的？

    A. 古某应对 70 万元债务承担连带责任

    B. 古某仅对其参与合伙期间新增的 30 万元债务承担连带责任

    C. 古某应对其退伙前的 50 万元债务承担连带责任

    D. 古某应对其退伙前的 50 万元债务承担连带责任，但应扣除其应分得的财产份额

    【答案】C

    【解析】和上题一样，本题考查了合伙企业中的重点知识和常考知识点。根据《合伙企业法》第 44 条第 2 款规定，新合伙人对入伙前合伙企业的债务承担无限连带责任。《合伙企业法》第 53 条规定，退伙人对基于其退伙前的原因发生的合伙企业债务，承担无限连带责任。因此，本题中古某应当对其退伙时合伙企业已负的 50 万元债务承担连带责任，故应选 C。对于 D 项，尽管合伙人时于合伙盈亏的负担在其内部会区分各自的份额，但是这并不能免除法律所规定的合伙人在外部对合伙企业债务所负的连带责任，故 D 项错误。

29. 依照我国《海商法》的规定，下列哪项是正确的？

    A. 承运人对集装箱装运的货物的责任期间是从货物装上船起至卸下船止

    B. 上海至广州的货物运输应当适用海商法

    C. 天津至韩国釜山的货物运输应当适用海商法

    D. 海商法与民法规定不同时，适用民法的规定

【答案】C

【解析】本题涉及了海商法的有关知识，具体来说是关于海上货物运输合同的内容，这也是该法的重点内容，要掌握。根据《海商法》第 46 条第 1 款规定，承运人时集装箱装运的货物的责任期间，是指从装货港接收货物时起至卸货港交付货物时止，货物处于承运人掌管之下的全部期间。承运人对非集装箱装运的货物的责任期间，是指从货物装上船时起至卸下船时止，货物处于承运人掌管之下的全部期间。在承运人的责任期间，货物发生灭失或者损坏，除本节另有规定外，承运人应当负赔偿责任。故 A 项错误。《海商法》第 2 条规定，本法所称海上运输，是指海上货物运输和海上旅客运输，包括海江之间、江海之间的直达运输。本法第四章海上货物运输合同的规定，不适用于中华人民共和国港口之间的海上货物运输，故 B 项错误，C 项正确。对于 D 项，根据特别法优于一般法的原则，当海商法与民法规定不同时，应适用海商法的规定，故 D 项错误。

30. 下列关于中外合资经营行为的哪一表述是错误的？

    A. 合营各方发生纠纷可按约定在境外仲裁机构申请仲裁

    B. 合营企业所需原材料、燃料可在境外购买

    C. 合营企业不允许向境外银行直接筹措资金

    D. 合营企业应向中国境内的保险公司投保

【答案】C

【解析】本题考查了中外合资经营企业法的有关内容。需要仔细的把握，平时多加积累。根据《中外合资经营企业法》第 15 条第 1 款规定，合营各方发生纠纷，董事会不能协商解决时，由中国仲裁机构进行调解或仲裁，也可由合营各方协议在其它仲裁机构仲裁。故 A 项正确。《中外合资经营企业法》第 10 条第 1 款规定，合营企业在批准的经营范围内所需的原材料、燃料等物资，按照公平、合理的原则，可以在国内市场或者在国际市场上购买，故 B 项正确。《中外合资经营企业法》第 9 条第 3、4 款规定，合营企业在.其经营活动中，可直接向外国银行筹措资金。合营企业的各项保险应向中国境内的保险公司投保。故 C 项错误，D 项正确。故本题应选 C。

31. 南翔物流有限责任公司因严重亏损，已无法清偿到期债务。2006 年 6 月，各债权人上门讨债无果，欲申请南翔公司破产还债。下列各债权人中谁有权申请南翔公司破产?

    A. 甲公司：南翔公司租用其仓库期间，因疏于管理于 2005 年 12 月失火烧毁仓库

    B. 乙公司：南翔公司拖欠其燃料款 40 万元应于 2004 年 1 月偿还，但该公司一直未追索

    C. 丙公司：法院于 2005 年 10 月终审判决南翔公司 10 日内赔偿该公司货物损失 20 万元，该公司一直未申请执行

    D. 丁公司：南翔公司就拖欠该公司货款 30 万元达成协议，约定于 2006 年 10 月付款

    【答案】A

    【解析】本题考查了债权人申请破产的知识。应适用《民事诉讼法》第十九章企业法人破产还债程序的规定。根据《民事诉讼法》第 199 条规定，企业法人因严重亏损，无力清偿到期债务，债权人可以向人民法院申请宣告债务人破产还债，债务人也可以向人民法院申请宣告破产还债。因此可以向法院申请债务人破产的债权人的债权必须是已届清偿期，并且具有强制执行力，已过诉讼时效或者已超过申请执行期间的债权人不能申请破产。本题中 B 项中的债权已经超过诉讼时效期间，C 项中的债权已经超过申请执行期限，D 项中的债权还未到期，其债权人不能申请破产。故本题选 A。

32. 江某与李某拟设立一注册资本为 50 万元的有限责任公司，其中汪某出资 60%，李某出资 40%。在他们拟订的公司章程中，下列哪项条款是不合法的?

    A. 公司不设董事会，公司的法人代表由公司经理担任

    B. 公司不设监事会，公司的执行监事由股东汪某担任

    C. 公司利润在弥补上一年度亏损并提取公积金后，由股东平均分配

    D. 公司经营期限届满前，股东不得要求解散公司

    【答案】D

    【解析】本题考查了公司法的一些基本原理，特别是公司章程的内容。根据《公司法》第 51 条规定，股东人数较少或者规模较小的有限责任公司，可以设一名执行董事，不设董事会。，执行董事可以兼任公司经理。《公司法》第 13 条规定，会司法定代表人依照公司章程的规定，由董事长、执行董事或者经理担任，并依法登记。公司法定代表人变更，应当办理变更登记。故 A 项中内容合法。《公司法》第 52 条第 1 款规定，有限责任公司设监事会，其成员不得少于三人。股东人数较少或者规模较小的有

限责任公司，可以设一至二名监事，不设监事会。另根据《公司法》第52条第2款的规定，股东可任监事。故B项中内容合法。根据《公司法》第35、167条的规定，有限责任公司利润在弥补亏损和提取公积金之后，其股东按照实缴的出资比例分取红利；但全体股东约定不按出资比例分取红利的除外，故C项中内容正确。《公司法》第13条规定，公司经营管理发生严重困难，继续存续会使股东利益受到重大损失，通过其他途径不能解决的，持有公司全部股东表决权10%以上的股东，可以请求人民法院解散公司。D项中的内容与此相违背，故本题选D。

33. 某保险公司开设一种人寿险：投保人逐年缴纳一定保费至60岁时可获得20万元保险金，保费随起保年龄的增长而增加。41岁的某甲精心计算后发现，若从46岁起投保，可最大限度降低保费，遂在向保险公司投保时谎称自己46岁。3年后保险公司发现某甲申报年龄不实。对此，保险公司应如何处理？

    A. 因某甲谎报年龄，可以主张合同无效
    B. 解除与某甲的保险合同，所收保费不予退还
    C. 对某甲按41岁起保计算，对多收部分保费退还某甲或冲抵其以后应缴纳的保费
    D. 解除与某甲的保险合同，所收保费扣除手续费后退还某甲

【答案】C

【解析】本题涉及了保险法的有关内容，主要是关于人身保险合同申报年龄不实的处理的问题。根据《保险法》第54条规定，投保人申报的被保险人年龄不真实，并且其真实年龄不符合合同约定的年龄限制的，保险人可以解除合同，并在扣除手续费后，向投保人退还保险费，但是自合同成立之日起逾二年的除外。投保人申报的被保险人年龄不真实，致使投保人支付的保险费少于应付保险费的，保险人有权更正并要求投保人补交保险费，或者在给付保险金时按照实付保险费与应付保险费的比例支付。投保人申报的被保险人年龄不真实，致使投保人实付保险费多于应付保险费的，保险人应当将多收的保险费退还投保人。由于甲谎报年龄并不影响合同的成立生效，并且已经超过了2年，故应对甲按41岁起保计算，特多收部分保费退还某甲或冲抵其以后应缴纳的保费。故本题选C。

34. 下列关于公司分类的哪一表述是错误的？

    A. 一人公司是典型的人合公司
    B. 上市公司是典型的资合公司
    C. 非上市股份公司是资合为主兼具人合性质的公司
    D. 有限责任公司是以人合为主兼具资合性质的公司

【答案】A

【解析】本题考查了公司的种类。按公司的结合关系，可把公司分为人合公司、资合公司和人合兼资合会司。人合公司以股东间的结合为基础，而资合公司以资本的结合为基础，人合兼资合公司则既有股东的结合，也有资本的结合。无限公司是典型的人合公司，而上市公司是典型的资合公司，非上市股份公司和有限责任公司则是兼有人合和资合特点的公司。一人公司只有一个股东，谈不上人合或者资合，故本题选 A。

35. 下列关于民事诉讼和仲裁异同的哪一表述是正确的？

 A. 法院调解达成协议一般不能制作判决书，而仲裁机构调解达成协议可以制作裁决书

 B. 从理论上说，诉讼当事人无权确定法院审理和判决的范围，仲裁当事人有权确定仲裁机构审理和裁决的范围

 C. 对法院判决不服的，当事人有权上诉或申请再审，对于仲裁机构裁决不服的可以申请重新仲裁

 D. 当事人对于法院判决和仲裁裁决都有权申请法院裁定不予执行

【答案】A

【解析】本题是对民事诉讼和仲裁的异同的考查。根据《民事诉讼法》第 89 条第 1 款规定，调解达成协议，人民法院应当制作调解书。调解书应当写明诉讼请求、案件的事实和调解结果。《仲裁法》第 51 条规定，仲裁庭在作出裁决前，可以先行调解。当事人自愿调解的，仲裁庭应当调解。调解不成的，应当及时作出裁决。调解达成协议的，仲裁庭应当制作调解书或者根据协议的结果制作裁决书。调解书与裁决书具有同等法律效力。因此，一般来说法院调解达成协议不能制作判决书，而仲裁机构调解达成协议可以制作裁决书。故 A 项正确。在法学理论上，诉讼和仲裁一样遵循着"不告不理"的原则，法院审理和判决的范围不能超过当事人诉讼请求的范围，故 B 项错误。根据《仲裁法》第 9 条的规定，仲裁实行一裁终局，当事人不服仲裁裁决的不能申请重新仲裁，故 C 项错误。根据《仲裁法》第 63 条的规定，当事人可以申请人民法院不予执行仲裁裁决，而当事人对于法院判决不能申请法院裁定不予执行，故 D 错误。综上，本题 A 是正确选项。

36. 甲公司与乙公司就某一合同纠纷进行仲裁，达成和解协议，向仲裁委员会申请撤回种裁申请。后乙公司未按和解协议履行其义务。甲公司应如何解决此纠纷？

 A. 甲公司可以依据原仲裁协议重新申请仲裁

 B. 甲公司只能向法院提起诉讼

C. 甲公司既可以向法院提起诉讼，也可以与乙公司重新达成仲裁协议申请仲裁

D. 甲公司可以向仲裁委员会申请恢复仲裁程序

【答案】A

【解析】本题考查了不执行仲裁和和解协议的救济问题。根据我国《仲裁法》第 49 条规定，当事人申请仲裁后，可以自行和解。达成和解协议的，可以请求仲裁庭根据和解协议作出裁决书，也可以撤回仲裁申请。第 50 条规定，当事人达成和解协议，撤回仲裁申请后反悔的，可以根据仲裁协议申请仲裁。故本题选 A。

37. 根据我国民事诉讼法和相关司法解释的规定，下列关于审判组织的哪一表述是错误的？

A. 第二审程序中只能由审判员组成合议庭

B. 二审法院裁定发回重审的案件，原审法院可以由审判员与陪审员共同组成合议庭

C. 法院适用特别程序，只能采用独任制

D. 独任制只适用于基层法院及其派出法庭

【答案】C

【解析】本题涉及对审判组织的考查。根据我国《民事诉讼法》第 41 条第 1 款规定，人民法院审理第二审民事案件，由审判员组成合议庭，合议庭的成员人数，必须是单数。故 A 项内容正确。第 41 条第 2 款规定，发回重审的案件，原审人民法院应当按照第一审程序另行组成合议庭。而第 41 条第 2 款规定，人民法院审理第一审民事案件，由审判员、陪审员共同组成合议庭或者由审判员组成合议庭。合议庭的成员人数，必须是单数。所以 B 项内容正确。第 40 条第 2 款规定，适用简易程序审理的民事案件。由审判员一人独任审理。根据第 142 条的规定，基层人民法院和它派出的法庭审理事实清楚、权利义务关系明确、争议不大的简单的民事案件，适用简易程序。故 D 项内容正确。根据第 161 条的规定，依照特别程序审理的选民资格案件和重大、疑难案件由审判员组成合议庭审理，所以 C 项内容错误。综上，本题应选 C。

38. 甲、乙为夫妻，育有一女丙。甲向法院起诉要求与乙离婚，一审法院判决准予离婚，乙不服提起上诉。在二审中，乙因病去世。下列关于本案后续程序的哪一表述是正确的？

A. 因上诉人死亡无法到庭参加审理，应当视为撤回上诉

B. 法院可以根据上诉材料缺席判决

C. 甲法院应当通知其女儿丙参加诉讼

D. 法院应当裁定终结诉讼程序

【答案】D

【解析】本题是对诉讼终结适用情形的考查。诉讼终结是指在诉讼进行中，因发生某种法律规定的情形，使诉讼程序的进行没有必要或不能进行，从而由法院裁定终结诉讼程序的一种制度。根据《民事诉讼法》第 137 条第（四）项的规定，离婚案件一方当事人死亡的，终结诉讼。故本题选 D。

39. 甲起诉乙支付货款。一审判决后，乙提起上诉，并提出产品质量存在问题，要求甲赔偿损失。下列关于二审法院处理本案方式的哪一表述是正确的？

   A. 应当将双方的请求合并审理一并作出判决

   B. 应当将双方的请求合并进行调解，调解不成的，发回重审

   C. 应当将双方的请求合并进行调解，调解不成的，对赔偿损失的请求发回重审

   D. 应当将双方的请求合并进行调解，调解不成的，告知乙对赔偿损失的请求另行起诉

【答案】D

【解析】本题考查的是二审中对反诉的处理，此考点曾在 2002 年卷三中 24 题中出现过。根据《民诉意见》第 184 条规定，在第二审程序中，原审原告增加独立的诉讼请求或原审被告提出反诉的，第二审人民法院可以根据当事人自愿的原则就新增加的诉讼请求或反诉进行调解，调解不成的，告知当事人另行起诉。故本题应选 D。

40. 甲县居民刘某与乙县大江房地产公司在丙县售房处签订了房屋买卖合同，购买大江公司在丁县所建住房 1 套。双方约定合同发生纠纷后，可以向甲县法院或者丙县法院起诉。后因房屋面积发生争议。刘某欲向法院起诉。下列关于管辖权的哪种说法是正确的？

   A. 甲县和丙县法院有管辖权

   B. 只有丁县法院有管辖权

   C. 乙县和丁县法院有管辖权

   D. 丙县和丁县法院有管辖权

【答案】B

【解析】判断管辖的一般原则如下：先考虑是否存在专属管辖，如不存在，考查是否存在协议管辖，再考查是否存在特殊地域管辖。最后考虑一般地域管辖。本题的难点在于因房屋面积发生的争议究竟应当属于合同纠纷还是不动产纠纷。根据《民事诉讼法》第 25 条规定，合同的双方当事人可以在书面合同中协议选择被告住所地、合同

履行地、合同签订地、原告住所地、标的物所在地人民法院管辖，但不得违反本法对级别管辖和专属管辖的规定。第 34 条第（三）项规定，因不动产纠纷提起的诉讼，由不动产所在地人民法院专属管辖。因此甲、乙之间的协议管辖因违反专属管辖而无效，本题中纠纷应由房屋所在地丁县法院管辖，故应选 B。

41. 乙租住甲的房屋，甲起诉乙支付拖欠的房租。在诉讼中，甲放弃乙支付房租的请求，但要求法院判令解除与乙的房屋租赁合同。下列关于本案的哪种说法是正确的？

A. 甲的主张是诉讼标的的变更

B. 甲的主张是诉讼请求的变更

C. 甲的主张是诉的理由的变更

D. 甲的主张是原因事实的变更

【答案】B

【解析】诉讼标的、诉讼标的物、诉讼请求以及诉讼理由等是几个比较容易混淆的几个概念，也是历年司法考试反复考查的对象，考生应该予以重视。诉由诉的主体、诉讼标的、诉的理由构成。诉讼标的指双方当事人发生争议而请求法院做出裁判的民事法律关系，诉的理由指当事人向人民法院请求裁判保护和进行诉讼的根据。诉讼请求指当事人向法院提出的具体请求。在本题中，甲、乙因为租赁合同发生争议，甲放弃原来主张的要求乙支付房租的请求，要求法院判令解除与乙的房屋租赁合同。在这个变更的过程中，诉讼标的一直是租赁合同纠纷，诉的理由和原因事实一直是乙拖欠房租，故诉讼标的、诉的理由和原因事实都没有变更，而是诉讼请求发生了变更，故应选 B。

42. 甲起诉乙请求离婚，一审判决不准离婚，甲不服提起上诉。二审法院审理后认为应当判决离婚。本案诉讼程序应当如何进行？

A. 对离婚，子女抚养和财产问题一并进行调解，调解不成的，发回重审

B. 直接改判离婚，并对子女抚养和财产问题进行调解，调解不成的，将子女抚养和财产问题发回重审

C. 直接改判离婚，并对子女抚养和财产问题进行调解，调解不成的，子女抚养和财产问题另案处理

D. 直接改判离婚，子女抚养和财产问题一并判决

【答案】A

【解析】本题考查了上诉案件的调解，此考点曾在 2003 年的卷三中考查过。根据《民诉意见》第 185 条规定，一审判决不准离婚的案件，上诉后，第二审人民法院认为应

当判决离婚的，可以根据当事人自愿的原则 J，与子女抚养、财产问题一并调解，调解不成的，发回重审。故本题应选 A。

43. 甲公司董事会作出一项决议，部分股东认为该决议违反公司章程，欲通过诉讼请求法院撤销董事会的决议。这些股东应当如何提起诉讼？

　　A. 以股东会名义起诉公司

　　B. 以公司名义起诉董事会

　　C. 以股东名义起诉董事会

　　D. 以股东名义起诉公司

【答案】D

【解析】本题考查的是当事人的确定，但实质是对《公司法》相关规定的考查。根据《公司法》第 22 条第 2 款规定，股东会或者股东大会、董事会的会议召集程序、表决方式违反法律、行政法规或者公司章程，或者决议内容违反公司章程的，股东可以自决议作出之日起 60 日内，请求人民法院撤销。因此股东可以自己的名义起诉要求撤销董事会的决议。董事会是公司的执行机关，不具有诉讼主体资格，因此股东起诉时应该以公司为被告。故本题应选 D。

44. 张某起诉周某人身损害赔偿一案，被告答辩提出原告的请求超过诉讼时效，法院应当如何处理？

　　A. 裁定不予受理

　　B. 裁定驳回起诉

　　C. 受理后通过审理判决驳回诉讼请求

　　D. 受理后通过审理裁定驳回起诉

【答案】C

【解析】此考点曾在 2003 年卷三第 29 题中出现过。根据《民诉意见》第 153 条规定，当事人超过诉讼时效期间起诉的，人民法院应予受理。受理后查明无中止、中断、延长事由的，判决驳回其诉讼请求。故本题应选 C。ABD 是错误选项。

45. 某法院对齐某诉黄某借款一案作出判决，黄某提起上诉。在一审法院将诉讼材料报送二审法院前，齐某发现黄某转移财产。下列关于本案财产保全的哪种说法是正确的？

　　A. 齐某向二审法院提出申请，由二审法院裁定财产保全

　　B. 齐某向二审法院提出申请，二审法院可以指令一审法院裁定财产保全

C. 齐某向一审法院提出申请，一审法院将申请报送二审法院裁定财产保全

D. 齐某向一审法院提出申请，由一审法院裁定财产保全

【答案】D

【解析】本题考查了上诉期间的财产保全的问题。根据《民诉意见》第103条规定，对当事人不服一审判决提出上诉的案件，在第二审人民法院接到报送的案件之前，当事人有转移、隐匿、出卖或者毁损财产等行为，必须采取财产保全措施的，由第一审人民法院依当事人申请或依职权采取。第一审人民法院制作的财产保全的裁定，应及时报送第二审人民法院。因此，本题中齐某应向一审法院提出申请，由一审法院裁定财产保全。故本题的正确答案应当为D。ABC选项为错误选项。

46. 甲公司诉乙公司合同纠纷一案，双方达成调解协议。法院制作调解书并送达双方当事人后，发现调解书的内容与双方达成的调解协议不一致，应当如何处理？

A. 应当根据调解协议，裁定补正调解书的相关内容

B. 将原调解书收回，按调解协议内容作出判决

C. 应当适用再审程序予以纠正

D. 将原调解书收回，重新制作调解书送达双方当事人

【答案】A

【解析】本题考查了调解书内容的补正问题。根据《最高人民法院关于人民法院民事调解工作若干问题的规定》第16条规定，当事人以民事调解书与调解协议的原意不一致为由提出异议，人民法院审查后认为异议成立的，应当根据调解协议裁定补正民事调解书的相关内容。本题中尽管是法院发现调解书的内容与双方达成的调解协议不一致，但由于调解书一经送达双方当事人即发生效力，并且此种情形也不适用审判监督程序的规定，因此法院应参照前述规定，根据调解协议裁定补正调解书的相关内容，故应选A。

47. 民事诉讼中下列哪种证据属于间接证据？

A. 无法与原件、原物核对的复印件、复制品

B. 无正当理由未出庭作证的证人证言

C. 证明夫妻感情破裂的证据

D. 与一方当事人或者代理人有利害关系的证人出具的证言

【答案】C

【解析】本题考查了间接证据的问题。直接证据和间接证据是历年司法考试的重点考查内容，考生应该重视。所谓间接证据是指不能直接证明案件事实的证据。其最大特

点是证明力的或然性, 间接证据一般须与其他证据结合起来证明案件事实。A,B,D 项列举的证据属于《最高人民法院关于民事诉讼证据的若干规定》第 69 条所规定的不能单独作为认定案件事实依据的证据, 但是作为物证和证人证言, 却可能直接证明案件事实, 所以不必然就属于间接证据。而要证明夫妻感情破裂只能以其他事实推论, 对这些事实证明的证据即属间接证据。故本题应选 C。

48. 下列哪种民事诉讼案件不能适用简易程序审理?

   A. 当事人协议不适用简易程序的案件

   B. 起诉时被告被监禁的案件

   C. 发回重审的案件

   D. 共同诉讼案件

【答案】C

【解析】本题考查了简易程序的适用对象的知识。根据《民诉意见》第 174 条规定, 发回重审和按照审判监督程序再审的案件, 不得适用简易程序审理。故本题应选 C。

49. 某省高级人民法院依照审判监督程序审理某案, 发现张某是必须参加诉讼的当事人, 而一、二审法院将其遗漏。在这种情况下该省高级人民法院应当如何处理?

   A. 可以通知张某参加诉讼, 并进行调解, 调解不成的, 裁定撤销二审判决, 发回二审法院重审

   B. 可以通知张某参加诉讼, 并进行调解, 调解不成的, 裁定撤销一、二审判决, 发回一审法院重审

   C. 应当直接裁定撤销二审判决, 发回二审法院重审

   D. 甲只能直接裁定撤销一、二审判决, 发回一审法院重审

【答案】B

【解析】本题考查了再审程序中发现一、二审法院遗漏当事人的处理的问题。根据《民诉意见》第 211 条规定, 依照审判监督程序再审的案件, 人民法院发现原一、二审判决.遗漏了应当参加的当事人的, 可以根据当事人自愿的原则予以调解, 调解不成的, 裁定撤销一、二审判决, 发回原审人民法院重审。故本题应选 B。

50. 季某诉赵某解除收养关系, 一审判决解除收养关系, 赵某不服提起上诉。二审中双方和解, 维持收养关系, 向法院申请撤诉。关于本案下列哪一表述是正确的?

   A. 二审法院应当准许当事人的撤诉申请

B. 二审法院可以依当事人和解协议制作调解书，送达双方当事人

C. 二审法院可以直接改判

D. 二审法院可以裁定撤销原判

【答案】A

【解析】本题考查了二审程序中和解的处理和上诉的撤回。根据《民诉意见》第191条规定，当事人在二审中达成和解协议的，人民法院可以根据当事人的请求，对双方达成的和解协议进行审查并制作调解书送达当事人；因和解而申请撤诉，经审查符合撤诉条件的，人民法院应予准许。故本题应选A。BCD均为错误选项。

二、多项选择题，每题所给的选项中有两个或两个以上正确答案，少答或多答均不得分。本部分51-90题，每题2分，共80分。

51. 甲.欠乙20万元到期无力偿还，其父病故后遗有价值15万元的住房1套，甲为唯一继承人。乙得知后与甲联系，希望以房抵债。甲便对好友丙说："反正这房子我继承了也要拿去抵债，不如送给你算了。"二人遂订立赠与协议。下列哪些说法是错误的？

A. 乙对甲的行为可行使债权人撤销权

B. 乙可主张赠与协议无效

C. 乙可代位行使甲的继承权

D. 丙无权对因受赠房屋瑕疵造成的损失请求甲赔偿

【答案】CD

【解析】本题涉及债的保全中债权人的撤销权与代位权的行使的问题以及瑕疵担保责任。根据《合同法》第74条的规定，因债务人无偿转让财产对债权人造成损害的，债权人可以请求人民法院撤销债务人的行为。故A项正确。根据《民通意见》第130条规定，赠与人为了逃避应履行的法定义务，将自己的财产赠与他人，如果利害关系人主张权利的，应当认定赠与无效。故B项正确。根据《合同法》第73条的规定，债权人只能代位行使债务人的非专属性的到期债权，不能代位行使其继承权，故C项错。根据《合同法》第191条第2款规定，赠与人故意不告知瑕疵或者保证无瑕疵，造成受赠人损失的，应当承担损害赔偿责任。注意瑕疵包括权利瑕疵和物的瑕疵，故D项错误。最后本题要求的是错误选项，所以本题应选CD。

52. 下列关于合同解除的哪些说法是正确的？

    A. 委托人或者受托人都可以随时解除委托合同

    B. 不定期租赁合同的双方当事人可以随时解除合同

    C. 承揽合同中的定作人可以随时解除合同

    D. 在承运人将货物交付收货人之前，托运人可以解除运输合同

【答案】ABCD

【解析】本题考查了合同的法定解除权的理论。根据《合同法》第410条规定，委托人或者受托人可以随时解除委托合同。因解除合同给对方造成损失的，除不可归责于该当事人的事由以外，应当赔偿损失。故 A 正确。根据《合同法》第 232 条规定，当事人时租赁期限没有约定或者约定不明确，依照本法第六十一条的规定仍不能确定的，视为不定期租赁。当事人可以随时解除合同，但出租人解除合同应当在合理期限之前通知承租人。故 B 正确。根据《合同法》第 268 条规定，定作人可以随时解除承揽合同，造成承揽人损失的，应当赔偿损失。故 C 正确。《合同法》第 308 条规定，在承运人将货物交付收货人之前，托运人可以要求承运人中止运输、返还货物、变更到达地或者将货物交给其他收货人，但应当赔偿承运人因此受到的损失。故 D 项正确。所以本题选 ABCD。

53. 育才中学委托利达服装厂加工 500 套校服，约定材料由服装厂采购，学校提供样品，取货时付款。为赶时间，利达服装厂私自委托恒发服装厂加工 100 套。育才中学按时前来取货，发现恒发服装厂加工的 100 套校服不符合样品要求，遂拒绝付款。利达服装厂则拒绝交货。下列哪些说法是正确的？

    A. 育才中学可以利达服装厂擅自外包为由解除合同

    B. 如育才中学不支付酬金，利达服装厂可拒绝交付校服

    C. 如育才中学不支付酬金，利达服装厂可对样品行使留置权

    D. 育才中学有权要求恒发服装厂承担违约责任

【答案】ABC

【解析】本题考查的是承揽合同中承揽人与定做人之间的权利义务关系。根据我国《合同法》第 23 条规定，承揽人应当以自己的设备、技术和劳力，完成主要工作，但当事人另有约定的除外。承揽人将其承揽的主要工作交由第三人完成的，应当就该第三人完成的工作成果向定作人负责；未经定作人同意的，定作人也可以解除合同。因此育才中学可以利达服装厂擅自外包为由解除合同，所以 A 项正确。但同时育才中学应当根据合同支付利达服装厂 400 套校服的酬金，如果不支付的，利达服装厂有权根

据担保法和合同法的规定拒绝交付校服和样品，并行使留置权，故 B 项、C 项正确。根据合同相对性原则，育才中学无权要求恒发厂承担违约责任。故本题应选 ABC。

54. 甲企业借给乙企业 20 万元，期满未还。丙欠乙 20 万元货款也已到期，乙曾向丙发出催收通知书。乙、丙之间的供货合同约定，若因合同履行发生争议，由 Y 仲裁委员会仲裁。下列哪些选项是错误的？

   A. 甲对乙的 20 万元债权不合法，故甲不能行使债权人代位权
   B. 乙曾向丙发出债务催收通知书，故甲不能行使债权人代位权
   C. 甲应以乙为被告、丙为第三人提起代位权诉讼
   D. 乙、丙约定的仲裁条款不影响甲对丙提起代位权诉讼

【答案】ABC

【解析】本题考查了代位权的行使的问题。所谓代位权是指当债务人怠于行使其对于第三人享有的权利而害及债权人的债权时，债权人为保全债权，可以以自己的名义代位行使债务人对第三人的权利。甲企业和乙企业之间的借款合同无效，但是甲据此对乙享有不当得利返还请求权，在符合其他条件的情况下可以行使债权人代位权，故 A 项错误。根据《合同法解释（一）》第 13 条第 1 款规定，合同法第 7 条规定的"债务人怠于行使其到期债权，对债权人造成损害的"，是指债务人不履行其对债权人的到期债务，又不以诉讼方式或者仲裁方式向其债务人主张其享有的具有金钱给付内容的到期债权，致使债权人的到期债权未能实现。因此乙曾向丙发出债务催收通知书并不能构成其积极行使债权的证据，故 B 项错误。根据《合同法解释（一）》第 14 条的规定，债权人应以次债务人为被告，债务人为第三人向人民法院提起代位权诉讼，故 C 项错误。由于代位权是合同法所规定的债权人的法定权利，因此债务人和次债务人之间的约定并不构成债权人行使权利的障碍，故 D 项正确。所以本题应选 ABC。

55. 甲、乙、丙、丁分别购买了某住宅楼（共四层）的一至四层住宅，并各自办理了房产证。下列哪些说法是正确的？

   A. 甲、乙、丙、丁有权分享该住宅楼的外墙广告收入
   B. 一层住户甲对三、四层间楼板不享有民事权利
   C. 若甲出卖其住宅，乙、丙、丁享有优先购买权
   D. 如四层住户丁欲在楼顶建一花圃，须得到甲、乙、丙同意

【答案】ABD

【解析】本题涉及建筑物区分所有权的有关内容。所谓建筑物区分所有权是指多个区

分所有人共同拥有一幢建筑物时, 各区分所有权人对建筑物专有部分所享有的专有权和对建筑物共有部分所享有的共有权, 以及因区分所有权人之间的共同事务所产生的成员权的总称。该住宅楼的外墙、楼顶属于住户共有, 故甲、乙、丙、了有权分享该住宅楼的外墙广告收入, 如果四层住户丁欲在楼顶建一花固, 须得到甲、乙、丙同意, 故 A 项、D 项正确。三、四层间楼板不属于一层住户所有, 一层住户对其不享有权利, 故 B 项正确。住户出卖其专有部分的, 不需其他住户同意, 其他住户也没有优先购买权, 故 C 项错误。

56. 甲为了能在自己房中欣赏远处风景, 便与相邻的乙约定:乙不在自己的土地上建造高层建筑, 作为补偿, 甲一次性支付给乙 4 万元。两年后, 甲将该房屋转让给丙, 乙将该土地使用权转让给丁。下列哪些判断是错误的?

 A. 甲、乙之间的约定为有关相邻关系的约定

 B. 丙可禁止丁建高楼, 且无须另对丁进行补偿

 C. 若丁建高楼。丙只能要求甲承担违约责任

 D. 甲、乙之间约定因房屋和上地使用权转让而失去效力

【答案】ACD

【解析】本题涉及相邻关系和地役权的有关内容。它们之间的区别主要是前者是一种法律直接规定的, 属于所有权的范畴, 而后者是依当事人的地役权合同而定。因此, 根据题干, 甲乙之间的合同是设立地役权的合同, 而非对相邻关系的约定, 故 A 项错误。甲转让房屋与丙, 题中没有交代甲丙之间任何关于眺望权的约定, 故甲没有对丙承担违约责任的依据, C 项错误。地役权本身并不因土地转让而失去效力, 故 D 项错误。另外, 值得商榷的是, 地役权没有登记, 不得对抗第三人, 所以笔者认为本题应选 ABCD, 而非司法部公布的答案 ACD。

57. 甲对乙享有 10 万元到期债权, 乙对丙也享有 10 万元到期债权, 三方书面约定, 由丙直接向甲清偿。下列哪些说法是正确的?

 A. 丙可以向甲主张其对乙享有的抗辩权

 B. 丙可以向甲主张乙对甲享有的抗辩权

 C. 若丙不对甲清偿, 甲可以要求乙清偿

 D. 若乙对甲清偿, 则构成代为清偿

【答案】ABD

【解析】本题涉及债的移转和代为清偿的有关内容。甲乙丙之间的三方约定实际上是

一个经过债权人甲同意的债务承担协议。根据《合同法》第 85 条规定，债务人转移义务的，新债务人可以主张原债务人对债权人的抗辩。故丙可以向甲主张乙时甲享有的抗辩权，所以 B 项正确。同时甲乙丙之间的三方约定也具有债权让与的性质，丙可以向甲主张其对乙享有的抗辩权，所以 A 项正确。债务承担之后，原债务人乙脱离原债权债务关系，若丙不对甲清偿，甲也不能要求乙清偿。若乙对甲清偿，则构成代为清偿。故 C 项错误，D 项正确。所以本题选 ABD。

58. 甲在某网站上传播其自拍的生活照，乙公司擅自下载这些生活照并配上文字说明后出版成书。丙书店购进该书销售。下列哪些说法是正确的？

   A. 乙公司侵犯了甲的发表权

   B. 乙公司侵犯了甲的复制权

   C. 乙公司侵犯了甲的肖像权

   D. 丙书店应当承担侵权责任

【答案】BCD

【解析】本题考查了民事侵权的有关内容，主要涉及侵犯著作权和人格权的问题。所谓发表权是指权利人决定把作品会之于众的权利，由于照片已经在网络上传播，因此乙公司没有侵犯甲的发表权，故 A 项错误。根据《著作权法》第 10 条第 1 款第（五）项的规定，复制权指以印刷、复印、拓印、录音、录像、翻录、翻拍等方式将作品制作一份或者多份的权利，乙公司擅自下载这些生活照并配上文字说明后出版成书已经侵犯了甲的复制权，故 B 项正确。《民通意见》第 139 条规定，以营利为目的，未经公民同意利用其肖像做广告、商标、装饰橱窗等，应当认定为侵犯公民肖像权的行为。因此乙公司的行为侵犯了甲的肖像权，C 项正确。根据《著作权法》第 52 条及相关司法解释的规定，不知道是侵犯著作权的产品而销售的，销售者构成侵权。如果销售者能够证明其产品有合法来源的，则只承担停止侵权的责任。具有恶.意的销售者还应承当赔偿损失的责任，故 D 项正确。

59. 下列关于保证债务诉讼时效的哪些表述是正确的？

   A. 保证期间届满后，不必再起算保证债务的诉讼时效

   B. 保证债务的诉讼时效起算后，不必再计算保证期间

   C. 保证债务的诉讼时效随主债务诉讼时效中止而中止

   D. 保证债务的诉讼时效随主债务诉讼时效中断而中断

【答案】ABC

【解析】本题考查了保证债务的诉讼时效和保证期间。根据《担保法》第25、26条的规定，在保证合同约定的保证期间或者法律规定的保证期间内，一般保证的债权人未对债务人提起诉讼或者申请仲裁的，连带责任保证的债权人未要求保证人承担保证责任的，保证人免除保证责任。因此保证期间届满后没有再起算保证债务的诉讼时效的必要，故 A 项正确。根据《担保法解释》第31、34条的规定，保证期间不因任何事由发生中断、中止、延长的法律后果，一般保证的债权人在保证期间届满前对债务人提起诉讼或者申请仲裁的，从判决或者仲裁裁决生效之日起，开始计算保证合同的诉讼时效。连带责任保证的债权人在保证期间届满前要求保证人承担保证责任的，从债权人要求保证人承担保证责任之日起，开始计算保证合同的诉讼时效。一旦保证债务的诉讼时效起算后，就不必再计算保证期间，故 B 项正确。另外，根据《担保法解释》第36条规定，一般保证中，主债务诉讼时效中断，保证债务诉讼时效中断；连带责任保证中，主债务诉讼时效中断，保证债务诉讼时效不中断。一般保证和连带责任保证中，主债务诉讼时效中止的，保证债务的诉讼时效同时中止。故 C 项正确，D 项错误。

60. 甲与乙结婚后因无房居住，于 2000 年 8 月 1 日以个人名义向丙借 1 万元购房，约定 5 年后归还，未约定是否计算利息。后甲外出打工与人同居。2004 年 4 月 9 日，法院判决甲与乙离婚，家庭财产全部归乙。下列哪种说法是错误的？

   A. 借期届满后，丙有权要求乙偿还 10 万元及利息
   B. 借期届满后，丙只能要求甲偿还 10 万元
   C. 借期届满后，丙只能要求甲和乙分别偿还 5 万元
   D. 借期届满后，丙有权要求甲和乙连带清偿 10 万元及利息

【答案】ABCD

【解析】本题主要涉及夫妻双方结婚后，以一方名义进行的借贷，在离婚后借款任何处理的问题。根据我国《合同法》第211条规定，自然人之间的借款合同对支付利息没有约定或者约定不明确的，视为不支付利息。自然人之间的借款合同约定支付利息的，借款的利率不得违反国家有关限制借款利率的规定。故 A 项、D 项错误。根据诺婚姻法解释（二）第24条的规定，债权人就婚姻关系存续期间夫妻一方以个人名义所负债务主张权利的，应当按夫妻共同债务处理。以及《婚姻法》第41条的规定，离婚时原为夫妻共同生活所负的债务应当共同偿还，因此借期届满后，丙有权要求甲和乙连带清偿 10 万元。故 B 项、C 项错误。

61. 甲根据乙的选择，向丙购买了 1 台大型设备。出租给乙使用。乙在该设备安装完毕后，发现不能正常运行。下列哪些判断是正确的？

    A. 乙可以基于设备质量瑕疵而直接向丙索赔

    B. 甲不对乙承担违约责任

    C. 乙应当按照约定支付租金

    D. 租赁期满后由乙取得该设备的所有权

【答案】ABC

【解析】本题涉及有关融资租赁合同的有关内容。根据我国《合同法》第 240 条规定，出租人、出卖人、承租人可以约定，出卖人不履行买卖合同义务的，由承租人行使索赔的权利。承租人行使索赔权利的，出租人应当协助。故 A 项正确。根据《合同法》第 244、248 条的规定，租赁物不符合约定或者不符合使用目的的，出租人不承担责任，但承租人依赖出租人的技能确定租赁物或者出租人干预选择租赁物的除外，承租人应当按照约定支付租金。故 B 项、C 项正确。最后根据《合同法》第 250 条规定，出租人和承租人可以约定租赁期间届满租赁物的归属。对租货物的归属没有约定或者约定不明确，依照本法第六十一条的规定仍不能确定的，租赁物的所有权归出租人。故 D 项错误。

62. 甲大学与乙公司签订建设工程施工合同，由乙为甲承建新教学楼。经甲同意，乙将主体结构的施工分包给丙公司。后整个教学楼工程验收合格，甲向乙支付了部分工程款，乙未向丙支付工程款。下列哪些表述是错误的？

    A. 乙、丙之间分包合同有效

    B. 甲可以撤销与乙之间的建设工程施工合同

    C. 丙可以乙为被告诉请支付工程款

    D. 丙可以甲为被告诉请支付工程款，但法院应当追加乙为第三人

【答案】ABD

【解析】本题是对建设工程合同的考查。根据《合同法》第 272 条的规定，建设工程主体结构的施工必须由承包人自行完成。因此乙丙之间的合同由于违反法律的强制性规定而无效，故 A 项错误。尽管合同无效，但丙可以基于其完成建设工程的事实以乙为被告诉请支付工程款。但丙与甲之间没有直接的法律关系，丙不能要求甲支付工程款。故 C 项正确，D 项错误。B 项内容没有法律依据，故也错误。综述，题目要求选出错误选项，所以答案是 ABD。

63. "花果山"市出产的鸭梨营养丰富，口感独特，远近闻名，当地有关单位拟对其采取的保护措施中，哪些是不合法的？

A 将"花果山"申请注册为集体商标，使用于鸭梨上

B 将"花果山"申请注册为证明商标，使用子鸭梨上

C 将鸭梨的形状申请注册为立体商标，使用于鸭梨上

D 将"香梨"申请注册为文字商标，使用于鸭梨上

【答案】CD

【解析】本题主要涉及对商标不同种类的考查。涉及集体商标、证明商标以及商标注册的条件等问题。根据《商标法》第 3 条的规定，证明商标是指由对某种商品或者服务具有监督能力的组织所控制，而由该组织以外的单位或者个人使用于其商品或者服务，用以证明该商品或者服务的原产地、原料、制造方法、质量或者其他特定品质的标志；集体商标，是指以团体、协会或者其他组织名义注册，供该组织成员在商事活动中使用，以表明使用者在该组织中的成员资格的标志。故 A 项、B 项合法，不符合题意。根据《商标法》第 12 条的规定，以三维标志申请注册商标的，仅由商品自身的性质产生的形状不得注册。故 C 项不合法，符合题意。根据《商标法》第 11 条的规定，仅有本商品的通用名称、图形、型号的标志不得作为商标注册，故 D 项不合法，符合题意。

64. 甲公司的游戏软件工程师刘某利用业余时间开发的"四国演义"游戏软件被乙公司非法复制，丙书店从无证书贩手中低价购进该盗版软件，丁公司从丙书店以正常价格购买该软件在其经营的游戏机上安装使用。下列哪些说法是正确的？

A. 甲公司应当对刘某进行奖励

B. 丙书店应当承担赔偿损失等法律责任

C. 丁公司不承担赔偿责任

D. 乙公司、丙书店应当承担共同侵权的民事责任

【答案】BCD

【解析】本题综合考查了计算机软件著作权的归属规则、计算机软件著作权侵权行为以及共同侵权行为的知识。另外，还涉及职务作品的问题。刘某利用业余时间开发的"四国演义"游戏软件属于个人作品，刘某对该作品享有完全的著作权，甲公司没有对刘某进行奖励的义务，故 A 项错误。根据《著作权法》第 52 条及相关司法解释的规定，销售侵犯著作权的产品的，销售人构成侵权，销售人不能证明其销售的产品有合法来源的，应承担停止侵权和赔偿损失的责任，故 B 项正确。丁公司对软件的使

用符合法律规定，不应承担赔偿责任，故 C 项正确。根据《民法通则》第 130 条的规定，乙公司的行为和丙公司的行为属于直接结合发生同一损害后果，构成共同侵权，故 D 项正确。

65. 某化工厂排放的废水流人某湖后，发生大量鱼类死亡事件。在是否承担赔偿责任问题卜，该化工厂的哪些抗辩理由即使有证据支持也不能成立？

　　A. 其排放的废水完全符合规定的排放标准

　　B. 另一工厂排放的废水足以导致湖中鱼类死亡

　　C. 该化工厂主观上没有任何过错

　　D. 原告的赔偿请求已经超过 2 年的诉讼时效

【答案】ABCD

【解析】本题主要考查环境污染致人财产损失的侵权行为构成要件的问题。根据《环境保护法》第 41 条第 1 款规定，造成环境污染危害的，有责任排除危害，并对直接受到侵害的单位或者个人赔偿损失。可见环境污染致损的侵权行为适用无过错责任，并且污染行为人的行为符合规定的标准也不构成免责事由，故 B 项、C 项的抗辩不能成立。另一工厂排放的废水足以导致湖中鱼类死亡并.不构成某化工厂排放废水导致鱼类死亡的抗辩理由，故 B 项抗辩不成立。根据《环境保护法》第 42 条规定，因环境污染损害赔偿提起诉讼的时效期间为三年, 从当事人知道或者应当知道受到污染损害时起计算。故 D 项的抗辩也不能成立。

66. 网名"我心飞飞"的 21 岁女子甲与网名"我行我素"的 25 岁男子乙在网上聊天后产生好感，乙秘密将甲裸聊的镜头复制保存。后乙要求与甲结婚，甲不同意。乙威胁要公布其裸聊镜头，甲只好同意结婚并办理了登记。下列哪些说法是错误的？

　　A. 甲可以自婚姻登记之日起 1 年内请求撤销该婚姻

　　B. 甲可以在婚姻登记后以没有感情基础为由起诉要求离婚

　　C. 甲有权主张该婚姻无效

　　D. 乙侵犯了甲的隐私权

【答案】BCD

【解析】本题主要考查婚姻无效和可撤销的问题。根据我国《婚姻法》第 11 条规定，因胁迫结婚的，受胁迫的一方可以向婚姻登记机关或人民法院请求撤销该婚姻。受胁迫的一方撤销婚姻的请求，应当自结婚登记之日起一年内提出。被非法限制人身自由的当事人请求撤销婚姻的，应当自恢复人身自由之日起一年内提出。甲因受威胁而与

乙结婚，因此其可以向人民法院请求撤销该婚姻。故 A 项正确，B 项错误。而 C 项
不符合婚姻法第 10 条所规定的婚姻无效的情形，故错误。由于乙是在与甲网络聊天
的过程中获得甲的裸聊视频，并且并没有公布，所以不构成侵犯隐私，故 D 项错误。

67. 唐某有甲、乙、丙成年子女三人，于 2002 年收养了孤儿丁，但未办理收养登记。甲生
活条件较好但未对唐某尽赡养义务，乙丧失劳动能力又无其他生活来源，丙长期和甲
共同生活。2004 年 5 月唐某死亡，因分配遗产发生纠纷。下列哪些说法是正确的？

   A. 甲应当不分或者少分遗产

   B. 乙应当多分遗产

   C. 丙可以多分遗产

   D. 丁可以分得适当的遗产

【答案】ABCD

【解析】本题涉及法定继承中的遗产分配问题。根据我国《继承法》第 13 条规定，
同一顺序继承人继承遗产的份额，一般应当均等。对生活有特殊困难的缺乏劳动能力
的继承人，分配遗产时，应当予以照顾。对被继承人尽了主要扶养义务或者与被继承
人共同生活的继承人，分配遗产时，可以多分。有扶养能力和有扶养条件的继承人，
不尽扶养义务的，分配遗产时，应当不分或者少分。继承人协商同意的，也可以不均
等。因此，甲由于有抚养能力而不尽抚养义务应不分或少分遗产，乙由于丧失劳动能
力又无其他生活来源应多分遗产，丙长期和甲共同生活可以多分遗产，故 A、B、C
项正确。由于未办理收养登记，唐某和丁之间的收养关系不成立，故丁不能继承唐某
的遗产，但根据《继承法》第 14 条的规定，对继承人以外的依靠被继承人扶养的缺
乏劳动能力又没有生活来源的人可以分配给他们适当的遗产，因此丁可以分得适当的
遗产，故 D 项正确。

68. 甲、乙二公司与刘某、谢某欲共同设立一注册资本为 200 万元的有限责任公司，他
们在拟订公司章程时约定各自以如下方式出资。下列哪些出资是不合法的？

   A. 甲公司以其企业商誉评估作价 80 万元出资

   B. 乙公司以其获得的某知名品牌特许经营权评估作价 60 万元出资

   C. 刘某以保险金额为 20 万元的保险单出资

   D. 谢某以其设定了抵押担保的房屋评估作价 40 万元出资

【答案】ABCD

【解析】本题考查了公司的出资形式的问题。根据《公司登记管理条例》第 1 条第 2

款规定，股东不得以劳务、信用、自然人姓名、商誉、特许经营权或者设定担保的财产等作价出资。所以 A、B,不合法。而保险单的保险金额不是实际所有的财产，也不能作为出资。所以 A、B、C、D 项出资都不合法，应选择该四个选项。

69. 金某是甲公司的小股东并担任公司董事，因其股权份额仅占 10%，在 5 人的董事会中也仅占 1 席，其意见和建议常被股东会和董事会否决。金某为此十分郁闷，遂向律师请教维权事宜。在金某讲述的下列事项中，金某可以就哪些事项以股东身份对公司提起诉讼？

A. 股东会决定：为确保公司的经营秘密，股东不得查阅公司会计账簿

B. 董事会任期届满，但董事长为了继续控制公司，拒绝召开股东会改选董事

C. 董事会不顾金某反对制订了甲公司与另一公司合并的方案

D. 股东会决定：公司监事调查公司经营情况时，若无法证明公司经营违法的，其调查费用自行承担

【答案】AD

【解析】本题考查了股东对股东会或董事会违法决议的诉讼的知识。根据《公司法》第 22 条第 1、2 款规定，对于股东会或董事会决议违反法律或者章程的，股东可以会司为被告提起诉讼请求人民法院宣告决议无效或撤销该决议。A 项决议剥夺了股东查阅公司会计账簿的法定权利，无效；C 项中决议，制订了甲公司与另一会司合并的方案符合公司法规定的董事会的职权，所以对此不能提起诉讼。B 项的决议违反了公司法第 55 条关于公司监事调查公司经营情况时费用由公司承担的规定，无效。对于以上决议，金某都可以起诉。对于 B 项，根据《公司法》第 41 条和 102 条的规定，金某可以自行召集和主持股东会，不能提起诉讼。

70. 甲、乙、丙、丁设立一合伙企业，乙是合伙事务的执行人。企业存续期间，甲转让部分合伙份额给丁用于偿债并告知了乙、丙。后甲经乙同意又将部分份额送给其情人杨某。甲妻知情后与甲发生冲突，失手杀死甲而被判刑。甲死后，其妻和 16 岁的儿子要求继承甲在合伙企业中的份额，各合伙人同意甲妻和甲子的请求。下列哪些表述是正确的？

A. 丁受让甲的合伙份额为有效

B. 杨某能够取得甲赠与的合伙份额

C. 甲妻可以取得合伙人资格

D. 甲子可以取得合伙人资格

【答案】ACD

【解析】本题考查了合伙企业法中合伙份额的转让和合伙人资格的取得的相关知识。根据《合伙企业法》第 22 条规定，除合伙协议另有约定外，合伙人向合伙人以外的人转让其在合伙企业中的全部或者部分财产份额时，须经其他合伙人一致同意。合伙人之间转让在合伙企业中的全部或者部分财产份额时，应当通知其他合伙人。甲转让部分合伙份额给丁时通知了其他合伙人，因此丁受让甲的合伙份额为有效，故 A 项正确。甲将部分合伙份额转让给杨某时没有经过其他合伙人的一致同意，因此杨某不能取得甲赠与的合伙份额，故 B 项错误。根据《合伙企业法》第 50 条的规定，合伙人死亡或者被依法宣告死亡的，对该合伙人在合伙企业中的财产份额享有合法继承权的继承人，按照合伙协议的约定或者经全体合伙人一致同意，从继承开始之日起，取得该合伙企业的合伙人资格。合伙人的继承人为无民事行为能力人或者限制民事行为能力人的，经全体合伙人一致同意，可以依法成为有限合伙人，普通合伙企业依法转为有限合伙企业。甲妻是过失杀死甲，因此并不丧失继承权，甲子是甲的合法继承人，因此，在其他合伙人一致同意的前提下，可以取得合伙人资格。所以正确答案是 ACD。

71. 甲、乙二公司拟募集设立一股份有限公司。他们在获准向社会募股后实施的下列哪些行为是违法的？

A. 其认股书上记载：认股人一旦认购股份就不得撤回

B. 与某银行签订承销股份和代收股款协议，由该银行代售股份和代收股款

C. 在招股说明书上告知：公司章程由认股人在创立大会上共同制订

D. 在招股说明书上告知：股款募足后将在 60 日内召开创立大会

【答案】ABCD

【解析】本题考查了公司法中股份公司的成立的问题。根据《公司法》第 90 条规定，发行股份的股款缴足后，必须经依法设立的验资机构验资并出具证明。发起人应当自股款缴足之日起 30 日内主持召开公司创立大会。创立大会由发起人、认股人组成。发行的股份超过招股说明书规定的截止期限尚未募足的，或者发行股份的股款缴足后，发起人在 30 日内未召开创立大会的，认股人可以按照所缴股款并加算银行同期存款利息，要求发起人返还。因此 A 项、D 项错误。又根据《公司法》第 88 条规定，发起人向社会公开募集股份，应当由依法设立的证券公司承销，签订承销协议。因此 B 项错误。根据《公司法》第 87 条的规定，招股说明书应当附有发起人制订的公司章程，因此 C 项也错误。所以答案是 ABCD。

72. 依照我国《海商法》的规定，附于甲轮上的船舶优先权会因下列哪些原因而消灭？

    A. 甲轮沉没

    B. 甲轮原船东将该船出售给另一船公司

    C. 甲轮被法院强制出售

    D. 请求人在船舶优先权产生之日起满 1 年仍不行使

【答案】ACD

【解析】本题考查了船舶优先权的知识。根据《海商法》第 26 条的规定，船舶优先权不因船舶所有权的转让而消灭。又《海商法》第 29 条规定，船舶优先权，除本法第二十六条规定的外，因下列原因之一而消灭：（一）具有船舶优先权的海事请求，自优先权产生之日起满一年不行使；（二）船舶经法院强制出售；（三）船舶灭失。前款第（一）项的一年期限，不得中止或者中断。故本题的正确选项是 ACD。

73. 甲公司于 2006 年 3 月 2 日签发同城使用的支票 1 张给乙公司，金额为 10 万元人民币，付款人为丁银行。次日，乙公司将支票背书转让给丙公司。2006 年 3 月 17 日，丙公司请求丁银行付款时遭拒绝。丁银行拒绝付款的正当理由有哪些？

    A. 丁银行不是该支票的债务人

    B. 甲公司在丁银行账户上的存款仅有 2 万元人民币

    C. 甲该支票的债务人应该是甲公司和乙公司

    D. 丙公司未按期提示付款

【答案】BD

【解析】本题考查了票据法的有关知识点。根据《票据法》第 87 条规定，支票的出票人所签发的支票金额不得超过其付款时在付款人处实有的存款金额。出票人签发的支票金额超过其付款时在付款人处实有的存款金额的，为空头支票。禁止签发空头支票。在空头支票的情形，付款人可以拒绝付款，故 A 项正确。根据《票据法》第 91 条规定，支票的持票人应当自出票日起 10 日内提示付款；异地使用的支票，其提示付款的期限由中国人民银行另行规定。超过提示付款期限的，付款人可以不予付款；付款人不予付款的，出票人仍应当对持票人承担票据责任。故 D 项正确。支票记载的付款人不能以其不是该支票的债务人为由拒绝付款，故 A 项、C 项错误。所以正确答案是 BD。

74. 某房地产开发公司被法院宣告破产。就该破产企业清偿顺序问题，下列哪些说法是正确的？

    A. 该破产企业所拖欠的民工工资按第一顺序清偿

    B. 该破产企业拖欠施工单位的工程欠款可以在破产清算程序开始前受偿

    C. 因延期交房给购房人造成的损失按照破产债权清偿

    D. 该公司员工向公司的投资款按照破产债权清偿

【答案】 ABC

【解析】 本题考查了破产时财产的清偿顺序。根据《企业破产法》第 113 条规定，破产财产在优先清偿破产费用和共益债务后，依照下列顺序清偿：（一）破产人所欠职工的工资和医疗、伤残补助、抚恤费用，所欠的应当划入职工个人账户的基本养老保险、基本医疗保险费用，以及法律、行政法规规定应当支付给职工的补偿金；（二）破产人欠缴的除前项规定以外的社会保险费用和破产人所欠税款；（三）普通破产债权。破产财产不足以清偿同一顺序的清偿要求的，按照比例分配。破产企业的董事、监事和高级管理人员的工资按照该企业职工的平均工资计算。故 A 项正确。根据《最高人民法院关于建设工程价款优先受偿权问题的批复》第 1 条规定，人民法院在审理房地产纠纷案件和办理执行案件中应认定建筑工程的承包人的优先受偿权优于抵押权和其他债权，该破产企业拖欠施工单位的工程欠款可以在破产清算程序开始前受偿，故 B 项正确。因此因延期交房给购房人造成的损失属于违约而产生的债权，按照普通破产债权清偿，故 C 项正确。该公司员工向公司的投资款属于对公司的出资，不是破产债权，故 D 项错误。所以正确答案是 ABC。

75. 下列关于保险合同原则的哪些表述是错误的？

    A. 自愿原则是指保险当事人双方可以自由决定保险范围和保费费率

    B. 保险利益原则的根本目的是有效弥补投保人的损失

    C. 近因原则中的近因是指造成保险标的损害的主要的、决定性的原因

    D. 最大诚信原则对保险人的主要要求是及时全面地赔付保险金

【答案】 ABD

【解析】 本题考查了保险合同的知识。所谓自愿原则指当事人可以充分根据自己的意愿设立、变更和终止保险法律关系，不过自愿原则也要受到法律的合理限制，比如关系社会公共利益的保险险种、依法实行强制保险的险种等的保险条款和保险费率，应当报保险监督管理机构审批，故 A 项错误。所谓保险利益原则指只有保险利益的保险行为才具有法律效力，其目的在于防止"赌博效应"。《保险法》第 12 条规定，投

保人对保险标的应当具有保险利益。投保人对保险标的不具有保险利益的，保险合同无效。故 B 项错误。最大诚信原则对保险人的主要要求是签订合同时尽告知义务和有足够偿付能力履行支付保险金的责任，故 D 项错误。

76. 下列关于公示催告程序特点的哪些说法是正确的？

A. 公示催告程序仅适用于基层人民法院

B. 公示催告程序实行一审终审

C. 公示催告程序中没有答辩程序

D. 公示催告程序中没有开庭审理程序

【答案】ABCD

【解析】本题是对公示催告程序的综合考查，涉及多个知识点。根据《民事诉讼法》第 193 条的规定，公示催告可以向票据支付地的基层人民法院申请，故 A 项正确。人民法院对公示催告案件无论用判决还是裁定方式结案，当事人均不得提起上诉，故实行一审终审，故 B 项正确。公示催告程序中没有对立的双方当事人，属于非诉程序，不适用答辩程序和开庭审理程序，故 C 项、D 项正确。

77. 当事人对法院作出的下列哪些民事决定有权申请复议？

A. 关于再审的决定

B. 关于回避的决定

C. 关于罚款的决定

D. 关于拘留的决定

【答案】BCD

【解析】本题考查的是当事人对民事决定的救济途径。关于民事裁判复议这一考点在 2004 年曾经出现过，考生应予重视。根据《民事诉讼法》第 48 条的规定，申请人对关于回避的决定不服的，可以在接到决定时申请复议一次，故 B 项正确。第 105 条规定，对罚款、拘留决定不服的，可以向上一级人民法院申请复议一次，故 C 项、D 项正确。关于再审的决定不能申请复议，故 A 项错误。

78. 甲向法院申请执行乙的财产，乙除对案外人丙享有到期债权外，并无其它财产可供执行。法院根据甲的申请，通知丙向甲履行债务。但丙提出其与乙之间的债权债务关系存在争议，拒不履行。法院对此如何处理？

A. 强制执行丙的财产

B. 不得对丙强制执行

C. 中止对乙的执行

D. 裁定驳回甲对乙的执行申请

【答案】BC

【解析】本题考查了被执行人到期债权的执行和中止执行的知识点。根据《最高人民法院关于人民法院执行工作若干问题的规定（试行）》第 63 条规定，第三人在履行通知指定的期间内提出异议的，人民法院不得对第三人强制执行，对提出的异议不进行审查。本题中丙已经提出异议，因此不应付其强制执行，故 B 项正确，A 项错误。第 102 条规定，被执行人确无财产可供执行的，人民法院应当裁定中止执行，故 C 项正确，D 项错误。

79. 甲因乙拒不归还到期借款而向法院申请支付令。法院审查后向乙发出支付令。下列哪些说法是正确的？

A. 乙可以向法院提出异议，由法院审查异议理由是否成立

B. 乙可以向法院提出异议，法院不审查理由

C. 乙在法定期间既不提出异议也不履行的，甲可以向法院申请强制执行

D. 乙在法定期间内向本院就该借款纠纷起诉的，支付令失效

【答案】BCD

【解析】本题考查了督促程序中支付令的知识点。根据《民诉意见》第 221 条的规定，依照民事诉讼法第 192 条的规定，债务人在法定期间提出书面异议的，人民法院无须审查异议是否有理由，应当直接裁定终结督促程序。故 A 项错误，B 项正确。根据《民事诉讼法》第 191 条第 3 款规定，债务人在前款规定的期间不提出异议又不履行支付令的，债权人可以向人民法院申请执行。故 C 项正确。根据《民诉意见》第 223 条，债务人在收到支付令后，不在法定期间提出书面异议，而向其他人民法院起诉的，不影响支付令的效力。注意是"其他人民法院"。故 D 项正确。

80. 王某是某电网公司员工，在从事高空作业时受伤，为赔偿问题与电网公司发生争议。王某可以采用哪些方式处理争议？

A. 可以向本公司劳动争议调解委员会申请调解，调解不成的，可以申请劳动仲裁

B. 可以直接向劳动争议仲裁委员会申请仲裁，对仲裁裁决不服的，可以向法院提起诉讼

C. 可以不申请劳动仲裁而直接向法院起诉

D. 如果进行诉讼并按简易程序处理，法院开庭审理时，可以申请先行调解

【答案】ABD

【解析】本题中某电网公司的员工与电网公司的争议属于劳动争议的范围。根据我国《劳动法》第 79 条规定，劳动争议发生后，当事人可以向本单位劳动争议调解委员会申请调解；调解不成，当事人一方要求仲裁的，可以向劳动争议仲裁委员会申请仲裁。当事人一方也可以直接向劳动争议仲裁委员会申请仲裁。对仲裁裁决不服的，可以向人民法院提起诉讼。劳动争议实行仲裁程序前置，当事人不能不经过劳动仲裁而直接向法院起诉，故 A 项、B 项正确，C 项错误。如果进行诉讼并按简易程序处理，法院开庭审理时，可以申请先行调解，故 D 项正确。

81. 关于法院按公示催告程序作出的判决，下列哪些表述是正确的？

    A. 可称之为无效判决

    B. 可称之为除权判决

    C. 是可以再审的判决

    D. 利害关系人可以在判决公告之日起 1 年内起诉

【答案】BD

【解析】本题是公示催告程序的除权判决的考查。对公示催告程序作出的宣告票据无效的判决称为除权判决而非无效判决，故 A 项错误，B 项正确。《民诉意见》第 207 条规定，按照督促程序、公示催告程序、企业法人破产还债程序审理的案件以及依照审判监督程序审理后维持原判的案件，当事人不得申请再审。故 C 项错误。《民事诉讼法》第 207 条规定，利害关系人因正当理由不能在判决前向人民法院申报的，自知道或者应当知道判决公告之日起一年内，可以向作出判决的人民法院起诉。故 D 项正确。

82. 根据法律规定，权利人或利害关系人有证据证明他人正在实施或者即将实施侵犯其权利的行为，可以在起诉前向法院申请采取责令停止有关行为和财产保全的措施。下列哪些行为可以申请采取该措施？

    A. 著作权人或者与著作权有关的权利人对于侵犯著作权的行为

    B. 专利权人或者利害关系人对于侵犯其专利权的行为

    C. 商标注册人或者利害关系人对于侵犯其注册商标专用权的行为

    D. 继承人对于侵犯其应继承财产的行为

【答案】ABCD

【解析】本题考查了诉前行为禁令和财产保全措施。根据我国《著作权法》第 4 条和《商标法》第 7 条以及《专利法》第 151 条，它们都规定了保护知识产权的诉前临时措施，即知识产权人或者与知识产权有关的权利人有证据证明他人正在实施或者即将实施侵犯其权利的行为，如不及时制止将会使其合法权益受到难以弥补的损害的，可以在起诉前向法院申请采取责令停止有关行为和财产保全的措施。故 A 项、B 项、C 项正确。依据《民事诉讼法》第 93 条关于诉前财产保全的规定，利害关系人因情况紧急，不立即申请财产保全将会使其合法权益受到难以弥补的损害的，可以在起诉前向人民法院申请采取财产保全措施。申请人应当提供担保，不提供担保的，驳回申请。人民法院接受申请后，必须在 48 小时内作出裁定；裁定采取财产保全措施的，应当立即开始执行。申请人在人民法院采取保全措施后 15 日内不起诉的，人民法院应当解除时产保全。故 D 项正确。

83. 齐某被宏大公司的汽车撞伤，诉至法院要求赔偿损失。下列关于本案举证责任的哪些说法是正确的？

   A. 原告齐某应当举证证明是被宏大公司的汽车所撞受伤

   B. 原告齐某应当对自己受到的损失承担举证责任

   C. 被告宏大公司应当对其上张的自己没有过错承担举证责任

   D. 被告宏大公司应当对其主张的原告齐某有主观故意承担举证责任

【答案】ABD

【解析】本题涉及了民事诉讼中举证责任的分配的问题。根据《最高人民法院关于民事诉讼证据的若干规定》第 2 条规定，当事人对自己提出的诉讼请求所依据的事实或者反驳对方诉讼请求所依据的事实有责任提供证据加以证明。没有证据或者证据不足以证明当事人的事实主张的，由负有举证责任的当事人承担不利后果。本案中原告齐某应当举出证据证明自己受到的损害事实，被告宏大公司的侵权行为和自己的损害之间的因果联系，被告宏大公司无需证明自己没有过错，交通事故中机动车致行人侵害适用无过错原则。故 A 项、B 项正确，C 项错误。但是如果宏大公司为反驳原告提出齐某有主观故意的话则需提出证据加以证明，故 D 项正确。

84. 根据民事诉讼法和有关司法解释，当事人可以约定下列哪些事项？

   A. 约定合同案件的管辖法院

   B. 约定离婚案件的管辖法院

   C. 约定举证时限

   D. 约定合议庭的组成人员

【答案】AC

【解析】本题考查了当事人可以约定的事项。根据《民事诉讼法》第 25 条、第 244 条的规定，涉外合同纠纷或涉外财产权益纠纷的双方当事人可约定案件的管辖法院，离婚等身份关系的案件的当事人不能选择案件的管辖法院。故 A 项符合题意，B 项不对。《最高人民法院关于民事诉讼证据的若干规定》第 33 条第 2 款规定，举证期限可以由当事人协商一致，并经人民法院认可。故 C 项符合题意。合议庭的组成人员由人民法院决定，当事人无权选择，故 D 项不符合题意。

85. 下列关于仲裁裁决的哪些观点是正确的？

A. 当事人可以请求仲裁庭根据双方的和解协议作出裁决

B. 仲裁庭可以根据双方当事人达成的调解协议作出裁决

C. 仲裁裁决应当根据仲裁庭多数仲裁员的意见作出，形不成多数意见的，由仲裁委员会讨论决定

D. 仲裁裁决一经作出立即发生法律效力

【答案】ABD

【解析】本题考查了仲裁裁决的问题。根据我国《仲裁法》第 49 条规定，当事人申请仲裁后，可以自行和解。达成和解协议的，可以请求仲裁庭根据和解协议作出裁决书，也可以撤回仲裁申请。效 A 项正确。第 51 条第 2 款规定，调解达成协议的，仲裁庭应当制作调解书或者根据协议的结果制作裁决书。调解书与裁决书具有同等法律效力。故 B 项正确。第 53 条规定，裁决应当按照多数仲裁员的意见作出，少数仲裁员的不同意见可以记入笔录。仲裁庭不能形成多数意见时，裁决应当按照首席仲裁员的意见作出。故 C 项错误。第 57 条规定，裁决书自作出之日起发生法律效力。故 D 项正确。

86. 下列哪些民事案件法院不予调解？

A. 适用公示催告程序的案件

B. 请求确认婚姻无效的案件

C. 请求确认收养无效的案件

D. 选民资格案件

【答案】ABCD

【解析】本题考查了有关调解的知识。根据《最高人民法院关于人民法院民事调解工作若干问题的规定》第 2 条规定，对于有可能通过调解解决的民事案件，人民法院应当调解。但适用特别程序、督促程序、公示催告程序、破产还债程序的案件，婚姻关

系、身份关系确认案件以及其他依案件性质不能进行调解的民事案件，人民法院不予调解。故本题应选 ABCD。

87. 根据民事诉讼法的规定，下列哪些情况下，法院应当裁定终结执行？

　　A. 申请执行人撤销申请

　　B. 据以执行的法律文书被撤销

　　C. 追索赡养费案件的权利人死亡

　　D. 案外人对执行标的提出了确有理由的异议

【答案】ABC

【解析】本题考查的是执行终结，考生应区分中止执行和终结执行的不同情形，这也是历年司法考试经常涉及的内容。根据我国《民事诉讼法》第 235 条规定，有下列情形之一的，人民法院裁定终结执行：（一）申请人撤销申请的；（二）据以执行的法律文书被撤销的；（三）作为被执行人的公民死亡，无遗产可供执行，又无义务承担人的；（四）追索赡养费、扶养费、抚育费案件的权利人死亡的；〔五〕作为被执行人的公民因生活困难无力偿还借款，无收入来源，又丧失劳动能力的；（六）人民法院认为应当终结执行的其他情形。故 A 项、B 项、C 项正确。第 234 条规定，案外人对执行标的提出确有理由的异议的，人民法院应当裁定中止执行。故 D 项不选。

88. 某大学 4 名师生联名起诉甲公司污染某条大河，请求判决甲公司出资治理该河流的污染。起诉者除列了 4 名师生外，还列了该河流中的某著名岛屿作为原告，法院没有受理。对此下列哪些说法符合法律规定？

　　A. 只有自然人和法人能够成为民事诉讼当事人

　　B. 本案当事人不适格

　　C. 本案属于侵权诉讼，被污染河段流经地区的法院均有管辖权

　　D. 本案起诉属于公益诉讼，现行民事诉讼法没有规定

【答案】BCD

【解析】本题考查了当事人的确定、诉讼类型、地域管辖等知识点。根据《民事诉讼法》第 49 条第 1 款规定，公民、法人和其他组织可以作为民事诉讼的当事人。故 A 项错误。由于现行民事诉讼法没有规定公益诉讼，按照《民事诉讼法》第 108 条的规定，原告是与本案有直接利害关系的公民、法人和其他组织，本案中的 4 名师生并不是大河污染的直接受害者，因此属于不适格的当事人，而河流中的岛屿不具有诉讼主体资格，故 B 项、D 项符合题意。本案从性质上来讲属于环境污染侵权诉讼，按照

《民事诉讼法》第29条的规定，因侵权行为提起的诉讼，由侵权行为地或者被告住所地人民法院管辖。因此被污染河段流经地区的法院均有管辖权，故C项符合题意。

89. 根据民事诉讼法的规定，第二审程序与审判监督程序具有下列哪些区别？

   A. 第二审程序与审判监督程序合议庭的组成形式不尽相同

   B. 适用第二审程序以开庭审理为原则，而适用审判监督程序以书面审理为原则

   C. 第二审程序中法院可以以调解方式结案，而适用审判监督程序不适用调解

   D. 适用第二审程序作出的裁判是终审裁判，适用审判监督程序作出的裁判却未必是终审裁判

【答案】AD

【解析】本题考查了二审程序和审判监督程序的异同根据。《民事诉讼法》第41条规定，人民法院审理第二审民事案件，由审判员组成合议庭。合议庭的成员人数，必须是单数。发回重审的案件，原审人民法院应当按照第一审程序另行组成合议庭。审理再审案件，原来是第一审的，按照第一审程序另行组成合议庭；原来是第二审的或者是上级人民法院提审的，按照第二审程序另行组成合议庭。二审合议庭必须由审判员组成，而原来是一审的审判监督程序合议庭中可以有人民陪审员，故A项正确。无论是第二审程序还是审判监督程序都以开庭审理为原则，故B项错误。在审判监督程序中也可适用调解，故C项错误。根据《民事诉讼法》第184条的规定，人民法院按照审判监督程序再审的案件，发生法律效力的判决、裁定是由第一审法院作出的，按照第一审程序审理，所作的判决、裁定，当事人可以上诉，故D项正确。

90. 在民事诉讼中，法院对下列哪些事项可以不经当事人申请而作出处理？

   A. 诉讼中裁定财产保全

   B. 决定回避

   C. 甲裁定移送管辖

   D. 裁定先予执行

【答案】ABC

【解析】本题考查了诉讼中法院可依职权处理的事项。根据我国《民事诉讼法》第92条第1款规定，人民法院对于可能因当事人一方的行为或者其他原因，使判决不能执行或者难以执行的案件，可以根据对方当事人的申请，作出财产保全的裁定；当事人没有提出申请的，人民法院在必要时也可以裁定采取财产保全措施。故A项正确。根据《最高人民法院关于审判人员严格执行回避制度的若干规定》第1条的规定，

审判人员具有法定的回避事由的应当自行回避，当事人及其法定代理人也有权要求他们回避，故 B 项正确。《民事诉公法》第 36 条规定，人民法院发现受理的案件不属于本院管辖的，应当移送有管辖权的人民法院，受移送的人民法院应当受理。故 C 项正确。根据《民事诉讼法》第 97 条的规定，人民法院裁定先予执行，须依当事人的申请。故 D 项错误。

三、不定项选择题，每题所给的选项中有一个或一个以上正确答案，不答、少答或多答均不得分。本部分 91-100 题，每题 2 分，共 20 分。

（一）

房地产开发企业甲急欲销售其开发的某住宅区的最后 1 套别墅，遂打电话向乙、丙、丁发出售房要约，并声明该要约的有效期为 1 个月。要约发出后第 10 日，甲与乙签订买卖合同并交付该别墅，乙支付了全部房款，但未办理产权变更登记。第 21 日，甲与不知情的丙签订买卖合同并办理了产权变更登记。第 25 日，甲又与不知情的丁签订了买卖合同。第 26 日，该别墅被意外焚毁。请回答 91-93 题。

91. 下列关于甲、乙、丙之间关系的何种表述是正确的？

   A. 甲、乙之间买卖合同有效

   B. 甲、丙之间买卖合同无效，因该合同损害乙的利益

   C. 甲不应向丙承担不能交付房屋的违约责任，因为房屋系意外焚毁

   D. 丙应负担房屋被焚毁的风险

【答案】A

【解析】本题涉及现实生活中"一房多卖"的情况。其核心还是房屋买卖合同的负担行为与房屋所有权转让的处分行为之间的区别。本题中甲与乙之间的买卖合同是双方真实意思的表示且没有其他合同生效的阻却事由，故合同成立生效，故 A 项正确。甲与丙之间的买卖合同是双方真实意思的表示，且丙为善意，所以合同成立生效，故 B 项错误。《合同法》第 107 条规定，当事人一方不履行合同义务或者履行合同义务不符合约定的，应当承担继续履行、采取补救措施或者赔偿损失等违约责任。我国合同法对于违约适用的是严格责任，除不可抗力可以免除违约责任之外，只要当事人一方不展行合同义务或者履行合同义务不符合约定的就应当承担违约责任，因此甲应当向丙承担不能交付房屋的违约责任，故 C 项错误。《合同法》第 142 条规定，标的物

毁损、灭失的风险，在标的物交付之前由出卖人承担，交付之后由买受人承担，但法律另有规定或者当事人另有约定的除外。由于甲没有向丙交付房屋，所以丙不应当负担房屋被焚毁的风险，故 D 项错误。

92. 下列关于甲、丁之间买卖合同的何种表述是正确的？

    A. 合同因欺诈而可撤销

    B. 合同因自始履行不能而无效

    C. 合同因无权处分而效力待定

    D. 如果合同被撤销，则甲应向丁承担缔约过错责任

【答案】ACD

【解析】本题涉及效力待定合同和可撤销的合同的问题。选项 A 关于合同撤销中对欺诈以及相应法律效果的考查。B 项涉及对合同自始不能履行的考查。C 项涉及对无权处分的成立要件和效果的考查。D 项涉及对缔约过失责任的考查。根据《合同法》第 51 条规定，无处分权的人处分他人财产，经权利人追认或者无处分权的人订立合同后取得处分权的，该合同有效。甲与丙间的买卖合同合法有效，且办理了产权变更登记，所以丙已取得房屋的所有权，所以甲之后与丁订立买卖合同时不具有处分权，故其与丁间的合同因无权处分而效力待定，故 C 项正确。同时，甲在与丁订立合同时隐瞒了房屋所有权已转移的事实，构成欺诈，合同因欺诈而可撤销，丁撤销合同后可要求甲承担缔约过失责任。故 A、D 项正确。

93. 下列关于乙的权利义务的何种表述是正确的？

    A. 若房屋未焚毁，丙有权要求乙搬离房屋

    B. 若房屋未焚毁，法院应确认该房屋为乙所有

    C. 乙对房屋的占有为善意、自主占有

    D. 乙应向丙赔偿因房屋焚毁而造成的损失

【答案】AC

【解析】选项 AB 涉及对房屋所有权取得的考查。选项 C 涉及对占有的考查。尽管甲与乙之间的买卖合同合法有效且乙已经取得房屋的占有，但是依照我国法律规定，不动产的所有权须登记才能转让，所以乙不能取得房屋的所有权，丙是房屋的所有权人，所以若房屋未焚毁，丙有权要求乙搬离房屋，故 A 项正确，B 项错误。乙对房屋的占有为善意、自主占有，故 C 项正确。乙对占有的房屋，负有与管理自己事务一样的注意义务，由于房屋是意外焚毁，乙不具有过错，故不应向丙赔偿因房屋焚毁而造成的损失，故 D 项错误。

（二）

甲公司出资 70%，乙公司出资 30%共同设立有限责任公司丙（注册资本 2000 万元），双方的《投资协议》约定：丙公司董事会成员为三人，第一任董事长由乙公司推荐、财务总监由甲公司推荐；股东拒绝参加股东会会议的，不影响股东会决议的效力。请回答94-96 题。

94. 若丙公司章程对《投资协议》的内容予以确认，则丙公司董事会的下列何种行为符合法律规定？

    A. 选举乙公司董事长帅某为丙公司董事长

    B. 任命公司监事、甲公司代表马某为财务总监

    C. 任命帅某为公司总经理

    D. 决定斥资 500 万元参股某广告公司

【答案】AC

【解析】本题考查了公司法有关董事会的有关规定。选举乙公司董事长帅某为丙会司董事长符合丙公司章程的规定，也符合法律规定，故 A 项符合题意。根据《公司法》第 52 条的规定，董事、高级管理人员不得兼任监事，任命公司监事、甲公司代表马某为财务总监不符合法律规定，故 B 项不符合法律规定。《公司法》第 51 条第 1 款规定，股东人数较少或者规模较小的有限责任公司，可以设一名执行董事，不设董事会。执行董事可以兼任公司经理。任命帅某为公司总经理符合法律规定，故 C 项符合题意。根据《公司法》第 16 条的规定，公司向其他企业投资，依照公司章程的规定，由董事会或者股东会、股东大会决议。章程没有约定的，董事会无权决定公司的投资事项。所以决定斥资 500 万元参股某广告公司不符合法律规定，故 D 项不将合题意。

95. 丙公司成立后签订了收购乙公司资产的合同并已支付部分价款。甲公司为获得丙公司的经营控制权，于某日提请召开临时董事会，该次临时董事会作出的下列何种决议违反公司法的规定？

    A. 收购乙公司资产的未付价款暂停支付

    B. 同意甲公司代表秦某辞去丙公司监事职务，改任丙公司董事

    C. 任命秦某担任丙公司总经理

    D. 解除帅某的公司总经理职务

【答案】B

【解析】根据《公司法》第 38 条的规定，选举和更换非由职工代表担任的董事、监事，决定有关董事、监事的报酬事项应由股东会决定，故临时董事会同意甲公司代表秦某辞去丙公司监事职务，改任丙公司董事违反公司法的规定，而 A、C、D 项所列事项依公司法董事会可以做出决定。故本题应选 B。

96. 为控制丙公司，秦某以甲公司的名义和丙公司董事的名义提请召开临时股东会，并于合法时间内通知了乙公司，乙公司和帅某未到会。秦某与代表甲公司的另一董事决定由秦某主持会议，并作出了更换公司董事和董事长的临时股东会决议。下列关于该股东会决议效力的何种说法是正确的？

    A. 该股东会提议程序违法，故决议无效

    B. 该股东会召集和主持程序违法，故决议无效

    C. 该股东会无乙公司参加，故决议无效

    D. 该股东会程序合法，且乙公司是自动弃权，故决议有效

【答案】B

【解析】本题考查了公司法中有关股东会的规定。根据《公司法》第 40 条的规定，代表十分之一以上表决权的股东提议召开临时会议的，应当召开临时会议。但秦某无权以甲公司的名义和丙公司董事的名义提请召开临时股东会。《公司法》第 41 条第一款规定："有限责任公司设立董事会的，股东会会议由董事会召集，董事长主持；董事长不能履行职务或者不履行职务的，由副董事长主持；副董事长不能履行职务或者不履行职务的，由半数以上董事共同推举一名董事主持。"故秦某与代表甲公司的另一董事决定由秦某主持会议不符合法律规定。故该股东会召集和主持程序违法，故决议无效。所以本题的答案是 B。

（三）

    刘某从海塘公司购买红木家具 1 套，价款为 3 万元，双方签订合同，约定如发生纠纷可向北京仲裁委员会申请仲裁。交付后，刘某发现该家具并非红木制成，便向仲裁委员会申请仲裁，请求退货。请回答 97-100 题。

97. 双方在仲裁过程中对仲裁程序所作的下列何种约定是有效的？

    A. 双方不得委托代理人

    B. 即使达不成调解协议，也以调解书的形式结案

C. 裁决书不写争议事实和裁决理由

D. 双方对裁决不得申请撤销

【答案】C

【解析】本题考查了仲裁程序中当事人可以约定的事项。根据《仲裁法》第29条规定，当事人、法定代理人可以委托律师和其他代理人进行仲裁活动。委托律师和其他代理人进行仲裁活动的，应当向仲裁委员会提交授权委托书。委托代理人是仲裁法规定的双方当事人享有的法定权利。不得约定排除，所以 A 项约定无效。根据《仲裁法》第51条第1款规定，仲裁庭在作出裁决前，可以先行调解。当事人自愿调解的，仲裁庭应当调解。调解不成的，应当及时作出裁决。因此双方不能约定即使达不成调解协议，也以调解书的形式结案，故 B 项约定无效。根据《仲裁法》第 54 条的规定，当事人协议不愿写明争议事实和裁决理由的，可以不写。故 C 项约定有效。根据《仲裁法》第 5 章的规定，申请撤销仲裁裁决是双方当事人的法定权利，不能通过约定排除，故 D 项约定无效。

98. 向海塘公司提供木材的红木公司可以以何种身份参加该案件的仲裁程序?

A. 证人

B. 第三人

C. 鉴定人

D. 被申请人

【答案】A

【解析】本题考查了仲裁程序中证人的问题。证人是了解案件情况并向法院提供证词的人。包括单位证人和自然人证人。与民事诉讼程序不同，仲裁庭基于当事人的仲裁协议而获得对案件的管辖权，因此仲裁程序中不存在第三人，故 B 项错误。红木公司与海塘公司和刘某的合同纠纷没有直接的法律联系，故不能作为当事人参加仲裁，故 D 项错误。《仲裁法》第 44 条第 1 款的规定，仲裁庭对专门性问题认为需要鉴定的，可以交由当事人约定的鉴定部门鉴定，也可以由仲裁庭指定的鉴定部门鉴定。因此红木公司也不能作为鉴定人参加仲裁，故 C 项错误。故本题应选 A。

99. 如果裁决退货，海塘公司不服，可以以何种方式获得救济?

A. 向仲裁委员会所在地的中级人民法院申请撤销仲裁裁决

B. 向本公司所在地的中级人民法院申请撤销仲裁裁决

C. 向仲裁委员会所在地的中级人民法院申请裁定不予执行

D. 向执行法院申请裁定不予执行

【答案】AD

【解析】本题涉及对仲裁裁决的撤销与不予执行的考查。根据《仲裁法》第 58 条的规定，当事人具有法律规定情形的，可以向仲裁委员会所在地的中级人民法院申请撤销裁决，故 A 项正确，B 项错误。根据《民事诉讼法》第 217 条的规定，被申请人提出证据证明仲裁裁决具有法定情形的，经受申请执行的人民法院组成合议庭审查核实，裁定不予执行。故 C 项错误，D 项正确。

100. 如果仲裁过程中海塘公司向仲裁委员会提交了双方在交付家具时签订的《补充协议》，该协议约定将纠纷处理方式变更为诉讼，这种情况下仲裁委员会应当如何处理？

A. 仲裁委员会有权对是否继续仲裁审理作出裁决

B. 仲裁委员会应当裁决驳回仲裁申请，当事人可向法院起诉

C. 仲裁委员会应当继续仲裁，裁决作出后当事人可以以没有有效的仲裁协议为由申请撤销仲裁裁决

D. 仲裁委员会应当继续仲裁，裁决作出后当事人不得以没有有效的仲裁协议为由申请撤销仲裁裁决

【答案】D

【解析】本题涉及对仲裁协议的效力的考查。根据《仲裁法》第 22 条的规定，当事人对仲裁协议的效力有异议的，可以请求仲裁委员会作出决定或者请求人民法院作出裁定。一方请求仲裁委员会作出决定，另一方请求人民法院作出裁定的，由人民法院裁定。因此，本案中海塘公司对仲裁协议的效力有异议，应当在仲裁庭首次开庭前提出。由于已经开始仲裁，所以仲裁庭应当继续审理。并且裁决作出后当事人不得以没有有效的仲裁协议为由申请撤销仲裁裁决。本题的正确答案是 D。（而司法部的答案为 AB）

2006 年国家司法考试　试卷四

提示：本试卷为分析、论述题。请将各题答案书写在答题纸的对应位置上，勿在卷面上直接作答。

一、（本题 1 分）

案情： 王某与甲公司于 2004 年 2 月签订合同，约定王某以 40 万元向甲公司购买 1 辆客车，合同签订之日起 1 个月内支付 30 万元，余款在 2006 年 2 月底前付清，并约定在王某付清全款之前该车所有权仍属甲公司。王某未经其妻同意，以自家住房（婚后购买，房产证登记所有人为王某）向乙银行抵押借款 30 万元，并办理了抵押登记。王某将 30 万元借款支付给甲公司后购回客车。王某请张某负责跟车经营，并商定张某按年终纯收人的 5% 提成，经营中发生的一切风险责任由王某承担。

　　2005 年 6 月，该车营运途中和一货车相撞，车内乘客李某受重伤，经救治无效死亡。客车因严重受损被送往丁厂修理，需付费 3 万元。经有关部门认定，货车驾驶员唐某违章驾驶，应对该交通事故负全责。后王某以事故责任在货车方为由拒付修理费，丁厂则拒绝交车。2005 年 12 月，因王某借款到期未还，乙银行申请法院对该客车采取财产保全措施，并请求对王某住房行使抵押权。

问题：

　　1. 王某和张某之间是否成立合伙关系？为什么？

　　2. 乙银行能否对王某住房行使抵押权？为什么？

　　3. 丁厂拒绝交车是否合法？为什么？

　　4. 王某应否对李某的继承人承担支付赔偿金的责任？为什么？

　　5. 法院对客车采取财产保全措施是否合法？为什么？

　　6. 唐某应否承担刑事责任？为什么？

1. **【答案】** 不成立合伙关系，因王某聘请张某属于雇佣关系，张某既未出资，也不承担风险，不符合合伙关系的特征。

　　【解析】《民法通则》第 30 条规定："个人合伙是指两个以上公民按照协议，各自提供资金、实物、技术等，合伙经营、共同劳动。在本案中，王某请张某负责跟车经营，并商定张某按年终纯收人的 5% 提成，经营中发生的一切风险责任由王某承担。"很显然，张某未提供资金、实物等出资，也不承担风险。所以，王张二人之间未形成合伙关系。

2. 【答案】不能，因为该住房属于王某夫妻共同财产，未经共有权人其妻的同意进行抵押，该抵押无效。

【解析】抵押，是指债务人或者第三人不转移对标的物的占有，将该财产作为债权的担保。债务人不履行债务时，债权人有权依照法律规定以该财产折价或者以拍卖、变卖该对产的价款优先受偿。在本案中，"王某未经其妻同意，以自家住房（婚后购买，房产证登记所有人为王某）向乙银行抵押借款 30 万元，并办理了抵押登记。"根据《婚姻法》第 17 条第 2 款的规定，夫妻对共同所有的时产，有平等的处理权。再根据《担保法解释》第 54 条第 2 款的规定，共同共有人以其共有财产设定抵押，未经其他共有人的同意，抵押无效。因此本题中，该抵押行为.无效。

3. 【答案】合法，因为丁厂作为承揽人可行使留置权或同时履行抗辩权。

【解析】留置，是指依照法律规定，债权人按照合同约定占有债务人的动产，债务人不按照合同约定的期限履行债务的，债权人有权依照法律规定留置该财产，以该财产折价或者以拍卖、变卖该财产的价款优先受偿。依据《担保法》第 84 条的规定，因保管合同、运输合同、加工承揽合同发生的债权，债务人不履行债务的，债权人有留置权。本案中，王某请丁厂修理汽车，两者形成承揽合同法律关系。其根据在于我国《合同法》第 251 条明确规定，承揽合同是承揽人按照定作人的要求完成工作，交付工作成果，定作人给付报酬的合同。承揽包括加工、定作、修理、复制、测试、检验等工作。又根据上述担保法的规定，丁厂拒绝交车的行为是合法的，因为其享有留置权。所以，"王某以事故责任在货车方为由拒付修理费"，丁厂因享有留置权得拒绝交车。

《合同法》第 66 条规定，当事人互负债务，没有先后履行顺序的，应当同时履行。一方在对方履行之前有权拒绝其履行要求。一方在对方履行债务不符合约定时，有权拒绝其相应的履行要求。在本案中，王某与丁厂之间为双务合同，交付修理好的车辆与支付修理费构成对待义务且履行义务没有先后。丁厂有权在王某支付修理费以前行使同时履行抗辩权而拒绝交车。

4. 【答案】应当，因为王某与李某之间成立运输合同关系，王某应承担违约责任或侵权责任，对李某的赔偿实行无过错责任原则。

【解析】运输合同是承运人将旅客或者货物从起运地点运输到约定地点，旅客、托运人或者收货人支付票款或者运输费用的合同。《合同法》的第 302 条规定，承运人应当对运输过程中旅客的伤亡承担损害赔偿责任，但伤亡是旅客自身健康原因造成的或者承运人证明伤亡是旅客故意、重大过失造成的除外。在本案中，李某与王某之间形成了运输合同法律关系, 王某作为承运人应当对运输过程中旅客李某的死亡承担损害赔偿责任, 且李某的死亡依据案情显然不是其自身原因或其故意、重大过失造成的。鉴于李某已经死亡, 王某应对李某的继承人承担支付赔偿金的责任。

根据《合同法》第 122 条的规定, 因当事人一方违约行为, 侵害时方人身财产权益的, 受损害方有权选择依照本法要求其承担违约责任或者依照其他法律要求其承担侵权责任。因此, 受害方也可对王某提起侵权之诉。

5. 【答案】合法, 因该客车所有权虽然属于甲公司, 但王某支付了大部分价款对该车享有一定的权益, 该车属于与案件有关的财物。

【解析】《民事诉讼法》第 93 条明确规定, 利害关系人因情况紧急, 不立即申请财产保全将会使其合法权益受到难以弥补的损害的, 可以在起诉前向人民法院申请采取财产保全措施。申请人应当提供担保, 不提供担保的, 驳回申请。第 94 条规定, 财产保全限于请求的范围, 或者与本案有关的财物。在本案中, 王某与甲公司约定: "王某付清全款之前该车所有权仍属甲公司": 但是, 王某支付了大部分价款时该车享有一定的权益, 该车属于与案件有关的财物。依据《民事诉讼法》第 94 条的规定, 法院所采取的财产保全措施是合法的。

6. 【答案】唐某应当承担刑事责任, 因唐某违章驾驶, 造成 1 人死亡的严重后果, 构成交通肇事罪。

【解析】《最高人民法院关于审理交通肇事刑事案件具体应用法律若干问题的解释》第 2 条第 1 款规定: "交通肇事具有下列情形之一的, 处三年以下有期徒刑或者拘役: (一) 死亡一人或者重伤三人以上, 负事故全部或者主要责任的; (二) 死亡三人以上, 负事故同等责任的; (三) 造成公共财产或者他人财产直接损失, 负事故全部或者主要责任.无能力赔偿数额在三十万元以上的。"

在本案中, 货车驾驶员唐某违章驾驶, 造成死亡一人的交通事故, 并且其应对此事故负全责。所以。唐某的行为构成交通肇事罪, 应当承担刑事责任。

二、(本题 20 分)

案情: 甲公司签发金额为 1000 万元、到期日为 2006 年 5 月 30 日、付款人为大满公司的汇票一张, 向乙公司购买 A 楼房。甲乙双方同时约定: 汇票承兑前, A 楼房不过户。

其后, 甲公司以 A 楼房作价 1000 万元、丙公司以现金 1000 万元出资共同设立丁有限公司。某会计师事务所将未过户的 A 楼房作为甲公司对丁公司的出资予以验资。丁公司成立后占有使用 A 楼房。

2005 年 9 月，丙公司欲退出丁公司。经甲公司、丙公司协商达成协议：丙公司从丁公司取得退款 1000 万元后退出丁公司；但顾及公司的稳定性，丙公司仍为丁公司名义上的股东，其原持有丁公司 50% 的股份，名义上仍由丙公司持有 40%，其余 10% 由丁公司总经理贾某持有，贾某暂付 200 万元给丙公司以获得上述 10% 的股权。丙公司依此协议获款后退出，据此，丁公司变更登记为：甲公司、丙公司、贾某分别持有 50%、40% 和 10% 的股权；注册资本仍为 2000 万元。

丙公司退出后，甲公司要求丁公司为其贷款提供担保，在丙公司代表未到会、贾某反对的情况下，丁公司股东会通过了该担保议案。丁公司遂为甲公司从 B 银行借款 500 万元提供了连带责任保证担保，同时，乙公司亦将其持有的上述 1000 万元汇票背书转让给陈某。陈某要求丁公司提供担保，丁公司在汇票上签注："同意担保，但 A 楼房应过户到本公司。"陈某向大满公司提示承兑该汇票时，大满公司在汇票上批注："承兑，到期丁公司不垮则付款。"

2006 年 6 月 5 日，丁公司向法院申请破产获受理并被宣告破产。债权申报期间，陈某以汇票未获兑付为由、贾某以替丁公司代垫了 200 万元退股款为由向清算组申报债权，B 银行也以丁公司应负担保责任为由申报债权并要求对 A 楼房行使优先受偿权。同时乙公司就 A 楼房向清算组申请行使取回权。

问题：

  1. 丁公司的设立是否有效？为什么？

  2. 丙退出丁公司的做法是否合法？为什么？

  3. 丁公司股东会关于为甲公司提供担保的决议是否有效？为什么？

  4. 陈某和贾某所申报的债权是否构成破产债权？为什么？

  5. 银行和乙公司的请求是否应当支持？为什么？

  6. 各债权人若在破产程序中得不到完全清偿，还可以向谁追索？他们各自应承担什么责任？

1. 【答案】有效。甲公司以未取得所有权之楼房出资仅导致甲公司承担出资不实的法律责任，不影响公司设立的效力。

  【解析】《公司法》第 28 条规定，股东应当按期足额缴纳公司章程中规定的各自所认缴的出资额。股东以货币出资的，应当将货币出资足额存入有限责任公司在银行开设的账户；以非货币财产出资的，应当依法办理其财产权的转移手续。股东不按照前款规定缴纳出资的，除应当向公司足额缴纳外，还应当向已按期足额缴纳出资的股东承担违约责任。因此，甲公司以未取得所有权之楼房出资，应当承担出资不实的法律责任。但是，丁公司的设立符合《会司法》第 23 条规定的各项条件，（一）股东符合法定人数；（二）股东出资达到法定资本最低限额；（三）股东共同制定会司章程；（四）有公司名称，建立符合有限责任公司要求的组织机构；（五）有公司住所。因而，丁会司的设立是有效的。

2. 【答案】不合法。丙公司的行为实为抽逃公司资金。

【解析】《公司法》第 36 条明确规定，公司成立后，股东不得抽逃出资：本案中，丙公司从丁公司取得退款 1000 万元后退出丁公司。违反了上述规定。所以，丙公司的做法是不合法的。

3. 【答案】无效。该担保事项应由无关联关系的股东表决决定。

【解析】我国《公司法》第 16 条对公司对外提供担保做出如下规定，公司向其他企业投资或者为他人提供担保，依照公司章程的规定，由董事会或者股东会、股东大会决议；公司章程对投资或者担保的总额及单项投资或者担保的数额有限额规定的，不得超过规定的限额。公司为公司股东或者实际控制人提供担保的，必须经股东会或者股东大会决议。前款规定的股东或者受前款规定的实际控制人支配的股东，不得参加前款规定事项的表决。该项表决由出席会议的其他股东所持表决权的过半数通过。

根据上述规定，丁公司为本公司的股东甲公司提供担保，须经股东会决议，并且甲公司不得参与该事项的表决，该表决由出席会议的其他股东所持表决权的过半数通过。丁公司股东会关于为甲公司提供担保的决议不符合法律规定，因而是无效的。

4. 【答案】陈某的申报构成破产债权。丁公司时汇票的保证有效；大满公司实为拒绝承兑，陈某对丁公司享有票据追索权。贾某的申报不构成破产债权。贾某的 200 万元是对丁公司的出资，公司股东不得以出资款向公司主张债权。

【解析】破产债权，指于破产宣告前成立的，只能通过破产程序才能得以公平清偿的债权。我国《票据法》第 48 条规定，保证不得附有条件；附有条件的，不影响时汇票的保证责任。陈某要求丁公司提供担保，丁公司在汇票上签注："同意担保，但 A 楼房应过户到本公司。"根据上述规定，虽然丁公司在为该汇票提供保证时附有条件，但这并不影响时汇票的保证责任。所以，丁公司要对汇票承担保证责任。陈某在丁公司破产时，申报的债权构成破产债权。

《最高人民法院关于审理企业破产案件若干问题的规定》第 61 条中规定，破产企业的股权、股票持有人在股权、股票上的权利不属于破产债权。在本案中，丁公司经过变更后，贾某成为公司股东，并向其出资 200 万元。这 200 万元作为股东的出资，不能申报破产债权。

5. 【答案】B 银行申报破产债权的申请应当支持，但无权优先受偿。丁公司与 B 银行签订的担保合同有效，故 B 银行破产债权成立；但该担保是保证担保，B 银行不享有担保物权，无权优先受偿。乙公司的请求应当支持。乙公司仍是 A 楼房的产权人，故其可依法收回该楼房。

【解析】别除权，是指债权人不依破产程序，而由破产财产中的特定财产单独优先受偿的权利。别除权是担保物权在破产程序中的转化形式。而在本案中，丁公司为甲公司从 B 银行借款 500 万元提供了连带责任保证担保。保证担保不是担保物权，因此 B 银行无优先受偿权。另外，丁公司决议的担保行为虽无效，但是公司内部行为不能对抗善意第三人 B 银行，银行可以向丁公司主张担保责任。

《最高人民法院关于审理企业破产案件若干问题的规定》第 71 条中规定，债务人基于仓储、保管、加工承揽、委托交易、代销、借用、寄存、租赁等法律关系占有、使用的他人财产，不属于破产财产。丁公司虽然占有该楼房，但该房属于乙公司所有。所以，乙公司有权取回该楼房。

6. 【答案】债权人可以向甲公司、丙公司和某会计师事务所追索。甲公司虚假出资，丙公司非法抽逃资金，应对债权人承担连带责任；某会计师事务所明知丁公司设立时甲公司出资不实，仍予验资，应在其虚假验资的范围内承担责任。

【解析】《最高人民法院关于审理企业破产案件若干问题的规定》第 66 条规定，债务人的开办人注册资金投入不足的，应当由该开办人予以补足，补足部分属于破产财产。甲公司在设立丁公司时，出资不足，应当承担法律责任。所以各债权人有权向甲会司追索。《公司法》第 31 条规定，有限责任公司成立后，发现作为设立会司出资的非货币财产的实际价额显著低于公司章程所定价额的，应当由交付该出资的股东补足其差额；公司设立时的其他股东承担连带责任。据此，丙公司应对各债权人承担连带责任，《公司法》208 条规定，承担资产评估、验资或者验证的机构因其出具的评估结果、验资或者验证证明不实，给公司债权人造成损失的，除能够证明自己没有过错的外，在其评估或者证明不实的金额范围内承担赔偿责任。据此，该会计师事务所应在其虚假验资的范围内承担责任。

三、（本题 18 分）

案情：老方创作的纪实小说《村支书的苦与乐》，以某县吴村村支部书记吴某为原型进行创作，其中描述了他与村霸林申（以林甲为原型）之间斗智斗勇的冲突场面。小说在《山南海北》杂志发表后，林甲认为小说将村支书作为正义的化身进行描述，将自己作为"村霸"进行刻画，侵犯其名誉权。林甲起诉老方，请求赔偿经济损失 2 万元并赔礼道歉。

法院受理本案后，追加杂志社为共同被告。由于林甲死亡，法院变更其子林乙为原告，其后又准许林乙将请求赔偿经济损失的数额变更为 3 万元。一审过程中，被告提出了当地镇党委处理林甲相关问题的决定（档案材料）作为证据，证明小说的描述有事实根据。一审判决认为，镇党委办公室虽然给老方提供了处理决定（档案材料），但并未明确同意可据此创作小说，故该材料不能作为证据；同时认为，杂志社编辑与作家老方和林甲虽不认识，难以核实有关事实，但也不能免除侵权责任，故认定老方和杂志社构成侵权，判决赔偿经济损失 3 万元，并在《山南海北》上刊登小说情节失实的声明以消除影响。判决未涉及赔礼道歉的问题。

　　林乙、老方和杂志社均提出了上诉，二审法院经过书面审查，未接触当事人，直接裁定撤销原判发回重审。一审法院经过重审，判决支持了原告的全部诉讼请求，双方当事人均未再提出上诉。老方和杂志社在判决确定的期限内履行了赔偿义务，但拒绝赔礼道歉。

问题：

　　1. 林甲起诉后能否申请法院责令杂志社停止本期的发行？依据何在？

　　2. 林乙在诉讼结束后能否另案起诉，请求老方赔偿精神损害？为什么？

　　3. 如何评价法院在一审程序中的做法？

　　4. 如何评价法院一审判决？为什么？

　　5. 本案二审当事人的诉讼地位应当如何确定？如何评价二审法院裁定发回重审的程序？

　　6. 若林乙对赔礼道歉的判决内容申请强制执行，法院对本案义务人可采取哪些措施？

1. 【答案】可以。适用民事诉讼法关于先予执行的规定。

　　【解析】《民事诉讼法》第 97 条规定："人民法院对下列案件，根据当事人的申请，可以裁定先予执行：（一）追索赡养费、扶养费、抚育费、抚恤金、医疗费用的；（二）追索劳动报酬的；（三）因情况紧急需要先予执行的。"《民诉意见》第 107 条规定："民事诉讼法第九十七条第（三）项规定的紧急情况，包括：（1）需要立即停止侵害、排除妨碍的；（2）需要立即制止某项行为的；（3）需要立即返还用于购置生产原料、生产工具货款的；（4）追索恢复生产、经营.急需的保险理赔费的。"根据上述规定，林某在起诉后，判决做出前，为了立即制止杂志社的侵权行为，有权向法院申请先予执行，请求法院责令杂志社停止本期的发行。

2. 【答案】不可以。当事人在诉讼中未提出的请求，诉讼结束后又基于同一事实另行起诉的，法院不予受理。

　　【解析】《最高人民法院关于确定民事侵权精神损害赔偿责任若干问题的解释》第 6

条规定："当事人在慢权诉讼中没有提出赔偿精神损害的诉讼请求,诉讼终结后又基于同一侵权事实另行起诉请求赔偿精神损害的,人民法院不予受理。"所以,林乙在诉讼终结后不能另行提起诉讼要求老方承担精神损害赔偿责任。

3. 【答案】不应当追加被告,法院应根据原告的起诉确定被告;林乙作为继承人有权承担林甲的诉讼权利义务,法院变更为原告是正确的;林乙有权对诉讼请求进行变更,法院应予准许。

【解析】《民事诉讼法》第11条规定,必须共同进行诉讼的当事人没有参加诉讼的,人民法院应当通知其参加诉讼。同时依据最高人民法院《关于审理名誉权案件若干问题的解答》第6条的规定,本案中法院不应当追加被告,应根据原告的起诉确定被告。第13条第1款第(一)项规定,一方当事人死亡,需要等待继承人表明是否参加诉讼的,人民法院应当中止诉讼。《民诉意见》第44条规定:"在诉讼中,一方当事人死亡,有继承人的,裁定中止诉讼。人民法院应及时通知继承人作为当事人承担诉讼,被继承人已经进的诉讼行为对承担诉讼的继承人有效。"据此,法院在林甲死亡时,变更其子林乙为原告的做法是合适的。《民事诉讼法》第52条规定:"原告可以放弃或者变更诉讼请求。"所以,林乙有权对诉讼请求进行变更,法院应予准许。

4. 【答案】一审判决认为镇党委的档案材料不能作为证据是不正确的,该证据具有真实性、合法性和关联性,可以作为证据;一审判决消除影响超出了起诉请求,是错误的;一审判决遗漏了赔礼道歉的起诉请求,是错误的。

【解析】证据是指在民事诉讼过程中能够证明案件事实的各种客观事实材料。证据必须与待证事实具有关联性,并且要符合法律要求,应当具有合法性;证据是客观存在的事实,要具有客观性。《民诉证据规定》第64条对审判人员知何认定证据做出了明确规定。"审判人员应当依照法定程序,全面、客观地审核证据,依据法律的规定,遵循法官职业道德。运用逻辑推理和日常生活经验,对证据有无证明力和证明力大小独立进行利断,并公开判断的理由和结果。"一审法院认为,镇党委办公室虽然给老方提供了处理决定,但并未明确同意可据此创作小说,故不将该材料作为证据的做法是不合法的。该证据具有客观性、合法性、关联性,审判人员应当依据法定程序,全面客观地进行审核。而不应当以镇党委办公室未同意"可据此创作小说"为由,不作为证据材料使用。

法院应当根据诉讼请求进行裁判,不能超过诉讼请求进行裁判。同时,法院也不应当遗漏诉讼请求。原告起诉时并未要求消除影响,而一审判决消除影响超出了起诉请求,是错误的。原告起诉时要求被告赔偿经济损失2万元并赔礼道歉。而一审判决未涉及赔礼道歉的问题。遗漏了原告的诉讼请求。

5. **【答案】**二审应将林乙、老方和杂志社都确定为上诉人。直接发回重审欠妥，可以就赔礼道歉的起诉请求一并调解，调解不成的才应当发回重审。

【解析】《民诉意见》第 176 条规定："双方当事人和第三人都提出上诉的，均为上诉人。"林乙、老方和杂志社均提出了上诉，据此，该三人均为上诉人。《民诉意见》第 182 条规定："对当事人在一审中已经提出的诉讼请求，原审人民法院未作审理、判决的，第二审人民法院可以根据当事人自愿的原则进行调解，调解不成的，发回重审。"据此，二审法院可以就赔礼道歉的起诉请求，根据当事人自愿的原则进行调解，调解不成的发回重审。

6. **【答案】**可以责令支付迟延履行金；可以罚款、拘留；可以采取公告、登报等方式，公布判决主要内容，费用由被执行人负担。

【解析】《民诉意见》第 231 条规定："对判决、裁定和其他法律文书指定的行为，被执行人未按执行通知履行的，人民法院可以强制执行或者委托有关单位或者其他人完成，费用由被执行人承担。"法院做出判决后，老方和杂志社在判决确定的期限内履行了赔偿义务，但拒绝赔礼道歉。林乙对赔礼道歉的判决内容申请强制执行时，法院有权根据上述规定，将判决的内容在有关报纸上刊登，其费用由义务人承担。《民事诉讼法》第 232 条规定："被执行人未按判决、裁定和其他法律文书指定的期间履行给付金钱义务的，应当加倍支付迟延履行期间的债务利息。被执行人未按判决、裁定和其他法律文书指定的期间履行其他义务的，应当支付迟延履行金。"所以，法院可以责令义务人支付延迟履行金。《民事诉讼法》第 102 条规定，诉讼参与人或者其他人有下列行为的，人民法院可以根据情节轻重予以罚款、拘留；构成犯罪的，依法追究刑事责任：拒不履行人民法院已经发生法律效.力的判决、裁定的。因此，法院可以对义务人进行罚款和拘留。

四、（本题 26 分）

案情：甲在 2003 年 10 月 15 日见路边一辆面包车没有上锁，即将车开走，前往 A 市。行驶途中，行人乙拦车要求搭乘，甲同意。甲见乙提包内有巨额现金，遂起意图财。行驶到某偏僻处时，甲谎称发生故障，请乙下车帮助推车。乙将手提包放在面包车座位上，然后下车。甲乘机发动面包车欲逃。乙察觉出甲的意图后，紧抓住车门不放，被面包车拖行 10 余米。甲见乙仍不松手并跟着车跑，便加速疾驶，使乙摔倒在地，造成重伤。乙报警后，公安机关根据汽车号牌将甲查获。

讯问过程中，虽有乙的指认并查获赃物，但甲拒不交待。侦查人员丙在这种情况下丁对此十分气愤，对甲进行殴打，造成甲轻伤甲供述了以上犯罪事实，同时还交待了其在 B 市所犯的以下罪行: 2003 年 6 月的一天,甲于某小学放学之际,在校门前拦截了一名一年级男生,将其骗走,随即带该男生到某个体商店,向商店老板购买价值 5000 余元的高档烟酒。在交款时,甲声称未带够钱,将男生留在商店,回去拿钱交款后再将男生带走。商店老板以为男生是甲的儿子便同意了。甲携带烟酒逃之夭夭,公安机关查明,甲身边确有若干与甲骗来的烟酒名称相同的烟酒,但未能查找到商店老板和男生。

本案移送检察机关审查起诉后,甲称其认罪口供均系侦查人员丙、丁对他刑讯逼供所致,推翻了以前所有的有罪供述。经检察人员调查核实,确认了侦查人员丙、丁对甲刑讯逼供的事实。

问题: 请根据我国刑法和刑事诉讼法的有关规定,对上述案例中甲、丙、丁的各种行为及相关事实分别进行分析,并提出处理意见。

1. **【答案】**甲开走他人面包车的行为构成盗窃罪,即使面包车没有锁,但根据社会的一般观念,该车属于他人占有的财物,而非遗忘物。

   【解析】《刑法》第 264 条规定了盗窃罪,该条指出:"盗窃公私财物,数额较大或者多次盗窃的,处三年以下有期徒刑、拘役或者管制,并处或者单处罚金;数额巨大或者有其他严重情节的,处三年以上十年以下有期徒刑,并处罚金;数额特别巨大或者有其他特别严重情节的,处十年以上有期徒刑或者无期徒刑,并处罚金或者没收财产;有下列情形之一的,处无期徒刑或者死刑,并处没收财产:〔一〕盗窃金融机构,数额特别巨大的;(二)盗窃珍贵文物,情节严重的。"据此,盗窃罪可以定义为以非法占有为目的,秘密窃取数领较大的公私对物或者多次盗窃的行为。在本案中,甲见路边一辆面包车没有上锁,即将车开走,前往 A 市的行为。是以非法占有为目的,采用秘密窃取的方式窃取他人财物,构成盗窃罪。

2. **【答案】**甲对乙的行为构成抢劫罪,甲虽然开始打算实施抢夺,但在乙抓住车门不放时,甲加速行驶的行为已经属于暴力行为,因而不是转化型抢劫,而应直接认定为抢劫罪,而且属于抢劫罪的结果加重犯。

   【解析】《刑法》第 263 条规定了抢劫罪,该条规定:"以暴力、胁迫或者其他方法抢劫公私财物的处三年以上十年以下有期徒刑,并处罚金;有下列情形之一的,处十年以上有期徒刑、无期徒刑或者死刑,并处罚金或者没收财产:……(五)抢劫致人重伤、死亡的;……"甲的暴力获取财产行为构成抢劫,同时暴力行为导致乙重伤,属于结果加重犯。

3. 【答案】甲对男生的行为构成拐骗儿童罪而不构成拐卖儿童罪。表面上看甲以儿童换取了商品，但这种行为并非属于出卖儿童，商店老板也没有收买儿童的意思。

【解析】《刑法》第 262 条规定："拐骗不满十四周岁的未成年人，脱离家庭或者监护人的，处五年以下有期徒刑或者拘役。"据此，拐骗儿童罪，指拐骗不满 14 周岁的未成年人，使其脱离家庭或者监护人的行为。刑法第 240 条指出：拐卖儿童罪是指"以出卖为目的，有拐骗、绑架、收买、贩卖、接送、中转儿童的行为之一的"。但甲在将男生留在商店时并无出卖的故意，也不会造成出卖的后果，只是想骗取老板的信任从而得到高档烟酒，因而是诈骗行为。

4. 【答案】甲对商店老板的行为构成诈骗罪。

【解析】《刑法》第 2 条规定："诈骗公私财物，数额较大的；处三年以下有期徒刑、拘役或者管制，并处或者单处罚金；数额巨大或者有其他严重情节的，处三年以上十年以下有期徒刑，并处罚金；数额特别巨大或者有其他特别严重情节的，处十年以上有期徒刑或者无期徒刑，并处罚金或者没收财产。本法另有规定的，依照规定。"诈骗罪，是指以非法占有为目的，捏造事实、隐瞒真相而骗取他人财物的行为。

5. 【答案】丙、丁对甲的行为构成刑讯逼供罪。

【解析】《刑法》第 247 条规定："司法工作人员对犯罪嫌疑人、被告人实行刑讯逼供或者使用暴力逼取证人证言的，处三年以下有期徒刑或者拘役。致人伤残、死亡的，依照本法第二百三十四条、第二百三十二条的规定定罪从重处罚。"《最高人民检察院关于人民检察院直接受理立案侦查案件立案标准的规定（试行）》三〔三〕规定："刑讯逼供罪是指司法工作人员对犯罪嫌疑人、被告人使用肉刑或者变相肉刑逼取口供的行为。"（2006 年 7 月 2 日公布的《最高人民检察院关于渎职侵权犯罪案件立案标准的规定》也对此予以了规定。）在本案中，丙丁在讯问甲的过程中，因甲拒不交待。侦查人员丙、丁时此十分气愤，对甲进行殴打，造成甲轻伤。丙丁作为司法工作人员，为了逼取口供而对犯罪嫌疑人甲使用肉刑致其轻伤，符合刑讯逼供罪的构成要件。构成刑讯逼供罪。

6. 【答案】根据最高人民法院、最高人民检察院的有关司法解释关于非法证据排除规则的规定，虽然甲翻供，但对于甲盗窃面包车、抢劫乙的巨额财物的犯罪行为仍可认定，但拐骗儿童罪、诈骗罪只有口供，没有其他证据证明，因而不能成立。

【解析】我国《刑事诉讼法》第 43 条规定："审判人员、检察人员、侦查人员必须依照法定程序，收集能够证实犯罪嫌疑人、被告人有罪或者无罪、犯罪情节轻重的各种证据。严禁刑讯逼供和以威胁、引诱、欺骗以及其他非法的方法收集证据。必须保证一切与案件有关或者了解案情的公民，有客观地充分地提供证据的条件，除特殊情况外，并且可以吸收他们协助调查。"《高法刑诉解释》第 61 条规定："严禁以非法的方法收集证据。凡经查证确实属于采用刑讯逼供或者威胁、引诱、欺骗等非法的方法取得的证人证言、被害人陈述、被告人供述，不能作为定案的根据。"《高检刑诉规则》第 265 条规定："严禁以非法的方法收集证据。以刑讯逼供或者威胁、引诱、欺骗等非法的方法收集的犯罪嫌疑人供述、被害人陈述、证人证言，不能作为指控犯罪的根据。"上述规定，确立了我国的非法收集的言词证据排除规则。据此，丙丁二人采用刑讯逼供的方法收集到的犯罪嫌疑人甲的供述，不能作为证据使用。

7. 【答案】因拐骗儿童罪、诈骗罪不能认定，甲的特别自首也不成立。

【解析】《刑法》第 67 条第 2 款规定："被采取强制措施的犯罪嫌疑人、被告人和正在服刑的罪犯，知实供述司法机关还未掌握的本人其他罪行的，以自首论。"知上所述，因拐骗儿童罪、诈骗罪不能认定，甲的特别自首也不成立。

五、（本题 35 分）

2002 年 7 月，某港资企业投资 2.7 亿元人民币与内地某市自来水公司签订合作合同，经营该市污水处理。享有规章制定权的该市政府为此还专门制定厂《污水处理专营管理办法》，对港方作出一系列承诺，并规定政府承担污水处理费优先支付和差额补足的义务，该办法至合作期结束时废止。

2005 年 2 月市政府以合作项目系国家明令禁止的变相对外融资举债的"固定回报"项目，违反了《国务院办公厅关于妥善处理现有保证外方投资固定回报项目有关问题的通知》的精神，属于应清理、废止、撤销的范围为由，作出"关于废止《污水处理专营管理办法》的决定"，但并未将该决定告知合作公司和港方。港方认为市政府的做法不当，理由是：其一，国务院文件明确要求，各级政府对涉及固定回报的外商投资项目应"充分协商"、"妥善处理"，市政府事前不做充分论证，事后也不通知对方，违反了文件精神；其二，1998 年 9 月国务院通知中已明令禁止审批新的"固定回报"项目，而污水处理合作项目是 2002 年经过市政府同意、省外经贸厅审批、原国家外经贸部备案后成立的手续齐全、程序合法的项目。

请问：

1. 运用行政法原理对某市政府的上述做法进行评论；

2. 结合上述事件论述依法治国和公平正义的法治理念。

答题要求：

1. 观点明确，论证充分，逻辑严谨，文字通顺；

2. 不少于 600 字。

【答案】

1. 该市政府的行为是违法的，从根本上说违背了诚信政府的基本品质与对公民信赖利益的保护。港商之所以在合作项目中注入巨资，有一个很重要的原因就是相信政府，因为该项目经过各级政府和主管部门同意，手续齐全、程序合法。市政府还专门制定了《污水处理专营管理办法》。应该说，港商对政府文件和当事人之间签署的合作合同的合法性深信不疑。

　　制定和撤销、废止行政规章是政府的法定职权。特别是当市政府发现自己制定的规章与国家法律、法规不一致时，出于国家法制统一和公共利益的需要，可以废止已经生效的规章和其他规范性文件。但是，必须看到，废止文件不单是政府一家的事情，而是涉及千家万户的大事，必须遵照依法行政和合法信赖利益保护原则谨慎定夺，而不能仗着政府权大，或者一切个人利益必须让位于公共利益的老思路任意妄为。

　　表面上看，本案市政府是在贯彻上级指示，严格依法行政，纠正不当文件。而实际上，该行为已经侵犯了相对人的信赖利益。

　　首先，该项目是否属于国务院政策明令禁止要求妥善处理的事项并不清楚；

　　其次，即使《污水处理专营管理办法》违反了国务院的规定，属于必须废除的文件，责任也完全在政府本身，而不是毫无过错的投资人。

　　第三，即使该文件确属需要废止的违法不当文件，也要经过正当程序，依法补偿信赖利益遭受损失的投资商，而不能置投资人的合理期待与信赖利益于不顾，随意"废止"自己制定发布的文件，更不能未经对方同意，单方面撕毁合作合同。如果政府为了"依法行政"，废止已经生效的文件，执意收回自己的承诺，改变原来的行政行为，那么，就必须证明这种做法所获得的公共利益必然大于信守原来承诺给相对人带来的利益。如果能够做到这一点的话，政府可以改变或者收回其承诺，但也必须时相对人由此遭受的损失承担补偿责任。

2. 依法治国的精义在于依法行政。该事件折射出来的就是政府不能依法行政，则依法治国的效果就要大打折扣，而公平正义的理念也就无法实现。

　　依法行政的基本要求与目标在于：

　(1) 合法行政。行政机关实施行政管理，应当依照法律、法规、规章的规定进行；没有法律、法规、规章的规定，行政机关不得作出影响公民、法人和其他组织合法权益或者增加公民、法人和其他组织义务的决定。本案中的政府随意废止规范性文件而不履行告知和补偿的义务，就是在程序和实体上都有违法的情况。

(2) 合理行政。行政机关实施行政管理，应当遵循公平、公正的原则。要平等对待行政管理相对人，不偏私、不歧视。行使自由裁量权应当符合法律目的，排除不相关因素的干扰；

所采取的措施和手段应当必要、适当；行政机关实施行政管理可以采用多种方式实现行政目的的，应当避免采用损害当事人权益的方式。本案中政府行为应该确保相对方的合理期待得到保证，应该遵守比例原则的。

(3) 程序正当。行政机关实施实行行政管理，除涉及国家秘密和依法受到保护的商业秘密、个人隐私的外，应当公开，注意听取公民、法人和其他组织的意见；要严格遵循法定程序，依法保障行政管理相时人、利害关系人的知情权、参与权和救济权。行政机关工作人员履行职责，与行政管理相时人存在利害关系时，应当回避。具体到本案，政府废止规范性文件，必须首先履行告之的义务，这是对于基本的程序正义的要求。

(4) 诚实守信。行政机关公布的信息应当全面、准确、真实。非因法定事由并经法定程序，行政机关不得撤销、变更已经生效的行政决定；因国家利益、公共利益或者其他法定事由需要撤回或者变更行政决定的，应当依照法定权限和程序进行，并对行政管理相对人因此而受到的财产损失依法予以补偿。对信赖利益的漠视是本案政府最大的违法之处。政府诚信的关键就在于对于相对人的受益不能随意剥夺，以免破坏相对人的合理预期。

(5) 权责统一。行政机关依法履行经济、社会和文化事务管理职责，要由法律、法规赋予其相应的执法手段。行政机关违法或者不当行使职权，应当依法承担法律责任，实现权力和责任的统一。依法做到执法有保障、有权必有责、用权受监督、违法受追究、侵权须赔偿。本案中，政府不能只行使公权力，对于生效的规范性文件一撤了之，而不承担任何补偿责任。《行政许可法》第8条实际上已经明确规定，即便因为合法原因废止相关许可或规范性文件，政府对于公民都必须承担相应的补偿责任。

六、（本题 35 分）

某民法典第一条规定："民事活动，法律有规定的，依照法律；法律没有规定的，依照习惯；没有习惯的，依照法理。"

请问：

1. 比较该条规定与刑法中"法无明文规定不为罪"原则的区别及理论基础；

2. 从法的渊源的角度分析该条规定的涵义及效力根据；

3.从法律解释与法律推理的角度分析该条规定在法律适用上的价值与条件。

答题要求：

　　1.在上述 3 个问题中任选其一作答，或者自行选择其他角度作答；

　　2.在分析、比较、评价的基础上，提出观点并运用法学知识阐述理由；

　　3.观点明确，论证充分，逻辑严谨，文字通顺；

　　4.不少于 600 字。

1.　【答案】该条明确规定了民法的渊源和民事活动的规则体系，与刑法上的"法无明文规定不为罪"的原则形成鲜明的对比。

　　　　从该条的规定，我们可以看出民法的渊源和民事活动的规则是多元的，不仅仅包括制定法，而且包括习惯和法理。在成文法国家，法官在解决民事争议时，首先应当按照法律的规定进行裁判.但是，在法律没有明文规定的情况下，法官也不能以此为借口而拒绝裁判。法官可以依据习惯、求助法理而对民事争议做出妥善的解决。与此截然相反的情况是，刑事活动要严格按照法律的明文规定进行，严格遵守罪刑法定的原则，即要求"法无明文规定不为罪，法无明文规定不处罚"。在解决被追诉者的刑事责任问题时，司法工作人员必须严格按照法律的规定进行立案、侦查、起诉、审判和执行活动。不能根据习惯，更不能依据法理从事上述行为。

　　　　之所以存在上述的分歧，是因为民事活动与刑事追诉活动的性质存在本质的区别。民事活动要最大限度地尊重当事人的自由意志，贯彻意思自治的原则。当事人有权利按照自己的意志来安排自己的私人生活。只要当事人没有违反法律的强制性规定，法律就不应当时其活动横加干涉。并且，法律具有局限性，不可能对纷繁复杂的民事活动规定得一概无余。在审理新型的民事案件时，法律可能会出现漏洞。此时，法官就要诉诸习惯、甚至是法理来求得时该争议的公正合理解决。只有这样，才能创造出丰富多彩、生动活泼的市民社会生活，才能充分完善地发展每个人的人格。而在刑事追诉活动中，必须严格遵守法律规定，这是尊重和保障人权、防止司法擅断的根本要求。刑事追诉活动对公民的人身、自由、财产及其他权利的影响甚巨。一不留神，就可能造成冤假错案，给个人及其家庭、甚至整个社会造成难以弥补的损失。所以，刑事追诉活动要严格依法办事，不能滥用自由裁量权。

　　　　综上所述，为了尊重当事人的自由意志、充分发展个人人格，民事.活动的规则是多元的，包括法律、习惯和法理等。而为了尊重和保障人权、防止司法擅断，刑事追诉活动一定要严格依法进行，切实贯彻"法无明文规定不为罪"的原则。

　　【解析】本题具有极强的理论深度和难度。

　　　　我国《民法通则》第 6 条和第 7 条规定，民事活动必须遵守法律，法律没有规定的，应当遵守国家政策。民事活动应当尊重社会公德，不得损害社会公共利益，破坏国家经济计划，扰乱社会经济秩序。我国《合同法》第125条规定，当事人对合同条款的理解有争议的，应当按照合同所使用的词句、合同的有关条款、合同的目的、交易习惯以及诚实信用原则，确定该条款的真实意思。上述几条规定从一定程度上，反映了我国民事活动的规则体系包括法律和习惯，而对于法理作为民法渊源和民事活动规则的地位，没有给与承认。这种观点也体现在司法部的《2006年国家司法考试大纲》中。该大纲民法部分第一章第三节民法的渊源部分，明确地开列了我国民法的渊源为制定法与习惯。

我国《刑法》第3条规定："法律明文规定为犯罪行为的，依照法律定罪处刑；法律没有明文规定为犯罪行为的，不得定罪处刑。"该条规定确立了我国的罪行法定原则。该原则的理论基础是宪法所确立的尊重和保障人权的理念和原则。尊重人权原则要求为了保障公民的自由，应当使公民能够事先预见自己行为的法律效果。因此，对于什么样的行为构成犯罪，对犯罪应该怎样处罚，必须由法律明文规定。保障人权原则要求，刑事追诉活动必须依法进行，不得滥用自由裁量权，防止司法擅断。

本题的设问一，要求考生论述该条规定与刑法"法无明文规定不为罪"原则的区别及其理论基础；这要求考生具有扎实的法学理论功底，对民法和刑法的基本原则具有深刻的理解，对市民社会活动规则和国家活动规则有着清楚的区分。

2. **【答案】**法的渊源通常是指法的效力渊源，即形式意义上的法的渊源，指一定的国家机关依照法定职权和程序制定或认可的具有不同法的效力和地位的法的表现形式。该民法典的规定体现了制定法、习惯、法理三大渊源，三者之间相互作用、密切联系，共同构成了该条规定的效力体系。

在这个效力体系中，三大渊源的地位不是并列的，而是按照一定的价值位阶呈现出梯度排列，并由此构成了法的适用"轨迹"。其中，制定法居于效力位阶的首位，具有优先适用性，在制定法明确规定的情况下排除习惯和法理的适用；习惯居于效力位阶的第二位，当且仅当在制定法没有明确规定的情况下可以直接适用习惯并排除对法理的适用；法理居于效力位阶的末位，当且仅当制定法和习惯都缺乏明确规定的情况下才可加以适用。

三大渊源的价值位阶、适用梯度与其在法律效力体系中的地位和作用相关联，由此形成了体现法律价值判断的效力依据。其中，制定法体现了国家时民事主体行为的最低限度的强制性规制，因而具有排除其他法的渊源的效力；习惯与制定法相比，一方面具有补充制定法规定缺失的功能，在相当程度上体现了意思自治的民法理念，另一方面也可以经权力机关认可而上升为法律，从而具有法定强制性；法理与制定法和习惯相比，更侧重于"兜底"性功能，即在制定法和习惯难以调整某种法律关系的情况下，通过法学理论的推演达到相片公正、科学的法的适用效果，从而实现法的价值的个案平衡。

综上，该民法典之规定对法的渊源的阐释体现出了法的价值位阶原则和个案平衡原则，科学地诠释了三大渊源的内在联系和相互关系，并在一定程度上体现出法从习惯到习惯法，再从习惯法到制定法的历史发展进程。

【解析】该民法典的规定主要体现了制定法、习惯、法理三大渊源，三者之间的内在联系是分析该条文、阐释其效力依据的关键。应该看到，三大渊源的价值位阶、适用梯度的形成根源于社会经济政治制度、法律制度及法制传统等社会存在，并与其在法律效力体系中的地位和作用相关联，由此形成了体现一定法律地位和价值判断的效力依据。

3. 【答案】该条明确规定了法官解决民事争议时，适用民事活动规则的顺序。对我国的民事司法活动及法律工作者进行法律解释与法律推理具有借鉴意义。

法律解释，就是对法律的含义进行说明和解析。法律推理，就是运用法律理由来进行论辩的过程和活动。法律解释和法律推理是法律活动的主要内容。尤其是在解决法律争议、进行司法裁判时，两者更成为这些法律活动的实质和中心内容。我们都知道，法律不是万能的，法律不可能穷尽社会生活的所有情况。这一点尤其体现在民事活动领域。面对丰富多彩、纷繁复杂的民事生活，法律往往显得力不从心。当遇到法律没有明文规定的新型民事案件时，法官就要求助习惯和法理。我国《合同法》第125 条规定："当事人时合同条款的理解有争议的，应当按照合同所使用的词句、合同的有关条款、合同的目的、交易习惯以及诚实信用原则，确定该条款的真实意思。"这在一定程度上承认了习惯可以作为我国民法的渊源。

从法律解释和法律推理的角度分析。本条的规定具有三个层次的重要意义：首先，肯定了法律的局限性，承认了制定法存在漏洞；其次，明确了民法的渊源及其适用顺序。第三，要求法官不得以"法无明文规定"为由拒绝裁判。该条在法律适用上提出了三个条件：第一，"民事活动，法律有规定的，依照法律"。这里的"有法律"是民事活动适用法律的前提条件。所谓"有法律"，在民事活动领域，不限于法律的明文规定，应当还包括可推知的规定。第二，"民事活动，法律没有规定的，依照习惯"。这里"依照习惯"的条件是有"无法律"和"有习惯"。"法律没有规定的"是指法律既没有明文规定，也不能从法律可推知的规定中找到依据。这里的"习惯"，指习惯法，是人们经过长期反复实践而受其约束的行为惯式。第三，"民事活动，没有习惯的，依照法理。"这里"依照法理"的条件包括"无法律"、"无习惯"

和"有法理"。关于法律和习惯的理解如前所述。这里的"法理"指对某问题达成的通常和一般的认识，尤指公认的学说和原理。

由上可知，该规定在民事法律适用上具有重要的价值。在适用该条进行法律解释与法律推理解决法律争议时，也要注意如上所述的各种限制条件。

【解析】本题的设问三，要求考生从法律解释与法律推理的角度对条文在法律适用中的价值与条件进行论述：对考生的理论功底要求非常高。考生需要对法律解释与法律推理的含义、规则等具有深刻的理解。要时该条文时法律适用的价值进行分析，对法律适用的条件进行概括。考生需要透彻地分析该条文的逻辑结构，对条文中的关键词——"法律"、"习惯"和"法理"作出深刻剖析。充分论述三种渊源的适用顺序与条件。

2007 年

大陸國家司法考試試題與解析

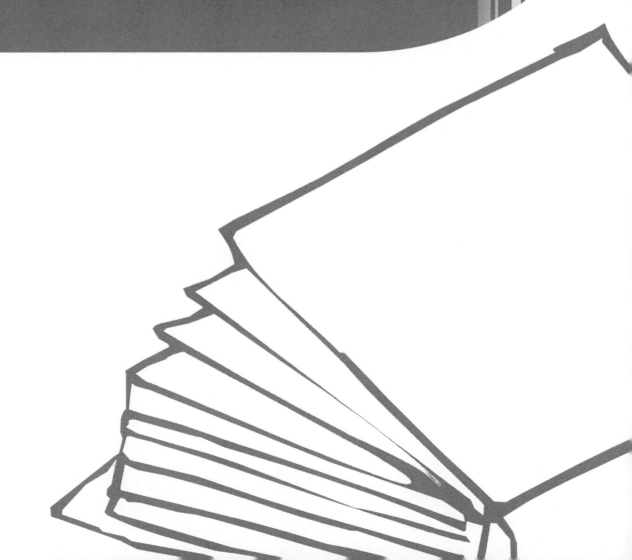

2007 年国家司法考试　试卷一

一、单项选择题，每题所给的选项中只有一个正确答案。本部分 1-50 题，每题 1 分，共 50 分。

1. 马克思曾说："社会不是以法律为基础，那是法学家的幻想。相反，法律应该以社会为基础。法律应该是社会共同的，由一定的物质生产方式所产生的利益需要的表现，而不是单个人的恣意横行。"根据这段话所表达的马克思主义法学原理，下列哪一选项是正确的？

   A. 强调法律以社会为基础，这是马克思主义法学与其他派别法学的根本区别

   B. 法律在本质上是社会共同体意志的体现

   C. 在任何社会，利益需要实际上都是法律内容的决定性因素

   D. 特定时空下的特定国家的法律都是由一定的社会物质生活条件所决定的

   【答案】D

   【解析】马克思主义法学强调法律以社会为基础，但是其他派别的法学中也有的承认这一点，因此不是根本区别。马克思主义法学认为法律在本质上是统治阶级意志的体现，而非社会共同体一直的体现。最后，决定法律内容的因素是客观的社会物质生活条件（经济基础决定上层建筑），而不是利益需求。

2. 我国《宪法》第 26 条第 1 款规定："国家保护和改善生活环境和生态环境，防治污染和其他公害。"下列哪一选项是正确的？

   A. 该条文体现了国家政策，是典型的法律规则

   B. 该条文既是法律原则，也体现了国家政策的要求

   C. 该条文是授权性规则，规定了国家机关的职权

   D. 该条文没有直接规定法律后果，但仍符合法律规则的逻辑结构

   【答案】B

   【解析】法律规则必须具备假定条件、行为模式和法律后果，该条文没有设定明确的法律后果，不属于法律规则，但是该条文体现了国家政策。从该条文的内容看，它是在为国家设定义务，要求其履行特定的环境保护义务，而非授权。

3. 关于法律概念、法律原则、法律规则的理解和表述，下列哪一选项不能成立？

   A. 法律规则并不都由法律条文来表述，并非所有的法律条文都规定法律规则

   B. 法律原则最大程度地实现法律的确定性和可预测性

   C. 法律概念是解决法律问题的重要工具，但是法律概念不能单独适用

   D. 法律原则可以克服法律规则的僵硬性缺陷，弥补法律漏洞

   【答案】B

   【解析】规则与原则的主要区别在于，规则明确具体，能够最大程度地实现法律的确定性和可预测性；原则抽象宏观，可以克服法律规则的僵硬性缺陷，弥补法律漏洞。所以 B 的表述是错误的。

4. 关于法律与人权关系的说法，下列哪一选项是错误的？

   A. 人权的法律化表明人权只能是一种实有权利

   B. 保障人权是法治的核心内容之一

   C. 人权可以作为判断法律善恶的标准

   D. 法律可以保障人权的实现，但是法律并不能根除侵犯人权的现象

   【答案】A

   【解析】人权是人之为人所应当享有的基本权利，它在本质上首先是一种应然的权利，而不是实有权利。其他选项的表述都是正确的。

5. 2005 年 8 月全国人大常委会对《妇女权益保障法》进行了修正，增加了"禁止对妇女实施性骚扰"的规定，但没有对"性骚扰"予以具体界定。2007 年 4 月，某省人大常委会通过《实施〈中华人民共和国妇女权益保障法〉办法》，规定"禁止以语言、文字、电子信息、肢体等形式对妇女实行骚扰"。关于该《办法》，下列哪一选项可以成立？

   A. 《办法》对构成"性骚扰"具体行为所作的界定，属于对《妇女权益保障法》的立法解释

   B. 《办法》属于《妇女权益保障法》的下位法，按照法律高于法规的原则其效力较低

   C. 《办法》属于对《妇女权益保障法》的变通或补充规定

   D. 《办法》对"性骚扰"进行了体系解释

   【答案】B

   【解析】《妇女权益保障法》是全国人大制定的法律，其解释权在全国人大常委会，地方人大常委会的规定显然不属于立法解释。民族自治地方的人大有权制定变通或补

充性规定，某省人大常委会不具有此项权力，《办法》不是对《妇女权益保障法》的变通或补充规定。最后，《办法》对"性骚扰"进行的解释应当属于目的解释而非体系解释。所以 B 应选。

6. 关于法律语言、法律适用、法律条文和法律渊源，下列哪一选项不成立？

　　A. 法律语言具有开放性，因此法律没有确定性

　　B. 法律适用并不是适用法律条文自身的语词，而是适用法律条文所表达的意义

　　C. 法律适用的过程并不是纯粹的逻辑推理过程，而有法律适用者的价值判断

　　D. 社会风俗习惯作为非正式的法律渊源，可以支持对法律所作的解释

　　【答案】A

　　【解析】就现代法律而言，确定性是其重要属性，否则法律的社会调整功能就无从发挥。

7. 下列哪一选项体现了法律的可诉性特征？

　　A. 下一级的规范性法律文件因与上一级的规范性法律文件冲突而被宣布无效

　　B. 公民和法人可以利用法律维护自己的权利

　　C. "一国两制"原则体现在《香港特别行政区基本法》的制定过程中

　　D. 道德规范上升为法律规范

　　【答案】B

　　【解析】法律的可诉性是指公民、法人和其他组织可以利用法律来解决纠纷、维护自身权益，B 项符合法律可诉性的内涵。

8. 关于公元前 359 年商鞅在秦国变法，下列哪一选项是正确的？

　　A. 商鞅取消郡县制，实行分封制，剥夺了旧贵族对地方政权的垄断权

　　B. 商鞅"改法为律"，突出了法律规范的伦理基础

　　C. 商鞅推行"连坐"制度，鼓励臣民相互告发奸谋

　　D. 商鞅提出"轻罪重刑"，反对赦免罪犯，认为凡有罪者皆应受罚

　　【答案】D

　　【解析】A 项的表述与商鞅变法的内容恰恰相反。"改法为律"，强调法律规范的普遍性，而不是突出了其伦理基础。商鞅推行"连坐"制度，其主要适用于邻里之间，和鼓励臣民相互告发奸谋还不完全一致。所以 D 应选。

9. 关于唐律中五刑，下列哪一选项是正确的？

　　A. 笞刑、羞辱刑、流放刑、经济刑、死刑

B. 笞刑、徒刑、流放刑、株连刑、死刑

C. 笞刑、杖刑、徒刑、流刑、死刑

D. 杖刑、徒刑、流刑、肉刑、死刑

【答案】C

【解析】本题为单纯的记忆题，C符合继受了《开皇律》刑制的唐律之内容。

10. 关于中国古代婚姻家庭与继承法律制度，下列哪一选项是错误的？

A. 西周时期"七出"、"三不去"的婚姻解除制度为宗法制度下夫权专制的典型反映，然而"三不去"制度更着眼于保护妻子权益

B. 西周的身份继承实行嫡长子继承制，而财产继承则实行诸子平分制

C. 宋承唐律，但也有变通，如《宋刑统》规定，夫外出3年不归、6年不通问，准妻改嫁或离婚

D. 宋代法律规定遗产除由兄弟均分外，允许在室女享有部分的财产继承权

【答案】B

【解析】西周的身份继承实行嫡长子继承制，但是在财产继承方面则没有诸子平分的做法。

11. 关于清末"预备立宪"，下列哪一选项可以成立？

A. 1908年颁布的《钦定宪法大纲》作为中国近代史上第一部宪法性文件，确立了资产阶级民主共和国的国家制度

B. 《十九信条》取消了皇权至上，大大缩小了皇帝的权力，扩大了国会与内阁总理的权力

C. 清末成立的资政院是中国近代第一届国家议会

D. 清末各省成立了谘议局作为地方督抚的咨询机关，权限包括讨论本省兴革事宜、预决算等

【答案】D

【解析】《钦定宪法大纲》的特点是皇权至上，不可能确立资产阶级民主共和国的国家制度。《十九信条》在形式上缩小了皇帝的权力，相对扩大了议会与总理的权力，但仍然强调皇权至上。清末成立的资政院是一个中央参谋咨询机构，与近现代的国家议会有着根本性的区别。

12. 关于古罗马法与近代欧洲大陆法律制度的关系，下列哪一选项是正确的？

    A. 在罗马法复兴运动中成长起来的法学家阶层，为近代民法的形成发挥了重要的作用

    B. 大陆法系国家民法中的法人制度和民商分立制度发源于古代罗马法时代

    C. 近现代法律中的"法律面前人人平等"原则之规定没有受到罗马私法精神的影响

    D. 《德国民法典》采用了潘德克顿法学派按照《十二铜表法》阐发的民法体例

【答案】A

【解析】德国民法典创立了法人制度，与古代罗马法的法人制度完全不同。近现代法律中的"法律面前人人平等"原则受到了罗马私法精神的影响。《德国民法典》采用了潘德克顿法学派的观点，按照《学说汇纂》阐发的民法体例来制定。所以 A 应选。

13. 关于英国陪审制度，下列哪一选项是错误的？

    A. 陪审制度是民主原则在英国司法中的具体体现

    B. 陪审团既可以就案件事实部分进行判决，又可以对法律的适用提出意见

    C. 陪审团的裁决一般不能上诉，但当法官认为陪审团的裁决存在重大错误时，可以撤销该陪审团，重新组织陪审团审判

    D. 进入现代社会以来，由于对司法效率的日益重视，陪审制度的运用逐渐受到了限制

【答案】B

【解析】陪审团审理的基础就在于法律问题与事实问题的区分。陪审团负责事实问题，而法官则适用法律。

14. 根据宪法和国家赔偿法的规定，我国国家赔偿实行的是哪种归责原则？

    A. 过错原则

    B. 无过错原则

    C. 违法原则

    D. 违法原则为主，过错原则为辅

【答案】C

【解析】根据《国家赔偿法》第 2 条的规定，国家机关和国家机关工作人员违法行使职权侵犯公民、法人和其他组织的合法权益造成损害的，受害人有依照本法取得国家赔偿的权利。据此，我国的国家赔偿实行的是违法原则。

15. 根据我国宪法规定，关于决定特赦，下列哪一选项是正确的？

    A. 中华人民共和国国家主席决定特赦

    B. 全国人民代表大会常务委员会决定特赦

    C. 全国人民代表大会决定特赦

    D. 决定特赦是我国最高行政机关的专有职权

    【答案】B

    【解析】《宪法》第 67 条规定："全国人民代表大会常务委员会行使下列职权：……（十七）决定特赦；……"

16. 全国人大常委会是全国人大的常设机关，根据宪法规定，全国人大常委会行使多项职权，但下列哪一职权不由全国人大常委会行使？

    A. 解释宪法，监督宪法的实施

    B. 批准省、自治区、直辖市的建置

    C. 废除同外国缔结的条约和重要协定

    D. 审批国民经济和社会发展计划以及国家预算部分调整方案

    【答案】B

    【解析】《宪法》第 67 条规定："全国人民代表大会常务委员会行使下列职权：（一）解释宪法，监督宪法的实施；……（五）在全国人民代表大会闭会期间，审查和批准国民经济和社会发展计划、国家预算在执行过程中所必须作的部分调整方案；……（十四）决定同外国缔结的条约和重要协定的批准和废除；……"批准省、自治区、直辖市的建置属于全国人大的职权。

17. 根据经济和社会发展的需要，某市拟将所管辖的一个县变为市辖区。根据宪法规定，上述改变应由下列哪一机关批准？

    A. 全国人民代表大会

    B. 全国人民代表大会常务委员会

    C. 国务院

    D. 所在的省人民代表大会常务委员会

    【答案】C

    【解析】《宪法》第 89 条规定："国务院行使下列职权：……（十五）批准省、自治区、直辖市的区域划分，批准自治州、县、自治县、市的建置和区域划分；……"

18. 根据村民委员会组织法的规定，有关村规民约的下列哪一选项是正确的？

    A. 村民委员会有权制定村规民约，报乡、民族乡、镇的人民政府批准生效

    B. 村民会议有权制定村规民约，报乡、民族乡、镇的人民代表大会备案

    C. 村规民约由村民会议制定，报乡、民族乡、镇的人民政府备案

    D. 村规民约由村民委员会制定，报乡、民族乡、镇的人民政府备案

    【答案】C

    【解析】根据《村民委员会组织法》第 20 条规定，村民会议可以制定和修改村民自治章程、村规民约，并报乡、民族乡、镇的人民政府备案。

19. 依照法律规定的权限，民族乡的人民代表大会可以从事下列哪一行为？

    A. 制定自治条例和单行条例

    B. 制定具有民族特点的政府规章

    C. 自行确定经济社会发展政策

    D. 采取适合民族特点的具体措施

    【答案】D

    【解析】《地方人大组织法》第 9 条规定了乡、民族乡、镇的人民代表大会行使的职权，同时规定了少数民族聚居的乡、民族乡、镇的人民代表大会在行使职权的时候，应当采取适合民族特点的具体措施。ABC 均不属于第 9 条所规定的职权范畴。

20. 根据香港、澳门特别行政区基本法的规定，下列哪一选项是正确的？

    A. 香港特别行政区终审法院和高等法院的法官，应由在外国无居留权的香港特别行政区永久性居民中的中国公民担任

    B. 香港特别行政区的法官，根据当地法官和法律界及其他方面知名人士组成的独立委员会推荐，由行政长官征得立法会同意后任命，并报全国人民代表大会常务委员会备案

    C. 澳门特别行政区检察长由澳门特别行政区永久性居民中的中国公民担任，由行政长官提名，报中央人民政府任命

    D. 澳门特别行政区设立行政法院。行政法院是管辖行政诉讼和税务诉讼的法院。不服行政法院裁决者，可向终审法院上诉

    【答案】C

    【解析】根据《香港特别行政区基本法》第 90 条的规定，香港特别行政区终审法院和高等法院的首席法官，应由在外国无居留权的香港特别行政区永久性居民中的中国

公民担任。除本法第八十八条和第八十九条规定的程序外，香港特别行政区终审法院的法官和高等法院首席法官的任命或免职，还须由行政长官征得立法会同意，并报全国人民代表大会常务委员会备案。所以 AB 不应选。根据《澳门特别行政区基本法》第 86 条的规定，澳门特别行政区设立行政法院。行政法院是管辖行政诉讼和税务诉讼的法院。不服行政法院裁决者，可向中级法院上诉。所以 D 不应选。又根据《澳门特别行政区基本法》第 90 条的规定，澳门特别行政区检察院独立行使法律赋予的检察职能，不受任何干涉。澳门特别行政区检察长由澳门特别行政区永久性居民中的中国公民担任，由行政长官提名，报中央人民政府任命。所以 C 应选。

21. 某市政府所属有关部门的下列哪一行为违反《反不正当竞争法》的规定？

    A. 市卫生局成立的儿童保健专家组受某生产厂家委托，对其婴儿保健产品提供质量认证标志并收取赞助费

    B. 市工商局和市电视台联合举办消费者信得过产品评选活动，评选中违反公平程序而使当选的前八名全部为本市产品

    C. 市交管局规定，全市货运车辆必须在指定的两种品牌中选择安装一款车辆运行记录器，否则不予年检；其指定品牌为本地的"波浪"牌和法国的 NJK 牌

    D. 市政府决定对市酒厂减免地方税以提供财政支持

    【答案】C

    【解析】《反不正当竞争法》第 7 条规定："政府及其所属部门不得滥用行政权力，限定他人购买其指定的经营者的商品，限制其他经营者正当的经营活动。政府及其所属部门不得滥用行政权力，限制外地商品进入本地市场，或者本地商品流向外地市场。"所以 C 应选。

22. 根据《反不正当竞争法》的规定，下列哪一行为属于不正当竞争行为中的混淆行为？

    A. 甲厂在其产品说明书中作夸大其词的不实说明

    B. 乙厂的矿泉水使用"清凉"商标，而"清凉矿泉水厂"是本地一知名矿泉水厂的企业名称

    C. 丙商场在有奖销售中把所有的奖券刮奖区都印上"未中奖"字样

    D. 丁酒厂将其在当地评奖会上的获奖证书复印在所有的产品包装上

    【答案】B

    【解析】《反不正当竞争法》第 5 条规定："经营者不得采用下列不正当手段从事市场交易，损害竞争对手：（一）假冒他人的注册商标；（二）擅自使用知名商品特有的

名称、包装、装潢，或者使用与知名商品近似的名称、包装、装潢，造成和他人的知名商品相混淆，使购买者误认为是该知名商品；（三）擅自使用他人的企业名称或者姓名，引人误认为是他人的商品；（四）在商品上伪造或者冒用认证标志、名优标志等质量标志，伪造产地，对商品质量作引人误解的虚假表示。"B 选项的情形符合上述第三项。

23. 甲创办了销售电脑的个人独资企业。至 2007 年 8 月，该企业欠缴税款近 8000 元。根据《税收征收管理法》的规定，税务机关采取的下列哪一强制措施是合法的？

   A. 扣押甲已出售并交付给刘某、但刘某尚未付款的一幅字画

   B. 扣押甲一台价值 4800 元的电视机

   C. 查封甲唯一的一辆家用轿车

   D. 查封甲唯一的一套居住用房

【答案】C

【解析】《税收征收管理法》第 40 条规定："从事生产、经营的纳税人、扣缴义务人未按照规定的期限缴纳或者解缴税款，纳税担保人未按照规定的期限缴纳所担保的税款，由税务机关责令限期缴纳，逾期仍未缴纳的，经县以上税务局（分局）局长批准，税务机关可以采取下列强制执行措施：（一）书面通知其开户银行或者其他金融机构从其存款中扣缴税款；（二）扣押、查封、依法拍卖或者变卖其价值相当于应纳税款的商品、货物或者其他财产，以拍卖或者变卖所得抵缴税款。税务机关采取强制执行措施时，对前款所列纳税人、扣缴义务人、纳税担保人未缴纳的滞纳金同时强制执行。个人及其所扶养家属维持生活必需的住房和用品，不在强制执行措施的范围之内。"第 42 条规定："税务机关采取税收保全措施和强制执行措施必须依照法定权限和法定程序，不得查封、扣押纳税人个人及其所扶养家属维持生活必需的住房和用品。"《税收征收管理法实施细则》第 59 条规定："税收征管法第三十八条、第四十条所称其他财产，包括纳税人的房地产、现金、有价证券等不动产和动产。机动车辆、金银饰品、古玩字画、豪华住宅或者一处以外的住房不属于税收征管法第三十八条、第四十条、第四十二条所称个人及其所扶养家属维持生活必需的住房和用品。税务机关对单价 5000 元以下的其他生活用品，不采取税收保全措施和强制执行措施。"据此，可以直接排除 ABD。

24. 李庄和赵庄为相邻一块土地的所有权归属发生争议，李庄的村干部就此事请示乡长。乡长的下列哪一答复意见是错误的？

   A. "这件事，乡政府可以出面召集你们双方协商解决。"

B. "如果你们双方达不成协议，我们乡政府是无权处理的。"

C. "你们可以去县政府申请处理，也可以直接去县法院起诉。"

D. "在纠纷解决之前，你们双方必须维持土地利用的现状。"

【答案】C

【解析】《土地管理法》第16条规定："土地所有权和使用权争议，由当事人协商解决；协商不成的，由人民政府处理。单位之间的争议，由县级以上人民政府处理；个人之间、个人与单位之间的争议，由乡级人民政府或者县级以上人民政府处理。当事人对有关人民政府的处理决定不服的，可以自接到处理决定通知之日起三十日内，向人民法院起诉。在土地所有权和使用权争议解决前，任何一方不得改变土地利用现状。"据此，人民政府处理是前置程序，当事人不得直接起诉。如果当事人经政府处理达不成协议，可以向人民法院起诉。所以 ABD 不应选。

25. 甲小区业主大会通过媒体发布招标公告选聘物业服务公司，乙公司寄送了投标书。经评标，乙公司中标，甲向其发出中标通知书。下列哪一选项是正确的？

A. 甲发布招标公告的行为属于要约

B. 乙寄出投标书的行为属于承诺

C. 甲向乙发出中标通知书时合同即成立

D. 甲向乙发出中标通知书的行为属于承诺

【答案】D

【解析】无论公开招标或邀请招标，招标人的招标公告或投标邀请书均属于要约邀请，投标人的投标行为属于要约。所以 AB 错误。《招标投标法》第46条规定："招标人和中标人应当自中标通知书发出之日起三十日内，按照招标文件和中标人的投标文件订立书面合同。……"据此，向中标人发出中标通知书的行为属于承诺，但与一般承诺有所区别的是，此时合同尚未成立。

26. 在下列哪种情况下，用人单位延长劳动者工作时间应受到《劳动法》有关限制性规定的约束？

A. 发生自然灾害、事故或者因其他原因，威胁劳动者生命健康和财产安全，需要紧急处理的

B. 生产设备发生故障，影响生产和公众利益，必须及时抢修的

C. 交通运输线路、公共设施发生故障，影响生产和公众利益，必须及时抢修的

D. 用人单位取得大量订单，为了在短期内完成交货，必须组织突击生产的

【答案】D

【解析】《劳动法》第 42 条规定："有下列情形之一的，延长工作时间不受本法第四十一条的限制：（一）发生自然灾害、事故或者因其他原因，威胁劳动者生命健康和财产安全，需要紧急处理的；（二）生产设备、交通运输线路、公共设施发生故障，影响生产和公众利益，必须及时抢修的；（三）法律、行政法规规定的其他情形。"所以 D 应选。

27. 某建设项目进行地质勘查，需要临时使用赵村的集体土地。用地单位就此向李律师咨询。李律师的下列哪一意见是正确的？

　　A. 该临时用地应由乡（镇）级以上人民政府批准

　　B. 用地单位应当与赵村的村民委员会签订临时使用土地合同，并支付临时使用土地补偿费

　　C. 用地单位可以在地质勘查中修建永久性建筑物，但应当取得赵村同意并支付相应费用

　　D. 临时使用土地的期限一般不超过 5 年

【答案】B

【解析】《土地管理法》第 57 条规定："建设项目施工和地质勘查需要临时使用国有土地或者农民集体所有的土地的，由县级以上人民政府土地行政主管部门批准。其中，在城市规划区内的临时用地，在报批前，应当先经有关城市规划行政主管部门同意。土地使用者应当根据土地权属，与有关土地行政主管部门或者农村集体经济组织、村民委员会签订临时使用土地合同，并按照合同的约定支付临时使用土地补偿费。临时使用土地的使用者应当按照临时使用土地合同约定的用途使用土地，并不得修建永久性建筑物。临时使用土地期限一般不超过二年。"所以 B 应选。

28. 根据《环境保护法》的规定，下列哪一项是县级以上人民政府环境保护行政主管部门的职权？

　　A. 对国家环境质量标准中未作规定的项目，制定地方环境质量标准

　　B. 对国家污染物排放标准中未作规定的项目，制定地方污染物排放标准；对国家污染物排放标准中已作规定的项目，制定严于国家污染物排放标准的地方污染物排放标准

　　C. 定期发布环境状况公报

　　D. 会同有关部门对管辖范围内的环境状况进行调查和评价，拟订环境保护规划

【答案】D

【解析】《环境保护法》第9条规定："……省、自治区、直辖市人民政府对国家环境质量标准中未作规定的项目，可以制定地方环境标准，并报国务院环境保护行政主管部门备案。"所以A不应选。《环境保护法》第10条规定："……省、自治区、直辖市人民政府对国家污染物排放标准中未作规定的项目，可以制定地方污染物排放标准；对国家污染物排放标准中已作规定的项目，可以制定严于国家污染物排放标准。……"所以B不应选。《环境保护法》第11条规定："……国务院和省、自治区、直辖市人民政府的环境保护行政主管部门，应当定期发布环境公报。"所以C不应选。《环境保护法》第12条规定："县级以上人民政府的环境保护行政主管部门，应当会同有关部门对管辖范围内的环境状况进行调查和评价，拟订环境保护计划，经计划部门综合平衡后，报同级人民政府批准实施。"所以D应选。

29. 甲国1999年发生未遂军事政变，政变领导人朗曼逃到乙国。甲国法院缺席判决朗曼10年有期徒刑。甲乙两国之间没有相关的任何特别协议。根据国际法有关规则，下列哪一选项是正确的？

A. 甲国法院判决生效后，甲国可派出军队进入乙国捉拿朗曼，执行判决

B. 乙国可以给予朗曼庇护

C. 乙国有义务给予朗曼庇护

D. 甲国法院的判决生效后，乙国有义务将朗曼逮捕并移交甲国

【答案】B

【解析】庇护，又称政治避难，是指国家对于因政治原因遭受他国迫害而来避难的外国人，准其入境和居留，给以保护，并拒绝将他引渡给另一国的行为。A选项的表述错误，甲国派军队进入乙国捉拿朗曼的行为严重侵犯了乙国主权，违背了国际法的有关规则。外国人向所在国请求庇护的，所在国有权同意申请，也可以拒绝。最后，由于两国之间并无任何协议，所以甲国法院的判决生效后，乙国没有义务将朗曼逮捕并移交甲国。

30. 亚金索地区是位于甲乙两国之间的一条山谷。18世纪甲国公主出嫁乙国王子时，该山谷由甲国通过条约自愿割让给乙国。乙国将其纳入本国版图一直统治至今。2001年，乙国发生内乱，反政府武装控制该山谷并宣布脱离乙国建立"亚金索国"。该主张遭到乙国政府的强烈反对，但得到甲国政府的支持和承认。根据国际法的有关规则，下列哪一选项是正确的？

A. 国际法中的和平解决国际争端原则要求乙国政府在解决"亚金索国"问题时必须采取非武力的方式

B. 国际法中的民族自决原则为"亚金索国"的建立提供了充分的法律根据

C. 上述 18 世纪对该地区的割让行为在国际法上是有效的，该地区的领土主权目前应属于乙国

D. 甲国的承认，使得"亚金索国"满足了国际法上构成国家的各项要件

【答案】C

【解析】国际法中的和平解决国际争端原则，是指各国应该以和平方法解决与他国之间的国际争端。"亚金索国"尚不是国际法上的合法主体，据此，"亚金索国"与乙国政府之间的争端的实质是国内矛盾的解决，不适用和平解决国际争端原则。国际法中民族自决原则的"民族"，是针对殖民地的被压迫民族而言的，本题中，"亚金索国"显然不属于此种情形。国际法上的承认，是指确认某事实或者情势在国际法上的存在，从而接受这一认可所产生的政治和法律后果。本题中，甲国的承认显然不能使"亚金索国"满足国际法上构成国家的各项要素。所以 ABD 不应选。自愿割让在国际法上是合法有效的，所以 C 应选。

31. 中国人姜某（女）与甲国人惠特尼婚后在甲国定居，后姜某在甲国生下一女。根据我国国籍法，下列哪一选项是正确的？

A. 如姜某之女出生时未获其他国家国籍，可以获得中国国籍

B. 姜某之女一出生就无条件获得中国国籍

C. 如姜某之女出生时已获得甲国国籍，她也可以同时获得中国国籍

D. 姜某之女出生地在甲国，因而不能获得中国国籍

【答案】A

【解析】我国不承认双重国籍。《中华人民共和国国籍法》第 5 条规定："父母双方或一方为中国公民，本人出生在外国，具有中国国籍；但父母双方或一方为中国公民并定居在外国，本人出生时即具有外国国籍的，不具有中国国籍。"所以 A 应选。

32. 根据国际法有关规则和我国有关法律，当发生我国缔结且未作保留的条约条款与我国相关国内法规定不一致的情况时，下列哪一选项是正确的？

A. 如条约属于民事范围，则由全国人民代表大会常务委员会确定何者优先适用

B. 如条约属于民事范围，则优先适用条约的规定

C. 如条约属于民事范围，则由法院根据具体案情，自由裁量，以公平原则确定优先适用

D. 我国缔结的任何未作保留的条约的条款与中国相关国内法的规定不一致时，都

优先适用条约的规定

【答案】B

【解析】根据《民法通则》的规定，中华人民共和国缔结或者参加的国际条约同中华人民共和国的民事法律有不同规定的，适用国际条约的规定，但中华人民共和国声明保留的条款除外。据此，在民商事领域，除我国声明保留的条款外，国际条约可以直接适用。

33. 康某是甲国驻华使馆的官员。与康某一起生活的还有其妻、其子（26 岁，已婚）和其女（15 岁）。该三人均具有甲国国籍。一日，四人在某餐厅吃饭，与邻桌发生口角，引发斗殴并致对方重伤。警方赶到时，斗殴已结束。甲国为《维也纳外交关系公约》的缔约国，与我国没有相关的其他协议。根据国际法和我国法律的相关规定，下列哪一选项是正确的？

　　A. 警方可直接对康某采取强制措施，包括立即限制其人身自由

　　B. 警方可直接对其妻依法采取强制措施，包括立即限制其人身自由

　　C. 警方可直接对其子依法采取强制措施，包括立即限制其人身自由

　　D. 警方不得对康家的任何人采取任何强制措施，包括立即限制其人身自由

【答案】C

【解析】根据我国《刑法》的规定，对于享有外交特权和豁免权的外国人犯罪应当追究刑事责任的，通过外交途径解决。我国《外交特权与豁免条例》第 20 条规定，"外交特权适用于外交人员的配偶及其未成年之子女"。所以 C 应选。

34. 奥尔菲油田跨越甲乙两国边界，分别位于甲乙两国的底土中。甲乙两国均为联合国成员国，且它们之间没有相关的协议。根据有关的国际法规则和国际实践，对油田归属与开发，下列哪一选项是正确的？

　　A. 该油田属于甲乙两国的共有物，其中任何一国无权单独进行勘探和开采

　　B. 该油田位于甲乙两国各自底土中的部分分属甲国、乙国各自所有

　　C. 该油田的开发应在联合国托管理事会监督下进行

　　D. 无论哪一方对该油田进行开发，都必须与另一方分享所获的油气收益

【答案】B

【解析】国家对其领土享有主权，对于领土内的自然资源当然也享有主权。两国可以自主开采、利用本国领土内的石油资源，不存在分享收益的问题。此外，联合国托管理事会在特定历史时期发挥作用，目前已经完成历史使命，与本题的情形无涉。

35. 一对英国夫妇婚后移居意大利，后来华工作。该夫妇于今年收养一名中国儿童并决定一起回意大利生活。根据我国法律，有关该夫妇收养中国儿童所应适用的法律，下列哪一选项是正确的？

    A. 应适用中国法和意大利法

    B. 应适用中国法和英国法

    C. 只需适用中国的有关法律规定

    D. 只需适用意大利的有关法律规定

【答案】A

【解析】《中华人民共和国收养法》第 21 条规定："外国人依照本法可以在中华人民共和国收养子女。外国人在中华人民共和国收养子女，应当经其所在国主管机关依照该国法律审查同意。收养人应当提供由其所在国有权机构出具的有关收养人的年龄、婚姻、职业、财产、健康、有无受过刑事处罚等状况的证明材料，该证明材料应当经其所在国外交机关或者外交机关授权的机构认证，并经中华人民共和国驻该国使领馆认证。该收养人应当与送养人订立书面协议，亲自向省级人民政府民政部门登记。"据此，外国人收养中国儿童的，应当使用中国法律和其所在国的法律。

36. 李某在内地某法院取得一项涉及王某的具有给付内容的生效民事判决。王某的主要财产在澳门，在内地也有少量可供执行的财产。根据《最高人民法院关于内地与澳门特别行政区相互认可和执行民商事判决的安排》，下列哪一选项是正确的？

    A. 李某有权同时向内地与澳门有管辖权的法院申请执行

    B. 李某向澳门法院提出执行申请的同时，可以向内地法院申请查封、扣押或者冻结王某的财产

    C. 如澳门法院受理执行申请，它不能仅执行该判决中的部分请求

    D. 该判决的执行应适用内地法律

【答案】B

【解析】《最高人民法院关于内地与澳门特别行政区相互认可和执行民商事判决的安排》第 5 条规定："被申请人在内地和澳门特别行政区均有可供执行财产的，申请人可以向一地法院提出执行申请。申请人向一地法院提出执行申请的同时，可以向另一地法院申请查封、扣押或者冻结被执行人的财产。待一地法院执行完毕后，可以根据该地法院出具的执行情况证明，就不足部分向另一地法院申请采取处分财产的执行措施。两地法院执行财产的总额，不得超过依据判决和法律规定所确定的数额。"又第

20 条规定：“对民商事判决的认可和执行，除本安排有规定的以外，适用被请求方的法律规定。”所以 B 应选。

37. 巴拿马籍货轮"安达号"承运一批运往中国的货物，中途停靠韩国。"安达号"在韩国停靠卸载同船装运的其他货物时与利比里亚籍"百利号"相碰。"安达号"受损但能继续航行，并得知"百利号"最后的目的港也是中国港口。"安达号"继续航行至中国港口卸货并在中国某海事法院起诉"百利号"，要求其赔偿碰撞损失。依照我国法律，该法院处理该争议应适用下列哪一国法律？

　　A. 中国法律，因为本案两船国籍不同，应适用法院地法处理争议

　　B. 巴拿马法律，因为它是本案原告船舶的国籍国

　　C. 利比里亚法律，因为它是本案被告船舶的国籍国

　　D. 韩国法律，因为韩国是侵权行为地

【答案】D

【解析】《海商法》第 273 条规定：“船舶碰撞的损害赔偿，适用侵权行为地法律。船舶在公海上发生碰撞的损害赔偿，适用受理案件的法院所在地法律。同一国籍的船舶，不论碰撞发生于何地，船舶碰撞间的损害赔偿适用船旗国法律。”本题中安达号与百利号国籍不同，因当适用侵权行为地韩国法律。

38. 国际海上运输合同的当事人在合同中选定我国某法院作为解决可能发生的纠纷的法院。关于此，下列哪一选项是错误的？

　　A. 该协议不得违反我国有关级别管辖和专属管辖的规定

　　B. 当事人可以在纠纷发生前协议选择我国法院管辖

　　C. 如与该合同纠纷有实际联系的地点不在我国领域内，我国法院无权依该协议对纠纷进行管辖

　　D. 涉外合同或涉外财产权益纠纷的当事人可以选择管辖法院

【答案】C

【解析】《民事诉讼法》第 242 条规定：“涉外合同或者涉外财产权益纠纷的当事人，可以用书面协议选择与争议有实际联系的地点的法院管辖。选择中国法院管辖的，不得违反《民事诉讼法》关于级别管辖和专属管辖的规定。”所以 ABD 的表述无疑是正确的。对于 C 选项有一定的争议，从第 242 条的规定来看，也可以认为其是正确的表述。

39. 中国 A 公司与德国 B 公司因双方合同中仲裁条款的效力问题在我国涉诉。双方在合同中约定仲裁机构为位于巴黎的国际商会仲裁院，仲裁地为斯德哥尔摩，但对该仲裁条款应适用的法律未作约定。依我国现行司法解释，我国法院审查该仲裁条款效力时，应适用下列哪国的法律？

    A. 瑞典的法律

    B. 法国的法律

    C. 中国的法律

    D. 德国的法律

【答案】A

【解析】《最高人民法院关于适用〈中华人民共和国仲裁法〉若干问题的解释》第 16 条规定："对涉外仲裁协议的效力审查，适用当事人约定的法律；当事人没有约定适用的法律但约定了仲裁地的，适用仲裁地法律；没有约定适用的法律也没有约定仲裁地或者仲裁地约定不明的，适用法院地法律。"本题中，双方明确选定了斯德哥尔摩为仲裁地，所以应适用瑞典法律审查仲裁条款的效力。

40. 在一个涉外民事案件中，我国某法院根据我国的冲突规则确定应适用外方当事人的本国法处理该争议，但该外国的不同地区实施着不同的法律。在此情况下，下列哪一选项是正确的？

    A. 应以该国首都所在地的法律为外方当事人的本国法

    B. 应以外方当事人的住所地法代替其本国法

    C. 应直接以与该民事关系有最密切联系的法律为外国当事人的本国法

    D. 应先依据该国的区际冲突规则加以确定；如该国法律未作规定，再以与该民事关系有最密切联系的法律为外国当事人的本国法

【答案】D

【解析】《民事诉讼意见》第 192 条规定："依法应当适用的外国法律，如果该外国不同地区实施不同的法律的，依据该国法律关于调整国内法律冲突的规定，确定应适用的法律。该国法律未作规定的，直接适用与该民事关系有最密切联系的地区的法律。"所以 D 应选。

41. 我国某法院接到一位中国公民提出的要求承认一项外国法院判决的申请。依我国法律规定，关于承认该外国判决，下列哪一选项是错误的？

    A. 如我国与该外国间存在司法协助协定，应依该协定办理

B. 如我国与该外国间既不存在司法协助协定，也不存在任何互惠关系，法院应驳回当事人申请

C. 只有作出判决的外国法院对案件具有管辖权时，该外国判决才有可能被我国法院承认

D. 只有已发生法律效力的外国法院判决才有可能被我国法院承认

【答案】B

【解析】《民事诉讼意见》第318条和319条规定："当事人向中华人民共和国有管辖权的中级人民法院申请承认和执行外国法院作出的发生法律效力的判决、裁定的，……与我国没有司法协助协议又无互惠关系的国家的法院，未通过外交途径，直接请求我国法院司法协助的，我国法院应予退回，并说明理由。"据此，B选项中法院不应驳回申请，而应予以退回。

42. 根据我国《反倾销条例》规定，倾销进口产品的出口经营者在反倾销调查期间，可向商务部作出改变价格或停止以倾销价格出口的价格承诺。有关价格承诺的规定，下列哪一选项是正确的？

A. 商务部可以向出口经营者提出价格承诺的建议

B. 商务部在对倾销及其损害作出肯定的初步裁定之前可以寻求或接受价格承诺

C. 对出口经营者作出的价格承诺，商务部应予接受

D. 出口经营者违反其价格承诺的，商务部可以采取保障措施

【答案】A

【解析】《反倾销条例》第31条第2款规定："外经贸部可以向出口经营者提出价格承诺的建议。"所以A应选。BCD三个选项分别不符合《反倾销条例》第33条、第36条的规定。

43. 甲公司与乙公司订立一份国际货物买卖合同，分三批履行，其中第二批出现了质量问题。请问依1980年《联合国国际货物销售合同公约》的规定，下列哪一选项是正确的？

A. 只要第二批货物的质量问题构成根本违约，买方即可宣告合同对该批货物无效

B. 只要第二批货物的质量问题构成根本违约，买方即可宣告合同对已交付或今后交付的各批货物无效

C. 如第二批货物的质量问题构成一般违约，买方可宣告合同对该批货物无效

D. 如第二批货物的质量问题构成根本违约，买方仅可宣告合同对该批货物和今后交付的货物无效

【答案】A

【解析】《联合国国际货物销售合同公约》第 73 条规定：（1）对于分批交付货物的合同，如果一方当事人不履行对任何一批货物的义务，便对该批货物构成根本违反合同，则另一方当事人可以宣告合同对该批货物无效。（2）如果一方当事人不履行对任何一批货物的义务，使另一方当事人有充分理由断定对今后各批货物将会发生根本违反合同，该另一方当事人可以在一段合理时间内宣告合同今后无效。（3）买方宣告合同对任何一批货物的交付为无效时，可以同时宣告合同对已交付的或今后交付的各批货物均为无效，如果各批货物是互相依存的，不能单独用于双方当事人在订立合同时所设想的目的。本题中，第二批货物的质量问题与其他批次合同的履行之间并不具有上述关系，因而买方只能宣告该合同对该批次货物无效。

44. 海运单是 20 世纪 70 年代以来，随着集装箱运输的发展，特别是航程较短的运输中产生出来的一种运输单证。关于海运单，下列哪一选项是正确的？

A. 海运单是一种可流通的书面运输单证

B. 海运单不具有证明海上运输合同存在的作用

C. 第三方以非法的方式取得海运单时无权提取货物

D. 海运单具有物权凭证的特征，收货人凭海运单提取货物

【答案】C

【解析】海运单不同于海运提单。海运单不能背书转让，不具有流通性。同时，海运单也不具有物权凭证的特征，收货人只需出示适当的身份证明，就可以提取货物，而无需海运单。所以 C 应选。

45. 中美两国都是世界贸易组织成员。《保护工业产权巴黎公约》、《保护文学艺术作品伯尔尼公约》和《与贸易有关的知识产权协定》对中美两国均适用。据此，下列哪一选项是正确的？

A. 中国人在中国首次发表的作品，在美国受美国法律保护

B. 美国人在美国注册但未在中国注册的非驰名商标，受中国法律保护

C. 美国人仅在美国取得的专利权，受中国法律的保护

D. 中美两国均应向对方国家的权利人提供司法救济，但以民事程序为限

【答案】A

【解析】根据《伯尔尼公约》，中国人在中国首次发表的作品在他国自动享有著作权，受到法律保护。所以 A 应选。根据《巴黎公约》，对于仅在美国注册和取得的非驰名

商标和专利权，在其他成员国享有优先权，而并非直接受到法律保护。又根据 TRIPS 协议，成员国所提供的救济措施除了民事程序之外，还包括临时措施、边境措施等。所以 BCD 不应选。

46. 中国甲公司与德国乙公司签订了购买成套设备的进口合同。价格条件为 CFR 上海，信用证付款。货物按时装上了承运人所属的利比里亚籍"玛丽"轮，甲公司投保了平安险。"玛丽"轮航行到上海港区时与日本籍"小治丸"轮因双方的过失发生碰撞，致使"玛丽"轮及其货舱中的部分货物受损。基于上述情况，下列哪一选项是正确的？

    A. 本案碰撞引起的货损应由甲公司自行承担

    B. 依《海牙规则》，"玛丽"轮所有人对过失碰撞引起的货损可以免责

    C. 因甲公司投保的是平安险，保险公司对本案碰撞引起的部分货物损失不承担赔偿责任

    D. 因已知货物受损，所以即使单证相符，甲公司仍有权要求银行拒付货款

【答案】B

【解析】A 选项中甲公司自行承担货损的表述不正确，因为其可以向保险公司索赔。平安险的责任范围包括：由于海上自然灾害引起的货物全损；货物在装卸和转船过程中的整体灭失；由于共同海损引起的牺牲、分担和救助费用；由于运输船只触礁、搁浅、沉没、碰撞、水灾、爆炸引起的货物全损或部分损失。所以 C 也不应选。D 选项的表述显然是错误的。

47. 根据《关于解决国家和他国国民之间投资争端公约》，甲缔约国与乙缔约国的桑德公司通过书面约定一致同意：双方之间因直接投资而产生的争端，应直接提交解决投资争端国际中心仲裁。据此事实，下列哪一选项是正确的？

    A. 任何一方可单方面撤销对提交该中心仲裁的同意

    B. 在中心仲裁期间，乙国无权对桑德公司行使外交保护

    C. 在该案中，任何一方均有权要求用尽当地救济解决争端

    D. 对该中心裁决不服的一方有权向有管辖权的法院提起撤销裁决的诉讼

【答案】B

【解析】《关于解决国家和他国国民之间投资争端公约》第 27 条第 1 款规定："缔约国对于其国民和另一缔约国根据本公约已同意交付或已交付仲裁的争端，不得给予外交保护或提出国际要求，除非该另一缔约国未能遵守和履行对此项争端所作出的裁决。"所以 B 应选。

48. 王律师为扩大业务范围采用的下列哪一做法是错误的？

    A. 在晚报上发布介绍自己专业范围、所在律师事务所和联系方法的广告

    B. 加入当地的企业家协会并免费提供法律咨询服务

    C. 向所有的同学发函，承诺给介绍案源者10%的回报

    D. 参加房地产专题研讨会，在会上发表"按揭"法律问题研究报告，并向与会者派发名片

    【答案】B

    【解析】《律师执业行为规范（试行）》第116条规定："律师和律师事务所不能向中介人或者推荐人以许诺兑现任何物质利益或者非物质利益的方式，获得有偿提供法律服务的机会。"

49. 关于我国公证制度，下列哪一选项是错误的？

    A. 公证机构不以营利为目的

    B. 经过公证的以给付为内容并载明债务人愿意接受强制执行承诺的债权文书具有强制执行效力

    C. 当事人、公证事项的利害关系人对公证书内容有争议的，可以就该争议向法院提起民事诉讼

    D. 自然人、法人或者其他组织办理公证，均可委托他人办理

    【答案】D

    【解析】本题的答案较为明显，《公证法》第26条规定："自然人、法人或者其他组织可以委托他人办理公证，但遗嘱、生存、收养关系等应当由本人办理公证的除外。"所以D应选。

50. 律师接受律师事务所安排办理业务后，律师事务所可以因某些情况的出现终止其代理工作。但发生下列哪一种情况时，不得终止承办律师的代理工作？

    A. 发现了不可克服的利益冲突

    B. 承办律师另有一重大案件需要办理

    C. 承办律师突发急病无法继续工作

    D. 承办律师被管理机关中止执业资格

    【答案】B

    【解析】《律师执业行为规范（试行）》第107条规定："律师在办理委托事项过程中出现下列情况，律师事务所应终止其代理工作：（一）与委托人协商终止；（二）被取消

或者中止执业资格；（三）发现不可克服的利益冲；（四）律师的健康状况不适合继续代理；（五）继续代理将违反法律或者律师执业规范。"ACD 均是符合上述规定的情形。

二、多项选择题，每题所给的选项中有两个或两个以上正确答案，少答或多答均不得分。本部分 51-90 题，每题 2 分，共 80 分。

51. 关于社会主义法治理念，下列哪些选项是正确的？

   A. 社会主义法治理念体现了中国共产党领导、人民当家作主和依法治国的有机统一

   B. 社会主义法治理念是在总结我国法治建设实践经验、借鉴世界法治文明成果的基础上提出的

   C. 社会主义法治理念是真正符合人民利益和需要的法治理念

   D. 通过社会主义法治理念教育，切实提高法律职业人员维护社会主义法治的能力

   【答案】ABCD

   【解析】社会主义法治理念的主要内容是依法治国、执法为民、公平正义、服务大局、党的领导五个方面。从内容上看，社会主义法治理念体现了中国共产党领导、人民当家作主和依法治国的有机统一，社会主义法治理念是真正符合人民利益和需要的法治理念。从来源上看，社会主义法治理念是在总结我国法治建设实践经验、借鉴世界法治文明成果的基础上提出的。由于意识支配着行为，所以通过社会主义法治理念教育，可以切实提高法律职业人员维护社会主义法治的能力。

52. 关于法与道德的共同点，下列哪些选项是正确的？

   A. 法律和道德都是一种社会规范，都具有规范性

   B. 法律和道德都具有强制性，都是人们应该遵循的规范

   C. 法律和道德都是历史的产物，都是不断变化的

   D. 法律和道德都是建立在一定物质生产方式之上的

   【答案】ABCD

   【解析】法律与道德都是一种社会规范，能够调整人的行为。同时，法律与道德又都具有强制性，只不过这两种强制性在方式、程度等方面有所区别。此外，法律与道德都属于上层建筑，所以 CD 也应选。

53. 某日，陈某因生活琐事将肖某打伤。当地公安局询问了双方和现场目击者并做了笔录，但未做处理。两年后，该公安局对陈某做出了拘留 10 日的处罚。陈某申诉，上一级公安局维持了原处罚决定。陈某提起诉讼。法官甲认为该公安局违反了《人民警察法》关于对公民报警案件应当及时查处的规定，因此应当撤销其处罚决定。法官乙认为，如果因公安局的迟延处理而撤销其处罚，就丧失了对陈某的违法行为进行再处理的可能，因此不应当撤销。依据法理学的有关原理，下列哪些选项是正确的？

    A. 陈某与该公安局之间不存在法律关系

    B. 法官甲的观点说明法律具有程序性的特征

    C. 法官甲的推理属于形式推理

    D. 法官乙的观点属于司法解释

【答案】BC

【解析】陈某因打人而受到公安局的治安处罚，两者之间存在行政管理法律关系。所以 A 不应选。司法解释具有特定内涵，只有最高人民法院、最高人民检察院有权作出，法官个人对法律的理解、解释不属于司法解释。所以 D 不应选。

54. 关于司法的表述，下列哪些选项可以成立？

    A. 司法的依据主要是正式的法律渊源，而当代中国司法原则"以法律为准绳"中的"法律"则需要作广义的理解

    B. 司法是司法机关以国家名义对社会进行全面管理的活动

    C. 司法权不是一种决策权、执行权，而是一种判断权

    D. 当代中国司法追求法律效果与社会效果的统一

【答案】ACD

【解析】司法权在本质上是判断权，而不是决策权或者执行权。司法机关在国家机构中并不像行政机关那样，积极对社会生活行使全面的管理职权。所以 B 不应选。其他选项较易选对。

55. 关于法律溯及力，下列哪些选项是正确的？

    A. 刑事法律若具有溯及力可能导致国家权力的滥用和扩张，也违反正义的原则

    B. 法治社会要求法律具有可预测性和确定性，而法不溯及既往原则符合这一要求

    C. 在某些现代民事法律中，为了保障公民权利，一定程度上承认法律有溯及力

    D. 法不溯及既往原则属于法律责任的归责原则

【答案】ABC

【解析】法律的溯及力问题不仅关系到公民权利的保护，也与现代法律兼具裁判规范和行为规范双重属性密切相关。在刑事法律领域，为了防止公权力的滥用与扩张，原则上禁止新法溯及既往。同时，法律的行为规范属性要求法律规范具有确定性和可预测性。C 选项的表述属于法不溯及既往原则的例外，也应选。法不溯及既往原则与归责原则不同，后者是指责任法定、公平、效益等原则。所以 D 不应选。

56. 关于法律发展、法律传统、法律现代化，下列哪些选项可以成立？

　　A. 中国法律的现代化的启动形式是立法主导型

　　B. 进入 20 世纪以后，各国、各民族法律的特殊性逐渐受到普遍关注，民族历史传统可能构成现实法律制度的组成部分

　　C. 在当今经济全球化的背景下，对各国法律进行法系划分已失去了意义

　　D. 法的继承体现时间上的先后关系，法的移植反映一个国家对同时代其他国家法律制度的吸收和借鉴

【答案】ABD

【解析】中国法律的现代化属于外源型，具体而言是自上而下的立法主导型现代化模式。所以 A 应选。B 选项的表述也是正确的。法的继承与法的移植分别反映的是法律制度在纵向历史维度和横向地域维度上的关系，所以 D 应选。当代各国法律之间的趋同性越来越明显，但是不同国家法律之间的差异性仍然存在，法系的划分仍具有意义。所以 C 不应选。

57. 永徽四年（公元 653 年），唐高宗李治的妹夫房遗爱谋反案发犯"十恶"罪。依《永徽律疏》的规定，对房遗爱应作何处置？

　　A. 可适用"八议"免于死刑

　　B. 应被判处死刑

　　C. 可以赦免

　　D. 不适用自首

【答案】BD

【解析】根据唐律的规定，对于属于十恶的罪行，不适用八议，不可赦免，也不能适用自首予以赦免。

58. 关于历史上法学家法律解释、法学著作的效力，下列哪些选项是正确的?

   A. 中国西晋及唐朝，律学家、官员对法律的解释经皇帝批准颁行以后，具有法律效力

   B. 古代罗马帝国时代，经皇帝授权的法学家的解释具有法律效力

   C. 美国有许多著名的法学家同时为杰出法官，他们的法学作品具有立法的意义

   D. 在现代德国，法学教授的著述是法官适用民事法律时的重要参考材料

【答案】ABD

【解析】AB 选项较易判断。美国法官的法学作品并不具有立法的意义，而只能属于法官个人的学说、观点。而在大陆法系的德国，法律适用遵循"有法律依法律，无法律依习惯，无习惯依法理"的原则，所以"法学教授的著述是法官适用民事法律时的重要参考材料"的表述是正确的。

59. 下列哪些选项属于我国宪法的渊源?

   A. 中华人民共和国现行宪法及其修正案

   B. 中华人民共和国地方各级人民代表大会和地方各级人民政府组织法

   C. 中华人民共和国立法法

   D. 宪法判例

【答案】ABC

【解析】BC 都是宪法性法律，属于我国的宪法渊源。我国不存在宪法判例，所以 D 不应选。

60. 宪法规定公民享有的下列社会经济权利、文化教育权利中，哪些不属于公民可以积极主动地向国家提出请求的权利?

   A. 受教育权

   B. 财产权

   C. 继承权

   D. 劳动权

【答案】BC

【解析】就受教育权和劳动权而言，公民可以要求国家提供充分的机会和保障；但是财产权和继承权则不具有这种性质，国家负担的仅是不得侵犯的义务。所以 BC 应选。

61. 根据香港特别行政区基本法的规定，下列哪些选项是正确的？

　　A. 香港特别行政区行政长官如认为立法会通过的法案不符合香港特别行政区的整体利益，可在 3 个月内将法案发回立法会重议

　　B. 如果立法会拒绝通过政府提出的财政预算案或其他重要法案，香港特别行政区行政长官在征询行政会议的意见之后可解散立法会

　　C. 因立法会拒绝通过财政预算案或其他重要法案而解散立法会，重选的立法会继续拒绝通过所争议的原案，香港特别行政区行政长官必须辞职

　　D. 香港特别行政区行政长官因两次拒绝签署立法会通过的法案而解散立法会后，重选的立法会仍通过原法案，行政长官与立法会协商不成的，行政长官有权再次解散立法会

【答案】ABC

【解析】根据《香港特别行政基本法》第 49 条，香港特别行政区行政长官如认为立法会通过的法案不符合香港特别行政区的整体利益，可在三个月内将法案发回立法会重议，立法会如以不少于全体议员三分之二多数再次通过原案，行政长官必须在一个月内签署公布或按本法第五十条的规定处理。第 50 条规定，香港特别行政区行政长官如拒绝签署立法会再次通过的法案或立法会拒绝通过政府提出的财政预算案或其他重要法案，经协商仍不能取得一致意见，行政长官可解散立法会。行政长官在解散立法会前，须征询行政会议的意见。行政长官在其一任任期内只能解散立法会一次。第 52 条规定，香港特别行政区行政长官如有下列情况之一者必须辞职：……（二）因两次拒绝签署立法会通过的法案而解散立法会，重选的立法会仍以全体议员三分之二多数通过所争议的原案，而行政长官仍拒绝签署；……。

62. 根据我国宪法的规定，下列哪些选项是正确的？

　　A. 中国人民政治协商会议是我国统一战线的组织形式

　　B. 中国人民政治协商会议是我国国家机构体系的重要组成部分

　　C. 1993 年我国通过的宪法修正案将"中国共产党领导的多党合作和政治协商将长期存在和发展"写进了宪法

　　D. 中国人民政治协商会议有权审议政府工作报告

【答案】AC

【解析】中国人民政治协商会议并不是我国的国家机构，而是爱国统一战线组织；同样，由于它并非权力机关，所以也无权审议政府工作报告。

63. 根据 1954 年宪法和现行宪法有关立法的规定，下列哪些选项是正确的？

    A. 1954 年宪法规定全国人民代表大会是行使国家立法权的唯一机关

    B. 现行宪法则规定全国人民代表大会和全国人民代表大会常务委员会行使国家立法权

    C. 1954 年宪法没有授予国务院制定行政法规的权力

    D. 现行宪法则明确规定了国务院有根据宪法和法律制定行政法规的权力

    【答案】ABCD

    【解析】本题属于对我国宪法历史的考查，四个选项都是正确的。

64. 根据宪法和法律的规定，下列哪些选项是错误的？

    A. 2004 年宪法修正案明确规定"非公有制经济的从业人员"是"我国社会主义事业的建设者"

    B. 1999 年宪法修正案明确规定非公有制经济是社会主义市场经济的组成部分

    C. 1999 年宪法修正案将国家保障公民的合法的私有财产权神圣不可侵犯写进宪法

    D. 1988 年宪法修正案明确规定集体土地所有权可以依法出租或者转让

    【答案】ACD

    【解析】本题也是有关宪法修正历史的考查，属于识记的内容。

65. 张某到一美容院作美容，美容院使用甲厂生产的"水洁"牌护肤液为其做脸部护理，结果因该护肤液系劣质产品而致张某脸部皮肤严重灼伤，张某为此去医院治疗，花去近 5000 元医药费。关于此事例，下列哪些选项是正确的？

    A. 张某有权要求美容院赔偿医药费

    B. 张某有权要求甲厂赔偿医药费

    C. 张某若向美容院索赔，可同时请求精神损害赔偿

    D. 美容院若向张某承担了责任，则其可以向甲厂追偿

    【答案】ABCD

    【解析】《产品质量法》第 43 条规定："因产品存在缺陷造成人身、他人财产损害的，受害人可以向产品的生产者要求赔偿，也可以向产品的销售者要求赔偿。属于产品的生产者的责任，产品的销售者赔偿的，产品的销售者有权向产品的生产者追偿。属于产品的销售者的责任，产品的生产者赔偿的，产品的生产者有权向产品的销售者追偿。"所以 ABD 应选。又《人身损害赔偿解释》第 1 条规定："因生命、健康、身体遭受侵害，赔偿权利人起诉请求赔偿义务人赔偿财产损失和精神损害的，人民法院应予受理。……"所以 C 也应选。

66. 某公司生产销售一款新车，该车在有些新设计上不够成熟，导致部分车辆在驾驶中出现故障，甚至因此造成交通事故。事后，该公司拒绝就故障原因做出说明，也拒绝对受害人提供赔偿。该公司的行为侵犯了消费者的哪些权利？

    A. 安全保障权

    B. 知悉真情权

    C. 公平交易权

    D. 获取赔偿权

    【答案】ABD

    【解析】产品瑕疵造成的事故侵害了消费者的安全保障权；未全面告知车辆设计上的缺陷以及事故发生后拒绝说明事故原因侵害了消费者的知情权；事故发生后拒绝赔偿侵害了消费者的获取赔偿权。本题的情形尚难认定对公平交易权的侵害。

67. 根据《银行业监督管理法》的规定，国务院银行业监督管理机构应当与下列哪些机构建立监督管理信息共享机制？

    A. 中国人民银行

    B. 国家工商行政管理总局

    C. 国务院证券监督管理机构

    D. 国务院保险监督管理机构

    【答案】ACD

    【解析】《银行业监督管理法》第 6 条："国务院银行业监督管理机构应当和中国人民银行、国务院其他金融监督管理机构建立监督管理信息共享机制。"所以 ACD 应选。

68. 根据我国《商业银行法》、《银行业监督管理法》的相关规定，下列哪些选项是正确的？

    A. 商业银行的组织形式既可以是有限责任公司，也可以是股份有限公司

    B. 商业银行的设立、变更等应经中国人民银行批准

    C. 由于商业银行涉及存款人的利益，故商业银行不能通过破产程序而终止

    D. 中国银监会负责对所有金融机构的监管

    【答案】AD

    【解析】《商业银行法》要求商业银行是依据《公司法》设立的企业法人，所以 A 应选。《商业银行法》第 11 条规定："设立商业银行，应当经国务院银行业监督管理机

构审查批准。未经国务院银行业监督管理机构批准,任何单位和个人不得从事吸收公众存款等商业银行业务,任何单位不得在名称中使用'银行'字样。"又根据该法第24 条的规定,商业银行的变更也应当经国务院银行业监督管理机构批准。所以 B 不应选。《商业银行法》第 71 条规定:"商业银行不能支付到期债务,经国务院银行业监督管理机构同意,由人民法院依法宣告其破产。……"所以 C 不应选。D 选项是正确的。

69. 根据《个人所得税法》规定,某大学教授在 2007 年 6 月份的下列哪些收入应缴纳个人所得税?

   A. 工资 5000 元

   B. 在外兼课取得报酬 6000 元

   C. 出版教材一部,获稿酬 1.2 万元

   D. 被评为优秀教师,获奖金 5000 元

【答案】ABC

【解析】《个人所得税法》第 2 条规定:"下列各项个人所得,应纳个人所得税:一、工资、薪金所得;二、个体工商户的生产、经营所得;三、对企事业单位的承包经营、承租经营所得;四、劳务报酬所得;五、稿酬所得;六、特许权使用费所得;七、利息、股息、红利所得;八、财产租赁所得;九、财产转让所得;十、偶然所得;十一、经国务院财政部门确定征税的其他所得。"所以 ABC 应选。

70. 某公司计算缴纳企业所得税时,提出减免企业所得税的请求,其中哪些符合法律规定?

   A. 购买国债取得的利息收入,请求免征企业所得税

   B. 经营一项农业项目的所得,请求减征企业所得税

   C. 投资经营一项无国家扶持基础设施项目的所得,请求免征企业所得税

   D. 开发一项新技术的研究开发费用,请求在计算应纳税所得额时加计扣除

【答案】ABD

【解析】《企业所得税法》第 26 条规定:"企业的下列收入为免税收入:(一)国债利息收入;……"所以 A 应选。第 27 条规定:"企业的下列所得,可以免征、减征企业所得税:(一)从事农、林、牧、渔业项目的所得;……"所以 B 应选。第 30 条规定:"企业的下列支出,可以在计算应纳税所得额时加计扣除:(一)开发新技术、新产品、新工艺发生的研究开发费用;……"所以 D 应选。C 选项没有法律依据。

71. 下列哪些项目必须进行招标?

    A. 某乡村公路建设,其投资的 70% 为国家资金,30% 为村民自筹

    B. 某港务局的计算机管理软件升级

    C. 某地受国际组织援助的防沙治沙项目

    D. 某市人防工程扩建项目

【答案】ACD

【解析】《招标投标法》第 3 条规定:"在中华人民共和国境内进行下列工程建设项目包括项目的勘察、设计、施工、监理以及与工程建设有关的重要设备、材料等的采购,必须进行招标:(一)大型基础设施、公用事业等关系社会公共利益、公众安全的项目;(二)全部或者部分使用国有资金投资或者国家融资的项目;(三)使用国际组织或者外国政府贷款、援助资金的项目。……"所以 ACD 应选。

72. 某拍卖公司举行一场艺术品拍卖会。下列哪些选项符合《拍卖法》的规定?

    A. 拍卖公司在现场拍卖前宣布对拍品的真伪不予保证

    B. 甲的一幅画确定底价为 1 万元,因最高竞价为 8000 元,拍卖师决定以 8000 元竞价成交

    C. 竞买人乙委托丙参加现场竞买,拍卖师以竞买不得委托为由拒绝丙参加竞买

    D. 竞买人丁在竞买成交后反悔并拒签成交确认书,拍卖公司不返还丁已交纳的 2 万元保证金

【答案】AD

【解析】《拍卖法》第 50 条规定:"拍卖标的无保留价的,拍卖师应当在拍卖前予以说明。拍卖标的有保留价的,竞买人的最高应价未达到保留价时,该应价不发生效力,拍卖师应当停止拍卖标的的拍卖。"所以 B 选项的做法错误。《拍卖法》第 34 条规定:"竞买人可以自行参加竞买,也可以委托其代理人参加竞买。"所以 C 选项中拍卖师的做法错误。

73. 关于农村土地承包经营权,下列哪些选项是正确的?

    A. 家庭承包的承包方只能是本集体经济组织的农户

    B. 通过家庭承包方式取得的土地承包经营权可以转让给本集体经济组织以外的人

    C. 土地承包经营权的性质属于不动产物权,其取得与转让无须登记而发生效力

    D. 家庭承包不能通过招标、拍卖、协商的方式进行

【答案】ABCD

【解析】《土地承包法》第 15 条规定："家庭承包的承包方是本集体经济组织的农户。"第 33 条规定："土地承包经营权流转应当遵循以下原则：……（五）在同等条件下，本集体经济组织成员享有优先权。"所以 AB 应选。根据《物权法》的规定，土地承包经营权属于物权法中的不动产用益物权，其取得、转让均不以登记为生效要件，所以 C 应选。《土地承包法》第 3 条规定："……农村土地承包采取农村集体经济组织内部的家庭承包方式，不宜采取家庭承包方式的荒山、荒沟、荒丘、荒滩等农村土地，可以采取招标、拍卖、公开协商等方式承包。"据此可以推断出 D 选项也是正确的。

74. 下列哪些属于国有土地的有偿使用方式？

    A. 某上市公司与政府签订国有建设用地使用权出让合同

    B. 某外资企业以租赁的方式取得某地块的国有土地使用权

    C. 某国有企业在设立中外合资企业时将国有土地使用权作价出资

    D. 某国有企业以国有土地使用权作价入股设立有限责任公司

【答案】ABCD

【解析】根据《土地管理法》第 54 条的规定，建设单位使用国有土地，应当以出让等有偿使用方式取得；但是，下列建设用地，经县级以上人民政府依法批准，可以以划拨方式取得：（一）国家机关用地和军事用地；（二）城市基础设施用地和公益事业用地；（三）国家重点扶持的能源、交通、水利等基础设施用地；（四）法律、行政法规规定的其他用地。据此，四个选项都属于国有土地的有偿使用方式。

75. 根据《证券法》规定和证券法原理，下列哪些选项是正确的？

    A. 证券法上的证券均具有流通性

    B. 证券代表的权利可以是债权

    C. 所有证券投资均具有风险性

    D. 所有证券发行均应公开进行

【答案】ABCD

【解析】证券具有流通性和风险性的表述都是正确的。证券所代表的权利也可以是债权，例如各种债券。又《证券法》第 3 条规定："证券的发行、交易活动，必须实行公开、公平、公正的原则。"所以四个选项都应选。

76. 某化工厂将废水直接排入河道，流入秦某的鱼塘，造成鱼塘的鱼全部死亡。该厂承认其侵权，但对秦某提出的赔偿数额不接受。对此，下列哪些选项是正确的？

A. 秦某可以请求环境保护行政主管部门处理

B. 秦某对环境保护行政主管部门的处理决定不服的，可以向法院起诉

C. 秦某可以不经过环境保护行政主管部门处理而直接向法院起诉

D. 秦某要求损害赔偿的诉讼时效为 2 年

【答案】ABC

【解析】《环境保护法》第 41 条规定："造成环境污染危害的，有责任排除危害，并对直接受到损害的单位或者个人赔偿损失。赔偿责任和赔偿金额的纠纷，可以根据当事人的请求，由环境保护行政主管部门或者其他依照法律规定行使环境监督管理权的部门处理，当事人对处理决定不服的，可以向人民法院起诉。当事人也可以直接向人民法院起诉。完全由于不可抗拒的自然灾害，并经及时采取合理措施，仍然不能避免造成环境污染损害的，免于承担责任。"所以 ABC 应选。环境污染损害赔偿的诉讼时效是 3 年。

77. 国际人道法中的区分对象原则（区分军事与非军事目标，区分战斗员与平民）是一项已经确立的国际习惯法原则，也体现在《1977 年日内瓦四公约第一附加议定书》中。甲乙丙三国中，甲国是该议定书的缔约国，乙国不是，丙国曾是该议定书的缔约国，后退出该议定书。根据国际法的有关原理和规则，下列哪些选项是错误的？

A. 该原则对甲国具有法律拘束力，但对乙国没有法律拘束力

B. 丙国退出该议定书后，该议定书对丙国不再具有法律拘束力

C. 丙国退出该议定书后，该原则对丙国不再具有法律拘束力

D. 该原则对于甲乙丙三国都具有法律拘束力

【答案】AC

【解析】区分对象原则作为一项公认的国际习惯法原则，对所有的国际法主体具有法律拘束力。但是《1977 年日内瓦四公约第一附加议定书》作为一项国际公约文件，只对成员国产生法律拘束力。据此，议定书对丙国不再具有拘束力，但该原则仍然具有拘束力。

78. 甲国人亨利持假护照入境乙国，并以政治避难为名进入丙国驻乙国的使馆。甲乙丙三国都是《维也纳外交关系公约》的缔约国，此外彼此间没有相关的其他协议。根据国际法的有关规则，下列哪些选项是正确的？

A. 亨利目前位于乙国领土上，其身份为非法入境者

B. 亨利目前位于丙国领土内，丙国有权对其提供庇护

C. 丙国有义务将亨利引渡给甲国

D. 丙国使馆有义务将亨利交由乙国依法处理

【答案】AD

【解析】在国际法中，并不将使馆看作是派遣国的领土，而是仍然看作驻在国的领土。据此，亨利位于乙国领土，属于非法入境。既然亨利并未处于丙国领土，引渡问题就无从谈起，所以 C 选项错误。亨利违法入境，乙国有权依法处理，所以 D 应选。

79. 甲国军舰"克罗将军号"在公海中航行时，发现远处一艘名为"斯芬克司号"的商船，悬挂甲国船旗。当"克罗将军号"驶近该船时，发现其已换挂乙国船旗。根据国际法的有关规则，下列哪些选项是错误的？

A. "斯芬克司号"被视为悬挂甲国船旗的船舶

B. "斯芬克司号"被视为具有双重船旗的船舶

C. "斯芬克司号"被视为无船旗船舶

D. "斯芬克司号"被视为悬挂方便旗的船舶

【答案】ABD

【解析】1982 年《海洋公约法》中规定："……在公海航行的船舶必须并且只能悬挂一国旗帜，悬挂两国或两国以上旗帜航行或视方便而换用旗帜的，可视为无国籍船舶。此时，其他国家军舰发现可登临检查。"所以只有 C 是正确的表述。

80. 某中国企业因与在境外设立的斯坦利公司的争议向我国法院提起诉讼。根据我国现行司法解释，关于向斯坦利公司有效送达司法文书的问题，下列哪些选项是正确的？

A. 法院可向该公司设在中国的任何分支机构送达

B. 法院可向该公司设在中国的任何代表机构送达

C. 如该公司的主要负责人位于中国境内时，法院可向其送达

D. 法院可向该公司在中国的诉讼代理人送达

【答案】BCD

【解析】《民事诉讼法》第 245 条规定："人民法院对在中华人民共和国领域内没有住所的当事人送达诉讼文书，可以采用下列方式：……（四）向受送达人委托的有权代其接受送达的诉讼代理人送达；（五）向受送达人在中华人民共和国领域内设立的代表机构或者有权接受送达的分支机构、业务代办人送达；……"所以 A 选项错误，BCD 选项正确。

81. 定居甲國的華僑王某與李某在甲國結婚，後王某在甲國起訴與李某離婚時被該國法院以當事人均具有中國國籍為由拒絕受理。王某轉而在我國法院訴請離婚。根據我國現行司法解釋，有關此案的管轄與適用法律，下列哪些選項是正確的？

　　A. 王某原住所地法院有管轄權

　　B. 因兩人定居國外且在國外結婚，我國法院不應受理

　　C. 李某在國內的最後住所地法院有管轄權

　　D. 如中國法院管轄，認定其婚姻是否有效應適用甲國法律

【答案】ACD

【解析】根據《民事訴訟意見》的規定，在國外結婚並定居國外的華僑，如定居國法院以離婚訴訟須由國籍所屬國法院管轄為由不予受理，當事人向人民法院提出離婚訴訟的，由一方原住所地或在國內的最後居住地人民法院管轄。所以 AC 應選，B 不應選。又《民通意見》第 188 條規定：「我國法院受理的涉外離婚案件，離婚以及因離婚而引起的財產分割，適用我國法律。認定其婚姻是否有效，適用婚姻締結地法律。」所以 D 也應選。

82. 我國甲公司與瑞士乙公司訂立仲裁協議，約定由某地仲裁機構仲裁，但約定的仲裁機構名稱不準確。根據最高人民法院關於適用《中華人民共和國仲裁法》的解釋，下列哪些選項是正確的？

　　A. 仲裁機構名稱不準確，但能確定具體的仲裁機構的，應認定選定了仲裁機構

　　B. 如仲裁協議約定的仲裁地僅有一個仲裁機構，該仲裁機構應視為約定的仲裁機構

　　C. 如仲裁協議約定的仲裁地有兩個仲裁機構，成立較早的仲裁機構應視為約定的仲裁機構

　　D. 仲裁協議僅約定糾紛適用的仲裁規則的，不得視為約定了仲裁機構

【答案】AB

【解析】《仲裁法解釋》第 3 條規定：「仲裁協議約定的仲裁機構名稱不準確，但能夠確定具體的仲裁機構的，應當認定選定了仲裁機構。」第 6 條規定：「仲裁協議約定由某地的仲裁機構仲裁且該地僅有一個仲裁機構的，該仲裁機構視為約定的仲裁機構。該地有兩個以上仲裁機構的，當事人可以協議選擇其中的一個仲裁機構申請仲裁；當事人不能就仲裁機構選擇達成一致的，仲裁協議無效。」所以 AB 應選。第 4 條規定：「仲裁協議僅約定糾紛適用的仲裁規則的，視為未約定仲裁機構，但當事人達成補充協議或者按照約定的仲裁規則能夠確定仲裁機構的除外。」據此，D 選項中的表述不準確，忽略了例外情形。

83. 营业地在中国的甲公司向营业地在法国的乙公司出口一批货物。乙公司本拟向西班牙转卖该批货物，但却转售到意大利，且未通知甲公司。意大利丙公司指控该批货物侵犯其专利权。关于甲公司的权利担保责任，根据《联合国国际货物销售合同公约》规定，下列哪些选项是正确的？

    A. 甲公司应承担依意大利法提出的知识产权主张产生的赔偿责任
    B. 甲公司应承担依法国法提出的知识产权主张产生的赔偿责任
    C. 甲公司应担保在全球范围内该批货物不侵犯他人的知识产权
    D. 甲公司的知识产权担保义务不适用于该批货物依乙公司提供的技术图样生产的情形

【答案】BD

【解析】根据《联合国国际货物销售合同公约》的关于卖方权利担保责任的规定：A 选项中，甲公司对货物转售意大利市场并不知情，不应承担依意大利法提出的知识产权主张产生的赔偿责任。C 选项中，甲公司无需担保在全球范围内该批货物不侵犯他人的知识产权。

84. 中国加入世界贸易组织的条件规定在《中国加入世界贸易组织议定书》及其附件中。对此，下列哪些选项是正确的？

    A. 该《议定书》及其附件构成世界贸易组织协定的一部分
    B. 中国只根据该《议定书》及其附件承担义务
    C. 该《议定书》规定了特定产品过渡性保障机制
    D. 中国与其他成员在加入谈判中作出的具体承诺，不构成该《议定书》的组成部分

【答案】AC

【解析】中国在世界贸易组织中的权利义务由两部分组成：其一是各成员都相同的规范性义务；其二是中国在加入世界贸易组织议定书中作出的承诺，这是中国的特有义务。所以 B 不应选。中国在加入世界贸易组织议定书中作出的承诺同样构成《议定书》的组成部分。所以 D 不应选。

85. 2006 年国际商会巴黎会议上通过的经修改的《跟单信用证统一惯例》（UCP600）于 2007 年 7 月 1 日实施。下列哪些选项属于 UCP600 修改或规定的内容？

    A. 直接规定信用证是不可撤销的
    B. 关于议付的新定义明确了议付是对票据及单据的一种售出行为
    C. 规定当开证行确定单证不符时，可以自行决定联系申请人放弃不符点

D. 規定銀行收到單據後的處理時間為「合理時間」，不超過收單翌日起的 5 個工作日

【答案】ACD

【解析】議付是銀行對單據的一種買入行為而不是售出行為，所以 B 不應選。其他選項都是正確的表述。

86. 甲公司與乙公司依 CIF 安特衛普價格訂立了出口一批布料的合同。貨物運輸途中，乙公司將貨物轉賣給丙公司。關於這批布料兩次交易的風險轉移時間，依 2000 年《國際貿易術語解釋通則》及《聯合國國際貨物銷售合同公約》的規定，下列哪些選項是正確的?

A. 在甲公司與乙公司之間，貨物風險在貨物交第一承運人時轉移
B. 在甲公司與乙公司之間，貨物風險在貨物越過裝運港船舷時轉移
C. 在乙公司與丙公司之間，貨物風險原則上在雙方訂立合同時轉移
D. 在乙公司與丙公司之間，貨物風險原則上在丙公司收到貨物時轉移

【答案】BC

【解析】CIF 是指當貨物在裝運港越過船舷時，賣方即完成交貨。貨物自裝運港到目的港的運費保險費等由賣方支付，但貨物裝船後發生的損壞及滅失的風險由買方承擔。運輸途中銷售的貨物，從訂立合同時起，風險就移轉到買方承擔。所以 AD 是錯誤的。

87. 根據我國相關法律規定，為保證檢察官的公正與廉潔，檢察官不得兼任下列哪些職務?

A. 行政機關職務
B. 審判機關職務
C. 人民代表大會常務委員會委員
D. 政協委員

【答案】ABC

【解析】《檢察官法》第18條規定：「檢察官不得兼任人民代表大會常務委員會的組成人員，不得兼任行政機關、審判機關以及企業、事業單位的職務，不得兼任律師。」該條並未禁止檢察官兼任政協委員。

88. 下列哪些屬於法官張某違反法官職業道德規定的情形?

A. 年底前，張某要求當事人撤訴，明年再起訴，理由是年底不結案就會影響全年結案率

B. 张某之妻从事律师职业

C. 张某私下通知当事人王某接受对方的调解意见，否则将败诉

D. 张某与对方当事人同时出现在某研讨会上

【答案】AC

【解析】《法官职业道德基本准则》第 19 条规定："法官应当遵守法律规定的诉讼期限，在法定期限内尽快地立案、审理、判决。"对于正在审理的案件，张某不应当以结案率为由要求当事人撤诉。所以 A 应选。第 5 条规定："法官不得违背当事人的意愿，以不正当的手段迫使当事人撤诉或者接受调解。"张某在调解工作中私下通知当事人，迫使其接受调解结案的行为违背了当事人的意愿，违反了法官的职业道德准则。所以 C 应选。

89. 律师的下列哪些行为构成对委托人的虚假承诺？

A. 依据事实、证据和担保法的有关规定，在诉讼中主张全部免除委托人的担保责任，但法院未采纳其意见

B. 与当事人签订法律服务合同前讨论案情时表示："如果此案交给我办，至少能追回一百万元"

C. 接受辩护委托后，经过与被告人见面、详细查阅案卷、调查证据后，被告人尚有犯罪疑点的情况下，向委托人表示一定能让被告人无罪释放

D. 在分析案情的基础上向当事人提出案件很难胜诉，建议当事人争取和解

【答案】BC

【解析】《律师执业行为规范（试行）》中对律师的虚假承诺专门进行了规定，根据这些规定，AD 选项中的情形属于律师正常的业务行为，并不构成对委托人的虚假承诺。

90. 律师除特殊情况外，应当保守在执业活动中知悉的国家秘密和当事人的商业秘密，不得泄露当事人的隐私。下列情况中，律师的哪些做法是正确的？

A. 在庭审中出具了委托人提供的包含有商业秘密的董事会会议记录作为证据

B. 将十年来办结的案例汇编出版，其中包含了客户的商业秘密资料

C. 发现委托人正在进行的行为将会发生致人伤亡的严重犯罪，立即将此情况向有关单位反映

D. 代理海关关税事务时发现委托人的行为属于走私犯罪，确信自己将被无辜地牵涉其中，遂将情况向有关单位反映

【答案】ACD

【解析】A 选项中的情形属于委托人授权的公开行为，并无不当。《律师执业行为规范（试行）》第 56 条规定："律师事务所、律师及其辅助人员不得泄露委托人的商业秘密、隐私，以及通过办理委托人的法律事务所了解的委托人的其他信息。但是律师认为保密可能会导致无法及时阻止发生人身伤亡等严重犯罪及可能导致国家利益受到严重损害的除外。"第 58 条规定："律师在代理过程中可能无辜地被牵涉到委托人的犯罪行为时，律师可以为保护自己的合法权益而公开委托人的相关信息。"CD 三个选项中的情形分别符合上述例外规定，并无不当。第 59 条规定："律师代理工作结束后，仍有保密义务。"所以 B 选项中的行为不当。

三、不定项选择题，每题所给的选项中有一个或一个以上正确答案，不答、少答或多答均不得分。本部分 91-100 题，每题 2 分，共 20 分。

91. 我国《婚姻法》第 33 条规定：现役军人的配偶要求离婚，须得军人的同意，但军人一方有重大过错的除外。依据法理学的有关原理，下列正确的表述是：

A. 该条中所规定的军人的配偶在离婚方面所承担的义务没有相应的权利存在

B. 现役军人与其配偶之间的权利义务是不一致的

C. 该条所规定的法律义务是一种对人义务或相对义务

D. 该法律条文完整地表达了一个法律规则的构成要素

【答案】C

【解析】从该条文的规定来看，军人的配偶在离婚方面所承担的义务与权利是相对应的，也是一致的。同时，完整的法律规则的构成要素包括假定条件、行为模式和法律后果三个要素，本条文中缺少假定条件要素，所以 D 选项也是错误的。

92. 《最高人民法院关于审理盗窃案件具体应用法律若干问题的解释》规定：各地高级人民法院可根据本地区经济发展状况，并考虑社会治安状况，在本解释规定的数额幅度内，分别确定本地区执行"数额较大"、"数额巨大"、"数额特别巨大"的标准。依据法理学的有关原理，下列正确的表述是：

A. 该规定没有体现法的普遍性特征

B. 该规定违反了"法律面前人人平等"的原则

C. 该规定说明：法律内容的决定因素是社会经济状况

D. 该规定说明：政治对法律没有影响

【答案】C

【解析】该规定与法的普遍性特征以及"法律面前人人平等"的原则并不冲突。由于不同地区在社会条件方面存在着较大的客观差异，只有充分考虑到这些差异，合理确定各地区的使用标准，才能在实质上实现普遍与平等。至于 D 选项是明显错误的。

93. 某省人大常务委员会认为一项法律的个别条款在适用上存在某些困难，并认为有必要对该条款作出法律解释。根据我国宪法和立法法规定，该省人大常委会正确的做法是：

A. 对该条款直接作出法律解释

B. 提请全国人民代表大会常务委员会就该条款作出法律解释

C. 提请最高人民法院就该条款作出司法解释

D. 提请全国人民代表大会就该条款作出法律解释

【答案】B

【解析】直接依据《立法法》第 43 条的规定，国务院、中央军事委员会、最高人民法院、最高人民检察院和全国人民代表大会各专门委员会以及省、自治区、直辖市的人民代表大会常务委员会可以向全国人民代表大会常务委员会提出法律解释要求。所以 B 应选。

94. 《最高人民法院关于涉外民商事案件诉讼管辖若干问题的规定》中，明确了涉外民商事案件的诉讼管辖权限和范围，也规定了例外的情况。不适用上述《规定》进行集中管辖的涉外案件是：

A. 涉外房地产案件

B. 边境贸易纠纷案件

C. 强制执行国际仲裁裁决案件

D. 信用证纠纷案件

【答案】AB

【解析】直接依据《最高人民法院关于涉外民商事案件诉讼管辖若干问题的规定》第4 条规定："发生在与外国接壤的边境省份的边境贸易纠纷案件，涉外房地产案件和涉外知识产权案件，不适用本规定。"所以 AB 应选。

95. 某种化工材料进口数量的增加，使国内生产同类产品及与其直接竞争的产品的化工厂受到严重损害。依我国相关法律规定，与国内产业有关的自然人、法人或其他组

织有权采取的措施有:

  A. 直接向海关申请禁止该化工产品的进口

  B. 向商务部提出反倾销调查申请

  C. 向有管辖权的法院提起损害赔偿的诉讼

  D. 向商务部提出保障措施调查的申请

【答案】D

【解析】国际贸易中的保障措施,是指成员针对未可预见的急剧增加的进口,为补救国内产业因此所受的严重损害或严重损害的威胁而采取的进口限制措施。本题中的情形符合申请保障措施调查的条件。

96. 依照我国检察官法的规定,应当依法提请免除检察官职务的情形有:

  A. 到年龄退休

  B. 经考核确定为不称职

  C. 长期患病不能上班

  D. 调至法院任院长

【答案】ABCD

【解析】《检察官法》第14条规定:"检察官有下列情形之一的,应当依法提请免除其职务:……(二)调出本检察院的;……(四)经考核确定为不称职的;(五)因健康原因长期不能履行职务的;(六)退休的;……"

某国有企业厂因不能清偿到期债务而决定申请破产重整,对企业实施拯救。其拯救措施之一是进行裁员。根据有关法律规定,请回答97-100题。

97. 依照劳动法规定,企业在重整期间需要裁减人员时,应采取的程序是:

  A. 应当向工会或全体职工说明情况,听取意见

  B. 应当召集职工代表大会,对裁员方案进行表决

  C. 裁员方案应当公布,并允许被裁减人员提出异议

  D. 裁员方案实施前,应当向劳动行政部门报告

【答案】AD

【解析】《劳动法》第27条规定:"用人单位濒临破产进行法定整顿期间或者生产经营状况发生严重困难,确需裁减人员的,应当提前三十日向工会或者全体职工说明情况,听取工会或者职工的意见,经向劳动行政部门报告后,可以裁减人员。用人单位

依据本条规定裁减人员，在六个月内录用人员的，应当优先录用被裁减的人员。"
BC 选项的表述没有法律依据。

98. 对于被裁减人员，应当给予的待遇是：

   A. 依照国家有关规定给予经济补偿

   B. 制定职工安置预案，予以妥善安置

   C. 承诺企业在 6 个月内录用人员时予以优先录用

   D. 承诺企业在重整成功后予以重新录用

   【答案】ABC

   【解析】《劳动法》第 27 条规定："用人单位濒临破产进行法定整顿期间或者生产经营状况发生严重困难，确需裁减人员的，应当提前三十日向工会或者全体职工说明情况，听取工会或者职工的意见，经向劳动行政部门报告后，可以裁减人员。用人单位依据本条规定裁减人员，在六个月内录用人员的，应当优先录用被裁减的人员。"第 28 条规定："用人单位依据本法第二十四条、第二十六条、第二十七条的规定解除劳动合同的，应当依照国家有关规定给予经济补偿。"B 选项的表述没有法律依据。

99. 不得被裁减的企业人员有：

   A. 管理层、技术骨干和劳动模范

   B. 患病或者负伤，在规定的医疗期内的

   C. 在孕期、产期、哺乳期内的女职工

   D. 患职业病或者因工负伤并被确认丧失或者部分丧失劳动能力的

   【答案】BCD

   【解析】《劳动合同法》第 42 条规定："劳动者有下列情形之一的，用人单位不得依照本法第四十条、第四十一条的规定解除劳动合同：（一）从事接触职业病危害作业的劳动者未进行离岗前职业健康检查，或者疑似职业病病人在诊断或者医学观察期间的；（二）在本单位患职业病或者因工负伤并被确认丧失或者部分丧失劳动能力的；（三）患病或者非因工负伤，在规定的医疗期内的；（四）女职工在孕期、产期、哺乳期的；（五）在本单位连续工作满十五年，且距法定退休年龄不足五年的；（六）法律、行政法规规定的其他情形。"A 选项的表述没有法律依据。

100. 对于企业裁减人员的决定，工会依法可采取的行动是：

   A. 工会认为该决定不适当的，有权提出意见

B. 工会认为该决定违反法律、法规或者劳动合同的，有权要求重新决定

C. 被裁减人员提起诉讼的，工会应当依法给予支持和帮助

D. 被裁减人员提起诉讼有困难的，工会可以代表职工提起诉讼

【答案】ABC

【解析】《劳动法》第30条规定：“用人单位解除劳动合同，工会认为不适当的，有权提出意见。如果用人单位违反法律、法规或者劳动合同，工会有权要求重新处理；劳动者申请仲裁或者提起诉讼的，工会应当依法给予支持和帮助。”工会不能代替职工行使诉权，所以D不应选。

2007 年国家司法考试 试卷二

一、单项选择题，每题所给的选项中只有一个正确答案。本部分 1-50 题，每题 1 分，共 50 分。

1. 关于刑法上因果关系的判断，下列哪一选项是正确的?

   A. 甲为抢劫而殴打章某，章某逃跑，甲随后追赶。章某在逃跑时钱包不慎从身上掉下，甲拾得钱包后离开。甲的暴力行为和取得财物之间存在因果关系

   B. 乙基于杀害的意思用刀砍程某，见程某受伤后十分痛苦，便将其送到医院，但医生的治疗存在重大失误，导致程某死亡。乙的行为和程某的死亡之间没有因果关系

   C. 丙经过铁路道口时，遇见正在值班的熟人项某，便与其聊天，导致项某未及时放下栏杆，火车通过时将黄某轧死。丙的行为与黄某的死亡之间存在因果关系

   D. 丁为杀害李某而打其头部，使其受致命伤，2 小时之后必死无疑。在李某哀求下，丁开车送其去医院。20 分钟后，高某驾驶卡车超速行驶，撞向丁的汽车致李某当场死亡。丁的行为和李某的死亡之间存在因果关系

   【答案】B

   【解析】A 选项中甲取得财物的结果与其实施的暴力行为之间不存在因果关系，导致章某丢失钱包的原因并未非甲所实施的暴力行为，而是由于自己在逃跑过程中不慎所致。C 选项的表述也不正确，在火车经过时放下栏杆是值班人员项某的职责，正是由于项某的疏忽致使黄某被轧死，丙找项某聊天的行为与黄某死亡之间不存在因果关系。D 选项中李某的最终死亡在于高某行为的介入，属于因果关系断绝，丁某先前的加害行为与李某之死也没有因果关系。

2. 陈某抢劫出租车司机甲，用匕首刺甲一刀，强行抢走财物后下车逃跑。甲发动汽车追赶，在陈某往前跑了 40 米处将其撞成重伤并夺回财物。关于甲的行为性质，下列哪一选项是正确的?

   A. 法令行为

   B. 紧急避险

   C. 正当防卫

   D. 自救行为

【答案】C

【解析】正當防衛必須是針對正在進行的不法加害行為所進行的防衛，一旦加害行為結束再行實施防衛便屬於防衛不適時。本題中，陳某搶得財物以後雖已逃跑，但仍然處於受害人甲可以立即實施防衛行為的空間和時間範圍，故陳某的行為可以認定為"正在進行"。AB選項較易排除。D選項容易誤選。自救行為與正當防衛的區別在於，自救行為可以發生在侵害發生以後。

3. 關於共犯，下列哪一選項是正確的？

   A. 為他人組織賣淫提供幫助的，以組織賣淫罪的幫助犯論處

   B. 以出賣為目的，為拐賣婦女的犯罪分子接送、中轉被拐賣的婦女的，以拐賣婦女罪的幫助犯論處

   C. 應走私罪犯的要求，為其提供資金、賬號的，以走私罪的共犯論處

   D. 為他人偷越國（邊）境提供偽造的護照的，以偷越國（邊）境罪的共犯論處

【答案】C

【解析】《刑法》第358條規定："……協助組織他人賣淫的，處五年以下有期徒刑，並處罰金；情節嚴重的，處五年以上十年以下有期徒刑，並處罰金。"據此，協助組織他人賣淫的，應當單獨定協助組織賣淫罪。《刑法》第240條規定："……拐賣婦女、兒童是指以出賣為目的，有拐騙、綁架、收買、販賣、接送、中轉婦女、兒童的行為之一的。"所以B不應選。刑法第156條規定："與走私罪犯通謀，為其提供貸款、資金、賬號、發票、證明，或者為其提供運輸、保管、郵寄或者其他方便的，以走私罪的共犯論處。"所以C應選。最後，根據《刑法》第320條的規定，為他人偷越國（邊）境提供偽造的護照的，成立提供偽造的出入境證件罪。所以D不應選。

4. 審判的時候懷孕的婦女依法不適用死刑。對這一規定的理解，下列哪一選項是錯誤的？

   A. 關押期間人工流產的，屬於審判的時候懷孕的婦女

   B. 關押期間自然流產的，屬於審判的時候懷孕的婦女

   C. 不適用死刑，是指不適用死刑立即執行但可適用死緩

   D. 不適用死刑，既包括不適用死刑立即執行，也包括不適用死緩

【答案】C

【解析】死刑包括死刑立即執行和死刑緩期執行兩種方式，對於審判時懷孕的婦女既不適用死刑立即執行，也不適用死刑緩期執行。所以C應選。

5. 甲为杀害仇人林某在偏僻处埋伏，见一黑影过来，以为是林某，便开枪射击。黑影倒地后，甲发现死者竟然是自己的父亲。事后查明，甲的子弹并未击中父亲，其父亲患有严重心脏病，因听到枪声后过度惊吓死亡。关于甲的行为，下列哪一选项是正确的？

   A. 甲构成故意杀人罪既遂

   B. 甲构成故意杀人罪未遂

   C. 甲构成过失致人死亡罪

   D. 甲对林某构成故意杀人罪未遂，对自己的父亲构成过失致人死亡，应择一重罪处罚

【答案】A

【解析】甲对其父开枪射击的行为属于对象错误，而其父与林某一样对生命安全享有同样的法益，所以甲的行为完成了杀人犯罪的法定要件，该犯罪行为的主观方面是直接故意。同时，甲的射击行为虽未打中其父，但该行为与其父因受枪击惊吓导致心脏病发死亡之间有因果关系。所以 A 应选。

6. 甲将汽车停在自家楼下，忘记拔车钥匙，匆匆上楼取文件，被恰好路过的乙发现。乙发动汽车刚要挂档开动时，甲正好下楼，将乙抓获。关于乙的行为，下列哪一选项是正确的？

   A. 构成侵占罪既遂

   B. 构成侵占罪未遂

   C. 构成盗窃罪既遂

   D. 构成盗窃罪未遂

【答案】D

【解析】乙欲开走汽车的行为虽然具有占有的故意，但该车车主仍然为甲，而并不是遗忘物，所以乙不构成侵占罪。盗窃罪的既遂以被害人丧失对财物的有效控制为标准，但在具体认定上尚需结合犯罪对象的类型、特征。本题中的犯罪对象体积较大，乙虽然已经发动汽车，但甲及时赶来制止，并未丧失有效控制。所以 D 应选。

7. 张某出于报复动机将赵某打成重伤，发现赵某丧失知觉后，临时起意拿走了赵某的钱包，钱包里有 1 万元现金，张某将其占为己有。关于张某取财行为的定性，下列哪一选项是正确的？

   A. 构成抢劫罪

B. 构成抢夺罪

C. 构成盗窃罪

D. 构成侵占罪

【答案】C

【解析】张某拿走赵某的钱包实属临时起意，与其打伤赵某的行为不存在目的与手段的关系，不应认为构成抢劫罪。同时，尽管赵某受伤后处于昏迷，但其钱包仍不属于遗忘物，不符合侵占罪的构成。

8. 关于数罪并罚，下列哪一选项是错误的？

A. 甲在刑罚执行完毕以前发现漏罪的，应当按照"先并后减"的原则实行数罪并罚

B. 乙在刑罚执行完毕以前再犯新罪的，应当按照"先减后并"的原则实行数罪并罚

C. 丙在刑罚执行完毕以前再犯新罪，同时又发现漏罪的，应当先将漏罪与原判决的罪实行"先并后减"；再对新罪与前一并罚后尚未执行完毕的刑期实行"先减后并"

D. "先减后并"在一般情况下使犯罪人受到的实际处罚比"先并后减"轻

【答案】D

【解析】《刑法》第 69 条规定：判决宣告以前一人犯数罪的，除判处死刑和无期徒刑的以外，应当在总和刑期以下、数刑中最高刑期以上，酌情决定执行的刑期，但是管制最高不能超过三年，拘役最高不能超过一年，有期徒刑最高不能超过二十年。第 70 条规定：判决宣告以后，刑罚执行完毕以前，发现被判刑的犯罪分子在判决宣告以前还有其他罪没有判决的，应当对新发现的罪作出判决，把前后两个判决所判处的刑罚，依照本法第六十九条的规定，决定执行的刑罚。已经执行的刑期，应当计算在新判决决定的刑期以内。所以 A 不应选。《刑法》第 71 条规定：判决宣告以后，刑罚执行完毕以前，被判刑的犯罪分子又犯罪的，应当对新犯的罪作出判决，把前罪没有执行的刑罚和后罪所判处的刑罚，依照本法第六十九条的规定，决定执行的刑罚。所以 B 不应选。C 选项的表述也是正确的。

9. 根据刑法规定与相关司法解释，下列哪一选项符合交通肇事罪中的"因逃逸致人死亡"？

A. 交通肇事后因害怕被现场群众殴打，逃往公安机关自首，被害人因得不到救助而死亡

B. 交通肇事致使被害人当场死亡，但肇事者误以为被害人没有死亡，为逃避法律

责任而逃逸

C. 交通肇事致人重伤后误以为被害人已经死亡，为逃避法律责任而逃逸，导致被害人得不到及时救助而死亡

D. 交通肇事后，将被害人转移至隐蔽处，导致其得不到救助而死亡

【答案】C

【解析】《最高人民法院关于审理交通肇事刑事案件具体应用法律若干问题的解释》第 5 条规定："'因逃逸致人死亡'，是指行为人在交通肇事后为逃避法律追究而逃跑，致使被害人因得不到救助而死亡的情形。"A 选项中行为人的逃逸并不是为了逃避法律责任，不应选。B 选项中行为人已经致使被害人当场死亡，不符合题目设问的要求。该司法解释第 6 条规定："行为人在交通肇事后为逃避法律追究，将被害人带离事故现场后隐藏或者遗弃，致使被害人无法得到救助而死亡或者严重残疾的，应当分别依照刑法第 232 条、第 234 条第 2 款的规定，以故意杀人罪或者故意伤害罪定罪处罚。"所以 D 选项中的行为不再属于交通肇事罪的犯罪构成，当然也就不是"因逃逸致人死亡"。

10. 对下列与扰乱市场秩序罪相关的案例的判断，哪一选项是正确的？

A. 甲所购某名牌轿车行驶不久，发动机就发生故障，经多次修理仍未排除。甲用牛车拉着该轿车在闹市区展示。甲构成损害商品声誉罪

B. 广告商乙在拍摄某减肥药广告时，以肥胖的郭某当替身拍摄减肥前的画面，再以苗条的影视明星刘某作代言人夸赞减肥效果。事后查明，该药具有一定的减肥作用。乙构成虚假广告罪

C. 丙按照所在企业安排研发出某关键技术，但其违反保密协议将该技术有偿提供给其他厂家使用，获利 400 万元。丙构成侵犯商业秘密罪

D. 章某因房地产开发急需资金，以高息向丁借款 500 万元，且按期归还本息。丁尝到甜头后，多次发放高利贷，非法获利数百万元。丁构成非法经营罪

【答案】C

【解析】甲的行为并没有捏造虚假的事实，不构成犯罪。虚假广告罪是指广告主、广告经营者、广告发布者违反国家规定，利用广告对商品或者服务作虚假宣传，情节严重的行为。据此，B 选项中的行为尚不构成犯罪。《刑法》第 225 条规定了非法经营罪在客观方面的具体形态，D 选项中的行为不符合该条的规定。所以 C 应选。

11. 关于贷款诈骗罪的判断，下列哪一选项是正确的？

　　A. 甲以欺骗手段骗取银行贷款，给银行造成重大损失的，构成贷款诈骗罪

　　B. 乙以牟利为目的套取银行信贷资金，转贷给某企业，从中赚取巨额利益的，构成贷款诈骗罪

　　C. 丙公司以非法占有为目的，编造虚假的项目骗取银行贷款。该公司构成贷款诈骗罪

　　D. 丁使用虚假的证明文件，骗取银行贷款后携款潜逃的，构成贷款诈骗罪

【答案】D

【解析】贷款诈骗罪是指以非法占有为目的，诈骗银行或者其他金融机构的贷款，数额较大的行为。A选项中甲以欺骗手段获取银行贷款的目的并非非法占有，即使给银行造成了重大损失也不构成贷款诈骗罪，而构成骗取金融机构信用罪。B选项中乙的行为显然构成的是高利转贷罪。此外，单位不是贷款诈骗罪的犯罪主体，对于单位实施的贷款诈骗行为，可能构成合同诈骗罪定罪处罚。

12. 关于强奸罪及相关犯罪的判断，下列哪一选项是正确的？

　　A. 甲欲强奸某妇女遭到激烈反抗，一怒之下卡住该妇女喉咙，致其死亡后实施奸淫行为。甲的行为构成强奸罪的结果加重犯

　　B. 乙为迫使妇女王某卖淫而将王某强奸，对乙的行为应以强奸罪与强迫卖淫罪实行数罪并罚

　　C. 丙在组织他人偷越国（边）境过程中，强奸了被组织的妇女李某。丙的行为虽然触犯了组织他人偷越国（边）境罪与强奸罪，但只能以组织他人偷越国（边）境罪定罪量刑

　　D. 丁在拐卖妇女的过程中，强行奸淫了该妇女。丁的行为虽然触犯了拐卖妇女罪与强奸罪，但根据刑法规定，只能以拐卖妇女罪定罪量刑

【答案】D

【解析】首先，对出于报复、灭口等动机，在实施强奸的过程中或强奸后，杀死或者伤害被害人的，应分别认定为强奸罪、故意杀人罪或故意伤害罪，实行数罪并罚。所以A不应选。其次，根据《刑法》第358条的规定，强奸后迫使卖淫的行为应当认定为强迫卖淫罪的情节加重犯。所以B不应选。最后，《刑法》第318条规定："组织他人偷越国（边）境，对被组织人有杀害、伤害、强奸、拐卖等犯罪行为，或者对检查人员有杀害、伤害等犯罪行为的，依照数罪并罚的规定处罚。"所以C不应选。

13. 下列哪种情形构成诬告陷害罪?

    A. 甲为了得到提拔,便捏造同事曹某包养情人并匿名举报,使曹某失去晋升机会

    B. 乙捏造"文某明知王某是实施恐怖活动的人而向其提供资金"的事实,并向公安部门举报

    C. 丙捏造同事贾某受贿 10 万元的事实,并写成 500 份传单在县城的大街小巷张贴

    D. 丁匿名举报单位领导王某贪污救灾款 50 万元。事后查明,王某只贪污了救灾款 5000 元

    【答案】B

    【解析】《刑法》第 243 条规定:"捏造事实诬告陷害他人,意图使他人受刑事追究,情节严重的,处三年以下有期徒刑、拘役或者管制;造成严重后果的,处三年以上十年以下有期徒刑。国家机关工作人员犯前款罪的,从重处罚。"A 选项中的告发行为并非意在使他人受到刑事追究。C 选项中行为人没有向国家机关或有关单位进行告发。D 选项中告发的事实在数额上虽有失实,但不应认定构成诬告陷害罪。

14. 张某和赵某长期一起赌博。某日两人在工地发生争执,张某推了赵某一把,赵某倒地后后脑勺正好碰到石头上,导致颅脑损伤,经抢救无效死亡。关于张某的行为,下列哪一选项是正确的?

    A. 构成故意杀人罪

    B. 构成过失致人死亡罪

    C. 构成故意伤害罪

    D. 属于意外事件

    【答案】B

    【解析】张某推搡赵某的行为不是出于故意,张某主观上没有杀害或伤害赵某的故意。张某由于与赵某发生争执,忽视了对赵某人身安全的注意义务,没有预见到自己的行为可能给赵某造成的伤害,只能认为存在过失。所以 B 应选。

15. 甲路过某自行车修理店,见有一辆名牌电动自行车(价值 1 万元)停在门口,欲据为己有。甲见店内货架上无自行车锁便谎称要购买,催促店主去 50 米之外的库房拿货。店主临走时对甲说:"我去拿锁,你帮我看一下店。"店主离店后,甲骑走电动自行车。甲的行为构成何罪?

    A. 诈骗罪

    B. 盗窃罪

C. 侵占罪

D. 職務侵占罪

【答案】B

【解析】詐騙罪的關鍵在於被害人受騙後處分了自己的財產，從而使得行為人得逞。本題中，店主並沒有對電動車進行處分，不構成詐騙罪。此外，店主讓甲照看一下店面，但並沒有令取得甲對電動車的占有，所以甲也不構成侵占罪。

16. 陳某向王某聲稱要購買 80 克海洛因，王某便從外地購買了 80 克海洛因。到達約定交貨地點後，陳某掏出仿真手槍威脅王某，從王某手中奪取了 80 克海洛因。此後半年內，因沒有找到買主，陳某一直持有 80 克海洛因。半年後，陳某將 80 克海洛因送給其毒癮很大的朋友劉某，劉某因過量吸食海洛因而死亡。關於本案，下列哪一選項是錯誤的？

A. 王某雖然是陳某搶劫的被害人，但其行為仍成立販賣毒品罪

B. 陳某持仿真手槍取得毒品的行為構成搶劫罪，但不屬於持槍搶劫

C. 陳某搶劫毒品後持有該毒品的行為，被搶劫罪吸收，不另成立非法持有毒品罪

D. 陳某將毒品送給劉某導致其過量吸食進而死亡的行為，成立過失致人死亡罪

【答案】D

【解析】王某的行為構成販賣毒品罪當無疑議，A 不應選。陳某持仿真槍支威脅王某並取得毒品構成了搶劫罪，但持仿真槍支搶劫不屬於「持槍搶劫」，B 不應選。陳某劫得毒品後持有該毒品的行為，屬於事後不可罰的行為，不另成立非法持有毒品罪，所以 C 不應選。

17. 關於侵犯財產罪及相關犯罪，下列哪一選項是正確的？

A. 甲用假幣到電器商場購買手機，甲的行為構成詐騙罪

B. 乙受王某之託將價值 5 萬元的手表送給 10 公里外的朱某，乙在路上讓許某捆綁自己，偽造了搶劫現場，將表據為己有。報案後，乙向警方說自己被搶。乙的行為構成侵占罪

C. 丙假冒某部委名義，以組織某高層論壇為名發布廣告、寄送材料，要求參會人員每人先郵寄會務費 1 萬元。丙收款 50 萬元後潛逃。丙的行為構成虛假廣告罪

D. 丁為孩子升學，買了一輛假冒某名牌的摩托車送給教育局長何某。丁的行為構成詐騙罪

【答案】B

【解析】甲的行为应认定为使用假币罪，而不是诈骗罪。丙的行为则构成诈骗罪，而不是虚假广告罪。丁送给何某的摩托车虽是假冒名牌，但对何某来说收受该物仍获得了利益，故仅构成行贿罪。所以 B 应选。

18. 关于利用计算机网络的犯罪，下列哪一选项是正确的？

    A. 通过互联网将国家秘密非法发送给境外的机构、组织、个人的，成立故意泄露国家秘密罪

    B. 以营利为目的，在计算机网络上建立赌博网站，或者为赌博网站担任代理，接受投注的，属于刑法第 303 条规定的"开设赌场"

    C. 以牟利为目的，利用互联网传播淫秽电子信息的，成立传播淫秽物品罪

    D. 组织多人故意在互联网上编造、传播爆炸、生化、放射威胁等虚假恐怖信息，严重扰乱社会秩序的，成立聚众扰乱社会秩序罪

【答案】B

【解析】《关于办理赌博刑事案件具体应用法律若干问题的解释》第 2 条规定："以营利为目的，在计算机网络上建立赌博网站，或者为赌博网站担任代理，接受投注的，属于刑法第三百零三条规定的'开设赌场'。"可以直接依据本条的规定确定 B 应选。

19. 无业人员甲通过伪造国家机关公文，骗取某县工商局副局长的职位。在该局股级干部竞争上岗时，甲向干部乙声称："如果不给我 2 万元，你这次绝对没有机会。"乙为获得岗位，只好送甲 2 万元。关于对甲的行为的处理意见，下列哪一选项是正确的？

    A. 甲触犯的伪造国家机关公文罪与招摇撞骗罪之间具有牵连关系，应从一重罪论处

    B. 对甲的行为以伪造国家机关公文罪与敲诈勒索罪实行并罚

    C. 对甲的行为以伪造国家机关公文罪与受贿罪实行并罚

    D. 甲触犯的伪造国家机关公文罪与受贿罪之间具有牵连关系，应从一重罪论处

【答案】C

【解析】甲的行为成立伪造国家机关公文罪。甲利用伪造的公文骗取副局长职位以后，已经具有了国家工作人员的身份，其对乙实施的行为便属于索贿行为。据此，对甲应当按照伪造国家机关公文罪与受贿罪并罚。

20. 下列哪种行为可以构成玩忽职守罪?

    A. 在安全事故发生后,负有报告职责的人员不报或者谎报情况,贻误事故抢救,情节严重的

    B. 国有公司工作人员严重不负责任,造成国有公司破产,致使国家利益遭受重大损失的

    C. 负有环境保护监督管理职责的国家机关工作人员严重不负责任,导致发生重大环境污染事故,造成人身伤亡的严重后果的

    D. 负有管理职责的国家机关工作人员发现他人非法从事天然气开采、加工等违法活动而不予查封、取缔,致使国家和人民利益遭受重大损失的

    【答案】D

    【解析】ABC 三个选项中的行为分别构成《刑法》第 139 条规定的不报、谎报安全事故罪,《刑法》第 168 条规定的国有公司、企业人员失职罪,《刑法》第 408 条规定的环境监管失职罪。所以 D 应选。

21. 最高人民法院《关于人民法院合议庭工作的若干规定》规定,合议庭组成人员确定后,除因回避或者其他特殊情况不能继续参加案件审理外,不得在案件审理过程中更换。这一规定体现的是下列哪一项审判原则?

    A. 公开审判原则

    B. 言词审理原则

    C. 集中审理原则

    D. 辩论原则

    【答案】C

    【解析】集中审理原则,是指法院开庭审理案件,应在不更换审判人员的条件下连续进行,不得中断审理的诉讼原则。所以 C 应选。

22. 张某以侮辱罪对王某提起自诉。一审中,经调解双方达成协议。但在送达调解书时,张某反悔,拒绝签收。关于本案,下列哪一选项是正确的?

    A. 调解协议一经达成,即发生法律效力

    B. 调解书经审判人员和书记员署名,并加盖法院印章后,即发生法律效力

    C. 无论当事人是否签收,调解书一经送达,即发生法律效力

    D. 本案中调解书并未生效,人民法院应当进行判决

【答案】D

【解析】《刑诉法解释》第200条规定："调解应当在自愿、合法，不损害国家、集体和其他公民利益的前提下进行。调解达成协议的，人民法院应当制作刑事自诉案件调解书，由审判人员和书记员署名，并加盖人民法院印章。调解书经双方当事人签收后即发生法律效力。调解没有达成协议或者调解书签收前当事人反悔的，人民法院应当进行判决。"所以 D 应选。

23. 某市中级人民法院对张三（21 岁）被控强奸一案进行了公开审理，判处张三死刑立即执行。张三认为量刑过重，提出上诉。二审法院的哪种做法是正确的？

　　A. 应当公开开庭审理

　　B. 可以不开庭审理

　　C. 应当裁定撤销原判、发回重审

　　D. 应当提审

【答案】C

【解析】A 选项的错误在于，强奸案件涉及被害人的个人隐私，应当不公开审理。根据《最高人民法院、最高人民检察院关于死刑第二审案件开庭审理程序若干问题的规定（试行）》的规定，第二审人民法院审理第一审判处死刑立即执行的被告人上诉、人民检察院抗诉的案件，应当依照法律和有关规定开庭审理。所以 B 错误。又《刑事诉讼法》第 191 条："第二审人民法院发现第一审人民法院的审理有下列违反法律规定的诉讼程序的情形之一的，应当裁定撤销原判，发回原审人民法院重新审判：（一）违反本法有关公开审判的规定的；……"一审法院对本案进行公开审理是错误的，所以二审法院应当裁定撤销原判、发回重审。

24. 公安机关勘验杀人现场时，提取了插在被害人胸部上的一把匕首。从证据分类的角度看，该匕首属于下列哪种分类？

　　A. 原始证据、直接证据

　　B. 传来证据、间接证据

　　C. 实物证据、直接证据

　　D. 原始证据、间接证据

【答案】D

【解析】该匕首直接从案发现场的被害人尸体上提取获得，没有经过任何中间环节的处理、转换，显然应当属于原始证据。直接证据与间接证据的区别在于，是否需要借助其他证据以证明案件主要事实。该匕首虽采自案发现场，但其本身尚不足以证明犯罪人是谁，而需要借助其他证据材料所形成的证据链。所以 D 应选。

25. 法院对公诉案件进行审查后，应当根据不同情况作出处理。据此，下列哪一选项是正确的？

   A. 对于不属于本院管辖的，应当通知检察院撤回起诉

   B. 对于被告人不在案的，应当决定退回检察院

   C. 法院裁定准许撤诉的案件，没有新的事实、证据，检察院重新起诉的，应当裁定驳回起诉

   D. 法院作出了证据不足、指控的犯罪不能成立的无罪判决的案件，检察院依据新的事实、证据材料重新起诉的，法院应当根据禁止重复追诉原则不予受理

   【答案】B

   【解析】《刑诉法解释》第 117 条规定："案件经审查后，应当根据不同情况分别处理：（一）对于不属于本院管辖或者被告人不在案的，应当决定退回人民检察院；……（三）对于根据刑事诉讼法第一百六十二条第（三）项规定宣告被告人无罪，人民检察院依据新的事实、证据材料重新起诉的，人民法院应当依法受理；（四）依照本解释第一百七十七条规定，人民法院裁定准许人民检察院撤诉的案件，没有新的事实、证据，人民检察院重新起诉的，人民法院不予受理；……"所以 B 应选。

26. 在杨某被控故意杀人案的审理中，公诉人出示了死者女儿高某（小学生，9 岁）的证言。高某证称，杨某系其表哥，案发当晚，她看到杨某举刀杀害其父。下列哪一选项是正确的？

   A. 因高某年幼，其证言不能作为证据出示

   B. 因高某对所证事实具有辨别能力，其证言可以作为证据出示

   C. 高某必须到庭作证，否则其证言不能作为证据出示

   D. 高某与案件有利害关系，其证言不可以作为定案的根据

   【答案】B

   【解析】《刑事诉讼法》第 48 条规定："凡是知道案件情况的人，都有作证的义务。生理上、精神上有缺陷或者年幼，不能辨别是非、不能正确表达的人，不能作证人"。年幼并不必然导致丧失证人资格，所以 A 不应选。《刑诉法解释》第 141 条规定："证人应当出庭作证。符合下列情形，经人民法院准许的，证人可以不出庭作证：（一）未成年人；……"所以 C 不应选。"凡是知道案件情况的人，都有作证的义务"本身就说明，与案件有利害关系也不会导致丧失证人资格。

27. 张某因盗窃被判处有期徒刑 5 年，在交付执行前，突患严重疾病，需保外就医。有权决定张某暂予监外执行的是哪一个机关？

    A. 省监狱管理机关

    B. 负责交付执行的公安机关

    C. 负责监所监督的检察院

    D. 作出生效判决的法院

    【答案】D

    【解析】《刑诉法解释》第 353 条规定："被判处有期徒刑或者拘役的罪犯，有《刑事诉讼法》第二百一十四条第一、四款规定的情形之一，人民法院决定暂予监外执行的，应当制作《暂予监外执行决定书》，载明罪犯基本情况、判决确定的罪名和刑罚、决定暂予监外执行的原因、依据等内容，并抄送人民检察院和罪犯居住地的公安机关。"据此，有权对张某决定暂予监外执行的是作出生效判决的人民法院。

28. 在审判阶段，法院认为被告人某甲有毁灭证据的可能，遂决定逮捕某甲。关于该案逮捕程序，下列哪一选项是正确的？

    A. 法院可以自行执行逮捕

    B. 异地执行逮捕的，可以由当地公安机关负责执行

    C. 执行逮捕后，应当由法院负责对某甲进行讯问

    D. 执行逮捕后，应当由公安机关负责通知被逮捕人的家属或所在单位

    【答案】C

    【解析】逮捕的执行机关是公安机关，人民法院只有逮捕的决定权。所以 A 不应选。第 62 条规定："公安机关在异地执行拘留、逮捕的时候，应当通知被拘留、逮捕人所在地的公安机关，被拘留、逮捕人所在地的公安机关应当予以配合"。据此，异地执行逮捕时，当地公安机关所起的仅是配合作用。所以 B 不应选。最后，《刑诉法解释》第 78 条规定："人民法院作出逮捕决定后，应当将逮捕决定书送交公安机关执行。将被告人逮捕后，人民法院应当将逮捕的原因和羁押的处所，在二十四小时内通知被逮捕人的家属或者其所在单位；确实无法通知的，应当将原因记录在卷。"据此，人民法院决定逮捕的，应当自行通知家属或单位。所以 D 不应选。

29. 关于适用简易程序审理刑事案件，下列哪一选项是正确的？

    A. 被告人可以不出庭

    B. 可以由人民陪审员独任审判

C. 检察院可以派员出庭，也可以不派员出庭

D. 可以不受刑事诉讼法关于听取被告人最后陈述规定的限制

【答案】C

【解析】《刑事诉讼法》第 175 条规定："适用简易程序审理公诉案件，人民检察院可以不派员出席法庭。被告人可以就起诉书指控的犯罪进行陈述和辩护。人民检察院派员出席法庭的，经审判人员许可，被告人及其辩护人可以同公诉人互相辩论。"A 选项明显错误。简易程序只能由审判员采用独任制进行审理，而不能由人民陪审员独任审理。被告人的最后陈述是其参与庭审的一项重要权利，即便在简易程序中也必须听取被告人的最后陈述，《刑事诉讼法》第 177 条对此有明确的规定。

30. 张某因涉嫌放火罪被批准逮捕。公安机关在侦查过程中，发现张某另有抢劫罪的重大嫌疑，决定依照刑事诉讼法的规定重新计算羁押期限。关于重新计算羁押期限，下列哪一选项是正确的？

A. 报同级检察院批准

B. 报同级检察院备案

C. 报上一级公安机关批准

D. 报上一级公安机关备案

【答案】B

【解析】《六机关规定》第 32 条的规定，公安机关在侦查期间，发现犯罪嫌疑人另有重要罪行，重新计算侦查羁押期限的，由公安机关决定，不再经人民检察院批准。但须报人民检察院备案，人民检察院可以进行监督。

31. 在一起受贿案件的侦查过程中，侦查人员获悉，犯罪嫌疑人接受财物时，他家的保姆赵某曾经在场，遂决定对赵某进行调查。本案中，办案机关的下列哪种做法是错误的？

A. 到赵某的住处进行询问

B. 到赵某所属的家政公司进行询问

C. 通知赵某到检察机关提供证言

D. 通知赵某到公安机关提供证言

【答案】D

【解析】《刑事诉讼法》第 97 条规定："侦查人员询问证人，可以到证人的所在单位或者住处进行，但是必须出示人民检察院或者公安机关的证明文件。在必要的时候，

也可以通知证人到人民检察院或者公安机关提供证言。"受贿罪的侦查机关是人民检察院，所以四个选项中 D 应选。

32. 某检察院对陈某、姚某共同诈骗一案审查起诉时，陈某潜逃。下列哪一选项是正确的?

    A. 应当中止对陈某、姚某的审查起诉

    B. 可以对陈某中止审查起诉，对姚某继续审查起诉

    C. 应当将案件中陈某的部分退回公安机关处理，对姚某继续审查起诉

    D. 应当将全案退回公安机关，待抓获陈某后再继续审查起诉

【答案】B

【解析】《检察规则》第 273 条规定："……共同犯罪中的部分犯罪嫌疑人潜逃的，对潜逃犯罪嫌疑人可以中止审查；对其他犯罪嫌疑人的审查起诉应当照常进行。……"

33. 某市中级人民法院判处被告人死缓。被告人没有上诉，检察机关没有抗诉。该案经省高级人民法院核准后，被害人不服，提出申诉。如果提起审判监督程序，下列哪一选项是正确的?

    A. 由市人民检察院提出抗诉

    B. 由省人民检察院提起审判监督程序

    C. 由市中级人民法院院长提交本院审判委员会处理

    D. 由省高级人民法院院长提交本院审判委员会处理

【答案】D

【解析】本题中，被害人申诉的对象是省高院作出的核准死缓裁定，根据《刑事诉讼法》第 205 条的规定，只能由最高法、最高检或者该省高院提起审判监督程序。同时，对本院已经发生法律效力的判决和裁定，如果发现在认定事实上或者在适用法律上确有错误，必须提交审判委员会处理。所以 D 应选。

34. 庭审过程中，被告人赵某指出，公诉人的书记员李某曾在侦查阶段担任鉴定人，并据此要求李某回避。对于赵某的回避申请，下列哪一选项是正确的?

    A. 法庭应以不属于法定回避情形为由当庭驳回

    B. 法庭应以符合法庭回避情形为由当庭做出回避决定

    C. 李某应否回避需提交法院院长决定

    D. 李某应否回避需提交检察院检察长决定

【答案】D

【解析】《刑诉解释》第30条规定："当事人及其法定代理人对出庭的检察人员、书记员提出回避申请的，人民法院应当通知指派该检察人员出庭的人民检察院，由该院检察长或者检察委员会决定。"所以D应选。

35. 辛某到县公安机关报案称其被陈某强奸，公安机关传讯了陈某，陈某称他与辛某是恋爱关系。公安机关遂作出不立案决定，并向辛某送达了不立案通知书。辛某对不立案决定不服而采取的哪一项措施不符合法律规定？

　　A. 向该公安机关申请复议

　　B. 要求县检察院撤销该不立案决定

　　C. 请求该县检察院进行立案监督

　　D. 向该县法院提起自诉

【答案】B

【解析】《刑事诉讼法》第87条规定："人民检察院认为公安机关对应当立案侦查的案件而不立案侦查的，或者被害人认为公安机关对应当立案侦查的案件而不立案侦查，向人民检察院提出的，人民检察院应当要求公安机关说明不立案的理由。人民检察院认为公安机关不立案理由不能成立的，应当通知公安机关立案，公安机关接到通知后应当立案。"据此，人民检察院认为公安机关不立案理由不能成立，应当通知公安机关立案，而不是撤销该不立案决定。

36. 检察院以涉嫌诈骗罪对某甲提起公诉。经法庭审理，法院认定，某甲的行为属于刑法规定的"将代为保管的他人财物非法占为己有并拒不退还"的侵占行为。对于本案，检察院拒不撤回起诉时，法院的哪种处理方法是正确的？

　　A. 裁定驳回起诉

　　B. 裁定终止审理

　　C. 迳行作出无罪判决

　　D. 以侵占罪作出有罪判决

【答案】B

【解析】根据《刑事诉讼法》第15条的规定："有下列情形之一的，不追究刑事责任，已经追究的，应当撤销案件，或者不起诉，或者终止审理，或者宣告无罪：……（四）依照刑法告诉才处理的犯罪，没有告诉或者撤回告诉的；……"本题中，人民法院认定甲的行为构成侵占罪，但该罪属于告诉才处理的案件，故法院应当作出终止审理的裁定。

37. 甲、乙涉嫌共同抢夺。经审理，一审法院判处甲有期徒刑 3 年、乙有期徒刑 2 年。检察院以对甲量刑过轻为由提起抗诉。甲、乙均没有上诉。关于本案二审程序，下列哪一选项是正确的？

    A. 二审法院仅就甲的量刑问题进行审查

    B. 二审法院可以不开庭审理

    C. 乙应当参加法庭调查

    D. 如果改判，二审法院可以加重乙的刑罚

    【答案】C

    【解析】《刑诉法解释》第 256 条规定："共同犯罪案件，没有提出上诉的和没有对其判决提出抗诉的第一审被告人，应当参加法庭调查，并可以参加法庭辩论。"所以 C 应选。

38. 甲涉嫌故意杀人被提起公诉，可能判处死刑。关于本案诉讼程序，下列哪一选项是正确的？

    A. 可以依据《关于适用普通程序审理"被告人认罪案件"的若干意见》审理本案

    B. 上级法院可以指定基层法院审理本案

    C. 合议庭可以由审判员组成，也可以由审判员和人民陪审员组成

    D. 某甲拒绝法院指定辩护人为其辩护，坚持自行辩护，法庭应当准许

    【答案】C

    【解析】《关于适用普通程序审理"被告人认罪案件"的若干意见》不适用于可能判处死刑的案件。根据《刑事诉讼法》关于级别管辖的规定，可能判处死刑的案件只能由中级以上人民法院管辖，而不能指定基层法院管辖。最后，《刑诉法解释》第 38 条规定："……被告人具有本解释第三十六条规定情形之一，拒绝人民法院指定的辩护人为其辩护，有正当理由的，人民法院应当准许，但被告人需另行委托辩护人，或者人民法院应当为其另行指定辩护人。"而该解释第 36 条所规定的情形中明确包括了可能判处死刑的案件。

39. 甲、乙两村分别位于某市两县境内，因土地权属纠纷向市政府申请解决，市政府裁决争议土地属于甲村所有。乙村不服，向省政府申请复议，复议机关确认争议的土地属于乙村所有。甲村不服行政复议决定，提起行政诉讼。下列哪个法院对本案有管辖权？

    A. 争议土地所在地的基层人民法院

    B. 争议土地所在地的中级人民法院

C. 市政府所在地的基层人民法院

D. 省政府所在地的中级人民法院

【答案】B

【解析】省政府的复议决定改变了原来的具体行政行为，所以甲村应当以省政府为被告。根据《行政诉讼法》第 14 条的规定，该案应当由中级人民法院管辖。同时，不动产争议的行政诉讼由不动产所在地法院专属管辖。所以 B 应选。

40. 甲市政府批复同意本市乙区政府征用乙区某村丙小组非耕地 63 亩，并将其中 48 亩使用权出让给某公司用于建设商城。该村丙小组袁某等村民认为，征地中有袁某等 32 户村民的责任田 32 亩，区政府虽以耕地标准进行补偿但以非耕地报批的做法违法，遂向法院提起行政诉讼。下列哪一选项是正确的？

A. 袁某等 32 户村民可以以某村丙小组的名义起诉

B. 袁某等 32 户村民可以以自己名义起诉

C. 应当以乙区人民政府为被告

D. 法院经审理如果发现征地批复违法，应当判决撤销

【答案】B

【解析】《行政诉讼法解释》第 16 条规定："农村土地承包人等土地使用权人对行政机关处分其使用的农村集体所有土地的行为不服，可以自己的名义提起诉讼。"所以 B 应选。又《行政诉讼法解释》第 19 条规定："当事人不服经上级行政机关批准的具体行政行为，向人民法院提起诉讼的，应当以在对外发生法律效力的文书上署名的机关为被告。"本题中谁为署名机关并不明确，所以 C 不应选。最后从本题所给信息来看，乙区政府的行为属于部分违法，人民法院不应作出撤销判决。

41. 某建筑公司雇工修建某镇农贸市场，但长期拖欠工资。县劳动局作出《处理决定书》，要求该公司支付工资，并加付应付工资 50% 的赔偿金。该公司在法定期限内既未履行处理决定，也未申请行政复议和提起诉讼。下列哪一选项是正确的？

A. 县劳动局申请法院强制执行，应当自该公司的法定起诉期限届满之日起 90 日内提出

B. 县劳动局申请法院强制执行，由该县法院受理

C. 县劳动局申请执行应当提交的全部材料包括申请执行书、据以执行的行政法律文书、证明该具体行政行为合法的材料

D. 法院受理申请执行案件后，应当在 30 日内由执行庭对行政处理决定的合法性进行审查

【答案】B

【解析】根据《行政诉讼法解释》第 88 条规定，行政机关申请人民法院强制执行其具体行政行为，应当自被执行人的法定起诉期限届满之日起 180 日内提出。所以 A 不应选。第 89 条规定，行政机关申请人民法院强制执行其具体行政行为的，由申请人所在地的基层人民法院受理。所以 B 应选。第 91 条规定，行政机关申请人民法院强制执行其具体行政行为，应当提交申请执行书、据以执行的行政法律文书、证明该具体行政行为合法的材料和被执行人财产状况以及其他必须提交的材料。C 选项中的表述不完整，不应选。《行诉解释》第 93 条规定，人民法院受理行政机关申请执行其具体行政行为的案件后，应当在 30 日内由行政审判庭组成合议庭对具体行政行为的合法性进行审查，并就是否准予强制执行作出裁定。所以 D 也不应选。

42. 李某和钱某参加省教委组织的"省中小学教师自学考试"。后省教委以"通报"形式，对李某、钱某等 4 名作弊考生进行了处理，并通知当次考试各科成绩作废，三年之内不准报考。李某、钱某等均得知该通报内容。李某向省政府递交了行政复议申请书，省政府未予答复。李某诉至法院。下列哪一选项是错误的？

  A. 法院应当受理李某对通报不服提起的诉讼

  B. 李某对省教委提起诉讼后，法院可以通知钱某作为第三人参加诉讼

  C. 法院应当受理李某对省政府不予答复行为提起的诉讼

  D. 钱某在诉讼程序中提供的、被告在行政程序中未作为处理依据的证据可以作为认定被诉处理决定合法的依据

【答案】D

【解析】《行政诉讼证据规定》第 60 条规定："下列证据不能作为认定被诉具体行政行为合法的依据：……（三）原告或者第三人在诉讼程序中提供的、被告在行政程序中未作为具体行政行为依据的证据。"

43. 甲有乙、丙两子。甲与乙曾订立赡养协议，并将自己的 10 棵荔枝树全部给乙。县政府向乙颁发了 10 棵荔枝树的林权证。甲去世后，丙认为自己的继承权受到侵犯，要求镇政府处理。镇政府重新分割了荔枝树，还派员将荔枝果摘下变卖，保存价款 3000 元，烂果 400 斤交由乙处理。乙不服，向法院提起行政诉讼。下列哪一选项是错误的？

  A. 诉讼过程中，县政府颁发给乙的林权证仍然有效

  B. 如果乙撤诉后，以同一事实和理由重新起诉的，法院不予受理

  C. 法院将起诉状副本送达被告后，乙提出被告应赔偿荔枝烂果损失的诉讼请求，法院应予准许

D. 镇政府变卖荔枝果并保存价款的行为没有法律依据

【答案】C

【解析】《行政诉讼法解释》第45条规定："起诉状副本送达被告后，原告提出新的诉讼请求的，人民法院不予准许，但有正当理由的除外。"所以C应选。

44. 某派出所以扰乱公共秩序为由扣押了高某的拖拉机。高不服，以派出所为被告提起行政诉讼。诉讼中，法院认为被告应是县公安局，要求变更被告，高不同意。法院下列哪种做法是正确的？

A. 以派出所为被告继续审理本案

B. 以县公安局为被告审理本案

C. 裁定驳回起诉

D. 裁定终结诉讼

【答案】C

【解析】《行政诉讼法解释》第23条规定："原告所起诉的被告不适格，人民法院应当告知原告变更被告；原告不同意变更的，裁定驳回起诉。……"

45. 关于行政诉讼中的证据保全申请，下列哪一选项是正确的？

A. 应当在第一次开庭前以书面形式提出

B. 应当在举证期限届满前以书面形式提出

C. 应当在举证期限届满前以口头形式提出

D. 应当在第一次开庭前以口头形式提出

【答案】B

【解析】《行政诉讼证据规定》第27条规定："当事人根据行政诉讼法第三十六条的规定向人民法院申请保全证据的，应当在举证期限届满前以书面形式提出，并说明证据的名称和地点、保全的内容和范围、申请保全的理由等事项。……"

46. 关于行政法规，下列哪一选项是正确的？

A. 行政法规可以设定行政拘留处罚

B. 行政法规对法律设定的行政许可作出具体规定时可以增设行政许可

C. 行政法规的决定程序依照国务院组织法的有关规定办理

D. 行政法规之间对同一事项的新的一般规定与旧的特别规定不一致，不能确定如何适用时，由国务院法制办裁决

【答案】C

【解析】根据《行政处罚法》第 10 条的规定，行政法规可以设定除限制人身自由以外的行政处罚。所以 A 不应选。又《行政许可法》第 16 条规定："行政法规可以在法律设定的行政许可事项范围内，对实施该行政许可作出具体规定。……法规、规章对实施上位法设定的行政许可可作出的具体规定，不得增设行政许可……"所以 B 不应选。最后，《立法法》第 85 条规定："行政法规之间对同一事项的新的一般规定与旧的特别规定不一致，不能确定如何适用时，由国务院裁决。"所以 D 不应选。

47. 张某因打伤李某被公安局处以行政拘留 15 天的处罚，张某不服，申请行政复议。不久，受害人李某向法院提起刑事自诉，法院经审理认为张某的行为已经构成犯罪，判决拘役 2 个月。下列哪一选项是正确的？

   A. 本案调查中，警察经出示工作证件，可以检查张某的住所

   B. 如果在法院判决时张某的行政拘留已经执行完毕，则对其拘役的期限为一个半月

   C. 如果张某之父为其提供担保，则公安机关可暂缓执行行政拘留

   D. 由公安局将张某送到看守所执行行政拘留

【答案】B

【解析】根据《行政处罚法》第 28 条的规定，违法行为构成犯罪，人民法院判处拘役或者有期徒刑时，行政机关已经给予当事人行政拘留的，应当依法折抵相应刑期。根据《治安管理处罚法》第 87 条的规定，公安机关对与违反治安管理行为有关的场所、物品、人身可以进行检查。检查时，人民警察不得少于二人，并应当出示工作证件和县级以上人民政府公安机关开具的检查证明文件。所以 A 不应选。又根据《治安管理处罚法》第 103 条的规定，对被决定给予行政拘留处罚的人，由作出决定的公安机关送达拘留所执行。所以 D 不应选。此外，张某的父亲作为近亲属，不符合作为担保人的条件，所以 C 不应选。

48. 齐某不服市政府对其作出的决定，向省政府申请行政复议，市政府在法定期限内提交了答辩，但没有提交有关证据、依据。开庭时市政府提交了作出行政行为的法律和事实依据，并说明由于市政府办公场所调整，所以延迟提交证据。下列哪一选项是正确的？

   A. 省政府应接受市政府延期提交的证据材料

   B. 省政府应中止案件的审理

C. 省政府应撤销市政府的具体行政行为

D. 省政府应维持市政府的具体行政行为

【答案】 C

【解析】《行政复议法》第28条规定："行政复议机关负责法制工作的机构应当对被申请人作出的具体行政行为进行审查，提出意见，经行政复议机关的负责人同意或者集体讨论通过后，按照下列规定作出行政复议决定：……（四）被申请人不按照本法第二十三条的规定提出书面答复、提交当初作出具体行政行为的证据、依据和其他有关材料的，视为该具体行政行为没有证据、依据，决定撤销该具体行政行为。"据此，省政府应当直接撤销市政府的具体行政行为。

49. 下列哪些情形下当事人必须先申请复议，对复议决定不服的才能提起行政诉讼？

A. 县政府为汪某颁发集体土地使用证，杨某认为该行为侵犯了自己已有的集体土地使用权

B. 高某因为偷税被某税务机关处罚，高某不服

C. 派出所因顾某打架对其作了处罚，顾某认为处罚太重

D. 对县国土资源局作出的处罚不服

【答案】 A

【解析】《行政复议法》第30条规定："公民、法人或者其他组织认为行政机关的具体行政行为侵犯其已经依法取得的土地、矿藏、水流、森林、山岭、草原、荒地、滩涂、海域等自然资源的所有权或者使用权的，应当先申请行政复议；对行政复议决定不服的，可以依法向人民法院提起行政诉讼。"

50. 李某涉嫌盗窃被公安局刑事拘留，后检察院批准将其逮捕。法院审理时发现，李某系受人教唆，且是从犯，故判处李某有期徒刑2年，缓期3年执行。后李某以自己年龄不满16周岁为由提起上诉，二审法院因此撤销原判，改判李某无罪并解除羁押。下列哪一选项是正确的？

A. 对于李某受到的羁押损失，国家不予赔偿

B. 对于一审有罪判决至二审无罪判决期间李某受到的羁押损失，国家应当给予赔偿

C. 对于一审判决前李某受到的羁押损失，国家应当给予赔偿

D. 对于检察院批准逮捕之前李某受到的羁押损失，国家应当给予赔偿

【答案】 A

【解析】《国家赔偿法解释》第 4 条规定："根据赔偿法第二十六条、第二十七条的规定，人民法院判处管制、有期徒刑缓刑、剥夺政治权利等刑罚的人被依法改判无罪的，国家不承担赔偿责任，但是，赔偿请求人在判决生效前被羁押的，依法有权取得赔偿。"李某在被人民检察院提起公诉之前已经被批捕，二审改判无罪以后有权因此阶段被羁押请求赔偿。

二、多项选择题，每题所给的选项中有两个或两个以上正确答案，少答或多答均不得分。本部分 51-90 题，每题 2 分，共 80 分。

51. 关于刑事管辖权，下列哪些选项是正确的？

   A. 甲在国外教唆陈某到中国境内实施绑架行为，中国司法机关对甲的教唆犯罪有刑事管辖权

   B. 隶属于中国某边境城市旅游公司的长途汽车在从中国进入 E 国境内之后，因争抢座位，F 国的汤姆一怒之下杀死了 G 国的杰瑞。对汤姆的杀人行为不适用中国刑法

   C. 中国法院适用普遍管辖原则对劫持航空器的丙行使管辖权时，定罪量刑的依据是中国缔结或者参加的国际条约

   D. 外国人丁在中国领域外对中国公民犯罪的，即使按照中国刑法的规定，该罪的最低刑为 3 年以上有期徒刑，也可能不适用中国刑法

【答案】 ABD

【解析】 A 选项中，陈某受到甲的教唆而在中国境内实施犯罪行为，根据我国刑法地域管辖的规定，人民法院对甲的教唆行为有权管辖。根据《刑法》第 6 条的规定，悬挂我国国旗的船舶和航空器属于我国的延伸领土，是我国的领域，但不包括国际列车，也不包括国际长途汽车。所以 B 应选。《刑法》第 9 条规定："对于中华人民共和国缔结或者参加的国际条约所规定的罪行，中华人民共和国在所承担条约义务的范围内行使刑事管辖权的，适用本法。"所以 C 选项有关使用国际条约的表述是错误的。最后，《刑法》第 8 条规定："外国人在中华人民共和国领域外对中华人民共和国国家或者公民犯罪，而按本法规定的最低刑为三年以上有期徒刑的，可以适用本法，但是按照犯罪地的法律不受处罚的除外。"所以 D 也应选。

52. 梁某與好友強某深夜在酒吧喝酒。強某醉酒後，錢包從褲袋裡掉到地上，梁某拾後見錢包裡有5000元現金就將其隱匿。強某要梁某送其回家，梁某怕錢包之事被發現，托辭拒絕。強某在回家途中醉倒在地，被人發現時已凍死。關於本案，下列哪些選項是正確的？

    A. 梁某佔有財物的行為構成盜竊罪

    B. 梁某佔有財物的行為構成侵佔罪

    C. 梁某對強某的死亡構成不作為的故意殺人罪

    D. 梁某對強某的死亡不構成不作為的故意殺人罪

【答案】AD

【解析】本題再一次對盜竊罪與侵佔罪的區分進行了考查。強某的錢包雖然掉落地上，但是仍處於其控制、佔有狀態，梁某趁強某酒醉之際秘密將錢包竊據己有，應當認定構成盜竊罪。從本題所給信息來看，梁某僅僅是與強某一同喝酒，該行為本身並不會導致致強某凍死的危險。據此，梁某並不負有因先前行為而產生的作為義務，不構成不作為的故意殺人罪。

53. 周某為搶劫財物在某昏暗場所將王某打昏。周某的朋友高某正好經過此地，高某得知真相後應周某的要求提供照明，使周某順利地將王某錢包拿走。關於本案，下列哪些選項是正確的？

    A. 高某與周某構成搶劫罪的共同犯罪

    B. 周某構成搶劫罪，高某構成盜竊罪，屬於共同犯罪

    C. 周某是共同犯罪中的主犯

    D. 高某是共同犯罪中的從犯

【答案】ACD

【解析】在周某已經實施了搶劫犯罪的部分行為後，高某以搶劫的故意參與實施後續犯罪行為，構成刑法上的共犯，所以A應選。從兩人在實施搶劫行為的作用來看，周某對被害人實施了暴力行為，並最終拿走錢包，顯然屬於主犯。

54. 劉某基於殺害潘某的意思將潘某勒昏，誤以為其已死亡，為毀滅證據而將潘某扔下懸崖。事後查明，潘某不是被勒死而是從懸崖墜落致死。關於本案，下列哪些選項是正確的？

    A. 劉某在本案中存在因果關係的認識錯誤

    B. 劉某在本案中存在打擊錯誤

C. 刘某构成故意杀人罪未遂与过失致人死亡罪

D. 刘某构成故意杀人罪既遂

【答案】AD

【解析】因果关系的认识错误是指行为人对其行为与危害结果之间的因果关系有不符合实际情况的错误认识。刘某自认为潘某是被勒死的，但实际上潘某是因被扔下山崖而摔死，刘某对此确有认识错误。因果关系的认识错误并不影响对刘某行为的定罪处罚，因为潘某死亡的结果是刘某所追求的，而且前后两个行为都是刘某直接实施的。所以 AD 应选。

55. 李某以出卖为目的偷盗一名男童，得手后因未找到买主，就产生了自己抚养的想法。在抚养过程中，因男童日夜啼哭，李某便将男童送回家中。关于李某的行为，下列哪些选项是错误的？

A. 构成拐卖儿童罪

B. 构成拐骗儿童罪

C. 属于拐卖儿童罪未遂

D. 属于拐骗儿童罪中止

【答案】BCD

【解析】拐卖儿童罪与拐骗儿童罪的关键区别在于行为人是否具有出卖的目的，具备出卖目的的，即属拐卖儿童罪。本题中，李某以出卖为目的偷盗男童，只要实施完偷盗行为即以构成本罪的既遂。尽管事后李某改变了想法，并最终将男童送回，不应认为属于本罪的未遂或中止。

56. 关于假释的适用，下列哪些选项是正确的？

A. 甲因爆炸罪被判处有期徒刑 15 年。在服刑 13 年时，因有悔改表现而被裁定假释

B. 乙犯抢劫罪被判处有期徒刑 9 年，犯嫖宿幼女罪判 8 年，数罪并罚决定执行 15 年。在服刑 13 年时，因有悔改表现而被裁定假释

C. 丙犯诈骗罪被判处有期徒刑 10 年，刑罚执行 7 年后假释。假释考验期内第 2 年，丙犯抢劫罪，应当判 9 年，数罪并罚决定执行 10 年。在服刑 7 年时，因有悔改表现而被裁定假释

D. 丁犯盗窃罪，被判处有期徒刑 3 年，缓刑 4 年。经过缓刑考验期后，发现丁在缓刑考验期内的第 2 年，犯故意伤害罪，应判 9 年，数罪并罚决定执行 10 年。在服刑 7 年时，因丁有悔改表现而被裁定假释

【答案】BCD

【解析】《刑法》第81条规定："……对累犯以及因杀人、爆炸、抢劫、强奸、绑架等暴力性犯罪被判处十年以上有期徒刑、无期徒刑的犯罪分子，不得假释。"甲不符合假释的条件；乙的两个犯罪行为并非暴力性犯罪；丙前一个犯罪行为不属于暴力性犯罪，所以BC应选。此外，成功的缓刑是原判的刑罚不再执行，不是原判刑罚已经执行完毕。因此，在缓刑考验期内再犯新罪，以及在考验期满后再犯新罪的，都不成立累犯。据此，丁符合假释条件。

57. 关于罪数的认定，下列哪些选项是正确的？

    A. 甲使用暴力强迫赵某与自己进行商品交易，造成赵某重伤。对甲的行为应以故意伤害罪与强迫交易罪实行并罚

    B. 乙借用李某的摩托车后藏匿不想归还。李某要求归还时，乙谎称摩托车被盗。乙欺骗李某的行为不单独构成诈骗罪

    C. 丙为杀人而盗窃枪支，未及实施杀人行为而被抓获，丙的行为构成故意杀人（预备）罪与盗窃枪支罪的想象竞合犯

    D. 丁盗窃信用卡并使用的行为，属于盗窃罪与信用卡诈骗罪的吸收犯

【答案】BC

【解析】甲的暴力行为已经超出了强迫交易罪的界限，构成了抢劫罪。对丁的行为的定性要区分情况，如果丁用盗取的信用卡在自动提款机中提取被害人的存款，并不属于盗窃罪与诈骗罪的吸收犯，而仅是盗窃罪。所以AD错误，不应选。

58. 下列哪些情形构成以危险方法危害公共安全罪？

    A. 投放虚假的爆炸性、毒害性、放射性、传染病病原体等物质，严重扰乱社会秩序的

    B. 故意破坏正在使用的矿井下的通风设备的

    C. 违反国家规定，向土地大量排放危险废物，造成重大环境污染事故，导致多人死亡的

    D. 故意传播突发性传染病病原体，危害公共安全的

【答案】BD

【解析】A选项中的行为应认定为投放虚假危险物质罪，而不是以危险方法危害公共安全罪。C选项中的行为则构成重大环境污染事故罪。所以BD应选。

59. 关于不作为犯，下列哪些选项是正确的？

　　A. 刑法规定，依法配备公务用枪的人员丢失枪支不及时报告，造成严重后果的构成犯罪。该罪以不报告为成立条件，属于不作为犯罪

　　B. 偷税罪是一种不履行纳税义务的行为，只能由不作为构成

　　C. 遗弃罪是一种不履行扶养义务的行为，属于不作为犯罪

　　D. 刑法规定，将代为保管的他人财物非法占为己有，数额较大，拒不退还的，构成犯罪。该罪以拒不退还为成立条件，属于不作为犯罪

【答案】AC

【解析】依法配备公务用枪的人员，丢失枪支后负有及时报告的义务，不及时报告的就违反了该义务，构成不作为犯罪。所以 A 应选。遗弃罪的客观方面就是负有扶养义务的人拒不承担该义务，属于不作为犯罪。偷税罪的客观方面既有积极的作为，例如伪造账簿、记账凭证，也有不作为。所以 B 不应选。侵占罪的客观方面主要体现在将他人财物非法占为己有的行为，该行为既可以是作为，也可以是不作为。所以 D 不应选。

60. 丁某教唆 17 岁的肖某抢夺他人手机，肖某在抢夺得手后，为抗拒抓捕将追赶来的被害人打成重伤。关于本案，下列哪些选项是正确的？

　　A. 丁某构成抢夺罪的教唆既遂

　　B. 肖某构成转化型抢劫

　　C. 对丁某教唆肖某犯罪的行为应当从重处罚

　　D. 丁某与肖某之间不构成共同犯罪

【答案】ABC

【解析】肖某的行为构成转化型的抢劫罪比较明确。同时，肖某实施的犯罪行为虽然超出丁某教唆的内容，但属于抢夺行为转化的结果，仍应认为丁某的抢夺教唆既遂。肖某不满 18 周岁，故对丁某应从重处罚。最后，丁某与肖某在抢夺行为上具有共犯的故意，且肖某实际实施了抢夺（后转化为抢劫），两人在抢夺行为的限度内成立共犯。所以 D 不应选。

61. 丁某盗窃了农民程某的一个手提包，发现包里有大量现金和一把手枪。丁某将真情告诉崔某，并将手枪交给崔某保管，崔某将手枪藏在家里。关于本案，下列哪些选项是正确的？

　　A. 丁某构成盗窃罪

B. 丁某构成盗窃枪支罪

C. 崔某构成窝藏罪

D. 崔某构成非法持有枪支罪

【答案】AD

【解析】丁某意在窃取财物，却在实施行为时发生了对象认识错误，所以并不构成盗窃枪支罪，仅构成盗窃罪。崔某在了解实情后接受枪支并予保管，但没有实施帮助丁某逃匿的行为，不构成窝藏罪。所以BC不应选。

62. 关于诈骗罪，下列哪些选项是正确的？

A. 收藏家甲受托为江某的藏品进行鉴定，甲明知该藏品价值100万，但故意贬其价值后以1万元收买。甲的行为构成诈骗罪

B. 文物贩子乙收购一些赝品，冒充文物低价卖给洪某。乙的行为构成诈骗罪

C. 店主丙在柜台内陈列了两块标价5万元的玉石，韩某讲价后以3万元购买其中一块，周某讲价后以3000元购买了另一块。丙对韩某构成诈骗罪

D. 画家丁临摹了著名画家范某的油画并署上范某的名章，通过画廊以5万元出售给田某，丁非法获利3万元。丁的行为构成诈骗罪

【答案】AB

【解析】甲故意隐瞒真相，使被害人基于认识错误交付财物，已经构成诈骗罪。乙故意虚构事实，将赝品说成文物，使被害人基于认识错误交付财物，也构成诈骗罪。丙没有虚构事实或者隐瞒真相，其行为并不符合诈骗罪的犯罪构成。最后，《刑法》第217条规定："以营利为目的，有下列侵犯著作权情形之一，……（四）制作、出售假冒他人署名的美术作品的。"据此，丁的行为构成侵犯著作权罪。

63. 关于敲诈勒索罪的判断，下列哪些选项是正确的？

A. 甲将王某杀害后，又以王某被绑架为由，向其亲属索要钱财。甲除构成故意杀人罪外，还构成敲诈勒索罪与诈骗罪的想象竞合犯

B. 饭店老板乙以可乐兑水冒充洋酒销售，向实际消费数十元的李某索要数千元。李某不从，乙召集店员对其进行殴打，致其被迫将钱交给乙。乙的行为构成抢劫罪而非敲诈勒索罪

C. 职员丙被公司辞退，要求公司支付10万元补偿费，否则会将所掌握的公司商业秘密出卖给其他公司使用。丙的行为构成敲诈勒索罪

D. 丁为谋取不正当利益送给国家工作人员刘某10万元。获取不正当利益后，丁以

告发相要挟，要求刘某返还 10 万元。刘某担心被告发，便还给丁 10 万元。对丁的行为应以行贿罪与敲诈勒索罪实行并罚

【答案】ABCD

【解析】甲对王某亲属实施的行为不仅使其陷入恐惧之中，而且令其对于王某仍生还存在认识错误，构成敲诈勒索罪与诈骗罪的想象竞合犯。乙召集店员当场对李某实施暴力行为，迫使其交出钱，符合抢劫罪的构成。丙以出卖原公司商业秘密对原公司进行要挟，目的在于获取高额补偿费，符合敲诈勒索罪的构成。丁送钱的行为构成行贿罪。同时，该笔贿款属于非法财产，丁某对其不享有正当的权利，丁某以告发相要挟，意在要回贿款，符合敲诈勒索罪的构成。

64. 王某担任辩护人时，编造了一份隐匿罪证的虚假证言，交给被告人陈小二的父亲陈某，让其劝说证人李某背熟后向法庭陈述，并给李某 5000 元好处费。陈某照此办理。李某收受 5000 元后，向法庭作了伪证，致使陈小二被无罪释放。后陈某给陈小二 10 万美元，让其逃往国外。关于本案，下列哪些选项是错误的？

A. 王某的行为构成辩护人妨害作证罪

B. 陈某劝说李某作伪证的行为构成妨害作证罪的教唆犯

C. 李某构成辩护人妨害作证罪的帮助犯

D. 陈某让陈小二逃往国外的行为构成脱逃罪的共犯

【答案】BCD

【解析】辩护人妨害作证罪与妨害作证罪的区别在于，前者的主体仅限于刑事诉讼中的辩护人。王某的行为确已构成辩护人妨害作证罪，所以 A 不应选。陈某的行为本身即是妨害作证罪的客观方面，陈某属于本罪的正犯而非教唆犯。李某是本案证人，其行为构成伪证罪。最后，脱逃罪是指依法被关押的罪犯、被告人、犯罪嫌疑人脱逃的行为，陈小二已被无罪释放，不属于本罪的主体。所以 BCD 应选。

65. 关于受贿罪的判断，下列哪些选项是错误的？

A. 公安局副局长甲收受犯罪嫌疑人家属 10 万元现金，允诺释放犯罪嫌疑人，因为局长不同意未成。由于甲并没有为他人谋取利益，所以不构成受贿罪

B. 国家机关工作人员乙在退休前利用职务便利为钱某谋取了不正当利益，退休后收受了钱某 10 万元。尽管乙与钱某事前并无约定，仍应以受贿罪论处

C. 基层法院法官丙受被告人孙某家属之托，请中级法院承办法官李某对孙某减轻处罚，并无减轻情节的孙某因此被减轻处罚。事后，丙收受孙某家属 10 万元现

金。丙不具有制约李某的职权与地位，不成立受贿罪

D. 海关工作人员丁收受 10 万元贿赂后徇私舞弊，放纵走私，触犯受贿罪和放纵走私罪。由于具有牵连关系，应从一重罪论处

【答案】ABCD

【解析】受贿罪的构成并不要求受贿人一定实际地为行贿人谋得利益，所以 A 应选。国家工作人员利用职务上的便利为请托人谋取利益，并与请托人事先约定，在其离退休后收受请托人财物，构成犯罪的，以受贿罪定罪处罚。乙并未与行贿人有此约定，所以 B 应选。丙的行为构成斡旋受贿，所以 C 应选。司法工作人员收受贿赂构成受贿罪，同时又构成徇私枉法罪、民事行政枉法裁判罪、执行判决裁定失职罪、执行判决裁定滥用职权罪的，依照处罚较重的规定定罪处罚。除此以外，其他渎职犯罪同时受贿的，数罪并罚。据此，丁的行为应当数罪并罚。所以 D 应选。

66. 关于律师担任刑事案件被告人的辩护人，下列哪些选项是正确的？

A. 辩护人不是被告人的代言人

B. 辩护人应当维护被告人的合法权益

C. 辩护人须按照被告人的要求作无罪辩护

D. 辩护人有权独立发表辩护意见

【答案】ABD

【解析】辩护人具有独立的诉讼参与人身份，根据案件事实依法独立履行职务，维护犯罪嫌疑人、被告人的合法权益，既不应受公诉人意见左右，也不应受犯罪嫌疑人、被告人意志的左右。所以 ABD 应选。

67. 某市法院审理被告人赵某故意伤害案，为其指定了辩护律师。庭审中，赵某拒绝辩护律师为其辩护，合议庭的下列哪些做法是正确的？

A. 赵某要求另行委托辩护人时，应当同意，并宣布延期审理

B. 赵某要求另行指定辩护律师时，应当同意，并宣布延期审理

C. 赵某要求另行指定辩护律师时，不应当同意，并宣布继续审理

D. 赵某另行委托辩护人的，自宣布延期审理之日起至第十日止，准备辩护时间不计入审限

【答案】AD

【解析】《刑诉法解释》第 165 条规定："被告人当庭拒绝辩护人为其辩护，要求另行委托辩护人的，应当同意，并宣布延期审理。被告人要求人民法院另行指定辩护律

师, 合议庭同意的, 应当宣布延期审理。……依照本解释第一百六十四条、本条第一、二款规定另行委托、指定辩护人或者辩护律师的, 自案件宣布延期审理之日起至第十日止, 准备辩护时间不计入审限。"所以 AD 应选。

68. 在侦查中, 下列哪些情形, 检察院有权对犯罪嫌疑人决定拘留?

   A. 张某刑讯逼供案, 在场的人指认他犯罪

   B. 姚某徇私枉法案, 在取保候审期间企图自杀

   C. 王某贪污案, 在取保候审期间毁灭证据并串供

   D. 高某受贿案, 在其家中发现赃款、赃物

   【答案】BC

   【解析】根据《刑事诉讼法》第 132 条的规定, 人民检察院直接受理的案件中有犯罪后企图自杀、逃跑或者在逃的, 或者有毁灭、伪造证据或串供可能的, 由人民检察院作出拘留决定。

69. 关于法院审理附带民事诉讼案件, 下列哪些选项是正确的?

   A. 犯罪分子非法处置被害人财产而使其遭受物质损失的, 被害人可以提起附带民事诉讼

   B. 因财物被犯罪分子毁坏而遭受物质损失的, 被害人可以提起附带民事诉讼

   C. 依法判决后, 查明被告人确实没有财产可供执行的, 应当裁定中止或者终结执行

   D. 被告人已经赔偿被害人物质损失的, 法院可以作为量刑情节予以考虑

   【答案】BCD

   【解析】BCD 选项中的表述分别符合《最高人民法院关于刑事附带民事诉讼范围问题的规定》第 1、3、4 条的规定, 应选。而根据该规定第 5 条, 犯罪分子非法处置被害人财产而使其遭受物质损失的, 人民法院应当依法予以追缴或者责令退赔。经过追缴或者退赔仍不能弥补损失的, 被害人可以向人民法院民事审判庭另行提起民事诉讼。所以 A 不应选。

70. 关于人民陪审员, 下列哪些选项是正确的?

   A. 各级法院审判第一审刑事案件, 均可吸收人民陪审员作为合议庭成员参与审判

   B. 一审刑事案件被告人有权申请由人民陪审员参加合议庭审判

   C. 执业律师不得担任人民陪审员

D. 高级人民法院审判案件依法应当由人民陪审员参加合议庭审判的，在其所在城市的中级人民法院的人民陪审员名单中随机抽取

【答案】ABC

【解析】A 选项的表述符合《刑事诉讼法》第 147 条的规定。《全国人民代表大会常务委员会关于完善人民陪审员制度的决定》第 2 条规定："人民法院审判下列第一审案件，由人民陪审员和法官组成合议庭进行，适用简易程序审理的案件和法律另有规定的案件除外：（一）社会影响较大的刑事、民事、行政案件；（二）刑事案件被告人、民事案件原告或者被告、行政案件原告申请由人民陪审员参加合议庭审判的案件。"所以 B 应选。该决定第 5 条规定："人民代表大会常务委员会的组成人员，人民法院、人民检察院、公安机关、国家安全机关、司法行政机关的工作人员和执业律师等人员，不得担任人民陪审员。"所以 C 应选。该决定第 14 条规定："基层人民法院审判案件依法应当由人民陪审员参加合议庭审判的，应当在人民陪审员名单中随机抽取确定。中级人民法院、高级人民法院审判案件依法应当由人民陪审员参加合议庭审判的，在其所在城市的基层人民法院的人民陪审员名单中随机抽取确定。"所以 D 不应选。

71. 关于补充侦查，下列哪些选项是正确的？

A. 检察院审查公安机关报请批准逮捕的案件，发现证据不足的，可以决定退回补充侦查

B. 检察院在审查起诉时，认为事实不清、证据不足的，可以退回公安机关补充侦查

C. 法院对提起公诉的案件进行审查后，对主要事实不清、证据不足的，可退回检察院补充侦查

D. 合议庭在案件审理过程中，发现被告人可能有自首、立功等法定量刑情节，而起诉和移送的证据材料中没有这方面的证据材料的，应当建议检察院补充侦查

【答案】BD

【解析】《六机关规定》第 27 条规定："人民检察院审查公安机关提请批准逮捕的案件，应当作出批准或者不批准逮捕的决定，对报请批准逮捕的案件不另行侦查。"所以 A 不应选。又《刑事诉讼法》第 165 条规定："在法庭审判过程中，遇有下列情形之一，影响审判进行的，可以延期审理：……（二）检察人员发现提起公诉的案件需要补充侦查，提出建议的；……"所以 C 不应选。

72. 关于刑事诉讼中查封、扣押、冻结在案财物的处理，下列哪些选项是正确的？

   A. 张三盗窃李四电视机一台，公安机关在侦查过程中将电视机发还李四

   B. 王五被控贩卖毒品，作为证据使用的海洛因应当随案移送当庭出示质证

   C. 马六被控受贿金条若干，未随案移送，判决生效后，根据法院通知该金条由查封、扣押的检察机关上缴国库

   D. 牛七涉嫌受贿罪，在侦查期间自杀身亡，检察机关应当通知金融机构将冻结的牛七的存款、汇款上缴国库

   【答案】AC

   【解析】《刑诉法解释》第 291 条规定："下列不宜移送的实物，人民法院受理案件时，应当审查是否附有相关证据材料；需要鉴定（包括估价）的，应当附有鉴定结论：……（三）违禁品、枪支弹药、易燃易爆物品、剧毒物品以及其他危险品，扣押机关依照国家有关规定处理后，随案移送原物照片和清单。……"据此，毒品依法不移送原物。所以 B 不应选。该解释第 294 条规定："……对人民检察院、公安机关因犯罪嫌疑人死亡，申请人民法院裁定通知冻结犯罪嫌疑人存款、汇款等的金融机构，将该犯罪嫌疑人的存款、汇款等上缴国库或者返还被害人的案件，人民法院应当经过阅卷、审查有关证据材料后作出裁定。"据此，检察机关没有权力直接通知金融机构采取上述措施。所以 D 不应选。

73. 检察院办理死刑上诉、抗诉案件，应当在开庭前对案卷材料进行全面审查，并进行相关工作。依照有关规定，下列哪些工作是应当进行的？

   A. 应当讯问被告人，听取被告人的上诉理由或者辩解

   B. 根据案件情况，必要时应当听取辩护人的意见

   C. 对鉴定结论有疑问的，可以重新鉴定或者补充鉴定

   D. 有被害人的，必须听取被害人的意见

   【答案】ABC

   【解析】《最高人民法院、最高人民检察院关于死刑第二审案件开庭审理程序若干问题的规定（试行）》第 8 条规定："人民检察院办理死刑上诉、抗诉案件，应当在开庭前对案卷材料进行全面审查，重点围绕抗诉或者上诉的理由，审查第一审判决认定案件事实、适用法律是否正确，证据是否确实、充分，量刑是否适当，审判活动是否合法，并进行下列工作：（一）应当讯问被告人，听取被告人的上诉理由或者辩解；（二）必要时听取辩护人的意见；（三）核查主要证据，必要时询问证人；（四）对鉴定结论有疑问的，可以重新鉴定或者补充鉴定；（五）根据案件情况，可以听取被害人的意见"。所以 D 不应选。

74. 最高人民法院复核死刑案件时，裁定不予核准，发回重审的案件，应当如何处理？

    A. 既可以发回二审法院重新审判，也可以发回一审法院重新审判

    B. 发回二审法院重新审判的案件，除法律另有规定外，二审法院可以不经开庭直接改判

    C. 发回一审法院重新审判的案件，一审法院应当开庭审理

    D. 最高人民法院复核后认为原判认定事实正确，但依法不应当判处死刑的，裁定不予核准，并撤销原判，发回重新审判的案件，重新审判的法院应当另行组成合议庭进行审理

    【答案】ABC

    【解析】根据《最高人民法院关于复核死刑案件若干问题的规定》第8条的规定，最高人民法院裁定不予核准死刑的，根据案件具体情形可以发回第二审人民法院或者第一审人民法院重新审判。所以 A 应选。根据该规定第9条，发回第二审人民法院重新审判的案件，第二审人民法院可以直接改判；必须通过开庭审理查清事实、核实证据的，或者必须通过开庭审理纠正原审程序违法的，应当开庭审理。所以 B 应选。又根据该规定第10条，发回第一审人民法院重新审判的案件，第一审人民法院应当开庭审理。所以 C 应选。最后，该规定第11条规定："依照本规定第3条、第5条、第6条、第7条发回重新审判的案件，原审人民法院应当另行组成合议庭进行审理。"而"原判认定事实正确，但依法不应当判处死刑"并不属于上述四个条文所规定的情形，所以 D 不应选。

75. 检察院在审查起诉未成年人刑事案件时，应当进行下列哪些活动？

    A. 应当听取辩护人的意见

    B. 应当听取未成年被害人的意见

    C. 应当听取未成年被害人的法定代理人的意见

    D. 在押的未成年犯罪嫌疑人有认罪、悔罪表现的，检察人员可以安排其与法定代理人、近亲属等会见、通话

    【答案】ABCD

    【解析】《人民检察院办理未成年人刑事案件的规定》第16条规定："审查起诉未成年犯罪嫌疑人，应当听取其父母或者其他法定代理人、辩护人、未成年被害人及其法定代理人的意见。……"第18条规定："移送审查起诉的案件具备以下条件的，检察人员可以安排在押的未成年犯罪嫌疑人与其法定代理人、近亲属等进行会见、通话：……（二）未成年犯罪嫌疑人有认罪、悔罪表现，或者虽尚未认罪、悔罪，但通

过会见、通话有可能促使其转化，或者通过会见、通话有利于社会、家庭稳定；……"所以四个选项都应选。

76. 下列哪些人是承担控诉职能的诉讼参与人？

    A. 公诉人

    B. 自诉人

    C. 被害人

    D. 控方证人

【答案】BC

【解析】公诉人虽然在公诉案件中承担控诉职能，但其属于刑事诉讼中的专门机关，而非诉讼参与人。所以 A 不应选。控方证人作为诉讼参与人，其在诉讼中的作用是证明案件事实，而并不是直接承担控诉职能。所以 D 不应选。

77. 侦查人员怀疑已批捕的甲患有精神病，拟对其进行鉴定。关于对甲进行鉴定一事，下列哪些程序是正确的？

    A. 应当由省级医院进行

    B. 精神病鉴定结论应加盖医院公章

    C. 精神病鉴定的时间计入办案期限

    D. 作为证据的精神病鉴定结论，告知犯罪嫌疑人和被害人

【答案】BD

【解析】《刑事诉讼法》第 120 条规定："……对人身伤害的医学鉴定有争议需要重新鉴定或者对精神病的医学鉴定，由省级人民政府指定的医院进行。鉴定人进行鉴定后，应当写出鉴定结论，并且由鉴定人签名，医院加盖公章。"据此，A 选项的表述不准确，但 B 应选。第 122 条规定："对犯罪嫌疑人作精神病鉴定的期间不计入办案期限。"所以 C 不应选。又第 121 条规定："侦查机关应当将用作证据的鉴定结论告知犯罪嫌疑人、被害人。……"所以 D 应选。

78. 被取保候审人高某在取保候审期间涉嫌重新犯罪，被公安机关立案侦查。关于保证金的处理，下列哪些选项是错误的？

    A. 由正在审查起诉的检察院暂扣其交纳的保证金

    B. 由取保候审的执行机关暂扣其交纳的保证金

    C. 由正在审查起诉的检察院没收其交纳的保证金

    D. 由取保候审的执行机关没收其交纳的保证金

【答案】ACD

【解析】《关于取保候审若干问题的规定》第12条规定："被取保候审人没有违反刑事诉讼法第五十六条的规定，但在取保候审期间涉嫌重新犯罪被司法机关立案侦查的，执行机关应当暂扣其交纳的保证金，待人民法院判决生效后，决定是否没收保证金。对故意重新犯罪的，应当没收保证金；对过失重新犯罪或者不构成犯罪的，应当退还保证金。"所以B选项的表述是正确的，不应选。

79. 甲因积怨将乙打成重伤，致乙丧失劳动能力。本案中，哪些人有权为乙委托诉讼代理人？

    A. 乙的母亲

    B. 乙的祖父

    C. 乙本人

    D. 乙的好友丙

【答案】AC

【解析】重伤害属于公诉案件，根据《刑事诉讼法》的规定，公诉案件的被害人及其法定代理人或者近亲属有权委托诉讼代理人。而《刑事诉讼法》中的"法定代理人"是指被代理人的父母、养父母、监护人和负有保护责任的机关、团体的代表；"近亲属"是指夫、妻、父、母、子、女、同胞兄弟姊妹。所以AC应选。

80. 区城乡建设局批复同意某银行住宅楼选址，并向其颁发许可证。拟建的住宅楼与张某等120户居民居住的住宅楼间距为9.45米。张某等20人认为该批准行为违反了国家有关规定，向法院提起了行政诉讼。对此，下列哪些选项是错误的？

    A. 因该批准行为涉及张某等人相邻权，故张某等人有权提起行政诉讼

    B. 张某等20户居民应当推选2至5名诉讼代表人参加诉讼

    C. 法院可以通知未起诉的100户居民作为第三人参加诉讼

    D. 张某等20户居民应当提供符合法定起诉条件的证据材料

【答案】BC

【解析】《行政诉讼法解释》第14条规定："……同案原告为5人以上，应当推选1至5名诉讼代表人参加诉讼；……"所以B应选。根据该解释第24条的规定，行政机关的同一具体行政行为涉及两个以上利害关系，其中一部分利害关系人对具体行政行为不服提起诉讼，人民法院应当通知没有起诉的其他利害关系人作为第三人参加诉讼。所以C选项的表述不准确。

81. 刘某参加考试并取得《医师资格证书》。后市卫生局查明刘某在报名时提供的系虚假材料，于是向刘某送达《行政许可证件撤销告知书》。刘某提出听证申请，被拒绝。市卫生局随后撤销了刘某的《医师资格证书》。下列哪些选项是正确的？

   A. 市卫生局有权撤销《医师资格证书》

   B. 撤销《医师资格证书》的行为应当履行听证程序

   C. 市政府有权撤销《医师资格证书》

   D. 市卫生局撤销《医师资格证书》后，应依照法定程序将其注销

   【答案】ACD

   【解析】《行政许可法》第 69 条规定："有下列情形之一的，作出行政许可决定的行政机关或者其上级行政机关，根据利害关系人的请求或者依据职权，可以撤销行政许可：……。被许可人以欺骗、贿赂等不正当手段取得行政许可的，应当予以撤销。依照前两款的规定撤销行政许可，可能对公共利益造成重大损害的，不予撤销。……"第 70 条规定："有下列情形之一的，行政机关应当依法办理有关行政许可的注销手续：……（四）行政许可依法被撤销、撤回，或者行政许可证件依法被吊销的；……"所以 ACD 应选。B 选项的表述没有法律依据。

82. 甲银行与乙公司签订了贷款合同并约定乙以其拥有使用权的土地作抵押。双方在镇政府内设机构镇土地管理所办理了土地使用权抵押登记，该所出具了《证明》。因乙不能归还到期贷款，甲经法院强制执行时，发现乙用于抵押的国有土地使用证系伪造。甲遂对镇土地管理所出具的抵押证明提起行政诉讼。下列哪些选项是正确的？

   A. 本案的被告应当是镇土地管理所

   B. 本案的被告应当是镇政府

   C. 镇土地管理所出具抵押证明的行为是超越职权的行为

   D. 法院应当判决确认抵押证明违法

   【答案】BCD

   【解析】镇土地管理所不是行政主体，不应作为本案被告。同样原因，土地管理所对外出具《证明》的行为超越了职权范围，属于违法行为。根据《行政诉讼法》的有关规定，人民法院对于该超越职权的行为应当作出确认违法判决。所以 BCD 应选。

83. 罗某受到朱某的人身威胁，向公安机关报案，公安机关未采取任何措施。三天后，罗某了解到朱某因涉嫌抢劫被刑事拘留。罗某以公安机关不履行法定职责为由向法院提起行政诉讼，同时提出行政赔偿请求，要求赔偿精神损失。法院经审理认为，

公安机关确未履行法定职责。下列哪些选项是正确的?

A. 因朱某已被刑事拘留,法院应当判决驳回罗某起诉

B. 法院应当判决确认公安机关不履行职责行为违法

C. 法院应当判决公安机关赔偿罗某的精神损失

D. 法院应当判决驳回罗某的行政赔偿请求

【答案】BD

【解析】A 选项的表述显然不正确,朱某因涉嫌其他犯罪被拘留并不能免除公安机关的不作为责任。根据《行政诉讼法解释》第 57 条的规定,有下列情形之一的,人民法院应当作出确认被诉具体行政行为违法或者无效的判决:(一)被告不履行法定职责,但判决责令其履行法定职责已无实际意义的;(二)被诉具体行政行为违法,但不具有可撤销内容的;(三)被诉具体行政行为依法不成立或者无效的。所以 B 应选。罗某提出行政赔偿请求,要求赔偿精神损失缺乏法律依据,法院应当驳回。所以 C 不应选,而 D 应选。

84. 县烟草专卖局发现刘某销售某品牌外国香烟,执法人员表明了自己的身份,并制作了现场笔录。因刘某拒绝签名,随行电视台记者张某作为见证人在笔录上签名,该局当场制作《行政处罚决定书》,没收 15 条外国香烟。刘某不服该决定,提起行政诉讼。诉讼中,县烟草专卖局向法院提交了现场笔录、县电视台拍摄的现场录像、张某的证词。下列哪些选项是正确的?

A. 现场录像应当提供原始载体

B. 张某的证词有张某的签字后,即可作为证人证言使用

C. 现场笔录必须有执法人员和刘某的签名

D. 法院收到县烟草专卖局提供的证据应当出具收据,由经办人员签名或盖章

【答案】AD

【解析】《行政诉讼证据规定》第 12 条规定:"根据行政诉讼法第三十一条第一款第(三)项的规定,当事人向人民法院提供计算机数据或者录音、录像等视听资料的,应当符合下列要求:(一)提供有关资料的原始载体。提供原始载体确有困难的,可以提供复制件;……"所以 A 应选。第 13 条规定:"根据行政诉讼法第三十一条第一款第(四)项的规定,当事人向人民法院提供证人证言的,应当符合下列要求:(一)写明证人的姓名、年龄、性别、职业、住址等基本情况;(二)有证人的签名,不能签名的,应当以盖章等方式证明;(三)注明出具日期;(四)附有居民身份证复印件

等证明证人身份的文件。"所以 B 不应选。第 15 条规定："根据行政诉讼法第三十一条第一款第（七）项的规定，被告向人民法院提供的现场笔录，应当载明时间、地点和事件等内容，并由执法人员和当事人签名。当事人拒绝签名或者不能签名的，应当注明原因。……"C 选项的说法过于绝对，不应选。最后，第 20 条规定："人民法院收到当事人提交的证据材料，应当出具收据，注明证据的名称、份数、页数、件数、种类等以及收到的时间，由经办人员签名或者盖章。"所以 D 应选。

85. 下列哪些情形违反《公务员法》有关回避的规定？

    A. 张某担任家乡所在县的县长

    B. 刘某是工商局局长，其侄担任工商局人事处科员

    C. 王某是税务局工作人员，参加调查一企业涉嫌偷漏税款案，其妻之弟任该企业的总经理助理

    D. 李某是公安局局长，其妻在公安局所属派出所担任户籍警察

    【答案】ABC

    【解析】《公务员法》第 69 条规定："公务员担任乡级机关、县级机关及其有关部门主要领导职务的，应当实行地域回避，法律另有规定的除外。"所以 A 应选。《公务员法》第 68 条规定："公务员之间有夫妻关系、直系血亲关系、三代以内旁系血亲关系以及近姻亲关系的，不得在同一机关担任双方直接隶属于同一领导人员的职务或者有直接上下级领导关系的职务，也不得在其中一方担任领导职务的机关从事组织、人事、纪检、监察、审计和财务工作。……"所以 B 应选。《公务员法》第 70 条规定："公务员执行公务时，有下列情形之一的，应当回避：（一）涉及本人利害关系的；（二）涉及与本人有本法第六十八条第一款所列亲属关系人员的利害关系的；（三）其他可能影响公正执行公务的。"所以 C 也应选。

86. 运输公司指派本单位司机运送白灰膏。由于泄漏，造成沿途路面大面积严重污染。司机发现后即向公司汇报。该公司即组织人员清扫被污染路面。下列哪些选项是正确的？

    A. 路面被污染的沿途三个区的执法机关对本案均享有管辖权，如发生管辖权争议，由三个区的共同上级机关指定管辖

    B. 对该运输公司应当依法从轻或者减轻行政处罚

    C. 本案的违法行为人是该运输公司

    D. 本案的违法行为人是该运输公司和司机

【答案】ABC

【解析】《行政处罚法》第20条规定："行政处罚由违法行为发生地的县级以上地方人民政府具有行政处罚权的行政机关管辖。法律、行政法规另有规定的除外。"第21条规定："对管辖发生争议的，报请共同的上一级行政机关指定管辖。"所以A应选。第27条规定："当事人有下列情形之一的，应当依法从轻或者减轻行政处罚：（一）主动消除或者减轻违法行为危害后果的；……"所以B应选。司机执行的是单位的工作任务，并不是适格被告。所以C应选，而D不应选。

87. 秦某租住江某房屋，后伪造江某的身份证和房屋所有权证，将房屋卖给不知情的吴某。房屋登记部门办理过户时未发现材料有假，便向吴某发放了房屋所有权证。江某发现房屋被卖时秦某已去向不明。江某以登记错误为由，提起行政诉讼要求撤销登记。下列哪些选项是正确的？

   A. 法院应判决房屋登记部门撤销颁发给吴某的房屋所有权证

   B. 吴某是善意第三人，房屋登记部门不应当撤销给吴某颁发的房屋所有权证

   C. 江某应当先申请行政复议，对复议决定不服的，才能向法院起诉

   D. 江某提起行政诉讼最长期限是20年，自房屋登记机关作出过户登记之日起计算

【答案】AD

【解析】登记机关颁发给吴某房屋所有权证的行为属于违法登记，其直接原因是秦某伪造了有关证明材料，所以受诉法院应当判决房屋登记部门撤销颁发给吴某的房屋所有权证，A应选。《行政诉讼法解释》第42条规定："公民、法人或者其他组织不知道行政机关作出的具体行政行为内容的，其起诉期限从知道或者应当知道该具体行政行为内容之日起计算。对涉及不动产的具体行政行为从作出之日起超过20年、其他具体行政行为从作出之日起超过5年提起诉讼的，人民法院不予受理。"所以D应选。

88. 某市监察局经初步调查，认定该市教育局局长魏某在出国考查期间有严重违纪行为，决定对其进行查处。依据《行政监察法》，下列哪些选项是正确的？

   A. 对魏某的调查属重要检查事项，立案应报市政府和省级监察机关备案

   B. 某市监察局可以责令魏某在指定地点就有关问题作出解释。若不配合，该局有权扣留魏某

   C. 在调查期间，监察局可以作出暂停魏某执行职务的决定

   D. 经调查认定魏某不存在违纪事实，监察局应撤销此案并告知某市教育局及其上级机关

【答案】AD

【解析】根据《行政监察法》第 30 条规定："……重要、复杂案件的立案，应当报本级人民政府和上一级监察机关备案。"所以 A 应选。第 31 条规定："监察机关对于立案调查的案件，经调查认定不存在违反行政纪律事实的，或者不需要追究行政纪律责任的，应当予以撤销，并告知被调查单位及其上级部门或者被调查人员及其所在单位。重要、复杂案件的撤销，应当报本级人民政府和上一级监察机关备案。"所以 D 应选。又第 20 条规定："监察机关在调查违反行政纪律行为时，可以根据实际情况和需要采取下列措施：（一）暂予扣留、封存可以证明违反行政纪律行为的文件、资料、财务账目及其他有关的材料；（二）责令案件涉嫌单位和涉嫌人员在调查期间不得变卖、转移与案件有关的财物；（三）责令有违反行政纪律嫌疑的人员在指定的时间、地点就调查事项涉及的问题作出解释和说明，但是不得对其实行拘禁或者变相拘禁；（四）建议有关机关暂停有严重违反行政纪律嫌疑的人员执行职务。"BC 选项的表述不符合该条的规定。

89. 李某租用一商店经营服装。某区公安分局公安人员驾驶警车追捕时，为躲闪其他车辆，不慎将李某服装厅的橱窗玻璃及模特衣物撞坏。事后，公安分局与李某协商赔偿不成，李某请求国家赔偿。下列哪些选项是错误的？

A. 公安分局应作为赔偿义务机关，因为李某曾与其协商赔偿

B. 公安分局不应作为赔偿义务机关，因该公安人员行为属于与行使职权无关的个人行为

C. 公安分局不应作为赔偿义务机关，因为该公安人员的行为不是违法行使职权，应按行政补偿解决

D. 公安分局应作为赔偿义务机关，因为该公安人员的行为属于与行使职权有关的行为

【答案】ABD

【解析】国家赔偿的构成要件不允许当事人通过协商来确定，所以 A 应选。该公安人员的行为属于职务行为，不应由其个人承担赔偿责任。国家赔偿的归责原则是违法原则，本题中公安人员是在合法执行职务时造成李某的财产损失，故不存在国家赔偿的问题。所以 D 也应选。

90. 县工商部门以办理营业执照存在问题为由查封了张某开办的美容店。查封时，工商人员将美容店的窗户、仪器损坏。张某向法院起诉，法院撤销了工商部门的查封决定。张某要求行政赔偿。下列哪些损失属于县工商部门应予赔偿的费用？

　　A. 张某因美容店被查封损坏而生病支付的医疗费

　　B. 美容店被损坏仪器及窗户所需修复费用

　　C. 美容店被查封停业期间必要的经常性费用开支

　　D. 张某根据前一个月利润计算的被查封停业期间的利润损失

【答案】BC

【解析】对于财产权的损失，应当按照直接损失给予赔偿，而预期利润则不在赔偿范围之内，所以 B 应选。根据《国家赔偿法》第 28 条的规定，对于侵犯财产赔偿金的计算，责令停产停业的应当支付停业期间必要的经常性费用开支，所以 C 应选。

三、不定项选择题，每题所给的选项中有一个或一个以上正确答案，不答、少答或多答均不得分。本部分 91-100 题，每题 2 分，共 20 分。

91. 安某放的羊吃了朱某家的玉米秸，二人争执。安某殴打朱某，致其左眼部青紫、鼻骨骨折，朱某被鉴定为轻微伤。在公安分局的主持下，安某与朱某达成协议，由安某向朱某赔偿 500 元。下列说法正确的是：

　　A. 安某与朱某达成协议后，仍可以对安某进行治安处罚

　　B. 如果安某拒不履行协议，朱某可以直接向法院提起行政诉讼

　　C. 如果安某拒不履行协议，朱某应当先向区公安分局的上一级机关申请行政复议，对复议决定不服再提起行政诉讼

　　D. 如果安某拒不履行协议，朱某可以向法院提起民事诉讼

【答案】D

【解析】《治安管理处罚法》第 9 条规定："对于因民间纠纷引起的打架斗殴或者损毁他人财物等违反治安管理行为，情节较轻的，公安机关可以调解处理。经公安机关调解，当事人达成协议的，不予处罚。经调解未达成协议或者达成协议后不履行的，公安机关应当依照本法的规定对违反治安管理行为人给予处罚，并告知当事人可以就民事争议依法向人民法院提起民事诉讼。"所以 D 应选。

92. 甲公司从澳大利亚某公司购买了 2 万吨化肥运抵某市。海关认定甲公司在无进口许可证等报关单证的情况下进口货物，且未经海关许可擅自提取货物，遂以保证金的名义向甲公司收缴人民币 200 万元。随后作出罚款 1000 万元的行政处罚决定。甲公司认为处罚过重，但既未缴纳罚款，也未申请行政复议或者提起行政诉讼。下列说法错误的是：

A. 海关可以直接将甲公司缴纳的保证金抵缴部分罚款

B. 海关只能申请法院强制执行其处罚决定

C. 海关应当自甲公司起诉期限届满之日起 180 日内提出行政强制执行申请

D. 海关申请强制执行其处罚决定，应当由海关所在地的中级人民法院受理

【答案】BD

【解析】海关不仅有行政处罚决定权，也有执行权。所以 B 选项的表述错误，应选。同时，海关如果申请人民法院强制执行，则应当向海关所在地基层人民法院提出申请。所以 D 也应选。

93. 某公司提起行政诉讼，要求撤销区教育局作出的《关于不同意申办花蕾幼儿园的批复》，并要求法院判令该局在 20 日内向花蕾幼儿园颁发独立的《办学许可证》。一审法院经审理后作出确认区教育局批复违法的判决，但未就颁发《办学许可证》的诉讼请求作出判决。该公司不服一审判决，提起上诉。下列说法正确的是：

A. 二审法院应当裁定撤销一审判决

B. 二审法院应当维持一审判决

C. 二审法院可以裁定发回一审法院重审

D. 二审法院应当裁定发回一审法院重审，一审法院应当另行组成合议庭进行审理

【答案】AD

【解析】《行政诉讼法解释》第 71 条规定："原审判决遗漏了必须参加诉讼的当事人或者诉讼请求的，第二审人民法院应当裁定撤销原审判决，发回重审。"所以 AD 应选。

（一）

甲系某国有公司经理。生意人乙见甲掌管巨额资金，就以小恩小惠拉拢甲。后乙以做生意需要资金为由，劝诱甲出借公款，并与甲共同策划了挪用的方式，还送给甲好处费 5 万元。甲未经公司董事会决定就将 100 万元资金借给乙。乙得到巨款以后，告知银行职员丙该款的真实来源，丙为乙提供资金账户，乙随时提款用于贩卖毒品。在甲的催

促下，一年后，乙归还 30 万元，后来就拒绝和甲见面。甲见追回剩余 70 万元无望，就携带乙归还的 30 万元潜逃。甲半年内将 30 万元挥霍一空，走投无路后向司法机关投案，并交代了借公款给乙、接受乙贿赂和携款潜逃的事实，并提供线索协助司法机关将乙捉拿归案。乙归案后主动交待了行贿和司法机关尚未掌握的贩卖毒品的犯罪事实。请回答 94-97 题。

94. 关于甲的犯罪行为，下列说法正确的是：

　　A. 甲将公款挪用给乙使用的行为属于挪用公款进行营利活动

　　B. 甲不知道乙将公款用于犯罪活动，所以甲乙不构成挪用公款罪的共犯

　　C. 甲携带 30 万元公款潜逃的行为构成贪污罪

　　D. 对甲的行为应以挪用公款罪、受贿罪、贪污罪实行并罚

【答案】ACD

【解析】A 选项的表述是正确的，甲的行为属于挪用公款罪的表现形式之一。甲虽然不知道乙利用挪用的公款进行犯罪活动，但是甲乙二人在挪用公款归个人使用的范围内构成共犯，乙是教唆犯。所以 B 不应选。根据《最高人民法院关于审理挪用公款案件具体应用法律若干问题的解释》第 6 条的规定，行为人"携带挪用的公款潜逃的"，对其携带挪用的公款部分，以贪污罪定罪处罚。所以 C 应选。D 选项的表述也是正确的，对甲的多个行为应当数罪并罚。

95. 关于乙的犯罪行为，下列说法正确的是：

　　A. 乙的行为属于挪用公款进行非法活动

　　B. 乙与甲不构成挪用公款罪的共犯

　　C. 乙归还 30 万元公款的行为导致甲犯贪污罪，故乙成立贪污罪的帮助犯

　　D. 对乙的行为应以挪用公款罪、行贿罪、贩卖毒品罪实行并罚

【答案】AD

【解析】乙的行为在挪用公款归个人使用、进行营利活动范围内与甲构成共犯，乙是教唆犯。由于乙又利用公款从事犯罪活动，故又属于挪用公款进行非法活动。所以 A 应选。与第 94 题相一致，D 也应选。BC 选项的表述明显错误。

96. 关于甲投案以及乙归案后的行为，下列说法正确的是：

　　A. 甲在走投无路的情况下被迫投案，不应认定为自首

　　B. 甲提供线索致使乙被抓获的行为属于立功

C. 乙对贩卖毒品罪成立自首

D. 乙对行贿罪不成立自首

【答案】BCD

【解析】甲提供线索使同案犯乙落网符合《刑法》有关立功的规定。《刑法》第 67 条规定："犯罪以后自动投案，如实供述自己的罪行的，是自首。对于自首的犯罪分子，可以从轻或者减轻处罚。其中，犯罪较轻的，可以免除处罚。被采取强制措施的犯罪嫌疑人、被告人和正在服刑的罪犯，如实供述司法机关还未掌握的本人其他罪行的，以自首论。"据此，自首并没有动机上的限定，同时自首与准自首在条件上也不同，后者要求"如实供述司法机关还未掌握的本人其他罪行"。所以 BCD 应选。

97. 银行职员丙的行为构成：

A. 挪用公款罪的共犯　B. 贩卖毒品罪的共犯

C. 洗钱罪　D. 赃物犯罪

【答案】C

【解析】《刑法》第 191 条规定："明知是毒品犯罪、黑社会性质的组织犯罪、恐怖活动犯罪、走私犯罪、贪污贿赂犯罪、破坏金融管理秩序犯罪、金融诈骗犯罪的所得及其产生的收益，为掩饰、隐瞒其来源和性质，有下列行为之一的，没收实施以上犯罪的所得及其产生的收益，处……：（一）提供资金账户的；……"所以 C 应选。

（二）

甲乙丙三人实施信用证诈骗。侦查过程中，某地级市公安机关向该市检察院提请批准逮捕甲、乙、丙三人。其中，甲系省、市两级人民代表大会代表；乙系自由职业者；丙系无国籍人士。在审查批捕过程中，检察院查明：乙已怀有两个月身孕。请回答 98-100 题。

98. 在人民代表大会闭会期间，检察机关决定对甲批准逮捕。下列选项正确的是：

A. 只需报请省人民代表大会常务委员会许可

B. 应当在市人大常委会许可后，再报省人大常委会许可

C. 应当分别报请省市两级人民代表大会常务委员会许可

D. 等待人大常委会许可期间，应当先取保候审

【答案】C

【解析】《检察规则》第 93 条规定："人民检察院对担任本级人民代表大会代表的犯

罪嫌疑人批准或者決定逮捕，應當報請本級人民代表大會主席團或者常務委員會許可。對擔任上級人民代表大會代表的犯罪嫌疑人批准或者決定逮捕，應當層報該代表所屬的人民代表大會同級的人民檢察院報請許可。……對擔任兩級以上的人民代表大會代表的犯罪嫌疑人批准或者決定逮捕，分別依照本條第一、二、三款的規定報請許可。……」所以 C 應選。

99. 關於檢察院對乙審查批捕，下列選項正確的是：

　　A. 可以對乙作出批准逮捕的決定

　　B. 可以直接建議公安機關對乙取保候審

　　C. 對證據有疑問的，可以決定另行偵查

　　D. 認為需要補充偵查的，應當作出不批准逮捕的決定，同時通知公安機關

【答案】AD

【解析】乙符合逮捕的條件，且不具備採取其他強制措施的情形，所以 A 應選。《檢察規則》第 92 條規定：「……審查逮捕部門辦理審查逮捕案件，不能直接提出採取取保候審、監視居住措施的意見。」所以 B 不應選。第 97 條規定：「審查逮捕部門辦理審查逮捕案件，不另行偵查。」所以 C 不應選。第 101 條規定：「對公安機關提請批准逮捕的犯罪嫌疑人，具有本規則第八十九條或者第九十條規定情形，人民檢察院作出不批准逮捕決定的，應當說明理由，連同案卷材料送達公安機關執行。需要補充偵查的，應當同時通知公安機關。」所以 D 也應選。

100. 關於檢察院對丙審查批捕，下列選項正確的是：

　　A. 市檢察院認為不需要逮捕的，可以自行作出決定

　　B. 市檢察院認為需要逮捕的，報省檢察院審查

　　C. 省檢察院徵求同級政府外事部門的意見後，決定批准逮捕

　　D. 省檢察院批准逮捕的，應同時報最高人民檢察院備案

【答案】ABCD

【解析】《檢察規則》第 94 條規定：「外國人、無國籍人涉嫌危害國家安全犯罪的案件或者涉及國與國之間政治、外交關係的案件以及在適用法律上確有疑難的案件，需要逮捕犯罪嫌疑人的，……。外國人、無國籍人涉嫌本條第一款規定以外的其他犯罪的案件，由分、州、市人民檢察院審查並提出意見，報省級人民檢察院審查。省級人民檢察院經徵求同級政府外事部門的意見後，決定批准逮捕，同時報最高人民檢察院備案。經審查認為不需要逮捕的，可以直接作出不批准逮捕的決定。」所以 ABCD 都應選。

2007 年国家司法考试　试卷三

一、单项选择题，每题所给的选项中只有一个正确答案。本部分 1-50 题，每题 1 分，共 50 分。

1. 某酒店客房内备有零食、酒水供房客选用，价格明显高于市场同类商品。房客关某缺乏住店经验，又未留意标价单，误认为系酒店免费提供而饮用了一瓶洋酒。结帐时酒店欲按标价收费，关某拒付。下列哪一选项是正确的？

   A. 关某应按标价付款

   B. 关某应按市价付款

   C. 关某不应付款

   D. 关某应按标价的一半付款

   【答案】A

   【解析】《民通意见》第 71 条规定："行为人因对行为的性质、对方当事人、标的物的品种、质量、规格和数量等的错误认识，使行为的后果与自己的意思相悖，并造成较大损失的，可以认定为重大误解。"本题中关某误将有偿提供的洋酒当作免费提供，属于对行为性质的误解，根据《民通意见》第 71 条，已经构成了重大误解，关某有权申请人民法院撤销。但是，在法院依法撤销该行为之前，该行为依然有效。

2. 甲被乙打成重伤，支付医药费 5 万元。甲与乙达成如下协议："乙向甲赔偿医药费 5 万元，甲不得告发乙"。甲获得 5 万元赔偿后，向公安机关报案，后乙被判刑。下列哪一选项是正确的？

   A. 甲、乙之间的协议有效

   B. 因甲乘人之危，乙有权撤销该协议

   C. 甲、乙之间的协议无效

   D. 乙无权要求甲返还该 5 万元赔偿费

   【答案】D

   【解析】甲和乙之间的协议实际上包含两项内容，一是乙赔偿甲 5 万元医疗费，二是甲不得告发乙的伤害行为。前者是关于伤害行为（同时构成侵权行为）民事赔偿责任的合意，其合法有效；后者则是关于伤害行为刑事责任的"合意"。由于乙的伤害行为属于重伤害，已经超出刑事自诉案件范围，所以该协议的第二项内容无效。所以 D 应选。

3. 甲公司业务经理乙长期在丙餐厅签单招待客户，餐费由公司按月结清。后乙因故辞职，月底餐厅前去结帐时，甲公司认为，乙当月的几次用餐都是招待私人朋友，因而拒付乙所签单的餐费。下列哪一选项是正确的？

　　A. 甲公司应当付款

　　B. 甲公司应当付款，乙承担连带责任

　　C. 甲公司有权拒绝付款

　　D. 甲公司应当承担补充责任

【答案】A

【解析】《合同法》第 49 条规定：“行为人没有代理权、超越代理权或者代理权终止后以被代理人名义订立合同，相对人有理由相信行为人有代理权的，该代理行为有效。”乙曾经担任甲公司的业务经理，并在丙餐厅签单宴客，尽管其已经辞职，但甲公司并未及时向丙餐厅表明该事实。据此，乙的行为显然属于表见代理，丙餐厅有权主张甲公司付款。

4. 甲公司在与乙公司协商购买某种零件时提出，由于该零件的工艺要求高，只有乙公司先行制造出符合要求的样品后，才能考虑批量购买。乙公司完成样品后，甲公司因经营战略发生重大调整，遂通知乙公司：本公司已不需此种零件，终止谈判。下列哪一选项是正确的？

　　A. 甲公司构成违约，应当赔偿乙公司的损失

　　B. 甲公司的行为构成缔约过失，应当赔偿乙公司的损失

　　C. 甲公司的行为构成侵权行为，应当赔偿乙公司的损失

　　D. 甲公司不应赔偿乙公司的任何损失

【答案】D

【解析】从本题给出的信息来看，双方仍然处于合同缔结阶段，因此不存在承担违约责任的可能性。同样，甲公司的行为显然也不属于侵权行为。关键在于是否构成缔约过失责任。《合同法》第 42 条规定：“当事人在订立合同过程中有下列情形之一，给对方造成损失的，应当承担损害赔偿责任：（一）假借订立合同，恶意进行磋商；（二）故意隐瞒与订立合同有关的重要事实或者提供虚假情况；（三）有其他违背诚实信用

原则的行为。"从双方的缔约过程来看,甲公司并没有实施上述行为,不应承担缔约过失责任。所以 D 应选。

5. 王某因多年未育前往某医院就医,经医院介绍 A 和 B 两种人工辅助生育技术后,王某选定了 A 技术并交纳了相应的费用,但医院实际按照 B 技术进行治疗。后治疗失败,王某要求医院返还全部医疗费用。下列哪一选项是正确的?

    A. 医院应当返还所收取的全部医疗费

    B. 医院应当返还所收取的医疗费,但可以扣除 B 技术的收费额

    C. 王某无权请求医院返还医疗费或赔偿损失

    D. 王某无权请求医院返还医疗费,但是有权请求医院赔偿损失

【答案】A

【解析】在王某明确选定 A 技术并缴纳相应费用的情况下,医院违背双方的合意,采用 B 技术对王某进行治疗,这属于典型的违约行为。所以 A 应选。

6. 乙买甲一套房屋,已经支付 1/3 价款,双方约定余款待过户手续办理完毕后付清。后甲反悔,要求解除合同,乙不同意,起诉要求甲继续履行合同,转移房屋所有权。下列哪一选项是正确的?

    A. 合同尚未生效,甲应返还所受领的价款并承担缔约过失责任

    B. 合同无效,甲应返还所受领的价款

    C. 合同有效,甲应继续履行合同

    D. 合同有效,法院应当判决解除合同、甲赔偿乙的损失

【答案】C

【解析】《物权法》第 15 条规定:"当事人之间订立有关设立、变更、转让和消灭不动产物权的合同,除法律另有规定或者合同另有约定外,自合同成立时生效;未办理物权登记的,不影响合同效力。"本题中的房屋买卖合同已经成立,并且部分履行,无需登记生效。所以 A、B 不应选。《合同法》第 94 条规定:"有下列情形之一的,当事人可以解除合同:(一)因不可抗力致使不能实现合同目的;(二)在履行期限届满之前,当事人一方明确表示或者以自己的行为表明不履行主要债务;(三)当事人一方迟延履行主要债务,经催告后在合理期限内仍未履行;(四)当事人一方迟延履行债务或者有其他违约行为致使不能实现合同目的;(五)法律规定的其他情形。"甲要求解除合同却又不具有上述条件,无法得到法院的支持。又《合同法》第 110条规定:"当事人一方不履行非金钱债务或者履行非金钱债务不符合约定的,对方可

以要求履行，但有下列情形之一的除外：（一）法律上或者事實上不能履行；（二）債務的標的不適於強制履行或者履行費用過高；（三）債權人在合理期限內未要求履行。"據此，甲應當繼續履行合同。

7. 張某發現自己的工資卡上多出 2 萬元，便將其中 1 萬元借給郭某，約定利息 500 元；另外 1 萬元投入股市。張某單位查賬發現此事，原因在於財務人員工作失誤，遂要求張某返還。經查，張某借給郭某的 1 萬元到期未還，投入股市的 1 萬元已獲利 2000 元。下列哪一選項是正確的？

   A. 張某應返還給單位 2 萬元

   B. 張某應返還給單位 2.2 萬元

   C. 張某應返還給單位 2.25 萬元

   D. 張某應返還給單位 2 萬元及其孳息

   【答案】D

   【解析】本題中，張某所獲的 2 萬元源於單位財務人員工作失誤，應當屬於不當得利。《民法通則》第 92 條規定："沒有合法根據，取得不當利益，造成他人損失的，應當將取得的不當利益返還受損失的人。"《民通意見》第 131 條規定："返還的不當利益，應當包括原物和原物所生的孳息。利用不當得利所取得的其他利益，扣除勞務管理費用後，應當予以收繳。"A 沒有計算孳息，B、C 都沒有計算 1 萬元借款的逾期利息，只有 D 的表述正確。

8. 甲公司通過電視發布廣告，稱其有 100 輛某型號汽車，每輛價格 15 萬元，廣告有效期 10 天。乙公司於該則廣告發布後第 5 天自帶匯票去甲公司買車，但此時車已全部售完，無貨可供。下列哪一選項是正確的？

   A. 甲構成違約

   B. 甲應承擔締約過失責任

   C. 甲應承擔侵權責任

   D. 甲不應承擔民事責任

   【答案】A

   【解析】《合同法》第 15 條規定："要約邀請是希望他人向自己發出要約的意思表示。寄送的價目表、拍賣公告、招標公告、招股說明書、商業廣告等為要約邀請。商業廣告的內容符合要約規定的，視為要約。"本題中甲公司發布的電視廣告內容明確、具體，載明了標的物型號、數量、價格、有效期，符合《合同法》第 14 條所規定的邀约的条件，可以认定为要约。乙公司于该则广告载明的有效期内带汇票去甲公司买车构成承诺，买卖合同成立。据此，甲公司应当承担违约责任。

9. 赵某将一匹易受惊吓的马赠给李某，但未告知此马的习性。李某在用该马拉货的过程中，雷雨大作，马受惊狂奔，将行人王某撞伤。下列哪一选项是正确的？

   A. 应由赵某承担全部责任

   B. 应由李某承担责任

   C. 应由赵某与李某承担连带责任

   D. 应由李某承担主要责任，赵某也应承担一定的责任

【答案】B

【解析】饲养动物致人损害的，根据《民法通则》第 127 条的规定应当由饲养人或管理人承担责任。本题中，李某作为饲养人应当承担责任。对于赵某是否应当承担责任的问题，主要依据是《合同法》第 191 条。该条规定："赠与的财产有瑕疵的，赠与人不承担责任。附义务的赠与，赠与的财产有瑕疵的，赠与人在附义务的限度内承担与出卖人相同的责任。赠与人故意不告知瑕疵或者保证无瑕疵，造成受赠人损失的，应当承担损害赔偿责任。"据此，赵某即便承担责任，也不是连带责任或者一定的责任。从本题给出的情况来看，无法判断赵某是否故意未将马的瑕疵告知李某。所以 B 应选。

10. 下列哪一种情况下，善意第三人不能依据善意取得制度取得相应物权？

   A. 保留所有权的动产买卖中，尚未付清全部价款的买方将其占有的标的物卖给不知情的第三人

   B. 电脑的承租人将其租赁的电脑向不知情的债权人设定质权

   C. 动产质权人擅自将质物转质于不知情的第三人

   D. 受托代为转交某一物品的人将该物品赠与不知情的第三人

【答案】D

【解析】《物权法》第 106 条第 1 款规定："无处分权人将不动产或者动产转让给受让人的，所有权人有权追回；除法律另有规定外，符合下列情形的，受让人取得该不动产或者动产的所有权：（一）受让人受让该不动产或者动产时是善意的；（二）以合理的价格转让；（三）转让的不动产或者动产依照法律规定应当登记的已经登记，不需要登记的已经交付给受让人。"A 的第三人属于善意受让，而 D 的第三人属于无偿赠与，根据该条应当选 D。

11. 甲将其父去世时留下的毕业纪念册赠与其父之母校，赠与合同中约定该纪念册只能用于收藏和陈列，不得转让。但该大学在接受乙的捐款时，将该纪念册馈赠给乙。下列哪一选项是正确的？

  A. 该大学对乙的赠与无效，乙不能取得纪念册的所有权

  B. 该大学对乙的赠与无效，但乙已取得纪念册的所有权

  C. 只有经甲同意后，乙才能取得纪念册的所有权

  D. 该大学对乙的赠与有效，乙已取得纪念册的所有权

【答案】D

【解析】物权法定是《物权法》的基本原则，《物权法》第 39 条规定："所有权人对自己的不动产或者动产，依法享有占有、使用、收益和处分的权利。"据此，接受赠与的大学在取得纪念册之后，已经依法取得对其的所有权，得自行决定转赠给乙。所以 D 应选。

12. 甲公司与乙公司约定：为满足甲公司开发住宅小区观景的需要，甲公司向乙公司支付 100 万元，乙公司在 20 年内不在自己厂区建造 6 米以上的建筑。甲公司将全部房屋售出后不久，乙公司在自己的厂区建造了一栋 8 米高的厂房。下列哪一选项是正确的？

  A. 小区业主有权请求乙公司拆除超过 6 米的建筑

  B. 甲公司有权请求乙公司拆除超过 6 米的建筑

  C. 甲公司和小区业主均有权请求乙公司拆除超过 6 米的建筑

  D. 甲公司和小区业主均无权请求乙公司拆除超过 6 米的建筑

【答案】A

【解析】地役权具有从属性，从属于需役地的所有权或使用权。《物权法》第 164 条规定，地役权不得单独转让。土地承包经营权、建设用地使用权等转让的，地役权一并转让，但合同另有约定的除外。甲、乙两公司虽然是最初作出地役权约定的双方，但是甲开发的房屋全部售出以后，业主即取得该片的建设用地使用权，甲的地役权也随之转让给小区业主。乙公司建造一栋 8 米高厂房的行为违反了地役权合同的约定，小区业主有权要求乙公司拆除。

13. 甲公司向乙银行贷款 1000 万元，约定 2005 年 12 月 2 日一次性还本付息。丙公司以自己的一栋房屋作抵押。甲到期没有清偿债务，乙银行每个月都向其催收，均无效果，最后一次催收的时间是 2007 年 3 月 6 日。乙银行在下列哪一时间前行使抵押权，才能得到法院的保护？

  A. 2007 年 12 月 2 日

B. 2009 年 12 月 2 日

C. 2009 年 3 月 6 日

D. 2011 年 3 月 6 日

【答案】C

【解析】《物权法》第 202 条规定："抵押权人应当在主债权诉讼时效期间行使抵押权；未行使的，人民法院不予保护。"本题中甲乙之间的借款应适用两年的一般诉讼时效期间。由于乙银行在甲逾期不还款的情况下每月都向其催要，使得主债权的诉讼时效应当从 2007 年 3 月 6 日起算，2009 年 3 月 5 日为最后一天。所以 C 应选。

14. 甲设计并雕刻了一尊造型别致的雄狮，置于当街店门口招揽顾客。下列哪一选项是正确的？

   A. 甲将雄狮置于公共场所，视为放弃著作权

   B. 乙以该雄狮为背景拍照纪念不构成侵权

   C. 丙可以该雄狮为范本制作和销售纪念品

   D. 丁可以该雄狮为立体造型申请注册商标

【答案】B

【解析】甲作为这尊造型别致的雄狮的创作者，当然对其享有著作权，将其置于公共场所的行为实际上实在予以展览，而不是表示甲放弃了对该组品的著作权。所以 A 不应选。《著作权法》第 22 条规定："在下列情况下使用作品，可以不经著作权人许可，不向其支付报酬，但应当指明作者姓名、作品名称，并且不得侵犯著作权人依照本法享有的其他权利：……（十）对设置或者陈列在室外公共场所的艺术作品进行临摹、绘画、摄影、录像……"所以 B 应选。《著作权法》第 47 条规定："有下列侵权行为的，应当根据情况，承担停止侵害、消除影响、赔礼道歉、赔偿损失等民事责任；同时损害公共利益的，可以由著作权行政管理部门责令停止侵权行为，没收违法所得，没收、销毁侵权复制品，并可处以罚款；情节严重的，著作权行政管理部门还可以没收主要用于制作侵权复制品的材料、工具、设备等；构成犯罪的，依法追究刑事责任：（一）未经著作权人许可，复制、发行、表演、放映、广播、汇编、通过信息网络向公众传播其作品的，本法另有规定的除外……"丙以该雄狮为范本制作和销售纪念品属于复制、发行甲的作品的行为，构成了对甲的著作权的侵害。所以 C 不应选。又《商标法》第 31 条规定："申请商标注册不得损害他人现有的在先权利，也不得以不正当手段抢先注册他人已经使用并有一定影响的商标。"甲作为雄狮作品的著作权人，其享有的著作权就属于该条所说的在先权利，依法受到商标法的保护。所以 D 不应选。

15. 甲公司获得了某医用镊子的实用新型专利，不久后乙公司自行研制出相同的镊子，并通过丙公司销售给丁医院使用。乙、丙、丁都不知道甲已经获得该专利。下列哪一选项是正确的？

 A. 乙的制造行为不构成侵权

 B. 丙的销售行为不构成侵权

 C. 丁的使用行为不构成侵权

 D. 丙和丁能证明其产品的合法来源，不承担赔偿责任

【答案】D

【解析】《专利法》第 63 条第 2 款规定："为生产经营目的使用或者销售不知道是未经专利权人许可而制造并售出的专利产品或者依照专利方法直接获得的产品，能证明其产品合法来源的，不承担赔偿责任。"乙公司的生产行为发生在甲公司获得专利权之后，构成侵权行为，应当承担赔偿责任。所以 D 应选。

16. 甲乙是夫妻，甲在婚前发表小说《昨天》，婚后获得稿费。乙在婚姻存续期间发表了小说《今天》，离婚后第二天获得稿费。甲在婚姻存续期间创作小说《明天》，离婚后发表并获得稿费。下列哪一选项是正确的？

 A. 《昨天》的稿费属于甲婚前个人财产

 B. 《今天》的稿费属于夫妻共同财产

 C. 《明天》的稿费属于夫妻共同财产

 D. 《昨天》、《今天》和《明天》的稿费都属于夫妻共同财产

【答案】B

【解析】根据《婚姻法》第 17 条的规定，夫妻在婚姻关系存续期间所获得的知识产权的收益属于夫妻共同财产。《婚姻法司法解释（二）》则规定，婚姻法第十七条第三项规定的"知识产权的收益"，是指婚姻关系存续期间，实际取得或已经明确可以取得的知识产权的财产性收益。据此，就本题的设计而言，关键在于确定稿费的获得时间，而不是著作权的产生时间。《昨天》的稿费与婚后获得，《今天》的稿费在婚姻存续期间明确可以获得，应当属于共同财产；《明天》在婚姻存续期间尚未发表，其稿费的获得并未确定，因此不属于共同财产。所以 B 应选。

17. 周某与妻子庞某发生争执，周某一记耳光导致庞某右耳失聪。庞某起诉周某赔偿医药费 1000 元、精神损害赔偿费 2000 元，但未提出离婚请求。下列哪一选项是正确的？

 A. 周某应当赔偿医疗费和精神损害

B. 周某应当赔偿医疗费而不应赔偿精神损害

C. 周某应当赔偿精神损害而不应赔偿医疗费

D. 法院应当不予受理

【答案】D

【解析】《婚姻法》第 46 条规定："有下列情形之一，导致离婚的，无过错方有权请求损害赔偿：（一）重婚的；（二）有配偶者与他人同居的；（三）实施家庭暴力的；（四）虐待、遗弃家庭成员的。"《婚姻法司法解释（一）》第 29 条则规定，承担婚姻法第四十六条规定的损害赔偿责任的主体，为离婚诉讼当事人中无过错方的配偶。人民法院判决不准离婚的案件，对于当事人基于婚姻法第四十六条提出的损害赔偿请求，不予支持。在婚姻关系存续期间，当事人不起诉离婚而单独依据该条规定提起损害赔偿请求的，人民法院不予受理。所以不应受理。

18. 甲公司铺设管道，在路中挖一深坑，设置了路障和警示标志。乙驾车撞倒全部标志，致丙骑摩托车路经该地时避让不及而驶向人行道，造成丁轻伤。对丁的损失，下列哪一选项是正确的？

A. 应由乙承担赔偿责任

B. 应由甲和乙共同承担赔偿责任

C. 应由乙和丙共同承担赔偿责任

D. 应由甲、乙和丙共同承担赔偿责任

【答案】A

【解析】《民法通则》第 125 条规定："在公共场所、道旁或者通道上挖坑、修缮安装地下设施等，没有设置明显标志和采取安全措施造成他人损害的，施工人应当承担民事责任。"由于甲已经设置了路障和警示标志，履行了自己应尽的义务，无须承担侵权责任。丙对丁的损害不存在过错，属于紧急避险。《民法通则》第 129 条规定，因紧急避险造成损害的，由引起险情发生的人承担民事责任。如果危险是由自然原因引起的，紧急避险人不承担民事责任或者承担适当的民事责任。因紧急避险采取措施不当或者超过必要的限度，造成不应有的损害的，紧急避险人应当承担适当的民事责任。所以应当由乙承担责任。

19. 飞跃公司开发某杀毒软件，在安装程序中作了"本软件可能存在风险，继续安装视为同意自己承担一切风险"的声明。黄某购买正版软件，安装时同意了该声明。该软件误将操作系统视为病毒而删除，导致黄某电脑瘫痪并丢失其所有的文件。下列哪一選項是正確的?

　　A. 因黃某同意飛躍公司的免責聲明，可免除飛躍公司的賠償責任

　　B. 黃某有權要求飛躍公司承擔賠償責任

　　C. 黃某有權依據《消費者權益保護法》獲得雙倍賠償

　　D. 黃某可同時提起侵權之訴和違約之訴

【答案】B

【解析】安裝程序中的聲明顯屬格式條款，該聲明排除了飛躍公司的責任，要求安裝人承擔一切風險，應當認定為無效的格式條款。所以 B 應選。《合同法》第 113 條第 2 款規定：「經營者對消費者提供商品或者服務有欺詐行為的，依照《中華人民共和國消費者權益保護法》的規定承擔損害賠償責任。」據此，飛躍公司的行為尚不應當承擔雙倍賠償責任。又《合同法》第 122 條規定：「因當事人一方的違約行為，侵害對方人身、財產權益的，受損害方有權選擇依照本法要求其承擔違約責任或者依照其他法律請求其承擔侵權責任。」據此，在違約與侵權競合的情況下，當事人只能擇一起訴。

20. 甲搬家公司指派員工郭某為徐某搬家，郭某擔心人手不夠，請同鄉蒙某幫忙。搬家途中，因郭某忘記拴上車廂擋板，蒙某從車上墜地受傷。下列哪一選項是正確的?

　　A. 應由郭某承擔賠償責任

　　B. 應由甲公司承擔賠償責任

　　C. 應由甲公司與郭某承擔連帶責任

　　D. 應由甲公司與徐某承擔連帶責任

【答案】C

【解析】《人身損害賠償司法解釋》第 9 條第 1 款規定：「雇員在從事雇傭活動中致人損害的，雇主應當承擔賠償責任；雇員因故意或者重大過失致人損害的，應當與雇主承擔連帶賠償責任。雇主承擔連帶賠償責任的，可以向雇員追償。」本題中，甲公司的雇員郭某對蒙某所受的損害存在重大過失，應與甲公司對其承擔連帶責任。

21. 文某在倒車時操作失誤，撞上馮某新買的轎車，致其嚴重受損。馮某因處理該事故而耽誤了與女友的約會，並因此爭吵分手。文某同意賠償全部的修車費用，但馮某認為自己的愛車受損並失去了女友，內心十分痛苦，要求文某賠一部新車並賠償精神損害。下列哪一選項是正確的?

　　A. 文某應當賠償馮某一部新車

　　B. 文某應向馮某支付精神損害撫慰金

C. 文某应向冯某赔礼道歉

D. 法院不应当支持冯某的精神损害赔偿请求

【答案】D

【解析】对于冯某的损失，文某通过赔偿修理费用足以弥补，而不必赔偿一部新车。同时该轿车并非具有人格象征意义的特定纪念物品，冯某无权因此受损而起诉要求精神损害抚慰金。至于冯某以与女友分手遭受精神痛苦为由请求精神损害赔偿，这与文某的侵权行为之间并无因果关系，不应支持。赔礼道歉作为侵权责任的承担方式，主要适用于人身权案件，本题中的情形属于侵犯所有权，通常不适用赔礼道歉方式。

22. 某媒体未征得艾滋病孤儿小兰的同意，发表了一篇关于小兰的报道，将其真实姓名、照片和患病经历公之于众。报道发表后，隐去真实身份开始正常生活的小兰再次受到歧视和排斥。下列哪一选项是正确的？

A. 该媒体的行为不构成侵权

B. 该媒体侵犯了小兰的健康权

C. 该媒体侵犯了小兰的姓名权

D. 该媒体侵犯了小兰的隐私权

【答案】D

【解析】隐私权是指自然人不愿公开或让他人知悉个人秘密的权利。媒体的报道公开了小兰的隐私，对其造成了较大的损害，构成了对其隐私权的侵犯。至于健康权和姓名权的排除较为容易。

23. 甲与乙签订协议，约定甲将其房屋赠与乙，乙承担甲生养死葬的义务。后乙拒绝扶养甲，并将房屋擅自用作经营活动，甲遂诉至法院要求乙返还房屋。下列哪一选项是正确的？

A. 该协议是附条件的赠与合同

B. 该协议在甲死亡后发生法律效力

C. 法院应判决乙向甲返还房屋

D. 法院应判决乙取得房屋所有权

【答案】C

【解析】从本题中甲和乙约定的内容来看，乙应当在甲的有生之年承担扶养义务，该协议一经成立即告生效。据此，生养死葬并不是该赠与协议生效的前提条件，该协议也不是附条件的赠与合同。所以 AB 不应选。《合同法》第 192 条规定："受赠人有下列情形之一的，赠与人可以撤销赠与：（一）严重侵害赠与人或者赠与人的近亲属；

（二）对赠与人有扶养义务而不履行；（三）不履行赠与合同约定的义务。赠与人的撤销权，自知道或者应当知道撤销原因之日起一年内行使。"乙的行为违反了赠与合同约定的义务，法院应当判决乙返还房屋。

24. 小学生小杰和小涛在学校发生打斗，在场老师陈某未予制止。小杰踢中小涛腹部，致其脾脏破裂。下列哪一选项是正确的？

    A. 陈某未尽职责义务，应由陈某承担赔偿责任

    B. 小杰父母的监护责任已转移到学校，应由学校承担赔偿责任

    C. 学校和小杰父母均有过错，应由学校和小杰父母承担连带赔偿责任

    D. 学校存在过错，应承担与其过错相应的补充赔偿责任

【答案】D

【解析】首先，陈某作为学校的教师，不应由其向受损害学生承担赔偿责任，学校才是承担责任的主体。《民法通则》第 133 条第 1 款规定："无民事行为能力人、限制民事行为能力人造成他人损害的，由监护人承担民事责任。监护人尽了监护责任的，可以适当减轻他的民事责任。"据此，小杰的父母作为监护人的职责并未转移，其应当对小杰的加害行为承担赔偿责任。《人身损害赔偿司法解释》第 7 条规定："对未成年人依法负有教育、管理、保护义务的学校、幼儿园或者其他教育机构，未尽职责范围内的相关义务致使未成年人遭受人身损害，或者未成年人致他人人身损害的，应当承担与其过错相应的赔偿责任。第三人侵权致未成年人遭受人身损害的，应当承担赔偿责任。学校、幼儿园等教育机构有过错的，应当承担相应的补充赔偿责任。"据此，在学校存在过错的情况下，其所应当承担的也不是连带责任。所以 D 应选。

25. 某国有企业拟改制为公司。除 5 个法人股东作为发起人外，拟将企业的 190 名员工都作为改制后公司的股东，上述法人股东和自然人股东作为公司设立后的全部股东。根据我国公司法的规定，该企业的公司制改革应当选择下列哪种方式？

    A. 可将企业改制为有限责任公司，由上述法人股东和自然人股东出资并拥有股份

    B. 可将企业改制为股份有限公司，由上述法人股东和自然人股东以发起方式设立

    C. 企业员工不能持有公司股份，该企业如果进行公司制改革，应当通过向社会公开募集股份的方式进行

    D. 经批准可以突破有限责任公司对股东人数的限制，公司形式仍然可为有限责任公司

【答案】B

【解析】《公司法》第 24 条规定："有限责任公司由五十个以下股东出资设立。"据此，有限责任公司的股东最多不超过 50 人，最少须有一人，可以为法人或者自然人。所以 AD 不应选。《公司法》第 78 条规定："股份有限公司的设立，可以采取发起设立或者募集设立的方式。发起设立，是指由发起人认购公司应发行的全部股份而设立公司。募集设立，是指由发起人认购公司应发行股份的一部分，其余股份向社会公开募集或者向特定对象募集而设立公司。"第 79 条规定："设立股份有限公司，应当有二人以上二百人以下为发起人，其中须有半数以上的发起人在中国境内有住所。"据此，股份有限责任公司如果采取发起设立的方式，发起人最多不能超过 200 人，最少不能少于 2 人，其可以为自然人或者法人。所以 B 应选。"企业员工不能持有公司股份"的表述不符合《公司法》规定。

26. 徽南公司由甲乙丙 3 个股东组成，其中丙以一项专利出资。丙以专利出资后，自己仍继续使用该专利技术。下列哪一选项是正确的？

 A. 乙认为既然丙可以继续使用，则自己和甲也可以使用

 B. 甲认为丙如果继续使用该专利则需向徽南公司支付费用

 C. 丙认为自己可在原使用范围内继续使用该专利

 D. 丙认为甲和乙使用该项专利应取得自己的书面同意

【答案】B

【解析】《公司法》第 28 条规定："股东应当按期足额缴纳公司章程中规定的各自所认缴的出资额。股东以货币出资的，应当将货币出资足额存入有限责任公司在银行开设的账户；以非货币财产出资的，应当依法办理其财产权的转移手续。"据此，丙以专利出资，应当将该专利的专有使用权转让给公司，自己不再保留该项权利。丙出资以后再使用该项专利已经侵犯了公司的专有使用权，如要继续使用应当支付费用。所以 B 应选。

27. 甲乙丙丁 4 人组成一个运输有限合伙企业，合伙协议规定甲、乙为普通合伙人，丙、丁为有限合伙人。某日，丁为合伙企业运送石材，路遇法院拍卖房屋，丁想替合伙企业竞买该房，于是以合伙企业的名义将石材质押给徐某，借得 20 万元，竞买了房子。徐某的债权若得不到实现，应当向谁主张权利？

 A. 应当要求丁承担清偿责任

 B. 应当要求甲、乙、丙、丁承担连带清偿责任

C. 应当要求甲、乙承担连带清偿责任

D. 应当要求甲、乙、丁承担连带清偿责任

【答案】D

【解析】合伙企业分为有限合伙企业和普通合伙企业。《合伙企业法》第 67 条规定："有限合伙企业由普通合伙人执行合伙事务。执行事务合伙人可以要求在合伙协议中确定执行事务的报酬及报酬提取方式。"第 68 条第 1 款规定："有限合伙人不执行合伙事务，不得对外代表有限合伙企业。"《合伙企业法》第 76 条规定："第三人有理由相信有限合伙人为普通合伙人并与其交易的，该有限合伙人对该笔交易承担与普通合伙人同样的责任。有限合伙人未经授权以有限合伙企业名义与他人进行交易，给有限合伙企业或者其他合伙人造成损失的，该有限合伙人应当承担赔偿责任。"本题当中，有限合伙人丁以合伙企业名义将石材质押给徐某的借款行为，徐某并不知情，为善意第三人，可以认定为合伙企业的行为。据此，有限合伙人丁对该行为承担与普通合伙人同样的责任，普通合伙人甲乙也要与丁一起承担连带清偿责任。

28. 千叶公司因不能清偿到期债务，被债权人百草公司申请破产，法院指定甲律师事务所为管理人。下列哪一选项是错误的？

A. 甲律师事务所租赁百草公司酒店用作管理人办公室的行为不违反破产法的规定

B. 甲律师事务所有权处分千叶公司的财产

C. 甲律师事务所有权因担任管理人而获得报酬

D. 如甲律师事务所不能胜任职务，债权人会议有权罢免其管理人资格

【答案】D

【解析】《企业破产法》第 22 条规定："管理人由人民法院指定。债权人会议认为管理人不能依法、公正执行职务或者有其他不能胜任职务情形的，可以申请人民法院予以更换。指定管理人和确定管理人报酬的办法，由最高人民法院规定。"据此，管理人由法院指定，同时赋予债权人会议向人民法院申请更换不能胜任职务管理人的权利。管理人有取得报酬的权利。所以 C 不应选，而 D 应选。《企业破产法》第 25 条规定："管理人履行下列职责：（一）接管债务人的财产、印章和账簿、文书等资料；（二）调查债务人财产状况，制作财产状况报告；（三）决定债务人的内部管理事务；（四）决定债务人的日常开支和其他必要开支；（五）在第一次债权人会议召开之前，决定继续或者停止债务人的营业；（六）管理和处分债务人的财产；（七）代表债务人参加诉讼、仲裁或者其他法律程序；（八）提议召开债权人会议；（九）人民法院认为管理人应当履行的其他职责。本法对管理人的职责另有规定的，适用其规定。"所以 A、B 不应选。

29. 绿杨公司因严重资不抵债向法院申请破产，法院已经受理其申请。根据《破产法》的规定，在法院已经受理破产申请、尚未宣告绿杨公司破产之时，下列哪一项财产不构成债务人财产？

    A. 绿杨公司享有的未到期债权

    B. 管理人撤销绿杨公司 6 个月前以明显不合理价格进行交易涉及的财产

    C. 绿杨公司所有但已设定抵押的财产

    D. 绿杨公司购买的正在运输途中的但尚未付清货款的货物

【答案】D

【解析】根据《企业破产法》第 30 条的规定，债务人财产是指破产申请受理时属于债务人的全部财产，以及破产申请受理后至破产程序终结前债务人取得的财产。又《企业破产法》第 39 条规定："人民法院受理破产申请时，出卖人已将买卖标的物向作为买受人的债务人发运，债务人尚未收到且未付清全部价款的，出卖人可以取回在运途中的标的物。但是，管理人可以支付全部价款，请求出卖人交付标的物。"所以 D 应选。

30. 甲乙丙是某有限公司的股东，各占 52%、22% 和 26% 的股份。乙欲对外转让其所拥有的股份，丙表示同意，甲表示反对，但又不愿意购买该股份。乙便与丁签订了一份股份转让协议，约定丁一次性将股权转让款支付给乙。此时甲表示愿以同等价格购买，只是要求分期付款。对此各方发生了争议。下列哪一选项是错误的？

    A. 甲最初表示不愿意购买即应视为同意转让

    B. 甲后来表示愿意购买，则乙只能将股份转让给甲，因为甲享有优先购买权

    C. 乙与丁之间的股份转让协议有效

    D. 如果甲丙都行使优先购买权，就购买比例而言，如双方协商不成，则双方应照 2:1 的比例行使优先购买权

【答案】B

【解析】《公司法》第 72 条规定："有限责任公司的股东之间可以相互转让其全部或者部分股权。股东向股东以外的人转让股权，应当经其他股东过半数同意。股东应就其股权转让事项书面通知其他股东征求同意，其他股东自接到书面通知之日起满三十日未答复的，视为同意转让。其他股东半数以上不同意转让的，不同意的股东应当购买该转让的股权；不购买的，视为同意转让。经股东同意转让的股权，在同等条件下，其他股东有优先购买权。两个以上股东主张行使优先购买权的，协商确定各自的购买比例；协商不成的，按照转让时各自的出资比例行使优先购买权。公司章程对股权转

让另有规定的，从其规定。"据此，乙欲向丁转让股份的行为，在通知甲，甲表示反对又不愿意购买的情形下，视为同意转让，A 不应选。同时，C、D 也不应选。甲后来主张优先购买权，但又提出分期付款，其条件劣于丁。

31. 张某打算自己投资设立一企业从事商贸业务。下列哪一选项是错误的？

    A. 张某可以设立一个一人有限责任公司从事商贸业务
    B. 张某可以设立一个个人独资企业从事商贸业务
    C. 如果张某设立个人独资企业，则该企业不能再入伙普通合伙企业
    D. 如果张某设立一人有限责任公司，则该公司可以再入伙普通合伙企业

【答案】C

【解析】《公司法》第 58 条规定："……本法所称一人有限责任公司，是指只有一个自然人股东或者一个法人股东的有限责任公司。"据此，张某可以设立有限责任公司从事商贸业务。《个人独资企业法》第 2 条规定："本法所称个人独资企业，是指依照本法在中国境内设立，由一个自然人投资，财产为投资人个人所有，投资人以其个人财产对企业债务承担无限责任的经营实体。"据此，张某可以设立个人独资企业从事商贸业务。《公司法》第 15 条规定："公司可以向其他企业投资；但是，除法律另有规定外，不得成为对所投资企业的债务承担连带责任的出资人。"《合伙企业法》第 2 条规定："本法所称合伙企业，是指自然人、法人和其他组织依照本法在中国境内设立的普通合伙企业和有限合伙企业。普通合伙企业由普通合伙人组成，合伙人对合伙企业债务承担无限连带责任。……"第 3 条规定："国有独资公司、国有企业、上市公司以及公益性的事业单位、社会团体不得成为普通合伙人。"据此，个人独资企业成为普通合伙企业的合伙人不存在问题。

32. 朱某持一张载明金额为人民币 50 万元的承兑汇票，向票据所载明的付款人某银行提示付款。但该银行以持票人朱某拖欠银行贷款 60 万元尚未清偿为由拒绝付款，并以该汇票票面金额冲抵了部分届期贷款金额。对付款人（即某银行）行为的定性，下列哪一选项是正确的？

    A. 违反票据无因性原则的行为
    B. 违反票据独立性原则的行为
    C. 行使票据抗辩之对人抗辩的行为
    D. 行使票据抗辩之对物抗辩的行为

【答案】C

【解析】票据无因性原则是指权利人享有票据权利只以持有符合票据法规定的有效票据为必要，至于票据赖以发生的原因则在所不问。票据独立性原则是指同一票据所为的若干票据行为互不牵连，都分别以各行为人在票据上记载的内容，独立地发生效力。票据抗辩分为对物的抗辩和对人的抗辩。前者是基于票据本身所存在的事由发生的抗辩，后者是因为票据义务人与特定票据权利人之间存在一定关系而发生的抗辩。《票据法》第 13 条规定："票据债务人不得以自己与出票人或者与持票人的前手之间的抗辩事由，对抗持票人。但是，持票人明知存在抗辩事由而取得票据的除外。票据债务人可以对不履行约定义务的与自己有直接债权债务关系的持票人，进行抗辩。本法所称抗辩，是指票据债务人根据本法规定对票据债权人拒绝履行义务的行为。"本题中银行的行为应当属于行使票据抗辩之对人抗辩的行为.

33. 在民事诉讼普通程序中，根据有关司法解释，关于举证期限，下列哪一选项是正确的？

   A. 举证期限只能由法院指定

   B. 举证期限可以由当事人协商确定，不需法院认可

   C. 当事人在举证期限内提交证据确有困难的，可以在举证期限届满之后申请延长

   D. 法院指定的举证期限不得少于 30 日

【答案】D

【解析】根据《民事诉讼证据规定》第 33 条规定，举证期限可以由当事人协商一致，并经人民法院认可；由人民法院指定举证期限的，指定的期限不得少于三十日，自当事人收到案件受理通知书和应诉通知书的次日起计算。据此可知，举证期限的确定包括法院指定和当事人协商并经法院认可两种方式，所以 A、B 不应选。又根据《民事诉讼证据规定》第 36 条的规定，当事人在举证期限内提交证据材料确有困难的，应当在举证期限内向人民法院申请延期举证，经人民法院准许，可以适当延长举证期限；当事人在延长的举证期限内提交证据材料仍有困难的，可以再次提出延期申请，是否准许由人民法院决定。所以 C 不应选。

34. 对民事诉讼法规定的督促程序，下列哪一选项是正确的？

   A. 向债务人送达支付令时，债务人拒绝签收的，法院可以留置送达

   B. 向债务人送达支付令时法院发现债务人下落不明的，可以公告送达

   C. 支付令送达债务人之后，在法律规定的异议期间，支付令不具有法律效力

   D. 债务人对支付令提出异议，通常以书面的形式，但书写异议书有困难的，也可以口头提出

【答案】A

【解析】《民诉意见》第 220 条明确规定，向债务人本人送达支付令，债务人拒绝接收的，人民法院可以留置送达。所以 A 应选。根据《民诉意见》第 218 条的规定，对于下落不明的债务人，不适用督促程序，不得对其发出支付令。所以 B 不应选。《民事诉讼法》第 194 条的规定，如果债务人在异议期间提出书面异议，人民法院裁定终结督促程序的，支付令自行失效。据此，支付令一经发出便具有法律效力。所以 C 不应选。根据《民诉意见》第 221 条的规定，债务人的口头异议无效。据此，对支付令提出异议的方式不同于起诉方式，不允许口头异议。所以 D 不应选。

35. 关于民事诉讼中的公开审判制度，下列哪一选项是错误的？

    A. 公开审判制度是指法院审理民事案件，除法律规定的情况外，审判过程及结果应当向群众、社会公开

    B. 公开审判是指法院审理案件和宣告判决一律公开进行的制度

    C. 涉及国家秘密的案件，属于法定不公开审理的案件

    D. 离婚案件，属于当事人申请不公开审理，法院决定可以不公开审理的案件

【答案】B

【解析】公开审判是指法院审理民事案件，除法律规定的情况外，审判过程及结果应当向群众、向社会公开。不公开审理的案件，包括绝对不公开审理和相对不公开审理两种。绝对不公开审理，也叫法定不公开，指涉及国家秘密、个人隐私或者法律另有规定的案件，人民法院不公开审理。相对不公开审理，是指离婚案件、涉及商业秘密的案件，当事人申请不公开审理的，可以不公开审理。所以 A、C、D 表述正确，不应选。根据《民事诉讼法》第 134 条的规定，人民法院对公开审理或者不公开审理的案件，一律公开宣告判决。据此，对于任何案件来说，宣告判决一律应当公开进行，但审理过程并非"一律"公开。所以 B 应选。

36. 关于涉外民事诉讼，下列哪一选项是正确的？

    A. 涉外民事诉讼中的司法豁免是无限的

    B. 当事人可以就涉外合同纠纷或者涉外财产权益纠纷协议确定管辖法院

    C. 涉外民事诉讼中，双方当事人的上诉期无论是不服判决还是不服裁定一律都是 30 日

    D. 对居住在国外的外国当事人，可以通过我国驻该国的使领馆代为送达诉讼文书

【答案】B

【解析】我国对民事诉讼中的司法豁免采有限原则，不承认无限豁免。所以 A 不应

选。涉外民事诉讼中，如果一方当事人在我国领域内，另一方当事人在我国领域外，考虑到域外当事人进行诉讼行为的实际情况，应对双方规定不同的上诉期。根据《民诉意见》第311条的规定，当事人双方分别居住在我国领域内和领域外，对第一审人民法院判决、裁定的上诉期，居住在我国领域内的为民事诉讼法第一百四十七条所规定的期限；居住在我国领域外的为三十日。所以 C 不应选。还应注意的是，双方的上诉期分别计算，且只有当均已届满后，一审法院的裁判方发生法律效力。对具有中华人民共和国国籍的受送达人，可以委托中华人民共和国驻受送达人所在国的使领馆代为送达；

37. 甲有两子乙和丙，甲死亡后留有住房 3 间。乙乘丙长期外出之机，将 3 间房屋卖给丁，后因支付房款发生纠纷，乙将丁诉至法院。在诉讼过程中，丙知道了这一情况，要求参加诉讼。关于丙在诉讼中的地位，下列哪一选项是正确的？

   A. 必要的共同原告

   B. 普通的共同原告

   C. 有独立请求权的第三人

   D. 无独立请求权的第三人

【答案】C

【解析】本题的关键在于对丙与本诉实体权利义务争议之间关系的理解。在本题中，本诉是不动产买卖合同纠纷，当事人双方为乙和丁。乙擅自将其与丙共同共有的房屋出卖给丁，实为无权处分，构成了对丙共有权的侵害。据此，丙参加诉讼的目的并不是作为共有人向丁要求偿付价款，而是作为第三人对涉讼的房屋主张独立的请求权，丙与乙并不是共同的一方当事人。在参加之诉中，有独立请求权的第三人是原告，只能以起诉的方式参加诉讼。所以 C 应选。

38. 甲与乙系父子关系，甲起诉乙请求给付赡养费。法院确定开庭审理后，对甲和乙都进行了传票传唤。但法院开庭审理时，乙未到庭，也没有向法院说明理由。在这种情况下，法院如何处理？

   A. 应延期审理

   B. 应中止诉讼

   C. 可以拘传乙到庭

   D. 可以缺席判决

【答案】A

【解析】首先，中止诉讼可以排除。根据《民诉意见》第112条的规定，负有赡养、抚育、扶养义务和不到庭就无法查清案情的被告，属于必须到庭的被告。本题为赡养案件，乙属于必须到庭的被告，因此不能对其适用缺席判决。所以 D 不应选。根据《民事诉讼法》第100条的规定，对必须到庭的被告，经两次传票传唤，无正当理由拒不到庭的，可以拘传。本题中，乙虽然属于必须到庭的被告，但是尚未对其进行两次传票传唤。所以 C 不应选。正确的做法只能是延期审理本案，再次传唤乙，如其下次开庭仍不到庭，则对其适用拘传措施。

39. 根据我国诉讼费用制度的有关规定，下列哪一选项是正确的？

    A. 甲状告同事侵犯其名誉权，法院因甲主张的事实证据不足，作出驳回其诉讼请求的判决。法院应退还甲预交的案件受理费

    B. 乙因一起债务纠纷案，二审败诉，想申请再审，某律师告诉他，当事人申请再审的案件一律不需要交纳受理费

    C. 丙向法院起诉与丁离婚。双方经法院调解达成协议而结案，法院应当减半收取案件受理费

    D. 中止诉讼、中止执行的案件，已交纳的受理费、申请费应退还给当事人

【答案】C

【解析】根据《诉讼费用交纳办法》第8条的规定，下列案件不交纳案件受理费：（一）依照民事诉讼法规定的特别程序审理的案件；（二）裁定不予受理、驳回起诉、驳回上诉的案件；（三）对不予受理、驳回起诉和管辖权异议裁定不服，提起上诉的案件；（四）行政赔偿案件。驳回起诉与驳回诉讼请求显然不同，所以 A 不应选。根据《诉讼费用交纳办法》第9条的规定，再审案件原则上当事人不交纳案件受理费，但是有例外，即：（一）当事人有新的证据，足以推翻原判决、裁定，向人民法院申请再审，人民法院经审查决定再审的案件；（二）当事人对人民法院第一审判决或者裁定未提出上诉，第一审判决、裁定或者调解书发生法律效力后又申请再审，人民法院经审查决定再审的案件。据此，再审案件并非"一律"不收取诉讼费。所以 B 不应选。又根据《诉讼费用交纳办法》第26条的规定，中止诉讼、中止执行的案件，已交纳的案件受理费、申请费不予退还。中止诉讼、中止执行的原因消除，恢复诉讼、执行的，不再交纳案件受理费、申请费。所以 D 不应选。根据《诉讼费用交纳办法》第15条的规定，以调解方式结案或者当事人申请撤诉的，减半交纳案件受理费。所以 C 应选。

40. 关于管辖权异议的表述，下列哪一选项是错误的？

    A. 当事人对一审案件的地域管辖和级别管辖均可提出异议

    B. 通常情况下，当事人只能在提交答辩状期间提出管辖异议

    C. 管辖权异议成立的，法院应当裁定将案件移送有管辖权的法院；异议不成立的，裁定驳回

    D. 对于生效的管辖权异议裁定，当事人可以申请复议一次，但不影响法院对案件的审理

    【答案】D

    【解析】A、B、C 的表述都是正确的。根据《民事诉讼法》第 140 条的规定，当事人对不予受理、管辖权异议、驳回起诉的裁定可以上诉，而不是申请复议。所以 D 应选。

41. 甲的邻居乙买来建筑材料，准备在房后建一杂物间，甲认为会挡住自己出入的通道，坚决反对。乙不听。甲向法院起诉，请求法院禁止乙的行为。该诉讼属于哪类诉？

    A. 确认之诉

    B. 形成之诉

    C. 给付之诉

    D. 变更之诉

    【答案】C

    【解析】甲向法院起诉所请求的内容是禁止乙的行为，显然应当属于给付之诉。所以 C 应选。这里需要准确理解给付之诉中"给付"的内容，其不仅包括积极的作为，也包括消极的不作为。确认之诉的要旨在于请求法院确认实体权利义务关系的存在与否，而形成之诉（即变更之诉）的要旨则在于请求法院改变现存的法律关系状态，二者均不直接涉及履行或执行的问题。

42. 在执行程序中，甲和乙自愿达成和解协议：将判决中确定的乙向甲偿还 1 万元人民币改为给付价值相当的化肥、农药。和解协议履行完毕后，甲以化肥质量不好向法院提出恢复执行程序。下列哪一选项是正确的？

    A. 和解协议无效，应恢复执行原判决

    B. 和解协议有效，但甲反悔后应恢复执行原判决

    C. 和解协议已履行完毕，应执行回转

    D. 和解协议已履行完毕，法院应作执行结案处理

【答案】D

【解析】根据《执行规定》第 86 条的规定，本题中当事人对生效判决确定的标的物的变更合法有效。需要注意，执行和解协议的生效并不需要执行机关的认可。所以 A 不应选。对于有效的执行和解协议，《执行规定》第 87 条规定，当事人之间达成的和解协议合法有效并已履行完毕的，人民法院作执行结案处理。恢复执行原判决是在一方拒不履行和解协议确定的义务，并且经权利人申请的情况下发生。所以 B 不应选。执行回转只有在已经执行完毕，而据以执行的生效法律文书被依法撤销的情况下才会发生。所以 C 不应选。

43. 甲在某报发表纪实报道，对明星乙和丙的关系作了富有想象力的描述。乙和丙以甲及报社共同侵害了他们的名誉权为由提起诉讼，要求甲及报社赔偿精神损失并公开赔礼道歉。一审判决甲向乙和丙赔偿 1 万元，报社赔偿 3 万元，并责令甲及报社在该报上书面道歉。报社提起上诉，请求二审法院改判甲和自己各承担 2 万元，以甲的名义在该报上书面道歉。二审法院如何确定当事人的地位？

   A. 报社是上诉人，甲是被上诉人，乙和丙列为原审原告

   B. 报社是上诉人，甲、乙、丙是被上诉人

   C. 报社是上诉人，乙和丙是被上诉人，甲列为原审被告

   D. 报社和甲是上诉人，乙和丙是被上诉人

【答案】B

【解析】《民诉意见》第 177 条规定，必要共同诉讼人中的一人或者部分人提出上诉的，按下列情况处理：（1）该上诉是对与对方当事人之间权利义务分担有意见，不涉及其他共同诉讼人利益的，对方当事人为被上诉人，未上诉的同一方当事人依原审诉讼地位列明；（2）该上诉仅对共同诉讼人之间权利义务分担有意见，不涉及对方当事人利益的，未上诉的同一方当事人为被上诉人，对方当事人依原审诉讼地位列明；（3）该上诉对双方当事人之间以及共同诉讼人之间权利义务承担有意见的，未提出上诉的其他当事人均为被上诉人。本题中，甲和报社共同侵权，为必要共同诉讼的被告。报社上诉，从表面上看仅对其和甲之间的权利义务分担有意见，但其实也涉及了与乙、丙之间的权利义务承担。报社的上诉请求中要求甲个人承担书面道歉责任，涉及乙和丙的利益的实现及义务主体的确定，同时与一审判决中确定的义务承担方式不一致。因而应当援用上述（3）的规定，乙和丙也应当列为被上诉人。

44. 甲与乙系夫妻关系，四年前乙下落不明。甲提起离婚之诉。对于该起诉，法院应如何处理？

    A. 法院应不予受理，并告知甲应当依照特别程序申请宣告乙死亡

    B. 法院应不予受理，并告知甲应先依照特别程序申请宣告乙为失踪人

    C. 法院应当受理，但在受理后应当裁定中止诉讼，并依照特别程序认定乙为失踪人后，再对离婚之诉作出判决

    D. 法院应当受理，并向乙公告送达有关的诉讼文书

【答案】D

【解析】《民诉意见》第 151 条规定，夫妻一方下落不明，另一方诉至人民法院，只要求离婚，不申请宣告下落不明人失踪或死亡的案件，人民法院应当受理，对下落不明人用公告送达诉讼文书。

45. 甲养的宠物狗将乙咬伤，乙起诉甲请求损害赔偿。诉讼过程中，甲认为乙被咬伤是因为乙故意逗狗造成的。关于本案中举证责任的分配，下列哪一选项是正确的？

    A. 甲应当就乙受损害与自己的宠物狗没有因果关系进行举证

    B. 甲应当对乙故意逗狗而遭狗咬伤的事实负举证责任

    C. 乙应当就自己没有逗狗的故意负举证责任

    D. 乙应当就自己受到甲的宠物狗伤害以及自己没有逗狗的故意负举证责任

【答案】B

【解析】《民事诉讼证据规定》第 4 条对几种特殊情形的侵权案件的举证责任作出了具体的规定：（一）因新产品制造方法发明专利引起的专利侵权诉讼，由制造同样产品的单位或者个人对其产品制造方法不同于专利方法承担举证责任；（二）高度危险作业致人损害的侵权诉讼，由加害人就受害人故意造成损害的事实承担举证责任；（三）因环境污染引起的损害赔偿诉讼，由加害人就法律规定的免责事由及其行为与损害结果之间不存在因果关系承担举证责任；（四）建筑物或者其他设施以及建筑物上的搁置物、悬挂物发生倒塌、脱落、坠落致人损害的侵权诉讼，由所有人或者管理人对其无过错承担举证责任；（五）饲养动物致人损害的侵权诉讼，由动物饲养人或者管理人就受害人有过错或者第三人有过错承担举证责任；（六）因缺陷产品致人损害的侵权诉讼，由产品的生产者就法律规定的免责事由承担举证责任；（七）因共同危险行为致人损害的侵权诉讼，由实施危险行为的人就其行为与损害结果之间不存在因果关系承担举证责任；（八）因医疗行为引起的侵权诉讼，由医疗机构就医疗行为与损害结果之间不存在因果关系及不存在医疗过错承担举证责任。有关法律对侵权诉

讼的举证责任有特殊规定的，从其规定。据此，本题中的甲应当举证证明乙所受的损害是由于其自己的过错——故意逗狗造成的。所以 B 应选。

46. 甲的汇票遗失，向法院申请公示催告。公告期满后无人申报权利，甲申请法院作出了除权判决。后乙主张对该票据享有票据权利，只是因为客观原因而没能在判决前向法院申报权利。乙可以采取哪种法律对策？

   A. 申请法院撤销该除权判决
   B. 在知道或者应当知道判决公告之日起一年内，向作出除权判决的法院起诉
   C. 依照审判监督程序的规定，申请法院对该案件进行再审
   D. 在 2 年的诉讼时效期间之内，向作出除权判决的法院起诉

【答案】B

【解析】《民事诉讼法》第 200 条规定，利害关系人因正当理由不能在判决前向人民法院申报的，自知道或者应当知道判决公告之日起一年内，可以向作出判决的人民法院起诉。所以应选 B。需要注意，非诉讼程序不适用审判监督程序，不能申请再审。

47. 甲向乙借款 20 万元，后未能按期还本付息，乙诉甲还款。在诉讼中，双方达成调解协议，并由丙为该调解协议的履行提供担保。但在法院送达调解书时，丙拒不签收。关于丙拒签行为对调解书效力的影响，下列哪一选项是正确的？

   A. 不影响调解书的效力，但其中担保的约定不产生效力
   B. 不影响调解书的效力，丙不履行调解书时，乙可诉丙要求其承担担保责任
   C. 调解书不发生效力，法院应当及时作出判决
   D. 不影响调解书生效；调解书确定的担保条款的条件成就时，乙可以申请法院依法执行

【答案】D

【解析】《民事诉讼调解规定》第 11 条规定："调解协议约定一方提供担保或者案外人同意为当事人提供担保的，人民法院应当准许。案外人提供担保的，人民法院制作调解书应当列明担保人，并将调解书送交担保人。担保人不签收调解书的，不影响调解书生效。当事人或者案外人提供的担保符合担保法规定的条件时生效。"担保人不签收调解书并不影响调解协议的效力，所以 C 不应选。至于担保的生效与否，则应依据担保法的规定进行判断，这与调解书的生效是两个法律关系。所以 A 不应选。《民事诉讼调解规定》第 19 条规定："调解书确定的担保条款条件或者承担民事责任的条件成就时，当事人申请执行的，人民法院应当依法执行。"所以 B 不应选，而 D 应选。

48. A 市水天公司与 B 市龙江公司签订一份运输合同，并约定如发生争议提交 A 市的 C 仲裁委员会仲裁。后因水天公司未按约支付运费，龙江公司向 C 仲裁委员会申请仲裁。在第一次开庭时，水天公司未出庭参加仲裁审理，而是在开庭审理后的第二天向 A 市中级人民法院申请确认仲裁协议无效。C 仲裁委员会应当如何处理本案？

A. 应当裁定中止仲裁程序

B. 应当裁定终结仲裁程序

C. 应当裁定驳回仲裁申请

D. 应当继续审理

【答案】D

【解析】《仲裁法》第20条规定，当事人对仲裁协议的效力有异议的，可以请求仲裁委员会作出决定或者请求人民法院作出裁定。一方请求仲裁委员会作出决定，另一方请求人民法院作出裁定的，由人民法院裁定。当事人对仲裁协议的效力有异议，应当在仲裁庭首次开庭前提出。《仲裁法解释》第13条规定，依照仲裁法第二十条第二款的规定，当事人在仲裁庭首次开庭前没有对仲裁协议的效力提出异议，而后向人民法院申请确认仲裁协议无效的，人民法院不予受理。据此，本题中的水天公司如果对仲裁协议的效力有异议，必须在仲裁庭首次开庭之前向 C 仲裁委员会或者人民法院提出，否则不得再提出，已经受理案件的仲裁委员会得继续审理。所以 D 应选。

49. 张某根据与刘某达成的仲裁协议，向某仲裁委员会申请仲裁。在仲裁审理中，双方达成和解协议并申请依和解协议作出裁决。裁决作出后，刘某拒不履行其义务，张某向法院申请强制执行，而刘某则向法院申请裁定不予执行该仲裁裁决。法院应当如何处理？

A. 裁定中止执行，审查是否具有不予执行仲裁裁决的情形

B. 终结执行，审查是否具有不予执行仲裁裁决的情形

C. 继续执行，不予审查是否具有不予执行仲裁裁决的情形

D. 先审查是否具有不予执行仲裁裁决的情形，然后决定后续执行程序是否进行

【答案】C

【解析】《仲裁法解释》第28条的规定：当事人请求不予执行仲裁调解书或者根据当事人之间的和解协议作出的仲裁裁决书的，人民法院不予支持。所以 C 应选。

50. 某仲裁委员会在开庭审理兰屯公司与九龙公司合同纠纷一案时，九龙公司对仲裁庭中的一名仲裁员提出了回避申请，经审查后该仲裁员被要求予以回避，仲裁委员会依法重新确定了仲裁员。关于仲裁程序如何进行，下列哪一选项是正确的？

A. 已进行的仲裁程序应当重新进行

B. 已进行的仲裁程序有效，仲裁程序应当继续进行

C. 当事人请求已进行的仲裁程序重新进行的，仲裁程序应当重新进行

D. 已进行的仲裁程序是否重新进行，仲裁庭有权决定

【答案】D

【解析】《仲裁法》第 37 条规定，仲裁员因回避或者其他原因不能履行职责的，应当依照本法规定重新选定或者指定仲裁员。因回避而重新选定或者指定仲裁员后，当事人可以请求已进行的仲裁程序重新进行，是否准许，由仲裁庭决定；仲裁庭也可以自行决定已进行的仲裁程序是否重新进行。所以 D 应选。

二、多项选择题，每题所给的选项中有两个或两个以上正确答案，少答或多答均不得分。本部分 51-90 题，每题 2 分，共 80 分。

51. 下列哪些情形构成意思表示?

A. 甲对乙说：我儿子如果考上重点大学，我一定请你喝酒

B. 潘某在寻物启示中称，愿向送还失物者付酬金 500 元

C. 孙某临终前在日记中写道：若离人世，愿将个人藏书赠与好友汪某

D. 何某向一台自动售货机投币购买饮料

【答案】BCD

【解析】A 中甲请客的表示并非意在产生民法上的效果，即不是为了产生、变更或者消灭民事法律关系，所以不构成意思表示。B 中潘某的寻物启事应当属于悬赏广告，在民法理论上构成单方承诺，符合意思表示的要件。C 中孙某日记的记述实际上是遗嘱行为，符合意思表示的要件。至于自动售货机的问题，民法上一般将其视为要约，而顾客投币的行为则视为承诺，承诺当然属于意思表示。

52. 关于事业单位法人，下列哪些选项是错误的?

A. 所有事业单位法人的全部经费均来自国家财政拨款

B. 具备法人条件的事业单位从成立之日起取得法人资格

C. 国家举办的事业单位对其直接占有的动产享有所有权

D. 事业单位法人名誉权遭受侵害的，有权诉请精神损害赔偿

【答案】ABCD

【解析】并非所有事业单位的经费均来自国家财政拨款,有些事业单位已不再享有财政拨款。同时,即便是享有财政拨款的事业单位,也可自筹经费。《民法通则》第20条第2款规定:"具备法人条件的事业单位、社会团体,依法不需要办理法人登记的,从成立之日起,具有法人资格;依法需要办理法人登记的,经核准登记,取得法人资格。"据此,事业单位的法人资格取得时间不可一概而论。《物权法》第54条规定:"国家举办的事业单位对其直接支配的不动产和动产,享有占有、使用以及依照法律和国务院的有关规定收益、处分的权利。"理论上一般认为,国家举办的事业单位对其直接支配的财产不享有所有权,所有权仍然归属于国家,单位只是国有财产的管理人。最后,《精神损害赔偿司法解释》第5条规定:"法人或者其他组织以人格权利遭受侵害为由,向人民法院起诉请求赔偿精神损害的,人民法院不予受理。"

53. 甲正在市场卖鱼,突闻其父病危,急忙离去,邻摊菜贩乙见状遂自作主张代为叫卖,以比甲原每斤10元高出5元的价格卖出鲜鱼200斤,并将多卖的1000元收入自己囊中,后乙因急赴喜宴将余下的100斤鱼以每斤3元卖出。下列哪些选项是正确的?

A. 乙的行为构成无因管理

B. 乙收取多卖1000元构成不当得利

C. 乙低价销售100斤鱼构成不当管理,应承担赔偿责任

D. 乙可以要求甲支付一定报酬

【答案】ABC

【解析】无因管理,是指没有法律规定或者约定的义务而为他人管理事务。它的构成要件包括:(1)管理他人事务;(2)有为他人管理的意思;(3)无法律上的原因。在无因管理中,管理人因管理事务所收取的金钱、物品及其孳息应交付本人,否则构成不当得利。在无因管理中,管理人应承担适当管理义务,以有利于本人的方法进行管理,否则应当承担赔偿责任。最后,根据《民法通则》第93条的规定,管理人有权要求受益人偿付为实施管理而支付的必要费用,不包括报酬。所以D错误。

54. 甲公司欠乙公司货款20万元已有10个月,其资产已不足偿债。乙公司在追债过程中发现,甲公司在一年半之前作为保证人向某银行清偿了丙公司的贷款后一直没有向其追偿,同时还将自己对丁公司享有的30%的股权无偿转让给了丙公司。下列哪些选项是错误的?

A. 乙公司可以对丙公司行使代位权

B. 若乙公司对丙公司提起代位权诉讼,法院应当追加甲公司为第三人

C. 乙公司可以请求法院确认甲、丙之间无偿转让股权的合同无效

D. 乙公司有权请求法院撤销甲、丙之间无偿转让股权的合同

【答案】ABCD

【解析】《合同法》第73条第1款规定："因债务人怠于行使其到期债权，对债权人造成损害的，债权人可以向人民法院请求以自己的名义代位行使债务人的债权，但该债权专属于债务人自身的除外。"甲公司对丙公司的保证之债即具有人身属性，乙公司不得代为求偿。又《合同法司法解释》第16条第1款规定："债权人以次债务人为被告向人民法院提起代位权诉讼，未将债务人列为第三人的，人民法院可以追加债务人为第三人。"据此，人民法院并非一定要追加，而是"有权"决定是否追加。本题中，甲丙之间不存在恶意串通，乙无权请求法院确认甲丙之间的合同无效。最后，从时间上看，甲公司无权转让股权的行为发生在前，乙公司对甲的债权成立在后，乙公司也无权撤销。所以四个选项都错误。

55. 九华公司在未接到任何事先通知的情况下突然被断电，遭受重大经济损失。下列哪些情况下供电公司应承担赔偿责任？

A. 因供电设施检修中断供电

B. 为保证居民生活用电而拉闸限电

C. 因九华公司违法用电而中断供电

D. 因电线被超高车辆挂断而断电

【答案】ABC

【解析】《合同法》第180条规定："供电人因供电设施计划检修、临时检修、依法限电或者用电人违法用电等原因，需要中断供电时，应当按照国家有关规定事先通知用电人。未事先通知用电人中断供电，造成用电人损失的，应当承担损害赔偿责任。"同时，第181条又规定："因自然灾害等原因断电，供电人应当按照国家有关规定及时抢修。未及时抢修，造成用电人损失的，应当承担损害赔偿责任。"所以D错误。

56. 2000年1月甲以分期付款的方式向乙公司购买潜水设备一套，价值10万元。约定首付2万，余款分三期付清，分别为2万、3万、3万，全部付清前乙公司保留所有权。甲收货后付了首付和第一期款，第二期款迟迟未付。2000年8月甲以2万元将该设备卖给职业潜水员丙。下列哪些选项是正确的？

A. 乙可以解除合同，要求甲承担违约责任

B. 乙解除合同后可以要求甲支付设备的使用费

C. 乙可以请求丙返还原物，但须支付丙 2 万元购买费用

D. 丙返还潜水设备后可以要求甲承担违约责任

【答案】ABD

【解析】《合同法》第 167 条规定："分期付款的买受人未支付到期价款的金额达到全部价款的五分之一的，出卖人可以要求买受人支付全部价款或者解除合同。出卖人解除合同的，可以向买受人要求支付该标的物的使用费。"所以 AB 应选。本题中，甲将该设备卖给他人的行为属于无权处分，根据《物权法》第 106 条第 1 款规定："无处分权人将不动产或者动产转让给受让人的，所有权人有权追回；除法律另有规定外，符合下列情形的，受让人取得该不动产或者动产的所有权：（一）受让人受让该不动产或者动产时是善意的；（二）以合理的价格转让；（三）转让的不动产或者动产依照法律规定应当登记的已经登记，不需要登记的已经交付给受让人。"甲以设备实际价值的 1/5 卖给丙，并非以合理的价格转让，因此丙不能通过善意取得制度取得该设备的所有权，乙有权依据所有物返还请求权要求丙返还该设备。但是，丙为购得设备所支付的 2 万元与乙无关，丙应当向甲主张。所以 C 不应选。最后，《合同法》第 150 条规定："出卖人就交付的标的物，负有保证第三人不得向买受人主张任何权利的义务，但法律另有规定的除外。"据此，丙有权要求甲承担违约责任。

57. 甲向乙借款 5000 元，并将自己的一台笔记本电脑出质给乙。乙在出质期间将电脑无偿借给丙使用。丁因丙欠钱不还，趁丙不注意时拿走电脑并向丙声称要以其抵债。下列哪些选项是正确的？

A. 甲有权基于其所有权请求丁返还电脑

B. 乙有权基于其质权请求丁返还电脑

C. 丙有权基于其占有被侵害请求丁返还电脑

D. 丁有权主张以电脑抵偿丙对自己的债务

【答案】ABC

【解析】甲是电脑的所有权人，乙是质权人，而丁对电脑的占有属于无权占有，《物权法》第 34 条规定："无权占有不动产或者动产的，权利人可以请求返还原物"，所以 AB 应选。又丙是电脑的占有人，根据《物权法》第 245 条第 1 款的规定，占有的不动产或者动产被侵占的，占有人有权请求返还原物。所以 C 应选。丁对电脑的占有并非留置，而是非法侵占，其主张没有法律依据。

58. 甲公司委托乙公司设计并制作产品包装盒，未签订书面合同。丙在市场上发现该产品包装盒上未经其许可使用了其画《翠竹》作为背景图案。如果该产品包装盒的整体设计也构成美术图案，下列哪些选项是正确的？

　　A. 产品包装盒的版权属于甲公司

　　B. 乙公司侵害了丙的复制权

　　C. 甲公司对乙公司的侵权行为不知情，但仍构成侵权

　　D. 甲公司不能对产品包装盒获得外观设计专利

【答案】BCD

【解析】《著作权法》第17条规定："受委托创作的作品，著作权的归属由委托人和受托人通过合同约定。合同未作明确约定或者没有订立合同的，著作权属于受托人。"由于甲乙之间并未约定著作权的归属，产品包装盒的版权属于受托人乙，而不是甲。所以 A 不应选。根据《著作权法》第10条的规定，复制权是指以印刷、复印、拓印、录音、录像、翻录、翻拍等方式将作品制作一份或者多份的权利。乙公司制作的包装盒上未经丙许可使用了其作品作为背景图案，侵害了丙的复制权。甲公司将侵害他人著作权的产品包装盒投入市场，尽管甲并不知情，但仍然属于未经许可使用他人的作品，依然构成侵权。最后，《专利法》第23条规定："授予专利权的外观设计，应当同申请日以前在国内外出版物上公开发表过或者国内公开使用过的外观设计不相同和不相近似，并不得与他人在先取得的合法权利相冲突。"该包装盒的背景系他人享有著作权的画作，甲公司不能对产品包装盒获得外观设计专利。

59. 甲创作并演唱了《都是玫瑰惹的祸》，乙公司擅自将该歌曲制成彩铃在网络上供免费下载。乙公司侵犯了甲的哪些权利？

　　A. 信息网络传播权

　　B. 广播权

　　C. 表演者权

　　D. 发行权

【答案】AC

【解析】根据《著作权法》第10条的规定，信息网络传播权是指以有线或者无线方式向公众提供作品，使公众可以在其个人选定的时间和地点获得作品的权利。乙公司未经许可，通过信息网络向公众传播甲的作品，侵害了其信息网络传播权。表演者权是指表演者基于其表演而享有的各项权利的总称，其中就包括许可他人通过信息网络向公众传播其表演的权利。乙的行为构成了对甲表演者权的侵害。所以 AC 应选。

又根据《著作权法》第 10 条，广播权是指以无线方式公开广播或者传播作品，以有线传播或者转播的方式向公众传播广播的作品，以及通过扩音器或者其他传送符号、声音、图像的类似工具向公众传播广播的作品的权利。发行权，即以出售或者赠与方式向公众提供作品的原件或者复制件的权利。本题中，乙的行为不涉及广播权，也没有侵害甲的发行权。

60. 甲提供资金，乙组织丙和丁以乡村教师戊为原型创作小说《小河弯弯》。在创作中丙写提纲，丁写初稿，丙修改，戊提供了生活素材，乙提供了一些咨询意见。下列哪些选项是错误的？

 A. 甲提供资金是完成创作的保障，应为作者

 B. 乙作为组织者并提供咨询意见，应为作者

 C. 戊提供了生活素材，应为作者

 D. 丁有权不经甲、乙、丙的同意发表该小说

【答案】ABC

【解析】根据《著作权法》第 11 条，创作作品的公民是作者。本题中，甲仅仅提供资金，未参与创作，不是作者；乙作为组织者，也未参与创作，不是作者；丙写提纲，丁写初稿，丙修改，可见该作品是丙、丁的合作作品；戊仅仅提供生活素材，未参与创作，也不是作者。据此，ABC 错误。又《著作权法实施条例》第 9 条规定："合作作品不可以分割使用的，其著作权由各合作作者共同享有，通过协商一致行使；不能协商一致，又无正当理由的，任何一方不得阻止他方行使除转让以外的其他权利，但是所得收益应当合理分配给所有合作作者。"本题中，丙、丁是《小河弯弯》的作者，丁有权自行将小说发表。

61. 甲公司在纸手帕等纸制产品上注册了"茉莉花"文字及图形商标。下列哪些未经许可的行为构成侵权？

 A. 乙公司在其制造的纸手帕包装上突出使用"茉莉花"图形

 B. 丙商场将假冒"茉莉花"牌纸手帕作为赠品进行促销活动

 C. 丁公司长期制造茉莉花香型的纸手帕，并在包装上标注"茉莉花香型"

 D. 戊公司购买甲公司的"茉莉花"纸手帕后，将"茉莉花"改为"山茶花"重新包装后销售

【答案】ABD

【解析】《商标法实施条例》第 50 条规定："有下列行为之一的，属于商标法第五十

二条第（五）项所称侵犯注册商标专用权的行为：（一）在同一种或者类似商品上，将与他人注册商标相同或者近似的标志作为商品名称或者商品装潢使用，误导公众的；（二）故意为侵犯他人注册商标专用权行为提供仓储、运输、邮寄、隐匿等便利条件的。"据此，乙的行为构成侵权。又《商标法》第 52 条规定："有下列行为之一的，均属侵犯注册商标专用权：……（二）销售侵犯注册商标专用权的商品的……（四）未经商标注册人同意，更换其注册商标并将该更换商标的商品又投入市场的……"据此，丙、戊的行为均构成侵权。所以 ABD 应选。

62. 商标局受理了一批商标注册申请，审查过程中均未发现在先申请。商标局应当依法驳回下列哪些注册申请？

    A. 将"红旗"文字商标使用于油漆商品上

    B. 将"敌尔蚊"文字商标使用于驱蚊商品上

    C. 将"光明"文字商标使用于灯泡商品上

    D. 将"红高粱"文字商标使用于高粱酿制的白酒类商品上

【答案】BD

【解析】根据《商标法》第 10 条的规定，与中华人民共和国国旗相同或近似的标志不得作为商标使用。据此，用"红旗"作为文字商标应当是允许的。又《商标法》第 11 条第 1 款规定："下列标志不得作为商标注册：（一）仅有本商品的通用名称、图形、型号的；（二）仅仅直接表示商品的质量、主要原料、功能、用途、重量、数量及其他特点的；（三）缺乏显著特征的。""敌尔蚊"仅仅直接表示驱蚊商品的功能、用途，不得作为商标注册，所以 B 应选；"光明"并非直接表示灯泡商品的功能，可以作为商标注册，所以 C 不应选；"红高粱"仅仅直接表示了商品的主要原料，不得作为商标注册，所以 D 应选。

63. 甲厂将生产饮料的配方作为商业秘密予以保护。乙通过化验方法破解了该饮料的配方，并将该配方申请获得了专利。甲厂认为乙侵犯了其商业秘密，诉至法院。下列哪些选项是正确的？

    A. 乙侵犯了甲厂的商业秘密

    B. 饮料配方不因甲厂的使用行为丧失新颖性

    C. 乙可以就该饮料的配方申请专利，但应当给甲厂相应的补偿

    D. 甲厂有权在原有规模内继续生产该饮料

【答案】BD

【解析】《反不正当竞争法》第 10 条规定："经营者不得采用下列手段侵犯商业秘密：（一）以盗窃、利诱、胁迫或者其他不正当手段获取权利人的商业秘密；（二）披露、使用或者允许他人使用以前项手段获取的权利人的商业秘密；（三）违反约定或者违反权利人有关保守商业秘密的要求，披露、使用或者允许他人使用其所掌握的商业秘密。……"本题中，乙是通过化验方法破解了该饮料的配方，不属于侵害他人商业秘密的行为。《专利法》第 22 条第 2 款规定："新颖性，是指在申请日以前没有同样的发明或者实用新型在国内外出版物上公开发表过、在国内公开使用过或者以其他方式为公众所知，也没有同样的发明或者实用新型由他人向国务院专利行政部门提出过申请并且记载在申请日以后公布的专利申请文件中。"本题中甲将饮料配方作为商业秘密予以保护，该配方尚未为公众所知，仍然具有新颖性。所以 B 应选。C 没有法律依据，所以不应选。最后，《专利法》第 63 条第 1 款规定："有下列情形之一的，不视为侵犯专利权：……（二）在专利申请日前已经制造相同产品、使用相同方法或者已经作好制造、使用的必要准备，并且仅在原有范围内继续制造、使用的……"所以 D 应选。

64. 丁某在自家后院种植了葡萄，并垒起围墙。谭某（12 岁）和马某（10 岁）爬上围墙攀摘葡萄，在争抢中谭某将马某挤下围墙，围墙上松动的石头将马某砸伤。下列哪些选项是正确的？

　　A. 丁某应当承担赔偿责任

　　B. 谭某的监护人应当承担民事责任

　　C. 马某自己有过失，应当减轻赔偿人的赔偿责任

　　D. 本案应适用特殊侵权规则

【答案】BCD

【解析】首先，丁某给自家后院筑起围墙并不违法，无须承担赔偿责任。《民法通则》第 133 条第 1 款规定："无民事行为能力人、限制民事行为能力人造成他人损害的，由监护人承担民事责任。监护人尽了监护责任的，可以适当减轻他的民事责任。"马某之所以受伤是谭某造成的，谭某的监护人应当承担赔偿责任，所以 B 应选。马某爬上围墙攀摘葡萄，并与谭某争抢，可见马某自身也有过错。《民法通则》第 131 条规定："受害人对于损害的发生也有过错的，可以减轻侵害人的民事责任。"所以 C 应选。本题属于限制民事行为能力人侵权，所以 D 应选。

65. 某旅行社导游李某带团游览一处地势险峻的景点时，众人争相拍照，李某未提示注意安全，该团游客崔某不慎将唐某撞下陡坡摔伤。下列哪些选项是正确的？

　　A. 旅行社对损害结果不承担赔偿责任

B. 崔某应当对唐某承担赔偿责任

C. 旅行社应当承担补充赔偿责任

D. 李某应当对唐某承担侵权责任

【答案】BC

【解析】《人身损害赔偿司法解释》第6条规定："从事住宿、餐饮、娱乐等经营活动或者其他社会活动的自然人、法人、其他组织，未尽合理限度范围内的安全保障义务致使他人遭受人身损害，赔偿权利人请求其承担相应赔偿责任的，人民法院应予支持。因第三人侵权导致损害结果发生的，由实施侵权行为的第三人承担赔偿责任。安全保障义务人有过错的，应当在其能够防止或者制止损害的范围内承担相应的补充赔偿责任。安全保障义务人承担责任后，可以向第三人追偿。赔偿权利人起诉安全保障义务人的，应当将第三人作为共同被告，但第三人不能确定的除外。"本题中，唐某摔伤是由于崔某的行为造成的，因此崔某应当承担赔偿责任，所以B应选。旅行社未提示注意安全，属于未尽合理限度范围内的安全保障义务，应当在其能够防止或者制止损害的范围内承担相应的补充赔偿责任，所以C应选、A不应选。李某是旅行社的工作人员，其行为应由旅行社来承担责任，所以D不应选。

66. 周某将拍摄了其结婚仪式的彩色胶卷底片交给某彩扩店冲印，并预交了冲印费。周某于约定日期去取相片，彩扩店告知：因失火，其相片连同底片均被焚毁。周某非常痛苦，诉至法院请求彩扩店赔偿胶卷费、冲印费损失及精神损害。下列哪些选项是正确的？

A. 彩扩店侵害了周某的财产权和肖像权

B. 彩扩店的行为构成违约行为和侵权行为

C. 彩扩店应当赔偿胶卷费并返还冲洗费

D. 周某的精神损害赔偿请求应当得到支持

【答案】BCD

【解析】《民法通则》第100条规定："公民享有肖像权，未经本人同意，不得以营利为目的使用公民的肖像。"本题中彩扩店并未以营利为目的使用周某的肖像，因此并未侵害周某的肖像权。周某将彩色胶卷底片交给某彩扩店冲印，意味着双方缔结了一个承揽合同，如今彩扩店无法履行自己的合同义务，构成了违约。周某对彩色胶卷底片享有所有权，如今底片被焚毁，可以认定彩扩店侵害了周某的所有权。所以BC应选。本题中的标的物是拍摄了周某结婚仪式的彩色胶卷底片，属于具有人格象征意义的特定纪念物品，根据《精神损害赔偿司法解释》第4条的规定，人民法院应当支持周某的精神损害赔偿请求。

67. 张某和柳某婚后开了一家美发店，由柳某经营。二人自 2005 年 6 月起分居，张某于 2005 年 12 月向当地法院起诉离婚。审理中查明，柳某曾于 2005 年 9 月向他人借款 2 万元用于美发店的经营。下列哪些选项是正确的？

    A. 该美发店属于夫妻共同财产

    B. 该债务是夫妻共同债务，应以共同财产清偿

    C. 该债务是夫妻共同债务，张某应承担一半的清偿责任

    D. 该债务系二人分居之后所负，不是用于夫妻共同生活，应由柳某独自承担清偿责任

【答案】AB

【解析】本题中，由于夫妻二人并未对财产问题作出约定，因此应适用法定夫妻财产制，即二人婚后所开的美发店理当属于夫妻共同财产。《婚姻法司法解释（二）》第 24 条规定："债权人就婚姻关系存续期间夫妻一方以个人名义所负债务主张权利的，应当按夫妻共同债务处理。但夫妻一方能够证明债权人与债务人明确约定为个人债务，或者能够证明属于婚姻法第十九条第三款规定情形的除外。"《婚姻法》第 19 条第 3 款："夫妻对婚姻关系存续期间所得的财产约定归各自所有的，夫或妻一方对外所负的债务，第三人知道该约定的，以夫或妻一方所有的财产清偿。"本题中柳某的借款应当属于夫妻共同债务，所以 D 不应选。此外，《婚姻法》第 41 条规定："离婚时，原为夫妻共同生活所负的债务，应当共同偿还。共同财产不足清偿的，或财产归各自所有的，由双方协议清偿；协议不成时，由人民法院判决。"所以 B 应选。最后，夫妻双方应对共同债务承担连带清偿责任，所以 C 不应选。

68. 李某死后留下一套房屋和数十万存款，生前未立遗嘱。李某有三个女儿，并收养了一子。大女儿中年病故，留下一子。养子收入丰厚，却拒绝赡养李某。在两个女儿办理丧事期间，小女儿因交通事故意外身亡，留下一女。下列哪些选项是正确的？

    A. 二女儿和小女儿之女均是第一顺序继承人

    B. 大女儿之子对李某遗产的继承属于代位继承

    C. 小女儿之女属于转继承人

    D. 分配遗产时，养子应当不分或少分

【答案】BCD

【解析】《继承法》第 11 条规定："被继承人的子女先于被继承人死亡的，由被继承人的子女的晚辈直系血亲代位继承。代位继承人一般只能继承他的父亲或者母亲有权继承的遗产份额。"所以 B 应选。《继承法意见》第 52 条规定："继承开始后，继

承人没有表示放弃继承,并于遗产分割前死亡的,其继承遗产的权利转移给他的合法继承人。"所以 A 不应选,而 C 应选。有《继承法》第 7 条规定,继承人遗弃被继承人的,丧失继承权。所谓遗弃是指有赡养能力、抚养能力的继承人,拒绝赡养或抚养没有独立生活能力或丧失劳动能力的被继承人的行为。本题中,可以认为李某并非没有独立生活能力或丧失劳动能力的被继承人,养子虽然拒绝赡养李某,但并未构成遗弃,并不丧失继承权。《继承法》第 13 条中规定:"有扶养能力和有扶养条件的继承人,不尽扶养义务的,分配遗产时,应当不分或者少分。"所以 D 应选。

69. 甲有一子一女,二人请了保姆乙照顾甲。甲为感谢乙,自书遗嘱,表示其三间房屋由两个子女平分,所有现金都赠给乙。后甲又立下书面遗嘱将其全部现金分给两个子女。不久甲去世。下列哪些选项是错误的?

　　A. 甲的前一遗嘱无效

　　B. 甲的后一遗嘱无效

　　C. 所有现金应归甲的两个子女所有

　　D. 所有现金应归乙所有

【答案】ABD

【解析】根据《继承法》第 22 条的规定,遗嘱的有效要件包括:(1)遗嘱人有遗嘱能力;(2)意思表示真实;(3)遗嘱内容合法;(4)符合法律规定的形式。本题中,甲的两份遗嘱均有效,所以 AB 应选。又《继承法》第 20 条规定:"遗嘱人可以撤销、变更自己所立的遗嘱。立有数份遗嘱,内容相抵触的,以最后的遗嘱为准。自书、代书、录音、口头遗嘱,不得撤销、变更公证遗嘱。"本题中,甲先后立下两份不同内容的遗嘱,应当以第二份遗嘱为准,现金由甲的子女取得,乙则无权取得。

70. 企业法人不能清偿到期债务,并且资产不足以清偿全部债务或者明显缺乏清偿能力的,根据《企业破产法》的规定,该企业法人可以选择以下哪些程序处理其与债权人之间的债权债务关系?

　　A. 申请破产清算

　　B. 直接向法院申请和解

　　C. 决议解散并进行清算

　　D. 直接向法院申请重整

【答案】ABD

【解析】《企业破产法》为资不抵债的债务人提供了多重的途径处理债权债务关系。

该法第 2 条规定："企业法人不能清偿到期债务，并且资产不足以清偿全部债务或者明显缺乏清偿能力的，依照本法规定清理债务。企业法人有前款规定情形，或者有明显丧失清偿能力可能的，可以依照本法规定进行重整。"该法第 7 条规定："债务人有本法第二条规定的情形，可以向人民法院提出重整、和解或者破产清算申请。债务人不能清偿到期债务，债权人可以向人民法院提出对债务人进行重整或者破产清算的申请。企业法人已解散但未清算或者未清算完毕，资产不足以清偿债务的，依法负有清算责任的人应当向人民法院申请破产清算。"所以 ABD 应选。至于决议解散并清算，它是资产足以清偿全部债务的情况下终结消灭企业法人的途径，所以 C 不应选。

71. 熊某因出差借款。财务部门按规定给熊某开具了一张载明金额 1 万元的现金支票。熊某持支票到银行取款，银行实习生马某向熊某提出了下列问题：你真的是熊某吗？为什么要借 1 万元？熊某拒绝回答，马某遂拒绝付款。根据票据法原理，关于马某行为，下列哪些选项是正确的？

    A. 侵犯熊某人格尊严

    B. 违反票据无因性原理

    C. 侵犯持票人权利

    D. 违反现金支票见票即付规则

【答案】BCD

【解析】票据无因性原则是指权利人享有票据权利只以持有符合票据法规定的有效票据为必要，至于票据赖以发生的原因则在所不问；即使原因关系无效或存在瑕疵，均不影响票据的效力。本题中，熊某所持的支票是符合票据法规定的有效票据，作为付款人的银行应当当日足额付款。所以 BCD 应选。此外，从题中所给的信息来看，马某的行为尚未构成对熊某人格尊严的侵犯。

72. 保险法中的保险利益原则是指投保人应当对保险标的具有法律上承认的利益，否则会导致保险合同无效。下列哪些选项符合保险利益原则？

    A. 甲经同事乙同意，为其购买一份人寿险

    B. 丙为自己刚出生一个月的孩子购买一份人身险

    C. 丁公司为其经营管理的风景区内的一颗巨型钟乳石投保一份财产险

    D. 戊公司为其一座已经投保的仓库再投保一份财产险

【答案】ABCD

【解析】《保险法》第 12 条规定："投保人对保险标的应当具有保险利益。投保人对

保險標的不具有保險利益的，保險合同無效。保險利益是指投保人對保險標的的具有的法律上承認的利益。保險標的是指作為保險對象的財產及其有關利益或者人的壽命和身體。"第53條規定："投保人對下列人員具有保險利益：（一）本人；（二）配偶、子女、父母；（三）前項以外與投保人有撫養、贍養或者扶養關係的家庭其他成員、近親屬。除前款規定外，被保險人同意投保人為其訂立合同的，視為投保人對被保險人具有保險利益。"據此，ABCD都應選。

73. 汪、錢、潘、劉共同投資設立了一個有限合夥企業，其中汪、錢為普通合夥人，潘、劉為有限合夥人。後因該合夥企業長期拖欠供貨商貨款，企業資產不足以清償到期債務。依照我國相關法律的規定，下列哪些選項是正確的？

   A. 債權人可以根據企業破產法申請該合夥企業破產
   B. 債權人可以要求任一合夥人清償全部債務
   C. 債權人只能要求汪、錢清償全部債務
   D. 如果該合夥企業被宣告破產，則汪、錢仍需承擔無限連帶責任

【答案】ACD

【解析】《企業破產法》第2條規定："企業法人不能清償到期債務，並且資產不足以清償全部債務或者明顯缺乏清償能力的，依照本法規定清理債務。企業法人有前款規定情形，或者有明顯喪失清償能力可能的，可以依照本法規定進行重整。"該法第135條規定："其他法律規定企業法人以外的組織的清算，屬於破產清算的，參照適用本法規定的程序。"第92條規定："合夥企業不能清償到期債務的，債權人可以依法向人民法院提出破產清算申請，也可以要求普通合夥人清償。合夥企業依法被宣告破產的，普通合夥人對合夥企業債務仍應承擔無限連帶責任。"據此，AD應選。此外，根據有限合夥企業責任承擔的有關規定，汪、錢作為普通合夥人，應該承擔無限連帶責任，而有限合夥人只以其出資來承擔責任。所以B不應選，而C應選。

74. 奔馬電子有限公司為一家中美合資企業，外資方所羅門公司欲轉讓其一部分股權給另一美國公司。關於所羅門公司的部分股權轉讓行為，下列哪些選項是正確的？

   A. 須中方同意
   B. 不須經中方同意
   C. 須報審批機關批准
   D. 不須報審批機關批准

【答案】AC

【解析】《中外合资经营企业法实施条例》第 20 条规定："合营一方向第三者转让其全部或者部分股权的，须经合营他方同意，并报审批机构批准，向登记管理机构办理变更登记手续。合营一方转让其全部或者部分股权时，合营他方有优先购买权。合营一方向第三者转让股权的条件，不得比向合营他方转让的条件优惠。违反上述规定的，其转让无效。"所以 AC 应选。

75. 国有企业甲、合伙企业乙、自然人丙协商，拟共同投资设立一合伙企业从事贸易业务。根据我国《合伙企业法》的规定，下列哪些选项是错误的？

   A. 拟设立的合伙企业可以是普通合伙企业，亦可以是有限合伙企业

   B. 乙不能以劳务作为出资方式

   C. 三方可以约定丙按固定数额分配红利而不承担亏损

   D. 三方可以约定不经全体合伙人一致同意而吸收新的合伙人

【答案】ABC

【解析】《合伙企业法》第 3 条规定："国有独资公司、国有企业、上市公司以及公益性的事业单位、社会团体不得成为普通合伙人。"据此，国有企业甲只能作为有限合伙人，拟设立的合伙企业只能是有限合伙企业。所以 A 应选。第 16 条规定："合伙人可以用货币、实物、知识产权、土地使用权或者其他财产权利出资，也可以用劳务出资。……"第 64 条规定："……有限合伙人不得以劳务出资。"据此，合伙企业乙只要不是以有限合伙人出现就可以以劳务出资。所以 B 应选。第 33 条规定："……合伙协议不得约定将全部利润分配给部分合伙人或者由部分合伙人承担全部亏损。"所以 C 应选。第 43 条规定："新合伙人入伙，除合伙协议另有约定外，应当经全体合伙人一致同意……"所以 D 不应选。

76. 一枝花有限公司因营业期限届满解散，并依法成立了清算组，该清算组在清算过程中实施的下列哪些行为是合法的？

   A. 为使公司股东分配到更多的剩余财产，将公司的库房出租给甲公司收取租金

   B. 为减少债务利息，在债权申报期间清偿了可以确定的乙公司债务

   C. 通知公司的合作伙伴丙公司解除双方之间的供货合同并对其作出相应赔偿

   D. 代表公司参加了一项仲裁活动并与对方当事人达成和解协议

【答案】CD

【解析】《公司法》第 185 条规定："清算组在清算期间行使下列职权：（一）清理公

司財產，分別編製資產負債表和財產清單；（二）通知、公告債權人；（三）處理與清算有關的公司未了結的業務；（四）清繳所欠稅款以及清算過程中產生的稅款；（五）清理債權、債務；（六）處理公司清償債務後的剩餘財產；（七）代表公司參與民事訴訟活動。"所以 CD 應選。《公司法》第 187 條規定："……清算期間，公司存續，但不得開展與清算無關的經營活動。公司財產在未依照前款規定清償前，不得分配給股東。"所以 A 不應選。第 186 條規定："……在申報債權期間，清算組不得對債權人進行清償。"所以 B 不應選。

77. 李某給自己的越野車投保了 10 萬元責任險。李某讓其子小李（年 16 歲）學習開車，某日小李獨自開車時不慎撞壞葉某的轎車，葉某為此花去修車費 2 萬元。下列哪些選項是正確的？

A. 應當由李某對葉某承擔侵權賠償責任

B. 應當由小李對葉某承擔侵權賠償責任

C. 因李某疏於管理保險財產，保險公司有權單方通知李某解除保險合同

D. 保險公司支付保險賠款後不能對小李行使代位追償權

【答案】AD

【解析】《民法通則》第 133 條規定："無民事行為能力人、限制民事行為能力人造成他人損害的，由監護人承擔民事責任。監護人盡了監護責任的，可以適當減輕他的民事責任。有財產的無民事行為能力人、限制民事行為能力人造成他人損害的，從本人財產中支付賠償費用。不足部分，由監護人適當賠償，但單位擔任監護人的除外。"據此，限制民事行為能力人小李造成他人傷害的，應當由其監護人李某承擔賠償責任。所以 A 應選。《保險法》第 16 條規定："除本法另有規定或者保險合同另有約定外，保險合同成立後，保險人不得解除保險合同。"據此，本題中所述的情形下，保險人並無權單方通知投保人解除合同。所以 C 不應選。《保險法》第 47 條規定："除被保險人的家庭成員或者其組成人員故意造成本法第四十五條第一款規定的保險事故以外，保險人不得對被保險人的家庭成員或者其組成人員行使代位請求賠償的權利。"第 45 條第 1 款規定："因第三者對保險標的的損害而造成保險事故的，保險人自向被保險人賠償保險金之日起，在賠償金額範圍內代位行使被保險人對第三者請求賠償的權利。前款規定的保險事故發生後，被保險人已經從第三者取得損害賠償的，保險人賠償保險金時，可以相應扣減被保險人從第三者已取得的賠償金額。保險人依照第一款行使代位請求賠償的權利，不影響被保險人就未取得賠償的部分向第三者請求賠償的權利。"所以 D 應選。

78. 湘东船运有限公司共 8 个股东，除股东甲外，其余股东都已足额出资。某次股东会上，7 个股东一致表决同意因甲未实际缴付出资而不能参与当年公司利润分配。3 个月后该公司船只燃油泄漏，造成沿海养殖户巨大损失，公司的全部资产不足以赔偿。甲向其他 7 个股东声明：自己未出资，也未参与分配，实际上不是股东，公司的债权债务与己无关。下列哪些选项是正确的？

   A. 甲虽然没有实际缴付出资，但不影响其股东地位

   B. 其他股东决议不给甲分配当年公司利润是符合公司法的

   C. 就公司财产不足清偿的债务部分，只应由甲承担相应的责任，其他 7 个股东不承担责任

   D. 甲的声明对内具有效力，但不能对抗善意第三人

   【答案】ABC

   【解析】《公司法》第 28 条规定："股东应当按期足额缴纳公司章程中规定的各自所认缴的出资额。……股东不按照前款规定缴纳出资的，除应当向公司足额缴纳外，还应当向已按期足额缴纳出资的股东承担违约责任。"据此，甲仍然是公司股东，其声明不具有任何效力。《公司法》第 35 条规定："股东按照实缴的出资比例分取红利；……全体股东约定不按照出资比例分取红利或者不按照出资比例优先认缴出资的除外。"据此，甲未履行出资义务，也就无权分取红利。所以 B 应选。《公司法》第 31 条规定："有限责任公司成立后，发现作为设立公司出资的非货币财产的实际价额显著低于公司章程所定价额的，应当由交付该出资的股东补足其差额；公司设立时的其他股东承担连带责任。"据此，对于公司财产不足以清偿的债务部分，甲应当在出资额的限度内承担相应的责任，同时对其他股东承担违约责任。

79. 庐阳公司系某集团公司的全资子公司。因业务需要，集团公司决定庐阳公司分立为两个公司。鉴于庐阳公司已有的债权债务全部发生在集团公司内部，下列哪些选项是正确的？

   A. 庐阳公司的分立应当由庐阳公司的董事会作出决议

   B. 庐阳公司的分立应当由集团公司作出决议

   C. 庐阳公司的分立只需进行财产分割，无需进行清算

   D. 因庐阳公司的债权债务均发生于集团公司内部，故其分立无需通知债权人

   【答案】BC

   【解析】《公司法》第 38 条规定："股东会行使下列职权：……（九）对公司合并、分立、解散、清算或者变更公司形式作出决议；……"据此，庐阳公司的分立决议不

应当由行机构董事会作出。所以 A 不应选。又因为庐阳公司系某集团公司的全资子公司，所以应由集团公司作出决议。所以 B 应选.《公司法》第 181 条规定："公司因下列原因解散：……（三）因公司合并或者分立需要解散；……"该法第 184 条规定："公司因本法第一百八十一条第（一）项、第（二）项、第（四）项、第（五）项规定而解散的，应当在解散事由出现之日起十五日内成立清算组，开始清算。……"所以 C 应选。又《公司法》第 176 条规定："……公司应当自作出分立决议之日起十日内通知债权人，并于三十日内在报纸上公告。"据此，庐阳公司的分立必须通知债权人。

80. 甲县的电热毯厂生产了一批电热毯，与乙县的昌盛贸易公司在丙县签订了一份买卖该批电热毯的合同。丁县居民张三在出差到乙县时从昌盛贸易公司购买了一条该批次的电热毯，后在使用过程中电热毯由于质量问题引起火灾，烧毁了张三的房屋。张三欲以侵权损害为由诉请赔偿。下列哪些法院对该纠纷有管辖权？

   A. 甲县法院
   B. 乙县法院
   C. 丙县法院
   D. 丁县法院

【答案】ABD

【解析】《民诉意见》第 29 条规定，因产品质量不合格造成他人财产、人身损害提起的诉讼，产品制造地、产品销售地、侵权行为地和被告住所地的人民法院都有管辖权。本题当中，甲县为产品制造地，乙县是产品的销售地，丁县为侵权结果发生地，因此，这三个法院对案件有管辖权。

81. 原告诉请被告返还借款 5 万元，为证明这一事实，原告向法院提交了被告书写的"借据"；被告则主张"借款已经清偿"，并向法院出示了原告交给他的"收据"。关于原、被告双方的证据，下列哪些选项是正确的？

   A. "借据"是本证，"收据"是反证
   B. "借据"是本证，"收据"也是本证
   C. "借据"是直接证据，"收据"是间接证据
   D. "借据"是直接证据，"收据"也是直接证据

【答案】BD

【解析】本证，是对主张事实负有举证责任的当事人所提出的支持其主张的证据。反

证，是对该事实不负有举证责任的当事人所提出的反驳对方主张的证据。要区分某个证据是本证还是反证，关键在于判断谁对该证据所证明的事实负有举证责任。本题当中，原告对自己的债权成立负有举证责任，因此，其提出的"借据"属于本证；被告对自己提出的债务已经履行的主张负有举证责任，因此，其"收据"也是本证。所以 B 应选。直接证据，是能够单独、直接证明待证事实的全部或者部分的证据。间接证据，是通过与其他证据结合在一起才能证明待证事实的证据。"借据"可以直接证明原告的债权成立的主张，"收据"可以直接证明被告的债务已经履行的主张，因此都是直接证据。所以 D 应选。

82. 根据我国民事诉讼法的规定，下列哪些案件的审理程序中公告是必经的程序？

    A. 甲在车祸中导致精神失常，其妻向法院申请要求认定甲为无民事行为能力人

    B. 2005 年 1 月乙被冲入大海后一直杳无音信，2007 年 3 月其妻向法院申请宣告乙死亡

    C. 丙拿一张 5 万元的支票到银行兑现，途中遗失，丙向银行所在地的区法院提出申请公示催告

    D. 某施工单位施工时挖出一个密封的金属盒，内藏一本宋代经书，该施工单位向法院申请认定经书及盒子为无主财产

    【答案】BCD
    【解析】对于认定公民无民事行为能力案件，法律并没有规定公告程序，所以 A 不应选。对于宣告死亡案件，根据《民事诉讼法》第 168 条的规定，必须发出寻找下落不明人的公告，所以 B 应选。对于公示催告案件，根据《民事诉讼法》第 196 条的规定，公告也是必经程序，目的是催促利害关系人申报权利，所以 C 应选。对于认定财产无主案件，根据《民事诉讼法》第 175 条的规定，公告也是必经程序，目的是督促所有人认领财产，所以 D 应选。

83. 甲起诉与丈夫乙离婚，同时主张抚养小孩、分割房屋和存款。在诉讼过程中，双方当事人在法院主持下达成以下调解协议：解除婚姻关系、甲抚养小孩并分得房屋；乙分得存款及双方共同经营的杂货店；共同债务 2000 元由甲承担。下列哪些选项是错误的？

    A. 调解协议的内容超出诉讼请求范围，法院不应批准

    B. 除杂货店的分割，协议的其他内容法院应当批准

    C. 调解协议将债务约定由一人承担违法，法院不应批准

    D. 除债务承担部分，协议的其他内容法院应当批准

【答案】ABCD

【解析】《民事诉讼调解规定》第9条规定，调解协议内容超过诉讼请求的，人民法院应予准许。所以A应选。《民事诉讼法》第88条规定，调解达成协议，必须双方自愿，不得强迫。调解协议的内容不得违反法律规定。本题当中包括杂货店在内的财产分割协议，并没有违反法律的规定。所以B应选。根据《婚姻法解释（二）》第25条的规定，当事人的离婚协议或者人民法院的判决书、裁定书、调解书已经对夫妻财产分割问题作出处理的，债权人仍有权就夫妻共同债务向男女双方主张权利。一方就共同债务承担连带清偿责任后，基于离婚协议或者人民法院的法律文书向另一方主张追偿的，人民法院应当支持。据此，双方对2000元债务承担的约定有效。所以CD应选。

84. 甲公司对乙公司的50万元债权经法院裁判后进入到强制执行程序，被执行人乙公司不能清偿债务，但对第三人（即丙公司）享有30万元的到期债权。甲公司欲申请法院对被执行人的到期债权予以执行。关于该执行程序，下列哪些选项是错误的？

   A. 丙公司应在接到法院发出的履行到期债务通知后的30日内，向甲公司履行债务或提出异议

   B. 丙公司如果对法院的履行通知提出异议，必须采取书面方式

   C. 丙公司在履行通知指定的期间内提出异议的，法院应当对提出的异议进行审查

   D. 在对丙公司作出强制执行裁定后，丙公司确无财产可供执行的，法院可以就丙公司对他人享有的到期债权强制执行

【答案】ABCD

【解析】《执行规定》第61条规定："被执行人不能清偿债务，但对本案以外的第三人享有到期债权的，人民法院可以依申请执行人或被执行人的申请，向第三人发出履行到期债务的通知（以下简称履行通知）。履行通知必须直接送达第三人。履行通知应当包含下列内容：（1）第三人直接向申请执行人履行其对被执行人所负的债务，不得向被执行人清偿；（2）第三人应当在收到履行通知后的十五日内向申请执行人履行债务；（3）第三人对履行到期债权有异议的，应当在收到履行通知后的十五日内向执行法院提出；（4）第三人违背上述义务的法律后果。"所以A应选。《执行规定》第62条规定，第三人对履行通知的异议一般应当以书面形式提出，口头提出的，执行人员应记入笔录，并由第三人签字或盖章。所以B应选。《执行规定》第63条规定，第三人在履行通知指定的期间内提出异议的，人民法院不得对第三人强制执行，对提出的异议不进行审查。所以C应选。《执行规定》第68条规定，在对第三人作出强制执行裁定后，第三人确无财产可供执行的，不得就第三人对他人享有的到期债权强制执行。所以D应选。

85. 根据我国民事诉讼法及相关司法解释的规定，法院作出的判决、裁定已经发生法律效力的案件，当事人起诉，法院应予受理的有哪些？

    A. 判决不准离婚，没有新情况、新理由，原告在 6 个月内起诉的

    B. 原告撤诉后，没有新情况、新理由，原告又起诉的

    C. 已过诉讼时效、法院判决驳回诉讼请求的

    D. 追索赡养费案件的判决生效后，有新情况、新理由，当事人起诉要求增加赡养费的

    【答案】ABD

    【解析】《民事诉讼法》第 111 条第 7 项规定，判决不准离婚和调解和好的离婚案件，判决、调解维持收养关系的案件，没有新情况、新理由，原告在六个月内又起诉的，不予受理。需要指出的是，根据司法部公布的参考答案，A 应选。不过，依据前引法条的规定，此种情形不应受理。《民诉意见》第 144 条第 1 款规定，当事人撤诉或人民法院按撤诉处理后，当事人以同一诉讼请求再次起诉的，人民法院应予受理。所以 B 应选。根据"一事不再理"的原理，法院判决驳回诉讼请求的，当事人不能再起诉。所以 C 不应选。又《民诉意见》第 152 条规定，赡养费、扶养费、抚育费案件，裁判发生法律效力后，因新情况、新理由，一方当事人再行起诉要求增加或减少费用的，人民法院应作为新案受理。所以 D 应选。

86. 关于民事诉讼中的法定代理人，下列哪些选项是正确的？

    A. 法定代理人的被代理人都是无诉讼行为能力或限制行为能力的人

    B. 法定代理人与诉讼当事人在诉讼上具有相同的诉讼地位

    C. 法定代理人在诉讼中所实施的行为和发生的诉讼事件的法律后果与当事人所实施的行为和发生的诉讼事件的法律后果相同

    D. 法定代理人与当事人都属于诉讼参加人的范畴

    【答案】AD

    【解析】法定代理人专为无诉讼行为能力人设置。对于 B、C 的错误以及 D 的应选当无疑议。A 选项的设计有一定的问题，因为"无诉讼行为能力"与"限制行为能力"的表述很模糊。命题者的本意存在两种可能：一是这里的"限制行为能力"实为"限制诉讼行为能力"，命题者有意以此作为陷阱（因为不存在"限制诉讼行为能力人"）；二是"限制行为能力"实为"限制民事行为能力"，但是无诉讼行为能力实际上包括无民事行为能力和限制民事行为能力两种情形。如果是前一种情况，则 A 不应选，本题只有一个正确选项 D。如果是后一种情况，又说明命题者在概念表述上出现了较大疏漏。

87. 关于必要共同诉讼与普通共同诉讼的区别，下列哪些选项是正确的？

　　A. 必要共同诉讼的诉讼标的是共同的，普通共同诉讼的诉讼标的是同种类的

　　B. 必要共同诉讼的诉讼标的只有一个，普通共同诉讼的诉讼标的有若干个

　　C. 必要共同诉讼的诉讼请求只有一个，普通共同诉讼的诉讼请求有若干个

　　D. 必要共同诉讼中共同诉讼人的诉讼行为必须一致，普通共同诉讼中共同诉讼人的诉讼行为不需要一致

【答案】AB

【解析】《民事诉讼法》第 53 条规定，当事人一方或者双方为二人以上，其诉讼标的是共同的，或者诉讼标的是同一种类、人民法院认为可以合并审理并经当事人同意的，为共同诉讼。共同诉讼的一方当事人对诉讼标的有共同权利义务的，其中一人的诉讼行为经其他共同诉讼人承认，对其他共同诉讼人发生效力；对诉讼标的没有共同权利义务的，其中一人的诉讼行为对其他共同诉讼人不发生效力。该条对普通共同诉讼与必要共同诉讼作出了界定。所以 A、B 应选。诉讼标的与诉讼请求不同，必要共同诉讼中诉讼标的虽然只有一个，但是其诉讼请求可以有若干个。所以 C 不应选。必要共同诉讼人中一人的诉讼行为只有得到其他人的同意，才对其他必要共同诉讼人发生效力，但这并不是说必要共同诉讼人的行为必须一致。

88. 2003 年 8 月，设立于同一行政区域内的甲公司向乙公司订购了 40 台电脑，协议约定乙公司于 2004 年 1 月 31 日之前交货，甲公司于 2004 年 3 月 15 日之前付清货款。乙公司按期向甲公司交付了 40 台电脑，但甲公司只在 2004 年 3 月向乙公司交付了 29 台电脑款，其余 11 台电脑款一直未交付。2005 年 1 月，乙公司起诉，要求甲公司支付余款及其利息，法院受理了此案。甲公司认为乙公司的电脑质量不合格，准备提起反诉。关于提起反诉的解答，下列哪些选项是正确的？

　　A. 甲公司的反诉在主体、管辖和牵连关系上都是符合反诉条件的

　　B. 该反诉应该在答辩期届满之前提出

　　C. 反诉所需要交纳的受理费较通常的起诉减半收取

　　D. 该反诉已经超过了诉讼时效，法院应依法裁定不予受理

【答案】AC

【解析】反诉，是指在诉讼进行过程中，本诉的被告以原告为被告，向受理本诉的人民法院提出与本诉具有牵连关系的，目的在于抵销或者否并本诉原告诉讼请求的独立的反请求。甲公司的反请求是针对本诉的原告，向管辖本诉的法院提出的，并且是基于同一个买卖合同，在主体、管辖和牵连关系上符合反诉条件。所以 A 应选。根据

《民事诉讼证据规定》第 34 条的规定，当事人提出反诉，应当在举证期限届满前提出，而非答辩期届满前提出。所以 B 不应选。根据《诉讼费用交纳办法》第 18 条的规定，被告提起反诉、有独立请求权的第三人提出与本案有关的诉讼请求，人民法院决定合并审理的，分别减半交纳案件受理费。所以 C 应选。根据《民诉意见》第 153 条的规定，当事人超过诉讼时效期间起诉的，人民法院应予受理。受理后查明无中止、中断、延长事由的，判决驳回其诉讼请求。所以 D 不应选。

89. A 市甲公司与 B 市乙公司在 B 市签订了一份钢材购销合同，约定合同履行地在 A 市，同时双方还商定因履行该合同所发生的纠纷，提交 C 仲裁委员会仲裁后因乙公司无法履行该合同，经甲公司同意，乙公司的债权债务转让给 D 市的丙公司，但丙公司明确声明不接受仲裁条款。关于本案仲裁条款的效力，下列哪些选项是错误的？

   A. 因丙公司已明确声明不接受合同中的仲裁条款，所以仲裁条款对其无效
   B. 因丙公司受让合同中的债权债务，所以仲裁条款对其有效
   C. 丙公司声明只有取得甲公司同意，该仲裁条款对丙公司才无效
   D. 丙公司声明只有取得乙公司同意，该仲裁条款对丙公司才无效

【答案】BCD

【解析】《仲裁法解释》第 9 条规定，债权债务全部或者部分转让的，仲裁协议对受让人有效，但当事人另有约定、在受让债权债务时受让人明确反对或者不知有单独仲裁协议的除外。据此，在丙公司明确声明不接受仲裁条款的请款下，该仲裁条款对其无效。

90. 当事人在合同中约定了仲裁条款，出现下列哪些情况时，法院可以受理当事人的起诉？

   A. 双方协商拟解除合同，但因赔偿问题发生争议，一方向法院起诉的
   B. 当事人申请仲裁后达成和解协议而撤回仲裁申请，因一方反悔，另一方向法院起诉的
   C. 仲裁裁决被法院依法裁定不予执行后，一方向法院起诉的
   D. 仲裁裁决被法院依法撤销后，一方向法院起诉的

【答案】CD

【解析】根据《仲裁法》第 19 条的规定，仲裁协议独立存在，合同的变更、解除、终止或者无效，不影响仲裁协议的效力。所以 A 不应选。根据《仲裁法》第 50 条的规定，当事人达成和解协议，撤回仲裁申请后反悔的，可以根据仲裁协议申请仲裁。所以 B 不应选。又根据《仲裁法》第 9 条的规定，仲裁实行一裁终局的制度。裁决作出后，当事人就同一纠纷再申请仲裁或者向人民法院起诉的，仲裁委员会或者人民

法院不予受理。裁决被人民法院依法裁定撤销或者不予执行的，当事人就该纠纷可以根据双方重新达成的仲裁协议申请仲裁，也可以向人民法院起诉。所以 CD 应选。

三、不定项选择题，每题所给的选项中有一个或一个以上正确答案，不答、少答或多答均不得分。本部分 91-100 题，每题 2 分，共 20 分。

（一）

某市 A 乡农户甲于 2006 年 3 月 1 日与乙公司订立合同，出售自己饲养的活鸡 1 万只，乙公司应在 3 月 21 日前支付 5 万元的首期价款，甲从 4 月 1 日起分批交付，交付完毕后乙公司付清余款。3 月 20 日，乙公司得知该市的 B 乡发现了鸡瘟，即致电向甲询问。甲称，尽管 B 乡临近 A 乡，但是应当不会传播过来。乙公司表示等到事情比较明朗后再付款，甲坚持要求其按时付款，否则将不交货并追究责任。3 月 25 日，因失火导致鸡棚倒塌，致甲所饲养的大部分鸡只毁于一旦，甲当即将此事通知了乙。

2006 年 3 月 10 日，甲向丙公司订购了一批饲料，约定 4 月 10 日至 20 日期间送货上门，甲验收后 10 日内付款。甲在 3 月 26 日把鸡只死亡情况通知了丙公司，要求取消交易。丙公司称：货物已经备好，不同意解约，除非甲赔偿其损失。请回答 91-93 题。

91. 关于甲与乙公司之间关系，表述正确的是：

   A. 乙公司虽在 3 月 21 日没有付款，但不应承担违约责任

   B. 甲 3 月 20 日电话中关于将不交货的表示构成违约

   C. 甲不需承担不能交付标的物的违约责任

   D. 乙公司有权解除合同

【答案】CD

【解析】《合同法》第 68 条规定："应当先履行债务的当事人，有确切证据证明对方有下列情形之一的，可以中止履行：（一）经营状况严重恶化；（二）转移财产、抽逃资金，以逃避债务；（三）丧失商业信誉；（四）有丧失或者可能丧失履行债务能力的其他情形。当事人没有确切证据中止履行的，应当承担违约责任。"本题中，A 乡并未实际发生鸡瘟，乙不得据此主张抗辩权，否则应当承担违约责任。《合同法》第 67 条规定："当事人互负债务，有先后履行顺序，先履行一方未履行的，后履行一方有权拒绝其履行要求。先履行一方履行债务不符合约定的，后履行一方有权拒绝其相应

的履行要求。"本题中，乙公司不按时付款在先，甲公司得主张抗辩权，不按约定交付标的物。《合同法》第 117 条第 1 款规定："因不可抗力不能履行合同的，根据不可抗力的影响，部分或者全部免除责任，但法律另有规定的除外。当事人迟延履行后发生不可抗力的，不能免除责任。"据此，甲公司不应承担违约责任。《合同法》第 94 条规定："有下列情形之一的，当事人可以解除合同：（一）因不可抗力致使不能实现合同目的……"据此，乙公司在甲公司大部分鸡只损失以后行使解除权。所以 CD 应选。

92. 关于甲与丙公司之间关系，表述正确的是：

    A. 由于甲所养殖的鸡只于 3 月 25 日已经大部灭失，合同自动解除

    B. 甲取消交易构成违约，应对丙承担违约责任

    C. 甲有权单方解除合同，但是应赔偿丙公司的损失

    D. 丙有权要求甲继续履行合同

【答案】BD

【解析】合同解除有两种情形，即双方协商解除和单方行使解除权，不存在自行解除的情况。所以 A 不应选。根据《合同法》第 94 条，因不可抗力致使不能实现合同目的的，当事人可以解除合同。据此，不可抗力致使合同解除应当以合同目的的无法实现为条件。本题中，大部分鸡只因不可抗力损失与饲料买卖合同之间并无必然联系，不会导致买卖合同目的无法实现，甲不能行使解除权。所以 BD 应选，C 不应选。

93. 假设甲所养的鸡并未因失火导致鸡棚倒塌所灭，但当地政府为防止疫情爆发，自 3 月 21 日起对甲的养殖场实行管制，禁止鸡鸭外运，一旦发现疫情即全部扑杀，乙知情后没有支付首期价款，关于甲、乙之间关系，表述正确的是：

    A. 虽然乙公司在 3 月 21 日前没有付款，也不应承担违约责任

    B. 甲有权以乙未付首期价款为由拒绝履行相应的交货义务

    C. 如果双方协商解除合同，甲应当适当赔偿乙公司的损失

    D. 如果双方协商解除合同，乙公司应当适当赔偿甲的损失

【答案】AB

【解析】在地方政府采取上述措施的情况下，乙公司应当可以依据《合同法》第 68 条行使不安抗辩权，拒付货款。又在乙公司逾期不支付货款的情况下，甲公司得依据《合同法》第 67 条行使抗辩权，拒绝向乙公司履行交货义务。所以 AB 应选。至于双方之间是否因为解除合同而负有赔偿义务，由于该合同的解除原因是不可抗力，根据《合同法》的规定，双方之间均不产生赔偿义务。

（二）

2007 年 4 月 2 日，王某与丁某约定：王某将一栋房屋出售给丁某，房价 20 万元。丁某支付房屋价款后，王某交付了房屋，但没有办理产权移转登记。丁某接收房屋作了装修，于 2007 年 5 月 20 日出租给叶某，租期为 2 年。2007 年 5 月 29 日，王某因病去世，全部遗产由其子小王继承。小王于 2007 年 6 月将该房屋卖给杜某，并办理了所有权移转登记。请回答 94-96 题。

94. 如王某生前或王某死后其继承人小王欲出卖房屋前向丁某请求返还房屋，下列选项正确的是：

    A. 王某无权请求丁某返还房屋

    B. 王某有权请求丁某返还房屋

    C. 小王无权请求丁某返还房屋

    D. 小王有权请求丁某返还房屋

【答案】AC

【解析】王某与丁某之间的法律关系是不动产买卖合同关系，王某负有依约定向丁某转移所有权的义务；王某死后，小王作为继承人应当继续履行移转房屋所有权的义务。据此，王某、小王均无权请求丁某返还房屋。

95. 如杜某向丁某、叶某请求返还房屋，下列选项正确的是：

    A. 杜某无权请求丁某返还房屋

    B. 杜某有权请求丁某返还房屋

    C. 杜某无权请求叶某返还房屋

    D. 杜某有权请求叶某返还房屋

【答案】BC

【解析】小王将房屋卖给杜某，并且已经办理了产权移转登记，应当认为该买卖关系合法，房屋的所有权已经转移。据此，杜某得作为所有权人请求丁某返还房屋。又丁某与叶某之间存在合法的房屋租赁关系，根据《合同法》第 229 条的规定，租赁物在租赁期间发生所有权变动的，不影响租赁合同的效力。据此，杜某不得请求叶某返还其租住的房屋。

96. 关于小王和杜某间的房屋买卖，下列选项正确的是：

 A. 交付标的物是房屋买卖合同的有效要件

 B. 小王须将所继承的房屋登记在自己的名下，才能将其所有权转移给杜某

 C. 房屋所有权转移自记载于不动产登记簿时发生效力

 D. 该房屋的利害关系人可以申请查询该房屋登记资料

【答案】BCD

【解析】《合同法》第 135 条规定："出卖人应当履行向买受人交付标的物或者交付提取标的物的单证，并转移标的物所有权的义务。"据此，交付标的物并非房屋买卖合同的生效要件，而是一项合同义务。所以 A 不应选。《物权法》第 29 条规定："因继承或者受遗赠取得物权的，自继承或者受遗赠开始时发生效力。"第 31 条规定："依照本法第二十八条至第三十条规定享有不动产物权的，处分该物权时，依照法律规定需要办理登记的，未经登记，不发生物权效力。"所以 B 应选。又《物权法》第 14 条规定："不动产物权的设立、变更、转让和消灭，依照法律规定应当登记的，自记载于不动产登记簿时发生效力。"所以 C 应选。最后，D 项符合《物权法》第 18 条的规定。

（三）

2005 年 6 月 5 日，1988 年 7 月 21 日出生的高中一年级学生小龙，因寰宇公司的公交车司机张某紧急刹车而受伤，花去若干医疗费。2006 年 2 月小龙伤愈继续上学，写了授权委托书给其父李某，让他代理其提起诉讼。李某以正当的诉讼参加人的身份于 2006 年 3 月对寰宇公司及其司机张某提起了诉讼，要求寰宇公司和张某承担违约责任。在诉讼进行中，李某将要求被告承担违约责任改为被告承担侵权责任，要求赔偿医疗费、护理费、误工费等各项费用共 2.8 万元。本案被告在答辩中认为，司机紧急刹车是因为行人陈某违章过路引起，责任应当由陈某承担，因此要求追加陈某作为无独立请求权的第三人参加诉讼。请回答 97-100 题。

97. 本案参加诉讼的人在诉讼中的正确地位是：

 A. 小龙是原告，李某是原告的委托代理人，寰宇公司和张某是被告

 B. 小龙是原告，李某是原告的委托代理人，寰宇公司是被告

 C. 小龙是原告，李某是原告的法定代理人，寰宇公司和张某是被告

 D. 小龙是原告，李某是原告的法定代理人，寰宇公司是被告

【答案】D

【解析】小龙为侵权行为受害人，其作为原告没有问题。但是，其在2006年3月起诉时尚不满18岁，为无诉讼行为能力人，应由其监护人作为法定代理人代为参加诉讼。据此，小龙的父亲李某是其法定代理人。所以AB不应选。本题中，加害人张某的身份是公交公司的司机，属于法人的工作人员，其职务行为引发的诉讼应以该法人为当事人。据此，本题中的被告应当是寰宇公司，张某不是被告。

98. 法院就追加行人陈某作为无独立请求权的第三人参加诉讼，正确的做法是：

    A. 法院可以依职权追加

    B. 只要被告提出申请，法院就应当追加

    C. 要有被告的申请，法院才可以追加

    D. 法院可以根据当事人的申请而追加

【答案】AD

【解析】《民事诉讼法》第56条规定，对当事人双方的诉讼标的，第三人认为有独立请求权的，有权提起诉讼。对当事人双方的诉讼标的，第三人虽然没有独立请求权，但案件处理结果同他有法律上的利害关系的，可以申请参加诉讼，或者由人民法院通知他参加诉讼。人民法院判决承担民事责任的第三人，有当事人的诉讼权利义务。所以A应选。无独立请求权第三人参加本诉的目的之一在于辅助一方当事人，以便查明案件事实。因此本题当中的被告可以向法院提出申请，由法院决定是否依职权追加。所以D应选。

99. 依照有关法律的规定，李某将被告承担违约责任变更为承担侵权责任应在：

    A. 在第一审程序判决作出前

    B. 在第一审程序的举证期限届满前

    C. 在被告提交答辩状期间内

    D. 在第一审的法庭辩论终结前

【答案】B

【解析】《民事诉讼证据规定》第34条第3款规定，当事人增加、变更诉讼请求或者提出反诉的，应当在举证期限届满前提出。

100. 2006年7月20日，法院判决被告赔偿原告医疗费等1.8万元，陈某无过错不承担责任。2006年7月25日，李某以诉讼代理人的身份，以一审被告为被上诉人提起上诉；

被告以陈某为被上诉人提起上诉；陈某以一审被告为被上诉人提起上诉。依据法律和司法解释，下列选项正确的是：

A. 李某、一审被告、陈某的上诉都是合法的

B. 一审被告的上诉不合法，因一审判决没有涉及陈某的责任，陈某不可以作为被上诉人

C. 李某的上诉是不合法的

D. 陈某的上诉不合法，因一审判决没有涉及陈某的责任，陈某不可以作为上诉人

【答案】CD

【解析】根据《民事诉讼法》第 56 条以及《民诉意见》第 66 条的规定，只有人民法院判决承担民事责任的第三人，有当事人的诉讼权利义务，并且有权上诉。所以 A 不应选，D 应选。此外，法律仅限制了无独立请求权第三人提起上诉的权利，而并没有规定其不能作为被上诉人。所以 B 不应选。李某提起上诉之时，小龙已经具备诉讼行为能力，李某因此丧失法定代理人资格，只能作为委托代理人。委托代理人提起上诉必须以当事人的名义进行，并且获得授权委托。据此，李某以委托代理人的身份提起上诉不合法。所以 C 应选。

2007 年国家司法考试　试卷四

一、（本题 20 分）

简答我国社会主义法治理念的主要内容，并阐释社会主义法治的核心内容的基本内涵。

答题要求：

1. 观点明确，表述完整、准确。

2. 不少于 400 字。

【答案】

1. 社会主义法治理念包括依法治国、执法为民、公平正义、服务大局和党的领导五个方面。

2. 社会主义法治的核心内容是依法治国。

3. 依法治国的基本内涵：

①在法律面前人人平等，这是宪法规定的社会主义法治的基本原则：

第一，公民的法律地位一律平等；

第二，任何组织和个人都没有超越宪法和法律的特权；

第三，任何组织和个人的违法行为都必须受到法律追究。

②树立和维护法律权威，这是实施依法治国方略的迫切需要。

第一，必须维护宪法权威；

第二，必须维护社会主义法制的统一和尊严；

第三，必须树立执法部门和司法部门的公信力。

③严格依法办事，这是依法治国的基本要求。

二、（本题 22 分）

案情：陈某见熟人赵某做生意赚了不少钱便产生歹意，勾结高某，谎称赵某欠自已 10 万元货款未还，请高某协助索要，并承诺要回款项后给高某 1 万元作为酬谢。高某同意。某日，陈某和高某以谈生意为名把赵某诱骗到稻香楼宾馆某房间，共同将赵扣押，并由高某对赵某进行看管。次日，陈某和高某对赵某拳打脚踢，强迫赵某拿钱。赵某迫于无奈给其公司出纳李某打电话，以谈成一笔生意急需 10 万元现金为由，让李某将现金送到宾馆附近一公园交给陈某。陈某指派高某到公园取钱。李某来到约定地点，见来人不认识，就不肯把钱交给高某。高某威胁李某说："赵某已被我們扣押，不把錢給我，我們就把趙某給殺了」。李某不得已將 10 萬元現金交給高某。高某回到賓館房間，發現陳某不在，趙某倒在窗前已經斷氣。見此情形，高某到公安機關投案，並協助司法機關將陳某抓獲歸案。事後查明，趙某因爬窗逃跑被陳某用木棒猛擊腦部，致趙某身亡。

問題：

1. 陳某將趙某扣押向其索要 10 萬元的行為構成何種犯罪？為什麼？

2. 高某將趙某扣押向其索要 10 萬元的行為構成何種犯罪？為什麼？

3. 陳某與高某是否構成共同犯罪？為什麼？

4. 高某在公園取得李某 10 萬元的行為是否另行構成敲詐勒索罪？為什麼？

5. 陳某對趙某的死亡，應當如何承擔刑事責任？為什麼？

6. 高某對趙某的死亡後果是否承擔刑事責任？為什麼？

7. 高某的投案行為是否成立自首與立功？為什麼？

【答案】

1. 構成搶劫罪而非綁架罪，因為陳某是直接向趙某索取財物，而非向第三者索取財物。

2. 構成非法拘禁罪，因為高某並無綁架的故意，而以為是索要債務。

3. 構成共同犯罪。因為根據部分犯罪共同說，陳某的搶劫罪與高某的非法拘禁罪之間成立共同犯罪。

4. 不另外構成敲詐勒索罪，因為高某的行為屬於拘禁他人之後，索取債務的行為，缺乏非法占有的目的。

5. 不另定故意殺人罪，因為陳某的故意殺人行為包含在搶劫罪當中。

6. 不負刑事責任，因為陳某的殺人行為超出了高某的故意範圍。

7. 成立自首與重大立功，因為被檢舉人有可能被判處無期徒刑以上的刑罰。

三、（本題 20 分）

案情：被告人甲、乙共同將被害人丙殺害。一審程序中，在公訴人對被告人甲、乙同時進行訊問後，經審判長許可丙的父親丁以附帶民事訴訟原告的身份，就犯罪及財產損失事實向甲、乙發問。丙所居住社區的物業管理人員戊旁聽了案件審理，並應控方要求就丙的被害情況向法庭作證，先後回答了辯護人、公訴人及審判長的發問。庭審中合議庭對戊的證言及其他證據發現疑問，遂宣布休庭，就被害人死亡時間及原因進一步調查核實。法庭調查中，公訴人發現被告人乙尚有遺漏的犯罪事實，當庭提出要求撤回起訴，法庭審查後作出同意撤回起訴的決定。重新起诉后，甲、乙分别被判处死刑并赔偿原告损失 10 万元。宣判后乙提出上诉，二审法院仅就乙的犯罪部分进行了审查，认为原判决认定事实和适用法律正确、量刑适当，维持了原判，并上报最高人民法院核准。

问题：

请指出以上案例中在程序方面的不当之处，并简要分析原因。

【答案】

(1) 公诉人对被告人甲、乙同时讯问违反了分别进行讯问的原则。

(2) 附带民事诉讼原告不能就有关犯罪事实向被告人发问。

(3) 戊作为证人不能旁听案件的审理。

(4) 戊作为控方证人，控辩双方向其发问的顺序错误，应当先由要求传唤的一方进行发问。

(5) 公诉人在庭审中发现有漏罪的只能追加起诉，不能撤回起诉。变更、追加、撤回起诉应当报经检察长或检察委员会决定，并以书面方式向人民法院提出，公诉人不能当庭迳行决定。

(6) 法院对检察机关撤回起诉的要求应以裁定而不能以决定的方式作出。

(7) 审理部分被告人上诉的案件，应当对全案进行审查，包括甲、乙罪刑及附带民事诉讼部分的审查。

四、（本题 23 分）

案情：2007 年 2 月 10 日，甲公司与乙公司签订一份购买 1000 台 A 型微波炉的合同，约定由乙公司 3 月 10 日前办理托运手续，货到付款。

乙公司如期办理了托运手续，但装货时多装了 50 台 B 型微波炉。

甲公司于 3 月 13 日与丙公司签订合同，将处于运输途中的前述合同项下的 1000 台 A 型微波炉转卖给丙公司，约定货物质量检验期为货到后 10 天内。

3 月 15 日，上述货物在运输途中突遇山洪爆发，致使 100 台 A 型微波炉受损报废。

3 月 20 日货到丙公司。4 月 15 日丙公司以部分货物质量不符合约定为由拒付货款，并要求退货。

顾客张三从丙公司处购买了一台 B 型微波炉，在正常使用过程中微波炉发生爆炸，致张三右臂受伤，花去医药费 1200 元。

问题：

1. 如乙公司在办理完托运手续后即请求甲公司付款，甲公司应否付款？为什么？

2. 乙公司办理完托运手续后，货物的所有权归谁？为什么？

3. 对因山洪爆发报废的 100 台微波炉，应当由谁承担风险损失？为什么？

4. 对于乙公司多装的 50 台 B 型微波炉，应当如何处理？为什么？

5. 丙公司能否拒付货款和要求退货？为什么？

6. 张三可向谁提出损害赔偿请求？为什么？

【答案】

1. 不应当。因为合同约定货到付款，而实际上货未到，或甲公司享有先（后）履行抗辩权。

2. 属于甲公司。因为交付已经完成。

3. 由丙公司承担。因为出卖人出卖交由承运人运输的在途标的物的意外灭失风险自合同成立时答案：由买受人承担。

4. 乙公司有权请求丙公司返还。因为属于不当得利。

5. 无权拒绝付款和要求退货。因为合同约定了质量检验期间，丙公司在此期间未提出异议，视为质量符合要求。

6. 张三可向丙公司索赔，也可向乙公司索赔。因为对因产品缺陷造成的人身损害，受害人有权向其制造者或销售者索赔。

五、（本题 20 分）

案情：甲与乙分别出资 60 万元和 240 万元共同设立新雨开发有限公司（下称新雨公司），由乙任执行董事并负责公司经营管理，甲任监事。乙同时为其个人投资的东风有限责任公司（下称东风公司）的总经理，该公司欠白云公司货款 50 万元未还。乙与白云公司达成协议约定：若 3 个月后仍不能还款，乙将其在新雨公司的股权转让 20% 给白云公司，并表示愿就此设质。届期，东风公司未还款，白云公司请求乙履行协议，乙以"此事尚未与股东甲商量"为由搪塞，白云公司遂拟通过诉讼来解决问题。

东风公司需要租用仓库，乙擅自决定将新雨公司的一处房屋以低廉的价格出租给东风公司。

乙的好友丙因向某银行借款需要担保，找到乙。乙以新雨公司的名义向该银行出具了一份保函，允诺若到期丙不能还款则由新雨公司负责清偿，该银行接受了保函且未提出异议。

甲知悉上述情况后，向乙提议召开一次股东会以解决问题，乙以业务太忙为由迟迟未答应开会。

公司成立三年，一次红利也未分过，目前亏损严重。甲向乙提出解散公司，但乙不同意。甲决定转让股权，退出公司，但一时未找到受让人。

问题：

1. 白云公司如想通过诉讼解决与东风公司之间的纠纷，应如何提出诉讼请求？

2. 白云公司如想实现股权质权，需要证明哪些事实？

3. 针对乙将新雨公司的房屋低价出租给东风公司的行为，甲可以采取什么法律措施？

4. 乙以新雨公司的名义单方向某银行出具的保函的性质和效力如何？为什么？

5. 针对乙不同意解散公司和甲退出公司又找不到受让人的情况，甲可采取什么法律对策？

【答案】

1. （1）请求东风公司清偿货款本金与利息；（2）请求东风公司承担违约责任；（3）请求行使股权质权（或权利质权）。

2. （1）证明其与乙签订了股权质押合同；（2）证明股权质押已经到工商行政管理部门办理了登记。

3. 甲可以为公司利益直接向法院提起股东派生（代表）诉讼。

4. 该保函具有保证合同的性质，保证合同有效。乙虽然未经股东会同意为银行担保，侵犯了公司利益，但其行为构成表见代理。

5. 甲持有公司 20% 的股权，可以请求法院解散公司。

六、（本题 20 分）

案情：2006 年 5 月 24 日，受雇于刘某（车主）的张某驾车运货，途经一木桥时，桥断裂，连车带人掉入河中。张某摔伤后自费看病支付医疗费上万元。刘某多次找到该桥所有人南河公司索赔，无果。刘某于 2007 年 1 月 25 日将其诉至法院，要求赔偿汽车修理费、停运损失费共计 13.5 万元。

法院适用简易程序审理此案，指定了 15 日的举证期限，在此期间刘某向法院提供了汽车产权证、购车发票等证据。一审开庭时，刘某又向法院提供了修车发票。庭审调查中，被告南河公司主张该证据已超过举证期限，而刘某则解释说，迟延提出证据是因工作忙，未能及时索取发票，最后法官仍安排双方对该证据进行质证。经双方同意，法庭主持该案调解。在调解中，被告承认确有工作疏漏，未及时发布木桥弃用的公告；原告也承认，知道该木桥已弃用，但没想到会断裂。双方最终未能达成调解协议。2007 年 3 月 16 日，法院依据双方在调解中陈述的事实和情况，认定被告承担主要责任，原告承担次要责任；并根据相关证据判决被告赔偿原告汽车修理费、停运损失费共计 8 万元。刘某当即表示将提起上诉。

2007 年 3 月 29 日刘某因病去世。刘某之子小刘于 2007 年 4 月 5 日向法院提起上诉；同时提出相关证明材料，要求法院确认其当事人的诉讼地位，并顺延上诉期限，法院受理了小刘的上诉并同意顺延上诉期限。

2007 年 7 月 3 日二审法院作出判决：原审原告提供的汽车修理费的证据中数额不实，依据新的事实证据，被上诉人赔偿上诉人汽车修理费、停运损失费共计 4.5 万元。

问题：

1. 请指出一审法院在审理中存在的问题，并说明理由。

2. 小刘的上诉是否成立？为什么？

3. 请评价二审法院的判决，并说明理由。

4. 如张某就自己的医疗费索赔可以向谁主张？为什么？

【答案】

1. （1）一审法院要求被告对原告超过举证期限的证据进行质证错误，因一方当事人超过举证期限提出的证据，未经对方当事人同意，不得质证；（2）法院对当事人在调解中承认的事实作为认定当事人责任分担的证据错误，当事人为了达成调解协议而对相关事实的认可，不得在其后的诉讼中作为对其不利的证据。

2. 成立。因为刘某去世后，将发生当事人的法定变更，其诉讼地位由其法定继承人承继；小刘作为刘某之子，承继刘某的地位符合法律规定，可以作为本案的上诉人；小刘申请顺延上诉期间符合法律规定。

3. 二审法院根据自己查明的情况，对被上诉人赔偿上诉人汽车修理费、汽车停运损失费予以减少，不违反法律的规定。

4. 可以向刘某主张，因其与刘某存在雇用关系；也可以向南河水电公司主张，因南河水电公司侵权。

七、（本题 25 分）

提示：本题为选作题，分甲、乙两题。请选择一题作答；答题时请务必标明甲题或乙题；甲、乙两题均作答的，仅对书写在前的进行评阅。

甲题：

素材一：中国古籍《幼学琼林》载："世人惟不平则鸣，圣人以无讼为贵。"《增广贤文》也载："好讼之子，多数终凶。"中国古代有"无讼以求"、"息讼止争"

的法律传统。

素材二：1997 年 3 月 11 日，时任最高人民法院院长任建新在第八届全国人民代表大会第五次会议上作最高人民法院工作报告时指出，1996 年全国各级人民法院共审结各类案件 520 多万件，比上年上升约 16%。2007 年 3 月 13 日，最高人民法院院长肖扬在第十届全国人民代表大会第五次会议上作最高人民法院工作报告时指出，2006 年各级人民法院共办结各类案件 810 多万件。

根据所提供的素材，请就从古代的"无讼"、"厌讼"、"耻讼"观念到当代的诉讼案件数量不断上升的变化，自选角度谈谈自己的看法。

答题要求：

1. 观点明确，论证充分，逻辑严谨，文字通顺；

2. 不少于 500 字。

乙题：

据报道，在城市建设中，有的政府部门发出有关土地使用的许可证照后，因法律、法规、规章的修改、废止，或城市规划修改等许可所依据的客观情况发生重大变化，为了公共利益而撤回已生效的许可。也曾有个别地方的政府部门在颁发土地使用证照过程中确有审查不严的问题，为弥补过错过失而以公共利益需要为由收回已生效的许可；或为了以更高价位将土地出让给他人，而以公共利益需要为由收回已生效的许可。

请就上述情况，根据行政法有关原则，谈谈你的看法及建议。

答题要求：

1. 观点明确，论证充分，逻辑严谨，文字通顺；

2. 不少于 500 字。

【答案】

甲题

(1) 肯定材料中所反映的巨大变化，并且进一步分析这种变化形成的原因。

从材料来看，在我国古代强调无讼、厌讼、耻讼，而如今人们却愿意甚至"喜欢"打官司，导致法院的办案压力日益增大，这种现象背后既反映了法律制度本身的变革，也体现了这种制度变革对人们法律观念的潜移默化的影响。从法律制度的角度来分析，古代法律是统治阶级意志的体现，是剥削和压迫的体现，并不是保护劳动人民权益的工具。而在社会主义法制之下，法律是人民群众自己制定的，反映了自身的意志。因此，人们自然愿意利用这样的法律解决纠纷、保护权益。从法律观念变化的角度来分析，可以对社会主体的法律意识与法律制度、法律教育、社会现实等因素之间的关系进行一定的阐述。

(2)对材料中所反映的问题进行分析，并且指出相应的对策。

第二段材料显然为我们揭示了这样一个现实问题，即：随着法律制度的健全、完善，人们的权利意识在不断加强，依法维权的观念日渐深入人心。与此同时，由于法律制度本身的一些固有特性，使得司法机关在面对上述社会环境变迁时，往往陷于巨大的案件压力之下，这也是社会主义法治建设所必须关注的问题。造成这种压力的因素很多，例如：诉讼程序严整、规范，容易耗时费力，而司法资源又是非常有限的；普通大众在欠缺专业指导的情况下，在选择维权方式时容易轻率、盲目，诉讼可能被滥用；多元化的纠纷解决方式有待完善，诉讼以外的纠纷解决途径应当给人们提供多元的、可选择的机会。

乙题

信赖保护原则是大陆法系行政法中的一项重要原则，其与比例原则共同构成了行政合理原则的内容。上述两项原则在我国行政法中越来越受到重视，实际上已经具有基本原则的地位。

信赖保护原则的基本涵义是政府对自己作出的行为或承诺应守信用，不得随意变更、反复无常。根据该原则，经合法性和安定性、公共利益和个人利益的权衡，如果存在值得保护的信赖，行政机关不得撤销违法的行政行为，或者只能在给予合理补偿的前提下才能撤销。信赖保护原则有如下具体要求：（1）行政机关公布的信息应当全面、准确、真实，行政机关对其真实性承担法律责任；（2）行政行为具有确定力，行为一经作出，未有法定事由和经法定程序不得随意撤销、废止或改变；（3）对行政相对人的授益行政行为作出以后，事后即便发现存在轻微违法或者对政府不利，只要该行为不是由于相对人的过错造成，亦不得撤销、废止或改变；（4）行政行为作出后，如事后发现有较严重的违法情形或者可能给国家、社会公共利益造成重大损失，必须撤销或改变此行为时，行政机关对撤销或改变此行为给无过错的行政相对人造成的损失应给予补偿。

本例中属于行政许可行为作出后，政府如何遵循信赖保护原则的问题。根据《行政许可法》中体现信赖保护原则要求的规定，政府对于违法的授益性行政行为的处理应当注意保护相对人的信赖利益。只要该行为的相对人存在应予保护的信赖利益，政府就不应当随意撤销或改变原授益性行为。信赖利益值得保护是指被许可人通过合法的手段取得该利益，而非通过恶意欺诈、胁迫或者贿赂促成行政许可，此时如果撤销该行政许可行为对被许可人非常不公平。在具体的处理上，政府应当以维持该行为为原则，以依法撤销并补偿为例外。行政机关只有在下述情形下，才能废止或者改变已经生效的行政许可决定：（1）行政许可所依据的法律、法规、规章修改或者废止；（2）准予行政许可所依据的客观情况发生重大变化，且基于公共利益，需要变更或者撤回已经生效的行政许可。

國家圖書館出版品預行編目

大陸律師考試考古題大破解. 2003-2007 / 彭思
舟主編. -- 一版. -- 臺北市：秀威資訊科
技, 2008.06
　　面；　公分. -- (學習新知類；PD0005)

　ISBN 978-986-221-037-6(平裝)

　1. 法律　2. 試題　3. 中國

582.189　　　　　　　　　　97011561

 學習新知類　PD0005

大陸律師考試考古題大破解
（2003~2007）簡體版

編　　者 / 彭思舟　徐中孟　張仕賢
發 行 人 / 宋政坤
執行編輯 / 賴敬暉
圖文排版 / 張慧雯
封面設計 / 莊芯媚
數位轉譯 / 徐真玉　沈裕閔
圖書銷售 / 林怡君
法律顧問 / 毛國樑　律師
出版印製 / 秀威資訊科技股份有限公司
　　　　　 台北市內湖區瑞光路 583 巷 25 號 1 樓
　　　　　 電話：02-2657-9211　　　傳真：02-2657-9106
　　　　　 E-mail：service@showwe.com.tw
經 銷 商 / 紅螞蟻圖書有限公司
　　　　　 台北市內湖區舊宗路二段 121 巷 28、32 號 4 樓
　　　　　 電話：02-2795-3656　　　傳真：02-2795-4100
　　　　　 http://www.e-redant.com

2008 年 6 月　BOD 一版
定價：1500 元

讀　者　回　函　卡

感謝您購買本書，為提升服務品質，煩請填寫以下問卷，收到您的寶貴意見後，我們會仔細收藏記錄並回贈紀念品，謝謝！

1.您購買的書名：_____

2.您從何得知本書的消息？

　　□網路書店　　□部落格　　□資料庫搜尋　　□書訊　　□電子報　　□書店

　　□平面媒體　　□　朋友推薦　　□網站推薦　□其他_____

3.您對本書的評價：(請填代號　1.非常滿意 2.滿意 3.尚可 4.再改進)

　　封面設計____　　版面編排____　　內容____　　文/譯筆____　　價格____

4.讀完書後您覺得：

　　□很有收獲　　□有收獲　　□收獲不多　　□沒收獲

5.您會推薦本書給朋友嗎？

　　□會　　□不會，為什麼？_____

6.其他寶貴的意見：_____

_____

_____

_____

讀者基本資料

姓名：_____　　年齡：_____　　性別：□女 □男

聯絡電話：_____　　E-mail：_____

地址：_____

學歷：□高中(含)以下　　　□高中　　　□專科學校　　　□大學

　　　□研究所(含)以上 □其他_____

職業：□製造業 □金融業 □資訊業 □軍警 □傳播業 □自由業

　　　□服務業 □公務員 □教職　　□學生 □其他_____

(請沿線對摺寄回,謝謝!)

秀威與 BOD

BOD（Books On Demand）是數位出版的大趨勢，秀威資訊率先運用 POD 數位印刷設備來生產書籍，並提供作者全程數位出版服務，致使書籍產銷零庫存，知識傳承不絕版，目前已開闢以下書系：

一、BOD 學術著作—專業論述的閱讀延伸
二、BOD 個人著作—分享生命的心路歷程
三、BOD 旅遊著作—個人深度旅遊文學創作
四、BOD 大陸學者—大陸專業學者學術出版
五、POD 獨家經銷—數位產製的代發行書籍

BOD 秀威網路書店：www.showwe.com.tw
政府出版品網路書店：www.govbooks.com.tw

永不絕版的故事・自己寫・永不休止的音符・自己唱